政区划图

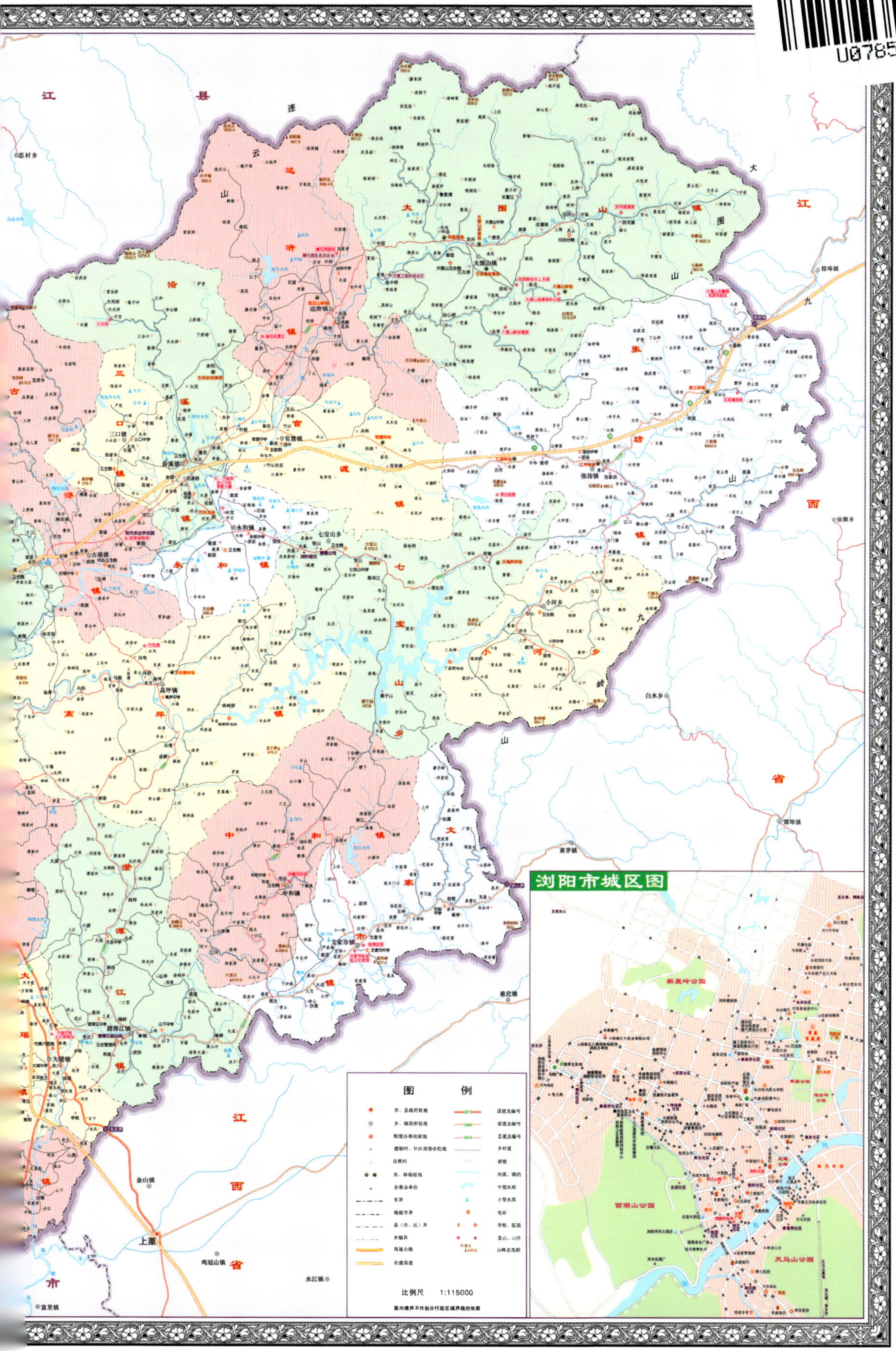

中纬测绘有限公司制作　二〇一二年十一月

中共浏阳市委
浏阳市人民政府 主办

浏阳年鉴

（2016）

浏阳市市志档案局 主编

方志出版社
Publishing House of Local Records

《浏阳年鉴(2016)》编纂委员会

顾　　问　曹立军

主　　任　吴新伟

副 主 任　邱山东　秦跃平　吴　敏　周文舜

邓阳锋　莫小佳　刘仙娥　邓雪琴　廖伟平

委　　员　唐林军　李贤美　钟伟明　冯早成　陈　清

李兆佳　陈傲冰　唐学雷　张鲜明

《浏阳年鉴(2016)》审查领导小组

主　　审　邓阳锋

副 主 审　邓雪琴　王星辉　肖赛男

《浏阳年鉴(2016)》编辑部

主　　编　李兆佳

副 主 编　唐学雷　张鲜明

编　　辑　唐继武　王运松　罗腊英

《浏阳年鉴(2016)》组稿人员

(按编目顺序排列)

唐继武　王运松　刘卫红　熊　斌　张　葵　贺　祎　陈　辉　周平波　周如冰　龙卫平

周乐浩　张开伟　张义根　杨顺芳　李晓军　黄　英　王　钧　李　明　陈双球　邓章芙

陶能敏　朱石良　胡立军　罗　琪　李东平　王琼玳　杨　彤　潘　婷　邱双喜　汤　军

吴海宁　黄谷成　罗永昌　于伊漪　罗　莎　戴四辉　兰词贵　袁　帅　陶贤全　罗　炼

彭　睿　李翼运　张忠新　邵　雷　陶　璐　谢洪亮　彭　越　汤　永　王美英　唐　静

张开文　欧阳明　朱宏伟　朱松连　龙春芬　周宏伟　童金花　李菊英　夏文锋　吴宗耀

曾　智　林宝艳　潘艳纯　彭万伟　吴　丹　李　立　兰　娟　周志刚　姚　尧　黄　露

陈芊安　方　钊　胡晓江　张馨怡　李艳玲　李　叶　曾　煦　刘　锋　周宇锋　李思思

陈楚麟　刘智华　肖优珍　唐文波　周文钰　冷正棋　陈统根　熊　璐　杨丽华　张　玮

李葵玉　喻　青　马爱梅　许素琴　陈　果　董小鸥　彭志敏　彭　武　黎　涛　丁凯慧

管恩学　罗　武　程牧野　李　勇　袁　甜　兰雨娟　张欣尧　张　晋　刘　辉　肖吉贤

黄银凤　廖　旭　黄晓梅　刘颖雁　蒋肖丹　贝　丹　张中执　蔡玉红　刘　任　朱良柏

余　旋　廖芳庆　易海平　陶　意　邱　妍　陶慧敏　陈晓娟　谢乃辰　彭江华　寻　慧

刘慧平　陈　玲　肖　琴　张良军　汪坦岳　潭润秋　潘志强　秦　操　黄玉峰　焦元甫

兰双喜　刘正初　吉　喆　沈完乐　付　苹　陈　娟　王金红　张会芝　王冷洋　黎　亮

邓日桃　陈建伟　李先义　刘　学　李　伟　陈　科　龚加强　黎　敏　张雪君　刘延喜

谭谚颐　廖　胜　左　佳　曾秀文　徐其文　肖永荣　邱　蓓　叶　巧　钟子阳　郑　磊

陈礼浩　陈　庚　李紫艳　何胜前　陈玮东　刘辉明　陈怀奇　黄　再　戴巧玲　黄锦周

刘　琼　李　璜　伍　洋　何湘为　沈赛群　唐潺潺　易　茜　刘　鹏　熊理格　康兆祯

王芳艳　罗　露　李嘉敏　张　唯

编辑说明

一、《浏阳年鉴》是由中共浏阳市委、浏阳市人民政府主办，浏阳市市志档案局承编出版的系统记述浏阳自然、政治、经济、文化、社会等方面情况的年度资料性文献。《浏阳年鉴》2016卷主要记载2015年浏阳市行政区域内各部门、各行业和各乡、镇、街道的主要工作、重要事件，收录若干文献和统计资料，集中反映浏阳改革开放的新进程和经济建设、社会发展的新成绩、新经验以及存在的问题，所载资料全面、系统、详实、准确，是社会各界了解浏阳的权威性工具书。

二、本卷年鉴设部目、分目、子目、条目等层次，条目为记述基本层次，全书共设31个部目，191个分目和子目，939个条目，正文体例有概况、条目、附录、图表等，以条目为主体，书中插排彩色专版。

三、鉴于有关工作的特殊性，本卷年鉴中部分内容适当上溯至2014年或下延至2016年。

四、按照《浏阳市人民政府职能转变和机构改革方案的实施意见》的通知（浏发〔2015〕6号）、《浏阳市人民政府机构设置的通知》（浏发〔2015〕7号）《浏阳市人民政府关于调整部分乡镇行政区划的通知》（浏政发〔2015〕14号），2015年部分市直机关、乡镇街道、事业单位进行机构调整、撤并，往鉴中相关编目内容纳入调整、合并机构编目中。

五、本卷年鉴所列各机构负责人包括机关、事业单位副科级以上（含副科级）实职领导干部、部分单位内设（二级）机构负责人、民主党派、学会、行业协会负责人，凡未注明任免时间均以2015年12月31日在职者为准。

六、本卷年鉴所载资料均由全市各单位、各部门专人撰写，领导审核，年鉴编辑人员加工整理，年鉴审查领导小组和方志出版社审核定稿。统计资料由市统计局提供，个别组稿单位有些数据由于统计口径和统计时间不同等原因，与统计局公布的数据不完全一致，请读者在查阅和利用时注意。

七、本卷年鉴的编辑出版得到中共浏阳市委、浏阳市人民政府的高度重视和支持，以及各撰稿单位的积极配合，在此一并表示感谢，希望广大读者和各界人士提出宝贵意见，使《浏阳年鉴》日臻完善。

《浏阳年鉴》编辑部

2016年12月

修志问道

庆祝《浏阳年鉴》创刊三十周年

“修志问道，以启未来。”地方志工作是一项系统的文化工程，修志的历史意义在于记载历史、传承文化。通过全面记述一个地方自然、政治、经济、文化和社会的历史与现状，使历史与文化得以延续和传承，成为彰显一个地方历史厚重和文化张力的宝贵精神财富。修志的现实意义在于服务当下、开启未来。地方志书是制定施政方略、为科学决策提供借鉴的有效工具。浏阳修志历史悠久，浏阳市档案馆现存自明、清、民国以来八个版本的各个时期志书，中华人民共和国成立后，浏阳先后完成《浏阳县志》《浏阳市志（1988—2002）》两轮地方志书编修，并于第二轮续修志中在全省县（市）级中首开普修乡镇街道志和部门行业志先河，完成101部乡镇街道志和部门行业志编修。为保障地方志工作有序延续，1986年，浏阳启动《浏阳年鉴》编修，截至2015年连续出版发行各年度年鉴30部，成书字数由28万字增加到123万字，承载信息、编辑、印刷、出版质量都有较大幅度提高。2005年《浏阳年鉴》2004卷获全国一等奖，2006年《浏阳市志（1988—2002）》总编室获全国先进集体。12月31日，根据浏阳市地方志资料和档案文献资料编研开发的“浏阳记忆”展览馆开馆，2016年7月，经市编办批准浏阳市方志馆正式挂牌，浏阳成为全省首个设置方志馆的县（市）、区。8月6日，长沙市县（市）、区方志馆建设调研座谈会在浏阳召开，会议提出方志馆建设的“浏阳模式”

以启未来

浏阳年鉴
LIUYANGNIANJIAN 2016

① 《浏阳年鉴》2004年卷获首届中国地方志年鉴一等奖

② 2005年浏阳市地方志编辑委员会办公室获全国方志先进集体

③ 2016年7月22日，国家档案局局长李明华（左二）到浏阳市市志档案局调研工作，参观“浏阳记忆”陈列馆，中共长沙市委常委、浏阳市委书记曹立军（右二），浏阳市委常委邓阳锋（右一），副市长邓雪琴（左一）陪同调研参观

④ 2016年8月26日，长沙市方志馆建设调研座谈会在浏阳市市志档案局召开

⑤ 2016年8月26日，长沙市市志办主任王习加（右二）与参加长沙市方志馆建设调研座谈会议的长沙志办和各县区志办领导参观浏阳方志资料室

⑥ 12月31日，中共长沙市委常委、浏阳市委书记曹立军，市人大常委会主任鲁建文，市人民政府市长余勋伟，市政协主席李家喜一行到浏阳记忆展览馆现场调研

⑦ 按照长沙市人民政府部署，2016年4月12日，浏阳市启动《浏阳乡镇（街道）简志》编纂工作

①	②	④
		⑤
③		⑥
		⑦

回眸

浏阳城区航拍图片　　（图片来源：浏阳电视台）

11月5—7日，第十二届中国（浏阳）国际花炮文化节召开

（图片来源：市花炮局）

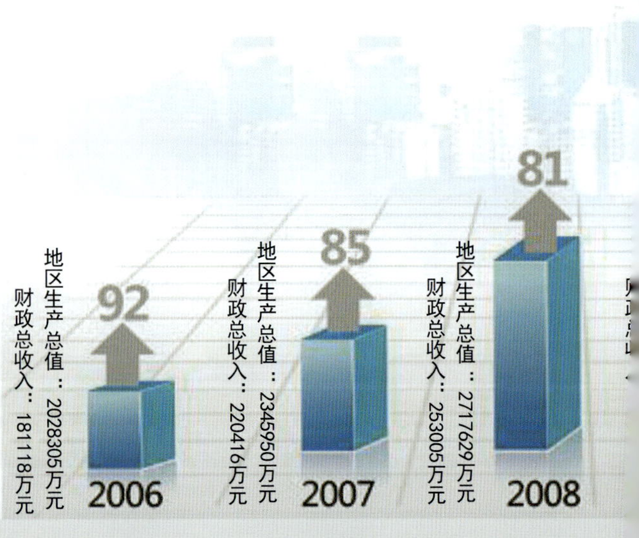

2015

● 浏阳县域经济与县域基本竞争力跃居全国百强第28位，三年攀升了32个位次，提前两年实现“挺进三十强”目标

全年实现地区生产总值1120亿元，增长12.3%；完成一般公共预算收入85.9亿元，增长13.2%；实现固定资产投资856亿元，增长18%，地区生产总值、一般公共预算收入等主要经济指标增速继续保持省市前列。在全国工业百强县排名中，浏阳居全国第15位、中部第1位。荣获“中国十佳生态文明城市”“中国生态魅力市”“全国休闲农业与乡村旅游示范县”等称号。县域经济与县域基本竞争力跃居全国百强第28位，三年攀升了32个位次，提前两年实现“挺进三十强”目标

2月28日，在北京召开的全国精神文明建设工作表彰大会上，浏阳获得“第四届全国文明城市提名奖”，是全省获得此项殊荣的6县市之一

浏河飞霞　　（图片来源：陈伏明摄）

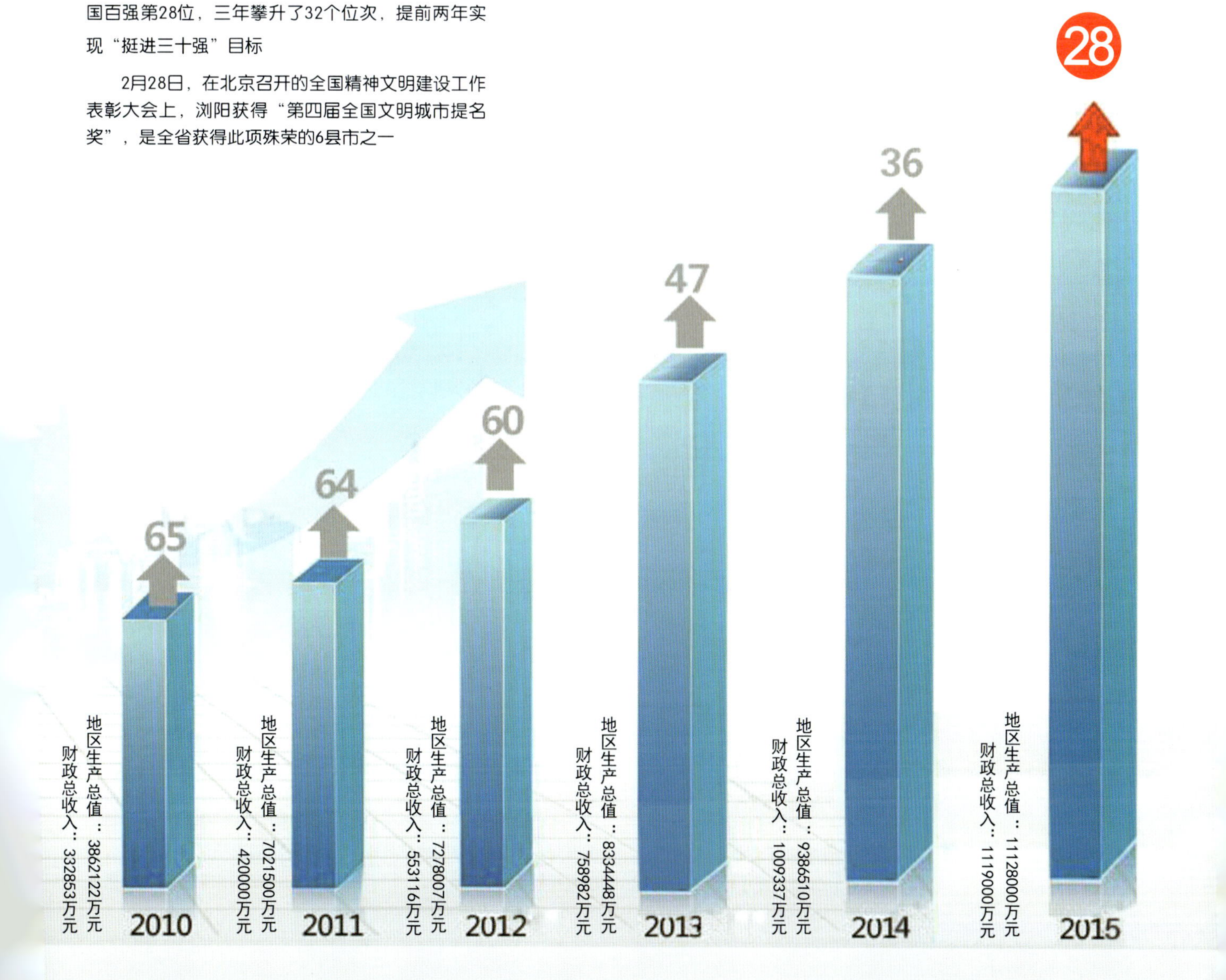

回眸

根据中央和省委批示，11月23日上午，中共湖南省委在浏阳举办纪念胡耀邦诞辰100周年座谈会，省委书记、省人大常委会主任徐守盛发表讲话。省领导孙金龙、李微微、郭开朗、许又声、陈向群、易炼红、傅奎、黄兰香、林武、刘莲玉、葛洪元、刘建新以及胡耀邦同志亲属、生前友好、原身边工作人员，省直部门、长沙市、浏阳市负责同志和部分代表，江西、四川、河南部分市、县负责同志出席座谈会。座谈会由省委副书记、省长杜家毫主持。会上，胡耀邦同志亲属代表、全国政协原常委、中央统战部原副部长、全国工商联原党组书记胡德平，省委常委、长沙市委书记易炼红，省委党史研究室主任张志初，长沙市委常委、浏阳市委书记曹立军分别发言　　（资料来源：红网）

11月17日，纪念胡耀邦同志诞辰100周年油画艺术展在长沙开幕　　（图片来源：长沙晚报网）

11月23日上午出席在浏阳举办的纪念胡耀邦诞辰100周年座谈会的省委书记、省人大常委会主任徐守盛等参观胡耀邦同志纪念馆，瞻仰胡耀邦同志故居　　（资料来源：耀邦故居）

2015

①
②
③ ④
⑤

① 11月24日，农业部和国家旅游局公示了“2015全国休闲农业与乡村旅游示范县”名单，湖南省共有3个县（市）区上榜，浏阳就是其中之一　　（图片来源：浏阳电视台航拍图片）

② 12月2日，市强盛龙狮艺术团表演的“烟花龙舞”获全国第十二届中国民间文艺最高奖——山花奖，这是湖南省唯一的获奖作品　　（图片来源：市委宣传部）

③ 7月18日，在北京举行的全国生态文明建设高峰论坛暨全国生态文明成果发布会上，浏阳获“全国十佳生态文明城市”称号，是湖南唯一入选城市　　（图片来源：浏阳晨曲 陈伏明摄）

④ 9月28日是孔子诞辰2566年纪念日，浏阳在浏阳文庙隆重举行祭孔大典。这也是1948年浏阳祭孔活动以来，浏阳第一次完整的祭孔盛典　　（图片来源：红网）

⑤ 浏阳城区横跨浏阳河的第六座大桥——浏阳河六桥12月31日竣工通车　　（图片来源：浏阳网）

回 眸

①|②
③
④

① 9月1日，省委副书记、省长杜家毫一行到浏阳检查安全生产工作（资料来源：市花炮局）

② 8月24日，省委常委、长沙市委书记易炼红（右二）专程到国家级浏阳经开区视察调研

③ 4月11日，长沙市委常委、浏阳市委书记曹立军（左二），市委副书记吴震（右一），市委常委邓阳锋（左一）调研全域旅游工作（资料来源：市委办）

④ 8月25日，市委副书记、市长余勋伟调研水务工作（资料来源：政府办）

2015

①
②
③ ④

① 9月9日，市人大常委会主任鲁建文（左二）和市人大常委会组成人员、各乡镇人大负责人组成的观摩团，深入永安、沙市、大瑶、官渡等镇，实地观摩人大代表创业和帮带创业的项目　（资料来源：市人大办）

② 市人大代表评议市发改局等六单位专项工作整改测评会议　（资料来源：市人大办）

③ 市政协主席李家喜率主席会议成员视察制造产业基地　（资料来源：湘声报）

④ 10月30日，市委组织部召开全市基层党建工作点评暨创新案例展示会议

回 眸

2015年，浏阳经开区综合实力提升至全省园区第4名，实现财政收入30.3亿元，增长24.9%；制造产业基地完成财政收入10.1亿元，增长24%，重点园区的支撑作用进一步增强。电子信息、生物医药、机械制造、鞭炮烟花等优势产业总产值分别增长20%、19%、28%和8.9%，形成了新兴产业与传统产业齐头并进的发展格局。全市规模企业达829家，其中通过IPO上市企业5家、新三板挂牌企业4家、纳入省上市后备企业资源库的9家，蓝思科技、尔康制药等跻身湖南上市企业市值前10强

① 浏阳经开区鸟瞰图

② 蓝思科技股份有限公司，为浏阳经开区规模最大企业

③ 浏阳经开区上市企业——湖南尔康制药有限公司

①
②
③

2015

LIUYANGNIANJIAN 浏阳年鉴 2016

①|②
③
④

① 浏阳制造产业基地

（图片来源：浏阳制造产业基地管委会办公室）

② 华恒焊接全球首条叉车机器人焊接柔性生产线下线

③ 8月6日，舍弗勒集团首席运营官荣格奥利弗等公司高管一行到长沙考察选址，浏阳制造产业基地成为长沙唯一候选园区　　（资料来源：浏阳发布）

④ 2015年，花炮产业实现销售总额220.1亿元，创税8.6亿元，同比分别增长8.9%和6.4%

（资料来源：政府办）

记住

① 皮影戏是一种非常古老的汉族民间艺术。历史悠久，传说始于汉，盛于宋，但据考证，它形成于明朝万历（1573–1619）年间。旧时称“影子戏”或“灯影戏”，流行于长沙、湘潭、浏阳、望城、宁乡等地

② 皮影道具小，演出方便，且不受场地限制，所以深受人们的喜爱，大家亲切地称为“一担挑”

③ 无论 缝年过节，喜庆丰收，祈福拜神，嫁娶宴客，添丁祝寿，都少不了搭台唱影

（本版图片：萧行敏摄）　① ②③

乡愁

在过去电视、电影尚未发达的年代，这种带有浓厚的乡土气息、拙朴的民间艺术形式，在湖南农村曾十分受欢迎的娱乐活动之一

皮影戏，旧称影子戏，是一种地道的工艺品，一般用牛皮雕刻，上色，缝缀，涂漆等几道工序做成，制作考究，工艺精湛，表演起来生趣盎然，活灵活现

浏阳年鉴
LIUYANGNIANJIAN 2016

同时配以打击乐和弦乐

艺人在白色幕布后面，一边操纵戏曲人物，一边用湘剧曲调演唱

（本版图片：萧行敏摄）

记住

浏阳夏布是以苎麻为原料，手工纺织而成的纯麻纤维传统纺织品。传统的生产工艺分撕麻、绩麻、络纱、牵梳、织造、漂染、踩光等工序，原色夏布用石灰水加碱蒸煮后于河中用浏阳河水反复漂洗、晾于河滩而成。县志记载：浏阳夏布以“织工精巧、质地特别细腻称雄于世，明代即被列为朝廷贡品。谭嗣同在《浏阳麻利志》中称浏阳夏布“战天下之商务而未尝遇敌”。《中国实业志》记载“明末清初，浏阳夏布畅销各埠年可销万筒（18万匹）”“清咸丰年间，山东‘谦益祥’在浏阳设庄收购夏布，年均7万余匹”。清光绪二十七年（1901年），浏阳夏布开始销往日本、朝鲜、南洋等地。1910年浏阳夏布在南洋劝业会上获奖

① 夏布产品展示
② 绩麻
③ 络纱
④ 浆纱
⑤ 织造　　（本版图片来源：唐飞虎）

乡 愁

浏阳年鉴
LIUYANGNIANJIAN 2016

① 浏阳蒸菜
② 花醉浏阳河 （张秋明摄）
③ 精雕细刻 （楚海华摄）

记 住

浏阳年鉴
LIUYANGNIANJIAN 2016

①|②
③

① 晨　　　（杨广泉摄）
② 村头　　（刘川波摄）
③ 古镇初阳（赵爱兰摄于白沙古镇）

乡 愁

浏阳年鉴
LIUYANGNIANJIAN 2016

① 家园　　（朱志云摄）
② 炊烟映秋（聂建平摄）
③ 美丽乡村（雷　奇摄）
④ 乡村　　（朱志云摄）

记 住

① 热闹的乡镇街道（楚海华摄）
② 人勤春早（袁柏平摄）
③ 春意盎然（许跃翔摄）

乡 愁

① 荷乡鱼讯 （罗柳摄）
② 风雪打鱼人（尹明摄）
③ 六月会 （卢胜摄）

①
②
③

记 住

① 《丰收颂》 （罗　成摄）
② 《菜农的喜悦》（朱志云摄）
③ 《丰收的喜悦》（罗　柳摄）
④ 《鸭官的早晨》（钟　球摄）

浏阳年鉴
LIUYANGNIANJIAN 2016

①②
③④

乡 愁

① 在希望的田野上 （张常荣摄）

② 茶园笑声 （贝月霞摄）

③ 九曲浏阳河 （浏阳电视台航拍图片）

记 住

① 金刚桃树湾古民居（摄影：罗永泰）

② 金刚桃树湾古民居（网络截图）

③ 金刚石霜寺　　　（摄影：罗永泰）

①|②
③

乡愁

① 浏阳文庙全景（摄影：罗永泰）
② 长兴湖（摄影：李兆佳）
③ 小河田心千年古罗汉松（摄影：罗永泰）

浏阳年鉴
LIUYANGNIANJIAN 2016

目　　录

特　　载

大　事　记

浏阳概况

中共浏阳市委

政协浏阳市委员会

政协浏阳市委员会

民主党派·工商联

中国国民党革命委员会浏阳市工作委员会

中国致公党浏阳市工作委员会

浏阳市工商业联合会

社会团体

浏阳市总工会

青年工作

妇女工作

残　联

法　　治

政法委及综治

公安工作

检察工作

法院工作

司法行政工作

防范和处理邪教问题工作

工 业

园 区 经 济

交通 · 邮电

城建 · 环保

旅游

财政·税务

文体·新闻

卫　生

社会生活

街道·镇·乡

Catalog

Arm

Economic integrated management

Agriculture

Industry

Zone economy

Transportation· post and telecommunications

Urban construction · environmental protection

Business

Tourism

Finance · taxation

Finance · insurance

Science · Technology

Culture · News

Health

Social life

Streets·towns·townships

Character

Selected documents

On the list

Appendix

思邈公园（浏阳电视台航空图片）

特　载

凝心聚力　开拓创新
加快建设省会副中心和湘赣边区域性中心城市

——在市委十一届十六次全体（扩大）暨经济工作会议上的讲话

中共长沙市委常委、浏阳市委书记　曹立军

（2016年1月7日）

（图片来源：市委办公室）

同志们：

这次会议的主要任务是，全面贯彻落实中央、省、市相关会议精神，总结去年经济工作，分析当前经济形势，部署今年经济工作，推动全市各项工作实现“十三五”良好开局。下面，我根据市委常委会议研究的意见，讲四个方面的问题。

一、认真总结回顾，充分肯定发展成绩

2015年是“十二五”收官之年，面对经济下行压力持续加大、改革发展稳定任务艰巨繁重等挑战，全市上下坚持以“四个全面”战略布局为统揽，主动顺应经济发展新常态，真抓实干，攻坚克难，推动了经济社会又好又快发展。

一是保持了稳中求进的发展态势。全年实现地区生产总值1120亿元，增长12.3%；完成一般公共预算收入85.9亿元，增长13.2%；实现固定资产投资856亿元，增长18%，地区生产总值、一般公共预算收入等主要经济指标增速继续保持省市前列。在全国工业百强县排名中，浏阳居全国第15位、中部第1位。荣获“中国十佳生态文明城市”“中国生态魅力市”“全国休闲农业与乡村旅游示范县”等称号。县域经济与县域基本竞争力跃居全国百强第28位，三年攀升了32个位次，提前两年实现“挺进三十强”目标。

二是优化了多点支撑的产业格局。浏阳经开区综合实力提升至全省园区第4名，实现财政收入30.3亿元，增长24.9%；制造产业基地完成财政收入10.1亿元，增长24%，重点园区的支撑作用进一步增强。电子信息、生物医药、机械制造、鞭炮烟花等优势产业总产值分别增长20%、19%、28%和8.9%，形成了新兴产业与传统产业齐头并进的发展格局。全市规模企业达829家，其中通过 IPO 上市企业 5 家、新三板挂牌企业 4 家、纳入省上市后备企业资源库的 9 家，蓝思科技、尔康制药等跻身湖南省上市企业市值前 10 强。

三是迈出了改革创新的坚实步伐。9 大类 51 项重点改革顺利实施，省直管县、扩权强镇、宅基地制度、不动产登记、农房抵押贷款等改革试点工作扎实推进、走在前列。进一步推进湘赣开放合作试验区建设，在产业发展、基础建设、综治维稳、公共服务等重点领域广泛开展务实合作，力促湘赣边区域合作经济带纳入国家长江经济带发展规划和长江中游城市群发展规划，极大提升了城市的外向度和影响力。持续深化行政审批制度、商事登记制度、投融资体制改革，成立全省首家农村资源交易流转中心，成功获批发行经开区、制造产业基地、工业新城公司债券共 46 亿元，有效激发了发展活力。继续推进“5358”工程，引进党政机关、教育卫生类专业人才 561 名，为事业发展注入了新鲜血液。

四是取得了项目建设的重要突破。全年铺排重点项目 167 个，累计完成投资 305.3 亿元，占年度计划投资的 105.8%。全力推动西北环线、浏阳河六桥建成通车，全面完成大文公路、蕉溪岭隧道群等提质改造，加快推进金阳大道、蒙华铁路等重大交通项目建设，进一步扩大了浏阳发展的交通区位优势。大瑶西环线、永安捞刀河风光带一期、中和客家风情小镇等一批重点城建项目顺利建成，城镇品位不断提升。强力推进项目征拆“清零”行动，完成征地 8317 亩，实现征拆“清零”项目 64 个，为项目建设提供了有力的用地保障。坚持招大引强，新引进项目 190 个，其中 50 亿元以上 3 个、10 亿元以上 7 个、亿元以上 33 个。随着尔康制药淀粉胶囊项目、基伍手机生产基地等投产达效，欧智通智能移动终端产业园、利美健康产业园等引进建设，浏阳发展的动力更加强劲。

五是办成了增进福祉的民生实事。始终把提升群众的获得感、安全感和认同感摆在突出位置，全年共投入 63.6 亿元用于民生领域，占财政总支出的 75%。大力实施“八大民生工程”，提质改造薄弱学校 72 所，建成教师公租房 605 套；新改扩建乡镇卫生院 6 所，完成村卫生室标准化建设 69 个。认真抓好精准扶贫工作，启动实施“十大工程”。扎实推进“城乡统筹、环境同治”新三年行动、“三年造绿大行动”，重点完成花炮大道、浏阳大道、城区出入口等提质改造，人居环境更加优美。全面推进“美丽乡村、幸福屋场”建设，精心打造了荷文公路、浏东公路沿线等一批示范带。全力抓好安全生产、信访维稳等工作，获评“全省安全生产先进县（市）”，实现全年各特护期赴上级党政机关“零非访”目标。在全省社会治安综合治理民意调查中，浏阳居长沙九区县（市）第 1 位。

这一年，胡耀邦同志诞辰 100 周年纪念活动、全省农村精神文明建设工作经验交流会、第十二届中国（浏阳）国际花炮文化节等系列重大活动在浏阳成功举办，“浏阳改革”、“浏阳作风”、“浏阳现象”受到更高层面、更大范围关注，等等这些，极大提升了浏阳的影响力和美誉度，极大增强了全市人民的荣誉感和自豪感。回顾过去一年，广大党员干部认真较真、一线作为，全市人民群众精诚团结、砥砺奋进，创造了优秀业绩，交出了精彩答卷，为浏阳“十二五”画上了圆满句号。今日浏阳，已经驶入了一条快速轨道，进入了一个崭新时代，正以新的面貌、新的姿态，朝着加快建设省会副中心和湘赣边区域性中心城市的目标阔步前行！

奋斗充满艰辛，发展任重道远。在充分肯定成绩的同时，我们也要清醒看到，浏阳发展进程中仍然面临着不少困难和问题，主要表现在：经济下行压力持续加大，市场信心不足；传统增长动力减弱，自主创新能力不够强，产业转型升级任务繁重；资金、土地、环境、能源等要素制约突出，市场配置资源的决定性作用还没有充分发挥；城乡发展不平衡、不协调，教育、卫生、文化等公共产品供给能力相对不足；安全生产和社会稳定隐患较多、压力加大；干部队伍精神状态、素质能力和工作作风与新常态下的发展要求不完全适应，人才队伍建设仍需加大力度。对此，我们必须高度重视，采取有力措施，切实加以解决。

二、科学研判形势，更加坚定发展信心

跨入 2016 年，浏阳发展在新常态下开启了“十三五”的新征程。未来五年，既是加快建设省会副中心和湘赣边区域性中心城市的关键期，也是在新起点上率先建成全面小康、加快实现基本现代化的决战期。时和势总体有利，艰和险不容小视。我们务必以高度的敏锐性、主动性和责任心，抢抓一切机遇，战胜各种挑战，开创全新发展格局。

一是要明确“十三五”发展的主要目标。“十三五”时期浏阳发展的总体目标是率先建成全面小康、加快实现基本现代化。具体而言，打造实力浏阳。到 2020 年，地区生产总值接近 2000 亿元，一般公共预算收入突破 145 亿元，迈入城镇人口 70 万的中等城市行列，综合实力达到省内中等地级市水平，浏阳的吸纳力、竞争力、影响力全面提升，在供给侧、需求侧两端发挥更强的辐射带动作用。打造智慧浏阳。现代化、智能化、科技化、高端化的产业体系更加完善，“大众创业、万众创新”的活力更加彰显，“浏阳智造”、“浏阳创造”的支撑更加强大。建立较为完备的现代制度体系、管理体系和标准体系，政府服务效能进一步提升，治理体系和治理能力现代化建设迈出重大步伐。打造美丽浏阳。倍加珍惜浏阳得天独厚的生态资源，切实抓好环境保护，不断改善人居环境，全面提升城镇品位，使浏阳的自然生态更加秀美、城乡环境更加精美、城乡风貌更加优美，充分彰显“湖湘宝地、美丽浏阳”城市形象。打造幸福浏阳。加快促进城乡融合发展、一体发展、均衡发展，让老百姓有更多的获得感。居民收入显著提升，社会保障更加到位，公共服务不断优化，文明风尚深入人心，社会公平正义得到有效维护，人民群众的富足感、安全感、愉悦感、幸福感全面提升。

二是要把握“十三五”发展的总体要求。树牢五大发展理念。创新、协调、绿色、开放、共享的发展理念，是未来发展思路、发展方向、发展着力点的集中体现，是一场关系发展全局的深刻变革。创新是引领发展的第一动力，协调是持续发展的内在要求，绿色是永续发展的必要条件，开放是繁荣发展的必由之路，共享是加快发展的本质要求。我们要坚持用五大发展新理念更好地指导实践、谋划发展、推动工作，使之融入到经济社会发展的各方面、全过程。把握“两个中心”发展定位。建设省会副中心和湘赣边区域性中心城市，是市委在客观审视区域发展大势、紧密结合浏阳实际的基础上明确的战略定位，“省会副中心”主要体现在融入长株潭，致力打造省会功能配套基地、新兴产业发展高地、都市休闲度假胜地；“湘赣边区域性中心城市”主要体现在辐射湘赣边，致力打造湘赣边区域的交通物流中心、科教文卫中心、金融贸易中心、创新创业中心。“两个中心”决定了浏阳发展的战略布局和战略重点，必须坚持加快融城借力和深化区域合作并举，努力在更大范围、更广领域、更高层次配置资源、吸纳要素，形成强大的聚合效应和辐射效应。坚定“四城”发展战略。实施“交通融城、产业兴城、人才活城、生态美城”四大战略，是加快浏阳发展的正确抉择。这其中，交通融城是基础，产业兴城是支撑，人才活城是关键，生态美城是优势，四者相辅相成、互促互进。未来一个时期，我们要保持战略定力，继续深入实施“四城”战略，奋力开拓浏阳发展的广阔前景。坚持“五动”发展路径。突出改革推动、创新驱动、区域带动、项目拉动、城乡联动，是浏阳顺应新常态、推动新跨越的务实之举和奋进之路。我们务必一以贯之、坚持不懈抓好这五项工作重点，为浏阳发展赢得优势、赢得主动。

三是要坚持“十三五”发展的基本原则。坚持科学发展这个要务。新常态下，发展仍然是第一要务，仍然是解决所有问题的关键。要坚定不移把发展摆在高于一切、重于一切的位置，任何时候都不动摇、不偏离、不懈怠。紧扣改革创新这个主题。“十三五”发展最大的动力在于改革创新。要坚持向改革要红利、向创新要动力，在制度创新、管理创新、科技创新、文化创新上全面发力，让“自强不息、敢为人先”的浏阳精神在“创时代”大放异彩。强化项目建设这个支撑。基础设施建设、现代产业培育、生态环境保护、民生福祉改善，都离不开项目的支撑。必须牢牢牵住项目建设“牛鼻子”，实施一大批优质项目、高端项目、引领项目，形成以项目促投资、促消费、促创新的良好局面。扭住民生改善这个根本。要坚持把增进群众福祉作为一切工作的出发点和落脚点，不断加大保障和改善民生力度，更加注重对特定人群特殊困难的精准帮扶，使改革发展成果更多更公平地惠及全市人民。

同志们，发展重开局，五年看头年。2016 年是“十三五”开局之年，是率先建成全面小康决胜阶段的第一年，也是全面推进结构性改革的攻坚之年。日前召开的中央、省、市经济工作会议，既是对今年经济工作的全面部署，也是对推进供给侧结构性改革的重点部署，明确了去产能、去库存、去杠杆、降成本、补短板“五大任务”，提出了“十个更加注重”的工作标尺。我们要深刻领会其中的信号、内涵和要义，以此作为抓经济工作的重要原则和基本遵循，坚定发展信心，做足工作准备，牢牢把握发展主动权。

第一，从发展趋势来看，我们务必因势而谋，全力促转型。当今时代，经济全球化、社会信息化深入发展，新一轮科技革命和产业变革蓄势待发，新技术、新产业、新业态、新模式蓬勃兴起，转方式、调结构是大势所趋。新的一年，中央、省、市全面拉开了供给侧结构性改革的大幕，这是向新的发展阶段迈进的重大信号。审视自身，浏阳通过近些年大力实施改革创新，有效激发了发展活力，去年全市新登记商事主体和注册资本分别增长 24.3%和 25.7%；完成专利申请 1225 件，增长 17.5%；战略性新兴产业、高新技术产业产值分别增长 21.5%和 21%，经济增长新动能加快壮大。置身在转型升级、创新创业的发展大潮中，我们务必把握大势，着眼全局，全力推动经济向中高端水平迈进，致力打造浏阳发展升级版。

第二，从战略地位来看，我们应当借势而为，加快大开放。湘赣边区域合作经济带成功纳入长江经济带发展规划和长江中游城市群发展规划，标志着浏阳发展进入了国家层面的战略视野。浏阳作为湘赣合作试验区核心区域、省直管县经济体制改革试点县、长沙东部开放型经济走廊战略支点，在省、市决策部署中的战略地位大幅提升。可以预见，随着金阳大道的全线拉通，南、北横线的开工建设，蒙华铁路的加快推进，浏阳“对外大开放、对内大循环”的交通区位优势更加彰显。我们要善抓机遇，善借势能，进一步扩大开放视野、强化开放思维、拓展开放格局，努力在更高层面、更广范围集聚各种资源要素，为县域发展开辟新空间、注入新动力。

第三，从现实基础来看，我们能够乘势而上，推动新发展。浏阳经济总量已于前年跃上千亿元量级台阶，一般公共预算收入即将突破百亿元大关，主要经济指标增速连续多年领跑长沙九区县（市），应对经济波动的基础进一步夯实。近年来，浏阳经开区、制造产业基地等七大板块园区竞相发展、来势良好，电子信息、生物医药、机械制造、鞭炮烟花、健康食品、生态旅游、现代服务、文化创意等八大产业集群不断壮大，“板块引领、多点支撑”的发展格局已经形成。随着一批重大产业项目的建成投产，众多龙头企业的加速崛起，经济发展的引擎更为强劲。浏阳发展腹地十分广阔，城镇建设潜力巨大，必将乘着中央城市工作会议的东风，不断加快新型城镇化建设步伐。立足新起点，全市上下务必继续发扬“自强不息、敢为人先”的优良传统，振奋精神，创新实干，努力在新常态下谋求新突破，在新征程上实现新发展。

三、明确目标要求，始终突出发展重点

今年经济工作的总体要求是：全面落实党的十八大和十八届三中、四中、五中全会及中央、省、市经济工作会议精神，按照“五位一体”总体布局和“四个全面”战略布局的要求，牢固树立和贯彻落实创新、协调、绿色、开放、共享发展理念，顺应经济发展新常态，坚持稳中求进总基调，紧紧围绕建设省会副中心和湘赣边区域性中心城市的发展定位，不断优化“一轴三带”“两城七园”“三河三山”发展格局，继续深入实施“交通融城、产业兴城、人才活城、生态美城”发展战略，进一步突出改革推动、创新驱动、区域带动、项目拉动、城乡联动，凝心聚力，开拓创新，努力实现“十三五”良好开局，为率先建成全面小康、加快实现基本现代化奠定坚实基础。

今年我市经济社会发展的预期目标是：地区生产总值增长10%；一般公共预算收入增长10%；地方一般公共预算收入增长10%；城镇居民人均可支配收入增长8.5%；农村居民人均可支配收入增长9.5%；固定资产投资增长15%；社会消费品零售总额增长13%；城镇登记失业率控制在4%以内。

（一）改革推动再攻坚，全面激发经济发展活力

在理顺园镇机制上求突破。着力创新园镇管理，进一步完善“园镇合一”、“镇馆合一”、“一园带四镇”等发展模式，积极推动经开区与洞阳镇、北盛镇，制造产业基地与永安镇，文家市镇与秋收起义纪念馆，中和镇与耀邦故居管理处，两型产业园与古港镇，大围山国家级生态旅游示范区与大围山镇、张坊镇、达浒镇、小河乡深度融合，加大人、财、物等资源统筹力度，科学明确园区（场馆）与乡镇各自的主要职责和考核重点，做到各司其职、各尽其责、各显其长。着力深化扩权强镇，进一步抓好大瑶镇扩权强镇改革试点工作，今年一季度实现大瑶镇国税、地税、财政三部门合署办公，提高财税征管效率、降低运行成本。逐步将“大瑶模式”推广到条件成熟的乡镇，赋予其更多的发展自主权，充分调动基层加快发展的积极性和主动性。

在优化行政服务上下功夫。加快政府职能转变，以省直管县改革试点为契机，在承接好、使用好上级赋予的经济社会管理权限的同时，进一步加大简政放权力度，动态完善权力清单和责任清单，最大限度减少政府对正常经济活动的干预，进一步激发各类市场主体的动力与活力。推进行政审批提速，继续深化行政审批制度、商事登记制度等改革，围绕打造全省审批事项最少、时限最短、成本最低县（市）的目标，全面推行并联审批，今年上半年实现各职能部门网上审批，落实审批事项“月清零”制度，最大限度推动行政提效、服务提质。开展企业精准帮扶，创新机制，整合力量，成立市级专门帮扶企业班子，深入开展“走百家企业、解发展难题”活动，对重点企业进行逐一分析、逐一研究、逐一扶持，强化交办、转办、批办、督办等工作措施，真正做到帮在点上、扶到实处。

在激活优势资源上做文章。激活金融资源，推进金融领域改革创新，不断深化金融“安全区”创建工作，完善金融服务网络，推进银政、银企深度对接，积极支持企业上市融资，打通金融对实体经济的输血脉络，有效缓解融资难、融资贵、融资乱问题。注重发挥本土金融机构最熟悉县域、最了解县情的优势，大力支持本土金融机构发展壮大；设立专项扶持基金，引导金融资源重点向小微企业倾斜。深化财税体制改革，加强和规范预算管理，用好用活财政资金。激活农村资源，深化农村土地承包经营权确权登记颁证、农村“三权”抵押贷款和农村宅基地制度等改革，用好农村资源流转交易中心这个集中展示和交易平台，促进农村土地资源加快转化为流动的发展要素，全面释放广大农村的创富活力。激活人才资源，加大高层次人才的引进力度，注重以项目入股、技术合作、有偿咨询、聘请顾问等方式引才引智，做到不求所有、但求所用，不求所在、但求所得。

（二）创新驱动再突破，不断提升经济发展效益

做强支撑创新的园区平台。园区是经济发展的主战场和转型升级的排头兵。要坚持以最大决心、最大力度支持和服务园区发展，全力促推园区进一步做大体量、做强企业、做优品质。科学优化经开区、制造产业基地等七大板块园区的产业布局，坚持项目向园区集中、资源向园区集聚、政策向园区倾斜，全力推动经开区向“双千亿”目标迈进，制造产业基地向500亿规模升级，其他园区建设取得突破性进展。依托重点园区深入推进“四个一批”工程，即实施一批重大科技项目，建设一批重大科技基础设施，打造一批“双创”示范基地，培育一批具备先发优势的引领型创新企业，加快科研成果转化，激发园区创新活力。

壮大引领创新的产业集群。围绕电子信息、生物医药、机械制造、鞭炮烟花、健康食品、生态旅游、现代服务、文化创意等八大产业集群，强化产业政策导向，丰富新兴业态，推动产业向多元化、高端化、两型化发展。充分发挥长沙e中心等产业平台及蓝思科技、基伍通讯等领军企业对电子信息产业的整合作用，推动配套企业“打捆式”引进、“抱团式”发展，构筑产业链条完善、核心竞争力强的移动智能终端产业集群。依托尔康制药、华纳大等龙头企业，推出一批具有自主知识产权和市场竞争力的新药，着力打造中西部生物医药产业龙头园区。全面对接“中国制造2025”，积极支持制造产业基地申报省级高新区，做大做强智能制造成套装备、汽车及零部件、再制造、新能源等产业，努力实现从“浏阳制造”向“浏阳智造”的飞跃。深入实施花炮产业“整合提升、科技攻关、品牌营销、文化创意”四大工程，切实加大对散小乱差企业的兼并、整合、淘汰力度，大力扶持产品有市场、经营有效益、成长有前景的企业加强技术改造和市场拓展，进一步树立浏阳花炮“科技、环保、安全”新形象。抢抓浏阳河文化旅游产业带建设的重大机遇，以大围山为龙头，以浏阳河为主轴，整合沿河特色旅游资源，构筑集文化、景观、休闲于一体的滨河旅游新格局。深入实施“访千年古县、觅美丽乡愁”行动，精心打造荷文公路、花木走廊等10条精品旅游线路；力争启动东南干线建设，将沿线绿色生态与红色文化旅游资源串连起来，推动乡村旅游联动发展，努力把“湖湘宝地、美丽浏阳”的名片擦得更亮。提质发展花木、蔬菜、油茶、烤烟、水果、畜禽养殖等特色产业，创新农产品流通业态和销售渠道，做精休闲农业、旅游农业、创意农业，提高农业规模化、科技化、品牌化水平。

营造鼓励创新的浓厚氛围。加快建设院士工作站、创新创意中心、大学生创业就业基地等公共服务平台，积极对接国家“万人计划”“千人计划”和省“百人计

划”，吸纳各类创新创业人才特别是领军型人才向平台集聚，激发创新创业热情，释放创新创业活力。加强与中南大学、湖南大学等知名院校的对接，加大市校、园校、校企合作力度，用好中南大学（国家）技术转移浏阳分中心这个创新平台，引导企业和院校协同开展行业共性问题研究和关键技术攻关。以两型产业园为依托，加强与省农科院等科研机构的对接，促进科技合作成果尽快转化为现实生产力。以浏阳河文化产业园为主体，发挥“文化+”对创新的融合作用，推动文化创意、设计服务与花炮、旅游等产业深度融合。充分发挥“双创”、“互联网+”集众智、汇众力的乘数效应，进一步打造众创、众包、众扶、众筹等支撑平台，形成线上与线下协同的创新创业格局。

（三）区域带动再深化，持续拓展经济发展空间

加速推进融城发展。坚持“交通融城”战略，确保金阳大道一期如期建成通车，加快建设二期工程，尽早启动三期工程，全面打通“长沙—经开区—浏阳”的融城大动脉和经济新干线；精心实施G319提质改造工程，促进金阳新区与浏阳主城区加快融合。力促境内南、北横线尽早开工建设，加快形成全面对接省会长沙、加速导入资源要素的大融城格局。按照“长沙东中心、中部新亮点”的发展定位，高起点编制金阳新区发展规划，统筹经开区、制造产业基地及周边乡镇资源，致力打造改革创新先行区、产城融合示范区、两型发展引领区和城乡一体样板区。启动金阳新区核心区建设，不断增强承载功能和吸纳带动能力。纵深推进以柏加、镇头为核心的浏阳河生态经济示范区建设，加快花木走廊提质改造，升级做强花卉苗木、休闲旅游等产业，着力打造西向融城桥头堡、西区发展主引擎。

持续深化区域合作。按照湘赣边区域合作项目化、常态化要求，进一步完善联席会议制度和重大项目调度机制，在基础设施互联互通、产业发展互促互进、综治维稳联动联防、公共服务共建共享等方面密切协作，努力取得更大更多合作成果。加快推进旅游、金融、司法、警务、医疗、广电传媒和社会保障等一体化建设，让湘赣边区域的人流、物流、资金流、信息流、产业流在浏阳广泛汇集，努力抢占开放发展制高点。精心抓好浏阳—上栗、浏阳大围山—铜鼓大沩山共建区建设，在产业、土地、金融、财税等体制机制方面先行先试，力争共享两省叠加扶持政策，致力打造跨省区域合作示范区、开放型经济创新引领区。

（四）项目拉动再发力，有效夯实经济发展基础

科学谋划项目。要立足浏阳的区位优势、产业优势、资源优势，准确把握国家、省、市的政策精神和发展导向，准确把握资本流向和市场需求，善于“无中生有、化虚为实”，精心策划、包装和开发一批投资效益高、带动效应强的大项目、好项目。重点做好永和老工业区旅游项目、浏阳河长沙到双江口段通航项目的前期工作，加强对接沟通，为项目落户创造良好条件、奠定坚实基础。抽调精干力量组成市级争资争项班子，在吃透政策精神、做好项目包装的基础上，加强向上的汇报与衔接，最大限度争取项目和资金投向浏阳。

精准引进项目。围绕优势产业，瞄准长三角、珠三角等重点区域，充分发挥沿海城市常驻小分队的重要作用，创新上门招商、以商招商、专业招商等方式，努力引进一批符合两型要求、改变发展格局的战略性项目。各园区都要在招大引强上花大心思、下真功夫，确保经开区至少引进一个投资过50亿元的项目，制造产业基地至少引进一个投资过10亿元的项目，其他园区引进一批具有较大体量的好项目。各乡镇、街道和相关部门要准确把握沿海地区产业转移的趋势，切实发挥各类商会组织联系广泛、信息灵通的优势，精心做好引老乡、回故乡、建家乡的工作。

强力促推项目。完善和落实项目法人制和领导联点制，健全“一月一调度、一季一讲评、半年一观摩”机制，各级领导要带动广大干部深入一线抓项目、全力以赴抢进度，确保项目建设开工率、投资率、达效率“三率齐升”。强力推进项目征拆“清零”行动，做到“阳光征拆”、“法治征拆”、“和谐征拆”；注重盘活存量土地、闲置土地，为项目建设提供有力的用地保障。今年中央将适度提高财政赤字率，扩大地方政府发债规模，这是财政政策积极发力的明显信号。我们一定要用好各类融资平台，适度加大债券发行力度，在置换一批高利率、短期限存量债务的同时，有效保障重大项目的资金需求。

（五）城乡联动再提升，切实优化经济发展格局

提升市域发展格局。综合考虑各区域发展基础、历史文化、资源禀赋等因素，科学优化“一轴三带”“两城七园”“三河三山”的发展格局，着力构建覆盖全市城乡、协调互动发展、山水脉络清晰的新型城镇体系。不断壮大“一轴”，即沿浏永公路—浏大公路—大文公路的城镇发展主轴；着力延伸“三带”，即以浏东公路为轴线的浏东城镇发展带、以浏跃公路为轴线的浏西城镇发展带、以永社公路为轴线的浏北城镇发展带。提质发展“两城”，即浏阳主城区和金阳新区；统筹建设“七园”，即浏阳经开区、制造产业基地、两型产业示范园、浏阳河文化产业园、花炮产业集中区、浏阳河生态经济示范区、大围山国家级生态旅游示范区。精心保护“三河三山”，即浏阳河、捞刀河、南川河，大围山、连云山、九岭山。

打造宜居宜业城市。坚持新城拓展与老城改造并举，科学规划西北环线片区产业建设、公共设施等布局，加快完善路网体系，启动人民医院整体搬迁，推进道吾学校、城市规划展示馆等一批重大配套设施建设；加快建设一批公共停车场，启动工人文化宫建设，切实增强主城区的承载功能和辐射能力。扎实推进“一河两岸三山”城市景观带建设，重点打造浏阳河城区风光带，构筑融入浏阳元素、富有浏阳魅力的精美画廊。立足于解决群众反映强烈的现实问题，全面拉通西湖山路、翠园路等城区断头路，提质改造西湖山小区棚户区，完成济川河、浏阳河截污工程建设，努力为广大市民提供更加舒适舒心的良好环境。合理引导住房消费需求，以增强有效供给、改善住宅质量、提升人居环境为重点，促进房地产市场平稳健康发展。大力发展体验型

经济、休闲型经济，围绕文化教育、健康养老、体育健身、旅游度假、网络服务等，创造新供给，满足新需求，努力打造“旅游胜地”“消费乐园”。

建设美丽幸福村镇。加快推进大围山旅游干线公路建设，提质改造梁高公路、沙赤公路二期、G354浏阳至官渡公路二期等乡镇连接通道，加快城乡协调发展、融合发展。高品位推进大瑶、永安、镇头、沿溪、大围山等重点城镇建设，加快中和、文家市、社港、官渡等特色镇建设，做精做美做强一批工业重镇、旅游新镇、文化名镇、边贸强镇。深入实施城镇出入口提质工程和集镇公共设施建设工程，统筹抓好环境提质及垃圾处理、污水处理、教育文化等设施建设，进一步提升城镇品位。实施“农村公路建设三年行动计划”，畅通广大农村地区的交通“毛细血管”。深入推进“美丽乡村、幸福屋场”建设，升级打造一批各具特色、极具魅力的风情小镇、最美村落，充分彰显浏阳的山水之美和人文之美。以创建全国文明城市为载体，常态化开展文明创建工作，不断提高社会文明素养。

实施城乡精细管理。坚持城管为民、城管从严的理念，启动数字化城管中心建设，推行标准化、法治化、智能化、常态化管理模式，全面提升城市净化、绿化、美化、亮化和序化水平。扎实推进“城乡统筹、环境同治”新三年行动，精心实施“三年造绿大行动”，高标准打造永社公路等一批精品绿道，努力展现“路在绿中、人在景中”的城乡新画卷。按照“定点划线、有序停车，及时清扫、有效保洁，洒水降尘、适时清洗，规范门店、店内经营”要求，推动最精细、最到位、最严格的城市管理向乡镇覆盖，努力构建全时段、全地域的城乡管理网络。积极筹备椒花水库建设，实施浏阳河、捞刀河、南川河等流域综合治理，实行最严格的环境保护制度，切实保护好浏阳人民世代栖居的绿色生态家园。

四、着力队伍建设，切实强化发展保障

做好今年经济工作，关键在党，关键在干部。要按照全面从严治党要求，坚持关心激励与严格管理并举，努力打造忠诚干净担当的干部队伍，为浏阳发展提供坚强保障。

（一）提升善作善成的领导能力

打铁必须自身硬。各级领导干部要按照谋事干事成事的要求，敢于担当，勇于开拓，真正做到抓工作铺排早、方法妥、推进快、要求严、作风实。勤学深思，善于谋事。谋事是成事之基。只有在思路理念上高人一筹，才能在推动发展上抢先一步。要积极钻研新常态的新内涵、领会改革创新的新要求，将谋划发展与上级方针政策结合起来、与浏阳实际结合起来、与群众愿望要求结合起来，思路要清、决心要大、立场要正、程序要明，切实做到顺势而为、依法而为、理性而为。履职尽责，扎实干事。职务与责任是分不开的，务必勇于担当，敢于负责，始终把发展之责记在心上、抓在手上、落实到行动中。要继续大力践行“一线工作法”，带头深入经济社会发展第一线真抓实干，坚决杜绝以文件贯彻文件、以会议落实会议的现象，不做夸夸其谈、品头论足、不干实事、专议是非的“评论员”，争当主动干事、扎实干事、创新干事、拼命干事的“实干家”。攻坚克难，务求成事。始终保持“咬定青山不放松”的定力和魄力，以等不得、拖不得、慢不得的紧迫感，立说立行，雷厉风行，定一件、干一件，干一事、成一事。始终保持攻坚克难、一抓到底的拼劲和韧劲，遇到问题不回避、碰到矛盾不畏难，以钉钉子的精神破除发展阻力，在创新突破、实干攻坚中看到效果、看到成绩、看到改变，努力创造无愧于时代、无愧于人民、无愧于岗位的优秀业绩。

（二）锤炼从严从实的优良作风

管理要“严”。把纪律规矩挺在前面，坚持铁律管干部、铁腕抓作风，做到常抓常管、真抓真管、严抓严管。进一步完善和落实“三个一律”、“阳光政务”等制度，注重发挥社会监督的重要作用，使干部开门办公、行政审批事项限时办结、专项资金公开公示等真正落实到位，全面提升行政的透明度和群众的满意度。考核要“实”。继续完善和落实全市重点工作季度讲评制度，激励各单位抓重点、攻难点，出成绩、出经验，真正做到干在实处、走在前列。按照“考出实绩、考出差别、考出活力”的要求，科学优化绩效考核体系，坚决做到“以发展论英雄、以实绩排座次”，充分发挥考核的“指挥棒”和“策马鞭”作用。导向要“明”。切实强化考核结果运用，对敢于担当、实绩突出、群众公认的干部予以重用，对有错无为、不在状态的班子和干部进行调整。更加重视正面激励、积极引导的作用，进一步营造鼓励探索、支持创新、宽容失误的良好氛围，为敢担当、能干事、甘奉献的干部创造条件、搭建平台、提供保障，切实树立“为担当者担当、让有为者有位”的鲜明导向。

（三）凝聚群策群力的发展能量

汇集合力促发展。按照党委总揽全局、协调各方的原则，大力支持人大、政府、政协履行职权、开展工作，进一步巩固精诚团结、和衷共济、共谋发展的良好局面。扎实做好人民武装和统一战线工作，更加注重发挥工会、共青团、妇联等群团组织的桥梁纽带作用，不断强化对广大群众的动员力、号召力、影响力。认真抓好宣传思想工作，唱响主旋律，弘扬正能量，高度重视突发事件舆论引导，做到见事早、处置快、联动强、效果好。培育人才促发展。坚持将人才队伍作为加快浏阳发展的第一资源，继续深入实施“5358”工程，突出抓好专业性、紧缺性人才引进，努力在更广范围、更多领域吸纳人才。发挥党校培养教育干部的主阵地作用，实施对各类人才的“菜单式”、精准化教育培训。认真落实人才政策，不断优化人才服务，努力为各类人才提供更好的工作生活条件、更优质的发展平台、更畅通的流动渠道，确保人才引得进、留得住、用得好。抓实基层促发展。始终坚持重视基层、关心基层、抓实基层，既在村级运转经费投入、村级硬件设施建设等保障上加大力度，又在“四议两公开”、民主生活会、组织生活会等规定上强化执行，努力将基层党组织打造成推动发展、维护稳定的坚强堡垒。

（四）践行亲民利民的工作理念

始终牢记为民服务宗旨，以增进民生福祉为第一追求，以深入实施“八大民生工程”为主要抓手，让浏阳人民生活得更舒适、更愉悦、更幸福。办好实事惠民生。围绕教育、医疗、文化等公共服务领域，聚焦群众最急需、受益最直接的事项，列出具体清单，办成更多实事。尤其是要统筹推进“教育三年行动计划”、医疗卫生服务体系建设、创业就业服务、殡葬改革、文化建设等工作，真正把好事办好、实事办实，办到群众的心坎里。加大投入保基本。围绕社保“一卡通”、“五险合一”、低保规范化、大病医保等重点工作，进一步扩大城乡社保、医保覆盖面，全面提升社会保障水平，坚决保住民生根本、兜住民生底线。认真抓好精准扶贫工作，扎实推进“十大工程”，使困难群众生活得更有保障、更有尊严，加快促进全市均衡发展、共享发展。创新治理促和谐。深化“平安浏阳”、“法治浏阳”、“和谐浏阳”建设，积极探索网格化管理等新模式，进一步巩固和谐稳定的社会大局。坚持依法治市不动摇，大力营造办事依法、遇事找法、解决问题用法、化解矛盾靠法的良好环境，让法治理念深入人心。始终坚持“严查严管、严处严罚”，切实抓好安全生产常态监管，坚决杜绝较大以上事故发生。坚持做实做细群众工作，全面落实领导公开接访制度，畅通群众利益诉求表达渠道，及时有效化解社会矛盾，切实提升社会的和谐度和融洽度。

同志们，美好的蓝图令人憧憬，神圣的使命催人奋进。让我们紧密团结起来，凝心聚力，开拓创新，奋力实现“十三五”良好开局，为加快建设省会副中心和湘赣边区域性中心城市而努力奋斗。

2016 年 1 月 7 日，市委十一届十六次全体（扩大）暨经济工作会议　　（图片来源：市委办）

人大常委会工作报告

——在浏阳市第十六届人民代表大会第五次会议上

市人大常委会主任　鲁建文

(2016 年 1 月 13 日)

(图片来源：市人大办公室)

各位代表：

我受浏阳市第十六届人民代表大会常务委员会的委托，向大会报告工作，请予审议。

2015 年工作简要回顾

2015 年，在中共浏阳市委的坚强领导下，市人大常委会深入贯彻落实党的十八大、十八届三中、四中全会和习近平总书记系列重要讲话精神，坚持党的领导、人民当家作主和依法治国有机统一，始终围绕全市工作大局，认真履行宪法和法律赋予的各项职责，全面地完成了市十六届人大四次会议确定的各项工作任务，为推动全市经济社会的又好又快发展和民主政治建设较好地发挥了职能作用。

一、紧扣大局，助推经济社会发展

按照围绕中心、服务大局的工作原则，先后就工业经济的发展、文化产业的建设、重点项目的推进等问题开展了审议，组织代表围绕助推发展积极作为。一是开展稳增长、促转型的调研献策。针对经济发展进入新常态的新形势，组织全市广大代表重点围绕深化改革、转变方式、调整结构、稳定增长的主题开展调研献策活动。整个活动历时 2 个多月，共发放书面问卷 500 多份，组织调研座谈 12 场次，走访基层企业 120 多家，收集到建议、意见 1900 多条。通过归纳整理，提炼出建设性意见 66 条，形成了涵盖鞭炮烟花、房地产业、招商引资、政府融资、产业建设五个方面的综合报告，为市委政府科学决策提供了参考。二是组织督难点、破难题的项目视察。按照抓项目就是抓发展的思路，把推进项目建设作为助推发展的主抓手。组织部分常委会委员、人大代表分成 6 个小组，深入基层、深入企业、深入项目调研视察，问诊把脉，收集到国土、建设、环保、规划等相关方面的重点难点问题 34 个。通过专题交办、领导联办、跟踪督办，浓厚了解难题、破难点、攻难关的工作氛围。年终已有 32 个问题得到了解决和基本解决，有效地推进了全市重点项目建设的进程。三是深化结对子、助发展的创业帮带。结合“大众创业、万众创新”的活动开展，着力开辟创业帮带的新途径。在鼓励代表自主创业的同时，组织缔结帮带对子 410 对，通过帮资金、传技术、教管理、助营销等形式，带动周边群众和企业创业。为推进活动的深入开展，采取现场观摩的办法，重点总结推介了博大机械、康明木业、佳海电梯等 8 个先进典型。大大地激发了广大代表投入创业帮带活动的热情，确保了活动的效果。

二、改进方式，加大依法监督力度

把提高监督实效作为完善人大监督机制的突破口，坚持议而有决、决而有果的工作原则，改进人大审议的方式方法，找准监督的切入点和着力点，切实加大人大监督工作的力度。一是推行审计跟踪，完善财政预算监督。听取审议了 2015 年国民经济与社会发展计划和财政预算报告、2015 年上半年财政预算执行情况的报告，以及 2014 年财政“同级审”情况报告。在全面推行全口径预算，将政府收入和支出全部纳入预算监督范围的基础上，以财政“同级审”为依据，对财政预算监督实施精准发力。通过跟踪整改，2014 年审计发现的 56 个违规问题，有 48 个在 2015 年的预算编制和执行中得到了较好地解决，充分发挥了审计手段在监督中的有效作用。二是开展公信测评，增进司法公正监督。深入开展

"司法公正行"活动，通过增加代表旁听人数、组织公信力测评，进一步完善庭审旁听评议工作。按照监督不干扰的原则，先后组织代表对1起诈骗案和1起土地租赁合同纠纷案进行了旁听评议，提出了8个方面的评议意见。结合旁听评议的开展，对法、检、公、司四个单位进行了社会公信力测评。150名代表参与投票，对四个单位的办案情况作出评价，有效地拓展了司法公正监督的新途径。三是加大询问力度，强化依法行政监督。将物业管理和呵护植被、保护环境作为2015年依法行政监督的重点。在开展《物业管理条例》执法检查的同时，再次将生态环境保护问题作为询问的选题。市环保局、林业局、森林公安局等6单位的负责人到会接受了询问，对代表普遍关注的15个问题作出了回答和整改承诺。10月份，常委会组织视察测评，整改满意率均在90%以上，收到了较好的监督效果。四是紧扣审议环节，督促审议意见落实。进一步完善了委办归口督办的工作机制，着力于审议成果的有效转化。对城区教育布局、花炮安全生产、民商案件执行等6项审议意见进行了跟踪督办，认真听取审议了市人民政府对前三年花炮生产经营和安全生产监管方面审议意见办理情况的报告。同时针对代表对法院民商案件执行意见较为集中的情况，组织了一次代表见证执行活动，增进了互相理解，促进了执行工作。

三、积极探索，拓展人大履职途径

坚持调研为履职第一程序的理念，先后就农村危房改造、劳动争议仲裁、城乡居民自治等问题开展了审议，对广泛采用多年的履职载体进行了创新完善，拓展了人大履职的途径。一是推行代表荐题，完善专项工作评议。除坚持对副市长分管工作进行满意度测评外，突出把部门专项工作评议作为品牌来打造。在评议选题上，采取了代表全员荐题、常委会议票决的方式，将重点项目建设的指导、城乡植树造林的管理、基层医疗机构的建设、公益文化事业的发展、畜禽水产品的安全、农村电网电力的改造等6个方面的工作确定为2015年的评议内容，大大增强了评议工作的现实针对性。通过突出抓整改，有效地促进了一批重点难点问题的解决，有5个单位的整改工作获得了满意等次。二是拓宽监督视野，深化代表"随手拍"。总结上年的成功经验，着力在全方位、多角度、广覆盖上下功夫。将"随手拍"的主题从环境整治扩大到生态保护、水利建设、安全生产、民生保障等多个领域，有效地增加了"随手拍"的信息来源。全年共收到照片资料376幅，除转作社情民意反映外，通过活动简报、媒体专栏等形式向政府职能部门重点交办了24件。均收到了良好的办理效果，受到了各方面的一致好评。三是试行群众点题，开展委办对口监督。采取社会征集、群众点题的方式，在全市范围内组织问卷，广泛收集人民群众反映集中的议题。经过筛选，分别将驾校行业管理、代表建议办理、政府投资管理、基层公安建设、食品加工监管、农田水利建设和水污染防治工作确定为2015年各委办对口监督的重点。随着对口监督的开展，不仅促进了一批问题的解决，同时积极探索了委办履职的有效形式。

四、强化服务，发挥代表主体作用

牢固树立人大工作的主体是代表的思想，组织代表深入开展"农产品质量安全行""三湘农民健康行""民族团结进步行""环保世纪行"等主题活动，努力为代表发挥作用创造良好的条件。一是切实加强代表联系工作。坚持了人大常委会、"一府两院"向代表寄送资料的制度，适时组织了半年政府工作通报会和年终重点项目视察活动。畅通代表闭会期间建议、意见的反馈渠道，建立了主任接待代表日和常委会组成人员联系走访代表的制度。扩大代表对常委会活动的参与。组织了代表迎春书画摄影展，开展了"代表的一天"系列报道，充分展示广大代表的才艺素质和履职风采。二是认真抓好建议意见办理。在重点抓好关于加快推进全市特色工业园区发展议案办理的同时，全面加大了建议批评意见督办的力度。继续推行了市长领办、主任联办、常委会督办的工作机制，将城区学校门前设立减速带等7件建议列为主任联办建议和关于普官防洪公路修复改造等33件建议列为市长领办建议，加强办理工作的领导。全面实行了办理情况"背靠背"的测评，对测评不满意的26件建议在媒体上予以公布，并责成有关部门进行了重新办理，确保代表建议的办理质量。三是推进代表小组活动开展。主任会议专门听取了代表小组活动开展情况的报告，确定了从活动选题、经费保障、形式创新三个方面着力，加强代表小组活动组织的思路。从落实运转经费入手，全面健全乡镇代表小组活动室的功能，定期开展了接待选民、学习培训、工作审议和经验交流等活动。同时继续开展了代表述职活动，组织向选民汇报履职情况，接受监督。

五、夯实基础，提升自身建设水平

坚持以"三严三实"专题教育为契机，不断加强思想政治、工作作风和履职能力建设，努力提高履职水平。一是认真践行常委会履职若干规定。巩固和拓展党的群众路线教育实践活动的成果，认真践行《常委会履职管理若干规定》，从规范履职形式、推行跟踪落实、坚持厉行节约等几个方面入手，进一步规范常委会的履职行为。全年组织召开常委会议10次、主任会议14次，听取和审议"一府两院"工作报告11个，开展工作视察4次、专题调研10次，依法任免国家机关工作人员41人次，接受辞去人大常委会委员职务2人，均保证了其规定的贯彻落实。二是切实加强基层人大工作指导。坚持把推动乡镇人大工作做实作为一项重要任务，继续实行委办分片联系指导乡镇人大工作制度。坚持分批邀请人大主席列席常委会，定期举行经验座谈会、工作联系会，加强工作交流。健全上下联动机制，在县乡履职活动中增进配合，促进了人大工作整体水平的提升。三是努力提高常委会的自身履职能力。按照政治坚定、作风优良、学识丰富、业务熟悉的要求，切实加强自身修养。先后组织了十八届四中全会精神、新预算法、中国传统文化等专题讲座，举办了清华大学人大工作专题培训班，常委会一班人的政策理论素养和专业知识水平得到了新的提升。坚持调研先行、归口督办、审议跟踪的制度，人大工作进一步规范，成效提高。

各位代表，过去一年常委会所取得的各项工作成绩，是中共浏阳市委坚强领导的结果，是全体人大代表和人大工作者共同努力的结果，是“一府两院”及其所属部门和单位密切配合的结果，也是各级党委、社会各界和全市人民关心支持的结果。在此，我代表市人大常委会表示衷心的感谢！

我们也清楚地认识到工作中仍存在一些问题和不足，主要表现在监督工作的实效还有待进一步提高；代表建议的办理还有待进一步抓实；队伍建设的力度还有待进一步加强等。这些都需要我们在新的一年认真加以改进。

2016年主要工作安排

2016年，是全面深化改革的关键之年，也是全面实施“十三五”规划的开局之年。市人大常委会将认真贯彻落实党的十八大和十八届三中、四中、五中全会精神，坚持以邓小平理论、“三个代表”重要思想和科学发展观为指导，深入贯彻习近平总书记系列重要讲话精神，在中共浏阳市委的坚强领导下，紧扣全市的发展定位、发展格局、发展战略和发展路径，突出助推发展、关注民生、保护环境、公正司法的工作重点，忠实履行宪法和法律赋予的各项职责，努力推进我市的民主政治进程，为建设省会副中心和湘赣边区域性中心城市作出新的贡献。

一、服务全市发展大局，深化代表创业帮带主题活动

按照围绕中心、服务大局的要求，把助推全市的发展作为第一要务，紧扣“十三五”的开局起步，着力抓好代表创业帮带主题活动。一是抓典型，树立活动学习样板。鼓励代表在经济建设中打头阵、作表率，积极发挥自身优势，帮助地方办企业、兴产业。通过比发展、比帮带、比贡献、比声誉，培育一批创业帮带的示范企业和示范项目，进一步浓厚活动氛围。二是解难题，促进活动健康发展。适时组织代表交流，探索帮带经验。及时发现活动中的困难和问题，督促相关部门尽快有效解决。实行常委会组成人员联系创业帮带项目的制度，促进创业帮带活动健康发展。三是建机制，激发活动参与热情。把参与创业帮带活动作为代表履职的重要内容，与撰写建议意见、模范遵纪守法等一同纳入考核范畴。对创业帮带实绩突出、社会贡献大的，授予帮带标兵的称号。

二、扭住履职工作重点，推行“一府两院”报告落实跟踪

积极探索依法监督的新形式，在继续抓好全口径预算审查监督、司法庭审旁听评议、审议意见跟踪督办的同时，重点推行“一府两院”报告全程“清单式”的跟踪落实。一是认真组织报告内容审议。把报告内容的审议作为全程跟踪的第一环节。针对人民代表大会会期短、审议难以充分的问题，加大会前多种形式审议的力度，努力将人民群众关心关注的大事反映到报告中来，为报告的实施奠定基础。二是全面开展报告落实跟踪。以推进工作目标实现为纽带，将人大监督融入到政府工作推进的始终。按照年初分解责任、半年公开通报、年末集中审议的步骤进行全程跟踪。通过听取汇报、组织视察、调研走访等方式，推动目标的实现。三是积极探索报告实效评议。强化兑现承诺、有效实施的理念。坚持半年听取一次报告落实情况的报告，结合分管市长工作测评，组织工作报告落实情况满意度测评，努力提高“一府两院”工作报告的落实率。

三、紧扣作风建设要求，继续开展部门专项工作评议

进一步拓宽和用好各种职能载体，继续开展代表“随手拍”活动，扎实开展《中华人民共和国土地管理法》执法检查，突出抓好部门专项工作评议。一是广泛依靠代表，把评议内容选准。在2016年的评议工作中，坚持将市经信局、财政局、教育局、住建局、环保局、交通局6个单位评议内容的确定权交给代表。拟通过代表全员参与评议选题的方式，把科学发展需要、人民群众期盼、社会反映集中的问题纳入评议内容，使评议选题更富现实针对性。二是坚持问题导向，把群众意见找中。按照调研先行的原则，坚持深入基层、深入企业、深入群众，广泛征集多方面的意见。采取走访、座谈、问卷等多种形式，真正把问题找中，为评议整改提供有效的抓手，奠定良好的基础。三是把握关键环节，把整改工作抓实。以代表满意为第一标准，坚持未评先改、边评边改、评改结合，把整改贯穿评议始终。通过狠抓整改，让评议工作真正评出激情、评出活力、评出实效。

四、加强代表服务工作，努力提高建议意见办理实效

深入开展“农产品质量安全行”“三湘农民健康行”“民族团结进步行”“环保世纪行”“司法公正行”以及代表“三联”活动。在广泛为代表创造履职平台的同时，着重加大建议办理的督办力度。一是继续推行“三办”工作机制。从代表建议中筛选出一批涉及面广、群众反映集中的建议，实行市长领办、主任联办、常委会督办。充分借助新闻媒体和社会舆论的力量，探索代表重点建议办理工作全程公开。将建议内容、承办单位、办理进度、测评结果及时向社会公布，推进办理工作由单方督办向多方督办转变。二是归口开展代表建议督办。在坚持重点领办的同时，建立委办分线归口督办机制，通过听取汇报、代表走访、现场踏看等形式，开展经常性督查活动。建立代表参与办理机制，实行办前走访、办中沟通、办后反馈，推动代表建议办理从重答复向重落实转变。三是建立健全建议重办制度。健全建议办理评价机制，继续开展“背靠背”的满意度测评。对测评不满意的建议，责成承办单位重新办理。对办理敷衍塞责、相互推诿、弄虚作假的，适时组织代表进行询问，推动办理工作的有效落实。

五、扎实推进自身建设，认真贯彻中央18号文件精神

牢牢抓住自身建设这个基础，以学习贯彻2015年中央关于加强县乡人大工作的18号文件为契机，全力开创人大工作新局面。一是努力提高常委会自身履职能力。健全集体学习机制，以学习贯彻党的十八届五中全会精神为重点，加强对党的路线方针政策和法律法规的学习。自觉坚持党对人大工作的领导，确保人大工作正确的政治方向。切实维护人民群众的根本利益，让常委会的工作更好地汇集群众的智慧，反映群众的意愿。进一步完善议事规则和工作规程，使常委会的调研、审议、评议、督办等各项履职活动有据可依、更富实效。二是切实加强基层人大工作联系指导。进一步加强基层人大干部培训，坚持常委会领导和委办联系基层人大工作，邀请人大主席列席常委会议并参与各项履职活动。重点指导规范乡镇依法开好代表大会，切实把握好会期安排、报告审议、建议督办等关键环节，充分发挥乡镇人大职能作用。指导乡镇抓好代表小组活动，拓展代表履职渠道，努力解决乡镇人大代表活动相对缺乏的问题。三是认真做好人大代表换届选举工作。根据省市的统一安排部署，将在今年提前进行人大换届选举。要以中央 18 号文件为指针，精心组织、周密部署、依法有序推进。特别是要按照文件要求，认真做好代表提名、选举组织、资格审查等方面的工作，确保选举工作风清气正，选举结果人民满意。

各位代表，“十三五”的战鼓已经擂响，“十三五”的征程已经开启。面对新的形势和任务，让我们在中共浏阳市委的坚强领导下，同心同德，锐意进取，扎实工作，努力加快我市的民主法治进程，为把浏阳建成省会副中心和湘赣边区域性中心城市而努力奋斗！

2016 年 1 月 13 日，浏阳市第十六届人民代表大会第五次会议　　（图片来源：市人大办）

政府工作报告

——在浏阳市第十六届人民代表大会第五次会议上

浏阳市人民政府市长　余勋伟

（2016年1月13日）

（图片来源　市政府办）

各位代表：

现在，我代表市人民政府，向大会报告工作，请连同《浏阳市国民经济和社会发展第十三个五年规划纲要（草案）》一并审议，并请各位政协委员和列席人员提出意见。

一、2015年及“十二五”工作回顾

过去一年，在市委的正确领导下，在市人大、市政协的监督支持下，市人民政府紧紧围绕“挺进三十强、再创新辉煌”目标，顺应经济发展新常态，坚定信心，克难奋进，主动作为，实现了经济社会持续健康较快发展，较好地完成了市第十六届人大四次会议确定的各项目标任务。全年预计实现地区生产总值1120亿元，增长12.3%。完成全口径预算收入136.9亿元，增长15.3%，一般公共预算收入85.9亿元，增长13.2%，其中地方一般公共预算收入49.9亿元，增长16.6%。实现规模工业增加值570亿元，增长15%。完成固定资产投资856亿元，增长18%。城乡居民人均可支配收入31032元，增长9%，其中城镇居民人均可支配收入36520元，增长8%，农村居民人均可支配收入25380元，增长9.5%。地区生产总值、财政收入、规模工业增加值等主要经济指标增速稳居省市前列。县域经济与县域基本竞争力跃居全国百强第28位，提前两年实现“挺进三十强”目标。一年来，我们主要做了以下工作：

（一）着力转型升级，产业发展提质增效

工业增势强劲。全市规模工业企业达829家，其中年产值过亿元企业300家，过10亿元企业16家，上市企业5家，新三板挂牌企业4家，实现规模工业总产值1945亿元，增长16.5%。经开区、制造产业基地、两型产业园分别实现规模工业总产值840亿元、290亿元、46亿元，增长19%、25%、12%，其中经开区综合实力提升至全省园区第4名。乡镇特色工业集中区实现规模工业总产值217亿元，增长19%。电子信息、生物医药、机械制造、健康食品等新兴产业集群持续壮大，产值分别增长20%、19%、28%、12%。蓝思科技成功上市，位列中国民营企业500强第110位。蓝思科技三期、尔康制药淀粉胶囊、凯中电子等重大项目基本建成，基伍手机生产基地、华纳大制药、信质电机等项目实现投产。成功举办第十二届中国（浏阳）国际花炮文化节，创新推行浏阳焰火神州行、产销联盟、连锁经营、O2O等花炮营销模式，花炮产业集群实现总产值220.1亿元，增长8.9%。

农业发展平稳。实现农业总产值139.6亿元，增长6.5%。种植粮食作物126.9万亩、蔬菜45.6万亩，冬种油菜46.2万亩，新增油茶4000亩，烟草产业健康发展，生猪、黑山羊、水果等特色产业效益提升。投入5亿元，铺排农业产业项目29个。新培育农民专业合作社490家，全市达3989家，农业产业化经营初具规模。开展涉农项目资金专项整治，发放各类惠农资金3.3亿元。实施农业部信息进村入户试点工程，200家村级益农信息社全部挂牌。山洪灾害防治、农产品质量安全和主要农作物生产全程机械化等工作经验在全国推介。投入水利资金4.5亿元，实施农村饮水安全工程24处，除险加固病险水库43座，建设高标准农田12万亩，农业基础更加夯实。扎实抓好防汛、防火、防疫等工作，实现全年无大灾。

第三产业活力增强。大围山国家生态旅游示范区西大门下移、栗木桥景区提质、杜鹃花海等项目顺利推进，胡耀邦故里旅游区、秋收起义纪念园等景区基础设施全面提质。生态休闲旅游蓬勃发展，获评全国休闲农业与乡村旅游示范县，全年接待游客 1433.1 万人次，实现旅游收入 146.2 亿元，分别增长 13%和 17%。成功举办全国登山节、大围山野外滑雪节、浏阳河周末焰火燃放、第十一届房交会等重大节会活动。文化产业实现增加值 210 亿元，增长 12%，浏阳河文化产业园上榜“中国产业园区成长力百强”。新引进兴业银行、广发银行、江淮村镇银行，域内银行业金融机构达 17 家，金融机构各项存贷款余额为 527.2 亿元、421.6 亿元，分别增长 21%、16.8%。完成百宜粮库整体搬迁，星沙海关驻浏阳办事处开关运行。新改建农贸市场 10 家，广州奥园集团成功入驻，大润发等大型商业广场正式营业。浏阳蒸菜标准化、产业化取得新进展，电子商务、仓储物流等服务业加快发展。全年实现社会消费品零售总额 234 亿元，增长 15.5%。

(二)加快基础建设，城乡品质稳步提升

交通路网更加畅达。蒙华铁路浏阳段启动建设，金阳大道、大围山旅游干线公路建设快速推进。西北环线、浏阳河六桥、荷文公路、社大公路、园永公路、大瑶绕城公路建成通车。实施大文公路、沙赤公路一期、G319 大瑶至东风界、蕉溪岭隧道群等道路改造，境内国省干线提质基本完成。升级改造浏阳大道、花炮大道、城区出入口等景观大道和予倩西路、博德路、天马路等城市道路，建成集里路、菊花石路、道吾东路等项目。修建农村公路 304.5 公里，改造危桥 29 座，完成校车运行线路安保工程。依法查处超限超载车辆 3478 台次，普通干线公路超限超载率下降到 0.1%以内，治超工作经验在全省推介。

承载功能更加完善。长兴湖、新屋岭等片区开发进展顺利，严家冲、城东新村、柑子园等老旧小区改造有序推进。启动城区排水设施畅通工程，完成淮川河截污干管改造，清淤城区主管网 201 公里，市三水厂三期工程竣工投产。提质改造背街小巷 6 条、新建街头花园 3 处、停车场 3 个。新增公共自行车 1500 辆、站点 76 个。启动天然气入浏工程，建成 110 千伏澄潭江变电站。经开区长沙 e 中心、制造产业基地创新创业园、两型产业园食品干道等重点基础设施项目加快建设，园区承载力进一步提升。永安、大瑶、镇头、沿溪、大围山等重点乡镇铺排城建项目 114 个，投入资金 62.7 亿元，新型城镇化建设扎实推进。

人居环境更加美化。启动“城乡统筹、环境同治”新三年行动，打造了 21 个“美丽乡村”、45 个“幸福屋场”和 284 个“整洁屋场”，大瑶镇获评全省首批美丽乡镇示范镇。强力推进拆违控违，拆除违法建设 50 万平方米。实施“最严城管令”，完善“门前三包”责任制，建成城东夜宵市场和 10 处摊担疏导区，城市管理工作在长沙市城市管理综合考评中排名第一。继续开展“三年造绿大行动”，筹措资金 3.1 亿元，打造绿色通道 190.6 公里，完成绿化造林 5 万亩。严格落实新环保法，强力推进“清霾、碧水、静音、净土”行动，环境质量不断改善，三大河流出境断面水质考核合格率 100%，荣获“中国十佳生态文明城市”和“中国生态魅力市”称号。

(三)突出改革创新，发展动力持续增强

湘赣边合作进一步深化。建立湘赣边区域合作联席会议制度，启动试验区建设，重点领域合作向纵深推进。组织召开首届湘赣边区域警务、司法、检察工作协作会议，安全稳定联动联防进一步加强。合力推进一批重大交通基础设施项目建设，互联互通交通路网逐步优化。加强与上栗、万载、醴陵等花炮主产区的联动合作，花炮产业抱团发展更加紧密。整合区域旅游资源，成立红色旅游联盟，推进区域旅游产业项目融合发展。湘赣边区域合作纳入长江中游城市群、长江经济带国家战略，极大提升了浏阳的外向度和影响力。

发展要素进一步集聚。新引进项目 190 个，其中 10 亿元以上项目 7 个，50 亿元以上项目 3 个，浏阳市外到位资金 143.5 亿元。利美健康产业园、欧智通产业园等一批重大项目签约落户。实施重点项目 167 个，累计完成投资 305.3 亿元，占年度计划投资的 105.8%。完成征地 8317 亩，实现 64 个项目征拆“清零”。成立全省首个涵盖领域最广的农村资源流转交易中心。有序推进农村土地承包经营权确权登记颁证，流转土地 202 万亩。深化投融资体制改革，积极拓宽融资渠道，争取上级资金 30.1 亿元，通过平台公司发行债券 46 亿元。持续推进“5358”人才工程，引进党政机关、教育卫生类专业人才 561 人，招聘企业管理和技术人才 3 万余人，为跨越发展积聚了人力资源优势。

体制机制进一步健全。扎实推进省直管县、农房抵押贷款、不动产统一登记、农村宅基地制度、国有林场等改革试点，率先在全省建成公共法律服务中心，集体林权制度改革工作经验在全国推介。推进行政审批制度改革，公布政府“权力清单”和“责任清单”，精简行政许可事项 110 项，暂停或取消行政事业性和服务性收费项目 52 项。实施“多证合一”“一照一码”等商事登记制度改革，新登记商事主体和注册资本分别增长 24.3%、25.7%。推进乡镇区划调整和政府机构改革，乡镇由 33 个精简至 28 个，政府工作部门由 27 个精简至 24 个。启动金阳新区建设管理体制改革，建立“两园四镇”常态化联络机制。下放 96 项县级管理权限，大瑶强镇扩权改革稳步推进。

(四)坚持民生优先，社会事业成效显著

民生保障水平逐步提高。大力实施“八大民生工程”，民生领域支出 63.6 亿元，占公共财政总支出的 75%。新增创业主体 1.1 万个、城镇就业 1.7 万人，农村劳动力转移就业 1.8 万人。推进社保一卡通发放工作，城乡居民养老保险基础养老金提高至 130 元 / 月，报销城乡居民医疗费用 5.3 亿元。发放城乡低保金 1.4 亿元、各类优抚补助 7200 万元。开展慈善助学、助医、助孤、助困活动，实施暖心工程，走访慰问困难户 2.7 万户，发放各类救助金 6200 万元。新扩建乡镇敬老院 6 所，新增床位 640 张。建成烈士陵园，被列为省重点烈士纪念设施保护单位。建设保障性住房 4522 套，实施棚户区改造 3485 户，改建农村危房 3180 户，均超额完成任务，有效保障了低收入群体住房需求。按照“六个精准”要求，全面开展精准扶贫工作，识别扶贫对象11916户49218人，安排扶贫工作队员83名进村入户，吹响了扶贫攻坚“冲锋号”。

公共事业全面进步。长郡浏阳实验学校、教师进修学校及附属小学投入使用，长兴湖小学、新永安中学启动建设。新增城区学位1500个，建成教师公租房605套、公办幼儿园8所，提质改造薄弱学校72所，顺利通过省教育强市验收。启动建设精神卫生防治大楼，新改建乡镇卫生院6所、社区卫生服务中心1所，市中医医院成为全省首家县级国家三甲中医医院。贯彻执行国家生育政策，生育水平保持稳定。加快创新型城市建设，完成专利申请1225件，战略性新兴产业、高新技术产业产值分别增长21.5%和21%。市志档案局被评为全国档案系统先进集体，《浏阳记忆》历史发展档案陈列建成开馆。成功举办纪念胡耀邦同志诞辰100周年系列活动，大型现代花鼓戏《耀邦兄弟》获湖南艺术节四项田汉大奖，浏阳“烟花龙舞”被授予民间文艺山花奖，精心组织浏阳文庙祭孔大典、全国女子摔跤冠军赛、百强县（市）男子篮球邀请赛等系列活动。扎实推进文明创建，获全国文明城市提名，永安镇获评全国文明村镇，全省农村精神文明建设工作经验交流会在我市召开。

社会大局保持稳定。坚持用群众工作统揽信访工作，率先在全省成立县级信访信息中心，连续六年实现特护期进京非访“零登记”。深化村务公开和城乡社区建设，获评全国农村社区建设实验全覆盖示范单位。加强食品药品安全监管和安全生产工作，获评全省安全生产先进县（市），花炮企业高温停产模式在全国推广。实施天网工程和“红袖章”工程，实现治安防控全天候、无死角。开展“除民患、保民安”等系列专项行动，坚决打击违法犯罪，禁毒工作获全国先进。建立社区矫正中心，健全矛盾纠纷化解机制，社会管理综合治理工作获全省先进。

（五）践行“三严三实”，政府自身建设不断加强

自觉接受人大、政协监督，全年办理人大议案1件、人大代表建议445件，承办政协委员提案212件，办结率均为100%。全面落实中央、省市作风建设有关规定，深入开展“三严三实”专题教育活动，干部队伍更加务实清廉。严格执行土地招拍挂制度，在全省首创招投标网上直播，营造公正透明的市场环境。坚持依法行政，行政裁量权基准不断完善，行政行为进一步规范。加强财源建设，严格预算管理，实施强镇扩权财税体制，市乡财税关系进一步理顺。完成乡镇（街道）政务中心标准化建设，率先在全省建立行政审批服务事项三级帮（代）办体系和政务窗口微信公众平台，基础政务服务和电子政务外网实现全覆盖。推进政府信息公开，积极应对网络舆情，主动接受社会各界监督。通过“民声通道”、12345市民服务热线等渠道，受理并办结各类诉求4200余件，确保了件件有回音、事事有着落。

围绕经济建设和社会发展，人民武装、司法、审计、统计、新闻出版、人防、外事、对台侨务、民族宗教等工作得到加强，武警、消防、气象、移民、水文、盐务、邮政、电信、移动、联通、石化、检验检疫、海事、海关等部门做出积极贡献，工会、共青团、妇联、残联、工商联、文联、科协、关工委、老龄委等群团组织及其他社会团体均取得新的成绩。

各位代表，回首“十二五”发展，面对宏观形势复杂多变、国际金融危机持续影响的严峻挑战，全市上下始终保持定力，深处着力，精准发力，经济社会发展取得了令人鼓舞的巨大成就，为全市实现新的跨越发展奠定了坚实基础。

——这五年，综合实力大幅增强。地区生产总值年均增长13.6%，一般公共预算收入年均增长25%，工业总产值年均增长21.1%，固定资产投资年均增长24.4%，社会消费品零售总额年均增长14%。财政总收入、工业总产值等主要经济指标提前一年实现“十二五”目标。成功获批全国发展改革试点城市，获评中国全面小康十大示范县（市），连续两年跻身福布斯中国大陆最佳县级城市榜前30强，位列全国工业百强县（市）第15位、中部第1位。

——这五年，产业发展量效齐升。重点打造了七大板块园区和八大产业集群，其中生物医药园、制造产业基地、两型产业园分别获批国家级经济技术开发区、国家首批再制造示范基地、湖南省首家特色食品产业园，大围山国家森林公园获批全国首批国家生态旅游示范区。规模工业总产值年均增长29.1%，新增规模工业企业235家，其中蓝思科技连续五年排名全省进出口加工贸易企业第1位。现代农业稳步发展，获评全国油料大县、商品粮基地县、蔬菜生产大县、农民林业专业合作社示范县（市）。招商引资成效显著，累计引进项目796个，其中10亿元以上项目30个。旅游市场持续活跃，累计接待游客3180万人次，年均增长15.3%，获评湖南省旅游产业发展十佳县（市）、湖南省旅游强县。

——这五年，城乡面貌大为改观。大浏、长浏、浏醴等高速公路建成通车，境内高速公路总里程达227.3公里，居全省县（市）第一。建成或提质改造开元大道东延线、G319、G106、浏东、浏跃等干线公路，打造了县域“一小时”经济圈。大力推进重点片区和重点城镇开发建设，积极开展文明创建、环境整治、拆违控违等工作，全面实施安全饮水、电网扩容、农村公路通达等民生工程，城镇基础设施不断完善，城市规划区面积扩大一倍，城镇化率较“十一五”末提高12.7个百分点，“一轴三带”新型城镇格局基本形成。

——这五年，民生民利持续改善。民生领域累计支出214.9亿元，年均增长26.7%。持续推进创新创业，科技创新能力排名全国县级城市第48位，是全省唯一进入50强县（市）。通过义务教育发展基本均衡县（市）国检，全市213所农村义务教育薄弱学校全部完成合格学校改造。公立医院改革经验在全国推介，人均寿命等主要健康指标位居全省前列。社会保障不断完善，养老保险、医疗保险制度实现全覆盖，城乡低保实现应保尽保。群众性文体活动氛围浓厚，获评全国群众体育先进单位和全国千年古县。加强和创新社会治理，社会大局

保持和谐稳定，荣获“平安县市区”称号。

——这五年，发展环境明显优化。围绕“打造全省审批事项最少、时限最短、成本最低县（市）”的目标，扎实推进行政审批制度改革，行政权力事项精简63%，行政审批效率提速66%以上。深入开展群众路线教育实践活动，积极践行“一线工作法”，严格落实“三个一律”，干部作风和机关效能建设持续加强。坚持“两帮两促”，实施重点工作季度讲评、重点项目半年观摩等制度，经济发展环境更加优化，全市上下干事创业氛围日益浓厚。

各位代表，过去五年的成绩，是市委正确领导的结果，是市人大、市政协监督支持的结果，是全市广大干部群众顽强拼搏的结果。在此，我代表市人民政府，向各位人大代表、政协委员，向全市广大干部群众，向各位老领导、离退休老同志，向各民主党派、人民团体和社会各界人士，向驻浏部队、武警官兵和政法干警，向所有关心支持浏阳发展的朋友们，表示衷心的感谢和崇高的敬意！

在总结成绩的同时，我们也清醒地认识到，发展中还存在不少困难和问题：传统产业面临发展瓶颈，创新驱动有待加强，经济转型升级的任务仍然艰巨；改革推进的难度日益加大，一些改革举措落实不够到位，市场主体活力有待进一步释放；城乡发展不够协调，公共资源配置不够均衡，民生工作存在薄弱环节，社会治理面临许多新的挑战；少数干部服务意识不强、执行落实不力的问题仍然存在。对此，我们将高度重视，认真予以解决。

二、“十三五”时期主要目标与任务

“十三五”时期是浏阳全面建成小康社会的决战期，是打造省会副中心和湘赣边区域性中心城市的关键期，是全面深化改革的攻坚期。纵观国内外形势，既要看到当前世界经济复苏一波三折的挑战，更要看到我国经济发展长期向好的基本态势。总体判断，浏阳“十三五”发展环境好于“十二五”。从区域形势看，随着长江经济带、长沙东部开放型经济走廊、湘赣边区域开放合作等重大战略的持续发力、加快推进，政策红利的叠加效应增添了跨越发展的新动力。从交通区位看，域内三条高速贯穿全境，蒙华铁路联通南北，国省干线联网畅通，南北横线、金阳大道直通省会，便捷高效的交通路网带来了前所未有的新优势。从产业发展看，七大板块园区布局科学、特色鲜明，八大产业集群齐头并进、竞相发展，一大批旗舰型企业和重大产业项目相继落地，多点支撑的产业结构开创了多极发展的新局面。从创业环境看，全面深化改革稳步推进，行政审批日益规范、便捷、高效，广大干部群众忧患意识、发展意识和责任意识不断增强，发展环境的持续优化掀起了“大众创业、万众创新”的新热潮。

未来五年，我们将按照全面建成小康社会、加快实现基本现代化的总体目标，秉承“创新、协调、绿色、开放、共享”的发展理念，实施“交通融城、产业兴城、人才活城、生态美城”发展战略，抢抓机遇，奋力拼搏，全力打造实力浏阳、智慧浏阳、美丽浏阳、幸福浏阳，努力建成省会副中心和湘赣边区域性中心城市。

未来五年的主要预期目标是：到2020年，地区生产总值接近2000亿元，年均增长10%以上；一般公共预算收入突破145亿元，年均增长11%以上；固定资产投资年均增长14%；社会消费品零售总额年均增长12%；城镇居民人均可支配收入年均增长9%，农村居民人均可支配收入年均增长9.5%；城镇登记失业率控制在4%以内。

为实现上述目标，我们将坚持抓好五个方面的工作。

（一）坚持创新发展，推进经济转型升级。顺应国家供给侧结构性改革的新要求，深入实施创新驱动战略，加大科技攻关，推进创新创业平台建设，激发市场主体活力。全面对接“中国制造2025”，加快鞭炮烟花转型升级，培育壮大电子信息、生物医药、机械制造、健康食品、家具装饰等优势产业，积极发展新能源、新材料等新兴产业，实现产业现代化、智能化、科技化、高端化发展。大力发展生态文化休闲旅游，力争胡耀邦故里旅游区和秋收起义纪念园、大围山国家生态旅游示范区创建5A级景区，推动浏阳河文化旅游产业带建设取得重大进展。实施“互联网+”行动，发展分享经济，稳步提高第三产业增加值占地区生产总值的比重。立足产业化、高效化、特色化，提升农业现代化发展水平。

（二）坚持协调发展，加快城乡融合步伐。科学优化“一轴三带”“两城七园”“三河三山”的发展格局，构建覆盖全市城乡、协调互动发展、山水脉络清晰的新型城镇体系。完善城市功能配套，提升城市精细化管理水平。健全城乡公共服务体系，推进城乡基本公共服务均等化。深化园镇融合，加快金阳新区建设，打造产城融合示范区。完善城镇规划体系，调优城镇乡村区划，建设资源要素流动更加快捷、产业关联度更加紧密、城乡一体化水平更高的小城镇，加快新型城镇化建设步伐。

（三）坚持绿色发展，建设美丽宜居家园。深化两型社会建设，推进节能减排，发展循环经济，创建全国节能示范县（市）和全国循环经济示范县（市）。实施最严格土地管理，集约节约利用土地，鼓励建设多层标准厂房，引导工业项目向园区集中。持续开展造绿大行动，强化绿心保护，筑牢生态屏障。构建大环保格局，强化联动执法，严格防治城镇污水、工业污染、农业面源污染，推进污染物达标排放。深入实施城乡环境综合整治，积极创建美丽乡村、幸福屋场，建设品质浏阳。

（四）坚持开放发展，打造区域性中心城市。建成蒙华铁路浏阳段、金阳大道、南北横线、东南干线，力争启动长浏城际铁路等重大交通项目建设，拉通北接长沙武广新城、南连株洲云龙新区的高规格无费快速通道，加快融入长株潭城市群步伐。大力发展开放型经济，加快对外贸易优化升级，提升区域经济外向度。健全湘赣边长效合作机制，深化基础设施、产业发展、资源要素、安全稳定、重大政策等方面的交流合作，增强浏阳的辐射带动能力，打造湘赣边区域性中心城市。

(五)坚持共享发展,增强人民群众获得感。建立健全公共就业服务体系，促进城乡居民充分就业。完善社会保障体系，进一步提高社会保障水平。继续加大农村危房改造、棚户区改造、保障房建设力度，健全住房保障体系。实施精准扶贫、精准脱贫，确保2017年率先建成全面小康。推进标准化学校建设，率先实现教育基本现代化。健全分级诊疗体系，积极推进医疗卫生体制改革，着力解决看病难、看病贵问题。加快基层公共文化设施建设，努力提高公共文化服务均等化水平。创新社会治理，抓好依法治访、安全生产、食品药品安全监管等工作，着力建设“平安浏阳”。

三、2016年工作重点

2016年政府工作的指导思想是：全面落实党的十八大和十八届三中、四中、五中全会及中央、省、市经济工作会议精神，按照“五位一体”总体布局和“四个全面”战略布局的要求，牢固树立和贯彻落实创新、协调、绿色、开放、共享发展理念，顺应经济发展新常态，坚持稳中求进总基调，紧紧围绕建设省会副中心和湘赣边区域性中心城市的发展定位，不断优化“一轴三带”“两城七园”“三河三山”发展格局，继续深入实施“交通融城、产业兴城、人才活城、生态美城”发展战略，进一步突出改革推动、创新驱动、区域带动、项目拉动、城乡联动，凝心聚力，开拓创新，努力实现“十三五”良好开局，为率先建成全面小康、加快实现基本现代化奠定坚实基础。

2016年，我市经济社会发展的主要预期目标是：地区生产总值增长10%；一般公共预算收入增长10%；地方一般公共预算收入增长10%；城镇居民人均可支配收入增长8.5%；农村居民人均可支配收入增长9.5%；固定资产投资增长15%；社会消费品零售总额增长13%；城镇登记失业率控制在4%以内。

为确保上述目标任务实现，我们将重点抓好以下七个方面的工作：

(一)致力改革推动,激发跨越赶超新活力

深化重点领域改革。深入推进行政审批制度改革，坚持简政放权、放管结合、优化服务三管齐下，最大限度推动行政提效、服务提质，上半年实现各职能部门网上审批，全力打造全省审批事项最少、时限最短、成本最低县（市）。继续推进省直管县、农村“三权”抵押贷款、农村宅基地制度、不动产统一登记等改革试点。加快推进农村土地承包经营权确权登记颁证，深化国有林场、供销合作社综合改革。稳妥实施事业单位分类、商事登记、公务用车等重点改革。完成79个行政村撤并工作。创新园镇管理，完善“园镇合一”“镇馆合一”“一园带四镇”等发展模式。深化大瑶强镇扩权改革试点，一季度实现国税、地税、财政三部门合署办公，并将“大瑶模式”逐步推广到条件成熟的乡镇。科学推广PPP、债券融资等模式，吸引更多民间资本进入公共服务领域。

加快金阳新区建设。高起点编制金阳新区总体发展规划，建立联席会议制度、规划和项目联审制度、专项工作调度制度等工作机制。精心筹办专场招商推介会，引进一批重大产业和基础设施项目。启动核心区建设，提质改造G319、牛泸路、健康大道等道路，促进金阳新区与浏阳主城区加快融合。统筹供水和污水处理，建设消防站、垃圾集中处理中心等基础设施。推进公共交通系统建设，科学设置道路名称，进一步完善公共自行车系统。统筹整合“两园四镇”优势资源，发展壮大金阳新区综合实力，努力打造“长沙东中心、中部新亮点”。

(二)致力创新驱动,实现产业发展新突破

夯实园区平台，推动工业转型升级。实施《兴工强市三年行动计划》，加快工业化和信息化融合步伐，推进新兴产业崛起壮大和传统产业提质增效。全方位提升七大板块园区规划建设管理和产业配套品质，深入推进“四个一批”工程，力促经开区向“双千亿”目标迈进，打造中西部生物医药产业龙头园区；制造产业基地向500亿元规模升级，积极申报省级高新区；其他园区建设取得突破性进展。加快基伍科技智谷等项目建设，力促蓝思科技三期及浏阳新总部、欧智通产业园一期、长沙e中心建成投产，发挥电子信息产业龙头带动作用，打造世界一流的移动智能终端产业集群。强力推进利美健康产业园、大众配套园、食品安全中心等项目建设，做大做强生物医药、机械制造、健康食品等优势产业集群。深入实施花炮产业“整合提升、科技攻关、品牌营销、文化创意”四大工程，实行分类管理和黑名单制度，制订退出补偿机制，淘汰散小乱差企业200家，扶持产品有市场、经营有效益、成长有前景的企业加强技术改造和市场拓展，树立浏阳花炮“科技、环保、安全”新形象。全力推进“大众创业、万众创新”，加快建设院士工作站、创新创意中心、大学生创业就业基地等公共服务平台，推进市校、园校、校企合作和科技成果转化，培育经济发展动力源。

发展现代农业，增强三农内生动力。遏制耕地抛荒，稳定粮食生产110万亩、蔬菜种植45万亩，启动建设高标准农田18万亩。壮大油菜、油茶、花木、烤烟、水果、生态养殖等特色产业，形成一批有规模、上档次的现代化农业基地，构建绿色生态经济走廊。推广“机农合一”生产模式，提高农业生产机械化、标准化、规模化水平。推进现代农业综合配套改革试验区建设，创新农产品流通业态和销售渠道，加强农业供给侧结构性改革。发展适度规模经营，培育农民专业合作社、家庭农场和新型职业农民，转变农业生产经营方式，提高农业效益和竞争力。健全水利项目运营机制，积极筹备椒花水库建设，启动金鸡水库扩容工程，除险加固水库36座，清淤山塘802口，修建河坝240处，疏浚沟渠1万公里。按照“精优特”原则，引进一批优质食品企业，高标准建设两型产业园，打造全国绿色食品供应基地。

做活第三产业，带动经济快速增长。提质升级大围山国家生态旅游示范区、胡耀邦故里旅游区和秋收起义纪念园等重点旅游区，加快浏阳河文化旅游产业带开发建设。大力发展乡村旅游，深入实施“访千年古县、觅美丽乡愁”行动，建设荷文公路、花木走廊等10条精品旅游线路，提升“湖湘宝地、美丽浏阳”品牌形象。精心举办杜鹃花节、漂流节、水果节、滑雪节等精品旅游节会，实现年接待游客1600万人次、旅游收入170亿元。加强浏阳蒸菜标准化、品牌化建设和规范化连锁经营，加快推进“走出去”战略。进一步提质改造农贸市场，发展大型商贸平台，促进“互联网+”与电子商务、金融服务、健康养老等行业融合发展。深化金融“安全区”创建，完善金融服务网络，健全金融风险防控体系，启动普惠金融工程，加大对三农、成长型企业、自主创业等领域的金融支持。挖掘文化资源，推进文化创意、设计服务与鞭炮烟花、生态旅游、现代农业等产业深度融合，做大做强文化产业。加快“国际烟花创意梦工场”、“米仓”创意产业园等项目建设，力争浏阳河文化产业园创建省级特色文化产业示范园。

(三)致力区域带动，拓展市域发展新空间

推进湘赣边合作。完善区域交流合作机制，推动合作交流会和联席会向更宽领域、更高层次发展。加强与长江经济带规划、长江中游城市群规划、省市“十三五”规划及相关政策的对接，争取项目和政策向湘赣边区域倾斜。加快推进大瑶镇等先行试验区建设，启动浏阳—上栗共建区、浏阳大围山—铜鼓大沩山共建区建设，推进区域一体化发展。加强重点领域合作，加快公路、铁路等出省通道建设。深化花炮、旅游、金融、司法、警务、医疗、广电传媒和社会保障等方面交流合作，使湘赣边区域的人流、物流、资金流、信息流汇聚浏阳，打造开放发展新高地。

畅通区域路网。继续实施“交通融城”战略，确保金阳大道一期、大围山旅游干线、梁高公路、沙赤公路二期、G354浏阳至官渡公路二期等干线公路建成通车。加快蒙华铁路浏阳段、金阳大道二期建设，启动金阳大道三期、境内南北横线和东南干线建设，完成永社公路、花木走廊等道路提质改造。拉通翠园路、西湖山路、平水路等城区断头路，建成道吾山路、西北环线二期、秋收路、白沙东路、百宜路等城市道路。实施“农村公路建设三年行动计划”，提高建设标准和管理水平，打通微循环，确保农村路网畅通和安全。加大科技治超力度，完善治超检测站点，实现治超工作常态化。

(四)致力项目拉动，培育经济发展新引擎

精准招商引项目。主动对接中央、省市政策，准确把握资本流向和市场需求，围绕优势产业和板块园区，瞄准长三角、珠三角等重点区域，实施精准招商，全力引进一批能改变浏阳发展格局的战略性项目，重点做好永和老工业区旅游项目、浏阳河长沙到双江口段通航项目的前期工作，确保招得进、留得住、发展得好。创新招商举措，采取“飞地招商”模式，整合各方资源，争取更多项目和资金在浏阳聚集。充分发挥各类商会组织联系广泛、信息灵通的优势，精心做好引老乡、回故乡、建家乡的工作。力争全年引进项目195个，其中经开区至少引进1个投资过50亿元、制造产业基地至少引进1个投资过10亿元的项目，其他园区引进一批具有较大体量的优质项目，切实增强经济发展后劲。

全力帮扶促项目。加强项目服务，落实项目法人制和领导联点制，健全“月调度、季讲评、半年观摩”机制，开展“走百家企业、解发展难题”活动，强化“转办、交办、批办、督办”等举措，确保项目建设开工率、投资率、达效率“三率齐升”。强力推进项目征拆“清零”行动，盘活土地存量，扩大供地增量，保障项目建设用地需求。统筹各类融资平台管理，适度加大债券发行力度，置换一批高利率、短期限存量债务，保障项目建设资金需求。优化项目发展环境，依法打击强揽工程、阻工闹事等违法行为。建立健全项目全程跟进、全程负责、一抓到底机制，力促一批重点项目建成投产，形成新的经济增长点。

(五)致力城乡联动，打造品质浏阳新形象

强力推进城市建设。落实中央城市工作会议精神，加强城市规划管理，启动西北环线片区总体规划编制。加大西北环线、长兴湖、新屋岭等片区开发力度，推进太悦、君悦、奥园、红星美凯龙等城市综合体开发建设，做好北正南路、黄泥湾、教师进修学校、浦梓港等旧城改造项目，促进房地产业平稳健康发展。完成长兴湖(南湖)滨水园林景观工程，新建城市街头花园5座，改造背街小巷10条。新增新能源公交汽车20台，加快建设一批公共停车场，缓解城区交通拥堵、停车难问题。对接天然气长浏支线，完善城乡管道天然气网络系统，实现主城区和西北片区管道直输供气。推进浏阳河生态经济示范区建设，着力打造西向融城桥头堡、西区发展主引擎。高品位推进大瑶、永安、镇头、沿溪、大围山等重点城镇建设，加快中和、文家市、社港、官渡等特色镇建设，做精做美做强一批工业重镇、旅游新镇、文化名镇、边贸强镇。

着力打造宜居环境。深入开展“城乡统筹、环境同治”新三年行动，全力推进全国文明城市创建，开展“淳风美德润浏阳”系列活动，提质老旧小区，加强物业管理，打造一批美丽乡村、幸福屋场、文明小区、文明楼栋。扎实推进“一河两岸三山”城市景观带建设，重点打造浏阳河城区风光带。启动数字化城管中心建设，按照“定点划线、有序停车，及时清扫、有效保洁，洒水降尘、适时清洗，规范门店、店内经营”要求，推动最精细、最到位、最严格的城市管理向乡镇覆盖，努力构建全时段、全地域的城乡管理网络。继续深化拆违控违行动，构建控违防违常态机制，确保项目建设区域和重点区域违建“清零”。实施最严格环境保护制度，严把项目准入关，做好浏阳河、捞刀河、南川河等流域综合治理和株树桥等水源性水库综合保护工作，推进大气污染、畜禽养殖污染、重点行业污染治理，完成济川河、浏阳河截污工程建设。全面推广清洁能源，整治燃煤锅炉，淘汰落后产能。深入开展“三年造绿大行动”，完成绿化造林4.7万亩，高标准打造永社公路等一批精品绿道，全面提升城市宜居指数。

(六)致力民生改善，共享社会发展新成果

切实增进人民福祉。深入开展精准扶贫工作，实施教育扶贫、危房改造扶贫、兜底保障和医疗救助扶贫、金融产业扶贫、社会力量扶贫等“五大措施”，推进村级道路畅通、农田水利建设、农村电力保障、农村危房改造、农户易地搬迁、特色产业增收、乡村旅游发展、农村教育雨露、卫生文化保障、促进就业等“十大工程”，加快困难群众脱贫步伐，减少贫困人口1.5万人。实施积极就业政策，浓厚创新创业氛围，新增创业主体6000个、城镇就业1.6万人，农村劳动力转移就业1.2万人。全面实施机关事业单位养老保险制度改革和公务员职务与职级并行改革，落实全民参保计划，推进“五险”统一征缴工作，启动大病医疗保险，不断提高社会保障水平。加快发展养老事业，鼓励社会力量兴办养老设施，发展社区和居家养老，改扩建乡镇敬老院7所，新建公办养老床位1000张。完善城乡住房保障体系，建设公共租赁住房1756套，完成西湖山小区等棚户区改造5863套，加快实现住有所居目标。坚持关心重视倾斜基层，加强基层基础建设，全面提高基层单位财政保障水平，差额拨款人员年人均财政补助提高至3.3万元，村（社区）年运行经费补助提高至20万元。

大力发展社会事业。继续实施“5358”人才工程，计划引进党政机关、教育卫生类优秀人才668名，企业人才3万名。全面完成教育三年行动，新建公办幼儿园10所，启动道吾学校、金刚小学、南岳小学、金田小学等学校建设，建成新永安中学、长兴湖小学、李贞完小、李畋小学二期等项目。加快职业教育发展步伐。深化医药卫生体制改革，启动人民医院整体搬迁，建成精神卫生防治大楼，改扩建乡镇卫生院6所，建设标准化村卫生室90个，力争人民医院创建国家三级甲等综合医院。稳妥实施普遍二孩政策，提高计生管理服务水平。启动城市规划展示馆、工人文化宫等场馆建设，加快示范性乡镇综合文化站、全民健身中心、村（社区）文化活动中心建设进程，抓好楚东村、桃树湾等传统村落保护工作。精心组织春秋两季祭孔大典、第四届浏阳河音乐节、第三届欧阳予倩戏剧艺术节、“欢乐浏阳河”、国际马拉松赛事等文体活动，丰富群众文化生活。

创新改进社会治理。深入开展群众工作，坚持帮办、代办和承诺办理工作机制，提高群众满意率。推进信访制度改革，强化网上信访应用，落实逐级走访，坚持依法治访，推进诉访分离，加强部门协作，切实维护群众合法权益。落实新《中华人民和国安全生产法》要求，坚持严查严管、严处严罚，实现安全生产形势持续向好，争创全省安全生产示范县（市）和国家级出口烟花爆竹质量安全示范区。深入开展食品药品、市场和质量安全专项整治，加大违法案件查处力度，保障人民群众生活健康安全。健全社会治安立体防控体系，推进天网工程建设，保持对盗抢骗、黄赌毒、非法集资、非法生产、传销等违法犯罪行为的高压严打态势，确保社会大局和谐稳定。

（七）致力优化服务，推进行政效能新提升

加强依法行政，规范权力运行。自觉接受人大法律监督、工作监督和政协民主监督，认真听取人大代表、政协委员和社会各界意见，提高公众参与度。完善依法民主决策机制，坚持重大事项集体决策，确保决策科学。落实“负面清单”制度，实现“法无禁止皆可为”，全面推行“权力清单”和“责任清单”，做到“法无授权不可为、法定职责必须为”，建设职能科学、权责法定、执法严明、公开公正、廉洁高效、诚信守法的法治政府。

突出管理创新，推动科学发展。加强督查调度，狠抓重大决策部署的执行和落实。统一交易平台，强化标后监管，促进招投标阳光规范运行。全面清理规范行政审批中介服务，深化工程建设领域突出问题专项治理。以数字化手段创新政府管理，推进政务网络平台建设，健全并联审批和帮（代）办服务机制。深化财税体制改革，加强和规范预算管理，严控政府性债务风险。完善政府购买公共服务制度，积极转变政府职能，着力打造服务型政府。

坚持勤政廉政，改进工作作风。严格按照“三个一律”、“阳光政务”的要求，加大政务公开力度，主动接受群众监督，营造高效透明的政务环境。以“三严三实”为标尺，深化“四风”整治，严格执行因公出国（境）、公务接待、公务用车等规定，厉行勤俭节约，反对铺张浪费。狠抓制度建设，坚持用制度管权管事管人，进一步规范行政自由裁量权。加强行政监察和审计监督，遏制慢作为、不作为、乱作为，强化行政问责，做到有责必履、失责必究，增强政府公信力。

各位代表，百舸争流，奋楫者先。让我们在市委的坚强领导下，在市人大、市政协的监督支持下，紧紧依靠全市人民，以“十三五”规划为引领，把奋斗的目标咬得更紧，把前进的脚步踏得更稳，把发展的举措抓得更实，凝心聚力，创新求进，为建设省会副中心和湘赣边区域性中心城市而努力奋斗！

名词解释：

1. 八大民生工程：即平安浏阳建设、农田水利畅通、教育扩容提质、卫生均衡发展、食品安全整治、畅通浏阳建设、民风淳化和暖心救助工程。

2. 七大板块园区：即浏阳经开区、制造产业基地、两型产业园、浏阳河文化产业园、花炮产业集中区、浏阳河生态经济示范区、大围山国家生态旅游示范区。

3. 八大产业集群：即电子信息、生物医药、机械制造、鞭炮烟花、健康食品、生态旅游、现代服务和文化创意产业。

4. 一轴三带：即沿浏永公路—浏大公路—大文公路的城镇发展主轴，以浏东公路为轴线的浏东城镇发展带、以浏跃公路为轴线的浏西城镇发展带、以永社公路为轴线的浏北城镇发展带。

5. 一线工作法：即干部在一线锻炼、领导在一线指挥、问题在一线解决、能力在一线提升、绩效在一线考核、奖惩在一线兑现。

6. 三个一律：即全市所有市直部门和乡镇（街道）一律实行开门办公，市级领导实行公开接访；各职能部门的行政审批事项一律实行限时办结；各级各部门的财政切块资金和项目专项资金使用情况一律实行公开公示。

7. 两城七园：即浏阳主城区和金阳新区，浏阳经开区、制造产业基地、两型产业园、浏阳河文化产业园、花炮产业集中区、浏阳河生态经济示范区、大围山国家生态旅游示范区。

8. 三河三山：即浏阳河、捞刀河、南川河，大围山、连云山、九岭山。

9. 园镇合一：即推动浏阳经开区与洞阳镇、北盛镇，制造产业基地与永安镇，两型产业园与古港镇深度融合。

10. 镇馆合一：即推动文家市镇与秋收起义纪念馆，中和镇与耀邦故居管理处深度融合。

11. 一园带四镇：即推动大围山国家生态旅游示范区与大围山镇、张坊镇、达浒镇、小河乡深度融合。

12. 两园四镇：即浏阳经开区、制造产业基地，永安镇、洞阳镇、北盛镇、蕉溪乡。

13. 四个一批：即实施一批重大科技项目，建设一批重大科技基础设施，打造一批"双创"示范基地，培育一批具备先发优势的引领型创新企业。

14. 一河两岸三山：即浏阳河城区段，浏阳河城区段两岸，西湖山、道吾山、天马山。

2016年1月13日，浏阳市第十六届人民代表大会第五次会议　（图片来源：市政府办）

政协浏阳市第九届委员会常务委员会工作报告

——在政协浏阳市第九届委员会第五次会议上

市政协主席　李家喜

（2016 年 1 月 12 日）

（图片来源：市政协办）

各位委员，同志们：

我受政协浏阳市第九届委员会常务委员会的委托，向大会报告工作，请予审议，并请列席会议的同志提出意见。

2015 年工作回顾

一年来，市政协常委会在中共浏阳市委的坚强领导下，团结带领全体政协委员，不断创新履职方法途径，积极推进协商民主实践，用心履职，积极作为，为推动浏阳经济社会发展做出了积极贡献。

一、坚持围绕中心，协商民主更加有序

1. 增加了例会协商密度。精心组织了 1 次全体会议、4 次常委会议、9 次主席会议、各类专题会议 30 余次，增加了协商密度，提高了协商成效。九届四次全会期间，重点就政府工作报告、法院工作报告、检察院工作报告、财政预决算报告开展了政治协商。邀请部门负责人参加小组讨论，委员在小组讨论时向市委、市政府及相关部门提出意见建议 199 条，市政协以委员进言形式呈报给有关领导，许多意见建议得到重视和采纳。市政协常委会议先后就全市重点项目计划和政府投资项目计划、财政预算情况、全市房地产市场情况、环境保护、乡镇行政区划调整等工作开展协商，促进了委员知情明政，做到在市委、政府决策之前、人大通过之前进行专题协商。

2. 提升了专题协商高度。围绕影响全局的大事要事开展专题协商。我们把“献计‘十三五’、助推新发展”委员建言献策活动作为全年履职的重点，精心选取了 52 个课题，每个乡镇街道政协联络处和城区工作组各承办一个课题，并组织广大政协委员深入调研，提出真知灼见，为我市科学制定“十三五”发展规划积极建言，一批建言成果得到采纳。我们还开展了“推进全国文明城市创建”专题协商活动，在专题协商会上，10 名政协委员分别就规范商品交易、规范交通秩序、规范市容秩序、如何调动全民参与创建等议题提出了建议，这些建议得到了市委、市政府和分管部门的一致认可，加快了浏阳创建全国文明城市的步伐。

3. 拓宽了对口协商广度。从大会发言课题中选择城市排水管网建设与维护、加强商事登记制度改革后续监管、加快电子商务建设、推动解决城区“停车难”问题、加强传统村落的保护与发展等议题与相关部门开展对口协商，协商过程中努力扩大委员的参与面，提高协商的开放度。委员们提出的许多协商意见和建议，得到了市政府分管领导和职能部门的高度认可和积极采纳，推动了部门工作的改进与落实。

二、坚持创新途径，民主监督更加有力

1. 突出民主监督主题。将督办提案作为年度委派民主监督员工作的主题，选择教育局、财政局、交通局等提案承办较集中、社会关注度较高的 10 个部门，作为年度民主监督员派驻单位，重点围绕这些部门提案承办情况开展协商和监督。同时，我们还制订了《民主监督员工作手册》，并形成了年初动员、年中汇报、年末总结的工作机制。

2. 提升提案办理实效。从立案的224件委员提案中，筛选出8件重点提案进行重点督办，实行分管市长领办、政协联系领导督办、新闻媒体跟踪报道、政协常委会议效果测评的办理机制，实现重点提案重点办理。8件重点提案，所提问题已经解决或基本解决的A类提案7件，正在解决或列入计划拟解决的B类提案1件。对其他提案由各委办牵头，组织委员分线进行视察督办。同时，争取市委重视，将提案工作纳入市委绩效考核范围，进一步促进提案办理落实。我市提案工作得到了省政协的高度认可，全省提案工作会议在我市召开并介绍了提案工作作法。

3. 加大专项视察力度。高度关注我市经济社会发展中的热点难点问题，选择经开区建设、制造产业基地发展、招商引资、大围山生态旅游示范区建设、休闲农业与现代农业发展、株树桥水库水资源保护与利用等工作，开展主席会议视察，提出了促进工作落实的意见建议，寓民主监督于支持服务之中。

三、坚持履职为民，服务民生更加有为

1. 畅通社情民意渠道。建立特约信息员队伍，并修订了社情民意考核奖励办法和信息员聘请管理办法，使渠道更畅通、网络更完善、工作更扎实。全年共收到委员反映的社情民意信息175条，向上级政协整理编报38条，长沙政协采用7条。其中《关于进一步推进医师多点执业政策落地的建议》《对废旧公用电话亭进行拆除或改造的建议》得到长沙市领导批示。报送市委、市政府社情民意专报35期，得到市领导批示9期，促使一些群众普遍关注、社会反映强烈的问题得到重视和解决。

2. 创新委员履职载体。开展“三个一”活动，要求每位委员全年至少提出一件有质量的提案、反映一条有价值的社情民意信息、帮办一件民生实事，促进委员履职尽责。深化“三为”主题活动，进一步丰富活动内容，探索“区域+界别”履职模式，各政协联络处、工作组分片区开展经验交流和委员项目观摩活动，为广大政协委员搭建起学习、交流、履职“三位一体”的新平台，使联络处引领作用和委员主体作用进一步发挥。

3. 延伸服务民生触角。试行开展“政协委员进社区(村)”活动，12个城区工作组对口联系12个社区(村)。委员们走进社区，深入企业，倾听民声，反映民意，并开展了扶危济困、支教助学、医疗义诊、文化下乡、技术服务等各种形式的便民服务活动40余场次，推动政协组织优势在社区集聚，政协委员作用在社区发挥。坚持每年出资扶助一批困难家庭大学生，向43名困难大学生发放了助学金。

四、坚持固本强基，自身建设更加扎实

1. 强化学习，提高了履职能力。首次组织政协联络处主任、工作组组长和专委会主任赴北京大学研修学习，提升理论水平，提高履职能力。坚持每年举办一期政协委员培训班，重点学习了习近平总书记系列讲话精神、政协理论知识实践和运用。开展“学法律、讲诚信、促发展”的主题实践活动，增强委员法治观念和法律素质，引导委员用法律的手段推进事业发展。

2. 强化管理，规范了履职行为。巩固群众路线教育实践活动成果，以“三严三实”专题教育为抓手，以上率下，强化干部教育管理，机关党员干部服务意识、为民意识和履职能力得到进一步增强。加强委员服务、管理与考核，出台《关于保障市政协委员履职的有关规定》《关于建立政协委员退出机制的有关规定》，提升了政协工作制度化、规范化和程序化水平。

3. 强化宣传，展示了履职成果。注重发挥文史通讯员作用，加强了文史通讯员队伍建设。为纪念中国人民抗日战争暨世界反法西斯战争胜利70周年，编辑出版了《浏阳人的抗战》文史专辑，共40余万字74篇文稿，填补了浏阳抗战文史的空白。为加强历史建筑遗存保护，充分展示浏阳千年古县魅力，通过对境内历史建筑进行全面收集、拍摄和整理，编辑出版了《浏阳历史建筑遗存录》。加大政协工作宣传力度，刊发《浏阳政协》4期，《人民政协报》《湘声报》等省级以上媒体刊发新闻稿件和经验交流文章10余篇，其中《人民政协报》刊发3篇，有效扩大了政协工作的影响力。

各位委员，同志们，回顾过去的一年，市政协工作取得了一定的成绩。这是中共浏阳市委正确领导的结果，是市政府以及市直各部门、各单位大力支持的结果，是各民主党派、工商联和人民团体通力合作的结果，是市政协各参加单位、广大政协委员和机关全体同志团结奋斗的结果。在此，我谨代表市政协常委会，向所有为政协工作做出辛勤努力、所有关心支持政协事业的同志们、朋友们致以崇高的敬意和衷心的感谢！

在总结工作成绩的同时，我们也清醒地认识到，与新形势新任务的要求相比，与人民群众对政协工作的期待相比，常委会工作还存在一些不足。主要是：如何更好地创新形式、提高履职效能，需要进一步探索；如何充分激发好委员的履职热情，发挥好委员的主体作用，需要进一步加强；如何充分发挥人民政协作为协商民主重要渠道和专门机构作用，深入开展好各项协商活动，还有待进一步深化落实等等，对此，我们将认真研究，努力改进。

2016年工作部署

各位委员，2016年是我市实施“十三五”规划开局之年，也是本届政协届满之年，做好2016年的政协工作意义重大。今年市政协工作的总体要求是：深入学习贯彻中共十八大、十八届三中、四中、五中全会和习近平总书记系列重要讲话精神，牢固树立创新、协调、绿色、开放、共享的发展理念，紧紧围绕全面建成小康社会、加快实现基本现代化的总体目标，力争在推进“交通融城、产业兴城、人才活城、生态美城”四大战略上有所作为；在推进“十三五”规划实施上有所作为；在推进政协履职能力建设上有所作为，努力为建设省会副中心和湘赣边区域性中心城市做出新的更大贡献。

一、强化理论学习，在增进思想共识上当表率

准确把握我市经济社会发展所面临的机遇和挑战，主动适应经济增长速度进入换挡期的新形势和新要求，进一步深化理论学习，不断巩固共同思想基础。

1. 认真学习贯彻十八届五中全会精神。党的十八届五中全会与三中、四中全会一以贯之、相辅相成，都是贯彻落实十八大精神的重要部署，会议审议通过了《中共中央关于制定国民经济和社会发展第十三个五年规划的建议》。要坚持把认真学习贯彻党的十八届五中全会精神作为重大政治任务，坚定不移地把思想和行动统一到党中央作出的重大决策部署上来，始终在思想上、政治上、行动上同党中央保持高度一致。要认真学习、领会、吃透习近平总书记重要讲话精神，牢牢把握政协工作的正确方向。

2. 准确把握中央对人民政协工作的新要求。中办《关于加强人民政协协商民主建设的实施意见》，是对中共中央《关于加强社会主义协商民主建设的意见》的跟进和具体化，对政协协商的内容和形式进行了规范。要结合全市政协工作实际，认真思考，进一步丰富协商内容，创新协商形式，规范协商程序，不断提高政协工作的前瞻性、主动性和创造性。

3. 全面落实市委重大决策部署。坚持党对政协工作的集中统一领导，始终保持与市委同心同向同行。组织委员认真学习贯彻市委十一届十六次全会暨经济工作会议精神，准确把握市委发展战略和发展目标，围绕市委、市政府工作部署，围绕“十三五”规划实施，全面参与助推改革推动、创新驱动、区域带动、项目拉动、城乡联动五项工作重点，不断开拓履职新境界，全力助推打造实力浏阳、智慧浏阳、美丽浏阳、幸福浏阳。

二、紧紧围绕中心，在推动改革发展上谏诤言

1. 紧扣改革建言。要紧紧围绕市委、市政府深化改革的重大部署和工作重点，进一步建立健全议题提出、活动组织、联系沟通、成果转化和反馈机制，引导委员有针对性地协商建言、参政议政。重点就全市2016年重点(大)项目建设及政府投资项目建设计划编制情况、全市2016年部门财政预算情况、城市建设投资管理等议题，进行政协常委会议专题协商；就生态循环农业发展、加大成长性好企业扶持力度、休闲农业和乡村旅游发展、建筑遗产保护、农家书屋科学管理与利用等为议题，开展专委会对口协商；就浏阳蒸菜产业发展、畜禽产品质量安全、公共卫生服务体系建设、残疾人康复与就业、乡镇消防设施建设等议题，开展界别协商。

2. 突出重点献策。探索上下级政协联合调研、跨界别联合调研、邀请专家参加调研等方式，开展多层次、多形式、多领域的调研视察活动。要围绕“十三五”规划实施，就经济社会发展重大问题和涉及群众利益的实际问题，组织委员广泛开展调研、视察和协商活动，为我市“十三五”规划的实施献睿智之策，尽助推之力。重点围绕蒙华铁路项目建设、花炮产业科技创新、公共卫生服务、安全生产、粮食工作、基层商会组织建设等工作，组织委员开展视察，助推相关工作提升水平。

3. 优化环境出力。一是进一步提高提案办理实效。坚持将提案办理协商寓于提案工作的全过程，对重点提案继续实行市级分管领导领衔办理、政协联系领导具体督办、新闻媒体跟踪专题报道、政协常委会议效果测评的办理机制。并对前三年各单位的B类提案办理工作进行“回头看”，强化委员评议提案的监督功能，确保提案办理实效。二是进一步深化委派民主监督员工作。重新明确派驻单位，扩大监督面。明确监督主题，把民主监督的重点放在推动解决人民群众最关心、最直接、最现实的利益问题上。加强组织指导，切实提高委派民主监督员工作的组织化程度，充分调动派驻委员履职积极性和主动性，不断提高委派民主监督员工作实效。三是做好社情民意报送工作。及时收集和反映社情民意信息，不断拓展渠道、完善机制，紧扣党委政府重视、人民群众关心的问题，认真做好汇集分析和反映工作，提交符合实际、符合群众意愿、具有可操作性的意见和建议。

三、坚持团结民主，在促进社会和谐上作贡献

要不断增进各界别、各团体、各阶层的大团结、大融合、大和谐，在全市上下形成心往一处想、劲往一处使、聚精会神搞建设、一心一意谋发展的良好氛围。

1. 加强团结联络。增进与委员、群众的广泛联系，增强政协工作活力。完善“区域＋界别”模式。继续开展片区经验交流和委员项目观摩活动，坚持由分片联系主席牵头，一个季度组织一次活动，在开展界别协商活动时邀请乡镇片区委员参加，推动片区和界别工作组联合履职，实现基层政协组织协作联动，彰显政协工作合力。加强与各民主党派、工商联、无党派人士的团结合作，促进政党关系、民族关系、宗教关系、阶层关系的和谐，营造众志成城、共谋发展的良好局面。加强团结联谊工作。多渠道、多形式地开展交流联谊活动，不断加强与北京西城区政协、湘鄂赣县、市、区政协之间的联系与沟通。

2. 深化“三为”活动。将“委员进社区”作为深化“三为”主题活动的重要抓手，组织广大政协委员进社区、入住户、问民意，进一步使政协工作重心下移，实现委员与群众“零距离”接触。不断完善委员联系社区、走访反馈、信息交流等制度，充分发挥政协委员对社区各项事务的协助作用。发挥界别优势，组织界别委员继续开展扶危济困、支教助学、医疗义诊、文化下乡、技术服务等为民服务活动，倾力为群众解难事、做好事、办实事。深化“三为”主题活动，宣传推介一批“三为”活动中的先进典型，展示委员风采，激发委员履职热情。积极助推精准扶贫工作，广泛调动政协委员和政协参加单位的力量，全面开展各项帮扶活动，充分发挥委员在扶贫事业上的积极作用。

3. 扩大宣传交流。继续办好《浏阳政协》刊物，及时向委员和社会宣传政协的重要活动、履职成果和委员风采。要进一步探索政协宣传工作的特点和规律，拓展宣传工作的深度和广度，促进政协宣传信息工作上水平。要加强对政协文史工作的经验总结和研究，从浏阳现实出发，科学制定文史资料的征编规划，努力抓重点、创特色、出精品。积极开展政协理论研究，全面总结本届政协工作的履职成果，充分展现政协履职作为，扩大政协工作的社会影响。

四、夯实履职基础，在加强自身建设上下功夫

在本届政协届满之年，我们更要从严要求，打牢基础，树立良好形象，提高履行职责的自觉性。

1. 增强履职意识，思想上不松懈。切实加强委员队伍管理，增强委员责任意识和履职意识，珍惜社会荣誉，树立良好形象。做好组织委员、关心委员、服务委员的工作，号召全体委员始终保持良好的精神状态，做到思想上不松懈，善始善终地履行好自己的职责。加强委员学习培训，完善委员联络机制，有计划、有组织地举办培训班、学习会、委员沙龙，引导和鼓励委员走基层接地气，在加强学习和丰富履职实践中增强履职能力。全体政协委员要把责任落实在具体行动上，把社会期望与自身责任紧密结合起来，争当责任型、有为型委员。

2. 完善履职机制，工作上不松动。抓住换届契机，不断强化委员的管理与服务，做到工作上不松动，确保换届之年各项工作有序开展、各项任务圆满完成。完善目标管理、履职台帐、委员述职三项措施，掌握委员履职情况，为加强委员届内管理和换届委员推荐工作提供依据。发挥委员在本职工作中的带头作用，在政协工作中的主体作用，在界别中的代表作用，推动履职工作不断创造新的成绩。

3. 改进履职作风，纪律上不松弛。要始终把加强作风建设贯穿于政协工作的全过程，巩固深化“三严三实”主题教育成果，进一步改进工作作风，做到纪律上不松弛。广大政协委员要积极适应全面深化改革新形势对人民政协工作提出的新要求，不断增强履行职能的紧迫感和使命感，夯实履职基础，增强履职活力，提高履职成效。加强政协机关建设，严格落实中央“八项规定”和省市关于加强作风建设的有关要求，进一步完善各项工作制度，推进办文、办会、办事的规范化和制度化建设，不断提升机关的服务保障水平。

各位委员、同志们，面对新常态和新任务，人民政协使命光荣，责任重大。让我们紧密团结起来，在中共浏阳市委的坚强领导下，牢记神圣职责，不负人民重托，进一步解放思想、振奋精神，凝心聚力、奋发有为，为建设省会副中心和湘赣边区域性中心城市，开创浏阳改革发展新局面做出新的更大的贡献！

印象浏阳　　（摄影 熊剑）

浏阳河城区段（航拍图片）

大事记

2015年浏阳大事记

1月

1日　浏阳开始全面推行“扩权强镇”财政体制改革。

7日　由长沙市直单位负责人和各区县(市)相关负责人组成的观摩团到浏阳考察城乡融合发展和现代农业工作。

7日　大围山万亩果园生态精品水果园被认定为2014年度湖南省现代农业特色产业园省级示范园，并获得省级财政资金100万元奖励。

8日　浏阳举办全市领导干部安全生产专题培训班，要求强化安全生产红线意识，抓好抓实安全生产工作。

10日　枨冲镇、葛家乡饮水安全工程开工建设。

12日　长沙市委常委会议审议并原则性通过《关于开展统筹城乡融合发展三年行动(2015—2017)的实施意见》，决定用三年时间，努力打造全国城乡统筹融合发展的样本，其中浏阳市大瑶镇、永安镇、镇头镇、沿溪镇、大围山镇被确定为长沙统筹城乡融合发展的试点镇。

12日　位于浏阳制造产业基地的大众汽车一级配套企业波特尼生产基地正式投产。

15日　浏阳市委十一届十一次全体(扩大)暨经济工作会议召开。会议明确2015年经济工作总体要求：全面落实党的十八大和十八届三中、四中全会及中央、省、市经济工作会议精神，牢牢把握稳中求进总基调，积极顺应经济发展新常态，紧紧围绕“挺进三十强、再创新辉煌”目标，建设省会副中心和湘赣边区域性中心城市。

16日　浏阳市召开“十三五”(2016—2020年)规划工作部署会，确定“十三五”规划13个前期研究课题和33个专项课题。

19日至2月17日　浏阳市启动“暖心工程”，动员全体党员、机关干部和社会力量，围绕群众生活的解困、特殊群体的优待、社会矛盾的化解，在落实好各项民生保障政策的基础上，全面开展春节走访慰问和重点困难救助，统筹千万元资金走访慰问2万户群众，并对1100余户特困救助对象进行重点救助。

19日　第28次全国“扫黄打非”工作电视电话会议召开，浏阳市文化市场综合执法局被评为2014年度全国“扫黄打非”先进集体。

23日　“智慧湘赣边，对话萍浏醴”烟花产业文化发展论坛在金刚镇举行，同时举办首届萍浏醴企业文化节。

23日　浏阳市商业网点布局规划（2015-2030年）获得原则性通过。

27日　浏阳市召开会议部署启动城乡统筹、环境同治新“三年行动”。

27日　浏阳市召开全市优化金融生态环境工作会议，启动投融资理财信息咨询类中介机构非法集资活动专项整治联合行动。

2月

1日　《光明日报》头版头条刊发浏阳市幸福屋场建设的报道《幸福屋场聚民心》。湖南省委常委、省委宣传部部长许又声批示：“浏阳建设幸福屋场做法是推进农村精神文明建设的重要举措，值得推广。”

2—5日　政协浏阳市第九届第四次会议在城区召开。

3—6日　浏阳市第十六届人民代表大会第四次会议在城区召开。

5日　隶属农业部的大型央企集团广东省广东农垦集团并购控股湖南豫景置业有限公司进驻浏阳经开区。

6日　浏阳市商务局主办的浏阳市首届电子商务应用从业人员培训班开讲。

6日　湖南省机械工程学会再制造工程分会成立大会在浏阳制造产业基地召开。分会由长沙理工大学与湖南省冶金材料研究院牵头成立，理事单位包括国防科大、中南大学、湖南大学等重点高校和中联重科、山河智能、宇环数控等机械制造行业龙头企业。

6日　浏阳市龙伏镇石江村被湖南省统战部长会议授予首批省级“同心乡村”。

9日　湘赣边界洪口界到上栗、萍乡的萍洪高速正式通车，实现与长浏高速对接，湘赣边十县市全部实现高速连接。

10日　浏阳市第十一届纪委第五次全会暨全市反腐败工作会议召开。

12日　浏阳获评“湖南省经济强县”“湖南省全面小康推进十快进县”称号。

13日　湖南省政协副主席、民革湖南省委主委刘晓率队到浏阳慰问抗战老兵。

16日　《长株潭城市群区域规划（2008—2020）》（2014年调整）出炉，浏阳市永安、大瑶、洞阳、北盛四镇列入长株潭核心区中的重点开发地区。

23日　中央电视台科学教育频道（CCTV-10）《文明密码•千年古县行》新春特别节目“浏阳河畔手艺人”开播。

25日　长沙市召开2014年度“六个走在前列”绩效考核通报讲评暨2015年度重大项目推进大会，浏阳市获得长沙市绩效考核县（市、区）组第一名，浏阳经开区在长沙五个国家级园区中绩效考核成绩排名第一。大会同时明确2015年长沙全市共铺排重点项目624个，其中浏阳占103个。

27日　浏阳市第六届“揽万名英才•助浏阳腾飞”工业企业暨龙山县2015年“春风行动”人才招聘会在湖南省龙山县龙凤广场举行。

28日　浏阳获得“第四届全国文明城市提名奖”，永安镇获“第四届全国文明村镇”称号。

是月　中国气象部门首个冻雨传感器试验站在浏阳市大围山建成并投入运行。

21-22日　主题“保护长沙母亲河•建设美丽浏阳河”首届浏阳河保护与发展研讨会在柏加镇举行，会议发布《浏阳河保护倡议书》。

22日至5月22日　启动花炮大道提质改造，东起将军广场立交桥西桥头，西至花炮广场，全长3.2公里。

21—23日　2014年度中国县市传媒新闻摄影年赛评选会暨常务理事会在浙江余杭举行，《浏阳日报》参评作品获得3个一等奖、2个二等奖、4个三等奖。

16日　经湖南省人民政府批准（湘民函〔2015〕21号），浏阳烈士陵园升级为省级烈士纪念设施。

26日　浏阳市非煤矿山企业安全生产管理记分制正式实施。

26日　浏阳市2014年度“六个走在前列”绩效考核通报讲评暨2015年度重大项目推进会召开。

26—27日　新华社、《光明日报》、中央人民广播电台、中国新闻社、人民网、《湖南日报》、湖南卫视、湖南经视、湖南都市等20余家中央、省市媒体组成的大湘东文化旅游经济带大型主题采访团走进浏阳、发现浏阳，共同聚焦浏阳文化旅游的发展，开展红色旅游主题宣传活动。

27日　浏阳市首个信息公开规范性文件《浏阳市政府信息公开实施办法》（浏政发〔2015〕7号）下发。

27日　浏阳城区第一个夜宵摊担市场在思邈公园处天马大桥下开业。

31日　长沙市委副书记、市长胡衡华到浏阳调研新型城镇化和农村土地制度改革试点工作。

31日　湘赣烟花爆竹主产区（浏阳、醴陵、上栗、万载）第一次协作会议在浏阳召开，并签署《四大产区烟花爆竹产业协作联盟协议》。

是月起　全市推行作风建设“零报告”责任追究制度。

3月

1日　浏阳市第七届“揽万名英才•助浏阳腾飞”工业企业暨花垣县2015年“春风行动”人才招聘会在湖南省花垣县举行。

3月1日至5月20日　浏阳市公安局、安全生产监督管理局在全市范围内开展烟花爆竹“春雷行动”。

4日　长沙市人大常委会主任会议成员到浏阳调研经济社会发展和人大工作。

4日　浏阳市召开纪念“三八”妇女节105周年大会。

5日　浏阳河市场休市，正式启动提质改造。

7—8日　农业部2015年农业信息调研座谈会在浏阳召开。

10日　浏阳市举办纪念谭嗣同诞辰150周年座谈会。

12日　湖南省副省长黄兰香到浏阳经开区调研园区发展和企业转型创新情况。

13日　“长寿之乡•养生福地”首届浏阳河乡村休闲养生文化节在高坪镇举行。当日高坪镇获评湖南省首个“生态长寿镇”称号并挂牌。

18日　国家级浏阳经开区蓝思科技股份有限公司登录深交所上市交易。

4月

1日　浏阳市国税局成立进出口税收管理科，正式实现出口退税属地管理。

1日　浏阳企业注册正式实行营业执照、组织机构代码证、税务登记证“三证合一”登记制度。

1日　长沙举行的第二届湖南省五星级服务乡镇农技站授牌仪式上，浏阳市永安镇农业技术推广服务站获2014年“湖南省五星级服务乡镇农技站”称号。

2日　蓝思科技与长沙学院、湖南电子科技职业学院、湖南信息学院等9所院校签订校企合作意向书，开启人才培养和交流的深层次、多方面合作。

3日　浏阳市领导和驻浏部队官兵等社会各界人士代表100多人在道吾山下的烈士陵园举行祭扫仪式，缅怀先烈，寄托哀思。

3日　国务院法制办副主任胡可明率全国反家庭暴力法立法调研组一行16人到浏阳，就反家暴工作机制进行调研，并征求反家庭暴力法立法的意见和建议。

8日　省委常委、长沙市委书记易炼红到浏阳梅田水库实地督查浏阳市防汛备汛和山洪地质灾害防范工作。

9日　全市安全生产暨花炮产业发展工作大会召开。

9日　湖南省铁路沿线“珍爱生命关爱他人护爱铁路”宣传教育月活动启动暨浏阳市中小学生爱路护路志愿者团队授旗仪式在镇头镇举行。

9日　省科技厅副厅长、省知识产权局党组书记、局长肖祥清一行到浏阳调研知识产权工作。

10日　国土资源部副部长胡存智一行到浏阳调研不动产登记试点和农村集体建设用地确权登记发证工作。

4月10日至5月10日　浏阳市开展为期1个月“扫黄治赌禁毒”专项整治行动。

10—12日　第十二届浏阳车展在体育中心开展。

12日　湖南省烟花爆竹安全生产责任险参保企业安全生产隐患排查培训启动仪式在金刚镇举行。

14日　浏阳市召开涉农资金专项整治工作会议。即日起，全市开展为期6个月的涉农资金专项整治行动。

14日　浏阳市永安镇、淮川街道获长沙市2014年“经济社会发展综合实力十强乡镇街道”称号，官渡镇获长沙市2014年“经济社会发展十快乡镇街道”称号。

14日　湖南卫视大型直播系列报道“直播大湘东”栏目组到浏阳，对浏阳文庙祭孔大典展演活动进行现场直播。

16日　湖南省副省长戴道晋到浏阳调研“治超”工作。

18日　湖南省农业广播电视学校“贵太太茶油”分校落户浏阳。

18日　湖南省首届花炮创新经营战略峰会召开，400多名经销商与会，现场36名经销商与浏阳花炮连锁签订加盟合作协议。

20日　新疆维吾尔自治区副主席田文到浏阳调研公立医院综合改革情况。

4月20日至5月20日　主题为“行走长沙之巅，漫游杜鹃花海”的2015年大围山第七届杜鹃花节在大围山国家森林公园举行。同日，公园泥坞西大门启用。

21日　湘赣边毗邻地区第七届第一次鞭炮烟花税收管理协作会议在浏阳召开。湖南浏阳、醴陵、攸县，江西万载、上栗、袁州共六地国税部门共商鞭炮烟花税收征管，并签订《湘赣毗邻地区鞭炮烟花税收管理协作协议书》。

21日　公安部、工信部、国家安监总局联合到浏阳调研电头点火安全监管工作。

21日　浏阳市2015年知识产权宣传周启动。

23日　浏阳市2014年度助推经济社会发展贡献奖励大会在欧阳予倩大剧院召开。市政府向有突出贡献的单位和企业兑现财政性资金奖励1864.132万元。

25—27日　第十二届浏阳家博会在体育中心举行。

26日　由中国市场调查研究中心、中国城市经济专家委员会、中国城乡发展基金会联合主办的2015第三届生态城乡科学发展年会在北京举行，浏阳市获“中国生态魅力市”称号。

27日　浏阳市“三建三强服务非公经济主题活动动员大会”召开，著名经济学家马光远为浏阳660余位企业家解读“中国经济新常态与民营企业发展机遇”。

28日　2015“湖湘宝地•美丽浏阳”第三届两型产业招商推介会在广州举行，两型产业园签约8个项目，引资27.5亿元。

28日　蒙华铁路浏阳段正式开建。

29日　湘赣10县(市)(浏阳市、醴陵市、平江县、井冈山市、莲花县、上栗县、铜鼓县、万载县、修水县、永新县）政法委在浏阳召开湘赣边区域综治维稳联动联防协作会议，并签署《2015年湘赣边区域综治维稳联动联防协作备忘录》。

29—30日　由湖南、广东、福建三省18名专家组成的评审团到浏阳评审浏阳市中医医院创建国家“三级中医医院”情况。

30日　大文公路提质改造工程启动。

5月

4日　浏阳市首届青年职工足球赛暨湘赣边友谊赛开幕。

5日　中共湖南省委办公厅、湖南省人民政府办公厅《关于确定省直管县经济体制改革试点单位的通知》(湘办〔2015〕30号)，确定浏阳市等13个县(市)纳入省直管县经济体制改革试点单位。

6日　浏阳首家村镇银行——湖南浏阳江淮村镇银行开业。

6日　长沙市各区县组织部组成的观摩团到浏阳大瑶镇观摩党建项目。

6日　大围山国家级登山健身步道一期工程通过国家体育总局验收，并被授予“国家登山健身步道示范工程”称号。

7日　湘西自治州政协副主席、工商联主席石红率湘西8县市工商联主席到浏阳考察学习工商联工作，并参观蓝思科技、尔康制药、绿之韵等企业。

7日　“湘赣边文化产业外环线”战略合作签约会在“智慧浏阳河”文化创意孵化基地举行。

8日　大瑶镇入选湖南省首批“美丽乡镇”名单。

11日　全国报纸自办发行创办30周年暨2015年会员代表大会在河南省洛阳市举行，浏阳日报社发行投递公司被评为全国报纸自办发行先进集体。

12日　湖南省异地商会联合会知名湘商到浏阳考察招商投资环境。

13日　《浏阳市规范和改进行政审批措施工作方案》出台。

15日　湖南省国土资源厅厅长方先知一行到浏阳，调研农村宅基地制度改革和不动产统一登记试点工作。

15日　浏阳河文化产业园入选《中国文化品牌报告》。

15日　全国主要农作物生产全程机械化技术培训班暨全省油菜生产机械化现场观摩在浏阳古港镇梅田湖村举行。

15日　浏阳首届残疾人相亲交友会举行。

15日　浏阳市召开烟花爆竹经营安全专项整治工作会议，决定自即日起浏阳开始实施烟花爆竹经营单位安全生产管理计分办法。

16日　2015湖南烟花爆竹安全发展暨产教融合研讨会在浏阳召开。

17—18日　湖南省第三轮县级教育工作两项督导评估考核团到浏阳，走进学校现场调研，检阅浏阳教育强市建设成果。

20日　浏阳市委全面深化改革领导小组会议召开，研究部署2015年深化经济体制、农村改革、生态文明体制、行政机构、民主法制领域、文化体制、司法体制和社会体制、党的制度建设、纪律检查体制等多项改革工作。

21日　市委政法委联合公、检、法三部门发布《关于严厉打击"黄赌毒"违法犯罪行为的通告》，联合公安、环保、文体广电、城管、工商六部门制定《浏阳市棋牌娱乐场所管理暂行规定》，启动麻将馆整治行动。

21日　中宣部在浙江绍兴组织召开全国创新发展乡贤文化现场会，浏阳就传承弘扬宗祠文化、培育和践行社会主义核心价值观作典型发言。

21日　浏阳市政府与中南大学举办市校合作签约仪式，双方达成全面战略合作关系，首批13个项目签约。

21日　2015年科技周启动。

25日　卫生部原部长、中国妇幼保健协会会长张文康到浏阳对妇幼保健学科体系建设开展调研。

25日　国家旅游局发布首批"全国旅游价格信得过景区"名单，浏阳大围山国家森林公园（AAAA）、浏阳胡耀邦故里旅游区(AAAA)榜上有名。

27日　浏阳市第十六届人民代表大会常务委员会第十九次会议任命吴敏为市人民政府副市长。

27日　浏阳河新媒体网络有限公司成立。

27日　安徽省烟花爆竹协会产品展销订货会在浏阳举办。

27日　浏阳召开创建全国文明城市工作推进会。

27日　浏阳市骨伤科医院骨科大楼投入使用。

29日　浏阳市召开"三严三实"(严以修身、严以用权、严以律己，谋事要实、创业要实、做人要实）专题教育座谈会。

29—31日　经开区第四届房•车•食品展举行。

5—7月　为期90天的城区首次排水设施畅通工程启动。

是月　张坊镇田溪村140多户村民自发成立"野保协会"，筹资近20万元为石蛙建保护区。

是月　浏阳全面启动烟花爆竹"机械化生产工程"。

6月

1日　浏阳经开区被省政府授予"生物医药特色产业园"和"电子信息特色产业园"。

1日　全市启动2015年"安全生产月"活动。

1日　永清环保股份有限公司与太钢能源动力总厂签约，中标太钢2×300兆瓦机组超低排放改造工程项目，项目金额达10485.23万元。

2日　《2015年中国工业发展报告》发布2014年全国工业百强县（市）排行榜，浏阳排名全国第15位，为中部第一。

3—5日　第七届花炮机械暨原材料展在大瑶国际花炮商贸城举行。

4日　浏阳纪念花炮始祖李畋诞辰1414周年。

6日　浏阳市电子商务协会成立。

8日　浏阳市旅游发展总体规划(2015—2025)出炉。

9日　长沙市委副书记、市长胡衡华到浏阳专题调研水利建设工作。

11日　浏阳获"省级出口烟花爆竹质量安全示范区"牌匾。

16日　湖南省副省长戴道晋到浏阳调研农房抵押融资改革试点情况，并召开湖南省改革试点推进会。

16日　徐悲鸿夫人廖静文在北京去世。

16—17日　湘赣边区域开放合作"畅行秋收起义路•融入长江经济带"主题联席会议在江西省永新县召开，浏阳市出席会议，并签署会议备忘录。

18日　星沙海关驻浏阳办事处开关。

18日　浏阳市工业驾校集团有限公司成功登陆湖南授权交易优选版（Q板）。

24日　现代花鼓戏《耀邦兄弟》在欧阳予倩大剧院首演。

25日　浏阳市公安局禁毒大队获评"2010—2014全国禁毒工作先进集体"称号。

25日　位于北盛镇的湖南传家木道木制品发展有限公司在上海股权托管交易中心中小企业股权报价系统（Q板）成功挂牌。

26—28日　金阳新区（永安）首届房车展示交易会举行。

29日　辽宁省烟花爆竹协会加强烟花爆竹专业燃放类产品管理现场会在浏阳召开。

29日　在武汉四中举行的世界中学生田径锦标赛中，浏阳女学生刘哲楠获得女子800米田径比赛冠军。

30日　浏阳市人大常委会召开第二十次会议，听取审议2013年市政府花炮安全线人大审理意见办理情况的报告。

7月

7日　长沙市第七届浏阳河漂流节暨2015美丽浏阳"夏•清凉季"在浏阳黄石洞漂流风景区启动。

7日　湖南省交通厅厅长刘明欣到浏阳调研交通和治超工作。

8日　长沙市委副书记、市长胡衡华到浏阳就北横线（浏阳段）规划建设工作及沿线乡镇、园区部分企业进行调研。

9日　湘赣边红色旅游合作联盟相关县市区的相关负责人及旅行社代表参加湘赣边红色旅游合作联盟会，并签署《湘赣边红色旅游合作联盟框架协议》。

10日　制造产业基地出台《加快再制造产业发展行动计划》《关于加快再制造产业发展的意见》，鼓励和扶持再制造产业发展。

12日　第十二届中国企业发展论坛暨首届“一带一路”园区建设国际合作峰会在北京召开，浏阳河文化产业园入榜“成长力百强”。

13日至8月13日　湖南省委巡视第八组对浏阳市进行巡视。

13日　湖南省卫计委主任、省科协副主席张健率队到浏阳经开区调研科技企业。

13日　长沙市委副书记、市长胡衡华到浏阳就南横线（浏阳段）规划建设工作及沿线乡镇进行调研。

16日　全国、省人大代表到浏阳专题调研烟花爆竹产业。

17日　广东省烟花爆竹流通协会产销恳谈会在大瑶镇举行。

18日　由新华社《半月谈》杂志社、《中国名牌》杂志社、中国国情调查研究中心共同主办的全国生态文明建设高峰论坛暨全国生态文明成果发布会在北京举行，浏阳获“全国十佳生态文明城市”称号。

19日　教育部关于公示2015年全国青少年校园足球特色学校及试点县(区)遴选名单的通知，浏阳新文学校、浏阳河中学、沿溪中学和古港完全小学入围全国首批足球特色学校。

21日　省委组织部到浏阳督查调研“三严三实”专题教育工作。

21日　浏阳启动为期三个月的“百日利剑”食品安全专项整治行动。

21日　浏阳市供销总社与浏阳农村商业合作银行签署战略合作协议，建设惠农服务综合平台、农村电子商务服务平台、农业转型升级平台、农村信用体系平台，并制定推进计划。

22日　省委常委、长沙市委书记易炼红率领长沙四大家领导及各区县(市)负责人到浏阳现场观摩浏阳市拆违控违和造绿透绿工作。

22日　省食药监局到浏阳调研食品药品监管工作。

23日　长沙市践行“三严三实”先进典型事迹巡回报告会在浏阳举行。

23日　省政府党组成员、省长助理袁建尧率省政府调研组到浏阳调研政务服务体系建设情况。

24日　浏阳经开区湖南尔康制药股份有限公司生产的淀粉空心胶囊首次公开亮相湖南省经信委主办的全省食品行业“全球首创淀粉空心胶囊产品推介会”。

25日　G319蕉溪岭隧道开始进行为期两个月全封闭改造。

27日　浏阳市召开第二次全国地名普查工作动员大会，部署地名普查前期准备工作。

29日　中华全国总工会纪检组长、书记处书记王瑞生到浏阳调研浏阳工会工作。

29—30日　全市2015年上半年项目(企业)观摩活动举行。

31日　市安委会出台《关于加速推进花炮产业发展的决定》(征求意见稿)，决定自2016年1月1日起开始实施。

是月底　浏阳市动物防疫冷链体系正式运行。

8月

2日　在内蒙古举办的全国中学生田径锦标赛上，集里中学初中毕业学生彭天彤获全国中学生跳远冠军。

3日　广东百草堂药业股份有限公司签约浏阳经开区。

3日　湖南烟花爆竹产品安全质量监督检测中心正式移交湖南省质量技术监督管理局直管。

4日　“幸福屋场我的家”文化进屋场活动启动仪式暨首场演出在金刚镇何家大屋举行。

6日　德国舍弗勒集团首席运营官荣格·奥利弗率公司高管一行到浏阳制造产业基地，对该集团在中国中部地区计划新建大型生产基地进行选址考察。

7日　大围山国家生态旅游示范区启动立法保护。

8日　民革浏阳工委举办“乡望·相聚·相守——牵手浏阳籍抗战老兵，纪念中国人民抗日战争胜利70周年活动”，41名老兵参加。

10日　永清环保股份有限公司实现浏阳首例海外并购，正式完成美国企业IST51%股权的收购，成为其控股股东。

10日　浏阳经开区豫园生物农业科技园项目开工建设。

12日　永安镇农技站获评“全国首批五星乡镇农技推广机构”。

17日　省人大常委会党组书记、副主任于来山率队到浏阳检查水污染防治工作。

17—19日　国家安监总局到浏阳调研东信烟花和华冠烟花，经考核评审，两企业被确定全国“科技强安”示范企业。

18日　浏阳经开区、制造产业基地公共自行车系统(一期)投入使用，经开区设置50个站点、1300个停车柱、投放自行车1000辆；制造产业基地建设站点30个、停车柱650个，投放公共自行车500辆。

18日　浏阳市招投标办网络视频直播系统正式运行。

20日　枨冲镇劳动人事争议调解中心揭牌成立。

21日　省委副书记孙金龙、副省长戴道晋到浏阳调研农村宅基地制度改革试点工作。

21日　第五届(2014)中国湘商力量总评榜颁奖盛典在长沙举行，蓝思科技股份有限公司董事长周群飞、湖南一朵生活用品有限公司董事长刘祥富获“十大风云人物”，国家级浏阳经济技术开发区、浏阳国际家具城获“十大最具投资价值经济园区（市场）”。

22日　全国县域经济专业研究机构发布《2015县域经济发展报告》，揭晓第十五届全国县域经济与县域基本竞争力百强县名单，浏阳市跃升至全国第28强，提前两年实现“挺进三十强”目标。

24日　省委常委、长沙市委书记易炼红到浏阳经开区调研园区经济发展。

25日　湖南省人民政府印发《湖南省贯彻落实国家〈长江中游城市群发展规划〉实施方案》(湘政发〔2015〕35

号)，明确将浏阳纳入以长沙为中心的“一心六射”（一心：长沙；六射：长沙—岳阳、长沙—浏阳、长沙—益阳—常德、株洲—醴陵、株洲—衡阳、湘潭—娄底）城际交通网。

26日　长郡•浏阳实验学校秋季开学。

31日　浏阳市召开市政府职能转变和机构改革动员大会，启动新一轮政府机构改革。

31日　起于洞阳镇后塘边，止于蕉溪乡，全长5.565公里，设计时速80公里/小时，总投资4.2亿元的金阳大道项目二期工程正式开工建设。

8月至12月　全市开展安全生产大检查和安全生产集中执法专项行动，并对矿山、危险化学品、烟花爆竹、油气输送管道、交通运输、建筑施工、消防、粉尘涉爆等六个重点行业领域进行专项整治。

是月　经省委研究决定，曹立军任长沙市委常委，26日被免去长沙市副市长职务。

9月

1日　湖南省教育督导委员会召开2015年县级教育工作“两项督导评估考核“（长沙）意见反馈会，认定浏阳市政府教育工作及其党政主要领导教育工作实绩督导评估考核达到优秀等次，浏阳市“教育强县（市、区）”评估验收合格，浏阳正式认定为湖南省教育强市。

1日　浏阳全面推行“多证合一、一照一码”商事登记制度。

1日　省委副书记、省长杜家毫一行到浏阳检查安全生产工作，并重点检查花炮安全生产。

2日　浏阳市委、市政府下发《浏阳市关于完善财政体制推行“扩权强镇”改革的通知(草案)》，决定从2015年1月1日起，调整乡镇（街道）财政体制，推行财政“扩权强镇”改革，在收入划分、基数核定、支出划分等方面改革以往的财政管理体制。

2日　经民政部审核批准，浏阳首批37位抗战老兵被授予“中国人民抗日战争胜利70周年”纪念章。“纪念抗战胜利暨反法西斯战争胜利70周年”欢乐浏阳河•达浒专场文艺晚会上，陈少明、王福、黄术林、潘善美、陈奇、邹长青、周开兴、刘光尧、陈香岑、万付全10位浏阳老兵代表，在现场获颁纪念章。

8日　副省长李友志率队到浏阳经开区调研尔康制药。

8日　浏阳首批社保“一卡通”在大瑶镇南山村试点发放。

9日　长沙银行浏阳柏加支行开业。

10日　湘赣边区域法院司法协作首届联席会议在浏阳召开，湘赣边区域十县市签订《湘赣边区域司法协作框架协议》。

13日　由中国电子企业协会主办的“企业家活动日暨2015全国电子信息行业优秀企业表彰大会”在贵州省贵安新区举行，蓝思科技获“2015全国电子信息行业领军企业”称号。

14日　邹鲁礼乐团到浏阳展演。

14日　浏阳奥园广场奠基仪式举行，香港上市企业—中国奥园地产集团正式进驻浏阳。

15日　浏阳经开区金阳文化艺术中心大剧院正式启用。

15日至10月31日　天马山隧道进行全封闭改造。

16日　浏阳广播电视台与上栗广播电视台签署战略合作框架协议，实现跨区域战略合作。

18—21日　第十三届中国浏阳家博会在市体育运动中心举办。

19日至11月15日　“湖湘宝地，宜居浏阳”浏阳城市形象推介活动启动，首站在长沙橘子洲头举行，接着到江西省铜鼓县、上栗县、浏阳城区、醴陵市、平江县进行推介。

20—22日　大瑶新城第四届房•车展示交易会举办。

21日　由浏阳日报社和上栗电视台联合举办的“湘赣同心•浏河之恋”民俗相亲会在大瑶镇李畋广场举行。

21日至12月31日　浏阳开展拆违控违“百日攻坚”行动。

23日　2015年“全国科普日”暨中国流动科技馆湖南巡展浏阳站启动仪式在田家炳实验中学举行。

23日　省委改革办到浏阳调研全面深化改革工作。

23日　浏阳经开区出台《加快浏阳经开区创业就业人员就地城市化工作的试行办法》，该办法自2015年9月1日起执行。

24日　中国科协党组成员、书记处书记徐延豪一行到浏阳调研基层科普场馆建设及基层科普组织能力。

24日　中共中央党史研究室主任曲青山一行到浏阳考察秋收起义文家市会师纪念馆。

25日　西北环线建成通车。

25日　浏阳市政府组织召开大瑶镇行政管理体制改革部门集中授权会议，浏阳市国土局、住建局等26家授权单位主要负责人当场签署委托授权书，将64项行政审批和管理服务事项、32项行政执法事项通过直接授权、委托授权、授权派驻大瑶镇机构和在大瑶镇设置审批窗口等形式下放到大瑶镇实施。

28日　“中国•浏阳乙未年秋季祭孔大典”在浏阳文庙举行，由国家级非物质文化遗产——浏阳文庙祭孔音乐授牌仪式，祭孔仪式和开笔礼三大篇章组成，450多人参祭。

28—29日　湘赣边区域开放合作交流会第二次主题联席会议召开，井冈山、莲花、醴陵、浏阳、平江、上栗、铜鼓、万载、修水、永新10县(市)以及应邀出席的江西武宁县、湖北通城县达成共识，并签署会议备忘录。

28日至10月18日　第三届浏阳河音乐节举行。

29日　全国首届敬老志愿服务工作总结表彰大会在北京举行，浏阳“80后”志愿者杨玲、罗辉获评“全国敬老志愿者”称号。

30日　“创意•君悦城市商业广场”暨大润发连锁超市浏阳店正式开业。

10 月

9 日　长沙三一工程机械有限公司工程机械产品再制造项目签约落户浏阳制造产业基地。

10 日　浏阳农村资源流转交易中心成立。

10 日至 11 月 3 日　蕉溪岭隧道群进行二期改造工程。

12 日　国家林业局总工程师封加平率队到浏阳调研林业改革工作。

13 日　农业部党组成员、总经济师杨绍品率队到浏阳调研农业农村工作。

14 日　湖南省 2015 年油菜生产机械化现场推进会在浏阳洞阳镇召开。

14 日　2015 年 6 月 22 日启动的关口至高坪公路（X018）路面改造工程竣工并实现通车。

14 日　浏阳市环境保护“百日攻坚”行动启动。

15 日　浏阳经开区重大投资项目——浏阳利美医院正式开业。

15 日　文化部到浏阳调研“江氏正骨术”申遗工作。

15 日　科技部检查组调研浏阳经开区投资建设的湖南省实验动物中心（湖南省药物安评中心）。

17—25 日　浏阳市第十一届房地产交易展示会开展。

19 日　省科协到浏阳检查全国科普示范县（市）创建工作。

19—20 日　全国农产品质量安全县创建试点工作现场会在山东威海召开，浏阳市委副书记、市长余勋伟代表浏阳作农产品质量安全县创建先进典型发言。

20 日　第一届湘赣边县域城市公安局警务协作会议在浏阳召开，并签署《湘赣边县域城市公安局警务协作框架协议》《第一届湘赣边县域城市公安局警务协作会议备忘录》。

22 日　浏阳市青年企业家商会暨第一次会员代表大会召开。

23 日　省委巡视第八组召开巡视浏阳市情况反馈会。

24 日　2015 快乐工作（第四季）大型人才交流会暨浏阳市第九届“揽万名英才•助浏阳腾飞”工业企业人才招聘会在长沙贺龙体育场举行。

28 日　浏阳农商行发起设立的村镇银行——湖南省安化湘淮村镇银行股份有限公司挂牌开业。

29 日　湘赣边区域 10 县（市）检察工作协作首届联席会在浏阳召开，并签署《湘赣边区域检察工作协作框架协议》。

30 日　浏阳农商行发起设立的村镇银行——江西省新余市渝水湘淮村镇银行股份有限公司挂牌开业。

30 日　省委宣传部副部长、省文明办主任刘进能到浏阳，对浏阳市以“幸福屋场”建设探索农村精神文明建设新路径进行调研。

11 月

2 日　《浏阳市商业网点布局（2015—2030）》正式印发并实施。

2 日　省委常委、长沙市委书记易炼红到浏阳柏加镇调研花木产业。

3—12 日　第二届欧阳予倩戏剧艺术节举行。

4—6 日　第三届花炮双年展在大瑶国际花炮商贸城开幕。

5—7 日　第十二届中国（浏阳）国际花炮文化节举行。

6 日　“湖湘宝地•美丽浏阳”2015 重点项目推介暨招商项目集中签约仪式举行，周群飞为浏阳代言。

9—10 日　全省政协提案工作会议在浏阳召开，浏阳市政协作典型发言。

10 日　全市乡镇区划调整改革工作部署会议召开，启动新一轮乡镇区划调整改革。

11—13 日　2015 年“浏阳花炮连锁杯”全国女子自由式摔跤冠军赛在市体育馆举行。

12 日　基伍手机浏阳生产基地正式投产，首款“湖南制造”智能手机在浏阳经开区下线。

14 日　由湘鄂赣城市广播电视联盟体主办的第二届湘鄂赣好声音开赛，设湖北通城、江西上栗、湖南平江、醴陵、浏阳 5 个分赛区。

17 日　纪念胡耀邦同志诞辰 100 周年油画艺术展在长沙开幕。

17 日　省委常委、省军区司令员黄跃进率队到浏阳永安镇，调研非公有制企业基层武装工作，实地察看一朵众赢电商科技股份有限公司阵地建设并观看民兵训练。

18 日　省民政厅办公室下发《关于同意浏阳市乡镇区划调整方案的批复》（湘民行发〔2015〕25 号），同意将杨花乡和大瑶镇成建制合并设立大瑶镇；同意将七宝山乡、永和镇成建制合并设立永和镇；同意将三口镇、古港镇成建制合并设立古港镇；同意将溪江乡、关口街道成建制合并设立关口街道；同意将太平桥镇、集里街道成建制合并设立集里街道，其他各乡镇、街道的行政区域和乡镇人民政府或街道办事处驻地不作调整。

19 日　国土资源部党组成员、国家土地副总督察、总规划师严之尧率队到浏阳调研农村宅基地制度改革试点工作。

20—22 日　第十三届浏阳车展在体育运动中心举行。

20—22 日　湖南省第三届武术大赛暨传统门派拳种精英赛在株洲举行，浏阳武协代表队获 5 金 1 银 3 铜。

23 日　湖南省纪念胡耀邦同志诞辰 100 周年座谈会在浏阳市举行，省委书记、省人大常委会主任徐守盛发表讲话。

23—29 日　中国•浏阳首届“浏阳河杯”百强县（市）男子篮球邀请赛在市体育馆举行。

24 日　浏阳市上榜“全国休闲农业与乡村旅游示范县”。

25 日　制造产业基地在深圳举行“智赢天下•新造未来”智能装备制造投资合作推介会。

25 日　荷文（荷花至文家市）公路建成通车。

26 日　2015“雅韵三湘•艺动四水”湖南交响乐团浏阳专场音乐会在欧阳予倩大剧院上演。

27 日　全省农村精神文明建设工作经验交流会在浏阳召开。

27 日至 12 月 6 日　全市边界乡镇开展为期十天的治超集中整治行动。

12 月

2 日　市强盛龙狮艺术团表演的作品《烟花龙舞》获“第十二届中国民间文艺山花奖•民间艺术表演奖（舞龙）”。

3 日　大瑶镇、永和镇、古港镇、关口街道、集里街道五个便民服务中心分别在原杨花乡、七宝山乡、三口镇、溪江乡、太平桥镇政府驻地挂牌成立。

4 日　福布斯中文榜发布 2015 年《中国大陆最佳县级城市榜》，浏阳排名第 29 位。

5 日　湖南省“N+1”专项志愿服务行动浏阳专场捐赠仪式举行。

6 日　浏阳市三水厂三期扩建工程竣工启用。

9 日　全长 3778 米，西至西北环线、东至浏阳大道；总投资 4.6 亿元对接西北环线的城区主干道道吾山路启动新建和提质改造工作。

10 日　浏阳经开区获批国家新型工业化产业示范基地（电子信息）。

10 日　浏阳获评“湖南省烟叶工作优秀单位”。

11 日　浏阳制造产业基地与河北省河间瀛州经开区签署再制造产业发展战略合作协议。

12 日　浏阳市工商联“构建大商会格局，实现网络全覆盖”创新模式获 2015 年度“创新中国”工商联工作特别奖。

12—13 日　由亚洲财富论坛主办的首届中国会展产业交易会暨中国会展人才交流会，在上海跨国采购会展中心举办。中国（浏阳）国际花炮文化节一举捧回“2015 年度中国节庆产业金手指奖”的十大节庆、十佳创新节庆两大奖项。

14 日　浏阳市“扫黄打非”领导小组办公室获评由中宣部、文化部、国家新闻出版广电总局组织的第六届“全国服务农民、服务基层文化建设先进集体”称号。

14 日　经省中医药管理局审核、公示，国家中医药管理局批准，正式确认浏阳市中医医院为国家三级甲等中医医院，成为全省县（市）级首家三级甲等中医医院（2015 年 11 月—2019 年 10 月）。

14 日　大瑶镇绕城大道竣工通车。

16 日　浏阳机关事业单位养老保险改革正式启动。养老金 + 职业年金组成养老“双保险”。

16 日　浏阳市人民医院与湘雅医院正式签订双向转诊、定点指导医疗合作协议，并举行挂牌仪式。

16—18 日　全国妇联主办的第二届“发现身边的女性创业之星”活动在北京举行，浏阳女企业家长沙普济生物科技有限公司总经理李今微、浏阳市兴乐种植科技开发有限公司董事长周慈英获得“女性创业之星”称号。普济生物科技有限公司获得小型企业组“最具投资潜力女性创业之星企业”荣誉。

17 日　浏阳创建国家级出口烟花爆竹质量安全示范区通过省级初审。

17 日　长沙市委副书记、市长胡衡华带领长沙市项目建设流动观摩团到浏阳观摩长沙 e 中心、蓝思科技三期暨总部基地、欧智通智能终端产业园、金阳大道等项目。

17 日　浏阳总工会运营的“浏阳工会”公众微信号获“全国最有影响力工会新媒体”“全国十佳典型人物宣传工会新媒体”两项荣誉。

17 日　湘赣边区域开放合作联席会议 2015 年年会在江西省上栗县召开，会上讨论通过接受湘东区和遂川县加入湘赣边区域开放合作交流会成员单位，讨论通过将湘赣边区域开放合作秘书处设在浏阳的决议，并听取湘赣边开放合作 2015 年工作情况报告。

17—18 日　以金融互动、交通互联为主题的第二届湘赣边区域开放合作交流会在江西省上栗县召开。湘赣边区域十二县（市、区）代表共同签署发布《湘赣边区域开放合作行动计划（2016）》，签署《湘赣边区域金融发展战略合作意见》以及《进一步加快推进湘赣边区域重大交通基础设施项目建设的意见》。

18 日　2013 年开工建设的浏阳经开区汽车站启动试营业。

21 日　“浏阳发布”等 13 个政务项目获评“湖南省互联网 + 优秀政务示范项目”，并正式入驻湖南微政务平台。

22—23 日　全市 2015 年下半年项目（企业）观摩活动举行。

23 日　淮川河截污工程竣工验收。

24 日　全市精准扶贫工作整体推进会议召开。

24 日　湘赣两省编办主任到大瑶镇考察该镇行政管理体制改革试点工作。

24 日　兴业银行浏阳支行正式开业。

28—29 日　全国档案工作暨表彰先进会议在北京召开，浏阳市市志档案局获评全国档案系统先进集体。

31 日　浏阳河六桥竣工通车。

是年　全市共完成全口径预算收入 136.9 亿元，同口径增长 15.3%；完成长沙考核口径一般公共预算收入 85.9 亿元，同比增加 10 亿元，增长 13.2%，其中国税完成 38.9 亿元，同比增长 10.5%；地税完成 31.7 亿元，同比增长 18.7%；财政完成 15.3 亿元，同比增长 9.5%。

是年　浏阳经开区技工贸总收入和财政总收入分别达 1002.2 亿元和 30.3 亿元，均首次突破 1000 亿元和 30 亿元，同比分别增长 24.3%和 24.9 %，标志着浏阳经开区正式迈入千亿园区行列。同时，规模工业产值、财政税收、工业增加值的增速继续位居长沙市园区第一，园区综合实力在全省产业园区中排名第 4 位，比 2014 年前进 2 位。

（王运松　整理）

浏阳河城区段（图片来源：浏阳电视台航拍图片）

浏阳概况

自　然　地　理

【区域位置】 浏阳市位于湘赣边境，湖南省东部偏北，省会长沙市的正东方。市境内浏阳河、捞刀河、南川河分别汇入湘江、渌江，大围山、连云山、九岭山为境内主要大山，浏阳河为湘江一级支流之一。2015 年，根据《湖南省民政厅关于将长沙县跳马镇调入长沙市雨花区的批复》(湘民行发(2015)1 号)文件，长沙县跳马镇纳入长沙市雨花区管辖。5 月份，浏阳市民政局与雨花区民政局对双方界限进行勘测，并在界线起止点埋设界桩。雨花区与浏阳市行政区域界线呈南北走向，全长 6.4 公里。至此，浏阳市分别与江西省宜春市袁州区、铜鼓县、万载县，萍乡市上栗县；株洲市荷塘区、芦淞区、石峰区、醴陵市；长沙市长沙县、雨花区；岳阳市平江县等 11 个区(县、市)交界，边界线总长 571.75 公里；浏阳境内东西长 125.8 公里，南北长 80.9 公里，全市居北纬 27° 51′ ～28° 34′ 、东经 113° 10′ ～114° 15′ ，境内总面积 5007 平方公里。占全省总面积 21 万平方公里的 2.38％。

（资料来源：浏阳网 2015-05-27）

【地质地貌】 浏阳整个地势东北高峻，向西南倾斜递降。最高峰七星岭海拔 1607.9 米，最低柏加镇杉湾里的一级阶地，海拔仅 37.5 米，高差 1570.4 米。地势高低起伏大。主要山林脉络清楚，皆呈北东至南西走向的雁行背斜山地。岭谷平行相向，形成官渡、大瑶、北盛三个较大盆地和一个浏阳河谷地市内水系发育，地表切割强烈。河曲发育，堆积盛行，出现河漫滩和多级阶地，沿水系形成现代狭长的河谷，溪谷冲积平原。山地丘陵隆起长期处于剥蚀状态，山势陡峭，坡度较大。全县 30° 以上的占 47.1％，25° ～30° 的占 12.1％，20° ～25° 的占 10.0％，15° ～20° 的占 7.9％，10° ～15° 的占 5.3％，5° ～10° 的占 2.4％，小于 5° 的占 14.4％。在外营力作用下，现代地貌继续沿着削高填低的趋势发展。市内地质构造与岩性比较复杂，前震旦系的变质岩面积占 58.67％，第四纪冲击物占 15.48％，红岩占 9.01％，花岗岩占 8.45％，沙页岩占 4.91％，石灰岩占 2％，沙砾岩占 1.48％，在内外营力长期交互作用影响下，形成多样地貌类型。各类地貌组合分布，基本上由东北向西南依次为山、丘、岗平呈阶梯状，并大致沿着浏阳河谷地北、东、南三面呈断续性环带状分层排列递降。同时沿捞刀河、浏阳河、南川河谷地两侧逐级抬升，具有高低分层、逐步过渡的分布规律。

【自然资源】 市内已知有各类矿藏、矿点和矿化点共 190 多处，其中大型矿床 6 处，中型矿床 12 处，小型矿床 12 处。已知矿种有金、银、铜、铁、铅、锌、钨、锡、钼、汞、锑、钴、锰、锂等 45 种。境内土壤种类多样共有 9 个土类、18 个亚类、63 个土属、181 个土种。耕型土壤以水稻土和红壤为主，水稻土面积 90.60 万亩，占全市总面积的 14.15％，占耕地面积 86.87％；红壤土面积 13.64 万亩，占旱土面积 93.73％，占耕地面积的 12.97％。浏阳野生动植物资源十分丰富，根据 1999 年野生动植物资源普查，境内列入保护的野生动物有 49 种，其中国家一级保护动物有云豹、白獾、黄腹角雉、白颈长尾雉、山鹧鸪、黑麂 6 种，国家二级保护动物有穿山甲等 14 种，省级保护动物有果子狸等 29 种。植物 47 种。其中一级保护植物有伯乐树、银杏、南方红豆杉 3 种，二级保护植物有香果树等 22 种，三级保护植物有穗花杉等 22 种。主要林业资源有松、杉、楠竹、茶、油茶等。

【水文气候】 浏阳属中亚热带季风湿润气候。东北部以中低山为主，夏凉冬冻，光热偏少，降水偏多；中、南部地区，冬少严寒，夏少酷热，光热充足，雨水适中；西北部捞刀河流域属湘中丘陵盆地气候类型。从东部最高点七星岭至西部最低点浏阳河出境处高差 1570.4 米。气候受地势影响，由湘赣边界山区气候向湘中丘陵盆地气候过渡。且因河谷平原向两侧逐级抬升，平、岗、丘、山依次排列，具有高低分层、逐步过渡的分布规律，从而导致全市水热状况复杂的垂直差异。大围山、连云山两山东北至西南横亘，特别是连云山脉斜劈全市，使北方冷气受阻，因此全市形成了亚热带夏长炎热盆地谷地气候区、亚热带夏凉多雨山区台地气候区、夏凉冬冻高山气候区三大块较明显气候区。市内历年平均降水量为 1400～1800 毫米，山区较多，平原较少，多雨中心在宝盖一带山区及大围山、连云山地区，年雨量为 1700～1800 毫米，原宝盖乡寒婆坳高山记录曾达 2200 毫米。少雨地带在西部盆地和大瑶以南的平原地，年平均雨量在 1500 毫米以下。2015 年年平均气温为 18.1℃，比历年同期平均偏高 0.6℃，其中冬季平均气温为 8.1℃，较常年显著偏高 1.3℃，根据湖南省气候标准，浏阳地区为暖冬；入春早，入夏也早，3 月 12 日稳定通过 10℃（历年同期是 3 月 21 日），入春时间较常年同期提前 9 天，稳定通过 22℃日期出现在 5 月 14 日（历年同期是 5 月 30 日），入夏时间较历年同期提前 16 天；6 月 24—30 日、8 月 1—5 日，两次达到轻度高温热害标准；年极端最低气温为 -2.4℃，出现在 12 月 17 日，年极端最高气温为 37.0℃，出现在 7 月 13 日。年降水量为 1694.0 毫米，比历年平均偏多 9%，年雨日为 163 天，暴雨日为 5 天，日最大降水量为 89.4 毫米，出现在 4 月 7 日，暮春初夏多强对流天气，有短历时强降水及暴雨出现，6 月 13—22 日累积降水量达 222.7 毫米，出现雨水相对集中期；春夏雨季开始于 3 月 15 日，结束时间不明显。年日照时数为 1298.4 小时，较历年同期平均偏少 19%。无霜期为 307 天。2015 年全年共出现 5 次暴雨天气过程，并多次出现局地强降水天气，其中 5 月 8 日局地暴雨、6 月 21 日暴雨使得全市多个乡镇不同程度受灾，工农业生产影响较为严重。5 月 8 日受低涡东出影响，全市普降大雨，局地暴雨，最强降水出现在大围山 54.5 毫米。此次过程降水集中、短时雨强大，造成部分乡镇受灾，受灾人数达 835 人，倒塌房屋 75 间，农作物受灾面积 68 公顷，直接经济损失 241 万元。6 月 21 日受高空槽前配合西南气流影响，全市暴雨，部分大暴雨，最强降水为柏加镇仙人造水库站点 140.8 毫米，最强 1 小时降水为淳口站 49.7 毫米。本次降雨中全市受灾人口约 18600 人，成灾人口 11000 人，紧急转移人口 926 人，山体滑坡 124 处，农作物受灾面积 1240 公顷，农作物绝收面积 116 公顷，倒塌房屋 194 间（162 户，全倒 21 户），其中：严重损坏 54 间，一般损坏 140 间。预计直接经济损失 5430 万元。2015 年为气候正常年份，年平均气温偏高，降水偏多，日照时数偏少。综观全年，出现强冷空气、雾、霾、寒潮、暴雨、雨水相对集中期、局地洪涝、轻度高温热害等天气气候事件，气象灾害损失较为严重。

建　　置

【置县】 《三国志·吴志·周瑜传》载东汉建安十四年（209），孙权拜周瑜为偏将军领南郡太守，以浏阳为其四俸邑之一。清光绪三十三年（1907）黄徽所纂《浏阳乡土志》断言置县“必始于是时”。建安十五年（210），鲁肃继周瑜，置汉昌郡，为太守，浏阳属汉昌郡。建安二十二年吕蒙继鲁肃，夺得荆州，长沙郡为吴所有，于是废汉昌郡，浏阳属长沙郡。隋开皇九年（589），改临湘县为长沙县。大业三年（607）废浏阳，并入该县。唐景龙二年（708）复置浏阳县。元元贞元年（1295）升为州。明洪武二年（1369）复降为县。民国元年（1912），浏阳属长宝道。民国 3 年更道名为湘江道。民国 7 年更道名为湘东道。民国 15 年起浏阳属第一行政督察区，民国 26 年成为督察专员公署治所。1949 年 7 月 19 日浏阳解放。8 月浏阳属长沙专区。1952 年 9 月长沙专区更名湘潭专区，1968 年又更名湘潭地区，浏阳隶属关系均未变。1983 年 2 月，国务院批准撤销湘潭地区，浏阳县划归长沙市管辖，是年 7 月正式接管。1993 年 2 月经国务院批准浏阳撤县设市（县级）。

1993 年 2 月 11 日，浏阳撤县设市暨第三届国际花炮艺术节开幕式，图为游行队伍经过长南路（现金沙路）时的情景

（摄影　李锦荣）

【治所】 《湖南通志·古城考》说：“浏阳故城在今浏阳县东……隋大业初，省入长沙县而故城废，唐景龙初复置，即今治，元初迁居仁镇；明初复唐旧治。”清同治县志说：“唐景龙二年复析置浏阳于故城。”但以《古城考》所说为近，即最初在“县东”，也就是民间传说的今治东街口以外旧城隍庙一带地方；从隋大业三年至唐景龙二年的整整百年间，因废县而故城不存；到复置浏阳县时，在故城西面重建县城，宋末，元兵进入浏阳，县城被破坏，元代遂迁治所于居陵镇（又名居仁镇，即今

官渡镇)；终因编于东隅，交通不便，时隔百年之后，明初又迁回今址。民国后县政府数易其址。民国27年(1938年)以前县政府位于西正街(今总工会附近)。民国27年11月10日被日机炸毁。迁营盘巷迎福寺（今人民医院内)。民国33年(1944)6月10日，县城被日军占领，县政府迁往七宝山凤凰岩曾广益宅。民国34年（1945）日本投降后迁回县城文庙礼乐局内，直至新中国成立。1954年春，迁往才常路谭烈士祠右侧曾子庙院内。1990年7月，于谭嗣同烈士祠左侧才常路93号建成八层政府办公大楼，县政府、县人大常委会、县政协同时迁入办公。2004年12月，新建于关口街道汉瑭路的行政中心落成，市委、市人大常委会、市政府、市政协全部迁往行政中心。

行政区划

【明、清时期】 明嘉靖长沙府志载浏阳“乡四：东南西乡……”其境域即今之东南西北乡。宋元时，全县有75个都。明代，110户为一里，里一级，城区叫坊，郊区叫厢。全县原编75里3坊。明嘉靖十一年(1532)48里2坊。清康熙十九年(1680)县志载，全县原编都44，外加坊厢都6，共50个都，每都10甲，共500甲。清同治县志载，康熙三十年增加7个都，雍正十一年(1733)又增6个都，并原都共63个。至民国11年（1922），新选的议会召开一届一次常会作出决议，逐渐废除都甲。清咸丰年间，为防御太平军，推行团练制。10户为一牌，若干牌为一社(或称境)，设社长；若干社为一小团，若干小团为一大团，同治元年(1862)，全县共设21个大团294个小团。

【民国时期】 民国前期，主要沿用清代团的区划。民国元年（1912）就21个大团的范围设立城、镇、乡，计城1(中立)、镇7(古港、永和、张坊、枫林、振西、普安、冲和)、乡13（其余大团下仍称小团)。次年又撤城、镇、乡，恢复大团。民国5年，大团全部改为镇，小团全部改为乡，以镇辖乡。民国14年又于乡下设保甲，保甲以下设闾、邻。民国19年划全县为东、南、西、北、中5区。次年改为10个区，其具体隶属为：一区辖中立镇，二区辖古港、高坪两镇，三区辖大瑶、枫林两镇，四区辖冲和镇，五区辖蕉溪、永安、北盛三镇，六区辖沙市、全吉、莲溪、绥和四镇，七区辖永和、达浒两镇，八区辖上东、张坊两镇，九区辖文市(里仁)、金刚两镇，十区辖振西镇。此时，小乡已增至300多个。区以下，按“百户以上之村庄地方为乡，百户以上之街市地方为镇”的原则，划为24镇，134乡，镇、乡由领属关系变为平行关系。民国24年，改设5个区镇，即中立镇和东、南、西、北4个区。区以下并为89个乡镇。民国25年，改为9个区，27年，废区，划16镇、24乡，下设390保、6871甲。30年，合庆康、福仁两乡为一乡，又增设新安镇，全县共辖17镇、23乡。

浏阳河城区段（1973年摄） （摄影 李锦荣）

【中华人民共和国成立后】 1949年8月1日，浏阳县人民政府成立。县下设东区、西区、南区、北区4个办事处，城关区1个区。1950年4月，进行民主建政，废除旧乡保，划全县为14个区，辖6个居委会和201个乡，乡下设村，村下设组。1951年7月，改为27个区、189个乡、6个镇，6个居民委员会。1952年7月，城关改区为镇。其余各区依旧，全县析为570个乡、14个乡级镇、6个居民委员会。1953年2月调整为22个区(镇)，318个乡、12个乡级镇、4个居民委员会。1954年改为21个区，区名由序数改为驻地名称，其中原一区与城关镇合并，改称集里区，驻地迁城关；原四区改称古港区，驻地由三口迁古港；原二十一区改称社港区，驻地由泮春迁社港；其余驻地依旧。1956年下半年，撤销区，将小乡并为大乡，全县共划为61个乡、3个镇。乡以下辖高级社，社以下辖生产队。1958年冬，实现人民公社化，撤销乡镇，成立政社合一的人民公社17个。下辖211个大队和3060个生产队，均为生产与行政合一的基层单位。

1988年，辖11个区，设城关(区级)、永和(区级)、古港、文家市、永安5个镇、62个乡、1008个村，21个居民委员会。1995年6月28日，经省政府同意，长沙市政府办公厅下达《关于浏阳市行政区划调整的通知》，对浏阳市行政区划作以下调整：(一)撤销城郊、古港、官渡、张坊、大围山、大瑶、文家市、镇头、北盛、沙市、社港11个区。(二)保留太平桥乡、葛家乡、溪江乡、官渡镇、达浒乡、白沙乡、大瑶镇、金刚镇、杨花乡、柏加乡、官桥乡、蕉溪乡、赤马乡、山田乡、三口乡、永和镇、淮川街道、集里街道的行政区划不变。(三）将其余49个乡镇调整为22个乡、镇、街道。至2002年年末，全市辖4个街道、11个乡、25个镇。2005年，白沙乡与大围山镇合并，山田乡与淳口镇合并，赤马镇与沙市镇合并。2015年11月，浏阳出台《浏阳市人民政府关于调整部分乡镇行政区划的通知》(浏政发(2015)14号)并报经省民政厅批准：浏阳市杨花乡和大瑶镇成建制合并设立大瑶镇；七宝山乡、永和镇成建制合并设立永和镇；三口镇、古港镇成建制合并设立古港镇；溪江乡、关口街道成建制合并设立关口街道；太平桥镇、集里街道成建制合并设立集里街道。1992年浏阳大围山经林业部批准开发建设为国家森林公园，1996年8月1日正式开园。2007年6月8日被评为国家AAA级景区。2012年6月大围山通过了国家地质公园评审。2013年12月被国家旅游局、环境保护部授予“国家生态旅游示范区”。1997年浏阳开发建设浏阳市工业园，先后发展成为联合国工业发展组织在中国唯一的合作园区、浏阳生物医药园、国家医药出口基地等。2006年，与北京、上海、广州共同获批国家级生物产业基地并更名，成为中西部地区第一个国家级生物产业基地。2010年，获批中部地区第一个国家创新药物孵化基地。2012年3月，被国务院批准为国家级浏阳经济技术开发区，并于同年获批湖南第四家科技兴贸创新基地（生物类）。2013年，园区已开发14平方公里，总投资190亿元，总人口8万人；共注册各类企业449家，其中外资企业21家，工业企业230家。园区以生物医药和电子信息为主导，形成了生物医药、电子信息和健康食品三大产业集群。2000年启动浏阳现代农业园建设，2012年更名为浏阳市两型产业园。2003年3月浏阳设立浏阳制造产业基地，控规面积为30平方公里，至2013年，已建成面积7平方公里，拥有规模企业95家，产值过亿元企业20家，高新企业20家。2015年浏阳市有4个园区：长沙国家生物产业基地、制造产业基地、两型产业园、大围山国家森林公园，辖4个街道：淮川、集里、荷花、关口，25个镇：古港、高坪、沿溪、官渡、永和、达浒、大围山、张坊、澄潭江、中和、文家市、大瑶、金刚、柏冲、镇头、普迹、官桥、柏加、洞阳、永安、北盛、沙市、淳口、龙伏、社港，3个乡：小河、蕉溪、葛家；共401个村（社区）。

（唐继武）

浏阳河晚唱　　（摄影　熊　剑）

浏阳市2015年国民经济和社会发展统计公报

2015年，全市人民在市委市政府的坚强领导下，深入贯彻落实科学发展观，紧紧围绕“加快建设省会副中心和湘赣边区域性中心城市”目标，深入实施“交通融城、产业兴城、人才活城、生态美城”四大战略，砥砺奋进，攻坚克难，推动了经济社会又好又快发展。

2015年，全市实现生产总值1112.8亿元，同比增长12.2%。其中第一产业增加值93.4亿元，第二产业增加值781.6亿元，第三产业增加值237.8亿元，分别增长5.5%、12.6%和12.8%。三次产业对经济增长的贡献率依次为2.9%、75.8%和21.3%，分别拉动经济增长0.4个百分点、9.2个百分点和2.6个百分点；三次产业结构为8.4∶70.2∶21.4。

一、农　业

2015年，全市实现农林牧渔业总产值144.6亿元，增长5.6%。其中，农业产值84.67亿元，增长7.9%；林业产值16.51亿元，增长7.6%；牧业产值35.66亿元，减少1.1%；渔业产值4.26亿元，增长6.3%；农林牧渔服务业产值3.46亿元，增长15.5%。

种植业　2015年，全市粮食总产量57.29万吨，增长1.9%；蔬菜总产量133.5万吨，增长2.4%。

表1　主要农产品产量统计表

	计量单位	2015年	增长(%)
粮　食	吨	572895	1.9
其中：稻谷	吨	533059	1.9
蔬　菜	吨	1334995	2.4
烤　烟	吨	8119	-7.7
油菜籽	吨	48510	0.5
茶　叶	吨	1607	1.2
药　材	吨	21327	3.0
水　果	吨	195019	-5.3

林业　2015年，全市完成造林面积8446公顷，中、幼林抚育面积5333公顷，年末实有封山育林面积80000公顷，年度活立木总蓄积量1352.66万立方米，增长4.1%。

畜牧业　2015年，全市生猪出栏193.11万头，减少1.9%；山羊出栏72.11万只，减少2%；家禽出笼1251万羽，增长6.3%；肉类总产量17.4万吨，减少1.1%。

表2　主要牲畜年末存栏量

	计量单位	2015年	增长（%）
牛	万　头	4.45	1.1
生　猪	万　头	94.57	1.7
山　羊	万　只	49.32	2.3

渔业　2015年，全市水产品总产量2.58万吨，增长2.4%，其中鲜鱼产量2.52万吨，增长2.4%。

二、工业

2015年，全市实现工业总产值2366.6亿元，增长16%；实现工业增加值713.7亿元，增长13.2%。规模以上工业企业829家，实现规模工业产值1975.3亿元，增长16.8%，实现增加值580.9亿元，增长15%。其中产值过亿元企业315家，实现产值1541亿元；产值过10亿元企业17家，实现产值724.2亿元。

2015年，花炮产业实现销售总额220.1亿元，创税8.6亿元，分别增长8.9%和6.4%；43家生物医药企业实现产值278.4亿元，增长21.5%；88家机械制造企业实现产值222.4亿元，增长29.9%；9家电子信息企业实现产值469.8亿元，增长20.2%。

经开区实现工业总产值856.58亿元，财税收入30.34亿元（含土地出让金，下同），分别增长19.4%和24.9%。制造产业基地实现工业总产值303.1亿元，财税收入10.1亿元，分别增长24.9%和23.2%。两型产业园实现工业总产值76亿元，财税收入1.18亿元，分别增长10.7%和22.7%。

三、建筑业、房地产业和固定资产投资

2015年，全市建筑行业实现增加值70.18亿元，增长5.7%。拥有四级以上建筑企业31家，实现建筑业产值38.46亿元，减少7.7%。

2015年，全市房地产业实现增加值22.95亿元，增长2%。拥有房地产企业72家，实现房地产投资额31.8亿元，减少38.2%；商品房销售面积102.6万平方米，减少7.5%。

2015年，全市实现固定资产投资859亿元，增长18.4%。其中工业投资536.9亿元，增长11.6%。

四、财政金融、内外贸易和市场物价

财政 2015年，全市实现财政总收入111.9亿元，增长10.9%。一般公共预算收入（长沙市考核口径）85.9亿元，增长13.2%；其中地方一般公共预算收入49.9亿元，增长16.6%；上划收入36.1亿元，增长8.8%；土地出让金收入26亿元，增长4.1%。全市财政总支出84.8亿元，增长18.1%。

金融 2015年，全市金融机构年末各项存款余额527.2亿元，比年初增加92.9亿元，增长21%，其中住户储蓄余额328.5亿元，比年初增加46.5亿元；各项贷款余额429.3亿元，比年初增加60.8亿元，增长16.5%。金融机构年末存贷比为1:0.81，不良贷款率2.1%，比年初提高1.7个百分点。

内外贸易 2015年，全市实现社会消费品零售总额242.7亿元，增长15.9%。按消费形态统计，批发零售业商品零售额214亿元，增长15.7%；住宿餐饮业收入28.7亿元，增长17.8%。

2015年，全市实现自营进出口总额11.74亿美元，减少9.7%。自营进口额3.04亿美元，减少20.9%。自营出口额8.7亿美元，减少5%，其中鞭炮烟花2.8亿美元、机电产品5.5亿美元、其他0.4亿美元。

市场物价 2015年，全年居民消费价格总指数(CPI)为101.1，商品零售价格指数为99.6，服务项目价格指数为100.7，工业品出厂价格指数为96.3。

五、交通运输和邮电业

交通运输 2015年，全市公路客运量4428万人次，减少8.6%，公路旅客周转量236236万人公里，减少6.6%；公路货运量3684.7万吨，增长5.7%；公路货物周转量231774.7万吨公里，增长5.7%。

邮电通信 2015年，全市实现邮电业务总量9.8亿元，下降16.2%。年末拥有移动电话用户117.1万户，增长0.2%；互联网宽带接入用户17.3万户，增长15.7%。

六、旅游和招商引资

旅游 2015年，全市接待旅游人数1433.07万人次，增长13%；旅游产业收入146.17亿元，增长17%。

招商引资 2015年，全市引进项目190个，其中亿元以上项目43个，50亿元以上的3个，10亿元以上项目7个。外商直接投资实际到位资金2.13亿美元，增长10.7%，实际到位省外境内资金58.57亿元，增长14.7%。

七、教育、文化、卫生和体育

教育 2015年，全市拥有学前教育幼儿园334所，教职员工3675人，本年入园29448人，在园52347人，离园16507人；普通小学296所（含散学点），教职员工4105人，本年招生18200人，在校学生99946人，毕业14136人；普通中学64所，教职员工4752人，本年招生21784人，在校学生63775人，毕业21784人；特殊教育学校1所,教职员工60人，本年招生34人，在校学生360人，毕业17人；中等职业学校3所，教职员工289人，本年招生2376人，在校学生4910人，毕业1013人。

文化 2015年，全市拥有文化馆站38个、艺术表演团体1个，艺术表演观众人次25万人次。《浏阳日报》每期发行量4.4万份。全市广播综合人口覆盖率98.5%，电视综合人口覆盖率98.1%，有线、无线数字电视用户30万户，增长15%。年末图书馆藏书19.3万册。

卫生 2015年年末，全市拥有卫生机构50个，其中医院42所。卫生机构床位数7271张，卫生技术人员7247人。年内诊疗351万人次，年内治愈率为60%，年内病死率?0.04?%。

体育 2015年，全市共组织县级以上运动会45次(含各类协会组织)，参加活动人数2.5万人次。运动员在全国、省市比赛中获得金牌14枚、银牌11枚、铜牌13枚。

八、环境保护和安全生产

环境保护 2015年，全市工业二氧化硫排放量4291吨，削减3.25%；工业废水排放达标率93%，工业烟尘排放达标率94%，城镇生活污水处理率83.3%。

安全生产 2015年，全市亿元GDP事故死亡率为0.012；煤炭百万吨煤生产安全事故死亡率为4.761；工矿商贸企业十万从业人员生产事故死亡率为1.944；道路交通万车事故死亡率为1.35。

九、人口、人民生活和社会保障

人口 2015年，全市年末户籍户数42.12万户，总人口为146.91万人，增长1.1%。其中，城镇人口69.49万人，乡村人口77.42万人。年内出生人口2.4万人，出生率为16.14‰，比上年提高1.13个千分点。年内死亡人口1.13万人，人口死亡率为7.76‰，比上年提高0.16个千分点；人口自然增长率8.47‰，比上年提高0.97个千分点。

人民生活 2015年，城乡居民人均可支配收入30877元，增长8.5%,其中农村居民人均可支配收入

25191 元，增长 8.6%；城镇居民人均可支配收入 36631 元，增长8.3%。城乡居民人均消费支出 18759 元。

社会保障　2015 年末，全市参加城镇基本养老保险人数 70783 人，比上年末增加 2841 人。城镇基本医疗保险的参保人数 118929 人，比上年末增加 12621 人。参加失业保险人数 75251 人，比上年末增加 7363 人。参加新型农村合作医疗人数 1285096，比上年末减少 9179 人。参加新型农村社会养老保险人数 817809 人，比上年末增加 1390 人。全年发放城乡居民最低生活保障经费 14400 万元，保障城乡困难居民 5.68 万人，城乡低保对象人均月补差标准为 329 元和 152 元。

十、为民办实事

省、长沙市重点民生项目 35 项考核指标全部完成，其中 4 项指标超额完成。

2015 年，全市新农村基础设施建设稳步推进，建设农村公路 17.5 公里，农村公路危桥改造 12 座；解决农村饮水安全人口 15.24 万人，解决广播电视盲村收视用户 16000 户；建设农民专业合作社市级示范社 3 个。教育卫生文化服务体系进一步健全，全年建设义务教育合格学校 2 所，农村公办幼儿园 2 所，建成示范性乡镇综合文化站 4 个，建成乡镇（户外）全民健身中心 6 个。城乡环境明显改善，农村危房改造 3180 户，新增城镇管输天然气用户 5549 户；创建绿色村庄 5 个、社区 1 个，建设新农村示范村 1 个，农村环境整治村庄 11 个。救济制度进一步落实，抢救性康复贫困残疾儿童 70 名，救治救助贫困重症精神患者 120 人，为困难群众办理法律援助案件 757 件；建设街道老年人日间照料中心 1 个，新增养老服务床位 7403 张。新增城镇就业人员 1.584 万人，城镇登记就业率明显提高。

注：本公报数据为初步核实数，单位 GDP 能耗、社会平均工资数据待省市统计局核实后另行公布；地区生产总值、增加值指标绝对额按现价计算，增速按可比价计算。

九曲浏阳河　　（图片来源：浏阳电视台航拍图片）

中共浏阳市委

中共浏阳市委员会

书　　记　曹立军
副 书 记　余勋伟　吴　震
　　　　　付旭明（2015.09 免）
常　　委　谭　果　张作林
　　　　　刘　旭
　　　　　熊清溪（2015.05 免）
　　　　　胡金文　邱山东
　　　　　吴　敏（2015.05 任）
　　　　　陈荣华（2015.09 免）
　　　　　周文舜
　　　　　伍继延（2015.09 任）
市委顾问　张若林
副调研员　杨国民

市委办公室

主　任　邱山东（2015.09 免）
主　任　胡金文（2015.09 任）
副主任　钟伟明　肖炎强
　　　　熊　文　张之俭
　　　　胡厚坤（兼）
周瑞明（兼）（2015.08 免）
温　浩（兼）（2015.03 免）
焦清平（兼）（2015.08 任）
谢　庆(女)（挂）（2015.12 任）

市委督查室

主　任　谢　庆（女）

市委绩效办

主　任　张　旭（2015.08 免）
主　任　陈治国（2015.08 任）
副主任　陈　全（2015.09 任）

市委党史办

主　任　周如冰

市委深改办

副主任　付秋明
副主任　周平波（2015.04 月任）

市委接待办

主　任　熊　东（2015.08 免）
主　任　张文初（2015.08 任）
副主任　寻　平（2015.08 任）
副主任（聘）张　荡（女）

机要、保密局

局　长　杨新跃
副局长　胡白云(女,2015.08 免)

【市委常委会议】　全年共召开常委会 25 次。

1 月 5 日，市委常委会第十一届五十八次会议，研究《政府职能转变和机构改革方案》。

1 月 13 日，市委常委会第十一届五十九次会议，讨论市委经济工作报告，听取“城乡统筹、环境同治”、省劳模和先进工作者推荐评选、有关违纪案件等事项的汇报，并就有关事项进行研究。

1 月 26 日，市委常委会第十一届六十次会议，听取司法所管理体制改革、“两会”有关工作等情况汇报。

2 月 9 日，市委常委会第十一届六十一次会议，听取未纳入长沙市绩效考核的县处级干部考核划等情况、党风廉政建设和反腐败工作情况汇报，传达学习上级精神，安排部署当前工作。

2 月 15 日，市委常委会第十一届六十二次会议，研究有关人事任免。

3 月 6 日，市委常委会第十一届六十三次会议，听取 2014 年浏阳市管领导班子和领导干部年度考核情况汇报。

3 月 12 日，市委常委会第十一届六十四次会议，听取 2014 年绩效考核有关情况、领导班子和领导干部考核划等情况、省直机关公务员来浏挂职锻炼安排情况、党务部门工作情况汇报。

3 月 31 日，市委常委会第十一届六十五次会议，研究有关人事任免。

4 月 8 日，市委常委会第十一届六十六次会议，听取办公室、组织、老干、宣传思想、政法、统战工作情况汇报，并就有关问题进行认真研究。

4 月 17 日，市委常委会第十一届六十七次会议，研究党的群众路线教育实践活动整改落实、巩固拓展与有关人事任免工作。

4 月 27 日，市委常委会第十一届六十八次会议，听取 2015 年第一季度重点工作季度调度讲评有关情况汇报，传达学习上级有关文件精神，并就有关事项进行研究部署。

5 月 26 日，市委常委会第十一届六十九次会议，传达学习上级有关文件精神，听取“三严三实”专题教育工作有关情况汇报，并就有关事项进行明确。

6 月 10 日，市委常委会第十一届七十次会议，研究有关人事任免工作，听取绩效考核管理办法及实施细则修订工作情况汇报，通报有

3月9日，长沙市委常委、浏阳市委书记曹立军调研大文公路提质改造项目工程

（资料来源：市委办公室）

关违纪案件。

7月24日，市委常委会第十一届七十一次会议，听取经开区发债和申请贷款、二季度重点工作调度讲评和大瑶镇行政管理体制改革试点等工作情况汇报，并就有关事项进行研究。

8月12日，市委常委会第十一届七十二次会议，研究有关人事任免。

8月18日，市委常委会第十一届七十三次会议，传达学习全省组织工作会议精神，研究机构改革有关人事政策。

8月20日，市委常委会第十一届七十四次会议，研究有关人事任免。

8月31日，市委常委会第十一届七十五次会议，听取政府职能转变和机构改革有关情况汇报，研究有关人事任免工作。

9月2日，市委常委会第十一届七十六次会议，听取《浏阳市推进省直管县经济体制改革试点实施方案》《浏阳市关于完善财政体制推行“扩权强镇”改革的通知（草案）》和《浏阳市2015—2017年精准扶贫工作方案》等工作汇报，并就有关事项进行研究。

9月28日，市委常委会第十一届七十七次会议，听取“践行一线工作法、争当发展先锋”先进典型推选情况、关于在“三严三实”专题教育中开展领导干部“一进二访”活动情况汇报，通报四川南充拉票贿选案查处情况。

10月23日，市委常委会第十一届七十八次会议，听取乡镇区划调整改革、建立公务员职务与职级并行制度和三季度重点工作调度讲评等工作的情况汇报，传达学习湖南省委办公厅、长沙市委办公厅《关于在“三严三实”专题教育中深入组织学习“乐东经验”的通知》，并就当前工作进行安排部署。

11月9日，市委常委会第十一届七十九次会议，听取申报参加长沙市“五好”领导班子评选表彰、纪委（监察局）内设机构调整和乡镇区划调整改革等工作的情况汇报，并就有关事项进行研究。

11月18日，市委常委会第十一届八十次会议，传达学习全省加强纪检监察信访举报工作会议和中央、省委、长沙市委统战工作会议精神，听取巡视整改有关工作情况汇报。

12月2日，市委常委会第十一届八十一次会议，研究乡镇撤并有关人事安排工作。

12月21日，市委常委会第十一届八十二次会议，听取浏阳市同级领导班子同步换届、2015年度市管领导班子和领导干部年度考核有关工作汇报。（刘卫红）

【市委常委会议上鉴补遗】 2014年12月15日，市委常委会第十一届第五十六次会议，研究有关人事任免。

2014年12月25日，市委常委会第十一届第五十七次会议，传达省委、长沙市委经济会议精神，部署经济工作会议，并就具体工作进行部署。（刘卫红）

【综合服务】 市委办按照“五个坚持”的总体要求，围绕全市中心工作、服务社会发展大局，认真做好办文办会、统筹协调、信息报送、日常值班、公务接待等工作。一是办文办会精简务实。出台《关于建立清单管理制度从严控制文件会议活动的通知》，将全市拟出台的重要文件、召开的重要会议、举办的重要活动纳入年度计划安排清单，严格实行清单式管理。坚持精简文件、会议和活动，从严把关文件、会议和活动，做到可发可不发的文件坚决不发，能够合并的会议合并召开，坚决不搞形式主义、文牍主义和官僚主义。全面推行党政协同办公系统，开展办公室党政协同办公系统业务培训，实行无纸化办公，进一步简化办文程序，提高办文时效和办文质量。全年精简文件18个，会议活动减少8个，分别同比减少8%、6%。二是统筹协调顺畅有序。充分发挥统筹协调枢纽作用，对全市性会议和活动做到总体统筹、主动介入。树立全局服务观念，切实加强与四大家办公室之间的联系，以周工作安排表科学统筹安排“四大家”工作动态和市级领导工作。加强业务指导和交流，通过加强对市直部门和乡镇（街道）的走访调研和业务指导，更好的掌握全市办公室工作动态，不断提升全市办公室系统的业务水平。坚持精细服务理念，活动和接待方案周密细致，预案安排考虑周全，接待路线和视察点提前踩点，努力做到活动和接待无漏洞、不出错。胡耀邦同志诞辰100周年纪念活动、第十二届国际花炮文化节、全省农村精神文明建设工作经验交流会等系列重大活动顺利举办。三是信息报送高效实用。进一步创新信息采集方法，编写《浏阳要情》，及时上报各类信息200多条，其中《湖南浏阳市以挖掘发扬宗祠文化时代新意为手段践行社会主义核心价值观成效显著》的信息被中办采用编报中央领导。高标准办好《浏阳通讯》，更好发挥了市委内刊宣传浏阳、推介浏阳的窗口作用。四是日常值班日趋严谨。做好日常值班和总值班室工作，及时传达落实领导指示，妥善的协调处置各类事故，高效协调应急突发事件，做到处置有序、保障有力。充分发挥秘书科（总值班室）“窗口”作用，用心接待群众来访来电，认真帮助解决群众难题，着力协调化解一批信访问题，得到领导和来访群众的好评。加大对全市办公室值班工作的督促检查以及突发事件信息报送的管理，及时通报值班电话不畅通、值班信息报告不规范等情况，确保全市值班工作高效规范运转。五是公务接待严格规范。接待办升级为对外交流合作办，加强全市对外接待工作的统筹协调。严格接待标准，规范接待流程，完成170多批次各级领导来浏接待工作。（刘卫红）

【政研工作】 2015年，政研室围绕“当发展高参、出精品文章、树工作标杆”目标，积极进取，务实创新，较好完成各项工作。一是文稿服务实现新突破。致力提升文稿的思想性、指导性和可操作性，全年共完成各类讲话、汇报、致辞和建议等文稿300余篇，采用率达96%以上。圆满完成《市委经济工作报告》、省委常委扩大会议发言材料、长沙市党组织书记座谈会发言材料等重要文稿的起草；积极服务全市重大活动，高质量完成耀邦百年纪念、省农村精神文明建设现场会等重要活动文稿撰写，受到市委主要领导肯定。二是调查研究彰显新作为。坚持紧扣发展全局、紧贴领导思路、紧跟热点问题，深入一线开展调查研究，在《湖南工作》等省、市核心期刊发表调研文章8篇。全面总结浏阳改革成绩，精心撰写《大力推进浏阳改革，全面激活发展动力》一文并制作成PPT，成为上海浦东干部管理学院研究县域改革的教学案例。协助市委主要领导接受新华社、《长沙晚报》等重要媒体采访，有效推介浏阳的工作经验和发展成就。三是内刊编发取得新成绩。按照“内容精要、配图精美、设计精致”要求，高水准办好《浏阳通讯》，积极为浏阳发展呐喊助威、提气加油，被评为长沙市“十佳”优秀内刊。重视发挥市委内刊平台作用，编发《市委通报》6期，致力宣传市委政策、传递领导声音。做好领导讲话录音和调研图片的整理归档工作，并定期装订成册。四是团队建设取得新成效。坚持“日总结、周学习、月讲评”工作机制，团队学习意识和合作精神进一步提高。坚守“三零”工作底线，切实做到文稿核对零差错、数据事例零失真、材料提供零延误，科室业务能力和服务水平进一步提升。在长沙市委办公厅组织的“五个坚持”学习与征文活动中，科室有两人次获奖。（熊　斌）

【督查工作】 2015年督查室共开展督查活动375次，其中决策督查30项82次，专项查办290件，督查调研3次。《湖南督查交流》(第三期)以《提升督查权威,推动决策落实》为题,推介浏阳督查工作经验；代表长沙参加省委督查系统演讲比赛，获第六名；督查工作获得曹立军书记“有为有位”的高度好评。一是突出重点，决策督查落到实处。严格实行“周督月查季通报”，对市委重要会议（周工作会、月工作会、常委会、经济工作会）部署事项开展跟踪督查、跟踪问效。围绕全市重点工作、中心工作，采取不发通知、不打招呼、直奔基层、直插现场方式深入一线开展督查暗访，切实发挥督查对改革发展的推动作用。先后开展项目建设、深化改革、拆违控违、安全生产、为民办实事、防汛、维稳、群众工作、文明创建、军马场遗留问题等专项督查。二是注重结果，专项查办及时到位。采用“分类督办、定期通报、回访复核、考核追责”的方式，做好领导批示件的交办、催办、核查和反馈工作，确保领导批示事事有结果、件件有回音。2015年共办理易炼红书记批示件9件，胡衡华市长批示件2件，曹立军书记批示件255件，人民网、红网易炼红书记专栏信访件23件，《湖南日报》、华声在线新闻网站《投诉直通车》群众投诉函1件，办结率100%，查办质量和时效均在长沙九区县中排在前列。三是创新方法，督查调研效果良好。1月份对2014年度的专项查办工作进行全面的分类、统计、分析，并提出了创新性的工作思路，形成督查调研材料专报市委主要领导，曹立军书记高度肯定批示件办理工作，在督查调研报告上批示：市委督查室在办理批示件工作中态度认真、方法得当、效果良好，应予表扬。5月份选取市委主要领导关注的人才话题，以2011—2015年浏阳市自主引进的青年党政人才为研究视角，扎实开展为期一个月的青年党政人才工作督查调研。真实反映青年党政人才经济压力较大、流失率偏高、投入不足、政策落实不到位等问题，提出加强和改进青年党政人才工作的建议。四是大竞赛活动强力推进。竞赛办编制文件3个，编印本级工作简报4期，在长沙市竞赛活动工作简报上刊发3篇经验文章，把大竞赛活动与全市重点工作、中心工作紧密结合起来，坚持进行“六个走在前列”大竞赛活动重点工作调度季度讲评，指导鼓励各单位开展重点工作调度讲评活动，进一步拓展和抓实竞赛活动载体，使活动抓有推手、干有平台。（贺　祎）

【绩效考核】 2015年绩效考核工作紧紧围绕“握准指挥棒”“舞活指挥棒”“用好指挥棒”的工作要求，致力于工作创新和提升，服务浏阳发展大局。本级考核方面，主要做了三个方面的努力。一是优化考核指标体系。根据“考精”“考准”“考重点”的工作要求，加大“项目建设”“拆违控违”等中心重点工作考核力度。突出“个性化”设置，对园区、街道和涉园乡镇“量身定做”考核指标，引导“差异化”发展。为解决考核“碎片化”问题，首次将“计划生育”“环境保护”“安全生产”“信访工作”等指标列入“负面清单”管理，强化底线约束。二是强化社会公认评估。完善《绩效考核管理办法》，加大社会公认评估部分权重，通过提高领导测评和内部测评的分值，进一步加大知情人的评价权。为增强民意调查的针对性和科学性，联合纪委、统计局在全市开展直接服务对象信息的采集工作，及时整理汇总反馈民调情况，促进责任部门整改落实，提升群众对各单位工作的认可度。三是深化日常考核管理。深入推进考核方式由“结果考核”向“过程考核”转变，考核更加注重平时、注重过程、注重实效，年底没有抽调人员进行现场集中绩效考核，切实减少形式主义，减轻基层负担。完善修订《重点工作调度讲评季度考核细则》，进一步增强考核方式的灵活性和可操作性。对排名末位的垂直管理单位，由相关考核责任部门致函该单位上级管理部门通报情况并督促整改。在长沙市对浏考核方面，主要做到“三个加强”。一是加强沟通对接，全面分解指标。年初，积极督促各考核责任单位加强与上级主管部门对接，尽可能多提有利于浏阳的意见，争取考核指标的向好设置。省、长沙市绩效考核工作目标任务下达后，迅速对指标任务进行分解，明确到责任单位和责任领导，实现责任传递和全面对接。二是加强分析反馈，提出应对策略。与长沙保持紧密对接，及时了解考核信息，每季度第一时间撰写分析报告，向主要领导报告指标运行情况，并提出对策建议。及时向责任单位反馈，对工作目标完成情况不好、问题较多的单位，进行提醒和预警。特别是在关键节点，做到了两天一梳理，每周一总结和调度。三是加强集中调度，推进任务落实。按照月工作碰头会、周工作碰头会和专题调度会上主要领导对绩效考核工作的安排部署，对重点任务进行交办，把任务落实到责任部门、责任科室和具体责任人，实现长沙市考核要求的点对点无缝对接。同时加强督查督办，有力推进了各项指标任务工作落实。（陈　辉）

【改革工作】 2015 年，浏阳市 9 大类 51 项 147 小项改革都按预定目标顺利完成。一是坚决贯彻上级部署抓改革，催生发展新动力：强镇扩权、(农村)宅基地、省直管县、农房抵押贷款、不动产统一登记国家和省级改革试点取得突破，将 96 项县级权限下放到大瑶镇政府，启动高标准农田建设等综合配套改革，颁发全省第一批不动产权证，农房抵押贷款余额达 52.4 亿元；行政审批、商事登记、投融资体制等改革强力推进，行政审批事项由原来的 244 项精简至 134 项，取消行政事业性和服务性收费项目 52 项，企业设立申请审批时限缩短至 2.5 个工作日，全年新增商事主体 11269 家，经开区、制造产业基地、工业新城获批发行公司债券共 46 亿元，市场主体的活力进一步得到释放；政府机构改革、乡镇区划调整改革顺利推进，圆满完成，设置政府工作部门 24 个，较改革之前减少 3 个，并将工商局、质监局、食药监局合并，组建市场和质量监督管理局；完成 5 个乡镇(街道)的合并改革任务，合并后的乡镇(街道)干部、群众人心稳定，经济社会持续健康发展，得到省委督察组的高度认可。二是自选动作亮点纷呈：大胆进行探索创新，开创发展的新格局，湘赣边区域合作已经成功纳入国家长江经济带发展规划和长江中游城市群发展规划。为有效解决园和镇、镇和馆的发展矛盾，推进“一园带四镇”“园镇合一”“镇馆合一”等改革，着力扫除发展的拦路虎，减小行政内耗、发展阻碍。三是惠及民生各方认可：扎实推进教育制度改革，加强教师队伍建设和教育教学管理创新，以优秀等级实现“教育强市”目标。继续深化公立医院改革，努力构建分级诊疗体系，有效缓解群众看病贵、看病难问题。深入推进“5358”工程，引进机关事业单位和教育、卫生类人才 561 名。稳妥推进涉法涉诉信访改革，实现连续六年各特护期赴上级党政机关“零非访”目标，在 2015 年全省社会治安综合治理公众测评中浏阳市群众满意率居长沙九区县(市)第一。2015 年 9 月，省委改革办领导来浏调研时，曾经评价浏阳是“发展的典范、改革的先锋”。2015 年 12 月 28 日，新华社《湖南领导参考》以《来自“县域改革模范县”浏阳的报告》为题，用 2.6 万字专题专刊报道浏阳改革的发展成效。（周平波）

11 月 24 日，长沙市委常委、浏阳市委书记曹立军调研美丽乡村建设

（资料来源：市委办公室）

【党史工作】 2015 年，浏阳围绕省市党史研究室的工作部署，坚持“一突出”“两跟进”，全面开展各项党史工作。一是加强征编，丰富党史资料。第六个口述史专题片《乡镇企业异军突起启示录》制作完成；《浏阳革命文献参考资料》完成样稿。《浏阳 2001——2016 年党史专题资料汇编》条目确定。二是挖掘资源，突出资政作用。开展《浏阳革命遗址遗迹通览》的编研工作。三是深化宣传，发挥育人功能。认真做好两项纪念活动。一项是胡耀邦诞辰 100 周年的纪念活动。配合上级部门完成了胡耀邦资料征编工作，并撰写《少年耀邦的故事》《胡耀邦以身作

则正家风》《胡耀邦与李昭的挚爱之情》等文章。另一项是积极开展抗日战争暨世界反法西斯战争胜利70周年的纪念活动，组织撰写《抗战英雄秦庆武上海喋血记》《浏阳开国上将抗日风采》等文稿，其中《回民支队的好政委——郭陆顺》《日军侵犯浏阳城》分别刊发在《湖南日报》《档案时空》上。开展党史进机关、进学校活动。将“最好的营养剂”《湘潮》《杨勇纪念文集》《潘心源——中共浏阳县委首任书记》等书籍和口述史电视片送到全市各党支部。将党史宣教的内容制成PPT课件，并到乡镇、学校进行宣讲。启动党史教材《红色浏阳》工作。（周如冰）

【机要、保密工作】 2015年，机要保密局共办理密码电报87份，中央、省委、长沙市委党委文件28种，共428份，送呈领导阅文231人次。办理加密邮件、明传电报752份，对密码设备进行了52次维护保养，全面及时做好文件清退工作，清退635份涉密文件，没有出现任何遗漏和差错。一是确保密码工作的绝对安全。根据机要工作流程，严格执行紧急重要电报、密码电报、涉密文件的办理程序；严肃工作纪律，定期对涉密电脑、涉密载体、密码密钥进行清查和更换；严肃交接班工作制度，坚持工作任务面对面交接清楚，不搞变通；严肃机房管理，对机房防火、防烟、防雷、防水等设备定期检查，精心维护。将安全保密意识、安全保密措施、安全保密手段贯穿于电报译传及文件办理的各个环节之中，确保通信值班零脱岗、通信联络零中断、电报传输零停留、文件办理零差错，杜绝密码通信工作中的失泄密隐患，做到密码电报办理迅速、上级文件分发及时、密码设备维护到位。二是提升党政干部的保密意识。发挥主渠道、主阵地的作用，与组织部、宣传部等单位合作，把党政干部的保密教育纳入党委（党组）理论中心组的学习内容，纳入干部年度培训计划，发挥党校、日报、电视台及网络的主渠道、主阵地作用。大力普及保密教育，利用内网建设、保密普查等机会，向各单位保密的主管领导和涉密人员大力普及保密教育。依托办班等形势搞好保密培训，依托市委办举办的全市文秘人员培训班，请上级领导、专家为全市的办公室主任、保密员和新进办公室系统的文秘人员上保密课。组织编写保密教材或读本下发各单位。2015年组织人员编写了《党政干部和涉密人员保密常识必知必读》等干部保密教育培训读本，下发全市各个单位。三是夯实机要保密的技术支撑。完善政务网络建设。2015年8月开通延伸全市401个社区（村）的政务外网。抓好应用系统建设。依托政务网络，先后建成运行的应用系统有党政协同办公系统、综合治税、商事登记平台和社会治安监控系统、全市视频会议系统和党政协同办公系统。大大方便部门、乡镇街道办文、办会、办事。抓好网络和网站安全管理。采用“人防、物防和技防”相结合的模式，早预警、早处置，确保不出现安全事故。2015年上半年，采购一批保密安全防护设备，指定专人负责设备的运行，以维护“门户网站”监控系统以及互联网检查系统，确保24小时对我市各政府门户网站涉密信息违规上传得到实时监控，有效预防了涉密信息上网传播的情况发生。并与信息中心合作投资59.5万元，建立一个基于政务内网平台的OA办公系统。通过上述手段，加强保密硬件建设，夯实保密的技术基础。三是强化保密检查的结果运用。深入推动保密工作责任制落实，加强保密工作的检查考核，公平公正地运用好保密检查考核的结果，为保密责任制的落实创造良好的氛围。与市信息工作中心等部门组成联合检查组，对保密要害部门部位、涉密单位、涉密人员、涉密计算机、涉密文件管理进行统一的检查考核。四是释放李白故居保密教育示范基地的品牌效应。为充分释放李白故居保密教育示范基地的品牌效应，挖掘烈士感人事迹，教育全市人民群众。先后与省国家保密局、长沙市国家保密局以及当地张坊镇政府为烈士故居的选址、建设、布展出谋划策，并多方募集资金。还与市旅游局、市文物局等相关部门合作，为打造我市红色旅游线路献言献策。（龙卫平）

中共浏阳市委2015年文件目录

▲浏发〔2015〕1号　关于全面推行“一线工作法”的意见

▲浏发〔2015〕2号　关于2014年度“六个走在前列”大竞赛暨绩效考核和领导班子考核结果的通报

▲浏发〔2015〕3号　关于印发《浏阳市绩效考核管理办法》的通知

▲浏发〔2015〕4号　关于贯彻落实“三重一大”事项集体决策制度的实施意见（试行）

▲浏发〔2015〕5号　关于印发《党委（党组）贯彻执行民主集中制的实施办法（试行）》的通知

▲浏发〔2015〕6号　关于印发《浏阳市人民政府职能转变和机构改革方案的实施意见》的通知

▲浏发〔2015〕7号　关于浏阳市人民政府机构设置的通知

▲浏发〔2015〕8号　关于完善财政体制推行“扩权强镇”改革的通知

▲浏发〔2015〕9号　关于印发《浏阳市大瑶镇行政管理体制改革试点工作实施方案》的通知

▲浏发〔2015〕10号　转发中共湖南省委巡视第八组《关于对浏阳市巡视情况的反馈意见》的通知（秘密）

▲浏发〔2015〕11号　关于成立集里等乡镇（街道）党（工）委、纪（工）委的通知

▲浏发〔2015〕12号　关于印发《浏阳市2015-2017年精准扶贫工作实施方案》的通知

组　织　工　作

市委组织部（市直机关工委）

部　长、工委书记　周文舜

副部长、　肖赛男（女）

副部长（兼）、老干局局长

胡国平(2015.08任)

副部长、市直机关工委副书记

邹　芳（女，2015.12任）

副部长、非公经济组织和社会组织党工委副书记　李　斌
副部长（兼）、老干局局长　黎　莉(女，2015.08免)
市直机关工委委员、办公室主任　张文初（2015.08免）
市直机关工委委员　张安文
卜　洋（女）

【概况】 市委组织部（市直机关工委）内设7个科室：办公室、研究室（政策法规科）、组织一科、党代表联络办公室、组织二科（机关工委办公室）、干部科、人才工作科（干部教育监督科），下设1个二级事业机构：党员教育中心（党员干部现代远程教育管理中心），基层党建工作领导小组办公室归口市委组织部管理，非公有制经济组织和社会组织党工委设在组织部。有在职干部30人，离退休人员12人。2015年，全市组织工作以深入开展“三严三实”专题教育为主线，以全面加强班子和干部人才队伍建设为重点，着力推进党的制度建设改革，为建设省会副中心和湘赣边区域性中心城市提供了坚强的组织保证和人才支持。（周乐浩）

【基层组织建设】 夯实基层基础：深入推进落实管党责任“四个一”工作，即述一次职、办一个点、组织一次党课巡讲、开展一系列谈心谈话。下发《关于建立健全乡镇（街道）党（工）委和市直单位党组（党委、工委）抓基层党建工作责任制的通知》，明确抓基层党建的“一岗双责”机制和责任清单。深入开展机关党建工作“规范化建设年”活动，促进机关党建工作各责任主体职责落实。出台《浏阳市全面推进基层服务型党组织建设实施方案（2015—2017年）》，举办了全市村（社区）党组织书记集中培训班，组织优秀支部书记赴杭州市委党校学习，深入实施“千名村级后备干部培养工程”。集中整顿软弱涣散基层党组织。优化党组织设置，探索依托商会、企业家俱乐部建立党组织，着力打造蓝思科技、百宜饲料等非公党建典型。强化基础保障，市委持续加大村级运转经费投入，村均运转经费达到18万元。深入推进21个布点村的建设扶贫工作，全年完成项目建设及民生投入达8000余万元，鼓励发展新型村级集体经济，着力增强基层组织“造血”功能。建成27个村（社区）“一站式”便民服务中心投入使用。加大党员激励关怀帮扶力度，发放党小组活动补助、离任村干部补贴、困难党员慰问帮扶资金、社区惠民项目资金1200余万元。深化大学生村干部培养工程，发挥好“大学生村干部之家”作用。全面推进远教上网络、上电视、上手机、上广播，坚持办好《先锋行》电视专栏，探索“百度云”共享模式，不断拓宽党员教育平台。党员队伍管理：培训党组织书记、基层党务工作者、党小组长4176人次。全年发展党员786名，按规范流程严肃处置不合格党员84名。以中组部乡镇党代会年会制试点为契机，深化乡镇党代会常任制工作。开展服务群众“十项竞赛”活动，党小组牵头开展“美丽村庄、幸福屋场”建设。推进“在职党员进社区党小组”报到工作，全市3878名在职党员充分利用“八小时外”的时间深入19个城市社区，经验做法在中央刊物《党建研究》《中直党建》上刊发向全国推介。推进机关党建标准化建设工作，开展党组（党委）清理规范工作，组织机关与农村党支部“结对共建”活动，推进组织共建、资源共享、发展共促。落实管党责任：全市各级党组织书记共开展述职评议2100人次、联系党建工作点438个，讲党课4105堂次。组织全市乡镇（街道）党（工）委书记向市委全会述职，并对党组织书记履行管党责任进行集中测评和现场评议，37名乡镇街道的党（工）委书记接受市委书记逐一点评和市委委员的现场测评打分，“书记抓、抓书记”氛围浓厚。（周乐浩）

【干部工作】 干部选拔任用：坚持“有为有位”的用人导向，注重在项目建设、信访维稳、环境整治等一线工作中选用干部，加大年轻干部选拔力度，全年共做好7批次领导干部调整工作，优化领导班子结构，结合市政府机构改革和乡镇行政区划调整工作，切实加强干部队伍建设。严格追责问责，对“不在状态”“有错无为”的班子和干部进行调整。干部监督管理：深入开展乡镇干部“走读”、领导干部兼职清理、请销假等专项治理，强化经责审的结果运用。坚持“凡提必查”，对7批次提拔重用的干部进行《个人有关事项报告》核实。对接省委巡视组开展选人用人巡视工作，全面落实整改任务。深入开展“三超两乱”专项治理工作，消化超职数配备干部205人。规范公务员队伍管理，开展干部档案专项审核工作。出台《加强乡镇干部队伍建设实施办法》，开展公务员职务与职级并行调研和摸底工作，全面落实乡镇干部补助

“六有十竞赛”：党小组服务农田水利畅通工程专项竞赛活动　（资料来源：组织部）

发放政策。干部教育工作：分批次对市管干部进行集中轮训，组织开展领导干部网络在线学习，强化政治理论教育；抓实专题培训，办好各类主体班。加强与高校合作，与北京大学、清华大学、浙江大学和上海财经大学联合举办政协系统领导干部创新能力、人大系统领导干部履职能力、企业转型升级、财税工作等专题研修班。注重党性教育锻炼，在井冈山干部学院开设办公系统专业能力提升班、从严治党专题研修班、党务工作专业能力提升班。（周乐浩）

11月2日，组织组工干部到井冈山开展党性锻炼培训（资料来源：组织部）

【人才工作】 加大引才力度：深入推进“5358”人才工程，围绕市委的发展战略目标，搭建“浏阳企事业单位院校行”、“高校院所人才浏阳行”等引才平台，举办事业单位和教育、卫生类紧缺型人才引进活动6次，举办“春风行动”、“揽万名英才•促两地发展”专场招聘会5场。全年年共引进青年党政、教育卫生类人才561名、企业中高层管理人才1200余名、企业专业技能人才21000余名。激活人才资源：组织开展社会工作人才、农村实用人才、退伍军人等技术职称培训。继续加大科技特派员选派力度，注重培育实用技术人才。深入实施“企业经营管理人才素质提升工程”，选派中小企业领军人才、创业人才到浙江大学深造提升。鼓励优秀人才创新创业，指导留学人员创业园、企业研发中心、产学研联合体申报科技成果。优化人才服务：完善财税激励、住房补贴、编制管理等有关政策措施。落实全市人才工作实施意见，开展走访督查，督促人才待遇政策落实，大力实施“党政青年人才关爱工程”，搭建青年干部交流平台，联系指导青年人才、企业人才、海归人才协会，组织文化沙龙、相亲联谊会等活动，增强人才归属感。（周乐浩）

【自身建设】 以牵头抓总全市“三严三实”专题教育工作为契机，积极抓好部机关干部的学习教育。组织部长作专题党课辅导报告，部机关干部分线开展研讨，切实加强理想信念教育。结合群众路线活动查找的突出问题，抓好整改落实。通过机关例会传达上级精神、邀请全市“三严三实”先进典型宣讲、专家教授授课、成立机关青年干部学习班等形式，组织开展集中学习，切实提升组工干部专业化能力。加强组工文化建设，培树“公道正派，以人为本”核心理念。开展送生日祝福短信、每周“工会锻炼日”活动，建立健全组工干部人文关怀机制。切实加强组工调研、宣传和信息工作，深入开展湘赣边区域党建、党小组建设，社会组织党建等课题调研。中组部《组工参阅》对浏阳市湘赣边区域党建经验做法进行推介，浏阳市《建立健全领导班子和领导干部综合分析研判体系》课题获评长沙市组织工作重点调研课题优秀成果奖。《中国组织人事报》、人民网、《湖南日报》、长沙晚报等主流媒体纷纷聚焦报道浏阳市组织工作。（周乐浩）

【深入开展“三严三实”专题教育活动】 全面贯彻中央和省、市委三严三实专题座谈会精神，市委常委会专题研究部署，学习传达上级精神，制定市委《实施方案》，对全市“三严三实”专题教育进行整体铺排，成立协调指导小组。在全市评选30位开展践行“‘一线工作法’、争当发展先锋”先进典型，共举办57场巡回报告会，市城管局局长、党委书记唐洪胜获评长沙市践行“三严三实”先进典型。组织召开全市“三严三实”专题教育座谈会，书记带头讲专题党课，市委常委和“四大家”党委（党组）成员深入各自的分管单位、基层联系点讲授党课。精心组织市委常委会开展“三严三实”专题教育三次专题学习研讨，联系四大家班子相继开展集体研讨。坚持边学边改，常委会成员均联系工作实际，列出整改问题清单，抓实整改落实。继续聚焦“四风”问题，逐项逐人进行查摆，确保专项整治持续深入。全面推进“八大民生工程”，集中力量办好一批惠民利民的实事。深入开展“一进二访”活动，市领导、各单位部门负责人下基层，入农户，开展困难帮扶。（周乐浩）

【“六有十竞赛”党小组建设工程】 浏阳市按照有利于党员开展活动、有利于党员发挥作用，优化党小组设置。以村民小组、网格、小区、楼栋等地域划分为主，积极探索“村企共建”、“屋场联建”等新模式。同时，根据产业、行业特点，在农村经济合作组织、非公经济组织和行业协会组建党小组；根据党员的年龄结构、兴趣特长，以党员责任岗为依托，组建志愿服务、群众文化、带动创业等功能型党小组，全市共祖建2108个党小组。为切实加强党小组规范化建设，浏阳市按照“有阵地、有经费、有制度、有活动、有指导、有成效”的“六有”标准来严格要求，基层党组织的战斗力和凝聚力不断增强，全面激发党员服务群众的热情和动力，推动中心工作和重点任务的有效落实；浏阳市采取党小组自主申报、分类考评的方式，开展党小组“六有十竞赛”活动，确定支持项目建设、服务企业发展、发展农村产业、整治环境卫生、调处矛盾纠纷、落实计划生育、引领文明新风、创建文明楼栋（小区）、丰富文体生活、开展志愿服务等为主要内容的十项竞赛活动。明确有关市直单位分类指导、定期走访，及时召开推进会议，交流工作经验。组织开展“组织抗旱救灾”、“冬修农田水利”竞赛活动。浏阳市在浏阳日报、在浏阳电视台开设党小组竞赛活动专栏，广泛宣传报道，对优秀党组织进行年终总结表彰会议，取得良好成效。（周乐浩）

【干部选任透明决策体系】 针对干部选任工作中信息不对称、讨论难深入、评价出偏差的问题，浏阳市积极探索“考核评价—分析研判—集体决策”的一体模式，着力打造干部选任科学透明决策体系。全面推行“一线工作法”，通过重点工作季度调度讲评等举措“亮绩、评绩、用绩”。常委会成员带队开展年度考核，市委常委会每年集中一天时间，专题听取市管班子和干部的的表现情况汇报，集中分析研判并提出调整的意见建议，形成共识。近年来，一大批敢于担当的“狮子型”干部走上更关键的岗位，而对于一些不胜任现职的干部则进行针对性的调整，46名领导干部被列为诫勉谈话对象，74名领导干部被列为提醒谈话对象。（周乐浩）

【党员百分制分类考核】 制定《浏阳市党员百分制分类考核参考标准》，设基础评分项目、测评项目、加分项目和“一票否决”项目，分别进行计分。基础评分项目主要涵盖规范组织生活、履行党员职责等内容。测评项目采取包含测评等次和反向测评情况，测评等次分为优秀、合格和不合格三个等次，反向测评指标涉及不履行党员义务、参与赌博、家庭邻里不和、生活作风不检点等内容，由各基层党组织根据测评情况进行折合计分。对党员热心公益事业、参与扶贫帮困、调处矛盾纠纷、代办群众事项等发挥模范带头作用的情况采取累计积分制进行综合加分。同时，对党员存在违纪违法、计划外生育、参加支持非法组织活动等情况，实行“一票否决”，视为不合格党员。考核结果分为优秀、合格、基本合格和不合格四个等次。实行党员量化考核管理以来，全市共表彰优秀党员6895人次，先进基层党组织和党小组1485个，处置不合格党员171名，其中7名因长期不参加组织生活而受到处置，延长预备期和取消预备党员资格24名。2015年度，浏阳市在全省发展党员和党员管理工作座谈会上作典型发言，被中组部确定为乡镇党员管理试点单位。（周乐浩）

宣传工作

市委宣传部

部　　长　刘旭（女）
常务副部长　李安（2015.08免）
　　　　　　陈刚（2015.08任）
副 部 长
　　刘旭辉（女，2015.08免）
　　黄家声（2015.08免）
　　潘　立（女，2015.08任）
　　林湘国（2015.08任）
　　刘家川（兼）
　　王桃文（兼）
　　余海波（兼）

【理论教育】 中心组学习。邀请中国人民大学黄卫平教授、中央电视台特约评论员杨禹老师、省纪委法规室张泽军主任等知名学者，聚焦经济新常态、“四个全面”战略布局、党风廉政建设、十八届五中全会等热点问题，举行市委中心组学习报告会9次。针对“5358工程”引进青年人才，组织青年干部专场学习报告会1场。市委副书记吴震同志在《人民日报》“干部谈读书”栏目刊登《“领导艺术”是正气也是才气》文章，各级中心组学习成员在《人民日报》、《新湘评论》等刊物上发表理论文章10余篇。主题宣传教育。组织宣讲团成员入机关、入村（社区）、入企业开展十八届五中全会和习近平同志重要讲话精神主题宣讲，组织微巡讲3场。开展“微理论?微宣讲”活动，收集微理论征文100余篇，撰写学习心得1000余篇，周霞荣获长沙市“微宣讲”决赛二等奖。学习型城市建设。举行“悦读尚学•书香浏阳”第六届“全民读书月”活动，推动书香“六进”（进机关、进企业、进学校、进社区、进屋场、进家庭），全年出刊《浏阳宣传》专报10期，加强图书馆、宣传橱窗等学习阵地建设，浓厚学习氛围。（张开伟）

【新闻宣传】 对内宣传。发挥报纸、广播电视、网络、手机媒体的宣传主阵地作用，策划推出系列深度报道和精品栏目。报台抢抓新媒体融合发展的契机，成立浏阳河新媒体有限公司和全媒体中心。加强区域合作，成立湘鄂赣广播电视联盟体和湘赣边网络媒体联盟。浏阳日报社全年有13件作品获得中国县市区域报新闻奖，2件作品获湖南省好新闻奖，5件作品获省副刊作品好新闻奖，16件作品获市州好新闻奖。浏阳广播电视台获“20强全国市县电视台”荣誉。电视专题片《千年古县》获全国县市级电视专题评奖一等奖。对外宣传。精心制作城市形象宣传片，策划组织中央省市媒体来浏集中采访报道。在中央、省级报纸、电视、网络等媒体上宣传报道浏阳多达11500余次，其中中央级500余次，省级11000余次。新华社高管信息《湖南领导参考》刊发浏阳专辑，《光明日报》刊发头版头条2篇，《湖南日报》刊发专版12个、头版头条3篇，《长沙晚报》刊发专版26个、头版头条15篇。网络宣传。与人民网湖南频道、腾讯大湘网等重点网站开展合作，在首页开设“湖湘宝地•美丽浏阳”专题宣传页。向新华网、人民网首屏各推送2条新闻，中国文明网首页首屏推送8条新闻，红网、百度、大湘网、凤凰网等首屏首页推送116条新闻。“浏阳发布”政务微信粉丝4.5万，被评为“2015年湖南互联网+优秀政务示范项目”，智慧浏阳新闻客户端上线。组织“民声e线谈”活动9次，参与网友近万人次。加强舆情监控，全年编印《网络舆情》84

浏阳市四季度市委中心组（扩大）学习报告会　（图片来源：市委宣传部）

期，没有发生重大舆情炒作事件。（张开伟）

【文明创建】 文明城市创建。推进文明城市创建工作，浏阳市获得全国文明城市提名、全国十佳生态文明城市等荣誉，浏阳市地税局、浏阳市烟草局被评为“湖南省文明单位”。2015 年浏阳市荣获长沙市文明指数测评年度区县第一。幸福屋场建设。以环境美、人文美、风尚美、秩序美、创业美为目标，深入推进“美丽乡村•幸福屋场”建设。全市已建成幸福屋场 400 余个，探索一条农村精神文明建设的新路径，中央电视台、《光明日报》头版头条等中央省市 10 余家媒体进行报道。浏阳市作为全省唯一代表参加全国农村精神文明建设工作经验交流会，成功承办省农村精神文明建设工作经验交流会。“淳风美德润浏阳”系列活动。以“六比六看大竞赛”活动为抓手，开展“传承发扬宗祠文化”、“讲家训•传家风”等活动，在中宣部组织召开的全国创新发展乡贤文化现场交流会上，浏阳市作典型经验介绍。组织编印《漫画图说》文明知识读本、《美丽乡村•幸福屋场》画册、《家风故事》、《好人故事》等书籍。推进“爱心涌动浏阳河”学雷锋志愿服务活动，组织浏阳市第四届“道德模范”评选，挖掘、培育一批典型人物。何平荣获第五届全国道德模范提名奖，以何平为原型的道德素质教育电影《向日葵女孩》已经公映。李远护、罗辉分别荣获“全国百名优秀志愿者”、“全国优秀敬老志愿者”称号，朱良成被评为“全省优秀志愿者”。未成年人思想道德建设。健全学校、家庭、社会“三结合”教育网络，继续推进“蒲公英——乡村青少年成长计划”。推出“德润校园”活动，得到学生们的热捧。以何平为主倡设的心理咨询室——“向日葵姐姐心灵小屋”遍布各个校园，被评为长沙市未成年人教育创新案例。（张开伟）

【文化建设】 公共文化建设。新建 2 家、提质 2 家示范性综合文化站，新建 6 家乡镇健身中心、10 家社区（村）综合文化服务中心、示范性文化屋场，村级文体活动中心和农家书屋实现全覆盖，完成送戏下乡 230 余场，送图书下乡 1.4 万余册。浏阳祭孔古乐成功申报为国家级非物质文化遗产并多次成功演出。群众文化活动。成功举办纪念胡耀邦同志诞辰 100 周年、纪念谭嗣同诞辰 150 周年、纪念抗战胜利 70 周年等系列纪念活动。精心组织“欢乐浏阳河”广场文艺活动 17 场、“经典剧目免费月月看”24 场，举行第十二届中国（浏阳）国际花炮文化节、春秋两季祭孔大典、全国女子摔跤冠军赛、百强县男子篮球邀请赛、第二届欧阳予倩戏剧艺术节、第三届浏阳河音乐节等精品文体活动，广泛开展“幸福屋场我的家”、流动博物馆“五进”、“屋场里的幸福”等屋场活动，丰富群众精神生活。文化产业。大力推进文化与科技、旅游、商贸等跨界发展，浏阳花炮获批全国“互联网 +”连锁经营试点。加快移动互联网创业中心的发展升级，引进文化企业 40 多家。浏阳河文化产业园上榜“中国产业园区成长力百强”，文化产业园管委会主任高志入选“2015 中国文化产业年度人物”文化园区类候选人。打造浏阳蒸菜、油饼、油纸伞、夏布、菊花石、素食菜 6 个浏阳特色文化产业品牌，提升品牌价值。（张开伟）

【文联工作】 文艺创作。设立 100 万元欧阳予倩文学艺术创作奖扶专项资金，全年创作各类文艺作品 3000 多件，获奖 300 余次。《烟花龙舞》获中国民间文艺最高奖项“山花奖”，创作的现代花鼓戏《耀邦兄弟》获湖南艺术节四项田汉大奖，彩色菊花石作品参加意大利米兰世博会，菊花石雕《万佛朝宗》获得吉尼斯世界纪录，草根词作者卢义方原创歌词《家乡有棵树》，联合拍摄了电影《青春激荡的年代》，《人民日报》副刊发表作品 5 件。11 人次入展全国书法篆刻展览，1 件作品荣获 2015 中国西宁国际雕塑大赛铜奖。1 件作品荣获全省摄影大赛一等奖，4 件作品荣获“欢乐潇湘”全省群众书法美术摄影创作比赛一等奖。李白烈士故居被授予全国国家安全教育基地和湖南省爱国主义教育基地。文艺活动。市文联以及各团体会员，全年开展各种文艺活动 120 多次，参与的文艺工作者 5000 多人次。持续开展“我们的节日”系列活动，春节前夕组织了第十三届“万副春联送万家”活动和第八届《中华楹联颂浏阳》全国春联创作大赛，元宵节开展灯谜展猜活动，端午举办诗词诵读活动，中秋节举办戏曲演唱活动，重阳节开展送皮影到敬老院的慰问演出活动。接待“三江笔会”、省音协和长沙市美协等来浏的采风活动，邀请 20 多批次的外地文艺名家来浏阳进行交流，组织 40 多次采风活动。在谭嗣同诞辰 150 周年之际，承办“中国梦浏阳情”全国名

11 月 23 日，在浏阳举办纪念胡耀邦诞辰 100 周年座谈会，省委书记、省人大常委会主任徐守盛发表讲话

家书画邀请展。为纪念抗战胜利 70 周年，举办诗词大赛、专场晚会和音乐会。在纪念胡耀邦诞辰 100 周年之际，举办红色故里诗词吟唱会。浏阳一中神脑谜社参加第三届湖南灯谜节全省灯谜擂台赛获得冠军，多名学生个人获奖。（张开伟）

【举办纪念胡耀邦同志诞辰 100 周年系列活动】 2015 年 11 月 20 日是胡耀邦同志诞辰 100 周年纪念日。根据中央和省委批示，11 月 17 日在长沙举办“人民的耀邦”—纪念胡耀邦同志诞辰 100 周年油画艺术展。油画展选取胡耀邦同志一生中不同时期的工作或生活场景，共展出油画作品 40 幅，素描稿 36 幅。11 月 23 日上午在浏阳举办纪念胡耀邦诞辰 100 周年座谈会，省委书记、省人大常委会主任徐守盛发表讲话。省领导孙金龙、李微微、郭开朗、许又声、陈向群、易炼红、张文雄、傅奎、黄兰香、林武、刘莲玉、葛洪元、刘建新以及胡耀邦同志亲属、生前友好、原身边工作人员，省直部门、长沙市、浏阳市负责同志和部分代表，江西、四川、河南部分市、县负责同志出席了座谈会。座谈会由省委副书记、省长杜家毫主持。会上，胡耀邦同志亲属代表、全国政协原常委、中央统战部原副部长、全国工商联原党组书记胡德平，省委常委、长沙市委书记易炼红，省委党史研究室主任张志初，长沙市委常委、浏阳市委书记曹立军分别发言。座谈会后，与会代表还参观了胡耀邦同志纪念馆，瞻仰胡耀邦同志故居。《湖南日报》、《长沙晚报》分别刊发《心在人民 利归天下——纪念胡耀邦同志诞辰 100 周年》《永远的怀念 奋进的动力——纪念胡耀邦同志诞辰 100 周年》纪念文章。（张开伟）

【承办湖南省农村精神文明建设工作经验交流会】 2015 年 11 月 27 日，湖南省农村精神文明建设工作经验交流会在浏阳顺利举行，省委副书记、省文明委副主任孙金龙；省委常委、长沙市委书记易炼红；省委常委、省委宣传部部长、省文明委副主任张文雄；各市州委副书记、宣传部长、分管农村工作的副市州长；各市州文明办主任；部分省文明委成员单位和涉农部门有关负责同志；湖南省全国县级文明城市提名城市主要负责同志；长沙市有关单位同志；省文明办、长沙市文明办领导参加会议。27 日上午省直部门、全省各地州市的 80 余名与会代表，现场观摩浏阳古港梅田湖村松山屋场、沿溪镇沙龙村及蝴蝶小区、沿溪中学少年宫、官渡镇中州屋场。下午举行省农村精神文明建设工作经验交流会。湖南省委副书记、省文明委副主任孙金龙出席并讲话，省委常委、省委宣传部部长、省文明委副主任张文雄主持会议。会上，长沙市委副书记、市长胡衡华致欢迎辞，湖南省委副秘书长李文才向大会全体成员传达全国农村精神文明建设工作经验交流会精神。来自湖南省教育厅、省住建厅、省文化厅 3 个省直单位负责人交流工作情况，郴州市、浏阳市等 7 个市县乡村介绍经验做法。（张开伟）

11 月 27 日，湖南省农村精神文明建设工作经验交流会在浏阳召开 （图片来源：市委宣传部）

市强盛龙狮艺术团表演的“烟花龙舞”获全国第十二届中国民间文艺最高奖——山花奖 （图片来源：市委宣传部）

【浏阳市获“全国文明城市提名奖”】2015年2月28日，在北京召开的全国精神文明建设工作表彰大会上，浏阳获得“全国文明城市提名奖”，是全省获得此项荣誉的6县市之一。长沙市委常委、浏阳市委书记曹立军代表浏阳领奖。近年来，浏阳认真贯彻“人本创建、常态创建、全民创建”理念，真抓实干，全力推进文明创建工作，2008年成功创建省级文明城市。（张开伟）

【浏阳在全国创新发展乡贤文化现场交流会上作经验介绍】2015年5月21日，中宣部在浙江绍兴上虞区召开全国创新发展乡贤文化现场交流会，浏阳市委常委、宣传部部长刘旭在会上作经验介绍。中宣部副部长王世明称赞浏阳在传统宗祠文化中嫁接现代文明，培育和践行社会主义核心价值观的经验富有成效。近年来，浏阳在祠堂传统文化中嫁接现代文明，通过组建志愿队伍、开设道德讲堂、设立农家书屋、培养专业能手等予以规范，并通过建设群众休闲文化广场、设立乡贤榜、悬挂家贤匾、评选星级乡贤等举措，使社会主义核心价值观深入人心，使祠堂成为农民群众思想的“加油站”。（张开伟）

【“烟花龙舞”获中国民间文艺最高奖项“山花奖”】2015年12月2日，第十二届中国民间文艺山花奖颁奖活动在浙江省海宁市举行。活动共揭晓五大类共64个奖项，由浏阳市强盛龙狮艺术团表演的《烟花龙舞》荣获山花奖“民间艺术表演奖”。中国民间文艺“山花奖”是由中国文学艺术界联合会、中国民间文艺家协会共同颁发的国家级民间文艺大奖，与电影“百花奖”、电视“金鹰奖”、戏曲“梅花奖”、舞蹈“荷花奖”等同属我国文艺界的最高奖项。

（张开伟）

【何平荣获第五届全国道德模范提名奖】中央文明委发布《关于表彰第五届全国道德模范的决定》，来自浏阳澄潭江镇的湖南科技大学外国语学院硕士研究生何平被授予第五届全国道德模范提名奖。被称为“向日葵女孩”的何平，在父亲中风瘫痪在床、母亲患间歇性精神病、弟弟患先天性心脏病的情况下，用羸弱的肩膀扛起生活重担，成为这个多难之家的“顶梁柱”。她以超乎常人的毅力，坚持勤工俭学，长期照顾家人，20岁带着弟弟上大学，研究生期间带着全家人读研，演绎人间亲情，彰显传统美德。（张开伟）

统 战 工 作

市委统战部

部　　长　周文舜
常务副部长　赖才腾
副 部 长　刘付华
　傅丹阳（2015.08免）
　肖柏林（2015.12任）
　蔡细毛
工商联党组书记、第一副主席
　傅丹阳（2015.08免）
　肖柏林（2015.12任）
台办主任　蔡细毛
台办副主任　周　斌（女）
侨联主席　刘付华
侨办主任、侨联秘书长
　吴娟娟（女）
民族宗教事务局局长
　赵　炜（2015.08免）
民族宗教事务局副局长
　何继春（2015.08任）

【概况】中共浏阳市委统一战线工作部是主管全市统一战线工作的市委工作机构，部机关内设办公室（加挂研究室牌子）、党派知工干部科、经济科3个科室，归口管理市委台湾工作办公室（市人民政府台湾事务办公室）、民族宗教事务局、侨联、侨务办公室。共有在职干部职工20人。2015年，中央统战部采用浏阳上报信息2篇，《浏阳构建大统战工作格局的探索与思考》一文获2015年湖南统战理论和实践创新研讨会论文评选二等奖。11月16日，长沙市委统战工作会议召开。浏阳市委常委、组织部部长、统战部部长周文舜代表浏阳市委在大会上作《构建基层大统战工作格局 发挥凝心聚力大作用》典型发言。10月12日-20日，中共中央统战部、中共湖南省委统战部到浏阳专题调研浏阳市构建大统战工作格局和民间信仰事务管理创新工作，并形成的专题调研报告，该报告得到中共中央政治局委员、统战部部长孙春兰的亲自批示。淳口镇狮岩村荣获长沙市“同心乡村”称号，浏阳市佳源油茶基地产业扶贫项目获评长沙市“同心项目”、湖南省“同心项目”。浏阳市作为全国民间信仰事务管理创新试点单位自2013年开展试点工作以来，认真探索民间信仰事务管理中具有普遍意义的有效做法，形成“规范管理、动态管理、综合治理、提升文化建设水平、提升服务社会水平”的“三理两提”经验，获得2015年全省统战工作实践创新奖。

（张义根）

【多党合作工作】支持开展专题调研，推进参政议政调研成果的转化，党外代表人士中的人大代表、政协委员向各级两会提交建议和提案70余件；开展“百字金点子”建言献策活动，收集意见建议500余条，精选部分针对性、操作性较强的金点子刊发在《浏阳日报》、“浏阳统战”网站和微信公众号上等。加强民主监督，建立80余人的特约人员人才库，召开特约人员工作会议暨专题培训，32个政府工作部门聘任66名党外代表人士为特约人员。引导开展社会服务，民革浏阳工委围绕纪念抗战胜利70周年开展了服务抗战老兵系列活动，主办的“乡望•湘聚•相守——牵手浏阳籍抗战老兵纪念中国人民抗日战争胜利70周年”活动，得到民革湖南省委的高度肯定。致公党浏阳工委继续推进社会服务基地——佳源油茶基地建设，得到长沙市委统战部、致公党长沙市委的充分肯定。（张义根）

【党外代表人士工作】推行党外代表人士“谈心日”“走访月”“年度履职报告”“联谊交友”等工作制度，部班子成员与党外代表人士开展谈心35人次，走访党外代表人士50余人次，创新履职报告方式，10名党外代表人士以PPT演说的形式向市委进行履职成果汇报，组织

10月12日—20日，中共中央统战部、中共湖南省委统战部到浏阳专题调研浏阳市构建大统战工作格局和民间信仰事务管理创新工作　　（资料来源：市委统战部）

统战干部与党外代表人士开展集体联谊交友活动。坚持组织部和统战部“六个共同”运行机制，做好党外干部培养和使用工作。年内提拔党外干部6名（其中市检察院副检察长1名、乡镇长1名），交流5名。加强党外代表人士教育培训，举办为期5天的党外干部培训班，选派5名党外干部参加长沙市非中共中青年干部培训班等。注重发挥统战团体作用，知识分子联谊会每季度向会员赠书并开展小组读书活动，组织会员代表赴贵州考察学习；无党派人士联谊会赴小河乡乌石完小开展关爱山区教育公益活动。组织党外代表人士参加长沙市“学理论、提素质、强信念”征文活动，选派7名党外人士参加中国特色社会主义理论专题学习和工作创新能力提升研修班学习。同时有序推进社会组织统战工作试点，开展志愿帮扶、公益救援等活动20余次。　　（张义根）

【非公有制经济领域统战工作】　为应对经济下行压力，促进非公经济“两个健康”，创新开展建智库、强引导，建讲堂、强素质，建平台、强服务的“三建三强”服务非公经济发展主题活动，得到市委市政府主要领导高度重视和大力支持。组建非公经济发展专家顾问团，为市委市政府科学决策提供智力支持。召开经济形势研讨会，开展“访民企、解难题、保增长”专题调研活动，整理收集企业和部门意见建议200余条，由市政府主要领导批转有关部门研究落实。开设非公经济发展大讲堂，邀请著名经济学家马光远教授到浏授课，组织57名青年企业家参加浙江大学企业转型升级研修班，全面提升企业家队伍素质。开展商会间的交流合作，签订了湘赣边县域商会联盟合作协议并筹备首届湘赣边商会合作交流会。组织全省创新创业先进典型巡回报告会浏阳专场，在全市掀起“大众创业、万众创新”的高潮。　　（张义根）

【民族宗教工作】以民族“六进”为抓手，蓝思科技民族团结进步示范点顺利通过省民宗委验收并授牌，组织民族联谊会会员赴湘西古丈县坪坝乡曹家村小学开展“浏阳情•民族行”支教助学活动，赴凤凰、沅陵地区开展第六次民族同胞“故乡行”活动。以规范管理为重点，全面推进民间信仰事务管理创新试点工作，其经验作为全省实践创新奖上报中央统战部。组织召开全市民族宗教工作会议、试点工作推进会议等，开展“宗教政策法规学习月”活动，重新修订编印下发《民族宗教政策法规文件汇编》2500余本。继续推进和谐寺观教堂和“四型”场所创建活动，做好市佛协、道协、基督教“三自”爱国会换届前期摸底调研工作。同时，严厉查处非法宗教活动，积极化解宗教界各种矛盾和问题。成立“浏阳慈善会宗教界分会”，组织宗教界代表人士开展“圆梦同行•爱心助学进山区”活动，树立宗教良好形象，确保宗教界风清气正。　　（张义根）

【港澳台和海外统战工作】　扎实开展对台宣传和涉台教育工作，编辑《台情资料选编》供对台工作领导小组成员了解学习；组织开展涉台教育“四进”活动，编印下发2000余册《涉台知识手册》；推进涉台教育基地建设，淮川联城社区、浏阳河小学、普迹中学通过长沙市验收评为优秀基地，并在长沙授牌会议上作典型发言。提升对台联络服务，有效解决明光烟花征地、台属刘忠谋、刘忠樑祖屋拆迁等涉台投诉问题。以创建“全国侨法宣传角”、“全国侨务工作明星社区”为着力点，在侨联班子成员和干部中开展“五个一服务”活动。加强联谊服务，成立集里桥侨务工作互助服务站，举办“庆中秋、聚侨心、话发展”侨界中秋联谊会等活动，协助解决旅英华侨邵莉湘信访问题、湖南立康制衣手续办理问题等实事10余件。同时，注重深化交流合作，继续深入开展“台湾名品进浏阳”与“浏阳名品进台湾”主题招商活动，推进大润发商业体有序建设开业，普罗集团罗莎蛋糕、台北豆浆正式落户君悦城、台湾有机生态养殖落户高坪镇等；浏阳蒸菜参加2015年湖南（台湾）湖湘文化特色周跨年活动，浏阳夏布、彩色菊花石亮相第六届海峡两岸文化创意产业展台北松山文创园。继续以海外重要社团和华人华侨为重点跟踪对象，利用招商会、推介会等联络平台，有针对性地开展招商引资引智活动。先后有黄敦钰女士、美国纽约商户联合会江苏分会郭瑞为会长等到浏考察。　　（张义根）

【“四同创建”工作】　贯彻落实全省同心工程五年规划的工作要求，出台《浏阳市“四同创建”工作规程》。健全“每月一指导、每季一调度、半年一交流、年度一总结”创建工作推进机制，建立“四同创建”联点帮扶机制，加强对创建单位的指导和服务，务实推进“四同创建”工作。2015年打造市本级“四同创建”项目15个，长沙市级2个，湖南省级1个，市本级拨付奖励资金22万元，在长沙市“四同创建”工作推进会上作典型发言。同时，充分运用报纸、微信和浏阳统一战线官网等，集中报道“四同创建”工作开展情况和典型经验，先后有蒸浏记蒸菜文化有限公司、淳口镇狮岩村等在湖南卫视、湖南日报上宣传推广，打响浏阳“四同创建”品牌。 (张义根)

【开展“三建三强”服务非公经济发展主题活动】 2015年4月27日，浏阳市“三建三强”（建智库、强引导，建讲堂、强素质，建平台、强服务）服务非公经济发展主题活动动员大会召开。正式成立浏阳市“非公经济专家顾问团”，浏阳市人民政府为7位省、市县域经济研究专家颁发聘书。并以市委、市政府的名义设立“非公经济发展大讲堂”，经济学博士、产业经济学博士后、经济学家马光远作为第一期“非公经济发展大讲堂”嘉宾专题解读“中国经济新常态与民营企业发展机遇”。 (张义根)

4月27日，浏阳市“三建三强”服务非公经济发展主题活动动员大会召开

(资料来源：市委统战部)

市委直属机关事业单位其他工作

·机构编制工作·

浏阳市机构编制委员会办公室

主　任　于逸平

副主任　余　洁（女）　李远标

【概况】 浏阳市机构编制委员会办公室（以下简称市编委办）负责全市机构编制管理和事业单位登记管理工作，内设综合科、编制管理科、改革研究室（挂监督检查科牌子）、行政审批制度改革科，下设浏阳市工资统发审核中心，归口管理浏阳市事业单位登记管理局，现有在编人员16人。2015年，在市委、市政府的正确领导下，市编委办围绕全市经济社会发展大局，按照“抓改革、转职能，控总量、调结构，增动力、促发展”的工作思路，全面推进各项改革，强化机构编制管理，为建设省会副中心和湘赣边区域性中心城市提供体制机制保障。 (杨顺芳)

【四大改革工作】 行政审批制度改革纵深推进。围绕“三最”目标，坚持简政放权，全面清理非行政许可审批事项，公布保留行政许可事项134项。编制并公布部门责任清单，形成部门主要职责、公共服务事项、部门职责边界、事中事后管理制度共计2726项。指导、督促相关部门落实行政审批和政务服务“两集中两到位”，75%的审批事项进驻政务中心办理业务。全面清理规范行政审批中介服务，156项中介服务事项经初步审核确认，待发文规范实施。大瑶镇行政管理体制改革试点稳妥推进。出台《试点工作实施方案》及6个配套改革方案。召开大瑶镇行政管理体制改革集中授权会议，将25个市直部门负责的64项行政许可和管理服务事项、10个市直部门32项行政执法事项下放到大瑶镇，促成大瑶镇政务服务中心启动下放权限业务办理。创新机构编制管理，完善“园镇合一”管理模式，确保大瑶镇组织结构进一步优化，体制机制进一步健全。政府职能转变和机构改革全面完成。组织召开全市政府职能转变和机构改革动员大会，科学整合部门职责，合理设置政府工作部门，及时组织完成职能调整人员划转交接工作。积极争取上级政策支持，严格审核把关“三定”方案，全面完成涉改单位“三定”工作。事业单位分类改革审慎推进。完成全市900多家事业单位的定类分析，并就分类情况发文明确。承担行政职能类事业单位已纳入本轮政府机构改革统筹推进，生产经营类事业单位改革工作也由各主管部门提出改革意见，并结合相关体制改革工作着手推进。 (杨顺芳)

【机构编制管理】 严守红线，机构设置进一步优化。积极破解事业全面发展与编制紧张的难题。一是科学整合机构设置。严格遵守“总量控制，撤一建一”原则，优化整合机构设置，先后设立市园区协调指导办公室、湘赣边区域合作办公室等机构。在改革过程中，切实执行上级规定，严格机构设置，没有超限额设置机构和违规设置机构。二是积极拓展发展空间。积极主动与上级机构编制部门沟通协调，争取对浏阳市机构设置和升格方面的政策支持。严控总量，编制资源进一步盘活。强化机构编制实名制管理系统的运用，实行“精细化管理”。

8月31日，组织召开浏阳市政府职能转变和机构改革新动员大会

一是依托改革盘活编制。借简政放权、政府职能转变和机构改革等契机收回部分编制。二是创新管理储备资源。大力控编减编，对单位余编两年及两年以上、在编不在岗人员、借出工作人员较多且存有余编的，收回其余编，进一步拓展编制储备空间。三是服务人才强市战略。在不突破总量的前提下，全年共下达机关事业单位和教育、卫生系统人才引进计划726名。（杨顺芳）

【事业单位登记管理】 创新工作方法，编制办事指南，按时按质完成了全市900多家事业单位年度报告公示工作，申报率、合格率、公示率均达100%。及时受理、依法办理登记业务，全年共办理设立登记1家，变更登记158家，注销登记5家。（杨顺芳）

【中文域名注册】 按照上级部署要求，组织专门力量全力狠抓党政群机关事业单位中文域名注册和网站标识管理工作。采用代办代缴等方式，全市共注册中文域名1020个，网站标识申请63个，全面完成上级提出的“中文域名注册和加挂网站标识两个全覆盖”的目标任务。（杨顺芳）

【市政府职能转变和机构改革动员会议】 8月31日，组织召开浏阳市政府职能转变和机构改革动员会议。会上，市委副书记、市长余勋伟就市政府职能转变和机构改革工作进行动员部署，市委常委、常务副市长张作林宣读《浏阳市人民政府职能转变和机构改革方案的实施意见》，市委常委、组织部部长、统战部部长周文舜宣布了市委有关干部任免决定，市委常委、市纪委书记谭果宣布有关工作纪律要求。长沙市委常委、浏阳市委书记曹立军出席会议并作重要讲话。曹立军强调，这次政府职能转变和机构改革是一场自我革命，时间紧，任务重、政策性强，各级各部门要牢牢把握住职能转变这个根本方向，重点做好机构改革与提升行政效能、优化发展环境、建设法治政府的“三个有机结合。（杨顺芳）

·党校工作·

中共浏阳市委党校（市行政学院）

校（院）长　吴　震

常务副校（院）长

刘　丹（2015.12免）

李　安（2015.12任）

副校（院）长

李　安（2015.08免）

张　清（女）

林湘国（2015.09免）

【概况】 中共浏阳市委党校是在市委直接领导下培养党员领导干部和理论干部的学校，是市委的重要工作部门，是培训轮训党员领导干部的主渠道、主阵地，是干部加强党性锻炼的熔炉。内设办公室、教研室、培训部、后勤科4个职能科室。现有在职教职工24人，拥有专兼职教师15人。2015年，市委党校坚持党校姓党的根本原则，以党的十八大和十八届三中、四中、五中全会精神为指导，认真落实中央党校工作会议精神，按照“质量立校、人才兴校、从严治校、开放办校、文明美校”的总体要求，解放思想，务实创新，取得了较好的成绩。在2015年度长沙市党校行政学院系统第十次教师竞赛中荣获二等奖。（李晓军）

【干部教育培训】 全面完成干训任务。全年完成“全市依法治市研讨班”“2015年中青年后备干部培训班”“2015年引进党政人才培训班”“青年创业培训班”“全市中青年文艺工作者专题培训班”“政协北大班”“人大清华班”“井冈山纪检干部党性锻炼培训班”“全市村（社区）党组织书记、主任培训班”“组工干部培训班”“统战干部培训班”“党外干部培训班”“大学生村干部培训班”等主体班22期（含赴外培训11期），培训2284人次。完成岳阳县委党校科干班、临湘市委党校科干班、莲花县委党校科干班、怀化市委党校中青班、华容县委党校科干班、天心区市委党校统战班，常德鼎城区委党校科干班、青干班等异地培训班8期，部门办班、社会培训班等各类培训班67期，参训人员达13000人。全年完成理论宣讲100多场次，听课对象达2万人次。突出党的理论教育和党性教育。认真落实中央党校工作会议精神，在党员干部培训教育中突出党的理论教育和党性教育的主课地位。一是确保主体班的主课安排和教学布局以党的理论教育和党性教育为主；二是着重在中青班、引进党政人才班组织开展马列经典导读、习近平总书记系列讲话学习辅导、党史国史、党章、法治思维、反腐倡廉、社会主义核心价值观等理论教育和党性教育课程；三是积极开展“党性教育”赛课、“重走秋收路”、“精准扶

贫”、“党的基础知识竞赛”等党性教育实践活动。（李晓军）

【教学创新】 紧贴培训需求开设新专题。全年主体班共开设专题课137堂次。组织备选“十八届五中全会精神学习辅导”“《中国共产党廉洁自律准则》和《中国共产党纪律处分条例》学习辅导”“‘四个全面’重大战略思想”“践行‘三严三实’做党的好干部”“培育和践行社会主义核心价值观”“全面推进依法治国 实现国家治理体系和治理能力现代化”等新专题20个。多形式推进教学改革。一是着重开展“学员分类分层培训”“党校＋异地”联动培训等。二是分类开展教学活动。全年开展“毅行”“团队拓展”等党性锻炼活动；“新闻发布会”、“电视访谈”等情景模拟活动；“微论坛”“微课堂”“学员论坛：工作疑难探析”等研讨式活动；“越说越美：我的浏阳故事”“辩论赛”“即兴演讲”等展示类活动；“对话浏阳市践行一线工作法先进典型”等访谈式活动等各类教学活动达47场次。三是继续实施情景模拟、学员论坛、访谈教学、案例分析等教学方法。（李晓军）

【科研咨政】 全年主编了1套干部党性教材《党性教育干部读本》作为全市党员干部培训自选读本，编撰《中共浏阳市委党校优秀论文集》；围绕市情开展课题调研。组织教师参与全市“十三五规划”课题、市委组织部、市委统战部等部办委课题研究工作；成功申报省委党校系统课题1项、长沙市情研究会课题2项，结项长沙市情研究会课题2项，并得到浏阳市委副书记吴震同志批阅；完成各类理论文章10篇，在《长沙组工通讯》等刊物公开发表论文5篇；省委党校系统理论研讨会论文获奖二等奖2项、三等奖2项，长沙市人力资源研究会论文三等奖1项。（李晓军）

【人才队伍建设】 完善师资结构，充实师资队伍。全年邀请市级领导、专家学者、优秀基层领导等61人来校讲学。选派7名教师到北京大学、清华大学、井冈山革命传统教育学院、湖南省委党校、长沙市委党校等参加师资培训。组织全体教师到七宝山乡增加台村参加“大走访、听民意”、慰问民强小学、共建美丽屋场等公益活动，和主体班学员一起参加“重点项目现场观摩”、“重走秋收路”等党性锻炼活动等。面向全省公开引进2名硕士研究生充实党校教师队伍。选派2名教师参加全市相关干部培训班培训并安排1名年轻教师到市委办跟班学习。开展以“赛课促提升”为主旨的系列教学竞赛活动，促进全校专兼职教师提高教学水平。（李晓军）

5月7日，市委党校2015年中青班学员一行49人，到七宝山乡增加台村民强小学举行简单朴素的捐赠活动（资料来源：市委党校网站）

·市志档案·

浏阳市市志档案局

局　长　李兆佳

副局长　唐学雷　张鲜明

　　　　张平平（女）

【概况】 浏阳市市志档案局负责本地区行政区域贯彻执行国家有关档案工作的法律、法规和方针政策，对全市档案事业进行宏观管理；制定本市的档案事业发展计划和档案工作规章制度，并组织实施；指导、监督全市档案工作，依法查处档案违法行为；组织、指导档案理论与科学技术研究、档案宣传、教育和业务培训，负责全市市志档案的对外宣传、交流；编纂出版发行《浏阳年鉴》，负责地方志编纂出版发行的组织协调工作和全市各分志、专业志、部门志续修的指导、审定；负责定期接收科局级行政事业单位的档案资料以及对国家和社会有保存价值的档案，对所保存的档案严格按规定整理和保管，为社会利用档案资源提供服务。局机关定编15个，局内设办公室、地方志编纂科、法规宣传教育科、业务建设工程档案管理科4个科室。档案馆为参公管理的局属二级事业单位，定编8人，2015年底，局、馆实有在岗人员23人。档案馆有全宗177个，馆藏档案30万卷。全年共接待查档14800人次，查阅19900余卷，利用64040页。全市有500多名专（兼）职档案员，450家档案室，其中省特级档案室6家，省一级档案室23家，全市档案室（馆）藏档案达270万卷。（黄　英）

【市志档案局被评为“全国档案系统先进集体”】 12月28日至29日，全国档案工作暨表彰工作会议在北京召开，会上，国家档案局联合人力资源和社会保障部对全国档案系统59个先进集体和45个先进个人进行了表彰，浏阳市市志档案局被授予“全国档案系统先进集体”荣誉称号。全国档案系统先进集体评选活动在全国3000多家县、市档

12.31 日，中共长沙市委常委、浏阳市委书记曹立军、市长余勋伟和四大家领导一行到浏阳历史发展档案陈列展览厅考察 （资料来源：市志档案局）

案局（馆）中进行，综合考察各档案局（馆）的环境打造、功能分区、服务水平等条件，最终湖南省有 3 家单位获评全国先进集体。浏阳市市志档案局为长沙地区唯一的一家获奖单位，这也是浏阳市市志档案局首次获评“全国档案系统先进集体”。 （黄 英）

【市档案馆被推为“最美档案馆”】 “十二五”期间，在浏阳市委市政府的关心支持和档案工作者的共同努力下，浏阳档案工作与浏阳经济社会发展同步实现快速发展，自 2013 年 3 月搬入新馆以来，设计新颖、馆藏丰富的档案馆成为了全省档案行业标杆，被湖南省推荐为全国最美档案馆之一，在 2015 年 7 月 20 日《中国档案报》“行进中国·精彩故事—最美档案馆 37 期”头版头条，以《浏阳河畔的文化地标》为题予以报道。 （黄 英）

【“浏阳记忆”历史陈列正式展出】 “浏阳记忆”浏阳历史发展档案陈列展览厅，总建筑面积 1500 平方米，展览面积 1200 平方米，展线长度 500 米，分为古代展厅、近现代展厅、当代展厅及专题展厅四个展区，展示浏阳自东汉末年置县以来 1800 多年的历史，经过提质改造，2015 年底正式完成建设并向社会展出，成为对内进行浏阳历史文化和党性传统教育，对外展示浏阳形象的窗口和扉页。 （黄 英）

【地方志编纂工作】 精心编辑《浏阳年鉴 2015》卷。《浏阳年鉴 2015》2015 卷主要记载 2014 年浏阳市行政区域内各部门、各行业和各乡、镇、街道的主要工作、重要事件，收录若干文献和统计资料，集中反映浏阳改革开放的新进程和经济建设、社会发展的新成绩、新经验以及存在的问题，该卷年鉴共设 30 个部目，199 个分目和子目，1130 个条目，正文体例有概况、条目、附录、图表等，以条目为主体，书中插排彩色专版。全书 123.4 万字，由方志出版社出版，市志档案局承编并向全市机关、事业单位免费发行。完善《长沙市志（1988—2012）》浏阳承编部分内容，按照长沙志办要求报送“大事记”“人物志”资料共 11 万字。做好“5·18”《地方志工作条例》宣传，广泛推动读志用志活动的开展，为浏阳经济社会发展当好历史文化智囊。 （黄 英）

【档案征集接收】 加强对重点工程、重大活动、重要会议档案接收，加大政府信息公开文件的接收力度，注重对婚姻、国土、军转等民生档案接收，同时加大对名人档案的征集力度。下发《浏阳市国家综合档案馆接收档案实施细则》，全年新接收档案 12543 卷、现行文件 2224 件。著名画家娄师白国画《抬头见喜》、1957 年党和国家领导人接见全国团代会代表合影等一批珍贵档案征集进馆。浏阳档案馆因馆藏丰富、藏品珍贵先后在湖南卫视、《长沙晚报》等报台新闻栏目予以报道。 （黄 英）

【档案业务管理】 开展档案规范化管理工作，全市共有 6 家单位完成省一级复查、1 家完成省特级复查。开展村级建档业务调研指导，对全市 85 个村（社区）实地查看档案室并现场指导档案收集、整理，稳步推进“村村建档”工作。指导不动产登记、农村土地经营权颁证等民生档案工作有效开展。下发《关于落实机构改革中档案管理工作有关事项的通知》和《关于做好乡镇区划调整改革中档案管理工作有关事项的通知》，明确机构改革和乡镇区划调整改革单位档案的归属及流向、档案移交的内容与要求，并做好有关撤并单位的档案移交处置工作，确保机构改革和乡镇区划调整改革中档案处置工作顺利进行。 （黄 英）

【档案法规宣传教育】 根据《中华人民共和国档案法》《湖南省档案管理条例》等法律法规和上级档案部门要求，对全市 80 余家乡镇（街道）、市直单位开展档案安全专项检查，彻底排除档案安全隐患。在才常广场举办主题为“档案—与你相伴”的档案法律法规宣传活动，开展抗战胜利 70 周年档案展览和征文活动。全年共举办档案业务培训班 3 期，共培训 300 人次。通过执法检查和广泛宣传，推动了各级各部门依法治档意识的不断提高。8 月份，湖南省档案局联合省人大教科文卫委和省政府法制办对全省各市州及省直部分单位 2012 年至 2014 年《档案法》和《湖南省档案管理条列》实施情况开展行政执法检查，浏阳市档案工作获得通报表彰。 （黄 英）

【数字档案馆建设】 作为湖南省第一家数字档案馆建设试点县（市），浏阳市投资 1200 万元的数字档案馆档案信息化建设项目已批准立项建设（浏发改投〔2015〕232号）并列入政府投资计划，整个建设项目分五年进行，从2015年开始每年安排投资240万元，将逐步完成数字档案馆局域网、政务网、互联网三网系统基础设施设备、应用系统开发建设，12月启动婚姻档案、阶级成分档案等780万页重要档案的全文扫描录入。（黄　英）

·信访工作·

浏阳市信访局

局　长　周瑞明（2015.08免）
　　　　焦清平（2015.08任）
副局长　龙章平
　　　　陈树松（2015.08免）
　　　　汤　涛　宋跃新　胡汉民

【概况】浏阳市信访局是浏阳市委、市人民政府主管信访工作的部门管理机构。局内设办公室、接访办信科、协调督办科、信访复查科4个职能科室，以及信访信息中心、群众工作办公室2个全额拨款二级事业单位。有在职干部职工18人，自主用工4人，临聘人员3人，退休干部5人，2015年共接待群众来访986批13000余人次，处理群众来信322件次，初信初访办结率达100%；协调处理各类矛盾纠纷120余起，接待信访复查200余人次，受理复查申请30余起，出具复查意见15起（其中2起经长沙市复核委员会办公室出具复核意见）；转办交办省委书记批示件2件、省委巡视组信访件479件，办结率100%；召开全市信访维稳调度会5次，交办久拖不决信访突出问题29个、重点维权人员90余名；安排信访救助资金100万元，救助特殊困难信访群众100余人，连续6年实现特护期进京非访“零”登记。4月23日，《长沙调研》刊发《特护期非访“零登记”是怎样实现的——浏阳市扎实做好新时期信访工作的调查和启示》经验文章；9月29日，《长沙晚报》头版头条对浏阳信访群众工作进行正面报道；10月23日，余勋伟市长代表市委、市政府在全省部分区县（市）委书记信访工作座谈会上作依法治理进京非访工作经验介绍；12月5日，湖南卫视新闻联播对浏阳领导公开接访工作进行宣传推介。（王钧　康兆祯）

【公开接访工作】进一步巩固领导公开接访机制，坚持市乡两级领导工作日“全天候”公开接访，严格落实“开门办公不敷衍、公开接访不松懈、正视问题不回避、化解矛盾不激化”的工作要求，形成领导公开接访处访长效机制。年初继续将市领导的姓名、职务、分工及接访时间在市人民来访接待中心接访大厅公开，并在浏阳日报、浏阳网、浏阳信访网等媒体公开公示。在曹立军书记、余勋伟市长率先坚持下，全年市级领导公开接访185场317批1098人次，交办市领导批示件287件，到期办结率100%。乡科级单位领导公开接访7000余批15000余人次，一大批矛盾纠纷和信访事项化解在基层，解决在萌芽状态。（王钧　康兆祯）

【信访新政改革】积极开展信访工作制度改革宣传，在接访大厅悬挂逐级走访、诉访分离宣传牌，设置张贴信访流程图，规范信访事项受理办理；在浏阳交通广播电台每天分时段对信访改革进行宣传，信访新政改革深入人心。一是压实责任信访。认真落实中央、省、市逐级走访相关要求，印制并发放《湖南省人民群众来访事项受理办理手册》10000份，组织两期逐级走访业务培训，明晰逐级走访工作责任与办理要求；对本应通过责任部门受理的信访问题，市人民来访接待中心按照规定依法告知其到应当受理的部门反映诉求。二是推进阳光信访。联网运行湖南省网上信访信息系统，开通浏阳市网上信访投诉平台，联通111家单位，开通350个工作人员账号，实行来信、来访、网上投诉、复查复核、督查督办等全业务系统流转办理，实现了案件“可查询、可跟踪、可督办、可评价”。三是强化法治信访。市人民来访接待中心同步设立涉法涉诉信访分流窗口，公示涉法涉诉信访问题分流流程，引导信访群众通过法律途径解决涉法涉诉信访问题。（王钧　康兆祯）

【群众工作】调整群众工作联村方式，建立117个重点村和284个常态村（社区）群众工作站，组织开展“民情走访”、“与群众交朋友，帮基层解难题”、“向群众承诺实事”等活动，群众工作基础进一步夯实。全市各级群工队员共计走访群众22万户，与群众交朋友9966户，送去慰问物资358万元，办理向群众承诺实事4365件，化解各类民情问题1402起。对省市交办信访件、进京赴省到长来浏上访件、市级领导公开接访件，继续推行任务交办机制，每月以《群众工作任务交办单》形式集中交办到村（社区）群众工作站协助处理，全年累计下发《群众工作任务交办单》285件，协助解决各类信访问题297个，有效推动信访问题落地解决。率先全省建立“群众工作在路上”公众微信号，播发群工微信79期323条；编印《群工简报》26期、刊发信息279条，群众工作比学赶超氛围进一步浓厚。继续推行通报考核机制，坚持每月督查通报、季度排类讲评、年度民调考核等措施，推动群众工作人员到岗、工作到位，全年群工队员到岗率达98%，工作到位率达97%。（王钧　康兆祯）

【许忠建到浏阳调研信访工作】2015年11月10日，省政府副秘书长、省信访局长许忠建到浏阳市督导调研信访工作。许忠建通过座谈会形式详细了解浏阳信访工作情况。会上，中共浏阳市委副书记、市长余勋伟介绍浏阳信访工作的做法与经验，浏阳市委常委、政法委书记邱山东全面汇报浏阳市信访工作总体情况，浏阳市相关市直单位、乡镇街道与会代表对加强县一级信访工作提一些很好的建议和意见。在听取大家的发言后，许忠建作了重要讲话。许忠建指出，浏阳市信访工作领导重视、责任到位、措施得力、成效显著，达到“以稳定促发展、以发展保稳定”相辅相成的政治高度。今后，要围绕认真贯彻落实守盛书记关于信访工作的重要讲话精神，从抓队伍建设、抓县一级、抓基础工作、抓责任落实上下功夫，着力发挥“互联网＋信访”的优势

11 月 10 日，省政府副秘书长、省信访局局长许忠建（图中）到浏阳督导调研信访工作
（资料来源：信访局办公室）

与潜力，为全省继续创造成功鲜活的信访工作新做法、新经验。
（王钧　康兆初）

【湖南卫视新闻联播报道浏阳市领导公开接访工作】 2015 年 12 月 5 日，湖南卫视新闻联播以《把群众诉求当家事，浏阳推行"一把手"接访》为标题，对浏阳市领导公开接访进行专题报道。浏阳市实行各级各部门一把手公开接访，确保每个工作日至少有 1 名市级领导在信访局坐班接访。新闻以天马大桥安装隔音板这一民生信访问题为切入点，对浏阳市城管局一把手公开接访、浏阳市人民来访接待中心市领导公开接访等场景进行了拍摄报道。浏阳市实行"一把手"公开接访以来，群众进得了门、找得到人、办得成事，一大批信访问题得到快速解决，全市信访总量大幅下降。
（王钧　康兆初）

·老干部工作·

一、领导人员名单

局　长：黎　莉（2015.08 免）
　　　　胡国平（2015.08 任）
副局长：黎玉立　许运良

【概况】 中共浏阳市委老干部工作局是市委负责全市老干部工作的部门管理机构，全局在职干部职工 15 人，退休老同志 14 人。内设办公室、保健科 2 个科室。下设老干部活动中心和老干部大学两个二级事业机构（管理科）。关心下一代工作委员会挂靠老干局。2015 年，市委老干局获湖南省老干部宣传工作先进单位，《老年人》杂志第 10 期专版报道了北盛镇马战村关协会长张湘成的先进事迹《乐将余热托朝阳》，《中国火炬》第 5~8 期连续刊发关工委工作动态。前往湖北省通城县参加湘鄂赣三省十县市老干部工作经验交流会，浏阳市老年教育工作经验得到与会省、市老干部门的高度肯定。
（李　明）

【老干部工作地位提升】 市委、市政府关心、支持老干部工作。4 月 8 日，市委召开第十一届六十六次常委会议，会议专题听取老干部工作情况汇报，并就"五好"离退休干部党支部表彰奖励、老年教育、涉老组织等问题进行专题研究，在资金、组织、人员保障上给予支持，为老干部工作转型发展提供了有力支撑。4 月 15 日，2015 年度全市老干和关心下一代工作会议召开，中共长沙市委常委、浏阳市委书记曹立军亲自出席并发表重要讲话。全市重要会议、重大活动、重点项目均邀请老干部参加观摩。召开部分离退休老同志座谈会、半年度工作情况老同志通报会，重阳节组织老同志视察重点建设项目，市委书记曹立军、市长余勋伟亲自向老同志通报浏阳发展情况，听取老同志意见建议，共商推动浏阳发展之计。
（李　明）

【老干部服务管理】 坚持每月 15 日集中学习、阅文制度，举办老干部理论大讲堂 6 场次。与组织部联合行文在全市评选离退休干部"五好"党支部 15 个，"四好"离退休干部 30 名，把支部打造成增添正能量的"发动机"。达浒镇以《过好政治生日、永葆先进本色，把党支部建设成为离退休干部精神家园》为题在长沙市离退休支部书记培训班上进行典型发言，得到与会人员高度肯定。举办全市离退休干部党组织书记培训班，围绕如何加强离退休党组织

2 月 28 日下午，浏阳市组织 37 个乡镇街道、89 个市直单位行政正职、人大主席、分管领导及派出所所长 300 余人召开全市信访和群众工作会议，传达贯彻落实中央、省委有关精神和长沙"2.26"会议精神，安排部署信访和群众工作
（资料来源：市政府办）

建设，为党的事业增添正能量这一主题，通过业务辅导、经验介绍、现场观摩三种形式，补足离退休干部党组织书记精神之钙。组织离退休老领导前往烈士陵园，举行以“缅怀先烈·永葆本色”为主题的祭扫仪式。组织部分离退休干部进行健康体检，建立健康档案。健全“四就近”示范社区运行、保障机制，在全市创建10个十佳社区。召开全市村级老干部小组建设推进暨现场观摩会，通过以督促建、以制促建、以为促建，全力推进村级老干部小组建设提档升级。深入开展大走访活动，共走访慰问离退休干部及遗孀588人次，发放慰问金、困难补助近40万元。 （李 明）

【老干部作用发挥】 通过各单位重新推荐和老干局甄选，在全市组建300人的“五老”宣讲员队伍。全年进机关、进社区、进学校、进农村、进企业宣讲1500余堂，听众达4万余人。组织开展“五老”宣讲员培训班，举办“畅谈发展变化”微宣讲赛课活动，共收到优秀讲稿39篇，推选出刘谷君、胡勇章两位优秀宣讲员参加长沙市决赛。继续开展第二批“发挥五老作用”示范阵地创建，对已创建的16个示范阵地进行复查，授予淮川街道西正社区等12个村（社区）示范阵地称号，永安镇永新社区等5个创建点被评为长沙市“发挥五老作用”示范阵地。建立“五老”人才库，组织老干部骨干网宣员在红网、微博、QQ群、微信等宣传平台发帖讨论，弘扬正能量。充分整合涉老组织资源，通过定期碰头、集中汇报、交流经验、解决问题等形式，形成全市涉老组织一盘棋的局面。市维稳协会全年化解矛盾纠纷5500余件；五保救助会今年扶助特困、高龄、失能五保老人135万元；教育基金会共支出800万元用于助教助学；慈善会通过助学、助医、助困等项目实施慈善救助1739万元；市关工委通过两联、“评星建档”、创“五好”等工作，实现真正意义上的老少互动、老少携手；老科协、老年保健协会通过经常性的开展科技三下乡、采风、义诊等，宣传科研技术、推广科研成果，关爱老年人健康；老年体协活动丰富多彩；党史联络组以史鉴今、宣教育人；计生协会为全市计划生育工作创优服务发挥重要作用。 （李 明）

【老干部文化养老】 2015年市老干部大学共开设17个专业、70个班，在校学员达1980人次，较去年上升7%。老干部活动中心全年参加活动人数达15000多人次。市老干部大学组织开展“三要”主题活动（体验美好生活之“我要上大学”、展示阳光心态之“我要上舞台”、展示积极向上之“我要争奖励”），上榜人员达16人、获得荣誉23份。各分校累计开班25个，招收学员近2000人次。重点选择长兴、朝阳等15个社区为网络课堂示范点，全年各示范点共组织收看网络课堂300场次，参与学习的老年人近7000人次。开展《我看浏阳这一年》主题征文活动，发动离退休干部和老同志为浏阳经济社会发展加油点赞。重阳节期间，与宣传部、民政局等单位联合举办第六届“十大孝星”、第二届“敬老文明号”的颁奖典礼。举办“欢度重阳·圆梦金秋”老干部大学浏河专场文艺晚会，广大师生通过合唱、舞蹈、太极拳剑、书法表演等12个节目为广大市民送上一场“文艺大餐”。联合老年体协举办了老年门球赛，组队参与长沙市第三届老干部运动会，荣获象棋比赛第一名、门球比赛第二名。市老干部诗联书画协会开展纪念抗日战争胜利70周年和胡耀邦诞辰100周年书画创作活动，以金枫艺术团为代表的老干部团体通过重阳、国庆等重大节日开展群众性广场文艺活动，有效满足老干部精神文化需求。 （李 明）

【浏阳市关工委主任、“五老”宣讲员集体充电】 为进一步提高基层关工委主任工作能力和业务知识，充分发挥“五老”宣讲员在关心下一代工作中作用，7月3日上午，浏阳市老干局在教育局八楼会议室举办全市关工委主任、“五老”宣讲员培训，乡镇街道关工委主任及“五老”宣讲员170余人参加了培训。会上，溪江乡关工委主任贝远根以自身丰富的工作经验和成功的工作案例，用风趣幽默的语言拉开培训的序幕。随后，浏阳市心理学研究会会长聂续红以《营销我的人生》为主题，现场互动教授“五老”宣讲员如何为青少年进行心理辅导。最后，市“五老”金牌讲师团讲师李中琪，结合新时期的社会历史条件，赋予雷锋精神与时俱进的时代意义和核心价值。通过培训，基层关工委主任进一步加强对关心下一代工作重要性的认识，明确怎样当好关工委主任和做好关工委工作的方法和途径，增强做好关心下一代工作的光荣感、责任感和使命感。“五老”宣讲员懂得如何发挥自己的政治优势、经验优势，威望优势，向广大青少年讲好中国故事，弘扬中国

7月3日上午，浏阳市老干局在教育局八楼会议室举办全市关工委主任、“五老”宣讲员培训
（资料来源：市老干局办公室）

5月7日上午，浏阳市委老干局组织四大家离退休老领导前往浏阳烈士陵园举行祭扫仪式　　(资料来源:市老干局办公室)

精神，传播中国好声音，帮助青少年扣好人生的“第一颗纽扣”，树立正确的人生观、价值观。　(李　明)

【组织四大家离退休老领导祭扫烈士陵园】　2015年是中国人民抗日战争暨世界反法西斯战争胜利70周年。为缅怀革命先烈、发扬革命传统、永葆党员本色，5月7日上午，浏阳市委老干局组织四大家离退休老领导前往浏阳烈士陵园举行祭扫仪式。40余名老领导在烈士纪念碑前肃立默哀，表达无限怀念和深深敬意，并向革命英烈敬献花篮，浏阳原县委书记张绍春整理花篮上的绶带，市政协原主席李中琪作为老同志代表发言。随后老领导缓步走到烈士英名墙前，瞻仰在不同革命时期为民族独立、人民解放而壮烈牺牲的浏阳籍革命英烈。在参观的同时，老领导还对烈士陵园的建设提出意见建议。　(李　明)

【召开村级老干部小组建设推进会】7月24日上午，浏阳市村级老干部小组建设推进会在洞阳镇召开。全市37个乡镇(街道)负责人前往洞阳镇幸福泉社区进行现场观摩，在随后召开的推进会上，洞阳镇、溪江乡及幸福泉社区分别就老干部小组建设情况作典型发言。本次会议旨在全面贯彻落实全国、全省离退休干部双先表彰大会精神，认真总结全市村级老干部小组建设情况，进一步推进老干部服务管理向基层延伸，促进老干部工作创新发展、转型发展、科学发展。浏阳市村级老干部小组建设工作已经启动一年多，全市401个村(社区)，符合创建条件的196个，已创建村（社区)107个，创建率达54.59%。村级老干部小组的建立，不仅仅在纵向上延伸老干部服务管理链条，同时在横向上通过老干部的主体作用，带领和团结广大五老和老年人为村级事务发展、环境综合整治、淳化乡风民风、维护社会稳定、创新社会管理发挥了积极作用。　(李　明)

【召开半年度工作情况老同志通报会】　8月18日上午，浏阳市召开半年度工作情况老同志通报会。市委副书记、市长余勋伟从全力做强产业、强力攻坚项目、着力城乡统筹、倾力改善民生、聚力深化改革五方面通报浏阳市今年上半年经济社会发展情况。市委常委、组织部部长、统战部部长周文舜主持会议。上半年，浏阳经济实现持续健康较快发展，社会大局保持和谐稳定，各项任务顺利实现“双过半”目标。地区生产总值、工业增加值、财政总收入等主要经济指标增速均居长沙九区县(市)和全省前列。目前，浏阳经济社会发展来势好，后劲足，下阶段将加快推进各项改革、产业发展、项目建设、城乡融合、湘赣边合作、民生工程等工作，确保年度目标任务圆满完成。“浏阳能有现在的发展局面，得益于历届市委、市政府打下的良好基础，浏阳所取得的进步和成绩，离不开各位老同志的关心与支持。”余市长表示，希望老同志们能一如既往地支持市委、市政府的工作，关注浏阳的发展，继续发挥自己的政治优势、经验优势和威望优势，为浏阳经济社会发展建言献策，为“挺进三十强、再创新辉煌”而共同努力。2015年，浏阳市进一步完善和落实离退休干部政治待遇，通过组织老同志座谈会、祭扫烈士陵园、七一走访慰问、半年度工作情况通报等扎实有效的措施，让老同志备感组织的温暖，极大地激发了老同志的奉献热情，有力推动全市各项工作的开展。　(李　明)

【四大家老领导观摩重点项目】　10月21日，市委副书记吴震陪同四大家

7月24日上午，浏阳市村级老干部小组建设推进会在洞阳镇召开　　(资料来源:市老干局办公室)

8 月 18 日上午，浏阳市召开半年度工作情况老同志通报会

（资料来源：市老干局办公室）

老领导，深入园区和乡镇，视察重点建设项目，观摩感受浏阳发展建设和群众生活改善的新变化。长兴湖片区自 2011 年启动建设以来，累计投资已达 20 亿元，片区内李畋路、锦程大道、菊花石路、道吾路等 4 条城市干道已建成通车。老领导乘车从锦程大道一路行驶至浏阳河路，一侧正在建设沿湖岸线 1 千米景观工程；另一侧则是总投资 10 亿元的浏阳奥园广场项目正在施工。浏阳“城市东进”战略带来的变化让老领导感叹不已。活动中老领导先后观摩长兴湖片区建设、浏阳河第六大桥、西北环线等城市建设项目，教师进修学校及附小等教育民生项目；古港梅田湖淞山幸福屋场、官渡镇中洲幸福屋场、官渡古城等幸福屋场、两型产业园飘香食品有限公司等园区企业。市领导鲁建文、李家喜、张作林、胡金文、周文舜参加观摩活动。（李 明）

【浏阳市离退休干部党组织书记培训班开班】 11 月 4 日，浏阳市离退休干部党组织书记培训班在市委党校开班，81 名来自市直单位、乡镇街道的离退休干部党组织书记参加培训。培训班紧紧围绕如何加强离退休党组织建设，为党的事业增添正能量这一主题，采取业务辅导、经验介绍、现场观摩三种形式进行培训。开班仪式上，市委常委、组织部部长、统战部部长周文舜传达中央对加强离退休干部党组织建设的指示精神，要求各级各部门老干部党组织把老同志的经验、智慧、积极性和对社会有益的建议、行动有效地组织起来。同时，希望离退休干部党组织书记充分发挥先锋作用当好“领头雁”角色，取得更大的建树，实现新的突破。本次培训特别邀请长沙市委组织部副部长、老干局局长李伟群就如何学习“双先”表彰会精神进行授课，并参观住保局离退休党支部、古港梅田湖松山党小组、达浒镇老干党支部、张坊镇茶林村九老桥党小组等先进老干支部。（李 明）

【关心下一代工作】 2015 年全市共有关心下一代组织 1300 多个，会员 43000 多人，法制副校长和校外辅导员 500 多人，家长学校 350 多所，帮教小组 900 多个，参加帮教的“五老”有 3500 多人。元月 1 日，市关工委联合浏阳 8 度美术培训中心等十多家爱心企业开展助力学子圆梦艺术。为汤思远、张雨欣、周子涵小朋友圆艺术梦。12 月，市关工委、市司法局、《浏阳日报》联合帮教团前往长沙监狱对在押的 90 余名浏阳籍服刑人员开展开展探监帮教情暖高墙活动。截至 12 月 31 日，全市关心下一代教育基金存量达到 9500 万元，个人教育基金 131 个，

10 月 21 日，市委副书记吴震陪同四大家老领导观摩浏阳河第六大桥建设工程（资料来源：市老干局办公室）

10 月 21 日是农历 9 月 9 日重阳节，晚 7:30，浏阳市老干部（老年）大学专场文艺晚会在浏阳河广场举行，近千名市民前往观看。整台晚会由歌舞、诗朗诵、二胡演奏、京剧等 12 个节目组成，全部由浏阳市老干部（老年）大学的老师和学员们自编自导自演。350 名学员参加演出，其中年龄最大的表演者已 83 岁。浏阳市领导吴震、周文舜、邓阳锋，以及张绍春等老同志观看晚会

（资料来源：市老干局办公室）

11月4日，浏阳市离退休干部党组织书记培训班学员参观古港梅田湖松山党小组

（资料来源：市老干局办公室）

总量3693万元，全年共扶助贫困学生8394人，款项达553.1万元，奖励优秀学生3600人次，金额58万元。市关工委还依托长沙关工委教育基金对沙市镇彭蕾、罗雪情，小河乡卜宇晴，原太平桥镇周蜜四名贫困学子每人资助4000元，为他们圆大学梦；依托长沙市东方红集团资助杨花乡张婷婷和大围山完小黎贤德每人5000元，上门走访慰问了淳口镇山田村因车祸致孤的少年儿童戴某。

市民营经济关工委已在浏阳市规模民营企业成立关协组织13个。市关工委被中关工委表彰为全国宣传工作先进集体，市关工委办公室陈双球获评“全国优秀宣传员”。

核心价值观教育。法德教育 市关工委始终坚持以社会主义核心价值观教育为重点，以法制、德育教育为主线，以“关爱明天、普法先行”活动为载体，组织全市253名法制副校长、420多名法制宣讲员和校外辅导员以《宪法》《未成年人权益保护法》《预防未成年人犯罪法》《治安管理处罚法》为重点进村入校开展法制宣讲。2015年全市“五老”进行核心价值观、法制宣讲1200多堂次。北盛镇退休教师周乌金创作120余首主旋律歌曲，古港镇的松山屋场文化长廊全景道德模范展示，官渡镇中州屋场的中华传统“孝”文化壁画，为社会主义核心价值观教育增加了新平台，注入了新元素。5月，原长沙市政协主席、长沙市关工委主任董学生一行到金刚中学进行法制教育工作调研。对金刚中学坚持学法用法“周周有主题、月月有评比、学期成系列”的工作理念和金刚镇开展的“法制文化进屋场、崇德扬法树新风”以及浏阳市关工委长期坚持开展的探监帮教、市检察院开展的“检察官进校园”活动、市人民法院“青少年维权岗”护法维权及全市“五老”结对帮扶失足青少年1300余人次的法制建设工作成果给予充分肯定。主题活动有声有色。为纪念世界反法西斯战争胜利70周年和中国人民抗日战争胜利70周年，市关工委按照长沙市关工委统一部署，联合市教育局面向全市中、小学生举办了纪念世界反法西斯战争胜利暨抗日战争胜利70周年故事会大赛。全市共有65所中小学校组织参与抗战故事会比赛。经视频初审、现场决赛，集里中学施新康等选手分获中、小学组一、二、三等奖。在长沙市关工委组织的抗战故事会决赛中，陈梓萌获得小学组一等奖，施新康获得中学组二等奖。永安镇关工委还邀请参加北京纪念世界反法西斯战争胜利暨抗日战争胜利70周年阅兵式的永安籍92岁抗战老兵朱洪斌到坪头中学授课，重温抗战历史；社港镇、沙市镇、关口街道、大瑶镇等乡镇（街道）关工委分别组织演讲和征文比赛，教育引导广大青少年以史为鉴，振兴中华。

组织建设“评星建档”工作。市关工委自2011年推广“溪江经验”以来，通过现场经验交流、工作督查多措并举予以落实。通过几年的强力推进，全市401个村（社区）中，已有382个全面落实，效果良好。2015年全市共评选出“十星级”青少年280余名，各单位除通报表彰外，还在入党、参军、找工作等方面对“十星级”青年给予政策倾斜，极大调动青少年参与创“星”的积极性，增强荣誉感。一些“十星级”青年在成为创业致富带头人后，争先回报社会，起到模范带头作用。“五好”关工委创建。2014年，市关工委按照中关工委基层建设的有关要求，结合浏阳实际，在全市开展创建“五好”关工委（关协）活动。2015年，市关工委进一步加大“五好”关工委（关协）创建工作的督查指导力度。经考查，大围山镇关工委、市林业局关协等19个关工委（关协）继续保持“五好”称号，新创淮川街道关工委、市公安局关协等11个“五好”；古港镇梅田湖村关协等34个村（社区）关协迈入先进行列，“五好”创建实现数量有发展，质量有提高。示范阵地建设。为进一步促进关心下一代工作在基层（村、社区）落实，经报请市委、市政府分管领导同意，市关工委研究制订《关于在全市基层创建关协工作示范阵地的工作方案》，2015年11月，经市关工委严格按照创建标准组织验收，38个村（社区）、2个市直单位创建达标，极大的激发基层工作积极性，促进工作平衡发展。成员单位工作。市关工委按照《中共浏阳市委关于议事协调机构清理调整的通知》文件精神，更新加强原有成员单位组织，成员单位由原7个增至18个，并明确各成员单位职责和议事规则。

常规工作。表彰先进，树立典型。2015年4月15日，召开全市关心下一代工作会议，总结上年度工作，部署安排新年度工作任务，表彰28个“五好”关工委、54个“五好”关协和84名关心下一代工作先进个人。中共长沙市委常委、浏阳市委书记曹立军出席会议并讲话。市关工委通过深入调研，推荐浏阳河中学卢芳颖参评长沙市“美德少年”；七宝山乡“五老”志愿服务队获评长沙市“学雷锋先进集体”；浏阳特殊教育学校刘军获评全省残疾“励志青年”；溪江乡关工委主任贝远根获评全省“励志五老”提名奖。关协工作督查。市关工委联片老同志按照年初工作部署，6月份对各自联系片区开展半年工作督查。东区片和南区片采取碰头汇报方式相互学习交流，西区片和北区片逐乡镇督查并实地调研。组织召开督查工作碰头会，对调研情况进行汇总与讲评，针对调研中发现和存在的问题，有针对性地加强工作督促与指导力度，确保全市工作整体推进，平衡发展。

关协骨干培训。除组织市关工委部分老同志参加长沙市关工委为期三天的业务培训外，市关工委7月举办全市关工委主任、关协会长、“五老”宣讲员培训班。原溪江乡关工委主任贝远根作《如何做好基层关心下一代工作》的典型发言；浏阳市心理学研究会会长聂续红现场互动教授“五老”宣讲员如何为青少年进行心理辅导；市“五老”金牌讲师团成员、原政协主席李中琪讲授《雷锋精神与时俱进的时代意义和核心价值》辅导课。通过培训，进一步提高基层骨干的理论水平和业务能力。宣传推介工作。市关工委收集与整理全市关心下一代工作特色与亮点，加大宣传推介力度。《浏阳市关工委三管齐下做好中国火炬发行工作》《会同县关工委调研溪江“评星建档”工作》《浏阳市杨花乡举办留守儿童夏令营》《浏阳市举办关工委主任培训班》四则信息被国家级刊物《中国火炬》连续刊发。《老年人》杂志第10期全文刊发第二届长沙市“十佳‘五老’”获得者——北盛镇马战村关协会长张湘成的先进事迹——《乐将余热托朝阳》。全年在省关工委《工作交流》刊发浏阳工作动态1则，在长沙市关工委《工作简讯》刊发工作动态10则，用稿情况名列长沙地区前三甲。《浏阳日报》报道《长沙市关工委调研金刚法制教育》等3则工作动态。（陈双球）

中共浏阳市纪律检查委员会

2016 年 9 月 23 日，浏阳市组织新提拔重用领导干部集体廉政谈话

中共浏阳市纪律检查委员会

共浏阳市纪律检查委员会

书　记　谭　果
副书记　杨厚波
　　　　孙　龙（2015. 12免）
　　　　戴伟平
　　　　潘礼寿（2015. 12 任）
常　委　卢　林　李远为
　　　　肖敏利（女）
　　　　陈艳梅（女，2015. 12 任）
　　　　陈　屹（2015. 12 任）

监察局

局　长　杨厚波
副局长　潘礼寿（2015.08 免）
　　　　唐学锋

预防腐败局

局　长（兼）杨厚波
副局长（兼）潘礼寿(2015.08 免)
陈艳梅（女，2015. 12 免）

【概况】 2015 年，市纪委、监察局、预防腐败局在职干部职工 40 人，行政编制数 33 人，事业编制数 4 人，工勤编制数 3 人，退休干部 19 人。内设办公室、组织部、宣传部、党风政风监督室（市政府纠正行业不正之风办公室）、信访室、案件监督管理室、第一纪检监察室、第二纪检监察室、第三纪检监察室、第四纪检监察室、案件审理室等 11 个部室。另设一个全额拨款二级事业单位浏阳市纪检监察信息中心。在长沙市纪委监察局和浏阳市委、市政府的正确领导下，全市纪检监察组织认真贯彻落实上级决策部署，坚决有力惩治腐败，持续深入纠治“四风”，全市党风廉政建设和反腐败工作取得新的成效。纪律审查、作风建设工作在长沙市的考核中均名列第一，连续六年被评为长沙市党风廉政建设工作先进单位或一类单位。　（邓章芙）

【“两个责任”落实】 市委高度重视党风廉政建设和反腐败工作，狠抓明责、履责、督责；市委主要领导对党风廉政建设重要工作、重大问题，亲自谋划部署、统筹协调，全力支持纪检监察机关工作。市纪委制定落实“两个责任”检查考核实施办法，组织召开“两个责任”推进会，传导履责压力，推动责任落实。坚持“一案双查”，全年共对 37 名“两个责任”落实不到位的领导干部实施责任追究，诫勉谈话 27 人，党纪政纪处分 10 人，其中党政“一把手”5 人。　（邓章芙）

【深化作风建设】 创新推行作风建设问题查处“零报告追究”制度，把查处、通报作风建设问题作为考核的重要指标，实行双向计分，对主动提供问题线索、主动查处作风问题的单位，在季度考核时给予加分奖励，对未按要求开展监督检查或一个季度内从未发现并上报问题的单位实行扣分。基层单位主动发现和查处作风问题 856 个，是 2014 年的 15 倍，16 家单位因“零查处”“零报告”，通过重点复查、约谈、扣分、通报等措施进行问责。紧盯关键节点开展专项整治，共查处违规收送红包礼金、违规办酒、违规发放津贴补贴、违规使用公车等违反中央八项规定精神问题 41 起，处理 52 人，其中党纪政纪处分 21 人。通过媒体和文件通报作风建设典型案例 68 起，对 124 名违纪人员点名道姓通报曝光。　（邓章芙）

【违纪案件查处】 党纪政纪立案 382 件，其中乡科级 27 件；党纪处分 294 人，政纪处分 114 人，“两规”“两指”4 人，移送司法机关 7 人；收缴违纪资金 600 余万元。严格规范案件审理，案件审结率为 100%，优质率达 98%以上。检察机关立案侦查涉嫌职务犯罪案件 24 件、27 人，人民法院审理职务犯罪案件 5 件、6 人。严肃查办凌建洲、袁绪国等一批领导干部严重违纪涉嫌违法案件。针对群众反映强烈的违法用地问题开展国土专项督查，对 25 名干部和 4 名分管领导予以党纪政纪处分，深挖失职案件背后的腐败问题，对 2 名涉嫌贪污、受贿、收受礼金的执法人员给予党纪处分，其中 1 人移送司法机关处理。　（邓章芙）

【教育预防与廉政文化建设】 开展任前廉政谈话 50 人次，诫勉谈话 66 人次；对党员领导干部出现的苗头性、倾向性问题及时约谈。推进廉政文化建设，由省、长沙市纪委和浏阳市共同建设的胡耀邦故居廉政箴言书法碑林正式对外开放；精心编排廉政题材大型花鼓戏《耀邦兄弟》，组织全市党政领导干部进行

观看。对查处的案件开展“回头看”，教育回访23名受处分人员，指导发案单位完善内控制度28项。市委中心组组织专题学习《准则》《条例》，市纪委向全市党员干部印发学习资料2万余本。　　（邓章芙）

【纪检监察队伍自身建设】　按照上级纪委要求，优化重组市纪委机关内设机构，执纪监督人员增加至机关总人数的67%。选派15名业务骨干参加省市纪委的业务培训，组织37名乡镇（街道）纪委书记赴井冈山进行专题脱产培训。建立与组织部门定期沟通制度，规范纪检干部考核管理、选拔任用。开展“开门听意见，主动找问题”专题调研，收集各类意见建议60余条，并督促问题整改。抓好队伍监管，对1名纪委书记进行立案，与11名纪委书记进行诫勉谈话。　　（邓章芙）

【创新实施纪检监察信访件交叉办理】　市纪委创新实施纪检监察信访件交叉办理制度，整合办信资源、建立联动机制。一是片区协调联动。将全市基层纪检监察组织按区域和单位性质划分为8个信访举报交叉办理工作片区，在片区内和片区间交叉办理信访件。北片区通过创建片区联动模式，2015年交叉办理信访件6起，北片区全年信访量比上年同期下降20%。二是城乡协作联动。将乡镇（街道）的信访问题交由市直单位办理，市直单位的信访问题交由乡镇（街道）办理，涉及跨单位业务的信访件还协调相应主管部门配合牵头单位协作办理。市直单位和乡镇（街道）纪检监察组织交叉办理信访件25件，均已息访息诉，有效提升群众对信访办理的满意度。三是上下协力联动。在信访件交叉办理过程中，市纪委信访室全程进行监督、指导和跟进，对办理进度、质量、定性进行审核和把关，必要时由市纪委信访室参与回复信访人。2015年共受理信访举报297件，实现信访总量、重复访、集体访、越级访下降和信访举报秩序好转的“四下降一好转”良好态势。

（邓章芙）

【集中开展国土专项督查】　针对群众反映的热点、难点问题，集中开展国土专项督查，严肃查处群众身边的“四风”和腐败问题。2015年，市纪委重点针对群众反映强烈的违法用地问题开展国土专项督查，对干部的“懒政”、“怠政”行为进行严肃问责。对违法用地项目负有直接责任和监管责任的27名干部和7名分管领导予以党纪政纪立案，对23名干部和13名分管领导进行诫勉谈话、责令书面检查处理；对2名涉嫌贪污、受贿、收受礼金的执法人员进行党纪立案，同时将其中1人移送司法机关处理。将查处情况分3批在《浏阳日报》进行公开通报曝光，产生良好的社会反响。向市委报送《关于开展违法用地专项督查的工作情况报告》，市委书记曹立军给予高度评价，市长余勋伟在政府常务会议上组织相关部门进行专题研究学习。　　（邓章芙）

【试行村级党风廉政建设“专项巡查”】　为进一步加强农村基层党风廉政建设，切实解决村级重复信访、越级信访和信访量居高不下问题，2015年11月，浏阳市纪委由纪委常委带队，抽调农业、审计、财政等单位人员组成巡查组，对官桥镇新元村开展为期1个月的村级党风廉政建设专项巡查。巡查组通过询问谈话、接访、受理举报信等渠道收集问题线索，和新元村村民代表谈话共42人次，处理群众来信来电来访28件次，实地踏勘3个村级工程，查阅2014年换届以来的村级财务资料，收集到各类问题22个。针对收集到的问题，浏阳市纪委组织各相关职能部门召开新元村党风廉政建设专项巡查问题交办会，将22个问题经归纳整理后交办给环保局、卫计局、官桥镇党委、新元村支委等11个单位，并要求限期办理。针对村民反映较为集中的村干部侵占粮食直补资金问题，巡查组迅速调查核实，并责令官桥镇纪委督促新元村支村两委将违规扣留的粮食直补资金全部退还农户。同时，浏阳市纪委给予该村党支部书记党内严重警告处分，给予1名支委委员和1名村会计党内警告处分。通过村级专项巡查推动党风廉政建设向基层延伸。　　（邓章芙）

【专项治理国家工作人员违规经商办企业】　为进一步规范国家工作人员从政从业行为，2015年11月，市纪委印发《浏阳市国家工作人员违规经商办企业专项治理工作方案》，决定对国家工作人员本人或者借他人名义经商、办企业；国家工作人员违反规定在经济实体、社会团体等单位中兼职或者兼职取酬；利用职权和职务影响，违规从事各类有偿中介活动的等8类违规经商情形进行清理整顿。全市1万余名国家工作人员围绕专项整治内容进行自查申报，在对自查申报情况逐一进行甄别核实和审查后，清理出可能存在职务影响或疑似违规的副科级以上领导干部17人、一般工作人员27人，并依纪依规分类提出整改措施；29名党员干部通过变更法人、注销营业执照、转让股份、辞职等方式，进行整改和纠正，共撤出本人及家属投资入股资金2300多万元，立案查处5起公职人员利用职务便利违规经商或违规兼职取酬典型案例。为确保清理整顿工作成效，市纪委、监察局通过公布举报电话、比对工商、税务登记信息等方式，对各级国家工作人员自查情况进行核查。对隐瞒不报、未在规定限期内整改到位的相关人员，一律依纪依规从严追究责任；构成违法犯罪的，移送司法机关处理。浏阳市专项治理违规经商办企业的做法也得到省、市纪委高度认可，省纪委《三湘风纪》、长沙市纪委《长沙廉政》等官方网站对浏阳市的创新做法进行宣传报道。　　（邓章芙）

【高效有力推进巡视问题整改】　7至8月，省委巡视第八组对浏进行巡视，浏阳市纪委牵头负责的前期准备、联络服务、信访接待等工作均得到省委巡视组高度肯定。10月底，省委巡视组向浏阳反馈巡视情况，市纪委迅速研究制定整改方案，将巡视组反馈的6个方面22个问题，细化为40项整改任务，逐一明确责任领导、责任单位和整改期限，各项巡视整改任务均按照上级纪委的要求完成了销号。对省委巡视组交办的9条案件线索，全部初核处置，立案查处7人，诫勉谈话1人。市纪委对全市整改工作情况进行全面总结，形成客观的汇报材料，向省委巡视第八组专题报告整改情况。省委巡视组和长沙市委巡查办对浏阳市的巡视整改工作给予高度肯定。浏阳市《坚持问题导向，从严从实抓好巡视整改》的经验材料被《长沙巡察》作为典型经验在长沙市进行重点宣传推介。（邓章芙）

【“专项巡查”助力农村基层党风廉政建设，严查“雁过拔毛”式腐败】 11月25日，浏阳市召开开展信访举报“零暂存”专项行动和基层党风廉政建设专项巡查部署会议。根据会议安排，浏阳市纪委将抽调的人员组成专项巡查组在2015年11月20日至2016年1月期间组织开展一次村级党风廉政建设专项巡查工作，深入纠正群众身边的“四风”问题、查处各类“雁过拔毛”式腐败问题、整治村级财务管理混乱等突出问题、解决侵害群众利益的突出问题，推动农村基层党风廉政建设深入开展。2016年开始，浏阳市纪委将针对信访总量较高、“四风”问题突出、财务管理混乱等村级党风廉政建设问题，更大范围地开展专项巡查。同时，对其他群众反映强烈的重点乡镇和廉政风险较大的重点行业，适时开展专项巡查。会议同时对开展信访举报“零暂存”专项行动进行部署，要求实行党委、纪委负责人定期参与信访举报接访制度，彻底改变相当一部分单位信访举报直接受理为“零”的现状。同时将建立信访举报工作季度通报制度和约谈问责制度，推动各乡镇(街道)和市直单位党组织主要负责人切实履行信访举报工作的主体责任。市委常委、纪委书记谭果表示，各单位要严格遵守“八项规定”精神，抓好春节、元旦两节期间作风建设。各级纪委书记要敢抓敢管，严格落实基层信访举报工作的督导责任，抓好信访举报工作和发生在群众身边的“四风”和腐败问题。对各类顶风违纪行为，一经发现，从严处理，并追究相关负责人党风廉政建设主体责任和监督责任。（资料来源：浏阳廉政网2015.11.30）

附录：

浏阳市委关于省委巡视第八组反馈意见整改情况的通报

根据省委统一部署，2015年7月13日至8月13日，省委巡视第八组对浏阳市进行了巡视。10月23日，省委巡视组向浏阳市委反馈了巡视意见。按照党务公开原则和巡视工作有关要求，现将巡视整改情况予以公布。

一、高度重视，把整改工作作为重大政治任务来抓

一是强化责任抓整改。市委对巡视整改工作高度重视，按照省委巡视组的要求，以高度负责的政治责任感，以直面问题、敢于担当的精神，采取强有力的措施抓好落实。巡视组反馈意见后，多次召开市委常委会和调度会，专题部署整改工作，听取整改工作阶段性汇报，研究制定《关于落实省委巡视第八组巡视反馈意见的整改方案》。压实整改责任，将巡视反馈的六个方面存在的22个问题细化为40项整改任务，明确了12位牵头市级领导、17家牵头责任单位，每项任务均明确了一位具体负责领导和责任人员，建立工作台账，做到即知即改、逐项整改、逐一销号。二是严格督查抓整改。市委书记、市长既积极抓面上整改，又带头亲自过问具体问题的整改。建立整改任务分组督查制，市委、市政府督查室主任分别任组长，实行“一周一督查”、“半月一调度”机制，采用定期调度、随机抽查、明察暗访等方式，督促各部门各单位将整改任务落实到位。三是敞开大门抓整改。及时将整改情况通过《浏阳日报》、浏阳电视台、浏阳网等媒体进行公示，在《浏阳日报》刊载整改工作实时报道11篇，并同步公开了监督举报电话，广泛受理群众举报，实时接受社会监督。积极向上级网站推介我市整改工作信息，在三湘风纪网、长沙廉政网上刊载巡视整改信息10篇。编印《巡视整改工作动态》简报7期，及时向上级巡视机构汇报，让上级实时掌握我市整改工作进展情况和接受监督指导。

二、省委巡视组反馈意见整改落实情况

(一)执行党的政治纪律和政治规矩方面的问题

1.关于“落实‘两个责任’存在缺失”的问题

(1)关于少数班子成员对“一岗双责”认识不足的问题。一是狠抓责任落实。全面落实党风廉政建设责任制，出台提醒制度，定期对领导干部落实“一岗双责”、遵守作风建设规定等情况进行提醒。二是强化责任考核。进一步完善考核办法，将领导班子和领导干部落实“一岗双责”情况纳入年度考核，实行班子考廉、个人述廉相结合，对领导干部在廉洁自律方面存在反映的，纳入甄别考察范畴；对各级各部门落实党风廉政建设责任制情况进行考核，评选落实主体责任先进单位和落实监督责任先进单位，督促各单位抓好“两个责任”落实。三是严格责任追究。全面从严管理监督干部，对“一岗双责”落实不力的党政领导干部按要求进行组织处理，按照有关文件要求，进一步加大监督检查和责任追究力度，对履行党风廉政建设责任不力、发生违纪违规的单位和个人，依纪依法追究单位党委主体责任和纪委监督责任。

(2)关于纪检监察机关执纪问责不够严格的问题。一是全面提高思想认识。市委市政府以鲜明的态度支持纪检监察机关实行“三转”，选优配强办案干部队伍，全市提拔重用了办案过程中有突出贡献的办案干部10名，对2名办案不力的纪检干部调离纪检岗位，将2名有财务和办案经验的优秀干部充实到办案一线。二是有效拓宽线索来源。2015年共受理信访件297件；通过推行“零报告”责任追究，2015年全市各基层单位主动查处并上报各类问题线索865个，是2014年的15倍；对基层单位的案件线索实行定期收集、统一管理，从公安、财政、审计及相关执法部门收集案件线索563条。三是加大纪律审查力度。2015年，全市共党纪政纪立案382件，其中乡科级26件，移送司法机关6人，重点查处了市城建集团原副总经理凌建洲、市国土局原副局长袁绪国、市政协经科委原主任陈爱斌、市民宗局原副局长赵利人等违纪违法案件；对37名落实“两个责任”不到位的领导干部实施责任追究；对违法用地项目负有直接责任和监管责任的27名干部和7名分管领导予以党纪政纪立案。

(3)关于一些案件移送司法机关后存在“缩水”现象的问题。一是市委政法委组织开展案件评查工作，共评查案件87起，评查发现12起有瑕疵案件，责成有关单位进行了整改。二是针对沙市建工集团法定代表人罗某涉嫌非法吸收公众存款罪的问题，市委政法委召集公、检、法相关领导，对案件的法律适用、定性和案件事实等进行了专题研讨。三是完善了执法监督机制、重大问题报告备案制度，落实领导干部干预司法活动和司法机关工作人员过问案件的“两个规定”，规范自由裁量权，推进司法公开，严格实行“案件质量终身负责制”和“错案责任追究制”。

(4)关于村级信访问题突出的问题。一是实施村级党风廉政建设专项巡查。选取农村基层党风廉政建设薄弱、信访量大的村作为巡查试点，开展首轮专项巡查，谈话42人，受理来访28次，收集问题22个，初查后移交问题12个，目前正在整改落实；同时，要求全市所有乡镇街道均明确一个村开展巡查，共查处信访问题22件，向相关部门移交线索32件。二是认真组织开展纪检监察信访举报“零暂存”行动。召开专题会议向相关单位交办信访件59件，其中一般交办件47件，重点交办件12件，目前已经全部办结。三是不断完善信访工作机制。下发《浏阳市信访举报工作约谈问责制度》、《浏阳市信访举报初信初访首办责任制度》等制度，规范信访举报问题处置。

(5)关于部门和基层单位纪检监察力量薄弱乏力的问题。一是市纪委根据纪检系统机构改革的有关政策，明确纪检系统“三转”工作要求，进一步加强了专职化管理。二是出台了纪检监察干部培养选拔、考察管理制度文件；实行纪检监察干部管理、考核以市纪委为主，每年按15%比例向市委组织部推荐优秀纪检监察干部。三是进一步理顺纪检监察系统机构设置，明确纪检干部职数，充实调整部分基层单位的纪检领导干部；近期，市纪委提拔重用纪检干部3名，调整交流市直单位、乡镇街道纪(工)委书记、纪检组长17名，进一步配齐配强了基层纪检领导力量。

(6)关于对干部监督管理存在“宽、松、软”的问题。一是注重政治纪律教育。结合“三严三实”专题教育，各单位采取个人自学、集中培训、专家辅导等多种方式，切实抓好两项法规的贯彻落实。二是“季度讲评”以绩论人。出台了《浏阳市重点工作季度讲评实施办法》，深入推进项目建设、信访维稳、安全生产、环境整治、作风转变等重点工作大竞赛活动。三是落实干部监督制度。出台了《浏阳市党政领导请销假制度》、《浏阳市党政领导干部离任经济事项交接办法》等规章制度，针对易发问题，按照单位自查、暗访抽查、分析整改、总结报道的程序，先后开展了“庸懒散”问题、违规职务消费等作风建设专项整治活动，并在报社、电视台等媒体公开查访情况。结合“三严三实”专题教育活动，全市118个单位开展了“基层干部不作为乱作为等损害群众利益问题”自查自纠，查摆处理党员干部“不作为、乱作为、贪腐谋私、办事不公”4类80余个问题。严格执行任前公示制度，对6次调整中提拔重用的83名干部进行了任前公示。联合审计部门对12个单位的19名主职领导完成了离任和任中经济责任审计，规范了4批次主职领导离任交接。结合季度讲评和年度考核结果，对“不在状态”、“有错无为”的班子和干部进行调整，问责科级干部28名。积极发挥提醒、函询和诫勉的监督作用，开展科级领导干部提醒81人次，函询6人次，诫勉53人次。坚持“凡提必查”，对6批次提拔重用的干部进行了《个人有关事项报告》核实。

2.关于“少数领导政绩观存在偏差”的问题：

(1)关于对经济发展速度、总量看得过重，对质量、均量重视不够问题。一是做优做准绩效考评。修订绩效考核管理办法及实施细则，减少GDP考核权重，更加注重对发展质量、生态环保、民生改善等方面的考核。二是严格把关项目，从严控制项目投资规模。三是做实做深民生保障。统筹实施平安浏阳建设、农田水利整修、教育提质扩容、卫生均衡发展、食品安全整治、畅通浏阳建设、民风淳化和暖心救助等“八大民生工程”，集中解决群众反映突出的问题。2015 年我市完成财政公共预算支出 80 亿元，其中教育、社保、就业、医疗卫生等民生支出 60.8 亿元，占公共预算支出的 75%。

⑵ 关于城区学校布局不尽合理的问题。一是改造老城区小学、缓解大班额问题。计划为人民路小学、浏阳河小学、禧和小学、人民路二小等城区四所小学新建教学综合楼 11000㎡，预计总投资 2024 万元。四所学校共可增加学位 2000 余个，将有效缓解老城区小学大班额问题。二是优化浏阳老城区学校布局。预计 2016 年完成长兴湖小学建设，启动新屋岭中学建设。三是加强乡镇薄弱学校的建设，推进教育均衡化发展。2015 年已投资 3800 万元，改造薄弱学校 72 所，全面完成长沙市薄弱学校三年行动计划和省合格学校建设任务。

⑶ 关于市区交通拥堵比较严重的问题。一是完善城区交通规划。主城区规划以金沙路、花炮大道、道吾山路、浏阳大道、石霜路、黄泥湾路等城市主干道为基础，逐步形成“六横六纵”交通骨架；优化城区停车场规划布局。二是加快城区路网建设。浏阳河六桥一期工程已完工并通车；启动拉通西湖山路建设工程项目，现已完成淮川河桥梁基础施工；启动了天马路提质改造工程。三是加快城区停车场建设。完成浏阳河中路货运停车场、石咀组安置区公共简易停车场建设；启动了天马大桥南端桥下公共简易停车场建设。四是加强城区道路基础设施建设。启动了城区公交站亭改扩建项目；增加 4 个公共自行车停放点，增加投放公共自行车 86 辆；新购公共汽车 20 辆，提升了公共交通的运输能力。

⑷关于公立医院硬件建设滞后的问题。一是加强市级公立医院建设。启动了市精神病医院精神卫生防治大楼、市中医医院危急重症外科大楼建设。二是加强乡镇卫生院建设。对房屋面积不足、条件较差的乡镇卫生院进行改造、扩建；对不适合原地改造、扩建的卫生院实施搬迁新建；对职工住房缺少的乡镇卫生院进行公共租赁房新建。三是加强村卫生室建设。对全市没有设在村部的行政村卫生室进行标准化建设，三年内已经累计完成 212 家建设任务，未来 3 年内，将完成剩余 189 所村卫生室建设。四是加强公立医院医疗设备配备及维护。市人民医院、市中医医院将按三级医院标准配备或更新相应设备；全市所有乡镇卫生院、社区卫生服务中心的基本医疗设备及中医药设备按省级标准逐步配备到位。

3. 关于一些领导依法行政观念不强，对国有资产合同履行监管不到位的问题。针对相关合同进行了全面清理，对涉及合同履约不到位的，向有关企业送达了限期履约的文件，切实维护合法权益。对有关合同资金收回不到位的问题，重新进行协商，限期收回剩余款项。

4. 关于“七个有之”的现象在一定程度存在，个别领导无视党的政治纪律和政治规矩的问题。一是防治并举，注重长效。对不守政治纪律和政治规矩的行为严格实施“一案双查”，既追究直接责任人责任，同时追究相关领导责任；进一步规范“12380”信访举报平台，认真做好信访举报受理工作；严格执行“三重一大”、“一报告两评议”、“任前公示制度”、“经济责任审计制度”，并经常性进行监督检查。二是开展廉政警示教育活动，强化廉政教育。召开全市学习两项党内法规、推进“两个责任”落实工作会议；潜心打造了大型廉政题材现代花鼓戏《耀邦兄弟》，目前已公演了 5 场，全市副科级领导干部均观看了演出。三是结合“三严三实”专题教育，开展“七个有之”问题自查自纠。浏阳市四大家领导班子围绕“严以修身、严以律己、严以用权”主题开展了专题讨论，县处级以上单位党组织书记上专题党课。

（二） 党风廉政建设方面的问题

5. 关于“惠民补贴和专项资金管理存在漏洞”的问题：

⑴关于少数国家公职人员失职渎职，虚报、套取、挪用家电下乡、农机牲畜等惠民补贴资金的问题。一是开展了自查自纠核查。组织开展了家电下乡回头看、烟尘项目核实调查、专项资金使用情况抽查。二是完善了相关管理办法。出台《浏阳市 2015 年生猪调出大县奖励资金实施方案》等 6 个制度文件，进一步加强监管。三是严格了专项资金管理。将财政专项资金全部列入 2016 年年初预算，对政府性投资项目资金实行“双控”管理，强化了惠民资金一卡通发放，明确了专项资金公开公示时间，专项资金分配明细情况必须在政府门户网站或权威报纸、网站上进行公示。四是查处了财经违纪问题。查处了文家市镇财政所家电下乡经办人吴某利用职务便利，虚报冒领家电下乡补贴资金问题；组织各乡镇街道对家电下乡补贴情况进行现场审核，对违规资金当即予以停拨。将环保局在燃煤锅炉烟尘治理项目中违规套取的 553 万元资金全部划缴财政，相关违纪违法人员均受到纪律处分。市畜牧局将乡镇畜牧站挤占挪用生猪调出大县奖励资金 15.3 万元全部收缴上交财政。

⑵关于个别单位违反财经纪律，在向上争取财政资金时，擅自出台高额引资奖励的问题。一是强化监督检查。认真组织对全市各行政事业单位的财务专项检查，确保每季度不少于一次。二是坚决查处问题。下发了《关于停止实施相关奖励措施的通知》的文件，明确有关争资等特殊贡献奖励办法即行废止；针对在争资融资等方面存在违反财经纪律的问题，对相关单位的责任领导给予了严肃处理。

6. 关于政府负债较重、融资平台偏多的问题。一是对债务管理中存在的漏洞进行了整改。修改完善了《浏阳市人民政府关于加强地方性债务管理的通知》，明确了债务管理机构，提出了防范债务风险、控制举债行为、偿还债务本息、建立考核问责机制方面的具体措施，加强资金“双控”管理。二是对融资平台公司数量偏多问题进行了整改。组织制定了《浏阳市政府投融资平台公司整合方案》，科学合理地提出了整改工作方案和思路；制定出台了《城投公司（政府融资平台）转型专项方案》，浏阳市公路建设投资有限公司已退出融资平台公司名录；同时，向制造产业基地管委会下达了整合融资平台公司的整改通知，要求该管委会对下属 2 家融资平台公司定期整改。三是对融资成本过高问题进行了整改。

向各融资平台公司下达整改通知，组织对各融资平台公司支付的顾问费和咨询费等问题进行整改；通过政府债券置换存量债务15亿元，平均年融资成本由7.5%降至3.5%，每年节约利息资金6000万元；通过企业债、农发行政策性贷款等形式置换融资成本过高的银行贷款、信托等融资32亿元，平均年融资成本由9%降至6.5%，每年节约利息资金8000万元；责成有关单位清理了干部职工违规集资。

7.关于招投标管理不够规范的问题。一是制定出台规范性文件。出台了《关于进一步规范国有投资项目招标投标行为的实施意见》，对招投标活动进行进一步规范。二是整合公共资源交易平台。整合分散设立的工程建设项目招标投标、土地使用权和矿业权出让、国有产权交易、政府采购等公共资源交易平台。国土部门的土地使用权交易实现了信息同步、资源共享。三是完善招投标监管机制。建立标后监管联动机制，组织对10个投资额在1000万元以上的重点工程项目进行现场检查。四是建立招投标领域诚信体系。在全省率先建立首个招投标诚信体系，出台《浏阳市公共资源交易主体及评标专家不良行为记录与公示管理办法（试行）》，建立公共资源交易各方主体不良行为信息档案，对不良行为记录与公示实施统一监督管理；2015年对67家投标单位进行了不良行为认定，其中涉及围标串标12家，弄虚作假9家。五是明确招投标领域执法主体。明确招投标办为市国有投资项目招标投标领域的执法主体。六是规范乡镇集镇开发、工业小区工程招投标活动。七是加强案件查处。对两起基础建设项目围标串标案件进行严肃查处。

8.关于一些干部插手工程项目和医药购销等经济活动的问题。一是印发了《浏阳市领导干部违规插手干预工程项目和医药购销等经济活动专项治理工作方案》，开展了宣传发动、自查自纠、监督检查等专项治理行动，卫生系统主动向廉政账户上缴12万余元违纪资金。二是查办了一批违规插手干预工程项目和医药购销类案件。2015年，市纪委立案查处插手工程项目、国有资产处置、医药购销类案件11件11人；市检察院立案查处医疗卫生系统职务犯罪案件14件14人；市招标办查处围标串标案1起，查处弄虚作假案8起。三是要求国土、财政、卫计、招投标办等部门进一步完善了土地买卖、国资管理、项目招投标、医药购销等领域管理制度。

9.关于一些干部违反廉洁自律有关规定，亲属经商办企业的问题。组织开展国家工作人员违规经商办企业专项整治行动，根据浏阳实际，梳理出8类干部违规经商情形作为重点整治，将开“网店”、做“微商”也纳入到清查的范围。全市共清理出违规经商办企业27人，通过法人变更、注销营业执照、转让股份、辞职等方式，进行了整改和纠正，共撤出本人及亲属投资入股资金2300多万元，同时查处了多起典型案例。

(三) 选人用人方面的问题

10.关于执行干部政策不够严格，市委常委会研究干部任免没有严格实行票决制，存在突破身份提拔干部的问题。从2015年8月份开始，市委常委会议研究干部全部按照《中共浏阳市委常委会任免干部票决办法(试行)》文件精神实行票决制。明确了常委会会议记录工作制度，规范了会议记录。2015年8月份，市直涉改公务员单位和参公单位的7名职工身份人员全部进行了整改。对聘任到党内职务的工人身份人员，2015年12月干部调配时已进行整改。

11.关于超职数配备干部问题比较突出的问题。政府机构改革中，对全市涉改部门单位的机构和职数进行了明确，结合职数核定情况，市委组织部对干部职数情况再次进行核查，重新明确了超职数配备统计表，并上报长沙市委组织部；在政府机构改革干部调配中，对超配的干部进行了部分消化，并严格按照上级有关要求，制定了详细的消化计划；全市干部调整严格执行事前报告制度，将岗位空缺情况、职数核准情况全部呈报长沙市委组织部。全市超职数配备的干部在2014年9月统计的基础上已经消化了205名，其中消化领导职数61名，非领导职数154名。涉及提拔干部，均明确了消化超职数的任务，每次调整均按计划进行了消化，没有新增超职数配备干部。

12.关于存在“吃空饷”、“在编不在岗”的问题。我市认真组织开展了全市机关事业单位“吃空饷”“在编不在岗”问题专项整治工作。各乡镇(街道)、市直各单位都按照清理工作的总体要求，精心组织，认真自查，切实整改。同时，加大了对典型案例的查处，对大围山四名干部吃空饷问题进行了查处，收缴资金15万余元，市纪委对相关责任人员进行了严肃处理。

13.关于年轻干部培养力度不够的问题。针对浏阳当前的年轻干部队伍现状，进行全面系统地分析，制定了具体实施方案，进一步加强年轻干部引进培养力度。2015年共引进561名青年人才充实到干部队伍中，22名优秀的年轻干部提拔到领导岗位。

(四) 作风建设方面的问题

14.关于“‘四风’问题不同程度存在”的问题：

(1)关于会议多、文件多、简报多的现象依然存在的问题。一是减少文件数量。严格实行文件总量控制，在2014年大幅精简文件数量的基础上再精简8%，并确保今后每年发文数量只减不增；要求全市各乡镇（街道）上报党委发文目录并进行逐一审查。二是从严控制会议。严把会议审批关口，对全市性会议实行计划管理，坚决确保2015年全市性数量同比减少6%，并确保今后每年会议数量只减不增。三是清理简报内刊，未履行报批程序的一律停办。

(2) 关于少数干部借公务接待之名搞公款吃喝的问题。通过加强宣传教育、开展专项检查、开展暗访督查、畅通举报途径等措施对国家工作人员违规公款吃喝问题进行了专项整改。大力查处了接受吃请的典型案例并公开通报曝光。全市2015年公务接待费比2014年减少1428.81万元，下降42.8%，节俭务实的风气逐步形成。

(3) 关于一些单位清理出来的车辆还没有处理的问题。下发了《关于进一步抓好公务用车问题清理整改工作的通知》，组织全市市直单位、乡镇街道开展违规车辆清理自查。清查出尚未整改到位的违规公务车辆共涉及7个单位，违规车辆24台。24台车辆已全部依规依纪处理。

⑷ 关于清出的办公用房部分闲置的问题。机关事务局制定了《闲置办公用房调配处理整改方案》，建立整改工作台账，定期进行“回头看”。乡镇街道和市直单位闲置办公用房较少的单位，已作为周转办公用房安排。水建投整体搬迁至国土局办公，人社局腾空的办公用房已移交城建投进行处置。

15.关于少数干部精神懈怠，存在为官不为、怕为、乱为的问题

⑴关于一些单位行政审批多、杂、慢的问题。一是设计开发网上并联审批工作平台。制定了并联审批流程图，明确了并联审批项目。二是招聘专业工作人员开展帮（代）办工作。三是认真落实行政审批“两集中两到位”。目前全市有30多家部门100多项审批事项进驻政务中心或者分中心开设窗口办理业务，进驻率达75%以上；31个乡镇街道建立了标准化政务中心并正常开设窗口受理业务，为群众提供便民服务。四是切实推行“三证合一、一照一码”商事登记制度改革。企业登记由原来的19.5天缩短至2.5天办结。五是网上审批服务进一步方便办事群众。投资60多万元改造网上办事大厅，撤销非许可行政审批事项33项，取消和调整实施80多项中介服务事项。2015年取消、暂停、免征52项收费，为办事企业群众减负3000万元。

⑵关于一些干部纪律松弛，懒政、怠政的问题。将巡视组暗访的情况在全市进行了通报。建立了“一周一查访、一月一主题、一季一讲评”的作风建设常态化监督检查机制，2015年全市各单位主动查处各类作风问题856个，是2014年的15倍。通过网络投诉平台，共收到投诉举报953件，受理有效投诉503件，办结并回复478件；其中受理作风举报件40件，查实21件，对违纪违规问题均作出了处理。

16.关于少数干部顶风违纪，存在“不收手、不收敛”的问题

⑴ 关于部分窗口单位和行政执法部门的少数干部利用职权“索拿卡要”的问题。通过开展自查自纠、电话回访、强化监督检查、畅通举报渠道等措施，加强了对窗口和行政执法部门工作人员的监督管理。对市林业局行政大队副大队长、文家市镇林业站原站长等人收受服务对象礼品礼金的问题，予以立案调查。推进了行政审批规范化建设，部门行政职权由原来的10000余项精简至3000余项，行政审批事项由原来的500多项精简规范为134项，100项审批项目进驻政务中心（分中心）办理，并确保授权到位。严格落实电话回访制度，巡视整改以来，已电话回访190件，未发现“索拿卡要”和收受红包礼金的现象。

⑵关于一些干部利用婚丧嫁娶和子女升学之机，违规摆酒设宴的问题。一是把好事前事后报告关口。2015年全市共有66名领导干部向市纪委报送了《操办婚丧喜庆事宜事前(事后)报告表》。二是查处一批违规办酒问题。巡视整改活动开展以来，共查处4名党员干部违规办酒问题，党纪处分2人，组织处理2人。三是印发3期《纪检监察通讯》、在《浏阳日报》头版刊载1篇报道，对11起违规办酒问题进行全市通报。

⑶关于不少干部参与非法集资的问题。一是开展自查自纠，在全市范围内启动国家工作人员参与非法集资整改工作。二是广泛宣传教育，在各机关办公场所共张贴海报2400余张，发放宣传册6000余册；全市400多台出租车电子显示屏连续1个月全天候滚动播出警示标语。三是严肃查处案件，目前立案2起，逮捕3人。

㈤ 其他方面的问题

17.有关遗留问题解决力度不够的问题。认真面对、积极处置历史遗留问题，一是坚持依法依规的原则，就历史遗留问题，根据合同协议，厘清有关单位责任和义务，督促合同各方的责任履行到位。二是落实单位责任，要求市法制办对照法律法规，评估法律风险，相关乡镇、征拆办妥善处理征拆问题，维护当地稳定。三是争取上级支持，就有关问题积极向省、市相关部门汇报，加强工作调度，多方争取支持，例如长浏高速征拆款不到位的问题，我市已与省交通厅进行协调，争取有关政策支持。

18.关于“局部环保问题突出”的问题：

① 关于葛家乡养殖污染严重的问题。启动了马家河生态恢复工程全面完工，有效提高了水质；泉塘组大型环保设施工程已完成工程总量的80%。马家河流域范围内210户养殖户已有153户完成整改，完成整改率达73%，另外57户已经停排，且正在整改中。马家河水质有了彻底提高，基本达到了排放标准。

② 关于工业园区污染比较严重的问题。一是深入推进园区隐患排查。在环境污染大排查的基础上重点排查了涉水企业15家，对检查发现的违法排污行为的7家企业予以立案处罚。二是启动园区“雨污分流”大排查大整治。已排查了3300余米公共管线，并对60家企业管网进行了全面排查。三是推进企业“中水回用”。四是开展捞刀河（园区段）水质环境大检查。对该段水域开展了两次全面巡查，同时对八个断面水质进行了水质监测，对总有机碳、化学需氧量、氨氮、总磷等污染指标进行了采样分析，进一步强化了捞刀河园区段的水质日常监测。

㈥ 浏阳经开区存在的主要问题

19.关于“领导体制不顺，在重大政策和日常事务中，责、权、利不明晰，管理难以到位”的问题。园区管委会对重大事项决策实施党工委成员“一人一票”的票决制表决办法，制定下发了《关于贯彻执行“三重一大”事项集体决策制度的通知》，涉及重大决策、重要人事任免、重大项目安排、大额资金使用等4大项22小项一律由党工委会议进行集体决策。在长沙市发改委、经信委、编委办的指导下，起草了《关于创新浏阳经开区体制机制的若干意见》(初稿)，正按程序报批。

20.关于“党风廉政建设不到位，惩防体系不健全，管理制度不完善”的问题。园区管委会认真落实党风廉政建设“两个责任”，通过完善或出台《浏阳经济技术

开发区政府投资建设项目管理试行办法》、《浏阳经济技术开发区政府投资项目代建制管理暂行办法》等制度，项目审批程序进一步优化并得到有效制约，工程招投标强化了制度约束，加强了协调服务，有效地防范了廉政风险，确保了园区工程招投标工作的规范公开公平。土地出让金减免缓严格按照国发办文件《关于规范国有土地使用权出让收支管理的通知》执行，并控制好了园区商业地块的总量。

21. 关于“依法行政观念淡薄，‘三重一大’集体决策制度落实不到位”的问题。经开区成立了管委会国有资产监督管理办公室，专门负责管委会国有资产和国有企业监管。规范区属国家出资企业的重大事项管理，依法履行国有资产出资人职责，严格执行《浏阳经济技术开发区区属国有企业重大事项报告制度》等文件。根据《公司法》、《国有资产管理法》等相关法律法规，按程序转让或注销一批未能产生经济效益、没有开展实质业务的国有企业，提高了国有资产运营效益。

22. 关于“浏阳经开区干部队伍建设问题较多”的问题

① 关于“干部队伍年龄、知识结构不合理”的问题。根据园区现有的人员结构，按照实际工作需求，做好人才引进计划，积极引进懂经济会管理的专业技术人才，补充园区发展急需的专业技术人才。坚持逢进必考的原则，通过公开招考的方式，严格按照招聘程序，规范人才引进渠道。在调配领导干部和安置干部时，根据园区发展的需要，选配优秀人才和专业技术干部来充实和优化园区的干部队伍。

② 关于“一些干部经商办企业，一些领导插手工程项目和国家资产处置等经济活动牟取私利，一些领导违规在企业兼职取酬”的问题。一是开展自查自纠，对干部经商办企业进行了全面清理，原停薪留职参与经商办企业的3名职工均已办理退休手续。二是强化警示教育。通过党员大会、民主生活会、组织生活会等形式对发生在园区的违纪现象进行公开通报，加强对党员干部的警示教育。三是深化“四风”整治。坚决整治为官不为，强化“有错无为皆问责”的导向，切实提高机关效能，提升服务水平；把作风状况作为年度考核和干部考察的重要内容。

目前，全市的巡视整改工作已取得了阶段性成效，但还需要坚持不懈，常抓不懈。下一步，我们将对已基本完成的整改任务，适时组织“回头看”，不断巩固整改成果；对需要较长时间整改和长期坚持的事项，着力在推动建章立制、构建长效机制上下功夫，确保高标准、高质量完成全部整改工作。

欢迎广大干部群众对巡视整改落实情况进行监督。如有意见建议，请及时反映。联系方式：0731-83612717（工作日上午8:00—12:00，下午14:30—17:30），邮寄地址：浏阳市纪委，邮政编码：410300（信封请注明：对浏阳市委关于省委巡视第八组反馈意见整改情况的意见建议）。

中共浏阳市委

2016年1月8日

（资料来源：浏阳廉政网　发布时间：2016-1-9 17:06:43）

浏阳市人民代表大会常务委员会

浏阳市人民代表大会常务委员会

浏阳市第十六届人大常委会

党组书记、主任　鲁建文
副书记、副主任　孙建科
副主任　刘仙娥（女）张友根
　　　　刘一江　杨　智
委　员（按姓氏笔画排序）
邓　翔　邓立波　龙花明(女)
刘一江　刘仙娥(女)
刘良成（2015.11 免）
刘雨文　孙　龙(2015.09 免）
刘学文　孙立武　孙建科
杨　智　李　安
李学荣（2016.02.免）
李建军　连志明　肖凤伟
肖赛男(女)　张　竞(女)
张友根　张雪云(女)
陈小玲(女)　易怀泉
徐飞跃　唐林军　黄才胜
黄蔚德　焦爱国　鲁建文
鲁忠良　赖才腾　廖春华(女)
黎善其

市人大常委会工作部门

办公室
主　任　唐林军
副主任　刘赋辉(2015.09 免)
副主任　邓　君

内务司法工作委员会
主　任　肖凤伟
副主任　王承水

财政经济工作委员会
主　任　孙立武(2015.09 免)
　　　　傅丹阳（2015.09 任）
副主任　罗建中

选举任免联络工作委员会
主　任　邓立波
副主任　张　竞（女）

农业与农村工作委员会
主　任　连志明
副主任　朱保朝

教科文卫工作委员会
主　任　徐飞跃(2015.09 免）
　　　　罗呈瑞(2015.09 任）
副主任　蔡晨波

城乡建设资源与环境保护工作委员会
主　任　鲁忠良
副主任　邱元雄

【人大常委会议】 全年召开人大常委会 10 次。

1 月 14 日召开市十六届人大常委会第十六次会议，会议审议通过《关于调整浏阳市第十六届人民代表大会第四次会议召开日期的决定(草案)》。会议听取市人大常委会主任鲁建文关于提请接受陈新云同志辞去浏阳市第十六届人民代表大会代表职务请求的议案说明。会议以无记名投票表决方式通过有关人事任免事项。

3 月 10 日，浏阳市第十六届人民代表大会常务委员会举行第十七次会议。会议审议通过市人大常委会关于交办市十六届人大四次会议议案的意见。会议听取和审议市人民政府《关于 2015 年部门预算草案编制情况的报告》，听取市人大常委会财经工委《关于 2015 年部门预算草案的初审意见》，会议以无记名投票表决方式通过了《关于同意浏阳市 2015 年部门预算草案的决议》。会议听取和审议人民政府《浏阳市农村危房改造工作情况汇报》，听取市人大常委会城环工委《关于农村危房改造工作情况的调查报告》。

4 月 29 日，浏阳市第十六届人民代表大会常务委员会举行第十八次会议。会议组织全体机关干部和财经工委委员听取了新《预算法》专题讲座。会议听取和审议了市人民政府《关于浏阳市工业经济发展情况的报告》，听取市人大常委会财经工委《关于浏阳市工业经济发展情况的调查报告》。会议听取市人大常委会副主任孙建科代表市人大常委会主任鲁建文所作关于提请审议胡招荣任职的议案说明，以无记名投票表决方式通过有关人事任免事项。会议表决通过 2015 年度专项工作评议内容。

5 月 27 日，浏阳市第十六届人民代表大会常务委员会举行第十九次会议。会议听取市人民政府市长余勋伟所作关于提请审议吴敏、熊清溪职务任免的议案，以无记名投票表决方式通过有关人事任免事项。会议听取了市人大常委会主任鲁建文所作关于提请补选王坤球为长沙市第十四届人民代表大会代表的议案说明，以无记名投票表决方式通过有关人事任免事项。

6 月 30 日，浏阳市第十六届人民代表大会常务委员会举行第二十次会议。会议听取和审议市人民政府《关于市人大常委会审议意见办理情况的汇报》，听取市人大常委会办公室《2013年市政府花炮安全线人大审议意见办理情况的报告》。会议听取和审议市人民政府《浏阳市文化产业园发展情况工作汇报》，听取市人大常委会教工委《关于文化产业园建设发展情况的调查报告》。会议听取和审议市人民政府《浏阳市城乡居民依法自治工作情况汇报》，听取市人大常委会内司委《关于浏阳市城乡居民自治工作的调查报告》。会议听取市人大常委会主任鲁建文所作的关于提请接受陈勤俭辞去浏阳市第十六届人民代表大会代表职务请求的议案说明，以无记名投票表决方式通过有关人事任免事项。

8月27日，浏阳市第十六届人民代表大会常务委员会举行第二十一次会议。会议听取和审议市人民政府《关于浏阳市2014年财政决算（草案）的报告》，听取市人大常委会财经工委《关于浏阳市2014年财政决算（草案）的初审报告》。会议以无记名投票表决的方式通过《关于批准浏阳市2014年财政决算（草案）的决议》。会议听取和审议了市人民政府《关于2014年度市本级财政预算执行和其他财政收支的审计工作报告》，会议听取和审议市人民政府《关于2015年上半年财政预算执行情况的报告》，听取市人大常委会财经工委《关于2015年上半年预算执行情况的调查报告》。会议听取和审议市人民政府《浏阳市贯彻执行〈物业管理条例〉工作情况汇报》，听取和审议市人大常委会执法检查组《关于〈物业管理条例〉执法检查情况的报告》。会议听取市人大常委会主任鲁建文所作关于提请审议江秀富等任免职的议案说明，以无记名投票表决方式通过有关人事任免事项。

9月24日，浏阳市第十六届人民代表大会常务委员会举行第二十二次会议。会议听取市人大常委会主任鲁建文所作关于提请审议傅丹阳等任免职的议案说明和关于提请接受孙龙辞去浏阳市第十六届人民代表大会常务委员会委员职务的议案说明，会议以无记名投票表决方式通过有关人事任免事项。

2015年10月29日，浏阳市第十六届人民代表大会常务委员会举行第二十三次会议。会议听取和审议市人大常委会城环工委《代表“随手拍”活动反馈意见办理情况的报告》。会议听取和审议市人民政府《关于市人大“督难点 破难题”项目推进代表城乡行调研视察交办意见落实情况汇报》，听取市人大常委会农工委《关于“督难点 破难题”项目推进代表城乡行调研视察意见交办落实情况的调查报告》。会议听取和审议市人民政府《关于十六届人大四次会议代表建议办理的情况报告》，听取市人大常委会联工委《关于市十六届人大四次会议代表建议、批评和意见办理情况的调查报告》。会议听取市人大常委会主任鲁建文所作关于提请接受孙龙等辞去浏阳市第十六届人民代表大会代表职务请求的议案说明，以无记名投票表决方式通过有关人事任免事项。

11月12日，浏阳市第十六届人民代表大会常务委员会举行第二十四次会议。会议听取和审议市长余勋伟关于提请审议《浏阳市部分乡镇行政区划调整方案》的议案说明，听取和审议市人民政府《浏阳市部分乡镇行政区划调整方案》解释说明，会议以无记名投票表决的方式通过关于批准浏阳市人民政府《浏阳市部分乡镇行政区划调整方案》的决议。会议听取市人大常委会主任鲁建文所作关于提请接受刘良成辞去浏阳市第十六届人民代表大会代表职务请求的议案说明，以无记名投票表决方式通过有关人事任免事项。

12月10日，浏阳市第十六届人民代表大会常务委员会举行第二十五次会议。会议听取和审议关于浏阳市第十六届人民代表大会第五次会议筹备情况的报告，通过《浏阳市人民代表大会常务委员会关于召开浏阳市第十六届人民代表大会第五次会议的决定》。会议听取市人大常委会主任鲁建文所作关于提请审议邵新文等任职的议案说明和关于提请接受姜林峰辞去浏阳市第十六届人民代表大会代表职务请求的议案说明。会议以无记名投票表决方式通过有关人事任免事项。（陶能敏）

【人民代表大会】 全年召开人民代表大会1次。2月4日—6日，浏阳市第十六届人民代表大会第四次会议在浏阳城区召开。听取和审议市人民政府市长余勋伟《关于浏阳市人民政府工作报告》；书面审查市发展和改革局局长王坤球《关于浏阳市2014年国民经济和社会发展计划执行情况与2015年国民经济和社会发展计划（草案）的报告》；审查和批准《浏阳市2014年国民经济和社会发展计划执行情况的报告》与《2015年国民经济和社会发展计划》；书面审查市财政局局长陈清关于《浏阳市2014年财政预算执行情况和2015年财政预算（草案）的报告》；审查和批准《浏阳市2014年财政预算执行情况的报告和2015年财政预算》；听取和审议市人大常委会主任鲁建文关于《浏阳市人大常委会工作报告》；听取和审议市人民法院院长戴智明关于《浏阳市人民法院工作报告》；听取和审议市人民检察院检察长喻湘川关于《浏阳市人民检察院工作报告》。会议就这六个工作报告作出相应的决议。（陶能敏）

【人大评议、执法检查与调研考察】

3月4日长沙市人大常委会主任袁观清率主任会议成员来浏调研我市经济社会发展及人大工作情况。并实地调研长沙波特尼电气公司、浏阳河六桥等项目。

3月5日市十六届人大常委会举行第二十五次主任会议，会议审议通过市十六届人大常委会第十七次会议议程（草案），听取市人大常委会城环工委《关于农村危房改造工作情况的调查报告》，财经工委《关于交办市十六届人大四次会议议案的意见（草案）》，市人民政府《关于2015年部门预算草案编制情况的报告》。

3月13日，省人大常委会委员、省人大环资委副主任委员姜玉泉率省人大常委会调研组，对浏阳市的大气污染防治、水污染防治、饮用水源地保护等工作进行调研。

3 月 18 日，召开全市基层人大工作会议。

3 月 25 日，省人大常委会办公厅调研组来到浏阳市古港镇调研《中华人民共和国村民委员会组织法》《湖南省村民委员会选举办法》实施情况。

4 月 9 日，市人大常委会主任会议成员来到浏阳经开区，专题视察园区项目建设，先后前往蓝思科技、春光九汇现代中药、长郡浏阳经开区实验学校、捞刀河景观桥等项目建设现场进行视察。

4 月 17 日，市人大常委会组织召开“呵护植被、保护生态”专题询问会议，对市环保局、林业局、国土局、交通局、住建局、森林公安局 6 个单位负责人展开询问。

4 月 22 日，市十六届人大常委会举行第二十六次主任会议，听取关于优化城区教育规划布局审议意见办理情况的汇报。

5 月 19 日，市人大常委会召开《物业管理条例》执法检查动员会，安排部署 5 月至 8 月对《物业管理条例》实施情况进行执法检查。

5 月 21 日，市人大常委会召开第二十七次主任会议，听取市审计局《关于 2013 年度市本级预算执行情况和其他财政收支问题整改情况的报告》、市人大常委会财经工委《关于 2013 年度市本级预算执行和其他财政收支问题整改情况的调查报告》。

7 月 3 日，市人大常委会集中评议市发改局等六个单位的专项工作

（图片来源：市人大办）

6 月 19 日，市人大常委会召开“督难点 破难题”项目推进代表城乡行调研视察意见交办会，将调研视察项目时发现的问题和提出的建议向相关部门进行交办。

7 月 3 日，市人大常委会召开人大代表集中评议大会，评议市发改局、林业局、卫生局、文体广电局、畜牧兽医水产局、供电公司六个单位的专项工作。

7 月 16 日，五位在湘全国人大代表和两位省人大代表到浏阳对烟花爆竹产业进行专题调研，并将形成调研报告，助推产业转型升级。

7 月 28 日，长沙市人大常委会主任袁观清率长沙市水务、交通、住建等部门，就达峰村整建扶贫工作进行现场办公。

8 月 3 日，市政府分赴东、南、西、北和城区 5 个片区，向全市人大代表通报 2015 年上半年政府工作。

8 月 13 日，市人大常委会党组成员到杨花乡进行视察，并召开座谈会，讨论杨花乡有关工作开展情况。

9 月 9 日，由市人大常委会组成人员、各乡镇人大负责人组成的观摩团，深入永安、沙市、大瑶、官渡等镇，实地观摩人大代表创业和帮带创业的项目。

10 月 10 日，市十六届人大常委会召开第三十一次主任会议，听取市人大常委会内务司法工作委员会与人社部门关于劳动争议调解仲裁工作的报告。

10 月 16 日，市人大常委会组织全市部分人大代表开展“呵护植被、保护生态”专项视察与测评工作，就各相关部门的整改情况，先视察，再投票。

11 月 13 日，市人大常委会组织人大代表对市发改局、林业局、卫生局、文体广电局、畜牧兽医水产局、供电公司六单位的专项整改工作情况进行测评，并对满意单位进行授牌。市发改局、林业局、文体广电局、卫计局、畜牧兽医水产局被评为“满意单位”，市供电公司被评为“基本满意单位”。 （陶能敏）

7 月 15 日，全国人大代表、省人大代表到浏阳调研花炮安全工作 （图片来源：市人大办）

【“呵护植被 保护生态”专题询问活动】 2015 年 4 月份市人大常委会召开了“呵护植被 保护生态”专

题询问会议，参与专题询问的政府各部门，都是植被保护和环保的重要组成部门，参与此次专题询问会议的除市人大代表之外，还有普通市民代表。此次专题询问所选问题都是人大常委会组成人员、市人大代表经过多方调查询问，通过各种渠道收集整理的代表了民情民意的15个典型问题。专题询问提出的问题政府及相关部门都高度重视，认真办理，着力整改。10月份召开了专题询问整改工作测评会。10月16日，市人大常委会组织专项视察与测评工作，就各相关部门的整改情况，先视察、再投票，对整改工作的整体满意率为93.9%。 (陶能敏)

7月28日，长沙人大常委会主任袁观清调研达峰村扶贫工作 (图片来源：市人大办)

9月9日，市人大代表创业帮带观摩活动 (图片来源：市人大办)

【"督难点 破难题"项目推进代表城乡行活动】 浏阳市人大常委会2015年"督难点 破难题"活动于5月中旬正式启动，活动目的是详细掌握全市项目建设情况，收集建设过程中存在的困难和问题，及时梳理并交办有关部门落实解决，为全市项目建设和经济发展创造良好的条件。项目推进代表城乡行活动在市人大常委会主任会议领导下进行，每个工作小组按照分工，对全市37个乡镇（街道）及制造产业基地、经开区、两型产业园、文化产业园四个园区进行调研视察和意见建议搜集工作。6月19日，人大常委会召开专题会议，对部分重点项目存在的34个重点难点问题向22个责任单位进行交办。截至10月份，各单位认真扎实办理交办任务，已有18个问题全部办结。除个别项目还需专题研究外，基本都在年内办结，切实解决重点项目建设中的一些难点问题，有效地推进项目建设进度。 (陶能敏)

【人大代表监督"随手拍"活动】 市人大常委会人大代表监督"随手拍"活动于2014年启动，2015年将监督的范围扩展到生态保护、水利建设、安全生产、民生保障等多方面。2015年共收集到代表反映城乡环境脏乱、公共设施破损、生态环境破坏等方面的图片意见600多幅，图片意见通过跟踪督办，已基本整改到位。市人大通过这种创新的履职方式，充分调动了代表履职的积极性，受到了上级人大的充分肯定。省《人民之友》、长沙市《长沙人大》相继进行专题报道。 (陶能敏)

浏阳市人民政府

浏阳市人民政府

浏阳市人民政府

市　　长　余勋伟

常务副市长　张作林

副 市 长　熊清溪（2015.05 免）

吴　敏（2015.05 任）

邓雪琴（女）

莫小佳

邓阳锋

赵丁山（2015.12 免）

戴武明

郑　杰（挂职）

沈学军（2015.12 任）

市人民政府办公室

党组书记、主　任　　王星辉

党组成员、副主任

孙建中（2015.8 免）

陈大友　周孟德（兼）

郭曦（兼）　韩　昶

李在跃　冯早成　黎　安

李志勇（2015.8 免）

党组成员

黎和平（女，2015.8 免）

蒋东霞（2015.8 免）

常务秘书、副主任　李　峰（兼，2015.8 免去常务秘书）

党组成员、副主任　　黎　靖

党组成员、纪检组长　黎茂章

【政府常务会议】　全年召开市政府常务会议 13 次，主要研究事项如下：

1 月 14 日　审议《浏阳市 2015 年重点建设项目计划（草案）》和《浏阳市 2015 年政府投资项目计划（草案）》；审议《浏阳市 2015 年部门预算（草案）》；研究购置中福在线福利彩票销售用房事宜。

4 月 3 日　审议《关于 2014 年度财政性资金奖励政策兑现的通知》；研究《浏阳市执行〈长沙市征地补偿安置条例实施办法〉（长沙市人民政府令第 60 号）期间征地遗留问题处置指导意见》；研究花炮大道电力局段（花炮广场—浏跃路口）提质改造项目工程变更事宜；研究市公路建设投资有限公司财产和债务整体移交问题；听取大围山国家生态旅游示范区旅游交通运输车队组建工作的情况汇报。

4 月 24 日　研究成立浏阳市国家级出口烟花爆竹质量安全示范区建设领导小组事宜；研究成立浏阳市创建全国休闲农业与乡村旅游示范县（市）工作领导小组事宜；研究 2015 年殡葬改革相关工作；审议《浏阳市商业网点布局规划（2015—2030）（送审稿）》。

5 月 22 日　研究浏阳市第二次全国地名普查工作有关事宜；审议《浏阳市 2015 年度土地储备计划》；研究经开区规划建设用地指标、征拆和社保等有关事宜；审议《浏阳市国有林场改革实施方案（送审稿）》；研究第十二届中国（浏阳）国际花炮文化节有关事宜。

6 月 18 日　研究浏阳市监管中心工程变更及结算事宜；审议《浏阳市住房建设规划（2014—2020）（送审稿）》；审议《浏阳市大瑶镇行政管理体制改革试点工作实施方案（讨论稿）》。

7 月 27 日　研究浏阳市现有煤

4 月 24 日，浏阳召开 2014 年度助推经济社会发展贡献奖励大会，集中兑现 2014 年度为全市经济社会较快发展做出贡献的单位和企业，奖励金额高达 1864 万元

（资料来源：政府办）

矿关闭退出有关事宜；研究湖南南方水泥集团请求在浏阳境内规划建设2×5000吨／日新型干法熟料生产线项目有关事宜；研究浏阳银天东湖广场项目规划调整有关事宜。

8月18日　审议《浏阳市推进省直管县经济体制改革试点实施方案》等有关事项；审议《2015年度浏阳市落后小煤矿关闭退出工作方案》（草案）；审议《浏阳市关于完善财政体制推行“扩权强镇”改革的通知》；研究工人文化宫筹建有关事宜。

10月14日　审议《〈大围山国家生态旅游示范区保护条例〉立法工作方案（草案）》；研究浏阳市征收集体土地货币安置区保障性房源分配和指标回购有关事宜；研究浏阳市全民社会保险参保登记和推进社会保障“一卡通”建设有关事宜；审议《关于进一步规范国有投资项目招投标行为的实施意见》；听取关于迎接长沙市国家公共文化服务标准化试点工作验收的情况汇报。

11月9日　研究乡镇区划调整改革工作。

11月13日　审议《兴工强市三年行动计划（2016—2018）（送审稿）》；研究增设超限检测站等有关事宜；审议《烟花爆竹安全生产、质量管理“黑名单”制度（送审稿）》；研究荷石公路路面改造工程第二标段工程变更事宜；审议《欧阳予倩文艺创作奖扶专项资金使用管理（试行）办法（送审稿）》。

11月24日　研究张小公路工程变更有关事宜；审议《关于加速推进花炮产业发展的意见（送审稿）》；审议《浏阳市烟花爆竹企业分类管理实施办法（送审稿）》；审议《浏阳市2015年度省级第二批地质灾害综合防治体系建设项目资金使用方案（送审稿）》；研究有关人员开除处分事宜。

12月15日　研究机关事业单位养老保险制度改革有关事宜；研究2015年退役士兵安置有关事宜。

12月31日　审议《2016年政府工作报告（送审稿）》；审议《浏阳市国民经济和社会发展第十三个五年规划纲要（草案）》；审议《关于浏阳市2015年国民经济和社会发展计划执行情况与2016年国民经济和社会发展计划（草案）的报告》；审议《关于2015年财政预算执行情况和2016年预算（草案）的报告》及《2016年部门预算（草案）》。　（朱石良）

2015年5月25日，浏阳财税工作会议召开　（资料来源：政府办　李东平供图）

【法制办工作】　2015年共审查各类文件420余件，办理行政复议案件52起，代理行政、民事诉讼案件15起，审核国家赔偿案件6起，完成领导交办事项90余起，协调执法矛盾10余起，指导部门应诉19起；直接参加招商引资洽谈6起，审查各类合同316份，其中作较大修改70余份。　（罗　琪）

【督查工作】　2015年组织开展各类督查活动40余次，编发《政府督查》14期、督查专报10期，承办领导批示件120余件，受理并办结本级“市长信箱”有效信件610件、长沙市“市长信箱”信件98件、人民网领导留言1件。为确保政令畅通、推动工作落实发挥较重要作用。紧扣既定目标开展全面督查。年初，根据《政府工作报告》和长沙市对浏绩效考核的各项工作目标和任务，结合浏阳实际，对市委市政府部署的重点工作进行任务分解及量化，明确目标任务、工作内容、完成时限、执行单位和责任人，编制下达全市年度工作目标任务及责任分解表。3月上旬，市政府办就年初以来全市各项工作开展情况，特别是就2015年工作计划和各单位落实长沙市、浏阳市《政府工作报告》相关目标任务的工作措施，重点项目和所辖企业开工情况，以及财源建设等相关工作，对全乡镇、街道、园区和相关市直单位进行了全面督查，确保政府工作任务落到实处。6月份，市政府督查室联合市委督查室就全市各乡镇、街道、园区和市直单位贯彻落实2015年市委经济工作会议精神和《政府工作报告》要求及半年工作开展情况进行综合督查，有力地推进各项指标顺利“过半”。年终，政府督查室根据年初向各单位分解的各项工作目标任务，及长沙对浏绩效考核重点难点指标落实情况开展全面督查。全年做到年初任务分解、年中督办、年终验收三结合，有效地促进各项目标任务的顺利实现。紧扣中心工作开展精准督查。在全面了解各乡镇各部门贯彻执行市委、市政府重大决策部署情况的基础上，督查室准确把握全年抓落实的重点领域和关键环节，将督查内容具体化、项目化。2015年，政府督查室按照市委市政府统一部署，着力督查在建交通项目工程质量和安全生产、农村安全饮水工程、粮食生产遏制耕地抛荒、防汛工作、禁止秸秆与垃圾焚烧、国省干线公路两厢建设管理、卫片执法工作、乡镇规划区内施工工地现场搅拌混凝土、西北环线建设、荷中文公路建设、金阳大道建设、超

9月15日，市委副书记、市长余勋伟前往荷文公路、大文公路和文苍公路，实地督查项目推进情况，要求各责任单位全力推动荷文公路建设、大文公路、文苍公路提质改造，如期高质做好各项工作。市领导莫小佳、邓阳锋、戴武明参加活动

（资料来源：政府办）

限超载治理、环境保护、烟花爆竹安全监管、财源建设与财税入库、第十二届中国（浏阳）国际花炮节安保工作、胡耀邦诞辰100周年纪念活动系列项目建设及筹资、被征地农民社保资金清缴、公安危爆安监公路交通运输执法站点整合、南区消防站项目建设工程欠款催缴、重点项目观摩、各行业安全生产等工作。通过精准督查，以点带面，以督查促发展，重点工作顺利推进。另外，配合市委督查室、市纪委、市作风办对省委第八巡视组反馈意见整改、作风建设、优化环境等工作开展明查暗访，进一步优化政务环境。紧扣民生工作开展督查督办。政务督查有助于推动政府系统转变工作作风，密切联系群众，服务基层百姓。2015年，督查室围绕市长批示件和市长信箱办理、食品安全、为民办实事、城乡居民基本养老保险和医疗保险、水利冬修、村（居）务公开和民主管理、群工站工作等百姓关切的工作开展督查。同时，督查室加大民生批示件的督办落实力度，全年共承办涉及征地补偿、环境保护、交通秩序、城市建设、市容管理、社会治安等方面的领导批示件120余件，办结率98%，共受理本级“市长信箱”有效信件610件，长沙市“市长信箱”信件98件，人民网领导留言1件，办结率100%。通过民生工作的督查督办，政府的民生工作进一步向广度延伸，朝深度拓展，充分体现市委、市政府“重民意、惠民生”的执政方针。“以人为本、关注民生”的执政理念进一步得到基层百姓的认可。紧扣对浏督查抓好衔接落实。2015年，长沙市政府相继对浏开展创建“无传销县（市）区”“无传销县（市）”优胜单位考评、落实养老服务业相关文件、全市环境保护工作开展情况、统计工作落实、2015年上半年两型住宅产业化、全市粮食生产和春季动物防疫工作情况、全市打击和处置非法集资、非煤矿山依法整顿、全市安全生产、乡镇区划调整改革、长沙对浏每季度落实《政府工作报告》及重点项目建设、为民办实事情况等相关督查。特别是在应对湖南省优化办关于妥善处理湖南金马马术活动有限公司投诉有关问题的督查过程中，督查室主动对接，精心组织，积极衔接单位承办，认真对照长沙市交办的目标任务及督查要求，全面客观地汇报督查内容，实事求是地反映困难和问题。紧扣督查分析发挥参谋作用。以督查督促进度、通过检查发现问题。2015年，督查室始终坚持督促检查与调查研究相结合，对工作落实中的难点问题和督查发现的普遍性、苗头性问题，运用“开放式督查”，借鉴总结成功经验，充分吸纳基层和群众的意见，研究提出诸多针对性、操作性强的对策建议。如：在超限超载治理方面，通过掌握第一手材料和数据，准确把握基本情况和发展趋势，通过听汇报、看现场，深入了解基层乡镇在贯彻落实相关会议精神、执行上级政策、推动中心工作开展过程中存在的困难和问题，及时为市委市政府调度工作提供重要的参考依据。

（王琼玳）

【政府研究室工作】 起草2015年《政府工作报告》，撰写市政府工作部署会、半年经济社会发展情况通报、重点工作季度讲评、“三严三实”专题教育、情况汇报等综合性主题报告78篇，起草或修改部门工作会议材料、主持词、致辞176篇。参加各类调研活动18次，整理领导讲话录音6万余字、《政府常务会议纪要》12期，报送领导活动等新闻信息40余。撰写《行政审批制度改革的调查与思考》《浏阳现代产业发展研究》《浏阳花炮产业转型升级之思与行》等专题调研报告，编发《政府工作》《调研参考》各四期。在《中国市长》《县域经济与参考》、《决策参考》《长沙通讯》《决策咨询》等国家、省市重点刊物发表理论文章8篇。上报政务信息420余条，其中省政府办公厅采用13条，长沙市新闻信息处采用83条，信息报送工作稳居长沙九区县（市）前列。

（李东平）

【电子政务信息工作】 政府网站普查工作。2015年，国务院办公厅组织开展第一次全国政府网站普查工作。浏阳市按照国家、省、长沙市的文件精神，及早进行安排部署，共有23个政府门户网站和部门街道网站参加普查，全部合格达标。一是多督促。对政府网站按照“三天一检查、一月一点评、一季一通报”和“随发现随整改”的要求，通过打电话、发 qq 群信息、下发通报文件和督办函等方式持续督促，切实提高信息保障的准确性、及时性。共组织召开各类调度会、座谈会等 9 次，起草通报 4 期、相关文件 5 份，会同督查室制发督查通报、交办函 3 期。二是早整改。安排专门人员定期对网站栏目进行仔细、全面梳理，对重要工作和疑难事宜列出清单，明确整改时限和要求，杜绝“开天窗”和“僵尸”栏目的出现。三是抓保障。根据上级文件要求，紧抓政府门户网站信息内容保障，2015 年共发布本市级信息 22000 余条。同时，认真、及时做好央网、省网重要信息转载工作，共转发央网重点信息 2470 条、省政府重要信息 50 条。按时、优质做好长沙市政府门户网站中浏阳各栏目的信息保障工作。网站平台建设管理工作。2015 年，浏阳市在政府网站资源整合和日常管理方面都有较大的突破。一是市财政投入 65 万元进行政府门户网站的改版升级，对资源进行整合，对栏目进行优化，重点办事服务被国家电子政务理事会评为精品栏目，重点办事栏目和重点领域信息公开栏目被省电子政务中心重点推介。二是督促指导各单位撰写阅评报告 210 份，上报长沙市阅评报告 13 份，对发现的问题及时整改。在省政府发展研究中心（省电子政务中心）和长沙市电政办组织的政府网站年度绩效评估中，浏阳市政府门户网站再次被评为全省优秀政府网站，在长沙市区县（市）中位居第一名。安全运维管理工作。一是抓好预警。2015 年继续委托华中测评公司对浏阳市政务外网和网站进行 7×24 小时不间断、全方位监测，并充分依托省、长沙市的网站监测平台，加强预警纠错工作力度。二是人防、技防、物防相结合。安排专业人员负责对网络和网站安全进行管理，每天对网站服务器进行检查，及时对网站和应用系统数据进行备份，并且新购置 1 台高性能网站服务器，新增防篡改设备和防火墙各 1 台，组织对中心机房的线路、服务器进行经常性的检查和更换，确保全市网络、网站安全稳定运行。三是加强上网行为管理。新增上网行为管理服务器 1 台，认真按照纪检部门的要求屏蔽不良网站以及游戏、炒股、购物等网站栏目，积极协助抓好工作纪律和作风建设。四是抓好信息内容安全管理。结合扫描管理软件，安排人员及时对发现的错别字、错链等进行整改，严格信息质量审核把关，从源头抓好规范提升。2015 年，全市没有发生政务网络、政府网站和信息安全事故。项目建设管理工作。一是完善党政协同办公系统。所有文件制发都已正常的在党政协同办公系统运行。二是在省内率先完成外网光纤延伸到村（社区）。政务外网共覆盖所有乡镇街道和市直单位以及 401 个村（社区），为各项应用提供良好的网络环境。三是完成视频会议系统的安装与调试工作。同时，认真做好国家、省、长沙市召开的各类视频会议本级网络和信号保障工作。四是组织市审改办等单位开发了行政权力清单、部门责任清单和行政审批流程清单等专题专栏。网络问政管理工作。一是协助开通网上信访、综治平台。畅通网上信访渠道，公开各职能部门对信访事项的处理流程和处理结果，提升政府公信力。二是做好市长信箱、咨询投诉、网上调查等管理工作，保障渠道畅通，丰富自动统计、反馈、交办等服务功能，共处理省、长沙市转来的信件 98 件、市本级信件 600 余件、咨询投诉 141 件，开展网上调查 10 次。三是组织大围山森林公园、交通局在长沙市政府门户网站开展在线访谈共 2 次，都得到网民良好的响应。（胡立军）

10 月 17 日，是第二个“全国扶贫日”。市委副书记、市长余勋伟率政府办、农业局、地税局等相关部门负责人到淳口镇炉烟村开展“一进二访”活动，践行“三严三实”，进村入户，访困问需、访贫问计。图为走访炉烟村老村干部的王长根（资料来源：政府办）

浏政发〔2015〕文件目录

序号	文　号	文　件　名　称
1	浏政发〔2015〕1 号	关于对长沙市、浏阳市 2015 年《政府工作报告》目标任务实施责任管理的通知
2	浏政发〔2015〕2 号	关于思邈路建设及教师进修学校片区周边旧城改造项目二期房屋征收决定
3	浏政发〔2015〕3 号	关于加快现代农庄发展的意见
4	浏政发〔2015〕4 号	关于印发《浏阳市防雷减灾管理办法》的通知
5	浏政发〔2015〕5 号	关于印发《浏阳市旅游宣传促销奖励办法》的通知
6	浏政发〔2015〕6 号	关于加强市域高速公路、国省干线公路两厢及重要河流两岸建设管理的通知
7	浏政发〔2015〕7 号	关于印发《浏阳市政府信息公开实施办法》的通知
8	浏政发〔2015〕8 号	关于授予 2014 年度全市见义勇为奖的决定
9	浏政发〔2015〕9 号	关于印发《浏阳市被征地农民纳入社会保障范围实施办法》的通知
10	浏政发〔2015〕10 号	关于进一步加强知识产权保护工作的意见
11	浏政发〔2015〕11 号	关于推进政府购买服务的实施意见
12	浏政发〔2015〕12 号	关于关闭浏阳市澄潭江镇山下吴家冲煤矿等 6 家煤矿的决定
13	浏政发〔2015〕13 号	关于印发《浏阳市征收集体土地货币安置区保障性房源分配和指标回购暂行办法》的通知
14	浏政发〔2015〕14 号	关于调整部分乡镇行政区划的通知
15	浏政发〔2015〕15 号	关于公布第五批行政执法指导案例的决定

招标投标监督管理

浏阳市招标投标监督管理办公室

党组书记、主　任　邓尧林

党组成员、副主任　袁　锋

副 主 任　罗　娟(女,2015.04 任)

【概况】浏阳市招标投标监督管理办公室由市监察局于 2010 年牵头组建试运行，2013 年正式批复成立，2015 年 8 月 31 日全市机构改革动员大会上，正式明确为市人民政府正科级直属事业单位。主要职责：(一) 贯彻执行国家、省市有关招标投标和政府采购等法律法规及政策，拟订全市招标投标管理的规范性文件。(二)依法监督管理全市国有投资项目招标投标工作，对招标投标活动进行全过程监管，核准项目招标投标申请，并对招标公告、招标文件、中标合同进行备案。(三)受理国有投资项目招标投标活动中的投诉、举报，组织开展招标投标执法检查，查处招标投标活动中规避招标、虚假招标、围标、串标等违法违规行为。(四)牵头组织相关行政管理部门对评标专家、招标代理机构进行审查和监督管理。(五)对市公共资源交易中心进行管理。(六)会同相关行政主管部门开展招标投标业务的统计、分析和培训工作，对招标投标工作中的重大问题进行调研，定期向市招标投标领导小组报告工作情况。(七)会同相关行政主管部门推进招标投标诚信体系建设，制定招标投标信用体系建设办法，建立信用评级、信用记录、失信惩戒等诚信体系管理办法，规范招标投标各方交易行为。(八)承办市委、市政府交办的其他事项。浏阳市招标投标监督管理办公室核定编制 21 人，现有在编人数 17 人。内设综合科、业务一科、业务二科、法规科 4 个科室，下辖二级机构（公共资源交易中心） 1 个。2015 年完成各类交易项目 389 个，成交金额达 26.63 亿元，节约财政资金 2.18 亿元，其中工程建设项目 260 个，成交金额 23.83 亿元，节约财政资金 1.9 亿元；政府采购项目 129 个，成交金额 2.8 亿元，节约财政资金 0.28 亿元。　　　　（杨　彤）

【招投标改革工作】　整合交易平台：继政府采购进入公共资源交易平台后，2015 年，市招标投标监督管理办公室将浏阳经开区的公开招标项目和国土部门的土地使用权交易整合进入市公共资源交易中心，由市公共资源交易中心为其提供场所、发布信息。统一公共资源交易平台的改革工作顺利推进。实行刚性评标：结合浏阳实际，合理使用不同评标办法。对 200 万元至 2000 万元的项目实行经评审最低价法；2000 万元至 5000 万元的项目，采用合理低价法或综合评估法 Ⅰ；5000 万元以上的项目原则上采用综合评估法 Ⅰ，确保投标结果的公平公正。加强备案管理：实行公开招标的国有投资项目，甲乙双方签订的施工合同必须在市招标投标监督管理办公室备案，全年备案施工合同 370 份。审计、财政部门凭市招标投标监督管理办公室备案合同进行审计结算和工程款支付，确保财政资金安全高效运行。开展网上招标：利用新闻媒体、网站、微博、微信等平台发布招标信息，取消现场报名、资格预审、组织答疑等程序，实行网上招标、网上答疑、资格后审，推行“背靠背”投标模式。优化办事流程：根据上级指导性招标文件范本，制定符合浏阳实际的招标文件范本，提升招标文件质量。制作一次性告知单，实行首问责任制和一次性告知，提升服务水平。将招投标相关的法律法规汇编成册，免费发放至各有关投标、中标和建设单位，提高政策普及率和知晓率，提升服务效率。开通视频直播：对公开招标项目的开标过程进行网络同步视频直播，对评标情况进行阶段性通报，实现信息公开、阳光运行、透明交易，湖南卫视、湖南经视和《湖南日报》《长沙晚报》等省市媒体对此进行宣传报道。完善管理设施：投入50余万元对监控系统、评标室及相关配套设施进行升级改造。投入30万元开发投标人基本信息库，推动电子招标投标工作，为评标过程提供各类信息查询需要，提高开标、评标活动的工作效率。（杨 彤）

【招投标监管工作】 一是建立标后监管联动机制。牵头建立标后监管联动机制，组织发改、财政、住建、交通、水务、国土、审计等部门，对投资额在1000万元以上的年度重点项目进行联合检查，全年检查金阳大道1~6标段、浏阳河第六大桥、S326灾毁重建、制造产业园南园保障性住房建安工程、胡耀邦故里旅游景区主入口停车场及周边环境升级工程等40余个项目并实行重点项目回访制度、大型项目法人约谈制，对招投标各主体方进行定期回访或大型项目法人当面约谈，督促中标单位履约。二是实行人脸识别信息考勤。为杜绝关键岗位人员施工现场缺位现象，对中标单位关键岗位人员实行人脸识别信息录入制度，要求1000万元以上的工程项目关键岗位人员每15天复录一次，对不按规定进行人脸录入或复录的中标单位，取消中标资格或记录不良行为。2015年录入70多个项目、800多个关键岗位人员，其中200多人每月定期进行复录。三是严厉打击违法违规行为。全年查处围标串标等违法违规案件1起，涉及投标单位12家，弄虚作假参与投标案件9起，涉及投标单位11家，受理投诉举报10起。四是推进诚信体系建设。建立招投标领域诚信体系，出台相关文件，建立公共资源交易各方主体不良行为信息档案，对不良行为记录与公示实施统一监督管理，将交易主体、评标专家、代理公司的信用评定结果作为市场准入、资格审查、考核的重要依据。2015年对67家投标单位进行不良行为认定，其中涉及围标串标12家，弄虚作假9家，关键岗位人员有在建24家，关键岗位人员未在岗13家，实体安全3家，履约不到位1家，其他不良行为6家。五是切实加强从业管理考核。出台代理机构管理和考核办法，对代理机构工作行为实行“一标一考核”，每季度末进行集中考核排名，奖优罚劣。定期召开代理机构业务交流会，促进代理机构提高业务能力和服务水平。加强对评标专家履职管理，将评标专家行为规范纳入不良行为记录范畴，对于在评标过程中违反相关规定的评委进行处理，情节严重的取消资格并在网上曝光。扩充评标专家库，全年面向浏阳市行政区域范围内公开征集评标专家21名，与省评标专家库对接共享专家60余名，截至年末，专家库人数扩充到270多人。开展评委培训，对全市国有投资项目评审专家进行业务培训，规范评委执业行为，提高评标质量。（杨 彤）

【出台规范性文件】 10月14日，召开第十六届政府第29次常务会议，经会议研究，报市政府审批通过，11月30日出台《关于进一步规范国有投资项目招标投标行为的实施意见》文件，文件从明确招标规模及评标方法、明确执法主体、整合交易平台、强化标后监管、加强评委管理、集中管理保证金、推进全市诚信体系建设、实行围标串标联动查处制八个方面，对招投标行为进行规范，进一步确保招标投标活动公平、公正、科学、择优。（杨 彤）

12月10日，市招投标办举办国有投资项目评审专家培训会，200余人参加培训。培训课邀请省住建厅备案科科长黄旭红等专家授课。授课内容主要有相关政策文件解读、施工类和监理类评标办法操作及实例分析、建设工程招标文件新范本详解、互动交流等内容（浏阳新闻网）

机关事务管理

机关事务管理局

局　长　张春明

副局长　彭金玲（2015.08 免）

　　　　李　异

【概况】 浏阳市机关事务管理局是市委办公室主管的负责市直机关后勤服务工作的全额拔款事业单位，主要负责机关管理、后勤产业开发、安全保卫、后勤网站建设、物业管理、基本建设、环境卫生、市级领导后勤服务、重大会议活动后勤服务、机关精神文明建设等工作。2015年，市机关事务管理局内设办公室、安全保卫科、物业管理科、后勤事务科、纪检政工科、公共机构节能办公室6个职能科室，在编在岗干部职工19人，临聘人员4人。10月份，行政中心通过省机关事务管理局验收初评和国管局能源司评价验收。成功创建“国家级节约型公共机构示范单位”11月行政中心创建“湖南省公共机构节水型单位”顺利通过评估验收　　（潘　婷）

【机关服务】 提升理念，力求服务精细化。机关事务管理局坚持把优质服务作为机关事务工作的“生命线”，把“精细服务零差错”作为机关事务工作首要理念和行动指南。2015年局召开两次服务工作提质提标会议，强调服务从细节入手，参照“五星级”标准，着力推进行政中心环境优化。在物业改造方面，为完善行政中心设施功能，满足对外接待和提高服务品质，投入资金40余万元，对南北主楼二楼四个卫生间进行提质改造。为给广大干部职工创造一个干净、舒适的就餐环境，对食堂的墙面、地面进行提质改造，得到干部职工的一致好评。健全制度，确保服务规范化。通过组织召开下属经营服务单位座谈会、发放调查问卷、组织评议等形式，深入研究机关事务管理工作运行规律，修订《行政中心管理制度汇编》，建立统一的服务标准，精细的操作流程，构建“事先有目标、过程有监控、结果有考核、责任有追究”的机关事务管理工作流程。创新机制，促进服务科学化。积极探索机关食堂服务新途径，做到品种多样化、搭配科学化、监管规范化，全年蔬菜检测和食品抽检合格率100%。会务服务坚持与“四大家”办公室建立整体联动机制，及时准确掌握市委、市政府重大活动、重要会务的安排情况，做到提前规划、提早部署，做好人大、政协“两会”和市委经济工作会议等重大活动的后勤保障、会务服务工作，协助配合相关单位顺利完成“浏阳市第十二届花炮节”、“胡耀邦同志诞辰100周年纪念活动”、“全省农村精神文明建设工作经验交流会”等高规格、大规模重要活动的保障任务。2015年共组织安排会务服务600余场次，其中重要会议约300场次，会务服务满意率保持在98%以上。　　（潘　婷）

【机关食堂管理】 做好机关食堂新老承包商交接、过渡与衔接工作。6月底通过公开邀标的方式，确定“旺都沁园春”成为机关食堂（酒店）新的承包商。在交接过程中，由于涉及资产的折价移交、酒店装修的折旧等问题，新老承包商迟迟不能达成共识。机关事务管理局在保障机关食堂有序运转的同时多次召集双方调解、协商，终于于10月1完成交接。实现过渡。做好机关食堂升级改造工作。旺都沁园春投入200余万元用于食堂（酒店）的装修改造，提升食堂（酒店）的用餐环境，更好地满足市级会务和接待的要求。机关事务管理局组织旺都沁园春主要负责人到长沙市委党校食堂、宁乡县机关食堂（酒店）考察学习，取长补短，进一步提高服务水平。参照长沙各区、县干部职工伙食补助发放标准，结合浏阳实际，报请市人民政府同意适当干部职工伙食补助标准，由原来每人每月150元提高到每人每月240元。　　（潘　婷）

【机关节能和节水工作】 成功创建国家级节约型公共机构示范单位。科学制定创建方案，合理分解各部门、各入驻单位创建任务，5月完成相关资料收集和整理工作；落实完善节能技改项目基础工作，通过争取上级节能技改项目资金和市人民政府配套投入，完成行政中心绿化水网改造、室外太阳能路灯系统、地下车库绿色照明系统、南广场高杆灯、弧形办公室玻璃贴膜、附栋电路、屋面防水、保湿保温等改造项目，推进经一路节能路灯改造、办公区照明系统合同能源改造。10月份浏阳市市行政中心创建国家级节约型公共机构示范单位，通过省机关事务管理局验收初评和国管局能源司评价验收。行政中心节能管理工作进入了全省乃至全国先进行列。顺利通过湖南省节水型示范单位评价验收。2014年以来，机关事务管理局按照“制度完备、宣传到位、设施完善、用水高效”的总体要求，在行政中心范围内开展2015年“湖南省公共机构节水型单位”创建活动。先后投入资金50多万元，用于加强节水器具配备和计量、节水设施的维护和改造，行政中心节水成效从2011年7.5万吨下降到2015年4.2万吨，人均用水量从35.71吨下降到20.02吨，达到理想的节水效果。11月行政中心创建“湖南省公共机构节水型单位”顺利通过省水利厅、省节水办、省机关事务管理局组织的现场联合评估验收。　　（潘　婷）

【机关安全工作】 创新统筹联防安全机制。贯彻《信访工作条例》，与市维稳办、信访局、涉军办、防范和处理邪教组织办公室、公安局等职能部门通力协作，信息互通，坚持“一察二检三询问”和“人防、物防、技防”相结合，充分履行告知引导、维护现场、跟踪察看等工作职责，做好群体性上访处置等应急处突工作，切实维护行政中心安全稳定。强化安全巡查防控机制。完善行政中心电子签到系统、外来访客系统、车库门禁系统、治安监控、红外线报警、自动登记管理等安保系统；建立24小时人工巡逻和全天候视频监控制度，加强对重点地段、重点部位、重点人员巡查、盯防力度，建立工作人员“一人一卡”出入制度，大楼入口安排人员轮流值守，对进出人员全面实行检查登记，确保行政中心安全有序。开展安全整治专项行动。一是开展违规行为巡查。对晚间不关水电门窗、违规使用大功率电器等违规行为进行清查，定期通报。二是开展交通秩序整治。加强公私车主管理，利用政务公文、网络、标识标牌、隔离墩、电子显示屏和短信平台等进行温馨提示，确保车主规范行车、规范停车。三是加强对下属经营服务单位的安全生产监督。多次召集经营服务单位主要负责人开展安全生产、安全保卫工作会议。对华佳宏物业公司提出严格要求，在物业维护方面要确保用水用电安全；在安全保卫方面，要加强安保设施和安保人员的配备，确保行政中心安全工作万无一失。同时对食堂（酒店）的安全生产提出明确要求，确保食品安全、消防安全。（潘　婷）

【机关办公用房清理】2015年配合市委督查室对全市范围内机关事业单位办公用房清理整改工作进行三次督查，不断巩固办公用房清理整改成果，防止反弹，建立办公用房长效管理机制。按照机构改革相关要求，做好办公用房调配工作。整合办公用房，尽快实现机构改革后重新组建单位集中办公。确保重新整合组建单位按时有序完成交接。落实省委巡视组提出的“清出的办公用房部分闲置”问题，制定《闲置办公用房调配处理整改方案》，明确整改目标和任务，对不同单位的办公用房闲置问题制定不同的整改措施，协调、调整水建投搬入市国土局办公，为财政节约资金40余万元。（潘　婷）

7月23日，省长助理袁建尧到浏阳调研政务服务体系建设工作　（资料来源：政务中心）

政务服务

浏阳市政务服务中心

党组书记、主　任　黎　安
党组成员、副主任　熊满初
党组成员、副主任
　　李平生（2015.08免）
副 主 任　刘卉芳（女）
党组成员、纪检组长　刘帅成

【概况】市政务服务中心是负责全市服务管理的市人民政府直属事业单位。主要职责：(一)拟订全市政务公开工作和政务服务机构内部建设规划，并组织实施。(二)负责提供全市政务咨询服务，协调督办中心政务窗口各类行政许可事项的受理、审批和反馈，负责全市行政审批项目的联合踏勘和联合审批的组织和协调工作。（三）负责全市政务公开、公共企事业单位办事公开的指导、协调、服务、监督和考核等工作。(四)负责中心政务窗口工作人员的管理，受理、交办、督办中心政务窗口行政效能投诉。(五)承办市委、市人民政府交办的其他事项。中心管委会共有干部职工25人，内设办公室、督查科、业务科指导科、热线管理科共四个职能科室。中心拥有34个部门单位的229项审批服务事项入驻，大厅共有工作人员约160人，2015年共办理各类审批服务事项14.25万件，收费5.77亿元。（邱双喜）

【行政审批改革】(一)“两集中，两到位”[①]改革。落实“一口受理”[②]按照“应进必进”的要求，全市保留的134项行政许可项目中，有100项入驻政务中心（分中心），实行集中审批，授权到位，限时办结，实现“一窗式”受理，“一站式”办结，“一条龙”服务。（二）流程再造。根据公布保留的行政许可项目目录，按照审批提速的目标，开展多轮流程再造，实现审批时限相对法定时限减少65.93%，并将再造后审批流程纳入浏阳市网上政务服务和电子监察系统，实施全程监控。对全市行政审批事项的申请材料（含前置条件）进行清理，保留1500项，取消160项。(三)开展联合踏勘：为建设项目组织开展联合踏勘和联合审批，安排专人对接、上门服务，现场办公。联合踏勘或联审会议后，实行跟踪督办，协调各单位同步运作，促进工程项目早日落户。全年共为企业现场联合踏勘326次。（邱双喜）

【政务服务体系建设】（一）完善实体平台。根据机构改革和职能转变，对政务中心13个窗口单位70余人进行调整，完善中心功能。加强对人社局、公安局、民政局、国土局等8个政务中心分中心的统一管理和考核。2015年，有15个乡镇（街道）政务服务中心通过长沙市标

注：①一个行政机关的审批事项向一个处室集中、行政审批处室向行政审批服务中心集中，保障进驻行政审批服务中心的审批事项到位、审批权限到位。

②通过有力的执行机制，优化安排受理、代办、转办、催办、回复等环节，为申办人提供“一条龙”服务。

准化建设验收，全面完成全市所有乡镇（街道）政务服务中心标准化建设三年行动计划任务，401个村（居）基本设立便民服务站，健全市、乡、村三级政务服务体系。（二）启动微信平台。创建“浏阳市政务服务中心”微信公众平台，方便手机用户查询、办理审批服务事项。（三）建立市、乡、村三级帮代办服务体系。依托现有市、乡、村（社区）三级政务服务体系，在市政务服务中心大厅、乡镇（街道）和园区政务服务中心设立“帮代办服务窗口”村政务服务站设立“代办服务点”为企业和群众提供帮代办服务。（邱双喜）

10月10日，浏阳市农村资源流转交易中心在政务中心挂牌成立　（资料来源：政务中心）

【政府信息公开】　贯彻落实《中华人民共和国政府信息公开条例》，出台《浏阳市政府信息公开实施办法》，规范政府信息工作运转，确定政府信息公开工作机构，设置3个政府信息查阅场所，编制和修订政府信息公开年报、指南和目录，利用电子网络新形式，推进信息公开工作。在市人民政府门户网站和政务服务中心网站以及微信公众号上及时发布政府信息，全年全市主动公开政府信息137568条，规范受理依申请公开事项27件，及时回应社会关切。（邱双喜）

【“12345”市民服务热线】　开发网上工单派单系统，提高热线工作效率。认真办理各类热线工单，有效解决群众利益诉求。及时开展业务培训，提升成员单位热线工作人员业务能力和办单水平。在浏阳市政”专栏，与《浏阳日报》“民生眼”、浏阳电视台《直击十分》、浏阳网《民声通道》、浏阳市政府门户网站政民互动牵手，畅通民意诉求渠道。全年共办理热线工单3621件，按时办结率100%，满意率86.2%。（邱双喜）

【大厅管理】　坚持“中心围绕窗口转，窗口围绕百姓转”的服务理念，实施规范化、精细化、人性化与科学化管理，制订完善首问责任、窗口首席代表、一次性书面告知、限时办结、电话回访等业务工作制度。落实领导值班、请销假公示、窗口工作人员AB角等，建立日巡查、月小结、季通报、年考核的管理机制。出台《窗口（分中心）及工作人员绩效考核细则》，将管理与考核挂钩，促进服务规范、高效。（邱双喜）

【启动微信公众平台】　推出全省首个政务窗口微信公众号——“浏阳市政务服务中心”微信公众平台，利用微信平台，方便手机用户查询办事信息、服务指南、动态公告、服务预约等信息，并通过手机实现在线咨询、投诉建议、办件查询等互动，打造继实体办事大厅、网上办事大厅和市民服务热线三大平台后的又一便民利民的综合政务服务平台——“微信大厅”，实现“建政务微信平台，让服务触手可及”的目标。（邱双喜）

【建立帮代办服务体系】　依托现有的市、乡、村（社区）三级政务服务体系，在市政务服务中心大厅、乡镇（街道）和园区政务服务中心设立“帮代办服务窗口”，村政务服务站设立“代办服务点”，建立市、乡、村三级帮代办服务机构，组建一支500多人的帮代办员队伍，为企业和群众办事提供包括立项、规划用地、工商注册、工程报建等在内的200余项帮代办服务，全年共提供帮代办服务业务4万余宗。这一做法得到省和长沙市的认可并予以推介。（邱双喜）

全市乡镇政务服务中心设立“帮代办服务”窗口，为当地村民开展帮代办服务
（资料来源：政务中心）

政协浏阳市委员会

政协浏阳市委员会

政协浏阳市委员会

党组书记、主席　李家喜
副书记　周文舜（兼）
　　　　张葵红（女）
副主席　张葵红（女）
　　　　谢建国　郭荣华（兼）
　　　　廖伟平　谢鹤林
秘书长　许百经

常　委（按姓氏笔画排序）
王　持　王　斌　王星辉
王朝晖　卢秋成　卢炳辉
叶长江　叶昌新　刘旭辉（女）
刘守俊　刘运龙　汤显华
李　珊（女）　李　雄
李晓明　杨　郁　何　勇
宋怀智　张　强　张　震
张海滨　陈　文　陈　奎
陈　静（女）　陈小英（女）
易　群（女）　易成建
罗世贤　罗冬生　罗家兴
金先林　周汝红　周利和
赵　炜　施　斌　胡国平
贺建武　徐尔央（女）
郭　辉　陶长彪　黄伟成
黄焕华（女）　黄兢雄
章　林　彭　勇　释照性
蔡细毛　熊南京　黎　伟
戴建文（女）

市政协各工作机构
政协办公室
主　任　许百经
副主任　李贤美、甘本洪
文教卫体委员会
主　任　王　斌
副主任　彭晓琳（女）
提案法制委员会
主　任　王　持
副主任　孔　原
经济科技委员会
主　任　肖成新（2015.08任）
群团联络委员会
主　任　李　珊（女）
人口环境资源委员会
主　任　熊南京

【政治协商会议】 2月2日至5日，中国人民政治协商会议浏阳市第九届委员会第四次会议在浏阳城区召开。会议听取并审议通过李家喜主席代表政协浏阳市第九届委员会常务委员会所作的工作报告，张葵红副主席代表政协浏阳市第九届委员会常务委员会所作的关于提案工作情况的报告；列席浏阳市第十六届人民代表大会第四次会议，听取并协商余勋伟市长代表市人民政府所作的政府工作报告，分组讨论协商计划、财政报告，市人民法院、市人民检察院工作报告。会议进一步完善协商后的反馈机制，市政府农村工作办公室汇报政协九届三次会议上关于“大力扶持农民合作社，促进现代农业发展”大会发言的办理情况，还就促进花炮产业转型升级、加快电子商务建设、开发浏阳河旅游资源、加强商事登记后续监管和加强广电媒体建设等进行大会发言，受到与会领导和委员们的高度认同。大会讨论通过本次会议政治决议。会议期间，中共长沙市市委常委、浏阳市委

3月17日，长沙市政协副主席王力力（前右一）、袁志恒（前右三）率队到浏调研古村落保护情况
（资料来源：市政协办）

书记曹立军，长沙市政协副主席刘明理等领导和历届市政协主席、副主席参加会议。（汤　军）

【政协常委会议】 1月6日，市政协召开九届常委会第九次会议。

2月2日，市政协召开九届十次常委会暨市政协九届四次会议召集人、联组人员会议，会议通报市政协九届四次会议议程和日程安排。市委常委、组织部部长、统战部部长周文舜作人事安排说明。协商补选政协常委建议人选、选举办法和监票人建议人选。

3月26日，市政协召开九届常委会第十一次会议。学习中共中央《关于加强社会主义协商民主建设的意见》，听取浏阳房地产市场情况的工作汇报。会上，市委党校李晓军博士以《如何发挥人民政协在发展协商民主中的作用》为主题进行专题讲座。

7月28日，市政协召开九届常委会第十二次会议，听取市政府上半年经济社会发展情况的通报，听取并协商环境保护工作情况汇报。面对复杂多变的宏观形势，浏阳坚持改革推动、创新驱动、区域带动、项目拉动、城乡联动，上半年经济实现持续健康较快发展，社会大局保持和谐稳定，各项任务顺利实现"双过半"目标，多项主要经济指标增速均居长沙九区县（市）和全省前列。市政协主席李家喜表示，浏阳近年来发展速度喜人，这说明市委市政府在经济社会发展的把控上非常到位。建议政府加大改革力度，增强创新发展动力，加强对实体经济和微小企业扶持。加大金阳大道和金阳新区建设步伐，促进城区和园区融合，加快建设湘赣边区域性中心城市和省会副中心城市。

10月10日，市政协召开九届十三次常委会议暨重点提案办理满意度测评会议，对2015年督办的八件重点提案办理工作进行测评。会上，经过政协常委们投票测评，八件重点提案的满意度分别为：市经信局88%、市住建局92%、市公安局90%、市财政局86%、市农业局96%、市文体广电局92%、市住房保障局92%、市政务服务中心94%。2015年，市政协共收到委员以提案形式提交的建议意见241件，内容多涉及教育、交通、财政、人社、旅游、民政等民生问题，其中212件交付政府承办。截至10月10日，政协提案办理工作基本结束，做到见面率100%、办结率100%、满意度97.2%。

6月17日，长沙市政协副主席石长松带领长沙市政协调研组到浏阳调研公共文化服务提质增效工作（资料来源：市政协办）

11月12日，市政协召开九届常委会第十四次会议。会上，市人民政府副市长郑杰介绍《浏阳市部分乡镇区划调整方案》，部分政协常委进行协商发言。

12月25日，市政协召开九届常委会第十五次会议，会议决定：一、增补肖成新为政协浏阳市第九届委员会委员；二、同意傅丹阳辞去政协浏阳市第九届委员会常委、委员资格，同意王宇林、刘擒虎辞去政协浏阳市第九届委员会委员资格，同意撤销陈爱斌政协浏阳市第九届委员会常委、委员资格，同意撤销罗其美政协浏阳市第九届委员会委员资格；三、确定政协浏阳市第九届委员会第五次会议于2016年1月11日至1月14日在城区召开。（汤　军）

【政协提案工作】 全体政协委员认真履职，紧紧围绕市委、市政府的中心工作和人民群众关心的热点难点问题，积极参政议政，努力建言献策，自市政协九届四次会议（2月5日）至2015年12月31日，共收到以提案形式提交的意见建议241件，内容多涉及教育、交通、财政、人社、旅游、民政等民生问题，其中212件交付政府承办。做到见面率100%、办结率100%、满意度97.2%。其中，夏育林等委员提交的八份提案确定为重点提案，市政协进行督办，要求承办单位做到六个一：一把手亲自领办、召开一次协商会议、制订一个工作方案、提交一份答复文件、形成一份总结材料、进行一次宣传报道。同时，市政府办根据时限要求及时督促，并联合政府督查室开展一次半年度政务督查，强化跟踪问效，确保办理工作整体推进，全面落实。市政协主席李家喜指出，市政府对提案办理工作高度重视，部门办理认真，办理效果较好。承办单位要加强提案办理后续工作落实，真正实现老百姓满意、政协委员满意、承办单位满意的结果。委员们在加强调研、集思广益的基础上，提出大批具有较强科学性、前瞻性和可行性的意见建议，提案内容涉及到我市社会经济生活的方方面面，许多意见建议已经成为市委、市政府及相关部门的决策、规划，并落实在实际工作中，对促进我市经济社会跨越发展，发挥重要作用。（汤　军）

【参政议政与民主监督】 组织1次全体会议、4次常委会议、9次主席会议、各类专题会议30余次，增加协商密度，提高协商成效。九届四次全会期间，重点就政府工作报告、法院工作报告、检察院工作报告、财政预决算报告开展政治协商。邀请部门负责人参加小组讨论，委员在小组讨论时向市委、市政府及相关部门提出意见建议199条，市政协以委员进言形式呈报给有关领导，许多意见建议得到重视和采纳。市政协常委会议先后就全市重点项目计划和政府投资项目计划、财政预算情况、全市房地产市场情况、环境保护、乡镇行政区划调整等工作开展协商，促进委员知情明政，做到在市委、政府决策之前、人大通过之前进行专题协商。围绕影响全局的大事要事开展专题协商。把“献计‘十三五’、助推新发展”委员建言献策活动作为全年履职的重点，精心选取52个课题，每个乡镇街道政协联络处和城区工作组各承办一个课题，并组织广大政协委员深入调研，提出真知灼见，为浏阳市科学制定“十三五”发展规划积极建言，一批建言成果得到采纳。开展“推进全国文明城市创建”专题协商活动，10名政协委员分别就规范商品交易、规范交通秩序、规范市容秩序、如何调动全民参与创建等议题提出建议，得到市委、市政府和分管部门的一致认可，加快浏阳创建全国文明城市的步伐。大会发言课题中选择城市排水管网建设与维护、加强商事登记制度改革后续监管、加快电子商务建设、推动解决城区停车难问题、加强传统村落的保护与发展等议题与相关部门开展对口协商，协商过程中努力扩大委员的参与面，提高协商的开放度。委员们提出的许多协商意见和建议，得到市政府分管领导和职能部门的高度认可和积极采纳，推动部门工作的改进与落实。建立特约信息员队伍，并修订社情民意考核奖励办法和信息员聘请管理办法，使渠道更畅通、网络更完善、工作更扎实。2015年共收到委员反映的社情民意信息175条，向上级政协整理编报38条，长沙政协采用7条。其中《关于进一步推进医师多点执业政策落地的建议》《对废旧公用电话亭进行拆除或改造的建议》得到长沙市领导批示。报送市委、市政府社情民意专报35期，得到市领导批示9期，促使一些群众普遍关注、社会反映强烈的问题得到重视和解决。将督办提案作为年度委派民主监督员工作的主题，选择教育局、财政局、交通局等提案承办较集中、社会关注度较高的10个部门，作为年度民主监督员派驻单位，重点围绕这些部门提案承办情况开展协商和监督。制订《民主监督员工作手册》，并形成年初动员、年中汇报、年末总结的工作机制。（汤　军）

8月18日，市政协主席李家喜（左一）、发改局、工信局、工商联相关负责人一行到绿之韵集团考察调研　（图片来源：绿之韵网站截图）

【调研考察工作】　高度关注全市经济社会发展中的热点难点问题，选择经开区建设、制造产业基地发展、招商引资、大围山生态旅游示范区建设、休闲农业与现代农业发展、株树桥水库水资源保护与利用等工作，开展主席会议视察，提出促进工作落实的意见建议，寓民主监督于支持服务之中。（汤　军）

【政协委员建言献策“十三五”】　9月22日，市政协召开献计“十三五”委员建言献策会议，16名政协委员代表各界别工作组、乡镇街道政协联络处，就浏阳未来发展进行大会发言。其他工作组和联络处作书面发言。2014年浏阳获省全面推进小康工作十快县（市）奖。“但认真分析22项指标的实现程度，浏阳还存在11个短板指标。”政协委员吴尚建议，应通过扩大有效投资、促进产业转型升级、推进城镇扩容提质增能等方式解决这些短板问题。会上，政协委员们围绕打造主城区与金阳新区两个核心增长极、建设湘赣边“红绿相映”的旅游精品区、“互联网+”、推进南北横线、打造省会副中心和湘赣边区域性中心城市等方面，积极建言献策。围绕编制“十三五”规划建言献策，是市委点题交由政协承办的重要课题。为此，市政协根据“十三五”规划要求，结合浏阳实际精心选题，共确定51个课题。

组织51个课题调研组，开展为期4个多月的调研活动，形成较高质量的建言材料。这些材料紧扣浏阳发展实际，涵盖创新驱动、产业升级、区域协调、城乡统筹、基础设施、社会民生、生态文明、深化改革、法治建设等诸多方面。市委副书记、市长余勋伟表示，“十三五”规划事关浏阳发展大局，事关浏阳人民的经济生活，政协组织的建言献策活动要站在浏阳未来发展的高度来谋划思路。编制“十三五”规划要充分吸纳政协献计“十三五”的成果。余勋伟要求，规划编制部门要进一步征求意见，进一步对接统筹，政协委员要进一步集思广益。通过共同努力，为把浏阳真正打造成省会副中心和区域性中心城市贡献自己的力量。市领导吴震、李家喜、张作林、周文舜、张葵红、谢建国、郭荣华、廖伟平、谢鹤林参

加会议。（资料来源：浏阳网 2015-09-23）

【创新委员履职载体】 开展“三个一”活动，要求每位委员全年至少提出一件有质量的提案、反映一条有价值的社情民意信息、帮办一件民生实事，促进委员履职尽责。深化“三为”主题活动，进一步丰富活动内容，探索“区域＋界别”履职模式，各政协联络处、工作组分片区开展经验交流和委员项目观摩活动，为广大政协委员搭建起学习、交流、履职“三位一体”的新平台，使联络处引领作用和委员主体作用进一步发挥。（汤 军）

【开展“政协委员进社区（村）”活动】 12 个城区工作组对口联系 12 个社区（村）。委员们走进社区，深入企业，倾听民声，反映民意，开展扶危济困、支教助学、医疗义诊、文化下乡、技术服务等各种形式的便民服务活动 40 余场次，推动政协组织优势在社区集聚，政协委员作用在社区发挥。坚持每年出资扶助一批困难家庭大学生，2015 年向 43 名困难大学生发放助学金。（汤 军）

附录：

市政协 2015 年度工作回顾

▲1 月 6 日，市政协召开九届常委会第九次会议。

▲2 月 2 日，市政协召开九届十次常委会暨市政协九届四次会议召集人、联组人员会议，通报了市政协九届四次会议议程和日程安排。

▲2 月 2 日 -5 日，政协浏阳市第九届委员会第四次会议在浏阳城区召开。

▲3 月 17 日，长沙市政协副主席王力力、袁志恒率队到浏阳调研古村落保护情况。

▲3 月 17 日，召开建议提案办理工作集中交办会暨业务培训会，将“两会”期间提交的 220 件提案集中交办。

▲3 月 24 日，市政协主席李家喜到关口街道指导委员进社区活动。

▲3 月 26 日，市政协召开九届常委会第十一次会议。

▲4 月 3 日，市政协副主席廖伟平率医卫组部分委员调研妇幼卫生工作。

▲4 月 10 日，市政协启动献计“十三五”委员建言献策活动。

▲4 月 16 日，市政协主席会议成员到经开区视察园区项目建设工作。

▲4 月 24 日，市政协召开 2015 年委派民主监督员会议。

▲4 月 28 日，市政协举办依法治国培训学习班。

▲5 月 6 日，市政协主席李家喜到关口调研“两帮两促”企业。

▲5 月 7 日，湘西自治州政协副主席、工商联主席石红女士率队在长沙市政协副主席、工商联主席彭继球，浏阳市政协党组书记、主席李家喜，浏阳市委常委、组织部部长、统战部部长周文舜的陪同下到浏学习考察。

▲5 月 13 日，市政协重点提案督办小组来到市住建局，督办重点提案《加强慢行交通设计管理，提升市民低碳出行质量》的办理情况。

▲5 月 14 日，市政协视察招商引资工作。

▲5 月 20 日，市政协主席李家喜率部分政协委员，对市政务服务中心、市工信局承办的 2 件重点提案落实情况进行督办。

▲6 月 4 日，市政协召开“加强商事登记后续监管”对口协商会议。

▲6 月 8 日，市政协视察委员企业调研电子商务平台。

▲6 月 13 日，市政协主席会议成员视察制造产业基地。

▲6 月 17 日，长沙市政协副主席石长松带领长沙市政协调研组到浏阳调研公共文化服务提质增效工作。

▲6 月 25 日，市政协视察大围山生态旅游示范区建设。

▲7 月 9 日，市政协召开“推进全国文明城市创建”专题协商会议。

▲7 月 28 日，市政协召开九届常委会第十二次会议。

▲8 月 6 日，市政协召开“城市排水防涝设施建设管理”工作对口协商会议。

▲9 月 22 日，市政协召开献计“十三五”委员建言献策会议。

▲9 月 24 日，市政协召开“加强传统村落保护和发展”对口协商会议。

▲10 月 10 日，市政协召开九届常委会第十三次会议暨重点提案办理测评会议。

▲10 月 20 日，长沙市政协主席范小新一行到浏阳开展“一进二访”活动。

▲10 月 21 日，市政协召开“电子商务对口协商会议”。

▲11 月 12 日，市政协召开九届常委会第十四次会议。

▲12 月 25 日，市政协召开九届常委会第十五次会议。

市政协主席李家喜率主席会议成员视察制造产业基地

（资料来源：《湘声报》——湖南政协新闻网 2015-11-06）

民主党派·工商联

8月8日，民革浏阳工委举办主题为“乡望·相聚·湘守——牵手浏阳籍抗战老兵纪念中国人民抗日战争胜利70周年”的大型活动。

（资料来源：民革浏阳工委）

中国国民党革命委员会浏阳市工作委员会

工委主委　刘仙娥（女）
副 主 委　谢建国　吴海宁
　　　　　金先林

【组织建设】 民主党派，首要政治任务就是坚持中国共产党领导，坚持走中国特色社会主义政治发展道路，坚持中国共产党的多党合作和政治协商制度，坚持“长期共存、互相监督、肝胆相照、荣辱与共”的方针。工委把学习习近平总书记的重要讲话作为首要的政治任务，深入贯彻和落实中共十八大和十八届四中全会、五中全会会精神。利用QQ群、微信平台及时通知收看重要时事。组织党员参加民革长沙市委组织的“同心论坛”；清明节组织党员赴沙市镇神岭抗战遗址，纪念抗日战争胜利暨神岭大捷70周年；组织党员代表参加民革长沙市委成立60周年纪念活动；为缅怀抗日将士，弘扬爱国主义精神，组织党员于9月赴昔日抗战重要战场—云南腾冲，开展重走远征军道路活动；组织党员参观官渡南岳村金桔屋场、中洲村中洲美丽村庄、古港梅田湖村松山幸福屋场，参观了解新农村建设；组织老年党员参观荷文公路，胡耀邦故居纪念馆。成立民革浏阳市摄影家协会，组织会员赴武汉参观辛亥革命武昌起义纪念馆，并到东湖现场学习拍摄技术。12月初，工委组织骨干成员首次召开务虚会，总结经验，找出不足及其解决的办法。吸收3名优秀人士加入组织。在民革长沙市委开展的创先争优活动中，工委被评为先进工委，周利和、胡磊、谭晓琴、刘仙娥评为优秀党员，黄焕华评为优秀党务工作者，吴海宁评为参政议政工作先进个人，刘琳评为社会服务工作先进个人。由于工委在社会服务方面的突出表现，被民革省委评为“博爱·牵手”活动优秀基层组织。开展支部表彰活动，经各支部推荐，工委审定，周利和、王好平、唐文波、戴琳、曹湘黔、黄彦如、袁波、胡磊、何桂海、李瑶瑶、刘勇、刘若平、朱树昌、李朝红、谭娟15人评为工委2015年度优秀党员。

（吴海宁）

【参政议政】 参政议政、民主监督是民主党派的主要职能。工委紧紧围绕人民群众关心的，党政部门重视的工作内容，通过反映社情民意，人大政协会议提案，专题调研的多种形式开展参政议政、民主监督工作。15位省、长沙和本市政协委员共撰写32件提案，其中金先林、谭晓琴撰写的提案《关于设立制造产业基地政务服务中心的建议》被中共市委书记曹立军批示；在政协第九届四次会议上，党员刘琳、谭晓琴分别代表民革界与文体界作题为《关于开发浏阳河旅游资源的建议》与《加强广电媒体建设，巩固宣传思想阵地》的大会发言；金先林、罗其美积极参加市政协举办“市政协献计‘十三五’委员建言献策活动”，金先林撰写《推进两城融合发展、夯实省会副中心基础》，并代表民革致公无党派工作组进行大会发言；罗其美撰写《加强基层卫生人才队伍建设的建议》，并代表医卫工作组进行大会发言，吴海宁的《树立公共服务意，提升公交服务水平》和周利和《提升“老屋场”内涵，打造我市“幸福屋场品牌的建议》被市政协评为优秀提案。全年报送社情民意、统战信息86件，被长沙市政协、统战部、浏阳市政协采用的信息共有19件。其中长沙市政协采用罗其美的《关于进一步推进医师多点执业政策落地的建议》，金先林的《关于尽快扩建长浏高速永安收费站的建议》2件；长沙市统战部采用黄焕华《建议加快电子化招标进程》《乡村留守女孩遭性侵害现象不容忽视》等2件；唐文波《关于全面推进依法治国的几点建议》；吴海宁《建议迅速出台规章性文件规范公职单位食堂行为》《要从省级部门切实精减处级官员》《抓住石油大幅降价的有利时机开征汽车排污税》《将省市公路清扫保洁职责划归属地乡镇的建议》《不能让20年前就自缴养老保险的基层公职人员吃亏》《关于完善丰富国共抗战历史论述的建议》《纪委向常委单位设派驻机构填补监督空档》《关于加快抢救发掘国民党军队地方抗日史料的建议》《关于做好垃圾分类的建议》《对于要求提供证明过滥的问题不能简单化处理》《终止退休人员去社区自证“未死”侮辱性作法的建议》计11件；浏阳市政协采用吴海宁《改善我市国民党抗战老兵生活待遇的建议》，金先林的《关于兴建浏阳市规划展览馆的建议》；周利和、吴海宁、谭晓琴的《湘东神岭大捷战场遗址亟待修缮》等3件。组织党员积极参加市统战部开展的“百字金点子”活动，统战部在《浏阳日报》选登16件，党员唐文波的《关于建设屋顶花园的建议》、曹湘黔的《关于在全市设置公共阅览室的建议》、张松柏的《关于加快推进管道天然气进老城区入户的建议》、王国清的《关于重建解放路生鲜市场的建议》、刘琳的《关于将心理咨询纳入健康检查项目的建议》、胡磊的《关于提高园区征拆工作透明度的建议》6篇作品入选。（吴海宁）

【民主监督工作】 工委共有6名人民陪审员，2015年共参加法院陪审案件267件，其中刘若平参加法院陪审案件156件。工委向统战部积极推荐特约人员，为党员搭建履行职责平台。共有17名党员被聘为市监察局、检察院、司法局等14个市直单位的特约人员。17名特约人员参加市委统战部组织的特约人员培训学习。（吴海宁）

【服务抗战老兵工作】 工委将开展“同心”实践与弘扬“博爱”精神相结合，务实开展社会服务活动。2015年是纪念抗战胜利70周年。8月8日，民革浏阳工委举办主题为“乡望·相聚·湘守——牵手浏阳籍抗战老兵纪念中国人民抗日战争胜利70周年”的大型活动。来自大陆与台湾的共41名抗战老兵齐聚一堂。省政协副主席、民革湖南省委会原主委刘晓，《团结报》相关负责人、民革长沙市委主委朱建军，浏阳市政协主席李家喜与市委宣传部、市委统战部等单位领导共300人出席活动。湖南省政协副主席刘晓，民革湖南省委会副主委、长沙市委主委朱建军等为每位老兵颁发刻有老兵名字的“纪念中国人民抗日战争胜利70周年”纯银纪念章。全体民革党员高唱《保卫黄河》，向老兵致敬。来自北京的民革党员、画家川三现场捐赠以浏阳老兵为原型创作的油画，来自北京的民革党员、青年书法家孟子凡捐赠榜书作品“兄弟同心，其利断金”。党员周利和讲述镜头下老兵的故事，深深地感动在座每一位与会人员。《团结报》《湖南日报》《长沙晚报》《潇湘晨报》和长沙电视台、浏阳电视台等多家媒体对活动予以报道。组织党员撰写浏阳籍抗战老兵参加抗战传记40多篇文章，编辑成《走进浏阳抗战老兵》一书，由湖南人民出版社出版2000册。协助市政协组稿、编辑纪念抗日战争胜利70周年书籍《浏阳人的抗战》。老兵朱洪斌作为长沙市唯一代表，出席在北京举行的“纪念抗日战争胜利暨世界反法西斯70周年阅兵庆祝活动”（湖南省共13名代表）。8月19日，周利和代表工委到北京参加民革中央和中国文联、中央文史馆、中国美协共同举办的“民族魂·纪念中国人民抗日战争暨世界反法西斯胜利七十周年美术作品展览”活动与“铭记与关爱镜头中的抗战老兵”活动。2015年，工委坚持对每一位老兵进行春节慰问、生日祝贺；组织深圳龙越基金会等社会组织一起慰问，看望住院抗战老兵，为特困老兵申请危房改造。对新发现散居在金刚、澄潭江、文家市、镇头、高坪、大围山、古港、三口、社港、北盛、淳口、洞阳、蕉溪等乡镇的15名抗战老兵上户进行初访与确认。派出4位党员到台湾，采访、拍摄10多名定居台湾的浏阳籍抗战老兵。协助民政部门为抗战老兵颁发“抗日战争胜利七十周年纪念章”与5000元补助金。省政协副主席、原民革省委主委刘晓同志在民革中央的纪念活动中，专门介绍浏阳工委的工作在关爱抗战老兵方面做出的努力，对浏阳工委给予充分肯定。（吴海宁）

【社会服务】 工委党员市职业中专高级教师、书法家罗丹书法作品在《中国书法·翰墨天下》第二、第三期发表，“纪念中国人民抗日战争暨世界反法西斯战争胜利七十周年”纪念册由中国国际集邮网、中国电信、中国邮政向全国出版发行；并

省政协副主席刘晓向抗战老兵颁发“纪念中国人民抗日战争胜利70周年”纯银纪念章（资料来源：民革浏阳工委）

一起在浏阳参加“纪念中国人民抗日战争胜利70周年”活动的浏阳籍老兵柳庆禧女士（现居台湾）与老兵周开兴同属国民革命军第73军（资料来源：民革浏阳工委）

5月15日，民革浏阳工委派出4位党员到台湾，走访10多名定居台湾的浏阳籍抗战老兵。图为在台湾走访浏阳籍抗战老兵黄志忠将军（左二）

（资料来源：民革浏阳工委）

被收录入美国集邮集团制作的“中美建交36周年杰出华人邮票纪念珍藏册”；市畜牧局高级兽医师张卫全年共下基层服务120天以上，为300多养殖户直接服务，全年进行技术讲座或技术培训15场次，学习总结疫病最新的诊疗技术信息，有效地提高机关技术人员和广大养殖户的饲养管理水平和综合防治疫病的能力，得到广大养殖户的好评。市妇幼保健院儿童建康中心主任王好平成为中国妇幼保健协会首届儿童早期发展专业委员会委员，连续6年承担湖南省为民办实事“0~6岁贫困残疾儿童抢救性康复项目”工作，深受省市残联领导、群众及救助对象家长的好评；并作为国家级专家到外省进行学科体系建设评审、讲课，全年接受来自全国各地同行进修110人。市制造产业园工程技术部部长黄颖组织大小环境优化行动十余次，积极进行青苗补偿，涉及农户约600多户，全年组织完成市政道路修建10公里，平地120公顷，安置房建设5万平方米，河道改道及污水管线建设1500米，供水供电建设8公里。市住建局副局长金先林组织召开西北外环线景观绿化工程、道吾山西路等40个项目初步设计评审会，办理节能设计备案135宗、新增5个，获取绿色建筑一星级标识1个，组织对黄泥湾等4个小区进行建筑节能改造，面积达12.6万平方米；市经开区招标采购及审查中心主任赵闽组织完成49个工程项目招标；胡磊为制造产业基地征地1603亩，拆迁房屋169栋，项目清零18个；市法院民一庭副庭长何桂海为民解答业务咨询、疑难法律问题200人次；利通集团招商运营总监袁波完成鸿宇城电影院等新的10余家新企业的引进；刘勇经营的金利烟花公司的品牌“金利烟花”被评为中国十大烟花品牌，且名列前五名，他向金刚镇太子湖村太子湖学校捐赠4万元，向金刚教育捐款10万元，帮助改善教学环境；浏阳河中学教师谭娟在教学方面改变思路，逐步渗透愉快教学法，效果明显，A等率在班级各科目中均居上游，学生和家长反响好；市中医院整形科主任朱树昌主刀各类手术300余台。正在进行“自拟中药洗剂治疗增生性瘢痕瘙痒的作用机理研究”课题研究，为五年制本科生授课与指导实习生培训实习，被聘为中国中西医结合学会烧伤专业委员会青年委员；市政务服务中心副主任刘卉芳在全面了解全市政务服务及政务公开的基本情况下，指导15个乡镇街道完成了标准化的政务服务中心建设，对全市网上审批和电子监察系统完成升级，更好地实现了与各单位的数据对接；长沙市跃奇节能电气设备公司刘若平自主研发生产的“烟花爆竹热风干燥系统”，通过省安监局组织的安全认证，此成果达到同行类领先水平，并获得科技成果登记证书，为浏阳烟花爆竹安全生产和节能环保作出贡献；市住建局法制科科长唐文波主持完成浏阳市“十三五”新型城镇化建设发展规划，他撰写的散文集《微笑青春》由中国文联出版社出版，他连续5年考核获评市优秀。

（吴海宁）

8月21日，浏阳籍老兵朱洪斌作为长沙市唯一代表，赴京参加9月3日举行的“纪念抗日战争胜利暨世界反法西斯70周年阅兵庆祝活动”（湖南省共13名代表）

（资料来源：民革浏阳工委）

附录：

2015年普查新增的参加过抗日战争目前健在的浏阳老兵统计表（15人）

(续上鉴“参加过抗日战争目前健在的浏阳老兵统计表”本表统计截止时间为2015年12月31日

序号	姓　名	住　址	简　　历
1	王贵行(男)	浏阳市蕉溪乡常丰村石洞片中石洞组141号	1918年12月24日生，1943年加入国民革命军第五军装甲兵团辎重营三连三排三班（2016年2月13日逝世）
2	刘宪玉(男)	浏阳市淳口镇永乐村永福片下南组1号，借住山田村祖籍江口县桃映镇	1915年8月16日生，1932年加入国民革命军102师（黔军）612团4连3排9班,参加过淞沪会战、徐州会战、武汉会战、南昌会战、第一次长沙会战、第二次长沙会战、第三次长沙会战、第四次长沙会战（2016年1月29日逝世）
3	孔让虞(男)	浏阳市淳口镇枫林村景新组68号	1924年8月15日生，1945年5月入洪江中美特种技术训练班第六期学习，毕业后编入别动军第九纵队
4	周立生(男)	三口镇郭家亭社区花楼组同绥南路34号	1923年11月14日出生，1942年在浏阳三口参加国民革命军第九战区通讯兵团独立第一团通讯兵。退役时军衔中尉。参加过第四次长沙会战等战役，转战于江西、湖南等地。1950年随部队去台湾。1993年回浏阳定居
5	肖敦信(男)	湖南省浏阳市金刚镇南岳村	1921年9月23日出生，1940年参加国民革命军第37军95师辎重团一营三连。为部队运送军粮、子弹、电线。参加过武汉会战、第二、三次长沙会战、浙赣路会战
6	柳水生(男)	湖南省浏阳市永安镇水山村	1927年5月20日出生，1944年在浏阳参加国民革命军第73军15师99团3营8连，先任勤务兵，后任一等兵，参加过湘西会战。2015年12月26日逝世
7	柳庆禧(女)	原籍浏阳永安，现居台湾高雄市。	1922年出生，1939年参加国民革命军73军，任医官。参加第1次长沙会战和1939年冬季攻势作战、第二次、第三次长沙会战和浙赣会战、鄂西会战、常德会战、长（沙）衡（阳）会战、湘西会战。1949年退役，授上尉军衔
8	孙达许(男)	浏阳市文家市镇沙溪村沙溪片横冲组	1923年5月25日出生，1942年在浏阳加入国民革命军52师工兵营。1943年转入湖北应城县，因事被殴打致重伤，于1944年脱离部队回家
9	喻超群(男)	湖南省浏阳市社港镇清江村	1928年2月13日出生，1942年在社港九战区军民合作社当交通员，负责打扫卫生，送达信件。第三次长沙会战期间，加入当时莲溪镇自卫队，在廖家洞、鹰嘴洞、炉烟洞等地进行游击战。在炉烟洞的战斗中左眼失明。自卫队后编入在北盛的廖义华的挺进军。抗战胜利后，到浏阳城区国民革命军服役。湖南和平解放后回乡
10	朱裕贵(男)	湖南省浏阳市社港镇清源村	1924年6月23日出生，1940年，16岁时随叔叔朱云程（在国民革命军第任准尉事务长），加入37军军部辎重营二连任号兵。1941年辎重营扩充为一个团时升为上士文书。参加过第二、三、四次长沙会战。1944年部队被打散后回家务农
11	高香福(男)	湖南省浏阳市蕉溪乡常丰村	1926年2月28日出生。1940年上半年，随表叔肖义（任第五军装甲兵团辎重第二营营副）到广西界首，任辎重营上等兵材料员，后调至辎重团修械所，负责管理汽车配件油料。1944年上半年回家探亲，逢第四次长沙会战爆发，长沙沦陷，与部队失去联系
12	赵阳生(男)	浏阳市北盛镇波扬村	1925年3月19日出生。1944年7月参加浏阳自卫队，任传令兵。抗战胜利后回家务农

续表

序号	姓　名	住　址	简　　历
13	袁治忠（男）	浏阳市镇头镇莲山片	1929 年 3 月 2 日出生，1941 年上半年，12 岁抵壮丁到驻扎在镇头的第四军当理发兵。2 个月后编入第四军 59 师 177 团三营八连传令班当传令兵。参加过第四次长沙会战，部队被打散后到济南
14	吴家兴（男）	浏阳市龙伏镇尚埠村	1926 年 7 月 15 日出生。1944 年参加驻扎在浏阳北区一带的 99 军 99 师特务连勤务班。参加过第四次长沙会战抗战胜利时到南昌、九江受降和送俘。后与新四军作战被俘后加入新四军 18 师
15	欧阳树槐（男）	浏阳市洞阳镇东园社区瑞兴片中和组	1920 年 12 月 13 日出生，1939 年经人介绍到衡郴师管区参军，在衡山学兵大队训练一年，结业后到衡山火车站任铁路警察。日军占领衡山车站前，参加扒铁轨行动，后退到贵州。日本投降后，他经批准请假回家探亲后未归队。2016 年 3 月 30 日逝世

中国致公党浏阳市工作委员会

中国致公党浏阳市工作委员会

主　委　邓雪琴（女）
副主委　易修平　彭晓玲（女）
　　　　陈　静（女）

2015 年，致公党浏阳工委切实履行参政党的各项职能，为浏阳的经济社会发展做出了积极的贡献。10 月，致公党湖南省委授予致公党浏阳工委三支部“先进基层组织”称号。

【参政议政】（一）专题调研。工委联合市政协文教卫体委、市教育局及市政协教育工作组，组成关于促进浏阳职业教育发展的调研组，由雪琴主委带队，先后赴浏阳职业中专、广东江门市新会区、广东惠州市博罗县等地学习调研，其调研成果列入浏阳市政协九届五次会议大会发言。工委撰写的调研论文《协商民主必须讲真话进诤言出实招》被列为致公党长沙市委专题调研报告。黄谷成撰写的调研论文《爱心，挽回迷失的灵魂》获湖南省反邪教协会优秀论文奖。（二）建言献策。2015 年，致公党党员身份人大代表、政协委员向长沙市、浏阳市“两会”提交建议和提案 17 件，均被相关部门采纳。浏阳市政协委员夏育林撰写的《关于扶持中小企业转型升级的建议》被列为浏阳市政协九届四次会议期间的八大重点提案之首，相关部门按照提案所提建议组织落实，获得良好成效。工委的集体提案《关于加快浏阳市养老服务业发展的建议》经市政协立案交办，已由浏阳市民政局采纳实施，2015 年全市增加养老服务机构 12 家。此外，根据致公党长沙市委《关于征集市委集体提案的通知》精神，黄谷成到长沙四县（市）五区民政部门和长沙市老龄委深入调研，撰写的集体提案《关于发展长沙市老年事业的建议》中标。下半年，中共浏阳市委统战部在各界人士中开展征集“金点子”活动，党员陈静、李凌、孔伟兴等 7 名党员共提交“金点子”10 件，被相关部门组织实施，对建设和谐浏阳发挥积极作用。（三）民主监督。根据市委统战部统一安排，工委推荐 18 名年富力强的党员为民主监督员，并分别被聘为监察局等多个政府工作部门和司法机关的特约人员。（四）社情民意。2015 年，工委向各级各部门报送反映社情民意信息 18 条，采用 13 条。工委报送的信息《当前五类人群对现行计划生育政策不满》被长沙市多家机关采用，并被评为优稿。（黄谷成）

【社会服务】（一）推进佳源油茶林基地建设。继续积极配合佳源生态

2016 年 1 月 30 日，致公党浏阳市工委 2015 年度工作总结暨表彰大会在浏阳市淮川街道联城社区居委会三楼会议室召开。致公党长沙市委专职副主委黄光裕、中共浏阳市委统战部常务副部长赖才腾，浏阳市政协原副主席、致公党浏阳支部原主委周小兰、致公党长沙市委秘书长枭燕、组织处长彭晓辉等领导应邀出席会议，工委 50 多名党员参加了会议

（资料来源：和网 2 月 1 日讯）

5月22日，致公党浏阳工委组织老龄党员到浏阳经开区医药文化馆、盐津铺子和阳光新材料有限公司参观　　(资料来源：和网5月27日讯)

开发有限公司在淳口镇鹤源村开发油茶丰产林基地10000亩。年初，工委将该基地申报为“同心项目”，获得长沙市委统战部专项奖金一万元。4月29日，长沙市委统战部到该基地视察督查“四同创建”工作，对致公党浏阳工委的社会服务工作所取得的成绩给予肯定。(二)帮扶市特殊教育学校发展。工委帮助该校列入教学楼设备资金140万元的项目。5月9日，在致公党长沙市委举办的“长沙青年海归发展论坛爱心助学慈善晚会”上，通过工委发力，为浏阳特校募集善款55900元，新党员周坤当场捐赠善款1.5万元。(三)开展“同心社区”服务基地建设。1月18日，工委对联城社区的6位贫困居民进行慰问。2月11日，工委组织部分党员深入联城社区，开展送温暖活动，给“五保户”、高龄老人等送去了慰问金和新春的祝福。年初，工委扶助该社区建立“法制社区”，联合在社区制作长达五十多米的法制宣传专栏，取得良好的社会效益。　(黄谷成)

【工委自身建设】　(一)组织建设。8月上、中旬，各支部分别召开党员大会，经充分酝酿，提出新一届支部委员会推荐名单。经致公党长沙市委提名，10月16日各支部召开党员大会进行民主投票选举，产生工委各支部第三届委员会。寻益人、刘勇、刘丽萍、易跃、李凌五人当选为第一支部第三届委员会委员，寻益人任主任委员，刘勇任副主任委员。李明、张学文、邓恩、柳孟兰、戴学文五人当选为第二支部第三届委员会委员。李明任主任委员，张学文任副主任委员。孔伟兴、叶昌新、潘登、龙科、肖建平五人当选为第三支部第三届委员会委员。孔伟兴任主任委员，叶昌新任副主任委员。2015年，工委发展3名新党员：湖南柏加建筑园林有限公司常务副总经理、嘉丽房产总经理周坤，浏阳市中医院康复科主任刘志坚，浏阳市招投标办副主任罗娟。(二)支部活动。2015年，工委三个支部都开展不同形式的组织活动，注重党员思想教育，不断增强党员的认同度和凝聚力。一支部先后召集支部党员举行迎新春欢聚、赴大围山摘水果联谊活动，相互交流学习及工作经验。二支部开展为贫困居民送温暖活动。三支部组织全体党员汇聚于大围山镇，传达学习全国两会精神，开展赏花联谊活动。(三)阵地建设。一是加强党员凝聚力建设。工委发动党员参加湖南致公微信群，并发展浏阳致公QQ群，使之成为全体党员温暖的家。二是抓好工委宣传工作。2015年，《湖南致公》《长沙致公》、《长沙统一战线》《和网》《浏阳日报》、《浏阳论坛》等网刊采用党员文章38篇次。《浏阳致公》编发3期，刊发文章18篇计12500余字。(四)人文关怀。每个党员生日，工委坚持送上鲜花表示祝贺。2015年，工委或支部对老党员、困难党员和患病党员进行慰问。2月10日，工委配合致公党长沙市委走访慰问困难党员张荣荣。年初组建老年党员活动小组，工委下文任命陈辉光为组长。5月22日，组织老年党员去浏阳工业园参观学习，并开展以社会主义核心价值观为基本内容的学习活动。10月21日，工委组织14名老年党员参加“孝暖联城•爱在重阳”联城社区第12届重阳千叟宴暨文艺演出活动。10月23日，工委组织10名老年党员统一乘车赴致公党长沙市委机关观看了致公党长沙市委“庆祝中国致公党建党90周年党史党章知识竞赛活动”。(五)党员建功。2015年，刘世杰出版专集《刘世杰美术作品集》，何亮出版《上下五千年》、《何亮美术作品集》两部专集；李亚辉深入基层进行美术辅导达五十多天，获《中国书画报》第二届“华夏之星“山水画金奖，全年参加省级以上美术作品展十余次；彭晓玲有散文、小说多篇在《散文》《长城》等省级以上刊物上发表，李明荣获长沙市先进党员称号。　(黄谷成)

【内外联谊】　(一)横向联系。1月6日，致公党湖南省委副主委骆伟、组织处处长余海峰等来浏阳就基层组织建设工作进行调研，3月19日，致公党长沙市妇委会组织80多位女党员赴浏阳参观梅田油菜花海、谭嗣同故居、王震故居，工委积极配合做好接待工作。10月23日，致公党长沙市委举办“庆祝中国致公党建党90周年党史党章知识竞赛”活动，工委选派孔伟兴、邓恩、程艳、罗靖华组成代表队参赛并夺得冠军。10月31日，工委代表队代表致公党长沙市委参加致公党湖南省委党史党章知识竞赛，获三等奖。黄谷成撰写的《他为致公撑起一片绿荫》，获得致公党湖南省委开展纪念中国致公党成立90周年征文活动一等奖。工委一如既往地坚持主动向中共浏阳市委统战部汇报工作，邀请市委统战部领导出席指导年初的党员大会，工委的重要活动、新党员考察等都请统战部的领导指导。（二）侨海联谊。受美国 Monterey park 市邀请，由中国吉祥文化艺术馆主办，“墨韵百姓 情达万家”宋旦汉字艺术美国(洛杉矶)展，6 月在洛杉矶长青书局举行开幕式。宋旦汉字艺术展在美国大受欢迎，全部作品被抢购一空，创下洛杉矶艺术作品类展览新高。7 月，由卓航 LP52 团队在重庆秀山一中举办“爱心•手牵手”大型公益活动，党员刘勇全程参与此次活动，并捐赠善款 3 万元。（黄谷成）

浏阳市工商业联合会

浏阳市工商业联合会

主　席　郭荣华

党组书记、第一副主席

傅丹阳（2015.09 免）

肖柏林（2015.11 任）

党组成员、副主席

易怀泉（2015.09 免）

黄　萍（女）

党组成员、纪检组长　姜怡明

党组成员　刘　凯

党组成员　唐效湖

兼职副主席（副会长）

卢炳辉　叶长江　庄桂森

李杏义　宋怀智　罗业清

陈平轩　陈小英（女）

陈学明　钟自奇　陶长彪

黄兢雄　熊　然　黎洪武

李　雄　黎　伟　王藏兵

刘常青　周汝红　彭玉良

黄光明　劳　嘉（女）

杨　郁　黎西林　罗冬生

郭　辉　黄　平（女）

彭　佳

秘书长　唐效湖

【概况】 2015 年，工商联在编干部 10 名(1 人 11 月退休)，自主用工 1 名，临聘人员 2 名。第十四届工商联共有执委 180 人，其中常委 62 人，兼职副主席 21 人，兼职副会长 7 人。2015 年是“会员集中发展年”，市工商联将上规模企业、新社会组织、行业商会、乡镇商会建设作为会员发展的重要途径，改善会员结构，提高企业会员、团体会员的比重，实现建好一个基层商会，发展一批会员的目的。先后成立浏阳市青年企业家商会。浏阳市大瑶镇花炮产业商会。浏阳市名优特产商会。全年新增会员 170 个，截至 2015 年 12 月，全市新增个体工商户 4768 家、农民专业合作社（不含农场）439 家、私营企业 4222 家、工商联会员 3061 名，同比增长率分别为 12.4%、12.6%、38.8% 和 8.2%。6 月，在中央统战部和全国工商联举办的基层工商联主席和党组书记培训班上，浏阳市作基层工商联建设典型发言，其经验在全国推广。12 月 12 日，由《中华工商时报》主办的“创新中国：新理念、新动力、新发展——十三五创业创新论坛”在北京华滨国际大酒店召开，会议汇聚经济学家、知名企业家就当今经济下行压力巨大的环境下，如何助力民营企业稳增长、保就业、促发展，如何深入理解十八届五中全会精神及中央各项重大政策，怎样解读“十三五规划”等问题进行探讨。著名经济学家、全国工商联副主席林毅夫、著名经济学家、全国人大财经委副主任辜胜阻、上海中和正道投资管理集团董事局主席周德文等著名学者、企业家出席论坛并作演讲。本次会议上浏阳市工商联“构建大商会，实现网络全覆盖”创新工作获得 2015 年度“创新中国”工商联(商会）工作特别奖，是全国 10 家获评“创新中国”年度特别奖的县级工商联之一。12 月 23 日，《中华工商时报》以《浏阳市党政领导齐推工商联工作开展》专题报道浏阳市委、市政府对工商联工作的重视与支持。同时以《工商联工作大有可为》为题对话浏阳市政协副主席、工商联主席郭荣华。（罗永昌）

10 月 22 日，浏阳市青年企业家商会第一次会员代表大会暨成立大会召开，市委副书记、市长余勋伟，市委副书记吴震，市委常委、组织部长、统战部长周文舜，副市长郑杰，市政协副主席郭荣华等领导出席市青年企业家商会成立大会（资料来源：市工商联）

【非公经济组织建设与会员企业素质提升】 1. 认真学习新精神倡树新理念。召开主席扩大会议和非公经济人士座谈会，宣讲《中国共产党统一战线工作条例（试行)》，加强对新常态下统战工作的认识，明确新要求、新任务；贯彻落实省委、省政府《关于促进非公有制经济发展的若干意见》，提振发展信心，更新发展理念，自觉适应新常态的发展。2. 深入开展丰富多彩的会员活动。以迎“七一”为契机，组织企业党支部开展党建活动，表彰 10 家先进非公企业党组织，充分发挥非公经济党组织的政治引领作用。组织百余名会员前往长沙县开慧乡、井冈山等地参观学习，坚定发展信念。组织机关党员干部到社区参加社区各类活动 8 次。鼓励企业参与社会信用体系建设，建立企业征信制度，创建诚信守法企业 10 家。引导广大非公有制经济人士积极回报社会，村企共建结对 6 家；市快速消费品行业商会在丰顺源大酒店开设 60 桌宴席慰问浏阳市的环卫工人；市青商会参与精准扶贫向张坊镇田溪村捐赠 3 万元；金刚镇商会组织全镇非公经济人士为金刚镇中心学校乐捐 1200 多万元，赢得社会广泛赞誉。3. 扎实推进会员企业素质提升工程。选送52名优秀企业家赴浙江大学参加企业转型升级研修班学习。举办非公经济发展大讲堂2次，邀请7名全国知名专家和企业家来浏讲学。以青年企业家商会会员为主体，倡导践行一月一书活动，每季度举办一次青年企业家读书沙龙。积极组织广大会员企业参加省联举办的民营企业法商风险管理高级培训班、长沙市工商联举办的“解放思想，创业富民”大讲坛和“互联网+营销创新”助力中小企业发展创业富民大讲坛，广大会员企业经营管理水平日益提高。（罗永昌）

7月14日，2015年企业家素质提升工程——企业转型升级浙大研修班结业

（资料来源：市工商联）

【服务非公经济发展】1.开展走访调研。开展专题调研座谈会6次，认真听取非公经济人士对市委、市政府促进非公经济发展的意见和建议。下乡镇、到园区开展“访民企、解难题、保增长”大走访活动，及时梳理，认真总结，撰写调研报告，准确向市委、政府反映广大企业的真实困难和具体诉求，并提出解决问题的建议措施，为各级各部门更好地服务企业，营造氛围，提供方法。2.组织建言献策。在政协九届四次会议期间，组织委员共撰写提案18件，其中两个提案被列为重点提案，工商联工作组作《加快电子商务建设，助推经济转型发展》的政协大会发言。在政协建言“十三五”规划活动中，工商联工作组作“推动互联网+建设”的发言。会后组织委员与商务局进行发展电子商务的对口协商，有力地推动浏阳电子商务的发展。《关于电子商务产业园建设的建议》和《电动汽车产业发展建议》两个提案被纳入“十三五”发展规划。督促住房保障局、花炮局认真办理人大代表建议和委员提案，使建言献策落到实处。3.服务平台建设。继续推进“数字工商联”信息服务平台建设，重点建设“千、百、十”工程，信息与市场日益深度结合。搭建融资平台，组织100多家企业参加长沙银行、农商行、中信银行的银企对接会，积极协助化解企业融资难问题。聘请10余名法律专家组成浏阳市非公企业法律专家服务团，积极主动为企业提供法律服务。在市非公经济领导小组的领导下，市委督查室、市政府督查室、市纪委效能办与工商联继续在各基层商会和上规模民营企业设立发展环境监测点，建立民营企业投诉交办督查制度，认真处理来信、来访和投诉。4.强化区域交流。以湘赣边区域开放合作交流为契机，积极筹备召开首届湘赣边10县（市）商会合作交流会，签订商会友好合作协议，共同携手服务湘赣边非公经济发展，促进商贸合作、产业发展和资源要素对接，合作共建。与湘西自治州的8县区、云南昆明、河北晋州等地工商联缔结友好商会，强化交流，相互学习，共同提高。（罗永昌）

11月19日，市委常委、组织部部长、统战部部长周文舜，副市长郑杰，政协副主席、市工商联主席郭荣华带领市委统战部和市工商联到乡、镇、街道和园区开展“访民企、解难题、保增长”百户民企大走访活动

（资料来源：市工商联）

【“三建三强”助推非公经济发展】4月27日，浏阳市召开“三建三强”服务非公经济主题活动动员大会，浏阳将通过“建智库、强引导，建讲堂、强素质，建平台、强服务”（三建三强）全面优化非公经济发展环境。2014年，浏阳GDP突破千亿，财政总收入过百亿元，而非公经济占全市地区生产总值、全市税收收入和提供就业岗位的90%以上。截至2014年12月31日，浏阳市非公企业达53349户，从业人员达84.9万人，成为拉动浏阳经济增长的主力军。为促进新常态下的非公经济健康发展，浏阳市委统战部、浏阳市工商联今年打造“三建三强”服务非公经济主题活动。该活动持续三年，包括建立非公经济专家顾问团、组织经济形势研讨会、设立非公经

市政协副主席、工商联主席郭荣华带领会员到长沙县考察生态旅游开发项目

（资料来源：市工商联）

济发展大讲堂、主办企业家名校培训班、搭建中小企业政策法律扶持平台等11个子活动，每个子活动都制定了专项活动方案，确保实施效果。“三建三强”活动将整合职能部门、专家学者、协会商会、金融机构等多方资源，优化政务环境，强化服务职能，构建服务平台，广泛汇聚民资民智民力，不断激发非公经济活力，推动浏阳市非公经济跨越发展。会上，张伟达、唐宇文、姚杰、戴军、张友良、易可君、李跃七位非公经济专家被聘为浏阳专家顾问团专家，为浏阳经济决策、政策解读、企业培训等各方面提供支持。市委副书记吴震要求全市上下要增强责任意识，形成发展氛围，全力支持服务非公经济的发展；要增强机遇意识，坚定发展信心，积极响应“全民创业，万众创新”的号召；要增强服务意识，优化发展环境，不断深化改革为非公经济提供良好政务环境；要增强创新意识，提高发展质量，引导企业提高核心竞争力、激发人才活力、增强发展定力，让非公经济成为浏阳生生不息的发展动力。（罗永昌）

【市青年企业家商会成立】 10月22日，浏阳市青年企业家商会第一次会员代表大会暨成立大会胜利召开。会议选举王藏兵为会长，刘颖、汤华伟、易跃、胡淼、郭达峰、蒋剑锋、曾秀清、熊然等为副会长，易跃兼秘书长；同时选举贺建武监事长，吴丹、黄平、黄庆春、彭亿成等为监事。市委副书记吴震为青年企业家商会授牌并为学员授课，吴书记从人性的角度出发，向青年企业家深入浅出的阐述经营企业也是经营人性，管理企业也是管理人性的哲理，为青年企业家进行专题授课，勉励青年企业家不断加强学习，提升自我素养，增强创业创新能力。市委常委、组织部部长、统战部长周文舜主持会议并强调，新形势下，市工商联（总商会）要深入贯彻落实中央统战工作会议精神，加强非公经济领域特别是青年非公经济人士的统战工作，团结、引导青年企业家做到“爱国、敬业、创新、守法、诚信、贡献”。副市长郑杰宣读青年企业家商会上会班子和监事会班子当选人名单。市政协副主席、工商联主席郭荣华主持选举阶段会议。市委副书记、市长余勋伟到会做重要讲话。他要求青年企业家商会坚持服务为根本，为青年企业家成长发展多做实事；坚持创新为动力，引领青年企业家在促进我市经济社会发展中彰显作为；坚持合作为基石，在不断完善自身建设中推动商会工作稳步发展。并希望各级各部门加强对青年创业的支持和扶持，为“大众创业、万众创新”营造浓厚氛围。（罗永昌）

12月12日，由《中华工商时报》主办的“创新中国：新理念、新动力、新发展——‘十三五’创业创新论坛”在北京召开，浏阳市工商联“构建大商会,实现网络全覆盖”创新工作获得2015年度“创新中国”工商联（商会）工作特别奖，是全国10家获评“创新中国”年度特别奖的县级工商联之一。市委统战部副部长、工商联党组书记肖柏林代表浏阳到北京领奖

（资料来源：市工商联）

社会团体

7月29日，全国总工会党组纪检组组长、书记处书记王瑞生（左二）率队到浏阳调研浏阳工会工作，了解农民工加入工会情况及权益维护状况，并实地调研蓝思科技　　（资料来源：浏阳工会网站）

浏阳市总工会

浏阳市总工会

党组书记、主　席　李建军

党组成员、副主席

李繁枝（2015.10免）

李　翠（女）

党组成员、纪检组长　刘旭建

经审委主任　罗孝松

【概况】 2015年，市总工会机关内设办公室、组织科、劳保宣教科、民管法保科等4个科室，下辖工人文化宫和职工服务（帮扶）中心，共有在职职工14名。全市共有工会联合会55家，其中市直工会联合会23家，乡镇工会联合会28家，街道工会联合会4家。全市已建基层工会3278家，其中行政事业单位、国有企业工会共356家，非公企业工会2922家，全市现有工会会员25万，已建工会职工入会率达94%。2015年，浏阳市总工会在市委、市政府和上级工会的正确领导下，牢牢把握“为实现中国梦而奋斗”的工人运动时代主题，树立“发展为先、职工为本、工作为重”的工作理念，坚持开展“三主四创”活动，开拓进取、求真务实，不断强化自身建设，积极开展各项工作，圆满完成各项工作任务，有效提升工会组织社会地位，市总工会系统全年获得14个专项工作和个人全国荣誉。　　（于伊漪）

12月17日，在浙江举行的首届全国最有影响力工会新媒体论坛上，由浏阳总工会运营的“浏阳工会”公众微信号，从全国1300余个微信公众号中脱颖而出，获得中华全国总工会宣教部颁发的“全国最有影响力工会新媒体”“全国十佳典型人物宣传工会新媒体”两项荣誉

【职工素质提升】 举办第二届职工书画摄影作品展，提升职工文化内涵和艺术修养。开展“点赞浏阳最美职工”评选活动，通过微信平台推荐、投票，评选表彰10名“浏阳最美职工”。开展以“学技术、练本领、赛能力、比贡献”为主要内容的劳动竞赛和“安康杯”竞赛活动，抓好“技术能手”评选表彰和第七轮“芙蓉杯”竞赛活动，开展“工人先锋号”创建活动。先后与市旅游局联合举办第三届金牌导游（优秀讲解员）比赛、与制造产业基地联合举办焊工技能比赛，有效激发广大职工学技术、练本领的工作热情。组织开展职工文体活动。年内分别于4月27日，在博隆矿业举行向劳动者致敬庆“五一”文艺演出送职工文艺晚会，5月28日，在市体育中心举行庆“五一”广场舞展示活动，9月29日，在欧阳予倩大剧院举行市总工会职工艺术团成立暨迎国庆文艺演出。先后组织青年职工足球赛、三人制篮球联赛、职工羽毛球比赛、气排球比赛、门球赛、首届职工冬季马路赛跑等，协助市委、政府举办第三届全民运动会。　　（于伊漪）

【帮扶维权工作】 关爱环卫工人。10月26日环卫工人节，组织环卫工人免费看电影，为全市624位一线环卫工发放保温饭盒，并在全市发出“我陪环卫工人过节日”的倡议，组织近百名义工参加义务清扫

活动。积极帮扶困难职工。在春节前夕、“五一”前夕、“七一”前夕、国庆期间、元旦前夕，均开展慰问困难职工或困难党员活动，共发放困难救助金近百万元。组织第四季“爱心温暖回家路”接在外务工人员回家过年活动，联合市妇联、浏阳日报社举办“端午回家•关注留守儿童”活动，增强外出务工人员对家乡的责任感、使命感和自豪感。开展职工医疗互助活动。2015 年共有 293 个单位 27275 位在职职工参加医疗互助，截至 12 月 23 日，全市共有 1900 人次申请医疗互助补助，补助金额达 111 万元，个人最高补助达 5 万元。开展金秋助学活动。8 月 28 日，在欧阳予倩大剧院举行的“金秋助学•大兵义演”活动共募集爱心捐款 479 万多元，其中现场募捐 5.4 万元，全部用来解决浏阳困难学子入学问题。开展送清凉活动。9 月 7 日，组织到蒙华铁路、西北环线、浏阳河六桥、浏中文公路等重点项目建设工地开展送清凉活动，发放价值 16 万余元的防暑解暑物资。（于伊漪）

【劳模服务工作】 建立完善劳模后备库，落实工作机制，做好各级劳模的推荐评选工作，2015 年共有 5 位职工获得劳模称号，其中刘学文被评为全国劳动模范，陈平轩、欧海石、吴远图、彭勇 4 人被评为湖南省劳动模范。4 月 29 日，组织召开庆“五一”劳模座谈会。8 月下旬，组织劳模到宁乡灰汤进行疗休养。走访慰问陈权运、缪昌联等 20 余名国家、省、市级劳模，为劳模们争取上级各类补助资金 30 余万元。（于伊漪）

【基层工会建设】 按照省、市总要求，组织乡镇（街道）、园区工会联合会对照非公企业数据库对全市非公经济组织开展“拉网式”排查，摸清全市工会底数。2015 年，全市新建工会组织 286 家，涵盖企业 364 家，吸纳新会员 22137 人，其中 95%是农民工会员。加强模范职工之家建设，2015 年有烟草专卖局等 20 家单位推荐参与各级模范职工之家评选。（于伊漪）

8 月 15 日，市总工会与浏阳日报社共同主办的第三届浏阳河七夕文化节开幕式暨“浏河之恋”同城专场相亲会在开心广场举行，4 对男女嘉宾牵手成功 （资料来源：浏阳工会网站）

【劳动关系协调】 健全工资集体协商工作考核标准，对考核指标进一步进行细化和量化。召开工资集体协商动员会，对工资集体协商工作进行部署，重点推动工资集体协商工作向非公企业延伸，向劳动密集型企业拓展，不断扩大工资集体协商覆盖面。2015 年，全市共有 1860 家企业签订工资集体协议。（于伊漪）

【召开庆“五一”劳模座谈会】 4 月 29 日市委、市政府召开庆“五一”劳模座谈会，市委副书记吴震对载誉归来的全国劳动模范刘学文，省级劳动模范陈平轩、欧海石、吴远图、彭勇五人表示热烈的祝贺和欢迎。吴震要求，要进一步宣传劳模们的先进事迹，弘扬劳模精神，进一步关心爱护劳模，关注他们的生产生活和精神成长，在浏阳形成尊敬劳模、尊重劳动者、崇尚劳动的浓厚氛围，同时希望劳模们再接再厉，发挥示范效应，激励全市劳动者一同前行，为浏阳的发展贡献力量。市领导刘仙娥、张葵红参加座谈会。（于伊漪）

【成立工会志愿者服务队】 7 月 11 日，浏阳市总工会志愿者服务队正式成立并举行授旗仪式，首批加入的职工志愿者有 320 人。这是浏阳市总工会贯彻中央群团工作会议精神的具体举措和实际行动，也标志着浏阳市工会系统“社工 + 义工 + 工会”服务职工的“三工服务一工”新模式正式启动。（于伊漪）

【全国总工会纪检组长、书记处书记王瑞生调研浏阳工会工作】 7 月 29 日，全国总工会党组纪检组组长、书记处书记王瑞生率队来浏调研浏阳工会工作，了解农民工加入工会情况及权益维护状况，并实地调研蓝思科技。王瑞生充分肯定浏阳的工会工作，要求浏阳更加关心关爱职工，营造良好务工环境，积极探索关爱职工先进经验。员工密集的企业和园区要加强安全管理和企业文化建设，做到既能吸引人才又能留住人才。省总工会党组副书记、副主席钟小泪，长沙市人大副主任、市总工会主席赵建强，浏阳市领导吴震、邓雪琴陪同调研。（于伊漪）

【“金秋助学·大兵义演”活动】 8 月 28 日下午，2015“金秋助学•大兵义演”最后一站走进浏阳，在欧阳予倩大剧院热闹开演。相声演员大兵等人不仅用精彩的演出博得满堂喝彩，现场观众也纷纷献出爱心，现场共募集爱心助学款 54650 元。“金秋助学•大兵义演”是由省总工会主办，湖南电台 NEWS938 潇湘之声、湖南笑工场青

9月29日，浏阳市总工会职工艺术团正式组建成立，并在欧阳予倩大剧院给浏阳市民带来了首次演出
（资料来源：浏阳工会网站）

【青少年思想道德建设】 针对学校青少年，在全市各级团队组织中广泛开展主题团队日活动，宣讲团史、队史，培养青少年的政治信仰，让核心价值观入脑入心。针对机关青年，举行“青年廉政演讲比赛”，以互联网思维举办传统赛事，通过线上线下的互动让廉政深入到青年干部心中。针对社会青年，举办浏阳市第二届青年创新创业大赛。共有73个实体项目报名，通过初赛、晋级赛和总决赛，最后有10个项目脱颖而出，给予总计10万元资金奖励。创业大赛后，举办青年创新创业研修班，遴选80名创业青年参加研修班，一批创业项目正在茁壮成长。 （罗 莎）

年相声俱乐部共同发起的公益助学活动，此次来浏演出是该活动第一次在县级城市开展。省总工会党组成员、副主席黄新民，法律保障部部长罗华，长沙市总工会党组书记副主席郑耀频和市领导吴震、刘旭、邓雪琴参加活动。
（于伊漪）

【成立浏阳市总工会职工艺术团】 9月29日，浏阳市总工会职工艺术团正式组建成立，并在欧阳予倩大剧院给浏阳市民带来了首次演出。总工会职工艺术团将充分调动全市文艺资源，以乡镇街道、社区、企事业等基层单位职工为主要服务对象，指导企业和职工文化活动的开展，不定期开展送文艺节目到企业，组织企业和职工文化交流活动，以不断满足职工群众日益增长的多层次、多样化的精神文化需求，活跃和丰富职工的业余文化生活。省总工会宣教部部长许波，长沙市总工会党组副书记、副主席匡涛涛，市领导吴震、刘旭、邓雪琴、张葵红等观看演出。 （于伊漪）

青 年 工 作

共青团浏阳市委员会

党组书记、团市委书记
何 勇（2015.06免）
党组成员、纪检组长
李丽莎（女）
党组成员、副书记
石思敏（2015.11免）

【概况】 2015年浏阳市有18~35岁青年342327名，共青团员142758名，乡镇团委28个，街道团(工)委4个，村(社区)团组织322个，市直机关单位团组织70个，高中团委14个，两新团组织105个。共青团浏阳市委下设青年联合会，共有青联委员122名。主管浏阳市志愿者联合会、浏阳市义工联、浏阳市公益救援队、浏阳市青年创业者协会、浏阳市农村青年致富带头人协会等5个青年社会组织。共青团浏阳市委机关有编制6名，在编在岗干部3名。 （罗 莎）

【青年人才工作】 实施“青年党政人才关爱工程”。将全市各机关事业单位35岁以下党政青年人才纳入系统性的关爱培育计划，提升青年干部素质，丰富青年干部生活。开办青年双休日课堂。组织团青干部、青联委员、青年创业者协会会员等青年群体加强学习，邀请名师授课，已进行“经济学讲座”“电商创业”两期，参与青年达600余人次。召开大学生“知乡爱乡”座谈会，利用大学生返乡时间，全市37个乡镇、街道均举行返乡大学生座谈会，为大学生讲解家乡发展前景，提供就业实习岗位，以实际行动关爱青年，促进“人心回归”。举办浏阳市第一届青年职工足球赛暨湘赣边友

10月14日，共青团浏阳市委召开志愿者活动启动仪式暨培训会议
（资料来源：浏阳共青团网站）

9月10日，团省委副书记、省少工委主任廖良辉到浏阳市升平村升田小学慰问少先队辅导员老师。共青团长沙市委副书记周坤、浏阳市副市长邓雪琴陪同慰问

（资料来源：长沙共青团网站）

谊赛，共有29支市内外队伍参赛，通过球赛加强区域间青年交流，提振青年干事创业的激情。（罗 莎）

【组织青年投身社会民生实践】 组织150名志愿者服务第十二届中国（浏阳）国际花炮文化节；组织30名志愿者服务省纪念胡耀邦同志诞辰100周年座谈会；组织200名志愿者服务省农村精神文明建设经验交流会，志愿者以热情的接待、优质的服务展示完美的浏阳形象。在做好节会志愿服务的同时，组织基层青年和志愿者开展多种形式的志愿服务活动60余场次，参与志愿者达20000多人次。进行“青年文明号”、“雷锋号”志愿者工作站、“青年岗位能手”评选，以评促绩，提升青年的工作效率和服务群众水平。（罗 莎）

【维护青少年权益工作】 做好预防青少年违法犯罪工作，以“一乡一课”大型宣教活动为抓手，免费送课下乡，在青少年中开展法制教育、心理教育、自护教育。2015年共送课下乡39节，2万余名青少年、家长参与学习。开展“江淮村镇银行.爱心助学活动”，募集资金10万元，资助了169名贫困学生。开展“圆梦行动”，募集资金312000元，圆77个学子的大学梦。开展“N+1”关爱孤困学生专项志愿行动，试行互联网+爱心的模式，通过微信为孤困学生长期众筹爱心资金。（罗 莎）

【团组织建设】 深化组织建设。扎实推进区域化团建和乡镇实体化大团委建设；创建8个湖南省团工作示范乡镇，12个省市青少年活动平台，组织覆盖面更广，组织建设更加规范。强化团干部培训。对全市少队辅导员、中学团委书记进行为期2天的专业培训；选派基层团干部到省委党校、长沙市委党校参加青年文明号、示范性团组织建设、志愿服务等项目集训，累计培训400余人次，团干部素质提升。精心培育青年群众自组织。坚持“思想引领，助推发展”的思路，让浏阳市青年联合会、浏阳市义工联、浏阳市公益救援队、浏阳市青年创业者协会等四支团市委主管的青年群众自组织能自我管理，自我壮大。（罗 莎）

【举办浏阳市第一届青年职工足球赛暨湘赣边友谊赛】 团市委、总工会、文体局联合举办浏阳市第一届青年职工足球赛暨湘赣边友谊赛，共有来自机关单位以及社会各界的29支代表队，近300名运动员参加比赛。2015年5月4日至6月23日期间，29支队伍分为机关、社会两组，经过小组赛及淘汰赛共71场比赛的角逐，关口办事处以1:0的比分战胜人民医院，夺得机关组冠军。电力局、法院获得机关组季军。社会组冠、亚、季军分别由丽莎KTV、天使烟花、上栗赤山和启航获得。（罗 莎）

【组织志愿者服务第十二届中国（浏阳）国际花炮文化节】 团市委通过两个月的筹备、招募、动员、培训、实践等工作，在第十二届中国（浏阳）国际花炮文化节期间（2015年11月5—7日），组织150名志愿者圆满完成6个酒店的宾客接待、34辆车的随车服务，两场晚会的资料摆放、现场引导等工作任务。会后组织全体志愿者召开表彰大会，评出志愿服务过程中的最佳团队、优秀组长、最美志愿者，给予精神物质奖励。（罗 莎）

妇女工作

浏阳市妇女联合会

党组书记、主席 龙花明（女）
党组成员、副主席
　刘玉丰（女）
党组成员、纪检组长
　肖 娟（女）
副主席 刘 艳（女）

【概况】 浏阳市妇女联合会（以下简称市妇联）成立于1950年3月。1993年，浏阳撤县设市，更名为市妇联，为正科级单位。浏阳市妇女联合会是浏阳各界妇女在中国共产党领导下为争取进一步解放而联合起来的社会群众团体，是党和政府联系妇女群众的桥梁和纽带，是国家政权的重要社会支柱。市妇联的基本职能是代表和维护妇女权益，促进男女平等。浏阳市妇联内设6个部室：办公室、组织联络部、宣传部、妇女发展部、权益部、儿童工作部。浏阳市妇女儿童工作委员会办公室设在妇联。浏阳市妇女联合会共有9名在编在岗工作人员。全市32个乡镇、街道的社区、行政村100%成立妇联组织。市直各机关单位共成立妇委会、妇女小组87个。妇联有6个团体会员单位：浏阳市女领导干部联谊会、浏阳市女能人协会、浏阳市“廉内助”联谊会、浏阳市妇女儿童互助会、浏阳

3 月 3 日，浏阳市妇联联合工信局等六家单位在市人力资源市场举办“让爱回家·伴我成长”留守儿童家长专场招聘会　　（资料来源：市妇联）

市知青家园艺术团、浏阳市“半边天”健康联谊会。2015 年，在市委、市政府的坚强领导下，浏阳市妇联深入贯彻落实中央及省市关于新时期妇女工作重要精神，坚持服务大局与服务妇女相结合，坚持维护妇女权益与促进妇女发展相结合，坚持积极参与浏阳各项建设与发挥独特优势相结合，带领全市妇女在推动浏阳经济社会发展中谱写新的篇章。　　（戴四辉）

【妇女创业、就业工作】　一是增强女性创业创新能力。深入全市 40 多家巾帼农业示范基地走访调研，联合农办、畜牧等部门多措并举推动巾帼示范基地创建，创省市巾帼示范基地 40 余个。组织市女能人协会会员开展素质拓展训练，邀请湖南商学院熊苹教授为女企业家作专题指导培训。组织女企业家赴宁乡学习交流，与望城区 20 多名女企业家在浏阳经开区开展创业观摩活动。浏阳市兴乐种植科技开发公司周慈英和普济生物科技公司李今微，获评全国妇联第二届发现身边的“女性创业之星”，获得 1500 万元意向投资。二是拓展女性创业创新空间。顺应“大众创业，万众创新”发展要求，携手一朵，建立巾帼“互联网 +”创业教育实践基地。从基层选送优秀妇女骨干、女大学生 150 名参加一朵“掌上赢”电商培训，并加入一朵公司电商团队，实现创业就业。2 次联合博大电商学院为 300 余名创业女性和女大学生举办电商知识培训；指导已具规模的农村女种植户、女性农民专业合作社包装产品，进行线上线下“两条腿走路”，一批女企业家通过网络营销创造销售奇迹，实现质和量的飞跃。　　（戴四辉）

【家风建设与特色家庭创建活动】

一是结合主题倡树家风建设。认真落实习近平总书记“注重家庭、注重家教、注重家风”的指示精神，常态化开展寻找“最美家庭”活动，举办浏阳市首届家庭文化艺术节。全市 20 多个单位以优教家庭故事会、最美故事巡讲等形式推动活动深入开展，晒出幸福家庭照片 2000 余幅，举办家风家训评议会 42 场次，“最美家庭”故事会 78 场次，设立“最美家庭”光荣榜 139 个，评出最美家庭 3650 户。64 户获评浏阳市级“最美家庭”，7 户获评长沙“最美家庭”，1 户获评省级“最美家庭”。二是注重实效深化特色家庭创建工作。组织实施百户“两型”家庭、书香家庭评比创建活动。组织市“创建平安家庭，共筑幸福家园”知识抢答赛，与全市 30 多万户家庭签订“平安家庭”创建承诺书。联合市纪委在全市机关干部及党员家庭中开展“树勤廉家风，创最美家庭”主题活动，征集廉政文艺作品 80 余件，举办廉政演讲比赛，1000 多名党员领导干部积极参与到活动中来。三是拓展平台提升宣传工作影响力。开通“浏阳妇联”政务微信平台，通过微信平台发布涉及妇女、儿童、家庭的各类资讯，吸引万余名群众关注。先后接受联合国项目督导会和省、市妇联现场调研指导 10 次，均对浏阳市妇女儿童工作给予高度肯定。2015 年各类媒体刊发报道浏阳妇联工作 406 件，《中国妇女报》、中国妇联新闻网、《湖南日报》《长沙晚报》《今日女报》等主流媒体宣传报道 21 次，进一步提升浏阳妇女儿童工作的知名度和美誉度。　　（戴四辉）

3 月 11 日，全国妇联妇女发展部农村处处长王海静等一行 8 人到浏阳考察农村妇女创业工作。湖南省妇联副主席鲁华，长沙市妇联主席谭慧慧、副主席钟小珍，浏阳市妇联主席龙花明等陪同考察。并实地考察全国巾帼现代农业科技示范基地——浏阳市淳口镇兴乐种植科技开发有限公司　　（资料来源：市妇联）

4月3日，全国反家庭暴力法立法调研组一行16人到浏阳市进行反家庭暴力法的立法调研 (资料来源：市妇联)

【妇女儿童合法权益保护】 一是强化法制宣传普及教育。以纪念男女平等基本国策提出20周年为契机，依托各级妇联开展宣传教育活动。市“巾帼法律顾问团”老师深入村（社区）开展巾帼维权、普法教育10余场，近3000名妇女参加。建立200多支“禁毒妈妈”小分队，组织“禁毒妈妈”联盟的志愿者，开展“6•26”国际禁毒集中宣传日工作。二是构建多机构合作反家暴维权网络。不断完善多结构合作反家暴工作，探索设置“高危案例评估表”，建立“高危案例联席会议”，坚持每个季度召开反家暴工作例会研讨分析信访数据、归类信访问题，确保各类矛盾及时有效化解。截止到目前，共接待信访件202例，接处率达100%，与部门合作成功处置中高危案例21起。12月20日，浏阳发出第一份《家庭暴力告诫书》。组织多机构负责人赴福建莆田、河北承德学习人身保护令和告诫工作、赋权式专业调解家庭纠纷等先进理念。11月25日在北京召开的“反对针对妇女家庭暴力全国经验总结交流会”上，浏阳妇联、法院、集里桥社区在会上作典型经验介绍。12月8日，《中国妇女报》以《浏阳以转介工作服务受暴妇女》为题整版深度报道我市反家暴工作经验。三是推动妇女儿童发展纲要实施。组织召开“十二五”妇女儿童发展规划监测统计和终期评估迎检工作调度会。高质量完成规划终期评估验收工作，并做好“十三五”规划编制系列前期工作。 (戴四辉)

【妇女儿童民生实事办理】 一是妇儿民生实事有序推进。组织开展“送温暖•献爱心”走访慰问活动，发放慰问资金45万余元，惠及510名贫困妇女和儿童的家庭。深入开展农村妇女“两癌”普查项目，完成63800名妇女筛查，同时为50位“两癌”贫困母亲发放救助金20余万元。关注女性健康，定期开展女性健康主题讲座，联合妇幼保健院、集里医院等开展巡讲和义诊。组织女村官和女企业家等700余人参与免费健康体检，并进行跟踪回访。二是留守儿童活动丰富多彩。对全市留守儿童情况进行调查摸底，建立村（社区）、乡镇、市三级留守儿童关爱帮扶台账，对特殊留守孩子实行代理妈妈、代理家长等帮扶管理。举办“让爱回家•伴我成长”留守儿童家长专场招聘会，百余家用工企业提供近万岗位供留守儿童家长选择，从源头上解决留守儿童留守问题，2015年全市留守儿童减少2000余人。在全市发起第二期“寻找百户爱心家庭•情暖贫困留守儿童”活动，利用报纸、电台和妇联微信平台，202户爱心家庭与300多名贫困和留守儿童结成长期帮扶对子，并募集到20余万元爱心款。开展“端午回家•关爱留守儿童”主题活动，组织“传递彩虹包裹”爱心捐赠主题活动，为856名留守儿童送去了爱心礼包。在泮春中学建成浏阳市首个农村留守儿童心理健康辅导中心示范点“知心屋”，招募心理辅导志愿者从心理角度介入留守儿童关爱帮扶。三是家庭教育品牌效应延伸。坚持开展百场家庭教育“五进”活动，将家风家教知识送到农村、社区、学校、企业等基层一线，开展讲座100余场，参与家长约3万人。“母亲夜话沙龙”每月26日在社区、楼栋、电台，围绕不同主题组织交流活动。举办优秀家训家风征集、好爸好妈评选等形式不一的活动，以好家风带动社会风气好转。 (戴四辉)

【妇女参政议政】 提升妇女参政议

5月20日下午，市委宣传部、市妇联、市文明办联合举办浏阳市家庭文化艺术节暨“我爱我家”家庭才艺大赛，64个“浏阳市最美家庭”获得表彰。周水波家庭表演的童话剧《不要被吃掉》获得浏阳市首届“我爱我家”家庭才艺大赛一等奖。长沙市妇联主席谭慧慧，浏阳市领导吴震、邓雪琴、廖伟平等出席活动 (资料来源：市妇联)

政能力。举办人大代表、政协委员性别平等提议案培训班，提高人大代表、政协委员起草性别平等提议案的能力。组织全市副科级以上女领导干部开展户外素质拓展训练活动；组织基层妇联主席开展业务培训、观摩学习；开展基层村（社区）妇女骨干培训班；坚持每个季度开展村（社区）女性正职开展素质提升培训，强化治村能力提升，《今日女报》推出6位女村官宣传报道，1位在推动中国妇女参政项目全国经验交流会上作典型发言。（戴四辉）

【开展“送温暖·献爱心”走访慰问贫困妇女儿童活动】 为了让贫困妇女儿童和家庭度过一个欢乐、祥和、温暖的新年，根据浏阳市委市政府关于开展“暖心工程”活动的统一部署和要求，浏阳市妇联组织开展“送温暖·献爱心”走访慰问活动。浏阳市妇联各级妇联组织坚持从解决妇女最关心、最现实、最迫切的问题入手，此次走访慰问活动共筹集慰问款45万余元，惠及510名贫困妇女和儿童的家庭。（戴四辉）

【浏阳市妇联举办“让爱回家·伴我成长”留守儿童家长专场招聘会】 为从源头上解决留守儿童的问题，将更多孩子的父母留在本地工作，陪伴孩子健康快乐成长，同时更好地服务浏阳企业用工需要，服务浏阳经济社会发展。3月3日，在“三八”国际妇女节来临之际，浏阳市妇联联合工信局、教育局、人社局、日报社、广播电视台六家单位在市人力资源市场举办“让爱回家·伴我成长”留守儿童家长专场招聘会。浏阳市人民政府副市长邓阳锋出席此次活动并作重要讲话。“让爱回家·伴我成长”留守儿童家长专场招聘会持续举办一周，百余家用工企业提供近万岗位供家长选择。（戴四辉）

【浏阳市组织举办“妇女儿童之家”展示大赛】 为进一步提升浏阳“妇女儿童之家”服务妇女儿童和广大家庭的能力，发挥各具特色“妇女儿童之家”的示范引领作用，真正将“家”建设成为党开展妇女儿童工作的坚强阵地和深受广大妇女儿童信赖与热爱的“温暖之家”，3月4日上午，浏阳市妇联组织举行“妇女儿童之家”展示大赛。经过前期的宣传发动，来自全市村、社区、企业的30余家“妇女儿童之家”积极报名参赛，经过初步审查择优确定在家风家教、关爱留守儿童、儿童教育、妇女儿童维权、素质提升、创业就业、巾帼志愿服务等方面各具特色的8个单位“妇女儿童之家”参加展示，经过激烈角逐，杨花乡杨花村“妇女儿童之家”凭借《三位一体促教育，妇女儿童共成长》特色服务荣获冠军。湖南一朵生活用品有限公司的《建设幸福之家，传承天下母爱》开辟在浏阳非公企业建立“妇女儿童之家”的先河。（戴四辉）

5月28日，浏阳市“童心有爱·情暖六一”主题活动在市奎文实验小学开幕

（资料来源：市妇联）

【全国反家庭暴力法立法调研组到浏开展反家暴法立法调研】 4月3日，全国反家庭暴力法立法调研组一行16人，在国务院法制办副主任胡可明、全国妇联权益部副部长兰青的带领下，到浏阳市进行反家庭暴力法的立法调研。调研组首先前往浏阳市妇幼保健院反家庭暴力医疗点进行现场参观。接着观摩浏阳市多机构合作干预家庭暴力高危案件联席会议，听取浏阳市反家庭暴

9月22日上午，长沙市委组织部、市妇联组成的督查组到浏阳开展培养选拔女干部、发展女党员工作调研督查。长沙市妇联党组书记、主席谭慧慧，党组副书记周小春、组联部部长龚艳、长沙市委组织部干一处副处长喻果平及浏阳市人大、政协、组织部、妇联、人社局、教育局、民政局、卫计局相关负责人、“两代表一委员”代表20余人参加

（资料来源：市妇联）

力多机构合作成员单位项目专干对典型个案进行的及时干预分析，以及对个案处置情况的发言，浏阳市的多机构合作反家暴模式得到调研组领导的一致肯定。在随后召开的反家暴立法座谈会上，浏阳市妇联、法制办、妇儿工委办、法院、公安局、司法局、民政局、教育局等相关单位的负责人结合本部门的工作实际，从不同角度阐述反家庭暴力立法的必要性和重要性，对反家庭暴力法征求意见稿进行热烈讨论，提出针对性强、有参考价值的意见和建议。湖南省妇联党组成员、副厅级纪检员郑丽东，湖南省政府法制办副主任张建华，中共长沙市委常委、浏阳市委书记曹立军，长沙市妇联党组书记、主席谭慧慧，浏阳市政府副市长赵丁山等领导陪同调研和座谈。（戴四辉）

【“浏阳妇联”官方微信公众平台正式开通运行】 为适应新形势下妇女儿童工作的发展，让浏阳妇联工作更加贴近民众，满足妇女群众多元化需求，构建立体化的妇联宣传服务格局，经过三个月的精心准备，2015年“浏阳妇联”官方微信公众平台（微信号 lysfnlhh）正式开通运行。2015年一年时间，“浏阳妇联”吸引12万余名“微粉”关注。“浏阳妇联”公众微信平台以服务广大妇女儿童为宗旨，设有“她力量”“她风采”“她关注”三大栏目。“浏阳妇联”微信平台及时发布全市妇女儿童政务信息和婚姻、家庭、教育、健康等方面的新闻资讯，通过文、图、视频、声音等多元化媒体介质，更有效地延伸妇联工作的“手臂”。这一“微服务”的形式，搭建起浏阳妇联与广大妇女群众沟通交流的新型服务平台。（戴四辉）

【“童心有爱·情暖六一”——浏阳市妇联系列活动伴孩子温暖过“六一”】 5月28日上午，浏阳市“童心有爱•情暖六一”主题活动在市奎文实验小学温暖启幕。活动现场市妇联龙花明主席介绍活动情况。现场播放的贫困留守儿童生活 VCR 让400余名与会人员动容，15个爱心家庭代表与贫困留守儿童现场结对，10位“春蕾女童”代表收到六一春蕾助学金，奎文实验小学20名留守儿童代表收到温暖的节日包裹，活动最后两位优教家庭家长教子故事的分享，让在座家长引起不少共鸣。为迎接第66个“六一”国际儿童节的到来，让浏阳市广大儿童度过一个快乐而有意义的节日，浏阳市妇联以“童心有爱•情暖六一”活动主题组织开展五大系列活动。一是开展“百场家庭教育大讲堂”进机关、学校、村镇、社区、企业等五进活动，为未成年人成长营造健康的家庭和社会环境。二是按季评选浏阳市“美德少年”，树典型传正能量，在全市少年儿童中形成爱学习、崇尚德的氛围。三是关爱“春蕾女童”，积极向上争取资金，上半年为150名贫困女童争取到一个学期的学习和生活费用10万余元。四是举办贯穿全年的“传递彩虹包裹•情暖留守儿童”主题活动认捐彩虹包裹，活动得到广大爱心人士的支持，5天内为留守儿童认捐600多个彩虹包裹。五是与市文明办、教育局、日报社、广播电视台共同发起“寻找百户爱心家庭•情暖贫困留守儿童”活动，面向全市寻找爱心家庭、爱心企业与100名贫困留守儿童结对帮扶。不到一周的时间里，共收到140多户“爱心家庭”报名。暖暖的关怀，美德的倡树、家风的引领，孩子们的这个六一儿童变得更加丰富多彩。浏阳市人民政府副市长、妇儿工委主任邓雪琴出席活动。（戴四辉）

【浏阳市“推动中国妇女参政”项目完成终期评估】 10月16日，联合国妇女署丁亚•拉卡卡先生和全国妇联段国辉副巡视员带领项目工作人员，对浏阳市实施“推动中国妇女参政”项目进行终期评估。中华女子学院教授李洪涛、中华女子学院老师陈政宏，以及湖南省妇联副巡视员胡新民、省妇儿工委办负责人钟波等应邀参加评估活动。

评估组一行在枨冲镇张家店村，组织召开项目终期评估浏阳市座谈会。浏阳市妇联党组书记、主席代表浏阳市妇联汇报工作情况，16名与会代表分别结合实际介绍推动妇女参政议政工作的情况和改进妇女参政议政工作的建议。督导组一行肯定浏阳为推动项目实施所开展的各项工作，同时也希望浏阳市要充分发挥项目工作中积累和学习到的切实可行的女性参政议政工作经验做法，更加注重宣传，不断加强培训，切实发挥作用，进一步提升妇女参政议政工作水平，为浏阳经济社会发展做出积极努力。（戴四辉）

【浏阳市妇联深入推进“树勤廉家风·创最美家庭”主题活动】 为贯彻落实习近平总书记关于“注重家庭、注重家教、注重家风”系列重要讲话精神，推进廉政文化建设向家庭延伸，加大家庭文明建设工作力度，充分发挥家庭助廉作用，在机关干部职工家庭中构建勤政、廉政的良好氛围，市妇联、市纪委在全市机关干部职工家庭中开展“树勤廉家风.创最美家庭”主题活动。活动按照“坚持一条主线、突出两项重点、发挥三个作用”的总体要求进行，即坚持倡导“勤廉”家风这条主线；突出机关干部职工及其家属两个重点人群；发挥党委领导，纪委指导，妇联组织三方面的作用。活动以征集家庭助廉作品、开展家庭助廉教育系列活动、创建勤廉家庭为载体，将勤廉文化融入能让全市机关干部职工及家属便于参加、乐于参加的载体活动中，使他们在潜移默化中受到教育。（戴四辉）

【浏阳市建成首个农村留守儿童心理健康辅导中心示范点“知心屋”】 10月27日，浏阳市妇联联合组织教育部门、社会心理工作者前往泮春中学农村留守儿童心理健康辅导中心“知心屋”进行验收和授牌，通过实地查、看、问，查阅资料等形式严格按照验收细则逐一打分验收，泮春中学严格按照项目基础建设与管理的相关要求进行建设，顺利通过验收并挂牌，这标志着浏阳市首个农村留守儿童心理健康辅导中心“知心屋”正式成立。为切实关爱农村留守儿童，全面了解和掌握农村留守儿童心理健康状况，省妇联、省妇儿发展基金会2014年6月启动农村留守儿童第一批心理健康辅导中心项目，浏阳市洋春中学是湖南省30个示范点之一。知心屋建有教师办公室兼预约等候室、心理档案室、个体心理咨询功能室、团体辅导室兼心理活动室、小型培训室、心理测评室兼亲情视频聊天室、小型培训室，是具备多功能的儿童心理健康辅导中心。（戴四辉）

【浏阳市妇联积极推动巾帼互联网＋创业教育】 12月8日，浏阳市妇联组织近120名电商创业培训班学员到浏阳巾帼互联网＋创业教育实践基地——湖南一朵众赢电商科技股份有限公司，举办浏阳市女性创业电子商务知识普及推广培训班，同时与生产企业开展产品供需对接，让初次尝试在电商领域创业的学员在对接中寻找适合的产品，增强创业自信心，提升创业成功率。（戴四辉）

【2名女企业家获得全国妇联“女性创业之星”荣誉和1500万元意向投资】 12月18日，由全国妇联妇女发展部指导、华媖创业女性发展中心主办、中国女性杂志承办的第二届“发现身边的女性创业之星”汇报总结会在北京圆满闭幕，来自全国20个省市区妇联发展部代表和获奖代表参加颁奖仪式。全国妇联第二届“发现身边的女性创业之星”活动，评选104名“女性创业之星”，湖南省共有11名女企业家得此殊荣，获奖人数位居全国同行之首，浏阳市妇联推荐的长沙普济生物科技有限公司总经理李今微、湖南浏阳市兴乐种植科技开发有限公司董事长周慈英2名女性企业家获得“女性创业之星”称号。长沙普济生物科技有限公司总经理李今微成功入选，获得小型企业组“最具投资价值女性创业之星企业”称号。李今微女士所在公司与创投机构签订1500万元的投资意向书。（戴四辉）

残　联

市残疾人联合会

党组书记、理事长　周卫东
党组副书记、副理事长
孔祥全（2015.09免）
党组成员、副理事长　罗人歌
党组成员、纪检组长　李小艳（女，2015.09免）

【概况】 2015年，市残联内设办公室、教就部、康复部和组联、维权部4个部室，下设残疾人就业服务中心加挂残疾人辅助器具服务站牌子，有在编在岗职工12人，临聘人员5人。市残联第三届主席团委员25人、各专门协会主席5人，理事会成员15人，截至2015年12月全市共有持证残疾人28380人。残疾人联合会负责指导全市开展残疾人工作，发展残疾人事业；听取残疾人意见，反映残疾人需求，代表残疾人利益，维护残疾人权益，为残疾人服务；开展残疾人康复、教育、就业、托养、扶贫、文体活动和辅具供应。（兰词贵）

【残疾人康复实事】 实施“0~14岁贫困残疾儿童抢救性康复”项目，免费为302名贫困残疾儿童提供康复训练服务，在训儿童康复训练显好率95%，儿童家长满意率100%。实施“义肢助残”工程，免费为90名残疾人装配假肢，其中50例就近浏阳市中医院假肢矫形中心进行装配。实施“光明•关爱”工程，免费为150名低、弱视力患者和350名白内障患者配发了助视器、实施手术。辅具适配进家庭项目，根据残疾人自身需求“量体裁衣”，免费为50户残疾人家庭配备坐便椅、护理床等价值10万余元的辅助器具164件。受益于国家福彩项目为26位重度残疾人配发价值7万元的电动轮椅，为80名低视力患者配发价值7.2万元的助视器。（兰词贵）

【残疾人教育就业】 加强残疾人就业创业服务，完成全市用人单位按比例安排残疾人就业年审工作，全年征收残疾人就业保障金980余万元，比2014年度增长200多万元；做好残疾人职业技能和实用技术培训，推荐30多名残疾人到长沙参加职业技能培训，指导乡镇举办水果栽培、蔬菜种植等实用技术培训班，培训残疾人160名，全年新增城镇残疾人就业102人。争取省康复扶贫项目贷款贴息，为永泰饲料、星沙按摩等3家企业争取项目贷款贴息16.2万元。扶持残疾人自主创业，为张运淼等120名残疾人争取创业小额贷款贴息45万元。（兰词贵）

【残疾人权益维护】 认真开展领导信访接待日活动，全年共接待来信来访200多人次。设立法律救助工作站，落实律师值班制度，全年接

5月15日，市残联组织的主题为“阳光助残•缘来是你”的首届残疾人相亲交友大会在西湖楼酒店举行，200余名残疾人朋友及其家属热情参与　（资料来源：市残联）

待残疾人法律咨询150多人次，为46名残疾人免费提供法律救助。同时加强矛盾排查和化解，及时化解纠纷，全年没有发生越级群访和涉残事件。大力开展无障碍社区和家庭改造，投入近28万元对淮川街道城东社区所辖范围内公共场所的过道、公共厕所等设施以及50户贫困残疾人家庭的灶台、卫生间、入户地面等实施无障碍安装与改造，为残疾人的出行和生活提供便利。（兰词贵）

【残疾人组织宣传】 积极组织乡镇（社区）开展星级创建工作，有11个乡镇和15个社区在长沙市残联的验收评估中成功保星和创星。利用报刊、广播、电视、网络等媒体及时宣传本市残疾人工作动态，全年在省新闻联播报道残疾人工作1次，省级媒体网站发布信息3篇，长沙残联网站发布信息43篇。

残疾人扶贫保障。严格审核重残补助和护理补贴申报对象情况，全年共发放重残补助537.53万元，受益对象7533人，发放护理补贴493.06万元，受益对象8481人。积极落实扶残助学提标政策，为243名残疾人高中生、大学生发放补助43.98万元，为45名贫困残疾人及其家庭子女大学新生补助10.14万元。为160名贫困残疾人发放居家托养补助16万元，由残疾人自主选择托养服务。加大对纳入危房改造项目残疾人家庭的扶持力度，全年共为207户残疾人家庭发放补贴82.8万元。（兰词贵）

【残疾人服务机构】 努力协调统战部门，与宗教慈善机构合作，进一步提升爱萌自闭症儿童康复中心的服务水平。积极争取上级经费20万元，为爱萌康复中心添置残疾儿童康复设施设备，进一步提升机构开展残疾儿童康复训练的能力。依托康馨家园、仁爱残疾人服务中心两家托养机构，为82名残疾人免费提供日间照料，加大对机构的投入、监管与指导，依托花炮产业特色，承接简单的手工活，让残疾人朋友在服务中心能“进得来、坐得住、玩得开心、赚得到钱”，切实感受到党和政府的关爱。（兰词贵）

【首届残疾人相亲交友大会】 5月15日上午，在第二十五个“全国助残日”到来前夕，市残联组织的主题为“阳光助残•缘来是你”的首届残疾人相亲交友大会在西湖楼酒店举行，200余名残疾人朋友及其家属热情参与。在启动仪式上，市人民政府副市长邓雪琴向全市2.8万名残疾人致以亲切的节日问候，向支持残疾人事业的各界爱心人士表示衷心的感谢。她强调扶残助残是一项社会工程、系统工程，各有关部门要加强政策扶持，充分挖掘社会资源，在残疾人社会保障和服务方面寻求突破，努力为残疾人朋友们办好事、做实事，让每一位残疾兄弟姐妹都能深刻感受到社会大家庭的温暖。市残联党组书记、理事长周卫东表示今后将立足实际，创新关爱残疾人发展模式，从关心残疾人的物质追求向关注残疾人的精神生活递进，让更多残疾人朋友能共享经济社会发展成果。启动仪式后，在20名义工联志愿者的协助下，134名单身残疾人朋友通过“初结良缘”“缘定此时”“缘来是你”等丰富多彩的环节，充分展示自我风采，积极与他人交流沟通，七对有情人成功牵手。市残联将以此次相亲大会为基础，委托仁爱残疾人服务中心搭建残疾人婚恋交友平台，开展残疾人婚姻介绍等服务，更好地满足残疾人朋友的精神需求，实现残疾人婚姻梦、交友梦。（兰词贵）

法　治

政法委及综治

浏阳市委政法委员会

书　记　付旭明（2015.09 免）
　　　　邱山东（2015.09 任）
常务副书记　高志仕
副书记　孙仕定　卢俊英
　　　　陈　局
赵丁山（兼）（2015.11 免）
沈学军（兼）（2015.11 任）
戴智明（兼）　喻湘川（兼）
苏柏松（兼）彭世明（兼）
屈湘水（兼）

社会管理综合治理委员会办公室

主　任　高志仕
副主任　张伟华

维护社会稳定工作领导小组办公室

主　任　孙仕定
副主任　凌　剑　陈向前
廖文晖（2015.09 免）
蒋雪峰（2015.09 任）

【概况】 2015 年，全市政法工作在市委、市政府的正确领导下，牢牢把握“保稳定、创平安、促和谐”工作主题，务实推进各项工作，确保全市社会大局和谐稳定，为浏阳“建设省会副中心和湘赣边区域性中心城市”营造安全稳定的社会环境、公平正义的法治环境和优质高效的服务环境。

2015 全省综治民调中浏阳市排名第 31 位，在长沙市各区县中排名第一。执法监督工作在长沙市年度考评中连续五年排名第一；维护社会稳定工作、队伍建设工作均走在长沙市前列。2015 年 12 月 23 日，中共湖南省委办公厅、湖南省人民政府办公厅下发《关于 2015 年度市州及县市区综治工作考核评估情况的通报》(湘办发〔2015〕55 号)，浏阳市被评为湖南省综治工作先进县市区。2016 年 2 月 29 日，中共长沙市委办公厅、长沙市人民政府办公厅下发《关于 2015 年度社会管理综合治理考核评估情况的通报》(长办发〔2016〕6 号)，浏阳市被评为长沙市社会管理综合治理红旗区县（市），浏阳市委常委、政法委书记邱山东同志被评为 2015 年度长沙市社会管理综合治理优秀个人。

一、在矛盾大排调中维护了大局稳定

（一） 抓好源头治理。落实“三化、一先”（常态化、规范化、科学化、预防先行）的工作思路，扎实推进社会稳定风险评估，全年共对 66 个项目进行风险评估，经评估后实施的决策事项均未发生不稳定问题。中央维稳办督导组来浏对浏阳市社会稳定风险评估工作进行专题调研，并对浏阳市稳评工作给与高度肯定；长沙市社会稳定风险评估工作现场会在浏阳市召开，浏阳市稳评工作经验向长沙市其他兄弟区、县进行交流推广。

（二） 突出矛盾化解。切实加强专业调解组织建设，新成立医疗纠纷调处中心、交通事故矛盾纠纷调处中心，进一步加强市、乡、村三级调解机制建设，全年共调解矛盾纠纷 5479 起，调解成功率 98.5%；排查、预防重大矛盾纠纷 612 起，防止群体性上访事件 35 起，防止民转刑案件 33 起。

（三） 强化应急处突。突出预防预警，完善情报信息员队伍，收集各类情报信息 1030 多条。加强对各类重点对象的疏导稳控，及时稳妥处置各类突发性、群体性事件，确保重要时间节点的社会大局稳定。

（四） 加强依法治访。认真落实领导干部接访机制，全年共接待来访群众 2315 批 11272 人次，化解突出信访问题 1532 个。健全重大进京非访案（事）件处理机制和责任追究机制，继续保持长沙地区进京非访人数最少的好成绩；全国“两会”等特护期间，浏阳市也是长沙地区唯一实现“零上访”的区、县。

二、在治安大整治中完善防控体系

（一） 依法打击硕果累累。始终保持严打高压态势，扎实开展系列专项行动。全年共立刑事案件 6019 起，刑事拘留 1630 人，逮捕直诉 1691 人，行政拘留 5521 人，其中侵财案件立案 4972 起，破案 1116 起，打掉侵财犯罪团伙 42 个，捣毁传销窝点 18 个，刑拘 1 人，遣散传销人员 73 人，解救受困人员 10 人。

（二） 重点整治成效明显。针对群众反映强烈的麻将馆泛滥问题实行重点整治，市综治委联合相关职能部门出台《浏阳市棋牌娱乐场所管理暂行规定》，强力推进棋牌娱乐场所整治，全年共关停麻将馆 1510 家，收缴麻将机 826 台，在麻将馆查处涉赌案件 43 起，群众反响热烈。

4月10日，在全市政法工作会议上一批见义勇为人员受到表彰

(资料来源　政法委办公室)

(三) 治安防控整体升级。继续深化“红袖章”工程建设，深入推进“天网工程”建设，全市建设高清摄像头850个，各乡镇、村(社区)新建摄像头120多个，新建小区门禁系统300多个。指导各单位完善内部技防设施建设，进一步加强重点单位安全保卫，确保“六个不发生”目标实现。

三、在平安大创建中夯实基层基础

(一) 着力夯实平安根基。进一步完善“335”基层基础模式，基层综治力量进一步充实。各乡镇街道进一步健全网格管理制度，按照领导包村(社区)、干部包网格的模式，划分走访区域，明确工作责任，对辖区家庭进行上户走访，向群众发放宣传资料，收集意见建议，与外出务工人员进行电话联系、短信沟通，全年共走访群众42万户，收集意见建议1.2万条。

(二) 扎实推进专项工作。加强流动人口服务管理，共采集实有人口信息121.8万条，实有房屋信息17017条。加强特殊人群服务管理，全市713名社区矫正对象和4017名刑释解教人员无一脱管漏管。开展“一乡一课”活动，加强预防青少年违法犯罪工作。深化校园及周边社会治安治理，共开展全市性集中整治行动12次，查处违法违规校车53起，整改安全隐患415处。

(三) 全面开展平安创建。深入开展“十百千万”平安创建活动，重点推进平安家庭创建，全年共评选出平安家庭10500户。扎实开展平安边界创建，深入推进湘赣边区域综治维稳联动联防战略合作。务实推进平安路线创建活动，重点加强沪昆高铁的护铁联防工作，2015年4月，全省“护爱铁路”宣传教育月活动启动仪式在浏阳市举行。

四、在综治大宣传中浓厚工作氛围

(一) 日常宣传和集中宣传有效结合。扎实开展综治述职，全市全年共召开综治述职会议1353场，参与人数达15万余人，群众反响良好。在日常宣传的基础上，利用赶集、节会、重大活动等时段，结合4月、9月综治工作宣传月集中开展综治宣传，进一步提升人民群众对政法综治工作的知晓率和满意度。

(二) 传统宣传和媒体宣传同步推进。一方面编印2期以平安浏阳建设为主题的《浏阳宣传》宣传海报共2万份，发放、张贴宣传资料33万多份，签订承诺书49万多份，发送短信130万条，制作宣传栏824个，出动宣传车460天次。另一方面建立平安浏阳微信公众号、平安浏阳微信群等，及时调度工作，扩大宣传覆盖面。

(三) 面上宣传和点上宣传相互交织。大瑶镇、淮川街道在辖区所有银行、商场、宾馆、娱乐场所的户外电子显示屏上全天候滚动插播平安建设宣传标语。普迹镇将综治宣传与传统戏剧结合，编排内容为抵制“黄赌毒”的花鼓戏《乡村故事》到各村(社区)巡回演出，得到群众的一致好评。

五、在执法大监督中促进公平正义

(一) 突出规范执法。2015年共召开疑难案件研讨会15次。以案件评查为抓手，全年共评查案件87件，推选出优秀案件5件，发现存在瑕疵的案件共计12起，均责令限期整改并督促落实到位。

(二) 强化执法监督。健全完善执法监督机构和执法监督专员制度，抓好执法监督专业队伍建设。对群众反映和上级督办的7起政法干警在执法办案过程中存在执法不公、推诿拖延的问题进行调查并督促整改。

4月10日，全市政法工作会议在欧阳予倩大剧院召开　(资料来源:政法委办公室)

（三）推进改革创新。加强快速办理轻微刑事案件工作平台建设，刑事案件速裁程序试点成效明显。进一步规范涉法涉诉分流窗口建设，全年共接待来访128人次，受理信访问题68件，其中转到相关职能部门处理33件，督办9件，自行处理或出面答复21件，上级各部门交督办案件7件，全部进行办理。在省委巡视第八组入驻浏阳期间，共办理省委巡视组交办信访件99件。成功化解一批纠缠多年的重点信访积案。继续完善司法救助机制，对“情理之中、法度之外”的当事人实行司法救助，共计122人次、127万元。

六、在作风大转变中树立队伍形象

（一）严肃整顿作风。制定《关于进一步加强政法干部作风建设的通知》，组织全市政法干部学习上级关于作风建设的相关文件精神，部署开展“严管理，强双责，抓三访，整四难”专项整治活动。由政法委牵头，组织人员对政法各单位纪律作风情况进行专题暗访，及时反馈情况，并在全系统通报存在的问题，进一步改进队伍工作作风。

（二）严格管理队伍。开展政法综治干部业务培训，全年共培训政法综治干部300余人次。健全党内民主生活制度，落实政工例会制度，健全隔级谈心制度，切实推进政法队伍正规化、专业化、职业化。

（三）密切联系群众。开展“三联三访”、民警述职等主题实践活动，政法各单位全年共联系基层政法单位46家，联系村（社区）86个，联系群众2802户，领导接访138人次，回访案件141起。全市政法干警共走访群众3276户，到村（社区）开展活动104场次，收集各类意见建议47条，调处矛盾纠纷37起，排查小隐患3起，为困难群众捐款18600元，发放各类宣传资料15236份。（袁 帅）

【政法工作大会】 2015年4月10日，全市政法工作会议在欧阳予倩大剧院召开。各乡镇（街道）党政正职、分管政法工作副职、综治办主任、司法所所长，城区街道各社区书记、平安村（社区）代表；市直各单位党政正职、分管综治维稳工作副职；政法委全体干部；法院、检察院、公安局、司法局、防范和处理邪教问题领导小组办公室、森林公安局中层副职以上干部；消防大队、武警大队主官；执法监督专员，市维稳协会正、副会长；“见义勇为”先进个人代表；治安巡防中队中队长等600多人参加会议。会议表彰先进，总结2014年政法工作，对2015年工作进行安排部署。市领导曹立军、付旭明、刘一江、赵丁山、谢鹤林、梁惠德、戴智明、喻湘川出席会议。（袁 帅）

公安工作

市公安局

副市长、公安局党委书记、局长
赵丁山（2015.11免）
沈学军（2015.11任）
党委副书记、政委
刘 广
党委副书记、副局长
陈沧海（2015.09免）
党委副书记、纪委书记
李汉能（2015.09任）
党委委员、副局长
李汉能（2015.09免）
党委委员、副政委、政工室主任
郭 彦（女）
党委委员、纪委书记
彭树红（2015.09免）
党委委员、副局长
彭树红（2015.09任）
党委委员、副局长
彭扩军（2015.09免）
党委委员、副局长 谭建辉
党委委员、副局长
吴 洵（2015.09任）
黄先辉（2015.09任）
刘桂贤（2015.09任）

【概况】 2015年，市公安局设指挥中心、政工室、纪委（监察室）、后勤保障科、警卫科、法制大队、刑侦大队、治安大队、交警大队、巡警大队、国保大队、禁毒大队、经侦大队、人境大队、网安大队、内保大队、危爆大队、拘留所、看守所、经开区分局；设淮川、集里、荷花、关口、高坪、枨冲、古港、永和、沿溪、官渡、张坊、小河、达浒、大围山、镇头、普迹、官桥、柏加、葛家、大瑶、文家市、中和、澄潭江、金刚、永安、沙市、社港、洞阳、蕉溪、北盛、淳口、龙伏、溪江（2015年12月撤并到关口派出所）、太平桥（2015年12月撤并到集里派出所）、七宝山（2015年12月撤并到永和派出所）、三口（2015年12月，撤并到古港派出所）、杨花（2015年12月撤并到大瑶派出所）37个派出所（2015年12月派出所撤并后为32个），年末在编民警679人，其中女民警68

5月5日，长沙市副市长、公安局局长唐向阳（左四）到浏阳市集里街道集里桥社区视察调研社区警务工作
（资料来源：公安局）

2016年1月21日，副市长、公安局局长沈学军（左四）调研交通管理工作

（资料来源：公安局）

人。2015年，在市委、市政府和长沙市公安局的坚强领导下，在市人大、市政协的监督支持下，全市公安机关认真贯彻落实党的十八大、十八届三中、四中、五中全会和习近平总书记系列重要讲话精神，始终咬定“长沙率先，全省、全国争先”的目标，敢于担当、勇于创新、甘于奉献，为浏阳“挺进三十强、再创新辉煌”做出了积极的贡献，公安工作和队伍建设取得优异成绩：市局荣获全省公安机关命案侦破、打黑除恶、政治工作、禁毒会战成绩突出集体和全省县级公安机关执法质量考评优秀单位，被长沙市局评为工作绩效与队伍建设评估优秀单位；拘留所被评为全国一级拘留所、看守所被评为全国一级看守所；禁毒大队被评为全国禁毒工作先进集体。（陶贤全）

【维稳处突】 面对利益群体诉求矛盾突出、重大节点活动安保任务增多、全国暴恐事件增多的严峻形势，全市公安机关始终坚持“稳定压倒一切”的方针，把维护国家政治安全、政权安全置于各项工作的首位，切实增强政治敏锐性和政治鉴别力，牢牢把握斗争的主动权，确保浏阳社会大局持续稳定。强化情报收集研判。紧紧抓住影响国家安全和社会稳定的源头性、苗头性问题，建立健全社会治安形势分析定期研判工作机制，进一步完善情报信息、网络舆情等研判制度，对各类深层次、预警性、内幕性情报信息进行及时搜集，对重要情报线索实行动态跟踪和预测研判，严格落实预警核查反馈机制，全年收集研判各类情报信息700余条，为有效预防和稳妥处置各类群体性、突发性事件奠定坚实的基础。全面落实反恐措施。完善反恐工作机制，全面落实反恐工作各项措施，对全市重点地区、重点部位、重点群体、重点人员实施重点防范。加强反恐常备力量建设，组织反恐业务技能培训和反恐防暴演练，更新配齐反恐防暴装备器材，实现全年“零暴恐”目标。全力抓好应急处突。针对重要节点、重大事件、矛盾复杂地区制定和修订专门工作预案，提高预警等级，建立健全应急指挥、联动处置、舆论引导一体化的应急处突机制。加强维稳、处突专业化队伍建设，开展重大突发性事件、群体性事件现场处置战术战法研究和应急预案合成演练，提升证据收集和依法打击处理能力。依法稳妥处置长浏高速拆迁户及建修路民工讨薪不稳定事件和浏阳市第一中学食源性中毒事件，成功瓦解各利益群体大规模群体性集会、集访活动，确保全国、省市“两会”期间以及“9.3”特护期等敏感节点全市政治大局稳定，实现特护期进京“零非访”。主动化解社会矛盾。深入开展矛盾纠纷排查化解，围绕征地拆迁、劳资纠纷、环境污染、安全事故、医患纠纷、涉法涉诉等重点领域，涉军群体、上访老户等重点群体，创建“党委政府领导、公安司法信访牵头，综治维稳部门协同，职能部门支持、社会力量参与”的多级矛盾纠纷“大排调”工作体系。全年办理各类信访事项315件，其中群众来信来访33件，局领导接访32件，省厅和长沙市局交转办76件，市直部门领导批示件100件，“省长信箱”、“市长信箱”和“局长信箱”74件。会同司法、卫生等部门创建浏阳市医疗纠纷人民调解中心，进一步化解纠纷矛盾，该中心成立以来接待群众来访咨询150

8月10日，浏阳市公安局正式启动机关民警夜间巡逻防控机制　（资料来源：公安局）

余人次，成功调处医疗纠纷35起。圆满完成警保卫工作。积极探索新时期警保卫工作新模式，圆满完成抗战胜利70周年、“两节两会”特护期安保工作、第十二届中国（浏阳）国际花炮文化节、胡耀邦同志诞辰100周年纪念活动、全省农村精神文明建设工作经验交流会等安保活动百余场次，确保全年警保卫工作安全万无一失。国保工作在全省国保工作会议上作先进典型发言。（陶贤全）

【严打整治】 组织开展“春雷行动”“夏季攻势”“年终冲刺”“禁毒会战”“扫黄扫赌”“打击盗骗毒、全力保民安”“集中整治毒品违法犯罪”等一系列专项行动。全年破获刑事案件2661起，查处行政案件3855起；逮捕直诉1698人、行政拘留5441人，强制戒毒493人，社区戒毒453人，抓获网上逃犯207人。破大打恶强劲有力。始终以命案侦破为龙头，全面加大侦破有广泛社会影响的严重暴力犯罪案件力度，现行命案发10起破10起。在“11•07”荷花命案侦破中，刑侦大队、网安大队通力协作，仅用8个小时就抓获犯罪嫌疑人。八类恶性案件发案61起，破案59起，破案率96.7%。始终保持对黑恶犯罪除恶务尽的凌厉攻势，打掉黄凌、陈亮、李嵩等恶势力犯罪团伙13个，抓获恶势力团伙成员88人。打多犯罪硕果累累。紧盯影响人民群众安全感和满意度的多发性侵财犯罪，健全机制，精准打击，全年破获侵财刑事案件1605起，打掉侵财犯罪团伙63个，逮捕直诉567人。快速侦破社会关注度较高的银天酒店被电信诈骗案、蔡明建团伙入室盗窃古董案，成功破获关系人民群众切身利益的南区系列摩托车被盗案、陈文柒、廖永全等系列盗窃车内财物案。提高案件的追赃挽损率，及时组织召开退赃大会，全面退回赃款赃物。重点整治效果明显。针对人民群众反映强烈的“黄赌毒”违法犯罪，全面组织开展重点地区和重点问题专项整治，重点突出对组织容留卖淫、聚众赌博、电游赌博、地下“六合彩”、吸贩毒等违法犯罪活动的集中整治和严厉打击。全年，破获涉黄刑事案件38起，查处行政案件162起，逮捕直诉49人，行政拘留441人；破获涉赌刑事案件101起，查处行政案件324起，逮捕直诉187人，行政拘留1476人。通过多警种联合作战，一举摧毁盘踞浏阳、江西边界开展聚众赌博的流动赌场2个，刑事拘留15人，行政拘留74人；破获涉毒刑事案件308起，查处行政案件1717起，逮捕直诉332人，行政拘留2327人，社区戒毒453人，强制戒毒493人，查缴毒品35.4公斤，易制毒化学品46.5吨，侦破省督毒品目标案件1起，部督毒品目标案件2起。护航经济卓有成效。2015年是浏阳经济持续快速发展的一年，也是经济矛盾凸显的一年，面对非法吸收公众存款和集资诈骗等涉众型经济犯罪这些难题，市公安局在市委、政府坚强领导下，克服涉案人员多、牵扯面广、调查取证难、维稳压力大等困难，抽调精兵强将，开展专案侦查，既快速侦破案件，成功将犯罪嫌疑人绳之以法，又稳妥处置涉众型不稳定因素，切实维护广大人民群众的利益。全年共侦破经济犯罪案件123起，逮捕直诉144人。提前介入，主动作为，严厉打击影响经开区、西北环线、长浏高速、荷中文公路等重点工程项目建设的强揽工程、阻工闹事、串通招投标等违法犯罪，保障了重点工程项目建设的顺利推进，切实履行为浏阳经济发展保驾护航的职责。巡逻防控转型升级。在全市范围内实施“网格化布警、信息化导巡、立体化防控”的巡逻防控新机制，在重点时段、重点路段实施民警、武警联勤武装巡逻。在长沙率先启动机关民警城区夜间巡逻工作，购置4台“移动警务室”专用车。全年刑事案件、命案、八类恶性案件、侵财类案件发案分别下降17.8%、41.2%、50.4%、20.4%。加强内部单位治安防控，检查指导治安重点单位安全防范工作527家次，排查和整改隐患295处。（陶贤全）

【管理服务】 立足保障和改善民生，强化方法和手段创新，寓管理于服务，以服务促管理，有效提升保障民生、服务发展的能力和水平。提升人口服务管理效能。牢固树立便民、快捷、高效的服务理念，围绕出入境证件和户口身份证办理等业务，推行一次性告知、“三表合一”、自助服务、网上预约、异地办理和上门办证等便民利民举措，赢得群众满意。积极稳妥推进户籍管理工作，全面推行居住证制度，进一步加强实有人口和出租房屋管理。全年办理居民身份证60239张，临时身份证4557张，新登记流动人口16772人、出租房屋2224户，办理居住证14756张，列管工作对象27854人。受理出国境申请66345人次，接待境外临时住宿登记1279人次，查处涉外案事件14起。深入开展户口登记管理专项清理整顿工作，全面开展清理摸排，清理查处错、重、假户口，认真解决疑难户口问题，着力整治户口登记管理中存在的突出问题。推进道路交通疏堵保畅。完善交通设施，在天马路、浏河路等路段新增电子警察8处，在相关路段设立完善道路交通标识标牌，在城区主要交叉路口实行早晚高峰人工值守，确保全市道路交通畅通。坚持铁腕治乱，查处各类交通违法行为17万余起，侦破道路交通事故逃逸案件129起，逮捕直诉104人，行政拘留113人。采取定点检查与机动巡查相结合，专项执法与联合执法相结合的方式，对危化车、校车、客运车、货车违法行为进行重点整治，全年共查处危化车违法223起、校车违法90起、客运车违法587起、货车违法9117起，实现“城区保畅通，农村压事故”的目标，道路交通死人事故连续四年下降。深化消防安全管理。始终保持火灾隐患排查整治高压态势，扎实开展“压事故、保平安”、“清剿火患”战役、消防产品专项整治、高层建筑火灾隐患排查整治等专项行动，整改一大批消防违法行为，消除了一大批火灾隐患。全年检查社会单位1732家，发现火灾隐患1756处，整改火灾隐患1743处，下发责令改正通知书1063份，下发行政处罚决定书44份，临时查封27家，责令“三停”单位18家，行政拘留11人。全年发生火灾265

起，同比下降 10%，直接经济损失 651 万元，同比下降 7.5%。强化危爆物品安全管理。按照“严查严管，严处严罚”的要求，联合交通、安监、公路、林业等部门成立了烟花爆竹道路运输安全监管领导小组办公室，加大对烟花爆竹及黑火药、引火线非法运输的查处力度。持续深入开展“打非治违”专项行动，严厉打击烟花爆竹非法生产、运输等违法犯罪活动，破获涉危涉爆刑事案件 22 起，查处行政案件 169 起，刑事拘留 25 人，行政拘留 330 人。简化审批流程，节约企业成本，在全国范围内率先全面实现民爆物品、市内黑火药、引火线道路运输许可网上审批，易制爆危险化学品、电子点火头网上备案，极大地简化许可流程。全年审批炸药 1543968 公斤、雷管 973500 发、导爆索 106500 米、导爆管 1500 米，办理黑火药、引火线市内运输证 20084 张。加强监所安全管理。全力开展“百日安全竞赛活动”，深入开展隐患排查，扎实推进监所管理各项工作，确保 7081 名被监管人员的安全。大力推动监管工作规范化建设，监所建设全面升级，拘留所获评全国一级拘留所，看守所获评全国一级看守所、全国公安监管系统和武警看守所执勤部队“三共活动”先进单位，监管工作经验在人民公安报予以刊载，在全国得到推广。武警中队全面加强监区安全警卫工作，确保了监所安全。 （陶贤全）

7 月 24 日，浏阳市公安局举行“十大青年岗位能手”集中评审会

（资料来源：公安局）

【基层基础】 按照“基础工作信息化、信息工作基础化”要求，始终将信息化建设应用和基础工作置于战略性、先导性位置来抓，提升实战能力，增强发展后劲。加强基础建设。建成高标准的合成作战中心，启动关口派出所、官渡派出所办公楼建设和天网工程三期、DNA 实验室建设，购置 11 台执法执勤车、4 台移动警务室专用车，更新配齐一批警用装备器材。夯实社区警务工作。全面推进社区警务战略，明确社区民警职责，强化社区民警培训、考核和检查督导，积极推进社区民警专职化工作。结合工作实际，制定切实可行的社区警务工作考核办法，通过采取抽查、考核、调度、约谈等工作措施，强力推进两实信息采集，重点人员管控，虚假信息整治等工作，全市社区警务工作得到全面加强。提升信息化应用水平。以情报平台应用为基础，警综平台基础信息采集为支撑，天网视频侦查为抓手，全面开展信息化综合应用，实战能力不断提升。全年共录现勘 1585 起，提取指纹 293 案、足迹 626 案、生物检材 108 案。串并案件 24 串 150 案；指纹比中案件 79 案，比中对像 44 人；DNA 比中案件 74 案，比中对像 35 人；利用情报信息研判案件千余起。 （陶贤全）

【规范执法】 全面加强执法规范化建设，执法水平和执法公信力不断提升，荣获全省县级公安机关执法质量考评优秀单位。完善执法工作机制。进一步建立和完善受立案管理、涉案财物管理等规章制度，制定《2015 年执法规范化考评内容及办法》、《2015 年执法质量考评奖惩办法》，对接警、受理、立案、调查取证等程序进行规范，确保执法全过程有法可依、有章可循。全面推行“日清、周结、月考评”工作制度，对发现的典型“共性问题”和突出“个性问题”进行专题讲解、专案分析，指导民警提高办案水平，督促民警规范执法行为，全年编发《办案指导》5 期，发布《执法监督通报》30 期。提升执法主体素质。始终把提升执法队伍素质作为落实执法规范化建设的“第一工程”，灵活多样开展执法练兵活动，进一步激发全警学法、用法的热情。通过开展“网上大讲堂”、执法办案系统培训，强化民警业务素质，提高执法办案能力和水平。注重警示教育，实时开展“旁听庭审”活动和个案点评，增强规范执法的意识。积极鼓励民警参加执法资格等级考试，探索考试结果与职级待遇挂钩的激励机制。加强法制员队伍建设，建立法制队伍微信平台，实施在线解答问题、交流业务。加强执法监督检查。紧扣执法过程中易发生的问题和环节，全面强化各项督察措施，针对办案过程中的易出问题环节，设置案件“三负责、四把关”关口，杜绝暗箱操作；针对管理过程中的易失控环节，设置“检查登记、抽查回访、举报投诉”关口，杜绝随意执法；针对服务过程中的易疏漏环节，设置“视频监督、满意评价、定期通报”关口，杜绝冷横硬推。同时，全面推行阳光警务执法公开系统，最大限度推进执法信息、流程和内容公开，有效增强执法公信力。 （陶贤全）

【队伍建设】 按照打造“智慧、健康、满意”警队的要求，以“三严三实”专题教育和“秉公执法 人民公安为人民”主题教育活动为契机，围绕中心、服务大局，开拓创新、扎实工作，全面提升队伍凝聚力、战斗力和创造力，确保队伍健康向

上发展和各项公安工作任务顺利完成。突出政治建警。坚持把学习教育、理论武装摆在首位，组织全局各党支部、全局民警深入学习习近平总书记系列讲话精神，确保政治上始终与党中央保持高度一致。扎实开展经常性思想工作，围绕专项行动和重大警保卫活动，做实做细战前动员、战时宣传、战后总结等战时思想政治工作，真正做到党员民警战斗在哪里，党组织生活就延伸到哪里，确保队伍以最大干劲、最佳状态、最优作风圆满完成各项公安工作任务。树立正确选人用人导向，通过公开选拔、竞争上岗等机制，提拔重用11名正科职、21名副科职中层干部，真正选用想干事、能干事、干成事的基层领导。狠抓作风建设。扎实开展纪律作风教育整顿，严格落实铁纪治警、铁规管人、铁面问责的“三铁治警”方针，抓好《准则》《条例》贯彻落实，强化党委主体责任、纪委监督责任，扎实推进党风廉政建设和纪律作风建设，强力推进“治非、治娱、治车、治赌、治毒”，“坚决纠正涉法涉诉中损害群众利益行为”等系列专项整治，全年主动组织查处4名违纪民警，全局民警纪律作风和工作作风得到明显改善。和谐警民关系。全市公安机关以增强群众满意度和安全感为目标，着力构建新时期和谐警民关系，大力践行一线工作法，进一步强化舆情宣传和引导，树立人民警察良好形象，警民关系得到进一步改善。深入开展“三联三访”和“与群众交朋友，为基层解难题”活动，组织全局民警深入群众，访问民情、访查民意、访排民忧。走访人民群众1.6万余户，解决矛盾纠纷200余起，为民办实事300余件，慰问困难群众600余户，送去慰问金和物资合计20余万元。落实惠警措施。牢固树立以人为本理念，积极争取和落实各项从优待警措施，着力构建和谐警营，激发队伍活力。积极开展走访慰问活动，走访慰问因公牺牲民警家属、因病、因公受伤、特困民警和老同志180余人次，送去慰问金15万余元。组织全局民警进行体检和育龄女民警、协警妇科防癌检查，启动和推出民警生日“四个一”活动，全面落实民警年休假制度，认真组织开展心理行为训练活动，在局域网开通民警心理健康服务专栏，适时开展民警心理危机干预。成立篮球、足球、羽毛球等8个体育分协会，开展丰富多彩的警营文化活动，队伍凝聚力、向心力显著增强。（陶贤全）

【禁毒大队被评为“全国禁毒工作先进集体”】 6月25日，全国禁毒工作先进集体和先进个人表彰大会在北京召开，对2010~2014年全国禁毒工作100个先进集体和100名先进个人进行表彰。浏阳市公安局禁毒大队被评为全国禁毒工作先进集体，禁毒大队大队长钟英旺作为先进集体代表受到习近平总书记的亲切接见。（陶贤全）

【第一届湘赣边县域城市公安局警务协作会议】 10月20日，第一届湘赣边县域城市公安局警务协作会议在市公安局胜利召开。长沙市公安局党委委员、副局长徐波跃，浏阳市委常委、政法委书记邱山东出席会议并讲话。井冈山市、莲花县、醴陵市、浏阳市、平江县、上栗县、铜鼓县、万载县、修水县、永新县等湘赣边十个县市公安局局长，主管刑侦、治安和交警工作的副局长，办公室（指挥中心）主任以及浏阳市公安局全体局领导和相关科所队负责人共80余人参加会议。会上，湘赣边十县市公安局主要负责人共同签订《湘赣边县域城市公安局警务协作框架协议》和《第一届湘赣边县域城市公安局警务协作会议备忘录》。（陶贤全）

【第十二届中国（浏阳）国际花炮文化节安保工作】 11月4日至7日，第十二届中国（浏阳）国际花炮文化节在浏阳市成功举办。面对复杂繁重的安全保卫任务，全市公安机关和广大民警认真落实市委、市政府和长沙市公安局的工作部署，积极发挥安保主力军作用，充分发扬连续作战和协同作战优良传统，以高度的政治责任感、良好的精神状态，优良的工作作风，不负重托、不辱使命，确保第十二届中国（浏阳）国际花炮文化节安全保卫工作的万无一失。（陶贤全）

【公安部“2015-725”毒品目标案】 浏阳市公安局历经5个多月的专案侦查，转战湖南、广东、广西三省，成功侦破公安部“2015-725”毒品目标案件，彻底斩断一条由广东贩毒至浏阳的贩毒渠道。共刑事拘留贩毒犯罪嫌疑人23人，行政拘留吸毒违法人员32人，强制隔离戒毒12人，缴获毒品冰毒13.8千克，收缴毒资10万余元，收缴火药枪1支，扣押涉案车辆3台。（陶贤全）

10月22日，首届湘赣边县域城市公安局警务协作会议在浏阳市公安局召开

（资料来源：公安局）

【“6·26”银天大酒店被诈骗案】 6月26日，市公安局接到浏阳市银天大酒店财务主管周某报案称，有人利用QQ冒充公司老板罗总诈骗公司现金86.5万元。接报案后市公安局高度重视，立即由主管刑侦的副局长刘桂贤同志牵头抽调刑侦大队、网安大队十余名精干力量成立专案组，全力开展专案攻坚。8月5日，专案组在广西省南宁市宾阳县成功抓获覃一光、覃志通、覃英泉、覃海杰等QQ诈骗犯罪嫌疑人8名，成功侦破“6•26”银天大酒店被诈骗案。同时通过后期审查带破多起外省案件。 (陶贤全)

检察工作

市人民检察院

党组书记、检察长　　喻湘川

党组成员、副检察长

潘利国（2015.09免）

王全振　杨志雄　钟　斌

党组成员、纪检组长　李文锋

党组成员、政工室主任

陈再光

党组成员、反渎职侵权局局长

杨辉平

党组成员、反贪污贿赂局局长

陈文明

副检察长　肖建平(女,2015.09任)

【概况】 检察机关是国家法律监督机关，主要职能是：对叛国案件、分裂国家案件以及严重破坏国家的政策、法律、政令统一实施的重大犯罪案件，行使检察权；对刑事案件，进行侦查；对公安机关和国家机关、监狱侦查的案件进行审查，决定是否逮捕、起诉或者不起诉，对公安机关的侦查活动是否合法实行监督；对刑事案件提起公诉，支持公诉，对人民法院的审判活动是否合法实行监督；对刑事案件判决、裁定的执行和监狱、看守所、劳动改造机关的活动是否合法实行监督；对人民法院民事诉讼、行政诉讼活动是否合法实行监督，以确保国家法律的正确统一实施。浏阳市人民检察院现内设反贪污贿赂局、反渎职侵权局、公诉科、侦查监督科、民事行政检察科、监所检察科、控告申诉科、林业检察科、职务犯罪预防科、案件管理科、法警队、办公室、政工室、纪检监察室等14个局、科、队、室，现有编制113个，在职干警106人。2015年，市人民检察院在市委和上级检察机关的领导下，在市人大、市政府、市政协和社会各界的关心支持下，紧紧围绕全市工作大局，忠实履行法律监督职责，为浏阳的发展稳定提供有力的司法保障。 (罗　炼)

【优化发展环境】 1.营造良好的经济发展环境。将检察工作放在全市经济社会发展的全局中谋划和推进，围绕中心服务大局。认真组织开展优化经济发展环境专项侦查监督活动，对涉嫌虚开增值税发票等犯罪监督立案3件3人。严厉打击非法吸收公共存款、集资诈骗、骗取贷款等涉众型经济犯罪，批捕9件11人，起诉9件11人，其中批捕涉嫌非法集资类犯罪5件6人，起诉5件6人。服务浏阳生态环境建设，批捕涉林案件5件6人，起诉24件27人。建立湘赣边十县(市)检察工作协作机制，服务区域经济协同发展。2.营造良好的项目建设环境。依法打击敲诈勒索、强行阻工、强揽工程等影响重点工程建设的犯罪，以及侵占挪用资金、合同诈骗、盗窃设备、破坏生产经营等损害企业利益的犯罪，批捕8件9人，起诉12件18人。加强对浏阳河六桥、荷文公路等重点工程建设的跟踪监督，为项目建设保驾护航。加强对国有土地出让的监督，依法查处土地交易过程中的渎职和贪贿犯罪案件2件2人。3.服务企业生产经营。参与打击侵犯知识产权和制售假冒伪劣商品专项行动，批捕8人，起诉6人。注意办案的方式方法，讲究办案策略，维护企业正常的经营秩序。发挥检察职能优势，结合查办的侵犯商业秘密案件以及非法集资类案件，走访皇邦家私等多家企业，召开检企联络座谈会3次，为企业提供法律服务5次，有针对性提出意见和建议5条，帮助企业进一步完善内部管理制度，规避经营风险。 (罗　炼)

【严重刑事犯罪查处】 受理审查批捕案件1169件1492人，批准逮捕929件1192人；受理移送审查起诉案件1342件1795人，提起公诉1269件1712人。回应群众呼声，加大对严重暴力犯罪、多发性侵财犯罪的打击力度，批捕413人，起诉486人。开展打击“黄赌毒”专项行动，批捕涉黄案件18件19人，起诉31件34人，批捕涉赌案件77件107人，起诉102件146人，批捕涉毒案件246件289人，起诉281件302人。加大对危害环境安全、食品药品安全的打击力度，批捕污染环境犯罪案件1件1人，批捕食品药品犯罪案件4件4人。 (罗　炼)

【社会矛盾化解】 认真落实市委的工作部署，扎实开展“一进二访”和“三联三访”活动。加强文明接待示范窗口建设，接待群众来信来访112件次，受理涉法信访案件12件，办理阻碍辩护人、诉讼代理人行使诉讼权利控告案件3件。检察长参加固定接待日接待和预约接待22次，接待来访12件。办理刑事被害人救助案件2件，救助11万元。把握宽严尺度，对主观恶性小、犯罪情节轻微的初犯、偶犯、过失犯和未成年人、老年人犯罪，积极稳妥适用刑事和解，相对不捕222人，相对不诉70人。加强两法衔接工作，监督行政执法部门移送涉嫌犯罪案件3件。 (罗　炼)

【弱势群体合法权益维护】 维护妇女儿童合法权益，成立专门办案组，实行强制法律援助制度和合适成年人到场制度，批捕强奸、猥亵妇女、儿童、强迫卖淫等侵害妇女儿童人身权利案件19件20人，起诉25件26人。维护农民工合法权益，办理农民工追索劳动报酬支持起诉案件3件，批捕拒不支付劳动报酬犯罪案件1件1人。关心未成年人成长，共对24名未成年人作构罪不捕，对7名未成年人作相对不诉处理。深入三口中学等学校开展“检察官进校园”活动，通过法制讲座、检察官现场答疑等方式，为师生提供法律服务。 (罗　炼)

【反腐倡廉工作】 1.办案力度进一步加大。紧紧依靠市委领导和人大支持，立案查处贪污贿赂案件21件24人，渎职侵权案件4件4人，其中大案22件25人，要案1件1人，科级以上干部9件9人。一是进一步强化守土有责、守土尽责意识，所办案件中浏阳本地案件24件27人，占全部案件人数的96.4%。二是突出办案重点，大力查办发生在民生领域的案件，强化"不敢腐"的氛围，所办案件涉及卫生、国土、城建、宗教等领域，查处的典型案件有：政协经科委原主任陈某玩忽职守、受贿案；民族宗教事务局原副局长赵某玩忽职守、受贿案；城市建设集团有限公司原副主任、副总经理凌某滥用职权、受贿案；国土局原党组成员、副局长袁某滥用职权、受贿案；卫生局原副局长罗某受贿案等，社会反响强烈。三是深挖窝案串案，办理的卫生系统贪污、受贿系列案，顺藤摸瓜深挖犯罪，立案14件14人，案件的办理取得了良好的社会效果。2.执法行为进一步规范。更加注重办案安全，正确处理打击与保护，执法办案和服务大局的关系，正确把握政策、策略，没有因执法不当激化矛盾或引发新的矛盾。牢固树立证据意识，依法保障人权，严格执行办案纪律和安全防范责任制、错案责任追究制。坚持讯问职务犯罪嫌疑人全程同步录音录像。落实人民监督员制度，全面推行以办案告知卡、廉洁自律卡、回访监督卡为内容的"一案三卡"内部执法办案监督制度，共监督7案14人。3.预防工作进一步推进。坚持标本兼治，多形式开展预防职务犯罪工作。深入相关部门、行业开展预防咨询2次；开展案例分析2件，开展预防专项调查2次，组织相关部门和单位开展警示教育、预防职务犯罪专题讲座共6场次，开展行贿犯罪档案查询工作457次。对发案单位做到"五个一"，即：召开一次座谈会、发送一份检察建议、上好一堂法制课、要求当事人写一份悔过书、发案单位回复一份整改函。 （罗 炼）

【执法监督工作】 1.强化刑事诉讼监督。共向公安机关发送《逮捕案件继续侦查取证意见书》10份，发送《纠正违法通知书》57份；发送《应当逮捕犯罪嫌疑人意见书》55份，追捕到案并批准逮捕38件45人，追捕的漏犯陈根被判处有期徒刑15年。加强刑事审判监督，向法院发送量刑建议859份，采纳率100%，促进量刑规范化。追诉漏罪27件30人84笔，追诉漏犯8件10人，追诉的漏犯王新村被判处有期徒刑12年。开展羁押必要性审查33次，审查后改变强制措施33人。监督公安机关应当立案而未立案的案件14件14人；监督公安机关不应当立案而立案的案件1件1人。2.强化刑罚执行和监管活动监督。坚持日常驻看守所检察制度，健全安全防范工作机制，防止和纠正超期羁押。进一步健全在押人员谈话制度和约见检察官制度，保障在押人员的合法权益。加强对律师诉讼权利保障的监督，监督纠正设置障碍不安排律师会见问题2起，监督纠正律师会见在押人员夹带信件、带家属会见等问题3起。对全市监外执行罪犯进行清查，建立跟踪档案，防止脱管漏管。将社区矫正对象在社区矫正期间是否有涉毒的违法行为作为监督重点，对不再符合监外执行条件的罪犯，提出撤销裁定或收监执行的检察建议，全年监督收监8案8人。严格审查把关，依法监督特赦服刑罪犯7人。3.强化民事行政诉讼监督。依法审查各类民事行政诉讼监督案件26件。办结不服法院生效判决裁定3件，办结申请执行监督2件，办结督促履职11件；办结劳动争议、农民工讨薪支持起诉6件。办理的浏阳河、南川河、捞刀河三大水域电鱼、毒鱼案，检察院干警在《浏阳论坛》发现线索，调查核实情况后，立即向相关职能部门发送督促履职检察建议，监督相关部门1个月内查处非法电鱼、毒鱼60余起，处理违法人员25人，销毁电鱼设备56套，取得良好的社会效果。 （罗 炼）

4月16日，"检察官进校园"活动走进三口中学 （资料来源：检察院）

【检察队伍自身建设】 1.主动接受外部监督。自觉服从市委和上级检察机关的领导，及时报告重大案件和重要事项。认真办理人大交办案件和其他事项，专题报告查办和预防职务犯罪等重大检察工作情况。扎实推进检务公开，在互联网以及浏阳检察官方微博、微信，公开重要案件信息、案件程序性信息、案件终结性法律文书等；组织"检察开放日"活动，邀请人民监督员、人大代表、政协委员等各界人士，到现场参观、了解和咨询检察工作，主动接受监督。依法保障律师阅卷和当事人查询权利，共接待律师阅卷171人次，接待当事人查询411人次。2.着力强化内部管理。做好统一业务应用系统的升级改造，完善对执法办案全部流程的跟踪监督和同步监督，对办案程序、办案质量存在的问题和违规情形，及时督促纠正，实现全部案件零超期目标。加强内部执法监督，对改变强制措施和不捕、不诉案件，该院纪检监察部门同步审查监督，并报检察长批准；对“不捕、不诉、撤诉、无罪、撤案、未成年人犯罪”等“六类案件”，以及典型、敏感案件，开展专项督察，共评查333案，回访监督58案，没有发现违纪违法现象。认真做好诉讼档案等六类档案的规范化管理，一次性通过档案工作规范化管理省特级单位复查。扎实开展规范司法行为专项行动，执法办案行为得到最高人民检察院督查组的充分肯定。3.有效提升执法素能。积极应对案多人少矛盾。一是加强对年轻干警的培养，完善传帮带工作机制。二是优化办案结构，分类成立未成年办案组、速裁案件组、轻刑快办组和重案组，对案件进行繁简分流，分类专人专办，高效审结，其中速裁案件组、轻刑快办组共办结案件201件236人。三是开展“办案标兵”“保障能手”等评先评优活动，树立工作标杆，营造良好氛围。四是抓好群团建设，充分发挥党支部、工会、妇委会、青工委作用，活跃机关氛围，增强凝聚力。 （罗 烁）

10月29日，湘赣边区域十县（市）检察工作协作第一届联席会议在浏阳召开
（资料来源：检察院）

【办理的督促国土局起诉追回金碧置业有限公司拖欠国有土地出让金案获评“第二届全国检察机关行政检察优秀案件”】 浏阳金碧置业有限公司于2011年1月13日通过浏阳市国土资源网上交易系统竞得位于浏阳城东片区宗地面积71025.72平方米、出让价款为1.0654亿元的A地块国有建设用地使用权后，除在摘牌时按规定交纳竞买保证金5000万元外，余款一直拖欠。此外，金碧公司还拖欠临近的C1、C2地块土地使用权价款1.02亿元。市国土局曾3次催缴，但金碧公司一直未予归还总计1.58亿元的地价款。市人民检察院经过认真审查，认为该案中拖欠的国有土地出让款属国有资产，涉及社会公共利益，且数额特别巨大，符合检察机关督促起诉的要求。为此，及时向市国土局下发3份督促起诉书，要求国土局依据国有土地使用权出让合同的约定，及时向法院提起诉讼。后金碧公司主动缴纳2800万元，并表达调解的意愿。在检、法两家多次协调下，市国土局与金碧公司达成一个不限于诉中的A地块，而且包括C1、C2地块还款问题的调解协议。该案系湖南省检察机关开展民事督促起诉工作以来，第一件正式通过诉讼程序成功追回款项且涉案金额达1.5亿余元的督促起诉案例。 （罗 烁）

10月16日，“检察开放日”活动 （资料来源：检察院）

法院工作

浏阳市人民法院

党组书记、院　长　戴智明
党组成员、副院长　周　超
　　高德懋、陈花梅（女）
　　孙　龙（2015.10任）
副院长　肖永林
党组成员、纪检组长
　　李宏伟（2015.10任）
党组成员、政工室主任
　　李守荣（2015.10任）
党组成员、执行局局长
　　李　维（2015.10任）

【概况】 2015年，市人民法院在编干警152人，其中有本科学历104人、法学（法律）硕士及以上学历36人、大专12人。全年受理各类案件16928件，结案14629件，审限内结案率100%，收、结案总数及人均结案数均位居全省基层法院第一，整

体司法质效及社会民调均位居长沙法院系统第一，被授予“长沙市优秀法院”荣誉称号。在“生态环境法治保障”主题征文活动中戴智明、李明耀合作获得国家环境保护部、中国法学会授予的三等奖，刘菁分别获得中国法学会第十届“中国法学家论坛征文”活动三等奖、第十届中国法学青年“完善中国特色社会主义法治实施体系”主题征文活动优秀奖和湖南省高院“青年与改革同行”征文比赛荣获一等奖。 (彭 睿)

【刑事审判】 全年受理刑事案件1385件1628人，审结1334件1571人，结案率为96.32%。突出打击重点，依法严惩故意伤害、寻衅滋事、聚众斗殴、赌博、贩卖运输毒品等严重危害社会治安和人民群众人身安全的刑事犯罪，增进人民群众的安全感；加大对侵财性犯罪的惩处力度，审结非法集资、抢劫、盗窃、诈骗等多发性侵财犯罪377件526人；坚持宽严相济，对罪行较轻并确有悔改表现的初犯、老年犯、过失犯、未成年犯等376名被告人依法适用缓刑、免予刑事处罚或单处罚金，减少社会对立面，促进社会和谐；注重人权保护，对9件案件启动非法证据排除程序，为57名被告人指定辩护律师，为66名未成年犯实施犯罪记录封存，给未成年被告人赠送励志类书籍82套，取消刑事在押被告人穿着具有监管标识的服装出庭受审。 (彭 睿)

【民事审判】 全年受理民商事案件8493件，审结7299件，结案率为85.94%。充分发挥民事审判在定纷止争、化解矛盾方面的作用，倡导和谐理念，共审结损害赔偿、婚姻家庭、医疗纠纷、劳动就业、房屋产权等与群众利益密切相关的民事案件3240件，其中调解结案1438件；尊重商事领域的意思自治，制裁违约失信行为，对规范市场主体行为具有普遍适用意义的案件，主动以判决方式确立当事人各方的行为界限和权利边界，共审结商事案件4059件，标的30余亿元；用足用好小额诉讼程序、简易程序、速裁程序，充分发挥多元矛盾化解机制作用，缓解办案压力，提高审判效率，全年民事案件的平均审理周期为61.3天，民事法官人均结案数为180.08件，其中结案最多的法官结案数超过400件。 (彭 睿)

【行政审判】 全年受理行政诉讼案件69件，审结68件，结案率为98.55%；受理非诉审查案件322件，审查结案322件；受理非诉执行案件1133件，执结1087件，执结率为95.94%。强化合法性审查原则，坚持有错必纠，适用判决撤销、确认违法、限期履行法定职责等方式结案6件，裁定不予执行的非诉行政案件13件；强化诉前、诉中、判后的释法说理，注重协调互动，促进行政机关与行政相对人的理解和认同，推动行政争议实质化解，全年行政诉讼案件的一审化解率为46%；重点围绕涉生态环境治理、征地拆迁、拆违控违等非诉案件，创新执行方式、方法，穷尽执行措施，维护行政机关的执法权威，保障全市重点工作、重点项目、重大工程的有序推进。 (彭 睿)

【执行工作】 全年受理民事执行案件5526件，执结4520件（含终结本次执行程序），兑现执行标的5.8亿元。积极开展“小额民生执行”，“清理执行积案”、“执行百日攻坚”等专项执行活动，持续保持执行高压态势，促进被执行人自觉履行义务；建成以网络查控为核心的多功能执行指挥系统，执行工作科技化应用水平得到了大幅提升，执行效率进一步提高，全年利用网络查询案件3258件，网上冻结扣划银行存款1300余万元，实结案件的执行周期为32.78天；强化对失信被执行人的司法惩戒，全年对被执行人实施司法拘留207人次、罚款5人次，对拒不执行法院判决裁定罪和妨碍公务罪的3名被告人判处刑罚，在新闻媒体上发布悬赏公告和限制高消费公告4期，将1079名被执行人列入失信被执行人黑名单；认真落实司法惠民举措，积极帮扶特殊群体，全年共对128名生活困难的申请人发放执行救助金88.03万元，为37名家庭困难的被执行人免交执行申请费9.73万元。 (彭 睿)

【立案登记制改革】 从2015年5月1日起，全面推行立案登记制改革，进一步优化完善诉讼服务中心功能，做到有案必立、有诉必理，全年一次性立案成功率达到82.37%，一次性告知后立案成功率超过95%，实现符合立案条件的100%立案。 (彭 睿)

【轻微刑事案件速裁制度】 建立立案、排期、送达、审判同步协调的轻微刑事案件快速审理“绿色通道”，采取当天立案、当天排期、当

7月24日，浏阳法院依法公开审理被告人贺某开设赌场案（资料来源：市法院办公室）

9月10日，湘赣边区域法院司法协作首届联席会议在湖南省浏阳法院举行，标志着湘赣边区域法院司法协作新机制正式构建、区域化司法共同体正式成立

（资料来源：市法院办公室）

天送达、当庭裁判，实现审理周期短、上诉改判率低、当庭宣判率高、服判息诉率高等效果。全年审结速裁程序案件116件131人，平均审理周期为6.57天，当庭宣判率为100%，服判息诉率为89.7%，上诉维持率为100%。（彭　睿）

【湘赣边区域司法协作】　为贯彻落实湖南省徐守盛书记和江西省强卫书记在2014年9月湘赣合作发展交流会上关于“深化两省省际边界地区开发”的重要指示以及2015年4月湘赣两省政府关于《共建湘赣开放合作试验区战略合作框架协议》，进一步通过强化法律的统一实施为湘赣边地区社会经济发展提供强有力的司法保障，在市法院的倡导下，湖南省浏阳市、醴陵市、平江县和江西省井冈山市、上栗县、莲花县、铜鼓县、万载县、修水县、永新县10个市、县法院于9月10日在浏阳召开湘赣边区域司法协作首届联席会议，会上10市县法院院长共同签署《湘赣边区域司法协作框架协议》，就湘赣边区域内司法协作事项达成诸多共识。

（彭　睿）

7月8日，浏阳关口街道占家社区120余名中、小学生走进浏阳法院体验“阳光司法”

（资料来源：市法院办公室）

司法行政工作

市司法局：

党组书记、　局长　　苏柏松
党组副书记、副局长　孙家栋
党组成员、副局长　　曾铁生
（2015.09改任非领导职务）
邱先棠　胡金玲（女）
党组成员、纪检组长　郑小平

【人民调解工作】　致力人民调解组织、队伍、制度建设，着力构建“大调解”工作格局，基层社会稳定“第一道防线”得到有效巩固。一是致力组织建设。全面加强市、镇、村三级人民调解委员会建设，指导建立市矛盾纠纷调处中心、医疗纠纷调解中心、交通事故纠纷调处中心等28个专业性调解组织。组建直属司法所，进驻园区专门负责涉企纠纷调解。二是致力队伍培养。广泛吸收辖区内的人大代表、经验丰富的退休干部、有威望的老同志、热心调解工作的志愿者加入调解队伍。指导全市各乡镇（街道）组织开展村（社区）调委会主任业务培训，不定期组织经验交流、现场观摩、法院旁听等活动，着力提升调解员法律政策水平、文化素质和调解技能。三是致力制度落实。统一规范人民调解工作的各项业务规章制度，逐步实现全市调解组织“标牌、印章、人民调解标识、程序、制度、文书”六统一。推动建立湘赣边界矛盾纠纷联防联调协作机制，合作调处跨界矛盾纠纷10余起。全面落实人民调解案件“以奖代补”制度，进一步加大对基层调解组织的指导和支持力度。全市共建立人民调解委员会466个，培养、发展人民调解员2503人，人民调解信息员11000余人，四级协同、全市联动的人民调解组织网络体系逐步形成，全年调处矛盾纠纷7130余件，通过案件收集、评审，对其中5105件予以奖励。全年无重大群体性事件、民转刑案件发生，实现“小事不出村，大事不出镇，矛盾不上交”的工作目标，基层社会稳定“第一道防线”得到有效巩固。（李翼运）

【普法依法治理工作】 认真贯彻长沙市局的普法依法治理工作要点精神，以“法治浏阳”创建为抓手，突出重点，彰显特色，打造品牌，推动普法依法治理工作深入开展。一是抓实法制宣传教育。收集整理社区、企业、学校的重点需求法律知识，制作图文并茂的折叠纸宣传单，面向全市发放20000多份。针对乡镇对群众的法律需求和集会时机掌握的实情，加强与乡镇、街道的协调联动，先后到关口、荷花、古港、金刚、高坪、枨冲、葛家等乡镇进行宣传，共发放法律书籍5000多本，法制宣传资料30000余份。组织局由机关司法干警、法律服务者和法律服务志愿者为主要成员的骑行队，利用节假日和周末等时机，先后到枨冲、葛家、澄潭江、高坪等乡镇开展相关骑行宣传活动，湖南日报、法治湖南网及网易新闻均做过专题报道宣传。以“3•15”国际消费者日、“3•21”水法日、“6•5”环境日、“6•26”禁毒日等为契机，加强与各部门的联动配合，切实提高普法宣传的合力。二是抓好重点对象学法。把重点对象的学法用法工作作为引领社会法治风尚的重要途径来抓。落实中心组学法、领导干部法制讲座等制度，开展全体市级领导、各乡镇、街道，市直单位全体班子成员参加的市委中心组（扩大）法制学习会及《学习十八大四中全会精神，推进法治湖南建设》专题讲座。充分利用学法系统，组织国家工作人员在线上进行学法活动，全市国家工作人员完成每人500学分的学习任务。在全市50所中小学校开展专题讲座，收到良好的效果。组织全市120名农村“法律明白人”进行专题培训。三是培育全民法治理念。注重文化引领，引导树立“信守法律、崇尚法治”的理念。开展“法治文化进屋场”为主题的文艺普法系列活动，即将法律法规编入小品、相声、花鼓戏等节目，深入各村（社区）在广场、公园、屋场举行普法文艺表演活动，2015年先后在三口镇、金刚镇、普迹镇开展大型文艺汇演活动。制作2000个便民普法宣传窗，免费发放到每个村（社区）、学校和企业，公开法律服务电话，定期更新资料，将最新法律知识及时传到千家万户。灵活运用“互联网+”思维。建立“法治浏阳网”，开通“浏阳司法”微信公众平台、“法治浏阳”微信群及QQ群，上线手机APP移动端，充分利用网络、微信、微博等新兴媒体开展法制宣传，让法律知识“触”手可及。四是推进基层依法治理。完成“六五”普法检查验收工作，对全市各部门单位和乡镇街道的“六五”普法工作进行全面的检查，从中评比出工作突出的单位，进一步指导做好“六五”普法工作示范点的建设，圆满完成上级对浏阳的“六五”普法检查验收。继续开展“基层民主法治示范村（社区）”创建活动，扩大基层法治创建范围，促进基层民主法治建设，不断提高基层组织自我管理、自我服务、自我教育、自我监督的能力和水平。 （李翼运）

6月17日，省司法厅党组书记、厅长谈敬纯（左五）率省司法厅专题调研组到浏阳市司法局关口司法所、浏阳市公共法律服务中心和浏阳市社区矫正中心调研（资料来源：司法局办公室）

【社区矫正工作】 编印《浏阳市社区矫正工作管理手册》，对社区矫正各个工作环节进行严格规范。建立社区矫正工作专项督查常态机制，到各乡镇（街道）开展针对公益劳动、学习教育、档案管理等方面的专项督查130余次，指导基层社区矫正工作依法按程序开展。建成浏阳市社区矫正中心，中心主要包括信息采集报到室、宣告室、训诫室、警检室、教育培训室、心理咨询室等工作机构，通过合理的功能布局，有效满足“监管矫正、教育矫正、心理矫正”三大功能要求。建立社区矫正信息指挥中心，指导、推广社区矫正电子腕带应用，对社区矫正工作实施信息化规范管理。建成社区矫正信息监控系统，启用社区矫正“移动监管平台”，对社区矫正人员进行全天候信息化监管。截至2015年12月31日，全市累计接收社区服刑人员3435人，解矫2734人，现有在册矫正对象701人，其中包括管制4人，假释55人，缓刑623人，暂予监外执行19人，接管的矫正对象未出现一例漏管、脱管现象。 （李翼运）

【刑释解教人员安置帮教工作】 健全接茬衔接制度。市、乡两级安帮机构按照接茬衔接工作程序、送达时限、登记统计等要求规范运作，认真做好刑释解教人员离开监、所前后的衔接工作，防止出现刑释解教人员离开监、所后不回原籍，流落外地出现脱管等情况，衔接率达100%。创新帮教责任制度。推行“134”帮教工作目标管理责任制度即落实“一帮一”“多帮一”工作措施强化包教育、包管理、包转化的“三包”工作责任，完成定对象、定措施、定时间、定责任的“四定”工作目标，使帮教工作由“软任务”变成“硬指标”。坚持每半年进行一

4月24日，组织开展社区矫正专干业务培训　　(资料来源:司法局办公室)

次刑释解教人员集中排查，对刑释解教回归社会的人员情况进行全面梳理，做到人员底数清、活动情况明、帮教组织落实、台账资料齐全，对排查出来的重点人员一一制定管控工作方案及具体工作措施。2015年被列为重点管理的人员252人，司法所每月上户进行走访谈话，宣传法律、法规和国家政策，及时掌握重点人员的思想动态，帮助解决实际困难和问题。大力突出重点帮教。把工作重点放在“三无人员”(无家可归、无亲可投、无业可就)及有重新犯罪倾向刑释解教人员的帮教管理上，采取切实有效的帮教措施，努力减少重新犯罪。截至2015年12月31日，全市刑满释放人员在册4017名，帮教率100%，安置率98%以上，重新犯罪率控制在2.5%以下。　(李翼运)

【法律服务工作】 2015年，市司法局以公共法律服务体系建设统领全市法律服务工作，全局上下思想高度统一、力量高度凝聚，实现走在省市前列的工作目标。一是着眼系统谋划。认真领会上级精神，深入调查研究，结合浏阳实际，科学制定实施公共法律服务体系“市、镇、村三步走”战略：整合市级公共法律服务资源，2015年建成市公共法律服务中心；依托司法所阵地，建设公共法律服务站，将中心功能向下延伸；采取“三个一批”措施，建成401个村(社区)的法律服务点。二是聚力项目建设。将市级公共法律服务中心建设明确为“一把手”工程，倾全局之力，建成高标准、高效能公共法律服务中心，实现市级公共法律服务资源大整合。树立超前意识，加快公共法律服务站建设步伐，全面完成32个乡镇(街道)公共法律服务站的挂牌工作，并选取具备建设条件的龙伏、枨冲等乡镇开展建站工作。积极推动落实政府购买法律服务试点工作，动员机关干部、法律服务志愿者到村(社区)设立法律服务联系点，为基层群众提供近距离服务，满足群众法律需求。三是加快模式转变。出台《浏阳市公共法律服务中心运行方案》，制定中心统一值班管理、统一考核督办、业务分线落实、资源统一调配、重大事项局长办公会决策等一系列工作制度，全局工作完成从业务分线管理到中心统筹管理的模式转变。中心以平台服务的方式，按照“接待受理、分流指派、限时办结、督查督办”的处置流程，让群众享受“一个门进来、一个窗口受理、一站式服务”，进一步减少中间环节，获得群众好评。四是着力素质提升。建立法律人才信息库，配备公共法律服务查询系统，提供法律服务资源实时查询。加大教育培训和投诉查处力度，整顿法律服务队伍，净化法律服务市场。动员律师、法律服务工作者为群众提供志愿服务，强化提升法律服务队伍公益服务意识。落实“司法公正长沙行”工作要求，推动法律职业共同体建设。2015年，市公共法律服务中心共接待群众咨询3.5万余人次、解答法律疑难3100多个，办理公证2323余件，受理法律援助1157件(长沙考核指标数420件/年)，比2014年同期增长近1倍。市司法行政系统在全省半年和全年民调结果均为长沙九区县市第一。　(李翼运)

6月5日，组织开展环保法制宣传活动　　(资料来源　司法局办公室)

防范和处理邪教问题工作

市委防范和处理邪教问题领导小组办公室

主　任　彭世明

副主任　刘颖（女）　黄启程

【概况】 2015年，市委防范和处理邪教问题领导小组办公室在市委、政府的领导下，在上级业务主管部门的正确指导下，深入学习贯彻党的十八届四中、五中全会和习总书记系列重要讲话精神，认真贯彻落实省、市政法工作和防范和处理邪教问题工作会议的各项要求，强化制度管理，夯实基层基础，创新工作方法，出色地完成年度目标管理考核的各项工作任务，被长沙市委防范和处理邪教问题领导小组办公室评为防范和处理邪教问题工作目标管理考核先进单位。（张忠新）

【防范处理邪教问题工作队伍建设】 认真贯彻落实湖南省《关于加强防范处理邪教基层基础工作的意见》（湘办发[2015]35号），及时向市委常委会汇报，争取政策和经费支持，并研究落实措施，制定下发文件，进行专项工作督查。组织全市防范和处理邪教问题专干168人在公安局9楼会议室进行骨干培训，学习反邪教业务知识，并部署全年度防范和处理邪教问题工作。完善防范和处理邪教问题工作信息员队伍，全市401个村、社区都配备工作信息员，各乡镇街道成立反邪教协会，吸纳五老成员参加反邪工作。加强防范和处理邪教问题办公室自身建设，提升业务能力，改善工作作风，对照《长沙市防范和处理邪教问题工作目标管理考核办法》，分解任务责任，逐款逐项落实到人。实行分片包干联系工作制度，年初进行工作部署，逐月有安排和检查，每周一召开工作例会，通报情况，安排工作，狠抓落实。按照《浏阳市防范和处理邪教问题办公室机关规范化工作职责》，完善机关目标管理责任制，2015年全年先后3次对37个乡镇街道防范和处理邪教问题工作进行实地督查指导，强化基层基础工作。（张忠新）

【防范和处置工作】 按照“信息灵敏、反应快速、管控到位、处置有力”的工作标准，加强防范控制。强调党（工）委书记是反邪防邪工作第一责任人的反邪意识，明确“三个零指标”的高压线。年初跟各乡镇街道签订目标管理责任状。完善乡镇街道、村（社区）基层信息预警、防控网络。强化对各类邪教重点人员的“六包一”管控，根据人员变动情况，及时调整“六包一”责任领导和责任人；对重点对象实施全程动态管理。加强对“4•25”“6•4”“7•22”“9•3”等重点时段、敏感节点的守控，实行一日一见面，及时掌握他们的情况。密切与国保部门的协调对接，确保“三零目标”和“五个不发生”。（张忠新）

【教育转化工作】 根据长沙市防范和处理邪教问题办公室的要求，年初下发教育转化工作方案，明确教育转化任务和目标，并与有教育转化任务的乡镇街道和单位签订教育转化目标责任状。有转化对象的乡镇街道积极主动配合，制定教育转化工作方案，摸清拟转化人员的基本情况、社会关系、练功原因、痴迷症结等，对拟进班人员先期开展铺垫性教育，争取其亲属和所在单位的支持，确保实现平稳进班。市防范和处理邪教问题办公室对拟转化对象首先进行走访，了解其思想状态和生活情况。在8月、9月份通过自主办班转化3名“全能神”人员。（张忠新）

【警示宣传教育】 开展反邪警示教育进党校、进学校、进社区、进家庭、进庙宇活动。2015年在市委党校三个春季主体班：村（社区）支部书记培训班、各乡镇街道政法分管领导法治研修班、中青年干部培训班，安排反邪警示教育课。市防范和处理邪教问题办公室主任结合浏阳实际亲自授课，增强到课人员的反邪防邪意识。下半年的主体班，也安排反邪知识课程。同时还采取多种措施，将反邪教知识进学校、进社区、进家庭、进庙宇。在初中学生素质教育轮训中安排专门课时对全市所有初二学生进行防邪反邪培训；在社区开展“无邪创建”活动、与家庭签订反邪、防邪责任状，在庙宇进行警示宣传教育等等。开展形式多样的反邪宣传。(1)与浏阳电台交通生活频道合作策划制作反邪知识访谈录，并刻录成U盘，发放到全市401个村、社区，在村村通广播播放。(2)利用群众节会赶集，在人口集中、流动量大的场所摆放宣传展板，先后展出36场／次。9月9日，各乡镇街道、村（社区）召开“重阳节”敬老纪念活动时间，进行反邪、防邪知识宣传。2015年向全市村、社区发放宣传资料宣传资料6万余份，深受老年朋友欢迎。(3)通过浏阳电台交通频道每天滚动播出“崇尚科学，关爱家庭，珍惜生命，反对邪教”公益宣传。同时利用各单位电子显示屏宣传反邪知识。(4)通过团市委、妇联、组织部、纪委、人社局、全市各乡镇的微博、微信、电教网络系统进行反邪教警示教育宣传全年累计千余次，发送反邪教微信46.8万余条。(5)在交通要道、旅游景点、宗教场所安放永久性宣传牌12块，宣传标语100块。发放宣传资料，2015年编印通俗易懂的反邪教宣传漫画读物1万册，分组分片发到村、社区。编印培训教材3000册。强化网宣和情报信息上报工作。2015年已经超额完成信息报送目标任务。报送“凯风湖南”7篇，其中2篇专业稿件，5篇非专业稿件。报送“岳麓红枫网”8篇，超过目标任务2篇。报送湖南红星网2篇。报送省防范和处理邪教问题办公室情报信息3条。开展走访慰问。利用群众工作日和政法系统开展的“三联三访”活动，上门走访教育转化巩固对象和容易受邪教蒙骗的群众百余人。

（张忠新）

【“无邪创建”工作】 5月26日，召开防范和处理邪教问题工作会议，举办全市防范和处理邪教问题工作骨干培训班，就“无邪创建”工作进行全面动员和指导督促，统一规范“无邪创建”相关内容上墙样式，统一向村（社区）、单位（学校）制作下发960块的“无邪创建”工作机构、职责、目标标识牌，要求各地各单位按标准落实到村（社区）、学校（单位）。签订平安创建承诺书。各单位采取措施，安排专项经费，制定相关工作方案，并上报备案。狠抓落实，加强面对面督促指导，市防范和处理邪教问题办公室工作人员分成三个组，到各乡镇街道实施面对面的工作指导，督促检查各项工作落实，发现问题现场整改；对落实好的单位予以推介表扬。枨冲镇、淳口镇、集里街道、永安镇、沙市镇、北盛镇等乡镇街道“无邪创建”工作认真扎实，领导重视，措施严密，效果显著。2015年全市上报3个村、社区参加全国“无邪创建”。上报并通过验收的长沙创建达标乡镇（街道）13个、村（社区）95个，单位40个。（张忠新）

森林公安工作

浏阳市森林公安局

局长　欧　雷（2015.08.免）

党组书记　局长　李志勇（2015.08任）

党组副书记　政委　陈明霞

党组成员　副局长　朱　力

黎有顺　沈华裕

【概况】　森林公安机关是公安机关的组成部分，是公安机关派驻林区保卫森林资源安全，维护林区社会治安的武装性质的治安行政力量，原则上行使同级地方公安机关的职责和权限。浏阳市森林公安局担负全市森林刑事案件侦查、林区治安管理和行政执法职能；同时市防火办承担本级人民政府森林防火工作职能，负责全市森林防火日常工作和森林火灾预防、组织指挥扑救和灾后处置工作。2015年，浏阳市森林公安局有在编民警73人，警务辅助人员15人，其中女民警7人；内设办公室、政治工作室、法制科、森林消防科、装备计财科5个职能科室；下设刑事侦查大队、治安管理大队2个直属大队和张坊、大围山、官渡、古港、南区、西区、北区、城区8个基层派出所，其中张坊、官渡派出所为公安一级派出所。2015年，浏阳市森林公安局获得长沙市精神文明建设先进单位、湖南省森林公安机关执法质量考核第一名，张坊派出所被公安部评为“一级派出所”、刑侦大队获得集体三等功。（邵　雷）

【森林公安队伍建设】　从优待警，丰富警营文化。深入贯彻上级公安工作会议精神，落实从优待警、落实民警职级待遇，新提拔使用4名副科级领导干部，按计划组织民警参加新录用民警培训、警衔晋升培训、中青年干部培训、依法治市专题培训；组织全体民警到省警察学院进行政治业务轮训；开展法律知识摸底考试和射击训练；集中学习情报和视频分析等刑侦业务，选派民警到市公安局刑侦大队和市局法制科跟班学习；组队参加市直机关运动会；开展登山健步走体能训练等活动。深入群众，和谐警民关系。深入推进“一推行四公开”和“一进二访”活动，班子成员联基层单位，党支部联困难村，民警联户，26名副科级干部结对帮扶困难群众；局领导带队进驻大围山镇长鳌江村群众工作站和蕉溪乡水源村帮扶新农村建设，共投资20多万元帮助安装路灯20盏、修建垃圾焚烧炉14个、修筑拦水坝12米，硬化道路4公里。共走访慰问困难群众68户，送去慰问金4.5万元。参与“城乡统筹、环境同治”工作，开展环境卫生清扫活动12次和文明劝导活动4次。主动作为，成立耀邦故居警务室，为景区发展保驾护航。运用媒体，扩大宣传影响。发布电子政务信息60余篇、公安网站信息20篇；浏阳市交通频道整点播放森林防火公益宣传；《浏阳日报》时政要闻报道3篇、案件报道5篇、动态4篇、头版防火提示5次；浏阳市电视台专题宣传报道7期。（邵　雷）

【资源保护】　市森林公安局始终突出执法打击为主业，完善执法工作、案件审核考评制度，开展立案突出问题专项整治，推行轻微刑事案件快速办理机制。共接各类报警369起，处警369起。查处各类森林案件317起，其中立刑事案件45起，刑拘24人，逮捕3人，抓获网上逃犯2人，移送起诉案件26起39人；协助兄弟单位破获刑事案件10起；查处公安行政案件39起，行政拘留41人；查处林业行政案件233起，林业行政处罚321人次，共收缴木材350余方，为国家、集体和个人挽回直接经济损失388万元。开展利剑行动，打击非法占用林地专项行动。对城市规划区主、次干线，入城口、市域高速公路、国省干线公路两厢及浏阳河、捞刀河、南川河两岸范围内违法占用林地开展集中治理，破刑事案件11起，刑拘3人、取保候审11人、移送起诉4

张坊派出所于2015年被公安部评为“一级派出所”　（资料来源：森林公安局）

人。治爆缉枪，排除隐患。结合“平安林区”创建活动，组织开展“治爆缉枪”专项行动。8月4日，张坊派出所抓获关口办事处潘某持汽枪在小河乡田心村境内非法狩猎。8月25日，治安大队与太平桥派出所联合查获1起非法狩猎案，共收缴猎枪4支。零点行动，成果凸显。12月15日零点，市局领导亲自率队在大围山自然保护区查处1起非法狩猎案件，犯罪嫌疑人刘某和郭某被刑事拘留。“零点行动”拉开打击破坏野生动物资源活动的序幕。12月18日，治安大队查处沿溪镇三官殿农庄王某非法收购、销售野生动物案；随后治安大队、城区派出所联合林业局执法大队在城区进行5次检查，检查场所11处，向广大市民发放保护野生动物的宣传资料500余份。多警协作，拓展领域。积极参与湘赣边界护林联防，不断加强各警种协作，与地方公安、高速交警等多警种共同行动、联合执法。8月6日，省高速公路交警张坊中队在大围山南收费站执勤时，查获一台非法运输樟木的货车后，随即移送市森林公安局，从而破获多起非法采伐国家重点保护植物案。9月25日，市森林公安局作为先进单位在湘中片森林公安警务合作会议上作典型发言。 （邵 雷）

【森林防火】 2015年，森林防火工作全面完成市委、市政府提出的目标和任务，全市森林火灾起数和过火面积创历史新低，同比分别下降73.7%和95.4%，确保人民群众生命财产和森林资源安全。坚持高位推动，防火得到高度重视。进一步落实森林防火行政首长负责制，市委、市政府多次专题研究森林防火工作，市人大专题询问森林防火工作，为推进工作落实提供坚强的组织领导保障。坚持做精做实，防火宣传影响深入。在2014年的基础上，进一步加强防火宣传教育，向中小学校发放防火宣传画册1.5万册，在重点地域、地段和名胜古迹风景旅游区，新设置防火警示牌200余块，制作防火电视专题宣传片5个，发放禁火令到户30多万份。坚持督查督办，“三化”管理步入常态。乡镇街道森林防火工作实行党政同责，联村干部、村干部、护林员职责任务明确，防火专业队伍和非专业队伍全部按要求配备到位。开展两次专项督查，发出督查通报4期。坚持夯实基础，火情处置快速到位。购置60多万元扑火物资装备发放到乡镇、街道和消防大队，加强乡镇及村级扑火队伍安全培训及演练，举办培训班35期，培训人员达3000余人次，举行扑火演练2场次。新增浏阳武警森林消防大队和洞阳森林消防大队。坚持依法治火，涉火案件打击有力。全市森林火灾接处警31起，侦查终结涉火刑事案件2起，涉火治安案件20起，拘留18人，查处违法野外用火14起，罚款22900元。 （邵 雷）

1月27日组织召开全市森林防火工作会议 （资料来源：森林公安局）

【中心工作】 深入开展“全民义务植树月”“慈善一日捐”“农村法制宣传月”“五长”巡回法律咨询等活动，发放宣传资料2000余份，为群众提供法律咨询100余次。认真落实人口与计划生育工作，确保无计划外生育。义务献血任务圆满完成。综治维稳工作措施扎实。认真开展“安全生产宣传月”和“应急管理宣传周”活动，安全生产落实了领导带队、隐患排查制度。信访工作措施到位，按时办结信访件10件、12345市民服务热线3件。接受市人大“呵护植被·保护生态”专题询问，并认真整改、获得代表好评，办结市人大建议2件。圆满完成花炮艺术节的安保任务。统战、老干、关协、工会、共青团和妇女工作等，各项工作齐头并进，协调发展。 （邵 雷）

11月17日，森林公安耀邦故居警务室成立 （资料来源：森林公安局）

武　装

人民武装

中国人民解放军
湖南省浏阳市人民武装部

党委第一书记	曹立军
党委书记、政委	尹乐平
副书记、部长	伍继延
纪委书记、副部长	梁惠德
党委委员	何平良　张小清

【概况】 2015年，浏阳市人民武装部在警备区党委和浏阳市委、市政府的坚强领导下，按照“坚持根本、保障打赢、夯实基础、确保稳定”的总体思路，坚决贯彻上级党委决策部署，围绕服从和服务于全市经济大局，以提高民兵遂行多样化军事任务能力为目标，大力推进和开展武装工作，圆满完成上级军事机关和市委、市政府赋予的各项工作任务，人武部和民兵预备役建设呈稳步发展的良好态势。被警备区评为“安全工作先进单位”“后勤建设先进团级单位”、部长伍继延被评为“优秀团级单位主官”。（陶　璐）

【思想政治建设】浏阳市人民武装部党委始终把思想政治建设摆在首位，紧紧围绕听党指挥、能打胜仗、作风优良的强军目标开展政治工作，确保单位全面建设的正确方向。一是抓好党委中心组理论学习。年初结合民兵整组工作部署会，组织全体干部职工和专武干部传达学习上级党委扩大会精神，结合实际，确定“抓红线铸军魂、抓备战谋打赢、抓基础保稳定、抓作风求实效、抓融合促发展”的工作思路，进一步明确年度工作抓建目标和落实措施。根据党委中心组理论学习计划，在同步参加上级授课辅导的基础上，部领导组织干部职工对习主席系列重要讲话进行辅导授课，两名主官还积极参加市委中心组理论学习，并及时组织班子成员传达学习上级文件、相关理论。通过学习，提高党员、干部理论素养和政策理论水平。二是抓好主题教育活动。按照上级统一部署，2015年重点扎实开展“学习践行强军目标，做新一代革命军人”主题教育和“三严三实”专题教育整顿，组织党员干部参加两级军区和警备区动员部署电视电话会议，同步参加浏阳市组织的“践行三严三实，争当发展先锋”辅导授课，组织学习中共中央总书记、中央军委主席习近平系列重要论述和上级有关文件精神。4月份，在长沙警备区政委李春艳的专程指导下召开专题民主生活会，围绕“模范践行‘三严三实’要求，争当让组织放心的好干部”主题，组织党员干部讨论交流，针对问题制定整改措施。下半年结合干部职工作风纪律教育整顿，进行专题教育回头看活动，收效明显。三是抓好干部思想稳定。针对2015年面临军队编体制改革，涉及干部切身利益，思想波动大，容易产生不稳定因素的实际，两名主官主动倾听干部心声，加强谈心交心，掌握思想动态，做好释疑解惑工作，确保思想稳定。四是抓好国防教育工作。积极探索新时期开展国防教育的方法路子，依托《浏阳日报》、市电视台《国防时空》栏目、秋收起义纪念馆等主流媒体和红色教育阵地，广泛开展国防教育活动。联合市委党校、秋收起义会师纪念馆、耀邦故居管理处组建宣讲团，定期推出“寻找伟人足迹，牢记国防使命”巡讲活动，深入市直机关、企事业单位和中小学校，进行党史军史教育、伟人事迹宣讲和国防政策宣传，提高广大市民的国防意识。（陶　璐）

【军事斗争准备】浏阳市人民武装部以如期形成大规模防卫作战能力为目标，着眼民兵预备役担负的使命任务，狠抓战备训练工作落实，不断提高遂行多样化军事任务能力。一是修订完善战备方案。积极与市应急办对接，将本部应急预案纳入全市整体应急方案体系，对本部应急作战保障、维稳处突、国防动员、抢险救灾等9大类战备方案主案和20多种子方案进行修订，确保各类方案计划上下配套、精确实用。二是扎实开展民兵整组工作。一季度认真落实民兵整组要求，会同预备役师工兵营、市应急、人防、交战、水务等部门，召开任务部署会，传达上级精神，成立组织机构，下发整组方案。充分利用市属企事业单位人才、技术、装备资源丰富，组织性、专业性强等优势，进一步拓展行业编兵，将通信支援、交通运输、医疗救护、物资油料、装备维修等支援分队在7个企事业单位抽组；考虑到防卫作战要求，将公路护路分队和新增的蒙西铁路护路分队在交通沿线乡镇组建；为确保饮用水源安全，在株树桥水库管理局新成立30人的防空作战分队，达到平时服务，急时应急，战时应战要求。2015年，浏阳市基干民兵分队共96支3429人（应急队伍1455人、支援队伍1048人、储备队伍926人）。为确保整组工作有效落实，在整组过程中，浏阳市人民武装部充分利用网络、电视、报纸等媒体广泛宣传国防后备力量建设的方针政策和上级指示精神，3月份，省国教频道、浏阳电视台“国防时空”栏目对全市民兵整组工作进行专题报道，营造浓厚氛围，在整组收尾阶段，由部长、政委带队，分两个组，结合征兵工作督导，对所有乡镇街道、企事业单位的民兵分队，逐一进行检查验收，民兵预备役整组工作得到有效解决。三是突出抓了干部在职训练和民兵演训活动。上半年，认真做好现役干部的军事理论学习和体能训练，坚持每月一考，通过以考促训，干部的体能素质和理论素养有明显提高。4月份，选派政工科长带领8名新上任的基层武装部长参加省军区组织的业务集训；副部长带领舟桥分队骨干参加警备区集训；全年分批组织森林防火分队、舟桥分队和民兵应急连、基干民兵骨干共575人次参训。通过训练，民兵遂行多样化军事任务的能力进一步提高。四是顺利完成兵役征集任务。年初进行民兵整组的同时，落实兵役登记工作，对征兵工作早筹划、早部署。印制发放宣传册3000多册，利用市属媒体，户外大型LED显示屏，以及出租车、公交车电子广告牌等媒介，进行广泛宣传发动。6月下旬召开市征兵工作会议，传达上级精神，总结去年情况，分析当前形势，明确目标任务，将双合格任务指标下发到各乡镇街道，实施征兵任务与绩效考评挂钩，采取评先评优一票否决。根据全市实际，在本部综合楼开设体检站，从市人民医院和七医院共抽掉42名医务人员组成体验组，从市公安、民政、教育局、法院、检察院抽调10名工作人员组成政治考核组，为征兵工作任务顺利完成打下基础。2015年完成征兵任务。五是初步探索基层典型抓建路径。2013年开始，针对浏阳乡镇街道情况各异的特点，在深入调研的基础上，重点抓4个不同类型基层武装部试点工作，规范阵地建设，完善软件资料，配备物资器材，统一工作程序，并将基层抓建试点规范的各类方案预案等软件资料，制成范例下发各单位。9月29日，受领探索在非公有制企业建立民兵组织的任务后，指导永安镇武装部与湖南一朵众赢电商科技股份有限公司对接联系，进行前期调研，初步组建一支50人的应急民兵排，下一步将继续指导该公司完善阵地建设，规范工作程序，训练民兵队伍，探索一条民兵在非公有制企业建、用、管、保的新路子。11月17日，省委常委、省军区司令员黄跃进率队到浏阳永安镇，调研非公有制企业基层武装工作，实地查看一朵众赢电商科技股份有限公司的阵地建设，观看民兵训练。他要求要结合企业实际、加强军地融合，创新发展基层武装工作。　　　（陶　璐）

【党管武装】充分发挥军事机关的职能作用，建立健全军地协调机制，推动党管武装工作有效落实。一是坚持党管武装，切实摆上重要位置。市委、市政府年初一系列工作部署会议中把党管武装摆上重要位置，传达学习上级指示，部署新年度工作。坚持落实书记现场办公、地方领导过“军事日”和党管武装述职等制度，始终把党管武装工作纳入全市年度综合考评机制，不断强化党委管武、强武、用武意识，确保经济建设和国防后备力量建设同频共振。二是借力党管武装，推动后备力量建设。市委、市政府对武装工作高度重视，体现在涉及人武部和民兵预备役工作，都优先审批、优先保障。市人民武装部利用原有靶场用地置换，加大民兵训练基地建设的步伐，6月份市长就新建“浏阳市民兵训练基地”专门召开工作调度会，现各项工作正有序展开，力争2016年建成使用。协调森林公安，在民兵队伍组建直属大队和特勤大队，为队员购买保险，配齐森林防火装备设备，提升保障效能。为提高国防教育效果，将国防教育内容嵌入每月一次的浏阳河广场群众性文艺活动之中，使广大市民潜移默化中接受国防教育。三是依托党管武装，“双带双促”活动有序展开。按照长沙市“双带双促”活动会议精神和实施意见，成立活动领导小组，研究制定实施方案，由民政部门牵头，人武部配合，财政每年拿出活动专项基金。经与民政部门沟通，决定采取试点先行、适当补助、以奖代补的方式先行试点，再逐步展开。现已把浏阳中澳蓝鹰素质教育基地、庆典烟花公司作为“退役军人创业基地”试点单位，荷花街道、关口街道长兴社区和淮川街道新北社区作为“退役军人之家”试点单位，在民兵中培育一批“兵”字号经济实体和民兵创业带头人。在共同努力下，浏阳市被评为“双促双带先进单位”。四是立足党管武装，“三队”作用发挥明显。坚持在用兵中练兵。2015年，出动民兵100多人次，参加维稳处突和环境整治等任务，3月5日，元宵节焰火晚会，11月5—7日浏阳市举办第12届国际花炮文化节，出动应急民兵连共60多人次，冲锋舟4艘，圆满完成水上安保任务，受到组委会好评。在“精准扶贫”和“一进两访”活动中，两名主官各帮扶1个贫困村，能够深入基层调研、走村串户，想方设法为基层帮扶解困。从年初开始，深入开展“雷锋家乡学雷锋”活动，组织干部职工对军烈属开展春风送暖活动，2015年共走访慰问28户特困军烈属和伤残军人家庭，送去慰问金28000元。走访慰问浏阳市光荣院的退伍老兵，为他们清理营院，打扫卫生，送去节日礼物和祝福。　　　（陶　璐）

【党委班子建设】市人民武装部党委严格贯彻民主集中制原则，能够正确对待“用心、用人、用钱、用时”问题，通过加强学习、增强素质、改进作风，不断提高科学决策能力和工作执行力，较好地发挥核心领导作用。在人员少，任务重的情况下，“一班人”心往一处想，劲往一处使，主动作为和分忧解难的意识比较强。工作中分工不分家，不为家事私事分心走神，一心扑在工作岗位上。能够团结协作，严格按程序办事，重大问题集体研究，不搞个人说了算，始终坚持集体把关指导全面建设，分工负责抓好工作落实。班子成员能够带头执行上级规定，以上率下，以实际行动引领和培育新风正气。“一班人”廉洁自律意识强，在敏感问题上自觉接受群众监督，赢得干部职工的信任。党员干部能自觉做到不打牌赌博，不涉足不健康场所，不做违反政策规定的事。班子成员奋发进取、团结协作精神进一步加强，全体干部职工政治意识、大局观念得到进一步提高，党委的核心战斗堡垒作用更加坚强。　　　　（陶　璐）

【2080名网上应征报名的适龄青年参加体检】　8月8日，浏阳2080名网上应征报名的适龄青年参加体检，接下来将进入体检复查以及政治考核阶段。网上应征报名于8月5日截止，浏阳共有2080名适龄青年报名应征，其中大学生334人，占比16.06%。青年大学生参军入伍，除享有“四个优先”（优先报名应征、优先体检政审、优先审批定兵、优先安排使用）政策外，2015年还将享受到国家新出台的6项举措，同时，国家还进一步提高学费补偿、国家助学贷款代偿和学费减免标准，本专科学生每人每年由原来最高不超过6000元增加至8000元，研究生每人每年由原来最高不超过8000元增加至12000元。“今年征兵工作从前期宣传到体检，都比以往更扎实。”人武部参谋吕勇介绍道，市人武部2015年联合市政府督查单位对部分乡镇进行实地督查，每周进行情况通报，并坚持实地走访宣传，取得实质性的效果，接下来会联合市征兵办以及公安局等相关部门进行实地调查，对预征兵进行政治考核。　　（资料来源　红网）

武装警察

中国人民武装警察部队浏阳市中队

中队长　邓鹏程（2015.02免）
　　　　代文启（2015.02任）
政治指导员　谢洪亮
副中队长
　　朱　琪　（2015.02任）

2015年，中队紧紧围绕强军目标，深入学习贯彻党的十八届四中、五中全会和中共中央总书记、中央军委主席习近平系列重要讲话精神，在支队党委的正确领导下，支部一班人确定“铸忠诚意志、扬敢战精神、立精细标准、养蓬勃朝气、树军地窗口”的工作思路，创造性地开展工作，部队建设稳中有进，发展势头良好。

一、中队团结凝聚力强。一是班子配合默契。2015年2月新的班子组建以来，正、副书记经常交心通气，取长补短，做到分工不分家，大事讲原则，小事讲风格，讲大局，讲友谊，不搞小圈子，不搞小动作，彼此之间以诚相待。其他委员充分发挥主观能动性，按照工作分工，各负其责，中队形成风清气顺、团结向上干工作的良好氛围，体现出较强的战斗力。二是中队充盈正气。支部坚持落实民主集中制、注重发挥集体力量和集体智慧来抓工作，2015年，中队共有5名战士入党，3名战士参加考学，8名战士选取士官，10人参加各类技术培训，都严格按照个人申请、民主评议、支部推荐、支队把关的程序实现“三公”，从未出现个人说了算的情况，干部士官休假等关系官兵切身利益的问题，中队征求意见后制定计划，严格按照计划安排，不扣官兵一天假，不抽战士一支烟，支部形成的决议都能得到广大官兵的认同和认真落实，支部的领导核心地位更加坚定。三是强化官兵素质。中队积极转化按纲建队试点成果和学习山东成武县中队精神，创造性地开展工作。从经常性基础性工作入手，注重从提高官兵素质抓起，中队搬迁新营房两年来，中队营产营具完好率达100%，2015年四季度按纲建队考评均被评为先进，中队战士刘贻通，参加总队反恐特战比武荣获总队第二名，年底被总队评为“总队训练标兵”，官兵素质的提升为部队的长远发展打下坚实的基础。

二、官兵拼搏事业心强。一是加强理论学习、坚定政治方向。理论是行动的先导，支部一班人的素质直接影响到中队的全面建设，为给全体党员“补钙”，中队投入2000余元，为每名党员汇编一本《党史军史武警史》口袋书，鼓励党员撰写心得体会100余篇。中队全体官兵紧紧围绕强军目标，深入学习十八届四中、五中全会、全军政治工作和中共中央总书记、中央军委主席习近平系列讲话精神，自觉把上级精神转化为强军目标在基层落地生根的实际行动，确保部队绝对忠诚、绝对纯洁、绝对可靠。二是强化党性修养、提升党员境界。中队坚持以“三严三实”教育和基

2月24日，浏阳市中队全体官兵走上街头参加，清扫街面　　（资料来源：武警浏阳市中队）

6月5日，中队组织全体党员赴刘少奇纪念馆参观见学，重温入党誓词

（资料来源：武警浏阳市中队）

层党组织建设试点任务为契机，不断强化党员的党性观念。充分利用驻地红色资源，举行4次主题党日活动，组织党员到刘少奇故居、胡耀邦故居、秋收起义纪念馆参观学习，重温入党誓词，确实使党员的党性修养得到加强、思想得到升华、灵魂得到净化。三是狠抓作风建设，激发干部斗志。中队现有干部4人，支部注重抓干部作风建设，充分调动干部的工作积极性。中队长代文启工作大胆有魄力，军事工作亮点多；指导员谢洪亮模范作用好，工作尽心尽责；副中队长朱琪发挥助手作用明显，在基层党组织建设试点任务和借调总队查勤期间，总队支队领导给予高度评价；排长肖鹤与战士同劳动同训练，分管的训练和内务进步明显。全体干部都能克服家庭困难，一心扑在工作上，比学赶帮超氛围浓厚。

三、班子务实建设力强。一是抓建思路更加清晰。中队支部在支队首长的帮助下及时找准中队建设的主线和突破口，提出“铸忠诚意志、扬敢战精神、立精细标准、养蓬勃朝气、树军地窗口”的工作思路和“用老红色基因、育新红色中队”的队魂，注重发挥中队党组织作用，增强中队官兵的集体荣誉感，树牢官兵“以队为家”的思想，精细化管理向成武县中队对表看齐，不断提升经常性基础性工作质量，中队建设思路更加清晰、方向更加明确。二是工作作风更加务实。破解骨干能力瓶颈。针对骨干能力素质偏弱的实际，支部对拟任的骨干严格把关，加强培养。采取集中培训和定期考核的方法，效果明显；中队借助驻地优势，组织进行炊事员、理发员、驾驶员的业务培训，既满足官兵成长成才的需求，又为部队建设培养业务骨干。务实官兵工作作风。中队落实每日查勤，为加强在外人员的管理，中队主官负责跟踪管理，确保管理不出漏洞。落实工作奖惩机制。中队采取记账挂号的办法，对为中队做出突出贡献和违反纪律的官兵进行详细记载，直接与官兵的成长进步挂钩，大大调动了官兵的工作积极性。三是成绩亮点更加突出。中心任务完成出色。中队共完成押解勤务14批次，押解犯人560人，动用枪支70支，圆满完成“两会”安保、春运执勤、焚烧毒品、第十二届中国（浏阳）国际烟花节安保等临时任务11批次。抗战胜利70周年阅兵期间，中队担负武装巡逻的官兵成功处置群体打架斗殴事件，受到驻地群众好评。军事工作落实较快。中队AB门建设和训练场地落实在支队率先完成，创新性设置指挥训练室，制作完善浏阳市看守所周边地形沙盘、浏阳市城区图、浏阳市森林火险区划及兵力部署图，起到很好的示范引领作用。党组织功能发挥明显。中队党支部积极引导官兵以争创一流为目标、以中队荣誉为己任。在十二届国际烟花节安保任务中，中队成立党员突击队，16名党员坚持连续奋战、文明规范执勤，成为任务现场一道亮丽的风景线。9月份老兵退伍后，部分士官休假，执勤兵力紧张，正、副书记轮流上岗楼站哨，中队一号哨被战士亲切称为“支部专哨”。中队党员模范作用明显，支部战斗堡垒作用凸显。（谢洪亮）

6月26日，浏阳城区举行的“影动三湘”国际禁毒日宣传活动，武警浏阳市中队焚烧毒品现场担负警戒勤务

（资料来源：武警浏阳市中队）

公安消防

中国人民武装警察部队
浏阳市公安消防大队

党委书记、政治教导员
王宾国
党委副书记、大队长　张　颂
党委委员、副教导员　罗　战
党委委员、副大队长　王凤文
党委委员、参谋　朱　剑
党委委员、关口中队指导员
刘志超
党委委员、集里中队指导员
夏　彦

【概况】 2015年，浏阳市公安消防大队围绕中共中央总书记、中央军委主席习近平关于消防安全工作系列重要讲话精神，坚持“政府主导、标本兼治、长远发展”，在市委、市政府的坚强领导下，全市上下齐心协力、奋力拼搏，进一步落实消防工作责任，扎实开展火灾隐患排查整治，加快推进公共消防设施建设，强化社会消防宣传教育，推动应急救援队伍建设，实现全年预期目标，达到全市社会面火灾形势平稳可控。消防工作责任得到有效落实；消防安全环境得到持续优化；消防宣传教育得到深入普及；消防队伍建设得到稳步推进。关口中队被支队评为“雷锋式消防警队”“政治工作先进中队”，被长沙市青年职工工作委员会评为“青年文明号”浏阳大队参谋罗威、大瑶中队政治指导员肖锦程被评为长沙市2015年度“雷锋式爱民官兵”。浏阳大队副教导员罗战同志被评为优秀共产党员。全年累计接警611起，出动消防车829台次，出动警力5829人次。其中，扑救火灾257起，抢救被困人员121人，疏散群众1348，挽回经济损失3284.17余万元，死亡人数1人，全年未发生财产重大损失火灾事故。与2014年相比，在全市经济规模、辖区面积等大幅度增长的前提下，火灾起数下降40.45%，财产损失上升44.86%，死亡人数持平，实现全年未发生较大以上有影响火灾事故的目标。　（彭　越）

【部队规范化管理】 坚持政治建警、大力加强思想教育工作，扎实开展专项教育整顿及政治教育，全面推行目标化、制度化管理，严格规范消防执法行为，有力地整顿了队伍中存在的系列突出问题，队伍管理跃上新台阶。大队全体官兵坚持视驻地为故乡、视百姓为父母，为地方服务，为群众解难，热心为群众摘除马蜂窝、开门、送水，融洽军民感情。尤其是在贯彻落实市委、市政府关于优化经济发展环境、提高行政服务效能的部署要求上，市公安消防大队积极推行消防便民利民措施，擦亮“窗口”，阳光作业，着力精减审批环节，缩短审批时限，各类消防行政许可期限较之相关法律、规章的规定分别缩短3天至13天不等，得到各级领导和社会群众的普遍好评。　（彭　越）

【灭火救援能力建设】 重点加强基础化、实战化、信息化、多元化、正规化建设，有效提升全市消防部队灭火应急救援能力，夯实基础化工作。针对浏阳火灾扑救和抢险救援地域宽广、任务重等情况，大队认真开展打造“浏阳消防铁军”工作，展开消防水源摸排、调查，大力强化七类预案制作以及疏散逃生、灭火救援演练行动。普遍开展基本技、体能训练和中队指挥员的业务训练，有效提高指挥员的指挥水平。同时，大队还强化辖区情况熟悉，加大实战演练力度；视情开展夜间演练、严格落实“每战必评”制度，总结经验教训，开展战例研讨，制定、落实改进措施，不断提高指挥员组织指挥水平和部队实战能力。为浏阳经济建设发展，人民安居乐业创造良好的消防安全环境。　（彭　越）

【基层基础工作与后勤保障工作】 一是完善消防基础设施的建设，构建消防保障体系。市委、市政府高度重视消防站建设，积极落实建设用地、资金和政策支持。1月21日投资1600万元的集里消防站建成投入使用，2月2日，投资1400万元的南区消防站驻兵执勤，南区消防站的建成填补南区无消防站的空白，大幅提升南区及全市抗御火灾的整体能力和消防安全的保障水平。2015年新建经开区消防站工作列入市政府重要议事日程，已完成选址和设计图纸现场勘查。二是加强财务管理，规范审批制度。大队严格按照《武警长沙市消防支队大队财务管理规定》进行财务管理，大队党委以部队建设和官兵利益为根本出发点和落脚点，认真研究讨论，严把经费开支审批关，真正把钱用在刀刃上。同时，加强对部队资金、资产的管理，严格票据申领、使用、注销、收缴登记工作，根据票据的用途、使用范围，正确、规范使用各种票据。三是开源节流，争取更多预算经费。大队积极向浏阳市委、市政府及市财政局领导汇报，争取地方各级领导的理解与支持，业务经费预算上予以倾斜。年初已明确673万元部队正常运行经费，5月7日，市人民政府下达《关于下达2015年消防大队运行经费的通知》，追加浏阳大队2015年度运行经费225万元，大队2015年预算经费达到898万元，浏阳消防部队建设和消防事业发展有充足的经费保障。　（彭　越）

【消防安全环境监管】 落实消防安全责任。成立由市人民政府副市长、市公安局局长沈学军为主任，政府办副主任郭曦、安监局局长屈湘水、消防大队大队长张颂、消防大队教导员王宾国为副主任，各相关职能部门负责人为成员的消防安全委员会，在消防大队设立办公室，统筹全市消防安全工作。年初，市政府与各个职能部门、乡镇、街道层层签订消防安全工作责任状，明确工作责任和任务，形成横向到边、纵向到底的消防安全责任体系。全市形成“政府牵头组织、公安消防主抓、部门整体联动、社会共同参与”的工作格局，确保全市火灾隐患整治工作的整体推进。对重大火灾隐患整治，市政府不仅明确隐患单位的整改责任，还明确主管和监管部门的责任，通过跟踪督办，领导带队督查，推动重大火灾隐患的整改。二是落实行动要求，进一步狠抓火灾隐患排查整治。在上级部门部署开展各项行动后，市政府组织消防、安监及相关部门对各行动要求进行落实。2015年先后召开大规模动员部署专项行动会议6次，对专项行动组织督查5次，各市直单位、乡、镇、街道召开部署会议、排查整治推进会议300余次。组织开展劳动密集型企业和居民小区消防安全专项整治行动、敬老院、社会福利机构消防火灾隐患排查、住宅小区消防安全专项行动、易燃易爆场所消防安全专项整治、夏季消防检查等整治行动，督促指导各市直单位、各乡、镇、街道检查单位11万余次，发现整改火灾隐患12万余处。消防大队及公安派出所检查单位24933家，发现火灾隐患19294处，督促整改火灾隐患19294处，下发《责令立即改正通知书》8320份，下发行政处罚书40份，临时查封25家，责令三停16家，罚款573500元，拘留11人。三是强化消防宣传，进一步提升全民消防安全意识。充分发挥广播、电视、报刊的舆论导向作用，进一步加大消防宣传力度，做到广播有声、电视有节目、报纸有文章、网络有阵地、街上有标语、社区有专栏，全方位、多角度地向群众宣传防火、灭火和逃生自救常识。2015年，市消防站接待参观咨询群众5000余人，开展消防演习和流动消防宣传150余次，培训社会单位法人代表和重点工种、岗位人员8万余人，深入社区和建筑工地举办消防宣传10余期，向广大城乡居民发送消防宣传资料3万余份，举办重点单位责任人、管理人、涉危人员、人员密集场所经营管理人等消防安全培训班13期，培训人员1200多名。3月份浏阳市公安消防大队开通“浏阳消防大队”微信公众号，并坚持每日一更新进一步拓宽宣传渠道，加大舆论宣传力度。特别是在“5•12”防灾减灾日和6月15日的“安全生产月”活动及“11•9”消防宣传日，大队组织共八个宣传小组，发放4500余份《消防常识手册《湖南省实施中华人民共和国消防法办法》800余份，粘贴消防安全三提示600余份，展出展板120块、发放各类消防挂图及火灾案例警示近500张。有效的提高全市群众的消防安全基本素质。通过多渠道宽领域的宣传活动引导全社会更加了解消防、关心消防、支持消防，提高消防工作的群众满意率。（彭 越）

2月13日，市委副书记、市长余勋伟（左二），市委副书记、政法委书记付旭明（右一）、副市长莫小佳（左一）等率政府办、公安局、交通运输局、商务局、安监局、旅游局、公路局、工商局、消防大队等部门相关负责人在城区开展春节前消防安全大检查

（资料来源：消防大队）

【举行大瑶消防中队驻兵揭牌仪式】 2月2日上午，大瑶中队落成暨揭牌驻兵仪式举行。长沙市消防支队司令部参谋长刘红军，浏阳市人民政府副市长、市公安局局长赵丁山、政府办公室副主任郭曦等出席仪式。市政府相关部门负责人、市消防大队全体官兵以及大瑶、澄潭江、金刚、杨花、中和镇政府主要领导等200余人参加仪式。仪式上，刘红军参谋长宣读大瑶中队驻兵命令，赵丁山副市长代表市人民政府作了重要讲话，近年来，市消防部队坚持以科学发展观为统领，以推进消防工作责任制落实为重点，积极采取各项火灾预防措施，城市消防安全形势得到了明显改善，重大火灾隐患得到有效整治，全民消防安全意识进一步提高，消防官兵骁勇善战、不畏艰险，把各类灾害事故的损失降到最低限度，为维护全市的和谐稳定、保障经济社会的健康发展做出积极贡献。希望大瑶中队继续发扬浏阳消防部队英勇善战的精

2月2日上午，大瑶中队落成暨揭牌驻兵仪式举行 （资料来源：消防大队）

神，成为一支善打大仗、敢打硬仗、能打胜仗，让党和人民放心满意的消防铁军。南区消防站为二级消防站，位于浏阳市大瑶镇大文公路北侧，总建筑面积3200平方米，总投资2658.03万元。南区消防站的建成填补了南区无消防站的空白，大幅提升南区及全市抗御火灾的整体能力和消防安全的保障水平。（彭　越）

【余勋伟带队督查消防安全】 2月13日下午，市委副书记、市长余勋伟，市委副书记、政法委书记付旭明、副市长莫小佳等率政府办、公安局、交通运输局、商务局、安监局、旅游局、公路局、工商局、消防大队等部门相关负责人在城区开展春节前消防安全大检查。先后走访花炮市场、华湘汽车运输公司、汽车西北站、金宇大酒店、华润万家生活超市等单位。询问了解各单位和场所近期消防安全工作的开展情况、消防安全工作制度、消防安全责任制落实情况、各种消防设施的运行情况以及工作人员“四个能力”掌握情况，要求各单位要认真吸取全国近期火灾事故教训，高度重视消防安全。努力为人民群众创造一个安全和谐的消防环境。从检查情况来看，各单位消防安全工作落实情况较好，特别是员工消防知识培训工作较为到位，员工都能熟练使用灭火器等消防器材。余勋伟就春节期间全市消防安全工作提出三点要求：一是相关部门及各重点单位要注重强化安全意识，从思想上高度重视消防安全管理工作；二是要强化落实主体责任，认清形势、吸取教训、充分认识到当前安全工作的重要性、紧迫性、艰巨性；三是在检查工作中，对隐患问题的整改决不能手软，要突出重点、狠抓落实，确保各类隐患排查整治，坚持不停顿、不遗漏、不放过。最后还特别强调加强对商场市场、宾馆酒店等场所的消防安全监管力度，全面消除火灾隐患，确保全市人民度过一个欢乐、祥和的新春佳节。

（彭　越）

【省公安厅党委副书记、常务副厅长周符波到浏阳督导检查消防工作】 8月14日上午，省公安厅党委副书记、常务副厅长周符波一行到浏阳督导检查消防安全工作。浏阳市委副书记、政法委书记付旭明，市委常委、副市长吴敏，副市长、公安局局长赵丁山等陪同检查。周符波一行实地查看长沙美太烟花制造有限公司和浏阳市李家湾危险化学品经营有限公司的生产、储存现状。重点检查企业的厂房是否符合国家有关消防安全规定；防火、防爆、防雷、防静电、防回潮等设备是否齐全有效；安全分区是否合理；是否落实好消防安全制度；存放烟花爆竹及化学危险品的仓库是否超量；是否按要求配备灭火器材；电器线路是否按规定进行敷设。询问单位的经营现状、具体面积、人员数量、危险区域、危险物品数量、员工的消防安全教育培训情况等。通过检查和听取付旭明关于浏阳市消防工作的汇报，周符波对浏阳的消防安全工作所取得的成效给予肯定并要求：一是要加强联动执法，加大检查整治力度。深刻吸取天津巷“8•12”瑞海公司危险品仓库爆炸事故教训，落实夏季消防检查行动各项工作措施，采取针对性整治措施，坚决遏制重大火灾事故发生，确保浏阳火灾形势稳定。二是必须常敲警钟、常抓不懈，切实增强安全生产红线意识。浏阳是远近闻名的烟花之都，涉危涉爆企业的安全工作尤为重要，一定要牢固树立安全发展理念，发展要适应经济发展新常态，坚决做到监督检查不放松、安全标准不降低，坚守安全生产红线。三是要切实强化责任意识，加强管理，认真进行安全隐患排查。要教育引导单位严格落实消防安全管理主体责任，加大火灾隐患自查自改力度，加大内部日查、巡查的频次和力度并建立检查台账，发现问题立即整改，不留任何隐患。安监、治安、维爆、消防等部门要相互配合、协同作战，加强对易燃易爆单位等场所的消防安全检查，建立立体化的火灾防控网络。（彭　越）

人民防空

浏阳市人民防空办公室
主　任　郭　曦

【概况】 2015年，市人民政府根据根据中内、省、长沙市要求，按照《中共浏阳市委浏阳市人民政府关于印发《浏阳市人民政府职能转变和

8月14日，省公安厅党委副书记、常务副厅长周符波等一行到浏阳督导检查消防安全工作
（资料来源：消防大队）

机构改革方案的实施意见》的通知》(浏发〔2015〕6 号)和《中共浏阳市委浏阳市人民政府关于浏阳市人民政府机构设置的通知》(浏发〔2015〕7 号)精神,设置浏阳市人民防空办公室,浏阳市人民防空办公室是浏阳市人民政府工作部门,设综合管理科(挂宣教法规科牌子)、工程管理科(挂行政审批科牌子)、指挥通讯科三个内设机构并增设事业单位人防工程服务中心。 (汤 永)

【工程建设管理工作】 1. 切实规范执收行为。严格按照省政府第 270 号令和湘价费 60 号文件(以下简称“一令一文件”)变更收费许可手续和政务公开等审批手续。对在中心城区内新建民用建筑(工业生产厂房除外)因法律法规规定条件限制不宜修建防空地下室的建设单位和个人,统一按照《湖南省物价局湖南省财政厅关于核定人防系统行政事业性收费标准的通知》规定标准执行,积极推进园区和城区集体土地建设行为征收审批工作。2015 年度(2014 年 12 月—2015 年 11 月),实现征收易地建设费 900 万元。全年共办理设计要点项目 5 个,办理建设批复项目 6 个,竣工验收项目 5 个。2. 逐步扼制减免行为。杜绝批条子、打招呼、随意调度减免缓现象,切实规范工程建设和规费征收,2014 年 9 月份以市政府、市人武部联合印发《关于进一步规范人民防空工程建设与管理的若干意见》,文件明确规定防空地下室易地建设费按照湘价费〔2014〕60 号规定标准执行,其缓、减、免按照《浏阳市人民政府关于规范市本级非税收入缓减免审批程序的通知》文件规定的程序和条件办理,并规定易地建设费减免不得作为招商引资的优惠条件等。文件对廉租住房、经济适用住房和公共租赁住房审核认定作出明确要求,确保逐步杜绝商品房屋建设享受减免防空地下室易地建设费政策的同时,规范廉租、经济适用、公租房等特种对象的监管。文件还对工业园区及重点镇征收工作进行规范和明确。

(汤 永)

【人防宣传教育】 通过突出法律法规、政策规定、人防知识常识和自救互救技能等主题内容的宣传,扎实推进宣传教育“五进”、“四化”(人防工作进机关、进院校、进企业、进社区、进媒体,人防宣教社会化、基地化、规范化、常态化)。一是做好“十二五”人防工作宣传汇报片工作。2015 年是“十二五”收官之年,为总结宣传好“十二五”人防工作发展经验和成果,充分展示人防形象,人防办认真总结挖掘“十二五”以来人防工作的经验、特色做法和取得成绩,并将总结和成果的制作成宣传汇报片。二是稳步推进进社区工作。城区 19 个社区已全部开展试点示范创建,各社区均做到有兼职负责人、有志愿者队伍、有宣传阵地、有特色工作、有主题活动。4 月份,组织召开街道、社区人防工作会议,布置各项工作任务,发放宣传教育资料万余份,向各街道及大瑶、永安镇和城区各社区居委会印发《浏阳市 2015 年度社区人防工作考评办法》和《考评细则》,进一步明确城市(镇)社区人民防空工作具体要求。各社区宣教方式亮点纷呈,特色各异。年内各社区均组织了防空防灾知识巡回讲座和设点宣传,产生了广泛影响,调动更多家庭了解人防,关注人防。三是进学校纵深发展。联合教育局召开教育系统人防工作布置暨表彰会议,向城区中小学印发《浏阳市 2015 年度城区中小学校人民防空教育先进学校考评办法(试行)》和考评细则,明确中小学校人防教育工作的基本要求。所有乡镇教育局都设有人防宣教示范点。结合“5•12”、“11•1”等重要时间节点,大瑶李畋小学和城区关口中学、人民路二小开展人民防空进学校演练工作,并统一要求全市中小学校开展以防空防灾为主题的知识竞赛、板报等主题活动。四是进媒体重点突出。继续联合浏阳电视台、浏阳日报社依托《国防时空》等栏目举办专题专栏,人防新闻做到及时播报;依托移动短信平台,建立人防知识短信平台,在“5•12”、“11•1”等集中宣传日期间,向人防工作和宣传对象及党政干部、机关工作人员发放短信万余条。五是进机关务求实效。为市直机关和领导赠送了《中国人民防空》杂志,为使广大机关干部了解人防、认识人防,结合“5•12”“11•1”等重要时间节点,在政务中心前坪设置人防集中宣传点,向广大机关干部宣传人防知识,并发放《防空防灾安全知识》《湖南省实施〈中华人民共和国人民防空法〉办法》等多种宣传资料。六是进企业逐步推进。为确保企业人防宣传教育的实效性,向企业发放《人防工程建设管理规定》《人防工程技术档案》及人防法律法规资料,组织人防工程日常检查,有效提高企业负责人对人防工作的认知度。七是重要时节宣传亮点纷呈。在“11•1”全省防空警报试鸣日,利用试鸣契机,宣传人防法规政策,普及防空防灾知识,扩大人防影响,以市政府名义发布《关于防空警报试鸣的通告》,寄发到市直各单位和乡镇街道、社区、医院、学校等基层单位;“11•1”试鸣日,在城区设置 5 个集中宣传点,制作法规政策、知识技能、工作成果、公益挂图等知识展板 30 余块集中展示,各点均组织 10 名以上社区人防志愿者参与人防宣传活动,发放《随身手册》《防空防灾安全口袋书》等 5 种资料共计万余份。

(汤 永)

【指挥通信工作】 一是加强防空警报器的维护管理,10 月初,在市办通信站和长沙市卓华科技有限公司的协助下,对原安装的警报器进行一次全面的检测维护维修,保证所有警报器处于良好的使用状态。二是切实加强操作培训。为确保防空警报器责任人都能熟练掌握防空警报试鸣方法,对防空警报器单位的责任人进行为期半天的集中业务培训,印发《防空警报器操作方法手册》,对新安装单位的责任人重点进行操作培训,使之迅速掌握操作方法,保证“11•1”警报试鸣日 30 台警报器顺利鸣响,确保鸣响率 100%。四是加快移动指挥系统建设,移动通信指挥车已实现与上级音频视频(短波通信和海事卫生系统)互联互通。 (汤 永)

【《浏阳市人防工程总体规划及控制性详细规划》评审】 6月15日，市政府在市规划设计院对市人防办和市规划设计编制的《浏阳市人防工程总体规划及控制性详细规划》进行评审，邀请专家和市人大、市人民武装部、市政协、及市政府办和各相关单位参加会议，会议听取市规划设计院的规划方案汇报，与会领导、各相关部门和专家都发表意见，会议认为规划内容完整，深度基本合理，数据详实，体系基本科学，符合相关法律及人防战略要求、人防工程规范、国家标准、城市总体规划要求。原则上同意通过该规划。

（汤　永）

【其它业务工作】 完善档案管理，截至2014年12月31日的所有档案资料全部整理成册，方便档案的管理、查找和使用。做好政务服务和公开工作，依规建立各项制度，编制《办事指南与公开手册》，进一步规范政务中心窗口的服务行为；完成5年一轮的《防空袭预案》修订；依规建立各项制度，完成行政职权职能清理和流程清单编制；组织规划编制考察学习，解决《人防工程和地下空间开发规划》编制中的重点难点问题，完成规划初步成果编制；做好11处历史人防工事管理工程的安全使用和适度开发利用。

（汤　永）

经济综合管理

发展改革

市发展和改革局（物价局）

党组书记、局长　王坤球
党组副书记、副局长　龙春湘
党组副书记、纪检组长
　李赣文(女)
党组成员、副局长
　游流芳（2015.12免）
　周　晖　陈飞雁
党组成员、政府投资项目管理局局长　刘忠良
副局长（挂职）、能源局局长
　张　晔（2015.12任）
湘赣边区域合作办公室主任
　戴圣伟（2015.12任）
党组成员、总经济师
　游湘江（2015. 03任）

【概况】　市发展和改革局（物价局）主要承担宏观经济管理、全面小康社会建设、两型社会建设改革、能源管理、重点建设项目管理和服务、投资管理、融资管理、物价管理等职能。2015年8月，根据中共浏阳市委、浏阳市人民政府关于印发《浏阳市人民政府职能转变和机构改革方案的实施意见》的通知（浏发〔2015〕6号）和《浏阳市人民政府机构设置的通知》（浏发〔2015〕7号），因全市机构改革，划入原市人口和计划生育局承担的研究拟定人口发展战略、规划及人口政策职责，新增湘赣边区域合作联络协调、统筹协调全市铁路建设管理和浏阳区域内生态绿心区的保护和发展等职责。2015年，市发改局内设办公室（国民经济动员办公室）、财务科、综合规划科（宏观经济研究室、市经济体制改革办公室）、社会投资项目管理科（行政审批科）、项目争融资科（市争融资办公室）、价格收费管理科（市人民政府价格调节基金办公室）、项目稽察办、政工人事科8个科室；下辖价格监督检查局、价格认证监测中心、政府投资项目管理局、两型社会建设综合配套改革办公室、能源局、重点工程建设管理办公室（铁路建设管理办公室）、湘赣边区域合作办公室7个二级机构。其中，3月16日，经市编委办批准设立湘赣边区域合作办公室，为所属二级机构。全局现有人员76人，其中编制人员63人，临聘人员11人，借调1人，挂职1人。2015年，全市重大项目建设与管理、节能减排、两型社会建设综合配套改革等工作在长沙市绩效考核中排名第一。　（王美英）

【宏观经济研究与管理】　应对新常态下经济下行压力，加强形势预测研判，与经信局一起开展“走百家企业，解发展难题”专题调研。扩大固定资产投资，繁荣第三产业，固定资产投资和三产增长排名均在长沙四县（市）前列，一、二季度获评浏阳市经济工作优秀单位。做好《浏阳市国民经济和社会发展第十三个五年规划》编制工作。加强重大课题研究，精选13个对全市未来发展有重大影响的课题，委托大学院校进行研究，聘请专家进行评审，为“十三五”规划编制打下基础。坚持开门编规划，进行2次全面调研，2次书面征求市领导、人大代表、政协委员、园区乡镇及各个部门的意见，召开3次调度会，2次意见征求会，1次评审会；在《浏阳日报》浏阳网公开征集意见，得到社会各界的热情参与和积极支持，《纲要》编制充分发扬民主，较好地集中各方智慧。积极上下对接，吃透上级精神，全面贯彻中央、省、市“十三五”发展理念和重大政策；申报国家、省重大项目15个、重大工程83个，长沙市项目202个，在长沙区县（市）中走在前列，为浏阳未来发展赢得政策空间。注重包装立长远、打基础、具有战略性的项目，通过包装、策划和筛选，建立浏阳市“十三五”重大项目库。计划安排项目218个，总投资3371.7亿元。其中，基础设施项目40个，总投资1262.2亿元；民生项目28个，总投资314亿元；生态环境项目16个，总投资132.6亿元；产业项目112个，总投资1246.5亿元；发展平台22个，总投资416.4亿元。　（王美英）

【改革工作】　牵头经济体制、生态文明体制等3大类5项改革。省直管县改革试点，上报方案，承接权限，争取省直管县改革示范项目专项资金240万元，在13个试点县（市）中排名第一，为激发县域经济发展活力打下基础；公车改革做好数据摸底、方案测算，实行集中办公、周例会制，在长沙地区推进最快；完成药品价格改革、阶梯水价制度改革、行政事业性收费管理制

度改革。推进投融资体制改革，推动政府投融资平台转型。支持永安制造产业基地审批制度改革和大瑶镇强镇扩权改革，积极下放审批权限，促进板块经济发展。（王美英）

【项目建设管理和服务】与两帮两促办一起，构建较完备的项目建设推进机制，强化领导联系制、属地管理制、分线负责制、法人责任制，落实“四办”制度和季度讲评半年观摩制度，促进项目对经济的支撑。牵头组织大型专题调度会6次，集中交办问题2次，配合开展全市性大小督查50余次。全市167个重点项目完成投资305亿元，占任务105.8%。在全市上下共同努力下，西北环线、荷文公路、花炮大道、大文公路、耀邦故居等项目提前完工，金阳大道、城区污水管网改造等重大项目快速推进，欧智通、利美医院、奥园广场等项目实现当年签约当年开工。蒙华铁路7个工作面正式动工，天然气入浏完成前期工作，启动征拆程序。经艰苦努力，渝长厦快铁进入国家发改委和国家铁路总局“十三五”规划，相关后续工作全力有序推进。在全市人大重点项目专项工作评议活动中，涉及市发改局的16个问题全部解决，5个建议已吸收采纳，以满意率98.35%第一名的成绩获评“满意单位”。（王美英）

【投资项目管理】严把政府投资项目“计划编制关、立项审批关、招标监管关、工程变更关”，严审开工条件、资金来源、招标方式、投资规模，新增项目必须依规依程序，50万元以上的变更项目一律报市政府常务会议研究。下达政府投资项目计划647个，投资额117.4亿元。严格概算审查，审查项目431个，节省财政资金0.94亿元。严格控制项目变更，全年仅下达变更批复8个。核准、备案社会投资项目145个，投资额54亿元。严格中央投资项目管理，在省发改委项目稽查中，综合评价获优秀等次。（王美英）

【争资争项工作】发挥争资工作牵头抓总作用，全市共争取上级资金36.37亿元，占目标任务的152%。组织项目单位成功争取年利率1.2%、期限10~15年的国家专项建设基金2.05亿元。债券发行再次取得新突破，2015年获国家发改委批复46亿元，其中：核准工业新城公司债券15亿元，发行利率5.33%，再创全省利率新低；核准浏阳经开区公司债券20亿元，永安制造产业基地公司债券11亿元。债券获批规模、审批速度、综合成本等在全省区县（市）中处于领先地位。（王美英）

【湘赣边区域开放合作】发挥牵头作用，逐步实现区域合作具体化、活动化、项目化。制定区域合作2015年工作方案，铺排44项具体合作内容。通过湘赣边10县市的积极争取和共同努力，湘赣边区域合作纳入《长江中游城市群发展规划》和《长江经济带发展规划》，标志湘赣边区域合作上升为国家战略，抢占未来发展制高点。此外，湘赣边区域合作经济带建设还先后纳入长沙市委经济工作报告、长沙市政府工作报告和湖南省、长沙市“十三五”规划。12月17日，湘赣边区域开放合作2015年联席年会在上栗县召开，会议讨论通过、签署发布《关于将湘赣边区域开放合作秘书处设在浏阳的决议》，同意将湘赣边区域开放合作秘书处设在浏阳市，由浏阳市湘赣边区域合作办公室负责秘书处日常工作，构建常态化合作机制。讨论通过、签署发布《关于接收湘东区和遂川县为湘赣边区域合作开放交流会成员单位的决议》，同意接收其为湘赣边区域合作成员单位。至此，成员单位在井冈山市、莲花县、醴陵市、浏阳市、平江县、上栗县、铜鼓县、万载县、修水县、永新县等10县市的基础上扩充为12个。会议促成各县市达成49个合作项目意向。支持全市相关部门、乡、镇在综治维稳、公检法司、新闻媒体、交通互联、税收征管、花炮提质、文化旅游等领域的合作交流，拓展浏阳发展空间。协调配合永新县、修水县成功召开以交通、旅游为主题的联席会议，湘赣边区域开放合作工作被省深改办推荐上报为《2015年中国改革年度案例》。（王美英）

12月17日，湘赣边区域开放合作2015年联席年会在江西省上栗县召开
（图片来源：市发改局）

【两型社会改革建设】坚持宣传发动、项目驱动、示范带动、协调推动原则，着力推进两型社会建设综合配套改革。深化示范创建，获评省两型创建单位4家、省两型示范基地3家、长沙市两型示范单位15家，居四县五区之首。率先在全省启动两型屋场创建试点，把两型元素注入幸福屋场建设中，古港梅田湖经验获《长沙通讯》推广。努力打造浏东两型综合示范片区，落实两型专项资金。加大绿心区保护力度，构建绿心保护联动机制，严格绿心项目准入。积极开展全省清洁低碳技术试点推广工作。（王美英）

【能源工作】2015年，全市GDP能耗下降4.8%，提前一年并超额完成

“十二五”节能目标，连续三年能源综合考核排长沙地区第一名。全年节能备案登记项目236个，组织专家开展节能评估项目9个。争取节能减排示范资金6100万元，完成农村户用沼气池建设415口，占年度任务的138%，新增服务网点5处，建设大型沼气工程项目4个，创建能源网络化服务单位7个，全面完成为民办实事工程。光伏发电、风力发电等新能源项目落户浏阳。开展能源安全检查42次，确保能源安全生产形势稳定。 （王美英）

【全面建设小康社会工作】 坚持抓关键、明重点、破难题、补短板，牵头推进全面小康，科学分解指标，专题调度4次。2015年全面小康综合实现程度达到87.6%，较上年提高4.7个百分点，获评“2015年度经济强县”。其中：经济发展实现程度80.4%；人民生活实现程度89.2%；社会发展实现程度96.8%；民主法治实现程度88.1%；生态文明实现程度100%。 （王美英）

【物价工作】 加强收费监管，对收费项目实行动态清单管理，暂停和取消行政事业性和服务性收费项目52项。争取省、长沙市支持浏阳市“菜篮子”建设项目。回应民生诉求，处理价格投诉咨询236件，完成监测300余次。办理涉案、涉纪、涉税财物价格鉴证934件，标的金额12245万元；开展公务用车定点维修价格审核1800台次，审核标的400余万元。 （王美英）

【自身建设】 班子建设。坚持“党要管党、从严治党”方针，切实履行管党责任制。及时进行了机关总支和机关支部换届选举，认真组织党组民主生活会，坚持党内“三会一课”制度，集中开展民主评议党员，发展新党员1名。认真落实2015年党风廉政建设“两个责任”和“一岗双责”。坚持民主集中制，对“三重一大”事项充分沟通，集体研究，公开公示。坚持制度管人管事，全面强化制度建设，修订局机关内部管理工作制度21项，出台财经制度5项，完善廉政制度和方案6项。切实落实“两性一心”要求，大力弘扬“胸怀大局、乐于奉献、廉洁务实、追求卓越”的发改精神，全局上下形成了风清气正、团结奋进的工作氛围。效能建设。发挥表率作用，倡导班子为全局作表率，机关为基层作表率。严格落实“三个一律”、上门服务、一次告之、按时办结、首问责任等制度要求。坚持明察暗访、月通报和年考核制度，全年开展明察暗访共计150余次。认真办理建议和提案17件，满意率100%。进驻大瑶汇丰社区开展新农村建设工作、永安水山村开展群众工作，两个地方群众现场测评满意率为100%。深入沙市黄花村开展整建扶贫工作、荷芳村开展“一进二访”工作，圆满完成阶段性任务。人才培养。强力推进“人才工程”，持续开展“健康发改”“快乐发改”“成长发改”系列活动，搭建“发改讲坛”，完善人才培养导师制度、岗位轮换制度、谈心制度和干部素质提升制度。打破科室界限，成立政策研究小组和文字工作小组，均由局长担任组长，所有班子成员参加，引导专业技术人才和青年人才参与政策研究、项目包装、规划编制、课题调研等，人才工作取得一定成效。年内引进人才2人、到上级跟班2人、选调人才4人，形成“人人奋发向上、个个追求卓越”的态势。选送的《践行“五个坚持”•把牢“五道关口”做党性坚强的发改人》在长沙市践行“五个坚持”征文活动中获一等奖。被评为“公务员考核工作优秀单位”。 （王美英）

【成功纳入湖南省直管县经济体制改革试点】 6月5日，湖南省直管县经济体制改革试点工作动员大会正式发布湖南省纳入改革试点的13个县（市）名单，浏阳作为长沙地区唯一试点县（市）位列其中，标志浏阳正式纳入湖南省直管县改革试点。可实现审批事项直接报省里审批、省级项目直接申报、国家和省级资金直接下达，对调整行政管理方式、扩大经济社会管理权限和加快政府职能转变具有重要意义，浏阳发展迎来多重利好。 （王美英）

【蒙华铁路浏阳段项目全面进入主洞施工阶段】 蒙华铁路浏阳段项目7个工作面正式动工。其中，蒙华铁路连云山隧道1、2、3号斜井全部提前完成施工。标志着连云山隧道施工前期准备工作结束，全面进入主洞施工阶段。全长10704米的连云山隧道，主洞总计掘进1280米，占隧道全长11.9%。其中，位于关口街道仙源村的隧道出口挖进516米；位于淳口镇佛岭村的进口挖进572米。 （王美英）

8月11日上午9时，中共长沙市委常委、浏阳市市委书记曹立军等一行到蒙华铁路MHSS-6标段项目部施工现场（连云山隧道1＃斜井）调研 （图片来源：市发改局）

【《浏阳市国民经济和社会发展第十三个五年规划纲要（草案）》通过评审】 12月16日，《浏阳市国民经济和社会发展第十三个五年规划纲要（草案）》（以下简称《纲要（草案）》）通过评审。湖南师范大学、湖南省社会科学院等研究机构专家及全市45个部门单位参加评审会。“十三五”时期，浏阳市将顺应经济发展新常态，坚持稳中求进总基调，以率先建成全面小康社会、加快实现基本现代化为总揽，不断优化“一轴三带”“两城七园”“三河三山”发展格局，深入实施“交通融城、产业兴城、人才活城、生态美城”发展战略，始终坚持改革推动、创新驱动、区域带动、项目拉动、城乡联动发展路径，努力建设成省会副中心和湘赣边区域性中心城市。 （王美英）

【举行城市供水价格改革及水价调整听证会】 为落实阶梯水价政策，发挥价格杠杆对水资源的保护利用，12月30日，在浏阳河大酒店内，组织举行城市供水价格改革及水价调整听证会。拟将城区居民生活用水调整为每吨2.26元、非居民生活用水每吨3.39元、特种行业用水每吨9.04元。 （王美英）

审 计

浏阳市审计局

党组书记、局长
邓映先（2015.08免）
杨俊钦（2015.09任）
党组副书记、副局长 吕正红
党组成员、副局长
张昌隆（2015.08免）
阙一飞（女）
党组成员、纪检组长 杨 旭
党组成员、总审计师 傅鹏飞

【概况】 浏阳市审计局是浏阳市人民政府政府工作部门，其主要职能是：1.贯彻执行国家审计方针、政策，制定审计工作规章制度和工作规划并组织实施。2.负责对全市财政收支和法律法规规定属于审计监督范围的财务收支的真实、合法和效益进行审计监督。3.向市人民政府提出年度市本级预算执行和其他财政收支情况的审计结果报告。受市人民政府委托向市人大常委会提交市本级预算执行情况和其他财政收支情况的审计工作报告、审计发现问题的纠正和处理结果报告。4.根据《中华人民共和国审计法》的规定，进行下列审计，出具审计报告，在法定职权范围内做出审计决定或向有关主管机关提出处理处罚的建议。⑴市本级财政预算执行情况和决算以及其他财政收支。⑵乡镇人民政府、街道办事处预算执行情况、决算和其他财政收支。⑶市直各部门及其下属单位预算执行情况、决算和其他财政收支。⑷市属国有企业和市属资本占控股或主导地位的企业的资产、负债和损益情况。⑸市人民政府部门管理的和其他单位受市人民政府委托管理的社会保障基金、社会捐赠资金以及其他有关基金、资本的财务收支。⑹市政府投（融）资和以市政府投（融）资为主的建设项目的预算执行情况和决算；与政府投资项目直接相关单位的财务收支；政府投资项目工程结算和其他费用的结算。⑺市政府接收的国际组织和外国政府援助、贷款项目以及赠款项目的财务收支。⑻其他法律、法规规定应由审计局审计的其他事项。5.负责市领导干部经济责任审计领导小组办公室日常工作，按规定对市管党政领导干部及依法属于市审计局审计监督对象的其他单位主要负责人实施经济责任审计。6.负责对与国家财政收支有关的特定事项进行专项审计调查。7.负责上级审计机关授权的审计项目和专项审计调查项目的组织实施。8.指导和监督内部审计工作，核查社会审计机构对依法属于审计监督对象的单位出具的相关审计报告。9.承办市委、市人民政府交办的其他事项。局内设办公室、法制内审科、审计一科、审计二科、审计三科、审计四科6个内设机构，浏阳市领导干部经济责任审计局、政府投资审计专业中心2个副科级二级事业单位。市审计局机关共有行政编制为20名；机关后勤服务全额拨款事业编制1名；浏阳市领导干部经济责任审计局核定全额拨款事业编制10名；浏阳市审计局政府投资审计专业中心核定全额拨款事业编制12名。实有在编人员38名，其中行政编制17人，工勤编制1人，事业编制20人。2015年，完成审计项目978个，其中政府投资结算审计项目933个，查处管理不规范资金4.9亿元，违规资金4275.01万元，避免国有资产流失1680万元，收缴违规资金434.19万元，移送案件线索4起，提出审计建议76条，编发审计要情5篇，各级刊发信息16篇。 （唐 静）

【同级预算执行情况审计】 在市本级财政预算执行审计中，揭露部分基金支出预算未落实到具体单位和项目、花炮产业集群发展及新型工业化发展资金使用不规范、部分资金未纳入一般公共财政预算管理等8个突出问题，提出及时清理收回财政垫付资金、加强对非预算单位的财政拨款管理等5条审计整改建议，得到市人大常委会高度评价。对涉审单位的整改情况进行2次检查，进一步督促审计问题整改落实到位，被审计单位根据审计建议出台《浏阳市市级财政专项资金分配审批管理办法（试行）》《浏阳市公交车燃油补贴发行暂行管理办法》等10个制度，为促进财政预算管理规范化和制度化发挥积极作用。 （唐 静）

【领导干部经济责任审计】 按照《党政主要领导干部经济责任审计纲要》要求，对12个单位19名科局级党政领导干部进行经济责任审计，查处违规收费、工程结算未经审计直接支付等问题，提出完善管理制度、强化资金监管、加强财力保障等建议，促进领导干部守法、守纪、守规、尽责。完成57个单位59名领导干部的经济责任告知承诺和经济事项交接监督工作，涉及经济事项513项、资产188.93亿元、债权债务116.81亿元。 （唐 静）

【政府投资审计】 为规范政府投资审计，出台《浏阳市政府投资建设项目结算初审管理办法》。全年完成政府投资结算审计项目933个，送审金额12.27亿元，核减金额2.26亿元，综合核减率达18.41%。如长浏、浏醴高速互通口收费站等路灯亮化工程送审990.07万元，核减511.86万元，核减率达51.7%；浏阳市富岭水库工程送审4854.66万元，核减1083.46万元，核减率达22.32%，为政府节约资金，有效提高政府投资效益。（唐 静）

【专项资金审计】 围绕改革和发展中的热点、难点问题，完成安居工程、养老保险、蔬菜专项资金、成品油价格补助、电费附加等9108.25万元专项资金的审计调查，揭示在专项资金中挤占挪用、管理不到位、资金使用效益不高等问题，提出扩大公用事业附加的征收范围、加强基础数据管理等9条审计建议并被采纳，确保惠民政策落实。（唐 静）

【上级交办项目审计】 全力加强与上级驻浏审计组的沟通协调，抽调6人历时3个月协助完成审计署长沙特派办审计组开展的保障性安居工程专项审计、省审计厅审计组开展的城乡居民医疗保险基金审计。完成西北环线征拆补偿资金、道吾西路前期投资资金、七宝山硫铁矿和铜锌矿项目经费、路建投财务收支、水建投涉及地方政府债务等18个上级交办审计项目，助推社会经济稳定发展。抽调127人次协助市纪委（监察局）、财政局等单位开展“三公经费”“厉行节约、反对浪费”等检查。（唐 静）

【审计队伍建设】 邀请审计法制、计算机、工程建设、内审等方面的专家举办讲座9次，选派3名业务骨干到审计署、审计厅参加计算机审计培训。派出10人参加审计署长沙特派办审计组开展的安居工程审计、中国海洋石油总公司审计等大型审计项目。全年获得审计署计算机审计中级职称2人、省审计厅计算机中级审计职称1人、中级审计师职称1人、中级造价师职称1人，发明的计算机应用“数据分类模块”被省审计厅推广使用，撰写的论文获得省审计厅二等奖。开展3次优秀审计项目竞赛，在竞赛中提升干部的素质，通过培训、竞赛、实战等方式，锻造一支敢于担当、忠诚事业、勇于负责的铁腕审计队伍。（唐 静）

【出台《浏阳市党政主要领导干部经济责任告知和承诺办法》】 为进一步加强干部监督管理和党风廉政建设，规范领导干部履行经济责任的行为，浏阳市出台《浏阳市党政主要领导干部经济责任告知和承诺办法》。该办法根据各单位性质、职能和工作职责明确领导干部履行经济责任的具体内容和禁止性规定，对乡（镇）党委书记、乡（镇）长以及市直党政工作部门、事业单位和人民团体等单位正职领导干部或者主持工作的副职领导干部任期内应该履行的经济责任和应当禁止的经济行为进行全面告知，并要求其对正确履行经济责任进行承诺。（唐 静）

【加大对违反作风建设问题的查处力度】 为更好地履行审计监督职责，浏阳市审计局加大对违反作风建设相关问题的查处力度，为浏阳行风、政风和社会风气的转变做出应有的贡献。该局明确规定各业务审计组在执行审计过程中，重点关注被审计单位违规收送礼品、礼金，违规公款吃喝，违规公款旅游，违规公款消费，违规发放钱物等五项作风建设领域的重点工作情况，收集日常专项审计工作中发现的问题线索，建立台账，及时上报，限期责令整改，并建立整改销号机制；对涉及违纪违规问题，及时向该市作风办上报，依纪依规处理。同时，该局纪检组将对检查不认真、走过场，发现问题不处理、不上报、从轻处理等情况进行严肃追责。（唐 静）

【青年审计人才培养】 浏阳市审计局按照“重点培养、科学管理”的总体要求，建立环环相扣的“链条式”管理机制，采取多种措施搭建多样平台，加强对青年审计干部的教育与培养，为审计事业转型升级提供了可靠的智力支撑和人才保障。一是抓住思想教育这个关键，着力培养青年审计干部的大局意识和担当意识。召开青年干部座谈会，采取面对面的交心谈心活动，深入了解青年审计干部的思想动态，引导青年干部说出自己“需要的”和“想要的”。以学习例会为平台，结合“道德讲堂”，加强审计职业道德、廉政文化等教育。 二是突出学习培训这个核心，着力提升青年审计干部的业务技能和工作水平。积极鼓励青年干部积极参加审计职称考试，组织他们参加计算机审计业务培训等专题培训，提升理论水平和业务素质。三是深化实践锻炼这个途径，着力培养青年审计干部的创新意识和实战能力。建立“一对一”师徒制，选出实践经验丰富的老同志“传帮带”青年审计干部，创造条件让青年干部在一线摔打锤炼，参与重点审计项目，提高实战能力，实现从助审到主审的转变。（资料来源：中国审计网2015/11/27）

【多措并举健全审计整改联合督查机制】 2015年，市人大常委会采纳市审计局的建议，正式做出决议，将每年5月份作为审计整改月，专题听取各涉审单位对上年“同级审”所披露问题的整改情况汇报。同时，浏阳市人大还专门召集2014年度财政“同级审”涉审的15家单位的行政正职和财务主管人员就如何搞好审计整改进行专题调度，要求各单位要高度重视，按照“三个一”（一个审计整改情况报告、一套审计整改表格、一套整改证明材料）的要求，及时报送审计机关汇总，由审计机关进行抽查后再形成整改情况专题报告向市人大常委会进行汇报。近几年来，浏阳市审计局切实将审计整改作为提高审计影响力，打造审计新形象的主要抓手，不断强化对审计所发现问题的督查整改力度，逐步形成一套审计整改联合督查机制，取得明显成效。一是强化跟踪整改，将审计整改纳入科室绩效考核范围，要求各审计组在项目审结后及时跟踪审计整改情况，并将审计整改相关资料归入审计项目档案；二是深化专项整改，以“同级审”为纽带，争取市人大常委会对审计工作的重视和支持，审计整改工作逐步实现由作为“同级审”

汇报的一项内容向作为市人大一项年度专题活动的转变；三是完善审计约谈，以每年经责审汇报为契机，对当年被审计对象实行量化评分，排名最后两位的领导干部将由组织部门约谈；四是严格重点督办，审计部门联合纪委监察部门每年下半年组织对重点审计项目的整改情况进行一次专门督办，对不整改或整改不到位的，将由纪检、监察部门酌情问责(资料来源：湖南省审计厅 sjt.hunan.gov.cn 2015.08.19)

国土资源管理

浏阳市国土资源局

党组书记、局　长　王英定
党组副书记、副局长
　邓忠社（2015.05 任）
党组成员、副局长
　袁绪国（2015.07 免）
党组成员、副局长
　王艺辉（女）
党组成员、纪检组长　黎　飞
党组成员、经开区分局局长
寻　文(2015 年 7 月兼任副局长)
党组成员、总工程师　黎成红
党组成员、工会联合会主席
　周　瑛（女）
党组成员、执法监察大队队长
　戴仲和

【概况】 1987 年浏阳县设立县国土局，1993 年 2 月，经国务院批准浏阳撤县设市（县级），浏阳县国土局更名为浏阳市国土局，2001 年 12 月，浏阳市国土局与市矿产资源管理办公室合并组建成市国土资源局。市国土资源局依法履行全市用地报批、耕地保护、土地综合整治、国土资源市场建设、征地拆迁、矿产资源管理、地质灾害防治、执法监察、地籍测绘、城乡环境综合整治等职能。浏阳市国土局下设 1 个分局（经开区国土资源分局）、10 个二级机构，36 个乡镇、街道国土资源所，内设 10 个科室。8 月 31 日，中共浏阳市委、浏阳市人民政府下发关于印发《浏阳市人民政府职能转变和机构改革方案的实施意见》的通知(浏发〔2015〕6 号)和《浏阳市人民政府机构设置的通知》(浏发〔2015〕7 号)，根据文件精神将房屋登记、农村土地承包经营权登记（予以五年过渡期）、林权登记、水域滩涂养殖权登记职责划入市国土资源局。2015 年，新设立浏阳市不动产登记中心，为市国土资源局管理的全额拨款二级事业单位，核定人员编制 47 名。主要职责为：承担不动产登记、发证、信息平台维护和登记信息查询、簿册档案管理等事务性、技术性工作。派驻各乡镇（街道）国土资源所挂浏阳市国土资源局××不动产登记所牌子。2015 年市国土资源局新承担以下职责分工：1.河道采砂管理职责分工。市国土资源局对河道内砂石资源合理开发利用负责，（市水务局对河道采砂影响防洪安全、河势稳定、堤防安全负责，市交通运输局对河道采砂影响通航安全负责。）由市水务局牵头，会同市国土资源局、市交通运输局、市城市管理和行政执法局等部门，负责河道采砂监督管理工作，统一编制河道采砂规划和计划。2.矿泉水、地热水管理职责分工。开采已探明的矿泉水、地热水，由市水务局先办理取水许可证，确定开采限量。其中用于营业经营的，凭取水许可证向市国土资源局登记，办理相应的采矿许可证，并按照市水务局确定的限量采水。市水务局负责对其进行监督。11 月 24 日，浏阳市人民政府下发《关于调整部分乡镇行政区划的通知》(浏政发〔2015〕14 号)，将杨花乡和大瑶镇成建制合并设立新的大瑶镇；将七宝山乡和永和镇成建制合并设立新的永和镇；将三口镇和古港镇成建制合并设立新的古港镇；将溪江乡和关口街道成建制合并设立新的关口街道；将太平桥镇和集里街道成建制合并设立新的集里街道。调整后浏阳市共有 32 个乡、镇、街道，原市国土资源局下设的 36 个乡、镇、街道国土资源所合并后为 32 个。截至 2015 年 12 月，市编委核定市国土资源局编制 312 人，实际在岗人数 289 人。完成各项财政收入 28.7 亿元，相比 2014 年增加 3.66 亿元，增长率 14.6%。1 月，浏阳市启动第三轮矿产资源规划编制工作，12 月通过长沙市级初审。2015 年，市国土资源局先后获得“2013—2015 年全省依法办事示范窗口单位”、湖南省文明卫生单位，省国土资源厅“县市区级国土资源信息化建设先进单位”、长沙市文明单位、长沙市国土资源局“征地拆迁绩效考核一等单位”等荣誉称号。

(张开文)

【项目用地前期审查】 严格执行土地利用总体规划，把好 200 多个项目的用地前期审查关，依法依规依

8 月 21 日，省委副书记孙金龙（前排左二）、副省长戴道晋（前排左一）到浏阳调研宅基地制度改革试点工作

(图片来源：市国土资源局)

5月15日，省国土资源厅厅长方先知一行到浏阳调研宅基地制度改革、不动产统一登记试点和高尔夫球场清理整治等工作 （图片来源：市国土资源局）

权限办理建设项目预审58宗，面积2376亩。积极协调省市国土资源部门，解决金鸡水库、佳海电梯、学校保障性住房等民生工程、重点项目的土地规划调整问题。同时，有效开展土规中期评估和调整完善、损毁土地调查评价更新等工作。 （张开文）

【土地、矿山巡查】 开展土地、矿山动态巡查8396余次，发现、制止违法行为1320起，检查矿山企业133个，查处超深越界4起，组织打击非法开采行动10次，取缔非法开采点10处，2015年未发生安全生产责任事故。 （张开文）

【土地整治工作】 实施省、市投资土地整治项目8个，建设总规模3440公顷，预算总投资1.07亿元。实施城乡建设用地增减挂钩项目5个，建设规模50.53公顷。 （张开文）

【土地登记管理】 规范日常土地登记管理，办理土地使用证15006本、历史土地确权手续8宗，地籍区和地籍子区划分成果经省国土资源厅备案确认，农村集体土地确权登记发证项目内、外业成果基本通过省、市国土资源部门验收。 （张开文）

【土地出让、储备与用地报批】 2015年出让地块140宗，总面积303.33公顷，成交总价款37.34亿元，相比2014年增加6.37亿元，增长20.6%。土地收购储备：完成土地实物储备470.87公顷，收（购）回国有建设用地项目29个，面积151.73公顷。土地报批：通过省政府审批的国有建设用地470.27公顷，已批未拿批文的65公顷，保障项目用地需求。节约集约用地：加大供地率考核力度，浏阳市2010—2015年的供地率均达标，且超出长沙市绩效考核的指标任务。加大闲置土地清理力度，核查、处理闲置土地19宗，面积129.93公顷。 （张开文）

【采矿权年检】 开展采矿权年检工作，对62家年检不合格的企业予以公告，并依法查处和限期整改。优化矿业权布局，完成高坪镇松岗山矿区泉山片区、澄潭江、洞阳、溪江矿区的整合工作。组织实施绿色矿山试点，开展“十三五”矿产资源整体规划修编工作。 （张开文）

【地灾监测巡查与测绘工作】 进行突发性地质灾害技术指导46次，联合金刚镇政府开展突发性山体滑坡应急演练。加强矿山地质环境保护与监管，完成147家矿山企业的地质灾害防治检查。完成七宝山、澄潭江矿区综合治理项目建设，组织开展耀邦故居不稳定斜坡等3个重大地质灾害治理项目的勘查、设计工作。完成蒙华铁路勘测定界项目100公顷，完成违法用地勘界200公顷。开展学习培训，规范不动产测绘工作有关事项，为不动产统一登记做好准备。 （张开文）

【拆违拆旧工作】 参与、配合拆违拆旧行动40余次，各重点整治区域拆违拆旧600余处、30多万平方米，拆除面积是2014年的3倍多。环境整治工作四季度位居全市市直单位第1名，获评年度优秀单位。

【国土资源政策法规宣传】 加大国土资源政策法规的宣传力度，与浏阳日报社、浏阳电视台等加强合作，多平台、全方位开展专栏宣传。做好行政处罚决定书、征地

11月19日，国土资源部党组成员、国家土地副总督察、总规划师严之尧一行到浏阳调研农村宅基地制度改革试点、不动产统一登记试点和闲置土地清理等工作 （图片来源：市国土资源局）

6月15日，浏阳市国土资源局开展第25个全国"土地日"宣传活动

（图片来源：市国土资源局）

公告、合同、协议等1400余件法律文书的审核工作，做好50余起行政诉讼、行政复议案件的应诉工作，胜诉率达100%。

强化信息建设。发布各类信息36000余条；推进纸质档案电子化，完成档案整理18166卷，资料扫描110余万页，录入档案信息10449条。做好不动产统一登记前期设备调试和业务培训工作。办理人大建议、政协提案24件，全年在各类报刊、杂志、网络等媒体发表党政综合信息120余篇。深化社会服务。全年接待查阅档案1860人次、8320余宗。接待来信300件、来访253批次400人次，完成各级复函和汇报材料200余件。（张开文）

【存在的困难与问题】 耕地占补平衡工作压力较大；规划建设用地指标紧张，影响重点建设项目的及时落地；建设用地供需矛盾依然突出，土地粗放、低效利用现象还不同程度存在，来年供地率达标的压力仍然较大；全市违法用地高发态势虽有所遏制，但违法用地案件和面积总量仍然偏大，且违法用地引起的国土资源信访呈不断上升趋势；农村宅基地制度、高标准农田建设等改革试点县（市）试点工作，上级部门未出台有关指导文件，具体操作方式仍在不断探索之中。（张开文）

【三项改革试点工作】 浏阳市被纳入不动产统一登记、农村宅基地制度改革、高标准农田建设三项改革试点县（市），2015年国土资源部党组成员、副部长胡存智，党组成员、国家土地副总督察、总规划师严之尧，国家土地督察武汉局局长崔岩，省委副书记孙金龙，副省长戴道晋等领导先后到浏阳市就三项改革进行调研指导。截至年底，不动产登记改革试点工作完成人员划转、数据完善、技能培训、制度健全、流程编制、窗口设置等工作，为2016年1月5日颁发全省第一本不动产权证书提供保障；农村宅基地改革试点选定大瑶等4个乡镇、南山村等10个村作为试点，并出台《农村宅基地管理办法》等6项管理制度；高标准农田建设改革试点完成机构设置、人员抽调、方案制定等工作，为来年项目实施打好基础。湖南卫视《新闻联播》和湖南经视《经视新闻》先后对浏阳宅基地制度改革和不动产登记改革试点进行宣传播报。（张开文）

【建立遏制违法用地长效机制】 配合浏阳市纪委在全市组织开展违法用地专项检查行动，加强和深化违法违规用地问题的整改落实，确保问题按时整改到位。出台《关于采取断然措施坚决遏制违法用地和违法建设的通知》（浏拆违发〔2015〕2号）和《关于建立健全整治违法用地和拆违控违工作长效机制的通知》（浏拆违发〔2015〕3号），明确"建设管理责任、巡查、报告、处置、责任追究和督查考核奖励"六大机制。（张开文）

【推进和谐征拆】 发布各类征地公告147份，完成在建项目征地8317亩，征收房屋958栋，拆迁面积20.67万平方米，实现金阳大道等74个项目的征拆清零，顺利推进蒙华铁路等多个省、长沙市重点项目建设。同时，通过征地补偿资金专户"点对点"支付征拆补偿款4.1亿元。征地拆迁工作在年终绩效考核中被长沙市国土资源局评为"一等单位"。（张开文）

【编制《浏阳市地质灾害综合防治体系建设方案（2015—2020年）》】 9月21日，由市国土资源局牵头编制的《浏阳市地质灾害综合防治体系建设方案（2015—2020年）》通过省国土资源厅组织的专家评审。2015—2020年期间，省国土资源厅和省财政厅将依据该方案，安排浏阳市地质灾害工程治理项目和防治资金。（张开文）

【高坪镇松岗山矿区泉山片区、澄潭江、洞阳、溪江矿区采矿权整合】 浏阳市高坪马鞍采石场以4706万元的价格竞得高坪镇松岗山矿区泉山片区整合保留采矿权主体；浏阳市中心采石场已注销，整合至浏阳市澄潭江芙蓉尖石灰石矿；浏阳市洞阳第一采石场已注销，整合至浏阳市九溪石灰厂；浏阳市古港镇路通碎石场已注销，整合至浏阳市溪江磊石山矿业有限公司。（张开文）

【省委副书记孙金龙到浏阳调研农村土地制度改革试点工作】 8月21日，省委副书记孙金龙到浏阳市调研农村土地制度改革试点工作，副省长戴道晋参加调研。浏阳是全国33个农村土地制度改革试点县（市、区）之一。截至8月，浏阳已完成方案报批和部署阶段的工作任务，正在对试点村组的宅基地开展调查。孙金龙一行首先来到沿溪镇沙龙村考察。近年来，沙龙村通过土地整理、土壤改良和土地流转，将零星分散的宅基地进行综合整治，着力完善基础设施，为农业规模化生产、集约化经营、产业化合作创造条件。?在随后召开的座谈会上，分别听取了省国土资源厅、浏阳市委市政府的情况汇报，孙金龙对浏阳农村宅基地制度改革试点工作的良好开局给予充分肯定，并对下一阶段工作提出要求。他说，要认真学习、深刻领会习近平总书记关于农村土地制度改革工作的系列重要指示精神，充分认识土地制度作为国家基础性制度的重要意义，认识土地制度改革的复杂性和审慎性，自觉把思想和行动统一到中央的部署要求上来。要在坚守土地公有制性质不改变、耕地红线不突破、农民利益不受损“三条底线”的基础上，根据实际大胆探索，形成可复制可推广的试点经验和成功做法，坚决完成农村土地制度改革试点任务。要加强政策法规宣传，充分调动干部和群众两个方面支持拥护农村土地制度改革试点的主动性积极性。要结合新农村建设，着力改善农村人居环境，努力建设美丽乡村。特别要加强生态环境保护，注意体现农村特点和地域特色，保留乡村风貌。要建强建优农村基层组织，切实推进村民自治。要明确主体责任，强化协同配合。要落实工作责任，强化督查指导和考核，扎实做好不动产统一登记改革试点工作。副省长戴道晋说，要从全局高度认识农村宅基地改革的重要意义，在法律框架内大胆创新，蹄疾步稳推进改革，探索形成农村宅基地制度改革的“浏阳样本”。（资料来源：湖南日报 2015-08-24）

统　计

浏阳市市统计局

党组书记、局　长　周森源
党组成员、纪检组长　彭隆华
副局长　郑　榕（女）
党组成员、副局长　陈志刚
党组成员、总统计师（聘）
　黎　义
统计普查中心主任
　罗　娟（2015.04 免）

【概况】　浏阳市统计局是浏阳市人民政府工作部门，其主要职责是贯彻执行国家、省、长沙市统计工作的方针、政策和统计法律、法规，完成国家和地方统计调查任务；指导和协调全市统计业务工作，组织实施各项统计专项调查，指导统计基层业务与基础建设，推进统计现代化建设；建立健全统计数据质量审核、监控和评估制度，开展对重要统计数据的审核、监控和评估，依法审批或备案统计调查项目、部门统计调查方案；检查监督统计法规的实施情况，查处各类统计违法行为，组织实施全市统计人员从业资格培训考试和继续教育工作；组织实施全市人口普查、经济普查、农业普查等重大国情国力普查，汇总、整理和提供有关市情市力方面的基础统计数据；对全市国民经济和社会发展等情况进行统计分析和预测，统一核定、管理和定期发布统计公报以及有关普查和专项调查公报，为市委、市政府提供统计信息和咨询建议；组织实施各项社情民意调查，汇总整理、分析研究调查资料，提供有关社会动态和社情民意信息；承办市委、市人民政府和上级主管部门交办的其他事项。根据上述职责，市统计局设办公室（加挂财务科牌子）、业务一科、业务二科、综合分析科（加挂法规培训科牌子）4 个内设科室和统计普查中心、经济调查队、民意调查中心 3 个二级事业单位，有在职干部职工 27 人、退休干部 12 人。2015 年 8 月 31 日，中共浏阳市委、浏阳市人民政府下发关于印发《浏阳市人民政府职能转变和机构改革方案的实施意见》的通知（浏发〔2015〕6 号）和《浏阳市人民政府机构设置的通知》（浏发〔2015〕7 号），根据文件决定保留市统计局。（欧阳明）

【统计监测】　一、做实经济运行“晴雨表”。巩固和完善“企业一套表”联网直报，扎实做好农业、工业、能源、贸易、服务业、科技、劳资、房地产、建筑业等各专业年报和定报工作。全年共完成 13 大项专业调查，涉及 1200 多家单位。通过抓实监测，为全市 GDP、财政收入、工业增加值、固投等指标在长沙排名争先进位提供统计保障。全年实现地区生产总值 1112.8 亿元，增长 12.2%；一般公共预算收入 85.9 亿元，增长 13.2%，地方一般公共预算收入 49.9 亿元，增长 16.6%；社会消费品零售总额 242.7 亿元，增长 15.9%；固定资产投资总额 859 亿元，增长 18.4%，各项指标超额完成人大会目标任务。

二、找准经济增长“助推器”。推进“三经普”成果开发，经济普查工作获评“省级先进集体”，编印普查年鉴，发布普查公报三期，开发《电子信息制造业发展分析》、《经济转型升级研究》、《小微企业发展状况研究》等普查成果。开展人口抽样调查，认真完成样本点绘图，扎实推进 2601 户 10084 人的入户摸底和登记工作，多级多层次审核，精准测算样本数据。抓好新增入库，做好 10159 家法人、1550 产业活动单位和 104721 户个体户的单位名录库动态维护管理，加强工商税务数据监控，及时增录“四上”企业 98 家，“四下”企业和非企业法人 2218 家，实现了单位名录统计全覆盖，经济家底监测更清晰。三、争创经济发展“智囊库”。建成联网直报指挥中心，初步实现全市统计数据监测、催报、处理、终端视频的现代统计信息系统。（欧阳明）

【统计基础工作】　一、全面推进规范化建设。持续深入推进统计基层规范化建设，出台《浏阳市政府关于进一步依法加强统计工作的通知》，印发《浏阳市基层统计规范化建设工作方案》，统一设计制作基层统计职责、统计管理、统计调研等制度牌，编印《统计数据质量监测记录本》，完善《乡镇（街道）统计工作日常工作指南 2015》，2 次组织乡镇统计队伍项目观摩，“拉出去”学习，“请进来”评判，互评互比、互学互促，探索标准为基层制定、评判在基层实施、整改在基层落实的工作途径。二、全面加强法制化建设。依法行政履责，标本兼治，综合施策，重点对官桥、永安、大瑶等乡镇的统计站规范化建设和联网直报等启动统计巡查；针对报数不规范、IP 异常、数据不匹配等情况，对 1106 家“四上”企业开展统计数据质量隐患排查，实现排查全覆盖；对经开区、制造产业基地、两型产业园下发《关于核查统计数据质量的函》，进行统计查询约谈；依法对 50 家报表单位开展统计执法检查，行政处罚 3 起，曝光 2 起，责令整改 3 起。三、全面践行一线工作法。切实增强工作主动性、敏感性和责任心。实行重点企业联系服务制度，遴选 150 家行业代表重点企业，分 6 批次走访座谈，为市委政府掌握企业一手资料提供决策参考；实行统计巡回办公制度，机关服务基层，干部联乡、科室联片，将业务指导、业务培训等服务下沉到一线，全年分片区分行业召开 11 场业务培训会，解决各类问题 12 起。（欧阳明）

【优化统计服务】 一、服务决策参考。一是服务争先进位。盯紧看牢“挺进三十强”目标，将百强排名 21-40 位县市的万余个指标数据进行比对研究，为浏阳提早两年实现战略目标提供统计支持和统计保障。加强长沙对浏绩效考核、省小康考核的实时跟踪。积极推介浏阳发展经验，撰写《浏阳发展升级版》刊发在《中国统计年鉴 2015》，撰写《阳光民调》刊登在《中国信息报》，全面展示浏阳形象。二是服务经济预警。围绕重大关注和重要关切问题，以《浏阳经济运行快报》《决策参考》、《数字浏阳 2015》《手机短信快报》为载体，及时精准为领导和部门报送第一手信息。全年共撰写调研文章 10 篇，编制《决策参考》 13 期。三是搭建民意桥梁。优化升级民调系统，统筹整合民调项目，将调查项目、时间、内容等全面公示公开，邀请被调查单位现场旁听监督，切实增加调查透明度；撰写《民调的实践与探索》刊发在《政府工作》，有力加强民调认知度；全年共开展调查 11 次，收集意见建议 2 万条，提交调查报告 11 篇，努力搭建党委政府和百姓的连心桥。服务省对浏综治民调、长沙对乡镇综治民调和长沙对浏绩效考核民调，为浏阳创平安县市、绩效争先提供民调支撑，切实提升民调贡献度。二、服务基层基础。一是宣教培训到基层。统计从业资格培训 136 人，继续教育培训 216 人，在市委党校举办统计法主题培训班，组织 200 余人参加长沙业务培训，努力提升基层队伍依法统计、科学统计、充分统计的基本技能。二是创先争优到乡镇。服务争创“十强十快”乡镇，分析研究长沙乡街考核体系，研判调度各乡镇和部门经济社会发展数据，全力服务争创“十强十快”乡镇工作，2015 年度永安、淮川、官渡获得“十强十快”称号。三、服务社会公众。一是提供信息咨询。构建多媒体信息服务机制，利用网站、微信平台与社会公众、调查对象共享统计信息，全年提供各类信息咨询 1120 余人次，努力发挥统计咨询服务的窗口作用。二是开展统计宣传。开展统计“五进”活动，推动统计进课堂、上媒体、下企业、进机关、进社区，促进统计不断走向开放，受邀在市委党校人才班作浏阳经济形势专题报告，解读浏阳发展正能量，努力保持统计工作与全市大局同步发展。四、深入开展统计文化建设，努力建设学习型机关，选送干部参加省市统计局、市委、政府等部门组织的学习培训 16 人次。（欧阳明）

【推进乡镇、街道、园区统计规范化建设】 为加强乡镇（街道）、园区统计工作标准化建设，充分发挥乡镇（街道）、园区统计工作的作用，进一步提高统计数据质量，市统计局采取五项措施推进乡镇（街道）、园区统计工作规范化建设。一是与各乡镇街道签订《2015 年度统计工作目标管理责任书》，要求各乡镇街道加强对统计工作的领导，稳定统计队伍，落实人员变动备案制度和岗前培训制度，强化统计数据质量管理；二是下发《乡镇（街道）统计工作目标管理暨规范化建设示范站考核计分办法》，由各专业各科室对乡镇街道进行打分，再结合日常工作情况酌情加减分，确保结果客观公平公正公开；三是推进依法治统，开展多种形式的统计法律法规宣传，健全统计执法检查备案制度，加强统计日常执法检查；四是深化统计改革，全面落实乡镇统计工作行政一把手负责制，努力构建“乡镇统计工作主要领导亲自抓、分管领导具体抓、专业人员经手办”的工作格局；五是积极争取资金配套，为各乡镇街道配发电脑、打印机等办公设施，制作统计相关制度公示资料，服务一网共享，加强内网的建设管理服务，确保乡镇街道同步共享内网资源，减轻基层负担，提高工作效率。（欧阳明）

【统计数据“七查七对”】 为进一步提高数据质量，坚决反对和制止统计上的弄虚作假行为，确保统计制度严格实施、统计工作依法开展、统计数据真实可信、统计公信力提高，市统计局采取“七查七对”方式，努力提高数据质量。一查全市一套表联网直报 1106 家单位、核对单位详细名称；二查是否一个 IP 地址一个企业单位、核对报表类别；三查上报数据是否修改、核对单位营业状态；四查企业的纸质报表是否保存归档、核对企业“三证”情况；五查企业流程是否到位、核对企业申报的原始材料；六查主要经济指标是否审核、核对联网直报数据与企业财务和生产经营记录；七查统计行为是否规范、核对统计部门是否承担相关经济考核指标的主要责任。（欧阳明）

【“统计服务民生”主题开放日活动】 2015 年 9 月 23 日是第六届“中国统计开放日”。为进一步打造阳光统计，国家统计局举办的本届开放日以“统计服务民生”为主题，并与 10 月份开展的主题是“优化数据，改善生活”第二届“世界统计日”相结合、相衔接。浏阳在两个主题活动日期间按照“精简高效、求实创新”的原则组织开展活动，通过各地统计机构进高校并举办“统计公开课”的方式，围绕着民生统计的话题，与高校师生进行沟通、探讨，以达到宣传统计、传播统计的目的。一是开展“统计走进社会”活动。组织各街镇、社区（村）利用横幅、板报、电子屏等广泛宣传统计知识。开展户外宣传活动，在

7月6日，长沙市统计局局长刘金文（右一）带领各区、县统计局局长一行20余人对大瑶镇统计站进行观摩（资料来源：大瑶镇阳光三农网）

人群密集处，摆放统计宣传资料和展板，提供统计咨询服务。同时，利用浏阳统计微信平台发布统计开放日活动相关信息，提请市民关注、参与。二是组织统计从业培训。9月17日—19日，在浏阳市委党校组织140多人参与统计从业培训，邀请省统计局法规处负责人和本局业务骨干为统计人员宣讲统计法、统计基础知识，讲解统计法实践案例，提升统计人员专业素养和实践技能。同时，注重发挥联网直报指挥中心多功能平台作用，利用平台开展统计宣传、授课活动，广泛宣传统计法和统计知识。三是开展基层统计观摩活动。组织辖区内基层统计人员到大瑶、永安、经开区观摩统计基层基础建设，并邀请浏阳电视台、浏阳日报等主流媒体跟踪采访报道活动情况，宣扬“双基”典型，展示基层统计员风采，让社会各界进一步了解统计、走进统计。（欧阳明）

【长沙市统计观摩团到大瑶镇统计站进行观摩】 7月6日上午，长沙市统计局长刘金文带领各区、县统计局长一行20余人组成的观摩团，在浏阳市统计局局长周森源的陪同下，对大瑶镇统计站进行观摩。观摩团一行听取大瑶镇2015年统计工作开展情况、工作亮点等方面的简单汇报，实地查看统计站的机构人员、办公设施、制度建设、统计资料档案化管理以及信息化建设等方面的工作，并对大瑶镇统计基层基础建设工作给予充分肯定。近年来，大瑶镇统计站坚持主动作为、强化服务、狠抓质量，各项工作名列前茅，先后获得长沙市经济普查先进集体，2014年获评湖南省乡镇（街道）统计工作规范化建设先进单位。特别是在阵地建设、业务培训、网格化管理、档案保存等方面颇具特色，受到观摩团一致赞誉。刘金文局长强调，大瑶镇统计工作实施“标准化建设、精细化管理、人性化服务”，基层基础工作扎实有效，特色鲜明，亮点纷呈，值得各区、县学习借鉴。大瑶镇党委书记李爱民陪同观摩。（资料来源：大瑶镇阳光三农网2015-07-12）

【浏阳市统计局设立统计行风建设联系点】 为加强统计系统行风建设，广泛接受社会各界监督，努力打造务实、高效、廉洁、文明的行业风气，浏阳市统计局依照长沙市统计局《关于建立统计行风监督员制度意见（试行）》要求，设立统计行风建设联系点，聘请行风监督员，并于8月5日召开统计行风监督员会议。会上，浏阳市统计局党组书记、局长周森源向4位行风监督员颁发行风监督员聘书和统计行风监督员证，衷心感谢监督员对浏阳统计行风建设的支持，并要求监督员认真履行监督职责，积极宣传浏阳统计，自觉遵守统计工作纪律和廉洁自律规定。局党组成员、纪检组长彭隆华传达上级有关建立统计行风监督员制度的有关精神，组织学习行风监督员职责、权力和义务，明确了工作要求，表明聘请行风监督员就是要主动接受社会各界人士监督、以此促进工作的态度。今后，浏阳统计行风监督员将通过电话、网络、面谈、调研走访等方式加强联系，了解行风监督员的工作情况，听取对统计行风建设的意见和建议，通报工作情况和工作举措，形成上下联动，内外互动的行风监督工作机制，推动浏阳统计事业健康发展。（资料来源：湖南统计信息网2015-08-10）

【国家统计局副局长许宪春到浏阳经开区部分企业调研】 8月6日，国家统计局副局长许宪春率国家统计局各司司长到浏阳经开区，对园区部分企业展开调研。湖南省统计局局长张世平，长沙市委常委、常务副市长陈泽辉，浏阳市委副书记、市长余勋伟、浏阳市委常委、常务副市长张作林，浏阳经开区管委会领导陪同调研。

许宪春一行首先来到长沙e中心。长沙e中心是一个集生产制造、科研办公、总部商务、企业孵化、仓储物流、生活配套等功能于一体的新型产业中心，该项目这个占地500亩、计划总投资15亿元的项目，分三期建设。分为标准厂房、企业总部、研发大楼、精品公寓、商业街区等，预计可为300家以上企业提供发展平台，入驻企业年产值超200亿元。目前，一期工程已完成20万平方米的建设，包括8栋标准工业厂房、1栋综合服务大楼和600套精品员工公寓。二期的30万平方米到明年年底将完成全部建设，届时，园林绿化超过35%的长沙e中心将展现一个生产、生活、生态三位一体的现代产业城市综合体标杆。长沙e中心以打造中部最大的电子信息平台集聚地为目标，瞄准电子信息、生物医药、环保科技三大产业，已和7家企业相继签约，正与十余家意向企业洽谈。随后，许宪春一行又进入蓝思科技厂区踏看。2006年，蓝思科技落户浏阳，9年时间过去，蓝思科技产品从手机玻璃面板向平板电脑、手提电脑、台式电脑等系列消费类电子产品延伸。如今，蓝思科技已成为全球触控功能玻璃面板最大的供应商。2014年占到全球50%以上的市场份额，员工发展到8万多人。2014年蓝思科技与浏阳经开区签订协议建设三期及总部基地项目，占地1000余亩，主要建设生产车间、综合楼、机加工中心、电控中心、污水处理站、物料仓库、倒班楼等设施，目前工程建设正在全面推进之中。许宪春还对尔康制药淀粉胶囊生产基地进行了解。尔康制药木薯全淀粉空心胶囊产业化项目总投资58亿元，该项目也是全球技术领先、全省迄今为止投资最大的生物医药产业项目。项目一、二期全部竣工投产后将形成年产1300亿粒药用木薯淀粉空心胶囊、300亿粒软胶囊的生产能力，掀起胶囊业内的革命。目前，尔康制药还进军食品界，将力争三年内实现年产值100亿元的业绩。许宪春对园区的发展给予高度评价，认为在经济下行压力增大的情况下园区仍有大项目支持，发展来势持续向好难能可贵。他指出，产业结构合理、项目有前瞻性、企业有核心竞争力是园区的优势，要继续壮大产业，深化产业布局，扩大发展优势。（资料来源：浏阳经开区网站2015-08-07）

市场和质量监督管理

浏阳市市场和质量监督管理局

党委书记、局　长　孙玉樟
党委副书记、副局长
张良发　何建平
党委委员、副局长
戴　宁　余湘怀　周学群
王足明　郭启安
杨凌云（女）
党委委员、食安委办专职副主任　陈水清
党委委员、副局长　沈雪岭
黎　青　武耀华　喻斌辉
陈细江　杨　辉
党委委员、纪委书记　陈湘涛

【概况】 2015年8月31日，中共浏阳市委、浏阳市人民政府下发关于印发《浏阳市人民政府职能转变和机构改革方案的实施意见》的通知（浏发〔2015〕6号）和《浏阳市人民政府机构设置的通知》（浏发〔2015〕7号），根据文件精神组建市市场和质量监督管理局。将市食品药品监督管理局（市食品安全管理办公室）的职能、市商务局酒类流通食品安全监管等行政职能、原市卫生局餐饮服务许可和餐饮业、食堂等消费环节食品安全监管的职责、市工商行政管理局的职能、市质量技术监督局的职能整合，组建市市场和质量监督管理局，为市政府工作部门，挂市食品药品监督管理局、市食品安全委员会办公室牌子。不再保留原市食品药品监督管理局（市食品安全管理办公室）和市工商行政管理局、市质量技术监督局。原市食品药品监督管理局（市食品安全管理办公室）、市工商行政管理局、市质量技术监督局所属机构调整为市市场和质量监督管理局所属。市市场和质量监督管理局从2015年8月31日起启动运行，全局共有干部职工442人，其中在职289人。整合后，市场和质量监督管理局共有各类市场主体109954户；在用特种设备6000余台套，各类计量器具2500台件；食品生产企业303家、小作坊32户，经营户8511家，餐饮单位3648家；药品经营单位655家，药品使用单位1211家，医疗器械经营单位30户，已备案的保健食品经营企业751家，化妆品经营企业1705家；酒类批发企业74家，粮油购销加工企业61家，生活饮用水供应企业32家；农资经营户767户，农贸市场34家；网络经济户口9600户，全市注册商标6879件。（朱宏伟）

【机构改革工作】 加快整合步伐，在长沙地区率先出台“三定”方案，实现三局合署办公；根据“三定”方案要求，合理设置内设科室，优化布局基层监管所，细化科室、基层所的职能职责，理顺新机构的工作运行机制；以职能整合为重点，对监管职能和监管资源进行整合，制订统一的行政执法程序规则、统一的行政执法文书；对行政审批事项进行了整合，实现“一窗受理、内部流转、统一发放”；对食品安全监管职能进行整合，打通食品生产、流通、餐饮环节的监管链条，有效破解食品安全分段监管的弊端；对消费维权平台进行整合，将“12315”“12331”“12365”投诉热线进行整合，建立统一的消费维权信息平台；完善财务、人事、办公室等内部管理制度，积极推动人员整合，按照双向选择、优化组合的原则，做好全系统人员定岗定位，确保机构改革全面落实到位。（朱宏伟）

3月15日，浏河广场举办庆祝“3·15”国际消费者权益日广场活动，市工商局的展台前，12315公众微信号宣传海报，吸引众多人前来“扫一扫”，加入“长沙12315”公众微信号
（资料来源：市场和质量监督管理局网站）

【市场管理服务】 全面深化商改各项举措，相继推行“三证合一”、“多证合一”改革，简化办事流程，缩短办事时限，证照整体办理由“三证合一”时的4.5个工作日压缩至2.5个工作日，激发群众的创业激情。截止2015年12月31日，全市商事主体总量已达109954户，同比增长11.6%；推进商标品牌战略，加大行政指导和服务力度，引导企业树立商标品牌意识，全市新增注册商标2320件，其中新增中国驰名商标3件，省著名商标25件；强化质量提升工作，实施名牌创建工程，协助8家企业获评“湖南名牌”，指导25家企业完成标准备案；搭建银企对接平台，全年为企业办理股权质押、动产抵押133件融资15.8亿元；开展计量强制检定服务工作，共检定各类计量器具5578台件，定量包装165批次，免费检定医疗卫生领域计量器具1371台件、集贸市场在用计量器具499台件；提升消费维权效能，全年共调解消费投诉、举报、咨询724件，帮助消费者挽回经济损失192万元。 (朱宏伟)

【食品药品安全监管和市场专项整治】 突出食品安全监管。巡查各类食品经营户18649户次，加强食品安全监测力度，共抽样食品19645批次，累计合格率达99.8%，向社会公示食品安全红黑榜7期，立案查处各类食品案件78起，没收销毁和下柜退市不合格食品2015公斤；加大专项整治力度，查处牛栏山系列假酒、进口冷冻猪脚等大要案件，其中在冷冻猪脚案件中，查获问题猪脚2357件，货值达49.6万元，为新《食品安全法》实施以来我市查处的最大标的食品安全违法案件。加大“三品一械”监管力度。对全市药品、保健食品、化妆品、医疗器械经营使用单位日常监管覆盖率达100%，查处案件43起，督促全市各级医疗机构建立完善了药品不良反应及医疗器械不良事件上报终端平台，上报药品不良反应571例，医疗器械不良事件148例。切实加大市场监管力度。积极推动企业年报工作，全市2013年、2014年年报率分别为92.9%、93%，均位居长沙各区（县）首位；扎实开展各类市场专项整治，全年共查获假冒伪劣、商标侵权、合同违法、传销等案件167起；加大质量计量监管力度，完成检验样品3969批次，定期监测1546批次，查处案件17起；全力保障特种设备安全行使平稳，检查电梯、危险化学品充装、油气输送管道等各类特种设备使用单位200余家，排查安全隐患700余处。 (朱宏伟)

8月31日，由原市食品药品监督管理局（市食品安全管理办公室）、市工商行政管理局、市质量技术监督局调整后组成的市市场和质量监督管理局启动运行

（资料来源：市场和质量监督管理局）

【查处全市最大标的食品安全违法案件】 11月至12月，市场和质量监督管理局组织开展为期一月的市场秩序“护航”行动，共检查各类市场主体6500余户，查获各类案件14起，捣毁黑窝点6个。其中国庆期间查获进口冻猪脚2357件（案值48万余元），没有任何合法手续，也未经检验检疫。为此，浏阳市市场和质量监督管理局对这批未经检验检疫的进口冻猪脚予以没收，通过公开变卖将收入49.6万元上交国库；依据《食品安全法》规定，按货值15倍的金额对货主范某处以722万元的罚款。这是新《食品安全法》实施以来浏阳市查处的最大标的食品安全违法案件。 (朱宏伟)

【实施“多证合一、一照一码”登记制度改革】 8月27日，浏阳市召开“多证合一、一照一码”改革部署会议，自9月1日起在全市实施“多证合一、一照一码”改革，将原来的由工商、质监、国税、地税、人社、统计等部门分别核发营业执照、组织结构代码证、税务登记证、社会保险登记证、统计登记证，改为核发一个加载统一社会信用代码的营业执照。改革实施后，申办“多证合一、一照一码”的时间只需2.5工作日。与会单位还审议讨论《浏阳市商事登记“多证合一、一照一码”改革实施方案》，并结合各自工作实际提出意见建议。副市长莫小佳指出推进“多证合一、一照一码”要注重把握整体、统筹协调，牵头单位要切实承担责任，相关部门要全力配合，确保改革9月1日顺利实施。（资料来源：市场和质量监督管理局网站；发布日期：08月29日）

【开展“3·15”国际消费者权益保护日系列活动】 为庆祝“3.15”国际消费者权益日，市消委、市工商局组织主题宣传、执法行动、消费体验等系列活动，举办“我的维权故事”征文比赛，提高市民对消费维权活动的关注度和参与性。一是开展主题宣传，普及维权知识：自3月9日起，市工商局、发改局等14家单位在浏阳日报、浏阳电视台开辟专栏，开展消费教育政策法规及维权成果宣传，向广大消费者宣传法律法规、消费安全知识、打假维权、行政执法等方面的内容。同

时，在出租车、公交车、大型荧屏的广告媒介上，反复播出年度主题“携手共治、畅享消费”和消费维权宣传短片，营造出浓厚的消费维权氛围。二是组织执法行动，捍卫消费权益：市工商局、质监局、农业局等10家职能部门根据各自职责分别开展一次专项行政执法行动，重点整治假冒伪劣等侵害消费者消费安全行为，开展价格检查、酒类市场、药品市场、烟草市场等9项专项整治，其中工商局参与农资市场、建筑装饰材料市场和生产领域食品安全等4项集中行动，并牵头组织流通领域食品安全检查。在检查中，市工商局查获涉嫌销售与加工假山茶油窝点一个，问题山茶油315瓶，总计217升。三是举办征文比赛，促进全民参与：为提高全民维权意识，增强活动互动性，市消费者委员会与浏阳日报社自2月底开始举办“我的维权故事”有奖征文活动，活动开展以来，得到广大市民和读者的积极参与，共收到作品100余件，最终评选出一等奖1名、二等奖2名，三等奖3名。《浏阳日报》公布评选结果，并刊发获奖作品。四是开展广场日活动，扩大活动影响：3月15日，市消委组织市工商局、质监局、烟草局等17家单位在浏河广场举办庆祝3.15国际消费者权益日广场活动，各单位在广场设立政策法规宣传咨询台、真假商品设别展示台、现场投诉受理台。在市工商局的展台前，还竖立着12315公众微信号宣传海报，吸引众多人前来“扫一扫”，加入“长沙12315”公众微信号。活动现场，烟酒等商品的防伪识别讲解受到欢迎，引发不少市民的关注。据统计，活动当日各单位共发放各类宣传资料1万余份，接到投诉20人次，其中现场成功调解消费纠纷2起。此外，为让更多人“零距离”认识维权，市消委还组织消费体验、消费教育等多种活动，增强全社会共同维护消费者合法权益的意识，深入落实“携手共治、畅享消费”“3.15”国际消费者权益日活动主题，让市民放心消费、科学消费、畅享消费。（资料来源：市场和质量监督管理局网站；发布日期：2015年03月16日）

安全生产监督管理

浏阳市安全生产监督管理局

党组书记、局长　　屈湘水
党组成员、副局长
　　蔺传球　黄东风
　　陈鹏飞　熊本路(2015.09免)
　　王义勇　(2015.09兼)
党组成员、纪检组长　卢利平

【概况】 2015年，浏阳市安全生产监督管理局围绕“一杜绝、两控制”（杜绝较大及以上安全生产事故，控制一般事故和死亡人数）工作目标，坚持“严查严管、严处严罚”方针，扎实推进安全生产各项工作，确保全市安全生产形势总体平稳，浏阳市被评为“湖南省安全生产先进县市”。2015年全市发生一般安全生产事故8起，死亡9人。其中：烟花爆竹行业事故4起，死亡4人；工矿商贸其他行业领域事故1起，死亡1人；煤矿事故1起，死亡2人；生产经营性道路交通事故1起，死亡1人；生产经营性火灾事故1起，死亡1人；非煤矿山、危险化学品、冶金机械等八大行业、建筑施工、特种设备、旅游、水上交通、农业机械等行业领域未发生安全生产死亡事故。（朱松连）

执法人员开展执法行动　（资料来源：市场和质量监督管理局）

【安全监管】 规范执法行为，以湖南省安全生产行政执法试点县建设为契机，配备移动执法设备74套，按照“有计划、严要求、规范化”的要求，开展安全生产计划执法。安全生产行政执法工作经验在湖南省安全监管法治工作会议上得到推广，并被《中国安全生产报》在头版头条宣传推介。在烟花爆竹、非煤矿山、危险化学品三大行业推行刚性执法和记分管理，实行连贯的动态监管。推行“重点突围”机制，统一制定安全生产管理标准，每季度选定100家烟花爆竹企业实施重点监管，对达不到管理标准的，从严顶格处罚，并纳入下季度重点监管，烟花爆竹“浏阳安全监管模式”在全国推广。建立隐患排查治理情况通报制度，全市高危企业设置隐患公示牌1380余个，要求企业每周至少公示一次，并落实隐患整改。立案查处烟花爆竹、危化、非煤和工贸行业等安全生产违法案件210起，处罚404万元，曝光违法企业171家并实施记分。依法依规开展事故调查，对5起一般安全生产责任事故全部按期进行调查处理，并及时公开事故调查处理情况。对官渡镇、高坪镇、社港镇纳入安全生产重点管理单位。（朱松连）

【安全生产基层基础工作】 推进企业安全生产“五落实五到位”工作，

制订详细工作标准和工作要求，并以此推动企业安全生产主体责任的落实，全市1784家高危企业完成该项工作。推进安全生产宣传教育培训工程，组织新安法的宣贯培训，共培训企业负责人和管理人员2万余人次。开展“安全生产巡回大讲堂”和“千人送训进万企”活动，举办大讲堂1800场、培训10万人。依托浏阳安全生产信息网、《浏阳日报》平安365专栏、《浏阳宣传》等阵地，开展安全生产宣教培训。开展全国第14个安全生产月活动，组织开展“五个十佳”评选表彰、企业安全宣誓承诺、安全生产猜谜、事故警示教育、应急演练等系列活动。启动全国安全生产宣教平台试点建设和烟花爆竹实操培训基地建设，编印烟花爆竹安全作业动漫挂图。安全生产宣教培训工作在湖南省安全生产宣教培训工作座谈会上作典型经验交流，浏阳市安全生产监督管理局被中国安全生产报社评为“安全生产新闻宣传工作先进单位”。推进标准化安监站建设，15个乡镇建成长沙市标准化安监站。深化安全生产示范乡镇和企业安全达标工作，葛家乡创建为省级安全生产示范乡镇，烟花爆竹、非煤矿山、危险化学品和工贸行业新创建安全生产标准化企业141家（其中烟花爆竹企业85家，非煤矿山7家，工贸行业49家），355家企业完成复评换证。建立、健全职业病防治联席工作和安全生产应急管理工作机构，完善相关制度，理顺监管职能，市级和乡镇（街道）均组织开展综合演练，全市1400余家高危行业企业均开展应急救援演练活动，启动4个烟花爆竹安全生产应急救援基地建设。

（朱松连）

【安全生产“打非治违”】 开展“打非治违”专项整治，每月组织一次联合执法，开展“春雷”、“飓风”、“霹雳”“清剿”专项行动。共组织集中执法行动1312次，检查生产经营单位7033家次，排查发现隐患14987条。加大烟花爆竹等重点行业领域的“打非治违”力度，建立“打非治违”驻点督导机制，32家市直单位分别联系乡镇（街道），常态化地开展烟花爆竹“打非治违”专项督导。建立湘赣边“打非治违”联动区域合作机制，坚持每季度开展一次拉网式排查和联合执法行动。全年共排查烟花爆竹领域重点场所19555处，行政拘留392人、刑事拘留43人，查获非法产品18250件。实行“打非治违”举报与110接警平台并网运行，开通“打非治违”网络和报纸举报曝光平台，编印发放“打非治违”专刊等资料5万份，鼓励群众自觉抵制非法生产经营烟花爆竹行为，对举报属实的，给予5000~10000元的奖励，共发放举报奖励资金近50万元。（朱松连）

【综合安全】 推进隐患排查治理“三自”系统建设和高危行业企业视频监控系统建设，完成3个乡镇视频分控平台建设，380家烟花爆竹企业、61家危险化学品企业新建监控系统，启动市级总控平台、乡镇分控平台建设。推进烟花爆竹机械化生产工程，建立研发中心，加快研发烟花爆竹混药、装药、组装机械一体化的整装生产系统和无硫、微烟、小药量等安全环保新材料、新产品。在烟花爆竹行业开展“春季复工、夏季高温、秋冬生产旺季”三个百日攻坚战，组织开展拆除废旧和私搭乱建工房、防静电检测、三库和1.1级工库房改造、安全厂长和技术员培训等专项整治，拆除废旧工房540栋，改造工库房1120栋，培训安全厂长、技术员1800余人，开展防静电检测1000余家次，排查防静电方面的隐患和问题2000余条。开展危险化学品和易燃易爆物品安全专项整治行动，突出抓好油气罐区和危化仓库大检查、危化运输、油气管道、液氨使用、甲醇燃料（俗称“环保油”）等专项整治。开展粉尘防爆、涉氨制冷、食品和造纸企业安全专项整治。非煤矿山行业开展尾矿库、外包工程和基建矿山等专项整治，关闭6家非煤矿山企业。推动非煤矿山企业淘汰落后设备工艺，在地下矿山企业强力推广应用机械化铲装、阻燃电缆等，被《中国安全生产报》专题推介、报道。6家非煤矿地下矿山企业完成“六大”避险系统提质升级工程建设。对接，做好煤矿安全监管职能划转工作，理顺煤矿安全监管机制，组织专家对3家煤矿进行了全面检查。加强职业卫生安全监管，开展职业卫生免费专题培训，推行“两检一报”工作，组织近3万名员工进行职业健康检查，开展职业病危害因素检测111家次，完成职业病危害申报网上备案1546家，发放职业健康监护信息卡9719张，1家企业成功创建长沙市职业卫生示范企业。其他行业领域加强监管，治理安全隐患，杜绝事故发生。建设安全生产诚信体系，强化对企业安全生产不良行为的记录与曝光，建立烟花爆竹分类管理办法和安全生产、质量管理“黑名单”制度。（朱松连）

【杜家毫到浏阳检查安全生产工作】 9月1日下午，湖南省委副书记、省长杜家毫到浏阳市，专题检查烟花爆竹企业安全生产工作。他强调，要加快推进机械化、标准化、自动化生产，加强信息化管理，不断提高安全系数，促进烟花爆竹产业集约化、专业化发展，确保安全生产形势稳定向好。湖南省委常委、长沙市委书记易炼红，湖南省副省长戴道晋，湖南省政府秘书长向力力参加检查。在浏阳市颐和隆烟花集团有限公司和顺一厂，杜家毫现场详细解外筒模压成型、混药、装药、压片、包装等烟花生产工序全流程。该公司用淀粉、方解石、植物纤维等材料物理混合后，机械模压成型烟花外筒，取代传统的纸筒工艺，不仅安全性能更高，还减少裁纸、卷筒、上胶、烘干、打泥底、组装等多道人工工序，大大节约成本，提高生产效率。杜家毫对此给予充分肯定，勉励企业进一步加大自主创新力度，革新技术工艺，不断提高产品的市场竞争力。在检查装药间、存药洞、中转库等危险工序时，杜家毫叮嘱企业负责人，务必严格按照安全生产规范限人员、限药量，进一步优化隔离防护等基础配套，以万全的准备应对万一可能发生的事故；要进一

3月5日，湖南省人民政府副省长、秘书长戴道晋到浏阳调研烟花爆竹安全生产工作
（资料来源：安监局）

步加大研发和投入力度，实现危险工序全流程自动化机械作业和人工远程控制，最大限度提高安全生产系数。检查中，杜家亳强调，烟花爆竹产业是浏阳的支柱产业，也是湖南的特色优势产业。要实现这一产业持续健康发展，核心是要确保安全生产，关键在于集约化、专业化发展。要在严格落实安全生产责任、加强安全监管的同时，加快推动烟花爆竹企业整顿关闭、兼并重组和产业转型升级，坚决淘汰落后产能和工艺，支持有条件的企业做优做强，加快推进机械化、标准化、自动化生产和信息化管理，推动一家一户小作坊生产加快向集约化、专业化生产转变，牢牢巩固烟花爆竹主产区地位。（朱松连）

【戴道晋到浏阳调研花炮安全生产】 3月5日，湖南省人民政府副省长、秘书长戴道晋到浏阳调研烟花爆竹安全生产工作，寄语浏阳花炮继续进行安全、环保的技术革新，实现“有光微烟无污染、有声有响不爆炸”的目标。长沙市委常委、副市长张迎春，长沙市副市长、浏阳市委书记曹立军，浏阳市委副书记、市长余勋伟参加调研。戴道晋一行先后来到浏阳市颐和隆烟花集团公司和顺一厂、达浒镇花炮安全生产视频监控系统和浏阳市三联企业集团进行视察。当天下午，戴道晋还听取浏阳安全生产工作情况汇报，并与浏阳市领导和部分花炮生产、经营企业进行座谈。戴道晋高度肯定浏阳烟花爆竹安全生产取得的成绩和经验。他表示，浏阳花炮产业为多彩中国增添绚丽光辉，为发展县域经济和富裕人民群众做出贡献，功不可没。戴道晋指出，要不断提高花炮产业机械化生产的水平和程度，加大对现有机械的改造和质量提升，加大对新机械的推广和应用。他同时强调，烟花产业布局调整的原则是扶优扶强，要坚定不移走整合提升之路，要加快标准化建设，加大信息化管理的实施力度，大力研究开发环保产品，推动浏阳花炮产业健康持续发展。（朱松连）

【浏阳举办烟花爆竹转型升级安全发展主题论坛】 11月5日，烟花爆竹转型升级安全发展主题论坛在浏阳举行，来自全国各地的安全监管部门、烟花爆竹协会、主产县市区、规模企业、院校及专业机构的代表，齐聚浏阳共同探讨花炮产业新方向。从9月份起，论坛启动论文征集工作，通过评审确定最终收录35篇优秀论文汇编成集。本次论坛选取9篇具有较强针对性和现实指导意义的论文，现场进行宣讲交流。浏阳市委副书记、市长余勋伟对与会来宾表示欢迎并介绍浏阳经济社会发展情况。湖南省安委办副主任、安监局副局长李大剑表示，实现烟花爆竹的科学发展、安全发展、可持续发展，需要提升烟花爆竹生产要素、生产的集约化、机械化、标准化、信息化水平，推动品牌连锁经营，全面实现产业的转型升级。国家质检总局监督司产品监督抽查处处长吴向前、浏阳市领导吴敏、刘一江、谢建国出席论坛。（朱松连）

【粤湘赣桂烟花爆竹安全监管省际联席会在浏阳召开】 11月5日，粤湘赣桂烟花爆竹安全监管省际联席扩大会议在浏召开，会议就积极推进烟花爆竹流向登记信息系统应用达成共识。广东、湖南、江西、广西等联席会议成员单位安监部门相关负责人，浙江、江苏、湖北等烟花爆竹经营大省的安监部门相关负责人，以及广东省重点县市安监部门负责人等参加会议。浏阳市委副书记、市长余勋伟出席会议并致辞。粤湘赣桂烟花爆竹安全监管省际联席会议，旨在交流烟花爆竹安全监管工作经验，为四省（区）建立区域协作平台。2014年9月，粤湘赣桂烟花爆竹安全监管省际联席会议第一次全体会议在广州召开，签署《粤湘赣桂烟花爆竹安全监管省际协作框架协议》。推进烟花爆竹流向登记信息系统应用，旨在从终端堵住烟花爆竹“非法”生产，推动省区界重点市、县烟花爆竹安全生产“打非”工作，从根本上防范烟花爆竹非法生产。从2010年起，浏阳启动烟花爆竹流向信息化监管建设工作，全市烟花爆竹生产、储存、运输、燃放等过程基本实现网上登记、网上办理、网上审批、网上跟踪等信息化监管。截至2015年底，浏阳市在该系统注册的烟花爆竹企业达1100家。湖南省政府副秘书长、省安监局局长邓立佳对浏阳烟花爆竹流向信息化监管工作给予充分肯定。他希望各省（区）相关部门继续深化区域间合作，共同消除烟花生产销售的壁垒和盲区；统一步伐，协调配合，加强烟花爆竹流向信息管理系统的推广和应用，确保烟花爆竹行业安全健康发展。（朱松连）

农　业

种　植　业

浏阳市农业局
（中共浏阳市委农村工作办公室）

党委书记、局长（主任）　黄永忠
副书记、副局长（副主任）　王　建
党委委员　副局长　汤水成　廖上鉴　罗　旭（挂职）　熊　伟　赵永红　廖义和
党委委员、纪委书记、工会联合会主席　许寒恩

【概况】　根据中共浏阳市委、浏阳市人民政府关于印发《浏阳市人民政府职能转变和机构改革方案的实施意见》的通知（浏发〔2015〕6号）、中共浏阳市委、浏阳市人民政府关于浏阳市人民政府机构设置的通知（浏发〔2015〕7号），重新组建市农业局。将市委农村工作部（市政府农村工作办公室）的职能、市农业局的职能整合，重新组建市农业局，为市政府工作部门，挂市委农村工作办公室牌子。将市畜牧兽医水产局的行政职能适时划入市农业局。不再保留市委农村工作部（市政府农村工作办公室）、原市农业局。原市委农村工作部（市政府农村工作办公室）所属的事业单位调整为市农业局所属。2015年年底，农业局系统共有干部职工607人，其中在编321人，离退休286人。局内设办公室、政工人事科、计财审计科（挂农业项目办公室牌子）、生产发展科、政策法规科（挂行政审批科牌子）、乡镇企业科、农产品质量安全监管科（挂市场信息科牌子）、新农村建设办公室（挂农业现代化办公室牌子）、农村基层党风廉政建设科9个科室。下设浏阳市农业技术推广中心、浏阳市农产品质量监测中心、浏阳市农机安全监理站、浏阳市现代农机技术推广服务中心、浏阳市人民政府农科教办公室、浏阳市人民政府扶贫工作办公室、浏阳市农业执法大队（参公）、浏阳市农村经营管理办公室（参公）、浏阳市蔬菜管理和技术推广中心、浏阳市农业科学研究所、浏阳市农业环境保护站，浏阳市果药花茶开发中心，浏阳市农机研究所，浏阳市原种场14个二级机构。主要职责：贯彻执行上级有关农业、农村、农机工作的政策法规，拟订全市农业发展计划并组织实施。组织指导全市农业科技推广与服务、农产品质量安全监督管理、乡镇企业管理、农业机械使用管理与示范推广、农机安全监管、农业农机行政执法、农业环境保护、城乡一体化和新农村建设、农业现代化建设、农村土地承包管理、扶贫开发工作、农村基层党风廉政建设、农民培训等职能。3月，农业部农业机械化司到浏阳开展“百千万户”全程机械化调研。3月25日，浏阳市“机农合一”的成功经验在《经济日报》第11版现代农业专栏宣传推介。11月25日，湖南省社会治安防控体系建设工作会议在长沙召开，会议宣读《湖南省人民政府关于表彰全省见义勇为先进个人的决定》，该局农机安全监理站职工李誌诚被授予“湖南省见义勇为先进个人”荣誉称号，并记一等功。　（龙春芬）

【农业生产】　2015年，浏阳市种植水稻73333.33公顷，总产量56万吨，新发展粮食生产大户165户，新认定100亩以上家庭农场52家，早稻面积比上年增加1466.67公顷。完成春收油菜28666.67公顷，全面完成冬种油菜面积30666.67公顷，并连续5年跻身全国油料生产大县。种植蔬菜（复种）30400公顷，总产值达12亿元。新增水果面积133.33公顷，提质改造茶园66.67公顷。　（龙春芬）

【两园建设】　浏阳市沿溪现代农业示范园建设：2015年，沿溪沙龙蔬菜示范片先后引进天野、黄谷洲、康达、友华、兴邦、联农、河霞、先平等18家蔬菜种植专业合作社，投资8000余万元，建设普通钢架大棚3000个，双层大棚29个，联栋大棚12个1.5万平方米等，流转土地266.67公顷，硬化排灌主渠、支渠6000余米，修建水泥干道4200余米，安装PPR管喷灌设施21.33公顷，大棚等设施栽培面积占总栽培面积50%以上。大围山万亩生态精品水果示范园建设：2015年度投入建设资金6200万元，完成全年建设投资的124%。新增果园22.33公顷，改造低产老旧基地30公顷，建设简易大棚、避雨棚等设施栽培面积30.26公顷，配套滴灌面积173.33公顷，喷灌面积133.33公顷。新建果园道路6000米，拓改果

园道路 9000 米，硬化果园主干道 2000 米。安装频振诱蛾灯 350 盏，对 133.33 公顷果园全面使用性诱剂、粘虫板。建设桃、梨避雨设施栽培示范 3.33 公顷，梨树网架式栽培示范 1.33 公顷，东魁杨梅避雨设施栽培示范 3.33 公顷；引进推广水果新品种秋红桃、晚香梨、日本蜜梨、大五心枇杷等 10余个。（龙春芬）

【农业科技服务】 全年推广各类农机具 4442 台（套），全市农机化水平达 72.5%，14 家农机专业合作社成功申报全省百万农机示范合作社。推广病虫害绿色防控等实用技术 30 余项，推广高效低毒新农药面积达 300 多万亩次，开展新品种筛选、测土配方施肥等试验 75 个，推广桃、梨、茶叶等优良新品种 28 个、粮油高产优质新品种 416 个。

（龙春芬）

【项目争资】 全年组织项目申报 8 批次 325 个，落实上级项目资金 1.7 亿元。积极争取国家购机补贴资金 2400 万元、耕地地力补贴资金 1.08 亿元。完成争融资任务 1.12 亿元，超额完成任务 2000 万元。组织 13 家知名企业参加中国中部（湖南）农业博览会，“蜜蜂哥哥”“正兴记”等特色农产品深受欢迎。

（龙春芬）

【农业执法】 开展农资监管和可溯源管理及网上交易信息化平台建设，对农资备案系统、农业综合执法系统、农资电子台账管理系统进行安装调试。建立经营网点数据库及农药产品信息数据库，填报《种植业生产基地统计表》《主要农作物病虫害防治用药情况统计表》《浏阳市农药经营单位统计表》等报表，初步掌握全市农资经营状况。加强对种子、肥料、农药等农资市场的抽检，2015 年，检查农资经营门店 253 家，查处各类违法案件 40 余起，全年抽样 137 个，进入一般程序案件 20 起，查获假劣肥料 34.5 吨，查处经营擅自修改标签内容农药案件 7 起，查封过期农药 15 种，共计 15.3 公斤；查处未经审定杂交水稻种子案 5 起，经营未经包装的蔬菜种子案件 2 起，经营的种子标签不符合《种子法》规定的种子案件 2 起，没收未经审定通过的杂交水稻种子 231.5 公斤，罚款 10.144 万元，为农民挽回直接经济损失 386.32 万元。

（龙春芬）

【农产品质量安全监管】 2015 年，浏阳市被确定为全国首批 103 个（湖南 4 个）农产品质量安全县创建单位之一，成立以市长为组长农产品质量安全领导小组，落实属地管理责任、生产主体责任等确保工作落到实处。制定《浏阳市国家农产品质量安全县创建活动实施方案》，建立健全市、乡、村、组四级监管网络，全面提升监管能力。抓好主供蔬菜基地、集贸市场和超市农产品质量安全日常监督检测，全年抽取样品 9380 批次，合格样品 9377 批次，不合格样品 3 批次，合格率为 99.97%。加强“三品一标”认证工作和证后监管工作，完成 8 家企业无公害证书复查换证；新增 1 家绿色食品企业；22 家企业 87 个产品通过无公害农产品认证。完成村级 200 家益农信息社挂牌工作。承担省“三品一标”示范基地创建任务，建设 9 家生产示范基地，完成面积 3397.95 亩，有 42 个产品通过无公害农产品认证。10 月 19 日至 20 日，全国食品安全城市和农产品质量安全县创建试点工作现场会在山东威海召开，市长余勋伟代表浏阳作先进典型发言。（龙春芬）

【农机管理】 农机推广：2015 年，超额完成农机购置补贴中央财政资金 2700 万元，其中 2014 年申报资金 300 万元，2015 年申报资金 2400 万元。补贴机具、设施 4602 台（套），受益农户 3163 户。全市水稻生产早、中、晚三季机插总面积突破 25 万亩，其中早稻 8 万亩、中稻 12 万亩、晚稻 5 万亩。新增 180 平方米育秧棚 179 座，1280 平方米连栋温室大棚 5 座；推广机械化育秧播种流水线 30 套，机插秧育秧硬盘 122900 片，25 厘米行距 8 行高速插秧机 42 台，谷物烘干机 69 台。进一步实施省政府“百千万”工程现代农机专业合作社项目，新建现代农机专业合作社 23 家，14 家获得审批，争取省、市、县配套资金达 420 万元。成功申报农业部保护性耕作技术创新与集成示范项目，建成示范点 5 个；北盛众益等 6 家农机合作社成功申报长沙市“粮食生产新型经营主体培育”项目；永安清扬等 6 家农机合作社成功申报长沙市“农作物秸秆机械化还田”项目。农机监管：严把驾驶员考试审批关，全年举办拖拉机、联合收割机驾驶考试 4 期，267 人获得拖拉机驾驶证和联合收割机操作证。规范机车上户登记工作，全年办理拖拉机和联合收割机注册登记 716 台。抓好农机和驾驶人年检年审，检验运输型拖拉机 1582 台，纯农田作业拖拉机 702 台，联合收割机 286 台。开展农机安全生产大检查和安全隐患排查治理，全市开展农机安全检

全程机械化现场会　　（图片来源：市农业局办公室）

查112次，出动农机监理人员632人次。联合其他部门、乡镇开展联合检查4次，出动执法车124台次，查处违章218起，查处违法擅自改装改型拖拉机12台，查处非法驾驶(操作)人员19人，安全隐患整改25处。（龙春芬）

【农产品加工与休闲农业】 2015年，全市农产品加工企业发展到1860家，其中省级龙头企业15家，2000万元规模以上的企业122家，全年完成农产品加工总产值342.6亿元，增长20%，规模以上农产品加工企业总产值206.4亿元，增长23%，完成龙头企业销售收入63.1亿元，增长22%；新增长沙市级龙头企业15家，获中国驰名商标2件，纳入省“百千万”工程企业3家。紧扣休闲农业发展规划，主攻产业农庄建设，编制完成《浏阳市休闲农业与乡村旅游总体规划(2016—2025年)》，被农业部、国家旅游局授予“全国休闲农业与乡村旅游示范县”，全市休闲农业经营主体发展到364家，新增国家五星级农庄1家、四星级农庄1家、三星级农庄2家。（龙春芬）

【城乡一体化和新农村建设】 推进永安、大瑶、镇头、沿溪、大围山镇5个城乡一体化试点镇建设，全年铺排项目114个，计划总投资44.29亿元，完成投入52.07亿元，超额完成年度投资计划。加快推进新农村建设，2015年，全市40个新农村示范村，实现投入29024万元，新修道路92千米，硬化道路68千米，修缮水渠136.6千米，建设幸福屋场46个。圆满完成长沙市重点民生实事新农村示范村项目，永安镇坪头村总投入710万元，修建3千米长呈“9”字型的环形主干道路和休闲人行游道，粉刷22栋建筑物外墙5000平方米。以面积达2公顷的漱口塘水塘为中心，修建以生态湿地为主要特色的农村休闲公园。（龙春芬）

【农业现代化建设】 浏阳市铺排现代农业产业重大项目29个，其中“六个走在前列”项目1个，长沙市级重点项目9个，县区级项目19个，总投资163110万元，完成年度计划的134.3%。其中“六个走在前列”项目完成投入8300万元，完成年度任务的166%；长沙市级重点项目完成投入32190万元，完成年度任务的111.2%；县区级项目完成投入122620万元，完成年度任务的140.1%。（龙春芬）

【农村土地承包管理工作】 完成大围山长鳌江村、上坪村农村土地承包经营权确权登记试点工作。完成全市农村土地承包经营权确权登记筹备工作，组建浏阳市农村土地承包经营权确权登记颁证工作领导小组，出台农村土地承包经营权确权登记颁证工作方案(浏政办函〔2015〕72号)。制定全市村级集体经济发展五年规划，出台《浏阳市发展壮大村级集体经济意见（试行)》，指导村级集体经济发展，社港镇石牛村等五个村获省村级集体经济发展奖励。全年接待处理土地承包经营纠纷386起，其中市仲裁委员会调处12起。规范发展农民合作社，全市农民合作社达3896家，家庭农场384家（注册登记)，组织申报长沙市农民合作社评级218家。完成长沙市委、市政府为民办实事农民合作社市级示范社建设任务3个，建设中央财政扶持合作社2家，省级示范社建设5家。扶持种粮家庭农场94家。组织培训班5期，628人次。12月25日，浏阳市农业局获评“全省农村土地承包经营权确权登记颁证工作先进单位”和“全省农村土地承包仲裁工作先进单位”，张懿获评“全省农村土地承包调解仲裁工作先进个人”。（龙春芬）

【扶贫工作】 出台《浏阳市2015-2017年精准扶贫实施方案》，完成建档立卡11916户49218人。推出“1+5+10”精准扶贫“组合拳”，落实贫困家庭学生高中教育阶段全部免除学杂费，将建档立卡贫困农户全部优先纳入危房改造援建对象，在全省精准扶贫“回头看”工作督查中，排名长沙四县（市）第一。（龙春芬）

【农村基层党风廉政建设】 创新农村党风廉政建设，规范农村集体“三资”管理，完善拓展农廉信息网络建设，推进农村党务、政务、村务、事务“四公开”。2015年，全市农村集体“三资”公开交易135项，涉及资金3675万元。市级网站公开涉农项目138项，涉及资金6900万元，乡、村网站公开40类惠农补贴，涉及资金1.4亿元。完善浏阳市阳光三农网建设、做好微信公众平台、加强业务指导与培训、开展涉农资金专项整治自查自纠、坚决查处违规行为。（龙春芬）

【农村改革工作】 协调各部门有序推进农村改革，农民住房财产权抵押贷款、担保和转让试点、农村宅基地制度改革试点等顺利推进，6月25日，在全国深化农村改革座谈会上，浏阳作先进典型发言。全面完成国有林场体制改革任务。10月10日，成立农村资源流转交易中心，免费提供“一站式”服务。截至12月31日，完成农村资源交易42宗，发布信息51条，规范合同59宗。全力推进农村土地承包确权登记颁证工作，11月18日完成招投标工作。全面完成权力清单和责任清单清理等改革任务。（龙春芬）

【承办夏季全国油菜机收现场演示会和冬季全省油菜机械化现场推进会】 5月15日，全国主要农作物生产全程机械化现场推进会在浏阳市古港镇梅田湖村举行，市人民政府市长余勋伟在会上介绍浏阳农业机械化发展方面的典型经验。10月14日，全省油菜生产全程机械化现场推进会在洞阳镇召开，副市长邓阳锋在会上作先进典型发言。（龙春芬）

【浏阳市获“湖南省社会主义新农村建设先进县市区”称号】 按照中央提出的“生产发展、生活宽裕、乡风文明、村容整洁、管理民主”的总体要求，2013—2014年，该市围绕“城乡统筹、产城互动、生态宜居、特色发展”思路，以改善农村人居环境、建设美丽乡村为工作重点，稳步推进社会主义新农村建设，取得明显成效，打造出一批

"美丽乡村"，其中创建国家级生态镇7个，国家级生态村6个，省级生态镇16个，省级生态村65个。2015年1月22日，湖南省委农村工作会议召开，浏阳市获评"湖南省2014年度社会主义新农村建设先进县市区"称号。（龙春芬）

【湖南贵太太茶油科技股份有限公司"贵太太"商标获"中国驰名商标"】 湖南贵太太茶油科技股份有限公司前身为湖南贵太太茶油科技有限公司，成立于2008年9月，2015年8月变更为股份有限公司，注册资本6000万元。公司自成立以来，高度重视品牌建设工作，将"贵太太"定位为茶油高端品牌，通过强化质量管理，打造金牌品质，赢得广大消费者的信赖和认可。2015年6月5日，国家工商总局商标局下发《关于认定"贵太太"商标为驰名商标的批复》（商标驰字〔2015〕249号），认定湖南贵太太茶油科技有限公司"贵太太"注册商标为"中国驰名商标"。（龙春芬）

【浏阳市农村资源流转交易中心成立】 深入贯彻落实中央和省委关于全面深化改革的战略部署，适应农业生产规模化、集约化发展新形势，进一步规范浏阳市农村资源流转交易，激发农村经济社会发展活力。2015年10月10日，浏阳市农村资源流转交易中心在浏阳政务中心正式挂牌成立，交易中心依托浏阳农村资源流转交易网，整合过去林权交易、农村集体土地承包经营权流转交易、村级集体类资源交易等分散、单一平台，线上线下结合，打造成为全市农村资源流转交易"一站式"服务的公益性综合平台。这是全省首个涵盖领域最广的互联网+农村资源流转交易平台，中心成立首日，共签约6宗交易。新华社、人民网、中新网、《农民日报》《湖南日报》等新闻媒体进行报道。（龙春芬）

【浏阳市农业局被评为省超级杂交稻"种三产四"丰产工程先进示范基地】 浏阳市为粮食生产大县，2015年双季超级稻示范面积24666.67公顷，其中早超11733.33公顷，晚超12933.33公顷。7月13日、10月23日，省农业委员会粮油作物处组织国家统计局湖南调查队、湖南农业大学、赫山区农业局等单位专家对永安"四双"片早稻进行现场测产，平均亩产550.7公斤，比2014年亩产增产30公斤。"四双"片晚稻攻关亩产678公斤，居湖南省第二，早晚稻合计居第四。12月，浏阳市农业局被国家杂交水稻工程技术研究中心、湖南省杂交水稻研究中心评为"种三产四"丰产工程先进示范基地。（龙春芬）

农科教工作

浏阳市人民政府农科教办公室

主　任　赵永红

【概况】 浏阳市人民政府农科教办公室为归口市农业局（原市委农村工作部）管理的副科级全额拨款事业单位，2015年，在编干部6人，内设综合科和培训科两个科室。主要职责：贯彻宣传国家科教兴农和农科教工作的方针、政策和法律法规；制订全市科教兴农工作、农科教结合工作和农民教育培训工作发展规划，协调农业、科技、教育等部门农科教结合工作，指导乡镇农科教中心工作；负责农科教结合项目的申报与管理以及科教兴农计划的配套实施；负责农民职业技术教育、农业广播电视教育、农村实用人才培养、农业科技成果的示范推广；承办上级交办的其他工作。2015年，浏阳市农科教（农广校）工作依托农科教结合示范基地建设，强化农民培训示范推广功能，分类分批实施主题培训，提高农民技能和素质，推进农业科技进村入户，帮扶农民创业就业，取得较好成绩。（周宏伟）

【农民培训】 全年完成农业实用技术培训593期，培训农民达4.02万人次；举办新型职业农民培训10期，651位种植和养殖大户参加培训；完成农村实用人才培训33期，培训实用人才2646人；举办农业行业职业技能鉴定培训3期，268位农民参加鉴定考核；组织160多名基层农技人员参加知识更新远程培训；组织16名现代农业领军人才参加中国农业大学的专题培训。市农广校分别被省市农教办和省农广校（省农科教中心）评为农民教育培训工作先进单位和农业行业职业技能鉴定工作先进单位，赵永红被评为全省农民教育培训工作和职业技能鉴定工作先进个人，梁露被评为全省农广校系统信息宣传工作先进个人。（周宏伟）

【体系建设】 2015年，浏阳市农科教依托长沙市农科教结合项目实施，建设古港镇沔江葡萄种植基地、高坪镇涟河蔬菜种植基地、柏加镇彩色苗木繁育等8个农科教结合示范基地和北盛镇、永安镇2个长沙市示范性乡镇农科教中心。指导建设新期绿种植专业合作社联合社、省农广校贵太太茶油分校、湘天种植专业合作社等省、长沙市和本市级农民培训田间学校16个。建设大围山水果联合社等长沙市现代农业领军人才实训基地2个。通过建设，浏阳市以乡镇农科教中心为主体，省、长沙市示范农校、行政村、合作社等为补充的农科教结合体系进一步完善。（周宏伟）

【农业科技推广和服务】 积极探索实施"农技推广+"工程，将专家服务团、新型职业农民培育流动课堂服务车、互联网站、微信群、QQ群和卫星远程教育平台有机整合，实现服务"三农"新突破。全年组织开展"科技人员进村、科学技术进村、媒体资源进村""三进村"活动12期，组织农业科技下乡等科普活动11期，现场向农民发放农业科技资料3.9万份，为3700多位农民提供科技咨询和指导。（周宏伟）

农业技术推广

浏阳市农业技术推广中心

党支部书记、副主任　喻仲生

副　主　任　王学明　黄汉军

【概况】 2015年，浏阳市农业技术

植保站技术人员田间调查病虫基数 （图片来源：市农业局）

推广中心在编干部职工75人，托管局属二级机构农业环境保护站9人，果药花茶开发中心27人。其中高级农艺师20人，农艺师22人。内设办公室、计财科、农业信息站、粮油作物站、经济作物站、植保植检站、土壤肥料管理站、种子管理站、农业环境保护站、果药花茶开发中心。主要职责是负责全市种植业技术推广；农业有害生物防治、耕地质量保护、农业环境保护；农业技术的培训和咨询；新品种、新技术、新成果的引进、试验、示范和推广；农药、肥料、种子质量的监管及植物检疫等工作。 （童金花）

【粮油生产发展】 早稻集中育秧：全年组织落实早稻集中育秧主体510个，秧田面积273.3公顷，其中机插大中棚育秧22.67公顷，省农业委早稻集中育秧督查组核实秧田面积平均吻合比例为97.6%，早稻大田集中育秧面积6666.67公顷。组织供应种子30万公斤，壮秧剂6吨，新增催芽器135个，圆满完成2015年集中育秧任务。油菜万亩高产创建示范：2015年，达浒镇被列为农业部油菜万亩高产创建示范片，该镇5个村农户3475户共种植839.57公顷，经测产验收，平均亩产达173公斤，顺利通过省级验收。双季稻全程机械化绿色增产模式攻关：攻关重点示范片安排在永安、北盛、镇头、官桥4个乡镇。省农业委员会粮油作物处组织国家统计局湖南调查队、湖南农业大学、益阳市赫山区农业局等单位专家对永安“四双”片早稻进行现场测产，平均亩产550.7公斤，比2014年亩产增产30公斤。“四双”片晚稻攻关亩产678公斤，居湖南省第二，早晚稻亩产合计居第四。 （童金花）

【重金属污染耕地修复治理与种植结构调整试点】 2015年全市开展重金属污染耕地修复与种植结构调整试点面积4144.87公顷，涉及永和、古港、洞阳、蕉溪、淳口、官桥、沿溪、枨冲、葛家、北盛镇、永安镇11个乡镇。2015年全市达标和管控区面积3702.6公顷，组织公开招标采购生石灰6515余吨、商品有机肥4407余吨、叶面阻控剂使用覆盖3179.2公顷、绿肥紫云英种子33吨、实施稻田水分优化管理耕地3702.6公顷、施用土壤调理剂373.33公顷和深耕改土776.93公顷。采购后全部由相关乡镇按每亩用量标准组织发放到试点农户，落实6项技术措施。VIP试点区域内完成土样701个和农产品样696个，灌溉水底泥样61个、灌溉水样333个；试点区域外耕地重金属污染普查取样共采集土壤、农产品样5724个。种植结构调整计划406.67公顷，落实作物替代种植区域试点173.64公顷，高粱和玉米替代种植52.87公顷，花卉苗木等非食用经济作物改种33.33公顷，杂交水稻制种87.43公顷。同时，积极推广低镉水稻品种种植400公顷，推进VIP示范试验33.33公顷。 （童金花）

【农作物病虫害防控】 全年各类作物病虫草鼠害发生面积65.73万公顷次，防治面积78.53万公顷次，总体呈偏重发生。水稻、蔬菜等病虫发生与防治情况：水稻病虫中等偏重发生(4级)，发生面积47.33万公顷次，防治面积61.73万公顷次，其中稻飞虱大发生(5级)；稻瘟病大发生(5级)；纹枯病偏重发生(4级)、稻纵卷叶螟偏重发生（4级）；二化螟、南方水稻黑条矮缩病、稻曲病中等偏轻发生（2级）；稻水象甲、大螟、稻蓟马、黏虫、稻象甲、负泥虫、稻叶蝉、稻苞虫、稻螟蛉、水稻细菌性褐条病、水稻菌核病、水稻细菌性基腐病、水稻细菌性条斑病等病虫轻度发生（1级）。稻飞虱、稻瘟病、稻纵卷叶螟、南方水稻黑条矮缩病、稻曲病发生程度比2014年重；黏虫发生程度比2014年轻；二化螟、纹枯病、稻螟蛉等发生与2014年相近；稻水象甲发生面积有所扩大但为害轻；水稻细菌性基腐病2015年再次小面积发生，发生面积107.67公顷。蔬菜病虫害中等发生，发生面积8.6万公顷次，防治面积9.6万公顷次，莴苣霜霉病、莴苣菌核病、黄瓜霜霉病、黄瓜和辣椒疫病、炭疽病、辣椒黄瓜病毒病，菜青虫、小菜蛾、黄曲条跳甲等发生危害较重。果树病虫中等发生，发生面积3.33万公顷次，防治面积6.67万公顷次，梨茎蜂、梨瘿蚊、梨网蝽、红蜘蛛、天牛、蚜虫、凤蝶类、花蕾蛆、梨锈病、梨黑星病、黑斑病、炭疽病、柑桔疮痂病、霜霉病等发生危害较重。油菜病虫中等发生，发生面积5.47万公顷次，防治面积8万公顷次，菌核病、霜霉病、病毒病、蚜虫、菜青虫等发生危害较重。草害偏重发生；鼠害中等发生。准确搞好病虫监测预报，狠抓大面积防治工作：安排4名专职测报人员对水稻、蔬菜、油菜、果树等病虫的发生进行监测与调查，全年编发《病虫情报》15期、印发14万份，做到《病虫情报》进村率100%，防控信息入户率98%以上。推进病虫专业化统防统治：2015年新发展服务组织4家，全市达13家，开展专业化统防统治面积2.17万公顷，为农民获得经济效益4076万元，减少农药用量36吨，有效控制农业面源污染，保护农业生态环境。严控检疫性病虫害发生：全年签证调出种子 18 批 19 万公斤，调入种子 126 批次 35 万公斤，均未发生检疫事故。镇头镇北星和田坪社区、官桥镇德慎村、沙市镇敦睦村、永安镇礼仁村和坪头村发生稻水象甲危害面积 2000 公顷，比 2014 年增加 133 公顷，植保植检站及时向上级汇报，组织疫情发生乡镇施药 3333.33 公顷进行扑灭，有效地控制疫情的扩散蔓延。

（童金花）

【测土配方施肥】 全年测土配方施肥完成面积 11.37 万公顷；推广配方肥 2.518 万吨，推广施用配方肥 5.37 万公顷；完成周期性原点采样 272 个，其他土样 130 个，完成土样分析 266 个，1596 项次；完成田间试验 6 个；实现总增产 2.852 万吨，总减不合理施肥量（纯量）1680.8 吨，总增产节支 8027.6 万元。全年完成 4 个稻田监测主点与 12 个辅点的耕地质量监测试验，10 个监测点的土壤墒情每月两次的监测记录，整理上报农业部土壤墒情预报 14 期。（童金花）

【种子市场监管】 3 月和 9 月，检查抽样种子质量两批次，涉及品种 68 个，合格率 100%。对种子市场质量跟踪与服务，2015 年种子质量纠纷发生 1 次；非种子质量纠纷明显增加，全年处理 108 起，比 2014 年同期增加 22%。组织 32 个品种继续在张坊、沙市镇开展中晚稻生态适应性鉴定，协助搞好淳口镇黄荆坪新品种展示工作，组织落实面积 13.33 公顷，品种 25 个。第三次全国农作物种质资源普查与征集行动工作中，全市共征集有价值的种质资源品种 25 个，并送达省农科院，完成全市作物种植资源普查信息表填报。（童金花）

【经济作物标准化生产】 完成大围山万亩生态水果精品示范区建设投资 6200 万元。经济作物种植：推广生物有机肥施用、疏果技术应用、“猪沼果／茶”有机农业模式等面积 8000 公顷；引进推广水果新品种秋红桃、晚香梨等 10 余个。全面落实标准化生产和新型职业农民培训，完成培训 600 人次。（童金花）

【农业环境保护】 2015 年福寿螺繁殖系数增大，严重威胁水稻生产安全。防控福寿螺危害，积极筹备 70%杀螺铵可湿性粉剂 400 件发放给农户，有效遏制福寿螺危害。积极组织搞好重点示范村北盛镇乌龙社区和一般建设村普迹镇双洲村农村清洁工程示范村建设。广泛宣传、加大巡查力度、与森林防火相结合，严厉打击秸秆焚烧。（童金花）

【农业信息服务】 积极探索“互联网＋农业”领域，年初打造“浏阳农业 12316 综合网站平台”，包括政务信息、农事指导、农业投入品监管、农产品溯源、电子商务、农情直通车六大网站板块。5 月，全国农业信息进村入户会在信息站现场观摩。大力发展新型媒体信息化推广工作，通过网站、手机微信、短信等扩大发布面，全年在“浏阳农业信息网”“浏阳市阳光三农网”发布各类农业信息 456 条；“浏阳农业 12316”官方微信公众平台推送各类农业资讯 345 条新闻；发送农业服务类短信 8000 多条。10 月，建立“浏阳市农村资源流转交易网”，打造农村资源流转交易“一站式”服务的公益性综合平台。12 月，对信息中心机房进行全新改造，完善机房设备条件。（童金花）

【农业技术推广服务】 全年开展技术知识培训 28800 人，发放技术资料 65 万份，推广病虫害绿色防控等实用技术 30 余项，开展新品种筛选、农药药效、肥料等试验 75 个，展示推广水稻、油菜等粮油高产优质新品种 416 个，组织推广桃、梨、葡萄、茶叶等果茶优良新品种 28 个。推广高效低毒新农药 15 吨，新农药推广面积达 20 多万公顷次，推广背负式机动喷雾器 966 台、担架式机动喷雾器 468 台。在永安、古港、小河等乡镇创建绿色防控示范面积 1000 公顷，辐射带动周边农户 3333.33 公顷。

（童金花）

烤 烟 生 产

浏阳市烤烟生产指导中心

党组书记、主任　罗　旭

党组成员、副主任、纪检组长　张俊贤

党组成员、副主任　彭　江

【概况】 2015 年，全市种植烤烟 6 万亩。烤烟工作积极适应烟叶市场新常态，以现代烟草农业为方向，以烟叶质量为根本，以烟农效益为核心，努力实现“稳规模、提质量、强基础、创特色”的目标。全市生产烟叶近 18 万担，收购烟叶 15.18 万担，收购均价 29.25 元每公斤，实现烟叶总产值 2.5 亿元，烟叶税 4880 万元，市人民政府被评为“全省烟叶工作优秀单位”。

顺应市场变化，稳步发展烤烟产业　一是保持种植规模稳定可控。按照烟叶生产“不能少也不能过多”的方针，落实指导性种植计划，烤烟面积和产量位居全省前列，保持浏阳烟叶在全省的主产县（市）地位。二是优化烤烟生产规划布局。根据各烟区经济发展实际，巩固北区万亩和万担烟叶乡镇，稳定西区，发展东区，尤其发展生态烟区。东区烤烟面积在 2014 年基础上增加 2.5%。三是主攻烟叶质量。做到生产指导抓早抓前、技术培训扎实有效、控肥得力长势平衡、技术到位长相良好、优化结构回归理性、站外分级全面推进，上等烟比例占 66.18%，比 2014 年提高 4.07 个百分点，烟叶质量明显提升。

夯实生产基础，推进现代烟草农业　一是加强烟基建设。投资 1625 万元，完成 2014 年 5048 亩基本烟田土地整理，并通过省市验收；争取金鸡水库扩建工程项目和 2015 年 666.67 公顷基本烟田土地整理项目落地。二是增强合作社服务功能。全市育苗、机耕等生产环节全部实现专业化服务，专业化烘烤覆盖所有烤房群，全面实行站外专业化分级服务，扩大植保、采收、运输等环节专业化服务比率，服务功能不断加强。三是扶持发展烟叶家庭农场。2015年对烟叶家庭农场建设进行培育试点，12家懂技术、会管理、善经营、农场效益好、种植面积在3.33公顷以上的农场通过验收。

创造烟叶特色，努力打造浏阳品牌　一是倡导“特色+优质”烟叶品牌理念。发挥宣传引导和烟叶收购“指挥棒”作用，树立“好烟才有好价”观念，烟农改变重产量、轻质量的传统做法，增强生产特色优质烟叶的主动性和自觉性。二是搞好生产技术培训。强化配方肥料管理和烟叶分级提纯，提高上等烟叶质量和比率，提升浏阳烟叶在工业市场的竞争力。三是加强生态烟建设。按照“生态、优质、特色、安全”的种植要求，加大对大围山、张坊、小河、高坪等东部山区乡镇生态烟的科研开发，2015年生态烟叶色泽亮、香气醇、内质好，得到省市领导好评。　（李菊英）

【烤烟宣传工作】　开展“爱心涌动浏阳河”学雷锋志愿服务活动，完成一篇题为《顺势而为、创新宣传，促进我市烤烟产业持续稳定发展》的调研文章。在《浏阳要情》登载烤烟信息11条，分别在《东方烟草报》《浏阳日报》、浏阳电视台报道烟叶工作43次，自办《烟情简报》18期，向全市烟农印发《烤烟生产技术指南》《典型烟农宣传专刊》等刊物，及时宣传烤烟政策、倡导发展理念、分享烤烟成果。

（李菊英）

【烤烟项目招商引资】　“芙蓉王”全配方片烟预处理线和打叶复烤专线技术改造项目获批复，项目总投资18.61亿元，到位资金9000万元；金鸡水库水源性工程项目通过国家烟草局专家评审，项目总投资11130.55万元，国家烟草总局援建资金7320.72万元；争取烟基项目到位资金3089.99万元，特色烟叶科研项目资金508.11万元，G80特色烟叶补贴500万元。全年争取项目到位资金1.3亿元，完成市政府下达任务的131%。

（李菊英）

林　业

浏阳市林业局

党委书记、局　长

卢从发（2015.08免）

赵文兵（2015.09任）

副书记、纪委书记　唐天真（女）

党委委员、副局长

欧　雷(2015.08免)

王律旋(2015.08免)

王　纲　李志勇(2015.09任)

寻树人　廖文晖

党委委员、工会联合会主席

池步云

党委委员、总工程师（聘）

陈希见

党委委员　刘守斌(2015.08免)

【概况】　2015年，全市林业系统设置各类机构41个，包括林业局机关（内设7个科室，另局办公室加挂后勤保障科、信息和宣传中心）、森林公安局（下设8个森林派出所）、11个二级机构，即林业调查规划设计院、林业技术推广站、木材行业管理办公室、木材检查总站（又名林业行政执法大队，下设6个木材检查站）、大围山自然保护区管理所、林权管理服务中心、林木种苗管理中心、林业有害生物防治检疫所、林业基金和项目管理办公室、绿化委员会办公室、森林资源管理站，9个片资源林政管理站、8个市乡联营林场、1个国有林场、2个国营苗圃等，在职518人。另外设有31个乡镇（街道）林业站共235人。党政建设：2015年，吸收新党员5名，配合市纪委查处违纪人员3名；办理代表建议9条、委员提案16条，在市人大“呵护植被，保护生态”专题询问中，该局被评为满意单位；在市十六届人大专项工作评议中，该局再次被评为满意单位。钟海被国家林业局授予“全国奋斗在林改一线十佳大学生村官”称号。全年办理信访76件，满意率达95%。全年主流媒体刊发稿件160多条（次），特色亮点深度报道40多次，被省厅评为宣传先进单位。档案工作通过省一级档案规范化管理复查，被评为先进单位。存在的问题及不足：一是林业生态建设水平不高，与人民群众期盼的“绿水青山，美丽家园”的目标要求还有不小的差距，绿化建设的精品和亮点不多。二是林业产业富民力度不够，“三产”发展不均衡，产业比较优势不突出，“高大上”林业企业屈指可数。三是林业资源管护形势不容乐观，随着城镇化和经济建设的快速推进，林地保护陷于被动，社会上破坏森林资源行为屡有发生，案件处理难度日益加大。　（夏文锋）

【造林绿化】　全年完成造林绿化投资3.12亿元，免费供苗811万株，高标准造林3313.33公顷，中幼林抚育5666.67公顷，绿化植树1002.7万株，超额完成任务。全市创建“省秀美村庄”2个，绿色示范集镇3个，绿色村庄、社区33个，绿色屋场63个，绿色庭院800户。绿色通道提档升级，全市打造绿色大通道190.6千米。浏东线增植银杏5120株，灌木3.1万株。浏西线补植行道树728株，桂花树1163株，灌木5.1万株。浏南、浏北线，补植乔灌木2.4万株，荷文公路被誉为“湖南最美乡村公路”，成为道路绿化设计典范。全市建成39个义务植树基地，义务植树3396.2万株，植树人数达90.1万人次。　（夏文锋）

【资源管护】　林木采伐运输管理：全年办理林木采伐8万立方米，毛竹48万根；办理木材运输5万立方米，运输证2万份。林地管理：全年办理征用林地手续109起，涉及林地面积202公顷。封山育林与公益林管理：新增封山育林5666.67公顷。野生动植物保护：全面完成林业有害生物普查外业调查，积极实施有害生物监测防治，有效防治竹蝗6533.33公顷，放生大鲵4条，穿山甲1只，野保办陈华获“全国森保先进个人”称号。森林防火：实现全年森林火灾“零发生”。行政执法：坚持依法治林常态化，创新执法中队进驻基层、移动式检查站流动执法机制，联合森林公安局组织开展“春季攻势”和“利剑”两大专项行动，严厉打击破坏森林资源行为，全年查处涉林刑事案件56起，行政案件375起，没收木材953立方米，行政罚款598万余元，行政处罚364人次，案件同比下降26%，涉林违法犯罪行为得到有效遏制。

（夏文锋）

【林业改革】 国有林场改革：大围山和浏阳湖两个国有林场纳入改革试点，通过省级验收，被省国有林场改革领导小组评为改革先进单位。集体林权制度改革：2014年浏阳市纳入国家农村改革试验区范围，2015年8月29日，全国深化集体林权制度改革现场会在浙江省浦江县举行，浏阳市作典型发言，成功经验面向全国推广。林权主体改革：全年办理林权登记6963宗，涉及山林面积6800公顷，调解林权纠纷11起，切实维护林农权益。林权配套改革：全年办理林权抵押贷款49宗，涉及山林面积5400公顷，贷款金额7355万元；森林保险投保面积30.2万公顷，收取保费725万元；林权流转715宗，面积1800公顷，交易金额达2921万元。审批制度改革：完善权力清单，建立责任清单，清理前置条件，规范审批中介服务，行政效能明显提升。推进林业站“一站式、全程代理服务”，浏阳务实做法获国家林业局肯定，并在全省林业大会上作典型发言。

（夏文锋）

【绿色产业】 全年新造油茶266.67公顷，油茶种植面积达52666.67公顷，实现产值近亿元。全市建立林业合作社620个，带动就业10万余人，实现林农增收3.1亿元。发展楼梯扶手、木门、家具和茶油深加工等产业，全年实现林产工业总产值30.9亿元，同比增加15%。4家企业获批湖南省林业产业龙头企业，8家企业获得“湖南省著名产品”称号，6家企业获得“湖南省著名商标”称号。积极对接浏阳国际家具城项目，加大服务力度，填补林产工业发展空白。森林生态休闲游方兴未艾，带动群众就业增收。

（夏文锋）

【林业项目建设】 全年实现争融资1.03亿元，累计完成投资6085万元。组织申报政府投资项目5个，总投资1.04亿元，市重点项目新三年造绿大行动，总投资9198万元。浏河源林火视频监控系统全面建成；浏阳河国家湿地公园创建高质量通过国家评审验收；林地测土配方系统投入使用。

（夏文锋）

养　殖　业

浏阳市畜牧兽医水产局

党委书记、局长
　　李良如（2015.08免）
　　余慧佳（2015.08任）
副书记、副局长
　　周鸿重（2015. 4免）
党委委员、副局长
　　凌　骐（2015.10免）
　　陈　峰（2015.08免）
　　钟爱民（2015.08免）
　　陈奇志（2015.04任）
党委委员、纪委书记　罗录取
党委委员、总畜牧师（聘）
　　鲁典于（2015.08免）
党委委员、工会联合会主席
　　罗新源

【概况】 根据中共浏阳市委、浏阳市人民政府关于印发《浏阳市人民政府职能转变和机构改革方案的实施意见》的通知）（浏发〔2015〕6号）文件规定，原市商务局牲畜屠宰监管职责由市政府委托市畜牧兽医水产局承担。2015年末，全市畜牧兽医水产系统有在编干部职工283人（其中：局机关及二级事业单位85人，基层动物防疫检疫站198人），离退休人员244人。市畜牧兽医水产局内设办公室、政工人事科、计审财务科、法规科技科、质量安全和饲料工业管理科、定点屠宰监管科6个科室，下辖市动物卫生监督所（加挂“浏阳市畜牧兽医综合执法大队”牌子）、市动物疫病预防控制中心（加挂“浏阳市畜禽水产品检测中心”牌子）、市基层兽医管理办公室、市畜牧工作站（加挂“市黑山羊开发服务中心”牌子）、市水产渔政管理站5个全额二级事业单位和市料源鱼种场1个自收自支事业单位，其中市动物卫生监督所、市动物疫病预防控制中心为二级副科级事业单位。全市37个乡镇街道均设立动物防疫检疫站。主要职责：（一）负责宣传、贯彻实施《动物防疫法》《畜牧法》《渔业法》及畜牧兽医水产相关法律法规，拟订全市养殖业发展规划和年度计划并组织实施。（二）负责管理动物防疫工作；负责动物疫情的监测、调查、控制、扑灭等应急工作；负责动物及动物产品的检疫检验工作。（三）负责制订全市牲畜定点屠宰（厂）场设置规划、牲畜屠宰活动的监督管理等工作。（四）负责兽医医政、药政管理；负责官方兽医、执业兽医和乡村兽医管理工作；负责兽医实验室生物安全管理。（五）负责畜牧业监督管理工作；负责种畜禽的质量监督管理工作；负责地方畜禽品种资源和草地资源的保护、开发利用工作；组织搜集、整理、发布畜禽产销信息，为生产者提供信息服务。（六）负责管理渔业和渔政工作；对渔业水域统一规划，增殖渔业资源；负责水生野生动物管理工作。（七）负责全市畜禽水产品质量安全监督管理工作；制定并组织实施畜禽水产品质量安全监测计划；推进标准化生产示范场、养殖小区和无规定疫病区的建设；加强对畜禽水产品生产的指导；加强对养殖业投入品使用的管理和指导，建立健全养殖业投入品的安全使用制度。（八）负责兽药监督管理工作；对兽药生产经营企业进行监督检查，并公布检查结果；负责组织对动物产品中兽药残留的检测。（九）负责全市饲料、饲料添加剂管理工作；组织对饲料和饲料添加剂生产经营企业进行监督检查和质量抽查，并会同质量监督管理部门公布抽查结果。（十）负责管理养殖业项目资金，组织项目申报、实施、审核、监督管理。（十一）负责管理局属单位，监督管理局属单位国有资产。（十二）承办市委、市人民政府交办的其他事项。2015年，市畜牧兽医水产局深入开展“三严三实”教育活动，围绕“生态养殖、绿色发展”目标，突出抓好重大动物疫病防控、畜禽水产品质量安全监管、渔业资源养护、科技推广、干部队伍建设等工作。全市重大动物疫情保持平稳，畜禽水产品质量安全水平有效提升。推行“专家+技术指导员+科技示范户+辐射带动户”养殖技术推广服务新模式，指导养殖科技示范户144户；创新动物防疫冷链体系建设，实现动物疫苗从市（县）级冷库到养殖场（户）的“五冷”（冷库、冷车、冷柜、冷箱、冷袋）冷链体系全过程无缝链接，打通为养殖户服务“最后一公里”，《湖南日报》、湖南经视等省内外主流媒体先后报道；与财政部门制定《浏阳市2015年生猪调出大县奖励资金项目实施细则》等制度，进一步规范项目申报、监管和资金管理工作；12月，在沙市镇成功承办“长沙市突发重大动物疫情应急演练”，受到省、长沙市好评；在市十六届人大代表专项工作评议中被评为满意单位；养殖业信息宣传工作、养殖业综合目标考核工作获全省先进。全年出栏生猪193.11万头、牛4.24万头、黑山羊72.11万只，出笼家禽1481.61万羽，水产品总量2.82万吨，养殖业总产值36.87亿元（当年价）。

标准化养殖建设 按照“六化”要求建设标准化规模养殖场，2015年全市有各类规模养殖场（户）8769家（其中养猪4810家、养牛241家、养羊1938家、养禽1146家、养蜂578家、养鱼56家）；新创建部级畜禽水产标准化养殖示范场3家、省级2家、长沙市级32家，建立长沙市级畜禽养殖污染生态治理项目22家。

重大动物疫病防控 继续推广新型免疫制度，全年免疫猪瘟、猪口蹄疫和高致病性猪蓝耳病各224.28万头份、牛口蹄疫19.16万头份、羊口蹄疫82.53万头份、高致病性禽流感1645.7万羽次，鸡新城疫1497.6万羽，免疫率均达到100%，切实抓好H7N9禽流感和小反刍兽疫等重大动物疫病防控，实现浏阳无疫区的目标。

畜禽水产品质量安全监管 发挥畜禽水产品检测中心“双认证”作用，全年开展320份畜禽水产品有毒有害物质残留检测。开展“瘦肉精”和兽药残留监测，屠宰、养殖和产地检疫环节抽检生猪尿样4.7万份，实现“瘦肉精”检测阳性率连续11年为零。长沙市级畜禽水产品抽样216份，合格率99.5%。开展兽药饲料等养殖投入品专项整治，全年检查饲料、兽药生产经营企业和养殖规模场（户）1085家次，抽检饲料、兽药样品272个，全部合格。加强动物卫生监管，全年开展监督检查27次，产地检疫生猪190.1万头、牛3.81万头、羊64.96万只、家禽1357万羽，屠宰检疫生猪4.38万头，全年无质量安全事故发生。

水生生物资源养护 从3月20日零时起对市辖浏阳河、捞刀河、南川河三大水系及其天然水域实施为期3个月的禁渔，在浏阳河城区、达浒、枨冲宏源电站三处水域铺设人工鱼巢，形成总面积300平方米的鱼类繁育场，为鱼类产卵提供一个安静、舒适的环境。同时，加强渔政管理维护禁渔秩序，分批、分次人工增殖放流青鱼、鲢鱼、鳙鱼、细鳞斜颌鲴等鱼种60万尾。建立渔政管理长效机制，乡镇新配渔政执法员90名，指导建立村（社区）护渔队12个。开展电、毒鱼专项整治行动15次，收缴背包式电鱼机30余台（套）、大型超声波电鱼设备6套、三无渔船5艘，处理违法人员1人，有效地保护水产资源。

养殖业行政执法 宣传贯彻《湖南省实施〈动物防疫法〉办法》等法律法规，清理规范8项行政审批前置条件和2项中介服务，公布行政责任清单10个方面56项，实行7项行政审批“两集中、两到位”，有效推进行政执法程序化、审核制度化、监督全程化。全年举办法制培训2期200多人次，法制宣传4次，印发宣传资料3000多份，受理行政许可95件，发证78本，办结率100%。开展执法检查530多次，立案27起，结案26起，移送公安4起，无害化处理病死畜禽及产品18.96吨。集中公开销毁各类电鱼设备100多套、违规网具5000多米。行政应诉1起、民诉1起，均胜诉，无行政复议案件。

养殖科技推广与项目引进 加强养殖科技培训指导。举办培训班20期1520人，入户指导600多人次，接待咨询717人次，发放资料1.3万余份，解决技术难题20个。加强科技与新品种推广。推广应用《相东黑山羊高效生产关键技术模式》，其成果获得省科技厅科技进步三等奖。生产赤眼鳟×草鱼杂交抗病草鱼苗30亿尾，娃娃鱼、石蛙、三文鱼等特种水产11.5吨。推广生猪人工授精19.8万胎次，肉牛冷配9200胎次。引进养殖项目1个，争资完成4000多万元。

养殖业安全生产监管 制定养殖业安全生产监管责任制度，明确干部职工“一岗双责”责任，印发资料2000多份。开展安全生产专项督查，检查养殖生产经营

10月13日，农业部党组成员、总经济师杨绍品（左二）考察浏阳市动物防疫冷链体系和畜禽水产品检测中心（图片来源：市畜牧兽医水产局）

单位 1224 家，及时排查、处理各类安全隐患。（吴宗耀）

【农业部领导考察浏阳动物防疫冷链体系和畜禽水产品检测中心】 10 月 13 日，农业部党组成员、总经济师杨绍品到浏阳专程考察浏阳市动物防疫冷链体系建设和畜禽水产品检测中心。在浏阳市动物疫苗配送中心，杨绍品查看冷库运行、温度监控、疫苗储藏管理等情况，详细询问疫苗从冷库配送到养殖场（户）的每一个运输和储藏环节的包装安全、温度控制情况。在浏阳市畜禽水产品检测中心，杨绍品仔细察看液相色谱仪、核酸提取仪、PCR 分析仪等检测仪器，询问实验室主要工作内容，查阅相关检测报告。杨绍品要求，要以高度负责的态度，主动开展工作，提高技术水平，为畜禽水产品质量安全和动物疫病防控工作作出更大的贡献。省农业委员会主任刘宗林、长沙市农业委员会主任吴石平，浏阳市领导吴震、邓阳锋陪同视察。（吴宗耀）

【农业部兽医局领导调研浏阳畜牧业生产及动物疫病防控】 9 月 23 日，农业部兽医局副局长王功民到浏阳淳口镇炉烟村、浏安综合开发有限公司等养殖企业，实地调研养殖业生产、动物疫病防控、生猪养殖污染治理等工作情况。召开由养殖企业代表、相关乡镇动物防疫检疫站站长参加的座谈会，听取市畜牧兽医水产局党委书记、局长余慧佳关于浏阳动物疫病防控体系建设、动物疫病防控及动物卫生监督工作开展情况的汇报，与参会人员就当前养殖业热点、难点问题展开讨论。王功民指出，畜牧业发展要充分考虑可持续性，要根据当地实际情况及形势变化需要，制定切实可行的发展规划，立足基层，为养殖场（户）办实事。省畜牧水产局纪委书记欧燎原、长沙市农业委员会副主任尹莉亚、浏阳市人民政府副市长邓阳锋参加调研。（吴宗耀）

【全国农业技术推广服务中心负责人考察北盛乌龙渔场】 10 月 23 日，全国农业技术推广服务中心主任王航、全国水产技术推广总站副站长李可心等一行到北盛乌龙渔场考察。王航、李可心等参观乌龙渔场，详细了解该场养殖品种、养殖模式、销售模式、产值收入等情况，对乌龙渔场为农业发展所做的贡献给予高度肯定，并希望在稳定发展的同时，把好质量关，扩大产业链，做好农业的可持续发展。当天，中华农业科教基金会副理事长兼秘书长潘学锋等为该场负责人张喜南现场颁发“2015 年度神内基金农技推广奖”荣誉证书。（吴宗耀）

【中科院亚热带农业生态研究所湖南省院士工作站揭牌】 1 月 29 日，省人民政府副省长张硕辅率省政府办公厅，省畜牧、财政等部门，考察湖南新五丰股份公司永安分公司生态养殖，先后调研该公司病死猪无害化处理、养殖污染处理、有机肥生产线等，同时为中科院亚热带农业生态研究所设立在该公司的湖南省院士工作站揭牌。湖南新五丰股份有限公司永安分公司占地面积 302.49 亩，总建筑面积 4.2 万平方米，拥有猪舍 44 栋，是国家活体储备基地、湖南省一级原种猪扩繁场，该公司固体粪污生产有机肥料工程将生猪养殖产生的固体粪污及污泥经好氧发酵后生产成为优质的有机肥料，病死猪无害化处理综合利用工程采用先进技术，可将病死猪转化为高档的生物有机肥料。（吴宗耀）

副省长张硕辅（右）为中科院亚热带农业生态研究所湖南省院士工作站揭牌

（图片来源：市畜牧兽医水产局）

【召开养殖污染治理现场观摩交流会】 11 月 15 日，湖南省养猪业协会组织部分会员代表在浏阳市永安镇召开生猪养殖污染治理现场观摩交流会，省畜牧水产局、长沙市农业委员会负责人出席会议。与会人员现场参观湖南新五丰股份有限公司永安分公司应用的猪场粪污生物聚沉氧化新工艺，南京农业大学教授周立祥讲授《我国万头以上规模化猪场常见环保问题及其对策》，讲解猪场粪污生物聚沉氧化新工艺，并同与会人员探讨新工艺的操作性、经济性。（吴宗耀）

【举行 2015 年长沙市突发重大动物疫情应急演练】 12 月 3 日，由长沙市重大动物疫病防治指挥部主办、浏阳市重大动物疫病防治指挥部承办、浏阳市沙市镇人民政府协办的 2015 年长沙市突发重大动物疫情应急演练在浏阳市沙市镇大源村举行，浏阳市各部门负责人及长沙市各区、县（市）畜牧系统组团全程观摩演练活动。应急演练以假定规模养鸡场发生高致病性禽流感疫情为背景，严格按照新修订的《长沙市重大动物疫情应急预案》要求和技术标准，设计疫情报告和先期处置、应急响应和应急处置、终止响应和善后处置三个演练阶段，采取模拟现场实战操作等形式，演练疫情快报、决策预警、疫区封锁、医疗防护、紧急扑杀、无害化处理、紧急免疫、疫情监测等 17 个科目。此次演练有效验证动物疫情应急预案的科学性和可操作性，锤炼应急队伍和应急机构的实战能力。（吴宗耀）

【建立动物卫生行政执法多部门联合办案机制】 2015 年，该局动物卫生监督所与市法制办、市法院、市公安局建立完善执法联合办案机制，加大对乱丢乱弃、经营病死猪等事关肉食品安全案件的打击查处力度，形成威慑力。市法制办对浏

12 月 3 日，2015 年长沙市突发重大动物疫情应急演练在沙市镇大源村举行

（图片来源：市畜牧兽医水产局）

阳市畜牧兽医水产局行政执法工作提供法制支持，加强业务指导，提升办案质量和水平，同时将有关食品安全的法律法规纳入 2015 年法制宣传重点，宣传重要法律条文和典型案件。市公安局对浏阳市畜牧兽医水产局行政执法工作办案提供及时支持，市公安局治安大队明确 1 名副大队长，2 名民警负责联系畜牧局行政执法工作，在执法遇到阻力，当事人不配合等情况下，治安大队出动警力，协助控制现场，维护执法秩序。有关涉及刑事犯罪的食品安全案件，对于重点案件，成立专案组，做到信息互通，及时出警处置，及时移交，共同做好调查取证、取样送检等工作。公安机关重点侦办，市人民法院依法判处，共同办理一批有影响的食品安全案件。与市法院建立强制执行“直通车”，对在法定期限内拒不履行行政处罚义务的违法当事人，向人民法院申请强制执行，司法拘留违法当事人 1 名。2015 年，动物卫生监督所与公安局联合办案 15 起，因当事人涉嫌犯罪，移送公安局案件 5 件，刑拘 3 人。（吴宗耀）

【动物防疫冷链体系提质建设项目正式启动运行】 7 月，浏阳市畜牧局动物防疫冷链体系提质建设项目建成正式启动运行，实现市（县）—乡镇—养殖户的兽用疫苗冷藏配送无缝链接，打通疫苗配送的“最后一公里”。浏阳市动物疫病预防控制中心冷库总容积扩充到 60 立方米，购买专用疫苗冷藏运输车，车上配置 8 立方米冷库，按需求调节温度，配有温度记录仪，缓解疫苗周转和运输难题；新添置 40 台大容积电冰柜、570 个疫苗冷藏箱及制冰机、疫苗转运袋等设施设备，确保每个乡镇站都具备良好的疫苗储藏和转运能力。各乡镇站只需每月 15 日前将次月各病种疫苗需求计划申报至浏阳市动物疫病预防控制中心防疫科。防疫科经审核、汇总后，安排专人专车于当月底之前将疫苗配送至各站。各站按时安排专人接收入库，再根据要求发放给防疫员和养殖户使用。运行 1 个月，在全程低温的条件下为全市养殖户送去牲畜口蹄疫、猪瘟及高致病性猪蓝耳病疫苗 55 万头份，高致病性禽流感疫苗 70 万毫升。自 2007 年国家实施强制免疫制度以来，全国通行做法是疫苗生产厂将疫苗配送到市（县）级疫控中心，由乡镇站站长按需领取，再分发给防疫员和养殖户进行免疫注射。浏阳在全市动物防疫冷链体系建成以前，各乡镇站按计划，定期或不定期到市动物疫病预防控制中心冷库按程序领取疫苗，采取搭乘公共交通工具到各乡镇冷柜，疫苗周转和运输期间，疫苗处于非标准温度控制之下，容易使疫苗失去活性，导致免疫失败，为动物疫情防范带来风险。

（吴宗耀）

【浏阳首个大型病死动物无害化处理中心动工建设】 8 月，浏阳市首个大型病死动物无害化处理中心——浏西生物无害化处理项目在葛家乡新源村动工建设。浏西生物无害化处理项目占地面积 20 亩，总投资 1200 万元，截至年末，项目已完成土地调规、环评、规划、征地、国土、林业、工程设计和报建手续，实现“三通一平”，并与湖南绿捷农牧开发有限公司签订无害化处理设备采购合同，拟引进国内先进设施设备，采用国内领先的高温高压化制法处理工艺，将动物尸体经密闭传送到操作间切割，再通过烘干罐进行高温高压干化，有效杀死病菌，

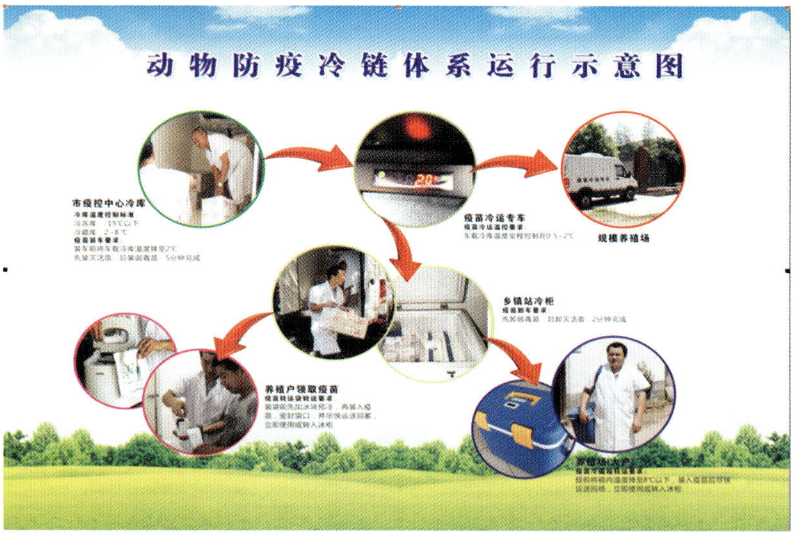

动物防疫冷链体系运行示意图　（图片来源：市畜牧兽医水产局）

将动物尸体残渣“变废为宝”，制作有机肥。生产过程中的废水通过污水净化处理系统实行生物降解，达到循环使用。同时，通过负压、水洗、木炭吸附工艺过滤空气。该项目实行政府主导、市场运作的管理模式，项目建成后日处理动物尸体可达30吨以上。（吴宗耀）

水　务

6月9日，长沙市委副书记、市长胡衡华（中）调研马尾皂水库大坝

（图片来源　市水务局办公室）

浏阳市水务局

党委书记、局长　邓　华

副书记、副局长　李红兵

副书记（兼）

卢岳仁（2015.08免）

党委委员、副局长　邱自强

刘光红　刘良琨

欧阳成林

党委委员、纪委书记

卢清红（女）

党委委员、副局长　王正道

党委委员、总工程师

王大雄（2015.08免）

党委委员、工会联合会主席

张　毅

副局长（挂职）　周方旺

【概况】　浏阳市水务局是负责全市水务工作的市人民政府工作部门，主要承担防汛抗旱、水利建设、水土保持、水资源开发利用和节约保护等职能。2011年，浏阳市实行水务一体化，将原市水利局职责，原市建设局承担的城镇供水与排水职责，市环境保护局承担的城镇污水处理职责，整合划入市水务局，将“水利”和“水害”合并管理。2015年12月，将城市供水、排水和污水处理职责划转市住建局。根据现有职能，市水务局内设办公室、政工人事科、财务审计科、规划计划科、工程建设管理科、法规安监科、排水管理科、纪检监察室8个科室，设有防汛抗旱指挥部办公室、水利建设管理中心、水政监察大队、水利水电规划勘察设计院、水利建设投资管理中心、水利水电工程质量监督站6个二级事业单位，局属单位有官庄水库浏阳灌区管理处、大瑶灌区管理所、大栗坪水闸管理所、宏源水轮泵站、永安饮水安全服务中心和金钟皂水库管理所、梅田水库管理所、清江水库管理所、关山水库管理所、马尾皂水库管理所、板贝水库管理所、洞阳水库管理所、南康水库管理所、道源水库管理所、万丰山水库管理所、仙人造水库管理所、横山头水库管理所、富岭水库管理所18个事业单位。2015年底，全系统共有在岗人员617人，退休人员233人，在岗人员中高级专业技术人员5人，高中及以下学历278人。18个水工管单位现有人员524人，设置265个公益性岗位，其余人员均为自收自支。全年投入各项水利资金3.5亿元，其中争取上级到位资金2.8亿元；推进项目建设，小溪河河道治理纳入重点项目观摩获得好评。全面从严治党，切实履行党风廉政建设“两个责任”，对领导班子党风廉政建设进行责任分解，对局属单位班子加强人事管理，聘请中介机构开展内部专项审计，规范绩效工资发放。强化廉洁自律意识，定期组织廉政专题学习、发送廉政短信、进行廉政谈话。公布权力清单、责任清单，所有的行政审批项目都及时办结。开展15次明察暗访和4次专项督查，作风建设取得明显成效。在浏阳市学习两项党内法规、推进“两个责任”落实工作会议上，水务局作先进典型发言。（曾　智）

【防汛抗旱工作】　健全防汛会商机制、完善监测预警平台、构建群测群防体系，实现防汛保安工作目标。汛前，修订完善预案，落实防汛物资，升级预警系统，实现会商视频乡乡通。强化防汛值班，密切监视雨水情，全年发布山洪灾害和汛情短信13次7.2万余条，3次启动三级应急响应，成功应对4次强降雨过程，出动检查人员230余人次，排查治理隐患65起，保证平稳、安全度汛，积极防范可能发生的灾害。同时，充分发挥水利基础设施作用，干旱季节未成旱灾，夺取防汛抗旱全面胜利。（曾　智）

【水利建设】　前期工作筹备：完成《浏阳市水利发展“十三五”规划》《浏阳市水资源综合规划》和《浏阳市水利规划报告（2016-2025）》。完成金鸡水库扩建工程前期工作，积极筹备椒花水库建设前期工作；开展浏阳河综合治理、四水治理、水闸改造和水库扩容增效等项目前期工作，做好“十三五”期间重点水利项目的储备。项目建设：一是全面完成年度水利建设任务。2015年实施36座病险水库除险加固，截至年底，全面完成全市188座水库除险加固任务。投入9560万元，实施农村饮水安全工程24处，解决18.13万人的饮水不安全问题，占长沙地区任务数的70%以上；投入5000万元继续深入推进农田水利畅通工程三年行动，巩固与深化农田水利建设“浏阳模式”（党政主导、

村组主力、群众主体），清淤整治渠圳5500千米、除险加固病险骨干大山塘100处、清淤整治一般山塘1000处、修复重建小型河坝200座、更新改造抗旱机埠100处和新建输水管道12.5千米；成立9个督查组，由班子成员带队，现场核数据、查质量、督进度，冬修农田水利整体进度达78%；投入3904万元，实施4个灌区续建配套和节水改造；投入3969万元，改造渡槽112处和农电项目6处。完成澶水河大瑶段、中和段，小溪河高坪段及浏阳河镇头段的河道治理21.51千米；开展城区积水堵点改造，全面清淤城区206千米现状管渠和5066处检查井，解决浏阳市城区内涝难题。完成淮川河截污干管改造，污染得到有效根治。二是创新管理模式推动水务发展。积极创新水利工程信息化管理，实行手机定位视频考勤系统，自主开发工程管理软件，实现水利工程现场监管电子化、网络化和远程化。利用GPS精准定位，健全水利冬修档案资料，对借用项目套取资金的情况，给予直接否决。下移工作重心，工程申报、资金分配全部由乡镇负责，增强乡镇自主权，提高乡镇参与项目建设的积极性和主动性。抓好招投标监督管理，公开公示项目现场责任人，落实工程质量检测和隐蔽工程旁站施工，全年对78个在建项目现场检查1000余人次。同时，强化安全教育，督促隐患排查，积极推进“六打六治”和“安全生产大检查”等活动，确保全年安全生产零事故，项目建设和管理得到省、市水利部门的高度认可，2015年，浏阳市获评“全省水利建设管理先进县”。

（曾　智）

【水生态文明城市创建】 实施最严格水资源管理制度，实行最严格的水资源保护。严格规范水行政审批，组织技术专家审查23次；加强水功能区限制纳污红线管理，联合市环保局，划定49处千人以上城镇集中式生活饮用水源保护区；开展水库退出投肥养殖和多部门联合的水政执法检查，联合相关部门依法整治大瑶团结水库饮用水源污染问题。2015年立案查处水事违法事件6起，处理水事纠纷33起；加强河道保洁、水土流失综合治理和水土保持生态修复工作，依法征收水行政规费243万余元。

（曾　智）

【浏阳市被国家防办指定为全国山洪灾害调查评价示范推广县（市）】 4月9日至12日，全国山洪灾害防治项目技术培训暨建设成果示范会议在北京召开，浏阳市在规定时间内完成计划内的山洪灾害调查评价工作，效果明显，取得较好的社会经济效益，被国家防办指定为全国山洪灾害调查评价示范推广县（市）。市水务局局长邓华代表浏阳市作典型发言，汇报和展示山洪灾害防治建设成果。2009年，国家防办开展山洪灾害防治试点建设，浏阳市被列入试点范围，涉及该市山洪灾害防治区面积4832平方公里，防治区小流域86个，受山洪灾害威胁的36个乡镇、163个村（社区）、23.92万人。自山洪灾害防治工作开展以来，该市共利用山洪灾害预警系统发布预警短信100万条次，启动预警广播430站次，有效指导安全转移12万人次，再无一起山洪灾害群死群伤事件发生。科学调查分析评价：一是加强协调配合。2014年8月，浏阳市启动山洪灾害调查评价工作，并制定详细工作方案，并积极支持和配合承建单位开展现场调查工作，为浏阳市山洪灾害调查评价工作的开展铺平道路。同时，在现场调查的过程中，积极参与中间进度控制和过程质量督察工作，最大限度地保障现场调查的工作进度和数据的准确程度。二是严格核查资料。在承建单位完成调查评价工作后，积极进行数据核查，对内外业相关数据进行审核，对调查评价的结论进行合理性分析和探讨，确保调查评价成果的实用性和可操作性。2015年3月23日，浏阳市山洪灾害调查评价项目通过湖南省级技术验收。三是着力成果运用。调查评价成果形成之后，着重强调成果的运用，积极协调承建单位和县级山洪灾害监测预警平台开发公司，对数据成果的应用进行探讨。截至2015年3月，已将所有调查评价成果植入县级平台，并逐步应用到非工程措施建设，小流域洪水预警预报，县、乡、村级预案修订完善等多项工作中。建立防治会商机制：一是多方联动。将预警范围扩大到全市所有乡镇、村组、中小型水库及县、乡防汛指挥部主要成员单位，1680多个手机号码纳入短信平台；国家、省、市、县和乡镇、水工管站所纳入视频会商系统，水文、气象、国土和水务等部门的信息实现共享联动。二是明晰责任。将防汛指挥机构和组织延伸到乡镇，防汛预警责任细化到县、乡、村、组、屋场五级，明确各级各类责任人的职责，逐级联村包户，要求责任人必须掌握第一手汛情，第一时间赶赴山洪灾害易发区，第一时间在现场组织群众转移避险，为有效应对山洪灾害和抢险救灾提供有力组织保证。三是应急响应。当某地降雨量达到设定临界值时，监测预警系统向相关责任人自动短信预警，市防指根据雨情、水情、汛情形势，结合对洪水风险图的分析和预案中明确应急响应的条件，按程序启动相应级别应急响应行动，确保应急及时、处置有效。完善监测预警平台：一是加快监测设施建设。通过数年的续建，总投入资金1600多万元，该市已初步建成集雨水情监测、统计、自动预警、人工预警和信息上报于一体的监测预警设施，其中河道水位雨量监测站点7处，水库视频监测站17处，自动水位雨量监测站29处，自动雨量监测站175处，预警广播站149处，简易雨量站123处，基本覆盖防治区内所有村组，实现对暴雨洪水的实时监测。二是整合利用监测预警资源。通过网络定时共享和一报多发的形式，实现与水文、气象、国土等各部门监测系统和减灾体系的数据共享互通。三是强化预警信息发送。通过人工敲锣、鸣哨、手摇报警器等传统方式发布预警信息，还使用省级短信网关进行预警信息发布，并针对山洪灾害预警量身定做县级短信网关作为备用，所有监测站点采用移动卡收发信息，充分利用短信群发、有线及无线广播、警报器等现代化手段，有效解决预警信息“最后一公里”问题，确保预警信息能够及时高效传递到基层责任人和避险转移人员手中。构建群测群防体系：一是制定和落实防御预案。以小流域为基本单元，制定山洪灾害防御预案，明确预警形式和发布程序，落实人员转移方案，细化各类人员责任，按照山洪灾害防治“十个一”要求（建立一套责任体系，编制一个防御预案，至少一个简易雨量报警器，一套预警设备，一个宣传栏，每年一次培训，一次演练，每个危险区对应一处临时避险点，设置一组警示牌，每户一张明白卡和宣传手册），不断完善和落实防御预案。二是加强防灾意识宣传。广泛开展防灾避灾宣传、培训及演练，向中小学师生和广大群众发放宣传资料，在危险区、安全区以及转移路线上设立醒目、固定的标示牌和宣传栏，使山洪灾害的基本知识和避灾意识深入千家万户，做到家喻户晓，人人皆知。三是明确工程治理措施。把完善田间配套、畅通田间渠系作为新一轮山洪灾害防治的重点，突出党政主导、村组主力、群众主体，采取“以奖代补”形式，发动群众投资投劳，2014 年冬至 2015 年春完成山塘清淤、骨干山塘除险加固、河坝修复、机埠更新改造共 1281 处，疏浚沟渠 10915 千米，治理山洪沟 7.5 千米，做到疏通水系、畅通渠道，尽可能地减少山洪灾害发生机率。保障长效运行机制：一是制定引导和约束政策。对山洪地质灾害重灾区、多发区，采取山区移民项目，制定工作规划，出台资金补贴、提供宅基地、就业安置等方面的激励措施，达到散居山区居民避险搬迁目的。二是加强基层保障和能力建设。足额配套山洪灾害防治运行维护费用开支，2014 年全市落实 115 万元山洪灾害预警系统运行维护费。启动标准化建设，集中力量建成一批体制顺畅、人员落实、运转高效、管理规范的示范性乡镇水管站。同时，明确由防汛办负责预警平台管理，由水文局、气象局和广播电视台分别负责维修维护管理雨水情监测设施、气象雨量站点和预警广播设施，每年汛前、汛中各责任单位分别组织专业技术力量对所有设备设施进行调试检修，确保系统长期正常运行。11 月 9 日，水利部亚洲区域专项资金项目山洪地质灾害防控技术国际培训班的缅甸、老挝和泰国等东南亚国际友人、长江委和省市防办负责人到浏阳参观县、乡和村三级山洪灾害防御体系建管情况，现场查看该市和古港镇县乡两级山洪灾害防御视频系统，古港镇和梅田湖村镇村两级山洪灾害防御非工程措施建设情况。（曾　智）

4 月 9 日，在北京召开的全国山洪灾害防治项目建设成果示范会上，市水务局局长邓华代表浏阳市作典型发言，汇报和展示山洪灾害防治建设成果

（图片来源：市水务局办公室）

【浏阳市获批“全省高标准农田建设综合改革试点县”】 5 月 12 日，在全省高标准农田建设综合改革试点工作会议上，省政府明确浏阳等 13 个县市先行试点高标准农田建设综合改革，今后的小型农田水利项目资金将集中转入高标准农田建设。9 月 6 日，省水利厅、省财政厅以湘水农〔2015〕15 号文件，批复浏阳市中央财政农田水利项目 2015 年度实施方案。2015 年，市水务局基本完成农田水利畅通工程第二年行动目标任务，“党政主导、村组主力、群众主体”的农田水利建设“浏阳模式”得到巩固与深化。

（曾　智）

【“问渠记”水利建设市民观察团活动】 巡礼“十二五”展望“十三五”，市水务局会同浏阳日报社共同策划一期主题为“问渠记”水利建设市民观察团活动，通过民生的视角看水利，听取百姓的呼声促发展，让更多的市民关注、参与水利建设，共同建设美丽家园。12 月 15 日上午 8 时 30 分，观摩活动正式启动。12 名市民观察团成员到达梅田河生

“问渠记”水利建设市民观察团　（图片来源：市水务局）

态清洁小流域治理项目现场、古港镇骨干山塘整治工程现场进行观摩，最后到达浏阳市东区水厂，“市民观察团”的成员查看从加药反应、沉淀、过滤、杀毒以及水质检测等完整的制水过程。“观察团”成员表示，通过近距离的观摩水利项目，了解水务工作，今后将多多宣传和支持水利事业的发展。

（曾　智）

【第 23 届“世界水日”宣传】 2015 年 3 月 22 日是第二十三届“世界水日”，3 月 22 日至 28 日是第二十八届“中国水周”。联合国确定 2015 年“世界水日”的宣传主题是“水与可持续发展”（Water and Sustainable Development）。中国纪念 2015 年“世界水日”和“中国水周”活动的宣传主题为“节约水资源，保障水安全”。为唤起公众的节水意识，加强水资源保护，满足人们日常生活、商业和农业对水资源的需求，当天，市水务局在市政东广场组织志愿普法宣传骑行活动，志愿者骑着自行车，先后经过杨潭村、高坪集镇，最终抵达株树桥水库，并向沿线居民宣传水法律法规，号召沿线居民一起惜水、节水、爱水。同时设立咨询台，悬挂大型路桥广告宣传牌，张贴宣传画，组织观看“人·水·法”宣传剧等活动，浓厚水法宣传氛围。（曾　智）

【整合供水资源】 11 月 16 日，浏阳市团结自来水有限公司与大瑶宇泰自来水公司、金刚金鑫自来水公司、澄潭江自来水厂正式签订《企业资产转让协议》，依法收购三家企业，接管大瑶镇、金刚镇、澄潭江镇全区域自来水供水经营权。接管后浏阳市团结自来水有限公司供水规模达到 12000 吨／日，供水范围包括大瑶、金刚、澄潭江、杨花四个乡镇，受益人口超 10 万人。收购工作完成后，浏阳市团结自来水有限公司对原水厂进行改造及设备更新，以供水片区为单位，明确片区责任人，做好调查摸底工作，对接管客户全面进行 IC 卡式预付费水表更换，并进行供水软件、短信服务平台、微信公众服务平台更新升级及人员培训，全面提升服务水平。（曾　智）

【城区积水堵点整治】 2015 年，浏阳市城区现有排水管网 206 千米，排水窨井 5066 座，漏水栅 14385 个。2015 年汛期，城区没有发生明显积水现象。由于历史原因，浏阳老城区许多地段排水管径偏小，加之建筑和人口的剧增，使得排水问题更加严重，很容易出现城区内涝现象。2013 年至 2015 年，浏阳市水务局为破解城区积水难题，将整治城区积水堵点作为为民办实事的重要内容。一是提前谋划。市水务局成立浏阳市城区防涝排渍领导小组，完善城区防汛应急预案，组建 20 人的应急抢险队，对城区一些积水较深和窨井易冒溢的路段进行巡查和值守。从 2013 年开始，累计投资 3000 万元，先后完成金都小区、声威巷、纸槽街、青草路口等 4 个较大的堵点改造、214 处积水小堵点改造、金沙路等城区 10 条主要道路管网清淤和 943 处井盖修整的问题。2015 年，该局对城区 31 处积水堵点进行改造；对存在安全隐患的 354 处井盖全部进行更换；同时启动城区管网畅通工程，通过公开招标方式将 206 千米管网日常清淤维护进行整体外包。二是科学应对。建立和完善城区排水设施巡查维护改造制度。将城区公共排水设施日常巡查维护工作进行服务外包，通过公开招投标确定城区排水设施巡查维护服务队，负责城区排水设施日常巡查维护工作，确保排水设施安全和良性运行。在每年进入汛期前，为确保城区安全度汛，该局组织干部职工对城区排水设施开展“四查四清行动”（查排水井，清泥砂；查管网，清垃圾；查积水，清堵点；查险情，清隐患）。三是综合治理。组织街道办事处、社区相关负责人座谈，落实街道办事处、社区辖区内的巡查防护责任，以社区为单位，将辖区内各条街道细分到段，实行网格化管理，每段安排街道办事处和社区责任人各一人。同时，把城市排水防涝工作纳入政府对街道办事处的绩效考核内容。根据年初目标责任书，对于工作不力的单位和个人，实行行政问责。（曾　智）

水利建设投资

浏阳市水利建设投资有限公司

董事长、总经理

王　武（1—8 月兼任总经理）

总经理　熊赛（女，2015.09 任）

副总经理　雷文浩　陈　虎

唐　丰

【概况】 浏阳市水利建设投资有限公司成立于 2011 年 9 月，是浏阳市政府组建的具有独立法人资格、自主经营、独立核算的国有合资有限公司，是水利建设的重要投融资平台，接受浏阳市水务局的行业管理和业务指导。公司注册资金人民币 1.8 亿元，出资方分别为浏阳市财政局和浏阳市五环建设开发有限公司。公司经营范围：负责水利工程建设项目投资、水资源综合利用开发、土地整理开发；负责重点水利工程的投融资建设和资金管理；负责国有资产的保值增值工作以及水利建设开发用地的运作和经营。公司设综合部、财务融资部、规划开发部、招商经营部、工程技术部、征地拆迁安置部共 6 个部室，工作人员 39 人。2015 年，公司以开发建设长兴片区为重点，内强管理，外树形象，积极服务城市东拓，圆满完成年初各项计划任务。

基础建设　投资 3.28 亿元铺排 9 个城市基础设施建设项目，其中菊花石路一标段和四标段、道吾路竣工通车，泰安路完成总工程量的 30%；湖畔广场、湖心岛屿景观园林全面建成；安置区一期二标段主体工程完成建设；积极开展城区污水综合治理，淮川河截污工程实现全线通水，济川河、浏阳河截污工程完成招投标等前期工作。

征地拆迁　完成长兴湖小学、浏阳奥园广场、泰安路等项目的征地，累计依法依程序公告征地 213.4 亩，签订房屋、企业拆迁补偿协议 80 余户，青苗、设施补偿协议 150 余份，迁坟 300 多座，拆除

9月14日，长兴片区奥园广场举行奠基典礼　　（图片来源：水建投公司综合部）

违章建筑2000余平方米。

招商引资　成功引进上市企业中国奥园集团，万事达加油站、浏阳首座人才公寓落户长兴片区，累计出让土地106.14亩，实现收益约1.6亿元。积极争资融资，向上争取专项资金1075万元，成功发行公司债8亿元。

存在的困难和问题　项目建设处于攻坚阶段，重点项目多，征地拆迁任务重，公司人手较为紧张，员工执行力有待提高；受经济下行影响，房地产市场面临挑战，地产经济持续低迷，土地经营难度加大。（综合部）

【长兴片区奥园广场项目奠基】　4月20日，浏阳市水利建设投资有限公司与中国奥园地产股份有限公司签订浏阳长兴片区城市综合体项目战略框架协议书，中国奥园集团正式进驻长兴片区。9月14日，长兴片区奥园广场项目举行奠基仪式。该项目由上市企业中国奥园地产股份有限公司投资建设，一期用地约6万平方米，建筑面积约20万平方米，总投资10亿元。项目涵盖湖景洋房、商业街、主题步行街、精品公寓、大型购物中心等，是一个集购物、休闲、餐饮、娱乐、文化旅游为一体的大型城市综合体。11月21日，营销中心正式对外开放。

（综合部）

【长兴湖片区功能配套设施建设】　2015年，长兴湖片区配套建设投入1.75亿元，实施5项工程。建成道路1426米、园林景观76700平方米；菊花石路一标段、菊花石路四标段、道吾路实现通车；泰安路完成总工程量的30%。长兴湖滨水园林景观工程建设全面启动，中湖东岸紫薇岛建成，中湖西岸1000米景观基本成形。（综合部）

【淮川河截污工程竣工并通过验收】　2015年12月23日，浏阳市重点工程——淮川河截污工程竣工并通过验收。为改善浏阳市居民生活环境及保护浏阳河水质，提高城市污水收集处理能力和标准，改善浏阳市域内环境，2014年12月25日，淮川河截污工程开工建设，该项目总投资额7600万元，起点为花炮广场，终点为龙泉港污水泵站，全长4.6千米。淮川河截污工程主管道采取顶管加河道沉管相结合的改造方案，即在淮川河沿线可进行顶管施工的区域，采用顶管的方式将截污干管移至岸边；局部无法进行顶管施工的区域，则采取沉管工艺将管道埋设在河床底。整个项目完成顶管施工长度2996米，沉管施工1581米，污水截污支管施工4058米，完成顶管工作井25个，顶管接收井23个，砌筑截污井、检查井312座。项目竣工后，沿线污水通过新管网输送至污水处理厂处理，彻底扭转淮川河污水横流的局面。（综合部）

株树桥水库管理

浏阳市株树桥水库管理局

党委书记　张安平

副书记、局长　李万仕

党委委员、副局长　李幸平

　　周孟秋

党委委员、纪委书记

　　张芙蓉（女）

党委委员、工会联合会主席

　　韩益平（2015.08免）

【概况】　浏阳市株树桥水库管理局成立于1990年3月，2007年机构升格为副县级事业单位，主要承担防洪、水源保护、供水、发电、灌溉等职能。内设办公室、水资源保护科、工程管理科、经济建设科、政工人事科（纪检监察室）、财务审

夜幕下的湖心岛　　（图片来源：水建投公司综合部）

淮川河截污干管工程完工后，两岸污水全线接入　　（图片来源：水建投公司综合部）

计科6个正科级职能科室，下设4个正科级二级机构（枢纽工程管理所、资源管理所、水电调度与灌溉管理所、水质环境监测监督管理站）。有干部职工297人。全年完成经济产值6738.76万元，完成税收553万元，完成争融资2350万元，完成发电量5479万千瓦小时；向长沙供水12368万吨，取得良好的经济和社会效益。

防洪抗旱工作　株树桥水库全年降雨量1836毫米，最高水位▽164.97米。确保水库度汛安全，做好备汛工作。汛前组织开展安全隐患排查3次，加强水雨情自动测报系统维护管理，完善管理制度和防汛急应预案，补充备齐防汛物资，针对自报系统、溢洪设施等操作系统，组织现场操作培训，防汛准备扎实到位。主汛期间坚持领导带班和双岗值班制度，关注大坝各项参数，掌握大坝运行情况，做好大坝鉴定和大坝监测，及时掌握大坝各项数据情况，认真收集和分析水情雨情，做好防汛信息报送工作；主汛期间，水库拦峰水量2357万立方米，充分发挥大型水库拦洪错峰作用，同时通过高位蓄水保障小溪河下游秋冬季节生产生活用水。

水源保护工作　落实“最严格的水资源管理制度”，积极推进水源保护绩效考核管理，针对库区污染防控、生态保护、断面水质等情况开展日常检查考核。落实好水源保护日常监管职能，开展水陆面巡查2738次，查处电、网鱼人员35人，劝离各类违规现象900余起。与市环保局联合对保护区内5个排污加工厂下达整改意见，做好水上漂浮物打捞工作。开展垃圾无害化处置、三格化粪池改厕和农业面源污染防控工作。扎实推进库区生态补偿工作，分3批次统计、公示保护区5乡镇山林、田土、人口数据，及时将生态补偿资金下拨到乡镇。加强对饮用水水源保护工作宣传和推介，制作宣传短片和宣传PPT，在“世界水日”和“中国水周”期间，通过骑行、媒体报道、发送短信等方式开展水保宣传。10月，水利部水资源中心将株树桥水源保护工作经验在河南信阳“重要饮用水水源地达标建设交流会”上进行典型推介。做好水库水质在线自动监测，建立水库水质信息数据库。对株树桥、蒋埠江、丁家湾三个监测断面水质采样监测12次，江口监测断面水质监测9次；每月坚持2次对取水口▽132米、▽152米水位采样进行监测，组织对株树桥水库库区开展污染源调查5次和水质普查4次，建立株树桥水库相关乡镇水系流域断面对比。饮用水水质全年均保持《地表水环境质量标准》Ⅱ类及以上标准。　（林宝艳）

【湖南株树桥物业管理责任有限公司】　该公司成立于2001年2月。主要经营物业管理服务、社区服务、城市垃圾清扫、河面垃圾清理服务、家政及其他居民服务、电梯维修。2015年，该公司围绕“创新管理方法，创新用人机制，创新成本管理，创新经营思路，创新品质管理”的整体要求，加强服务，强化质量和品质提升；开展专项技能培训，培养形象好、素质高、业务精的专业团队；积极参加湖南省物业行业职业技能竞赛和浏阳市物业行业技能展示，展示品牌形象。全年完成产值2490万元，上缴税收192万余元，安排社会就业人员800人。主要承接星沙海关驻浏办事处、浏阳市株树桥水库、长沙市精神病医院、长沙长郡雅苑，浏阳市人民医院、自来水公司、国税局、地税局、国土局、教育局、大瑶茶园市场、妇幼保健院、政务中心、制造产业园、和悦嘉苑、集里医院、介面光电等单位物业管理项目。2015年获长沙市“物业服务示范企业”“就业促进奖”“税收贡献奖”称号；文家市环卫项目被评为“优质服务单位”；地税项目被评为长沙市“物业服务优秀示范项目”。　（林宝艳）

【浏阳市株树桥水利水电工程有限公司】　该公司成立于1999年2月，具有水利水电机电设备安装专业承包三级资质，从事水利水电工程、电力工程、机械工程、工业民用建筑工程设备的安装、维修、检测、试验等工作。2015年，该公司以“做优质工程”为目标，加强安全管理和教育，落实安全管理制度，狠抓安全生产，确保各项工作高效质优。全年完成产值112万元。完成株树桥水电站变压器维护，110千伏、10千伏线路维护，办公楼水电维护，圣源水电站机组维护、吊物孔盖板制作安装等，完成石湾电排改造，引水工程取水口代维，古港10千伏线路工程，金沙苑公共租赁住房临时用电工程，长沙新开铺污水处理厂高链格栅维修、节能灯改造，引水工程高压电气设备试验、管桥栏杆制作等项目。　（林宝艳）

【株树桥水电站增效扩容改造项目】　该项目于2013年6月份通过水利部审核，纳入湖南省农村水电站增效扩容改造第一批实施项目，2015年12月23日，通过完工验收。该项目完成株树桥水电站永株110千伏线路升级改造和升压站设备整体更新调试，1F、2F、3F发电机组设备改造、全站微机综合自动化改造。通过改造升级，有效提升水能利用效率，水能资源利用率从87%提高到94%，每千瓦小时发电耗水量由7.13立方米下降到5.56立方米。　（林宝艳）

灌区管理

官庄水库浏阳灌区管理处

党支部书记、主　任　周方旺

【概况】　2015年，官庄水库浏阳灌区管理处有在职干部职工50人，退休人员23人。机关内设办公室、财务科、工程科3个科室，下设官桥、普跃、镇头3个管理所以及劳务公司和镇头新农自来水公司共5个二级机构。

工程建设　2015年，管理处争取国家、省、市资金2151万元。续建配套与节水改造项目：完成总投资1597万元，对23千米渠道进行除险加固和防渗衬砌，拆除重建老鸭塘、秧田冲等5处渡槽，对钟鼓岭、石塘冲等4处隧洞，长潭1#、2#等3处暗涵和13处小型附建物进行加固改造；完成混凝土0.92万立方米，浆砌石0.31万立方米，土方4.65万立方米，沙石1.75万立方米。农村饮水安全工程：完成镇头、普迹扩网工程，铺设管道18.7千米，解决普迹、官桥、镇头镇9个行政村3所学校共8412人的饮水问题；新建反应池、过滤池、消毒房和生活用房，对取水口设置监测点，更换自动启动的抽水设备，添置加氯设备和化验设备。岁修工程：对船湾、团结、谢家等37处渡槽进行补强；完成王家坝渡槽等13处水损修复和31千米干渠、支渠沟渠疏浚。

防汛防旱　加强汛前和汛期安全大检查工作：自3月起，管理处全面部署2015年备汛工作，制定防汛工作预案，召开防汛工作会议，从思想上重视防汛工作。组织分管领导和技术人员，分片对各渠系进行督查，及时处理并制定度汛应急预案；做好各类防汛设施的维修保养工作，减少安全隐患。落实防汛安全责任制：实行保证行政首长负责制，层层签订安全责任书，做到管理到段，责任到人。强化防汛值班通讯制度：汛期坚持24小时值班制度和领导带班制度，及时了解和掌握气象、雨情、水情、灾情、险情及变化情况，确保信息畅通，上传下达及时。

水利经济　供水效益有突破：2015年新入户396户，年供水量87万吨，供水收入146.8万元，比2014年增长16.9%，全年水损率控制在20%以内，实现安全、优质供水。劳务效益：完成31千米沟渠疏浚，15处渡槽补强，4.3千米末级渠系改造，5.8千米干、支渠防渗衬砌工程。灌溉效益：继续完善农民用水户协会建设，在项目区内设置自动化测量点，准确掌握灌溉水量，全年灌区保灌面积达到100%。　　（潘艳纯）

移民开发管理

浏阳市移民开发管理局

党组书记、局长　王运平
副局长　汤小莽
纪检组长　熊善良

【概况】　2015年，浏阳市移民开发管理局有在编干部职工10名，内设办公室、业务管理科两个职能科室和移民后期扶持服务中心一个二级机构。全市境内有株树桥大型水库1座，马尾皂、南康、关山、横山头、仙人造、清江、道源、梅田、板贝、富岭10座中型水库，登记在册的大中型水库农村移民现状人口为25522人，分布在全市32个乡镇、街道的284个村（居）。市移民局机构职能：（一）贯彻执行党和国家及省、市有关移民工作方针、政策，研究探索开发性移民与管理的新机制。（二）编制大中型水库移民后期扶持规划，安排和管理移民后期扶持资金，并对实施情况进行管理和监督。（三）协同有关部门编制库区和移民安置区基础设施建设和经济发展规划，并对纳入移民开发扶持的项目实施情况进行跟踪、监督和管理。（四）负责全市移民搬迁安置工作的指导、协调和服务，依法维护移民的合法权益。（五）指导移民因地制宜调整产业结构，提高自身发展能力。（六）负责接待移民信访，协调解决工作中的重大问题。（七）承办市委、市人民政府交办的其他事项。该局围绕服务宗旨和职能，以移民增收、民生改善为重点，扎实做好移民后期扶持工作，着力推进移民产业发展，努力增强移民致富能力，尽力改善移民生产生活条件，圆满完成年度各项工作任务。2015年度绩效考核被评为一等单位，被湖南省水库移民开发管理局评为信访维稳工作先进单位。　　（彭万伟）

【移民后期扶持】　落实移民后扶政策。加强移民后扶人口动态管理，依据政策核减因各种原因丧失扶持条件的移民人口138人。通过银行“一卡通”发放移民直补资金1542万元、口粮补贴款170万元。加强与上级移民部门的协调，争取资金支持，全年争取到位资金3456万元，完成任务数的173%。完善库区基础设施。改善库区和移民安置区基础设施现状，全年下拨基础设施建设项目扶持资金1367万元，实施后扶计划项目234个，新修公路33.5公里。投入120万元修建社港潭口怡民大桥，解决关山水库移民和库区村民出行问题。改善移民人居环境。结合新农村基础设施建设与特困移民避险解困，开展新一轮特困移民帮扶。投入移民资金100万元，整合其他部门资金700万元，启动七宝山乡移民避险搬迁二期工程，受到国家水利部水库移民开发管理专家检查组及省、长沙市移民局领导好评。探索产业扶持模式。一是将产业扶持资金作为股金投入到移民以土地入股，并参与管理，股金与效益挂钩的村级集体经济组织，增加移民收入。二是将移民资金投入到第二、三产业，形成产业支撑和有效的交易市场，解决移民农产品的流通环节，增加产品的交易价格，为移民增收致富提供便利。

11月9日，省移民局党组成员、总工程师陈其新（左三）率绩效考核组对浏阳市2015年度移民工作情况进行年度考核
（图片来源：市移民局办公室）

规范移民资金管理。5月中旬，召开移民专干业务培训工作会议，对加强移民资金管理、项目管理等业务知识进行培训，规范移民资金县级报账制。8月底，与财政局组成联合检查小组对沙市、张坊、枨冲等8个乡镇的2014、2015年度移民资金使用情况进行专项检查，督促相关乡镇整改。拓宽移民就业渠道。针对移民需求，开办8期实用技术培训班和技能培训班，完成任务数的156%，789位移民参加水果种植、养蜂、烤烟、服装设计定制等实用技术培训，103位移民参加技能培训，培训合格率100%，就业率100%。选送6名移民参加省移民就业技能培训，提高移民就业创业增收能力。畅通移民信访渠道。公开接访，积极交流，主动沟通，正确引导。全年收到移民来信2件，接待移民来访4批次，库区和谐稳定，没有出现一例移民越级上访情况。开展特困移民帮扶。开展走访慰问活动。春节前夕，组织机关干部走访慰问中和、沙市、七宝山等库区乡镇70户特困移民家庭，发放慰问金6.7万元。开展“关爱计生特困家庭活动”。对10户享受大中型水库移民后期扶持政策且纳入计划生育家庭特别扶助范围的移民家庭每户给予1000元的救助。对全市2015年23名考取全日制大学的移民独生子女和二女户家庭子女给予2000至3000元的奖励，发放奖学金4.9万元。（彭万伟）

【国家审计署相关负责人审计浏阳移民资金】 3月4日，国家审计署驻长沙特派办投资处处长曾崇荣受国家审计署委托，在省移民局规划处处长王胜芳、长沙市移民局局长张水平的陪同下，进驻浏阳，对浏阳市移民后扶政策执行情况、移民后扶资金分配管理使用情况、移民后扶项目建设管理情况进行专项审计。（彭万伟）

【省移民局考核浏阳局计生综合治理工作】 10月10日，省移民局计生综治工作考核组，对浏阳市移民局2015年计划生育综合治理工作进行考核，重点查看移民计生家庭优生优惠政策落实情况，从组织保障、制度建设到政策兑现，逐一考核，并确定分值。考核组对该局计生综合治理工作取得的成效给予高度评价。（彭万伟）

【水利部移民局专家组到浏阳进行专项检查】 11月24日，水利部水库移民开发局组成的专家检查组到浏阳，对浏阳市大中型水库移民后期扶持项目和资金管理情况进行专项检查。检查组人员抽查移民后期扶持直补资金、后扶项目资料和资金管理台账，考察七宝山乡移民避险搬迁安置工程，对浏阳市移民后期扶持工作给予肯定和赞扬。

（彭万伟）

【被评为“2015年度省移民信访维稳工作先进单位”】 2015年，该局加强完善信访维稳工作机制，树立“稳定压倒一切”的思想，强化措施，落实责任，创新机制，移民信访维稳工作成绩显著。2016年1月6日，该局被湖南省水库移民开发管理局评为2015年度全省移民信访维稳工作先进单位。健全信访工作制度。设立信访接待日、咨询电话，畅通信访渠道，坚持领导信访接待日制度，信访工作全员化，要求机关干部人人做好信访工作。抓好矛盾纠纷排查。每季度分析一次信访维稳工作形势，排查不稳定因素，从源头上预防和减少矛盾纠纷问题的发生。维护移民合法权益。畅通移民信访渠道，重视移民群众上访所反映的实际问题，并依据政策及时解答，做好说服教育工作，将上访移民吸附在当地。扎实为移民办实事。大力推进库区基础设施、产业开发等项目建设，努力解决库区群众反映强烈的热点、难点问题，着力改善库区民生。（彭万伟）

水　文

浏阳市水文局

党支部书记、局　长　吴佳忠

副　局　长、工会主席　陈家福

【概况】 浏阳市水文局属垂直管理单位，下设监测科、水情水资源科和办公室三个职能科室。2015年，浏阳水文局有在职人员13人，其中在编人员9人，临聘人员4人；退休职工5人。水文局主要职责：统一管理浏阳市范围内水文资料的收集、整理、汇总，并报送上级水文部门审定；为浏阳市人民政府及防汛抗旱指挥机构提供实时雨水情服务，进行洪水趋势和过程预报、预测；协助水行政主管部门管理保护水资源，在实施取水许可、水资源管理中，负责有关水质监测、分析、评价及水功能区划等基础工作；协助有关工程建设项目的水资源论证、防洪评估、水土保持监测评价等工作；负责全市范围内水文站网规划、依照有关行政法规承担水文测报设施保护工作，同时为浏阳市防汛抗旱指挥部、株树桥水源保护成员单位。12月，获全省水文系统首届水文预报技术竞赛团体一等奖。2016年3月24日，获评“2015届湖南省水文系统文明单位”称号。

水文监测　2015年，市水文局辖6个水文站，38个水位站，55个雨量站，81个简易雨量站，1个泥沙、墒情、蒸发站，全面收集浏阳区域内雨水情资料。完成镇头、金刚水位站应急监测工作，编制水位—流量关系曲线，开展测验方式改革；完成双江口水文站流量巡测方案分析和电波流速仪、自动蒸发仪比测试验及分析。

水文资料整编及全年雨水情　2015年，双江口、清水2个水文站，金刚、达浒、镇头3个水位站，管辖的基本委托雨量站、中小河流雨量站参与年报资料整编。其中寒婆坳为高山雨量站，年降水量为最大（2187.5毫米），最大日降水量为91.5毫米。双江口站全年测流103次，取单沙158次，输沙12次；实测最大流量770立方米每秒，年径流量18.14x108立方米，平均输沙率4.33千克每秒，输沙量13.7x104吨；双江口站年降雨量1735.2毫米，属丰水年份，年蒸发量553.8毫米，全年最高水位22.74米，出现历年最低水位18.98米，年变幅3.76米。全年出现高水位洪水3次，最大洪峰出现在6月8日，其峰顶水位22.74米，变幅为2.31米。清水站全年降水量为1872.0毫米，属丰水年份，降水时空分布不均匀，主要集中在3-7月。6月22日出现年最高水位182.58米，1月1日出现年最低水位181.96米，年水位变幅为0.62米。实测最大流量20.9立方米每秒，相应水位182.52米，实测最小流量0.153立方米每秒，相应水位181.97米。（水位均为冻结基面以上水位）。

水情服务　确保水文资料的准确性和及时性。汛期定期向上级主管部门上报水情旬、月特征值，及时向各级政府和省、市防办汇报雨水情，答复各级防汛单位咨询，并及时收集各报汛站雨水情况，向各部门提供准确水情预报，进行洪水预报4次，干旱预报2次；在防汛抗旱会商会上，及时向市领导分析、汇报雨水情势。冬汛期间，及时恢复24小时值班制。

水资源工作　2015年，新增万家庄、杨潭、镇头3个水质监测断面，共管辖双江口、浏阳等9个水质断面，每月将监测结果和形成原因及时向市政府、市水务局等单位汇报，提出水资源保护参考意见。

（吴　丹）

【基本水文站情况】　双江口站位于浏阳市高坪镇双江村，东经113°41′，北纬28°12′，为浏渭河区域代表站，控制流域面积2067平方千米，属二类精度站。测验项目包括水位、流量、泥沙、降水、水温、水面蒸发、水质项目。清水站位于浏阳市古港镇宝盖寺村，东经113°43′，北纬28°21′，属三类精度小河站，集水面积为22.1平方千米，断面以上干流长9.05千米，距河口18.9千米，该站设站目的为易发洪涝灾害区的提前预警，收集与小河流洪水相关的水文资料，用于分析、研究洪灾发生的特点和规律，为山区的洪水预报提供科学依据；测验项目包括水位、流量、降水。

（吴　丹）

【站网建设】　完善基本站网、中小河流、山洪预警三大站网体系建设，2015年，该局建成文家市、沿溪、沙市3个中小河流水文站点，改造炉前水文站、寒婆坳雨量站2个基本站点，改造金滩水位站1个山洪预警站点。同时，负责完成宝盖洞试验基地征地、建设工作，协助上级水文部门完成沿溪水文站采购、装修工作。

（吴　丹）

气　　象

浏阳市气象局

副局长　李春梅（女，主持工作）
党组副书记　姜翠文（2015.04任）
副局长　陈力强
　　　　李　立（2015.04任）

【概况】　浏阳市气象局属垂直管理事业单位，有干部职工22人，其中在编11人，聘用11人。内设办公室、法规科、气象台、防雷中心、气象科技服务部5个职能科室。承担浏阳市气象要素观测、天气预报、气象服务、气象预警、防雷安全管理、人工影响天气等工作。根据中共浏阳市委、浏阳市人民政府关于印发《浏阳市人民政府职能转变和机构改革方案的实施意见》的通知（浏发〔2015〕6号），将市气象局防震减灾职能划入市住房和城乡建设局。2015年，围绕服务地方经济发展和减少气象灾害的工作目标，做好各项气象服务，圆满完成各项工作任务。

（李　立）

【业务工作】　综合气象观测：全年综合观测资料质量稳定，无任何错情出现。观测设备可用率100%，观测资料可用率99.66%；对全市范围内62个区域自动气象站进行例行巡检、维护，运行正常；关注周边建设工程动态，积极与建设部门沟通联系，确保气象探测环境不被破坏。气象服务：每日制作天气预报，在浏阳电视台定时播出，并通过短信平台发送气象预报信息给市领导、防汛单位责任人及服务用户；每周周一、周四发布一份气象专题文件，给涉农单位提供未来一周天气趋势及农事生产意见；遇到重要天气过程，制作发布《重要天气消息》至市委办、政府办、应急办及防汛责任单位，给领导决策提供依据，并通过电子显示屏、预警机、微信微博等渠道把气象预警消息告诉群众。全年发布各类天气专题255期，其中《长期天气趋势预测》4期，《重要天气消息》8期，《天气情况汇报》7期，《地质灾害气象风险预警消息》6期，《森林防火专题》5期，农业、烤烟、节假日等专题226期，发送各类天气服务短信息180万余条。继续与国土部门合作，开展点对点的地质灾害气象风险预警服务。当预计降水将达到25毫米或已达到25毫米时，向切坡用户发送预警。2015年与国土资源局共同制作签署发布《地质灾害气象风险预警专题》6期，发布相关地质灾害预警短信62条30万余人次。每日17时，利用地质灾害预警短信息平台发布5天常规预报短信，共计70万余条。

（李　立）

【气候评价】　2015年年平均气温为18.1℃，比历年同期平均偏高0.6℃，其中冬季平均气温为8.1℃，比常年显著偏高1.3℃，根据湖南省气候标准，浏阳地区为暖冬；入春、入夏早，3月12日稳定通过10℃（历年同期是3月21日），入春时间比常年同期提前9天，稳定通过22℃日期出现在5月14日（历年同期是5月30日），入夏时间比历年同期提前16天；6月24～30日、8月1—5日，两次达到轻度高温热害标准；年极端最低气温为-2.4℃，出现在12月17日，年极端最高气温为37.0℃，出现在7月13日。年降水量为1694.0毫米，比历年平均偏多9%，年雨日为163天，暴雨日数为5天，日最大降水量为89.4毫米，出现在4月7日，暮春初夏多强对流天气，有短历时强降水及暴雨出现，6月13-22日累积降水量达222.7毫米，出现雨水相对集中期；春夏雨季开始于3月15日，结束时间不明显。年日照时数为1298.4小时，比历年同期平均偏少19%。无霜期为307天。

全年出现5次暴雨天气过程，并多次出现局地强降水天气，其中5月8日局地暴雨、6月21日暴雨，全市多个乡镇不同程度受灾，工农业生产影响较为严重。5月8日受低涡东出影响，浏阳市普降大雨，局地暴雨，最强降水出现在大围山54.5毫米，此次过程降水集中、短时雨强大，造成该市部分乡镇受灾，受灾人数达835人，倒塌房屋75间，农作物受灾面积68公顷，直接经济损失241万元。6月21日受高空槽前配合西南气流影响，全市暴雨，部分大暴雨，最强降水为柏加镇仙人造水库站点140.8毫米，最强1小时降水为淳口站49.7毫米。本次降雨持续时间长，强度大，全市受灾人口约18600人，成灾人口11000人，紧急转移人口926人，山体滑坡124处，农作物受灾面积1240公顷，农作物绝收面积116公顷，倒塌房屋194间（162户，全倒21户），其中严重损坏54间，一般损坏140间，直接经济损失5430万元。2015年总的气候特点是：气候正常年份，年平均气温偏高，降水偏多，日照时数偏少；出现强冷空气、雾、霾、寒潮、暴雨、雨水相对集中期、局地洪涝、轻度高温热害等天气气候事件，气象灾害损失较为严重。　　（兰　娟）

工　业

8 月 30 日晚，“焰遇中国•2015 浏阳艺术焰火神州行”活动之“烟花幻彩横琴海”主题音乐微焰火在广东珠海举行

（图片来源：市鞭炮烟花管理局办公室）

工业和信息化

浏阳市经济和信息化局

党委书记、局长　邓科建
副书记、副局长
张佳根（2015.10 因机构改革，领导职务自然消失）
副书记、纪委书记　李耀明
党委委员、副局长
彭庆辉（2015.10 任）
朱志龙（2015.10 任）
熊　明（2015.10 因机构改革，领导职务自然消失）
林德亿（2015.10 因机构改革，领导职务自然消失）
许庆堂（2015.10 因机构改革，领导职务自然消失）
李冬长（2015.10 因机构改革，领导职务自然消失）
副局长　唐小军（2015.10 因机构改革，领导职务自然消失）

【概况】　根据中共浏阳市委、浏阳市人民政府《关于印发＜浏阳市人民政府职能转变和机构改革方案的实施意见＞的通知》文件，2015 年 8 月 31 日，该局更名为“浏阳市经济和信息化局”，并将煤炭生产安全监管职责划入市安全生产监督管理局。2015 年，全市 3635 家工业企业（其中规模以上企业 825 家，亿元企业 300 家，入库税金千万元企业 31 家）完成工业总产值 2366.6 亿元，同比增长 16%；完成规模工业总产值 1975.34 亿元，同比增长 16.8%；完成工业增加值 713.7 亿元，同比增长 13.2%；规模工业增加值 580.87 亿元，同比增长 15%；工业对 GDP 增长的贡献率为 73.1%。工业招商到位外资 1.36 亿美元，完成工业招商内外资总额 73.1 亿元。全年工业增加值增长率、规模工业增加值增长率等多项主要指标位居全省区县类首位，长沙市九区县首位，获得长沙市加速推进新型工业化工作红旗单位。

产业转型升级　全市铺排千万元以上重点投资建设项目 127 个（其中新建 54 个、续建 73 个），完成工业投入 560 亿元，同比增长 16.1 %；完成争融资任务 5813 万元，为市政府下达任务的 4 倍；实现战略性新兴产业产值 700 亿元，同比增长 24 %；实现高新技术企业产值 750 亿元，同比增长 25.2%；关闭“五小”企业 3 家、淘汰落后产能 33.5 万吨；在 2014 年关闭 8 家煤矿的基础上，完成 6 家煤矿关闭任务；实施清洁生产项目 7 家；推荐 5 家企业申报全省双百计划项目，6 家企业申报省技术创新企业，2 家企业申报省新材料企业认定，3 家企业申报重点新材料产品首批次应用示范专项补助项目。不断形成和完善以企业为主体的研发体系，全市拥有技术开发和服务机构 440 家，省级技术中心 14 家，长沙市级技术中心 61 家，国家级重点实验室 2 家，园区创业服务中心 2 家，产业科技服务平台 12 家。产业结构优化和提质转型加速助推主导产业快速发展，三次产业比重调整为 8.4∶70.2∶21.4。生物医药、电子信息、机械制造、鞭炮烟花、食品饮料、材料能源、家居装饰七大主导产业完成规模工业总产值 1833 亿元，占全市规模以上工业产值的 92.8%。其中电子信息、生物医药、机械制造、鞭炮烟花分别为 464.6 亿元、330.6 亿元、199.6 亿元和 446.9 亿元，同比分别增长 15.0%、17.0%、23.0%和 9.0%。电子信息超过传统鞭炮烟花行业，成为浏阳最大的产业。

园区平台建设　“三园”（浏阳市国家级经济技术开发区、浏阳市制造产业基地、浏阳市两型产业园）“六小区”（城区、镇头、沙市、龙伏、大瑶、官渡）实现规模工业总产值 1364.3 亿元，占全市的 69.06%。其中经开区 845.7 亿元，年均增长 43%；制造产业基地 291.1 亿元，年均增长 40.3%；两型产业园 47.8 亿元，年均增长 29.9%。全市主要龙头企业聚集在园区，电子信息、生物医药、现代制造、能源材料、健康食品等产业成为浏阳市“园区制造”的特色品牌。

发展环境优化　4 次调研，3 次召开三园六小区、相关乡镇及 21 个市直单位征求意见，6 次修改、历时近 1 年，出台《兴工强市三年行动计划（2016—2018）》，明确发展重点区域和重点产业，推出“飞地招商”等促进集群发展新举措。结合“揽万名英才•助浏阳腾飞”工业企业人才招聘活动，发布宣传短信 30

多万条，发放宣传单18万余份，在花垣、龙山、常宁电视台播放浏阳宣传广告40天，《湖南日报》《新湖南》和湖南卫视、湖南经视、新浪、搜狐等媒体宣传报道40余次。

两帮两促（帮助扶持企业发展、帮助推进项目建设,促进民生改善、促进经济增长）工作　组织300余家次企业举办4届“揽万名英才·助浏阳腾飞”大型工业企业人才招聘活动，帮助企业招聘员工近5000人；与花垣县就业局沟通衔接，为该县在浏阳市就业的600余务工人员争取到报销春节返乡车票、节后专车接送待遇。开展信息化专业知识培训3次280人次，组织60家企业参加长沙市转型升级大讲堂系列活动2期，组织120家企业（单位）参加长沙市关于促进工业企业进入“新三板”等多层次资本市场挂牌上市培训，组织20余家企业参加“2015年海外名师大讲堂”“2015年全省创业辅导师培训班”培训。组织市域内10家银行和140家企业进行银企对接，达成授信意向17亿元，现场签约6亿元，新增融资超2亿元。推动成立由市长任组长的综合协调工作机构，将工业集中区建设工作纳入市政府常务会议研究讨论2次，主管副市长组织专题调研3次，组织相关单位调研座谈3次，召开项目（企业）协调调度会2次，交办解决重点工业项目和工业园区建设中存在的困难和问题14个。开通市中小企业公共服务网络平台，提供信息咨询、投融资、创业辅导、人才培训、技术创新、管理咨询、市场开拓、法律咨询8大服务。

安全生产工作　对全市劳动密集型工业企业进行2次安全生产专项督查，对违规企业下达停电函11次，对12家企业进行电力执法。开展煤矿安全生产培训5批次500余人次，召开煤矿企业安全生产检查相关会议7次，下发有关安全生产大检查的文件及通知9份，发送煤矿安全生产手机短信1991条，发放安全生产宣传资料1000余份，发放煤矿事故案例光盘9盘，到矿检查59矿次，下达执法文书28份，发现各类安全隐患316条，停产整顿煤矿企业1家。

两化融合（信息化和工业化的高层次的深度结合）工作　光缆干线路达2.4万皮长公里，光纤线路24.3万皮长公里，光网改造小区达到442个。乡镇（街道）光网覆盖率100%，行政村通光缆率98%。成立移动互联网创业中心，引进移动互联网企业17家。软件企业达到360多家。实施“七个一”（一条互联网高速接入通道、一个企业数据通信网络、一个企业通信门户、一套自动化管理系统、一套电子商务系统、一套网上培训系统、一个企业内部图像监控平台）数字企业标准，其中“三个一”以上标准企业超过380家，“六个一”以上标准企业超过80家。在市工商注册电子商务公司超过400家，在阿里巴巴登记注册企业过4000家，淘宝卖家过3000家。企业科研、机械设备、生产管理信息化嵌入程度大幅提升。

综治维稳工作　全年办理信访事项12件，其中网上信访件3件，群众来访2件，省委巡视组转交来访件2件，市信访局交办5件，信访及时办理率达100%；帮助改制企业职工查询档案110多人次，提供解决养老保险、退休手续办理等资料60多份；接待来访群众360余人次，按信访程序终结原浏阳医药设备总厂长期上访问题，基本解决原菊花石厂（装潢印刷厂）改制职工的社会养老保险问题，正在推动解决原浏阳市铝丝厂、原浏阳市氮肥厂养老保险问题。　　（周志刚）

【关闭落后煤矿6家】　根据《关于煤矿安全生产关闭退出及市煤监局机构变更、职能划转有关问题的会议纪要》（长府阅〔2015〕90号）的要求，2015年7月，启动6家年产6万吨以下的煤矿关闭工作。10月26日，长沙市进行煤矿关闭工作验收，确认6家煤矿全部关闭到位，各项关闭工作验收合格。6家关闭的煤矿分别为浏阳市澄潭江镇山下吴家冲煤矿、浏阳市澄潭江镇槐树煤矿、浏阳市澄潭江镇漆树坡煤矿、浏阳市炭板冲煤矿、浏阳市山下九龙煤矿、浏阳市澄潭江镇陶家煤矿。保留煤矿3家，分别为长沙市澄潭江煤矿、浏阳市文家市煤矿、浏阳市石灰冲煤矿。　　（周志刚）

【举办4场招聘活动】　2月27日、3月1日、3月6日、10月24日，组织300余家次企业分别在龙山、花垣、常宁、长沙举办四场“揽万名英才·助浏阳腾飞”大型工业企业人才招聘活动，为企业招聘员工近5000人。　　（周志刚）

【《浏阳市兴工强市三年行动计划（2016—2018）》颁布实施】　12月31日，《浏阳市兴工强市三年行动计划（2016—2018）》颁布实施。该计

浏阳市“揽万名英才·助浏阳腾飞”大型工业企业人才招聘活动作为“5358”工程的重要组成部分，2015年度共举办4场，为企业招聘员工近5000人　（图片来源：市经信局办公室）

划明确未来三年发展目标，提出按照布局集中、产业聚集、发展集约的原则，确定工业重点发展区域、优先发展区域和限制发展区域，设立产业发展负面清单、企业宁静日，推出飞地招商、项目收费优惠、新增税费返还、新增用地出让金返还等政策，加大主导产业发展、企业增产增效、海外市场拓展、市内采购和产品配套、企业集团组建、产业平台建设、重大项目进驻建设、园区招大引强、税收贡献、小升规、企业品牌建设、“互联网+”推广、“数字企业”创建等奖扶力度，突出多点支撑、多极发展，成为推动浏阳市经济发展的政策支撑。（周志刚）

【省县域经济研究中心专家专题调研浏阳工业】 10月19日至20日，省政府参事、中国建设银行湖南省分行原行长龚蜀雄等省县域经济研究中心专家一行5人，到浏阳就“创新发展特色工业，壮大县域经济”开展为期2天的专题调研。龚蜀雄强调，浏阳发展定位清晰、发展方向明确、扶持政策明朗，体现强大生命力，值得总结推广和各地借鉴。（周志刚）

供　电

国网湖南省电力公司浏阳市供电公司

总经理　周弘明（2015.11任）
　　　　唐　杰（2015.11免）
党委书记　刘正谊（2015.11任）
　　　　戴坚胜（2015.11免）
副总经理　张　杰
　　　　曾　健（2015.10任）
　　　　李　力（2015.11任）
纪委书记、工会主席　钟　诚

【概况】 2015年，国网湖南省电力公司浏阳市供电公司累计完成售电量30.08亿千瓦时，同比增长8.71%；全年同业对标工作处于县供电企业综合评价A段，全省县公司排名第六，大型（副处）县供电企业排名第二。公司获“国家电网公司文明单位”“三集五大建设先进集体”称号，成功晋升为大型（副处）县供电企业。

安全生产　继续坚持以“三结合”（与施工生产实际结合、与安全管理基础现状结合、与解决存在问题结合）方式开展安全稽查，全面落实把关制度，坚持“三会”（生产周例会、日早会、工前会）管控安全生产，各类工作现场把关100%到位，违章现场同比下降33%。贯彻落实精益生产提升年活动，重点突出“三坚持”（坚持严抓严管、坚持超前防控、坚持责任落实）、落实“三到位”（安全措施布置到位、两票三制执行到位、各类人员管理到位）、实现“三提升”（提升过程管控能力、提升工作执行能力、提升应急保障能力）。扎实开展春季安全、秋季安全检查工作，公司连续两年获长沙市公司春季安全检查先进单位。全面落实变电“五防一保”[防误操作、防误触电、防高坠、防保护误（拒）动、防火烧连营事故，保主变压器]和线路“六防”（防电网安全事故、防人身伤亡事故、防供电安全事故、防设备损坏事故、防基建安全事故、防群体不稳定事件）要求，扎实开展输变配电设备安全隐患排查。完成计划停电工作335项，带电作业135次，重大保电任务80余次。截至12月31日，顺利实现连续安全生产4292天。

电网建设　全面完成电网基建项目。主网建设计划投资5.4亿元，2015年投产110千伏新建、扩建变电站2座（澄潭江变、洞阳变），投产35千伏变电站1座（太平桥变）；在建220千伏云淮线、医药园变（主变容量24万千伏安），完成总体进度80%左右；新开工110千伏古港变（主变容量5万千伏安）、35千伏柏加变（主变容量1万千伏安）；积极协调配合500千伏鼎功变配套送出工程投产，解决浏阳电网电源瓶颈问题；大力推进配电网建设改造，完成2015年10千伏农网投资474.26万元；开展“低电压”治理项目，完成投资2560.15万元，解决7505户低电压问题。圆满完成浏阳市政府花炮大道提质改造的35千伏、10千伏线路入地工程等政府重点项目的配套基础工程。

营销管理　坚决落实电费责任主体，严格责任追究，坚持“四个一”（优质服务是“一把手”工程、“第一要务”，优质服务发生问题“一追到底”、“一票否决”）和“五个不动摇”（全员抓电费回收不动摇、电费回收目标不动摇、电费回收责任制不动摇、电费考核不动摇、新欠电费追究责任不动摇）。深入开展营销服务“反违章”工作，深入推进供电所营销业务专项整治，坚持严抓严管严考核。推进台区降损增效，扎实开展公司领导带队高损台区跟班稽查活动。建立以公司、供电所、台区为管理单元的三级台区降损责任体系，严格按台区分解降损目标。扎实推进营配调贯通“线-变-表”对应关系及用电信息采集。加强远程营销质量管控，实现自动抄表户数达到99%以上。

服务提升　完善优质服务考核体系和投诉审查流程，加强营销、运检、调控专业指标管控。认真落实“提升运检专业供电服务水平十项硬性措施”。重点抓好营业窗口管理，积极打造“全功能服务窗口”模式。完成500千伏鼎功变配套送出工程投产期间浏阳地区有序用电工作。简化业扩手续流程和资料，积极推行低压客户经理制，整合现场服务职能。主动推广支付宝、微信公众服务平台、“掌上电力”等组成的多维服务渠道，减少“95598”话务诉求。

农电管理　加强农电人员业务培训，认真制定年度培训计划，配合做好计量、信息采集、运维管理等各类培训；积极引导永安供电所、工业园供电所创建省级标准化示范供电所；大围山、工业园两个供电所顺利通过国网公司县供电企业管理提升验收。努力推进原电管站人员的工龄认定，积极组织农电员工参与医疗互助活动，积极寻求上级支持，农电队伍保持稳定。全力推动作风建设，加强对供电所“三重一大”决策和关键业务、岗位、指标的自查自纠，着重加强供电所所长“一岗双责”的履行和“八项规定”的执行。

党建工作　党支部建设：以“三抓一创”（抓支部基础管理、抓支部书记业务水平、抓支部党建工作创新，创“电网先锋党支部”）为主线，全面开展党支部标准化建设，建立党员活动室，开展形式多样的活动。“三严三实”（严以修身、严以用权、严以律己，谋事要实、创业要实、做人要实）专题教育：领导班子成员分赴联系点，面对面听取基层一线的意见和建议，归纳整理37条突出问题，即知即改、立行立改。廉政建设：落实党委主体责任和纪委监督责任，建立完善党风廉政建设责任制体系，严格落实党员干部“一岗双责”，廉政教育常态化、重点化。工会活动：组织“元旦”“五一”和“十一”等趣味文体活动。关爱青工生活，积极改善单身员工住宿条件，以创新提升工作室为平台，组织青工开展创新活动，其中《电缆头制作简易平台》获得市公司职工技术创新二等奖。

（姚　尧）

鞭炮烟花管理

浏阳市鞭炮烟花管理局

党组书记、局长　汪剑波
副书记、副局长　李定平
副　局　长　胡建军（2015.08免）
李仕飞
纪检组长　张　恒

【概况】 2015年，浏阳市鞭炮烟花管理局实有人员编制30人。其机构职能：（一）贯彻执行国家有关鞭炮烟花生产、销售的方针、政策和法规；负责拟订全市有关花炮生产、经营管理等政策、措施和办法并组织实施；拟定并组织实施花炮产业发展的中长期规划和年度计划；组织拟订花炮专项规划和行业规范。（二）监测、分析国内外的产业发展动态，及时掌握花炮行业的经济信息，指导企业拓展国际、国内市场。（三）负责做好与销售地政府烟花管理机构的联系，协调处理企业在销售过程中出现的有关问题，做好省外花炮销售供货备案指导协调和市场战略推广工作。（四）负责花炮产业品牌整体形象的对外宣传和消费理念的引导；指导花炮企业品牌建设。（五）指导协助花炮行业的对外经济技术合作。为浏阳花炮企业引进资金、技术、人才和先进管理经验提供服务；协助做好花炮从业人员技术职称评定工作。（六）指导浏阳花炮地方标准制定、修改、完善；负责花炮原辅材料的综合监管，协助花炮产品质量安全监管。（七）参与花炮行业科技攻关，组织花炮行业新工艺、新机械、新材料、新产品、新包装的开发、鉴定、评选、推介和奖励工作，指导企业技术创新和技术进步，推进企业技术创新体系和能力建设，推动企业技术引进、新产品开发和高新技术应用。（八）监督管理全市焰火燃放市场，规范焰火燃放行为，对焰火燃放进行技术指导。（九）负责产销环节协调指导工作；负责全市花炮行业产销统计工作。（十）指导浏阳市烟花爆竹总会等行业协会工作。（十一）承办市委、市人民政府交办的其他事项。2015年，该局围绕“转型升级、安全增效”主题，推进花炮产业走“集约化、标准化、机械化、信息化和安全型、环保型”的“四化两型”之路，全年市花炮产业集群实现总产值220.1亿元，同比增长8.9%，其中出口销售额30.3亿元，同比增长6.7%；国内销售额139.1亿元，同比增长9.7%；原辅材料及相关产业实现50.7亿元，同比增长8.1%。

整合提升　制定花炮产业“十三五”规划。评选出2014年度花炮机械使用示范企业、花炮产业“五新”成果奖、花炮企业规范化建设示范奖等五大奖项，奖励企业93家，兑现奖励资金526万元，激励企业做优做强。拟定《关于加速推进花炮产业发展的若干意见》《浏阳市烟花爆竹企业分类管理实施办法》。举办3期花炮产业人才素质提升培训班；组织花炮企业外出考察学习。组建由专家和高级技术员组成的花炮行业专家库。

科技创新　全面启动烟花爆竹“机械化生产工程”。花炮七大技术难题攻关项目有序推进，完成新材料项目大部分项目调研、方案优化，完成新机械项目图纸设计和机械样机，并开展多次实验调试。举办第三届花炮双年展和湘赣边•第七届花炮机械暨原材料展，全国各地180余家企业参展，达成订单超亿元；开展第四届湖南省烟花爆竹新产品评比大赛，有86家企业选送225个产品参展。

焰火文化　举办2015年长沙橘子洲周末音乐焰火大赛和2015年度浏阳周末创意焰火大赛，提升焰火技艺交流的开放度和焰火燃放活动的亲民性。探索花炮文化与著名旅游景点文化的结合，选取陕西榆林、吉林通化、江苏南通、广东珠海、海南三亚5个景点，启动“焰遇中国•2015浏阳艺术焰火神州行”活动。第十二届中国（浏阳）国际花炮文化节开展第三届花炮双年展、烟花爆竹转型升级安全发展主题论坛等五大主体活动，近千名国际客商参与交流、推进合作，展示浏阳“花炮之乡”文化魅力。

宣传推介　2015年，《人民日报》、中央电视台二套、《中国质量报》、湖南卫视、《湖南日报》等10多家省级以上媒体对浏阳花炮进行专题报道。加强浏阳花炮产业集群信息平台和出口烟花爆竹质量安全示范区官方网站建设，建立“浏阳花炮”官方微信，向业界免费赠阅《浏阳花炮》专刊10000多本。抓好线上线下、户外户内、传统媒体和新媒体的花炮文化节宣传，扩大浏阳花炮品牌影响力。

质量监管　下发《关于入驻出口烟花爆竹质量安全示范区企业享受若干优惠政策的通知》，将符合条件的43家企业纳入出口烟花爆竹质量安全示范区，实施“绿色通道”等一系列优惠政策，提升浏阳花炮出口市场份额。联合质监、工商、文体等部门开展烟花爆竹包装印刷制品、原材料和超规格产品专项整治行动，确保产品质量安全；赴河南潢川、浙江余姚、湖南常德等地开展打击假冒浏阳花炮及商标经营行为的打假维权活动，为企业挽回损失近千万元；继续推广“浏阳花炮”证明商标、电子防伪信息系统，全年新入网使用防伪系统企业15家，授权使用“浏阳花炮”证明商标企业35家，行业生产经营秩序得到规范。做好3000余张到期的大型焰火作业人员燃放证的重新申报和换证工作，对140余人进行烟花爆竹初级技术职称评审。指导浏阳市烟花爆竹总会和国际烟花协会联合长沙市律师协会成立浏阳花炮行业法律（涉外）服务中心。

市场发展 组织450余家企业赴贵州、河北等10多个省份参加烟花爆竹供货备案会议；组织企业到外地举行产品推介见面会，扩大企业市场销售份额。召开主产区外省订货会，安徽省烟花爆竹产品展销订货会和辽宁花炮燃放产品展销会在浏阳举办。与醴陵、万载、上栗三大产区开展联盟协作，签订《湘赣四大主产区烟花爆竹产业发展协作联盟协议》《湘赣四大烟花爆竹主产区联席会议工作机制》，明确四大产区在高温停产、联合打假、资源共享等方面开展合作，共同推动烟花爆竹产业健康持续发展；首次联合开展烟火药剂测试，为烟花爆竹政策法规、标准制定提供准确、可靠数据。推进浏阳花炮连锁经营，建立安全规范的烟花爆竹流通模式，借鉴B2B和020模式，打造“烟花帮”原辅材料网络交易平台，在京东商城创建花炮销售店铺——浏阳花炮旗舰店，在全国9省区70余个县（市）设立500余家专卖店，年销售订单突破1亿元，推动花炮零售终端转型。（黄 露 陈芊安）

【浏阳花炮首次以国家形象品牌亮相美国】 由中央美术学院承办，浏阳市银达利焰火燃放有限公司具体实施的2015年“欢乐春节·艺术中国汇”之《和美中华》主题焰火晚会，于当地时间2月17日晚在美国纽约哈德逊河上上演，美丽焰火点亮曼哈顿西区夜空。纽约各界近300位嘉宾和纽约民众观看焰火燃放，浏阳花炮首次以国家形象品牌亮相美国。（黄 露 陈芊安）

【召开四大花炮主产区联盟协作会议】 3月31日，浏阳、醴陵、上栗、万载四大花炮主产区齐聚浏阳，召开四大花炮主产区联盟协作会议。会后共同签订《湘赣四大主产区烟花爆竹产业发展协作联盟协议》《湘赣四大烟花爆竹主产区联席会议工作机制》，明确四大产区在高温停产、联合打假、资源共享等方面开展合作，强化烟花爆竹主产区协作配合意识，提高服务企业效率，共同推动烟花爆竹产业健康持续发展。四大产区结成发展协作联盟避免“孤岛发展”，促进合作共赢。11月26日至12月2日，在浏阳市烟花爆竹安全绿色环保实验中心，首次联合开展烟火药剂测试，为烟花爆竹政策法规、标准制定提供准确、可靠数据，确保烟花爆竹生产、运输、销售、储存、燃放各环节安全，促进烟花爆竹行业、企业科学发展。（黄 露 陈芊安）

【召开外省订货会】 5月26日，2015年度安徽省烟花爆竹产品展销订货会在浏阳举行，开展无药样品展示、参观典型花炮企业、新产品燃放等活动，全面展示浏阳花炮产品效果和浏阳花炮产业发展成果，约500名代表参加订货会。6月29日，辽宁省近60家企业到浏阳，召开加强烟花爆竹专业燃放类产品管理现场会，进行专业燃放类产品的产销对接，两地16家企业现场签订合作意向。（黄 露 陈芊安）

【浏阳两企业被纳入“科技强安”示范企业】 8月10日，根据《国家安全监管总局办公厅关于开展“机械化换人、机器人作业、自动化减人”示范企业试点工作的通知》（安监总厅科技函〔2015〕122号）文件通知，为深入推进“机械化换人、机器人作业、自动化减人”科技强安专项行动开展，充分发挥典型引领作用，形成可推广、可复制的先进经验，经推荐审核，国家安全监管总局决定浏阳市东信烟花集团、华冠烟花有限公司等10家企业作为“机械化换人、机器人作业、自动化减人”示范企业，开展试点工作。8月17日至19日，国家安监总局规划科技司、三司领导组织有关专家对东信烟花和浏阳华冠烟花进行调研。经考核评审，两企业获得该项行动全国花炮行业唯一试点示范企业称号，示范机械分别为“组合烟花和爆竹机械化生产线”与“组合烟花自动化生产线”。（黄 露 陈芊安）

【启动“焰遇中国·2015浏阳艺术焰火神州行”活动】 8月，“焰遇中国·2015浏阳艺术焰火神州行”活动启动，通过与陕西榆林、广东珠海、吉林通化、海南三亚和江苏南通5个景点合作，打造特色焰火节目。8月30日，广东珠海横琴湾长隆国际海洋区举办“烟花幻彩横琴海”焰火晚会，以船体、水面和空中平台为三级主体，配合楼面秀、水上飞人表演和高空礼花等元素，推出水上摩托艇焰火特技表演，实现烟花与节目交融，吸引现场超过5万游客观看。12月19日，海南三亚举行第65届世界小姐总决赛晚会，“天使之翼”主题音乐微焰火

3月31日，浏阳、醴陵、上栗、万载四大花炮主产区齐聚浏阳，召开湘赣烟花爆竹主产区协作会议 （图片来源：市鞭炮烟花管理局办公室）

登场为晚会助兴，焰火表演以音乐微焰火为主，采用环保微烟的新型产品，为现场观众带来浪漫环保新体验，114 多个国家和地区的佳丽、嘉宾和媒体见证浏阳烟花精彩绽放。

（黄　露　陈芊安）

【京东商城创建浏阳花炮旗舰店】 提升浏阳花炮品牌影响力和市场占有率，推动花炮零售终端转型。浏阳花炮连锁建立安全规范烟花爆竹流通模式，借鉴 B2B 和 O2O 模式，打造“烟花帮”原辅材料网络交易平台。2015 年 9 月，在京东商城创建花炮销售唯一店铺——浏阳花炮旗舰店，将传统产业与“互联网 +”完美融合，开启“花炮也能网上购”新时代。截至年底，浏阳花炮连锁在全国 9 省区 70 余个县（市）设立 500 余家专卖店，年销售订单突破 1 亿元。（黄　露　陈芊安）

【第十二届中国（浏阳）国际花炮文化节】 11 月 5 日至 7 日，第十二届中国（浏阳）国际花炮文化节以“东方花语•e 路芬芳”为主题，开展烟花艺术汇演、第六届国际音乐焰火大赛、花炮新产品燃放推介暨看样订货会、第三届花炮双年展、烟花爆竹转型升级安全发展主题论坛五大主体活动。烟花艺术汇演引用“互联网 +”模式，启动万人手机点火开幕仪式，上演超视觉震撼的中国首场 IMAX 全景巨幕艺术焰火表演，加上吉祥物“阳阳”首次亮相，呈现一台场面宏大、节目精彩、烟花震撼和秩序良好的焰火晚会；第六届国际音乐焰火比赛打破以往“浏阳队伍”的模式，来自美国、西班牙、波兰、葡萄牙四个国外队伍同台竞技，提升浏阳焰火技艺国际化水平。节会共吸引近千名国际客商参与交流、推进合作，接待各界宾客 8000 余人，4 万余名观众现场观看，湖南卫视、《湖南日报》《长沙晚报》、新浪网、腾讯网全程跟踪报道。节会期间达成订单约 96 亿元。节会获“2015 年中国节庆产业金手指奖”——十大节庆、十佳创新节庆两项大奖。

（黄　露　陈芊安）

第十二届中国（浏阳）国际花炮文化节获“2015 年中国节庆产业金手指奖”——十大节庆、十佳创新节庆两项大奖　（图片来源：市鞭炮烟花管理局办公室）

【“烟花龙舞”获第十二届中国民间文艺最高奖】 12 月 2 日晚，由中国文联、中国民协主办的第十二届中国民间文艺山花奖颁奖盛典在浙江海宁举行。浏阳市强盛龙狮艺术团表演的集烟花与舞龙两种文化艺术形态于一体的“烟花龙舞”获中国民间文艺最高奖——山花奖。本届山花奖共颁发民间艺术表演奖、民间工艺美术作品奖、民俗影像作品奖、民间文学作品奖、民间文艺学术著作奖 5 大类共计 64 个奖项。《烟花龙舞》是本届山花奖湖南省唯一的获奖作品。

（黄　露　陈芊安）

【《浏阳市烟花爆竹产业集群“十三五”发展规划》发布】 12 月 22 日，《浏阳市烟花爆竹产业集群“十三五”（2016-2020 年）发展规划》正式发布，规划包括总则、战略方针与战略目标、产业发展规划、重点项目四个篇章，涉及生产要素、品牌发展、区域合作等十六个方面，是浏阳市烟花爆竹产业集群发展的战略性、综合性、总体性规划，是指导 2016-2020 年全市烟花爆竹产业集群发展的行动纲领，是制定全市烟花爆竹产业集群健康发展宏观调控政策和年度计划的指导性文件。

（黄　露　陈芊安）

11 月 5 日至 7 日，第十二届中国（浏阳）国际花炮文化节在浏阳举办

（图片来源：市鞭炮烟花管理局办公室）

第四届湖南省烟花爆竹新产品评比大赛获奖名单

专业燃放类金奖

序号	企业名称	产品名称	产品创作人
1	浏阳市孝文电子科技有限公司	安全环保智能喷花	周孝文、陈江波、罗敏
2	浏阳市官渡烟花集团公司	绿变旋龙带红闪芯带拉手尾	彭天明、傅志成、罗松
3	浏阳市大瑶棠花出口花炮厂	90 发炫舞	钟少林
4	浏阳象形精品出口制造有限公司	动态 5D 烟花	王汉荣、黄英姿、王汉流
5	浏阳市花盛烟花制造有限公司	128 发新梦想	顾朝志、蒋翠华
6	浏阳市名鑫出口花炮有限公司	五彩银旋	张会、黄成
7	浏阳象形精品出口制造有限公司	彩色环保动感烟花	周正国、李海连
8	东信烟花集团有限公司	6 寸群星梦花环	章祥若、陈华

专业燃放类银奖

序号	企业名称	产品名称	产品创作人
1	浏阳市银洋出口烟花有限公司	龙鸣狮吼	李庄权、何显飘
2	浏阳市吉腾烟花集团有限公司－吉腾厂	8 寸－耀	梁志泳、汤国凯
3	浏阳市八仙桥出口礼花厂	璀璨星空	罗松武、周意成、罗松柏
4	东信烟花集团有限公司	6 寸时钟同心双环	钟才梅、周荣兴
5	浏阳市浏河出口烟花制造有限公司	和平“70”	汤象海、卜继炎、张开伟
6	浏阳市吉腾烟花集团有限公司－吉腾厂	8 寸－乌托邦的夜	梁志泳、胡自友、伍先娣
7	浏阳市吉腾烟花集团有限公司－吉腾厂	8 寸千枝锦冠变绿	胡自友、胡辉、姚林
8	浏阳市浏河出口烟花制造有限公司	绽放的霹雳火花	卜继春、卜继荣、张开伟
9	湖南省庆典烟花制造燃放有限公司	彩虹幻影	廖溟、何琳、何兵荣
10	浏阳市吉腾烟花集团有限公司－吉腾厂	8 寸－哀愁－浪漫	梁志泳、胡自友、蒲宗俊
11	浏阳市佳辉出口烟花制造有限公司	1.2 寸 100 发扇行“彩烟柳”	覃俞翔、刘成所、邓日明
12	浏阳市官渡烟花集团公司	金波旋龙带红闪菊花芯带锦尾	彭天明、傅志成、罗松
13	浏阳市官渡烟花集团公司	300 发金凤凰	张才建、彭建林、汤天平
14	浏阳市余氏科技环保烟花有限公司	100 发紫荆花	彭正志、徐添福、周才贵

专业燃放类铜奖

序号	企业名称	产品名称	产品创作人
1	浏阳市吉腾烟花集团有限公司－吉鼎厂	8寸－围山杜鹃	梁志泳、曾德胜、蒲宗俊
2	浏阳象形精品出口制造有限公司	无烟环保型圣诞树	周正礼、李国兴
3	浏阳市吉顺烟花制造有限公司	100发彩色报春花	宋水平、罗宗武、罗兴佳
4	浏阳市吉腾烟花集团有限公司－吉鼎厂	8寸红椰挂珍珠	胡自友、汤国凯、胡辉
5	浏阳市吉腾烟花集团有限公司－吉鼎厂	180发四海乐园	曾德胜、蒲宗俊、姚林
6	浏阳市军胜贸易有限公司	蛟龙出水	罗月文、韦敏、肖湘杰
7	浏阳市吉腾烟花集团有限公司－吉鼎厂	100发银星闪烁	曾德胜、蒲宗俊、吴作民
8	浏阳市官渡烟花集团公司	旋花锦环变红牡丹带锦尾	彭天明、林谢生、罗松
9	浏阳市浏河出口烟花制造有限公司	银冠红闪芯	卜继荣、汤象海、卜继炎
10	浏阳市八仙奔鹿烟花有限公司	五彩缤纷	罗长江、黎苗
11	浏阳象形精品出口制造有限公司	环保无烟盆花	周正江、周正凯、沈华丽
12	浏阳市官渡烟花集团公司	130发烟花梦	彭建林、林宇、汤天平
13	大吉富翁烟花有限公司	0.8寸300发多彩飞碟	汤磊、周聪
14	浏阳市余氏科技环保烟花有限公司	100发雪域风景	彭正志、徐添福、周才贵
15	东信烟花集团有限公司	182发扇型霹雳风暴	罗中辉、钟代良、江杏莉
16	浏阳市八仙桥出口礼花厂	金碧辉煌	周意成、罗松武、罗树林
17	醴陵市宏发出口花炮制造有限公司	四连接组合烟花连接地礼	戴敏琦、王志勇

个人燃放类金奖

序号	企业名称	产品名称	产品创作人
1	浏阳市澄潭江柏树烟花厂	八方进宝	刘良林、张宜树、杨传启
2	浏阳市福祥烟花集团有限公司	蝶恋花	傅志成、姜武斌、姜锡松
3	浏阳吉祥环保烟花材料开发有限公司	微烟无硫吉祥一号喷花	彭志坚、杨培江、杨伟红
4	醴陵神马花炮有限公司	环保新型烟花—中国梦	张汉文、颜建国
5	湖南省醴陵市吉利（传奇）鞭炮烟花有限公司	七彩花篮	刘坚强、张孝文、刘孟军
6	浏阳市中洲烟花有限公司	金花柳	张涛、王承强
7	浏阳市中洲烟花有限公司	雪景	张涛、王承强
8	湖南庆泰烟花制造有限公司	四方来财	郭建龙、黄文芝

个人燃放类银奖

序号	企业名称	产品名称	产品创作人
1	浏阳市礼盛出口花炮厂	金丝银柳	黄启湘、邹先政
2	浏阳市茂旺出口花炮制造有限公司	红灯笼	汪海军
3	浏阳市东方红烟花制造艺术燃放有限公司	银旋风	张秉喜
4	浏阳市源长花炮厂	红星闪闪	何显宽、汪先梅、杨宏安
5	醴陵市金鹏出口花炮厂	金鹏十景套餐一帆风顺	陈孝印、胡剑、刘英波
6	浏阳市金庄烟花鞭炮厂	锦椰拉丝	刘申友、唐招胜
7	醴陵市九道湾出口烟花爆竹厂	九道湾三部曲	黄建明、于海风、陈发柳
8	浏阳市澄潭江柏树烟花厂	金豪门	刘良林、张宜树、杨传启
9	浏阳市中洲烟花有限公司	栀子花开	黄智、文喜珍、李昌桃
10	浏阳市中洲烟花有限公司	金波椰	黄胜、黄建红
11	醴陵恒达烟花有限公司	彩色风火轮	孙亮、彭水根、朱建宏
12	浏阳晨光出口烟花制造燃放有限公司	1.2 寸 56 发开年大喜套餐之时时喜	陈光明
13	浏阳晨光出口烟花制造燃放有限公司	1.2 寸 56 发开年大喜套餐之年年喜	陈光明
14	浏阳晨光出口烟花制造燃放有限公司	1.2 寸 56 发开年大喜套餐之日日喜	陈光明
15	浏阳市联佳烟花有限公司	白里透红	李祖兴、谭新检
16	浏阳市澄潭江柏树烟花厂	和家富贵	刘良林、张宜树、杨传启

个人燃放类铜奖

序号	企业名称	产品名称	产品创作人
1	浏阳宏宇烟花制造有限公司	无硫鞭炮	杨惠文、何冲、毛建春
2	浏阳市中南烟花燃放有限公司	62 发锦绣中南	黄先蒲、王进、王祖明
3	浏阳晨光出口烟花制造燃放有限公司	1.2 寸 56 发开年大喜套餐之月月喜	陈光明
4	万吉隆烟花制造有限公司	锦上添花	黎磊、张良玖、黄蔚官
5	浏阳市君泰烟花有限公司	49 发直立 富贵花开	罗存、王齐文
6	浏阳市中洲烟花有限公司	流光异彩	黄智、文喜珍、李昌桃
7	醴陵神马花炮有限公司	环保新型烟花—吉祥如意	张汉文、颜建国
8	醴陵市南桥镇南凤出口花炮厂	同心圆	邓明章、黄文海、陈望
9	浏阳市银洋出口烟花有限公司	神奇飞碟	李庄权、何显飘
10	浏阳市官渡烟花集团公司	48 发金银花开	林宇、彭建林、汤天平
11	浏阳市兴旺出口烟花制造有限公司	88 发天边最美彩虹	胡佳田
12	浏阳市荣和出口花炮厂	满地开花	彭仕初、刘亿丰
13	浏阳市中洲烟花有限公司	花韵	黄胜、黄建红
14	浏阳市鑫祥烟花制作有限公司	千里画廊	罗浪、陶维仁、李友根
15	浏阳晨光出口烟花制造燃放有限公司	1.2 寸 64 发开年大喜套餐之人和	陈光明
16	浏阳市丽泰出口烟花有限公司	香格里拉	陈光武、周先如

（浏阳市鞭炮烟花管理局　第四届湖南省烟花爆竹新产品评比大赛组委会）

烟花爆竹产品检测

湖南烟花爆竹产品安全质量监督检测中心

主　任　黄荼香（女）
副主任　朱玉平　张济水
　　　　徐　莉（女）

【概况】湖南烟花爆竹产品安全质量监督检测中心是湖南省质量技术监督局直属副处级事业单位。2015年7月，根据中共湖南省委办公厅《关于调整省级以下工商、质监行政管理体制的意见》(湘办发〔2015〕25号)及湖南省质监局《关于调整湖南烟花爆竹产品安全质量监督检测中心管理权属的通知》(湘质监发〔2015〕61号)文件精神，该中心由长沙市质监局代管收归湖南省质监局直接管理。中心实行主任负责制，2015年末实有在岗人员44名，分设办公室、财会科、标准科研办、综合科、检验科、产检所、监督检验一科、监督检验二科、监督检验三科9个科室。其主要职责：宣贯执行烟花爆竹相关标准；承担全国范围内烟花爆竹标准、检验、技术培训工作；接受全国范围内行政部门、社会团体、企业单位、个人等客户的委托检验服务；承担国家、省、市质量技术及安全生产监督行政管理部门的烟花爆竹及原辅材料监督抽查和检测任务；承担SAC/TC 149秘书处和ISO/TC 246秘书处工作；承担ISO/TC 246国内技术对口单位工作；完成国家、省局交办的其他工作等。（方　钊）

【检测检验工作】 2015年，该中心检验各类花炮及原材料7000多批次；接受全国范围内执司法部门、生产经销企业和其他单位个人烟花爆竹产品及原辅材料委托检验3143批次。完成湖南省质量技术监督局下达的定期监检任务，抽查产品2375批次，定检批次完成率95.0%。完成国家质检总局下达的烟花爆竹国家专项抽查任务，抽查湖南、重庆2省（直辖市）110家生产企业110批次产品，完成率100%。完成省局下达的重点工业产品专项监督抽查，抽查10个地州市26个县区的870家烟花爆竹生产企业1463批次产品，合格产品1042批次，完成率100%。受浏阳市人民政府委托，对浏阳市辖区内的烟花爆竹（含黑火药、引火线厂）生产企业进行防静电安全专项抽查，共抽检33个乡镇808家烟花爆竹（含黑火药、引火线）生产企业（安全生产许可证过期企业未予抽查），合格企业数225家，合格率为27.9%，抽查的重点为涉药机械、工作台面/地面、涉药工具/器具，共计抽检机械设施919台/套，合格637台/套；工作台面/地面1110批次，合格614批次。顺应改革，主动发展，继续加强仲裁检验、重大活动专项检验、进京入沪产品检验、机械检验、事故鉴定等业务工作，2015年与上海鞭炮烟花流通协会达成合作协议，全面负责上海迪士尼焰火产品的专项检验。（方　钊）

【标准科研工作】 该中心是国际标准化组织烟花爆竹技术委员会(ISO/TC264)和全国烟花爆竹标准化技术委员会(SAC/TC149)秘书处的挂靠单位，是ISO/TC264的国内技术对口单位，标准化及相关科研工作成效显著。国际标准化工作：2015年10月26-30日成功召开ISO/TC264南非会议，决定开启走向国际标准的FDIS缺省投票和由中华人民共和国提出的两个新的工作项目提案的投票，在国际标准的制定中，充分发挥中国烟花爆竹大国的优势，争取中国利益的最大化；国内标准化工作：全面启动烟花爆竹标准化改革工作，梳理现有标准体系，制定“十三五”标准规划，落实标准制修订工作，2015年4月与9月，分别在浙江桐庐和湖南醴陵召开SAC/TC149核心专家会议和第四届三次全体会议暨标准审查会议，完成国家标准报批21项，组织审查国家标准4项，并形成报批稿。同时，组织开展2015版五项国家标准全国宣贯培训工作，涵盖浙江、四川、重庆、湖南四个省（直辖市），培训人数约5000余人；全面对比研究中华人民共和国标准与欧盟、美国、加拿大、日本、俄罗斯等国家的标准的差异，确定下一轮的标准化发展方向；烟花爆竹科研工作：全年完成“烟花爆竹产品及烟火药燃放后烟雾量的检测”等国家级科研项目立项2项、“烟花爆竹环保评价方法标准研究”等省级科研项目立项5项、浏阳市科研项目1项。（方　钊）

【服务地方工作】按照国家质检总局和国标委要求，组织开展《烟花爆竹 组合烟花》等五项新国家标准的免费宣贯培训工作，培训浏阳市烟花爆竹企业负责人、技术人员1000余人；继续在全市范围内确定的28家重点烟花爆竹企业实行重点质量服务，并成立专家技术服务组，帮助企业解决技术难点，指导企业建立健全质量体系建设；着力建设开展烟花爆竹产品安全质量检测服务平台，研制烟花爆竹检测用仪器设备，解决烟花爆竹生产、储运、燃放过程中的安全与环保。（方　钊）

烟花爆竹行业管理

浏阳市烟花爆竹总会

名誉会长　卢炳辉
会　　长　钟自敏
副 会 长　李忠良　彭玉良
　黄光辉　张万成　刘洪江
　叶长江　胡　森　黄启昌
　何定武　邱柏华　黄亿昌
　汤英伟
秘书长　张明福
副秘书长　王水源　邱顺明
　李民葵　李自检　刘中荣
　谭应龙　喻名友　李　民
　贺建武　张秋明　邓应章

【服务企业】 优化基础管理工作，提升总体服务质量：从2013年起，总会设立更改车牌服务窗口，为企业更改运输车牌，提供一条龙免费服务。2015年累计更改车牌22000余次，比2014年增加万余次。总会投入近百万元对花炮观礼台及燃放场基础进行提质改造，购买用于焰火燃放散烟的高速风扇52台，购买用于焰火燃放搭架脚手架一批；积极协调燃放场周边村民关系，为企业提供优质服务，全年度未发生任何安全事故。减少企业负担，方便会员企业。总会与各省分会沟通协调，召开各省供货备案会议，由各省分会分别指派专人统一在总会定点进行资料收集，总会统一组织开具相关证明，全年组织10省份的资料收集工作。完善内部管理机制，开展多元化企业培训工作：一是成立法律服务中心。与长沙市律师协会、国际烟花协会联合成立浏阳花炮（涉外）法律服务中心，在总会办公室常设办事点，结合总会法律顾问团顾问机制，发挥总会法律服务团的咨询与服务功能，举行法律讲座，开展普法宣传教育，提升企业法制意识并积极介入会员企业的维权活动，全年为会员企业办案56起，其中经济案46起、花炮事故案件10起，避免经济损失6000多万元，减少经济损失3000多万元，挽回经济损失1000多万元。二是成立出口分会。批准以文市玩具烟花出口有限公司等17家单位共同发起成立出口分会的请求并给予经费支持，出口分会在总会指导下开展包括质量抽查监管、配合商检浏办进行检验检疫工作、报关员培训等一系列对口服务，为出口企业减轻压力。三是开展多元化培训。邀请上海协力律师事务所高级律师张振安与长沙中院民一庭庭长丁念红进行授课，就对外贸易合同纠纷及烟花爆竹消费事故进行剖析，为企业提供指导意见；在商检浏办的指导下邀请美国威廉米特大学法学博士、律师朱可亮及北京外国语大学国际法硕士、律师段优开展应对输美烟花贸易措施研讨会，为企业深入挖掘对外贸易中的各类风险并提出预防手段；开展欧盟烟花爆竹标准培训，邀请湖南出入境检验检疫局国家烟花爆竹检测中心相关专家进行指导，逾百家生产欧洲产品的厂家技术员和检验员参加学习；利用企业高温停产假期，组织开展花炮行业技术骨干培训工作，邀请行业内专家对安全生产操作、焰火燃放技术进行专题培训，全市企业技术员、安全员200余人参加。反映行业诉求，发挥桥梁纽带作用：一是与黑火药行业协会磋商谈判黑火药价格上涨事宜，取得良好效果；二是组织会员企业及上栗、万载、醴陵主产区行业协会对GB19593-2015《烟花爆竹•组合烟花》第5.4.5条款中隔板问题进行讨论并达成一定的修改建议；三是联合上栗、万载、醴陵三地花炮商会到国家标准化管理委员会和国家安监总局监管三司，就请求撤销《烟花爆竹运输车》强制性国家标准立项进行协调；四是与市地税局沟通协调2015年度花炮产业内销定税问题；五是对新一轮换证涉及的“三库四房”改造问题，组织专门班子进行相关实验，征求企业意见，形成改造意见并上报；六是对浏阳、醴陵两地“小礼花”和“小礼花组合烟花”产品生产情况进行调研，分析执行相关政策对浏阳市烟花爆竹行业的影响。

（市烟花爆竹总会）

【行业发展】 建立湘赣联盟，促进行业发展：加快花炮产业主产区转型提质步伐，花炮产业朝着安全与环保方向持续、健康、稳定发展。由浏阳市花炮局、花炮总会牵头，与醴陵、万载、上栗三大产区开展联盟协作，共同推动烟花爆竹产业健康持续发展。3月31日，签订《湘赣四大主产区烟花爆竹产业发展协作联盟协议》《湘赣四大烟花爆竹主产区联席会议工作机制》，明确四大产区在高温停产、联合打假、资源共享等方面开展合作。联合开展烟火药剂测试：总会联合醴陵、万载、上栗三地花炮协会开展焰火药剂爆炸当量测试，对花炮生产、储存、销售各个环节标准设定进行有效论证，为各项行业法律法规的制定提供权威数据，剔除束缚花炮行业发展的障碍。创新召开订货会议，强化产销融合发展：5月26日和6月29日，首次将安徽省烟花爆竹产品展销订货会和辽宁花炮燃放产品展销会分别“搬到”浏阳举办，解决生产企业带着样品赶赴外省洽谈业务的不便，让客商与生产企业交流互动，减轻企业负担，全方位展示浏阳烟花爆竹行业形象，强化产销无缝对接。

（市烟花爆竹总会）

【举办节会活动】 元宵焰火活动：3月5日晚，在浏阳河畔组织举办“浪漫元宵夜　醉美浏阳城”元宵焰火燃放。2015年浏阳创意音乐焰火大赛：斥资近300万元举办2015年度浏阳周末创意焰火大赛，浏阳河周末焰火晚会从5月1日至10月1日，共燃放焰火22场，吸引约50余万人次及媒体观看报道。办好传统节会：第十二届中国（浏阳）国际花炮文化节以“东方花语•e路芬芳”为主题，开展烟花艺术汇演、第六届国际音乐焰火大赛、花炮新产品燃放推介暨看样订货会、第三届花炮双年展、烟花爆竹转型升级安全发展主题论坛五大主体活动，总会精心组织征集的吉祥物“阳阳”在花炮节各系列活动中亮相，为花炮系列文化注入全新元素，成为花炮节上一道新的风景，有效提升浏阳花炮品牌整体形象。举办《浏阳，河》户外摄影展：11月1日，由浏阳市委宣传部主办，市鞭炮烟花管理局、市烟花爆竹总会承办的《浏阳，河》大型户外摄影展在湿地公园开展。摄影展展示以浏阳的历史、山水、民俗、文化、花炮产业、现代工业为题材创作的摄影作品100件，吸引大批民众前往观摩。推广浏阳焰火创意：弘扬传统烟花文化，开拓国际、国内焰火市场，推荐浏阳知名花炮企业参加第六届菲律宾国际音乐焰火比赛和上海第十六届国际音乐烟花节等烟花大赛并获得多个奖项；推荐浏阳技术能手参加长沙市委宣传部举办的十大工匠“金手指”传人评选活动并成功入围；参与组织选送的集烟花与舞龙两种文化艺术形态于一体的“烟花龙舞”获全国第十二届中国民间文艺最高奖——山花奖，这是浏阳市获得的第一个国家级文艺大奖。

（市烟花爆竹总会）

园区经济

浏阳经开区远眺　　（图片来源：浏阳经济技术开发区管理委员会）

浏阳经济技术开发区

浏阳经济技术开发区管理委员会

党工委第一书记　曹立军（兼）
党工委书记　周岳云
副书记、管委会主任　郭力夫
党工委委员、纪工委书记
　杨围山
党工委委员、管委会副主任
　寻院豪
党工委委员、工会联合会主席
　胡汉圣
党工委委员、管委会副主任
　邹先瑜　罗其胜　伍建明
管委会副主任　陈志高（聘）

【概况】　2015年，浏阳经济技术开发区以项目建设为中心、以结构调整为突破口、以改革创新为动力，较好地完成全年各项目标任务。获批国家新型工业化示范基地，规模工业产值、财政税收、工业增加值的增速位居长沙市园区第一，首次跃上技工贸总收入1000亿元、财政总收入30亿元台阶。主要经济指标:实现工业总产值850亿元,同比增长18.5%;规模工业企业实现产值840亿元,同比增长18.6%；实现财政总收入30.3亿元，同比增长25.7%；实现固定资产投资160亿元，同比增长16%,工业固投完成124.5亿元，同比增长19.5%。招商引资到位资金50亿元，同比增长19%；到位省外境内资金16.5亿元，同比增长8.1%。电子信息、生物医药、健康食品三大支柱产业占园区总产值的93.8%，新经济版块达80%，高新技术产值达87%。招商引资：全年引进产业项目20个，合同引资177.5亿元，其中50亿元以上重大产业项目2个，分别是电子信息产业的欧智通智能移动终端产业园项目和生物医药产业的利美健康产业园项目，引进广东百草堂药业投资过30亿元项目1个。投资50亿元项目中，欧智通实现6月签约、9月开工，利美健康产业园一期利美医院实现3月签约、10月试营业。逐步打破生物医药产业“有集群，无龙头”、电子信息产业“有龙头，无集群”的格局，形成抱团发展态势。基础设施建设:全年铺排66个重点项目（剔除6个预备项目），开工56个，开工率93.3%，完成投资168.5亿元，占年度计划的116%。43个新建项目，开工项目有欧智通、百沃丰等39个，完成投资109.2亿元，17个续建项目完成投资59.4亿元。全年完成征地3280亩、拆迁房屋241户；完成平地1340亩，完成路基6.4千米（含金阳大道1.6千米），完成路面3.1千米。完成洞阳110千伏变电站扩容改造，供电能力由70兆瓦增加至100兆瓦；东园220千伏变电站完成站内建设，正在线路安装。社会配套:产城融合步伐加快，总投资3.5亿元的长郡浏阳实验学校全面建成，实现招生；园区首个五星级酒店——洞天大酒店开工建设；金阳文化艺术中心投入运营并演出舞剧《桃花源记》、歌剧《白毛女》、京剧《辛追》等10余场；幸福泉市民公园、仲景公园开门迎宾，园区长途汽车站和首期1000辆公共自行车租赁系统投入运行。存在的不足：2015年，浏阳经济技术开发区保持快速发展，存在土地等要素制约严重、项目落地困难、企业发展不够平衡、城市化配套依然不足等难题，需要着力加以破解。　（胡晓江）

【蓝思科技上市】　3月18日，浏阳经济技术开发区龙头企业蓝思科技股份有限公司在深交所上市，股票代码300433。蓝思科技股份有限公司是一家以研发、生产、销售高端视窗触控防护玻璃面板、触控模组及视窗触控防护新材料为主营业务的上市公司。上市后，蓝思科技股份有限公司获得快速发展，2015年实现产值390亿元、实现税收13.19亿元，并投资50亿元建设第三期产业基地项目，总建筑面积近30万平方米。　（胡晓江）

【“全球首创淀粉空囊”实现批量生产】　7月24日，在湖南省经信委主办的湖南省食品行业“全球首创淀粉空囊产品推介会”上，浏阳经济技术开发区龙头企业湖南尔康制药股份有限公司生产的淀粉空囊首次公开亮相。该淀粉空囊采用柬埔寨进口纯天然木薯淀粉、食用甘油和纯化水制成，可填装内容物，既可用作药物胶囊，又可用作食品容器。围绕构建淀粉空囊完整产业链，尔康制药股份有限公司在浏阳经济技术开发区建设淀粉空囊产业园，一期年产能达300

亿粒淀粉空囊，二期将新增产能1300亿粒。淀粉空囊可作为一种新型食品或食品包装材料，应用于28类食品中的19个类别，提供一种新型的食品形态。（胡晓江）

【永清环保完成中国上市环保公司2015年的首例海外并购】 8月，浏阳经济技术开发区落户企业永清环保股份有限公司正式完成对全球领先的土壤及地下水修复领域解决方案提供商、美国企Integrated Science&Technology公司（简称“IST”）51%股权的收购，成为其控股股东。这次收购是中国上市环保公司2015年完成的首例海外并购。通过收购IST公司，永清环保在土壤修复领域的技术实力将得到大幅提升，产业链更加完整，国际化进程进一步加快。（胡晓江）

【浏阳经济技术开发区获批国家新型工业化产业示范基地】 6月1日，浏阳经济技术开发区被湖南省政府授予“生物医药特色产业园”和“电子信息特色产业园”。12月10日，工业和信息化部公布国家新型工业化产业示范基地（第七批）名单，浏阳经济技术开发区位列其中，成功获批国家新型工业化产业示范基地（电子信息），为湖南省2015年唯一获批的国家新型工业化电子信息产业示范基地。随着消费类电子产品成为社会消费热点，经开区电子信息产业快速壮大，形成以蓝思科技、介面光电、基伍通讯、利尔电子等企业为代表的电子信息产业集群，是湖南重要的电子信息生产组团。（胡晓江）

【首款“湖南制造”智能手机下线】 11月12日，湖南省首家智能手机整机生产企业——湖南科泰克智能科技有限公司（基伍通讯）在浏阳经济技术开发区举行生产基地投产仪式。在20多个国家的120多位客户代表的见证下，随着拥有年产值15亿元、400万台手机产能生产线的开动，标志着首款湖南制造的智能手机整机正式批量生产。基伍通讯于2013年7月19日落户浏阳经开区。（胡晓江）

工业新城建设开发

浏阳市工业新城建设开发有限公司
（浏阳工业园投资管理中心）

党组书记、董事长
杨俊钦（2015.09免）
喻　辉（2015.09任）
副书记、总经理　李　勇
副总经理　杨品正（2015.12免）
付　浩　邱　敏（2015.12任）

【概况】 工业新城建设开发有限公司成立于2009年3月，统筹管理工业新城规划、开发、建设，依法管理工业新城城建国有资产，主要任务是工业新城基础设施建设、规划区范围内的开发建设以及市委、市政府确定的重大项目的实施。融资工作：2015年，完成市政府下达的银行项目贷款6亿元；经国家发改委批准，10月22日成功发行15亿元公司债券，期限7年；全年融资到位资金21亿元。及时还本付息，全年还本付息4.65亿元，确保公司信誉安全；按时支付工程、征拆款，确保项目顺利运转；合理调度，为市财政、其他单位提供近3亿元融资支持。项目建设：全力推进政府投资项目实施，累计完成项目投资2.63亿元。拉通纬二路与工业园连接段剩余200米，纬二路于6月份全线通车；修建经九南路（319国道至永安联合水厂段）长700米，宽20米的施工便道；完成开元二期交工验收；完成经八路道路竣工验收。2015—2017年计划投资2.67亿元建设水山安置区，安置拆迁户108户。截至12月底，完成征地拆迁、场地平整；一标段5~8号栋挂网公开招标中；二标段1~4号栋工程预算评审工作中。资产运营：全年实现经营收入5428万元；3月，完成金联公司过户手续，并将厂房对外出租，提高国有资产利用率，实现国有资产保值增值。加大土地储备力度，获批储备土地3.33公顷，25.93公顷储备土地通过审核并上报省国土厅窗口。建立招商客户资源库。引进福建泉州商会拟在丰胜地块、水岸地块建设105.33公顷以综合建材市场为主，仓储物流、宾馆、写字楼为辅的时代广场，11月6日参加“美丽浏阳”招商项目集中签约暨重点项目推介会，项目招商协调正在商谈中。征拆工作：集中力量共促清零，全力实施征拆“百日攻坚战”等行动，完成征地42.2公顷，拆迁14户，7月底，实现4个项目清零；对中心区礼耕村黄坡组、芦冲组40多公顷土地进行勘界认界；继续深化拆违控违行动，实行控违防违常态化管理，确保新违建零增长。及时按程序将征拆户纳入社保，全年将21个村民小组336人纳入社保；妥善处理纬二路、经八路、开元二期遗留问题20多起。（张馨怡）

制造产业基地

湖南浏阳制造产业基地管理委员会

党工委书记　周　剀
副书记、管委会主任　周耀辉
副书记、副主任　赵志武
党工委副书记、纪工委书记
李建（2015.04免纪工委书记）
副主任（兼）
陈训武（2015.03免）
党工委委员、管委会副主任
黄杰伟　（2015.09免）
党工委委员、纪工委书记
何　勇　（2015.06任）
党工委委员、工会联合会主席
翦正红（女）
党工委委员、管委会副主任
张　露（女，2015.09任）

【概况】 湖南浏阳制造产业基地位于浏阳市永安镇，园区创建于2003年，总规划面积36平方公里，2015年建成区面积约10平方公里（含永安集镇），企业职工约2万人。辖区内有礼耕、坪头、水山、永安和永新5个涉园村（社区）。2015年实现技工贸收入305亿元，同比增长22.9%；完成规模工业产值290亿元，同比增长25%；实现财政总收入10.12亿元，同比增长24.01%；完成固定资产投资105亿元，同比增长29.5%。全年引进项目45个，其中投资10亿元以上的项目3个，

园区全景图　　（图片来源　湖南浏阳制造产业基地）

投资5亿元以上的项目3个，投资5000万元以上的16个。全年完成征地107.2公顷，拆迁房屋169栋，实现18个项目清零，平地120公顷，完成土地报批200公顷。全年37个工业项目竣工（含租赁项目），4个商业配套项目开盘发售。全年项目实际投资占年度投资计划的110%，超额完成任务。积极创建高新技术园区，出台《园区转型提质发展三年行动计划》，鼓励企业创新转型，高新技术企业26家，全年实现高新技术产值106亿元，申请专利127件，发明专利39件。成功获批博士后科研工作站和院士专家工作站。博大科技、信质电机、凯中电子等企业进入博世集团的全球采购。天为机械成功走出国门。湖南一朵紧跟电商发展，实现线上线下双向融合。永昌汽车零部件公司由商用车配套向乘用车配套成功转型。12月18日，浏阳现代制造产业建设投资开发有限公司成功发行企业债券11亿元。（李艳玲）

【基础建设】　全年投入9.3亿元用于基础设施建设。新建、扩改道路9.4千米，完成绿化面积2.2万平方米，铺设人行道5.9万平方米，安装路灯410盏。319国道一期拓宽改造工程全面启动建设。日供10万吨的新水厂主体竣工，供水管网、电力线路、排水设施进一步优化。总投资近1000万元，开通园区至长沙市区的通勤车，投放500辆免费公共自行车。滨海新干线引进超五星级国际品牌酒店温德姆华美达广场。博大中央广场成功签约洲际品牌酒店。华润新都汇娱乐示范区正式开放，二期项目华天大酒店开工建设。（李艳玲）

【企业服务】　按照“流程再造、效率倍增”的要求，政务服务中心3月17日正式运行，简化办事流程，提高办事效率，成为省市项目审批的示范园区，全年受理各项业务3000余件。采取以厂代建、以租代购合作模式，争取项目落户，增强国有投资公司的运营能力，降低投资风险。出台智能制造、再制造、家具产业、快速消费品等系列扶持政策，全方位支持企业发展。完善产业发展公共服务平台，与中南大学、湖南大学等20多所知名院校建立合作，为企业搭建技术、人才、知识交流的合作平台，实现34件成果转化。精准帮扶企业，推行“保姆式”服务，实现领导联片、员工联企制度，以及帮代办服务，形成全方位便捷的服务体系。（李艳玲）

【社会管理】　推进“平安园区”“美丽园区”建设。加大安全、环保执法检查，严查严管、严处严罚。以拆违治超、环境整治为重点，规范市政管理，拆除违建住宅24户，拆除违规门店招牌20处，没收落地式广告35个，下达文明施工整改通知书76份，清理建筑垃圾130余处，有效杜绝村民乱搭乱建、倾倒生活垃圾的行为。积极构建园镇维稳联动机制，全年无重大治安事件，实现越级“零非访”目标，确保园区和谐稳定。（李艳玲）

【民生保障】　解决劳动力就业2万余人，企业职工社会保障工作积极推进，工伤保险、养老保险覆盖率分别达到98%和60%以上。依法依规落实农民社保，全年缴纳农民社保资金1.9亿元，发放老年补助613万元，做到应保尽保。全年完成13栋约5.4万平方米的保障性住房，安置148户拆迁户，做到拆迁与安置同步。（李艳玲）

【园区政务服务中心挂牌成立】　3月17日，浏阳制造产业基地政务服务中心揭牌仪式在园区管委会举行，园区政务服务中心挂牌成立。为提高办事效率，2014年10月，园区开始政务服务中心的筹建工作，按照现代化的政务服务中心的建设标准，12月份园区完成近400平方米的政务服务中心的装修改造工作。第一批入驻的部门有住建局、国土局、住保局、环保局、国税局、地税局、工商局、人社局，以及园区申请授权的规划建设管理局、安监环保分局、招商合作局、产业发展

7月8日，长沙市市长胡衡华（右四）到园区调研　　（图片来源：湖南浏阳制造产业基地）

3 月 17 日，浏阳制造产业基地政务服务中心揭牌仪式在园区管委会举行

（图片来源：湖南浏阳制造产业基地）

局、社会事业发展局等部门及法律咨询、金融担保等中介机构，共 24 个窗口。按照“一个窗口受理、一条龙服务、一站式办结”的程序及“规范操作、服务一流”的要求，为园区企业和项目建设提供政务手续办理和相关咨询服务，全年受理各项业务 3000 余件。（李艳玲）

【湖南省家谐家具产业孵化园项目签约落户基地】 8 月 15 日，湖南省家谐家具产业园有限公司携300余家家具企业签约落户浏阳制造产业基地。湖南省家谐家具产业园有限公司是由湖南省家具协会牵头组织成立的，该公司由 50 余家黎托优质规模家具企业组成。湖南省家谐家具产业园项目为家具产业孵化项目，一期供地面积为 10.4 公顷，二期预留 13.33 公顷，总投资 5 亿元，年销售额约 6 亿元。4 月，永安镇被正式列为长沙市大型家居建材专业市场政府规划指定外迁承接地。作为家谐家具产业园项目的落户地，浏阳国际家具城（位于基地开元大道旁）积极筹备落户事宜，2014 年 8 月正式启动项目建设，项目总投资 10 亿元，总规划为三期，2015 年 8 月，项目一期 10 万平方米专业市场建成，年销售额可达 20 亿元，创税 2 亿元左右。

（李艳玲）

8 月 15 日，家谐家具产业孵化园项目签约仪式

（图片来源：湖南浏阳制造产业基地）

【浏阳制造产业基地获批设立博士后科研流动站协作研发中心】 10 月 15 日，湖南省人力资源和社会保障厅下文（湘人社函〔2015〕280 号）批准湖南浏阳制造产业基地设立博士后科研流动站协作研发中心，并授予“博士后创新创业实践基地”，开展博士后工作。截至 2015 年 10 月，浏阳制造产业基地建有 56 个技术中心和研究院，其中省级技术研发中心 3 个、长沙市级技术研发中心 11 个，有 27 家高新技术企业，拥有专业研发人员 2219 人，其中高级职称专家 150 人。2015 年 1-9 月实现高新技术产值 72.84 亿元。博士后科研流动站协作研发中心成功获批，为园区进一步引进、培养和使用高层次科研人才搭建平台，也为企业加强自主创新，加快产业转型升级提供强有力的保障。

（李艳玲）

两型产业园

浏阳市两型产业园管理委员会

党组书记　黎星照（2015.04 任）
　　　　　魏远德（2015.04 免）
副书记、主任
　　陈　建（2015.04 任）
　　黎星照（2015.04 免）
党组成员、副主任
　　王卫民　曾凡波　陈飞虹
　　俞　凌（2015.12 任）
　　张素娟（女，2015.08 改非）
纪检组组长　王卫民

【概况】 两型产业园创建于 2000 年，2012 年更名为两型产业园，位于古港、沿溪乡镇交界处，是一个主攻食品产业的两型园区。园区自 2012 年转型以来，按照“两型发展、工业兴园”的方针，初步形成以食品产业为主体、关联配套产业齐头并进的产业格局，被列为全国农产品加工基地、湖南特色食品产业园。2015 年，园区建成区面积 3 平方公里，有入园企业 45 家，全年完成总产值 76 亿元，同比增长 11%，完成规模工业产值 47.68 亿元，增长 19.1%，完成财政税收 1.18 亿元，同比增长 23.7%。

招商引资 进一步更新招商画册、视频，制作户外招商宣传牌，在广州举办第三届两型产业招商推介会，组织参加食品展览会、糖酒会，开展小分队外出招商、知名企业上门拜访、商协会联盟等，广泛与投资商进行对接洽谈，签约引进16个项目，招商到位资金11.66亿元，增长25.5%。在这些项目中，以食品产业为主体，兼顾新材料新能源及三产服务项目，其中直接供地的有玩美食品、酷口食品、PK环保建筑板材、肝素钠、彩印包装、公共医疗配套、宏伟纸制品7个项目，购买和租赁标准厂房的有吾爱吾佳食品、惠星食品、新辣味子食品、甜厨食品、冠沣食品、东鑫食品等9个项目。

4月28日，在广州举办的"湖湘宝地、美丽浏阳"第三届两型产业招商推介会上，酷口食品项目与园区签订招商入园协议 (图片来源：市两型产业园管委会)

项目建设 全年完成固定资产投入31亿元，汇大饲料、海一重工、飘香二期、彭记轩食品、绿行天下养生茶、鑫洋光电、吾爱吾佳食品、惠星食品、中澳蓝鹰等11个项目建成投产；重点项目湘典食品加速推进，一期项目完成主体建设；酷口食品、肝素钠、PK环保建筑板材等新签约项目相继开工建设；长沙市重点项目德康工业园完成部分前期工作。

企业发展 全年年产值过亿元的企业达17家，飘香、绝艺、倬亿、佳年华等企业不断创新突破，研发新产品，拓宽互联网市场，逐步成长为行业内颇具影响的企业。年内园区企业新增3个省著名商标、1个长沙市名牌产品、3家长沙市龙头企业、3家市级专利示范企业，实施新产品、新技术开发30多项，申请专利29件。企业的发展直接推动园区经济持续增长，财政税收首次突破亿元目标。

功能配套 以省级工业园区为标准，不断完善功能配套。21平方公里的总体规划修编已通过专家评审；中心区7平方公里的控规已完成编制；新增1000亩建设用地指标的土地利用规划调整已基本完成；整体环评规划抓紧推进。征地拆迁工作取得新的进展，以广宇路两侧、原浏东公路以北地块为重点，协议征地700余亩，为招商项目落地奠定基础。投入建设资金近4000万元，完成平地约400亩，新修路基3.1千米、路面1.5千米，完成土石方15万立方米，完成电力线路改造10千米，铺设供水及排污主管2.5千米，完成及改造绿地面积2万多平方米；完成二期120套公共租赁房的主体建设；集中供热、供气、公共医疗、总部经济等配套服务项目启动实施。

社会管理 新成立安全环保监管站，落实"一岗双责、党政同责"责任制，做好企业安全生产和环境保护的预防和监管，确保园区安全生产零事故。严格落实企业环保"三同时"，每日定期检测环保指标、每月定期通报监测结果，对初处理不达标的企业督促改造，年内园区各项环保指标持续稳定达到一级B排放标准。加大综合治理，持续开展环境卫生综合整治，开展拆违控违集中行动，及时化解项目落地、项目建设、企业债务纠纷等各类矛盾问题，深入企业和群众，变上访为下访，化解矛盾纠纷30多个，确保园区和谐稳定。 (李 叶)

【举办"湖湘宝地·美丽浏阳"第三届两型产业招商推介会】 4月28日，两型产业园在广州举办"湖湘宝地·美丽浏阳"第三届两型产业招商推介会，以"两型"为主题，发布推介特色食品产业、新型工业、农产品物联基地、家电综合生产基地、城市综合体开发5类项目，吸引广州汽车集团、广州王老吉药业股份公司、广州立白企业集团、广州华新集团等120多家知名企业，以及广东境内的食品行业协会、商会等参加会议。当天推介会现场，有湘典食品、玩美食品、酷口食品、馨盛能源、顺德盛世工业城、丝绸集团等8个项目签约两型产业园，涉及健康食品、新能源、新材料、工业地产等行业，其中食品类项目4个、超10亿元的工业项目2个，协议引资27.5亿元。 (李 叶)

【12家企业参加2015中国（长沙）国际食品展览会】 9月11日至14日，2015中国（长沙）国际食品展览会在长沙红星国际会展中心举办，两型产业园携12家企业集体参加食品展。本次展会上，园区展台面积约170平方米，设立绝艺、莱米、湘鹰、飘香、美津园、浏河彭记轩、新聪厨、玩美、佳年华、供销蜂业、吾爱吾佳、绿行天下12家企业专柜，展示产品主要有方便菜、粮油、炒货、糕点、饮料、特色休闲食品、食品彩塑袋等，共计30多类、200多种产业，得到各级领导、食品行业协会、参展企业、各界媒体以及参观团体和个人的关注。 (李 叶)

【两型产业园总体规划修编通过评审】 10月16日，两型产业园总体规划修编通过市政府组织召开的专家评审会议。此次总体规划以省级

9月11日，2015中国（长沙）国际食品展览会在长沙举办，湖南省商务厅厅长徐湘平（中）率队在两型产业园企业展台视察指导　　（图片来源：市两型产业园管委会）

工业园区为标准，在原来21.05平方公里的总体规划上进行修编和调整，规划总用地面积21.55平方千米，规划期限16年，形成“一核一带、两轴、两组团”的空间布局，定位为全国知名、省内领先的健康安全食品产业园区、湘东经济产业带上的产城融合样板区、浏阳河生态走廊上的两型生态新城，建成为长沙对接江西、长三角东部新经济增长点，浏阳东部核心城镇组团，承担浏阳市向东拓展，缝合浏阳主城区与大围山旅游区，打造浏阳腹地经济发展的新引擎。（李　叶）

文化产业园

浏阳市文化产业园管理委员会

主　任　高　志（女）

副主任　黄国靖

　　　　李　璀（女，2015.10任）

【概况】浏阳市文化产业园管理委员会是2012年10月经浏阳市委、市政府批准成立的全额拨款正科级事业单位，以“浏阳河”为文化纽带，确定“一个核心区域、两大文化品牌、三类平台体系、四个重点基地、五大主导产业”的发展思路，主要负责对全市文化产业发展制订规划、配套政策、宣传推介、招商引资，提供信息、人才、培训、融资等系列公共服务平台，促进全市文化企业的壮大、文化品牌的培育和产业关联的提升。2015年，管委会有在职在编人员7名，内设综合服务科、规划招商科、产业发展科3个科室。“浏阳河文化产业园”作为首个特色文化园区品牌入选《中国文化品牌报告》，上榜“中国产业园区成长力百强”；浏阳河文化产业园建设纪实入选光明日报社出版的《中国特色文化产业研究》理论文集；浏阳市移动互联网创业中心写进湖南省2015年移动互联网产业发展计划，“移动互联网与浏阳烟花融合发展”纳入湖南省电子信息产业发展的重点课题；国际烟花创意梦工场进入文化部“重点特色文化产业项目库”。全年实现文化产业增加值196亿元，增长16.2%，引进文化企业16家，引进产业项目4个，完成招商引资5000万元。（曾　煦）

【园区发展】确定“四化两型”（化无为有、化散为聚、化虚为实、化旧为新，打造资源生长型、业态增植型园区）发展方向，落实“一个核心、两大文化品牌、三类平台体系、四个重点基地、五大主导产业”发展理念，通过“品牌创园、平台建园、产业活园、特色立园”发展园区。重点建设浏阳市移动互联网创业中心，将移动互联网思维与各行业深度融合应用，创意建立“文化+科技+移动互联网”平台。助力浏阳夏布、油纸伞、菊花石等非物质文化遗产实现创意升级和产业拓展，心之夏文化创意有限公司文化品牌代表湖南参加在中国台湾举行的第六届海峡两岸文化创意产业展，湖南玉叠妃中国彩色菊花石有限公司菊花石亮相意大利米兰世博会。完善“智慧浏阳河”文化创意孵化基地功能分区，7家小微企业孵化成型，创意集市展演创意产品700多件，成交200多单。5月，国际烟花创意梦工场项目在深圳文博会上成功签约，11月正式开放，有4家企业入驻。年底，“米仓”创意产业园完成强制腾退工作。浏阳河音乐节采取“众筹宣传”方式，将“浏阳河”这一文化符号传播到各个圈层，展示“浏阳河”文化价值和文化内涵，打造出浏阳品牌。“湘赣边文化产业外环线”初步成型，首批签约的10个合作项目实现落地运营。同时，园区组织以“海茗玥”为代表的核心团队，先后与高坪、永和、中和、文家市、古港、沿溪、官渡等乡镇，市住建局、住保局、工务局、移动公司等单位进行项目合作，形成全省精神文明建设现场会视觉文化体系、花炮大道景观、荷中文公路文化标志系统、“你最珍贵”白沙文化等创意成果。引进各类人才70多名，加强队伍管理与培训，完善人才队伍建设。积极开展党员民主生活会、廉洁教育、在职党员进社区等党政活动，从思想上规范团队，提高队伍凝聚力。（曾　煦）

【省经信委调研浏阳市移动互联网创业情况】1月4日，省经信委副主任陈松岭一行到浏阳市移动互联网创业中心，调研移动互联网产业发展情况。陈松岭高度肯定浏阳市移动互联网创业中心取得的成绩，并表示其快抢先机速度、互联网理念植入、政策服务平台搭建、“创意格子铺”品牌塑造、项目互助成长机制、跨界合作发展等相关做法和经验，在全省具有创新示范意义。2014年3月4日，园区挂牌成立移动互联网创业中心，旨在为移动互联网创业企业打造一个具有完善配套服务、系统公众平台、浓厚创业氛围的移动互联网孵化平台，实现移动互联科技与文化创意的融合新方向。截至2015年1月，该中心聚集13家移动互联网企业，孵化“亿惠卡”“纽扣微信公众平台”“汉唐动漫”等16个创业项目。

（曾　煦）

【举办“湘赣边文化产业外环线”战略合作签约会】为促进区域合作，发展文化产业，5月7日，“湘赣边文化产业外环线”战略合作签约会在“智慧浏阳河”创意孵化中心举办，“这里是秋收”、浏阳夏布非遗传习和创意开发、菊花石文化体系构建和产业开发、“组合烟花之乡”文化体系等涉及文化旅游、烟花文化、工艺美术、文化创意、禅宗文化等10个项目达成战略合作协议。协议充分整合浏阳红色文化、烟花、菊花石、夏布、禅宗、油纸伞等文化元素，打造跨界项目合作的湘赣边文化产业带。活动由浏阳市委宣传部主办，文化产业园承办，江西萍乡、湖南醴陵等地10多家文化企业参加会议。（曾　煦）

【浏阳河文化产业园入选《中国文化品牌报告（2015）》】5月15日，2015中国文化品牌发布暨中国文化品牌发布十周年庆典在深圳文博会主会场举行，浏阳河文化产业园作为首个特色文化园区品牌入选全国31个上榜文化品牌。2012年，浏阳市委、市政府将文化产业纳入全市战略性发展产业，建设浏阳河文化产业园，确定“挖掘特色文化资源、发展特色文化产业、建设特色文化城市”的特色文化产业发展思路，以“浏阳河”“浏阳烟花”的品牌融合与特色创意，着力发展特色文化产业；浏阳河文化产业园以浏阳河城区“一河两岸”八千米为核心区域，以“文化产业化”与“产业文化化”双向快跑的实践，构建“欢乐浏阳河、智慧浏阳河、浪漫浏阳河”的“浏阳河”文化价值新体系。《报告》认为浏阳河文化产业园以地域文化为特色，以特色文化创品牌，实现县级（市）文化产业的大发展。（曾　煦）

【国际烟花创意梦工场成功签约】5月15日，国际烟花创意梦工场项目在深圳文博会上成功签约。该项目以浏阳烟花为核心元素，通过吸纳创意设计、烟花艺术、金融服务、商务交流、数字技术等创意践行“烟花＋文化＋科技＋移动互联网”的发展理念，跨界打造出创意创业孵化平台。项目总建筑面积36200平方米，总投资额1.5亿元，是湖南省重点文化产业项目之一，已进入文化部“重点特色文化产业项目库”，由浏阳钜丰有限公司、长沙尚悦文化创意公司进行物业开发和全面运营，现有入驻企业4家，签约企业16家。（曾　煦）

【浏阳河文化产业园上榜“中国产业园区成长力百强”】7月12日，第十二届中国企业发展论坛暨首届“一带一路”园区建设国际合作峰会在北京举行。在会议现场发布的2015年中国产业园区“影响力百强”“创新力百强”和“成长力百强”榜单中，浏阳河文化产业园凭借“在文化产业化和产业文化化的双向对接实践中推进文化品牌体系建设”的发展理念上榜“成长力百强”，成为中国企业园区国际合作联盟的发起园区之一，并接受专访与宣传推介。（曾　煦）

【第三届浏阳河音乐节举行】9月下旬至10月上旬，由浏阳市委宣传部主办、文化产业园承办的第三届浏阳河音乐节在浏阳河畔举行。音乐节由“一起来唱浏阳河”传唱快闪（传唱路演）、“心中那首歌，最美浏阳河”欢唱晚会、“天籁浏阳河”钢琴音乐会、“这里最青春”水岸时尚派、“最美浏阳河”创意生活集市、“浪漫浏阳河”三行情诗咏唱会六个项目组成。9月28日-10月10日，音乐节组委会启动“一起来唱浏阳河”传唱路演活动，通过“众筹宣传”（微信线上线下互动传播、微信直播、网络投票、圈际分享）的活动组织和传播形式，实现“生活即音乐、一线是舞台”的节会内质，同时用全流域视角，将浏阳河流域的相关乡镇、企业、园区、景区都纳入传唱范畴。在音乐节中，网络互动席卷10多个国家，20多万人参与传唱，分享传播各类体验随手拍图片7万多张，微信直播带动300多万人次的阅读分享，创意集市和产品展演活动中各领域40多个文创品牌达成30多万元的交易额。通过《浏阳河》这首歌为载体，把浏阳河流域的经济、产业、品牌要素串联起来，推动浏阳河文化旅游产业带的发展。（曾　煦）

交通·邮电

交 通 运 输

浏阳市交通运输局

党委书记、局　长　李声义
党委委员、副局长　田美元
（城乡客运管理局局长）
刘舒展　罗　成　张小芳
唐志鹏
党委委员、纪委书记　胡雄伟
党委委员、工会主席
刘　成（2015.08 免）
党委委员、总工程师　胡　浩

【概况】　2015 年，交通运输局有在职干部职工 248 人，离退休人员 64 人。局机关设办公室、政工人事科、计划财务科、法规安全科、规划建设科、运输管理科、纪检监察室 7 个职能科室，辖城乡客运管理局、交通运输管理所、农村公路管理局、交通建设质量监督站、公共交通公司、市公路建设投资有限公司、市富民干线公路建设投资有限公司和城区、东区、南区、西区、北区、工业新城 6 个交通管理站共 13 个事业单位。主要职能：(一)贯彻执行国家有关交通运输方面的方针、政策、法律、法规；拟订并组织实施全市交通运输行业中长期规划和年度计划。(二)承担综合运输体系规划的协调工作；会同有关部门组织编制全市综合交通运输体系规划；指导交通运输枢纽规划和管理。(三)负责拟订交通运输行业的有关规范性文件；监督实施交通行业有关技术标准和道路运营规范；负责交通运输执法检查和监督；参与拟订物流业发展规划；指导全市交通行业有关体制改革工作。(四)负责农村公路建设、养护、管理工作，承担治理公路超限超载工作职责。(五)承担全市道路运输监管责任，维护道路运输市场秩序。(六)负责全市城乡客运及有关设施规划和管理工作；负责出租车行业管理工作。(七)承担公路建设监管责任；负责公路、桥梁的行业管理。(八)协调、组织实施国家、省、市重点和大中型公路交通工程建设，负责组织本市交通项目建设和对工程的监管工作。(九)承担全市公路、运输行业安全生产和应急管理工作；督促、指导全市船舶、渡口的安全工作。(十)组织协调全市重点物资和紧急客货运输；负责全市重点干线路网运行监测和协调；负责全市道路、水路、铁路、航空、邮政等多种运输方式的衔接和协调；承担市国防交通战备办日常工作。(十一)负责提出全市公路固定资产投资规模和方向、市级财政性资金安排建议，按市政府规定权限审批、核准全市规划内和年度计划规模内公路固定资产投资项目。(十二)指导全市交通运输信息化建设，监测分析运行情况，开展相关统计工作，发布有关信息；指导交通运输行业环境保护和节能减排工作。(十三)指导交通运输行业开展对外交流合作和交通外经外贸工作。(十四)管理局属单位，监督局属单位国有资产保值增值。(十五)承办市委、市人民政府交办的其他事项。全年完成争资 4.178 亿元，占全年度目标任务（2.5 亿元）的 167%；完成融资 8.5 亿元。上报各类信息 200 多篇，被市政府网站采用 100 多篇。完成危桥改造目标任务 26 座 /840.6 延米。全年完成公路客运量 4731.8 万人次，减少 2.4%；公路旅游客周转量 245930 万人公里，减少 2.8%。公路货运量 3684.7 万吨，增长 5.7%；公路货物周转量 231774.7 万吨公里，增长 5.7%。　（刘　锋）

【交通项目建设管理】　一、开展重大交通项目前期工作。完成“十三五”综合交通发展规划编制，制定方案落实湘赣边区域开放合作《交通互联互通战略合作框架协议》，配合开展蒙华铁路和长沙市南、北横线前期工作。二、干线公路建设。全年实际完成投资 10.29 亿元，各项指标完成率达 108.7%。1. 新开工项目：①G354 浏阳至官渡公路。项目全长 11 公里，全线按设计速度 80 公里 / 小时二级公路标准建设，总预算 1.13 亿元，2013 年 10 月 10 日，项目一期建成通车。官渡集镇段二期正在进行征地拆迁和大溪河桥梁建设工作（大溪河桥正在进行下部结构立柱、盖梁施工）。②S324 浏阳沙市至赤马湖公路。项目全长 6.43 公里，全线按设计速度 60 公里 / 小时二级公路标准建设，路基宽 10 米，路面宽 8.5 米，沥青混凝土路面。8 月初，项目开工建设，正在进行路基工程施工。③大浏高速蕉溪互通至 G319 连接线（梁高公路）。项目全长 4.09 公里，全线按设计速度 40 公里 / 小时二级公路标准建设，路基宽 8.5 米，路面宽 7 米，沥青混凝土路面。9 月，项目开工建设，正在进行路基工程施工。2. 续建项目：①金阳大道。一期工程开始部分路段路面垫层、第一层水稳层施工；8月28日，二期工程开工建设，正在进行路基和管涵施工；三期工程列入“十三五”国省干线公路建设计划。②S202、S319大浏高速茶林互通－白沙公路一期工程（大围山旅游干线）。项目全长19.6公里，全线按设计速度40公里/小时二级公路标准建设，其中起点至中塘段6.7公里路基宽10米，路面宽8.5米；中塘至四方丘段12.9公里路基宽8.5米，路面宽7米；沥青混凝土路面。2014年6月9日项目开工，截至2015年年底，项目全线路基土石方完成85%，桥梁正在进行下部结构施工，大围山隧道顺利掘进2280米（全长2920米）。3. 建成通车项目：①S203浏阳荷花－沿溪公路（一期）。项目全长7.611公里，全线按设计速度60公里/小时二级公路标准建设，路基宽10米，路面宽8.5米，沥青混凝土路面。2014年6月13日项目开工，2015年11月中旬建成通车。②S319浏阳黄花洞至社港公路。项目全长14.212公里，全线按设计速度40公里/小时二级公路标准建设，路基宽8.5米，路面宽7米，沥青混凝土路面。项目全线分三个标段进行施工建设，2014年6月1日开工，2015年12月10日建成通车。③G354浏阳关口至集里公路（西北外环浏永至浏东段）。项目全长8.09公里，全线按设计速度80公里/小时一级公路标准建设，路基宽24.5米，路面宽23米，沥青混凝土路面。2014年3月18日开工，2015年9月25日建成通车。④S202浏阳荷花至文家市公路（荷文公路）。项目全长36.105公里，全线按设计速度60公里/小时二级公路标准建设，路基宽12米，路面宽9米，沥青混凝土路面。全线为一个整体标段，划分为六个工区进行施工建设，2014年5月29日开工，2015年11月25日建成通车。⑤G106大瑶绕镇线。项目全长5.14公里，全线按设计速度60公里/小时二级公路标准建设，路基宽12米，沥青混凝土路面。2015年12月8日建成通车。三、农村公路建设。建设农村公路304.5公里，实施安保工程156.3公里（其中投入1000万元在全市范围内实施110公里校车运行线路危险路段安保工程）；完成大围山镇、金刚镇两个“管养示范乡镇”和S202平江长寿至浏阳（界岭－大围山段）等9条总里程为56.3公里的“文明示范路”创建工作；完成“十三五”农村公路基础数据调查外业工作，完善“十二五”农村公路基础数据库，新增农村公路1730条/1360公里、桥梁460座/6300延米（均进入省数据库）。（刘　锋）

【安全监管工作】 组织客运企业开展安全隐患排查工作和有效空间专项排查活动，落实“五级五覆盖，五落实五到位”［五级五覆盖：在省、市、县（市、区）、乡镇（街道）、行政村（社区）五级做到“五个全覆盖”，即“党政同责”全覆盖；“一岗双责”全覆盖；“三个必须”（管行业必须管安全、管业务必须管安全、管生产经营必须管安全）全覆盖；政府（行政）主要负责人担任安委会主任全覆盖；各级安全监管部门定期向本级纪检、组织部门报送安全生产情况全覆盖。五落实五到位：五落实即明确企业董事长、党委书记、总经理对本单位安全生产同时担责；企业安委会主任由董事长或总经理担任；企业领导班子成员承担相应的安全生产工作职责，做到一岗双责；企业安全生产情况定期向董事会、业绩考核部门报告，向社会公示；企业内部配齐配强专门的安全生产机构和注册安全工程师等专业人员。五到位即安全责任到位、安全投入到位、安全培训到位、安全管理到位、应急救援到位］和“三三”（涉危企业实时监控、隐患排查治理和应急救援指挥三大体系建设，煤矿与非煤矿山、危险化学品与烟花爆竹、道路与水上交通三大高危行业安全基础工作，重大事故发生地永久警示、企业风险实时公告和领导干部安全生产实时提醒警示三项制度）重点工作；每月不定期对公交车辆进行2次以上安全部件检查和安全隐患排查，及时消除重大隐患；每天组织人员上路对出租车进行安全隐患排查，全年检查车辆6600多台次，查处违法违规及不文明出租车270余台次，下发安全整改通知书50多份；组织人员对3个客运站场和5家道路客运企业进行安全检查，排查整改安全隐患60多处；春运期间发送旅客59万多人次，无旅客滞留、无交通安全责任事故、无重特大交通事故发生；开展辖区内道路货物运输企业、货运站场、机动车维修经营企业进行安全检查，开展专项执法行动77次，查处各类违法违章车辆127台次。（刘　锋）

【治超工作】 按照“逢车必检、逢超必卸、逢超必罚”的原则，对通过荷石公路的大、中型货运车辆进行24小时不间断检测，全年检测车辆48200台次，卸载超限货物上千吨，依法处罚103台次，有力地打击超限超载行为；积极参与全市治超“降围行动”“百日行动”“边界行动”，检查车辆500多台次，处罚车辆70多台次。（刘　锋）

【“打非治违”工作】 实行“一岗双责”“区域责任制”，坚持文明执法，全年组织辖区交管站在大瑶、沿溪、官渡等乡镇开展7次集中整治；联合市交警大队、城管局、旅游局等相关单位开展5次专项整治行动；7月起，每月会同市交警大队不定期开展2次以上的摩托车整治行动；10月下旬，开展全面整治交通秩序、车容车貌专项行动。开展错时治违行动和加强空档时间执法工作，打击非法营运。全年开展集中执法行动110次，检查各类社会车辆1682台次，劝导违规班线车辆479台次、非法营运嫌疑车辆386台次，查处非法营运社会车辆159台次、非法营运摩的14台次、班线车牌证41块次，维护良好的客运秩序。（刘　锋）

【城乡公交一体化工作】 完成《浏阳市城市公交优先发展实施意见》编制和《浏阳市城市公交发展规划》修编；投入600万元更新公交空调

车20台（其中10台为新能源车）；扩容改造公交总站，硬化站场1000平方米，新增公交车位40个；投入90万元完成2015年度公交站亭（牌）新改建；完成行政中心公交首末站选址和建设资金申报工作。

（刘 锋）

【“城乡统筹 环境同治”工作】组织开展环境整治行动50多次，对各客运站场例行督查80多次，下发整改通知书50多份；办理网格化交办件61件，全部按时整改到位。组织长沙市季度文明指数测评和清洁城市暗访考评及浏阳市城乡环境综合治理综合考评等迎检工作。

（刘 锋）

公 路 管 理

浏阳市公路管理局

党委书记、局长
黄永忠（2015.09免）
陈建政（2015.09任）
副书记 李坤星（2015.09免）
党委委员、副局长 罗学贤
曾永昌 娄杏明 黎初文
高 峰
党委委员、纪委书记、工会联合会主席 黄 峰

【概况】浏阳市公路管理局是浏阳市所属正科级全额拨款事业单位。2015年，该局有干部职工515人，其中在职304人，退休211人。局机关设办公室、政工人事科、财务审计科、工务科、法规安全科、纪检监察室6个科室，辖路政执法大队（含杨家超限检测站）、养护服务中心2个副科级单位。负责全市辖区内2条国道(G319、G106)、4条省道（S309、S310、S103、S211）和16条主干县道共计591.291公里干线公路的建设、养护和管理工作，其中国道157.301公里，省道182.828公里，县道251.162公里，桥梁183座，隧道4座。完善浏永、大瑶两个中心养护站建设，建设隧道便民服务区。对山田、长青、黄冈、礼耕、沙市、渠城等14座管养站房进行维修。浏永中心养护站积极开展创建活动，通过长沙市总工会“工人先锋号”考核验收。加强党风廉政建设，制定《浏阳市公路局工作人员操办婚丧喜庆事宜的暂行规定》。2015年，该局以迎接全国干线公路养护管理检查为契机，加快项目建设，加强日常养护，加大治超力度，进一步优化路网结构，提升路况水平，保障公路安全畅通，圆满完成全市干线公路建、管、养任务。

（周宇锋）

【工程建设】完成S326线（S310）大文公路大瑶至文家市集镇段大修29.8公里、G319线浏大公路大修13.18公里、S103线跃龙至彭家坳段、浏北路口至江背段大修共12.6公里、S309线铁树坳至大桐岭路段大修16公里、X002线东门至白沙公路大修9.43公里，完成G106线花炮广场至蕉溪岭段中修6公里，完成G319线浏永公路路面维修23.9公里，新建荷文公路36.1公里，完成花炮大道立交桥西至花炮广场段路面提质改造，完成G319线蕉溪岭、天马山隧道消防和照明改造，完成X007线浏青公路浦梓港桥桥面改造。2015年，市公路管理局完成干线公路大、中修105公里。

（周宇锋）

【公路养护】全年投入公路养护资金3000余万元，完成路面换板29135平方米，板底压浆15000平方米，坑槽修补95000平方米，清灌缝219公里，修复钢护栏5719米，安设道口桩312根，更换标志牌326块，补划标线19192平方米，安设广角镜34套，太阳能警示灯17盏，维修隧道灯具1416盏，更换隧道墙板1160块、盖板2450块，清理垮方4627立方米，清理边沟淤泥1340立方米，新增涵洞167米，绿化种植52718平方米，行道树施肥5122棵，白蚁防治5093棵。组织桥梁定期检测和黄柏大桥特殊性检查，设置一桥双牌限载标志360块，信息牌161块，完成桥梁伸缩缝维修24米，栏杆维修104米，栏杆刷漆3466米，桥下清淤231立方米。增设公路可变信息情报板2块、天马山隧道大型显示屏1块；安装隧道、天马大桥养护监控系统。2015年，该局顺利接受交通运输部五年一次的全国干线公路养护管理检查。

（周宇锋）

【路政管理】加强公路日常巡查，及时查处违法行为，全年下达《消除违法行为通知书》327份，拆除违法建筑40处1486平方米，清理路障516处；查处路产赔偿案件31起，收取赔（补）偿款127万元；办理行政许可5起；受理建房申请198户，审批建房46户。清理整治全市干线公路两旁违法、无序设置的非公路标志标牌，督促自行拆除非公路标牌202块，强制拆除210块，取缔公路沿线摆摊设点218处。加大路产路权维护和专项整治力度，及时修复或补齐损坏的公路标志标牌和其他附属设施，全市干线公路路域环境进一步优化。（周宇锋）

【治超行动】采取固定站点与流动巡查相结合，加大对违法超限车辆和改装车辆的打击力度。在杨家超限检测站安装首套不停车预检系统；针对江西牌照车辆严重超限运输现象，切实开展边界治超行动，70余名执法人员24小时轮守浏阳大瑶汇丰路口，对江西过境超限车辆进行集中重点整治。全年检测货运车辆73560台次，处理超限车辆1041台次，卸载或转运货物14948.5吨，罚款150万元。车辆超限超载现象得到遏制，站点超限率下降到0.1%以下。

（周宇锋）

地 方 海 事

浏阳市地方海事处

党支部书记、处长 危 恒

【概况】2015年，浏阳市地方海事处有干部职工6人，内设办公室、安全监督科、船舶检验科、船舶船员科、航道管理科和运输管理科6个科室，是湖南省长沙市地方海事局内设派出机构，正科级全民事业参公管理部门。根据湖南省交通厅文件湘交安字〔2007〕632号《关于印发湖南省各级海事机构海事业务

工作职责的通知》并结合浏阳实际，其主要职能职责：贯彻执行国家和地方安全生产方针、政策、法律、法规、规章和规定；做好水上交通安全监督工作；负责海事安全监督业务情况和数据的收集、汇总、上报和归档；及时研究辖区水上交通安全情况，督促县（市）乡（镇）政府落实水上交通安全管理责任制，及时提出整改意见，向县（市）政府汇报；督促乡（镇）政府落实渡运现场安全管理措施；完成上级交办的其它任务。

安全监督　对浏阳通航水域10个乡镇、街道共21道渡口（其中视频渡口2道），定期进行现场安全监管，“四客一危”营运船舶检验率100%；层层签订安全目标管理责任书，督促有关部门和乡镇政府、街道办事处落实乡镇客渡船“六不发航”制度。全年下达安全管理文件48份，下达安全隐患整改通知书8份，排查发现制止违法行为3起，分解报废老旧客渡船9艘，隐患排除率100%。根据漂流行业和库区（景区）旅游船舶主管部门要求，配合相关部门联动，对漂流行业和库区（景区）旅游船舶定期或不定期进行安全检查。全年发放各类宣传资料500余份、《水上安全知识读本》240册、《渡运安全注意事项》30份，发布预警信息747条，重新完善和修订《浏阳市水上搜救应急预案》。开辟安全生产月宣传栏，制作《航道法》《长沙市旅游船舶安全管理暂行办法》宣传栏，提升安全意识，防范水上交通安全事故发生。举办辖区签单员、船管员、船员安全知识培训班，65人参加培训，22名船员参加培训、考试、发证。支持市政府中心工作，全年实行水上交通安全管制22次。

基础工作　规范办事流程，重新修订《制度汇编》《职责汇编》；健全机制，建立健全水上交通安全管理体系和党风廉政建设长效机制；严格程序，全年办公室共收公文200余件，发文95件，报送各类汇报材料20余件，报送各种信息110余件。配合市人民政府及有关部门做好计生、文明创建等各项工作。

设施建设　2014年下半年至2015年上半年，辖区共改建12道新型标准化渡口；2015年8月，16艘新型标准化客渡船投放至辖区各渡口，新渡船运营基本良好；2015年，浏阳市水上交通应急救助专用码头建成并投入使用，海事应急救助船艇纳入长沙市财政采购计划。

（李思思）

邮　政

中国邮政集团公司湖南省浏阳市分公司

党委书记、总经理　李晓敏
副总经理、工会主席　文拥军
副总经理　胡文利　刘乐俊

【概况】　2015年，中国邮政集团公司湖南省浏阳市分公司完成储蓄净增4.5亿元、保险1.1亿元，理财保有量3亿元，金融总资产完成8.6亿元，总资产比2014年同期多净增2.87亿元，金融总资产净增绝对值在省公司市县分公司排第一名，同期增幅50.1%。1-12月累计完成储蓄收入5530.23万元，为年计划进度105.44%，截至12月31日，邮政储蓄余额达335606万元，年累计净增47086万元，创历史同期净增最高，比2014年同期多净增5096万元，活期比重40.23%；理财净增27650万元，理财保有量33330万元；代理保险10700万元，金融总资产规模达85436万元；浏阳分公司储蓄余额市场占有率居浏阳第二位，比2014年增长0.56个百分点，新增占有率排在浏阳13个商业银行中第三，比2014年增长-0.04个百分点。全年开展理财沙龙736场，比2014年增长2.76亿元，同比增长128%；保有量达33330万元。（浏阳分公司市场部）

【经营业务】　2015年，浏阳分公司谋划金融业务发展。一季度抓储蓄规模，开展“每日星星”争霸赛、邮储“开门红”PK赛、营业员“亮单策反赛”等活动；二季度抓邮储保卫战，开展营销团队及营业员个人挑战赛、“奋战45天”转型跨越赛，以转型促发展，营造网点之间比贡献、比业绩、争荣誉的氛围；三季度抓服务促余额发展，开展营业员争先创优竞赛，提升服务能力，强化厅堂致胜，同时开展“奋战37天，两节双抢”争霸赛，以大走访为基础，变“要我走访”为“我要走访”，以主题营销为契机，一天一PK，一周一评比，一月一调度，打破历年第二、三季度下跌现象；四季度抓邮储存量发展，完善个人营销系统基础维护，做到客户维护责任到人，开展综合服务平台客户大走访，加大绿卡村建设，结合积分卡送积分发卡活动，基础客户粘合度增强，同时利用长沙市公司劳务工转聘政策，积极动员，发挥潜力，金融业务实现年初制定的计划目标。团队管理：转变营销观念，加强队伍建设，完善绩效考核办法，建立以业绩为基础的薪酬分配制度，推动营销方式由考核型向激励型转变，由指令型向自发型转变。开展营销团队PK、个人挑战竞赛，将邮储、保险、绿卡、短信、理财、电子银行六项业务列入团队和个人计分范围，将团队分为营业员团队、营销团队和投递员团队，在季度末根据完成情况PK打分，胜方获得一定奖励。机关人员对网点实行一帮一挂钩帮扶，提升团队协作精神，推动各项业务发展。夯实基础：扩大邮政影响力，吸引更多客户，公司全年开展“感恩客户•存款有礼”活动，并分季举行“存财送福”“爱心温暖回乡路”“激情六月”“争先挑战”走访大比拼、放电影等活动，借助存款送手机和协议存款的宣传，对客户进行走访宣传，摸清储源，扩大邮政影响率，登记好客户信息做好回访工作，有目标、有措施、有重点地稳住老客户，开发新客户，市场占有率得到有效攀升。同时利用网点装修开业之际，对周边商户和居民进行地毯式拜访，以优质的服务进一步增强网点核心竞争力，大瑶分公司开业当天余额净增1627万元，创浏阳开业余额净增之最，劳动路营业部开业当天净增948万元，再创新高。全公司有5个分公司年净增余额达2000万元以上，13个分公司年净增余额达1000万元，公司全年累计深度拜访客户

10万户，新增客户83499户。截至11月，绿卡发放67974张，短信加办105689户，网银完成19902户，手机银行完成23146户，居长沙市邮政公司第一位。项目支撑：全年开展理财沙龙736场，比2014年增长2.76亿元，同比增长128%；保有量达33330万元。以项目为突破口，主动贴近市场，开发代发工资、代发拆迁款等重点项目，公司余额规模快速增长。全年开发代发工资38户，代开卡8000张；采取主动上门服务方式，揽收多家学校学费，金额达2000万元；荷花、百宜、劳动路、集里、北盛、古港、洞阳等分公司揽收拆迁土地款近9000万元。开辟商演新业务：4月，响应省、市公司组织开展《木偶奇遇记》儿童剧商演，销售门票金额1925张，创收45.6万元；11月，开展《熊来了》儿童剧商演，销售门票1622张，创收22万元。（浏阳分公司市场部）

【企业管理】激励机制创新：坚持“留能汰劣”原则，以业绩为导向，进一步优化人事奖惩机制。按区域划分成立5个分局，通过演讲、现场问答、员工评分等方式，择优选取5名分公司经理；在公司范围内实行双向选择，一批青年员工担任支局长，为企业注入新鲜活力。职工素质提高：全面落实省公司“四个压缩”（压缩机构、压缩领导职数、压缩管理人员、压缩用工总量）工作部署，结合省、市分公司减员增效工作要求，不断规范用工管理，严格控制用工总量，优化人员结构，减少不必要的生产作业环节和邮政营业台席外包，精减人员26人。加强员工培训，建立员工周三培训制度，全年组织专题培训50余场，组织开展“学业务、练技能、争当技能标兵”的岗位练功大比武活动，102名营业员、119名投递员和12名转运人员参与。服务提升：成立综治安全领导小组，层层签订责任书。实行统一着装、挂牌上岗和站立服务，统一标准制作业务宣传牌、业务范围，分公司营业厅上墙制度规范化。强化“6S”：清理（SEIRI）整顿（SEITON）清扫（SEISO）安全（SAFE）规范（SEIKETSU）素养（SHITSIJKE）现场管理，对33个网点进行全盘整顿。投入6万余元对5个加钞未与现金区相连的网点进行改造，消除安全隐患。健全和落实28个网点金库异地值守制度，并定期实行夜检，确保企业资金、人身安全。全年组织2次员工消防安全知识专项培训演练。人文关怀：改善一线职工生产生活条件，促进企业与职工的和谐发展，截至12月底，已创建星级职工小家17个，为分公司新配备冰箱3台、电视机4台，为城区网点营业员提供午餐，机关大院更换8000元健身器材。全年慰问职工80次，慰问金达18000元，为多位困难职工申请困难补助，资助金额达15000元，组织女职工参加妇检，为退休人员上门建模建档，并完善“访、探、贺”制度。效益原则凸显：优化人员配置，加大员工培训力度。压缩机构和岗位数量，实行动态工作制，盘活人力资源，充实前台一线。完善员工绩效考核机制，强化营销队伍和专业领军人物建设，提高分公司经理待遇，提升员工责任感和执行力。加强财务管理。做好成本费用预算，加强欠费、库存、业务资金的管理，严格遵守财务制度，及时做好资金上缴，有效促进营销模式转变和营销水平提升，实现企业良性发展。

（浏阳分公司市场部）

电　信

中国电信股份有限公司湖南省浏阳分公司

党委书记、经理

付　虎（2015.07 免）

陈　浩（2015.07 任）

副经理　蒋　涛(2015.11 免)

张龙秋　钟　旭

【概况】2015年，中国电信股份有限公司湖南省浏阳分公司有职工393人，其中在职职工262人，离退休（含退养）职工131人，设有3部（综合部、销售部、网络部）及23个支局。全年业务收入完成11718万元，完成认购预算比95.38%，其中固话收入完成7479万元，移动收入完成4239万元；新增宽带15836户，计费用户净增4982?户，完成年度计划净增数33.43%；完成移动业务24547户；完成ITV业务17020户，净增12473户，完成年度预算净增83.70%。截至12月底，浏阳电信累计完成光网建设投资2亿元，拥有全市最大的光缆基础通信网，实现城区光网全覆盖，普通宽带网速达到50M；完成230个村光网改造，完成率近70%；2015年数据网络投资2200万元，宽带网络出口带宽达到200G，乡镇宽带带宽扩容到20G，实现浏阳宽带网络全覆盖；4G站点建设投资2000万元，新建160个，4G基站达到230个，覆盖浏阳全辖区。（陈楚麟）

【业务发展】营销策略突破：2015年公司加大渠道建设，8-12月，新建商圈门店6家，专营门店27家；通过行业应用、产品融合、新业务应用等多模式实现政企客户中高端切入，提升客户价值及感知；城市公众市场以维系促发展，以“智慧家庭”为切入点，通过宽带＋手机＋电视保存量或宽带＋ITV稳定并拓展市场；农村市场以光网整村推进营销，拟建、光网覆盖不高的光网村摸底预收款营销，新建光网村新装转实营销。宽带光网能力提升，维系管控力度加大。光网能力建设：以合作共建为主，合作运营为辅，发挥前后联动团队力量，迅速将能力到位，做好平移和发展，提升宽带、光纤电视发展。宽带渠道拓展：一是对小区常态宣传动作进行规范，与网格厅结对营销，做好物业或异业合作代理，通过对辖区内小区分为FTTH小区、成熟小区、竞争激烈小区、无网络能力小区四类，根据不同小区特点采取不同营销方法定点发展。针对每个小区明确营销目标、营销策略、营销模式、责任人、跟踪分析营销效果。二是扩展网络服务，推进“信息惠民、宽带乡村”光网建设工程。5月15日，在大瑶成功召开“信息惠农•宽带乡村”现场会；，8月19日，举行全市范围的“全力推进浏阳农村光网建设”

动员会。会后，公司农村光网建设得到政府部门大力配合，相关工程正在进行中。宽带维系策略。宽带续费五到位，提前1个月语音通知到位、当月未按时续费客户通过电话或上门通知到位、不续费原因收集到位、提速不提价宣传到位、渠道承接落实到位。拆机挽留流程化。前台设立挽留台席，根据用户拆机原因进行针对性挽留，授权挽留人员适当的优惠权限，对投诉拆机的客户，由前台派单到问题责任部门，通过解决问题挽留；对前台无法挽留用户，派单到客户经理上门挽留。（陈楚麟）

移动通信

中国移动通信集团湖南有限公司长沙市浏阳市分公司

党支部书记、总经理　余明哲
副总经理　文　磊
　　　　　张　慧（女）
副总经理、工会主席　黄　海
总经理助理　蔡　萍（女）

【概况】 中国移动通信集团湖南有限公司长沙市浏阳市分公司下设综合部、市场部、网络部、政企客户中心、互联网运营中心，建立5个区域营销中心和1个自营服务厅，现有在职员工213人。分公司主要负责中国移动通信网（包括2G、3G和4G网）在浏阳地区的建设、维护、发展与管理，经营范围包括移动话音、数据、手机终端、光宽带和多媒体业务，并具有计算机互联网国际联网单位经营权和国际出入口局业务经营权。除提供基本话音业务外，还提供传真、数据、专线、集团固话、一网通、物联网、校讯通等多种业务，拥有“全球通（4G套餐）”“神州行”“动感地带”三大服务品牌，2013年推出主打商业品牌“和”；客户号码段包括“139、138、137、136、135、134（其中134号段中的1349段被分配给‘全球星’卫星手机）”“147”“159、158、157、152、151、150”“178、182、183、184、187、188”。（刘智华）

【业务发展】 2015年，浏阳市分公司切实提升“4G发展、业务增长、市场把控、网络支撑、企业管理”五大能力，高效推动转型升级，圆满完成生产经营目标任务，实现“十二五”规划完美收官。全年完成税收3000多万元；拓展4G用户30余万户，移动通信市场份额占比达80%以上；发展光宽带2万余户；新增渠道119家，一、二级渠道累计1000余家，解决就业人员3000余人，渠道服务网点遍布各乡镇、行政村（社区）。建设“数字浏阳”作贡献，大力拓展政府广场无线WIFI、安监专线、政府内网及外网、视频林火监控等行业应用，积极推进移动互联网与现代服务业的融合发展。（刘智华）

【网络建设】 按照市委、市政府实施“网优浏阳”工程的工作部署，根据“做广、做深、做厚”的原则，快速推进LTE三期工程建设，完善农村4G网络，为当前4G行业应用及信息化推进提供良好环境。累计建设4G基站1300多个，实现4G网络在农村地区的95%深度覆盖。大力实施“信息惠民·宽带乡村”工程，全年建设光宽带端口3.2万线。做好第十二届中国（浏阳）国际花炮文化节、胡耀邦诞辰100周年纪念、七夕音乐节以及因鼎功变电站建设有序供电期间的通信保障工作，公司出动通信应急车100余次、油机300多台、1000余人次。（刘智华）

【客户服务】 公司牢固树立“客户为根、服务为本”的理念，创新服务方式，提升客户感知，加快将服务领先优势转化为市场竞争优势，实现整体客户满意度、NPS、网络质量满意度领先程度均名列全区前茅。一是以客户体验管理、全方位协同、全触点管理为突破口，构架互联网服务体系，加快将互联网打造成服务客户的主阵地，形成实体渠道、10088外呼、网厅、微信、微博等线上线下资源共享、无缝衔接的服务格局。二是强化投诉处理，维护客户权益。深化投诉集中化管控，坚持对标管理、闭环管理，优化投诉处理流程，压缩处理时长，提升处理效率。同时，狠抓解决垃圾短信、不知情定制等客户关注的焦点、难点、热点问题，严肃惩处、问责侵害客户利益的行为。三是面向客户感知，开展网络优化。2015年主要针对长浏高速、浏阳至北区社港、浏阳至东区大围山、浏阳至南区文家市、浏阳至西区镇头共计5条重点干道进行网络优化，处理问题点60余处。在36个乡镇及工业区LTE专题优化工作中，将乡镇LTE下载速率提升到30Mbps以上。积极致力惠民，以“两节促销”、“5·17”电信日、节假日优惠促销活动为契机，开展存话费送4G手机、办理宽带送礼品等系列优惠活动，真正回馈广大用户。（刘智华）

【精神文明建设】 注重精神文明建设工作，坚持物质文明和精神文明相互促进、协调发展，围绕铺设、巩固、提高、延伸的创建发展方针，积极配合浏阳市委、市政府开展各项创建活动。2015年，携手浏阳市委宣传部连续十一年开展“万副春联送万家”活动；牵手浏阳市集里街道禧和社区开展“美丽浏阳·幸福家园”文明共建活动；自发募集“爱心助学基金”资助沙市镇秧田完小贫困学生。同时，分公司成立学雷锋志愿服务队，定期开展义务献血、文明劝导、旧物捐助、敬老院服务行以及参与公益救援等活动，每月开设“道德讲堂”按照“九个一”（作一次反省、唱一首歌曲、学一个模范、诵一段经典、学一些知识、发一个善心、送一份吉祥、行一个大礼、做一件善事）流程组织学习，内提素质、外树形象，积极践行“正德厚生·臻于至善”的核心价值观，塑造良好企业公民形象，力争为浏阳发展做出更大贡献。（刘智华）

联合网络通信

中国联合网络通信有限公司浏阳市分公司

党支部书记、总经理　廖伟林
总经理助理　于　锦　王　昊
工会主席、纪检组长　周景龙

【概况】 2015年，中国联合网络

通信有限公司在浏阳区域设浏阳市分公司、洞阳新区营销部、沿溪营销部3个分部。截至12月，公司从业人员187人，产业链上的从业人员有2000多人，辖区内用户数达22万户。联通通信网络和服务网点遍布全市城乡，2011—2015年缴纳各种税收1亿多元。（肖优珍）

【业务发展】 积极构建“多渠道、多终端、多元化、多层次”的现代农村信息综合服务网，服务广大农民，通过信息化推进新农村建设。加快宽带光纤改造和宽带进村战略，着力发展乡镇网络建设，浏阳联通无线网络乡镇、行政村社区覆盖到达率实现100%。截至12月底，浏阳联通累计完成收入15155万元，移动电话用户达20余万户，固网用户数达2万余户，经销渠道近800家。（肖优珍）

【网络发展】 全面完成4G网络建设，LTE工程开通36个站点，2015年WCDMA工程计划开通320个站点，实际开通359个站点，行政村3G叠加开通221个站点，完成沪昆高铁18个站、“胡耀邦诞辰100周年纪念活动”专项10个站建设。截至12月，2015年度累计完成370个接入网项目建设任务。完成浏阳市城区100%的ADSL覆盖区域的光进铜退改造工程。全年新覆盖用户数21000户；数据端口新增24600个，完成广电无线建设50个。经过五年建设期，完成浏阳城区、乡镇网络全覆盖，全市65%的行政村社区资源覆盖。（肖优珍）

城建·环保

浏阳市花炮大道　(图片来源：市住建局办公室)

住房和城乡建设

浏阳市住房和城乡建设局

党委书记、局长　张益平
副书记、副局长　袁德政
副书记、纪委书记　陈昌清
党委委员、副局长　潘润华
　黎　毅　寻　江
副局长、总工程师　全先林
党委委员、工会联合会主席
　高俊杰

【概况】　浏阳市住房和城乡建设局是主管全市住房和城乡建设工作的政府工作部门，负责全市建设工程质量与安全监督、建筑行业管理、勘察设计行业管理、建设市场管理、燃气行业管理、村镇建设管理和指导、建筑节能、市政园林等行政管理工作。2015年，浏阳市住建局围绕“精建新城、提质老城，推进新型城镇化”战略，大力推进项目建设，加快城乡融合，完善城镇功能，强化行业监管，圆满完成全年各项目标任务，浏阳住房和城乡建设事业实现健康发展。根据浏发〔2015〕6号文件，将市气象局防震减灾职能划入市住建局，将市城乡规划局的行政职能、市住房保障局的行政职能适时划入市住建局；根据浏编委发〔2015〕30号文件规定，将市水务局承担的城市供水、城镇排水、城镇污水处理的管理职责划入市住建局。

城市建设　城市品位全面提升：投入1.2亿元，完成花炮大道路面、排水、绿化、电力下地、弱电共管、文化元素、人行道公交站附属设施7个方面的提质改造；建成烟草局（分公司）门前等3个街头花园；提质改造北正北路等3条人行道、回龙巷等6条背街小巷；建成10处城区街头直饮水点、5座环保公厕、1座土建公厕；完成龙泉港等3座桥梁的加固改造；启动城区地下管线普查，主城区功能得到完善。村镇建设：历时3个月，围绕“红瓦、白墙、绿屋场”的整体风貌对荷文公路两厢房屋进行立面改造，改造1220栋，拆旧建新46栋，拆除土坯房67栋，打造荷文公路“红色文化”之旅和美丽乡村风光画廊。完成3180户农村危房改造，超额完成350户；组织镇头等3个乡镇获批“集镇污水处理设施建设”项目、永安等5个乡镇获批长沙市示范村镇“以奖代补”项目、淳口等8个乡镇获批长沙市小城镇建设“以奖代补”项目、官渡等2个村、镇申报“全国美丽宜居小镇及村庄”；大瑶镇入选湖南省首批“美丽乡镇”；开展浏阳市推进国家新型城镇化综合试点工作；编制《浏阳市“十三五”时期新型城镇化建设规划》；实现农民进城3.4万人，城镇化率达58.6%、增长3.2个百分点。公用事业发展：建成公共自行车系统第四、第五期，实现城区和“两园”一卡在手，通借通还，自行车总量达4500辆、站点225个，日均借车10000次以上。建成永安—洞阳次高压燃气管线6千米；启动城区、大瑶和东区3个天然气储配站及镇头LNG瓶组站建设；建设城镇中低压市政管网45千米；加大老旧小区燃气管道配套设

浏阳市思邈公园广场　(图片来源：邓立波／摄影)

施改造，新增城镇管道天然气用户6500户。

建筑市场监管 行业管理逐渐规范：完成招投标项目21个，合同备案项目140个；办理施工许可证305本，建筑面积约216.9万平方米，工程造价34.9亿余元；竣工验收备案工程280个，工程竣工验收合格率100%。建筑业平稳发展：建筑业企业完成产值35亿元，同比增长40%；积极组织建筑业企业完成换证，新增资质2家，完成技能鉴定2216人次；监控19个房产项目，实现农民工工资保障金2472万元，并适时按要求解控。执法监督力度不断加大：积极整治住建领域违法行为，开展“打非治违”专项行动，加大对违法违规行为的查处力度。执法巡查410项次，下发隐患整改通知书145份、停工通知书62份，行政处罚131宗，行政罚款108.5万余元；大力推进行政审批制度改革，制定行政审批权力清单和责任清单，清理规范行政审批前置条件和中介服务事项；切实加强法制审查工作，案件合格率达100%。

建设工程安全质量管理 施工安全更加规范：安全监督严格执行监督规范化、信息化，全面推动安全质量标准化建设。新增受监工程177个、建筑面积约218万平方米，受监工程监督覆盖率100%。开展“打非治违”、质量安全季度大检查、高边坡深基坑建设等安全生产专项检查，建筑施工安全得到巩固，全年未发生工程质量事故和一般（以上）安全事故。质量监督得到加强：切实规范五方责任主体行为，将工程质量责任落实到人；严厉打击违反基本建设程序和建筑施工转包违法分包行为，实施建设工程质量检测机构入浏登记、检测合同备案登记等制度；全年申报纳入安全、质量标准化工地目标管理项目22个，申报结构质量优良工程12个，申报鲁班奖工程1个。城建档案管理细致：严格执行“一书两证”制度，主动开展业务指导，与建设单位共签定报送档案责任书174份，审查竣工验收资料106个项目，开出初验认可证106份，合格证25份。

建筑技术 勘察设计和建筑节能管理到位：做好工程初步设计评审工作，为工程设计把好技术关，对西北环线景观等市政工程和碧桂园四号地块等建筑工程共112个项目下达初步设计批复，办理施工图审查备案201项；办理节能设计备案165项，节能设计备案率达100%；办理节能专项验收备案37项，新建建筑节能强制性标准执行率达100%；继续做好可再生能源建筑应用示范项目相关工作；共申报6个绿色建筑项目，超额完成绿色建筑创建目标；对严家冲等4个小区既有建筑进行节能改造，改造面积达12.74万平方米。建材工作亮点纷呈：强化墙材产品质量、安全生产管理，积极推广应用预拌砂浆；以政府名义出台《关于禁止现场搅拌混凝土的通知》，禁现工作覆盖到乡镇；散装水泥统计工作、墙体材料革新工作获上级表彰；新增3家省级新型墙材认定企业；组织金刚等2个乡镇申报2016年度长沙市农村地区推广应用新型墙材示范乡（镇）。房屋安全和装饰装修扎实推进：组织开展全市房屋（构筑物）安全隐患排查4次、危房治理督办2次；对全市4952栋存在安全隐患的房屋进行排查摸底，建立房屋安全隐患管理台账；主动应对群众关于房屋安全方面的投诉，督促责任人及时进行鉴定和加固处理；做好浏阳市装饰装修换证工作。

（唐文波　周文钰）

【浏阳市建设工程质量安全管理办公室】 浏阳市建设工程质量安全管理办公室为市住房和城乡建设局管理的副科级差额拨款事业单位，有干部职工37人，负责贯彻执行国家和地方有关建筑工程质量、安全生产的法律、法规、标准、方针、政策，依法依规对全市建设工程质量、安全实施监督管理。2015年，办理受监工程180个（其中市政工程22个），建筑面积约218.7万平方米，造价约1138102万元；竣工验收工程83个，建筑面积约163.5万平方米，备案工程349个，建筑面积约189.8万平方米，验收合格率100%；申报工程质量结构优良18个，面积86.9万平方米。落实五方主体责任，规范建筑市场，开展工程质量两年行动，加强检测机构管理和监理单位监管，提升工程质量，加大现场监管力度，常态化开展领导带队“打非治违”暨安全生产专项检查，重视安全生产教育宣传，全面保障施工安全等方式，稳步提升浏阳市工程质量水平，维持安全态势平稳。（冷正棋）

【浏阳市建设监理公司】 该公司是一家拥有房屋建筑工程甲级资质、市政公用工程乙级资质的监理单位，有职工102人，其中全国注册监理工程师25人，注册造价工程师2人，注册一级建造师7人，全国公路监理工程师10人，省监理工程师、监理员70余人。公司秉承“诚信规范，追求卓越”宗旨，传递“和、信、精、勤”企业精神。坚持以信誉求生存、以质量求效益原则，坚持“诚信、守法、公正、科学”方针，树立质量意识和服务意识。围绕“外创品牌树形象，内抓管理增效益，稳中求胜谋发展，创新机制添活力，理顺关系创佳绩”指导思想，积极开拓市场。全年与建设单位签订监理委托合同49个，营业收入676.46万元，完成税收近71万元。主要对恒大华府三期、君悦城、太悦城、花炮大道提质改造等项目进行监理，已竣工工程质量合格率100%，其中浏阳市烈士（陵）公园建设工程被评定为湖南省优质工程。2015年，公司完成文明单位和青年文明号创建工作，并获得浏阳市“文明单位”和“青年文明号”。（陈统根）

【浏阳市建筑勘察设计院】 该院创立于1978年，是一家拥有地质勘察乙级资质、市政行业设计丙级资质、建筑设计行业丙级资质的专业单位。主营业务有地质勘察、桩基检测、建筑设计、环境设计、市政设计、园林设计等。现有干部职工50余人，其中拥有全国注册岩土工程师3人，注册二级建筑师、结构师数名，技术力量浑厚扎实，从业30多年来，精益求精，从未出现任何质量安全事故。始终坚持“守职笃行、担当奋进、忠诚奉献、务实求精”

的浏阳住建文化精神，以质量过硬创一流品牌，以服务贴心赢优良口碑，秉持“两升一降两加强”（市场占有率升高、资质等级升级，生产成本降低，加强内部管理、加强品牌建设）“两提一规两发挥”（提高服务水平和服务质量，提高企业的核心竞争力；规范单位办事流程；发挥工会作用，加强企业凝聚力；发挥党组织作用，加强战斗力）的发展战略，坚持不懈，开拓进取，建设浏阳，服务浏阳。2015年，该院完成合同产值1300多万元，其中设计业务360多万元，勘察检测业务950多万元，基本负责涵盖整个浏阳地区的地勘及检测工作。12月底，成立经开区办事处，加大对园区业务力量的投入。（熊　璐）

【浏阳市建筑业管理服务中心】浏阳市建筑业管理服务中心成立于2014年7月，是将全市建设工程质量检测、市建设工程服务中心、市建设工程交易中心职责整合，综合设置的服务中心，为住房和城乡建设局管理的自收自支事业单位，核定编制50人，实有在岗人员74人，另有临聘人员16人。建筑业管理服务中心负责为建设工程提供相关服务；为建设工程质量检测试验提供保障和服务，从事规定范围内的建设工程质量检测试验相关社会服务。2015年市建筑业管理服务中心实现收入710万元，交易中心完成交易项目22项，抽取评委17次，收取交易费204万元；检测中心收取检测费506万元，稳定90%以上的市场份额，得到行业内和社会各界广泛好评。（黎小玲）

市政园林管理

浏阳市市政园林管理局

局　长　　王志革

【概况】浏阳市市政园林管理局是浏阳市住房和城乡建设局管理的副科级事业单位，在编干部职工55人，内设办公室、财务科、市政科、园林绿化科、督查科、公园科6个科室。

市政园林绿化管理　积极贯彻省住建厅“绿荫行动”精神，围绕浏阳市“生态美城”的战略目标，不断推进市政园林设施维护及管理各项工作。截至12月底，城区绿地面积达837.7公顷，人均公园绿地面积每人8.55平方米，绿地率34.05%，绿化覆盖率37.08%。圆满完成省级园林城市复查整改工作，积极参与绿化建设提质重点项目工作，完成花炮大道与西北环线绿化建设现场管理及技术监理工作。加快城市绿地系统规划修编工作，强化“绿线”“绿章”与市政设施管理，全年办理绿化报建7宗，绿化验收7宗，发放临时占用和挖掘许可证19张，办理道路挖掘与占道许可74宗。落实城区桥梁检测评估工作，对浏阳大道桥、白沙路桥、步行桥的护栏进行维护与加固，协助改造龙泉巷桥，确保桥梁安全运行。加强公园广场环境维护力度，规范各项管理，严格游乐设施安全检测，增强公园广场公益服务性质，6月1日，正式免费开放西湖山楚文塔。加强对爱护绿化园林设施宣传和市民素质宣传，全年在每家每户论坛发布信息57条，处理网络投诉15起。

市政园林绿化维护　2015年，继续推进城区园林绿化和市政设施市场化、精细化、专业化维护，并将新增绿化纳入“两清一保二维护”，定期严格考核玉禾田维护单位工作，并专人专车加强日常巡查与监管。通过“零星维护+集中维护”方式，切实加强维护力度，确保绿化景观效果，各项市政设施运行良好。全年补栽行道树314株、苗木277450株，修剪行道树2万株、绿化带191万平方米、草皮20万平方米，对城区绿化进行施肥2次，绿化治虫42万平方米。城区维修沥青路面7800平方米、砼道路1580平方米、麻石人行道11500平方米、彩色人行道5200平方米、木地板5500米、护栏150米、石桌石椅68套，安装广场健身器材31套、安装人行道隔离桩1600个，修复浏阳河广场喷泉电缆线200米、水泵设施12台。

（杨丽华）

城乡规划

浏阳市城乡规划局

党组书记、局长　屈文毅
副书记、副局长　刘贤波
党组成员、副局长　周平湘
　孔祥礼
党组成员、纪检组长
　黄　峰
副局长　李忠宏　刘飞舞（兼）
党组成员、总规划师　尹振国

【概况】2015年，浏阳市城乡规划局有在职干部职工107人，退休人员15人。局机关内设办公室、政工人事科、法制科、规划编制科、建设用地科、建设工程科、市政工程科、规划执法科。下辖规划勘察测绘院、规划设计院、村庄集镇规划管理办公室、规划信息服务中心。

规划编制　按照建设“省会副中心和湘赣边区域性中心城市”的战略定位，基本形成以城市总体规划、乡镇总体规划、控制性详细规划为主体，空间发展战略规划、专项规划、规划研究成果为支撑，修建性详细规划、村庄规划为基础的城乡规划体系。完成城市总体规划修改评审方案，拟将金阳新区纳入城市规划区统一管理，城市规模达到中等水平；对主城区控制性详细规划进行实施评估，完成老城区、禧和、长兴、城东、唐家洲等九大片区控规更新；启动西北环线至火车站片区概念性规划编制，提前研究城区主要发展方向的空间形态。组织开展《浏阳市城市公共服务设施配套》及《浏阳市湘赣边区域性中心城市定位》等规划专题研究。配合编制浏阳市绿地系统专项规划、浏阳经开区分区规划、制造产业基地分区规划、两型产业园总体规划修改，开展长株潭城市群生态绿心长沙境内规划实施评估专题研究。完成龙伏镇、普迹镇等4个乡镇的总体规划修改工作。配合全国宅基地改革，修改完善大瑶镇李畋村、沿溪镇沙龙村等村庄规划。对浏醴高速跃龙互通口等9处近期实施的入境入城口提质改造工程进行规划设计，营造富有特色的城乡景观。围绕出精品、上水平，加强与科研院所合作，编制耀邦故居主入口、龙伏镇尚埠村村庄规划等作品。

规划管理　围绕全市重点片区、重点工程建设任务，全面开展“改进作风，服务一线”活动，采取1名班子成员牵头，1个团队专门服务到底的方法，配合经开区、制造产业园、两型产业园、大围山生态经济示范区和大瑶等5个试点镇发展，做好西北环线、金阳大道、荷中文公路、南北横线、燃气入浏、岳吉（蒙华）铁路等重大项目规划对接服务，促进重点工程建设。提前介入，主动对接，及时审核道吾山路、平水路、菊花石路、浏阳河六桥、翠园路、西湖山路等新建道路和花炮大道、浏阳大道、博德路等道路提质改造项目规划方案，拓展城区路网骨架，提升通行能力。核发菊花石路、白沙路、车站路等8条道路燃气管道建设许可，组织编制浏阳河、济川河污水干管改造设计，主动服务北正路人行道改造等城区环境整治工程和三水厂扩建、淮川河污水干管改造等工程，启动博物馆、规划展示馆选址工作，城市功能进一步完善。创新规划管理机制，纵深推进授权管理，经开区、制造产业基地及大瑶镇建设项目规划许可基本实现在园区、乡镇一站式办结。优化工业、引资项目审批流程，减少消防、环保前置审查，提质信息化审批平台，严格限时办结、一次性告知、零收费制度，一书三证办理周期提速50%以上。坚持执行专家顾问制度、部门会审制度和业务例会制度，增强审批科学性。制定《严格控制老城区私人房屋改建管理办法》，规范城区私人房屋改建行为。强化城市景观控制和色彩规划管理，将建筑色彩和亮化纳入建设工程规划管理内容。加强城区和乡村建设特色研究，引导建设特色街区和标志性建筑。分类指导村镇建设，落实长沙市小城镇公共设施配置规划导则要求，引导大瑶、沿溪等乡镇集中连片综合开发，同步配套建设基础设施、公共服务设施。推广《长沙市村庄整治规划技术导则》，注重村镇建筑风貌管控，为中和客家风情小镇、金刚桃树湾屋场建设等项目提供技术服务，打造城镇建设亮点。提升二级机构技术服务水平，启动1980西安坐标更换，推进信息化服务平台向经开区和中心乡镇延伸，冠湘公司稳健经营，积极参与园区建设。全年核发建设项目选址意见书9宗，建设用地规划许可1317宗，用地面积117万平方米；建设工程规划许可235宗，建筑面积167万平方米；乡村建设规划许可113宗，用地面积2.7万平方米；市政类工程规划许可26宗，道路总长度7千米，管线总长度27千米。

规划执法　坚持依法行政，应对行政诉讼案件17起，行政复议案件6起，全部胜诉。加大规划宣传力度，着重开展规划法规入社区进村庄活动。注重网络舆情，第一时间回应和处理媒体和社会关心的热点问题。受理答复申请信息公开22起，办结“12345”市民服务热线44件。加强“阳光规划”建设，加大网站更新和政务公开力度，主动更新各类规划信息500余条，网站总访问量达10万余人次。认真执行规划公示和听证制度，对40余宗项目审批在媒体进行公示，增强规划工作的透明度和公众参与度。切实做好拆违控违、城乡环境同治工作，加强西北环线、荷中文公路、浏阳河、入城口沿线地段的严控严管。从严从快查处新增违法建设行为，全年共对城区91处新建项目进行批后监管，及时制止和纠正违法建设行为25起，下发停工通知书和限期整改通知书48份，立案查处违法建设79宗，处理终结61宗，拆除违法建设130起，建筑面积8384平方米。同时，及时配合城管部门进行违法建设性质认定176宗，确保处置的准确性和及时性。指导11个建制镇和经开区、制造基地等委托执法试点工作，构建市、镇、村三级网格化执法体系。　（张　玮）

【规划勘察测绘院】　该院属自收自支的事业单位，拥有测绘乙级，勘察乙级资质。将2015年设立为“勘察测绘质量年”，为实现该目标，进一步加强勘察、测绘质量管理，保障生产秩序，促使勘察、测绘工作走上科学化、规范化的发展道路，2015年申请ISO900质量体系认证，增设总工办、成立技术质量监督小组，明确总工办、质检办和监督小组的职责。在技术上规范质量管理和生产流程，分别制定勘察、测绘的《质量管理规定》《质量管理手册》，针对每项业务制定作业基本流程及质量达标要求，将质量体系的各项管理措施细化，实现质量管理规范化、标准化、程序化，严格按流程、质量规定生产。全面培养和树立全员质量意识，每周三晚上举行测绘知识学习交流和培训，并制定《测绘知识学习班管理办法》，系统开展学习培训与管理。举行第一届“测绘技能比武赛”，比赛内容为环府路闭合导线测量。全年完成城区基础地理信息入库80平方千米；工业园22平方千米地形图测量和94平方千米地形图整合与坐标转换；蒙华铁路浏阳境内全线97千米的地形图测量与勘界；金阳大道400公顷放线与勘界工作；溪江乡总规测量4.0平方千米、金刚镇总规测量5.5平方千米；引水工程竣工测量60千米、碧桂园小区、金科地产柏加风情小镇等大型小区竣工测量；私人建房地形图测量约1500户，竣工测量约600户。勘察主要完成张坊卫生院等项目约1200个孔位，进尺约18000米。　（张　玮）

【规划设计院】　该院属自收自支的事业单位，拥有城乡规划设计甲级、市政公用设计乙级、建筑工程丙级资质。围绕“优服务、提质量、拓市场、求发展”的思路，形成以规划为主体，以市政为支撑，以建筑为补充的整体格局，以城区、园区和乡镇三大板块为基础和重点，主动对接老客户，积极与萍乡、万载等周边县市进行交流，促进同周边地方设计院合作，拓展周边市场，挖掘潜在商机，稳定项目产值。编制近四年优秀项目作品集，展示该院技术力量，提升该院服务形象。成立生产经营部，专门负责市场投标和合同管理，积极参与投标，开拓业务市场。在参与长沙市城乡规划局的二环线户外广告详细规划、镇头镇镇头大道两厢城市设计、龙伏镇达峰村村庄规划及整治规划、洞阳镇九溪村村庄规划等项目，以及浏阳市的两型产业园西片区控制性详细规划等项目公开招标中脱颖而出成功中标。在江西万载、永州新田等多地开展业务，产值突破260万元。全年签订项目合同297个，其中规划197个、市政71个、建筑及景观29个。 （张 玮）

【村庄集镇规划管理办公室】 该办属市财政全额拨款的副科级事业单位。2015年，该办加强规划指导，促进村镇建设科学合理发展，合理引导城镇统筹发展、镇村“增减发展”；注重产业与城镇功能融合、空间整合；合理引导乡镇确定村镇规划实施时序，利用公共服务设施建设机遇带动集镇集中连片综合开发，提升城镇公共服务水平，增强小城镇承载功能；加大长沙市村庄整治规划技术导则宣传与推广，建设打造一批美丽村庄、幸福屋场；同时注重农村建筑风貌管控，做好传统村落和传统民居的保护，完成永安镇坪头村居民点规划编制审查。加强生态保护，注重保留自然风貌和历史文化。对于风景区和自然保护区等生态敏感地区乡镇，注重生态保护，保留村庄自然风貌，保护和弘扬地域传统文化，建设有历史记忆和地域特色的美丽城镇，走特色发展之路。加强规划引导，规范村镇布局发展。对不具备发展非农产业条件、不适宜大规模推进城镇化的区域，积极引导其向中心镇、中心村发展，积极引导乡镇企业向工业小区集中，住宅向居住小区集中，并推广新农村住宅标准图集。加强总体规划编制指导，健全乡镇总体规划，实施绩效评估机制。规范乡镇依法修改总体规划，合理调整发展规模和发展方向，优化用地布局、城镇空间结构、人口规模和产业分布，引导乡镇总规编制科学发展。完成普迹镇总体规划修改、龙伏镇总体规划修改初步成果审查等。积极引导园区、乡镇对规划区内成片开发区域编制控制性详细规划，全程参与年度政府投资项目规划设计、乡镇新开发街道、市政工程设计等，把好规划设计审核关，有效控制其平面布局、建设容量。完成沙市红伊新城、浏阳环保科技示范园工业项目、乡镇教师公租房等110个项目修建性详细规划审查，并公示、公告总图43宗。积极推进多规合一，促进各项规划深度融合。利用全市编制“十三五”规划、市域重点片区（大围山国家生态旅游示范区、两型产业园等）发展规划的契机，加强与相关职能部门工作衔接，全面推进城乡规划、国民经济社会发展规划、土地利用规划、产业发展规划的深度融合。创新规划管理机制，提升规划服务效能。为加强规划管理实施效果，明确规划审批权限，规范规划审批行为，方便群众，服务企业，按照市政府要求，对制造产业基地、经开区两个园区及大瑶镇实行简政放权，制定《关于加强湖南浏阳制造产业基地规划管理工作方案（试行）》和《关于明确长沙国家生物产业基地规划分局工作职责等事的通知》等，基本实现园区及大瑶镇项目在园区、乡镇一站式办结。规范审批程序，严格执行“一书三证”制度。参与政务服务中心联合踏勘282次，核发建设项目选址意见书5宗，地块规划条件39宗，办理私人建设用地规划许可1020宗，私人建设工程规划许可86宗，单位建设用地规划许可76宗，单位建设工程规划许可66宗，乡村私人建设规划许可105宗，乡村单位建设规划许可21宗。 （张 玮）

【规划信息服务中心】 该中心属自收自支的事业单位。2015年，该中心信息平台拓展延伸，分别对制造产业园、经开区进行线路、终端硬件分析测试，依据平台运行所需制定建设要求、标准，并帮助布设室内线路200米，安装终端软件6台，平台客服端软件4台次，前期平台试用操作培训4人。指导制造产业园机房建设，协助机房设备招标标底制作。10月起，增加制造产业基地规划分局相关人员操作权限，并按照产业园的需求增加部分流程和表格。截至12月底，制造产业基地规划分局开始在信息平台内试运行。窗口资料扫描录入1760份25G，其中单位项目460份，私人项目1300份。3月，对服务器进行“双机热备”建设，并且每月对服务器必备案卷材料数据进行异地备份，有效地保证数据安全，累计备份数据150G，刻录光盘40张。组织2012年和2013年的工程、用地档案扫描入库。新入库控规数据4.03平方千米，地形数据20平方千米。在推进信息平台系统全面运行基础上，改进完成业务例会功能设置。及时解决各种表格、电脑软硬件故障和整理线路累计160余次，确保各科室业务及时办理和信息平台系统正常运行。及时更新网站信息内容，增强时效性，加大网上公示和公布力度，及时发布网上公示信息242条，其中政务公开143条，规划公示52条，规划成果公布47条。下半年对局网站进行1次改版升级。咨询技术服务设立业务集中受理处，统一受理派发工作项目，限时办结，推行所有项目进入内网系统办公，全年完成建筑面积复核14项，建筑面积145.8万平方米，日照复核12项，建筑面积79.6万平方米，规划建筑总图复核7项，建筑面积122.1万平方米。 （张 玮）

城市建设

浏阳市基础设施建设投资管理中心
浏阳市城市建设集团有限公司

党组书记、主　任、董事长
喻　辉(2015.08任)
杨俊钦(2015.08免)
副书记、副主任、总经理
王辉章
副书记、纪检组长
许　智(2015.06任)
党组成员、副主任　李　勇
邓　勇(2015.11免)
党组成员、副主任、副总经理
黄建平　刘运龙　瞿　伟
于永强　叶良永(2015.12任)
副主任、副总经理
凌建洲（2015.06免）

【概况】 2015年，城建集团有干部职工140人，内设综合办、总工办、战略发展部、法务内审部、计划财务部、招商融资部、资产运营部、工程管理部、征地拆迁部，拥有恒远公司、天马公司、鸿达公司、花木公司4家子公司和开元发展（浏阳）投资有限责任公司1家控股公司。12月18日，根据公司发展需求，公司增加3亿元注册资本金，将注册资本金从3亿元增加至6亿元。12月22日，长沙市委常委、浏阳市委书记曹立军率全体市级领导、各乡镇（街道）党政负责人、市直单位主要负责人等200余人到西北环线观摩项目建设。

项目建设　全年工程投入12亿元完成道路、桥梁、绿化、安置房等建设。突出重点工程：5月22日，完成花炮大道提质改造；9月25日，全长9.26千米，总投资9.4亿元的西北环线项目竣工通车；12月9日，道吾山路项目开工建设；12月31日，公司出资代建的浏阳河六桥竣工通车。完善城市功能：重点推进白沙东路、集里路、花炮大道北辅道、磊石路等城市干道建设，同时启动平水路、翠园路、菊花石路等道路建设，逐步完善浏阳城区路网，大力提升城市道路通行能力。多方筹措资金，完成代建项目投资7670万元，人民银行办公楼即将交付使用，百宜粮库项目完成竣工验收，西湖山路和浏东公路环境整治工程如期如质完工。优先保障民生。快速推进城东、西北环线（禧和、丁家、七子樟）、浦梓港等安置保障房建设，城东高层和西北环线安置保障房竣工验收。全年建成安置保障房7.28万平方米，住房641套，总投资达9300万元。

拆迁工作　公司深入践行“一线工作法”，一手抓拆迁安置，一手抓矛盾化解，确保重大项目和招商引资顺利实施。依法实施阳光征拆：加大政策宣传和把关力度，建立健全联动协调机制，依法依规统一标准推进征拆工作。切实做到补偿公平、程序合法、结果公正，为公司工程建设和项目经营保驾护航。强力推进项目清零：抽调精干力量，组建专门队伍，围绕重点项目攻坚克难，翠园路、浏阳河六桥、花炮大道辅道改造、道吾山路等9个项目成功清零。全年实施征拆项目20个，完成征地78.8公顷，签订房屋拆迁协议279份，签订青苗、设施及迁坟协议1136份，征拆补偿总额4.96亿元。及时化解征拆矛盾：积极推进安置房规划选址和分配工作，同时启动5个安置项目前期设计；百宜保障房源全部分配到位，144户拆迁户乔迁新居；神农三期安置房分配有序推进。妥善处理征拆矛盾，顺利完成教师进修学校项目28户协议解除工作，协调处理征拆信访事项60余起，全年没有出现进京非访和集体上访事件。

9月25日，西北环线竣工通车，市民代表剪彩　（图片来源：市城市建设集团有限公司）

开发经营　招商经营稳中有升：与江西财贸实业发展有限公司达成开发新屋岭片区合作意向。成功组织医药设备厂、醴浏铁路A-1等项目地块出让，全年挂牌出让50.67公顷土地，实现经营收入10亿余元。土地储备大幅增长：完成城区天然气储备站、城东、禧和、浦梓港安置区等项目土地报批手续，全年实现新增储备土地45.07公顷。子控公司运营平稳。恒远公司围绕三年造绿行动、网格化管理、环境整治的要求，投资800多万元，完成白沙西路、禧和路、溪江互通等46个项目的提质改造。开元公司推进浦梓港、黄泥湾项目开发经营，向国开行申请3亿元贷款，确保项目顺利运转。天马公司实现租赁收入140万元。

融资·偿债　融资增资：加大融资工作力度，与国开行、交通银行、长沙银行、兴业银行等金融机构紧密对接。全年实现融资20.5亿元，超额完成市政府下达的目标任务。积极迎合国家新政策，加强与发改、住保等部门对接，争取棚改补助资金1273万元。资金调控：规范融资审批、坚守成本底线，择优选取与融资成本低的金融机构合作，全年融资成本年利率为7.42%，比2014年下降2%，同比节约4000万元。全年还本付息21.68亿元（包括子公司、园区），平稳度过偿债高峰期，确保公司金融安全。主动推进债务置换工作，融资平台资金链有序运转。融资模式创新：开拓思路、创新模式，积极对接发债、城市发展基金、短融、私募债等新型融资产品。截至2015年年末，22亿元企业债的发行工作正在有序推进。　（李葵玉）

【西北环线项目建成通车】　9月25日，西北环线竣工通车。通车仪式上，100名市民代表现场感受浏阳城市建设的新成果，7名市民代表剪彩，8辆私家车代表现场“抢头彩”，首创市民通车剪彩新模式，《湖南日报》、人民网等10余家媒体进行报道。西北环线项目于2014年3月17日开工建设，总工期为18个月，全长9.26千米，是浏阳第一条城市快速通道，总投资9.4亿元，设计速度为60公里/小时，双向六车道，沥青混凝土路面，共设道吾山路高架桥等6座大中桥梁。　（李葵玉）

【道吾山路项目开工建设】 12月9日，道吾山路项目正式开工建设。该项目位于浏阳市杉松、金桥片区和新屋岭片区内，全长3778米，宽42～60米（其中西北环线至燎原路长2622米，宽60米；燎原路至浏阳大道长1156米，宽42米），西至西北环线，东至浏阳大道。项目总投资4.6亿元，其中建安工程费2.2亿元。建设工期为13个月。

（李葵玉）

工　务

浏阳市工务局

党组书记　邹述庆（2015.09免）
党组书记（2015.09任）、局长
　刘美成
副书记、副局长
　涂业清（2015.09任）
党组成员、副局长　周正佳
　黎河清
党组成员、纪检组长
　高文海（2015.09免）
　陈树松（2015.09任）
党组成员、总工程师　陈　锋

【概况】 浏阳市工务局是市人民政府直属的负责除水利、交通、土地开发整理、地质环境治理外经市政府授权的非经营性政府投资建设项目的建设管理事业单位。内设办公室、投资管理科、前期科、工程技术科、工程管理科、财务科，现有工作人员23人。下设二级机构代建服务中心,现有工作人员3人。2015年，市工务局坚持以工程建设为中心，全年负责的政府投资新、续建项目82项，其中完工项目36项，在建项目28项，前期项目18项。全年计划完成投资2.67亿元，实际完成投资2.72亿元，占计划投资101.9%。该局强化“班子建设、队伍管理、廉政建设、群团群众工作”四项建设。统筹各项工作。环境整治：结合文明施工，在日常巡查工作中把卫生环境整治工作放在与质量、安全同样重要的位置上，开展专项督查，实行月度点评。宣传工作：继续利用政府门户网站、《浏阳日报》、浏阳广播电视台、局网站以及“浏阳工务”微信等平台，宣传项目建设进度和成果，利用工地宣传环境整治和文明创建。2015年，各类报刊宣传35则，浏阳电视台报道20余次，参与“民声e线谈”专题访谈活动。综治维稳：落实信访及综治工作，到工地一线开展综治维稳情况摸底；开展创平安工地活动，及时处理农民工工资矛盾，杜绝因农民工工资问题造成的不稳定；与公安部门及街道社区、乡镇村组充分沟通协调，排查、备案不稳定因素，优化项目建设环境。全年无群众上访事件。财务保障：全年落实到位建设资金2.8亿元，保证该局承建项目支付需求和农民工工资的及时支付。浏阳河第六桥、百宜粮食储备库2个项目接受市重点项目观摩。2015年该局被评为绩效考核红旗单位。

（喻　青）

【项目建设】 36个项目竣工：浏阳河第六大桥、百宜粮食储备库、教师进修学校及附属小学等重点项目，粪便无公害化处理工程、博德路提质改造等公益民生项目，中和雅山小学整体搬迁、丰田小学整体搬迁等24个教育项目。28个项目在建：永安初级中学整体搬迁、西湖山路提质改造、一中学生宿舍等；长兴湖小学、精神病医院扩建等18个项目正在进行前期工作。

（喻　青）

【项目管理】 突出两大优势。一是专业优势：通过项目法人责任制规范项目管理，优化资源配置、人员部署。机构专业性确保项目建设全过程有效监督和各类问题高效处理。二是规模优势：专业水平和管理能力提升，年度国有投资项目招标代理机构备案入库，建立在建项目实时视频监控系统，着手推进部分装饰性材料供货商遴选入库、简易工程项目遴选承包商入库工作。把握四大主题。一是重质量安全。强意识：组织召开会议，开展应急预案演练等形式强化参建各方质量安全意识。勤一线：深入项目现场监督，对在建项目动态检查，对施工单位和监理单位的履职和质量安全管理行为、材料送检情况重点督查。重回访：集中开展已竣工项目回访工作，了解项目交付后使用情况，对出现的质量问题限时解决。二是保工程进度。完备启动条件，顺畅施工环节，加强工期管理，合理确定工期。三是促方案最优。强化设计管理，抓好项目选址调研和地基查勘工作；以概算为上限，推行限额设计；探索新材料、新工艺、新技术、新设备在项目设计中推广应用；开展项目前期调研和方案对比选优；全年召开23个方案讨论和评审会。四是防项目“三超”。严格项目招投标：严格概算和招标控制价的审核。全年完成永安中学整体搬迁等49个项目的招标控制价编制工作，财政评审项目49个，送审金额2.41亿元，审定招标控制价2.3亿元，审减金额1131.5万元。对应纳入公开招标的项目全部依法依规公开招标。截至12月底，完成西湖山路提质改造工程、永安中学整体搬迁一期建设工程等48个项目的招标工作，其中工程类公开招标43个，采购和服务类项目5个，总控制价2.207亿元，通过公开招标竞价优惠3033万元，优惠率13.7%。加强变更管理：对在建项目申报的各类变更进行造价审核，并按政府投资管理办法进行变更申报；设计变更在考虑结构安全、造型不受影响的前提下充分考虑投资、工期、实施的可能性等。明确结算责任：落实结算终审制，推行结算公示，接受监督。全年完成76个单项合同项目结算初审工作，送审金额1.918亿元，审定金额1.585亿元，审减金额3325万元。

（喻　青）

【浏阳河第六大桥竣工】 12月31日，浏阳河第六大桥竣工正式通车。浏阳河第六大桥位于秋收路南端，横跨浏阳河，连通关口新区和唐家洲，经长沙市发展和改革委员会〔2011〕466号文批准立项建设，总投资约1.3亿元，主线道路全长728.8米，其中主线桥梁长364米，匝道桥长200米，桥宽17米，双向四车道，采取类双层设计，实行人车分离。两岸接线工程包括天马路、将军路、浏阳河路新建及改建工程。工程分两期实施，以浏阳河路为界，一期施工浏阳河路以南部分（含浏阳河路拓宽、罩面)，二期施工浏阳河路以北主线辅路、北引桥第二联、引道路段。工程包含桥梁、道路、管线综合、排水、照明、景观、绿化。第一期工程总造价约 9000 万元，施工范围为浏阳河路以南部分。经公开招标，由中南建设集团有限公司中标，中标价为 7543.1 万元，总工期为 18 个月。 (喻　青)

【百宜粮食储备库项目】 该项目位于浏阳市关口街道金口村境内。项目用地面积 5 公顷，建设 24 米×102 米平水仓 3 栋，24 米×54 米平水仓 2 栋，仓容合计 50400 吨，为 24 米跨钢筋混凝土拱板型屋架平房仓；建设 100 吨 / 天的大米加工车间 1 座，生产辅助业务用房、食堂、倒班宿舍、一站式服务中心、变配电间、消防水池、消防泵房、机械库、器材库、药品库、门卫室、厕所、供水间等生产生活配套设施，以及高边坡支护等，总建筑面积 14950 平方米。由攸县市政建设工程有限责任公司承建，湖南省华誉建设工程管理有限责任公司监理。 (喻　青)

【浏城东入口绿化提质改造】 浏城东入口 (浏东公路菊花石路—李畋路段) 绿化提质改造系 2015 年度重点项目，该项目结合现有地势形态，以乔灌木立体生态绿化为设计理念，在不同地段、不同地形栽种适宜树种，绿化总面积 26000 平方米；同时将道路两侧明沟改为管道，增设 2 米人行道，充分展现以人文为主线的生态美城特色。项目于 4 月动工，历时 2 个月完工。 (喻　青)

【提质改造博德路和天马路】 2015 年分别提质改造博德路 (浏东公路 - 东沙路口) 和天马路，其中博德路改造道路全长 560 米，包括道路工程、排水工程、交通设施、园林绿化及照明工程等，工期 45 日历天。天马路提质改造道路全长 1100 米，宽 30 米，改造为沥青混凝土路面。 (喻　青)

【停车场建设】 2015 年，停车场项目建设 2 个，分别为浏阳市天马大桥 (天马路以南) 停车场、浏阳河中路谭家路口附近公共货运临时停车场项目。天马大桥 (天马路以南) 停车场项目总占地面积 2400.71 平方米，其中水泥砼路面改造为沥青路面 1676.45 平方米，绿化面积 724.26 平方米，小车停车位 41 个，大车停车位 6 个；浏阳河中路谭家路口附近公共货运临时停车场项目占地面积约 20520.96 平方米，设中小型货车垂直式停车位 89 个，大型货车垂直式停车位 25 个，铰接货车 45° 斜列式停车位 15 个，共 129 个停车位。 (喻　青)

住房保障

浏阳市住房保障局 (房屋产权管理局)

党委书记、局长　陈　旭
副书记、副局长　陈文波
党委委员、副局长　欧阳维
党委委员、副局长、纪委书记
林　湘 (女)

【概况】 浏阳市住房保障局为市政府直属事业单位，成立于 1990 年，负责全市住房保障和房屋产权登记工作，2012 年 7 月加挂浏阳市房屋产权管理局牌子。2015 年 11 月浏阳市住房保障局有在职干部职工 246 人，离退休人员 81 人。下设办公室、政工人事科、纪检监察室、工会办公室、财务审计科、房地产产业科、物业监管科、政策法规科、规划项目科、保障性住房 (建设) 管理中心、房屋权属登记管理中心、房屋信息中心、房地产测绘中心、白蚁防治所、工业园分局、大瑶中心所、沿溪中心所、镇头中心所、房地产综合开发公司、浏阳河市场管理处、恒信房地产置换担保公司 21 个内设科室、二级机构和 12 个驻乡镇、园区房管所。2015 年 12 月，中国物业管理协会白蚁防治专业委员会授予该局白蚁防治所“2015 年度白蚁防治先进单位”称号。该局践行“三严三实”专题教育实践活动，围绕建设省会副中心和湘赣边区域性中心城市的发展目标，平稳推进改革、克服经济下行压力、抢抓发展机遇，坚持以项目建设为重点，以规范服务为抓手，务实进取，开拓创新，促进全市住房保障和房地产管理事业持续健康平稳发展。 (马爱梅)

【住房保障】 2015 年，全市开工建设 53 个公共租赁住房和 14 个棚户区改造项目共 8007 套 (户)。发放住房租赁补贴 403 户，发放金额 36.93 万元，其中新增发放对象 271 户。圆满完成礼花、禧和、古港、澄潭江廉租房小区实物配租申报、审核、配租任务。完成 2014 年城东新村棚改 400 户和百宜片区棚改 200 户结转项目。优化公共租赁住房管理，重新制定《浏阳市保障性住房审批管理操作规程》《浏阳市乡镇公共租赁住房管理实施细则》等文件，进一步扩大保障覆盖面，严格准入退出管理，强制腾退 19 套保障性住房。竭力争资融资保障项目建设，2015 年共向中央、省、市争取保障性安居工程和棚户区改造项目资金 1.7782 亿元。 (马爱梅)

【房产市场】 房产经济逆势增长。成立支持房地产市场平稳健康发展领导小组，建立健全“一周一碰头、一月一调度、一季一分析”工作机制，定期分析房地产发展形势，集中帮助企业解决突出难题 12 个；充分利用“互联网 +”，成功举办第十一届房交会，成交房屋 2654 套，成交面积 34.14 万平方米，成交金额 14.6 亿元，成交金额同比增长 54.5%；借助湘赣边区域交流合作平台，先后在长沙橘子洲头、上栗、铜鼓、平江、醴陵、浏阳城区6 地举行以“湖湘宝地·宜居浏阳”为主题的城市形象巡展活动，提升浏阳美誉度，拓展购房群体来源，域外购房率比 2013 年增长近 5 个百分点；全市在建在售房地产开发项目 61 个，完成房地产开发投资42.7 亿元，商品房新开工 78.4 万平方米，商品房销售 120.1 万平方米。 (马爱梅)

【房政服务】 登记中心开通办证“绿色通道”，建立“一次性告知单”制度，开展常事快办服务、特事特办服务、延时服务、预约服务和上门服务5项特色服务。坚持创新服务。一是通过开展“三比、三赛”（比工作实绩，赛服务态度；比业务质量，赛服务水平；比作风制度，赛服务形象）等活动，每月评选出“优秀受理员”，通过典型示范带动作用，提升队伍合力；二是完善业务稽查制度，改由各业务单位正职带队稽查，提高稽查质量；三是将抵押业务扫描程序后置，再定岗定人，实现专业化操作，优化办事流程，缩短办事时间，减少服务对象等待时间，提升群众满意度。全年完成各项规费收入890万元，占目标任务1180万元的75.42%，其中初始登记990宗，确权面积1130134平方米；抵押登记13460宗，抵押面积1820022平方米，抵押金额483271万元；转移登记4494宗，抵押面积605811平方米，抵押金额420503万元。测绘中心以“提质量、升效率、优形象”为目标，规范管理，完善制度。1—10月，受理房产测绘业务367宗，总面积300.11万平方米，其中私房234宗，面积16.58万平方米；商品房预测、实测业务133宗，面积283.53万平方米。实现业务收入189.37万元，占年度任务数260万元的72.84%。解决拆迁面积遗留问题20余宗，协助乡镇解决测绘疑难问题10余宗。信息中心抓好日常档案的归集与权属证书领用工作，4月1日前，完成与地税局契税自缴系统对接工作，实现商品房合同电子备案功能。4月，对局197卷人事档案重新整理和更换档案盒，对2014年度1239件文书档案进行信息录入与扫描，5月，开展对历年形成的作废权属证书登记造册与销毁工作。利用短信投放平台和“浏阳住保局”微信公众号向客户发送业务受理信息1000多条，新增关注对象1.3万余人。（马爱梅）

【第十一届房地产交易展示会】10月17日至25日，以“湖湘宝地·宜居浏阳”为主题的浏阳市第十一届房地产交易展示会在浏阳河广场举行。浏阳市37家房企参展，展示总面积43万多平方米，共提供4248套优质房源，活动采取e+微信+城市巡展的形式进行展示，现场设立政务服务区、城市形象展、品牌楼盘形象展、银行金融服务区，同时在网络媒体和微信新媒体上设置楼盘展示区。本届房交会推出八大主题活动：“心中那首歌，最美浏阳河”——第十一届房交会开幕式；“休闲旅游之城”——摸球启动仪式；“经济腾飞之城”——网络平台集中展示；“区域中心之城”——房交会团购活动；“生态宜居之城”——楼盘评选活动；“文化魅力之城”——品牌楼盘主题日活动；“和谐幸福之城”——颁奖仪式；“长株潭”“湘赣边”浏阳城市形象巡展”——浏阳宜居城市形象推介活动，约10万人次到现场观展。实现成交房屋2654套，成交面积34.14万平方米，成交金额14.6亿元，其中商品房网上签约2201套，签约面积28.88万平方米，合同金额13.39亿元；二手房成交453套，成交面积5.26万平方米，成交金额1.21亿元。比第十届房交会（2014年11月7日至12日），成交房屋套数增长98.58%，成交面积增长71.94%，成交金额增长54.5%。第十一届房交会集聚四大亮点，亮点一：政府出台第十一届房交会购房优惠政策实施办法，支持创新创业奖励金2万元，针对引入人才、域外及乡镇进城创业置业者、本市自主创业者等人群的购房、创业补贴；实行全方位购房补贴优惠政策，房交会期间，住房按契税实缴额的100%，非住房（不含工业厂房）按契税实缴额的60%标准进行补贴；各参展企业推出购房置业优惠，各商业银行结合央行新政提供特色服务。亮点二：本届房交会设立城市

浏阳市第十一届房地产交易展示会暨网上房交会（图片来源：浏阳市住房保障局）

浏阳市第十一届房交会暨网上房交会启动仪式（图片来源：浏阳市住房保障局）

浏阳市第十一届房地产交易会形象巡展站之——上栗站

(图片来源:浏阳市住房保障局)

形象展区、银行金融服务区，以展板形式从“人文休闲旅游之城、经济腾飞之城、区域中心之城、生态宜居之城、文化魅力之城、和谐幸福之城”六方面“全景式”展现浏阳新貌。亮点三：采取网上房交会和城市形象巡展相结合的形式。巡展活动分形象展示、文化推广两大板块，一方面通过展板、广告机、LED 屏等媒介，以图片、文字、视频结合的形式对浏阳城市形象进行全方位展示，其中，网上房交会以浏阳市房地产信息网和同步微信公众号为主要平台。城市形象巡展于 9 月 19 日先期启动，共设 6 站，分别为长沙橘子洲头、江西上栗、江西铜鼓、株洲醴陵、岳阳平江及浏阳城区。亮点四：围绕“湖湘宝地•宜居浏阳”主题，发挥房交会积极作用，为购房市民提供看房、选房、购房的一站式便民服务。开展房交微信砍价 + 房交会团购活动，房交会期间，各团购对象自行或通过房交会组委会到参与团购的楼盘实地参观、现场交流，接受企业报价并进行优惠额度洽谈，参与团购的对象同时享受第十一届房交会政府购房补贴政策。同时，商业地产发出支持全民创业倡议。房交会开幕式上，浏阳市房地产开发协会向全市房地产开发企业发出支持全民创业三年行动计划倡议，呼吁各房地产企业要懂得感恩社会，帮助他人，积极投身全民创业、全力支持全民创业、合力助推全民创业，拿出实实在在的优惠举措，让想创业、正在创业的有志之士真正受益；要为营造浏阳市“人人助创业、家家圆好梦”的积极氛围作出应有的贡献。浏阳市房地产开发协会当即表态，每年将在创业项目征集、创业培训计划、创业典型培育等方面各拿出 10 万元予以奖励。 (马爱梅)

【浏阳河市场经营户搬迁】 1 月 7 日和 13 日，国家消防总局和公安部对浏阳河市场进行突击检查和暗访督查，对市场消防隐患提出整改意见。该局本着“安全第一、预防为主”的方针，组建浏阳河市场改造工作队，坚持“标本兼治、整体推进、重点突破”的原则，用一个半月时间将浏阳河市场所有经营户平安搬迁，按期按量完成改造任务。 (马爱梅)

【不动产登记改革平稳交接】 2015 年浏阳市被列为湖南省不动产统一登记改革的三个试点县市之一，该局全面落实中央精神和上级法规及省、市改革的决定，科学制定《不动产统一登记试点人员划转工作方案》，坚持公正、公平、公开的原则，采取广泛征求意见、个人自愿选择、党委研究决定的方法，平稳实现 100 名干部职工的有序划转。在职能职责划转过程中，多次主动与国土部门进行对接、协商，形成结合浏阳实际的不动产登记改革模式。截至 12 月 8 日，浏阳市不动产登记改革基本实现“人、财、物、事”平稳交接，实现便民、利民目的。 (马爱梅)

【保障性住房专项整治行动】 从 2014 年 10 月开始，该局以促进社会公平正义、增进人民福祉为原则，对私自转让、转租、转借保障性住房等违法违规行为进行全面清理整顿。通过群众举报、工作人员上门核查等方式，联合法院、公安、街道、社区，取消保障资格 188 户，强制腾退 23 户，督促自行整改 52 户，拆除保障房小区违章建筑 523 处，面积 4800 多平方米，追缴历史欠租 103 万余元，保障性住房后续管理走上规范化发展轨道。 (马爱梅)

浏阳河市场提质改造前后对比图片 (图片来源 浏阳市住房保障局)

浏阳市城东新村公共租赁住房改造后新貌　　(图片来源:浏阳市住房保障局)

浏阳市严家冲公共租赁住房提质改造旧貌换新颜　　(图片来源:浏阳市住房保障局)

提质改造后的柑子园棚户区　　(图片来源:浏阳市住房保障局)

【物业维修资金 2015 年度派息工作】　截至 6 月 30 日，浏阳市住宅专项维修基金管理中心 2015 年派发物业维修资金利息工作完成，为全市已缴纳物业维修资金的 1792 栋 54984 户业主派发利息 4638844.3 元。物业维修资金利息以年度为计息周期，起止时间为上年度 7 月 1 日至本年度 6 月 30 日。维修资金派发的利息将与本金一起滚存使用。在业主将维修资金交存至专管账户后，管理中心以“按栋建账，核算到户”的原则，将资金分设账并开始计息。　　(马爱梅)

住房公积金管理

长沙住房公积金管理中心
浏阳市管理部

党支部书记、主任　袁祖平
副主任　胡咏梅

【概况】　2015 年，全市新增住房公积金开户单位 59 个，完成年度目标任务的 185%，新增归集人数 14543 人，完成年度目标任务的 207.76%，归集金额 45265 万元，完成年度目标任务的 102.18%，提取公积金 20375 万元，提取 23328 笔，人均 2592 笔，发放贷款 891 户，人均 99 户，放贷金额 24479 万元，完成年度目标任务的 126.83%，主要业务指标完成在中心综合排名第三。同时，获得全国“模范职工小家”称号，管理部党支部被长沙市评为“先进党支部”和“志愿服务优秀站点”。浏阳市管理部公积金事业继续保持稳步发展态势。　　(许素琴)

【公积金归集工作】　强“联动”：2015 年管理部两次与浏阳市财政局、民政局和园区管委会主动联系，就编外合同制人员和社区专职人员建制缴存以及缴存基数、缴存比例调整问题和园区非公企业和“重合同、守信用”企业建制、已上市及拟上市规模企业建制缴存等问题进行沟通。截至 12 月底，编外合同制人员累计 88 家单位建制，完成进度的 94.62%，累计 2773 人建制，完成进度的 76.79%。社区专职人员累计 13 家单位建制，完成进度的 68.42%，累计 103 人建制，完成进度的 72.03%。全年两个园区新开户建制企业 22 家，320 人缴存，“重合同、守信用”企业开户建制 1 家。强“规范”：严格执行中心年审文件，督促缴存比例低于 8%的企业和有能力提高缴存基数的单位，调高基数，并积极开展规范缴存专项行动，全年有 521 家单位 23000 人提高月缴存额，其中行政事业单位 489 家 19000 人，企业 32 家 4000 人。强宣传：在《浏阳日报》(2 次)、微信“微浏阳”(1 次) 专版宣传住房公积金新政和规范缴存活动，提高群众对公积金认识；到浏阳市科技模型厂有限公司召开制度推进会，联合交通银行到经开区大型企业蓝思科技、介面光电面对面开展公积金新政宣传。强执法：2015年归集台帐实时更新，走访全市2015年“重合同、守信用”企业10家，未建制企业120家，发放宣传资料260份，下发催建通知70份，限期整改通知5份，管理部与长沙住房公积金管理中心联合执法两家企业。

（许素琴）

【信贷管理】 严责任：年初，重新进行“三定”工作，进一步明确员工工作责任和工作要求。严程序：提取方面。严格初审和复核，对建房、大修、重大灾害等大额提取业务，多重核实，严把审批关；贷款方面严格执行贷款初审、审核、复核程序，充分利用征信系统、房源信息系统，核实贷款人和房源的真实信息；先后对5名缴存者提供的资料进行实地调查。贷后管理方面加强对担保公司、经办银行的人员管理和监督，要求对缴存单位和人员信息录入准确，来往账及时送达，所有业务做到日清日结，对逾期1个月以上的贷款坚持每月电话催缴，对已代偿但尚未催收到位的逾期贷款进行及时清理，最大限度降低贷款逾期，代偿前逾期率控制在0.02%以内，代偿后逾期率保持为零。严稽核：办公室人员不定时对提取和贷款资料及审批程序进行检查，发现问题及时纠正。全年办理提取23328笔，发放贷款891户，开户59家，修改和核对个人单位信息360笔，征信查询1531笔，没有1笔业务违规操作，在中心季度稽核过程中，没有通报一例违反政策和程序的问题。（许素琴）

【优质服务】 抓学习提高：每月至少组织1次业务知识或服务规范学习交流活动，邀请合作单位长沙银行副行长为管理部工作人员进行服务规范的讲解和礼仪培训；提升员工办理业务综合能力，实行轮岗交叉工作制。改善服务环境：服务大厅张挂服务制度和办事流程，公示《服务承诺》和办事人员基本个人信息、12329公积金服务热线和投诉电话，设置咨询窗口，添置资料架、填写资料台、药箱，安装排气扇，更换一批办公桌椅，及时保障饮用水供应。创新服务手段：严格落实一站办结制。针对浏阳市单位远、散等特点，积极开展上门服务、延时服务；对特殊人群和网上预约人员，开辟绿色通道服务。坚持每周五到经开区上门集中办理公积金业务；提高资料审核效率，开展单位专管员和楼盘贷款员的培训。严格服务管理：制定《服务大厅工作手册》，开展窗口服务规范整改活动；实行管理部主任、副主任及后台管理人员轮流值班引导制度；每季度开展“雷锋式服务明星”和“优秀柜员”评选活动；严格执行首问责任制、首办责任制和服务承诺制；广泛开展服务满意度评价活动。

（许素琴）

【获全国“模范职工小家”称号】 长沙住房公积金管理中心浏阳市管理部工会小组成立于2005年，自成立以来，工会小组坚持“以人为本、优质服务、和谐发展”的工作理念，促进职工小家建设常抓常新。2015年11月，中华全国总工会授予长沙住房公积金管理中心浏阳市管理部工会小组“模范职工小家”称号。2005年以来，管理部工作呈现“业务发展快速、管理不断规范、服务全面优化、队伍干劲十足”的喜人发展态势，较好地完成全年各项目标任务。党支部和管理部多次被中心评选为“先进党支部”和“先进管理部”。多次获得浏阳市委、市政府“最佳服务金融机构”“金融生态建设先进单位”。2012年获得浏阳市“文明单位”称号，2013年获省“模范职工小家”称号，5月在住建部推广该部信贷工作经验，2014年初获省文明委“文明窗口单位”称号。2015年获长沙市“优秀党支部”和“先进志愿者服务队”称号等。浏阳市管理部党支部坚持将工会工作纳入党建和绩效考核的重要内容，深入推进政务公开工作。每季度开展服务大厅“雷锋式服务明星”“优秀柜员”评选活动，调动职工工作积极性，强化职工事业心和责任感。在开展送温暖活动中，管理部工会小组切实落实工会“五必访”（职工生病住院必访、家庭有了纠纷必访、天灾人祸必访、婚丧嫁娶必访、遇到生活困难必访）“六必谈”（职工岗位变动必谈，工作生活遇到重大挫折必谈，受到上级表扬奖励必谈，受到批评、处理必谈，思想反常、情绪低落必谈，与同事发生纠纷必谈）工作。积极配合中心为聘用职工签订《劳动合同》，办理医疗保险、失业保险、工伤保险及住房公积金缴存。积极开展文化体育活动，参加拓展训练、拔河、篮球、气排球比赛、文明创建知识抢答赛、春节联欢会等；业余时间组织职工开展乒乓球、羽毛球比赛、组织退休职工参加低碳环保骑行、赏花、登山等活动，开阔干部职工的眼界和胸怀，增强团结合作。保障职工身体健康，工会每年组织一次健康检查。每逢过年过节，工会小组组织人员看望慰问退休职工，并与社区结对共建，对社区生活困难的老党员、荣誉军人进行走访慰问，送去节日祝福。为了让文明服务惠及到边远山区的职工和行动不便的残疾人以及坐车不便的孕妇，工会小组创新服务方式，实行延时服务、上门服务、开辟绿色通道和推行当日办结的服务方式，赢得广大缴存户的一致好评。

（许素琴）

城市供水

浏阳市自来水公司

党委书记　邹利明

副书记、经理

周树成（2015.09任）

副书记、经理

卢岳仁（2015.09免）

副经理　张大勇　江和平

纪委书记

张孟兰（女，2015.09免）

副经理　陈松柏

【概况】 2015年，浏阳市自来水公司在编人员189人，内设14个科室，全年完成总产值4025万元，比

2014年增加366万元，增长10%；售水量1630万吨，比2014年增加54万吨，增长3.4%；管网漏失率控制在15%以内，水费回收率达99%以上。供水水质符合国家生活饮用水标准，全年无大小安全责任事故。

安全供水　坚持把安全生产放在首位，切实执行安全生产检查制度、安全生产例会制度，实行24小时轮班值守，每天对厂区尤其是取水口、工艺水池、生产车间、变压线路等重点岗位和部位进行巡检，杜绝出现任何安全隐患。加大对供水设施的维护维修力度，完成送水新增压泵和送水5号新水泵机组安装调试，取水2号水泵机组、取水起重设备和取水排污泵维修。实行供水设备电子化台帐管理，将所有设备操作规程、管理制度、设备铭牌、运行参数、巡查频率、责任人等内容录入软件，便于对设备的使用技术状况予以监控，保证设备安全运行。通过加强设备改造、优化操作方案等措施，进一步降低能耗、药耗，全年水厂生产单位电耗比上年下降6%，单位矾耗下降16.7%，单位氯耗下降2.3%。

水质把关　确保城区水质安全达标，公司对三水厂的源水和出厂水实行24小时在线监控各项常规检测指标，每2小时进行一次人工检测，每日对水源水、出厂水进行不少于20项指标的抽检，每周对管网末梢水进行11项指标抽检，每月向长沙市水务局送检出厂水42项，并接受疾控中心及省建设厅等上级相关部门的监督、抽查，饮用水106项指标均符合国家标准，水质综合合格率达99%以上。进一步提高水质检测能力，组织开展气相色谱仪以及顶空进样系统的学习培训，2015年新增三氯乙烯、四氯乙烷、一溴二氯甲烷、二溴一氯甲烷四个水质项目的检测，城区水质日常检测项目增至52项。每月定期在政府和公司门户网公示水质检测报告，让用户关注和了解城区水质情况。定期对城区二次供水设施进行全面巡查和水质分析，并将水质情况及时报告上级相关职能部门。供水高峰时段，集中生产业务部门力量，在晚间12时至凌晨5时分区分段进行管网冲洗，确保管网水质优良。2015年水质检测站通过省级实验室质量认证认可评审。

科学管理　一是稳妥推进供水价格改革和水价调整。认真贯彻落实省发改委《关于全省设市城市全面建立居民阶梯水价制度的通知》（湘发改电〔2015〕27号）文件要求，公司围绕供水价格改革和水价调整，组织做好成本测算、相关宣传、公示听证等工作。二是维护供水设施安全运行。公司按照分片包干原则对城区管网、消防栓、阀门、井盖等供水设施实行台帐管理。采取日常巡查和不定期暗查的方式发现问题，排除隐患。全年维修管道1027次，检修保养各类阀门96台，更换水表223台，发现48处井盖遗失并恢复。对城区495台市政消防栓和小区489台消防栓刷漆编号，更换维修消防栓66座。三是拓展服务平台。开通微信公共服务平台，第一时间发布城区供水资讯，为用户提供水费查询、故障报修、投诉处理等服务。开通银联卡缴纳水费业务，用户持带有“银联”标识的银行借记卡可在拉卡拉终端、银联商务“全面支付”终端、银行网点自助终端缴纳水费，现有水费缴纳方式扩展为6种，水费个人预存户表占总用户数63%。

管网建设　2015年，公司主动对接全市重点工程项目，投资500余万元完成花炮大道DN300—DN600两侧全长5000余米的供水主管提质改造。解决浏阳新城部分农村安全饮水问题，通过市政府调度，公司多方协调筹资1000多万元完成溪江农村安全饮水工程DN400全长约8000米主管网和DN200全长近6000米的分管网安装，拓展供水范围。积极为大型房产项目、公益改造项目服务，完成新月半岛、财智广场五期、恒大华府二期、水岸山城三期、彩虹谷、融城尚都等大型房产项目供水管线建设和西湖公寓、金园小区、棉麻土产大楼等老旧管网改造。　（陈　果）

【市第三水厂三期扩建工程竣工】11月，市第三水厂三期扩建工程全面竣工，城区总供水能力达10万吨/日。为满足城区日益增长的用水需求，公司积极推进市第三水厂三期扩建工程。该项目总投资2000余万元，供水扩建规模为4万吨/日，包括第三水厂三期扩建工程的土建、工艺、电气自动化等建设及其一、二期工程的整合改造。工程采用先进的气水反冲洗模式，送水泵房水泵机组采用两台变频器互为备用，循环带动水泵机组变压变量运行，确保城区管网流量及压力均衡且连续不间断供水。中控室采用DLP大屏显示净化生产、管网监测、视频监控图像等数据，显示更加直观和清晰。为确保工程项目建设顺利推进，公司成立工程建设指挥部，主要领导亲自抓，组织技术业务骨干参与建设并制定项目进度安排表，践行一线工作法，做好项目建设工作。7月，全市重点项目（企业）观摩团来公司观摩三水厂三期扩建项目建设，得到一致好评。　（陈　果）

城市管理

浏阳市城市管理和行政执法局

党委书记、局长　唐洪胜
副书记、副局长　唐朝晖
党委委员、副局长
　汤光磊（2015.08免）
　汤继兴　王辉文
纪委书记　罗永昌
党委委员
　刘定荣（女，2015.08免）
党委委员、工会联合会主席
　胡忠敏
副局长　张达宗（兼）
　周洪武（兼）

【概况】2015年，浏阳市城管局有在编人员135人，内设办公室、政工人事科、法规宣教科、综合业务科、创卫办（基层指导科）、监察督查室、爱卫办7个职能科室、9个城区执法中队，辖城市管理综合执法大队（正科）、拆违控违大队（正科）、市容环境卫生管理局（正科）和市爱国卫生运动委员会办公室（副科）4个二级机构，以及浏阳市经开区城管分局和25个建制镇执法中队。根据《湖南省人民政府关于在浏阳开展相对集中行政处罚权工作的批复》(湘政函〔2004〕100号),浏阳市城市管理和行政执法局在城市管理领域开展相对集中行政执法权工作,行使12个方面的行政处罚权,即在国务院明确规定的市容环境卫生管理、城市规划管理、城市绿化管理、市政管理、环境保护管理、工商管理、公安交通管理7个方面职能的基础上,增加道路运输、城市燃气、烟花爆竹燃放、城市公共客运、河道与矿产资源管理5个方面的行政处罚权。2011年机构改革,将市政基础设施、公用事业、园林绿化、出租车、公共交通管理5项管理职能移交给相关部门,同时将集中行政处罚权职能里的道路运输、城市燃气、城市公共客运3项职能移交给相关部门。根据浏发〔2015〕6号文件规定,将原市卫生局全市爱国卫生工作职责、乡村环境卫生整治职责划入市城管局。市爱国卫生运动委员会办公室由原市卫生局管理调整为市城市管理和行政执法局管理。市爱国卫生运动委员会办公室挂市城乡环境整治办公室牌子。开展"经典讲坛"系列读书活动,《经典讲坛》获评市党建创新案例二等奖。城市管理综合执法(拆违控违)大队被评为长沙市基层党建示范点。

(董小鸥)

【城市管理】 机制创新:深化两项机制。深化执法联动机制,实行举报奖励制度;深化拆违控违机制,完善控违双向巡查、物业小区防控和查处机制,形成全天候、高密度、无盲区的巡查控违网络。完善四项考评。完善网格化管理考核体系,坚持日巡查、周考评、月排名,督促相关单位及时解决市容管理、市政设施、园林绿化、环境卫生等问题,全年发现城市管理问题3171个、解决2854个,整改率90%;完善"门前三包"考评,落实检查和监管责任,坚持一周一检查、一月一排名,季度评选星级门店和不合格门店,对不合格门店组织执法并在《浏阳日报》上曝光;完善社区考评,出台考评办法,每月对社区进行明察暗访,每季度根据考评结果进行奖惩,并将排名情况在媒体公示;完善环卫市场化考评,进一步完善考评方案,加大考评力度,严格奖罚兑现,"二清一保"(清扫、清洗、保洁)水平得到新的提升。市容管理:市容秩序整治。2013年在建成10个临时摊担疏导区解决嗣同路、鹿角冲摊担占道经营问题的基础上,加大对城区流动摊担、店外经营、人行道违停等重点秩序整治力度,全年查处案件6180余起,纠违5.5万余次,处罚乱扔垃圾等不文明行为2100例,城市乱象基本杜绝。渣土扬尘整治:成立渣土中队,开展"渣土扬尘最严整治"行动,强化"两点一线"监管机制,依法查处车辆带泥污染路面、洒漏飞扬、随意倾倒等渣土案件279件,处罚违规车辆309台;建成浏阳第二个渣土消纳场,从源头上遏制渣土扬尘污染。人行道整治:每日在宣传车上播放"三点停放"法律法规要求,提高市民规范停车意识;在步行桥、浏阳河广场等地新增隔离桩3690余个、施划"三点停放"线1.2万米,开展人行道集中整治行动,锁定人行道违停车辆5020台,违停现象得到有效遏止。规范户外广告:拆除城区主次干道便民信息栏102块,拆除违规设置、破损破旧和影响安全的大型户外广告、门店招牌等13400余块,截至年底城区无一块竖式广告招牌。开展拆违行动:以"一年基本拆除、两年基本清零"为目标,推进"史上最大规模"拆违整治,实现新增违建零增长和城区重点项目内历史违建清零的"双零"目标,全年组织强制拆除行动200余次,拆除违法建设760处13.37万平方米,完成市政府下达全年目标任务的220%。环境卫生:延长作业时间。加大保洁力度,对城区320万平方米公共区域实施精细化保洁。科学管理调度。完成征收生活垃圾处理费1190万元,清运处理城区和部分乡镇生活垃圾19.2万吨,入场垃圾无害化处理率达100%。完善设施建设。建成垃圾渗滤液处理厂1座、垃圾中转站2座,添置环保公厕5座、垃圾中转运输车2辆、垃圾桶2200只,基础设施建设逐步完善。制作22000余块门面转让、门面出租、员工招聘、房屋出租四大类便民信息牌免费给商户使用。环卫局被长沙市城管委评为先进单位。乡镇指导:组织学习培训。组织镇、社区相关人员开展城市管理业务培训,提高管理水平。合力推进创建。定期到示范创建单位指导帮扶,发挥示范效应,全面提升城镇管理水平;经开区分局推进网格化管理,按照治理"八乱、三破、三不"(乱搭、乱贴、乱堆、乱占、乱扔、乱挂、乱画、乱流,路破、墙破、管破,工作要求不严格、要求不高、环卫不及时)要求整治环境卫生,拆除违法建设143处2.6万平方米,新增垃圾压缩设备、环保公厕一批,园区面貌得到改善。确保创建实效。督促镇、社区按照长沙市城市管理示范创建标准,建立健全管理体制,落实市容秩序和环境卫生整治措施。12月,大围山镇创建长沙市集镇管理示范镇、新北社区创建长沙市城市管理示范社区工作均以最高分通过考核。宣传工作:开展"四进"宣传活动。成立宣讲团,开展城市管理宣传"进机关、进学校、进社区、进门店"活动32场。组织市民参与互动体验。开展"小城管"、大学生村官、网友体验城市管理活动,形成互动氛围。组织文明行为宣教活动。开展"告别不文明行为"万人签名、免费向市民发放1.5万个车载垃圾桶等活动,对机关干部职工、市民、门店分别发放公开信,倡导干部职工、市民参与城市管理工作。建立"浏阳城管在一线"微信群。对城市管理和建设中的问题及时发现、及时交办、及时处理,解决问题21800多个,解决率达97%。媒体宣传。该局"践行'三严三实'、落实一线工作法"在《浏阳日报》头版头条报道;湖南都市频道报道该局"最美基层公务员"新闻;夜宵市场、"放炮神器""四进""小城管"活动等先后被人民网、凤凰网、《湖南日报》《长沙晚报》、长沙政法频道等国家、省市级媒体转载报道。城市管理走在前列,成效明显。城区基本实现"三个一个样"

"六个基本看不见"，即晚上和白天一个样、假期和平常一个样、不检查和检查一个样；基本看不见流动摊担、基本看不见店外经营、基本看不见违规破旧广告、基本看不见垃圾、基本看不见乱搭乱建、基本看不见渣土污染。4月，长沙市城市管理现场观摩会在浏阳市召开；继续保持市绩效考核红旗单位、长沙市城市管理红旗单位称号；浏阳市连续两年在长沙市城市管理考评中排名第一。（董小鸥）

【创卫工作】 开展春秋两季"除四害"，安排专人进社区讲解"除四害"知识，提高创卫意识。检查督促有力。成立专门检查小组，按照"谁管理谁负责"原则，每月开展检查2次以上，督促创卫成员单位责任落实，创建病媒生物防制示范街1条、病媒生物防制小区2个。9月，以高分通过省级"灭蝇达标市"验收工作。（董小鸥）

【建成浏阳首家夜宵摊担市场】 创新管理模式，主动变"堵"为"疏"。3月，在城区淮川街道城东社区天马大桥下设立首个夜宵摊担市场，让原本零散的夜宵摊担免费入驻集中规范经营，彻底解决城区流动夜宵摊担噪音扰民、油烟污染、交通拥堵等问题，并解决就业岗位100多个。4月1日起，该局采取整治行动，对城区所有占用主次干道和重要公共场所经营的夜宵摊点一律取缔，经营夜宵的门店必须归店经营，不得出店、占道经营。截至年底，城区没有流动夜宵摊担。（董小鸥）

【引进"牛皮癣"电话追呼系统】 降低环卫工人劳动强度，从源头上整治违法小广告行为，该局借鉴外地经验，创新"牛皮癣"管理办法，9月，引进小广告治理电话追呼系统。治理擅自在城区张贴、涂写小广告，经核实，对张贴、涂写中的通信号码进行电话追呼。连续3个月追呼擅自张贴"牛皮癣"电话160余个，"牛皮癣"治理取得新成效。（董小鸥）

市容环境卫生

浏阳市市容环境卫生管理局

党总支书记 刘定荣（2015.08免）
胡 舟（2015.09任）
局 长 张达宗

【概况】 浏阳市市容环境卫生管理局是政府负责城区环境卫生管理和服务的职能部门，系浏阳市城市管理和行政执法局下设正科级二级机构，全局在编正式干部职工146人，临聘职工159人。内设机构包括办公室、考核办公室、乡镇业务办、财务科、政工人事科、后勤设备科，下设机构有清扫保洁队、环卫费征收办公室、渣土管理办公室、垃圾清运队、修理厂5个部门。主要职责：（一）按照国家、省、市有关法规、规章的规定，负责实施对城区环境卫生的具体管理工作；（二）按照城市总体规划和市容环境卫生管理需要，负责对城市公用环境卫生设施进行统一设置和管理；（三）负责做好城区主次干道、公园、广场的清扫保洁工作，收集、运输和处理城市生活废弃物；（四）规范城区渣土管理、运输，维护市容环境整洁；（五）负责城区生活垃圾处理费的征收和集中管理工作；（六）协助市城市管理综合执法大队搞好市容环境卫生管理执法工作；（七）指导乡镇开展环境卫生管理工作；（八）完成市城市管理和行政执法局交办的其他工作。2015年，该局严格按照国家卫生城市的标准，立足实际，改革创新，锐意进取，扎实工作；积极探索环卫工作新的管理和工作模式，加大管理与服务力度，有力推进全市市容环境卫生管理与服务工作，2015年度获得长沙市城管委"市容环卫工作先进集体"称号。（彭志敏）

【清扫保洁】 建立严格的考核制度，实现长效的管理办法，对管理人员、驾驶员、公厕保洁员、清扫保洁员制定严格的考核制度，加强对业务管理员的监督管理，对聘用作业人员实行奖罚制度，对公厕保洁员实行每日考勤制。确保街道干净整洁。改进作业模式，减少经费开支，根据"二清一保"市场化作业要求，明确路段和小区清扫保洁人员，实行定区域、定人员、定职责、定质量、定工资的管理办法，合理安排各路段保洁人员。合理调整洒水作业和道路清洗，改进和优化作业模式，实行精细化管理，全程记录出车作业数据，精确成本核算，全面提升环境卫生质量，减少作业劳动强度，节约工作经费。加大环境卫生巡查力度，实施路段责任制，成立应急分队，及时消除各类有损市容环境的现象。加强一线清扫保洁人员日常管理和教育培训，提升职业道德和工作能力。（彭志敏）

【垃圾运输处理】 加强安全教育，调整安全工作思路，认真做好安全生产工作；加强垃圾桶管理与维护，增加1名垃圾桶维修人员，及时清洗、维修、更换，全年更换垃圾桶3100只，维修垃圾桶3560只；全年出动车辆950余台次，对城区死角垃圾和部分乱堆砌的建筑垃圾进行彻底清理；做好车辆维修与保养工作，保障车辆正常运转；科学调度车辆，全年清运垃圾达19.2万吨，实现垃圾日产日清。（彭志敏）

【环卫费征收】 年初对收费任务进行科学分解，并与各收费小组签订目标责任状，明确收费员的目标任务；加强作风纪律建设，完善规章制度，确保环卫费征收工作正常开展；积极与街道办事处、社区居委会协调，配合做好城乡结合部死角垃圾的清理工作，努力拓宽费源；坚持文明征收，开展收费宣传教育，对拒交对象依法实行强制征收。全年完成收费1200余万元。（彭志敏）

【考核管理】 考核办公室认真履行对城区环境卫生的检查、督导职能。全年对淮川、集里、荷花、关口4个街道的环境卫生进行不间断考核检查，检查记录4308条，扣分2264分。检查该局各项业务工作51次，处理、回复市民投诉20起，发布督查通报7期，处罚8人次。

（彭志敏）

【市容执法】 实行案件主办责任制，提高队员业务能力；加强对欠缴环卫公用事业费的单位、商户及个人的立案查处和劝导交费，对部分恶意欠缴环卫费的进行立案查处；加强对市容环境卫生投诉案件的查处，全年处理投诉案件160余件。实行堵、疏结合原则治理“牛皮癣”，遏制“牛皮癣”泛滥；积极查处基建工地污染路面，早餐店、饮食店和夜宵摊点的白色污染，职能部门擅自占道及擅自发布户外广告等案件，打击市容违法行为，维护好市容市貌，全年完成案件罚款7万元。

（彭志敏）

【安全生产】 根据上级关于“党政同责、一岗双责”和“管行业必须管安全，管业务必须管安全，管生产经营必须管安全”的要求，按照城管局党委的统一部署，成立安全生产工作领导小组，明确局各主管领导为所分管部门的安全管理工作责任领导，各部门负责人为本部门安全管理工作第一责任人，并与各部门签订安全管理工作责任书，各部门根据工作实际，组织与每名干部职工签订安全管理工作责任书，做到责任明确，落实到人。对安全管理工作实行常态化监督检查，及时排查消除安全隐患，形成全局上下齐抓共管的大安全管理格局，全年未发生安全责任事故。（彭志敏）

【基础设施建设】 垃圾渗滤液处理厂建成投入运营；粪便无害化处理场竣工并通过验收；投入32万元对城区6座土建公厕进行提质改造。

（彭志敏）

环境保护

浏阳市环境保护局

党组书记、局长　易华堂

副书记、副局长

龚观生（2015.08免）

党组成员、副局长　陈光友

陈　铁　刘鹏程

张　旭（2015.08任）

赖传文（2015.08免）

党组成员、纪检组长

古红兰(女)

党组成员、总工程师

林琼国(女)

【概况】 浏阳市环境保护局机关有干部职工72人，局机关内设办公室、纪检监察室、管理科、法制监督和政工人事科、自然生态保护科、总量控制和污染防治科、项目财务科。下辖环境监察大队、环境保护监测站、环境保护局工业园分局、制造产业基地环保办4个二级机构。主要职能：(一)贯彻执行国家、省、市环境保护的方针、政策和法律、法规。拟订全市环境保护规范性文件，拟订并组织实施全市环境保护规划和年度计划及其专项规划，组织编制全市环境功能区划，参与制定全市主体功能区规划。(二)统筹协调和监督管理全市重大环境问题。调查处理全市环境污染事故和生态破坏事件；负责全市突发环境事件的应急、预警工作；负责调查处理全市环境污染纠纷和信访案件。(三)组织实施主要污染物排放总量控制和排污许可证制度；会同有关部门督查、督办、核查全市污染物减排任务落实情况；依法征收排污费。(四)负责全市环境污染防治的监督管理。组织实施水体、大气、土壤、噪声、光、热、恶臭、固体废物、化学品以及机动车等污染防治管理制度，依法进行环境监管和执法。统筹协调全市重点流域、区域污染防治工作；负责污染源限期治理工作的监督管理。负责城市环境综合整治定量考核工作，参与城乡环境综合整治工作。(五)负责全市建设项目环境保护管理工作。负责建设项目环境影响评价和环境保护“三同时”(建设项目防治污染设施必须与主体工程同时进行设计、同时施工、同时投入使用)制度执行情况的监督管理；协助上级环保部门开展清洁生产审核和上市公司环保核查工作。(六)指导、监督全市生态环境保护。监督对生态环境有影响的自然资源开发利用活动；指导、监督重要生态环境建设和生态破坏恢复工作；指导、监督全市各类自然保护区、风景名胜区、森林公园和农村生态的环境保护工作。(七)负责提出全市环境保护领域固定资产投资规模和方向、市级财政性资金安排的意见。(八)协助上级环境保护部门监督管理核安全和辐射安全，协助上级环境保护部门监督管理全市核技术应用、电磁辐射、伴有放射性矿产资源开发利用中的污染防治。(九)负责全市环境监测、统计和信息工作。组织实施环境质量监测和污染源监督性监测；组织建设和管理全市环境监测网和环境信息网；对全市环境质量状况进行调查评估、预测预警；发布全市环境综合性报告和重大环境信息。(十)组织、指导和协调全市环境保护宣传教育工作，推动社会公众和社会组织参与环境保护。(十一)参与环境科技相关工作和环境管理体系认证工作；指导和推动循环经济与环保产业发展。(十二)承办市委、市人民政府交办的其他事项。2015年，该局正确处理发展经济与保护环境的关系，强力推进“清霾”“碧水”“静音”“净土”四大行动和环境治理项目建设，全面提高环境质量，各项工作都取得新进展、新成效。全年实现融资到位资金3761万元，超额完成年度任务。

环境管理工作　牵头协调成立生态环境保护委员会，明确38个相关职能部门和乡镇街道环保工作职责，充分发挥各职能部门在环境保护中的作用。严格执行建设项目联审制度和建设项目环评文件审批工作流程，严格项目准入关，2015年通过联审会否决不符合环保要求的A类企业项目22个，从源头上杜绝污染。与相关责任单位签订《减排责任书》，分解主要污染物总量减排年度任务。全面完成污水处理厂建设与运行管理、重点企业提标改造、养殖污染治理、煤改气工程、污水处理管网建设、减排监测体系建设等16项污染物减排任务，全年完成二氧化硫削减155吨，氮氧化物削减6吨，化学需氧量削减4022.3吨，氨氮削减203.28吨。继续推进以七宝山、永和地区为主的重金属治理，开展浏阳河沿线22个乡镇农村环境连片综合整治，启动浏阳市农村环境整治整县推进和捞刀河流域综合治理工程。全年接处群众投诉件1569件，回复率达100%，办结率达100%。顺利迎接省人大《水污染防治法》执法检查并赢得好评。严格企业排污申报，核发排污许可证98件；排污权交易有序进行，排污总量得到有效控制。2015年浏阳市空气环境质量优良率达到（PM10）98%以上。市域内河流断面水质达标率均达100%。

环保行动　牵头组织公安、水务、住建、城管、农业、教育、文化等部门开展“清霾”“碧水”“静音”“净土”四大环保行动。“清霾”：制定《浏阳市大气污染防治行动计划实施方案》，全年开展集中“清霾”执法行动3次，推进项目治理，实现浏阳市中医医院、人民医院、浏阳一中、天鹰包装、银天大酒店燃煤锅炉的清洁能源替代，完成环达环保、富丽真金、虎康厨具、建辉纺织燃煤锅炉改烧项目，淘汰黄标车1200多台。“碧水”：强化饮用水源监督监测，加大对涉水企业、作坊、养殖场监管力度，严厉打击私设暗管和偷排等行为，查处企业偷排漏排行为4起，依法处理，确保饮用水源安全。“静音”：联合城管、文化、公安、教育等单位，多次组织联合执法行动，加强噪声监管，高考、中考期间，对高考5个考点、中考50多个考点全面落实禁噪措施，噪声投诉量明显下降。“净土”：对老矿区和现采区采取分类实施、综合整治措施，完成一批重点矿山治理、复绿工程，推进七宝山、永和、株树桥水库周边等遗留矿渣污染土地综合整治，有效改善周边生态环境。

环保执法　严把项目选址关、环评关、“三同时”验收关，受理“三同时”验收57家，否定6家并督促整改。联合公安、电力、国土、畜牧对造纸、化工、选矿和养殖等环境保护重点监管行业进行环保执法突击检查，查处环境违法行为37起，发现环境隐患45个，下达限期改正文书62份，约谈企业法人18人次，年内全部整改到位。制定《2015年浏阳市环境行政执法检查工作计划》，全年执法检查达3721人次，排查企业2207家次，排查发现问题979个，下达监察文书1215份，立案37起，下达环保行政处罚（听证）告知书34份，下达环保行政处罚决定书31份，移送环境违法适用行政拘留案件11起，行政拘留11人，移送环境污染犯罪案件1起。

环保宣教工作　组织市直相关单位、乡镇街道干部职工近8000人参与省厅组织的新《环保法》知识竞赛答题，进入全省区县参赛人数前10名；邀请专家教授分3批次为全市1000多名企业负责人进行新《环保法》培训，省市媒体同步跟进报道；通过“浏阳环保”微信公众平台、结合新媒体等形式组织群众及社会组织开展新《环保法》“五进”（进机关、进企业、进学校、进社区、进乡村）活动，组织开展“六•五”世界环境日集中宣传活动、生态骑行一日游活动、畅游浏阳河游泳赛、防灾减灾应急宣传周活动等环保宣传活动；开展环保公益广告宣传，悬挂宣传标语78条、横幅76条、制作宣传橱窗229处、电子显示屏25处、户外大型平面广告面积超100平方米；2015年，长沙市级以上主流媒体对浏阳环保工作进行正面报道达38次，全年无较大环保舆情发生；“青山绿水”环保志愿者协会、浏阳义工联合会分别组织开展浏阳河、南川河流域环境问卷调查和“环保杯”游泳比赛等活动，引导社会各方面力量投身环境保护事业。

存在的困难　一是环境压力持续增大，部分区域水环境没有得到根本改善；道路及施工扬尘、餐饮业油烟污染等问题未得到有效解决，改善环境质量任务繁重。二是随着工业化、城镇化的迅速推进，污染物排放量刚性增加，而减排项目、产业集聚区污水处理设施、污水管网等建设滞后，畜禽养殖污染治理欠账多，机动车排放量明显增加，治理工作尚未跟上，造成减排压力增大，形成环境容量不够的局面。三是环保监管能力和基础建设薄弱，乡镇肩负辖区环境质量重任，仅有的一名环保专干不能形成执法能力，不能较好履行环境服务职能，无法满足环境应急需求，环境监管难、执法难、治理难。（彭　武）

【开展“零点行动”】　1月5日，浏阳市委常委集中学习解读新《环保法》。1月7日，市政府组织环保、公安、政府办、相关媒体开展夜间“零点行动”，分两组沿浏阳河和南川河对排污口进行巡查，对主要排污企业进行重点检查。主要针对未批先建等环保手续不完备、环保整改不到位、环保设施运营不正常、偷排漏排和超标排放等环境违法行为依法处理。该行动检查企业10余家，现场停产3家，对银湖纸业炉渣处置不规范限期整改，要求明仁纸业对废气处理加碱装置立即整改，对富华养殖厂不配合监管责成环保局依法从严调查。对现场未生产的黄奇道火焙纸厂责成金刚镇政府牵头取缔，未批先建的中洲塑料厂责成环保局依法严肃查处。行动结束时，副市长戴武明要求环保局继续开展相关整治行动，从严查处环境违法行为，组织全市主要排污企业学习新《环保法》，强化环保建设，切实纠正违法排污行为，确保《环保法》为浏阳经济发展保驾护航。

（彭　武）

【第7次环保政府联审会】　12月3日，浏阳市人民政府召开第7次建设项目环境保护政府联审会议。会上，浏阳市普迹镇某食品厂等5个项目因人居环境、水源保护、总量控制等因素被否决。联审会议综合大气污染防治、饮用水源保护各项要求严格执行环评准入标准，对A类申报项目进行严格审查。全年全市召开7次政府联审会议，审计66个建设项目，其中22个不符合环评要求的A类项目被直接否决。2014年以来，围绕“碧水、清霾、净土”三大工程，市环保局严格执行建设项目准入制度。在综合各方意见的基础上，专门制定建设项目环评文件审评工作流程，明确建设项目分类管理目录、审批条件、产业不准入条件，建立建设项目环境保护联审工作方案。将位于环境敏感区（饮用水源保护区、重要生态功能区、容量已饱和地区、限制和禁止开发等），或可能对环境敏感区造成影响的建设项目，高速公路、国省干线公路两厢及重要河流两岸500米范围内新建项目等被划分为A类项目，必须进行严格的政府联审，执行严格的环评准入标准。根据方案，严格按照环评总体规划审批项目，规范产业布局。同时，全面加强项目环境保护管理，监督企业在项目建设过程中落实各项环保措施，从而在源头上减少污染产生。

（彭　武）

【首届“环保杯”5000米百人畅游浏阳河活动】 8月9日，由浏阳市游泳运动协会主办的首届“环保杯”5000米百人畅游浏阳河活动在浏阳河城区段举行，108名游泳爱好者参加活动，旨在通过畅游活动呼吁市民保护环境，爱护浏阳的母亲河。自2013年起，浏阳扎实推进湖南省政府“一号重点工程”，切实加强对湘江支流浏阳河水质的保护，市环保局多次组织力量开展对涉水企业的环境隐患排查，不断加大环境监察执法力度，严格落实各项监管措施，同时强化对浏阳河水质的日常监测，浏阳河水质得到持续优化。2015年7月18日在北京举行的首届全国生态文明建设高峰论坛暨城市与景区生态文明成果发布会上，浏阳上榜“全国十佳生态文明城市”，为湖南唯一入选城市，“生态宜居”成为浏阳城市名片。

（彭　武）

【农村污染治理工作】 2015年，该局制定下发并组织实施《浏阳市2015年度生猪养殖污染治理工作方案》，组织相关乡镇召开养殖污染防治工作座谈会，研究部署重点乡镇养殖污染治理工作，组织对37个乡镇（街道）养殖污染防治工作定期开展明查、暗访，积极处理污染投诉，大力推广循环经济和生态养殖模式，完成12万平方米的养殖污染治理任务，超任务数2万平方米；积极完成浏阳河流域沿线22个乡镇（街道）农村环境连片整治工作。对浏阳河流域沿线相关乡镇（街道）的农村垃圾处理、饮用水源保护、生活污水处理等进行全面治理。

（彭　武）

商　务

商务合作

浏阳市商务合作局（浏阳市投资促进事务局）

党委书记、局长　唐小红
党委副书记、副局长　宋继红
党委委员、工会联合会主席
　张开明
党委委员、副局长
　宋　妮（女）　李　武
　段云鹏　刘　平
党委委员、纪委书记　许运良
副局长　李　凌（女）

【概况】　根据中共浏阳市委、浏阳市人民政府关于印发《浏阳市人民政府职能转变和机构改革方案的实施意见》的通知、中共浏阳市委、浏阳市人民政府关于浏阳市人民政府机构设置的通知（浏发〔2015〕7号），组建市商务合作局。将市商务局技术性、服务性职能与市招商合作局局职能整合，组建市商务合作局，挂市投资促进事务局牌子，保留正科级。不再保留市商务局、市招商合作局。原市商务局、市招商合作局所属的事业单位调整为市商务合作局。2015年底，浏阳市商务合作局共有在岗人员65人。商务合作局职责：（一）贯彻落实中央、省、市有关国内外贸易、现代服务业、境内外经济合作、招商引资以及电子商务的发展战略、方针和政策；研究拟定全市相应的中长期规划、年度计划并组织实施。（二）研究拟定全市药物流通行业发展规划、行业标准并组织实施，配合实施国家基本药物制度，建立药品流通行业统计制度，指导行业协会实行行业自律，开展行业培训，加强国际合作与交流。（三）研究提出流通体制改革建议，培育发展城乡市场，负责全市商贸物流产业发展相关工作，提出促进现代物流产业发展政策；推进流通产业结构调整，促进现代流通方式转变。（四）研究拟定促进市内企业进出口的政策措施，指导、协调企业进出口业务，对进出口企业出口退税工作进行稽核；宏观管理全市进出口商品工作；负责对外贸易经营者备案登记工作。（五）指导全市商品市场体系规划建设，指导批发市场规划和商业网点规划、商品市场培育。（六）负责制定再生资源回收行业发展规划，落实国家、省、市有关再生资源回收政策；引导、规范和扶持再生资源回收行业发展。（七）牵头整顿和规范全市市场秩序和商贸服务运行秩序，监测分析市场运行和商品供求状况；及时发布商务统计信息，指导流通领域信息网络建设；负责肉类等重要消费品的储备管理和市场调节；推动商务领域信息网络建设和信用建设；承担商品流通业的行业管理职责；负责成品油市场监督管理、拍卖、典当、租赁、二手车、旧货流通、汽车报废的行业管理。（八）负责组织协调全市反倾销、反补贴保障措施及其他与进出口公平贸易相关的工作，组织产业损害调查。推广国际贸易新方式；负责高新技术产品出口，发展加工贸易。（九）负责全市对外经济技术合作；指导、协调对外承包工程、设计咨询、劳务合作、境外投资等业务；管理全市技术引进、设备进口。负责全市服务外包产业发展、促进服务出口和服务对外承包发展。（十）分析研究全市外商投资情况。负责全市招商引资；重大招商项目的包装，建立招商引资项目库，并统一对外发布招商信息；重要客户的接待和项目洽谈；推进电子商务、网上招商；开展招商顾问、招商代理工作。（十一）指导全市外商投资工作。承担外商投资企业的审批、监督、管理、服务等工作，会同有关部门整顿、规范投资行为，优化投资环境；负责全市招商引资服务、协调、督查和考核验收工作；负责全市招商引资的统计工作。（十二）负责策划组织参加内外贸易促销、对外经济技术合作、招商引资、商务会展等商务活动；结合招商引资做好引智工作。（十三）承办市委、市人民政府和上级主管部门交办的其他事项。全年实现社会消费品零售总额242.7亿元，同比增长15.9%；完成自营进出口总额117416万美元，同比减少9.7%；完成长沙市外境内资金形成固定资产106.32亿元；外商直接投资实际到位资金2.13亿美元。

（黎　涛　丁凯慧）

【招商引资】　突出重点、招大引强、招商引资取得新突破。一是精心策划招商项目。积极向上推荐项目，争取42个项目列入《2015长沙重大招商项目册》；立足六大园区的八大支柱产业，包装48个招商项目，制作《六大园区重点招商项目册》；围绕主要园区和重点平台公司，着手包装16个PPP项目。二是多方举措精准推介。注重走出去和请进来相结合，成功举办2015“美丽浏阳”湖南省异地商会联合会与浏阳市人民政府战略合作协议签约暨招商推介恳谈会、“湖湘宝地•美丽浏阳”2015重点项目推介暨招商项目集中签约仪式等系列招商活动，突出重点片区和重点活动，推动创新招商和专业招商。全市全年新引进项目190个，其中亿元以上项目33个，10亿元以上项目7个,50亿元以上项目3个。三是全力帮扶项目建设。建立每月一分析、每月一调度项目调度机制，以项目工商注册、资金到位、开工建设等为重点，助推浏阳在省、市平台签约的21个长沙市重点调度项目及全市2012-2014签约项目规范建设。（黎 涛 丁凯慧）

【促进内需】 科学布局网点规划：完成商业网点布局规划修编工作，市政府办下发《浏阳市人民政府办公室关于印发＜浏阳市商业网点布局规划（2015—2030）＞的通知》。注重节会会展经济：节假日期间深入城区大型商业网点，指导企业开展各类营销、促销活动，扩大商品销售。指导举办商务节、车展等本土节会，第十二届、十三届车展，共卖出车辆1908台，累计销售金额达2.29亿元。助力惠民工程建设：新建和提质改造10家农贸市场，完成肉类蔬菜流通追溯体系建设年度任务。助力重点行业发展：以项目申报和建设为突破口，助力现代服务业发展，5个项目获批长沙市现代服务业第四批试点项目。出台《关于2015年度扶持浏阳蒸菜产业发展有关事项的通知》等浏阳蒸菜扶持政策，鼓励浏阳蒸菜产业品牌化、连锁化、多元化、创新化发展。6月份，浏阳蒸菜入选第三批浏阳市（县）非物质文化遗产代表性项目。加大电子商务培训力度，引进随手购等电子商务项目，电子商务企业获奖频频，一朵、湘康、贵太太3家公司的项目获得湖南省2015年度第一批电子商务资金支持项目。（黎 涛 丁凯慧）

【外经外贸】 平台建设：4月23日，长沙海关与浏阳市人民政府签订《关于星沙海关驻浏阳办事处有关事项的合作备忘录》。6月18日，星沙海关驻浏阳办事处正式开关。完善对外劳务合作服务平台，浏阳市对外劳务合作公共服务平台入选全省对外劳务合作公共服务示范平台。市场开拓：鼓励和组织企业参加巴西圣保罗国际家庭用品及礼品博览会、意大利米兰世博会、第48届斯洛文尼亚国际贸易博览会、第十一届东盟博览会、纽伦堡玩具展、美国NFA烟花博览会、广交会等国内外展会。业务培训：举办阿里巴巴2015年浏阳市电商外贸峰会，召开浏阳市进出口企业海关政策宣讲会、外汇业务知识及外汇风险防范培训会等，普及跨境电子商务及对外贸易业务知识。（黎 涛 丁凯慧）

【商务监管】 一是成立商务综合执法大队。以年初获批2014年度第二批市场监管公共服务体系项目单位为契机，完善机构设置、人员配置、软硬件设施等，使得商务监管进入新的阶段。二是抓好酒类、生猪屠宰行业监管。机构改革之前，抓好生猪定点屠宰及酒类行业监管，确保市民吃上放心肉、喝上放心酒。机构改革时，做到职能、资料、人员之间的无缝移交。三是抓好成品油市场监管。全市全年成品油销售23.3万吨，其中汽油13.5万吨、柴油9.8万吨。科学编制《浏阳市成品油零售体系“十三五”发展规划》。（黎 涛 丁凯慧）

【“湖湘宝地·美丽浏阳”第三届两型产业招商推介会在广州举办】 4月28日，“湖湘宝地•美丽浏阳”第三届两型产业招商推介会在广州举办。湘典食品、玩美食品、酷口食品、馨盛能源、顺德盛世工业城、丝绸集团、肝素纳生产等8个项目签约两型产业园，涉及健康食品、新能源、新材料、工业地产等行业，其中食品类项目4个、超10亿元的工业项目2个，协议引资27.5亿元。与广东省佛山市顺德区北滘总商会签订产业转移战略合作协议，双方建立长期合作关系，顺德北滘镇区内的家电、家具、电子等产业项目逐步转移到两型产业园。推介会由浏阳市人民政府主办，浏阳市两型产业园管委会承办，浏阳市招商局协办，以“两型”为招商主题，全面展示浏阳发展新形象，重点推介两型产业园项目。（黎 涛 丁凯慧）

【浏阳市政府与湖南省异地商会联合会签订战略合作框架协议】 5月12日，浏阳市政府与湖南省异地商会联合会签订战略合作框架协议，确定双方长期合作机制，并推介28个重大招商项目。湖南省异地商会联合会由所有湖南异地商会（包括异地湖南商会和在湘异地商会）和曾经在湖南异地商会担任名誉会长、会长或常务副会长等企业法人代表组成，现有会员150多家，会员联系的企业达6万多家。浏阳市政府与湖南省异地商会联合会确定加强招商引资合作、推动会员企业产业转移浏阳、协助浏阳企业省外市场开拓等合作内容。同时，向商会客商推介六大园区、四大片区重大招商项目28个，配套项目26个，涉及电子信息、生物医药、机械制造、健康食品、文化创意、生态旅游等产业领域，得到客商青睐。（黎 涛 丁凯慧）

【阿里巴巴2015年浏阳市电商外贸峰会召开】 5月12日，阿里巴巴2015年浏阳市电子商务峰会在浏阳市召开，阿里巴巴国际事业部区域经理戈新县、阿里巴巴长沙区域主管毛睿、浏阳市五星出口花炮厂经理吴巍向到场的计划从事出口业务或正从事外贸行业的企业代表分享外贸电商的相关知识，其中戈新县从“互联网+”的本质与进程、传统企业的机遇和挑战、外贸电商的成功和失败三个角度讲述互联网+时代传统企业转型升级之路，毛睿从烟花出口行业现状、出口渠道分析、合作客户情况、阿里巴巴能做什么四个角度阐述互联网+外贸之路，吴巍分享自己如何从零开始从事烟花鞭炮电子商务外贸出口的经验，并现场回答部分企业代表提出的关于建立店铺、取得客户信任、物流运输费用等问题。

（黎　涛　丁凯慧）

【“湖湘宝地·美丽浏阳”2015重点项目推介暨招商项目集中签约仪式】　11月6日，由浏阳市委、市人民政府主办，市商务合作局承办的“湖湘宝地·美丽浏阳”2015重点项目推介暨招商项目集中签约仪式在长沙隆华国际大酒店举行。本次活动发布“六大园区”（国家级浏阳经济技术开发区、湖南浏阳制造产业基地、湖南浏阳两型产业园、浏阳市文化产业园、大围山国家生态旅游示范区和浏阳河文化旅游产业带）“四大片区”（浏阳长兴湖城市新区、西北环线片区、西湖山——枫浦片区、浏北运动休闲片区）等40余个重大项目，吸引来自生物医药、电子信息、机械制造、健康食品、生态旅游、金融地产、现代服务和文化传媒等领域近300名客商参会，共有24个招商引资项目达成投资协议，总投资额137.1亿元，包括湖南百沃丰生物制药有限公司投资20.8亿元的国家一类新药生物制品项目，金丰林印刷包装机械科技有限公司投资10亿元的物联网终端技术开发应用项目，启泰信息技术有限公司投资5亿元的压力传感器信息技术项目，长沙引玉景观园艺有限公司投资2.1亿元的上云溪·沐栖度假项目等。本次活动由浏阳市委常委、常务副市长张作林主持，浏阳市委副书记、市人民政府市长余勋伟致欢迎辞，浏阳市人民政府副市长莫小佳发布浏阳市重大招商项目，蓝思科技股份有限公司董事长周群飞、启泰信息技术有限公司董事长王国秋作为客商代表发言，长沙市委常委、浏阳市委书记曹立军，长沙市人民政府副市长廖健发表讲话。新晋的内地女首富周群飞在讲话中多次为浏阳代言，讲述蓝思科技在湖南浏阳落户的故事，用亲身经历号召企业家到浏阳投资兴业。

（黎　涛　丁凯慧）

【外汇业务知识及外汇风险防范培训会】　帮助外贸企业掌握外汇知识和政策，提高企业经营人员业务操作水平，11月20日，市商务合作局与市外汇局组织召开全市外汇业务知识及外汇风险防范培训会，全市141家有进出口经营权企业的外汇业务相关人员参加培训。培训会上，主办单位广泛了解外汇改革以来企业所遇到的问题，并征求企业关于外汇管理方面的意见和建议。截至2015年11月，浏阳市在海关注册有自营进出口权的企业314家，形成以电子信息、鞭炮烟花为主，纺织服装、工程机械、生物医药、精细化工为辅的进出口产品结构。2014年，全市完成进出口总额13亿美元，连续20多年位居全省县级前列。

（黎　涛　丁凯慧）

2015重点项目推介暨招商项目集中签约仪式上，新晋内地女首富周群飞为浏阳代言，讲述蓝思科技在湖南浏阳落户的故事　　（图片来源：市商务合作局）

海　关

中华人民共和国星沙海关驻浏阳办事处

主　任　朱建平
副主任　管恩学

【概况】　星沙海关驻浏阳办事处位于浏阳市白沙路与复兴路交界处，总占地面积10亩，大楼主体面积6242平方米，地面五层，地下一层。2015年6月18日，中华人民共和国星沙海关驻浏阳办事处正式开关并对外办理海关业务，长沙海关关长黎对贞，长沙市副市长、浏阳市市委书记曹立军出席仪式并揭牌。星沙海关驻浏阳办事处由浏阳市政府全额投资建设，投资额4849万元，是全省第二家县级海关机构，全省第一家副处级海关机构。浏阳是全球最大的烟花爆竹生产贸易基地、科研中心和国家命名的“中国烟花之乡”。2005年由刚成立的浏阳市商务局将海关机构申报作为促进花炮行业发展的重点工作来抓。2006年，长沙海关批复在浏阳设立出口花炮海关季节性临时监管点。2008年，长沙海关与浏阳市人民政府签订《关于建设浏阳市出口烟花海关监管机构的合作备忘录》。2012年2月，长沙海关确定在浏阳设立海关办事机构。2013年3月，海关总署下发批复同意设立星沙海关驻浏阳办事处。经过2年多的建设，浏阳海关机构建设基本完工，2015年4月通过长沙海关验收，并正式向海关总署提出开关申请。根据中编办批复和海关总署《关于同意设立长沙星沙海关驻浏阳办事处的批复》（署人发字〔2013〕89号）、《关于同意星沙海关驻浏阳办事处对外开办业务的批复》（署人发〔2015〕152号），星沙海关驻浏阳办事处机构规格为副处级，核定行政编制12名，设领导职务2名，首任主任朱建平、副主任管恩学，内设综合业务科、监管科2个科室。承担浏阳市辖区内的各项

星沙海关驻浏阳办事处办公大楼　　(图片来源：星沙海关驻浏阳办事处)

6月18日，星沙海关驻浏阳办事处开关运行

(图片来源：星沙海关驻浏阳办事处)

海关业务，具体包括一般贸易进出口、加工贸易进出口、外贸企业注册及变更、减免税等海关业务。

(管恩学　黎　涛　丁凯慧)

出入境检验检疫

湖南出入境检验检疫局浏阳办事处

主任、书记

谭爱喜（2015.07免）

曹建全（2015.07任）

副主任、纪检监察员　钟建军

副主任　张　毅

办公室主任　邓年祥

检验监管科科长　王胜芝

副科长　黄　健

【概况】湖南出入境检验检疫局浏阳办事处是国家质量监督检验检疫总局批准，直属湖南出入境检验检疫局的正处级办事机构。内设办公室，综合业务科，检验监管科3个科室，在编人员10名，聘用人员14名，负责浏阳辖区出口烟花爆竹检验及监装、出口包装性能鉴定及使用鉴定、出口打火机检验、进口机动车登检及原产地证书签发等工作。2015年，浏阳办事处受理出境货物报检29787批，受理出境包装报检28498批，同比分别增长4.3%、-1.1%。检验监管出口烟花爆竹15760批，1438.1万箱，货值4.58亿美元，同比分别增长0.26%、1.86%和1.16%，产品输往100多个国家和地区；一次检验不合格烟花爆竹239批20.1万箱，564.3万美元；监装查验出境烟花爆竹15534个集装箱，12947批2008.7万箱，金额6.53亿美元；完成危险货物包装检验（含包装性能检验和包装使用鉴定）28484批，3645.1万件，其中8批10410件不合格。检验出口打火机138批，16911万个，货值994.0万美元，分别同比增长-8.6%、-0.6%、-12.5%，完成进口机动车登检153批次。全年签发各类单证58143份(含电子通关单)，同比增长1.4%；共签发各类原产地证1353份，签证金额7385万美元，同比减少17.04%、15.18%。　(罗　武)

【创建国家级出口烟花爆竹质量安全示范区】 2014年年底，浏阳出口烟花质量安全示范区通过省级验收，2015年浏阳办事处继续高标准开展创建国家级出口烟花爆竹质量示范区工作，6月11日，湖南省浏阳市举行创建国家级出口烟花爆竹质量安全示范区动员大会，标志着该项创建工作处于攻坚阶段。全年开展示范区质量负责人培训2次，专题讲座1次，联合检查2次，并对示范区相关制度进行修订，对示范企业进行动态调整。年末，湖南检验检疫局对示范区进行预验收，认为基本达到国家级示范区的创建要求。浏阳创建国家级出口烟花爆竹质量安全示范区，旨在确保区域出口烟花爆竹产品质量安全，提升安全管理服务水平，构建具有核心竞争优势的花炮产业体系，从而保障浏阳花炮产业的可持续健康发展，促进浏阳外向型经济发展。通过示范区的创建工作，提高辖区企业的质量安全管理意识，规范企业质量安全自检自控能力，提高示范企业在行业内的引领示范作用，并力争通过示范区的建设探索烟花爆竹行业的可持续发展之路。　(罗　武)

【质量分析】 办事处积极开展质量统计与分析工作，继续负责2014年度全国出口烟花爆竹质量分析报告的汇总编辑工作，并获评质检总局优秀。按季度向质检总局及浏阳市政府提交《浏阳市出口产品质量状况分析报告》，按月向湖南检验检疫局业务主管处室上报《浏阳办事处出境危险化学品及其包装检验监管情况统计表》。通过质量分析工作，掌握辖区进出口产品的质量变化趋

6月10日，办事处组织举办浏阳市出口烟花爆竹质量安全示范区培训会议

（图片来源：湖南出入境检验检疫局浏阳办事处）

势，进一步推动检验监管模式的探索创新。定期向地方政府报送出口产品质量状况，为地方政府决策提供依据。（罗　武）

【诚信管理】 加强诚信管理，提升辖区企业的诚信意识。通过信用信息的采集，划分企业的诚信等级，为在后续检验监管对企业实施差别化管理提供依据，并将诚信扣分作为分类管理、示范区示范企业等工作的重要依据。2015年，办事处将日常检验中发现的不诚信行为及时录入诚信管理系统，将企业产品质量信息、国外通报、退运信息、日常监管异常、以及报检员报检差错信息，全部采集到诚信管理系统，并将不诚信企业的行为在行业内通报。全年采集信用信息386条。（罗　武）

【进出口危险化学品和易燃易爆物品安全专项排查整治】 深刻吸取天津“8•12”特别重大火灾爆炸事故，2015年8月18日，浏阳办事处下发《关于深入开展危险化学品和易燃易爆物品安全专项排查整治的紧急通知》（湘浏检〔2015〕5号），部署开展排查整治工作，对辖区内251家出口烟花爆竹企业、4家出口危险化学品生产企业、1家打火机生产企业、4家物流仓储监装点以及20家危险品包装生产企业的安全生产情况进行排查，发现监装仓库出库、入库台账需完善，视频设备年代老旧，维护不够及时，具备相关资质人员不足，规章制度、应急预案需完善，全部按照相关要求进行整改。对于出口烟花爆竹生产企业超安全生产许可证许可级别申报的，统一进行登记汇总报浏阳市政府。（罗　武）

【企业监管】 烟花爆竹生产源头和出口终端管理：一是加强烟火药物安全性监控工作，抓好出口烟花爆竹产品源头管理，有计划、按步骤开展辖区出口烟花爆竹烟火药物安全性监控工作。全年对245家出口企业进行药量、禁限药物检测850份，药物安全性检测450份，检出22家出口企业中的24份样品存在有禁限用药物或药量超标现象。二是进一步规范监装工作流程，完善监装工作记录。制订《浏阳办事处集中监装日常管理办法》，切实落实烟花爆竹安全管理和监督责任，全年监装出口烟花爆竹集装箱15534个。三是进一步强化工作质量。加强风险排查、专项整治。定期收集各相关环节风险排查记录，按要求进行相关专项整治，严格控制辖区内监装工作的有效性。完善安全事故紧急预案机制，加强仓库、库区安全隐患排查。发现未经检验出口礼花弹产品案件1起，已立案进行行政处罚。分类管理：修订浏阳办事处分类管理工作规范，综合运用风险分析、诚信管理、质量分析的结果，结合电子监管系统，对二类企业实施电子监管抽批送检检验监管模式，并对二类企业的送检抽批率进行动态调整，对辖区唯一一家打火机企业开通快速核放模式，进一步加快辖区内出口企业的通关速度。同时，结合日常监管，对企业分类等级进行动态调整，对2家二类企业下发暂停实施电子监管抽批检验监管模式的检验监管通知书。（罗　武）

【业务培训】 2015年，分别组织包括针对检验员的企业检验员培训，出口欧盟的企业生产、技术管理人员的欧盟标准培训，邀请美籍华人律师对出口美国的经营公司进行输美贸易方面的培训，免费培训500多人次，促使出口烟花爆竹生产企业、经营公司重视，指导企业有效应对、采取针对措施，提高产品质量安全。（罗　武）

【推行“无纸化申报、直通式报检、无纸化通关”模式】 2015年5月，湖南出入境检验检疫局浏阳办事处对辖区企业推行推行“无纸化申报、直通式报检、无纸化通关”模式，简化申报手续，加快签证速度，提高通关效率、降低企业通关成本。截至年底共受理无纸化申报7134批，占总申报批次的20%以上；对浏阳辖区烟花爆竹报检企业开通“直通式报检”优惠措施，减少企业往返检验检疫频次，对辖区内在属地通关的出口烟花爆竹，全部签发电子通关单直接发送海关，共签发电子通关单10685份；检验检疫工作继续实施“5+2”“白+黑”工作模式，全年加班达317人次。（罗　武）

供销合作

浏阳市供销合作总社

党组书记、理事会主任

胡自钦（2015.08免）

李良如（2015.08任）

党组成员、副主任　张　平(女)

李　亚（2015.08 免）
副主任　李晓芳
党组成员、纪检组长　沈　华
党组成员、工会联合会主席
陈　剑（2015.08 免）

【概况】 浏阳市供销合作总社系市政府直属全额拨款事业单位，机关参照公务员管理，内设综合办公室、财务审计科、经贸发展科、合作指导科、政工人事科 5 个职能科室，在编在岗人员 25 人。2016 年 1 月，被长沙市供销合作总社评为“2015 年度长沙市供销合作社系统综合业绩考核特等奖”。

维稳工作　针对改制企业职工群体庞大、居住分散、状况不一的情况，将干部职工分组分别联系改制企业职工代表，采取“内紧外松、责任包干”方式，落实“三注重、两强化”举措，坚持定期联系走访，及时妥善处理苗头性信息，将不稳定因素化解在萌芽状态。全年接待改制职工因各种原因来信来访 28 批 129 人次，化解不稳定因素 11 起，调查处理退休职工张某某涉邪问题 1 起。未发生群访和越级非访事件。

经营服务　农资供应网络建设：充分发挥农资冬储和供应主渠道作用，在农资供应旺季，及时保质足量供应。全年累计实现销售总额 1.62 亿元，占同期农资市场份额的 70%。市农资公司再次被评为“全省十强农资流通企业”。同时，与省供销电子商务公司合作，选择 22 个农资网点布放“云端”设备，将农资、农技信息录入云端设备，方便农民掌握农技知识和购买农资。日用品网络建设：支持比一比超市进一步拓展销售渠道，继续稳居浏阳本土零售龙头；指导帮助顺天电器商场在金沙路开办大型连锁家电超市。推进农村电子商务：与浏阳农村商业银行签订战略合作协议，共建惠农服务综合平台、农村电商服务平台、农业转型升级平台、农村信用体系平台，打通为农服务“最后一公里”。指导湘宝地供销电子商务公司与淘宝网合作的“特色中国浏阳馆”升级为独立运营，成为省内第一个上线的县级馆。争取省供销合作总社支持，利用农村党员干部远程教育卫星网络，在浏阳市推广云端农村电子商务，有效解决偏僻山村网络信息闭塞问题。通过与市农业局对接，湘宝地公司成为农业部“12316”信息进村入户浏阳运营中心。同时，以“立足县域，辐射周边，流通天下”为方向，整合市农业局、农商行、商务局等相关部门功能，开发具有自主知识产权和独立后台，集党务、政务、商务、惠农服务、金融服务、信息服务于一体的“浏通天下”农村电商综合服务平台，从 PC 端、手机端、微信端、APP 四个端口线上推送，完善农村电商服务中心基础功能。线下试点 20 个村级惠农服务社和电商服务站网点建设，延伸供销社基层网络，提升为农服务功能。

基层组织建设　发挥市农民专业合作社联合社组织协调、指导扶持作用，带动社员单位实现快速发展。一是加强走访密切联系。在坚持定期联系的基础上，12 月份组织对 62 个社员单位进行全面调查走访，掌握专业合作社最新发展动态，指导帮助其进一步开阔思路，实现抱团发展。二是加大资源整合力度。指导雄丰蔬菜等专业合作社，依托湘康农业开发有限公司在城区创办蔬菜基地直销超市，与云端农村电子商务平台结合，引入蔬菜电销模式，方便广大市民。三是帮促项目申报。将湖南领航有限公司 8000 吨果蔬精加工生产线新建项目、湖南蜜蜂哥哥蜂业有限公司 2000 吨蜂产品加工及养殖新建项目、浏阳万吨优质米精加工建设项目纳入国家农业综合开发项目库，为申报 2016 年农业综合开发农业部项目打好基础。

社有企业管理　一是成功续租物业。与顺天家具商场和比一比超市签订续租合同，确保社有资产保值增值。二是盘活现有闲置土地。以发展农村电商为契机，以礼花路 12.8 亩留置地为基础，筹划建设浏阳电商创业大厦，截至 12 月底，已形成汇报材料提交政府常务会研究决策。三是积极开拓业务项目。湘东公司与名河酒业合作开发供销内采“蓝名河”酒，成为第十二届中国（浏阳）国际花炮文化艺术节接待用酒；农资公司充分利用金牛种业品牌，拿下种子市场重要销售份额；广联公司指导顺天电器商场成功开办金沙路连锁电器超市；浏阳湘宝地供销电子商务公司启动“浏通天下”农村电子商务平台建设，将电商服务站延伸至乡镇村（社区）。

其他工作　全年组织撰写调研报告 6 篇，上报各类信息 120 余条。重新修订《机关管理制度汇编》《重大事项集体决策》《机关作风建设手册》。结合单位实际，开展“党员设岗定责，贴心服务三农”“党员干部结对联系服务群众工作”“党员示范岗”“专业合作社双联共建”“践行三严三实大讨论”“民主评议

3 月 21 日，全国供销总社经济发展与改革部副部长马继红（正中）到浏阳调研农村电子商务
（图片来源：市供销合作总社）

7月21日，市供销合作总社与浏阳农村商业银行双方签订战略合作协议

（图片来源：市供销合作总社）

党员”等系列活动。送培入党积极分子1人，新发展党员1人。

（程牧野）

【“浏通天下”电商综合服务平台及电商服务站建设】　该社与市农村商业银行合作，在市农业局和市商务合作局的指导支持下，依托浏阳湘宝地供销电子商务有限公司，启动“浏通天下”电商综合服务平台及村级惠农服务社／电商服务站建设。“浏通天下”电商综合服务平台（www.1ttx168.com）是一个集党务政务、农村电商、便民缴费、金融保险、教育培训、信息流通等服务于一体的公益性平台。平台以“服务三农”为己任，着力于打通“工业品下乡、农产品进城”双向流通渠道，助推社会经济发展，提升城乡居民生产生活水平。“浏通天下”惠农服务社／电商服务站分布于全市各村（社区）人口密集处，将党务政务、农村电商、金融保险、快递物流、惠农资源等加以整合，向居民提供综合服务。“浏通天下”平台以当前主流互联网商城技术为基础，针对供销社服务三农、服务城乡的特点进行二次开发。已实现电脑端、微信端、APP、手机端四个端口全天同步推送，在全国各地都可以随时访问和实现交易。同时，平台与淘宝网特色中国浏阳馆、农业12316、全国总社“供销e家”、湖南网上供销社等平台对接，实现浏阳农特产品的多渠道营销。惠农服务社／电商服务站由湘宝地公司和当地村委会、农商银行基层支行三方合作选人选址建设，整合惠农资源，向居民提供综合服务。已建站点20个。

（程牧野）

粮　油　业

浏阳市粮食局

党委书记、局　长
范荣国（2015.12免）
吴世平（2015.12任）
副书记、副局长
刘元生（2015.08免）
党委委员、副局长
周扬波（2015.08免）
党委委员、副局长、纪委书记
曾庆图（2015.08免）
副局长　戴水草
党委委员、联合工会主席
刘　平（女）
党委委员、副局长
刘　瑜（2015.12任）

【概况】　2015年末，市粮食局机关有在岗人员32名。局党委下设机关、老干、北盛、湖南军粮储备加工有限责任公司（以下简称军粮公司）支部和购销公司总支委员会5个基层党组织，有党员102名（其中女性18名）。机关设办公室、调控科、监督检查科、财审科、政工科5个科室、1个粮食监督执法大队。局机关下辖浏阳市粮食购销有限责任公司和北盛等8家粮站。粮食购销公司于10月搬迁至关口街道金口村境内，设总经理1名、副总经理1名；粮站设主任1名，并兼任法定代表人（沙市粮站未明确法定代表人），具有一级法人资格，并履行一级法人的义务和职责。军粮公司属合作控股企业，公司设立董事会、监事会机构，其中董事会由1名董事长、4名董事组成；监事会由1名监事会主席、2名监事组成。全市保留仓廒135栋（含2014年永安新建5000吨浅圆仓4个、北盛粮站新建4000吨仓容1栋，镇头粮站2015年建成新仓2栋），总仓容18.8万吨（麦容）。　（李　勇）

【粮食种植与粮食行业指导】　继续协助政府抓好遏制土地抛荒和良田保护工作，开展粮食供求市场调查研究，把握市场导向，综合市场信息，根据市场需求和消费特点指导粮食主产区乡镇发展粮食生产，优化粮食品种结构，推广高档优质稻，增加农民收入，鼓励民营资本投入粮食生产，扶持种粮大户走粮食产业化规模经营。全市稳定粮食种植面积7.8万公顷。粮食部门建立优质粮食产业可持续发展体系，加大优质稻产业基地建设，采取“公司+基地+农户”的经营模式，在东、西、北区推广优质稻品种，在南区地少人多地区主要推广高产优质稻。全市稳定高档优质稻3667公顷，订单面积11000公顷。　（李　勇）

【粮油购销】　国有粮食企业按照国家统一部署，启动早稻和中、晚稻最低保护价收购政策。早稻收购自7月28日正式启动，持续到9月30日，收购时长2个月零5天。收购点设在湖南军粮有限责任公司（永安储备库）、百宜省储备库新库点和北盛粮站，共收购早稻19159吨。10月21日正式启动中晚稻最低保护价收购政策，至2016年1月31日止，收购时长3个月零13天，设湖南军粮有限责任公司、百宜省储备库、官渡粮站3个点，共收购粮食12666吨。粮食收购期间，组织工作人员到点收购，方便农民售粮。市内国有粮食企业（湖南军粮有限责任公司收购的粮食不在本统计范围内）全年（时间至12月31日止，2016年1月1日至31日中晚稻收购列入2016年度统计）收入粮食15220吨，其中期初库存粮食2466吨，购入粮食12754吨（其中从生产者购进6254吨，加工成品收回6500吨）；本期支出14984吨（其中销售8489吨，加工原料付出6496吨）。全市本级储备粮10000吨，省级储备粮20000吨。湖南军粮储备加工有限责任公司静态储备粮16569吨、最低保护价托市粮18219吨（其中早籼稻15214吨、中、晚籼稻3005吨）。非国有粮食经营企业期初库存粮食33392吨，本年收入粮食964495吨（其中从生产者购进70137吨，从企业购进823474吨，加工成品收回70884吨），本期支出粮食966610吨（其中销售70884吨，加工原料付出67186吨，转化用粮828540吨），期末库存31277吨；收入玉米566335吨（其中年初库存17258吨，本年购入549077吨），本期支出545956吨（其中转化用粮545956吨），期末库存20379吨；收入大豆（豆饼和豆粕）258599吨（其中年初库存4324吨，本年购入254275吨），支出大豆（豆饼和豆粕）251332吨（其中转化用粮251332吨），期末库存7267吨；其他粮（主要指高粱、大麦）本期收入13411吨（其中从企业购进13411吨，包括高粱41吨、大麦13370吨），本期支出13411吨（其中转化用粮13411吨，包括高粱41吨、大麦13370吨），无库存。非国有商品油脂收入19877吨，其中年初库存食用油脂8342吨（包括菜籽油1526吨、花生油1吨、大豆油4507吨、油茶籽油1168吨、调和油54吨、其他油1086吨），本年购入11535吨（从企业购进11535吨，其中菜籽油1927吨、花生油962吨、大豆油4227吨、棕榈油230吨、油茶籽油2500吨、调和油560吨、其他油1129吨）；本年销售油脂17685吨（其中菜籽油3099吨、花生油962吨、大豆油8436吨、棕榈油230吨、油茶籽油2772吨、调和油614吨、其他油1572吨），期末库存2192吨。军粮公司储备食用油2000吨。浏阳粮油品牌主要有“浏阳河”大米品牌以及“贵太太”“美津园”全国驰名商标。大米主要有“浏阳河”香米、富硒生态米、浏阳河一季青生态米、浏阳河无公害优质大米等名牌产品。通过扶持发展和着力打造，“浏阳河”香米、“富硒”生态米、浏阳河“玉针香”生态米等名牌产品得到消费者认可。加强对11个“放心粮油”企业的产品进行长期质量跟踪，确保本市放心粮油的供应。积极组织粮油企业参评参展农博会和放心粮油的评审。贵太太茶油科技有限公司继续保持“国家放心粮油示范加工企业”称号。湖南省第一至第五批省级粮油示范企业中，有浏阳市红旗米业有限责任公司、笑哈哈食品厂、镇头三环油脂大米加工厂、湖南贵太太茶油科技有限公司和湖南省美津园粮油发展有限公司继续保持“省放心粮油示范加工企业”称号。自2013年起湖南美津园粮油食品有限公司的“美津园”商标保持全国的驰名商标。食用油“贵太太”商标保持湖南省著名商标，并于2015年6月5日由中华人民共和国工商管理总局商标局认定“贵太太”商标为驰名商标。主食产业化进一步发展。长沙市粮食产业化龙头企业笑哈哈食品厂自主研发生产的“新发现”速冻食品“包仔兄弟”“真手工水饺”，在2014年湖南省政府主办的中国中部（湖南）国际农博会上获得两项金奖后，市场销路进一步拓宽，年销售收入8000万元。飘香炒米，年糯米用量1万吨以上，成为浏阳乃至全省的知名品牌。转化用粮行业发展较快，湖南浏阳河饲料有限公司、湖南百宜饲料科技有限公司、浏阳市奇壮科技饲料有限公司、长沙伟嘉饲料有限公司、长沙成农饲料有限公司、湖南衡大饲料科技有限公司、华佑生物科技有限公司等大型饲料企业稳定发展，饲料行业年产量21.83万吨，年产值20.41亿元。6月，国家工商行政管理总局认定湖南浏阳河饲料有限公司“浏阳河”注册商标为“中国驰名商标”。（李　勇）

【储粮管理】　完善六大仓储基地，改善储粮设施。东盈、西满、北盛、永安、百宜五个中心仓储基地基本建成并投入使用，南丰粮食储备库于上半年启动维修。10月，新建百宜省粮食储备库正式运营。11月，西满粮食储备库正式投入使用。至年底，东盈粮食储备库（官渡）维修3栋仓，西满粮食储备库（镇头）新建2栋仓库，北盛粮食储备库（北盛）维修3栋仓、新建1栋标准仓，永安新建4个5000吨浅圆仓，百宜新建4栋标准仓，全市标准仓房达到29栋（包含金鸡1栋、古港1栋、张坊1栋）。7月28日、10月21日分别启动早稻和中晚稻最低保护价收购政策，在粮食收购中，严格将水分控制在13.5%以内、杂质1%以内，共收购最低保护价粮31825吨（其中军粮公司收购14059吨）。在储粮过程中科学配备贮藏设施，严格督查粮食库存管理，指导企业做好清仓消毒等工作，达到国家粮食安全标准。在世界粮食日，组织爱粮、节粮、惜粮、科学储粮宣传活动，发放宣传资料，群众安全储粮、科学储粮意识增强。

（李　勇）

【粮食监察执法和粮食统计】　粮食监察执法：组织和加强《粮食流通管理条例》等相关法律法规和文件精神的学习、宣传和贯彻落实，同时在报刊等媒体上宣传最低保护价收购政策，在“世界粮食日”期间，开展“爱粮惜粮”宣传活动。加强粮食样品的检验检测和粮情检查。早稻收购后，对全市储粮进行全面检查检测。分夏、秋两季扦样130多个，及时送检。在粮食食品安全管理中，积极组织参与市食安办2015年食品药品安全科普知识系列宣传教育培训活动。5月份在浏阳河广场及部分乡镇设置展板，宣传粮食条例和食品安全的法律法规，同时引导安全消费，提高市民的自我保护能力、鉴别能力、消费安全意识，自觉抵制不良食品和有害食品。积极参与市食安办食品安全专项整治工作、食品安全知识大型宣传活动，积极配合市食安办在春节、端午节、中秋节等重大节日期间组织食品安全检查活动，协同市食安委深入学校、机关事业单位，重点查处粮油食品来源和质量合格标准。加强粮食收购许可证的监管，对已取得粮食收购许可证的62家（其中国有及国有控股企业11家，民营企业17家，个体工商户34家）粮油加工经营企业进行年度核查。通过优质服务，现场察看审核合格62家，占总发证数的100%。对全市各产粮乡镇发放《粮食收购行政指导告知书》250份，同时在收购现场张贴公布，明确收购企业在获得县级以上粮食行政管理部门审批的收购许可证方可从事粮食收购活动，并严格遵守“五要五不准”收购守则规定。对未执行国家粮食质量标准和未及时支付售粮款等情况责令改正，予以警告，警告后仍不改正，并造成粮食生产者利益受到损害的，处以20万元以下的罚款，同时公布举报投诉电话。收购期间，接到举报投诉电话及时回复并协调解决。采取联合执法形式，对粮食生产者、经营者、储存者重点进行执法检查监督，对粮食经营活动中的违法行为进行依法查处。与国有企业都签订食品安全责任书，与社会粮食经营企业签订《粮食质量安全承诺书》，对市级龙头企业和规模以上粮油企业建立质量诚信档案。同时，通过多种方式宣传粮油食品安全的法律法规，倡导经营者守法诚信经营，强化行业自律意识。加强社会粮食流通日常监管，维护正常流通秩序。对本辖区从事粮食收购的62个经营企业进行日常监管与专项整治。该局对已取得粮食收购许可证的粮油加工经营企业认真进行年度核查。审核合格62家，合格率100%。粮食统计：落实粮食经营台账的建立和统计制度。督促粮食经营企业和转化用粮企业建立粮食经营台账，加强对粮油加工的登记管理和粮食购销统计工作，达到“一符四无”（帐实相符，无鼠雀、无虫害、无霉变、无事故）和“三专四落实”（专仓储存，专人保管，专帐记载；落实仓房，落实时间，落实地点，落实费用）的要求，按照粮食统计制度的要求及时准确报送统计报表和有关资料。督促企业执行国家粮食收购政策和质量标准，搞好日常质量监测，重点是出证索证及出入库检验制度情况，完善粮食质量档案，落实粮食质量安全责任追究制度。早、中晚稻收购结束后，对全市储备粮进行冬季储粮安全和春季库存检查，确保储粮安全。（李　勇）

【启动第三次最低保护价粮食收购】 根据湖南省粮食局统一安排部署，浏阳继续启动最低保护价粮食收购。7月28日8时，浏阳市适时启动早稻粮托市收购。经中储粮湖南分公司长沙直属库认定湖南省军粮储备加工有限责任公司（永安国家储备库）、浏阳市粮食购销有限责任公司收储点百宜省储备库、北盛粮站为早稻托市收购点，面向全市广大种粮农民和种粮大户，敞开收购早稻托市粮。这是自2002年改革改制后，第三次启动最低保护价收购农民余粮。收购点是根据粮源集中、仓容充足、储藏安全等条件来设立的。严格按照国家标准，只收购2015年新熟早稻粮，水分控制在13.5%以内，杂质控制在1%以内，黄粒米控制在1%以内，严禁新陈互混。各收储点人员配备到位，资金充足，设施完善。各收储点创办政策宣传栏、价格质量公示栏，悬挂宣传横幅和标语，完善标准样品、业务咨询台、结算窗口、休息室、凉棚等服务设施，为送粮农民准备凉茶、防暑应急备用药，并为送粮农民联系好餐饮服务点。配备专职安全巡查员，加强对资金、质量、人员、现场、生产、储粮安全防范，及时发现和消除安全隐患，确保收粮期间不发生安全责任事故，让农民高高兴兴送粮，满满意意回家。至9月30日24时止，全市收购托市粮早稻19159.215吨，其中永安收购12003.757吨，百宜4336.872吨（OP2-2仓2792.299吨，OP2-1仓1544.573吨），北盛2818.586吨。入库稻谷质量达标，收购秩序井然，未发生任何异常现象。省粮食局于10月20日宣布中晚稻托市收购，申报湖南军粮有限责任公司（永安储备库）、百宜省储备库新库点、官渡粮站、镇头粮站新库点、城郊粮站牛石点五个收购网点，总仓容14251吨，其中百宜5251吨、永安2000吨、官渡2000吨、镇头4000吨、城郊1000吨。市粮食购销公司于21日率先启动托市收购。官渡点整改后于10月26日开秤。永安腾仓后，于29日启动。城郊粮站牛石点在整改相关设施，年度内未启动。镇头收购点属于新建库，仓内设施已完善，道路硬化、地磅等重要硬件尚未完工，最终未开秤。全市实际启动百宜新库、湖南军粮永安加工基地和官渡粮站三个收购点。截至2016年1月31日，全市累计收购中晚稻12666吨，其中湖南军粮2056吨、百宜4337吨、官渡2164吨。网银结算率100%。以最低保护价收购的粮食粮权均属中央粮食储备库，各收购点均为委托代收点，交由当地储备库负责管理，由中央粮食储备库长沙直属库负责监管。（李　勇）

【五大仓储基地投入使用】 从2011年开始计划用5年时间建成东盈、西满、南丰、北盛、百宜、永安“六大仓储基地”。截至年底，东盈粮食储备库（官渡粮站内）、西满粮食储备库（镇头粮站新址，位于镇头镇仙女组境内）、北盛粮食储备库（北盛镇北盛仓社区境内）、百宜粮食储备库（百宜库新址，位于关口街道办事处金口村境内）和永安粮食储备库（永安镇原永安粮库内）五大仓储基地投入使用。南丰粮食储备库上半年启动维修改造，维修仓房2栋。（李　勇）

【湖南军粮储备加工有限责任公司】 该公司成立于2012年4月28日，是一家股份合作制公司。全年收购粮食30626吨，销售粮食167.95吨，实现销售收入47.026万元。该公司动态储备粮1万吨，静态储备粮共4.99万吨（其中代中央储备粮长沙直属库储粮1.82万吨，代省级储粮1.66万吨，代浏阳市购销公司储粮1.51万吨），油脂0.3万吨，做到库存数量真实，质量可靠，储存安全。项目建设资金累计投入5000万元，全面完成公司第一个三年发展规划的基建任务，所有投资项目都已投入使用，运行正常。2015年发展优质稻订单面积15000亩，8个乡镇5000余农户受益。

（李　勇）

【浏阳市红旗米业有限责任公司】该公司是集粮食购销、加工和产业开发于一体的股份制合资企业，企业位于湖南军粮储备加工有限责任公司内。该公司自2007年7月12日成立至2013年前，一直是永安粮食储备库与广东客商易志华合作控股经营。该公司2009年被评为“长沙市农业产业化龙头企业”，被省粮食行业协会评定为2010年度“放心粮油进社区、进农村示范加工企业”称号（有效期5年）。自永安储备库与湖南省军粮集团实行股份合作后，为适应粮食加工经营改革发展的需要，做强粮食军供、储备加工企业，本着互利共赢、风险共担的原则，经湖南军粮储备加工有限责任公司（简称甲方）、浏阳市粮食购销有限责任公司（简称乙方）以及原公司股东之一易志华（简称丙方）三方共同协商，终止原协议，于2014年实行新的股份合作方式。该公司保持“诚信、高效、务实、奉献”企业精神，坚守“诚信为本，铸就名品，优质服务，赢得市场”经营理念，通过实施先进的企业管理制度，企业管理基础进一步夯实，企业的文化内涵不断提升。2015年通过“公司+基地+农户”方式，推广泰优390品种，与农户签订产销协议，提高产品质量和农民收入，仍保持良好的运营势头，“浏阳河”品牌精米系列和富硒生态米、浏阳河一季青生态米、浏阳河无公害优质大米的产能和市场份额保持稳定，实现销售收入1687万元。（李　勇）

【湖南美津园粮油食品有限公司】该公司成立于2008年4月，地处浏阳市农业科技产业园，注册资金4000万元，拥有花园式生产厂区4万平方米，建筑面积1万平方米，是一家油茶林基地开发、茶油生产销售的企业。现有员工126人，其中高级工程师、工程师、技术员、技师等18人。公司注册“美津园”商标于2013年12月国家工商总局认定为“中国驰名商标”。公司成立以来，共研发茶籽油、菜籽油、调和油和餐饮用油四大系列48个品种的油脂产品，畅销全国十多个省、市、自治区。2011年至2013年，公司相继获长沙市人民政府“长沙市农业产业化优秀龙头企业”，2013年3月12日通过ISO9001质量管理体系认证、HACCP食品安全管理体系认证与计量保证能力“c”标志认证，同年6月被中国粮食行业协会认定为“全国放心粮油示范工程”，2014年5月湖南省农业产业化办公室认定公司为“湖南省农业产业化省级龙头企业”。2015年，公司总资产25325万元，固定资产12317万元，资产负债率34%。年内生产调和油14750吨，茶籽系列油1500吨，菜籽油9000吨，大豆油10800吨，实现销售收入37792万元，利润1555.63万元，税收229.88万元。（李　勇）

【笑哈哈食品厂】浏阳市笑哈哈食品厂成立于2009年，是一家以生产和营销速冻主食为主的食品生产企业，厂区位于荷花街道境内，是长沙市级农业产业化龙头企业。企业主要生产真手工水饺、包点、汤圆、粽子、烧麦、馄饨、灌汤水饺、土豆饼等共计56个产品。产品主要销往湖南各大中小城市以及湖北、江西、贵州、云南等省份，企业持有“新发现”“包仔兄弟”“私厨面点”等商标，先后获得“国家产品质量检验合格知名品牌”“湖南省质量信用AA企业”“湖南省质量监督网推荐上榜品牌”“湖南省放心粮油加工示范企业”，该企业生产的“包仔兄弟”“真手工水饺”产品在2014年中国中部（湖南）国际农博会上，以独特的风味和精良的工艺获两项“金奖”，并多次评为“消费者信得过单位”。该厂现有员工186人，中高级技术人员18人，企业总投资3880万元，其中固定资产投资2680万元。2015年，该厂在浏阳荷花、关口街道和高坪、官渡、淳口镇建立原料生产基地4500亩，其中糯米基地1100亩，包菜基地2000亩，香葱基地1200亩，生姜基地100亩，产品原材料达到10000吨，其中面粉4200吨，糯米1200吨，猪肉1066吨，蔬菜2300吨，杂粮1275吨。有效带动农户3000户，并为700人创造就业机会。全年实现销售收入8000万元，利税476万元，利润396万元。（李　勇）

【湖南贵太太茶油科技股份有限公司】湖南贵太太茶油科技股份有限公司前身为湖南贵太太茶油科技有限公司，成立于2008年9月，2015年8月改制为股份有限公司，注册资本7000万元，是一家集茶油科研、开发、种植、加工和销售于一体的国家林业产业重点龙头企业和省农业产业化重点龙头企业。公司自成立起，先后获得全国放心粮油进农村进社区示范工程示范加工企业、全国油茶籽油加工十强企业、中国农业／食品领域最具投资价值企业、中国林业产业联合会副会长单位、中国林业产业联合会木本油料分会副理事长单位、湖南省粮油千亿产业“五扶工程”企业、湖南省“百企千社万户”现代农业发展工程“百企”企业、湖南省高新技术企业、湖南油茶行业领军企业、省认定企业技术中心、省上市后备企业及省纳税信用A级单位等荣誉。4月18日，公司设立全省茶油行业中唯一一家专业农村实用人才培训学校——湖南省农业广播电视学校贵太太茶油分校。6月5日，国家工商管理局商标局（商标驰字〔2015〕249号）认定湖南贵太太茶油科技有限公司使用在商标注册用商品和服务国际分类第29类食用油商品上的“贵太太”注册商标为驰名商标。11月27日，贵太太在新三板正式挂牌（股转代码834352）。2015年，公司茶油及茶籽调和油年产量28000吨，其中纯茶油6500吨、茶籽调和油21500吨，实现工业总产值47370万元，产品销售收入37879万元，净利润7979万元，缴税435万元，公司总资产达45105万元。公司坚持“优质高价”的品牌战略，严格品质管理，打造“贵太太”金牌品质，赢得经销商和消费者信赖。“贵太太”定位于茶油高端品牌，公司通过电视、纸媒、网络、电子购物平台、微博、微信公众平台、APP 和公交车身广告等多渠道多形式，对公司和产品进行宣传和推广，市场网络覆盖湖南、江西，并辐射北京、上海、广州和福建等地，产品入驻华润万家、步步高、家润多等连锁超市系统的近 400 家 KA 卖场及大小商品超市。4 月，公司举办全国经销商大会，300 多家经销商参会，现场签约额达 2000 万元。同时，公司开通天猫旗舰店，入驻京东、1 号店、友阿农博汇等电商平台，逐步进驻京东商城和中粮我买网。按照 020 模式进行招商，在一线城市组建北方运营中心，首站进军北京市场，筹建国际贵太太生活馆，定位高端消费人群，发展高端会员近 500 名。为推动湖南贵太太茶油科技有限公司向粮食产业化、标准化、品牌化方向发展，公司大力发展优质油茶示范基地建设，组建“浏阳市贵太太油茶种植专业合作社”和“浏阳市绿健油茶种植科技有限公司”，通过“公司 + 合作社 + 基地 + 农户”的经营模式，在浏阳市沙市镇建立油茶基地 11 万亩，联结基地农户 10000 多户。通过油茶收购合同的利益联结方式，为基地茶农提供产前、产中、产后的系列化服务。（李　勇）

【湖南浏阳河饲料有限公司】 湖南浏阳河饲料有限公司是集饲料、种猪生产、销售、养殖技术服务、商品猪运销为一体的科技型股份制企业，属湖南省农业产业化龙头企业、湖南省高新技术企业。公司总资产 1 亿元，下设饲料生产、农牧投资等 10 多家子公司，拥有自动化生产线 10 条，年产饲料 100 万吨。先后获“湖南省私企 100 强”“湖南省著名商标”“湖南名牌产品”“湖南省饲料质量安全管理规范示范企业”“湖南省农产品加工质量安全奖”等称号，旗下“名河”牌生猪被国家农业部认证为无公害农产品。2015 年实现销售收入 10 亿元，上交税金 950 万元，公司通过 ISO9001:2008 质量体系认证，6 月注册商标“浏阳河”获“中国驰名商标”。公司专注于猪全价饲料的生产与中小型规模养猪户的全方位服务，具有高生产标准与严格的原料收集标准以及完善的加工工艺。坚持原料霉菌毒素的检测和产品毒素控制，降低养猪风险。近红外原料净能快速评估系统建设更能科学利用原料降低产品成本，稳定产品质量。生物安全体系建设与精准猪群特定抗体抗原检测，让客户由被动治猪病转变为主动预防，将疫病损失和药费降低 90%。公司的商业模式是做中小规模养猪场的全方位服务商，致力于发展与推广绿色无公害无抗生素饲料与养猪事业。

（李　勇）

石 油 经 营

中国石化销售有限公司湖南长沙浏阳石油分公司

经　理　　罗建平（女）
党支部书记　苏维其
副经理　　刘建光　邹　俊

【概况】 中国石化销售有限公司湖南长沙浏阳石油分公司系中国石化驻浏企业，主要从事成品油、润滑油以及便利店商品的销售工作。2015 年，分公司拥有在营加油站 35 座，其中城区站 5 座，高速服务区站 4 座，国道站 2 座，乡镇站 24 座，其中万吨级加油站 2 座，分别为中心加油站、工业园加油站，5000 吨以上加油站 5 座，3000 吨以上加油站 6 座，3000 吨以下加油站 22 座；其中全自助加油站 8 座，半自助加油站 3 座；其中发卡网点 20 座。全年轻油销售实际完成 14.25 万吨，非油合计销售 1554.68 万元，IC 卡沉淀资金 3071.5 万元，直销批发完成 2.28 万吨。（袁　甜）

【经营管理】 成品油销售：浏阳石油分公司坚持以提高和发展质量和效益为中心，扩大传统优势，推进成品油经营量效双增。5 月，全面完成所辖加油站国四柴油置换工作，对符合条件站点开通 97# 汽油。全年投入 1400 万元对 4 座加油站进行提质改造及隐患治理，加油站整体形象显著提升，截至年底，完成油气回收改造的加油站 16 座。安全管理：加强安全管理，开展“百日整治”“我为安全做诊断”等活动，对加油站进行全面隐患排查，及时有效整治，将安全生产工作落到实处，全年公司未发生一起安全事故。注重提升员工素质及劳动技能水平，11 月，对所有在职员工进行技能培训及技能等级认证，实现全员持技能资格证上岗。网点建设：汽车南站加油加气站和官渡南岳加油站待建中。直销批发：以客户为中心，对批发直销客户进行分级维护，客户经理每月定点走访大客户并开展联谊会、交流会等活动，收集客户反馈意见并解决，培育老客户，挖掘新客户，进一步开拓市场，为浏阳成品油批发市场提供保障。非油销售：公司秉承“中石化易捷万店无假货”的宗旨，建立专门的非油销售队伍，对商品实行送货上门，2015 年公司非油合计销售 1554.68 万元，实现快速增长。（袁　甜）

盐　　业

浏阳市盐务管理局（湖南盐业股份有限公司浏阳市分公司）

局长、经理　邓　宁（女）
副局长、副经理　欧存龙

【概况】 2015 年，盐业公司全年各项经济指标完成情况：年计划购进各类盐 14300 吨，实际购进 14432 吨，完成年调运计划的 100.92%。年计划销售各类盐 14300 吨，实际销售 14724 吨，完成年销售计划的 102.96%，其中 400 克绿色小包盐 4353 吨，新品盐 1603 吨；销售原包盐 8768 吨。年底库存各类盐 1676 吨。全年实现利润总额 1009 万元。（兰雨娟）

【企业经营】 企业运行：公司围绕“早”字对经营工作早计划、早安排、抓落实，对全年工作进行统筹安排，及时将各项经济指标分解下达到各个片区；配套出台绩效管理方案，调动工作积极性。1 月，利用传统新春佳节开展“迎新春”感恩赠礼活动，当月销售小包盐1377吨，完成年计划6500吨的21.18%，实现开门红的工作目标。3-6月，在系统内组织开展“端午祝福”促销活动，加大市场产品结构调整力度，为新品盐推广营造市场氛围。6月，在市公司系统内开展“时间任务双过半”的经营竞赛活动中排名第一。10月，在全市开展“百日促销”活动。网点建设：持续完善片区经理责任制，稳步推行市场化营销策略，积极调整产品销售结构，做强、做精、做优新品高端食盐市场；加强对网点考核、管控和运用，有效提升网点运行质量；聘请讲师对全员进行营销培训。巩固客情关系，倡导优质服务，加强服务质量考核，树立双赢意识，提升客户忠诚度和经营积极性。2015年，公司严格按照《食盐零售网点分类管理办法》，对网点实行分类、动态管理。对不同类型的网点实行不同的激励和优惠条件，严格如期兑现奖励、发放促销产品，充分调动客户的积极性，促使客户成为盐业利益共同体，提高网点的管理效率和利用效率。拓宽经营思路，将市场化经营模式引入到销售管理各个环节，对所有网点全部实行电脑信息化管理，形成客户档案；给符合条件的网点配置“雪天”展示柜和展示盆，不断巩固市场产品上架陈列成果。加强市场调研，注重宣传引导和产品展示工作，不断强化“雪天”品牌影响力，运用销售返点、促销活动、馈赠礼品等多重激励，有效激发客户营销积极性，挖掘销售渠道潜力，稳步推进新品高端食盐销售，全年实现新品盐销售1603吨，新品盐销售占小包盐总量的26.91%。企业经营管理逐步由粗放型营销向市场化、精细化、品质化营销转型。经营管理：制订和完善内控管理制度，规范企业各项管理流程；全面推进预算管理和目标管理；加大财务基础管理力度，全面推进月度考评考核机制；开展挖潜增效活动，严控开支，开源节流，提升企业效益。2015年，公司加强内部控制，规范和提升企业管理。一是稳步推进全面预算管理。将企业所有经营活动全部纳入预算管理体系，科学核定预算指标，使预算管理更严、更细、更具体，更具操作性和可控性，费用开支做到事前有预算、事中有监督、事后有追究。二是严格内部控制，确保企业资金和实物安全。从8月份开始，货款POS机收率达90%以上，非盐实行限额管理，坚持谁批准、谁销售、谁负责，落实到人，限期回款。严禁赊销、挪用、坐支货款、拖延货款上缴，违者严肃处理。实物按月盘点，做到帐帐相符，帐实相符。严格物业水电管理，定期抽查，出现问题，及时整改，严防漏洞，提升企业效益。深化改革：2015年，浏阳分公司积极推进劳动、人事、分配制度改革，充分挖掘现有资源潜力，增强企业活力。一是改革劳动用工制度。首先通过劳务派遣的方式，从社会上公开招聘人员参与一些非关键岗位工作，填补岗位空缺，协议发放薪酬，增强员工的危机意识和责任意识。二是积极推进薪酬制度改革。遵守绩效优先的原则，适当拉开分配差距，将收入向一线倾斜、向基层倾斜、向效益突出的员工倾斜，2015年适当调增员工的薪酬系数，进一步完善绩效目标考核办法，将员工绩效与经营绩效全面挂钩，不断提高员工薪酬考核比例，增加活工资比重，减少固定工资比例，按月考核，按比例发放薪酬，有力地调动员工的工作积极性，较好地促进各项工作的全面开展。三是以体制改革为契机，多次组织员工进行市场营销培训，促进员工观念转变和思维创新，提升工作效率，全面调动员工的工作热情和主观能动性，有效激发企业活力。规范企业综合管理：2015年，积极推广和宣传浏阳盐业微信公众号、开设公交车车身广告、959电台宣传，多元化开拓企业宣传渠道，树立盐业良好的社会形象；充分利用“3·15”消费者权益保护日和“5·15”消除碘缺乏病宣传日、11月14日糖尿病宣传日，搞好集中宣传和咨询，增强民众自觉抵制私盐、加强自我保护的意识。完善客户和社会资源信息短信平台，规范客户管理和优化客户服务；完善电子政务网建设，加强与当地政府的信息沟通；不断加强企业法制宣传教育，自觉运用法律手段维护企业利益，依法治企工作稳步推进；不断加强员工安全意识教育和安全技能培训，加强安全隐患排查和整改，确保企业的安全稳定运营。企业党建：2015年新吸收党员1名。开展创先争优活动和作风建设活动，转变企业作风；加强廉政建设，强化效能监察，严肃查处各类违法违纪行为，全年未发生违法违纪事件。企业文化建设：积极利用传统节日开展文体活动，相继开展三八女工户外活动、八一退伍军人座谈会、九九重阳节户外活动，以及工会趣味竞赛。（兰雨娟）

【盐政监管】 2015年，继续履行专营监管职能，规范市场经营行为，确保市场稳定和食盐安全，维护盐业良好形象。一是加强自律，规范行为。严格按照湖南省食盐质量安全管理体系要求，不断强化食盐质量安全责任，严把食盐入库、验收、保管、销售关，确保市场合格碘盐供应。不断加强原包盐市场管理，严防原包盐冲击食盐市场。二是继续巩固稽查、访销、配送、宣传四位一体的工作机制，始终保持高压态势，强化市场日常管理和监控。三是积极争取政府政策支持，营造良好社会经营环境。四是不断健全和强化联合执法长效机制。秉承“政府牵头、部门配合、盐业为主”的盐政管理理念，加强与市食安委、公安、工商、卫生、技术监督等相关职能部门的联系，不断完善和强化联合执法机制，严厉打击涉盐违法犯罪行为，持续开展涉盐违法行为专项整治活动，巩固和规范盐业市场，维护食盐专营。4月，该局联合市卫生疾控中心对浏阳辖区学校食堂、餐饮店、零售网点、集贸市场等重要地域和环节进行专项整顿和检查；9月，结合调查海藻碘盐外包装“二次封口”，组织全局力量对全市辖区内的幼儿园、学校、企事业单位食堂、餐饮店、批发零售店食用盐情况进行突击检查。

（兰雨娟）

烟草专卖

浏阳市烟草专卖局（分公司）

党组书记、局长、经理

周　勇（2015.05 免）

刘　智（女，2015.05 任）

党组成员、副局长　姜青云

党组成员、副经理　朱开林

党组成员、副经理　邹瑾（女）

党组成员、纪检组长　刘光庆

副经理　曹煊昊（挂职）

【概况】　浏阳市烟草专卖局(分公司)成立于 1984 年 12 月，2006 年取消县级法人资格后，先后更名为浏阳市烟草专卖局（营销部）、浏阳市烟草专卖局（分公司）。现下设 10 个职能部室和 5 个标准化烟草站，在岗在编职工 190 人。“十二五”期间，浏阳烟草累计实现税利 20.27 亿元，年均增长 32.36%；卷烟销售收入 55.65 亿元，年均增长 19.68%；查获卷烟违法案件 1695 起，涉案卷烟 3412.36 万支。共种植烤烟 36.4 万亩、收购烟叶 94.7 万担，为烟农创收 13.6 亿元，为地方财政创税 2.4 亿元。2015 年，浏阳烟草圆满完成年度目标。全年经济运行实现“两增一降”：一是销售收入增长。全年实现两烟销售收入 20.62 亿元，同比增长 4.61%。二是税利总额增长。实现税利 6.15 亿元，首次突破 6 亿元大关，同比增加 1.63 亿元，其中实现利润 3 亿元，实现税收 3.6 亿元(含企业所得税)，同比增长 1.04 亿元。三是三项费用下降。三项费用总额下降 8.83%，三项费用率为 6.72%，同比下降 0.99 个百分点。全年落实种植面积 6.18 万亩，收购烟叶 15.2 万担，实现烟农收入近 3 亿元，烟叶产值 2.5 亿元。完成 2014 年度烟基建设项目 1536 个，国土整理项目 5000 亩，投入烟基建设资金 3437 万元，启动 2015 年度 1 万亩国土整理项目设计工作，积极争取到 7321 万元的金鸡水库建设项目资金。全年销售卷烟 6.31 万箱，累计销售收入达 18.49 亿元，单箱均价达 2.93 万元 / 箱，同比增长 6.29%。查处各类涉烟案件 362 起，同比增长 11.04%，其中 5 万元以上案值案件 13 起，同比增长 18%。全年依法新办零售许可证 622 件，延续 294 件，停业 241 件，注销 656 件。浏阳烟草紫荆进取 QC 小组的《降低烟叶收购单担费用》项目获湖南省烟草商业系统 2014 年度对标课题（项目）/QC 小组活动成果一等奖，全国烟草行业第二十六届优秀 QC 小组成果发布会一等奖；官渡烟草站被中国烟草总公司授予“烟草行业烟叶工作站标兵单位（2012-2014 年度）”称号；湖南省精神文明建设指导委员会授予该局（分公司）2014 届湖南省文明单位称号。成功创建“全国模范职工之家”，创新“片区化组织、情感型管理、传承式服务”的老同志服务模式，被评为全省烟草系统离退休人员先进集体。

（张欣尧）

【存在困难与问题】　当前，“三期”（增长速度换挡期、结构调整阵痛期、前期刺激政策消化期）叠加，各种矛盾和问题相互交织，烟草行业“小气候”发生变化，出现“增长速度回落、工商库存增加、结构空间变窄、需求拐点逼近”四大难题。全省烟草系统依旧面临着增长的压力、规范的压力、烟叶守红线的压力、两烟互动的压力、库存高位的压力，还新增卷烟销量下滑、生产成本上升和商业利润透支的严峻形势。最终都将在基层县局“触角端”传导压力，使得浏阳烟草面临一些新的矛盾和困难：烟叶生产面临争工、争地、争效的矛盾；卷烟营销面临高位运行下稳销量、提结构的矛盾；企业管理需要进一步降本增效，提高精益管理水平。

（张欣尧）

【实施“四个计划”】　为贯彻落实长沙市局（公司）党组提出的学习计划、“金点子”计划、健康计划、休闲计划（以下简称“四个计划”），大力培育和弘扬社会主义核心价值观，积极倡导汇聚民智、献计献策，切实关心员工身心健康，营造充实自我、快乐工作、幸福生活的氛围，推动浏阳烟草持续稳定健康发展，制定《浏阳市烟草专卖局(分公司)2015 年度“四个计划”活动方案》，从 2015 年 3 月开始实施。“金点子”计划创意飞扬：开展创意观摩和创新主题培训，邀请浏阳市文化产业园、湖南中烟“天下和书院”的创意策划专家进行现场授课，设置“金点子”信箱，召开“诸葛亮献计会”，通过“众筹”“头脑风暴”“思维导图”等形式，收集各类金点子 105 条。开展“畅想无限创‘翼’飞扬”金点子创意大赛发布会，对烟叶、营销、专卖、机关四线精心推选的 18 个优秀金点子进行现场发布。搭建金点子“孵化工厂”，让金点子变成“金果实”。淳口基地单元提报的“半自动打捆机”金点子，机械研发成型后，分别在

浏阳市烟草专卖局（分公司）办公楼　　（图片来源：市烟草专卖局）

龙伏镇泮春村和淳口镇鸭头村两个分级点进行试点，效果明显，打捆效率提高 2.4 倍，实现降低成本 11.716 元／亩，帮助烟农减工降本，赢得烟农赞誉。“学习计划”润物无声：在全局范围内开展“带一本书回家过年”“我最爱的一本书”图书推荐活动，依托党组中心组学习、党支部集中学习、道德讲堂、读书沙龙等载体和平台，采取集中学习、自主学习、专题讲座和主题讨论四种学习形式，创新开展员工乐于参与的学习活动。开展“业务大讲堂”“法律微课堂”“每周夜课”等活动，营造学习氛围。结合党组中心组学习，组织党员干部开展理论研讨学习和专题辅导讲座；借助道德讲堂平台，开展“‘畅享悦读 经典同行’全民阅读”读书分享比赛，收到读书心得 136 篇，评出优秀心得 21 篇，集中编印成册。在长沙市局“爱阅读•乐分享”读书交流会上获“最具阅读奖”“最具分享奖”。“健康休闲计划”激发队伍活力：倡导极简主义，逐步形成积极健康的生活方式和简约的生活情趣。开展健康趣味活动，依托工会活动，加强主题活动策划，采取干部职工民主讨论、自主设计等方式，精心组织有浏阳烟草特色、干部职工喜闻乐见的活动。组织开展“庆五一”职工乒乓球、台球比赛，举办第三届“金叶杯”书法赛，“紫荆杯”职工运动会、趣味运动会等，全年开展各类工会活动 31 场次，成立羽毛球、篮球、瑜伽等 10 个兴趣小组，开展兴趣活动。“健康计划”“休闲计划”以“浏烟生活汇”为载体，成功打造“12315”模式下的互联网＋浏烟幸福生活，显著提高职工幸福指数。（张欣尧）

8 月，全省首场市场化取向改革培训暨湖南中烟品牌文化交流活动在浏阳举行

（图片来源：市烟草专卖局）

【官渡烟草站获“烟草行业烟叶工作站标兵单位（2012—2014 年度）”称号】 4 月 3 日，中国烟草总公司印发关于表彰 2012 年至 2014 年度烟草行业基层标兵单位的决定，浏阳烟草官渡烟草站被中国烟草总公司授予“烟草行业烟叶工作站标兵单位（2012—2014 年度）”称号。官渡烟草工作站位于浏阳市官渡镇竹联村，原站点系 2002 年在原官渡镇医疗器械厂改建而成，2011 年年底经湖南省烟草公司批准在原址新建，2013 年 7 月建成并投入使用，占地面积近 17 亩，总建筑面积 7886 平方米。现有四层员工生活大楼一栋、标准化篮球场一个，生活大楼建筑面积 1933 平方米，集饮食、娱乐、住宿为一体，一层职工食堂可同时满足 200 人就餐，二层至四层为娱乐健身区和住宿区，设有职工宿舍和职工健身房，满足职工的住宿及文娱需求。还设立官渡烟草科普站，建有“四室一窗”，即科普教育培训室、科普病虫害标本室、科普图书阅览室、实验室和科普宣传橱窗，主要服务于官渡基地单元科普推广、技能培训、远程教育等需求。官渡烟草工作站辖官渡、古港两个烟叶收购点，覆盖官渡、达浒、大围山、张坊、小河、古港、高坪、关口 8 个种烟基地乡镇（街道），对口湖南中烟白沙品牌。2015 年签订合同面积 11360 亩，烟农 455 户，户均面积 24.97 亩，收购烟叶 31577 担。全站现有职工 16 人，其中研究生学历 1 人，本科学历 6 人，大专以上学历人员占 68.8%。设站长 1 名、副站长 3 名、助理 1 名、高级技术员 1 名。2011－2014 年，官渡烟草站完善基础设施，站点设有收购区、仓储区、办公区、生活区等功能区域，建有专卖管理、客户服务站和长沙烟草“636”卷烟销售店，集生产服务、收购服务、物资供应、科普教育、文化生活、客服专卖六大功能于一体，有效推进烟区烟叶持续稳定发展。夯实管理基础：烟叶生产实施“台帐式”管理模式，通过农家历、烟农申请表、农事台账、烟田分布图等管理方法，实行“一户一档”，实现个性化服务和精细化管理，考核细化到户、到田、到担烟，不断提升烟叶工作质量。优化烟农服务：开展烟需物资套餐式“一站式”供应服务，在烟叶生产的各个阶段，对烟农、合作社以及各专业服务人员进行高密度、广覆盖的技术培训，有效提升烟叶生产水平。推进持续创新：开展“两员整合、三站合一”模式探索和员工成长训练营建设，进行 QC 项目研究，每年开展科研项目 5 个以上，发表文章 2 篇，在大围山、高坪两乡镇开展 80 公顷生态烟叶开发，开展智能烟筐研究应用，持续推进烤烟产业创新发展。先后获“全国烟草行业烟叶工作站标兵单位”“湖南省优秀烟叶收购站”“长沙市局优秀班组”“浏阳市先进单位”“模范职工小家”等荣誉称号。

（张欣尧）

竹林深处有人家　（邓立波　摄）

旅　游

旅游管理

浏阳市旅游局

党组书记、局长　谭　力

副书记、副局长

陈蓓蕾（2015.09 免）

党组成员、副局长

李运胜（2015.04 任）

陈炉强（2015.12 任）

王大发（2015.04 免）

罗荣棠（2015.09 免）

副局长　杨　菊

【概况】 2015 年，浏阳市旅游局有干部职工 18 人。旅游局职能：(一) 贯彻执行国家旅游业发展的方针、政策和法规，编制和组织实施旅游业发展的中长期规划和年度计划。(二) 组织实施全市旅游整体形象的对外宣传和重大促销活动；协助做好旅游招商引资工作；拟订全市国际国内旅游市场开发战略；拟订全市开拓旅游市场的措施，指导培育、完善和开拓国内旅游市场。(三) 负责政府旅游主导资金统筹管理、使用和旅游项目申报。(四) 组织全市旅游资源的普查和行业规划工作；指导协调旅游资源的保护利用和开发建设；协助有关部门对旅游建设项目进行论证、审核和管理；负责全市旅游信息化建设工作。(五) 监督检查全市旅游市场秩序和服务质量，协助执法部门对旅游行业进行执法检查；协助上级旅游部门进行行业监督管理，受理旅游者的投诉，会同有关部门处理旅游违规、违法事件，维护旅游者合法权益。(六) 组织实施国家确定的各类旅游景区（点）、度假区及旅游住宿、旅行社、旅游车（船）和特种旅游项目的设施标准和服务标准。(七) 负责新设旅行社、星级旅游饭店的初审、申报工作；协助上级旅游部门对旅行社、星级旅游饭店等进行年检年审和复核工作；指导全市旅游景区（点）质量等级评定工作。(八) 负责全市旅游统计、信息分析和假日旅游信息预测预报工作；指导全市旅游商品市场开发。(九) 协助上级业务主管部门做好全市旅游从业人员培训、职业资格和等级考试认证工作；指导旅游协会工作。(十) 承办市委、市人民政府交办的其他事项。2015 年，全市有旅游景区点 40 个，A 级景区 10 个，其中 AAAA 级景区 2 家，AAA 级景区 6 家；星级旅游饭店 6 家，其中五星级 1 家；星级农家乐 38 家，其中五星级 7 家；旅行社（分社、网点）35 家，其中四星级 4 家；旅游星级餐馆 2 家，旅游餐饮、娱乐、购物点 100 多处；旅游系统从业人员近 10 万人。成功创建为“全国休闲农业和乡村旅游示范县”，赤马湖风景区创建为国家 AAA 级景区。全年接待游客 1433.07 万人次，实现旅游收入 146.17 亿元，分别增长 13%和 17%，圆满完成年度工作目标和任务。（张　晋）

【项目建设】 旅游规划：《浏阳市旅游发展总体规划(2015—2025)》正式批复实施，确定全市“一带、两圈、五大组团”的总体空间布局；指导乡镇、景区编制出台《小河乡旅游总体规划》《金刚镇旅游总体规划》《石霜寺景区修建性详规》等规划；积极配合长沙市浏阳河文化旅游产业带的规划建设工作，成立浏阳河文化旅游产业带规划建设领导小组。项目进展：一是打造生态旅游项目。大围山国家生态旅游示范区西大门下移、栗木桥景区提质、杜鹃花海等项目顺利推进，打响“旅游新方向•中国大围山”品牌。加快浏阳河文化旅游产业带开发步伐，官渡古镇、高坪南车湾、夹洲岛等项目加速推进。二是建设红色旅游项目。胡耀邦故居全面提质，文物资料保护研究中心竣工并投入使用，完成纪念馆陈列改版、故居本体修葺。秋收起义文家市会师纪念园完成陈列馆主体工程。三是完善乡村旅游项目。古港梅田湖村推出油菜花节、彩色稻田艺术“吉祥中国娃”和稻草艺术展示活动，年接待游客近 20 万人次；省五星级乡村旅游区（点）桂园国际度假村完成欧洲风情小镇建设，增加户外拓展项目。配套服务：一是道路交通更加便捷。荷文公路如期竣工，西北环线竣工通车，大围山旅游干线公路、张小公路等重大旅游交通项目有序推进。二是标志标牌和旅游厕所更加完善。完成西北环线、荷文公路等主要旅游干线标识标牌建设。扎实推进旅游厕所新建改建工作，全年新建旅游厕所25 个。三是网络通信更加快捷。“智慧浏阳”项目三期工程完成 8 个WIFI AP 点建设，免费公共WIFI 覆盖主要市民活动广场和景区（点）。四是电商平台更加广阔。加

速推进与省旅游电商平台的合作，全市有30家旅游企业加入省旅游电商平台。（张　晋）

【宣传营销】节会营销：创新旅游节会。推出“春•赏花季”“夏•清凉季”系列活动，举办油菜花节、杜鹃花节、乡村休闲养生文化节、漂流节、避暑音乐节、登山节、滑雪节等节会，开展周末焰火燃放、湖湘百公里毅行、文庙祭孔音乐暨“开笔礼”展演等活动。创新旅游活动。开展“百家旅行社媒体走进浏阳”、大湘东文化旅游经济带大型采访报道和省新闻摄影学会浏阳旅游采风，新华网5月8日首屏报道《大美中国•湖南浏阳:“岭上开遍映山红”》。创新旅游宣传。2月18日，浏阳旅游新闻报道《浏阳：打好“湘赣合作牌”》登上《湖南日报》头版头条；在长沙高铁站、地铁和长永高速天桥广告位投放旅游广告信息，全方位推介浏阳旅游；充分运用网络、微博、微信等新媒体宣传营销；拍摄“赏花季”“清凉季”专题旅游宣传片，印制《浏连忘返》旅游画册，更新出版旅游交通地图、浏阳旅游指南。品牌建设：组织参加中国旅游商品交易会、湖南省旅游产业博览会，夏布获省旅游商品大赛银奖；参加2015年全国首批乡村旅游“千千万万”品牌评选，达浒镇象形村获评“中国乡村旅游模范村”，浩博农庄等7家农家乐获评“中国乡村旅游金牌农家乐”；积极参加景区创建，赤马湖风景区成功创建为国家AAA级景区。区域旅游合作：一是联合周边10县（市）签订“旅游发展战略合作框架协议”。组织湘赣边区域旅行社媒体走进浏阳、重走秋收起义路、湘赣边特色旅游商品展销会等活动。二是积极融入“大湘东文化旅游经济带”，策划推出花炮旅游等特色旅游线路，联合打造区域旅游强势品牌。（张　晋）

【行业管理】安全监管：落实安全生产责任制，在黄金周和各旅游旺季前开展安全大排查，联合相关职能部门开展4次旅游安全联合检查，排查安全隐患，做到全年无事故；将旅游安全生产纳入年度目标管理考核重要内容，并作为行业评先评优、文明创建的重要参考和依据。提升服务：指导旅游协会组织从业人员开展岗位培训；组织举办浏阳市第三届“金牌导游”（优秀讲解员）大赛评选活动；参加全省旅游行业监管和执法培训；推荐好莱斯酒店创建三星级旅游饭店，推荐蓝天旅行社等4家旅游企业创建浏阳市文明单位，瑞翔冰雪世界创建长沙市文明单位，妙蒸私厨创建长沙市文明餐饮单位。整治环境：以旅行社、景区、旅游饭店为重点，全年开展“九打九治”、旅游市场综合检查等专项督查整治行动14次，下达各类整改通知书264份，受理和处理各类旅游投诉38起，回复满意率达到100%。（张　晋）

【湘赣边区域旅游合作】全面落实《湘赣边区域开放合作浏阳共识》和《旅游发展战略合作框架协议》，市旅游局积极加强与湘赣边区域9县（市）交流合作，形成“共同整合旅游资源，打造精品旅游线路”“共同推介旅游产品，联合拓展旅游市场”“共同完善旅游基础设施建设，营造良好发展环境”“共同举办节会活动，扩大湘赣边旅游影响力”等共识，策划推出特色旅游线路；组织湘赣边区域旅行社媒体走进浏阳、重走秋收起义路、湘赣边特色旅游商品展销会等活动，着力建立常态化的旅游交流合作机制。1月15日，浏阳市旅游局牵头组织湘赣边区域旅游开放合作交流工作会议，组织湘赣边区域各县（市）旅游局领导考察浏阳市省五星级农家乐桂园国际山庄，参加第二届大围山野外滑雪节；5月1日至10日，浏阳市组织湘赣边9县（市）在大围山红莲寺景区举办湘赣边2015特色旅游商品联合展销会，湘赣边相关县（市）的旅游主管部门组织42家旅游商品生产和销售企业参与此次旅游商品联合展销会，通过展销会的举办，加深湘赣边区域旅游交流合作，推介特色旅游商品，打造湘赣边区域旅游商品品牌，拉动旅游商品消费；9月29日，湘赣边区域开放合作交流会2015年第二次主题联席会在江西修水县召开，会议提出，建立共同推进湘赣边区域生态旅游协调合作、抱团发展的新机制，以更科学的举措，更快的速度，打造旅游产业发展的共同体，提升湘赣边旅游产业发展的整体竞争力，促进地区经济加快转型升级。（张　晋）

【浏阳河文化旅游产业带规划建设】浏阳河发源于大围山，自东向西贯穿浏阳全境，境内全长178公里，流域面积3200余平方公里，流经浏阳市21个乡镇（街道）和大部分景区景点。4月，中共长沙市委书记易练红调研长沙旅游提出要打造浏阳河文化旅游产业带。浏阳市按照长沙建设“浏阳河文化旅游产

湘赣边2015特色旅游商品联合展销会　（图片来源：市旅游局办公室）

业带”的总体部署要求，深入实施“生态美城”战略，以浏阳河流域为重点，抓好发展规划、生态保护、产业培育、基础配套、旅游开发等各项工作，致力将文化旅游产业打造成为引领经济社会发展的优势产业。成立由市委书记任组长、沿线乡镇（街道）和相关部门主要负责人为成员的浏阳河文化旅游产业带规划建设领导小组，组织召开浏阳河文化旅游产业带规划建设领导小组预备会议，着力推动沿线各重大项目建设，做强做精浏阳河文化旅游产业。加快官渡古镇等乡镇特色文化古镇建设，精心打造古港湾、高坪湾、十里湾、普迹湾和柏加湾，构建“一湾一风景、一湾一主题、一湾一特色”的旅游新格局。（张　晋）

【组织百家旅行社和媒体走进美丽浏阳活动】 2月5日至6日，省旅游局牵头组织百家旅行社、媒体走进美丽浏阳活动，推介浏阳旅游形象和旅游资源，预热春节黄金周，打造“湖湘宝地·美丽浏阳”宜居、宜游的旅游城市形象。该次活动是省旅游局组织开展的“百家旅行社媒体走进县域旅游”系列活动之一，各旅行社、媒体负责人先后到瑞翔冰雪世界、中国花炮博物馆、胡耀邦故居、浏阳文庙、桂园国际度假村、大围山国家森林公园等景区（点）进行踩线，并召开座谈会，以《藏在这世界的美好》为题，对浏阳旅游资源进行推介，解读新出台的《浏阳市旅游宣传促销奖励办法》，就旅游产品的推出、旅游线路的安排、奖励政策的实施等进行对接。参加该次活动的还有湘赣边区域9县（市）旅游协会负责人。湖南省旅游局副局长高扬先出席活动，他表示浏阳旅游在未来大有可为，新常态将给浏阳旅游带来新机遇，新机遇将带来新商机，浏阳要从地理空间、产品空间、市场空间、工作空间四个方面不断拓宽发展，实现浏阳旅游新的飞跃。（张　晋）

【大湘东文化旅游经济带大型主题采访浏阳行】 3月26日至27日，省委宣传部新闻处副处长祝平良率大湘东文化旅游经济带大型主题采访团到浏阳采访，采访团由来自中央和省级的10多家权威新闻媒体的40多位新闻记者组成，包括新华社、光明日报社、中央人民广播电台、中国新闻社、人民网、湖南日报社、湖南卫视、湖南经视、湖南都市等中央、省市媒体，共同聚焦浏阳文化旅游的发展。采访团先后到中国花炮文物博物馆、胡耀邦故居、古港松山幸福屋场、大围山国家森林公园等景区（点）进行采访报道，并观赏以“湘东崛起美丽浏阳”为主题的焰火晚会。（张　晋）

2015年美丽浏阳“春•赏花季”活动启动仪式　　(图片来源:市旅游局办公室)

【2015美丽浏阳“春·赏花季”活动】 3月12日，由浏阳市人民政府主办，浏阳市委宣传部、浏阳市旅游局、达浒镇等单位、乡镇承办，浏阳市“春•赏花季”活动启动仪式在达浒镇象形景区举行，2015年浏阳春季旅游正式拉开帷幕。为增加游客的参与性，启动仪式后举办日景烟花秀、千年万人游象形、赏花摄影邀请赛、达浒本地特产展示等活动。2015年浏阳开展的“春•赏花季”系列活动，包括“春•赏花季”达浒象形启动仪式、浏阳河高坪乡村休闲养生文化节、长沙市第七届大围山杜鹃花节以及贯穿整个赏花季的微信随手拍大赛等活动。浏阳境内成规模、可观赏的花卉种类有油菜花、桃花、樱花、蝴蝶兰、李花、梨花、杜鹃花、油桐花8种，分别在3-5月份次第开放，花开地域遍及浏阳城郊、达浒象形景区、大围山景区、高坪镇浏阳河湾、古港镇梅田湖等地。伴随着不同种类的花期，可供游客参与的活动有逛花海、骑行、拔河、彩趣跑、植树、野战、野炊、摄影等数十项之多。（张　晋）

【第三届“金牌导游（优秀讲解员）”评选大赛】 12月24日，浏阳市第三届“金牌导游（优秀讲解员）”评选大赛决赛暨颁奖典礼在浏阳河大酒店举行。评选活动10月份正式启动，经过前期推荐报名、资格复核赛前培训、模拟训练、预赛选拔，最终评选出15名选手进入决赛。此次决赛包括模拟讲解、知识问答和才艺展示三个环节，由专业评委和大众评委综合选手的现场表现、综合素质、应变能力、形象气质等素质，本着公开、公平、公正，好中选优、竞争择优的原则，评选出金、银、铜奖，并授予获奖选手为“浏阳市金牌导游”或“浏阳市优秀讲解员”称号。通过角逐，康辉旅行社的沈贺红获得金奖，宝中旅行社的陈喜和唐琼、胡耀邦故居的安怡情获得银奖，宝中旅行社的孙辉鹏和利真、满意旅行社的陈微、胡耀邦故居的阮心涯获得铜奖。（张　晋）

【浏阳上榜“全国休闲农业与乡村旅游示范县”名单】 12月4日，农业部、国家旅游局发出《关于公布2015年全国休闲农业与乡村旅游示范县和示范点的通知》，决定认定浏阳市等68个县（市、区）为“全国休闲农业与乡村旅游示范县”。2014年以来，浏阳市坚持把休闲农业和乡村旅游作为战略支柱产业来抓，切实加大产业投入，不断完善基础建设，大力开展宣传营销，积极拓展消费市场，持续优化发展环境，休闲农业和乡村旅游实现健康快速发展，成为浏阳市农村经济发展的绿色引擎，形成集食、住、行、游、购、娱为一体的产业体系。截至2014年末，全市拥有休闲农业企业、乡村旅游景点、农家乐340多家，其中国家五星级休闲农庄1家，四星级2家；省五星级休闲农庄4家，四星级、三星级共8家；国家AAAA级景区2个，其他A级景区7个，全国休闲农业与乡村旅游示范点1个，全国生态旅游示范区1个。2014年接待游客1268.73万人次，实现旅游收入123.95亿元，其中休闲农业接待游客500万人次，实现经营收入24.8亿元。（张　晋）

大围山国家森林公园

湖南省浏阳大围山国家森林公园管理处

党组书记　徐强国
副书记、主任　涂向阳
党组成员、常务副主任
　傅爱华
副主任　寻雄光
党组成员、副主任、纪检组长
　张新平
党组成员　熊　赛（女，2015.09免）

【概况】2015年，大围山国家森林公园管理处下设办公室、财务科、安全保卫科、防火科、经营销售科、地质研究和建设科6个科室（副科级内设机构），2个下属企业（大围山旅游投资开发有限公司、杜鹃实业有限公司）；并设东麓园管理科、花门工区、中岳苗圃基地、张坊南大门建设指挥部、泥坞西大门建设指挥部5个办事处。该处围绕“旅游新方向•中国大围山”目标，凝心聚力，创新求变，真抓实干，推动大围山旅游事业健康快速发展。全年完成争融资17045万元，招商引资9300万元，完成税收任务1013万元，接待游客70万人次，实现公园收入2600万元，同比实现翻番。

（刘　辉）

【园镇融合】公园管委会落实上级决策部署，推进《大围山国家旅游示范区保护条例》立法工作，定期召开园镇联席会议，统筹调度示范区重要工作，组织编制《大围山生态旅游示范区总体规划》，统筹推进重大基础设施建设，按规划对引入的旅游项目进行把关；策划包装示范区招商手册，促进乡镇旅游产业发展，以公园为核心，拉动四个乡镇开发建设特色旅游景点，“一核四星”旅游格局初现雏形。

（刘　辉）

【林场改革】1999年，经长沙市人民政府批准设立森林公园管理处，实行国有林场与森林公园合署办公的制度。根据《中共中央、国务院印发＜国有林场改革方案＞和＜国有林区改革指导意见＞》（中发〔2015〕6号）和《中共湖南省委、省人民政府关于印发＜湖南省国有林场改革实施方案＞的通知》等文件精神，推进浏阳市大围山国有林场改革工作，职工编制性质由自收自支变为差额拨款，落实“五险一金”和退休待遇。建立多劳多得、权责利统一的薪酬体制，将山林管护、保安、后勤向社会购买服务。市财政按政策解决每人每年3万元经费和国有山林纳入生态公益林范畴的补助经费。（刘　辉）

【项目建设】推进景区扩容：张坊南大门综合服务区完成规划设计、征地拆迁，道路和市政排水工程完成招标，正式全面启动；泥坞西大门综合服务区完成生态停车场、桥梁、游客服务中心主体工程建设。打造便捷交通：投资4亿元的大浏高速茶林互通至白沙一期工程完成路基土方工程，桥梁、隧道工程完成80%；建成七星岭游步道，国家级登山步道一期工程建成并通过国家验收。提质景区景点：栗木桥景区新建叠水景观；投资500万元营造“杜鹃花海”主题景观；清理山林166.67公顷，营造彩叶树种景观；打造入园公路银杏景观线、栗木桥红枫景观带、兰花基地等精品景点。优化服务配套：祷泉湖游客服务中心完成招标，正在施工；四方丘综合枢纽完成场地平整；改造红莲寺景区道路、停车场、小卖铺、厕所；建成垃圾处理中心，新增管理处至四方丘路灯亮化；对上山道路施划标线、加固波形护栏，增设防护墩1000余处、广角镜40面、指示牌200块，施划停车位2000余个。创建国家地质公园：国家地质公园规划通过国土资源部批准，完成地质遗迹保护、解说与标识系统等建设任务，博物馆完成布展并对外开放；以91.4分的高分顺利通过省国土资源厅初验，正申请国土资源部复核。（刘　辉）

【景区管理】推进综合整治：以景区提质为突破口，对景区流动摊担、店外经营、乱搭乱建等问题进行集中整治，拆除木门面1栋，灯箱广告招牌32个，没收经营工具10个，拆除违法建设3000余平方米；建设红莲寺木门面、栗木桥和樱花谷摊担经营点，规范摊担经营；实行环卫服务外包，加强洒水作业和道路清洗，生活垃圾日产日清，垃圾焚烧炉投入试运行，实现垃圾无害化处理。保护生态环境：聘请中南林科院专家对生态景观、林相改造进行科学规划，出台规划文本。完成公路边坡修复、银杏补植、景区绿化提质，清理林道、游步道两侧枯枝落叶，确保林相整洁通透。建立森林防火电子眼全天候观察预警系统，落实每日巡查、广播制度，新建检查站1处，宣传碑3处，珍稀植物解说牌150余块，大坳至五指石防火林带10公顷。加强林政执法，严查野外用火行为，查处违法占用林地和滥伐盗伐林木案件4起，调处山林权属纠纷5起。服务入园企业：建立门楼监控系统，实现手机实时监控，配备对讲机40台；整合执法力量，严厉打击非法营运、拉客宰客、带客逃票行为，维护旅游市场秩序；加强入园企业施工、消防、食品等方面安全监管和检查，倡导文明经营；组织“道

路交通安全法规”和消防知识培训，确保园区零火警、零火灾、零食品安全事故。（刘 辉）

【品牌创建】 成功举办野外滑雪节、杜鹃花节、避暑节露营音乐季、全国群众登山健身大会（浏阳站）暨大围山户外嘉年华等重大主题节会活动；5月8日，新华网总网首页首屏、《湖南日报》头版以《大美中国·湖南浏阳:“岭上开遍映山红”》为题，图片报道大围山杜鹃花海盛况，并有40多家网络媒体转载；成立大围山文化研究会，召开年会和客家文化论坛，《大围山》杂志出刊3期，举办“大围山风光摄影展”“全民手机摄影大赛”“夏布书画创作笔会”等活动，打造大围山特色旅游文化。（刘 辉）

【长沙市大围山第七届杜鹃花节】 4月20日至5月20日，长沙市大围山第七届杜鹃花节在浏阳市大围山国家森林公园举行。节会有“大围山国家登山健身步道授牌”“大围山风光摄影展”“大围山客家民俗文化节”“湘赣边十县市特色旅游商品联展”四大特色活动，内容包括自驾、骑行、登山、露营、摄影、手机擂台赛、客家山歌对唱、客家美食品尝等，让游客充分感受大围山生态旅游的魅力。杜鹃花节期间实现门票收入1000多万元，入园人数超过30万人次。（刘 辉）

【2015年全国群众登山健身大会(浏阳站)暨大围山户外嘉年华】 10月24日，2015年全国群众登山健身大会(浏阳站)暨大围山户外嘉年华在大围山国家森林公园开幕。本次活动由中国登山协会、湖南省体育局主办，湖南省登山协会、大围山国家森林公园管理处、浏阳市文化体育广播电视局、浏阳市旅游局承办。2015年全国群众登山健身大会(浏阳站)以“全民健身促健康，同心共筑中国梦”为主题，活动设有群众登山健身和专业登山比赛两大项目，还组织大围山“捷安特杯”自行车爬坡挑战赛和大围山户外露营大会。专业登山比赛路线设定为森林宾馆—栗木桥—五指石—祷泉湖—红莲寺，总长18千米。群众登山健身路线设定为森林宾馆—栗木桥—船底窝—红莲寺，总长10千米。

（刘 辉）

【上榜“全国旅游价格信得过景区”】 6月1日，国家旅游局公布首批“全国旅游价格信得过景区”名单，1801家旅游景区成为首批“信得过”景区，大围山国家森林公园榜上有名。2015年3月，国家旅游局在全国景区行业启动开展为期三年的创建“全国旅游价格信得过景区”活动。活动针对景区一票制、价格无欺诈、特殊人群优惠、预约优惠、公布价格构成、三年不涨价等社会关注的核心问题，对参与创建景区限定六条承诺条款。2013年至2015年，大围山发展迅速，累计完成10亿元固定资产投资，建立和完善基础设施及配套服务设施，开发和改造6个精品景区，形成“春赏花、夏避暑、秋登山、冬滑雪”的四季品牌。（刘 辉）

游人如织 （摄影 李维国）

【启动大围山生态环境保护立法工作】 8月7日，长沙市人大常委会副主任赵建强率长沙市政府法制办、长沙市人大法工委等单位到浏阳，对《大围山国家生态旅游示范区保护条例》进行立法调研，并召开大围山立法工作座谈会。长沙市政府法制办、长沙市人大法工委以及浏阳相关部门负责人就立法相关事项提出意见并达成共识，全力支持配合立法工作，保护好大围山的青山绿水。会议指出，大围山是离长株潭城市群最近、生态保护最好的理想休闲度假地和长沙饮用水源保护区域，浏阳要尽快成立立法领导小组，起草《条例》立法文本，力争2015年年底在长沙市政府常务会议和长沙市人大常委会进行专题审议，2016年10月报送省里批准。

（刘 辉）

【浏阳大围山国家地质公园通过省级预验收】 12月25日，湖南省国土资源厅和长沙市国土资源局的评审专家到大围山进行国家地质公园验收工作，大围山国家地质公园以91.4分的成绩成功通过省级预验收。2012年4月，大围山国家地质公园获批国家地质公园建设资格后，近三年来加大投入，开展相关建设工作，完成包括地质公园规划与地质遗迹保护、地质公园解说与标识系统、地质公园科学研究与科普活动、地质公园管理机构设置与信息化建设四个方面的建设任务。专家们对大围山国家地质公园的建设给予充分肯定，并建议公园下一步要定位更准确、机构更完善、保护更到位、宣传更广泛，建设成为优质的国家地质公园。（刘 辉）

浏阳市大围山旅游投资开发有限公司

浏阳市大围山旅游投资开发有限公司

总经理　熊　赛(女,2015.09免)
　　　　邓　勇(2015.12任)
副总经理　赵　坤

【概况】 2015年，大围山旅游投资开发有限公司紧扣“旅游新方向•中国大围山”的战略目标，不断发展壮大，现有员工21人，设有办公室、计划财务部、投资发展部、工程建设部4个内设机构。公司务实创新，积极融资，强力推进基础设施建设，加大项目招商和土地运营力度，助推大围山旅游快速发展。融资工作：对接省市对口部门，做好项目申报工作，争取省、市公路建设、生态旅游示范区建设、精品景区建设、旅游产业发展项目等资金1.1亿元。加大银行融资力度，获得中国工商银行浏阳支行贷款1500万元、浏阳农村商业银行贷款2000万元、中信银行浏阳支行贷款3000万元、国家发展银行长沙分行贷款1.1亿元。土地调规：积极调整土地利用规划，协调省市国土部门，完成103.5618公顷的建设用地规划的中期评估。储备招商引资项目用地，积极对接国土部门，对园区内符合土地利用总体规划的土地进行全面摸底，通过现场指界、调查走访、公示公告等流程，办好国有林场原五工区宿舍4695.43平方米、芙蓉嘴1号及中塘1号统征开发用地共计5.7327公顷的国有土地使用证。及时办理国土手续，全面办结大浏高速茶林互通至白沙公路一期工程、泥坞西大门游客中心的土地报征及土地划拨供地手续并获得国有土地使用证。招商引资：2015年，完成招商市外到位资金9300万元，完成全年度招商引资目标任务。整合“一园四镇”旅游资源，制作大围山招商推介PPP和大围山国家生态旅游示范区招商手册。全年接待投资商到园考察20余批次，探索PPP合作模式。品牌打造：组建运营旅游车队，建设8个公交场站节点，成立指挥中心，杜鹃花节全面试运营。成立杜鹃实业公司，开发旅游商品，注册品牌商标，形成公园礼品开发系列。考察学习，探索建设森林迷宫、原始穿越、溯溪、攀岩、滑索等运动项目。规范管理：全年申报项目183个，累计完成办结345次项目审批流程，其中公开招标项目4个，投资2316.89万元；简易工程项目179个，投资2848.28万元，其中工程类项目68个，投资1513.85万元，货物及服务类项目111个，投资1334.43万元。派遣人员参加各类业务培训10余人次。

（刘　辉）

钟鼓仙境　　（摄影　曾　波）

【大围山旅游干线公路工程】 大围山旅游干线公路（大浏高速茶林互通至白沙公路一期工程）全长19.6公里，共设计1座隧道和3座大桥，隧道全长2920米。2014年5月开工，截至2015年10月底，全线路基土方工程完工；桥梁主体基本完工，完成隧道工程80%。

（刘　辉）

【泥坞西大门服务区建设】 大围山镇泥坞西大门是大围山森林公园景区扩容的重大项目，该项目计划总投资约1亿元。截至2015年年底，完成投资4000万元，征地17.67公顷，拆迁安置房屋21户，建设桥梁2座，正在完善游客中心和简车弯停车场等附属工程。

（刘　辉）

秋收起义文家市会师纪念馆

秋收起义文家市会师纪念馆

党支部书记　谭应启
馆　长　刘柏平
副馆长　曾艳敏(女)　于承明

【概况】 秋收起义文家市会师纪念馆归口中共浏阳市委宣传部管理，设办公室、安全保卫科、宣教科、研究室、后勤科、工程科6个科室，2015年有工作人员32人，其中在编人员20人，聘用制人员12人。2015年，该馆深入实施“两轮驱动，全面推进”发展战略，突出项目建设、宣教名馆、体制创新、队伍建设、产业发展、形象塑造六大重点，圆满完成年度目标任务。

项目建设　2月份，文家市秋收起义陈列馆改扩建工程及会师广场建设项目获得中共中央办公厅、国务院办公厅正式批准，同意建设工作；4月7日，对项目一标段土建及监理工程进行公开招投标，分别由东方红建设有限公司和中科高盛集团中标；5月11日，改扩建工程正式开工建设，一标段陈列馆主体建筑建设竣工，会师广场基本成型，二标段景观设计方案定稿，新馆二次装修、陈列设计正在同步进行之中。12月22日，市重点项目观摩团300多人现场观摩纪念园改扩建工程，获得高度评价。配合胡耀邦诞辰100周年纪念活动，9月，该馆投入资金先后完成旧址维修、陈列馆翻新，停车坪和厕所改造，馆内环境整治美化等工程，参观环境全面提质。年度超额完成争资任务，争取资金5360万元。

宣教工作　坚持“一人开讲”“绩效挂钩”制度，全年接待观众120万人次，讲解率达85%以上，满意度达100%；深入推进“双八工程”，打造“八朵金花”，开展“八星评定”，激发宣讲新活力；继续深化“红色文化进课堂”活动，把红色历史与传统美德教育相结合，增加“红歌汇”“争做红色小传人”故事演讲、“红色知识我来答”知识竞赛等内容，全年授课92次，接受教育的中小学生近5万余人次；创新开展“小小讲解员”培训班，共有110名小小讲解员顺利结业，并有4名小讲解员入选中国小导演网络投票活动；巩固新媒体宣传阵地，对外宣传多方发声，在馆官网上发布信息160条，上传到市政府信息网142条，编辑发布微信新闻28条；积极组织讲解员参加各类比赛，余小平参加市财税系统演讲比赛获得二等奖、参加长沙市妇联组织的“妇女儿童之家”品牌案例展示赛获一等奖，刘水甜参加团市委组织的“反腐倡廉”比赛获二等奖，郭日存参加长沙市旅游局组织的技能比赛获第八名；积极开展基地创建工作，该馆被授予长沙市党员干部示范培训实践基地；创新开展“穿越千年撞脸”博物馆日等宣传活动。

文物保护　全年完成文物征集29件（套），其中珍贵文物有毛泽东红瓷像1尊、里仁学校功德碑1块、红四军政治部布告1张、20世纪30年代红军用过的军号1把；完成编制“‘十年求学路，一颗家国心’胡耀邦同志求学路巡回陈列展览活动”陈列大纲和陈列内容设计方案；撰写理论研究文章5篇在刊物发表；启动馆志编撰工作，完成初稿；在国家文物局举办的“全国‘十二五’文物保护成果展”中，该馆获集中推荐。

产业开发　成功策划“身体‘栗’行种植梦想”大型植树活动，促成“毛栗林”种植的规模化、产业化；完成红源军事文化产业园发展规划编制，设置“红扬靶场”“红色文化公园”等18个子项目展开招商；组织成立秋收起义一线九馆产业发展联盟，与市文化产业园、海茗玥公司、安源纪念馆四方会谈签订文化产业发展战略同盟协议，融通湘赣抢占先机。　（肖吉贤）

胡耀邦同志故居管理处

胡耀邦同志故居管理处

党组书记、主　任　胡厚坤

副书记　陈文金

党组成员、副主任（聘）

邹周超

党组成员、副主任　徐志强

【概况】　胡耀邦同志故居管理处归口中共浏阳市委办公室管理，下设五个科室：办公室、后勤财务科、文物保护科、安全保卫科、宣传教育科。共有32名工作人员，其中在编人员16人，临聘人员16名。2015年是胡耀邦诞辰100周年，管理处围绕胡耀邦诞辰100周年纪念活动筹备工作，抓建设、办活动、强管理，圆满完成年度各项工作任务。11月4日，经中共中央宣传部部务会议批准公布，确定胡耀邦故居和纪念馆为“培育爱国之情•激发报国之志”全国爱国主义教育示范基地（中宣办发函〔2015〕800号）；12月，景区创建全国红色旅游经典景区初审通过。　（黄银凤　廖　旭）

【工程建设】　2015年，管理处严抓胡耀邦诞辰100周年纪念活动系列配套工程建设，争取中央、省、市政府投资公共设施建设项目资金，实现年度争取项目资金2.19亿元（含荷文公路6500元），各项工程建设稳步推进。经省文物局报请国家文物局同意，9-10月，管理处组织实施并完成故居本体修缮及消防、安防、防雷工程；6-10月，对胡耀邦同志纪念馆进行提质改造和陈列改版，《心在人民—胡耀邦生平事迹陈列》采用声、光、电、场景复原等现代展示手法再现胡耀邦光辉而伟大的一生，11月初，故居及纪念馆恢复对外开放；荷文公路（含两厢改造）竣工并通车，被誉为湖南省“最美乡村公路”；年内相继完成廉政书法碑林、文保中心周边环境治理升级、主入口停车场、景区污水生态治理、文苍公路提质改造、胡耀邦艺术馆、文保中心遗物馆陈列布展等项目的建设施工。景区全面实现绿化、美化、亮化。5月，文保中心投入使用。11月5日，故居餐饮中心正式投入运营。完成2016年拟建的胡耀邦塑像树建的手续办理，及家庙维修复原陈列、西岭公路的前期设计等工作。11月，景区主入口、纪念广场、胡耀邦故里廉政箴言书法碑林、故居、纪念馆、敏溪湖等景点全面对外开放。景区总面积由1万多平方米扩展到3平方公里，基本建设成为集缅怀纪念、度假旅游、生态休闲、史料研究为一体，配套设施功能齐全的AAAA级红色旅游景区。　（黄银凤　廖　旭）

【举办胡耀邦诞辰100周年纪念活动】　2015年，管理处班子成员赴北京、省市对接协调纪念活动筹备工作近百余次。6月12日，省委副书记孙金龙主持召开省委常委办公会议，9月6日，省委常委、长沙市委书记易炼红主持市委常委办公会议，对纪念活动和项目建设给予政策及资金支持。浏阳市委、市政府全年组织召开胡耀邦诞辰100周年纪念活动配套建设工程调度会20余次，现场指导和专项督查纪念活动筹备和工程建设。全年召开工地例会和现场办公会35次。管理处严格按照中央相关批复、省委安排意见、省市常委办公会议精神，举办胡耀邦同志诞辰100周年纪念活动。11月17日至23日，“人民的耀邦—纪念胡耀邦诞辰100周年油画艺术展”在湖南省展览馆如期举行；11月23日上午，湖南省委在浏阳市举行纪念胡耀邦同志诞辰100周年座谈会，下午，省委书记徐守盛、省长杜家毫等与会人员参观胡耀邦故居及纪念馆，并对纪念活动举办和场馆建设给予肯定好评。

（黄银凤　廖　旭）

【景区免费开放工作】 接待工作：做好免费开放工作，继续推行“四服务、十免费”“三个一律”等惠民举措，重大接待无差错、日常接待不松懈。截至12月底，年内游客参观人数突破159.5万余人次，完成省部级官员等重大、重要接待100余批次。3月25日，中央、省市媒体组成“大湘东文化旅游经济带”大型主题采访报道团到馆参观采风；4月3日，胡耀邦原身边及家中工作人员到馆参观；9月22日，中宣部宣教局局长陈瑞峰一行40余人到馆调研指导爱教基地建设工作；10月26日至27日，中宣部宣教局、中共中央党史研究室、中共中央文献研究室、中央统战部等单位组织联合专家组到馆参观指导工作。全年免费讲解9500余批次。宣传教育工作：坚持免费开放不免责，加强宣传教育，社会效益明显。继续开展“耀邦故事进校园”“胡耀邦生平业绩大讲堂”等主题活动，发放“耀邦故事”义务宣讲读本1万余册，发挥爱国主义教育基地的宣教功能。4月2日，宣教科成员到太平桥小学开展义务宣讲活动；4月22日，浏阳市委党校三个主体班学员到馆参观学习，讲解员为学员们讲授“为民、务实、清廉—平民总书记胡耀邦”主题课；5月18日，第39个“国际博物馆日”，宣教科4名讲解员到文家市中学开展“耀邦故事进校园”义务宣讲活动。参与浏阳市旅游局、旅游协会组织的旅游推介会、项目招商会，12月，参与组织2015年浏阳市旅游年会，宝中旅游招商会在景区召开，面向中南五省的旅行社、景区运营商、媒体朋友等业内人士对景区进行宣传和推介。创建“耀邦故里”微信公众号，开设胡耀邦同志纪念馆网上展馆，定期发布景区资讯、宣传教育等信息，多方位、立体式宣传景区。管理工作：加强景区精细管理。开展“我为耀邦百年作贡献”主题活动，强化职工创优意识，提升景区文明程度；常态化量化考核，提高职工职业素养和服务水平。1月5日，宣教科6名讲解员到刘少奇纪念馆参加为期一周的培训学习；3月4日，该处4人到韶山毛泽东同志纪念馆考察学习；7月，1名讲解员获全国“红色旅游故事会”湖南选拔赛二等奖；8月，1名讲解员获长沙市导游大赛三等奖；12月，2名讲解员分获浏阳市第三届“金牌导游（讲解员）比赛”二、三等奖。强化文物安全保护。2015年，管理处到北京等地征集到相关文献资料6000多份、视频资料30多件；对故居、纪念馆、遗物展示区、文物库房等重点区域做到时有监控、日有巡查、周有点评，发现问题及时整改。2015年，景区无有效游客投诉和安全事件发生。

（黄银凤　廖　旭）

财政·税务

财　政

浏阳市财政局

党组书记、局长　陈　清
副书记、副局长
许辉英（女，2015.08免）
武安磐（2015.12任）
副书记、纪检组长　周世文
党组成员、副局长　彭金龙
党组成员、副局长（兼）、国家级浏阳经济技术开发区财政分局局长　陈　浩
党组成员、总会计师　廖亿球
党组成员、副局长
邹志德（2015.08任）

【财政收支情况】 2015年，全市完成全口径收入136.9亿元，同比增长9.1%；完成一般公共预算收入85.9亿元，同比增长12%；完成地方一般公共预算收入49.85亿元，同比增长16.64%（其中经开区完成一般公共预算收入25.06亿元，占全市比重29.16%；完成地方一般公共预算收入9.31亿元，占全市比重18.68%；完成国有土地出让收入5.24亿元，占全市比重20.12%）。完成一般公共预算支出84.8亿元，同比增长14.1%。分征收部门完成情况：市国税局完成389006万元，比2014年增加37410万元，增长10.6%；市地税局完成316925万元，比2014年增加49539万元，增长18.5%；市财政局完成153545万元，比2014年增加13275万元，增长9.5%。一般公共预算总支出完成848318万元，比2014年增加129818万元，增长18.1%。剔除上级专项追加和2014年结转项目301900万元，市本级一般公共预算支出完成546418万元，占调整预算的100%，比2014年增加71242万元，增长15%。 （黄晓梅）

【财政工作情况】 （一）发挥财政杠杆作用，促进开放发展。支持重点项目建设：充分结合“四个讲评”考核，科学调度资金，支持重点项目167个，推进金阳大道、荷文公路、浏阳河第六大桥建设，打造市域内“半小时经济圈”。大力筹措资金，推动金阳新区和大瑶等重点城镇建设，加快城乡一体化进程，激发区域经济发展潜力，打造“一轴三带”城镇发展格局。科学运用财政政策，支持蓝思科技成功上市，加速推进长沙e中心和智能终端产业园等一批投资大、质量好、带动力强的产业项目，为全市经济社会发展提供持续动力。促进产业转型升级：加快现代农业发展。健全财政涉农资金分配机制，推进现代农业体系建设，加快新型职业农民培育，提高农机装备水平，完善农产品市场和检验检测体系。成立全省首家农村资源流转交易中心，推动农村资源合理流动和优化配置。推动工业转型升级。发挥财政资金杠杆效用，推动电子信息、机械制造等八大产业集群升级发展。优先支持企业申报技术改造等专项资金1.2亿元，成功举办融入“互联网+”理念的花炮文化节，引导花炮产业“四化两型”改造，落实出口退税专项上解政策。加强企业融资扶持，积极开展银企对接，100多家企业获授信18亿元。促进三产提质提效。加快耀邦故居、大围山生态旅游示范区、乡村休闲旅游等开发建设，实现旅游收入同比增长11.7%。加大本地品牌支持力度，扶持浏阳蒸菜、菊花石等特色产业连锁经营。营造良好发展环境：整合资源，支持浏阳海关开关运行，全市实现自营进出口总额13亿美元。支持湘赣边区域合作，助推湘赣边区域经济带加速成型。支持兴业银行、广发银行和村镇银行进驻浏阳，增设社区银行5家。落实农房抵押贷款等金融政策，完善金融机构目标管理和小额贷款公司、担保公司风险补贴机制。统筹财政资金，挖掘消费潜力，优化城乡商贸网络格局，推进电子商务平台建设，成功举办第十一届房交会等重大节会活动，实现社会消费品零售总额227亿元。设立专项资金，继续实施“5358”人才工程，推进农村宅基地制度、不动产登记和商事登记制度改革，支持创业富民工作，激发“大众创业、万众创新”热情。落实国家税收优惠和结构性减税政策，减轻企业负担。（二）理顺财政分配方式，增进民生福祉。全年统筹安排民生支出61.5亿元，占一般公共预算总支出的75%。促进教育事业发展：投入12.9亿元，置换教育部门个人集资5.7亿元，稳步推进教育“三年行动”，“教育强市”通过验收。完善社会保障体系：统筹6.6亿元，推进农村敬老院等养老服务业发展，企业退休职工基本养老金平均增长

11%，城乡居民基础养老金从105元提高到130元。发放城市低保等各项民生补贴1.4亿元。筹集保障性住房补贴资金1.6亿元，建设保障性住房4522套，实施棚户区改造2885户。发放移民补贴3384万元。安排促进就业专项补助扶持资金3083万元，实现农村劳动力转移就业1.8万人，新增城镇就业1.6万人。提高医疗卫生水平：统筹资金7.8亿元，实施卫生“三年行动”，推进基层医疗卫生机构及公立医院医改工作，提高城镇居民基本医疗补助标准。实施文化惠民工程：统筹1.9亿元，落实公益性文化设施免费开放政策，推进广播电视“户户通”工程建设。落实强农惠农政策：统筹水利资金4.5亿元，支持农田水利畅通工程“三年行动”。发放各类惠农补贴资金3.3亿元。全市村级运转经费补助标准提高到18万元/村。开展政策性农业保险，进一步提高农业抗风险能力。投资4055万元，建设高标准农田1200公顷，实施农业产业化国家项目12个。拨付奖补资金2256万元，完成村级公益事业“一事一议”财政奖补项目380个。筹措资金3800万元，落实中央精准扶贫重大举措，确保贫困村和贫困人口提前脱贫。提升城乡环境品质：统筹6.1亿元，实施“三年造绿大行动”，推进城乡统筹环境同治“新三年行动”，打造“美丽乡村”和“幸福屋场”。积极推进浏阳河生态环境综合治理，助推浏阳市获“中国生态魅力市”称号。（三）推进财政体制改革，提高管理绩效。加强精细征管，财政收入再创新高：密切跟踪财政经济形势，加强主体税源监控和零散税收调研，及时调整完善相关政策措施，切实加强税收征管，全力做到依法征收，应收尽收。强化收入组织调度，加强财税库协调配合，调优收入结构，税收占比达81.3%，收入质量明显提高。开展行政事业性收费项目清理和执收检查，完成非税收入16.1亿元。推进国有土地挂牌出让，入库国有土地收入25亿元。严格国有资产收入管理，完成国有资本经营收入1239万元。盘活存量资金，强化支出管理：贯彻上级政策，全面清理盘活存量资金，统筹结余结转资金956.8万元用于稳增长、调结构、惠民生等重点领域。深化国库集中支付改革，加强项目资金“双控”管理，完善工资统发流程。优化融合业务信息系统，构建财政业务信息管理平台。出台《浏阳市市级财政专项资金分配审批管理办法》，加强财政监督检查，规范专项资金管理。将绩效评价结果作为专项资金安排依据，提升预算绩效管理水平，全年对75个项目进行绩效评价，节约财政资金3000多万元。建立政府投资项目评审季度清零机制，全年评审金额30.7亿元，减审1.1亿元。制定政府购买公共服务实施细则，完成采购金额9亿元，资金节约率10%以上。出台《浏阳市市属国有企业重大事项报告管理办法》，加强平台公司监管，推进国有资产管理信息化建设，确保国有资产保值增值。对全市8673名会计人员信息实行网络化管理，加强会计基础工作信息化规范化建设。推进财税改革，确保依法理财：积极贯彻新《预算法》，深入推进全口径预算管理，加大“四部预算”衔接统筹力度，强化预算约束，严格预算执行，实现部门预算公开全覆盖，公开专项资金132项534批次19.3亿元，“三公”经费等一般性支出比上年度下降30.2%。根据新一轮财税体制改革要求，制定《2015年全市深化财税体制改革工作要点及责任分工》，明确改革路线图和时间表，有序推进各项改革。科学制定新一轮市乡财政体制，推行财政“扩权强镇”改革，激活区域发展动力。加强债务管理，创新投入机制：完善政府性债务管理制度，规范债务管理，建立债务资金使用跟踪问效机制，强化平台公司财政“双控”管理。设立PPP办公室，积极宣传PPP模式，建立总投资76亿元的PPP项目库，成功助推平台公司发行企业债券34.5亿元，争取省市公路专项贷款8.5亿元、土地储备融资13亿元，争取中央置换债券19亿元，申报获批浏阳河流域综合治理项目融资35亿元。（黄晓梅）

【浏阳市推行“扩权强镇”财政体制改革】 从2010年起，浏阳市对大瑶镇实行单独财政体制，2011年至2014年大瑶镇获得财政分成达1.3亿元，夯实公共服务和基础设施投入基础，2014年，全镇铺排32个重点项目，建成3万吨规模的自来水厂、11万伏变电站和4万吨容量的污水处理厂，有力推动当地经济的发展与城镇化建设进程。2015年，新的财政体制在浏阳全面推行。2015年9月2日，根据省直管县改革试点及相关政策，浏阳市委、市政府下发《关于完善财政体制推行“扩权强镇”改革的通知》(草案)，决定从2015年1月1日起，调整乡镇(街道)财政体制，推行财政“扩权强镇”改革，在收入划分、基数核定、支出划分等方面改革以往的财政管理体制。按照财政“扩权强镇”实施方案，乡镇(街道)将财政收入分为市级独享收入、市与乡镇(街道)共享收入、乡镇(街道)独享收入、上划收入。其中市与乡镇(街道)共享地方收入税种的相关税收，按2014年各乡镇(街道)实际完成数为收入基数，对每年地方收入超过基数的新增部分，市与镇按照30:70的比例分享，市与街道按80:20比例分享。新的“扩权强镇”财政体制改革大大增加乡镇街道的可用财力，充分调动他们培植财源的积极性。同时，将财力向基层倾斜，可以提高全市财政运行效率，增强财政体制活力。（黄晓梅）

【推进行政审批改革】 2015年，浏阳市财政局围绕市委、市政府提出的“加快行政审批制度改革，努力将浏阳打造成为全省审批项目最少、时限最短、成本最低的县市”目标，扎实推进各项行政审批改革。一是清理并完善行政征收目录清单。市财政局会同市发改局对市直执收单位的行政事业性和服务性收费项目、标准进行清理，公布取消或暂停征收一批行政事业性收费项目10项，对小微企业免征行政事业性收费项目23项，并暂停征收该市2014年度征收合计金额在5万元以下的本级行政事业性和服务性收费项目19项，力争做到收费项目全省最少。

同时，对按照法律法规和国家有关政策规定设立的行政事业性收费，实行目录清单管理，进一步完善“收费清单”，实时对外公开，接受社会监督。二是践行“一线工作法”。市财政局在城区、经开区、制造产业基地三个政务服务大厅全面推行“单位开单、财政开票、银行收款”的缴费模式，将服务窗口前移到征管一线；推行非税收入缓减免备案管理即时审批的模式，坚持“事项全部入窗，审批全面提速”，按照“整体提速65%”的要求，压缩办理时限，优化办事流程，做到审批项目流程最优、环节最少、时间最短、服务最佳。三是依法规范非税收入执收行为。督促指导执收单位按要求取消、停征和免征相应的收费项目，不得以任何理由拖延或者拒绝执行，不得以其他名目或者转为经营服务性收费方式变相继续收费，严格执行目录清单。根据市委、市政府出台的文件精神，创造条件落实市本级非税收入的缓减免管理，力争在依法征收、应收尽收的前提下做到成本最低。

（黄晓梅）

【构建民生保障“立交桥”】 2015年，浏阳财政坚持把保障和改善民生作为工作的出发点和落脚点，侧重补短板、兜底线、建机制，妥善解决事关人民群众利益的热点、难点问题。全年完成一般公共预算支出82亿元，其中教育、社保、就业、医疗卫生、城乡社区等民生支出61.5亿元，占一般公共预算总支出的75%；比“十一五”末增加41.5亿元，是2010年的3.2倍。将可用财力的四分之三用于构建民生保障“立交桥”，全面提升人民群众的安全感、认同感、幸福感。一是提高民生保障标准。筹措资金12.9亿元落实教育“两个比例、三个增长”政策，比2014年增加2亿元，增长18.5 %，全力推进教育“三年行动”，顺利通过教育强市验收。生均预算内教育事业费支出8728元，比2014年增长23.4%。基本公共卫生从2014年人平补助35元提高到40元；城乡居民基础养老金从120元提高到130元；新农合、城镇居民医保人均参合财政补助标准由320元提高到380元；企业退休人员基本养老金连续11年提标，2015年增幅达10.5%。村级运转经费在2014年基础上增加3万元，达到村均18万元，增强村级经费保障。实施第三步规范公务员津补贴和机关事业单位工资提标相关政策，在职人员工资平均每月增加300元。二是改进民生保障方式。新增重度残疾人护理补贴每人每月50元，城乡低保对象生活补贴每人每月10元。安排各类学生资助2813万元，资助家庭经济困难学生3797名。安排促进就业专项补助扶持资金3083万元，实现农村劳动力转移就业1.75万人，新增城镇就业1.65万人。安排医改补助资金5092万元，投入卫生“三年行动”建设资金1613万元，新增基层卫生院3所，改扩建基层卫生院4所，确保基层医疗卫生机构及公立医院医改工作顺利推进。投入水稻、油菜、烟叶及商品林保险3800万元，提高农业抗风险能力。三是筑牢民生保障底线。支出社保基金18亿元，发放城乡低保1.4亿元、大病医疗救助2204万元，提高社会保障补助水平。发放涉农补贴29项53.7万户次近2亿元，增加农民收入。拨付保障性住房补助资金1.4亿元，推动安居工程建设。安排文化体育与传媒支出1.3亿元，为创建全国文明城市创造条件。较2014年增加投入政法经费3079万元，保障社会大局和谐稳定。筹措资金3800万元，落实中央精准扶贫重大举措，确保贫困村和贫困人口提前脱贫。 （黄晓梅）

【标准化财政所创建工作】 2015年是省厅标准化财政所创建工作规划的收官之年，按照省厅规划目标，浏阳市2015年有12个财政所参加标准化财政所创建工作，为使参加创建的财政所能顺利达标并力争先进，市乡镇财政管理局通过上门指导，现场观摩，树立标杆三大举措着力推进。一是上门指导，面对面交流。乡镇财政管理局对每个参加标准化创建的财政所至少3次上门进行面对面的业务交流，主要是督促其加强制度建设、配备业务人员、规范业务操作等方面的工作。二是现场观摩，取长补短。组织参加2015年标准化财政所的村会计到沙市镇财政所现场学习村会计的账务处理，针对财政所业务的薄弱环节进行重点整改。三是树立标杆，以点带面。沙市财政所是第二批标准化财政所创建的先进单位，也是省厅乡镇财政资金监管连续三年的试点单位。乡镇财政管理局组织村级会计进行培训，由沙市镇财政所村会计就如何做好村级项目资金监管进行经验交流。通过共同努力，标准化财政所创建成效显著。参加2015年标准化财政所创建的12个财政所成功通过市、省两级检查验收，小河乡、官渡镇和集里街道财政所被省厅评为2015年标准化财政所创建工作先进单位。 （黄晓梅）

【2015年预算信息公开工作检查】 贯彻落实新《预算法》，稳步推进浏阳市财政信息公开，扎实做好2015年预算信息公开工作，8月初，浏阳市财政局成立检查小组，采取听取汇报、查阅资料、现场查看、反馈情况等方式，对20个乡镇（街道）和市直部门的预算公开情况进行检查。检查内容主要包括2015年部门预算和“三公”经费预算、2014年部门决算和“三公”经费决算、上级财政专项资金和本级切块资金公开情况。全市预算公开公示工作落实到位，取得良好的工作成效和社会反响。一是公开工作主动，所有预算单位都按照新《预算法》要求主动地将部门预决算、“三公经费”预决算以及财政专项资金等信息予以公开；二是公开管理规范，先后出台多个规范性文件，对预算公开的内容和具体要求予以明确，有效指导各单位落实预算公开工作；三是公开内容精细，部门预算公开到基本支出和项目支出，“三公”经费预算细化为“公务用车购置及运行费”“公务接待费”及“因公出国（境）费”三项予以公开，厉行节约情况按月度予以公开，专项资金分配依据和分配情况一起公开；四是公开形式丰富，利用网络、报纸、电子显示屏以及政务公示栏等多种媒体和手段，及时将财政预算

信息予以公开，便于群众咨询、办事和查询、监督。（黄晓梅）

国家税务

浏阳市国家税务局

党组书记、局长　彭勇坚
党组副书记、副局长　丁洪武
党组成员、副局长　郭学龙
　袁辉芳　周共平
　王恩柱（挂职）
党组成员　向　前（挂职）
党组成员、纪检组长　柳　韬

【概况】 2015 年，浏阳市国家税务局内设办公室、财务科、机关党委办、收入核算科、监察室、人事教育科、征收管理科、税政法规科、工会办、税源管理一科、税源管理二科、进出口税收管理科、纳税服务科、信息中心 14 个科室，下设稽查局和城区、古港、官渡、大瑶、镇头、工业园、沙市 7 个分局。该局围绕组织收入，坚持依法治税，优化纳税服务，加强队伍建设，提升内部管理，完成各项工作任务，获评长沙市国税系统绩效管理先进单位、浏阳市 2015 年度绩效管理一等奖；该局“转风换位”活动获评全省国税系统“十佳最有特色纪检日活动”；官渡分局获评“长沙市青年文明号”，大瑶分局通过长沙市文明单位复查验收，镇头分局获评全国“模范职工小家”。积极开展“一支部一主题、一支部一特色”活动，镇头分局获评长沙市国税局党建示范点。开展“赛党建”主题活动，在党支部书记中开展“微党课”竞赛活动，全局共撰写调研文章 31 篇，上党课 11 堂，提交学习心得 180 余篇，该局获评长沙市局“赛党建”组织优胜单位。全年组织税收收入 38.9 亿元（不含车购税），完成年度计划的 100.53%，同比增收 3.66 亿元，增长 10.34%，其中增值税入库 23.96 亿元，消费税入库 5.94 亿元，企业所得税入库 9.1 亿元，实现总量、增量、质量“三量齐升”，为浏阳经济社会发展和民生改善提供可靠财力保障。（刘颖雁）

【依法治税】 积极响应宏观调控政策，深入推进税务行政审批改革，取消 71 项非行政许可事项，保留法律规定的 7 项。全面落实税收优惠政策工作，对未主动享受税收优惠的纳税人逐月逐户进行提醒、辅导等服务，确保应退尽退、应免尽免、应抵尽抵，全年办理各类政策性退税 2645 万元，为小微企业减免税 2602 万元。开展“六五”普法，树立法治理念，推进依法办事，2015 年，该局获评湖南省国税系统“法治税务示范基地”，官渡分局、沙市分局获评“长沙市依法办事示范窗口”。（刘颖雁）

【征管质效】 4 月 1 日起，浏阳正式实施“三证合一”登记制度改革，全市通过“三证合一”办理税务登记 287 户。承接出口退税权下放，成立进出口税收管理科，全年办理免抵退税 15.3 亿元，有力地支持浏阳外向型经济的发展。推进信息管税，全面推行增值税发票系统升级版，有 2387 户纳税人纳入升级版；实现金税三期优化版单轨运行，为税收工作提供可靠信息保障。积极探索纳税人分规模和行业实施税收监管的税源管理方式，成立 12 个专业化风险应对团队，完成对 257 户纳税人的风险应对工作，查补入库税款 4960 万元。该局风险管理工作得到长沙市局认可，获评长沙市局“税务稽查优胜单位”，王凤获纳税评估“模型建设能手”称号。（刘颖雁）

【纳税服务】 全面落实纳税服务规范，对 151 项业务规范与征管规范进行对接，缩短办理时限 76 个工作日。分行业举办税企沙龙，抽调业务骨干开展上门辅导，走访纳税人 233 户次。开展纳税信用等级评价，全市评定 A 级纳税人 56 户。搭建“银税互动”平台，通过“税融通”“税易贷”发放贷款 6990 万元。根据纳税人需求和税收政策变化，组织“纳税人学校”培训 14 期，培训纳税人 2000 余人次。2015 年，该局纳税人满意度位列长沙市第一，6 个分局进入长沙市税务分局满意度前十位，工业园分局获评“长沙市纳税服务优胜单位”。改进税收宣传方式，在 11 所中小学开展“税法进校园”活动，联合市财政局、市地税局举办“诚信纳税、奉献社会”主题演讲比赛；开展专题性、系列化、集群式宣传报道，全年被《中国税务报》《湖南日报》、红网等主流媒体报道 27 次，开通“浏阳国税”微信公众平台，吸引 1500 余名纳税人关注，阅读量突破 6.8 万次。（刘颖雁）

【给力小微企业】 积极落实国家税收优惠政策，助推小微企业健康发

12 月 29 日，浏阳市国税局举办“培育和践行社会主义核心价值观”汇报会
（图片来源：浏阳市国税局）

展，在推动“大众创业、万众创新”的大潮中发挥积极的作用。该局由各业务科室组成纳税服务小分队，深入摸底辖区小微企业生产经营等涉税信息，形成台账管理，实施跟踪服务；抓好政策宣传，通过12366短信平台、税企QQ群、“浏阳国税”微信公众号及时解读小微企业税收优惠政策，并先后开办14期纳税人学校，开展小微企业系列政策专题辅导，覆盖纳税人2000余人次；创新服务方式，在办税厅设立小微企业咨询台，由专人一对一辅导，设立办税“绿色通道”，实行一站式办理，简化申报手续；与交通银行、建设银行分别合作推出“税融通”“税易贷”项目，利用信用等级评定结果，由银行向小微企业发放信用贷款，解决小微企业融资难题。（刘颖雁）

【举办“培育和践行社会主义核心价值观”汇报会】 加强社会主义核心价值体系建设，12月29日，市国税局局举办培育和践行社会主义核心价值观汇报会，以支部为单位精心组织编排，通过诗朗诵、舞台剧、廉政小品等喜闻乐见的形式，还原日常工作场景，展示浏阳国税人在新时代下的工作作风、工作态度和践行社会主义核心价值观的良好形象。该活动得到长沙市国税局、浏阳市纪委、浏阳市委宣传部、浏阳市文明办的高度肯定。（刘颖雁）

【2014年度企业所得税汇算清缴工作】 按照“遵循征管流程，整合部门业务，汇集征管力量，集中工作时间，突出重点工作，提高征管质效”的思路，该局将企业所得税汇算清缴管理融入税收征管大格局之中。早组织、早准备、早行动。一方面加强组织领导，成立汇算清缴工作领导小组，及时拟定汇算清缴工作实施方案，明确职责，相互配合。另一方面，培训创新形式，为纳税人提供网上视频、自学资料以及纳税人学校面授等培训服务，并根据企业需求，分别在经开区和市局举办2014版企业所得税年度申报表填表说明及相关最新税收政策和ABC4000系统企业所得税申报模块操作及注意事项等内容的三期培训学习，覆盖纳税人近千人次。截至2015年6月，2014年度应申报2678户，汇算清缴2678户，申报率达到100%，补缴入库企业所得税5895万元，如期如质完成汇缴工作。（孙 淼）

浏阳市国家税务局2015年各项税收计划完成对比表

（编报机关：浏阳市国家税务局）

项　目	累计入库（万元）	年度计划（万元）	为年度计划（%）	比2014年同期	
				增加额（万元）	增长（%）
各项税收收入总计	410176			36397	9.74
（一）工商税收合计	390066	388000	100.53	36561	10.34
一、增值税	239601	233000	102.83	22626	10.43
1. 酒	42			1	2.44
2. 纺织品	1627			49	3.11
3. 煤炭	483			-147	-23.33
4. 电力	7566			736	10.78
5. 化工产品	34570			2066	6.36
其中：鞭炮烟花	31421			4014	14.65
外销	21721			480	2.26
内销	9700			3534	57.31
6. 建材产品	4280			-1616	-27.41
7. 商业	23198			3416	17.27
其中：烟草	9172			1084	13.4
8. 造纸及纸制品	4439			1509	51.5
9. 机械交通运输设备制造	2795			-1023	-26.79
10. 通用、专业设备制造	8796			2123	31.81
11 . 电子产品	423			-318	-42.92

（续上表） 单位：万元

项　　目	累计入库(万元)	年度计划(万元)	为年度计划(%)	比 2014 年同期	
				增加额（万元）	增长(%)
12. 仪器仪表	89237			9824	12.37
13. 医药制造	27419			3849	16.33
14. 食品	8330			-915	-9.9
15. 电信	5263			2741	108.68
16. 其他	21133			331	1.59
二、消费税	59443	55000	108.08	9484	18.98
1. 卷烟	15715			8329	112.77
2. 鞭炮烟花	43553			1248	2.95
其中：外销	36200			1336	3.83
内销	7353			-88	-1.18
3. 其他	175			-93	-34.7
三、个人所得税	0			-2	-100
四、企业所得税	91022	100000	91.02	4453	5.14
1. 酒	0			-1	-100
4. 建材产品	1701			-1075	-38.73
6. 商业	6470			1519	30.68
7. 房地产	5413			-998	-15.57
9. 机械交通运输设备制造	394			86	27.92
10. 通用、专业设备制造	3599			1828	103.22
11. 电子产品	191			-34	-15.11
12. 仪器仪表	30222			675	2.28
13. 医药制造	9573			2935	44.22
14. 农副产品及食品	2911			408	16.3
15. 其他	30548			-890	-2.83
(二) 车辆购置税	20110			-164	-0.81
附：代征税费	0			0	0
1. 个人所得税	935			451	93.18
2. 城市建设维护税	109			53	94.64
3. 教育费附加收入	65			32	96.97
4. 地方教育附加收入	44			22	100

地方税务

浏阳市地方税务局

党组书记、局长　周叙述

副局长　刘季峰(女)　黎茂美

黎元元　彭宏辉

朱立文（2015.07 调离）

【概况】 浏阳市地方税务局组建于1994年9月11日，2015年全局有干部职工182人，共产党员142人，其中有在职干部职工147人。内设7个行政科室，2个直属行政机构，1个直属事业机构，下设6个税务分局，管理单位纳税人9875户，个体纳税人23808户。主要职责为：(一) 贯彻执行国家税收法律法规、部门规章及规范性文件，结合实际研究制定具体实施办法；(二) 研究制定本地区地方税收发展规划和年度工作计划并组织实施；(三) 负责地方税收及法律法规规定的费(金) 的征收管理、税源管理、纳税评估、反避税和稽查工作；(四) 负责普通发票和其他税收票证的管理工作；(五) 负责下达本地区税费收入计划和税费收入计划完成情况的分析预测与统计核算；（六）负责监督检查税收执法活动和内部行政管理活动；（七）负责税务行政处罚听证、行政复议和行政应诉工作；（八）负责组织实施纳税服务体系建设，制定和监督执行纳税服务管理制度，规范纳税服务行为；（九）贯彻执行纳税人权益保障制度，组织实施税收宣传。2015年，组织入库各项收入321372万元，同比增收44225万元，增长15.96%，首次突破30亿元大关。完成省市局计划任务308815万元，为年初计划任务293000万元的105.4%，同比增收42005万元，增长15.74%；完成政府口径任务316056万元，为政府年初任务311100万元的101.59%，同比增收43709万元，增长16.05%；入库费金5316万元。2014年12月，浏阳市地方税务局被湖南省精神文明建设指导委员会评为“湖南省二〇一四届文明单位”；第五税务分局获“全国模范职工小家”“长沙市文明标兵单位”，第四税务分局获“长沙市文明卫生单位”、长沙市局“五星级税务分局”称号，第三税务分局获评“长沙市文明窗口示范单位”。肖立祥获“全省地税系统金税三期工程推广上线先进工作者”，蒋肖丹获“全省地税系统一调两转征文二等奖”。（蒋肖丹）

【税收征管】 征管创新：成功上线商品房契税、印花税纳税人自缴系统，代征税款8200余万元；以金三上线工作为核心开展数据清理，修正、补录数据15万余条，核实欠税242条3599万元，集中清理虚假欠税5611万元；积极开展行政事业单位履行代扣代缴个人所得税义务专项检查工作，全市131家由财政集中支付的单位全部进行2013-2014年度工资薪金个人所得税申报，合计补缴税金458万元。日常征管：组织开展全系统税收征管质量交叉检查，促进基础信息录入、未申报催报处罚、滞纳金加收、欠税登记、定税公示、资料归档处理的规范化；进一步规范税费种登记信息，确保申报真实性，提升申报入库率。及时开展欠税公告，将欠税全部录入系统，杜绝“体外循环”，清理56户欠税户清缴欠税472.37万。综合治税：强化与政府各部门沟通，对花炮行业要求乡镇严格把关，大幅减少陈欠，有效遏制新欠；采取强制执行措施突破长浏高速陈欠问题，累计收回欠税1500万元；加强与国税沟通协作，积极开展国税部门代开窗口发票代征地方税费工作，代征税费1147万元，同比增长79.17%。（蒋肖丹）

【依法治税】 税务稽查：结案2014年检查企业6户，入库6042万元。落实2015年初检查计划制度，抽调稽查骨干赴望城区实行异地稽查，查补收入5832.4万元，配合宁乡县局到浏阳进行稽查，下户检查9户，查补1864万元。明确专人负责举报案件查处，受理举报案件3起，立案查处2起、查结1起，查补房产税和城镇土地使用税共计12万元。执法监督：贯彻落实《湖南省地方税务局税务行政处罚自由裁量权办法》，规范行政处罚电子台账，加大行政执法监管力度，及时通报执行情况。全年审批下达行政处罚文书509份，罚款8.4万元，均手续齐全、程序合法、处理得当，无一起行政复议和行政诉讼案件发生。政务公开：实时发布税收新政、办税日历、个体工商户定税缴税等情况，发送纳税提醒短信及各类涉税信息4万余条；持续开展阳光定税，定期张榜公布全市20075户个体工商户核定结果，利用媒体平台公告556户鞭炮烟花内销企业和47户黑火药企业定税情况，主动公示私有经营性房屋税额核定、征收、欠税、审批减免等情况，接受社会监督，营造“公平、公正、公开”氛围。（蒋肖丹）

2016年1月29日，“全国模范职工小家”授牌仪式在浏阳市地税五分局举行

（图片来源：浏阳市地方税务局）

【纳税服务】 税收宣传：联合国税、财政，与电台、电视台合作，分区域推选纳税人代表，开展“诚信纳税，奉献社会”为主题的演讲比赛；依托纳税人学堂，对不同规模纳税人分主题开展政策辅导，办班45堂，培训纳税人5000余人次；依托城区4个街道办事处委托代征点，对私有经营性房屋纳税人进行有针对性的政策宣传，开展税法进社区活动，私有房产税收有较大增长；印发税法宣传书签，为学生上税法课，送税法进校园，营造良好的纳税遵从氛围。办税服务：及时开展网厅、自缴系统、金税三期等专题培训，辅导纳税人5000余人次；结合本级行政审批事项清理工作，对法定时限30日的纳税人变更纳税定额核准，承诺时限减为7个工作日；对法定时限20个工作日的办理税务登记（注销）核准，承诺时限减为12个工作日，全力打造流程更简、耗时更短、服务更佳的纳税环境。税收优惠：执行税收优惠政策，结合浏阳实际，大力支持小微企业、

高新技术企业发展及重点群体创业就业，为91户小微企业办理减免税手续，为56户企业依法审批减免税费857万元，为45户企业备案减免税款3283万元。 （蒋肖丹）

【队伍建设】 绩效考核：制定符合浏阳地税实际的组织绩效管理、个人绩效管理两套办法，分别对机关各科室设立217项、对基层分局设立143项具体指标，按月开展考评通报，将考评通报结果与单位评先、个人评优、奖金发放挂钩，全年对各分局、各科室共计扣组织绩效76.423分，在个人绩效考评中，95名干部被扣分，扣发干部绩效奖金4.58万元，绩效奖最高差距达5000元，全面拉开分配档次。作风建设：深入推进党风廉政建设工作，观看廉政警示片15期，发送廉政短信2000余人次；不定期对全局干部职工的作风建设情况进行督查，并上溯两级领导负连带责任，开展明察暗访30次，通报处理5起违纪违规行为，扣发当事人绩效奖1000元。2015年该局网络评廉满意率达99.88%；深化思想作风建设，全局干部撰写“一调两转”心得体会。人才培养：构建“一团二库三校四堂五基地”的干部教育管理平台，通过制度固化力促学习自主化、常态化，联合国税局、财政局组织开展宏观经济形势分析专题培训，组织干部参加长沙市局纳税服务、征管、税政业务、绩效考核、舆情管理等培训，营造学技能、长才干氛围。文明创建：组织开展“学雷锋•送温暖”公益捐赠活动、“变废为宝•爱心扶助”“一日工资助残”“结对认亲、排忧解难”及“结对帮扶基层共建共创文明”等系列活动，承办浏阳市孝老爱亲道德讲堂总堂，该局道德讲堂被推荐参评“长沙市优秀道德讲堂”，组织干部唱响浏阳地税之歌《只为祖国富强》，开展全系统“我身边的正能量”征文活动，讲述浏阳地税干部真实故事。

（蒋肖丹）

【“金税三期”成功上线】 金税三期工程属国家级信息系统工程，是国家电子政务建设的重要组成部分。该系统融合税收征管变革和技术创新，统一全国国地税征管应用系统版本，搭建统一的纳税服务平台，实现全国税收数据大集中，对于进一步规范全国税收执法、优化纳税服务，实现“两提高、两降低”（提高纳税人遵从度和满意度，降低税务机关征纳成本和执法风险）税收征管改革目标具有重要意义。浏阳市地税局以金三上线工作为核心开展数据清理，修正、补录数据15万余条，核实欠税242条3599万元，集中清理虚假欠税5611万元，完成3种环境141名干部金税三期岗责配置工作，分8批次、连续3天组织开展“金税三期”全员分岗位操作考试，实现人人会操作，确保10月1日“金税三期”在全省顺利上线。 （蒋肖丹）

【“诚信纳税 奉献社会”演讲赛】 自4月起，浏阳地税局联合市财政局、市国税局共同举办以“诚信纳税，奉献社会”为主题的演讲比赛。4月29日进行初赛，比赛邀请浏阳市演讲协会、文联成员和知名主持人等专业人士作为评委，市地税局、国地税、财政局及各纳税企业，共选拔33位选手参加角逐。每位选手均从不同的角度出发对诚信纳税提出自己的见解，结合自身实践和体会阐述诚信纳税奉献社会的意义，并对如何做好诚信纳税提出意见和期盼。经过竞逐，10人入围决赛。5月27日，市地税局干部职工在决赛现场合唱《浏阳地税之歌》，展现地税良好精神风貌。最终吴涤（财政局）获一等奖，余小平（秋收起义文家市会师纪念馆）、李学东（国税局）获二等奖，任星燃（湖南明义烟花集团有限公司）、王领（湖南尔康制药股份有限公司）、邱天伟（浏阳一中12岁学生）获三等奖，刘敏（地税局）、杨小力（财政局）、张舒青（浏阳农商银行）、李毅（太平桥镇盛世房地产开发有限公司）获优胜奖。浏阳市委常委、常务副市长张作林出席活动并为选手颁奖。 （蒋肖丹）

【“三证合一”工作】 4月1日起，浏阳市正式实施实行营业执照、组织机构代码证、税务登记证“三证合一”登记制度，新企业注册者们只需要在政务服务中心工商窗口统一递交申请资料，最多等待4.5个工作日，就可以拿到加载有营业执照编号、质监局组织机构代码证、国税和地税的税务登记证的最新营业执照，并实行免费登记。“三证”在以前的办理法定时限为19个工作日，原来的对外承诺时限为8.5个工作日，而改革后，办理时限将缩短至4.5个工作日，比法定时限提速4倍，比承诺时限提速90%。4月3日，市地税局及时做好宣传，严格按要求、程序、时限落实相关工作，召开专项工作会议下发《关于“三证合一”工作的通知》（长地税征科便函〔2015〕6号），对全局一线征管人员、办税员及被赋予审批权限的相关局领导进行学习培训，完善各层负责人的职权设置，使之分工明确，职责分明，为顺利推行“三证合一”工作打下坚实基础，全年办理业务834笔。 （蒋肖丹）

【新建商品房契税印花税自缴系统运行】 4月1日，浏阳市新建商品房契税、印花税自缴系统上线正式运行，即日起，浏阳市行政区域范围内房地产开发企业不再代收代缴契税、印花税，2015年4月1日（含）后签订的合同由购房人自行到税务机关指定银行缴纳（不支持网银转账）。系统实现新建商品房交易契税和印花税“先税后证”的目标。开发商使用商品房预售及资金监管系统完成签约，打印买卖合同、契税、印花税缴款通知书，由购房人自行到税务机关指定银行缴纳，房产登记部门受理预告登记或商品房买卖时系统自动验证是否已经缴纳契税印花税，未缴纳则不予受理，避免房地产税收征管中的少缴、漏缴、挪用等不规范行为。

（蒋肖丹）

浏阳市地税入库情况统计表（2015年）

项　目	计划数（万元）	入库数（万元）	为年度计划（%）	比2014年同期增加额（万元）	比2014年同期增长（%）
一、地方税收总计	304360	321372	105.59	44225	15.96
其中：中央级		19712		-37	-0.19
省　级	29200	26759	91.64	-696	-2.54
浏阳市级		269585		49980	22.76
1. 营业税	90000	78571	87.30	-7147	-8.34
2. 资源税	650	506	77.85	-39	-7.16
3. 土地使用税	9696	9446	97.42	2981	46.11
4. 企业所得税	8000	6945	86.81	-39	-0.56
5. 个人所得税	30000	25907	86.36	-24	-0.09
6. 城市维护建设税	28000	24451	87.33	-340	-1.37
7. 印花税	7151	5480	76.63	-738	-11.87
8. 土地增值税	25000	40509	162.04	16603	69.45
9. 车船税	4200	4119	98.07	826	25.08
10. 房产税	18000	13145	73.03	-2607	-16.55
11. 烟叶税	5000	4880	97.60	-336	-6.44
12. 教育费附加收入	9145	12025	131.49	3264	37.26
13. 契税	34500	60801	176.23	31660	108.64
14. 耕地占用税	20000	22030	110.15	-2059	-8.55
二、地方教育附加	6096	7241	118.78	1704	30.77
三、文化事业建设费		2		-5	-71.43
四、工会经费	1460	1534	105.07	225	17.19
五、残疾人就业保障金收入	1000	1030	103.00	230	28.75
六、水利建设基金	2557	2416	94.49	-42	-1.71
七、价格调节基金	247	285	115.38	59	26.11

（蒋肖丹）

金融·保险

金融工作

浏阳市金融工作办公室

主　任　李　峰（2015.09任）
副主任　钟琼乳（女）

【概况】 浏阳市金融工作办公室属市政府管理的正科级事业单位，成立于2007年，2015年8月从市财政局单列出来，主要负责全市金融工作的管理、服务、指导和协调。有在职干部职工7人，内设综合管理科、金融服务科、市场发展科。2015年全市金融发展状况：一是金融指标稳健运行。截至12月底，全市存款余额为529.16亿元，比年初增加93.4亿元，增长21.08%；全市贷款余额为430.6亿元，比年初增加69.3亿元，增长19.2%；存贷比为81.4%。银行业资产总额达631.5亿元，同比增长32.5%。银行业金融机构实现账面利润11.57亿元。二是信贷结构不断优化。2015年，各大银行加快信贷结构调整步伐，积极优化信贷资源配置，有效支持实体经济发展。全年中长期贷款余额228.7亿元，同比增长16.5%，短期贷款余额201.5亿元，同比增长22.3%；规模工业企业贷款余额38.6亿元，比年初增加9.2亿元，增长31.3%，信贷资源倾斜力度明显；表外贷款余额达57.7亿元，表外业务服务实体经济贡献不断提升；涉农贷款年末余额253.2亿元，比年初增加37.5亿元，增长17.4%，占全市新增贷款的54.1%，支农惠农力度不断提高，农村商业银行、长沙银行和中国银行贷款分别增加14.1亿元、14亿元和10.9亿元。三是税收贡献持续增强。银行业税收保持稳定增长，年末纳税总额达4.7亿元，同比增长18.6%，其中市本级留存2.5亿元，增长42.9%。有10家银行进入浏阳市重点企业纳税排名前100强，其中湖南浏阳农村商业银行纳税3亿元，排名全市第三，并连续三年获“全国标杆银行”称号。四是金融改革加快推进。农村金融改革不断深化，农村金融服务水平不断提高。中国邮政储蓄银行浏阳市支行、工商银行浏阳支行、湖南浏阳江淮村镇银行针对“三农”、小微企业特点，创新推出“快捷贷”“短期贷”等个性化贷款业务。湖南浏阳农村商业银行、农业银行浏阳支行、长沙银行浏阳支行开展的农房抵押贷款作为全省15项先行先试的重点改革任务之一，推荐申报全国“两权”抵押贷款试点，截至12月底，全市农房抵押贷款余额45亿元，惠及农户和企业1.7万家。湖南浏阳农村商业银行发起成立的2家村镇银行（湖南省安化湘淮村镇银行股份有限公司和江西省新余市渝水湘淮村镇银行股份有限公司）顺利开业，浏阳本土银行首次实现跨区域经营。五是金融体系日趋完备。2015年，域内银行业金融机构达16家，营业网点192个（其中社区银行8家，小微银行1家），自助设备576台，金融服务延伸至全市各个角落；证券公司5家，上市企业5家、新三板挂牌企业4家、纳入省上市后备企业资源库的9家；保险公司26家，小额贷款公司4家，融资性担保公司3家。六是诚信建设成效明显。加强企业和个人两大征信系统管理，提高数据库信息质量。积极推动农户信息采集、分类和评级授信工作，深入开展信用乡镇（街道）、村（社区）的评选和园区信用体系建设。截至12月底，全市创建信用乡镇（街道）5个，三星级信用村（社区）8个、二星级64个、一星级89个。2015年，在全市金融机构服务质量民意调查中，全市银行业机构优秀率达80%以上。（贝　丹）

中国人民银行浏阳支行

中国人民银行浏阳支行

党组书记、行　长　寻　真
党组成员、副行长　李　旻
党组成员、纪检组长　彭亚青

【概况】 2015年末，全市金融机构人民币各项存款余额529.16亿元，比年初增长21.08%；各项贷款余额430.62亿元，增长19.18%；银行业金融机构表外融资余额57.66亿元，比年初增长2.14%。不良贷款比率2.1%，比年初增加1.7个百分点；全市银行业金融机构全年实现账面利润11.57亿元，比2014年下降27.54%。（张中执）

【支持浏阳地方经济发展】 做好货

币政策管理工作：一是做好存款准备金管理工作，2015年人民银行4次下调法人金融机构存款准备金率，按上级行要求认真实施存款准备金平均法考核，认真落实差别准备金动态调整政策，引导地方法人金融机构信贷合理增长；对江淮村镇银行存款准备金不足的问题进行行政处罚。二是加强利率管理，落实利率市场化改革各项要求，针对2015年人民银行先后5次下调存贷款利率的情况，做好辖内地方法人金融机构合格审慎评估工作，指导辖内金融机构制定本行的贷款基础利率并开展宣传普及工作。三是加强再贷款管理，向江淮村镇银行发放支农再贷款5000万元，对其按季开展专项检查，落实好再贷款支农政策要求。加强信贷政策窗口引导：一是深入推进现代农业金融服务工作。督促农村商业银行、农业发展银行等将2家种养殖大户、2家家庭农场、2家农民专业合作社和5家农业产业化龙头企业纳入主办行制度，加大对新型农村经营主体的金融支持。二是稳步推进“农民住房财产权”抵押贷款试点工作。根据国务院指导意见和省级会议精神，积极申请开展农民住房财产权抵押贷款试点工作。截至12底，辖内农民住房抵押贷款余额16.30亿元，其中农村商业银行、长沙银行和邮政银行分别为15.68亿元、4688万元和1443万元，不良贷款比率为0.9%。三是继续加强和改进小微企业金融服务。2015年支行和市金融办、工信局、财政局联合组织银企融资对接活动，收集中小企业融资需求信息112个，金额近12亿元，成功达成银企融资8亿多元。 （张中执）

【营造良好的金融发展环境】 积极开展农村信用体系建设工作：截至12月底，农商行共采集农户信息31.62万户，信息采集面达到96.8%，发放农户贷款证29.21万本，用信户6.17万户，发放福农一卡通9010张，便民卡40923张，授信总额达到61.36亿元，累计用信35.74亿元，余额26.63亿元。继续抓好“信用村（社区）、乡（镇、街道）”评选工作：拟写《关于推进诚信浏阳建设的实施意见》，并以市政府文件下发各单位。组织对25个申报信用村、镇进行考核验收，并对2014年已评定的信用乡镇、村进行复查验收，督促涉农金融机构利用信用乡镇、村验收和复查契机加大不良贷款的清收，同时落实有关优惠政策，扩大示范带动作用。截至2015年年底，全市已创建信用乡（镇、街道）5个，三星级信用村（社区）8个、二星级64个、一星级86个。着力推进浏阳经开区小微企业信用体系建设：组织座谈会3次，邀请长沙中支征信处指导，共同商议推进小微企业信用体系建设具体措施，出台方案和管理办法，组织150多家企业参加促进工业企业进入多层次资本市场培训。金信担保公司企业互助协会共审议融资担保项目13个，担保贷款8100万元。做好征信知识宣传工作：开展“珍爱信用记录，享受幸福人生”宣传活动，组织辖内13家商业银行开展“金融知识普及月”活动并组织应收账款融资服务培训，取得良好的效果。做好征信查询服务工作，截至11月底，完成企业信用报告查询1015户，个人信用报告查询14857户。新发放机构信用代码2336户，变更换发190户，遗失补办74户。协助新开业的浏阳江淮村镇银行办理接入机构代码系统、征信系统，组织地方法人金融机构向人民银行签订责任承诺书，加强查询用户管理。

（张中执）

【完善金融管理手段】 加强金融风险监测，维护金融稳定：一是认真做好存款保险工作。协助农商行和江淮村镇银行填报保费缴存相关报表和资料，完成2家银行存款保险保费上交审核工作。二是认真研究经济金融形势，加强对花炮产业、房地产、政府融资平台贷款风险监测，按月向商业银行通报花炮企业风险情况，防范系统性金融风险。三是加强对担保中介机构和民间借贷风险监测分析；密切关注小额贷款公司经营管理状况。加强金融管理和消费者权益保护：一是进一步加强“两管理两综合”工作，切实落实开业管理和重大事项报告制度，全年按规定办理江淮村镇银行、兴业银行等五家机构的开业管理。二是开展金融消费权益保护工作，收集上报金融消费权益保护环境评估相关数据，对辖内银行、保险2014年金融消费权益保护工作进行评估，及时处理好金融消费者投诉案件，维护好消费者权益。认真做好会计国库和支付结算、反洗钱工作：2015年共办理国库业务861516笔，金额286.91亿元；清算及其他业务134360笔；会计业务8088笔，金额7521.31亿元。加强国债发行管理，全年组织辖内承销机构共发行储蓄国债3467.24万元；加强支付结算管理。开展身份信息真实性核实工作，推动助农取款业务，年末辖内银行卡助农取款服务点达793个，办理各类业务26262笔，金额3.43亿元；组织召开辖内反洗钱工作联席会议，做好反洗钱系统应用推广和反洗钱现场评估工作。加强发行库管理和人民币管理工作：精准预测，合理调拨，确保辖内发行基金供应，全年办理发行基金出库业务427笔、85.41亿元，其中入库1037笔、70.82亿元，发行基金调拨22笔、78.67亿元；开展“发行库规范操作专项活动年”活动，实现“三个零”，即会计业务零冲正，库房管理零事故，出入发行基金零差错。抓好货币流通管理，督促金融机构落实冠字号码查询工作，截至12月，全市全面完成取款机、存取款一体机分类贴标工作；全面推进银行业金融机构对外支付现金的全额清分，开展银行业金融机构交存人民银行发行库现金的质量抽查，全年退回不合格钱捆3000多万元，约谈金融机构高管2人次，有效提高市场人民币的整洁度。做好11月12日新版100元人民币发行工作，当日全市共投放2015新版人民币8700万元，社会各界反映良好，未出现一起负面报道；精心安排纪念币（钞）公开发行，顺利完成三种纪念币（钞）（抗战币、航天币、航天钞），发行额共计753.8万元。切实抓好反假货币工作，与公安机关一起对假币收缴量大的农商行镇头支行的假币收缴情况开展有针对性的调研，建立银警反假监测机制；组织全市632名金融机构临柜人员开展反假培训和资格考试；组织开展形式多样的反假宣传，结合“3•15”和主题活动日，组织各银行开展专题宣传，走进社区、超市、车站，并将反假宣传延伸到微信朋友圈和网站，全年发放各类反假宣传资料（含碟片）近50000份（张），接受群众咨询近4000人次。（张中执）

国家外汇管理局浏阳市支局

国家外汇管理局浏阳市支局

局　长　　寻　真

副局长　　李　旻

【概况】 2015年，该局积极落实外汇管理改革措施，有效提升外汇监测分析水平，着力健全银行和企业主体监管体系，优化管理和服务手段，各项工作有序推进。继续深化外汇管理方式“五个转变”，扎实做好各项基础业务工作：截至2015年12月31日，浏阳进出口总额22.40亿美元，同比减少1.62%。全辖银行累计结汇为64007万美元，同比下降17.26%，其中经常项目项下结汇63848万美元，同比下降17.26%，资本项目下结汇159万美元，同比下降14.05%。银行累计售汇金额为12279万美元，同比增加180.02%，其中经常项目售汇10833万美元，同比增长148.52%，资本项目售汇1446万美元，同比增长5461.54%。国际收支笔数10441笔，国际收支申报总额21.34亿美元，比2014年同期下降50.83%。办理外商投资企业年报62家，办理新增外债8100万元，外债展期2773.46万美元。办理进出口企业名录登记45家。推动管理改革，强化事后监管，优化资本项目管理与服务。稳步推进改革，确保新政贯彻落实：一是做好政策传导工作。及时转发总局文件，将外汇管理新政策、新精神快速传导至全市各外汇指定银行和企业，促进新政策顺利实施。二是做好直接投资存量权益登记宣传工作。利用企业群平台加强交流和指导，及时答疑解惑，跟踪督促，全年完成申报企业62家。三是充分利用热线电话、QQ群、信息交换平台等多种渠道，加强新政策宣传解读，将最新文件、政策释疑、操作规程、培训课件等向企业、银行公布，使资本项目改革各项举措深入人心。强化事后监管，促进监测监管联动：资本项目管理改革从“事前”转向“事后”。支局狠抓系统数据质量，利用系统监测功能，建立监测、核查、监管和信息反馈有序衔接的联动机制，提升管理效果。全年筛查出异常可疑线索22条，涉及企业10家、银行4家，总金额达1028万美元。做好监测核查工作，防范跨境资金异常流动。强化样本企业监测：一是进一步完善贸易信贷抽样调查工作方法，提高贸易信贷抽样调查数据质量，在样本量、工作难度双双增加的背景下，提高工作效率，保证数据质量，强化对数据的分析与利用。二是制定货物贸易敏感企业管理制度，建立货物贸易敏感企业库，按季度开展敏感企业监测。加大对银行外汇合规性核查，强化银行代监管职能：重点加强对银行执行外汇管理规定的核查力度，借助非现场核查以及现场核查的监管手段，严格督促银行完善其外汇业务的合规性。2015年先后对四家银行开展季度常规现场核查；对中国银行开展1次资本项目境外直接投资和内保外贷专项核查、2次服务贸易专项核查；配合省分局对浏阳农商行开展1次外汇业务合规性现场检查；按季开展国际收支申报大额交易核查。10月份对全辖符合考核条件的11家外汇银行开展年度银行执行外汇管理规定情况现场考核，对考核对象打分评级，形成通报。通过核查，引导银行转变观念，积极主动承担相关职责和义务，尝试建立可疑线索举报机制，调动银行代位监管主动性，落实外汇管理各项举措。（张中执）

中国工商银行股份有限公司浏阳支行

中国工商银行股份有限公司浏阳支行

党总支书记、行长　罗向红

副　行　长　王自乐　邹祖国

戴　朝　文　梁国树

纪检书记　彭冬玲

【概况】 中国工商银行浏阳支行隶属中国工商银行股份有限公司湖南分行营业部，2015年，该行内设综合办公室、公司业务部、个人金融业务部、业务管理经营部、企业部1室4部，下辖支行本部（含现金区及非现金区），4个二级支行（天马路支行、城北支行、环府路支行、工业园支行），现有员工103人，其中合同制员工73人，柜员合同工30人。（综合办公室）

【业务经营情况】 截至12月31日，各项存款余额17.4亿元，比年初增长4074万元，其中储蓄存款时点余额11.2亿元，比年初增长12013万元，比2014年同期增长12138万元；储蓄存款时期余额10.9亿元，比年初增长6530万元，比2014年同期增长7158万元；对公存款时点余额6.2亿元，比年初减少7939万元，比2014年同期减少34753万元；对公存款时期余额6.7亿元，比年初增长17707万元，比2014年同期增长22223万元。各项贷款余额34.7亿元，比年初增长65556万元，比2014年同期增长50626万元，其中公司贷款余额17.2亿元，比年初净增37072万元，比2014年同期增长34547万元；个贷累放额57115万元，比2014年同期增长16372万元；个贷比年初净增25484万元，比年初同期增长14459万元；小企业贷款比年初增加3000万元。不良贷款余额1225万元（其中对公不良贷款349万元、个人不良贷款879万元），比年初增加715万元，比2014年同期增加369万元，不良率0.39%。转型业务：手机银行新增8446户；工银E支付8960户；企业网银净增65户；信用卡净增客户数1354户；新增发卡3281户；信用卡消费额88853万元；POS收单交易额27765万元；分期付款交易额3782万元，均比2014年同期有一定增长。2015年实现中间业务收入2791万元，比2014年增长670万元；实现拨备前利润8932万元，比2014年增长464万元；实现净利润：6516万元，比上年减少277万元。2015年在湖南分行营业部支行经营绩效和业务发展考评中位列第6名，在湖南省分行县域支行考评中排名第2位，获得省分行级"金融先进单位"和"经营进步奖"。在发展业务的同时，全面落实总行"从严治行"和"过程控制"要求，加强内部控制，坚决遏制违规经营和违法犯罪行为，支行未发生任何大小风险事件和案件。

（综合办公室）

中国农业银行股份有限公司浏阳市支行

中国农业银行股份有限公司浏阳市支行

党委书记、行　长　陈锴锋
党委委员、副行长　刘勇波
　　　　　　　　　陈　广　杨振威
　　　　　　　　　丁　华（2015.10任）

【概况】 2015年，中国农业银行浏阳市支行有正式员工211人，内设综合管理部、风险管理部、运营财会部、个人金融部、公司业务部5个部门，下辖支行营业部、城郊分理处、西郊分理处、浏阳大道分理处、集里支行、古港分理处、官渡分理处、永和分理处、大瑶支行、文家市分理处、永安支行、镇头分理处、北盛分理处、工业园支行14个网点，21个在行／离行式自助银行。截至12月底，各项存款余额434934万元，比年初增加58931万元，其中单位存款147629万元，比年初增加29421万元，个人存款287305万元，比年初增加29509万元；各项贷款余额350349万元，比年初减少67629万元，其中公司类贷款185835万元，比年初减少51493万元；个人类贷款164513万元，比年初减少16135万元。实现中间业务收入1632万元，账面利润负16421万元。　（综合管理部）

【经营转型】 一是抓小银行建设。对网点实施分类经营，强化综合型网点公私综合经营。实现全辖网点"超级柜台"的布放及上线，增强柜台的弹性排班和大堂值守，组织"迎接返乡务工人员""植树节亲子活动""积分有礼""六个走进"、理财沙龙等营销活动。实现永和分理处的搬迁和工业园支行的开业，并解决各网点业务设备缺乏的问题。二是抓扩户提质。确定对公和零售"重点项目"，在全行实施悬赏营销，组成营销团队；各网点筛选对公和零售重点营销项目和客户建立目标库，明确营销责任人；突出对机构客户、园区、纳税大户、重点市场、重点乡镇的综合营销，拓展与市委、政府、各经济主管部门、园区、各网点所在乡镇、行业协会等的合作关系，机构单位存款增长居浏阳市各金融机构之首。三是抓重点产品推广。提升产品应用新意识，开拓产品应用新领域，实施产品经营新节奏。在全行树立推广应用产品，实现客户营销、增强服务、创造价值、提升绩效的意识和能力。将产品推广与主动营销相结合，改变等客上门的营销方式，开展"三羊开泰"营销竞赛活动，重点营销代发工资、"E商管家"、现金管理客户等产品。四是抓农户贷款质量。落实农户贷款调查程序和尽职调查要求，全面整改近三年农户贷款档案资料，全面清退资金用途违规贷款，退出"散、小、差"农户贷款，增加专业大户、家庭农场等中高端农户，实现贷款客户从一般农户向中高端农户转变，贷款区域从分散经营向集约经营转变，贷款方式从多户联保为主向多元化担保方式转变，贷款投放从无序投放向规范化投放转变，贷款种类从以小额贷款为主向农村生产经营贷款转变。2015年7月15日《人民日报》专题报道该行服务"三农"的成绩。

（综合管理部）

【精细管理】 一是优化系统执行。建立起一系列管理办法与实施细则，明确主管单位与领导。行务会明确每周工作并以督办函的形式下发，对重点工作推行"行长令"管理机制，强化监督、检查和督办。开展多种形式履职提升教育活动，改善工作作风，做到令行禁止，行止有度。二是优化绩效考评。建立绩效考核考评委员会，严格考核打分，围绕综合绩效考核导向，突出风险管控、核心存款、客户拓展、资产净化等。考核结果与员工绩效工资严格挂钩，与评优、评先严格挂钩。三是优化资源配置。突出重点指标，加强费用预算，严肃财经纪律，同时根据客户现金流量和风险摸排情况，确定贷款额度，大力退出低信用等级、高风险行业和客户。四是优化信贷管理。调查环节突出真实性核查，严格核实客户民间借贷情况，控制客户融资银行数量和短期融资总量、对外担保、对外投资比例。审查环节突出分析把控，核实客户结算资金流向、交易对手等相关情况，对客户真实风险状况做出分析判断。建立行领导贷后管理包片管户机制，落实贷后管理例会的议事机制，强化到期贷款现金收回率考核，加强客户还贷资金分析，拟定负面展望清单，并采取风险化解措施。　（综合管理部）

【平安运行】 风险管理体系治理：建立"每周有会，每季有评，每事有责，每险有报，每错必改，每责必纠"的风险防控制度。明确"一把手"负总责，分管副职承担相应管理责任，对各单位的风险考核权重进一步加大。建立风险及时上报、快速响应与各类风险事件的处置机制，及时妥善处理2起客户银行卡诈骗事件、1起图谋利用自助终端诈骗事件和1起信访事件。信用风险治理：开展信贷防假打假、防民间借贷、防高估抵押物价值工作，前后台主管行长、部门负责人对每笔信贷业务开展直接和间接的客户资信、经营状况和负债情况等的核实。每月一检，每季一排，提前一个季度预警预报信用风险，建立利息偿付保证金机制，并及时退出风

“小积分•大梦想”暨“书香换花香”公益行动

（图片来源：农行浏阳市支行综合管理部）

险客户，清收、压降不良贷款。操作风险治理：抓“合规网点”“平安农行”“三化三达标（安全保卫工作标准化、制度化、精细化，各一级支行、金库、营业网点实现物防、技防、人防达标）”“三化三铁（临柜业务标准化、规范化、制度化，营业机构实现铁账、铁款、铁规章）”创建活动，全年未发生案件风险、舆情风险和责任性风险事件，确保平安运行。重点加强网点安防、网络安全、消防安全、外包业务管理，不断强化员工和保安的安全教育培训，按时督促网点进行“三防”演练，增加安防检查频率，有1个网点达到总行优秀标准，4个网点达到省行优秀标准，其余网点和金库均合格；有4个网点达到“合规示范网点”标准，其余网点达到“合规达标网点”标准；全面梳理柜面业务，优化操作流程，监管经理现场监管检查，密切防控重点时段、重点环节、重点业务等重点领域的风险管控。支行营业部获2015年度长沙市同城票据交换业务“优秀网点”。（综合管理部）

【合规建设】 开展员工行为排查：组织全体员工完成自查承诺，并签订《员工行为自查报告和承诺书》，设立举报箱、开展班子成员谈话排查、走访排查、员工背靠背排查，工商、公安、法院、纪委等外部排查，建立风险台账，对发现涉及行为问题的员工下达整改通知书，进行谈话和思想教育，强化日常监管。开展合规文化建设：全员开展制度学习、合规大讨论、罚则抄写和撰写心得体会，编写合规刊物《方圆》和合规宣传栏，举办合规知识抢答赛，组织3次案例宣讲，组织班子成员、中层干部与客户经理到浏阳市看守所进行警示教育。强化员工管理责任：制定《浏阳市支行员工行为管理责任制办法》，实行支行班子联点机制，参与各单位的制度学习、排查、讨论等。全面清理业务：完成押品管理和信贷档案整治，积极整改信贷业务和电子银行业务问题，进行账户及对账管理专项整治。对各环节、各流程等方面，开展全面检查，对后续能补正整改的全部进行整改，无法补正整改的规范业务操作。（综合管理部）

【企业文化】 一是提升队伍素质。分层分类实施“每周一训”，开展支行专题讲座、现场培训、条线技能考核，重点加强网点负责人、运营主管、客户经理和新入行大学生培训。二是落实人文关怀。维修改造支行本部职工之家和5个网点；改造老旧房屋和食堂，添置员工生活电器。三是践行企业文化。对外先后举办消费者权益宣传、为“核心价值观”代言、“小积分•大梦想”暨“书香换花香”公益行动、“一日工资助残”“两学一树”、扶贫等活动，提升农行品牌形象，其中团委组织青年员工对偏远乡村扶贫，网易、华声在线、《三湘都市报》予以报道。对内号召全行员工团结一心、奋力拼搏。班子成员和网点负责人开展覆盖全行员工的家访、谈心谈话活动，组织登山、跳绳比赛、植树、素质拓展、重阳节、知识竞赛等活动，丰富员工生活，提升家园文化认同感。（综合管理部）

中国建设银行股份有限公司浏阳支行

中国建设银行股份有限公司浏阳支行

党支部书记、浏阳支行行长 张朝晖

经开区支行行长 曾 睿

浏阳支行副行长 暨淑丰（女）

陈琼良（女）

彭宇辉（女）

营业主管 刘 群（女）

【概况】 2015年，中国建设银行股份有限公司浏阳支行有正式员工52人，内设办公室、公司业务部2个部门，下辖支行营业部、天马路分理处、集里桥支行、经开区支行4个网点，7个在行/离行式自助银行。截至2015年年末，支行全口径存款时点余额为283108万元，比年初新增21649万元，其中个人存款余额为157749万元，比年初新增23017万元；日均余额154854万元，比年初新增29498万元。各项贷款余额为175576万元，其中个人贷款余额75803万元，比年初新增9632万元。实现中间业务收入2513万元。实现账面利润8454万元。（蔡玉红）

【营销创新转型】 重大项目营销：成功营销浏阳市水利建设投资有限公司、浏阳市工业新城政府一类债务置换业务。个人业务：开展“进社区，进园区，进乡镇，进校园，进企事业机关单位”各类营销活动，个人客户基础不断夯实。网络金融业务：移动金融柜面替代率57.88%，比年初提升18.66%，提升值全省县域支行排名第三，其中手机银行活跃客户新增1.67万户。信用卡业务：信用卡客户新增1.12万户，信用卡分期交易额1.42亿元，全省县域支行排名第一。国际业务：国际结算量、结售汇、跨境人民币结算量、贸易融资额新增均超额完成省行计划，其中国际业务客户拓展和国际结算市场占比系统排名在长沙地区均名列前三。（蔡玉红）

【经营管理】推进“双基管理”（基础管理和基层管理）长效机制建设，优化流程，建章建制，行务运行规范高效；做好问题整改工作，全年内外部审计整改率100%；开展“平安建行”创建活动和安全生产大检查，实现安全营运；狠抓客户投诉和舆情处置工作，实现零声誉风险；依法维权，提高全行服务质量，加强网点综合服务能力。加强教育培训、规章制度执行、业务操作监控、问题整改，提高会计核算质量和柜面核算质量。全年银企对账单回收率达到100%；重要单证的领用出库工作实现零差错；积极开展“达标升级”活动，完成浏阳市支行金沙分理处迁址更名开业和两个离行式自助银行新设工作。

（蔡玉红）

中国银行股份有限公司浏阳支行

中国银行股份有限公司浏阳支行

行　长　曾　滔（2015.07任）

副行长　胡　斌　李　清（女）

【概况】中国银行浏阳支行为中国银行湖南省分行直属县支行，内设综合管理部、公司金融部和个人金融部3个部门，下辖支行营业部、礼花路支行、劳动路支行、经济技术开发区支行、大瑶支行5个营业网点，现有合同制员工95人。2015年，支行围绕“百年百亿”（迎百年创百亿）目标，运用“三比三看三提高”（与市场比，看优势找差距，提高市场攻击力；与兄弟单位比，看自己在集团中的位子，提高集团贡献度；与自己比，看自己的进步率，提高经营业绩的成长性）工作方法，坚持以效益为中心，全力推进业务发展与风险管控两项核心工作。实现业务收入稳定增长、产品多元化程度不断提高、风险管控与服务水平逐步优化。截至2015年年末，支行各项存款余额39.03亿元，比年初新增5.28亿元。四大行口径人民币存款市场份额为29.48%，比2014年度提升0.74个百分点。各项贷款余额36.81亿元，比年初新增9.67亿元。四大行口径人民币贷款市场份额为24.22%，比2014年度提升2.04个百分点。存贷款市场份额实现双提升。

（综合管理部）

9月17日，中国银行湖南省分行行长郭德秋（左二）、浏阳支行行长曾滔（左一）一行参观大瑶国际商贸城（图片来源：中行浏阳支行）

【特色业务发展】2015年，支行发挥平台优势，加强产品创新拓展业务收入。一是紧盯企业“走出去”业务，成功为湖南尔康制药股份有限公司叙做2亿元内保外贷业务。二是加强国际结算产品推动，成功为蓝思科技、联合烟花、长沙凯信等企业叙做跨境人民币业务27.5亿元，占当地市场份额90%以上；紧跟蓝思科技出口业务，通过出口商业发票贴现代替出口双保理业务，满足客户需求，锁定市场份额；加强与国税局沟通联系，成功叙做首笔进出口企业退税质押融资业务。三是加大个贷产品与银行卡业务创新，成功为浏阳经开区管委会、浏阳市烟草局、蓝思科技有限公司等高管发放“工薪贷”；留学贷款方面，实现浏阳支行首次突破；信用卡福农分期方面取得进展，成功为华佑生物科技等4家单位开办富农分期业务。9月8日，支行在浏阳市推出社会保障卡发放业务，并正式启动“担责任、促民生、拓客户、增效益”全行员工社保卡发卡工作。截至12月末，发放保障卡116280张，发卡率达73%。（综合管理部）

【推进客户及业务结构转型】2015年，支行持续优化客户结构和业务结构。业务营销拓展，紧盯园区电子信息、生物医药、机械配套、物流运输等新兴产业集群；积极贴近沿海产业转移，加强与园区管委会及相关部门的联动，前往上海、广州、深圳等地进行招商引资考察，引进欧智通、上海丰灼、隆泰奇电子、普方达等一批优质客户，为业务发展打基础。针对浏阳传统经济发展不稳定，民间融资氛围较浓的问题，主动暂时退出联保业务。积极推进公共事业资产业务：一是加强医院服务。通过免费上门收款、银医卡合作以及银行承兑汇票结算，支行成为市人民医院、中医医院、骨伤科医院的授信主办银行。二是支持地方电力发展。持续跟进浏阳地方电网公司，投入项目贷款，配套流动资金，支持地方电力公司的快速发展。三是扶持污水处理企业。对接市发改局等部门，积极跟进区域污水处理竞标单位北控水务，成功为浏阳市首个商业化运作污水处理项目投放中长期贷款2700万元。（综合管理部）

【风险内控管理】 一是严控客户准入。从源头控制信贷风险，根据市场调研了解客户，做到发展一户稳定一户，重点向实体经济、园区企业、民生行业、社会保障行业倾斜，严格执行贷款“三查”制度。二是强化过程管控。建立严格的分层管理体系，客户经理建立一户一档，与网点负责人保持经常性贷中检查，关注企业经营状态，保持市场敏锐性，加强对客户沟通联系与帮扶；每季度组织召开贷后专题会议、每月召开重点客户会议分析研究，把握风险预警。三是加强贷后管理。加强对企业财务报表的动态研究，对客户进行不定期的现场和非现场检查，对抵押物定期到登记部门核查，对结算进行必要控制，主动防控风险，确保资产质量持续优良。四是做好内控合规。出台《内控副职管理及履职评价办法》《内控绩效考核办法》《内控合规操作奖惩办法》等制度，开展“内控合规，人人争先”活动，强化员工合规意识，杜绝案件和监管处罚，全年没有发生大的操作风险事件。五是确保资产质量。2015年，动员全行员工进行银行卡逾期、个贷关注类催收，部门设置专人专岗，同时加强与外包公司沟通，通过自行催收和外包催收相结合的方式，实时跟进，逐步降低现有不良资产。（综合管理部）

中国农业发展银行浏阳市支行

中国农业发展银行浏阳市支行

行　长　谭蜀湘

副行长　袁水清（女）

【概况】 2015年，该行围绕“三个抓手、三着力、三突出”工作主线要求，业务全面发展，工作进展顺利，贷款余额首次突破20亿元，同业存款突破到1亿元，实现跨越式发展。截至12月末，各项贷款余额为229057万元，比年初增加99485万元，增长77%；各项存款余额为108159万元，比年初增加64391万元，增长147%；日均存款余额71348万元，比年初增加40557万元，增加131%；不良贷款连续8年余额为零；贷款收息率为100.89%，实现账面利润4198万元，比2014年增加1756万元。（刘　任）

【信贷营销】 2015年，总行出台整体城镇化建设、涉农棚户区改造、农村人居环境建设等信贷产品。支行开展整体城镇化建设项目营销：一是加大宣传力度。走访财政、发改、扶贫和水利等部门，向当地政府汇报信贷产品新政策、新进展，浏阳市政府将农发行浏阳市支行作为农业政策性项目融资的主要合作行，涉及整体城镇化、易地扶贫搬迁、水利建设等项目建设，争取优先与该行对接和融资。二是加强项目客户对接与服务。组织整体城镇化建设项目贷款推介会，邀请省分行、省分行营业部业务骨干，向客户对信贷产品的政策进行讲读和答疑，加深客户对该行信贷产品的了解。三是积极协调上级行相关部门，争取在贷款受理调查、审查和计划安排给予支持。加强国家级浏阳经开区项目营销，2015年项目获批并发放贷款5亿元。（刘　任）

【到期和约期贷款清收】 浏阳支行项目贷款进入还款期（2014-2015年新发放贷款除外），2015年累计需偿还项目贷款3.2亿元。为确保约期贷款按时清收，该行一是积极与相关客户协调，提前通知客户筹措好资金；二是加强与市委、市政府的沟通，争取政府相关部门大力支持；三是加强对客户存入该行的存款支付监督，确保涉农资金存款不外流，为约期贷款按时清偿提供保障。全年约期还款计划顺利完成，未出现逾期和欠息情况。（刘　任）

【负债业务拓展】 严守定期存款不外流：积极向财政部门、市政府汇报并获市政府支持，续存基金存款11000万元。拓展基金存款额度：累计新增定期基金存款4000万元。开展同业存款业务：与商业银行洽谈对私业务代理、信贷资金支付和工资发放的合作，营销同业存款5000万元。（刘　任）

【风险防控】 一是加强贷款发放管理，严格落实贷款批复条件。执行贷款资金支付管理规定，各环节严格审核把关，确保支付方式合规、专款专用，严禁为增加存款、多占规模而擅自改变支付方式。二是落实贷后尽职管理规定，密切关注客户经营情况。定期监测分析客户物资流、现金流变化，紧盯第一还款来源。结合各客户具体实际，确保贷款不出问题，确保信贷资金绝对安全。三是定期召开业务分析会，开展所有客户风险排查。对存在重大风险隐患苗头的客户深入检查，做到风险早发现、早处置。四是加强执行内控，严格落实内控管理制度。对要害部门、要害岗位人员实行定期轮换及强制休假措施，强化岗位监督，规避操作风险。（刘　任）

长沙银行股份有限公司浏阳支行

长沙银行股份有限公司浏阳支行

行　长　彭　洁（女）

副行长　黄志斌

行长助理　邱常松

【概况】 2015年长沙银行股份有限公司浏阳支行内设综合保卫部、运营管理部、零售业务部、公司业务部、风险管理部，下辖6家一级支行，5家社区支行，现有员工131人，平均年龄28岁，其中本科以上学历占比85%。2015年支行实现经济增加值约2亿余元，一般性存款时点数为78亿元，表内外授信余额75亿元。2015年，支行社保卡发卡任务数为195612张，涉及8个乡镇130余村组。10-12月，发卡16

万余张，发卡率达 82.32%。

(综合保卫部)

【网点布局】 自 2002 年成立时起，该行紧跟浏阳“一线三城”发展战略进行网点布局，对下辖网点实行各有侧重的业务全功能设置。2015 年 8 月、9 月，浏阳支行下辖集里支行、柏加支行开业。截至 2015 年末，该行在城区有 3 家一级支行、3 家社区支行，东区古港镇 1 家带现金柜的社区支行，南区大瑶镇 1 家一级支行、金刚镇 1 家带现金柜的社区支行，西区柏加镇 1 家一级支行，北区永安镇 1 家一级支行。网点业务特色：营业部以做好信誉良好、实力雄厚、拥有优质抵押资产的城区客户为核心，联城支行主要为政务结算及公务员提供服务，集里支行以专业化市场为客户主体，永安支行侧重新型制造工业和医药产业，花炮支行主要服务花炮产业链；柏加支行扎根花木之乡服务花木苗圃企业，基本实现对浏阳市域全覆盖。 (综合保卫部)

【服务提质】 制度先行实行考核激励：支行根据实施情况和总行指标考核，出台考核奖励方案并下发，按周、月、季及时对各项指标进行考核、兑现、通报表彰。组建大堂营销队伍：组建“大堂经理 + 理财经理 + 引导员”三岗联动的大堂服务团队。一是通过多维度测试考察，公开竞聘大堂经理；二是理财经理坚持“持证上岗”，由已取得 AFP 资格认证的理财经理在各网点提供专业理财服务。加强学习交流：年初，支行外聘专业咨询公司进行现场指导，并赴上海学习先进经验，转变观念，开拓思维，加强全员服务意识、厅堂转介、交叉营销、提升管理技能、营销技巧、顺畅网转流程，实战经验有显著提高。优质服务工作主抓实效：对监控设备及系统进行改造升级，实现所有支行监控录像的集中、实时管理，并聘请专职人员进行后台非现场监督，实时通报，实时奖罚。主题营销拓宽客户群：支行深入学校、医院、社区、工厂、村组等地，开展多次主题营销活动，拉近市民距离，架起沟通桥梁，得到社会各界好评。 (综合保卫部)

【风险防控】 对问题贷款实行“一户一策”“名单制”管理：问题贷款名单由已起诉的贷款、逾期贷款、存在风险隐患贷款三部分组成，由信贷主管行长牵头对不良或问题贷款逐户确定责任人、制定清收策略及期限，专人负责追踪，关注进度及遇到的困难，并及时反馈；定期召开风险专题会议对名单进行再梳理，进度再跟进，目标再确认。调整信贷结构，增强该行信贷资产抗风险能力：通过加大政务投放、加大园区上市公司、准上市公司等优质企业投放等措施调整信贷结构，增强该行信贷资产抗风险能力。进一步完善机制，优化流程：2015 年，通过对支行审贷会制度、权限内集团客户统一授信机制、押品出入库操作规程等机制与流程进行规范与完善，进一步增强业务开展的合规性。 (综合保卫部)

【内部管理】 率先垂范，和谐团队：支行管理层爱岗敬业，责任感强，发挥表率作用；一线员工团结协作，公平竞争，工作氛围友好融洽。适当授权，激发活力：针对网点采用“费用包干”原则，建立责、权、利相结合的扁平化内部管理模式，充分发挥网点的积极性。同时，将支行费用与考核挂钩，激发网点员工团队营销潜能。打开晋升通道，建设人才梯队：支行本着“能力有多大，舞台就有多大”的人才培养理念，给员工提供发展空间。指导员工确定职业道路及规划，打开员工晋升通道，达成内部人才梯队培养的计划，为 80 后、90 后成为支行中坚力量作好铺垫。强化文化引领，营造快乐氛围：完善基层团支部和工会建设，每周一、周四中午开设瑜伽课程，周二晚上羽毛球运动，不定期组织参加运动会、马路赛、徒步健行、马拉松、文艺汇演等活动，传递该行“快乐工作，健康生活”的理念，展示“长行人”精神面貌。

(综合保卫部)

湖南浏阳农村商业银行股份有限公司

湖南浏阳农村商业银行股份有限公司

董 事 长　罗成林

副董事长、行长　李寿树

监 事 长　刘毅敏（女）

副 行 长　胡琦文　谭继友

行长助理　毛　圣

【概况】 湖南浏阳农村商业银行股份有限公司（简称浏阳农村商业银行），其前身是诞生于 20 世纪 50 年代的浏阳市农村信用社，2005 年通过股份制改造为湖南浏阳农村合作银行，2010 年改制为湖南浏阳农村商业银行，是由企业法人、社会自然人自愿入股组成的股份制、商业化、地方性的金融机构。全行现有总股本 12.8 亿元，共有员工 648 人，下辖 1 个营业部，26 个支行，51 个分理处，9 个离行式自助银行，网点遍布浏阳全市各乡镇。2015 年，浏阳农村商业银行继续深化“服务群众支三农，推进城乡一体化”主题活动，积极推进与浏阳市供销合作总社惠农战略合作，构建服务“三农”发展长效机制，全力服务地方发展，推动实现经济金融双活双赢。截至 12 月末，各项存款 204.19 亿元，比年初净增 31.02 亿元，增幅达 17.91%；各项贷款 145.63 亿元，比年初净增 15.11 亿元，增幅达 11.57%；存贷款市场份额分别为 40.01%和 33.92%；不良贷款 8814.8 万元，占比为 0.61%；实现经营利润 8.47 亿元，上缴税收 2.81 亿元。 (朱良柏)

【支农支小】 一是加大有效信贷投入。截至 12 月末，全年累放各项贷款 226.19 亿元，比 2014 年多投放 25.62 亿元，其中累放涉农贷款 168.87 亿元，小微企业贷款58.68 亿元，涉农、小微企业贷款余额分别为 131.2 亿元和 76 亿元，申贷获得率为 99.21%，比 2014 年同期增加 0.17 个百分点。全面达到涉农贷款“一个不低于”和支持小微企业贷款“三个不低于”（在有效提高贷款增量的基础上，努力实现小微企业贷款增速不低于各项贷款平均增速，小微企业贷款户数不低于上年同期户数，小微企业申贷获得率不低于上年同期水平）监管要求。二是坚持做实“三大授信”，进一步拓展业务空间。全年对全市29.21万农户、1.5万户商户、1.64万户小微企业进行“地毯式”农户评级授信、“扫街式”商户评级授信、“点阵式”小微企业评级授信。推进全面评级授信，掌握区域内金融需求动态，建立客户信息管理库，改“有信贷需求时授信”为“提前介入”，变“等客上门”为“主动服务”，将评级授信与组织资金、客户走访、业务宣传统筹结合，赢得客户支持，有效提升农村金融服务覆盖面。三是加强社会信用体系建设。结合“金融知识宣传五个一工程”，加强与政府、企业、个人沟通协调，多方联动，形成合力，加大清非攻坚。全年依法起诉案件191起、涉案金额3720万元，收回882万元。新创建成功信用村（社区）20个，新申报创建信用村（社区）26个，截至2015年底，全市共成功创建信用村（社区）161个，信用乡镇5个。（朱良柏）

【助力行业发展】 一是支持重点产业转型升级。累计投放贷款36.7亿元，支持一批科技环保、实力雄厚、发展潜力大的花炮企业转型升级；发放贷款12.45亿元，加大对引线、家具、军工硝、建筑建材行业等协会的支持。二是开办“整借零还”集镇住房贷款，助推新型城镇化建设，发放贷款174笔，金额2550万元。并与兴华、嘉利房地产等市域房产商开展业务合作，首次开办住房按揭贷款，发放贷款47笔，金额1212万元。在柏加、镇头、古港等花木产业集中乡镇，开办花木联保贷、信用贷、绿化工程循环贷等特色业务产品，发放贷款13.07亿元。三是适应农村经济发展趋势，培植一批管理完善、产品对路、发展前景好的农村新型经营主体，择优扶持13家农业产业化龙头企业，为20家家庭农场、354家农民专业合作社、25个“公司+农户”型产业提供资金支持。四是创新金融服务产品，破解抵押担保难题，积极实践“三权”抵押贷款，做好农房抵押贷款的推进工作，接待省委在浏阳召开农屋抵押贷款试点现场会，打造浏阳金融“名片”。截至2015年末，共发放农屋抵押贷款19605户，金额42.75亿元。（朱良柏）

6月16日，副省长戴道晋（前排右二）与该行董事长罗成林（前排右三）一起交流企业发展情况（图片来源：浏阳农村商业银行）

【支持政府项目】 一是积极支持城市基础设施和市属重点工程建设，对工业新城、两型产业园、经开区、制造产业基地、再生纸产业基地、环保科技示范园及长兴湖水库项目等市属重点工程加大投入，凸显该行“地方银行”定位，累放贷款23.68亿元。二是积极支持大瑶、永安、镇头、北盛、大围山等重点特色小城镇建设，努力助推城乡一体化进程，累放各项贷款3.51亿元。三是以国务院出台深化供销合作社改革为契机，与浏阳市供销合作总社签订惠农战略合作协议，共同打造惠农综合服务、农村电子商务服务、农业产业转型升级、农村信用体系四大平台，通过资源共享，优势互补，全面构建服务“三农”发展长效机制。（朱良柏）

【提升金融服务】 推进机构管理扁平化：新设小河、七宝山两个直属分理处，筱水、青草两个特色分理处；成功升格北盛、龙伏、中和、柏加四家直属分理处为支行，加强总部对基层的直接考核和网点软硬件建设，为全行全面开办“社区银行”，更好地服务社区居民积累经验。积极做好代理业务：2015年，该行承担全市首批社保IC卡发卡任务，成功发放32万张。加强电子银行建设：创新网上银行、手机银行、电话银行和福祥缴费通“三行一通”业务，推进现代金融服务进村入户，提升村组农户现代金融服务体验，全市乡镇村组电子银行替代率达48.31%，比2014年提高14.62个百分点。建成现代金融服务自助体验中心，开办24小时自助保管箱业务，发行湖南高速ETC卡10198张，金融服务功能不断完善，便民服务水平有效提升。（朱良柏）

【队伍建设】 2015年，通过公招、新老置换、劳务派遣等平台，新招员工21人，劳务派遣18人，成功自主招聘湘淮村镇银行员工18人。搭建员工发展平台，继续推进支行行长助理资格确认，有9人获得资格，组织开展35岁以上员工中层副职竞聘，2人成功竞聘上岗。耗资116.3万元，聘请上海起航开展精品网点打造与优质文明服务规范化活动，全面推行客户经理和柜员星级评定。新聘和续聘10名内训师，“送教到基层”10余次，并完成由该行发起设立的两家村镇银行新招员工先期培训。完善薪酬福利制度，构建绩效考核、按量计酬薪酬分配机制，打造企业年金、股权激励和案防保证金相结合的职业操守

基金制度，完善退休员工企业补差制度。 （朱良柏）

【企业形象建设】 坚持激励、关怀、帮扶机制，响应国家“精准扶贫”号召，向麻阳苗族自治县于兰村望远村捐赠扶贫项目款20万元。成立“浏阳农商银行爱心基金”，春秋两季捐助困难学生47人次，金额15.1万元。2015年4月17日，全国农商银行发展联盟到浏阳开展调研座谈，该行被吸收为联盟会员。4月29日，省联社主任李勤到浏阳调研并在浏阳主持召开全省农信系统信贷营销会议，年内省联社副书记邓德林等领导多次到浏阳考察指导。6月16日，副省长戴道晋专程到浏阳调研农屋抵押贷款，并召开全省农房抵押融资改革试点推进会议。9月8日，该行应邀参加第三次农村商业银行标杆银行联席会议，自2013年以来连续获得“标杆银行”称号，企业品牌形象和知名度进一步提升。 （朱良柏）

中国邮政储蓄银行浏阳市支行

中国邮政储蓄银行浏阳市支行

党支部书记、行长 王 晖（女）

副行长 李 娴（女）

梁桂钢

【概况】 截至2015年年底，中国邮政储蓄银行浏阳市支行存款余额达40.82亿元，其中邮政网点达35.22亿元，自营网点达5.6亿元，四个自营网点点均净增额为1146万元；活期比重为54%，总贷款余额18.2亿元，全年净增4.01亿元；公司存款时点余额为1.62亿元。业务发展：2015年该行信贷条线的发展宗旨是推出新产品、服务“两小”；加强与政府平台合作，推出信用消费贷团办。在原有贷款产品基础上创新，推出贴近市场接地气的产品，针对东区林业，先后推出个人商务林权抵押贷款及家庭农场林权抵押贷款；针对北区活跃的经济，对家具材料协会推出专项联保贷款、对建筑器材租赁协会推出建筑器材个人商务贷款；针对南区的花炮行业推出担保公司担保贷款；针对单位平台客户推出个人信用消费贷款。满足客户购买一手住房的贷款需求，该行一手房贷款项目获得省行批复并成功放款。该行对恒大华府、碧桂园、新月半岛、君悦城四个楼盘合计放款达到1.18亿元，有效地推动浏阳市房地产业的发展。银行卡、电子银行、理财等新兴业务发展态势良好，全年信用卡发卡1200张，激活985张，人民币理财有效销量1.54亿元。支行管理：增进营业网点人员的营销积极性，按季度制定季度竞赛办法，组织开展网点单项业务营销PK活动，对各项业务指标、网点管理等以二级支行、柜员个体为单位进行网点、柜员PK赛，对每月胜出团队、优秀柜员给予奖励。聘请专业机构定期对支行员工进行礼仪和业务培训，提高支行员工的服务意识与营销能力。企业文化建设：定期开展文娱活动，加强员工之间的团结友谊、沟通合作和团队意识。妇女节该行组织女职工进行跳绳比赛，五四青年节开展征文比赛、书画比赛、唱歌比赛，跨年夜组织员工包饺子，促进员工之间交流。组建羽毛球俱乐部，定期组织员工打羽毛球。 （余 旋）

中信银行股份有限公司长沙浏阳支行

中信银行股份有限公司长沙浏阳支行

行 长 曾 钊（女）

行长助理 易 辉

文 峰

罗娟娟（女）

【概况】 中信银行股份有限公司长沙浏阳支行成立于2008年12月。该行内设支行营业部、浏阳小企业部，下设经开区小微支行。现有在职正式员工38人。2015年，中信银行浏阳支行认真贯彻落实长沙分行“加快转型、聚焦产能、差异竞争、乘势而上”的经营理念，强管理、抓营销、拓市场，发扬“五敢”（敢定高目标、敢想好结果、敢争大客户、敢为排头兵、敢当核心行）、紧抓“三大”（大客户、大项目、大单品），存款规模稳步上升，盈利水平有效增长，风控能力持续加强。截至12月31日，该行存款时点达15.46亿元，其中公司存款时点余额11.19亿元，一般个人存款时点4.27亿元；各项贷款余额27.28亿元；全年实现经济利润4042万元。 （廖芳庆）

【内控管理】 支行根据总、分行相关政策及考核指引，先后制定相关管理办法及行业规章，组织员工学习《中信银行企业文化手册》《中信银行员工安全手册》，通过管理办法和规章制度明确责任与监督。 （廖芳庆）

【业务营销】 一是紧抓“三大”。支行采取总、分、支三级联动营销模式，积极支持浏阳地方经济发展，支持浏阳上市公司和拟上市公司业务，在经济下行时期努力创新产品，通过表内、表外、表表外、投行+商行等撮合业务有效地与客户进行深层次合作。2015年，该行为浏阳市城市建设集团有限公司新增5亿元的棚户区改造项目；浏阳市水利建设投资有限公司8亿元5年期中票的授信获得总行的批复；浏阳市永清环保集团授信获批贷款4亿元。二是现代服务业“银医通”添新户。该行“银医卡”APP微信平台在市重点医院进行推广与合作。2014年完成与浏阳市妇幼保健院的银医卡合作项目。2015年，该行与浏阳市中医医院签订关于在其住院部上线“银医通”项目的合作协议，并已完成自助机具招标，项目在2016年一季度上线。 （廖芳庆）

【优质服务】 2015年，该行加强辐射区域服务，成立浏阳经开区小微支行，在城区新增自助网点3个，截至年末，该行在浏阳投放高智能离行式存取款一体机24台，客户反映良好。全行员工按照“学习型、营销型、服务型”的标准做好团队建设，弘扬中信企业文化，强化产能提升。全年开展读书季、篮球、足球、爬山比赛，以及雏鹰、睿狼展示等多项多项团体活动。

（廖芳庆）

【风险控制】 2015年，金融经济形势严峻，银行不良贷款、问题贷款新增比例较高，该行重点针对花炮联保贷款及林业种子基金进行有效防控和清收，有效化解存量风险贷款。一是成立专业清收队伍；二是采取法院起诉、上门催收等多种方式；三是积极向上级行争取政策，确保在一定时间内得到有效化解。2015年该行在业务运营、安全防范、业务发展上实现安全稳定，获得规模、质量、效益的有效提升。

（廖芳庆）

华融湘江银行股份有限公司浏阳支行

华融湘江银行股份有限公司浏阳支行

副行长　黄艳君（女，主持工作）

行长助理　王　勇

【概况】 2015年，华融湘江银行浏阳支行围绕年初工作目标，以大力发展新型业务为创新思路，紧紧围绕"以客户为中心，以市场为导向"的经营理念，实现各项业务的快速发展。业务指标完成情况：截至12月31日，存款余额为9.61亿元，其中公司一般性存款7.48亿元，比年初新增2.64亿元；储蓄存款2.13亿元，比年初新增3000万元；贷款余额10.38亿元，其中公司贷款余额7.69亿元，个贷余额2.69亿元。支行华融卡发放13030张，比年初新增3000张，销售理财2500笔，金额达9.7亿元。加大外部营销：一是加大对机构客户的营销。支行着手成立营销小组，分组分块分任务对财政局和平台公司等单位进行关系营销和维护，实现财政资金的逐步新增和平台公司资金的有效留存。二是加大主流企业的双向合作，通过战略合作模式，给予多家房产公司授信，有效支撑支行资金的留存。注重内控管理：坚持业务开拓、内控监督齐头并进，坚持内控优先，在防范风险的基础上发展业务，加强对员工的思想教育，强化员工的制度观念和内控观念；建立健全有效的、系统的内部控制机制，完善现有的内部控制制度，完善岗位设置和业务操作规程；建立上下级和部门之间的授权授信和审批制度；完善内控监督检查制度，对业务经营中的金融风险状况及时进行综合分析和判断，杜绝一切风险隐患。强化业务发展：一是以平台公司业务为杠杆撬动财政机构类存款。全年平台类贷款新增2笔共计1.6亿元，委托贷款1笔2亿元，结构化融资余额3.5亿元，并且积极营销多个基金业务项目，截至12月31日，该行表外贷款余额达5.5亿元。二是以小微为特色继续推行模式化经营业务。该行自2012年被总行批准为分行小微特色支行以来，积极推行模式化经营，2015年继续对花炮、建筑器材等行业给予资金支持，帮助企业平稳度过资金紧张期，赢得良好的社会影响和美誉度；截至12月底该行小微贷款共87笔42066万元，其中小微企业贷款65笔34475万元，个人经营性贷款22笔7591万元。三是大力发展零售业务。支行先后与市多家房产公司建立合作关系，2015年新增两个项目，12月底与一家重点项目达成合作协议。截至12月31日，该行比2014年新增个人按揭贷款1.24亿元。加强网点建设：11月，在水岸山城楼盘成立一家社区支行，支行秉承"根植社区、贴近民生"的经营理念，一贯改变银行传统的"朝九晚五"的工作模式，推出"您下班、我上班"的"错时服务"方案，让社区居民在下班后仍能办理各类金融业务，真正实现为市民"把金融服务送到家"，让每位市民都能享受到更加快捷、高效的普惠金融服务。加强队伍建设：实现梯队管理，提高干部员工队伍整体素质；加强业务培训，建立周四员工集中学习培训制度，强化员工业务素养和综合素质。

（易海平）

交通银行股份有限公司长沙浏阳支行

交通银行股份有限公司长沙浏阳支行

行　长　汤捍东

副行长　熊　华　何曼曼（女）

郑　重

【概况】 截至12月31日，支行各项人民币存款余额134663万元，比年初新增36940万元，其中人民币对公存款余额为99227万元，广义储蓄存款余额39522万元，比年初新增9725万元。人民币各项贷款余额141394万元，比年初新增70984万元。2015年，支行获湖南省分行"先进基层党组织""第五届学习型组织""531上线先进集体""会计营运示范行"等称号，被中银协授予"全国银行业雷锋岗""五星级网点"称号。加大信贷投放，助力地方重点项目建设和中小微企业发展，全年投放贷款较年初净增70984万元，其中个贷（含小微企业）余额33871万，比年初净增10243万元。加强渠道建设，提高服务水平。2015年成功实现契税印花税系统、国安广电电视费代收系统上线。2014年4月，支行在全省发行首张以城市命名的银行卡——浏阳城市主题卡，截至2015年12月31日，发卡近2万张。持续免费开展小小理财师培训班和寒暑假"我是小小大堂经理"厅堂实践活动，得到社会各界认可，交行总行网站、人民网、《长沙晚报》等各大媒体予以报道。2015年升级开展的"小小金融家"亲子财商活动走进幼儿园，走进贫困山区开展"心连心、手牵手"活动，得到社会关注和称赞。公私联动，持续推进财富管理企业行，对优质单位上门服务150多次，开设证券保险贵金属、理财产品等各项专题，普及金融知识。全年走进社区和学校开展30多次"金融知识万里行"户外宣传活动，组织2次"用卡安全""网络支付安全"宣传，开展抵制民间借贷专题讲座20多场，更换芯片卡1万多张，接受市民咨询2万余人次，发放宣传彩页、知识读本3万多份。（交行综合办）

中国光大银行股份有限公司长沙浏阳支行

中国光大银行股份有限公司长沙浏阳支行

行　长　　熊漫江
副行长　　晏　波

【概况】 2015年，支行围绕总、分行各项方针政策，认真贯彻落实分行各项工作计划，创新发展理念、经营策略、增长方式、营销措施，突出发展主题，实现新三年规划的良好发展。截至12月末，存款总额6.27亿元，比年初新增1.21亿元。其中对公存款4.36亿元，比年初新增1.28亿元；对私存款1.91亿元，比年初减少0.7亿元;各项贷款余额为7.82亿元，其中对公3.52亿元，比2014年增长2.43亿元；个人贷款4.3亿元，比2014年增长1.03亿元。(陶　意)

【业务营销】 积极营销市财政局、房产局等政府机关，争取做大机构客户群体，提升核心存款；全面走访经开区生物医药园、制造产业基地、两型产业园，立足于园区业务做大做强，其中年初营销对公固定资产贷款1户，贷款浏阳经开区开发投资有限公司2.45亿元；大资产业务3户，城镇化建设项目贷款2户，分别为浏阳市城市建设投资集团有限公司棚改项目以及浏阳水建投安置房项目（正在收集材料上报）；永清环保集团授信续作业务；全面压缩小微企业授信客户，对出现不良贷款的5户小微客户，年末完成资产保全或诉讼。(陶　意)

【零售业务】 出国金融业务：支行零售条线联合出国中介机构开展联动营销出国金融产品——电子旅行支票，截至12月31日，结售汇金额628万元，境外汇款16笔，出国金融四项指标综合完成率达到28%，其中旅行支票完成15万元，完成年度任务的30%。电子银行营销：该行潇湘一卡通营销3435户，手机银行及微信银行同步率达85%以上。理财业务发展：运用该行“阳光理财”特色品牌，大力发展理财业务，形成“宣传+体验”立体营销模式，贯彻“用理财品牌感染客户，用理财体验打动客户，用理财产品留住客户”发展模式，重点加强对理财经理、大堂经理和柜员的培训和引导，形成强有力的营销体系，支行九项资产总额达到2.8亿元。个人贷款业务：该行年末个贷余额达到2.313亿元，其中小微贷款1.357亿元，房贷0.956亿元。信用卡客户数量增长：2015年信用卡高端卡首刷292张，普卡551张。社区银行发展：个人贷款业务方面，龚家桥社区支行本年个贷新增9102.2万元，其中传统个贷8502.2万元，小微600万元。比年初新增开卡1324张，有效客户新增513户。业务宣传方面：立足社区、服务社区，有效导入社区周边客户，进行宣传活动，宣传活动从主动找业主委员会合作到业主委员会主动要求与浏阳支行合作开展活动。柜台建设：大运营平台建设初有成效，柜台条线办理白金信用卡104张，普卡84张，截至12月，支行柜台获综合服务能力流动红旗5次，被分行授予“2015年大运营平台建设营销竞赛二等奖”“百日竞赛抓拍活动零差错”，柜员张君君获“信用卡阵地营销一等奖”。(陶　意)

招商银行股份有限公司浏阳支行

招商银行股份有限公司浏阳支行

党支部书记、行　长　姚中霖
行长助理　周　毅

【概况】 招商银行浏阳支行坐落在浏阳市车站东路21号鑫远名城一楼，2014年1月21日正式营业，是进驻浏阳的第13家商业银行。支行下设行长室、公司银行部、零售银行部、个人信贷部和运营管理部，拥有1家小微支行和3个自助网点。按照总、分行年度工作会议精神，招商银行提出“一体两翼”的战略部署，即以零售业务为主体、公司、同业为双翼驱动发展，通过服务升级全力打造“轻型银行”。浏阳支行根据总行战略规划并结合浏阳市委、市政府的指导意见，提出以“立足市区做零售，辐射园区做公司，放眼全国做同业”的发展战略创造性地开展业务。截至2015年年末，该行实现全折存款余额合计13.1亿元，比年初增长11.13亿元，增幅达586%；实现全折一般性贷款投放合计6.3亿元，实现经营利润达3100万元。(邱　妍)

【业务发展】 2013年12月16日，招商银行长沙浏阳支行试营业，截至2015年年底，该行经营情况良好。公司业务依托投资银行和交易银行两大体系，开展债券承销、结构融资、跨境融资业务，面对中小企业创造性推出“增值贷”“流量贷”等金融产品；零售业务方面，招商银行推出零售“一卡通”“金葵花”品牌；面向个人推出“消费易”“周转易”“公积金信用贷”等融资产品，为年轻一代推出“一卡通”M+卡。推出企业手机银行，含全时账户管理、移动支付结算、移动投融资、全时电子商务和贴身金融助理五大业务板块，实现支付结算、内部转账、代发代扣、自助贷款、外汇买卖、商务卡和黄金交易等20余项业务的移动化处理和实时查询。该行还设有网贷易产品，企业可以随借随还、循环使用融资资金；融资期限最短1天，最长1年；网贷易实现网上自助无纸化提款、付款，通常1个工作日内贷款资金可到账，贷款使用情况可在网上随时查询；企业可在网上随时归还贷款资金，还款操作能实时生效，省心省力。网贷易提款便捷，显著提升用款效率和降低用款成本，使其成为小企业便捷融资的新工具。2014年初，该行推出现金管理“C+结算套餐”，旨在借套餐营销培养客户现金管理意识，提升企业资金周转率，创造资金增值效应。该套餐包含五个子套餐：“新开户”“收款通”“付款通”“跨行通”和“增值通”，五大套餐的核心是“新开户”套餐，主要为新开企业客户提供基础账户管理、工资代发、收付款对账等基础业务服务，并给予大幅费用减免，鼓励企业在招商银行开户；其他四项套餐则主要针对企业不同的资金结算需求和模式提供相应产品，通过产品的灵活组合和打包定价，全面满足企业的结算需求。（邱　妍）

中国民生银行股份有限公司长沙浏阳支行

中国民生银行股份有限公司长沙浏阳支行

行　长　陈锴锋

副行长　胡荣华

【概况】　民生银行浏阳支行坐落于浏阳市车站中路139号，2014年2月28日正式营业。行内设有行长室、营业部、企业金融一部、二部、三部以及一家社区支行。该行秉承“做民营企业的银行、小微企业的银行、高端客户的银行”，以客户为中心，立足服务大众、情系民生，不断强化服务意识，加强内部管理，完善服务设施，提高服务效率，以高效优质的服务质量赢得客户、占领市场，为广大市民提供集便民、惠民于一体的金融服务。截至2015年末，支行各项存款7.2亿元，各项贷款10.66亿元。

立足区域经济　一是支持项目提质增效，重点支持城市基础设施建设，累计投放贷款约3.9亿元；二是重点支持政府对园区工作的投入，累计放款约2亿元；三是重点支持传统行业的转型，为全市250家烟花行业投放约4.2亿元的贷款；四是加大消费类贷款投放，支持居民消费升级。

服务创新　把握客户生活方式移动化、智能化、个性化趋势，持续开展网络金融业务创新。个人网银、手机银行推出个性化的功能来挖掘客户需求，实现无卡取款，信用卡在线申请和水、电、燃气、信用卡还款等业务都能在手机银行上轻松搞定，成为居民的“贴心银行”。移动运营：基于移动互联科技、不依赖于网和柜台的运营模式，减少客户排队，提升客户体验，降低运营成本，增强服务能力和客户粘性。直销银行：秉承“简单的银行”服务理念，为客户提供纯线上金融服务，大力拓展服务渠道，在个人版和小微版手机银行、个人网上银行、微信银行植入直销银行，实现直销银行与传统电子渠道和微信银行新平台的互联互通。推出随心存、如意宝、定活宝及其质押贷款、民生金等产品，构建集“存贷汇”于一体的互联网金融服务体系。线上支行：推出手机银行二维码收付款、网购扫码付款等移动支付服务以及网上支付、网上银行批量代收付、基金支付等线上支付系统和服务；全面升级跨行通产品，新增他方卡交易密码验证安全措施，优化手机银行签约跨行通流程，拓展第三方资金归集通道，为客户提供更安全便捷的资金归集服务。

服务小微　支持小微企业持续稳健经营，创新续贷方式，降低小微企业的续贷成本。在和利市场环境下，不抽贷、收贷，为出现经营困境的小微企业提供减免保全、授信重整等经营支持，向经营遇到临时困难的小微企业推出借新还旧、贷款转期和延期支付等服务，帮助小微企业渡过难关。支行现有小微业务贷款企业435家，贷款突破5亿元。

服务大众　全年开展客户活动87场，对1.4万户家庭开展金融知识宣传。在提供普惠金融服务的基础上，对3000多户贵宾客户提供贴心、细心的专属理财服务。

（陶慧敏）

湖南浏阳江淮村镇银行股份有限公司

湖南浏阳江淮村镇银行股份有限公司

行　长　胡祖越

副行长　谭　晓（女）

【概况】　湖南浏阳江淮村镇银行股份有限公司是经中国银监会批准设立的股份制商业银行，由安徽桐城农商行作为主发起人发起的具有独立法人资格的新型银行业金融机构，于2015年5月6日正式开业，注册资本1亿元，是湖南省第30家村镇银行。该公司内设综合管理部、营业部、市场营销部、风险管理部，现有1家营业网点，在筹网点2家，有员工28人。截至12月31日，该行存款余额达5.1亿元，贷款余额达3.32亿元，其中个人定期存款5324.9万元，对公定期存款12540万元，个人活期存款8596.4万元，对公活期存款23752.9万元。开立个人账户2808户，对公账户189户，开业当年实现盈利。主要经营指标都超额完成任务的300%。

（陈晓娟）

【业务发展】　一是立足市场定位，坚持做小、做散、做实。本着“差异化、特色化”的经营思路，从分散风险和“支农支小”的监管要求出发，该行确定单户贷款不超过500万元的制度，全年发放贷款236户286笔，累计发放贷款38398万元。年末贷款户数213户，其中50万元以内贷款87户，50万元至100万元以内贷款44户，占总贷款户数的62%。二是严格执行贷款“三查”制度、审贷分离制度和集体决策制度，确保风险防范落到实处。贷前调查由市场营销部负责，实行包放包收和双人调查制，贷中审查由市场营销部总经理初审，风险管理部复审，贷审会终审，行长审批后发放。贷后检查由行长统一安排检查组，指定负责人和检查人员，每季度对上季度贷款进行检查回访。形成各部门、各岗位相互制约、集体决策、相互配合的信贷管理模式。三是加强信贷投向分析，提高宏观把控能力。每月对贷款总量结构进行分析，结合宏观经济形势，合理调整、配置信贷资源，不断优化贷款总量和结构，保持稳健均衡发展。

（陈晓娟）

【团队建设】　该行坚持“人才兴行，以人为本”的理念，大力倡导年轻员工的成长与村镇银行发展同步。针对员工年轻化等特点，该行将业务学习和养成良好职业习惯作为教育培训的重点，落实培训制度，做到“培训经常化、内容多元化、方式多样化”。提升品牌软实力，结合浏阳实际和村镇银行特点，以“服务最好、效率最高、口碑最佳”为

目标，大力推行“服务立行”“创新强行”“人才兴行”理念，积极探索企业文化建设。（陈晓娟）

中国人民财产保险股份有限公司浏阳支公司

中国人民财产保险股份有限公司浏阳支公司

党支部书记、总经理　李　兵
副总经理　陶　帅
总经理助理　毛智文　田　丰

【概况】 2015年，中国人民财产保险股份有限公司浏阳支公司实现保费收入13529.86万元，为全市企事业单位、个人及车辆提供321亿元风险保障；受理有效报案20741件，支付各项赔款8794.4万元；上缴和代收税款1408万元。（谢乃辰）

【业务发展】 保险保障方面：继续加强对本地区重要产业、重点工程、重大项目的风险管理和保障，积极开办车辆保险、企财险、工程险、建筑施工企业意外险、信用险、健康险等险种。主动参与社会管理，积极协调促进住建行业安全生产责任险、校园方责任险、治安保险、环境污染责任险、食品安全责任险、农房统保等险种推广，充分发挥保险的保障功能和经济补偿作用。2015年，配合市综治办在全市37个乡镇（街道）开展治安保险推进工作，为5100余户居（村）民家庭财产提供17.7亿元风险保障。交通安全管理方面：继续配合做好浏阳市道路交通事故快处快赔工作；做好农村“五小车辆”保险工作，配合交警部门加强对涉牌涉证摩托车的整治，积极配合参与农村中队上牌办证工作，提高摩托车上牌办证比率；进一步加快理赔速度，实行万元以下案件1小时通知赔付。发挥费率的杠杆作用，激励投保人提高安全驾驶意识，减少交通事故的发生，改善道路安全状况，产生良好的社会效应。服务“三农”方面：2015年，公司为40.8万户农户承保水稻60666.67公顷、油菜25333.33公顷、育肥猪7.35万头，烟叶3600公顷，承担风险保障5.16亿元，全年支付农险赔款2209.45万元。继续推进“三农”保险基层服务体系建设工作，积极打造集承保、理赔及服务咨询于一体的“三农”营销服务部，同时加强站点建设，提高网点覆盖面，让服务贴近一线，贴近农民。防灾减损方面：充分发挥风险管理专业优势，通过风险评估和防灾减损，促进社会风险管理水平的提升。建立联动机制，将生产经营企业的安全评级、重大隐患整改情况与费率浮动挂钩，推动企业安全生产工作落实。开展防灾减损工作，为重点风险标的提供专业培训，加强风险防范，帮客户规划防灾防损策略，发挥风险顾问和安全检测员作用。为投保客户提供免费气象预警信息服务，及时向客户发送实时灾害动态短信通知，为降低自然灾害发挥积极作用。（谢乃辰）

中国人寿保险股份有限公司浏阳支公司

中国人寿保险股份有限公司浏阳支公司

党支部书记、总经理　高　磊
经理助理　吴思沙

【概况】 2015年，中国人寿保险股份有限公司浏阳支公司完成保费收入22639.85万元，同比增长33.04%，营销人力1078人，同比增长66.62%，其中短险保费2749万元，同比增长88.54%。全年为客户办理理赔案件13845件，理赔支出1472.07万元，结案率100%，短险赔付率48.15%，满期给付及退保金额9321.37万元，风险管理良好。保费收入占浏阳寿险市场51.4%的市场份额，继续领跑浏阳寿险市场。浏阳支公司“个险、团险、银保”三条业绩均取得很好成绩，获得“全省30强县支公司”“全国实力百强县支公司”“全国成长百强县支公司”。

业务发展　个险渠道销售人力由年初的532人发展至年底的958人，主管由年初的39人发展到年底69人。新单保费、10年以上期交、标准保费等关键指标比2014年增长40%以上。全司开展客户户外、室内联谊活动100多场次。团险渠道继续维持融洽代办线关系，全司业务结构更加合理，学平险保险增加保险责任，学生保障更加全面，严格实施周单元经营，向核心价值不断转变，发展呈现良好局面。银保渠道注重客服服务，理财队伍送服务到家，解决客户的心理隐患，维护与银行的网点关系，全年开网点沙龙40场，为广大银行客户增加保障服务。

客户服务　狠抓续保服务，通过逐一对失效保单客户进行电话、上门沟通，免收利息等措施，让客户失效保单复效，解决客户实质困难，续保率达到98%。继续推广公司国寿e家、e宝账、云助手等电子服务系统，提升公司服务水平和质量。制作理赔资料、国十条、保险基本知识等PPT到职场、校园进行宣导，及时和业务渠道进行沟通，提高意外险承保质量和学生保险承保收费，强抓理赔时效监控与调查力度，从接案环节到理赔金到帐环节考核相关人员端对端理赔时效。

风险管理　认真进行非法集资宣传、排查，组织全体销售人员、员工签订承诺书，全员反洗钱学习4次，B柜面每月学习2次。开展每月单证清理、印章检查、四大缺陷整改、新单、委办保全件回访等工作。加强销售人员依法合规教育，坚决杜绝任何销售误导，随时对职场销售误导进行自查、清理，对课件、销售话术进行严格检查，确保销售使用工具合法合规，客户信息真实、齐全，以保证客户真实了解产品条款，客户利益不受损失，维护行业诚信。（彭江华）

中国平安财产保险股份有限公司浏阳支公司

中国平安财产保险股份有限公司浏阳支公司

总经理　陈勇璇

【概况】 2015年，中国平安财产保险股份有限公司浏阳支公司全年实现保费收入1.19亿元，增速29%；纳税总额1745万元。公司业务快速发展，渠道拓展逐步深入。全年浏阳市有约4万位私家车主选择平安财产保险；筹建财产险专项业务拓展小组，成功对浏阳卫生系统交叉开发，为全市102家医疗系统提供保障；全年15521户农户在公司投保综合森林保险，投保面积达167.2万亩，承保区域涉及9个乡镇；安全生产责任保险覆盖1000多家安全生产单位，为浏阳市的安全生产工作做出重大贡献，得到市安监局好评。强化合规意识，公司持续健康发展，连续多年获评反洗钱工作先进单位。科技驱动，打造最优客户体验。实行7×24小时免费非道路事故救援服务，2015年公司推出系列特色理赔服务，长沙地区推出对3000元内仅本车受损，无第三者物损和人伤的单方事故，可以免现场查勘立即赔款。平安产险湖南分公司微信公众推出“微信理赔”服务，凡仅本车损失，定损金额1万元以下，被保险人为个人则可通过微信上传理赔资料，赔款支付至被保险人账户上，免客户上门交单。“互联网+金融与非金融”的发展模式向全行业开放，使平安保险公司成为开放式互联网金融平台。队伍梯队化建设显著，全面建成“年轻化、知识化、专业化、职业化”新型经理人队伍。客户服务不断升级、创新，全面建成客户导向型服务体系，公司获评“2015年度质量万里行A级单位”“2015年中国质量万里行全国诚信经营‘3•15’放心单位”称号。（寻 慧）

中国平安人寿保险股份有限公司浏阳支公司

中国平安人寿保险股份有限公司浏阳支公司

总经理 吴 斌

【概况】 2015年，浏阳平安人寿以“夯实基础管理，达成全年任务；下大力气，确保浏阳大瑶顺利独立分区”为主体思想，完善内部管理，坚持诚信服务，全年营销人力由年初的855人增至年底的1168人，累计完成首期保费4415万元，完成年度计划105.8%，年内累计受理赔案1440件，结案率99.5%，给付金额2201万元，全年办理生存给付15213件，金额为2410万元，较好地完成年度目标管理计划。人力发展：年初，支公司推动“壹号计划”（主管招募计划），一季度招募优秀主管90人到深圳平安大学学习，并获得个人成长与晋升。通过张贴职场荣誉榜、追踪榜、广播早会现场采访表彰、部门早会及培训班表彰等追踪举措，促进各层级晋升欲望与追求。加大培训辅导力度，每月创办新人班、步步高班、各阶段入司人员分月份集中培训学习、追踪与表彰。加强部门功能组的完善与计划落实，全年尽增人力313人。业绩提升：公司制定推动业务策略、持续提升全员活动率。持续推动入钻人员，提高人均产能及件数。调整产品结构，以“平安福”为主打产品，“万能”为主导。绩优推动：针对重点人群进行数据追踪及开展绩优沙龙等活动，推动寿功学习，加强保额销售及各险种专项学习等，提高业务产能，加大留存率及业务量，全年超额完成任务。综合金融：打造保险金融航母，销售推行产险业务、证券业务、平安银行信用卡业务。每月分部门组织学习各行业业务知识，包括反洗钱及反非法集资学习，拓宽展业渠道，增加收入。客户服务：发放《平安保险报》《客户服务报》等宣传资料，使广大客户心中有“平安”，感受平安的企业文化。6月，完成职场整体搬迁。（刘慧平）

中国太平洋财产保险股份有限公司浏阳支公司

中国太平洋财产保险股份有限公司浏阳支公司

总经理 甘元席

【概况】 2015年，中国太平洋财产保险股份有限公司浏阳支公司实现保费收入5035.32万元，综合赔付率52.44%，实现利润655.15万元。被评为“优秀支公司”。公司坚持依法合规经营，严格规范内部管理，积极稳妥发展业务，正确处理业务发展与效益的关系，防范经营风险，坚持持续、健康、稳健、多渠道的发展。完善各项内控管理制度，防范经营风险，主动合规，落实保费清收责任制，严格见费出单制度，坚持打击违规承保、筑牢风险管理和合规管理的底线。落实保监会防范非法集资宣传工作相关要求，制作防范非法集资相关的宣传课件、易企秀材料、宣传展板等资料，并借助“合规微平台”、合规微信群、个险“记事本”等多媒体平台进行信息推送；结合监管要求，推动宣传教育制度化和常态化。（陈 玲）

【业务发展】 太平洋保险与百度强强联合，开创“互联网+车险”新模式。太平洋产险与百度签署战略合作协议，共同发起设立新的互联网保险公司。新公司融合百度与太平洋双方的优势，探索出车险产品设计、风控、运营的全新模式，为中国保险业的发展提供范本。在车险领域，太平洋产险已建立覆盖全国的服务网络，并在业内开启移动理赔等创新应用。推出“神行太保”手机版APP上线“移动理赔”功能，该功能加载于“神行太保”手机版APP，授权全司大个险渠道业务人员使用。手机版移动理赔功能在原有PAD版基础上，通过自有客户理赔案件的移动端推送，实现客户身份资料OCR识别技术以及理赔进度实时查询，为营销员提供更加便捷、通畅、快速的使用体验。手机版“移动理赔”功能为客户提供移动报案服务，总体运行顺利，流程通畅。适应市场变化，积极发展业务。一是公司密切关注市场动态，面对机构调整改革与市场变化，作出针对性、时效性强的快速反应。开拓农村市场，在浏阳各乡镇建立农村团队，并对乡镇专兼干开展车险、非车险业务培训，让太平洋人更专业。二是政策性农险实现零突破。支公司积极推广政策性农险项目，与当地政府、市财政、农办沟通，取得支持与认可，实现政策性农险的零突破。积极开展商品林林木保险业务，浏阳支公司共承保商品林1908998.05亩，签单52份，涉及参保乡镇19个，实现签单保费3054396.88元，其中收取商品林农户自缴保费1374478.6元。三是员工队伍建设。贯彻抢前抓早方针，认真做好计划指标分解落实工作，落实到人、到月、到险种；每周二例会培训学习，强化员工业务知识，学习新险种，研究讨论新保险条款。（陈　玲）

中国太平洋人寿保险股份有限公司浏阳支公司

中国太平洋人寿保险股份有限公司浏阳支公司

总经理　黎书达

【概况】 2001年11月，中国太平洋保险股份有限公司浏阳支公司成立。经过15年的快速发展，寿险业务全面覆盖浏阳市场。公司持续加强“以客户需求为导向”的战略转型，做到“变革、创新、转型”三结合，树标杆、学先进。以人为本，重服务、重管理、重合规、重业务。2015年完成期缴保费1280万元，完成分公司各项任务目标。全年为客户办理理赔612件，高效快速支付理赔金213万元，结案率100%。公司以客户需求为导向，通过覆盖全国的营销网络和多元化服务平台，为全国家庭客户提供全方位风险保障解决方案、投资理财和资产管理服务。公司通过持续产品创新和服务创新，满足客户多方位的需求，可售产品200余种，覆盖人寿保险、年金保险、健康保险、意外伤害保险等多个领域。保障群体广泛，小至刚出生的宝宝，大至75周岁的老人。公司在产品策略上，优先发展保障型、长期储蓄型产品，并通过数据分析与客户洞见开放客制化产品；在客户策略方面，致力于完善客户服务体系，创造以“坐享服务、智能导航、便捷透明”为核心要素的全新客户体验，认真履行保险责任，切实保障保险消费者的合法权益，强化诚信建设、合规经营，实施承保、理赔透明化措施，不断完善“95500”全国客户服务热线体验和高端客户增值服务；在营运体系建设方面，公司积极探索和实践基于新技术应用的模式创新和流程再造，将智能移动终端、3G无线网络、第三方实时支付、保险智能引擎、微信平台等有效结合，在行业内打造并推出的“神行太保”智能移动保险生态系统，推动销售和服务模式转型升级。（肖　琴）

泰康人寿保险股份有限公司浏阳支公司

泰康人寿保险股份有限公司浏阳支公司

总经理　刘　杰

【概况】 2015年，泰康人寿保险股份有限公司从传统的寿险公司成功转型，公司综合实力稳步上升，核心业务迈上台阶，投资收益再创新高。四位一体“医养墓”（医疗、养老、墓地）落地开花：四位一体商业模式全面落地，“医养墓”全面布局，医养社区实现“七城联动”，成立健康管理公司，战略投资南京仙林鼓楼医院，大健康O2O平台建设积极探索推进。互联网大数据武装改变：互联网保险持续推进，互联网保险开启新篇，泰康在线产险公司开业。高客战略体系初具雏形。公司保险业务、创新业务、资管业务、高客业务均取得丰硕成果。2015年，浏阳支公司实现累计标保804万元，净增224万元，同比增长38.6%。截至12月，公司有在职营销员275人，比2014年净增99人，同比增长56%。公司被评选为泰康人寿2015年度“优秀县支”。该公司坚持走专业、价值、品质经营道路，稳固市场地位，强化高客储备、优化队伍结构，全年各业务系列均提前超额完成总公司计划。（张良军）

科技·教育

浏阳文庙

科技管理

浏阳市科学技术局（浏阳市知识产权局）

党组书记、局长　汤相福

党组副书记、副局长　罗　铭

副局长　周　华　周双都

陈兴洪

副局长、纪检组长　黎　云(女)

【概况】2015 年，市科学技术局围绕“实施创新驱动发展战略”中心，以增强自主创新能力为着力点，以科技成果惠及广大人民为出发点，充分发挥科学技术对经济社会发展的支撑和引领作用，为推动浏阳市产业结构优化升级和经济发展方式转变、实现科学发展作出积极贡献。

科技项目　召开全市科技工作大会，修订和完善《浏阳市科技奖励办法》、《浏阳市科技项目立项评审管理办法》等文件，进一步规范科技计划项目管理。支持创新创业，草拟“众创空间”实施方案；继续做好科技奖励等政策的资金扶持兑现，发放专利补助 50 余万元。全市组织申报国家、省、市科技计划项目 230 项，争取科技项目经费 2973 万元;实施浏阳市科技计划项目四批，安排经费 610 万元。重点实施“无公害蔬菜种植基地建设”“‘牲猪－林地’生态种养平衡技术应用与示范”“水稻机插基质育秧关键技术研究与应用”、“硬脆材料异形面旋转超声磨削关键技术及装备研究”等省重点研发计划 4 项，永和菊花石、永清环保、华纳大药厂等企业获长沙市科技计划重大专项支持；象形烟花等 14 家企业获长沙重点支持。

科技成果　加大企业科技攻关力度。顺泰纸业“废纸生产烟花鞭炮用纸废水零排放技术研究及应用”项目获科技成果鉴定。美可达生物获省科技进步奖一等奖；威尔曼制药、永清环保获省二等奖，九典制药获省科技进步奖三等奖。华纳大获长沙市企业科技创新市长奖；永清环保、湘晖农业等企业获长沙市产学研合作与科技成果转化奖；湘晖农业、威尔曼制药、罗比特等企业获长沙市科技进步二等奖，宇环数控等九家企业获长沙市科技进步三等奖。东信烟花等 28 家企业获浏阳市科学技术奖，奖金 100 万余元。组织 2015 年长沙科交会参会工作，收集市内企业技术需求 43 个，融资需求 16 个，签约项目 20 个，推动产学研合作。迪诺制药与山东齐鲁大学就“一类抗癌新药埃坡霉素 B 注射液菌株发酵平台建设”签订重大合约。永清环保、安邦制药分获“2015 年长沙市产学研合作与科技成果转化奖”和“2015 年长沙市科技创新市长奖”，并现场授牌。

科技服务　开展“两帮两促”工作，实施科室联产业、干部联企业活动方案，为企业服务。严格落实高新技术企业税收减免政策，积极开展高新技术企业认定申报服务。全年增加高新技术企业 5 家，总数 108 家。高新技术企业总产值 938 亿元，同比增长 21.6%，高新技术产业增加值 287 亿元，同比增长 22%。

知识产权　开展“专利扫零”工作，宣传和发放《专利申请指南》、《专利服务手册》等资料，增加专利申请的企业 30 家。全年完成专利申请 1225 件，同比增长 17.5%，其中，发明专利 356 件，同比增长 118%，实现翻倍增长。严厉打击侵权假冒，加大对制假售假和造成人民群众重大损失的大要案件的督办力度。组织开展联合执法，全年出动执法人员 2530 人，开展执法行动 419 次，检查集贸市场、超市、销售门店 1000 多家，立案 206 件，办结 143 件，涉案金额 150 余万元。

科技惠民　启动第八批科技特派员工作。开展科技特派员创新创业行动，创新服务模式，完善服务机制。两级农业类科技特派员举办技术培训 20 余场次，培训农民近 1000 人次，发放资料 2000 余份，引进推广新技术、新产品 30 余项，成立专业合作社 4 家，17 个科技特派员项目获得立项支持，争取到位资金 200 余万元，促进农业产业转型提质、农民增收。

科技平台　不断完善市域科技创新服务平台、重点实验室和工程中心、企业技术研发中心等三大平台体系。支持高新技术企业建立高水平的研发机构。对企业工程研究中心、企业技术中心、企业工程技术研究中心等进行重点支持。蓝思科技获评省级企业技术中心。其次，引进智力资源，加快科技创新平台建设，促进科技成果产业化。中南大学(浏阳)大学生创新创业基地、中南大学(国家)技术转移中心浏阳分中心分别落户浏阳，为浏阳市创新创业提供智力平台。全市拥有省级技术中心 14 家，长沙市技术中心 61 家，产业科技服务平台 12 家。蓝思科技成功获批为省级企业技术中心；尔康制药获批建设湖南省院士专家工作站；安邦制药、兴嘉生物获批建设长沙市院士专家工作站。

科技（知识产权）宣传　全年撰写科技、知识产权宣传报道稿件 300 余篇，各报刊、网站、电视台等媒体转载 200 余篇，《湖南日报》《长沙晚报》《浏阳日报》和浏阳科技网刊载文稿 80 余篇。科技创新氛围逐步形成，扩大科技工作的显示度和影响力。在全市范围内开展“创新创业，创新圆梦”为主题的 2015 年科技活动周；开展科技下乡活动，为群众送科技，送服务，送爱心；开展“科技成就梦想，拥抱智慧生活”为主题的 2015 年“全国科普日”活动，包括流动科技馆浏阳巡展开馆、“互联网 +”创新创业大讲坛、“健康生活”科普知识竞赛等六大主题活动。（汪坦岳）

【浏阳市 2015 年科技工作大会暨科技活动周、知识产权宣传周启动】5 月 21 日，浏阳市举办以“创新创业，创新圆梦”为主题的 2015 年科技活动周启动式，活动延续 2 个月，科技活动周集中开展“六大主题活动”。一是浏阳市人民政府与中南大学市校合作签约仪式暨科技活动周启动仪式；二是湖南省部分知名高校科技成果展示会；三是“青春起誓•建功浏阳”——浏阳市第二届青年创新创业大赛；四是科技惠农白石行活动；五是参加长沙市科技活动周有关活动；六是各乡镇、街道、园区主题活动。科技活动周期间，市科技局花费近 20 万元编印科学技术和知识产权宣传资料万余册发给群众，并组织科协、计生、教育、卫生、工业、农业、环保、花炮、知识产权等部门在各乡镇、街道、园区开展关爱健康、保护环境、关爱留守儿童、知识产权法律、法规、农村实用技术咨询、保障校园安全、倡导健康生活的科普服务巡回展，市民和村民现场参观咨询。科技局、教育局等单位在集里街道联合举办浏阳市青少年科技创新成果展活动，展示中小学生亲手制作发明的科技模型，为学生送上一道集科学性、知识性、趣味性、参与性于一体的“科普套餐”，激励广大中小学生对科技知识、发明创造的热情。系列科普活动宣传共展出科普展板 600 块，接受群众咨询近万人，向有需要的群众发放科普书籍、资料、宣传册 1 万余份。在集里街道、张坊镇白石村、文家市镇、社港镇等地开展“科技助农直通车下基层”、“科技惠农白石行”等科技服务基层的大型活动，为基层捐赠工作经费 10 余万元。开展“12396”长沙科技助农直通车科技专家、科技特派员和医卫专家下基层活动，活动周先后组织专家近 100 人次下基层，免费为群众开展科技咨询和义诊 6000 余人次，为农民和群众赠送科普资料、技术手册、科技书籍 1 万余册（份），科技专家接受咨询电话和发送科普短信 3 万余次，深入田间地头开展技术服务 200 余次。全市所有园区、乡镇、街道均组织科技活动，其中荷花街道开展科普集市活动，打造企业与院校交流的平台，也为农民工进城就业起到桥梁纽带作用；大围山镇、沙市镇开展系列科普宣传活动，邀请科技专家现场答疑解惑，深受群众好评；官渡镇结合端午节龙舟赛开展别开生面的科普宣传；柏加镇举办“苗木花卉园艺”专题培训班，参加群众 100 余人次。全市各园区、乡镇、街道累计开展的科普活动 50 余场次，活动范围实现全覆盖，惠及人民群众 30 余万人次。中南大学校长张尧学，常务副校长黄建柏，副校长周科朝、长沙市政府副市长、浏阳市委书记曹立军、长沙市科技局局长赵跃驷及中南大学、湖南大学、湘潭大学、长沙理工大学、中南林业科技大学、湖南农业大学等高等院校科研部（处）负责人等，浏阳市四大家班子，各乡镇、街道、园区行政正职、分管副职和科技专干、市直单位负责人、科技型企业代表、特色基地代表和企业代表共计 400 人参加活动启动仪式。（汪坦岳）

【市校合作】2015 年，浏阳市人民政府与中南大学开展全面市校合作，市直各机关、企事业单位与中南大学广泛开展合作，合作涉及工业及生物医药、农业、花炮、卫生、科技、文化等众多领域。截至 2015 年年底，浏阳市制造产业基地、文化产业园分别与中南大学签订相关合作文件。制造产业基地 17 家企业与中南大学相关技术领域专家实现“一对一”对接，“多级离心泵关键部位材料表面强化”等 19 个技术项目初步达成合作意向。5 月 15 日，在第十一届深圳文博会《中国文化品牌发展报告(2015)》上，“浏阳河文化产业园”作为首个特色文化园区品牌，与快乐大本营、快乐购一起入选全国 31 个上榜文化品牌。“中国文化品牌项目”“菊花石‘全球一’文化品牌项目”“浏阳夏布创意产业开发项目”等 9 个文化项目均与中南大学实现对接。4 月 6 日，市卫生局与中南大学湘雅三医院签署区域医疗合作协议，市人民医院与中南大学湘雅三医院签署国家重点护理专科建设项目帮扶协议，新湘雅规范诊疗浏阳大讲堂以及新湘雅第六届基层医院院长论坛在浏阳市成功启动。围绕浏阳产业发展，在市域主导产业开展科技攻关，破解科技难题，有 13 个子项目与浏阳相关企业签约合作。其中浏阳金生烟花集团与中南大学就烟花安全生产智能礼花弹装药机、智能盆花装药机涉药工序智能装药机械研究与中南大学签定技术开发协议；湖南蒙达新能源材料有限公司与中南大学就高密度低铁含量球形电池级四氧化三锰生产技术达成合作协议。积极组织、引导企业与省内外知名高校、科研院所开展合作、协同攻关。浏阳市华冠出口花炮有限公司投资 500 万元与清华大学一道，成功研制国产 CD 磁控振设备，掌握核心技术，申请发明专利并开始投入生产；浏阳顺泰纸业有限公司与长沙理工大学共同研发再生纸排放造纸技术，该技术通过成果鉴定。湖南省药物安全评价研究中心与中国航天员中心就“动物行为学研究室建设项目”、湖南安邦制药有限公司与中国中医科学院中药研究所就“银黄清肺胶囊大品种培育技术提升研究”、湖南丰日电源电气股份有限公司与浙江大学就“通信用 240 伏直流供电系统6千瓦整流模块产品研发”、浏阳市吉祥环保烟花材料开发有限公司与北京理工大学就“新型微烟无硫发射药研究与应用”等科技项目的科研合作均成功签约。

（汪坦岳）

【浏阳市获评2015年度湖南省知识产权先进县市】 贯彻落实《湖南省知识产权战略》和《湖南省专利条例》，扎实推进国家知识产权强市工程和省知识产权示范县市工作，知识产权工作取得丰硕成果，被评为2015年度湖南省知识产权先进县市，浏阳余氏科技环保有限公司获评“湖南省十大知识产权领军企业”，该公司的余本友被评为第四届“湖南省十大优秀专利发明人”。强化知识产权文化氛围。从4月20日至5月20日在全市范围内开展知识产权宣传周活动，推进以“尊重知识、崇尚创新、诚信守法”为核心的知识产权文化建设。表彰7个专利工作先进单位、8个“双打”工作先进单位和30个科技创新工作先进个人。加大专利促进力度。2015年全市完成专利申请1225件，同比增长37.9%，其中发明专利356件，同比增长118%；专利授权739件，同比增长17.1%；发明专利授权94件，同比增长56.7%。继续开展企事业单位专利试点建设和知识产权补助发放工作，有24家专利试点单位符合验收条件，完成专利申请336件，其中乡镇街道内企业199件，园区内企业完成137件，拟发放扶持经费55万元，其中支持园区企业23万元。90个单位和个人符合知识产权补助发放条件，其中7个专利授权大户、295项发明专利、4项国际专利符合补助标准，拟发放专利补助86.2万元，其中补助园区企业49.9万元。打击侵权制假。通过集中整治与日常执法相结合，有力打击侵犯知识产权和制售假冒伪劣商品违法行为。全年出动执法人员2530人，被评为2015年度湖南省知识产权先进县市开展执法行动419次，检查集贸市场、超市、销售门店1000多家，立案206件，办结143件，查办假冒专利案件40件，涉案金额150余万元，宣传报道29次。通过扎实有效的工作净化商品生产、流通市场，确保消费安全。积极开展各类专项整治工作。开展车用燃油专项整治，对制售假劣车用燃油的违法犯罪行为重拳出击，对经营假冒伪劣燃油经营者严厉查处，将查处的假劣车用燃油交由符合环保要求的单位处理，严防查缴的假劣车用燃油重新流入市场。开展查处文化市场侵犯知识产权及制售假冒伪劣商品行为案件；查处危及人身健康安全的食品问题案件；查处农资市场的假冒伪劣行为案件，进一步规范全市市场秩序。充分发挥报刊、网络、电视、广播等媒体作用，开展一系列宣传活动，为专项行动营造良好社会氛围。在全市6个中心广场和城区“的士”电子屏幕上进行“打假”行动宣传，在人口稠密的商业街区设立宣传板，宣传相关法律知识，传授识假辨假诀窍。行动期间，“双打”办与媒体密切合作，在长沙市知识产权局及“双打”网发稿25篇，执法行动被长沙政法频道、浏阳电视台报道。与浏阳电视台合作制作专题节目，对查处的食品安全、虚假广告案件进行深入解读，增强社会公众抵制假冒伪劣商品、假冒商标、虚假广告的意识和能力。（汪坦岳）

科学普及

浏阳市科学技术协会

党组书记　魏远德
主席　刘来宏（女）
副主席　戴定杰
副主席、纪检组长　刘开义
副主席（兼）王大辉　赵永红
陈　文　黎云（女）
周世文　罗其美
喻武强　张素娟（女）

【概况】 浏阳市科学技术协会内设办公室和科普科，下设二级机构中国农函大浏阳分校，在编在岗工作人员8名，负责统筹协调全市科普工作的开展，致力于普及科学知识，推广先进技术，提高全民科学文化素质，管理和指导自然科学学会研究会业务工作，组织开展学术交流活动，反映科技工作者的意见和诉求，维护科技工作者合法权益，为广大科技工作者服务。2015年，浏阳市科协以凝聚科技工作者智慧、服务科学发展为宗旨，强化责任，履职尽责，切实履行科协组织“三服务一加强”职能，克难创新、完成各项工作任务。

业务工作 创建科普示范县（市），组织“流动科技馆”巡展。统筹开展创建“2016-2020年全国科普示范县（市、区）”工作，浏阳市成立创建工作领导小组，按照创建考核工作的指标体系，对浏阳各级各部门下达全面具体的工作任务、工作标准和量化指标，并加强全面检查和科学指导，实现系统部署、整体推进、平衡发展、全面达标。10月19日，省科协检查组到浏阳进行专项检查，浏阳市成功通过创建工作验收。9月23日至11月23日，组织中国“流动科技馆”在浏阳开展为期2个月的巡展活动，向全市中小学生及广大市民免费开放。巡展活动以“体验科学、感受生活”为主题，内容涵盖声光体验、电磁探秘、数学魅力、运动旋律、安全生活、健康生活、数字生活等7个展示区和科学实验区、科学表演区、球幕影院10个部分，50件互动展品，累计参观人数37万人次。开展“科技专家基地行”，组建“院士专家工作站”。以科技兴农为抓手，组织“科技专家基地行”活动，通过项目建设带动、科普基地示范、科技下乡指导、新型实用技术培训等形式，推进农民科学素质行动。2015年，组织科普下基层、科技活动周等活动，到荷花、张坊、镇头、杨花等乡镇组织大型送科技下乡活动16次，开展实用技术培训80期，制作200余块科普展板进行巡展，向群众免费发放科普资料2万余份引智引才和高新企业服务工作充分发挥联系科技工作者的桥梁纽带作用，促进产学研相结合，在全市重点产业领域建立1个省级院士专家工作站，3个长沙市级院士专家工作站，聚集科技资源，突破技术制约，增强企业的自主创新能力。推进“科普进屋场”，扶持农技专业技术协会发展。在“幸福屋场”基础上通过增设科普宣传设施、建设便民科普书屋、发掘宣传科普典型人物、开展科普沙龙等活动，重点融入科普元素、倡导科普文明新风，促进农村生活和生产方式的同步转型升级。9月14日，中国科协党组成员、书记处书记徐延豪，省科协、省科技馆部分领导先后到浏阳市调研，肯定“科普进屋场”取得的成效。采取多种措施鼓励有条件的乡（镇、街道）成立农村专业技术协会，指导开展工作，促进交流合作，推广引进新技术、新品种，提高农技协服务“三农”的能力。发展和扶持农村专业技术协会，全年成立各类农技协11家，涵盖种植、养殖、农、林、果等各类领域。组织科普活动，加强青少年科技教育。组织“全国科普日”活动，围绕“科技成就梦想、拥抱智慧生活”这一主题，重点开展万本科普读本送市民、“互联网+”创业大讲堂等六大专题活动，浏阳市科协被中国科协评为2015年度“全国科普日优秀组织单位”。利用大众传媒和新媒体开展科普宣传，在城区建设150块科普宣传栏，在浏阳交通广播电台959频道开设“科学生活”栏目，在《浏阳日报》开设“科普求真室”栏目，编辑出版健康读本《健康体检指标解读》，继续丰富“科普浏阳”微信等新媒体科普平台内容。2015年先后开展“中小学生科技节”、“人防、安全、环保科普知识竞赛”、“中小学信息奥林匹克竞赛”等16项科技活动，在4月份召开的湖南省第36届青少年科技创新大赛上，浏阳市参赛的“气导型低分贝耳机”“防皱储裤棒”“太阳影子观测仪”等作品获得金奖。建设“科技工作者之家”，促进学术交流。春节前夕，浏阳市副市长郑杰带队分别走访慰问市科协名誉主席何继善院士、李大剑、刘伟等科技工作者，感谢他们长期为浏阳经济社会发展做出的重要贡献。3月份，浏阳市召开以“特色产业发展”为主题的第五届自然科学学术年会，对获长沙市学术年会优秀论文及优秀组织工作者的科技人员进行表彰。开展第六届年会论文征集活动，有3篇论文获长沙市二等奖，5篇论文获长沙市三等奖，占获奖论文总数的12.7%；开展优秀学术成果征集活动，在长沙市评选出的215篇（件）获奖成果中，浏阳市3人次获长沙市一等奖，7人次获二等奖，15人次获三等奖，占长沙市获奖总数的11.6%。

队伍建设 成立党风廉政建设责任制领导小组，明确党组书记为党风廉政建设第一责任人的责任和纪检组织的监督责任，着力加强党组织和干部队伍建设。党组建立健全《党组贯彻执行民主集中制的实施办法》《党组贯彻落实“三重一大”事项集体决策制度的实施意见》，组织生活会、谈心交心制度，以及学习制度、财务管理制度、车辆管理制度、请销假制度、上下班制度等20项规章制度。印发《领导班子成员2015年党风廉政建设责任分解表》，实行廉政承诺上墙公示，重大事项、项目扶持均公开公示，自觉接受监督。在科协网站开辟专栏，及时刊载党风廉政、纪检监察有关内容，宣传党风廉政和反腐败工作，通过传达会议精神、观看廉政警示教育专题片、通报典型案例等形式，常态化地开展廉政警示教育，不断增强全体党员干部的免疫力。科协党组书记认真履行党风廉政建设主体责任，坚决执行民主集中制，明确党建项目及活动内容要求、落实时间及责任人等。科协机关党支部严格依照程序进行支部换届选举，推选出新一届党支部委员会领导班子。结合群工站工作，党支部与淳口镇农大社区开展支部“双联共建”活动，单位党员深入贫困党员、农户家中，开展“一帮一”和“一进二访”活动，帮扶党员和贫困户26户。2015年，组织党员开展岗位练兵，轮流值岗“流动科技馆”巡展、“科普进屋场”、“科普基地行”、“文明劝导”等，落实党员进社区工作，与上级科协党组织联合开展“红色教育基地行”等“七一”系列教育活动。定期举行“三会一课”，经常组织学习教育，党组书记亲自讲党课2次，全年开展微型党课、故事党课、法纪学习12次。落实群众工作站的建站工作，定点联系扶贫村，2015年选派中层骨干1名驻村联系群众，班子成员多次进村入户，深入基层，服务群众，到淳口镇的农大社区、枫林村帮扶共建。单位领导班子和干部职工明确帮扶对象，并定期走访慰问，同社区支部结对双联共建，投入6万元用于农大社区科普基础设施建设，组织开展慰问活动4次，开展培训5次。到枫林村开展“一进二访”活动，投入3万元用于该村培训活动和慰问群众，组织开展科普讲座、慰问贫困户活动5次。组织开展学习党的十八届五中、六中全会精神和“三严三实”、《准则》、《条例》等活动。“科普进屋场”调研材料被中国科协和省、长沙市科协采纳发表。组织全市科技界民主党派人士，开展调查研究，积极建言献策。

综治管理，开展“崇尚科学、反对迷信”宣传活动，全年无重大安全事故发生。完善单位管理制度，办文办会及时规范，机要文件保密妥当，加快电子政务建设，推进网上办公、网上项目申报和无纸化办公。严把财务关卡，进一步完善财务管理制度，严格依照制度管理项目资金、三公经费开支。做好环境治理，继续按上级要求做好城乡统筹环境同治工作，配合荷花街道荷花园社区定期开展共创共建文明社区活动。2015年的计生、编制、人事、工青妇、助残等工作均完满完成。（谭润秋）

【浏阳市被命名为首批2016-2020年度全国科普示范县（市）】 2014年年底，中国科协启动首批2016-2020年度全国科普示范县（市、区）创建工作，浏阳市在成功创建2011-2015年度全国科普示范县（市）的经验基础上积极开展新一轮创建筹备工作：制定测评指标，分解工作任务，组织专题会议部署，指导各乡镇街道、相关单位做好创建工作，举全市之力认真做好科普基础设施建设、科普队伍建设、科普宣传工作和科普示范创建工作。2015年10月19日，由湖南省科协普及部及相关市州科协主要负责人组成的考察组来浏验收创建情况。2015年10月底，湖南省科协推荐浏阳市为湖南省2016-2020年度第一批全国科普示范县（市）。2016年2月初，浏阳市被中国科协正式命名为首批2016-2020年度全国科普示范县（市）。（谭润秋）

【浏阳市科协获评省级“流动科技馆先进站点单位”】 9月23日至11月22日，中国“流动科技馆”在田家炳中学开展为期两个月的科普巡展活动，3D打印机、智能机器人、球幕电影等50件高新尖科普展品，免费向全市广大中小学生及市民开放。中国“流动科技馆”是中国科协在国家财政支持下，贯彻落实《全民科学素质行动计划纲要》，对全国尚未建设科技馆的2000多个县（市）公众，特别是中小学生，实现流动科技馆科普服务的基本覆盖，全面提高基层公众科学素质而实施的项目，它有效地弥补浏阳市科普资源短缺、科普阵地薄弱的不足。期间逾37万人次前来观展，浏阳市科协获评省级“流动科技馆先进站点单位”。（谭润秋）

【浏阳市科协被中国科协评为全国科普日优秀组织单位】 2015年浏阳市“全国科普日”活动于9月份在浏阳市全面展开，围绕“科技成就梦想、拥抱智慧生活”的主题，市科协联合市科技局、卫生局、教育局、官渡镇等15家单位共同开展系列科普活动，省、长沙市科协及浏阳部分市级领导出席“全国科普日”启动仪式，共同见证中国“流动科技馆”湖南巡展浏阳站在田家炳实验中学开馆；同时有万本科普读本送市民、互联网+创业大讲堂、科普专家基地行、科普知识竞赛、中小学生科技节等多项特色活动也广受群众欢迎，赢得中国科协青睐。12月，经过中国科协会同教育部、科技部、中科院联合对全国科普日工作的考核，浏阳市科协被评为“2015年全国科普日优秀组织单位”。（谭润秋）

【浏阳建立三家院士专家工作站】 为促进科技型企业产学研结合，长沙市自2013年开展院士专家工作站创建工作，旨在通过引进两院院士、创新团队进企业开展研发合作，加速成果转化，推进技术创新。继2014年11月，浏阳尔康制药与中国工程院周宏灏院士合作成功建立浏阳市第一个院士专家工作站之后，2015年，安邦制药与王永炎院士、宇环数控与谭建荣院士、兴嘉生物与印遇龙院士分别开展技术合作，聚集科技资源，突破技术制约，增强企业的自主创新能力。12月15日，长沙市召开2015年院士专家工作站建设工作会议，浏阳市有安邦制药、宇环数控、兴嘉生物等3家企业成功建立院士专家工作站。（谭润秋）

【中国科协党组成员、书记处书记徐延豪调研浏阳科普工作】 9月24日，中国科协党组成员、书记处书记徐延豪带领省、长沙市科协一行人到浏阳，就基层科普场馆建设及基层科普组织能力进行调研，先后参观考察湖南医药科技文化馆、银峰茶叶科普示范基地、狮岩村科普示范村和佳源油茶协会，详细了解科普场馆的建设、管理和使用情况，并询问科普惠农等工作开展情况。徐延豪对浏阳基层科普场馆建设及基层科普组织能力给予充分肯定，希望浏阳要继续加强基层科技投入和支持，进一步推进科协组织建设和科普阵地建设，要加大对科技人才、尤其是基层科普人员的培养力度，用科技助推浏阳经济发展。（谭润秋）

【浏阳市“科普进屋场”活动经验作为先进典型在全省推广】 近年来，浏阳围绕生态建设、科普服务、制度建设打造的“科普进屋场”活动，实现农村生活方式、乡村社会面貌与群众观念的大转变，提升浏阳市乡镇居民科学文化素质，文明新风日渐浓厚。2015年9月、10月份，中国科协党组成员、书记处书记徐延豪，省科协部分领导先后到浏阳市调研，充分肯定“科普进屋场”活动；11月27日，全省农村精神文明建设现场会代表专题考察浏阳市“科普进屋场”工作；12月，《浏阳市“科普进屋场”工作调研报告》被湖南省科协网站推荐，浏阳科普工作经验被作为先进典型在全省范围内推广。（谭润秋）

教育管理

浏阳市教育局

党委书记、局长
　陈耀文(2015.09免)
　汤显华(2015.09任)
副书记、副局长
　汪剑波(2015.09免)
　钟定海(2015.09免)
党委委员、纪委书记
　张基荣(2015.09免)
党委委员、副局长
　陈文(2015.09免)
　傅　恒　赵科发
　罗荣棠(2015.09任)
党委委员、联合工会主席
　钟晨曦

【概况】 2015年，浏阳市有各级各类学校407所，其中小学296所，初中52所，普通高中10所，中等职业学校5所，艺术学校1所，特殊教育学校1所，教师进修学校1所，素质教育培训中心、校外活动中心各1所，九年一贯制和十二年一贯制学校各1所，乡镇（街道）社区学校37所。在校学生16.37万人，在编教职工9087人。另有幼儿园343所，在园幼儿58437人，幼师2434人。2015年，浏阳市成功跻身省教育强市行列，高考质量连续八年居长沙四县（市、区）第一名，获长沙市绩效考核红旗单位称号，在队伍建设、教学质量、教育管理、办学条件、教育环境等方面取得可喜成绩。

队伍建设　加强师德建设。深入推进“争做党和人民满意的好老师”活动，推选出22名浏阳市级、3名长沙市级“党和人民满意的好老师”，孙小青老师获评长沙市“道德模范”，缪昌联老师获评全国“师德标兵”“最美乡村教师”。加强人才储备。全年招聘（引进）教师245名，其中，引进北师大等院校优秀毕业生17名，面向全市招收定向培养免费师范生58名。加强教师交流。年内，交流教育管理干部45人，跨区域交流教师236人，辖区内交流教师583人，新邵支教20

人，市内支教69人，全市教师交流人数占在编教师人数的10.7%。志愿支教分队定期送课到校，参与教师500多名，惠及教学点32个。加强示范引领。成立14个名师工作室，设立3个名师工作站，增加长沙市级骨干教师24人、浏阳市乡村骨干教师142人，完小以上学校均有骨干教师。加强教师培训。全年受训教师10518人次，教师参培面超过80%，培训合格率100%。浏阳教育局被评为“省培计划高中学科送培到县项目工作先进单位”“中小学教师教育宣传工作先进单位”，市教师进修学校被评为省“中小学教师远程培训工作先进单位”，在东安举办的市、县教师发展中心建设现场研讨会上作典型发言。

教育教学 教学质量稳步提高。体育中考合格率90.9%，学考一次性合格率91.31%，一次性合格率和平均总分居长沙四县（市、区）第一；高考一、二本上线3180人，上线率46.34%，学科平均分及一、二本上线率连续第八年居长沙四县（市、区）第一名；学生学科竞赛成绩突出，72人次获国家级奖励。课堂改革纵深推进。社港中学课改经验在《湖南教育》推介，全市增加课改实验校15所，课改经验由城镇学校逐步深入到边远山区学校，成功组织第19届课堂教学评优、全国中学语文创新课堂观摩研讨活动、省培智教育课堂教学研讨会等活动。学校发展更具内涵。成功申报4所全国校园足球特色学校，12所湖南省武术段位制学校，167所特色项目校，14所两型示范校。市素质教育中心获评全国禁毒宣传教育先进单位，“传统美德进校园”活动取得阶段性成果。坚持科研兴校，全市21个市县两级课题结题，2课题获长沙市十八届友谊科研二等奖，9个课题被确立为长沙市级研究课题。组建学科教师QQ群，教师上传教育资源26152条，晒课5000多堂。学生素质明显提升。在36届省青少年科技创新大赛中浏阳市获得5金6银4铜的成绩，名列所有区县第一，参加长沙中小学生“三独”竞赛，浏阳市149人次获奖。两位学生分别获全国中学生田径锦标赛跳远冠军、世界中学生锦标赛女子800米冠军。

教育管理 有序推进依法治校。教代会、校务公开制度进一步健全，章程建设有效探索，阳光服务平台建设如期推进，学校依法决策、依规办学、民主管理机制有力加强。教育改革不断深化。省级督学责任区示范点建设顺利开展，教育“管”“办”“评”分离逐步实现。全市普遍实行中小学校教师缴费陪餐和食堂开放制度，后勤管理得到优化，职教、幼教、特殊教育、民办教育进一步规范提质。加强综治安全管理。投入安保经费700余万元，校车安全保障经费539万元，校车通行道路安全隐患整改经费1000余万元，整改安全隐患680余起。校车办和周边办扎实工作，全年下发校园周边环境交办函69个，组织专项整治行动，现场交办100余次，出动执法人员800多人次，查验涉校车辆320多台，查处违法违规行为70多起。

办学条件 学校建设不断加强。2015年教育工程建设投入3.48亿元，全年改造73所薄弱学校，恢复4所学校，修建8所公办幼儿园和609套教师公租房，改造木屋架屋面学校13所、整改安全隐患学校100所，“改薄”经验在全省推介。信息建设不断升级。投入装备资金4750万元，装备班班通设备1046套、计算机教室29间、多媒体会议室24套、实验室56间、为4所省网校工程授课主校和39所农村教学点配备网络联校互动同步课堂录直播设备43套，铺设塑胶运动场地12个。各类学位不断增加。教师进修学校及附属小学顺利搬迁，城区增加学位1500个，长郡•浏阳实验学校建成招生，园区增加学位2000余个，启动永安中学、关口长兴湖小学建设项目。认定22所民办普惠性幼儿园，发放奖补资金329万元，全市学前三年入园率90.2%。4800名初中毕业生就读职高，职业中专实习实训工厂建成，2个班进驻长沙职业技术学院（浏阳校区），经开区三联工业学校开始筹建，对接园区办学取得进展。

教育环境 教育阳光服务工作回访群众满意率90%以上，纪检信访、民声通道投诉全部得到调查处理回复，执纪查处10起，确保教育系统风清气正。教育基金总额达到9431万元，个人教育基金103个，金刚镇教育捐资现场募集资金1200多万元，全市社会捐资助学热情持续高涨。中央、省、市主流媒体聚焦浏阳教育，先后多次对浏阳市学校建设、学前教育、贫困生资助、学校社团建设、后勤管理等方面进行正面报道，教育美誉度大幅提升，教育环境更加稳定和谐。（潘志强）

【浏阳市被认定为省级“教育强市”】 5月16—18日，省教育厅原副主任督学杨国旗率队到浏阳开展第三轮“两项督导评估考核”。9月1日，省教育督导委员会召开2015年县级教育工作“两项督导评估考核”（长沙）意见反馈会，认定浏阳市政府教育工作及其党政主要领导教育工作实绩督导评估考核达到优秀等次；浏阳市“教育强县（市、区）”评估验收合格，正式被认定为湖南省教育强市。2007年3月，浏阳市在全省率先提出建设教育强市的目标，在八年的创建过程中，浏阳始终将优先发展教育作为施政方向和战略重点，做到本级财政资金保障到位，教师福利待遇保障到位，学校建设投入保障到位。通过创建教育强市，浏阳教育事业实现均衡、健康、快速发展，2008年、2011年先后获省教育工作督导评估优秀等级，2013年通过义务教育发展基本均衡县国检。（潘志强）

【教师进修学校及附属小学投入使用】 5月13日，原浏阳集里街道百宜小学搬迁至浏阳市教师进修学校附属小学，8月份，原浏阳教师进修学校也搬入办公，教师进修学校及附属小学正式投入使用。浏阳市教师进修学校及附属小学位于集里新屋岭片区，项目投资2.1亿元，占地约4.67公顷，建筑面积约3万平方米，是浏阳市近年最大的教育类型民生项目。进修学校建有综合楼、教学楼、学员公寓等。附属小学按36个班规模进行建设，建有综合楼、教学楼、体艺楼等，配备300米塑胶运动场和足球场，3个室外篮球场和1个室内篮球场，足额开班后将为城区增加1500个学位。新教师进修学校将打造成集科研、培训于一体的教师发展中心。（潘志强）

【长郡·浏阳实验学校建成招生】 2015年秋季，长郡•浏阳实验学校正式对外招生，新招高一、初一的学生410人，足额开班后将新增学位2000余个。长郡•浏阳实验学校是经浏阳市人民政府批准与长郡中学合作办学的一所12年一贯制公办学校，学校位于国家级浏阳经济技术开发区，参照新加坡南洋中学风格进行建设。学校一期建设占地8.67公顷，总投资3.6亿元，总建筑面积7.01万平方米，办学规模为48个班(按60个班标准建设)，其中，小学24个班，初中、高中各12个班。学校按照省一级学校标准规划建设，教育、教学、生活设施均居全省一流。学校秉承“长郡品质，浏阳特色”的办学理念，努力办人民满意教育。（潘志强）

【浏阳建立名师工作室集群】 5月7日，浏阳市召开2015年中小学教师继续教育工作大会，并举行第三批名师工作室授牌仪式。会上，戴果丰高中语文工作室等第三批14个市级名师工作室正式授牌。截至2015年年底，浏阳名师工作室有19个，涉及幼儿园至高中各个学段，涵盖心理、幼儿、职业教育等各个领域。名师工作室的建立采取学校申报制度，设在首席名师所在的学校。每个名师工作室设首席名师1人，成员由名师团队和学员团队组成，名师团队3人至5人，学员团队30人左右，每次授牌为3年，每年进行考核，实行动态管理。市教育局设立名师工作室工作专用经费，并要求名师所在学校配套一定的费用。这些名师工作室充分发挥名师的引领、带动和辐射作用，培养、培训一大批中青年骨干教师。2015年，浏阳市增加长沙市级骨干教师24人、浏阳市乡村骨干教师142人。（潘志强）

【浏阳高考成绩连续八年蝉联长沙四县市第一】 2015年浏阳高考成绩再创辉煌，全市学考全科合格率94.45%，合格率在90%以上的学校9所，比上年度增加3所，学考全科合格率连续八年获长沙四县(市、区)第一名；全市高考一二本上线3180人，普通文理科上线率46.31%，文科总分平均分高出省平均27.52分，理科总分平均分高出省平均13.17分，文理科上线率、上线人数、总分平均分和学科平均分等四项指标均居长、望、浏、宁四县(市、区)第一名，有3名学生被北大、清华录取。（潘志强）

【浏阳4所学校入选全国青少年足球特色学校】 2015年，浏阳市新文学校、浏阳市浏阳河中学、浏阳市沿溪中学和浏阳市古港完全小学入选全国青少年校园足球特色学校名单，成为全国首批足球特色学校。对入围的学校，浏阳市教育局指导开设足球课程，培训足球教练老师，指导开发和编制足球校本教材，实施适合学生年龄特点的足球教学和课外活动。鼓励学校建立足球代表队，经常性开展足球训练，力争使特色学校带动本地区青少年校园足球的发展。4月份，浏阳市新文学校小学部原10班学生谢鸿宇同学通过层层筛选，最终入选2019届U16国家队优秀运动员训练营。（潘志强）

【浏阳市民族联谊会教育分会到古丈县开展支教助学活动】 5月22日，浏阳市民族联谊会教育分会组织部分会员到湘西古丈县坪坝乡曹家村小学开展“浏阳情•民族行”支教助学活动，为曹家村小学捐款捐物2.3万多元。支教助学活动主要围绕“四个一”开展，即送一堂课、送一个爱心书包、送一批图书和体育器材、慰问教师和部分贫困学生。（潘志强）

【教育系统开展“桂园之约”未婚青年联谊会】 1月27日，由浏阳

2015年5月，教师进修学校及附属小学正式投入使用　（图片来源：浏阳市教育局）

2015年秋季，长郡•浏阳实验学校正式对外招生　（图片来源：浏阳市教育局）

市教育工会主办的“桂园之约”未婚青年联谊会，在官渡镇桂园国际度假村举行，来自教育系统、乡镇街道、市直及企事业单位的120余名未婚青年参加活动。活动中，男女嘉宾分为4个不同组别，参加精心设计的温馨邂逅、儒雅茶叙、浪漫互动、情怀晚宴、良宵聚首等五个环节，在各个不同的环节中，每个小组又分别设计有不同的游戏环节。通过一天的亲密相处，最终有12对嘉宾牵手成功。（潘志强）

【志愿支教活动】 2015年，浏阳市教育局团委牵头组织在全系统开展义务支教工作。志愿支教活动以一学年为一周期，期满后重新招募志愿教师进行轮换。本年度，该局成立浏阳市志愿者联合会教育系统分会，下设10个小分队，在老师志愿报名的基础上，组织200余名音乐、美术、体育、英语等学科的专任教师对全市偏远山区33所学校（教学点、单人校）进行志愿支教。2015年，浏阳先后有500余名教师参加志愿支教活动，为教学点的学生送去12000余堂课。（潘志强）

浏阳市第一中学

浏阳市第一中学

党委书记　卢从发（2015.11任）
党委副书记、校长　袁章军
党委委员、副校长
　潘　明　柳　喆
　熊柱石（2015.9免）
校长助理　赖章武
　罗中平　苏飞跃
　赵国庆（2015.9免）
艺术学校党总支书记　罗中平
艺术学校校长　苏飞跃
校务委员　汤学文　寻多求
　郑雀林

【概况】 2015年，浏阳一中有98个教学班，5292名学生，443名教职工，外籍教师2人，省特级教师5人。2015年，浏阳一中有1022人参加高考，一本上线率47.4%，一本、二本上线率80.3%，艺术学校录取211人，录取率71.06%。唐海景、谭志颖同学被清华大学录取，李志超同学被北京大学录取。2015年，学校实现平稳发展。一是平安校园建设。持之以恒地开展师生安全教育，定期组织校园及周边安全隐患排查，校园秩序良好。二是后勤服务保障，5月份获评湖南省中学示范食堂。三是进一步改善办学条件，全年投资近200万元，建设校园文化墙、诗词墙、灯谜走廊、后山游道和樟树坪景观亭等，启动四号学生公寓的建设工作。四是学校田径代表队参加省传统体育项目学校运动会和长沙市中学生运动会，继续保持甲级队的称号；参加浏阳市中学生运动会，获团体总分冠军和体育风尚奖。五是教育交流和品牌建设。本年度与英联邦马恩岛巴拉克明中学、韩国元堂中学进行师生互访，成功在巴拉克明中学开办孔子课堂；接待国内外参观考察50多批次；在省教育电视台、长沙晚报、浏阳日报等主流媒体发表学校报道40余篇次；学校民意调查满意率超过95%，学校办学声誉和示范引领作用进一步提升。六就扶困助学。在全校三个年级创办“富基春晖班”和“罗自立创新实验班”，创立“黎洪武青年教师成长基金”“蓓蕾教育基金”。国家助学金和教育基金会全年发放助学金200万元。七是综治和计划生育工作继续保持先进，学校全年无综治事件和计划外生育现象发生。八是加强工会、职代会、妇代会、老干、关协和校务公开工作，获得各级主管部门的好评。2015年，在湖南省人民政府教育督导室的教育督导中，以总分95分的高分获省示范性高中督导评估2015年度奖。浏阳一中努力探索“三点三心四导”后进生转化模式在全省示范性高中推广。学校先后获湖南省食品安全工作先进单位、浏阳市高考质量评价一等奖、浏阳市学业水平考试质量评价一等奖，浏阳市联考评价一等奖、浏阳市中考质量评价一等奖等荣誉称号。李辉明、袁章军获评湖南省特级教师。成功申办浏阳市“潘明高中英语名师工作室”“汤学文高中物理名师工作室”“周闽湘高中生物名师工作室”“聂续红高中心理名师工作室”“寻湘沅初中化学名师工作室”五个名师工作室。

队伍建设　2015年以作风建设为主线，以师德师风建设为抓手，以践行“三严三实”为重点，全面优化干部队伍和教师队伍建设，增强学校的凝聚力和向心力。一是加强作风建设。通过组织全体党员和干部认真学习《中国共产党廉洁自律准则》和《中国共产党纪律处分条例》，进一步规范党员干部的行为。二是勤政廉政，严格落实党风廉政建设责任制，既落实党委的主体责任，又落实纪委的监督责任，严格遵守廉政承诺和有关廉政制度，廉洁自律，严格落实校务公开。三是注重学习，自觉提高自身素质。班子成员参加十八届四中全会、五中全会精神的学习，以及市委中心组的学习活动，养成读书看报的良好习惯，班子成员的政治业务素养得到提高。四是解决广大师生和家长关心的实际问题，加强干部职工的陪餐制度和夜间值班制度。五是对中层干部进行小范围调整，进一步优化干部队伍结构。利用暑假认真组织干部培训，严格实行部门工作问责制和绩效考核，改进工作作风，强化工作落实。六是加强党组织建设，落实党组织民主生活制度，发挥党员的先锋模范作用。七是加强教师队伍建设，进一步发挥省示范性高中教师的示范引领作用。从师范大学引进3名优秀免费师范毕业生，选调一些基层优秀教师充实队伍，优化教师队伍结构。开展党和人民满意的好老师评选活动，组织教师业务培训，开展暑期教师全员培训，组织全体班主任、任课老师和教研组长备课组长外出学习交流活动，与兄弟学校进行学习交流。

教育管理　一是进一步加强学生的日常管理。通过仪容仪表检查、就寝纪律督查、三操和早晚自习督查，强化学生的行为习惯教育和培养。二是精心组织系列主题教育活动。开展校纪校风教育、军训教育、安全教育、爱国主义教育、感恩教育、心理健康教育、励志教育等13次主题教育活动。三是坚持开展体育大课间活动。体育大课间有效保障学生每天一小时的体育锻炼时间，获评长沙市二等奖，是浏阳市唯一获奖的高级中学。四是开展文明餐桌行动。规范学生就餐秩序，减少食堂饭菜浪费，培养学生文明节俭的良好习惯。五是组织丰富多彩的学生活动。举行社团文化节、校园文化艺术节等大型活动，充分展示学生的个性特长，让校园迸发生机与活力。六是注重学生自主管理和自我发展，让广大学生参与学校管理和各项活动的组织工作，培养学生的素质和能力。七是加强家校联系和沟通。开展“家长工作日”活动，分年级召开家长会，成立家长委员会和家长学校，及时向家长汇报学校工作情况，赢得家长的理解和支持，增强学校教育的合力。八是全面实施全员导师制，全体教师参与对学生生活、学习、思想的全方位关注和跟踪辅导，改善和密切师生关系，减少学生问题，探索出一条新的管理模式。普高部谭应良老师获浏阳市优秀年级组长称号，潘高扬老师获浏阳市优秀班主任称号。

教学教研　一是积极推进优质高效课堂建设。加强教研组建设，强化备课组集体备课，教师的教学理念进一步更新。2015年，浏阳一中组织全员参与“同课异构”教学比武活动，营造浓厚教研氛围，增强老师们的教研意识。二是充分发挥教学处“管理、服务、督查、评价”的功能。全面加强课堂教学督查、教学常规检查和学生评教活动，促进教学工作的落实。三是强化新教师的管理和培训。实施导师制，给每位青年教师配备导师，加强听课和评课制度的落实，促进青年教师迅速成长。四是组织教学交流活动。全年接待40多批次上级主管部门的教学督导和兄弟学校的教学观摩，组织本校教师外出交流学习20多批次，邀请省、市教科院和大学教授、专家到校进行学术讲座和教学指导11次。五是打造学习型教师团队。继续开展读书活动，组织教师学习三本理论书籍。组织各级各类继续教育培训，教师学分培训落实更加到位。六是以课题研究为抓手，浓厚教研氛围。从教育思想、教育观念和教学行为等方面作出改变，课堂教学效率不断提高。2015年度，浏阳一中新申报国家级课题2个，教师发表教学论文39篇，获奖教学论文100余篇。学科竞赛有2名同学获信息学奥赛全国联赛一等奖，29人获各学科全国联赛二等奖，4人获各学科全国联赛三等奖。（秦　操）

【督导工作获优秀学校和特色工作年度奖】　在2015年湖南省示范性高中督导评估中，浏阳一中因工作成绩突出，在探索“三点三心四导”后进生转化模式上独具特色，以总分96分的高分、全省第六名的成绩获得2015年优秀学校及特色工作年度奖。2015年，校督导室以党的十八大精神为指导，以教育法律法规为准绳，以践行党的群众路线、服务师生成长、服务学校发展为宗旨，全面开展督导工作。1月，督导室积极做好实验室、图书室、现代教育技术培训装备专项调研工作；4月，做好教育强市迎检督导；5月，开展省示范性普通高中网上评估空间建设培训；9月，开展督学责任区专题工作会；11月，组织全国语文创新课堂研讨活动暨说课大赛；12月，做好小学全面实施素质教育督导评估等。2015年，学校对督导室成员进行微调，加强兼职督学队伍的建设。构建规范化的督学工作体制，开展责任区学校学习交流活动，推进区域学校的均衡发展，凸显督学工作的引领指导功能。（秦　操）

【举办全国语文教学观摩活动】　11月14日至15日，2015年全国中学语文创新课堂观摩研讨活动暨第六届全国中学语文说课大赛在浏阳一中举行。此次活动围绕“如何立足课堂创新，培养学生人文素养”的主题展开。本次研讨活动汇聚教育部有关领导、教育界专家、知名中学语文特级教师、全国各地优秀教师代表于一堂，就中学语文课堂创新展开深入研讨和交流。全国著名语文特级教师赵谦翔老师做《绿色语文教学课例实说》的专题报告。北京市清华附中的语文特级教师王君老师带来一堂精彩的展示课——《苏州园林》。王君老师做《我的青春语文观》的专题报告。浏阳一中优秀教师胡成利老师教授一堂精彩的作文示范课。全国语文特级教师黄厚江教授一堂高三作文课，展示高考作文审题、立意的技巧。黄厚江老师就“语文教师如何进行文本阅读”的问题进行详细的介绍。中国教师发展基金会教研发展专项基金管理办公室主任曾曦教授作《中高考作文的命题规律和应对策略》的专题报告。活动期间，第六届全国语文说课大赛也在同步举行，全国各地六十多位优秀教师参加比赛。本次创新课程研讨活动，为广大语文教育工作者搭建一个交流的平台，在语文教育的道路上作出新的探索。（秦　操）

【国际教育交流活动】　2015年，浏阳一中国际交流活动成绩斐然。浏阳一中自2006年以来与英联邦巴拉克明中学建立友好往来以来，师生友好互访9年。7月上旬，浏阳一中师生代表团赴马恩岛巴拉克明中学进行年度访问并参加孔子课堂揭牌仪式。10月，浏阳一中和巴拉克明中学签订协议，从2016年起每学期派遣一名英语老师赴对方学校进行为期四周的培训。10月底，巴拉克明中学师生代表团到浏阳一中回访，与浏阳一中师生展开友好交流。10月22日，“2015年HPEAIE交换生＆外教项目年度工作会议”在浏阳一中召开。11月中旬浏阳一中派代表参加在伦敦举行的“全英孔子学院／孔子课堂峰会”。12月5日至7日在上海世博中心召开孔子学院成立十周年的庆祝大会，有135个国家和地区的孔子学院和孔子课堂的外方代表以及国内236所合作院校的负责参与此次盛会。浏阳一中刘小琴老师作为巴拉克明中学孔子课堂合作院校负责人参与此次大会。12月中旬，浏阳一中派代表参加在湖南益阳举行的“湖南省教育国际交流协会第四届年会”。（秦　操）

【学科竞赛成果】　在2015年全国中学生学科奥赛中，浏阳一中有5人在全国信息奥赛中获奖，其中2人获国家级一等奖，3人获国家级二等奖；数学奥赛有4人获国家级二等奖，1人获国家级三等奖；物理奥赛有5人获国家级二等奖；化学奥赛有4人获国家级二等奖，2人获国家级三等奖；生物奥赛有13人获国家级二等奖，1人获国家级三等奖。此外，还有113人获省级奖励，365人获长沙市级奖励。在2015年全国中学生语文能力竞赛中，浏阳一中有492人获奖，其中30人获省一等奖，进入全国决赛。在省、市级各类综合实践活动、科技节、小论文评选中，浏阳一中参赛学生获一等奖16项，二等奖18项，三等奖18项。（秦　操）

浏阳一中学生与巴拉克明中学学生交流　　（图片来源：浏阳一中）

【开展校际交流系列活动】　为更新教育理念，深化课程改革，提升教师的教育教学品味，浏阳一中组织全体科任教师和班主任老师分教研组和年级组到省内名校进行教育教学交流。11月24至25日，浏阳一中全体语文老师在袁章军校长的带领下赴湘潭县一中交流学习，参观湖南省唯一的省示范性民办中学——凤凰中学。12月3日，浏阳一中组织全体班主任老师赴浏阳十一中学习，开展德育工作研讨交流活动，参观胡耀邦故居和秋收起义纪念馆。12月10日至11日，浏阳一中校长袁章军和书记卢从发带队，组织全体数学老师赴桃源县一中交流学习。12月17日在校长袁章军、副校长潘明等领导的带领下，浏阳一中教学教研两处组织各学科教研组长、备课组长赴浏阳六中进行教学教研交流活动，参观浏阳一职、长郡浏阳实验学校，与浏阳的兄弟学校就教育教学展开交流。

（秦　操）

【校园文化】　2015年校园文化节丰富多彩，阳光体育运动会、校园十佳歌手大赛、学生才艺展示大赛、春蕾杯辩论赛、班级合唱比赛、青春风采主持人大赛、教职工健身运动会、元旦文艺晚会等等，每一个活动都精心组织，用心呈现，学生和老师的参与度高，受到广大师生的好评。特别是“校园十佳歌手大赛”和“元旦文艺晚会”，节目质量高，社会反响良好，受到浏阳电视台、浏阳日报社、浏阳网、每家每户论坛、梦想家电影等多家媒体的关注和报道。在开展校园文化活动的同时，加强校园文化建设。2015年，学校投资200多万元进行后山游道、诗词墙、后山凉亭、后山樱花林、灯谜走廊、《道德经》文化墙等文化设施的建设，使校园更加优美、文化氛围更加浓厚。（秦　操）

【浏阳一中被授予中华灯谜文化进校园教学示范校称号】　8月12日，浏阳市民间文艺家协会第二次会员代表大会在银花宾馆召开。浏阳市委宣传部副部长、市文联主席刘旭辉到会祝贺并作重要讲话。会上选举新一届的民协理事会，刘正初同志当选为民协主席。湖南省灯谜学术委员会主任、民俗专家敖耀寰先生到会祝贺并为浏阳一中颁发“中华灯谜文化进校园教学示范校”牌匾。浏阳一中神脑谜社在湖南省灯谜学会和浏阳市民间文艺家协会的具体指导下于2013年12月成立，先后在学校发展学生社员60余人，教师社员20多人，吸收校外社员20多人。举行大型灯谜讲座10余次，进行灯谜授课200多节，举行校内外灯谜展猜8次，高标准建设一条120余米长的灯谜走廊。2014年2月，一中灯谜队代表湖南进军央视，参加首届《中国谜语大会》，获优秀奖。2014年5月参加第二届“杜鹃杯”驻长高校灯谜邀请赛荣获团体冠军，2014年9月出版湖南省第一本校园灯谜专刊《神脑谜刊》，2014年9月，参加江苏常熟国际中学生灯谜邀请赛荣获团体总分第三名。2015年3月，与浏阳市民间文艺家协会联合主办欧阳予倩大剧院元宵灯谜展猜，配合浏阳日报举行政东广场元宵灯谜展猜，受社会好评。（秦　操）

浏阳市田家炳实验中学

浏阳市田家炳实验中学

党委书记　朱玉喜

校长、党委副书记　刘会成

副校长　汤坤池　屈加亮

　　　　寻鹏飞

校长助理　黄玉峰

工会主席　张继极

【概况】　学校占地面积20.8公顷，建筑面积8万多平方米。2015年，学校有53个教学班，学生3065人，教职员工249人，其中特级教师2人，高级教师73人，省级优秀教师2人，外籍教师1人，市级名师、骨干教师100余人。2015年，学校致力于办有思想的学校，做有信仰的教育，始终坚持“以人为本”的管理理念，以“质量兴校”创造佳绩。

教育教学工作　以特色建设为抓手，提升学校品味。教学质量持续稳定。2015年高考，学校获全市第二名的成绩，连续15年获得市教育局高考质量评价一等奖，二本以上一次性上线人数681人，上线率70%；高二学业水平考试获得市教育局学业水平考试质量评价一等奖，一次性合格率99%，教育面向每一个学生。提升质量品位。学校从2008年开始提出提升学校品位，加强自主招生培训和奥赛培训，完善学生培优机制，几年来初见成效。2015年学校以湖南省第五名的成绩，获得北京大学博雅计划资格，高考600以上人数39人，田家炳中学学生袁梦雨获得自主招生60分资格并考取北京大学经济学系。学科培训工作。注重高效课堂教学，2016届高三在与长郡中学及网校的联考中，文科前10名占4个，前20名占8个；理科前100名占4个。学科培训成绩喜人。近年来全市15个奥赛一等奖，田家炳中学13个。2015年高三学生伍旭获得一个奥赛一等奖，另外31人获得全国奥赛二等奖，21人获得三等奖；组队参加第14届全国英语创新大赛，有11人获全国一等奖，与北京四中并列第一；组队参加第九届全国中学生语文能力竞赛、全国语文知识暨“周有光杯”中华文化状元选拔赛，获得省级一等奖28个，二等奖50多个。

教研教改工作　学校编制《浏阳市田家炳实验中学教师专业成长手册》，促进青年教师的快速成长；全年编辑4期《田中教研探索》；加大课题研究力度。本年度学校有语文教研组“大语文”国家级课题；综合教研组“农村高中科技创新教育校本化实施研究”课题；“关于在农村高中开展学生心理社团工作的研究”的课题申报立项和开题论证。教师在省级以上刊物发表或获奖论文60多篇。培养学术型教师，阳婷老师获得实验课题大赛浏阳市特等奖、长沙市二等奖，吴双、徐竹老师获得实验课题大赛长沙市一等奖，朱凌云老师获“长沙市首届十佳青年地理教师”荣誉称号，并应邀到广东省做学术交流。

特色教育工作　学校坚持自建校以来一直秉承“差异发展，体验成功；主动参与，合作学习”的教育教学理念。抓对外交流，培育国际视野。学校从2004年起与英国金•阿尔佛雷德学校、三通高级中学、美国自由高中成为友好学校，互派师生交流600多人次。2015年两校互派师生50多人。两校的交流培训效果良好，得到学生、家长的大力支持，在英美两地产生良好反响，帮助学生树立远大的人生理想和奋斗目标。抓文化传承，培育经典情结。学校组织专门班子，开发校本教材，选取中华经典美文，“诵经典、修品德、学做人”。学校提出“品文化精髓、树健全人格”。每年新生入校，语文组都将对学生进行“经典诵读”培训，让学生吸取先贤文化思想的精髓，传承中华经典、弘扬传统文化。学校被评为“湖南省经典诵读特色学校”。抓科研创新，培育创新精神。学校开设科技创新课程，成立学生创新社团。学校组队参加第36届湖南省科技创新大赛决赛，获得一金一铜；参加第32届长沙市青少年科技创新大赛，获三金五银；参加第十一届宋庆龄发明奖省初赛，获两银两铜；参加浏阳市2015年中小学生科技节，获十一金十四银四铜，获全市总分第一名。本年度申报实用新型专利10项，全部受理并授权。《中国教育报》以“人人有创意，个个争发明”为题，对田家炳中学的创新教育作专题报道。通过以上活动的开展，丰富学生的校园生活，培养学生的创新思想和创新思维能力。学校始终把德育工作放在首位，坚持育人为先，德育为首，教育学生修炼品德，完善人格，成就自己，回报社会。一是以德育活动为载体和平台，注重学生思想引导和体验感受。一年来，学校通过励志夏令营、高一军训大比拼、名人报告会、德育大讲堂、成人仪式、走进新农村、学生社团、艺术节、元旦晚会等活动，加强思想引导，帮助学生形成良好的习惯。浏阳市艺术节获市一等奖。二是大力倡导爱心教育。坚持把“不让一个学生因贫困而失学，不让一个学生因学习困难而失学”作为教育追求。学校全年为93名贫困学生减免学费20万元；争取到西城公司和衣恋集团扶助资金，为贫困学生筹集学费60多万元；　2015年再次与杭州东华链条有限公司签定40万元扶助田中十名学机械专业学生合作协议。三是高度重视心理健康教育。创新心理教育模式，设立班级心理委员，建立学校心理教育协会，创办《心理报》，将心理教育推向基层。一年来接待学生上百人次，解决很多学生学习和心理困难，为学生的健康发展做出较大的贡献。四是发挥田家炳中学教育阳光服务站服务功能。学校成立专门机构，开设专线电话，接待社会、家长、师生来电来访，实行首问责任制、系统联动制、领导接访制，尽心尽力为师生排忧解难。

校园环境建设　学校始终坚持“为教育教学服务，为师生服务”的宗旨。一是学校争取市委市政府的支持，新修一栋教师宿舍，90%以上的老师住在学校，为更好地参与教育教学工作创造条件；二是学校向政府筹集资金106万元在暑假新修校内油砂路；三是对教学楼进行外粉刷，进一步美化校园环境；四是引入社会资金，为学生教室、寝室装上空调，为学生寝室装上热水系统；五是市委政府投资1680万元的学校新食堂，完成立项申报。优美舒适的环境，为师生学习和生活提供极大便利，也提升田家炳中学的整体形象。学校致力于打造宜居校园，通过建章立制，规范校内车辆管理，控制车速，禁止鸣笛，晚间10点30分以后，车辆禁止驶入生活区等措施，确保校园平安有序，校园内外和谐平稳，获得浏阳市综治工作先进单位、长沙市禁毒工作先进单位等荣誉称号。

校园文化建设　一是以文化建设立魂，铸造田中精神：认真执教的敬业精神、爱生如子的园丁精神、不甘落后的拼搏精神，在田中人身上熠熠生辉。二是以常规管理为本。2015年围绕常规管理，学校推出一系列有效的管理措施，提升教育教学管理水平，推行行政管理模式化，教学管理规范化，德育管理常态化；三是成立文体艺联合协会。学校工会成立15个协会，利用节假日，课余时间，开展丰富多彩的文体活动，如：棋类、书法、摄影、钓鱼、瑜伽、广场舞、球类等积极有益的活动。四是开展“为人”“为师”“为学”为主题的读书节活动。学校开展《我的幸福人生》（田家炳）读后感评选活动，并评选一批优秀读后感。五是渲染书香浓厚的校园文化。学生长期坚持“三笔字”练习，经常展出教师和学生的书法和绘画作品；随处可见的修身立志的条幅语录，营造出和谐的书香氛围；长期进行师德教育和党的理论教育。田中校园随处可见的文化现象，体现田中人的信仰和思想，丰富学校的文化内涵，提升学校的办学品位。

（黄玉峰）

浏阳市职业中专

浏阳市职业中专

党总支书记　姜兴武
党总支副书记、校长　陈　奎
副校长　陈中西　李滔滔
　易贵辉（2015.10任）
校长助理　蔡　礼

【概况】 2015年，浏阳市职业中专有教学班级67个，全日制在籍生3084人（在校生2599人）。教职工170人（公办教师159人），其中专任教师150人，专业课教师92人，双师型教师42人，省级专业带头人3人，长沙市级专业带头人5人。学校开设服装设计与工艺、机械加工、汽车运用与维修、电子电器、会计、计算机及应用、电子商务、物流管理、市场营销、旅游服务与酒店管理、音乐11个专业，其中服装设计与工艺专业为省级精品专业。学校继续坚持“以就业为导向、以服务为宗旨”的办学思想，坚持面向社会、面向市场的办学方向。年内获长沙市中职学校就业工作先进单位、浏阳市社会管理综合治理工作先进单位、绩效考核红旗单位、绩效考核划等为一等奖单位等荣誉。

环境发展　2015年下学期，一个教学班到长沙职院浏阳校区办学，迈出进城办学艰难而又坚定的一步。争取市教育局在三年内投资近千万元，龙伏校区发生根本性的变化，大大提升办学的硬实力。浏阳市职业教育在全省的教育强市评估中，以98分位列浏阳各类教育评估首位。不断引进职教专业人才，向大学本科院校引入13人次，向社会引进或初中调入8人。

德育工作　加强常规管理，强调学生的遵纪守规、就餐纪律、仪容仪表等。强化全员育人工作，管理做到定时、定点、定人、定责，有效预防各种违纪行为的发生。开展新生入学教育和军训活动；召开家长会议，举行法制报告课，组织高一学生赴湖南省未成年人管教所听取法制报告。加强学生会、团委会队伍建设，发挥学生“三自”教育作用。开展“学雷锋”主题教育活动；举行系列纪念抗战胜利70周年活动；举行第三届“青春杯”篮球赛。开展以“感恩教育”为主题的班会竞赛，参加市直高中主题班会竞赛获一等奖；举行优秀班主任经验报告会；举行全校性“德育论坛”，组织十名教师参加班主任国培；组织全校德育管理干部和班主任赴宁乡职业中专学习交流。健全安全管理制度，注重经常性安全防范和排查，一年来校园安全事故为零，校园违法案件为零，涉校矛盾为零。

教学教研　认真做好教学工作日督查、周通报、月点评制度，教务科坚持专项督导检查，如备课作业检查、课堂抽查、推门听课等；规范学籍管理、学生免学费和助学金评定、发放工作。按照6S管理模式，规范采购、使用、维护、培训等环节；采用特殊政策，招聘机械、汽修、服装等能工巧匠任教。打造全校性学生技能竞赛和技能抽查平台。高二年级会计证考试合格率比上年提高9个百分点。学生职业能力考试、劳动等级证考试参考率100%、合格率100%。参加长沙市学生技能竞赛学校获优秀组织奖，服装专业获团体一等奖；参加湖南省服装工艺技能竞赛获三等奖。参加中学生机器人大赛分别获得湖南省一等奖2个、全国一等奖1个、全国特等奖1个。2015年高考有22人本科上线，在省本科指标减少的情况下，比2014年多出4人，学校获浏阳市高考工作优胜单位。组织四个专业学科老师参加长沙市教科院举行的专业技能抽查活动。组织开展新教师汇报课、高级教师示范课和省市县优质课竞赛活动，参加长沙市信息化教学设计和说课比赛获市一等奖、省三等奖，参加长沙市创业规划大赛获二等奖。有校级课题在开题研究，有长沙市级课题立项开题，获批的长沙市立项资助课题正大力推行；选送教师101人次参加国家、省、市、县教师培训，选送15位专业教师到高等院校、名优企业培训、实践；全年共有100余篇论文在报刊杂志发表或各级评选中获奖，教师主持、参编教材10余本。学生参加浏阳市高中组艺术节、科技节夺得六个一等奖。

后勤保障　改善校园环境，改造田径场、篮球场，铺设校园道路油砂，教学楼二栋外墙粉刷及楼面加固，实训工厂的建设，后园道路的硬化。对校园电力设备进行升级改造，保证充足的电力。引进自来水，彻底解决学校用水难题。多次与镇政府、新开村居委会、周边村民小组协商，处理好周边村民对学校排污多年来的积怨。改造食堂，加强对食堂员工管理，努力提高食堂伙食的质量。

招生就业　2015年招录新生1425人，在籍学生3082人。继续深化校企合作，大胆推进校企零距离对接，稳妥尝试现代学徒制度。2015年度增加6家校企合作单位，本年度安置就业和顶岗实习学生591人，就业率95.9%，其对口就业率88%，本地就业率85%。顶岗实习学生的良好表现受到用人单位的高度认可。顶岗实习工作涉及到20多个厂家，500多人次，涉及省内外，在无固定指导老师驻厂的条件下，都保证到学生顶岗实习工作的稳定和学生的平安。

工会和其他工作　加强校园文化建设。更换校园宣传墙，建立各楼栋钛金字体的标语、各教学、实训室的标语，将企业文化有效融入校园。加大职教宣传力度。《重视人才培养•服务地方发展”创新模式》刊登在《中国教育报》。全年在浏阳教育网等媒体发表宣传职业教育和学校办学成果文章40余篇。开展各项工会活动，组织教职工篮球赛、“三八”妇女节女教师代表座谈会等。尽力关心教职工日常生活。学校积极参与教职工的婚、庆、病、丧工作。邀请退休教师回校参加重阳节座谈会；组织全校男女教职工健康体检；争取浏阳市教育工会扶助金慰问老同志；帮助老师申报中央专项励耕计划扶助；慰问因病住院的九位老师，帮助有困难教职工解决生活中存在的实际困难。

（焦元甫）

文体·新闻

文体艺术

浏阳市文化体育广播电视局
浏阳市新闻出版局

党委书记、局长　　余海波
党委副书记、副局长　楚海华
党委委员、副局长　　张先锋
副局长　于军军(女、2015.09免)
党委委员、纪委书记
张孟兰（女、2015.09任）
党委委员、副局长　　陈　栋
党委委员、工会主席　陈东红

【概况】2015年，浏阳市文体广电局高举“弘扬浏阳精神，繁荣浏阳文化，唱响文化浏阳”旗帜，以长沙市国家公共文化服务标准化试点工作为契机，深入落实公共文化服务示范区提质提效三年行动计划，促进文化事业繁荣发展。

文体设施　不断夯实基础设施和基层文化阵地建设。收回文化馆综合艺术大楼；图书馆提质改造1个基层书库，建设枨冲、太平桥和三口3个分馆，推进“云阅读”建设；博物馆完成浏阳文庙大成殿的复原陈列工程，推进数字博物馆建设；新建示范性综合文化站2个，提质示范性综合文化站2个，建设示范性社区（村）文化活动中心10个，修建乡镇全民健身中心6处；全市401个村（社区）建有文体活动中心和农家书屋，实现行政村文体活动中心和农家书屋全覆盖。

文体惠民　免费开放文化场馆和爱教基地，体育中心及附属设施实行免费或低收费开放。坚持开展“送文化”活动，组织开展“经典剧目免费月月看”24场、“欢乐浏阳河”广场文艺活动15场；送戏下乡200余场；送图书下乡1.4万余册；11月份启动流动博物馆“五进活动”；组建浏阳河文化艺术团，启动“幸福屋场我的家”文化进屋场活动。扎实推进“种文化”工作。文化馆开展小主持、舞蹈等项目免费培训进校园活动；深入基层培训文化骨干1000多人次；对32个乡镇农家书屋管理人员进行业务培训；为基层培训社会体育指导员300多人。组织全市文化专干开办公共文化服务体系建设培训班，提升全市农村文化队伍业务水平。体育赛事重心下移，第十届机关运动会首次将乡镇机关纳入参赛队伍；将三人制篮球赛放到城区和东南西北四个区开展，所到之处反响强烈。

文化遗产保护　浏阳文庙文物保护防雷、安全防范工程设计方案，保护规划及修缮工程立项通过国家文物局批准；《浏阳文庙“十三五”文化保护利用设施建设规划项目》获省发改委批准，《谭嗣同故居及墓祠保护规划(修编)立项报告》通过省市文物局批准，上报国家文物局。做好传统村落中的国保单位和省保单位的文物保护等立项及方案编制、资金申报等工作，国家文物局批复湖南省苏维埃政府旧址（锦绶堂）修缮工程、消防、防雷、环境整治、陈列展示、壁画保护等工程的立项，通过湖南省苏维埃政府旧址（锦绶堂）消防工程和防雷工程方案；完成神岭大捷遗址、刘家祠堂等5处文物保护单位的修缮工作；完成考古调勘行政审批立项38家、办结34家；做好58处县（市）级文物保护单位保护范围、建设控制地带的划定工作；出动400余人次对全市文物保护单位巡查300多次。组织6次祭孔音乐展演，参加第十二届花炮文化节文艺晚会汇演；恢复秋季祭孔大典，推介浏阳文化品牌。深度挖掘浏阳市传统文化资源，2015年，浏阳油纸伞、浏阳茴饼等13个项目列入本级非遗项目，成功申报长沙市级非遗项目传承人8人。

文体活动　上半年，举办“新年杯”篮球赛、“恒阳杯”羽毛球赛、“三八杯”妇女门球赛等一系列体育赛事活动；老年体育协会组队参加湘鄂赣老年人运动会，斩获1金2铜，长沙市广场舞比赛取得第一名与第三名的佳绩，在四川峨眉山举行的“全国武术之乡”武术比赛中，浏阳市代表队获得2金2银4铜的成绩。下半年，浏阳文庙祭孔音乐成为浏阳一张新的文化名片；创作排演的大型现代花鼓戏《耀邦兄弟》，参加第五届湖南省艺术节，获四项田汉大奖；整合第二届欧阳予倩戏剧艺术节、湖南艺术节浏阳分会场和长沙市阳光娱乐节全民K歌进社区活动等三大活动，欧阳予倩戏剧艺术节品牌影响力得到进一步扩大；浏阳市首次承办国家A级赛事——全国女子摔跤冠军赛，组织工作得到国家体育总局领导和专家的高度评价；组织百强县（市）男子篮球邀请赛，以篮球为媒，为全国百强县（市）搭建一个体育文化交流平台，探讨交流与合作的机制，达成浏阳共识。冬季马路赛是2015年体育赛事的完美收官，吸引2000多人参赛。

市场监管　全年共受理文化市场经营场所设立申请58家，完成年度重新审核登记770余家。开展“扫黄打非”行动，全面铺开“清源”“净网”“秋风”和“护苗”等专项整治行动。全年立案75起，办结75起，文化市场综合执法局被评为全国“扫黄打非”先进集体，被省“扫黄打非”领导小组办公室确定为“结对子、种文化”联点帮扶单位；市“扫黄打非”办被中宣部、文化部、国家新闻出版广电总局评为“第六届全国服务农民服务基层文化建设先进集体”。

文体产业　体育中心与恒阳体育产业经营有限公司达成委托合作关系，按照市场化和规范化运营原则，共同参与场馆运营，充分挖掘场馆资源，发展体育产业；在承接传统的家博会、车展、农博会等常规大型展会和商务活动外，还拓展“浪漫七夕•经典情歌”巨星浏阳演唱会、物流安全生产教育大会等新项目。大剧院自主承接重大会议30余场，接洽各类文艺演出20余场。省体彩中心在浏阳设立分中心，截至2015年年底，完成体彩销售5300万元，为文体事业发展提供保障。　（兰双喜）

【浏阳市体育中心首次承办全国女子摔跤冠军赛】　11月11-14日，在浏阳市体育中心首次承办国家A级赛事——全国女子摔跤冠军赛，赛事由国家体育总局举摔柔运动管理中心、湖南省体育局主办，湖南省摔柔跆运动管理中心、浏阳市人民政府承办，市文体广电局、市体育运动管理局协办负责具体事宜。共有来自全国各省、市、自治州的39支代表队，425名队员参赛，湖南代表队获团体第二名（该团体曾在浏阳体育中心训练一年），湖南选手庞倩玉、周倩分别获得53公斤、75公斤级别第一名。参赛选手的比赛成绩将直接作为中国选拔2016年里约奥运会女子自由摔跤项目比赛选手的依据，浏阳市的组织工作得到国家体育总局领导和专家的高度评价。国家体育总局、中国军网、新华网、《湖南日报》、湖南卫视、星辰在线等国家、省级媒体对赛事进展情况进行报道，宣传推介浏阳良好的城市形象，提高浏阳的知名度。　（兰双喜）

【浏阳市组织举办百强县（市）篮球邀请赛】　11月23—29日，浏阳市组织举办百强县（市）男子篮球邀请赛，9个百强县（市）参赛。百强县（市）男子篮球邀请赛是浏阳市探索百强县（市）体育交流合作的一次尝试和创新，以篮球为媒，为全国百强县（市）搭建一个体育文化交流平台。在赛事期间举行百强县（市）体育合作座谈会，探讨交流与合作的机制，促进区域开放，实现联动发展，签订《百强县（市）体育合作浏阳共识》，为百强县（市）体育合作乃至其他领域合作迈出坚实的也是最重要的一步。

（兰双喜）

浏阳市文联

主　席
刘旭辉（2015.11 辞职）
陈　刚（2015.11 当选）
常务副主席　熊水芳
副主席　朱玉喜　楚海华
胡宜忠　唐柱子
刘正初
秘书长　刘正初

【概况】2015年度，浏阳市文联团结和带领广大文艺工作者，深入生活开展工作，文艺事业呈现新变化、新气象，文联工作取得新进展、新成效，为浏阳“挺进三十强，再创新辉煌”做出贡献，再一次被省文联评为“湖南省先进县级文联”。

创作成绩　市文联继续实施年度最佳作品评选奖励制度。2015年创作发表展演各类文艺作品3000多件。强盛龙狮艺术团的“浏阳烟花龙舞”，获得中国民间文艺的最高奖项山花奖，是浏阳获得的第一个国家级文艺大奖，也是本届山花奖中湖南省唯一的获奖作品。组织文艺工作者参加“欢乐潇湘”全省群众书法美术摄影创作活动，组织初赛，举办展览，4件作品获省级一等奖，获奖数量居全省各县市区之首，5件作品获长沙市一等奖。有周方旺、江敏、徐其文等作者11次入展全国书法篆刻展览，“浏阳书法现象”引起全省关注。罗文浏获得省摄影家协会主办的全省摄影大赛一等奖，邓立波、谢小年、周国良、梁鹏、张昌国、杨广泉等作者在各种摄影赛事中获奖。周小愚在长沙举办《人民的耀邦》《丝路风情》油画展，谭恩作品获2015中国西宁国际雕塑大赛铜奖，黎越常、周石山、陈国建、张柏立、汤远志、伍艳辉、袁柏平等作者的作品多次入展省内外各种展览。《故事浏阳》连环画完成10部初稿。陈继武的菊花石雕《万佛朝宗》获得吉尼斯世界记录，潘昌璜举办花炮风情农民画展览。全年创作发表文学、诗词、楹联作品2000多件，出版作品集10多部，获奖100余次。其中吴震、洪佑良、晓寒、李武四位作者在《人民日报》大地副刊发表5篇作品，彭晓玲、喻咏槐、苏启平、黎凛、丁纯蓝等作者的作品在《长城》《散文》《散文选刊》《绿洲》《散文诗》《诗潮》《山东文学》等专业文学刊物发表。作协推出“浏阳作家文丛”，公开出版的作品集有：朱赫的长篇小说《追赶太阳》《生命签证》，宋燧文的散文集《陈年旧事》，张星波的散文集《日暮乡关》，唐文波的散文集《微笑青春》，朱玉喜等十人诗歌合集《雅歌浏阳》，罗柱的小说《忘了隐藏》，邹冰的评论集《浏阳河新语》等。编辑出版《淮川诗词》第25期。公开出版全市获奖楹联作品集《花繁香远》。蔡聪、黄瑞祥的对联作品集和沿溪镇的农民对联集均已付梓。戏剧作品获得省级奖励7项，长沙市级奖励2项，另有9个新创剧目在市内公开演出。新编花鼓戏《耀邦兄弟》获4个项目的湖南艺术节田汉奖。欧阳予倩国剧社排练演出大型传统京剧《四郎探母》成功。音协推出《家乡有棵树》等新歌，舞协排练的《向日葵女孩》等多个舞蹈获奖。举办第二届皮影戏大赛，新排多个皮影现代戏。企事业文联推出新的企业文艺作。各个艺术门类均取得丰硕成果。

文艺活动　市文联以及各团体会员，全年开展各种文艺活动120多次，参与的文艺工作者5000多人次。一是持续开展“我们的节日”系列活动。春节前夕全市上下组织第十三届“万副春联送万家”活动和第八届《中华楹联颂浏阳》全国春联创作大赛，元宵节开展灯谜展猜活动，端午举办诗词诵读活动，中秋节举办戏曲演唱活动，重阳节开展送皮影到敬老院的慰问演出活动。二是学习交流活动。接待“三江笔会”、省音协和长沙市美协、音协、摄协、民协来浏的采风活动，邀请20多批次的外地文艺名家到浏阳进行交流。组织40多次采风活动。中青年文艺工作者培训班到延安学习，淮川诗社到永州柳子庙凭吊，企事业文联到赤壁怀古，民协到醴陵参观陶瓷城，书法家协会到中国书法之乡重庆秀山取经。三是主题纪念活动。在谭嗣同诞辰150周年之际，市文联承办“中国梦浏阳情”全国名家书画邀请展，先后在浏阳和北京展出。纪念抗战胜利70周年，举办诗词大赛、专场晚会和音乐会。纪念胡耀邦诞辰100周年，参与和协助组织油画展，组织创作歌曲，排练演出《耀邦兄弟》，举办红色故里诗词吟唱会。四是校园文艺。浏阳一中神脑谜社参加第三届湖南灯谜节全省灯谜擂台赛获得冠军，多名学生个人获奖。开展“一•五杯”校园楹联大赛，对诗教先进单位进行复查，进一步推动书法、诗词、皮影、灯谜、龙狮、剪纸、楹联进校园活动。书协、美协、音协、舞协会员开展艺术培训活动，辅导学生参加各种艺术比赛获奖上千人次。

服务浏阳发展　市文联带领广大文艺工作者，发挥文艺功能，服务浏阳发展。承办“安全生产杯”第三届湖南灯谜节、《中国梦花炮情》湘赣边花炮主题艺术展、“浏阳•河”摄影艺术展、第三届中国（浏阳）烟花摄影大赛和长沙民间文艺（花炮之源）论坛，为花炮产业和安全生产献计出力。参与“欢乐浏阳河”广场文艺、第三届浏阳河音乐节、第二届欧阳予倩戏剧艺术节、文庙祭孔古乐舞表演等大型活动，承办多场文艺演出活动，在各种文化活动中担当主力。开展“浏阳新八景•最美九道湾”主题文艺创作活动，组织征集书法、美术、诗词、楹联、游记、歌词等形式的文艺作品1000多件。深入大围山、工业园、金刚、镇头等地采风创作，组织“旅游新方向•中国大围山”全国摄影大赛、“耀邦故里•美丽中和”主题摄影大赛、“仁心杯”天使风景线摄影大赛等赛事活动，为浏阳的支柱产业、重点工程和旅游发展服务。组织企业笔会，为企业创作书画作品。参与幸福屋场建设，开展送文化下乡活动。鼓励文艺工作者发展文化产业，实现社会效益和经济效益的双丰收。皮影协会走村串户，演出1000多场，演出收入48万元。支持菊花石雕、烟花爆竹、夏布、纸伞等传统工艺的创新，提升文化含量，促进产业转型升级，探索经营发展文化产业的新路子。

文艺队伍建设　在市委、市政府的重视支持下，设立欧阳予倩文艺创作奖扶专项资金，出台管理办法。坚持以人民为中心的文艺工作导向，举办首届中青年文艺工作者学习班，邀请谭仲池、王涘海、阎真等专家授课，学习习近平同志在文艺工作座谈会上的重要讲话精神，组织到延安文艺座谈会旧址学习，推进学习型组织建设。组织10个协会按期换届，5个协会主要负责人平稳交接，选举产生新的协会领导班子。继续实施目标管理和年度考核，执行各项制度，协会内部管理进一步规范。所有协会均召开年会，进行财务公开，书协、舞协、音协办好社团登记。首次组织编纂文联志，完成初稿。吊唁年内去世的《浏阳河》曲作者唐璧光，看望慰问老文艺家代表和家庭困难的文艺工作者，帮助一些文艺工作者解决创作、生活上的具体困难。新吸纳一批会员，推荐一批文艺工作者加入上级文艺家协会，部分骨干成员进入上级文艺家协会的理事会。舞协、音协均在积极筹建艺术团，探索发展新的发展模式。舞蹈、摄影、书法等协会建立微信群和公众号，建设“网上文联”，服务会员和社会。成立金刚镇文联，乡镇文联工作不断进步，沿溪镇文联创建省级文艺惠民基地成功。各协会你追我赶，相互协作，全市文艺界形成团结、和谐的工作氛围，文联工作呈现勃勃生机。

（刘正初）

群　众　文　化

浏阳市文化馆

党支部书记	杨振文
馆　　长	许　征
副 馆 长	肖远平
	王娜娜（女）
	谭晓琴（女）

【概况】　2015年，文化馆为市文化体育广播电视局管理的副科级事业单位。有编制人员26人，其中管理人员7名、专业技术人员17人、后勤服务人员2名。市文化馆以“弘扬浏阳精神，繁荣浏阳文化，唱响文化浏阳”为宗旨，以“出精品、强队伍、树品牌”为目标，主抓群众文化、免费开放、非物质文化遗产传承保护、艺术学校培训、文艺团队打造等五个重点工作，全面提质和充分搞活文化馆建设。“欢乐浏阳河”获长沙市首届“群星奖”活动项目奖，成为长沙市群众文化活动知名品牌。

队伍建设　以打造学习型单位为目标，推出每年每人进行一次专业送培和鼓励出人才出精品措施。与宁乡、长沙县文化馆开展馆际交流。全馆干部职工分别参加省群艺馆组织开展的声乐、舞美、摄影、相声曲艺创作等多门类的专业培训。确定每周五为“学习日”，设置干部职工“读书角”。加强作风建设，健全完善岗位绩效考评制度，实行指纹考勤，每月通报考勤情况，与绩效工资挂钩。共青团组织创建“浏阳市青年文明号”；购买妇女安康险和计划生育家庭意外险；“六一”儿童节开展亲子活动；重阳节组织全馆退休职工开展“叙文化情，谋发展计”活动。按照“五联共建”要求，开展与张坊镇江口村委会的结对共建活动。全年开展4次活动，得到共建单位的好评（7月3日《浏阳日报》报道）；并选派2名队员驻官桥乡一江村群工站，开展“一推行四公开”工作，常驻队员徐雄辉同志得到市里表彰。

文艺活动　2015年，文化馆参与、编排、策划和组织“欢乐浏阳河”广场活动16场，包括元宵晚会、“在希望的田野上”庆五一淳口镇专场晚会、庆六一专场晚会、“长寿之乡 美丽高坪”庆端午高坪乡专场晚会；庆祝建党94周年七宝山乡专场晚会、“庆八一 心连心”杨花乡专场晚会、“纪念抗日战争胜利70周年”达浒镇专场晚会、“新北盛 梦飞扬”庆国庆北盛镇专场晚会、“欢度重阳 圆梦金秋”老干局专场晚会、永和镇专场晚会、“龙腾飞”龙伏镇专场晚会、“淳风美德润浏阳”葛家乡专场晚会等。以馆为组建主体，成立“浏阳河文化艺术团”，开展经常性的群众文艺演出活动，承办重大节日和重要活动的文艺策划演出活动，与各乡镇（街道）、社区和企事业等单位建立一线文化阵地。结合“幸福屋场我的家”浏阳市文化进屋场活动启动式，浏阳河文化艺术团的首演于8月5日在金刚镇何家大屋进行。实施长沙“全民艺术普及工程”和文化馆“中心馆—总分馆”服务体系建设。开展“结对子，种文化”活动，加强对农村文化建设的帮扶，形成常态化工作机制，加大对农民艺校、业余团队的辅导培训力度。开展“文化三下乡”活动，发放公共文化服务公示卡600余份，累计下基层500余人次，开展农民艺校文化辅导83次，培训人员2000多人次。派出业务老师到淳口、官桥、七宝山、达浒、张坊等乡镇进行文艺辅导，满足群众需求。11月26—27日，省农村精神文明建设工作经验交流会在浏阳召开。布置现场观摩点——沿溪镇沙龙村蝴蝶小区内的“美丽乡村”摄影展，策划组织“淳风美德润浏阳”葛家专场文艺演出活动。组织参加省、长沙市组织开展的重要赛事活动：（一）长沙市首届“群星奖”音乐、舞蹈、小戏小品、曲艺作品大赛活动。龚瑶编排的广场舞《喜悦》获金奖；肖远平编导的小品《官桥是个好地方》获优秀奖；朱志云的摄影作品《古城盛事》获铜奖。肖远平被评为“群文之星”。（二）沙市“欢乐潇湘 幸福长沙——精神家园”优秀群众文艺团队展演评比活动。选送节目合唱《大漠之夜》、二胡独奏《一枝花》、情景舞蹈《幸福家园》，获得一银二铜的成绩。（三）长沙市廉政文化优秀作品汇演活动。肖远平、王娜娜创作编排的情景剧《借钱》获三等奖。（四）湖南省文化厅举办的2015年文化部“春雨工程”——湖南省文化志愿者边疆行作品展。配合选送书法、美术、摄影作品参展。

非物质文化遗产传承　为保证“活态传承”，制定长远保护规划，做好浏阳文庙祭孔音乐资料搜集和整理建档。组织人员定期进行技艺培训，开展传承活动。全年展演四次：4月14日湖南卫视现场直播展演、“五一”期间展演、9月28日中国•浏阳乙未年秋季祭孔大典、11月5日第十二届中国（浏阳）国际花炮文化节上的古乐舞展演。皮影戏是长沙市非物质文化遗产项目。文化馆主办浏阳市第二届皮影戏大赛，现场观众1.5万余人，获得与会嘉宾及现场观众的一致好评。该项目正在申报第四批省级非物质文化遗产代表性项目。

开放文化馆　坚持开门办馆、文化惠民，保证每周45小时免费开放。全面翻新改造辅导培训室，增添更新设施设备。利用大楼公共区打造文化长廊，展示摄影、书法、美术等作品。对业余团体进行免费辅导，接待群众1.2万人次。开展“免费开放进校园”活动。在城区各小学，针对部分贫困家庭子弟、留守儿童、农民工子弟和外来务工人员子弟，进行免费进校园艺术辅导，在人民路、奎文、黄泥湾小学等学校开展声乐、书法、文学、小主持人专业的免费培训，得到老师、家长、学生一致肯定。

文艺创作　馆业务老师深入生活，积极钻研文艺创作。朱赫出版长篇小说3部，发表电影文学剧本2部，散文12篇，短篇小说3篇。朱志云摄影作品《古城盛事》，入选宁夏回族自治区举办的文化部“春雨工程”•湖南省优秀书法、美术、摄影作品展；摄影作品《五指石杜鹃》、《大围山雪》、《灵石》等作品入选全国摄影展并获得优秀作品奖；被文化部中国艺术科技研究所全国书画考级中心湖南考区授予“一等优秀指导老师奖”。谭晓琴散文《穿越时空的音乐》获中华散文网举办的全国文学艺术大赛一等奖；四篇纪实文章入选市政协出版的《浏阳人的抗战》一书。杨振文随笔“欧阳予倩与艺术”、“农民工春晚”在《湖南公共文化》杂志上发表，“国乐古礼在浏阳”发表在《湖南文化》杂志；王娜娜创作德育剧《回家》获浏阳市中小学生艺术节一等奖，创编《美丽乡村人人爱》等小戏小品。信息宣传工作取得新进展。其中湖南卫视报道3次、《长沙晚报》宣传报道稿件报道稿件1篇、《中国文化报》宣传报道稿件12篇、《湖南文化》1篇、《潇湘晨报》宣传报道稿件1篇、《湖南公共文化》2篇、《浏阳日报》宣传报道稿件10篇。

艺术培训　改善办学条件，优化教学环境，装修改造各个教室，添置教学所需的音响设备和空调设施。严格艺校制度化、规范化管理，紧拧安全“发条”，优化课程设置，有针对性地开展文化艺术专业培训，配合开展全国书画考级，有效提升艺校培训的美誉度和影响力。全年招生400余人，生源得到巩固。

文化馆建设　完成第五次全国文化馆评估定级的应对工作，继续保持评定为“一级文化馆”。通过法律途径解决收回文化艺术综合楼使用权。文化馆建设进行CI设计，统一馆工作服装，制作有形象标识的门牌、去向牌、指示牌和纸杯等用品。贯彻落实安全标准化工作，加强消防安全宣传教育，开展安全生产大排查大整治，及时更换灭火器，安装应急灯，悬挂安全警示标语。拆除综合楼外立面欧式构件脱落，解除严重安全隐患，并妥善应对媒体，化解舆情危机。文明城市创建工作。规范控烟设施，全面清洗宿

舍楼外墙油渍，装修改造办公楼，内部环境得到明显改善。定期检查馆内环境卫生，监督门面租赁户履行综治爱卫责任。（吉　喆）

图书发行

湖南省新华书店有限责任公司浏阳市分公司

经　理　罗　斌

党支部书记、副经理　陈学雷

副经理　李玉娟

【概况】2015年，公司实现销售收入10223.55万元，同比增长13%；实现利润1095万元，稳中微增。罗斌经理获“湖南省出版投资控股集团2015年度先进个人”荣誉称号。

政治性图书发行　公司积极协助市委宣传部，重点做好《理论热点面对面》、《习近平谈治国理政》、《习近平总书记系列重要讲话读本》、《习近平在文艺座谈会上的讲话》、《中国共产党廉洁自律准则、纪律处分条例》等文件文献和党建读物的发行。通过对口征订、系统发行、送书上门等措施，共发行各类政治性图书1.13万册。

教材发行　确保全市教材“课前到书、人手一册”，公司不断改进征订、物流、发行、调剂等各个环节的管理措施，保证全市教学工作的正常开展。2015年，发行部人员编制由6人增加到14人，以“文化用品进校园”等活动为抓手，服务上门，为公司实现转型积累经验。

一般图书发行　2015年，门店全年销售图书零售额976万元。中心门店经销的图书和电子、音像读物的经营品种3.7万个，文化用品等其它产品1.6万个，存货周转率2.67次以上，各项指标均位居全省县级门店榜首；坪效突破1万元/平方米，处于全国图书零售行业前列。2015年接待省内10多个交流学习的门店，年底再次被省公司授予“优秀门店”称号，门店店长袁泉第5次被授予“金牌店长”荣誉称号。

公司管理　公司以“树新华新形象，做百年老品牌”为奋斗目标，全面整合各类资源，工作重心前移至基层和学校，力争实现从图书发行商向现代文化教育服务提供商的转型。2015年度公司在业务、财务、信息化管理、党风廉政建设等各方面共获得省、市公司的9个奖项。罗斌经理获“湖南省出版投资控股集团2015年度先进个人”荣誉称号。6月被淮川办事处授予“安全生产先进单位”称号。

社会公益事业　公司运用市场机制发展文化产业，壮大文化产业反哺文化教育事业。2015年，公司为浏阳市各中、小学校捐赠375万元、体育器材105万元。联合市文明办、市教育局开展“书香浏阳•爱心阅读”大型公益读书活动，在城区浏阳河、集里、荷花、关口、新文五所学校发动学生募捐爱心图书8783册、17.7万元，对口捐赠给中和镇的丁字完全小学以及文家市镇的岩前、泉井、五神、泉塘四所完全小学。响应市委“为困难群众送温暖、解难题”的倡议，走访慰问镇头镇特困对象10户；组织在职党员进社区报到、捐资助残等活动，参加社区志愿服务活动127人次。

（沈完乐）

广播电视

浏阳广播电视台

市委宣传部副部长，广播电视台党委书记、台长　王桃文

党委副书记、副台长　王继斌

党委委员、副台长　洪佑良

党委委员、纪委书记　万希明

党委委员、副台长　周红阶

【概况】　2015年，浏阳广播电视台与浏阳广播电视集团有限公司合署办公，全系统干部职工744人（含在编、聘用、代理维护人员），其中在职293人，退休143人。台（集团）机关设办公室、计划财务科、政工人事科、总编室和纪检监察审计室，下辖浏阳电视台、浏阳人民广播电台、道吾山发射台、浏阳国安广电宽带网络有限责任公司、国安浏阳数据通信有限公司、广电无线网络有限公司、广电云商公司、电影发行放映公司和13个乡镇广播电视站。全年完成经营收入12118万元，同比增长14.32%，经营总量、增长速度居全省县市广电第一，获任全省县市广播电视主任台，获评“全国20强县市电视台”，跻身全国最强县市广电行列，2015年度绩效考核被划等为一等单位，老干支部获评长沙市“五好”离退休老干支部。

单位职能　贯彻执行党和国家有关广播电视宣传工作的路线、方针、政策和法律法规，管理广播电视台所属广播、电视、网站等的宣传，策划和承办有关活动的宣传，把握正确舆论导向，围绕市委、市政府中心工作开展宣传。负责广播电视电影事业建设、规划与发展，负责广播电视电影的产业经营。负责本级广播电视节目的采制和播出，安全转播和传播中央、省、市广播电视节目。负责全市广播电视电影系统高新技术的研究、开发和利用，开展节目创新和科技创新，促进新技术和新科研成果的应用，参与制定全市信息产业的规划，努力提高广播电视的宣传质量和水平。负责对全市广播电视有线传输网络、广播电视无线网络和广播电视宽带数据网络的建设和管理，扩大广播电视的有效覆盖。依照政府授权，管理、经营广播电视电影系统内的所有国有资产并确保其保值增值。推进全市电影产业发展，承担农村和社区电影的公共服务，实施农村公益电影放映工作，指导基层电影队伍建设。承办市委、市人民政府交办的其他事项。

新闻宣传　浏阳电视台坚持“大片创作”，按照市委经济工作会议精神，推出贯穿全年的大型报道《东长沙　浏阳新坐标》，完成《东长沙大浏阳》《浏阳这三年》等重点报道，开展“屋场里的幸福”“德润校园”“城市巡展”等活动。采购高清器材、做好航拍，“新闻大片”收视率高、影响力大，为全市经济社会发展大局营造良好氛围，屡获上级领导“点赞”，主流媒体喉舌作用不断彰显。《直击十分》注重做舆论监督“建设者”，《“3•15”系列报道》《医保卡乱象》等报道有始有终，注重问题

解决。《爱在浏阳》《本周话题》等板块提升观众参与度。广播电台及时关注路况，发挥应急广播作用。新增《诗与远方》《违章播报》等版块，改版《下班哒》，新创栏目《何平心灵小屋》。浏阳广播电视台坚持策划引领、鼓励引导，营造创优外宣良好氛围。策划和承办“湘鄂赣青少年励志夏令营”、“第二届湘鄂赣好声音”、浏阳市第三届汽车文化节等大型活动。全年外宣发稿 100 余篇，《千年古县—浏阳》《淳风美德润浏阳》《秘境—冰川的故事》等 20 余件作品获省、市多个奖项，豆豉等系列申遗片广获好评。节目生产品牌进一步彰显，夯实湘鄂赣广播电视联盟体“中心台”地位。

9 月 10 日，浏阳上栗两地广电签署战略合作协议　　(图片来源：浏阳市电视台)

12 月 24 日，湘鄂赣好声音总决赛在浏阳举行　　(图片来源：浏阳市电视台)

事业发展　2015 年，浏阳广播电视台设立全媒体中心，有效整合电视、电台、网络、微信等平台，彻底打破媒体之间各自为政、信息闭塞的壁垒。按照“互补融合、一致对外、合作共赢”原则，创新实施有线、无线、数据统筹发展，彻底解决有线和无线之间无序竞争、内耗较大等问题，用户发展明显加快。继续开展广播电视电影系统新技术的研究、开发和利用，开展节目创新和科技创新，1 月 13 日，全国 OTT 技术交流会议在浏阳广电三楼会议室进行，来自全国多地（包括北京、山西、四川、湖南、江西等多省份）的 20 多家无线数字电视运营商参加。浏阳国安广电宽带网络公司和浏阳广电无线网络公司按照“稳定老用户、发展新用户，动态平衡、适量增长”的目标，实施用户网格化管理，扎实开展“万户用户大走访”，有效控制流失，全年发展用户 1.84 万户。“十二五”民生工程“户户通”建设完美收官，五年完成 8.3 万户，截至 2015 年，总用户 30 万户。浏阳电视台做“大型活动举办专家”，以活动促发展、促经营。举办“六一”公益演出、大围山滑雪场音乐节、小主持人电视风采大赛等大型活动，取得良好经济效益。跨界发展，做强经营增量。浏阳电视台举办“海宁皮草节”和第三届“汽车文化节”，国安广电宽带网络公司与创维、海信合作，举办 3 场电视内购活动，广播电台开展 21 次自驾游，电影公司举办“百点千场”电影放映活动。通过跨界发展，延伸产业链条，做大经营总量，做优经营增量，2015 年跨界经营创收占系统总收入的 10%。

产业经营　广播电视台高标准、高质量完成浏阳本级广播电视节目的采制和播出，安全转播和传播中央、省、市广播电视节目。加强广播电视电影事业建设和产业经营网络公司管理，完成城区和乡镇有线数字电视双向网改一期工程 5 万户和高清互动前端平台搭建工作；无线公司的“无线 +”项目，在全国数字电视产业联盟年度论坛大会上作为典型向全国推介；“十二五”期间完成广播电视“户户通”工程建设任务 8.3 万户，解决边远山区人民群众收看电视难的问题。加强对全市广播电视有线传输网络、广播电视无线网络和广播电视宽带数据网络的建设和管理，不断扩大广播电视的有效覆盖，全市共有有线数字电视用户 20 万户，无线数字电视用户 10 万户，宽带用户 2 万户。广播电视综合覆盖率达 99%以上。加强对广播电视电影系统国有资产的管理与经营，确保国有资产保值增值。大力推进全市电影产业发展和农村、社区电影公共服务体系建设，按要求实施农村公益电影放映工作，全年按时按质完成 3816 场公益电影放映任务。

队伍建设　2015 年，广电内部按照“团结同心、忠诚可靠、积极作为、社会公认”的目标，实施党员网格化管理，推进党建工作特色化。开展“结对帮扶”“师徒结对”“一帮一”“10+1 爱心助学”活动，营造“传帮带”的良好氛围。坚持用制度管人、管钱、管事。成立职工代表大会，重大投资项目和涉及干部职工利益事项由职代会审议通过。坚持深入开展“书记夜访 90 分”“书记谈心日”等活动，倾听呼声，解决诉求。精编《浏阳广电声屏》，坚持开展“广电周三大讲堂”“师徒结对”“读书沙龙”，提升队伍素质。实施全员绩效制和员工阶梯评定，开展“明星团队、明星员工”及先进党支部、优秀党小组、优秀党员评选，营造创先争优的良好氛围。（付 苹）

【湘鄂赣广播电视联盟体】 浏阳广播电视台根据市委打造“湘赣边中心城市”的发展定位，创新性地发起成立“湘鄂赣城市广播电视联盟体”。2015年“湘鄂赣广播电视联盟体”实质运营，成员台从18个增至23个。开设《湘鄂赣周边动态》《行走湘鄂赣》栏目，开展“湘鄂赣青少年励志夏令营”“第二届湘鄂赣好声音”活动，扩大联盟体影响力。实施联盟体内广告时段互换，推动广告增收。全面领办上栗电视广告业务，创办“上栗之声”927电台。浏阳广电研发“无线数字电视+无线宽带+OTT+智慧城市+智能家居”“有线数字电视+智慧城市+数字信息公共服务平台+OTT+智能家居”“广电新媒体开发”三大项目，实现用户从看电视向用电视转变，占领高端用户群体，提升广电的市场竞争力。成立广电云商公司，广电正式进军电子商务领域。承建并运营农村广播“村村响”工程，有效扩大电台的覆盖率、影响力，为日后搭建校园电台、企业电台奠定坚实基础。全面负责全市乡镇“天网”工程的建设与运营，打破电信垄断“天网”项目的格局，提高网络覆盖率，调优网络收入结构，为运营小区、校园、企业监控奠定基础。建设浏阳手机台，推出“掌上浏阳”APP，打造“智慧浏阳”工程，加快推进浏阳信息化建设。由长沙市委宣传部、浏阳市委宣传部、邵阳广播电视台、浏阳广播电视台、长沙爱席文化传播联合摄制的道德素质教育电影《向日葵女孩》于11月5日拿到国家广电总局电影管理局颁发的公映许可证。电影《向日葵女孩》以浏阳女孩、浏阳广播电视台员工何平为原型，展现她用自己的孝心和责任扛起整个家庭的感人故事。（付 苹）

【获评“全国20强市县电视台”】 2015年，浏阳广播电视台围绕“新闻宣传、事业发展、产业经营和队伍建设”四个重点，继续实施“全媒体”战略，完成经营收入12118万元，经营总量、增长速度居全省县市广电第一，获任全省县市广播电视主任台，浏阳电视台全年外宣发稿100余篇，其中中央台发稿3篇，省级发稿90余篇。浏阳人民广播电台节目质量、直播时长、创收能力和综合实力均居全省县级台之首，在全省交通台排名仅位列长株潭和郴州等4个地级电台之后。浏阳新闻网获得省局网络视听备案，成为全省第一家获得网络视听备案的县级广电网站，截至2015年年底，注册会员达20万人，日点击量达4万~5万人次。正式成立广电云商公司，浏阳广电进军电子商务领域。浏阳国安广电宽带网络公司和浏阳市广电无线网络公司共拥有电视用户30万户，用户总量和经营收入均居全省县级之首。浏阳广电率先研发“广电+”项目，真正实现用户从看电视向用电视转变。广电的快速发展，得到业界的广泛关注。省广电局长朱建纲对浏阳“广电+”项目作出批示，认为浏阳广电的做法是县级广电走出困境的有益探索，并向全省县（市）广电推介；无线公司的“无线+”项目，在全国数字电视产业联盟年度论坛大会上作为典型向全国推介；浏阳电视台作为8个县级台代表之一在首届全国市县台创新与发展研讨会上发言。浏阳广电发展模式和取得的成绩，被湖南卫视、《湖南日报》等媒体报道。安徽马鞍山、福建石狮、山东邹城、山西阳泉、江苏海门、湖北黄梅、江西铜鼓和湖南多个县市40余家同行先后来台考察交流。10月13日，在全国20强电视台评选活动中浏阳广播电视台获得“全国20强市县电视台”牌匾。该评选活动是由中国电视艺术家协会组织的，根据各市县电视台的年度创收总额、自制节目播出量、设备硬件实力、栏目品牌等方面进行综合评定。浏阳广播电视台以创新发展的模式、强劲的综合实力跻身全国20强。与此同时，浏阳电视台报送的三件作品在全国市县台参评的近千件作品中全部获奖，其中《千年古县——浏阳》获得电视专题类一等奖。（付 苹）

文物管理

浏阳市文物管理局

局长、支部书记 凌江楼

副局长 王晓梅（女）、章家荣

【概况】 2015年，该局坚持“保护为主，抢救第一，合理利用，加强管理”的文物保护方针，着力研究和解决新形势下文物工作遇到的新情况新问题，确保全市文物事业顺利开展、稳步推进。

传统村落工作 配合大围山镇政府制定中国传统村落整体规划方案申报工作，协商解决有关传统村落建设中出现的问题与矛盾，协调解决湖南省苏维埃政府旧址（锦绶堂）建控范围内住户矛盾。做湖南省苏维埃政府旧址（锦绶堂）和湖南省级文物保护单位中共湘鄂赣省第一次代表大会旧址（楚东山大屋）文物保护规划、维修、消防、防雷、环境整治、陈列展示、壁画保护工程等立项及方案编制、资金申报等工作；国家文物局批复湖南省苏维埃政府旧址（锦绶堂）修缮工程、消防、防雷、环境整治、陈列展示、壁画保护等工程7个项目的立项，通过湖南省苏维埃政府旧址（锦绶堂）消防工程方案、防雷工程方案两个项目设计方案，争取到位国家重点文物保护专项补助资金954万元。筹备湖南省苏维埃政府旧址（锦绶堂）消防、防雷工程的招标前期工作。为湖南省苏维埃政府旧址（锦绶堂）配备专职安保员和讲解员，确保每周5天的开放时间，让更多人群走进楚东村传统村落，接受革命传统教育。配合金刚镇、龙伏镇、小河乡等乡镇做好省、市级传统村落的申报工作。

文物保护工作 9月完成抗战遗址——神岭大捷遗址保护修复工程。抢救性维修省级文物保护单位欧阳予倩故居围墙；维护白沙秋收起义部队第三团驻地旧址（刘家祠堂）红军标语处房屋。抢救性加固维修社港镇新安桥周围环境整治和水文治理工程以及上新大屋。日常抢救或维护陈昌故居、欧阳中鹄墓等一些其他文保单位。引导民间资金保护文物。金刚桃树湾清代民居为长沙市级文物保护单位，金刚镇政府、当地刘氏家族和社会各界自筹资金近300万元，1月份启动对古民居进行本体维护和周边环境整治工程。整治后的古民居基本恢复原有的历史风貌，金刚镇和刘氏家族吸纳民间资金维护文物保护单位的举措，带动社会各界对文物工作的重视。越来越多的非国有文物保护单位使用者模仿金刚桃树湾刘氏家族的做法，自筹资金，维护文物保护单位。小河乡风恒桥，为市（县）级文物保护单位。与小河乡政府及村民议定由该村向交通部门争取资金新建桥梁一座，该村自筹资金5万元，文物局出资1万元对风恒桥进行修缮，修缮后的风恒桥是村里的一道历史的风景线。3月份，市政府下文公布58处市（县）级文物保护单位保护范围、建设控制地带区域，文物局便正式启动58处市（县）级文物保护单位保护标识、说明牌制作安放工作。

文物安全和行政执法工作　建立健全文物安全管理制度，进一步加强不可移动文物安全管理三级网络建设，落实三级文物保护网络责任制。2月份与各乡镇、街道签订《文物安全管理协议书》，并纳入到各乡镇、街道年终绩效考核内容。与辖区内的全国重点文物保护单位的使用单位（锦绶堂除外）签订文物保护协议，将不可移动文物安全管理工作的责任落实到人，充分发挥三级网络的监督管理作用，确保文物安全。为充分加强守护员的安全保护意识，提高他们的业务能力，7月份前往沿溪对当地的所有文物守护员进行面对面的培训。加大文物安全巡查力度，全年通过电话督查和下乡巡查等方式对市内不可移动文物保护单位进行全面督查，覆盖率为100%。创建文物安全信息平台，建立信息平台档案，将全市的文物保护领导小组的负责人和安全守护员纳入平台，针对不同时期、特护期、节假日或不良天气等情况，定时发送安全信息，提醒并监督文物安全的管理，发送各类安全提示信息30余条，对全市文物保护单位巡查100多次，出动400余人次，出动车辆100余台次。严格规范文物行政审批和执法工作。为进一步优化审批程序，秉持“工作在基层、服务在一线”的工作理念，做好行政审批工作，在搞好文物保护建设工程行政审批工作的同时，努力提高服务质量。在行政执法工作中，严格按照文物法律法规的有关要求，根据当地文物守护员的情况报告，及时制止并坚决拆除文家市镇市（县）级文保单位包公庙保护范围内的违章建筑和永和镇省保单位李家大屋建控发范围内的新增建筑。另外针对国保单位建控范围内一村民要求拆房建房的强烈诉求，依据相关法律法规多次上门对该村民进行教育规劝，并协调大围山政府妥善处理这件事情，这也为传统村落内其他有类似诉求的群众起到一个很好的示范作用，有效确保村落的传统风貌不被人为破坏。注重结合实际情况，从重大民生项目出发，维护好人民群众的切身利益，主动协调帮助解决大围山东门完小要求在围山书院保护范围内拆房建房的手续申报工作以及大围山、官渡等地关于新建敬老院的行政审批事宜。完成考古调勘行政审批立项41家、办结38家。对不按法律规定和不依程序办事的，予以耐心解释和回复，对违规的单位及时下达责令整改通知书。

文物保护宣传工作　以“5•18”国际博物馆日、“世界文化遗产日”为契机，策划文物安全知识系列宣传活动，营造浓厚的文物保护氛围。6月10日，在文体广电局的牵头带领之下、与市博物馆组织“世界文化遗产日”系列宣传活动，制作20余块浏阳文化遗产保护工作展板，分别在行政中心、谭嗣同广场及大围山镇、文家市镇巡回展出，通过设立咨询台、发放宣传资料、悬挂横幅标语，及对乡镇文物守护员进行现场培训等方式，宣传活动大力提升社会民众的文物保护意识。

爱国主义教育工作　为进一步加强浏阳市文物保护工作和爱国主义教育基地的建设，把爱教基地建设好、管理好，真正发挥好其宣传教育作用，6月份组织全市无编制爱教基地讲解员和安保员业务培训，特邀湖南省党史陈列馆宣教部部长陈艳和浏阳市公安局内保大队领导授课。为树立讲解员和安保员的良好形象，为所有讲解员和安保员配备讲解设备和工作服装。以纪念抗日战争暨世界反法西斯战争胜利70周年为契机，为进一步加强爱国主义精神宣传，发挥爱国主义教育基地的阵地作用，通过在全市各爱教基地悬挂宣传标语横幅的形式，进一步加深社会民众对抗日战争的深入了解，特别是针对青少年、中小学生及企业单位进行的爱国主义宣传，使他们树立正确的理想信念，激励他们爱党、爱国、爱社会主义的高尚道德精神情操。通过定期或不定期的日常监督指导，全市12处无编制爱教基地都配齐专职安保员，专职或兼职讲解员，在醒目位置也安装统一制作的公示栏，安保员、讲解员都能爱岗敬业，坚持定期开放，真正发挥爱教基地的宣传教育作用。（陈　娟）

报　　社

浏阳日报社

党组书记、社长　刘家川

党组成员、总编辑、副社长　戴建文（女）

党组成员、副社长、工会主席　罗　红（女）

党组成员、纪检组长　李先伟

党组成员、副总编辑　陈　江

党组成员、副总编辑　熊　玮

【概况】2015年，浏阳日报社有员工106人，其中在编员工35人，聘用员工63人。按工作性质划分为行政后勤线（办公室、财务室、浏阳河发行投递有限责任公司）、采编线（总编室、新闻采集中心、编辑发布中心、新媒体部）、经营线（浏阳日报报业发展有限责任公司、浏阳市浏阳河新媒体网络有限公司）。全年

56件新闻作品获全国、省、长沙市新闻奖项，浏阳网获“全国地方网站最具影响力品牌奖”，微浏阳获“湖南自媒体微信十强”；全年实现广告经营创收2600万元，同比增加100万元；报纸发行4.3万份，发投公司连续三年获“全国自办发行先进集体”称号。

新闻宣传　围绕市委经济工作会议、市“两会”、项目建设、花炮节等重要活动和建设，策划推出“新常态•新作为”“傲立潮头•挺进三十强”“胜利日•抗战胜利70周年”“绽放•花炮节”“通衢•西北环线通车”“一路荷文•荷文公路通车”“变迁•精准扶贫纪行”“市民观察团”等深度报道51个，刊发稿件300余个版面，提供良好的舆论环境。助力湘赣边区域发展，发起成立湘赣边网络媒体联盟，推出《今日湘赣边》周刊60余版，开通“今日湘赣边”微信公众号，组织“重走秋收路”系列报道和“最美湘赣边”摄影大赛，促进湘赣边合作交流。连续9年派记者赴北京进行“两会”采访，推出“直通北京”等系列报道20余版。拓展舆情收集渠道，编印出版《新闻参考》11期，其中市委批示6期，专题反映社情民意。先后在省、长沙市纸质媒体刊发稿件100余篇，在红网等网络媒体推送、刊发稿件1200余篇，对外推介浏阳形象，增加浏阳美誉度。继续开展“爱心温暖回家路”（第四季）“新闻惠民•100事”“情暖留守儿童”“圆梦大学”“班班有个图书角”“小记者实践”等公益活动，帮助群众解决生活困难，为社会传递正能量。挖掘浏阳文化底蕴，浓厚文明创建氛围，推出“走读浏阳之最美九道湾”“二十四节气”“家风家训”等栏目。围绕美丽屋场、环境整治、拆违控违等进行主题宣传，推出版面100余个，营造良好的社会环境。加强舆论监督，对麻将馆扰民、货车超载、环境污染、病死猪屠宰等问题进行监督报道。

报业经营　面对经济下行形势，巩固传统节会，组织举办第十二届、十三届浏阳车展，第八届城市商务节，第十二、十三届家装博览会，经开区、大瑶第四届房•车展，第三届七夕文化节，第三届花炮双年展，第六届小记者节等品牌活动。注重创新拓展，策划开展“我在浏阳有个家”返乡创业暖冬行动、制造产业基地（永安）首届房•车展、冬季马路赛等新型活动。提质周刊特刊，办好人居、金阳、花炮、理财、家装、汽车等六大周刊，推出“新年献辞”、“清新之城”人居环境报告、“魅力山水•活力东区”等特刊，共200余个版面，增强经营活力，推动经营收入稳步增长。调优报纸发行结构，通过报纸进门店、进社区，与教育、移动、驾校等大客户进行合作，推进报纸发行，稳定发行数量。加强投递员管理，实行按月考核的工资改革，提高服务水平。将3月定为“投递质量月”，开展“万名读者大走访”活动，通过下村入户走访、信息调查、电话回访等方式，加大与读者的联系与沟通，及时发现、解决投递问题，提高发行的准确性。

新媒体发展　推进网络问政建设，改版《民声通道》，与“12345”投诉热线合作，引入满意度打分机制，促使评价更直观。调优“民声e线谈”活动，邀请市城管局、市治超办等单位负责人在线访谈9次。与市城乡客运管理局合作开通交通网络投诉平台，与市安监局合作开通浏阳市“打非治违”网络举报平台，与市招标办合作开通招标网络直播平台。长沙市纪检监察会重点推介浏阳网网络问政工作；人民网、《湖南日报》、《长沙晚报》等媒体都进行专题报道。加快新媒体发展，以互动为主题，对报纸、网站、微信等平台进行全媒体改版，使主流声音在新媒体实现多途径、立体化传播。加快内部机制改革，成立浏阳市浏阳河新媒体网络有限公司，实现浏阳网公司化运作，做到员工工资量化、绩效考核，激发工作活力。投入40万元研发智慧浏阳APP，重点打造新闻资讯、政务咨询、民生服务等功能模块，实现新闻新媒体直播。加强“微浏阳”建设，提高微信质量，用户16万人，实现经营收入30万元。举办第三届全媒体文化节，发展托管业务，与关口、中和等6个乡镇街道达成微信托管合作，对浏阳文明网、市环保局官网等4个网站进行托管合作，拓展发展空间。新媒体经营收入较上年增长一倍。

队伍建设　强化班子的政治意识和新闻敏锐，牢牢把握舆论导向，严格遵守新闻纪律。组织学习会、报告会、业务培训等活动，提高班子综合素质。加强民主集中制建设，坚持党组会、社务会、周例会等议事制度，完善议事规则和决策程序，召开班子专题民主生活会，做到勤政务实，担当履责，团结协作，廉洁自律。加大人员招聘、引进的力度，本年度招聘本科学历员工10人，引进有经验的记者3人。举办浏阳日报学习论坛、采编半月坛活动15期，提高员工的专业能力和综合素养。记者张玲被长沙市委宣传部评为长沙市“最可爱的基层宣传文化人”。组织开展“谈心夜”活动，班子成员与员工开展交心谈话60余人次。开展团队素质拓展、庆记者节趣味运动会等活动，增强团队的凝聚力。启动报业文化建设，改善办公环境，提质食堂管理。加强作风制度建设。落实党风廉政建设责任制，开展党组书记讲党课、观看电教片、报告会等学习活动和“农情秋收”“农情冬蕴”等记者走基层活动。组织“联合轮值督查周”“信守承诺 净化荧屏”等督查活动，进行暗访督查16次，发出通报12期，增强干部职工遵章守纪的自觉性和约束力，促进干部作风进一步转变。2014年度中国县市传媒新闻摄影年赛评选会暨常务理事会在浙江余杭举行，本报参评作品获得3个一等奖、2个二等奖、4个三等奖。本报获得摄影版面类一等奖1个、三等奖1个，摄影图片类一等奖2个、二等奖2个、三等奖3个；23-24日，市州报好新闻奖评选出炉，本报选送的16件作品全部获奖，其中好专栏1件、一等奖6件、二等奖6件、三等奖3件。　　（王金红）

卫　生

卫生和计划生育

浏阳市卫生和计划生育局
原计生局领导人员名单（1–8 月）

市人口和计划生育局
党组书记、局长　　罗呈瑞
党组副书记、副局长　张卫国
副 局 长　熊天平
　　　　　黎　彬（女）
　　　　　刘茂柱
纪检组长　刘　冰（女）

原卫生局领导人员名单（1–8 月）

党委书记、局长　　赵文兵
党委副书记、副局长　邱正柳
副局长　　　　　　罗其美
党委委员、纪委书记　尤国文
党委委员、副局长　　邱晓年
党委委员、卫生工会主席
　蒋其文
党委委员、爱卫办主任
　何梅林（女）

卫生和计划生育局领导人员名单（9–12 月）

党委书记、局长　　欧阳武
党委副书记、副局长　张卫国
党委委员、纪委书记　尤国文
党委委员、副局长　　邱晓年
副局长　刘茂柱
纪检组长　刘　冰（女）
党委委员、卫生工会主席
　蒋其文
党委委员、爱卫办主任
　何梅林（女）

【概况】 2015 年，浏阳市人口和计划生育局与浏阳市卫生局合并，组建浏阳市卫生和计划生育局（简称卫计局），核定机关行政编制 28 名，其中：局长 1 名，副局长 3 名，纪委书记 1 名；机关后勤服务全额拨款事业编制 1 名。市卫计局设 12 个内设机构：办公室、政工人事科、财务科、宣传教育科技科、规划信息科、政策法规科（挂行政审批科牌子）、公共卫生科（卫生应急办公室）、医政医管科、计划生育指导科、流动人口计划生育管理科、计划生育家庭发展科、中医药管理科。原卫生局接受人大评议满意度测评获第二名。

医药卫生体制改革　一是健全基本药物制度。下发《关于进一步完善基层医疗卫生机构药品配备使用管理的通知》，明确基层医疗卫生机构可采购使用一定比例的非基本药物和非处方药，基本满足基层用药需求。下发《关于进一步严格控制2015 年度患者医药费用的通知》，严格控制医药费用不合理过快增长。二是完善绩效考核管理。制定《全市医疗卫生机构绩效考核管理办法》，加大对成本费用控制、病人负担、满意度等公益性指标完成情况的绩效考核。建立符合卫生行业特点的薪酬分配制度，出台《基层医疗卫生机构绩效工资总额管理办法》。三是引进社会资本办医。鼓励社会资本进入医疗行业，引进民营资本建设乐好妇产医院、贝尔耳鼻喉科医院，有序发展健康产业。

公共卫生服务　一是促进全面均衡发展。完善公共卫生服务均等化制度，细化、优化服务项目和服务内容，加强公共卫生绩效考核和日常管理，做到“钱随事走”，注重服务效果。二是加强公共卫生服务能力建设。完成市公共卫生中心主体建设。加强应急、疾控、妇幼、卫生监督和精神病防治能力建设，全年未发生重大突发公共卫生事件和传染病暴发疫情，市疾控中心获“全国脑血管病流行病学专项调查工作先进集体”，顺利通过省级疾控机构等级预评审。加大公共场所生活饮用水等卫生监督力度。加强重性精神疾病患者管理，完成 120 名免费救治救助任务。三是强化妇幼健康管理。严格控制孕产妇和 5 岁以下儿童死亡率，努力提高出生人口质量，市妇幼保健院获“全国妇幼健康服务先进集体”“爱婴医院”“PAC 优质服务医院”。浏阳市获评为“长沙市妇幼健康优质服务示范区县（市）”。

医疗服务建设　一是强化基层服务能力建设。继续实施基层医疗机构标准化建设三年行动，完成葛家乡、溪江、太平桥卫生院、淮川街道社区卫生服务中心维修改造；完成达浒镇卫生院整体搬迁主体工程建设；启动沿溪镇、普迹镇卫生院整体搬迁建设；完成 69 所村卫生室标准化建设；完成 387 套乡镇卫生院公共租赁房建设。基层医疗卫生服务体系建设与管理工作被列为市十六届人大代表专项评议内容，测评满意率获全市 6 个被评议单位的第二名。二是加强医院内涵管理。不断增强市级医院综合实力，省卫计委同意市人民医院设置为三级综合医院。市中医医院获评国家三级甲等中医医院，成为全省首家县级三甲医院。有9个乡镇卫生院通过长沙市“群众满意乡镇卫生院”复核，北盛镇中心卫生院创建为省级“群众满意乡镇卫生院”。建立完善医疗纠纷第三方调解机制，设立浏阳市医疗纠纷第三方调处中心，成功调处16例积累纠纷。完成“5+2”住院医师规范化培训、公共卫生医生周期培训和2015年卫生人才105人的招录工作。三是加强中医药服务能力建设。继续实施基层中医药服务能力提升工程，加强中医医院和基层中医药服务能力建设，市中医医院成为全省首家县级国家三甲中医医院。完成36个乡镇卫生院中医药综合服务区建设，基本实现中医药综合服务区全覆盖。

计划生育工作 一是进一步强化计划生育“村为主”，不断夯实计生基层基础。6月，省卫计委领导对社港镇、北盛镇燕舞洲村的基层基础工作进行现场调研，对浏阳市近年来基层基础工作机制建设取得的成绩予以充分肯定。二是推进基层群众自治。建立健全计生协会骨干会员联系制度并纳入对乡镇（街道）的考核。年内全市共有9个村（社区）申报省、市基层群众自治示范村，其中有2个村接受省计生协会的检查验收。三是完善组指导员队伍。全市共配备3388名组指导员，采取集中培训、以会代训的形式，提升专业素质；开展“十佳”组指导员评选活动，推介好的做法，组指导员成为卫计两局合并后解决基层服务“最后一公里”的重要力量。

落实计划生育政策 一是充分发挥本土媒体宣传作用，积极开展基层计生人物专题报道。着力打造各具特色的镇、村计生文化屋场和计生文化长廊，营造浓厚的婚育新风宣传氛围。二是将依法行政工作作为重要内容纳入全市计生工作目标管理考核。全面落实“单独两孩”政策，办理单独两孩生育证1619本。年内成功查处5起“两非”典型案件，对“两非”行为起到很好的教育作用。三是加强社会抚养费征收管理。全年征收社会抚养费3400余万元，加大对违法生育后拒不缴纳社会抚养费人员的执行力度，强制征收社会抚养费200余万元，司法拘留69人。

提升计生服务水平 一是深化生育关怀。2015年确认四类扶助对象9034人，发放奖励扶助资金1103万元；对二级、三级计划生育手术并发症对象分别扶助4800元/人/年、2400元/人/年；慰问失独家庭、计生困难家庭18万余元；为全市计生家庭购买家庭意外保险、妇女安康保险等200余万元，提高计生家庭的御险能力。二是提高服务水平。组织开展“爱心助孕”行动，发放爱心助孕补助，帮助110人成功怀孕。落实免费孕前优生健康检查，实现目标人群参检率96.4%，早孕及妊娠结局随访率99%以上。全年参加生殖健康普查1.6万人次。三是协作管理流动人口。开展流动人口社会融合示范工程试点工作，与广东省佛山市、江西省上栗县、萍乡市经开区、平江县建立流动人口区域协作模式，实现人口出生、四项手术、透环孕检的日常通报和其它信息实时通报。

队伍建设 一是局领导班子积极参加市委中心组学习和湖南省干部教育网络培训，紧密结合卫生计生工作实际，认真研究医改、计生新政策，不断提高新形势下履职能力。二是强化领导责任制下的分工合作，不定期交心谈心，交流思想，促进沟通，增进理解。坚持班子议事制度，每周召开班子成员碰头会，注重重大问题民主决策、科学决策。三是践行“一线工作法”，对“六个走在前列”大竞赛活动进行再动员、再部署，从10月份开始每月组织专项工作督查，进行考核排名通报，促进各项工作平衡发展。

党风廉政建设 一是注重廉洁自律教育。多次召开行业作风建设工作会议，传达中央、省市党风廉政精神，全面部署行业作风建设，通报存在问题，明确整改要求，强化廉洁履职意识。二是健全完善工作制度。印发《卫生计生系统投资项目管理办法》《作风建设百分制考核实施方案》《进一步加强全市卫生计生系统行风建设工作的通知》等文件，明确行风建设责任主体，强化责任考核。三是积极开展自查自纠。通过廉政谈话和巡回督查的方式，对医疗器械、药品耗材、基建项目等方面的违纪违规行为进行自查自纠。严格依纪依法给予政纪处分8人，调查回复信访件23件。 （张会芝）

【卫生计生机构合并】 2015年8月31日，中共浏阳市委、浏阳人民市政府印发《浏阳市人民政府职能转变和机构改革方案的实施意见》（浏发〔2015〕6号）、《关于浏阳市人民政府机构设置的通知》（浏发〔2015〕7号），标志着浏阳市人口和计划生育局和浏阳市卫生局正式合并，组建浏阳市卫生和计划生育局。卫计局主要职责：（一）贯彻执行党和国家、省、长沙市关于卫生和计划生育工作法律法规和方针、政策，拟订卫生和计划生育发展规划、技术规范并组织实施；负责协调推进全市医药卫生体制改革，完善医疗保障体系，统筹规划全市卫生和计划生育服务资源配置，指导全市区域卫生和计划生育规划的编制和实施。（二）负责制定全市疾病预防控制规划、免疫规划、严重危害人民健康的公共卫生问题的干预措施并组织实施，制定全市卫生应急和紧急医学救援预案、突发公共卫生事件监测和风险评估计划，发布突发公共卫生事件应急处置信息，组织和指导全市突发公共卫生事件预防控制和各类突发公共事件的医疗卫生救援。负责全市重大经济社会活动的医疗卫生保障工作。（三）制定全市中医药事业发展规划，并纳入全市卫生和计划生育事业发展总体规划和战略目标；贯彻中西医并重方针，推进中医药的继承与创新，促进中医药事业的发展。（四）组织拟订全市卫生和计划生育人才发展规划，指导卫生和计划生育人才队伍建设；加强全科医生等急需紧缺专业人才培养，建立完善住院医师和专科医师规范化培训制度并组织实施。（五）组织拟订全市卫生和计划生育科技发展规划，组织实施卫生和计划生育相关科研项目。（六）负责制定和组织实施职责范围内的全市职业卫生、放射卫生、环境卫生、学校卫生、公共场所卫生、饮用水卫生等管理规范、标准和政策措施，组织开展相关监测、调查、评估和监督，负责全市传染病防治监督；负责食品安全风险监测和食品安全事故有关的流行病学调查。（七）负责拟订并组织实施全市基层卫生和计划生育服务、妇幼卫生发展规划和政策措施，指导全市基层卫生和计划生育、妇幼卫生服务体系建设，推进基本公共卫生和计划生育服务均等化，完善乡村医生管理制度。（八）负责医疗服务行业监督管理，监督实施医疗机构和从业人员执业标准、医疗质量标准和服务规范，拟订并实施医疗卫生职业道德规范和医疗机构医疗服务评价体系。（九）负责组织推进全市公立医院改革，建立以公益性为指导的绩效考核和评价运行机制，建设和谐医患关系，提出医疗服务和药品价格政策的建议。（十）实施国家药物政策和国家基本药物制度，执行国家基本药物目录，制定全市基本药物采购、配送、使用的管理制度，提出全市基本药物价格政策的建议。（十一）贯彻落实生育政策，监测计划生育发展动态，加强全市出生人口性别比综合治理；制定全市计划生育技术服务管理制度并监督实施，制定全市优生优育和提高出生人口素质的政策措施并组织实施，推动实施全市计划生育生殖健康促进计划，降低出生缺陷发生率。（十二）组织建立全市计划生育利益导向、计划生育特殊困难家庭扶助和促进计划生育家庭发展等机制；协调全市有关部门、群众团体履行计划生育工作相关职责，建立与经济社会发展政策的衔接机制，提出贯彻落实计划生育政策措施。（十三）制定全市流动人口计划生育服务管理制度并组织落实，推动建立流动人口卫生和计划生育信息共享、区域协作和公共服务工作机制。（十四）负责全市卫生和计划生育执法工作，完善综合监督执法体系，规范执法行为，监督检查卫生和计划生育法律法规和政策措施的落实，组织查处违法行为；监督落实计划生育一票否决制。（十五）负责全市卫生和计划生育宣传、健康教育、健康促进和信息化建设等工作，依法组织实施统计调查，参与全市人口基础信息库建设。（十六）承办市委、市人民政府交办的其他事项。（张会芝）

浏阳市人民医院

浏阳市人民医院

党委书记　陈全礼

副书记、院长　张勇

党委委员、副院长

曹伯仲（2015.08 免）

卢秋成　周秋涛　刘智勇

党委委员、纪委书记　邓宗伟

党委委员　邱喜鸣　汤华章

汤森云（女）

【概况】 2015 年，浏阳市人民医院被湖南省卫生与计划生育委员会设置为综合性三级医院，南华大学附属医院，中国县级医院•竞争力百强医院。开设病床 1200 张，在职工作人员 1572 人，共有各类中高级专业技术人员 638 名，设有 32 个临床科室和 5 个医技科室。2015 年，门急诊人次 78.12 万，同比增长 23.11%；住院人次 5.88 万，同比略有增长；平均住院天数 7.44 天，同比减少 0.31 天；药占比 33.75%，同比下降 2.05%；完成出院病人手术 22690 台次，同比增长 19.59%；住院次均费用同比没有增长，门诊次均费用较上年度下降 11.79%；5 月该院在全省率先通过湖南省卫生计生委和长沙市卫生计生委组织的“二甲”医院复核评审。信息化建设，改善 HIS 系统运行状况，较好完成手麻系统、网络预约挂号、医院自助系统、健康检后系统、OA 升级等工作，新增移动办公 APP 功能，完成灾备机房的重建；建立多元化的交流沟通和宣传平台，构建独具医院特色的宣传文化。医院微信公众号及时、准确报道医院的重大新闻和典型人物及事迹，其中烧伤科护士李清为重度烧伤病人提供母乳的新闻，获得包括湖南卫视、潇湘晨报等媒体的关注和报道，在社会引起广泛影响，李清因此成为“感动中国，感动湖南”候选人。

医疗护理　2015 年，医院以创建“三甲”和建设湘赣边区域性中心医院为目标开展工作。根据国家卫生计生委的安排，该院成为全国首批 500 家县级医院综合能力建设单位之一，医院请求中南大学湘雅医院按总体设计、因需配置、辐射湘赣、填平补齐的原则，采取专科轮训、手术指导、定期查房等方式，进行院帮院、点对点的学科能力建设帮扶；10 月，由该院牵头，大瑶中心卫生院、官渡中心卫生院、古港中心卫生院、永安中心卫生院、北盛中心卫生院、镇头中心卫生院、淮川卫生服务中心参与的分级诊疗正式启动，建立以糖尿病和高血压为主的慢病分级诊疗体系，创建浏阳慢病管理群，提高基层技术帮扶质量；医院严格执行科室医保考核制度，控制人均医疗费用增长，建立医保监审员机制，加强对各科医保患者住院期间费用及医保政策执行情况的掌握，以促进医疗质量的提高和医疗服务行为的规范。2015 年，该院共收治浏阳职工医保住院病人 6100 人次，较上年增加 156 人次，次均费用 7182 元，较上年同期增长 2%；城乡居民医保住院病人 36722 人次，较上年减少 1300 人次，次均费用 4720 元，较上年同期降低 71.6%。举办第二届首席名医、青年优秀专家评选活动，组织候选人走访慰问市内 10 位健在的抗战老兵，建立常态机制为老兵长期提供健康服务。根据“二甲复评”和创建三级综合医院的有关标准和细则，对医疗业务方面存在的突出问题进行专项整改，一是认真落实医疗核心制度和各项诊疗常规，从诊疗流程、首诊负责制、医疗质量督查、减轻患者负担、提高患者满意度、合理检查、合理用药等方面进行规范和落实。出台医疗质量与服务的绩效考评细则，每月进行打分、排名，继续开展医疗业务的“三比”活动，2015 年将医技科室纳入考核评比。二是进一步完善医院感染管理的各项规定，切实抓好重点部门、重点部位、重点环节的管理，特别是手术室、ICU、消毒供应室、血透室等重点部门的医院感染管理工作，制定重点部门、重点环节的医院感染控制措施和院感重点科室质量考

核奖惩方案。医院获长沙市院感质量控制中心“最佳团队”奖，被评为长沙市“2015年度消毒工作先进单位”，邵会敏主任被评为“消毒工作先进个人”。三是加强质控管理，完成每月每个临床科室50%的在架病例和30%归档病例的抽查，完成非计划再手术患者上报医务部备案工作，临床上报率100%，年内共申报临床路径65个，临床应用59个。四是加强学科建设，持续加大对重点建设专科和扶持专科的支持力度，规范科室管理，血透室单独成科，建设标准化的医学检验中心实验室；心内科、普外科等8个科室被确定为湖南省县级医院临床重点专科建设项目。妇科被确定为长沙市重点专科建设项目单位。浏阳市医学会成立各专业委员会、质控中心，其中，内、外、产、儿、护理、检验、影像等专业委员会主委单位挂靠在该院；进一步加强护理质量管理，确保护理安全。重新修订《护理质量控制标准要求和评分办法》，组织护士长月质量查房、晚夜查房及节假日查房共100余次，对发现的问题及时整改、护理部进行反馈性检查，并将科室护理质量与绩效挂钩，促进护理质量的提高。深化优质护理内涵，落实责任制整体护理。认真贯彻落实《湖南省优质护理服务质量评价标准》，推进优质护理服务。加强优质护理内涵建设，各科室积极开展“一个创新项目，三项优化流程，五条创优举措”专项活动。加快岗位能力培养，提高队伍整体素质。为提高科室的管理能力水平，鼓励护士、护士长参加各种形式的学习，全年派遣外出学习护士长48人次、护理骨干42人次。各项评比竞赛和学术活动丰富多彩，与上级医院和基层医院交流不断深化。陆续开展“2015年护理查房比赛”、“十大最美护士”评选活动等，承办省级护理学术活动；根据浏阳市与中南大学合作项目的统一部署，湘雅三医院与该院就护理学科建设签订合作协议，实施定点帮扶指导和培训。持续推进“院帮院护理服务”，该院直接派遣护理人员对永安、小河、淮川社区进行长期的帮扶工作，并不定期到现场进行指导。全年共抽调医务人员上百人次，高质量完成高考体检、公务员体检、征兵体检等全市中心工作，参与食物中毒等公共突发事件和花炮节、长沙马拉松比赛等其他重大活动的医疗救护以及多起高危孕产妇抢救工作；宋湘红、李达德两位专家经赴津巴布韦执行为期两年的援非医疗任务。通过公益性活动的开展，展示该院应有的人道主义精神和勇于承担社会责任的形象。（王冷洋）

培训科研　为适应医学科学技术的迅速发展，把继续教育作为医院可持续发展战略来实施。全年派出进修、短期培训学习及参加各类学术会议340余人次；组织院内业务及基层医师培训、举办学术活动35次，专题学术讲座24次，联合湘雅三医院开办“新湘雅大讲堂”5期。儿科医生付莎被黄彰任基金会选送到美国斯坦福大学深造；烧伤整形外科学科带头人蒋章佳被长沙市卫计委选派到新加坡考察学习。12月16日，该院与湘雅医院正式签订双向转诊、定点指导医疗合作协议，并举行挂牌仪式。医院还举办中层干部培训班，引入新的管理理念，提高该院中层干部的管理、执行能力，为创三级综合医院奠定良好基础。全年组织撰写医学论文100余篇，发表80余篇，其中，国家级10篇，省级70篇。选送部分论文参加长沙市自然科学优秀成果奖参评，获一等奖1名，二等奖1名，三等奖4名。心内科、肝胆外科、胃肠外科申报省级科研课题各一项，乳甲外科、肿瘤妇科申报长沙市医学院院级科研课题各一项。（王冷洋）

【长沙地区首个通过“二甲”复审医院】　5月30日，医院顺利通过由省卫计委组织的“二甲”复审，成为全省率先、长沙地区首个接受“二甲”复审的医院。复审工作中，14位专家分急诊、门诊、住院、医院管理四个小组，深入到医院各科室和场所，查阅资料，询问管理架构，制度建立，跟踪条款387条，访谈患者及家属347人次，考核医护94人，考核应急演练5次，核查病历200余份，检查病历切片50余份。（王冷洋）

【第二届首席名医、青年优秀专家颁奖典礼】　9月16日，该院在浏阳河广场举办第二届首席名医、青年优秀专家颁奖典礼。经过报纸、微信等面向社会的投票评选，评出2名首席名医和6名青年优秀专家。首席名医为心内科教授何昕和烧伤整形外科教授蒋章佳。6名青年优秀专家分别是传染科副教授刘波、医学影像科副教授罗永超、重症监护室副教授李沛、消化内科副教授胡剑峰、心内科副教授唐艳芳、脊柱外科副教授张向群。（王冷洋）

【牵头启动分级诊疗机制】　10月16日，由该院牵头、大瑶中心卫生院、官渡中心卫生院、古港中心卫生院、永安中心卫生院、北盛中心卫生院、镇头中心卫生院、淮川卫生服务中心参与的的分级诊疗正式启动，在进一步明晰县乡医疗机构功能定位、加强医疗资源精准发力的过程中，实现减轻老百姓就医负担的目标。启动仪式后，该院组建浏阳市慢病分级诊疗群，乡镇医院如遇疑难病症皆可通过微信群发布消息，院医务人员根据提供病症迅速回应。（王冷洋）

【护士李清入选感动中国候选人】　11月，烧伤科护士李清坚持为重度烧伤病人提供母乳的事迹，获得包括湖南卫视、《潇湘晨报》等媒体的关注和报道，在社会引起广泛影响，李清因此成为“感动中国，感动湖南”候选人。李清，女，汉族，1988年2月出生，本科学历，2011年荣获浏阳市人民医院“优秀青年”称号，2013年荣获浏阳市人民医院年度“优秀护士”称号，2014年荣获浏阳市人民医院“5•12”护士节“优秀护士”称号，2014年荣获浏阳市“优秀护士”称号，2009年取得护士职业资格证书、2013年取得护师职业资格证书，2013年在全国职称英语考试中，取得医疗行业A级证书。（王冷洋）

【获得三级综合医院设置批复】　11月2日，省卫计委正式批复，同意

12月9日，护理查房比赛 （图片来源：浏阳市人民医院）

将该院设置为三级综合医院，成为全省首批获批开放三级医院准入的县级医院，预示着浏阳即将拥有自己的三级综合医院，医院将在更高的平台为145万浏阳人民提供更高水平的健康服务。 （王冷洋）

【两名专家分赴美国、新加坡进修学习】 12月，该院教授、烧伤科主任蒋章佳作为长沙市重点学科带头人，赴新加坡学习培训，学习期间，蒋章佳接触了新加坡医疗体制与医疗保障系统，系统了解了现代医院的质量管理、社区医疗的发展与管理、新加坡医院文化与核心竞争力培养、医患沟通等方面的内容。实地考察新加坡国立大学医院、中央医院、黄庭芳医院、裕廊社区医院等医疗机构；儿科医生付莎赴美国斯坦福大学进修小儿肺性病变和支气管哮喘诊治等临床知识，人才培养走出国门成为常态。 （王冷洋）

浏阳市中医医院

浏阳市中医医院

党委书记　盛志新
副书记、院长　周　平
副院长　吴海波　罗富强
　章　林（2015.08免）
　何军锋（挂职）
纪委书记　廖　镇
党委委员、工会主席　刘速成
党委委员　周明亮　黄小英（女）

【概况】 浏阳市中医医院是一所集中西医疗、急救、教学、科研、康复、预防、保健于一体的三级甲等中医医院，有干部职工1228人，其中高级职称124人，博士生2人，硕士生69人。设有28个临床科室，9个医技科室。2015年，完成总收入4.6亿元，增长8.6%；完成门急诊56万人次，增长12.88%；住院4.58万人，增长8.96%；手术6703台；体检40770人次；门诊中医非药物治疗率为12.3%，住院汤剂使用率为78.2%，总药占比为35.91%；平均住院日9.3天，治愈好转率为97.2%；患者满意率为98.4%。成功创建为三级甲等中医医院，成为全省县（市）级首家三甲医院。

党建工作　全面提升党建综合服务水平，以“仁心工程”为载体，建立健全党内机制，实现党建工作与三甲创建、特色建设等中心工作有机结合，进一步激发基层党建活力。落实党风廉政建设党委主体责任和纪委监督责任，严格落实“一岗双责”，明确分工，分级负责。出台《作风建设百分制考核实施方案》，建立廉洁风险系统电子平台，开展合理用药专项治理活动与《准则》《条例》专题学习，举行“廉洁行医，从我做起”演讲比赛，进行警示教育活动，加大党务院务公开力度，行业作风进一步优化。

医疗、护理　突出中医优势。鼓励医护人员使用非药物中医治疗与中医护理技术，开展中医药特色治疗方法与优势病种诊疗方案的临床研究，制定60个病种的中医诊疗方案应用于临床。广泛开展中医治未病活动，提升预防保健服务能力；成功举办第四届膏方节，开展膏方诊疗、膏方展示、体质辨识等系列活动，深受老百姓欢迎。全年中药饮片使用2390万元，增长14.2%；自制制剂使用1840万元，增长10.3%。严格质量管理。严格落实医疗核心制度和各项诊疗常规，推进“四个合理”。加强传染病与慢病管理，落实多科会诊协作机制、总住院医师制度，严格执行中医病历与处方书写规范。建立健全临床路径管理以及质量评估和持续改进体系。坚持召开医疗质量与安全管理员每月例会、每季度医师大会、医疗纠纷事件个案分析追究会。组织院级安全质量督查87次，开展院级病例讨论12次，组织疑难危重病例多科协作会诊310次，推动医疗质量跃上新水平。加强学科建设。开设骨伤整复室、眼视光中心、疼痛治疗中心，不断完善和优化学科建设体系。开展新技术、新项目，继续以微创、介入、肿瘤粒子植入、腹膜透析等为突破，提高疑难及危重症的救治能力。开启与中南大学合作，湘雅医院对该院骨伤科、口腔科、脑病科进行结队帮扶。举办中欧医管第五届医院学科建设研讨会，第三届浏阳口腔医学学术论坛与全国针刀培训班，中欧国际医院管理中心"医院管理培训基地"落户该院。提高护理质量。组织开展护理质量管理和评价工作，深化优质护理活动内涵，广泛开展中医特色护理。开展"名医进乡村"公益活动。为深化"仁心工程"，使广大农村居民在家门口就能享受大医院专家的医疗服务。中医院先后派出100余名医疗专家深入葛家、沙市、张坊等10多个乡镇，为居民提供医疗保健、健康咨询、义诊、健康大讲堂等多项公益服务。组织护理品管圈活动，加强护理人员的理论与技能培训，组织36批次中西医"三基"理论考试及24批次的中西医操作考核。开展护士节庆祝活动，成立礼仪队、护理操作示范队，举行新护士岗前培训，促进护士素质及护理质量的提高。规范医疗管理。强化药品质量和处方调配管理，日常开展合理用药专项督查，及时发现不合理用药情况并及时干预；开展临床抗菌药物使用专项整治工作。加强检验、影像、功能、病理质量与安全管理，全面落实质量管理与改进制度，该院获评为"湖南省细菌耐药监测网先进单位"。严格执行《医院感染管理办法》《输血法》等有关法律、法规，医院感染率1.8%，成分输血率100%。

队伍建设　加强人才引进培养工作，全年择优录用临床专业技术人员42人，其中硕士研究生20人，引进护理人员41人。选派优秀人才到上级知名医院进修30人次，短期培训210人次。加强职称申报评审管理，晋升高级职称14人，初、中级职称98人。启动实施名(老)中医药师承教育工作，开展首届"名中医"与第四届"十佳医师""十佳青年医师"评选活动。宣望东被评为浏阳"最美职工"；王乐文、黄仲玉被评为浏阳市第二届"十佳医师"；刘苏获"百舸争流"颅内压监测病例竞赛西南赛区第一名、全国总决赛第二名。

科研教学　组织申报各类科研课题20项，其中立项11项，2项结题；发表论文96篇，参与编著4本；获得省级科技三等奖1项，长沙市科技学术年会一、二等奖各1项。开展学术讲座46次，中医经典培训与西学中培训5次。举办第二届青年教师课堂教学竞赛，完成湖南中医药大学见习班189人的教学任务与8所高等院校204人的临床实习工作，被授牌为"湖南中医药大学研究生就业创业基地"。

后勤保障　完善HIS（医院信息系统）、LIS（实验室信息系统）、电子病历、物流等系统，升级更新PACS（影像归档和通信系统）系统；实施启用OA（办公自动化系统）、门诊自助银医系统与廉政风险防控系统；强化网络信息安全管理，建立异地容灾备份机房。规范后勤物资采购工作，提升设备器械等维保质量，完善临床支持系统建设，加强安全生产、综合治理、环境整治、内保与消防管理，保障医院正常的医疗秩序。推进住院综合大楼重点项目建设，完成可研、规划设计、交通评估、立项等相关前期工作。

惠民活动　推进"仁心工程"和"最美医院"创建活动。成立仁心志愿者服务部，被市委组织部授牌为"浏阳市第一批党员干部示范培训实践基地"，注册志愿者712人，其中院内423人，院外289人。开展"名医进乡村"、导医导诊、文明劝导、无偿献血、赛会服务等志愿服务活动，全年累计志愿服务873小时，服务群众6000多人次。加大对基层医疗服务能力建设帮扶力度，双向转诊、技术支援等工作得到加强。积极发展慈善公益事业，全年进行慈善优惠、帮扶减免金额66.2万元，赢得群众的赞誉和充分肯定。强化医疗应急和急救管理，加强院前急救网络建设，出色地完成院前急救、应急医疗救援、重大赛会的医疗保障与急救知识普及培训等工作。全年120急救中心急救出诊10069车次，救治8443人次，成功处置3人以上事故135起，抢救成功率97%；网络调度出诊1529次；完成各类医疗保障服务32次。开展群工站工作，主动开展走访调研，落实"一进二访"与结对帮扶工作。全年走访调研102户，解决群众诉求42件，化解矛盾纠纷16起，办理实事项8件，帮扶慰问群众60人次，群众工作获评为一类单位。　（汤剑仁　黎　亮）

【获评全省县(市)级首家"三甲"医院】　12月14日，经省中医药管理局审核、公示，国家中医药管理局批准，正式确认浏阳市中医医院为国家三级甲等中医医院，成为全省县（市）级首家"三甲"医院。该院自启动创建三甲医院工作以来，坚持"突出中医特色，完善综合服务"的发展方向及"质量强院，人才立院，科技兴院，特色富院，文化建院，严谨治院"的办院理念，实施"树名医、建名科、创名院"战略，通过加强医院管理，弘扬中医文化，培养高尖人才，建设特色专科，提高品质服务，配置高新设备，高标准地推进各项工作，以评促建、以评促改，医院的医疗服务质量和水平有显著提高，各项工作均取得成就，特别是在内涵建设、中医特色、医疗质量、科研教学、人才培养、中医文化、服务能力等方面均取得长足进步。有国家级中医重点专科1个，省级中医重点专科2个，长沙市重点专科2个，有高级职称专业技术人员124人。2015年，门急诊56万人次，住院4.58万人次，完成各类手术6703台，中医治疗率60%以上，治愈好转率97.2%；患者满意率98.4%，实现良好的社会效益和经济效益。2015年4月28日至30日，国家中医药管理局医院等级评审专家组一行18人，在省卫生计生委党组成员、副主任、省中医药管理局局长邵湘宁的带领下，严格按照三级中医医院评审细则各项指标，分11个组对该院在中医医疗、人才培养、学科建设、中药药事、中医护理、文化建设、治未病服务和医院综合服务能力等方面进行全面、细致的评审。评审专家组一致认为市中医医院各项指标均达到三级中医医院标准。 （黎 亮）

【评选首届“名(老)中医”】 为庆祝第五届中国医师节，该院于6月份开展首届“名(老)中医”评选活动。通过科室推荐申报、医院审核、院内评选与公众投票等程序，谭梅英、王乐文、孔繁佳、钟慕陶等4人获评“名老中医”；丁亮莲、扶桂升、黎华明、邹先智、苏建斌、王汉国等6人获评“名中医”。以上10人献身中医、爱岗敬业、勤读经典、潜心钻研、博采众长、传承创新，以高尚的医德、精湛的医术深受群众信赖，为加快发展浏阳市中医药事业和保障人民群众身体健康作出积极贡献。 （黎 亮）

浏阳市精神病医院

浏阳市精神病医院
(浏阳市荷花街道社区卫生服务中心)

党总支部书记 邹 冰
院　　　　长 张飞跃

【概况】 浏阳市精神病医院（荷花街道社区卫生服务中心）是一所集精神疾病防治、综合医疗、老年病康复治疗、预防保健等为一体的新型综合专科医院，也是社会精神病人免费药物救助项目的具体实施单位。现有干部职工219人，其中高级职称4人，专业技术人员188人。院内开设有老年康复治疗和精神疾病专科及综合医疗科，8个病室，开放床位500张。设有中医门诊、全科门诊、精神科门诊、心理检测、康复治疗室、预防接种室、儿童保健室、健康教育室、心脑电图、化验、B超、放射、头痛失眠、生物反馈等多个功能科室。2015年全年业务收入6070万元，同比增长14%。实现收支结余938万元，收支结余率15.4%。实际占用床日数219608，同比增长15%。

党建工作　结合医院“仁心工程”、“最美医院”创建、“雷锋号示范窗口”创建和党总支开展的“三会一课”、“大手牵小手”党建帮联和“学习党章、遵守党章”主题教育等活动。配合市局结对中和镇小江村、长安村群工站，组织党员对困难患者进行“一对一帮扶”，解决服务群众最后一公里问题。参加市局举办的十佳医师评选活动，邹丽明医师获得荣誉。严格贯彻执行中央“八项规定”、省委“九条规定”精神，严控三公经费支出，规范行为，杜绝医务人员在医药购销领域收受各种财物、回扣和提成的商业贿赂行为。转变观念，增强为民务实清廉的工作作风。

医疗、护理管理　为确保医疗质量和医疗安全，按照二级甲等医院的要求，修订和完善各项医疗管理制度，制订《医疗规范管理制度》、《病例规范化管理方案》《医疗质量与安全管理方案》及《院领导行政查房制度》，完善《医疗服务质量管理标准和考核奖惩办法》，抓好质量教育和质量考核。继续实行医疗质量与医疗安全分级责任制，医院与科室，科室与个人签订目标管理责任状，层层落实，责任到人。落实医疗查房、护理查房和行政领导不定期查房制度，及时发现问题和隐患，定期通报查房结果，督促各科室整改，确保医疗安全；推进中医药技术在临床中的应用，坚持开展针灸、推拿、按摩等传统中医药技术为民解除疾患；定期组织医护人员进行业务知识的培训和考核，邀请湘雅医院周敏教授、湘雅二医院谭立文教授和精研所副所长罗学荣教授等专家到院授课，组织参加全国同步视频教学。多层次、全方位的业务培训，树立医务人员医疗质量第一的意识，真正把医疗质量和医疗安全放在医疗工作的首位。

医院人才建设　一是推行任期目标管理制。全面推行中层干部任期目标管理制，要求各科室主任认真执行各项规章制度，完成院科目标任务。中层干部任期为3年，自觉接受单位全体职工和社会的监督，在年度审核、中期考核时未能达标者将被淘汰。任期目标管理的施行，进一步理顺责任与利益、公平与效率、监管与激励的关系，激发中层干部的敬业、团队和奉献精神。二是强化医务人员三基知识和操作技能培训。每季度进行三基考试考核一次，做到“三基”训练个个参与，“三基”考核人人过关。采用专家授课、日常培训、继续教育等多种方式，加强业务学习，营造良好的学术氛围。全年组织院内业务讲课12次，选派2名业务骨干到省级和市级医院进修学习，派出20多人次参加省内外的各类学术活动。全力支持医护人员从事科研、论文撰写及临床工作经验总结。鼓励职工自学、函授学习，提高学历层次。通过不同形式的学习和与上级医院的交流，新技术、新知识不断增多，为医疗新技术的开展奠定坚实的基础。

后勤服务管理　坚持后勤围绕临床转，制定相关配套制度，分工协作、职责分明，充分发挥后勤功能和作用。引进400千瓦专用变压器及配套变电设施，解决老年科原有电表容量小，供电不足的难题；新装货运升降梯，解决食堂工作人员担饭上楼和洗衣房担衣物晾晒的问题；对食堂伙食营养搭配，平均每月杀猪2头，尽量使住院病友能吃饱吃好。推行护工服务市场化和食堂用工社会化，有效降低运行成本。在全年的综合治理、消防安全、环境卫生、物品供应、设备安装维修、车辆管理等各项工作中，后勤保障有力。

公共卫生　完成重点民生实事项目。根据长沙市下发的《2015年长沙市重性民生实事项目“重性精神疾病患者救治救助工程”实施方案》要求，制定《浏阳市为民办实事“重性精神疾病患者救治救助工程”项目实施方案》，明确各部门的职责。在《浏阳日报》进行宣传报道5次，在浏阳市人民政府网进行精神卫生知识的宣传8次。开展救治救助工作。市精神病医院作为定点医院按照规范要求具体实施项目工作，筛选的120名患者均得到救治救助。公共卫生均等化服务工作开展顺利。组织专科医师对各乡镇精防办每季度督查一次。各乡镇、村卫生室都对辖区内的重性精神病人建档立卡、诊断及风险评估，建档4862人。定期进行随访和体检，将风险级别进行量化，并要求将信息录入国家信息网。作为686项目和社会精神病人免费救助项目的具体实施单位，完成6次下乡巡诊发药工作，全年市内增加精神疾病患者225人，共计诊治发药16479人次，发放免费药品2183273元。配合乡镇对辖区内重性精神疾病患者进行51人次的随访，对部分突发和重性患者进行200余人次的应急处理。做好精神卫生知识的宣传和普及工作，发放宣传资料2万余份，形成精神卫生知识宣传的长效机制。通过两个项目实施，有效降低精神病人肇事肇祸现象的发生。做好社区基本公共卫生服务。一是对辖区10个行政村，三个社区建立居民健康档案人数48444人，建立健康档案数为48313人，建档率99.72%。二是登记管理并随访高血压患者2871人，糖尿病患者948人，适龄儿童4334人，产妇652人，并录入电子档案系统；三是定期对辖区居民进行传染病防制知识的宣传教育，严格执行传染病报告制；举办各类知识讲座和健康咨询活动22次，发放各种宣教资料25340余份，更换宣传内容8次。四是对辖区内餐饮和公共卫生场所进行监督，对1616名从事食品、公共场所人员进行健康体检和培训。

其他工作 工会工作。院工会坚持实行职工代表大会制度，加强民主管理，带领职工积极参与精神文明建设活动，并利用节假日开展文体活动，组织乒乓球赛、篮球赛和医师节文艺活动，丰富职工业余文化生活；开展职工生日问候致贺活动，慰问患病困难职工，组织参加职工医疗互助活动，增强职工凝聚力。爱卫工作。继续开展创建人民满意城市活动，全面整治医院环境卫生，切实落实控烟工作。利用宣传栏和电子显示屏，向职工宣传控烟知识，设立控烟咨询台，禁烟标识明显。医院领导以身作则，积极带头控烟，医务人员签订控烟承诺书，在公共场所严禁吸烟，每发现或被举报一次罚款100元。

计划生育工作 对全院计划生育管理对象进行摸底，分类建立9本台账，层层签订责任状，对已婚育龄妇女进行三次查环孕检，清理一例挂靠户，产科B超和产前检查信息录入及时，明确管理对象，健全管理台账，强化管理措施，加大宣传力度，提高干部职工依法生育的自觉性。

医院专科人才缺乏，精神疾病防治宣传手段、对象和宣传的区域单一，少数职工缺乏敬业精神、进取精神和竞争意识，医院发展有所滞后，给树立医院品牌效益带来影响。 (邓日桃)

浏阳市疾病预防控制中心

浏阳市疾病预防控制中心

党总支书记 肖 蓬（女）

总支副书记、主任 许 欣

总支委员、副主任

龚清华(2015.9免)

张 浩

黎 彬(女,2015.9任)

副主任 熊佑平(2015.9免)

【概况】 浏阳市疾病预防控制中心是政府设置的疾病预防控制和公共卫生检测检验的公益性事业单位，加挂“浏阳市健康教育所”。主要职能是疾病预防与控制、突发公共卫生事件应急处置、疫情报告及相关因素信息管理、健康危害因素监测与干预、实验室检测分析与评价、健康教育与健康促进、技术管理与应急研究指导。共有编制数102名，其中核定市疾控中心财政全额拨款事业编制98名，核定市健康教育所全额拨款事业编制4名。2015年年底实际在岗在编95人，空编7人。疾控中心承担国家规定的均等化服务11项包含：突发事件应对、传染病管理、免疫规划、健康教育、慢病管理、65岁老年健康体检、居民健康档案建立等，2015年度省、长沙市考核评估，各项指标均领跑长沙地区。

急性传染病管理工作 制定人感染高致病性禽流感、霍乱、手足口病等重点传染病的监测方案，完善各类疾病的应急处置预案。加强重点传染病防控知识的培训，组织对基层医疗单位的各类培训4次。做好重点传染病监测工作。手足口病监测方面，完成采集检测52例散发病例咽拭子标本，其中EV71阳性3例，占5.77%，Co－A阳性4例，占7.69%，完成手足口病6例重症病例调查处理，无死亡病例；霍乱监测方面，完成外环境监测采样232份，未检出霍乱弧菌；出血热和钩体病监测方面，采集急性期血清标本30例行抗体检测，其中19例为阳性，阳性率63.33%。开展消除疟疾行动工作。完成“三热”病人血检1040人，发现疟疾病人12例，完成休止期根治病例2例，处置疫点12个。加大传染病防治督查力度。开展传染病防治检查，重点检查门诊日志登记、传染病报告、传染病诊室和发热分诊台的设置运行等情况。2015年全市各疫情网络直报单位甲、乙、丙类法定传染病报告情况。甲类无报告。乙类报告14种4682例，发病率345.11/10万，死亡8例，年死亡率0.59/10万。丙类报告6种6548例，年发病率为482.65/10万，无死亡。

突发公共卫生事件应急工作 继续加强应急体系建设。加强疾控中心突发公共卫生事件组织领导和指挥体系建设。进一步修订、完善救灾防病、群体不明原因疾病、新发的各类传染病等各类卫生应急单项预案和工作方案。落实全年24小时卫生应急值班工作。参与建立应急管理“一网四库”及卫生应急指挥决策系统。参与完善应急组织体系网络、应急处置队伍数据库、应急物资储备数据库、应急专家库、突发事件典型案例库，建立应急管理“一网四库”，补充数据，动态管理。加强应急队伍能力建设，组织参加应急演练3次，包括组织学校感染性腹泻疫情应急演练、突发中毒事件应急演练和参加长沙市突发公共卫生事件应急演练。做好应急事件处置。年内处置突发公共卫生事件22起，其中18起发生在学校或托幼机构。22起事件中较大事件1起，一般事件7起，未分级事件14起，事件暴露人数28832人，处置病例505人，死亡病例1例，检测样品数381个。事件以传染病疫情为主，处置17起传染病疫情，5起食源性疾病。未发生重大食物中毒事故和重大疫情。6月份，疾控中心对浏阳市第一中学一起食源性感染性疾病暴发事件开展调查，查明事件原因，为政府处理事件提供科学依据。

免疫规划管理工作 以免疫规划工作规范管理年为契机，全面有序开展各项免疫工作。做好预防接种人员上岗资格培训工作。组织全市各乡镇97名新上岗的预防接种从业人员进行集中培训，并对76名新上岗的预防接种从业人员或资质到期人员进行现场测试。广泛开展免疫规划健康教育宣传工作。开通“浏阳市疫苗接种”公众微信号，及时推送计免宣传知识。围绕“4•25”全国儿童预防接种日，组织全市各预防接种门诊，采取多种形式开展以“预防接种—孩子的权利，社会的责任”为主题的一系列宣传活动。积极做好麻疹、AFP、风疹、流脑、乙脑等病例的主动监测工作。每月对8月龄儿童进行麻疹类疫苗的查漏补种工作，8月龄~6岁的儿童麻疹类疫苗接种率超过95%。对全市268所托幼机构和308所小学的39743名新入学、入托儿童进行预防接种证查验，查验率100%。组织开展每半年一次的接种率调查。对淮川、荷花等18个乡镇的1~7周岁儿童进行接种率的入户调查，结果显示：乙肝疫苗基础免疫接种率100%，卡介苗接种率100%，脊灰基础免疫接种率99.18%，百白破基础免疫接种率100%，麻疹类疫苗基础免疫接种率99.73%，乙脑基础接种率98.91%，流脑A第1针接种率99.11%，流脑A第2针接种率94.96%，甲肝接种率95.29%。脊灰加强接种率91.24%，百白破加强接种率97.69%，麻疹类疫苗复种率98.02%，乙脑加强接种率93.31%，流脑A+C第一针接种率90.5%。

其他公共卫生服务项目工作 居民健康档案项目，全市建档管理1158843人，老年人健康管理建档管理158805人，建档率和管理率100%；健康教育项目，加强市、乡两级专干网络建设，坚持开展健康教育知识“六送进”活动，利用各卫生节日组织开展宣传活动；截至12月25日，慢性病患者健康管理项目高血压累计管理中88785人，规范管理率68.58%，糖尿病人累计管理中25962人，规范管理率70.83%；职业健康监护工作对44家用人单位进行职业健康监护，计26181人次，检出职业禁忌证计141人，疑似职业病22人；预防性健康体检工作完成体检计28464人次，其中中心预防性健康体检10834人次，基层完成预防性健康体检17630人次；质控和检验工作，开展内审、职业卫生资质续展和维持能力验证活动，全年完成各类样品检验检测148185批次。卫生监测工作做好国家食品安全风险监测项目和食源性疾病主动监测工作，以及病媒微生物监测和学校卫生工作。（陈建伟）

【成功创建湖南省首批县级甲等疾控中心】 2015年，市疾控中心被省卫计委确定为全省县级甲等疾控机构等级达标建设首批单位之一。浏阳市委、市政府和卫计局高度重视等级达标创建工作，成立以市人民政府副市长邓雪琴挂帅的创建县级甲等疾控机构领导小组。市卫计局抽调专人和市疾控中心成立专门领导小组和技术指导组，严格按照《湖南省县级疾病预防控制机构等级达标验收管理办法》，明确分工，责任到人。市政府召开专题调度会议，增拨专项经费用于等级达标创建工作，2014年投资4200万元，建成环境优美、配套齐全的新疾控中心大楼。投入420万元标准化建设疾控中心实验室。根据《关于疾病预防控制体制改革的指导意见》和《关于印发疾病预防控制中心机构编制标准指导意见的通知》文件规定，明确疾病预防控制机构为公益性公共卫生服务机构，不承担基本医疗服务项目。中心坚持“由有偿服务向技术服务转型，进一步提升技术服务能力”的发展理念，制定《浏阳市疾病预防控制中心岗位职责》，确定129个岗位，建立覆盖所有业务内容的岗位责任制，以此为基础设置15个职能科室。于2013年在全中心范围内，开展对中层干部和中心全体职工竞聘上岗的人事制度改革工作，一批年轻有活力、实绩突出的优秀人才走上中层干部岗位。各专业技术岗位职责更明晰，由专业型人才负责任职，人事制度改革促进中心创建县级甲等疾病预防控制机构，奠定坚实的基础。中心内部实行科室工作月计划、周安排、月总结，季度考核的管理机制，中心班子成员也按分工纳入管理，做到中心班子领导有目标，科主任有任务，职工有职责。做到行政管理制度化，目标管理责任化、业务管理标准化，科学管理模式进一步提高工作效率，有效地推动疾控工作各项技术服务能力的发展。国家卫生体制改革对疾控中心的职能定位是公益性的技术服务机构。中心自2010年起，连续6年确保每年至少投入200万元用于仪器设备购置，全部采用国际国内一流的品牌，中心具备赛默飞世尔电感耦合等离子体质谱仪（ICP-MS）、沃特世液相色谱仪、安捷伦气相色谱仪、万通离子色谱仪、吉尔森全自动固相萃取仪、ABI实时荧光定量PCR系统、赛默飞世尔全自动核酸提取仪、BD全自动细菌鉴定系统、多普勒彩超、全自动生化分析仪等国际主流检测仪器设备，现中心检验设备和能力达标或超过等级达标的实验室能力要求。浏阳市疾病预防控制中心经省疾控机构等级评审专家工作组现场评审。多种方式对该市疾控机构标准化建设七大类77项指标进行严格考评，以全省总分第一名通过首批甲等县级疾控机构评审，获得“湖南省县级甲等疾控中心”称号。

（陈建伟）

浏阳市卫生监督所

【概况】 浏阳市卫生监督所于2004年12月28日正式挂牌成立，定编32人。2015年10月食品安全监管职能调整，卫生监督所不再承担餐饮安全监管职能，编制数量相应减少4人，2015年底定编28人，为市卫生和计划生育局主办的副科级事业单位，由市财政全额预算，人员参照公务员管理。现有卫生监督员22人，设有一室三科，分别是综合办公室、卫生监督一科、二科、三科，担负全市卫生监督工作任务。全市各类被监管单位共5000余家，其中学校、幼儿园450家，各级各类医疗机构1137家，公共场所3000多家，生活饮用水单位32家等。

队伍建设　党风廉政建设和行业作风建设。加强班子成员间分工合作、交流学习，沟通理解，确保各项工作开展做到科学决策、有序推进；加强党建工作，落实党员目标管理、民主评议党员、党员领导干部民主生活会、结对共建、发展新党员等基层党建工作，与各科室负责人、全体干部职工层层进行履职承诺，签订《党风廉政责任状》、《廉政承诺书》等；组织全所党员干部职工开展多形式反四风、反腐败等廉政学习教育活动。坚持能力与素质提高并重，用多种形式对卫生监督员进行学习培训，不断提高卫生监督员的政治素质、业务能力和执法水平。坚持每周学习例会制度，对案卷质量、法律法规知识、文书制作进行学习培训，解决现场卫生监督执法工作中各类文书制作应用中存在的困难与问题；积极组织卫生监督员学习国家卫生监督员网络培训平台课件；全年派出80多人次参加上级单位组织业务技能培训学习。规范依法行政行为。进一步加大监督稽查工作的力度，围绕中心工作如“创卫”“城乡统筹，环境同治”工作，重点开展专项整治业务稽查；卫生监督所领导带队，采取不通知、不定时、不定点随机稽查方式，对风容风纪、劳动纪律、行为规范、卫生行政许可、案卷质量、业务开展等进行内部稽查，全年稽查60次。

打击非法行医　抓住人民群众最反感、反映最强烈的损害群众利益的突出问题，深入开展打击非法行医专项行动，进一步整顿规范全市医疗市场秩序。全年出动执法人员306人/次，车辆102辆/次，调查案件102起，立案查处56起（其中黑诊所27起），取缔27起，申请强制执行5起，移送公安3起，公告送达3起，听证1起，合议罚款金额49.36万元，没收违法所得0.75万元。进一步规范医疗秩序。开展医疗执业卫生监督专项检查及推行医疗机构量化分级公示制度。一是开展全市各医疗机构依法依规执业专项整治，重点内容包括科室设置、人员资质、处方使用、医疗广告发布、医院感染和消毒隔离、医疗废物管理、生长激素使用情况等；二是定点开展打击“医托”专项行动；三是开展查处虚假违法医疗广告专项整治；四是开展母婴保健技术服务情况专项检查；五是开展手足口病及人感染H7N9防治落实等传染病防治及疫苗流通和接种管理工作情况专项检查；六是开展口腔专科门诊部和诊所专项检查；七是联合市医改办、卫生局、药（食）监局、对浏阳市行政村卫生室进行抗菌素及基药使用暗访检查；八是配合市局开展全市医疗机构年度校验工作；九是开展全市各类医疗机构抗菌药物临床应用专项检查；十是开展全市医疗美容专项检查；十一是开展基层医疗卫生单位放射人员培训及放射卫生许可集中验收工作。共检查各类单位721家（次），全市各医疗卫生单位医疗执业行为进一步规范，医疗市场秩序进一步净化。

餐饮安全　认真履行过渡时期餐饮监管职责，确保餐饮安全。2015年10月底，餐饮安全监督管理职能正式移交市场与质量监督管理局，在移交过渡前，卫生监督所全力做好过渡时期的餐饮安全监督工作，确保全市餐饮卫生安全平稳过渡。一是加强农村聚餐监管工作。11月前对全市申报农村聚餐进行现场指导，指导率100%，开展食品安全培训32课时，培训农村食品安全管理人员600多人次，全市农村聚餐未发生重大食物中毒事件。二是开展“四小整规”“百日利剑”行动、“四查”行动、中小餐饮整治等18项与餐饮安全相关的专项整治活动，多次完成如中央领导到浏等重大活动卫生安全保障工作任务。检查各类餐饮单位1200家，对每一专项检查工作的开展，均做到有方案，有资料，有总结，共制作餐饮监督文书2000余份。

公共场所单位专项整治及量化分级管理　一是开展集中式中央空调、游泳场所、住宿业、美容美发、足浴、咖啡茶馆、洗浴场所等公共场所专项监督检查，检查单位960家，监督覆盖率100%，从业人员的体检培训率90%以上；二是开展全市公共场所无卫生许可证经营专项整治行动；三是落实暑期政府免费游泳场馆的卫生监督工作，开放期间每天对游泳场所卫生进行监督巡查，对水质进行快速检测；四是对城区范围内的公共场所单位全部建立分户档案，建档率100%，全年增加60家量化分级单位。

生活饮水安全　开展两次全市32家集中式供水单位、城区58家二次供水单位专项检查及两次全市123所学校自建设施供水卫生监督专项检查，对32家集中式供水单位出厂水进行现场快速检测，立案查处违法经营自来水单位1起（澄潭江自来水厂），罚款金额3000元。

综合治理学校卫生　开展春秋两季学校卫生综合治理行动，检查全市各类学校、托幼机构637家，校园周边餐饮店38家；开展学校预防近视眼宣传活动；配合上级部门开展多次校园食品安全督查和校园周边环境整治行动。

开展消毒产品专项检查　开展全市集中式餐具消毒生产单位及一次性卫生用品生产单位专项检查，检查餐具集中式消毒单位22家，一次性卫生用品生产单位3家。针对检察部门发现的餐饮行业所使用的消毒餐具存在的问题和提出的建议，及时进行卫生整改和反馈。

卫生行政许可和投诉举报　全年接收长沙市商事信息813条，发放各类卫生许可证1298户，其中公共场所284户，饮用水10户，餐饮单位976户，放射卫生28户。全年接受各类投诉举报57起，其中医疗投诉17起，食品投诉39起，公共场所1起投诉。

中心工作　圆满完成“创卫”“城乡统筹环境同治”“文明指数测评”“清洁城市”“省级卫生城

市复查”等中心工作任务，积极开展“五小门店”专项整治。结合中心工作创建标准，对城区所有的五小门店逐街逐店重新进行摸排，登记造册；加强对“五小门店”帮扶、指导，简化办证工作流程和办证手续，提高五小门店的卫生条件和持证率；对小公共场所单位免费配送消毒、保洁设施、卫生公示牌、卫生标识及卫生档案；小餐饮单位“门前灶”改造取得全面进展，改造超过400家“门前灶”；集中整治打击取缔无证经营行动。检查各类五小门店450家，整改350家，取缔40家，立案4家，合议处罚5万元。

宣传教育培训 一是注重新闻宣传报道。全年新闻媒体对浏阳市卫生监督所监督工作报道24条，其中《浏阳日报》报道21条，卫生监督信息18期，每季度定期在《浏阳日报》上进行卫生公示。二是开展卫生法律法规知识宣传培训。开展各类义务免费宣传服务活动；加强管理相对人培训学习，如联合教育局组织全市学校卫生管理员开展食品卫生、传染病防治、生活饮用水、教学环境卫生专题培训，培训210人；开展“3•15”“4•17”“5•31”职业病防治宣传周、食品安全宣传周、生活饮用水宣传周等卫生法律法规知识宣传活动，培训各类卫生管理员1600余人；四是在全所组织开展省级卫生监督信息报告系统培训学习，及时按要求做好信息填报工作，按时按要求向各级上级单位报送各类卫生监督工作信息130余条。（李先义）

浏阳市妇幼保健院

浏阳市妇幼保健院

党委书记、院长　龙湘泉

党委委员、副院长

周书进（女，2015.08免）

李　珣

党委委员、纪委书记

黄其美（女）

【概况】 2015年，市妇幼保健院新一届领导班子以国家医改和妇幼保健机构规范化建设为契机，以“十二五规划攻坚年”为主题，内抓管理，外树形象，实现医院新常态下的新发展。

公共卫生工作 2015年全市活产婴儿20706人。孕产妇死亡率14.49/10万，五岁以下儿童死亡率5.26‰，婴儿死亡率2.99‰，均远远低于国家规定要求，其余23项57个群体保健指标，全面达标。经长沙市卫计委的综合目标考核再次获长沙地区9个区（县市）第一名，这是连续22年获此殊荣。

医疗业务工作 2015年完成门诊诊疗48万人次，住院3.7万人次，实现医疗业务收入1.93亿元。全年药品收入占业务收入的占比控制在16%。在全国经济下行压力的大背景下，保持业务收入6%的增速，实现医院新常态下新发展。

学科体系建设 市妇幼保健院是全国学科体系建设示范单位，2015年继续发挥全国示范引领作用，不断加强内涵建设，儿童健康部突出专科建设，儿童营养、儿童认知专科不断发展，儿童保健科获批长沙市重点专科。围产医学部进一步完善特殊门诊、妊娠高血压和糖尿病一日门诊，针对二孩生育政策的放开，开设再生育咨询门诊，专科特色日益凸显，辖区影响不断扩大。妇女健康部实现大妇科运行模式，引进中医适宜技术，一体化管理初见成效。体检与慢病康复部进一步完善八大模块慢病康复业务，内科病房突出孕产妇合并心脏病、高血压、糖尿病的诊治，业务不断提升。公共医疗部不断引进新技术、新方法，最大程度方便广大老百姓就诊。全年接待来自全国23个省（市）参观学习团158批次。

内部机构改革 年初，对行政后勤职能科室进行调整和优化。按照“因事设岗，职能整合”的原则，进一步理顺内部关系，在现有科室设置的基础上，新设医疗安全办、绩效办、采购中心、宣传信息科等职能科室，中层干部实行竞聘上岗。按照市纪委的相关要求，对药剂、设备、总务、财务等特殊岗位的中层干部实行轮岗。将采购职能整合后，对药品、耗材、试剂、后勤物资重新进行招标，为医院节省资金近500余万元，各职能科室的积极性得到充分发挥，服务效益和服务质量明显提高。

公立医院改革 7月份，市妇幼保健院采用新的绩效分配方案，以预算为基础，以标准化工作量为依据，以绩效考核为保障，充分体现“多劳多得，优绩优酬”和“效率优先、兼顾公平”的原则，新方案的实施，通过薪酬预算管理，医院经济运行质量进一步得到优化；以工作量计绩效，充分调动广大干部职工积极性，促进医院业务发展；通过绩效考核，提高科室内部的综合管理与运营能力。医院运营步入良性轨道。

内部管理 围绕质量和安全，强化医院内部管理。一是加强职能科室队伍建设。调整和充实相关科室力量，并对职能科室人员进行相关管理知识培训。先后开展中医服务能力、内科急救、医疗风险防范知识和病历书写质量专题培训。护理部创新管理方法对考试考核排名靠后者安排一对一带教，并与绩效挂钩。在妇产科和儿科系统之间启动院内进修活动，加强相互交流学习，博取他人长处并学以致用。以科室为单位每月进行专项业务知识培训，由医务、科教、护理、院感每月进行抽查及考核。二是继续推行每周一职能科室晨会制度。对上周工作进行总结，对本周工作部署安排，并对突出问题提出讨论，寻求解决方案。三是改革查房模式。改变以往固定日期查房为随机查房，对突出问题提出整改意见，降低医疗风险。四是强化不良事件报告制度。对发生的不良事件，职能部门早期介入，努力降低不良事件所造成的不良后果。五是推进“学医为民、服务乡亲”活动。通过基层走访，收集基层的意见和建议，努力加以改进，促进医疗服务质量提升。六是处置医疗投诉和纠纷。全年受理医疗纠纷和投诉48起，较上年同期下降26%。医疗纠纷补偿金额为23万元，较去年同期下降67%。七是加强湘赣边区域合作，争取县域外新农合定点，方便外地患者到院就诊。江西省铜鼓县的新农合定点浏阳市妇幼保健院。八是科教科研工作成绩显著。进一步加强外出进修学习管理及科室业务学习督查，完善科教科研管理奖励方案，充分调动职工的科研积极性。儿童保健科成功申报为长沙市重点专科。九是充分发挥临床药学优势，积极指导全院合理用药，药占比控制在16%左右。十是院校合作基础不断夯实。市妇幼保健院作为湖南医药学院的教学医院，进一步加强院校合作，实习带教、科教科研工作不断深入。十一是积极对接国家放开二孩生育有关政策，组织开展全市机关干部生育健康知识讲座，出台“二孩生育健康直通车”活动实施方案，深受广大服务对象的好评。十二是开展流产后妇女关爱活动。2015年医院被全国妇联、中国妇女发展基金会授予“PAC优质服务医院”，全市妇女广泛受益。

文化兴院　按照“文化兴院”工作目标，以“慈爱、勤勉、精诚、奉献”为核心，以“患者至上”为前提，加强医院文化建设。一是医院制定文化建设方案，以科室为单位、以就诊时段为节点分类设置412个文化建设指标，将具体的工作用412个指标进行量化考核。二是创新推进“文化建设行政查房制度”。制定文化建设行政查房标准，定期下科室查房，掌握文化指标的实施进度与效果，查房结果每月通报、及时反馈。三是将文化建设落实情况逐步纳入绩效考核，着力构建“患者至上”医院文化的长效机制。四是开展医院文化建设活动月系列活动。通过知识抢答赛、演讲比赛和指标的落地与执行等活动，使医院文化建设由无形变有形、由主观变客观、由感性变理性、由抽象变实用。

其他各项工作　一是认真做好安全生产和社会管理综合治理工作。建立健全“党政同责、一岗双责、齐抓共管”的安全生产责任体系，努力打造平安医院。医院设立警务室，组建综治、消防应急分队，充分利用医院视频监控系统和一键式报警系统，构建立体式治安和消防监控网络，做到人防和技防相结合，确保医院平安稳定。二是全面完成创建国家卫生城市和全国文明城市的各项工作任务。三是做好群众工作站工作。开展“一进二访”活动，与基层群众促膝谈心，帮助解决实际困难，共结对帮扶21户贫困户。四是进一步加强“党建带三建”活动。开展省级“模范职工之家”和“长少市青年文明号”创建活动，成功举办第五届职工运动会，开展“半边天健康联谊会”和“最美家庭”创建活动，为医院健康发展注入“正能量”。与浏阳论坛合作，先后开展“当一天医生（护士）”知名网友体验日活动、儿童康复微信沙龙活动、辣妈课堂活动，不断提升医院社会形象。（刘　学）

社会生活

民 政

浏阳市民政局

党组书记、局长

姜林峰（2015.09 任）

副书记、副局长 赖明汉

副局长 王朝晖

刘赋辉（2015.09 任）

林永红 陈 平

纪检组长 王慈秀（女）

【概况】 2015 年，市民政局在职干部职工 89 人，退休干部 30 人，内设办公室、优抚安置科、救灾救济科、基层政权和社区建设科、社会事务科、社会福利科、计财科 7 个科室。下设二级事业单位 16 个，其中全额拨款二级事业单位 14 个，分别为市生活无着人员救助管理站、市老区经济促进委员会办公室、市社会福利生产办公室、市民间组织登记管理局、市社会救助局、中心光荣院、官渡光荣院、古港光荣院、区划地名办、军队离退休干部休养所、婚姻登记处、社会福利院、烈士陵园建设管理办公室、慈善事业促进办公室。差额拨款二级事业单位 1 个，为社会福利有奖募捐办。自收自支事业单位 1 个——市殡仪馆。

社会救助 （一）城乡低保。进一步完善居民家庭经济状况核查机制和信息比对机制，规范入户调查、收入核算、民主评议、公开公示等工作程序，确保公平公正施保，做到应保尽保。全年发放城乡低保金 1.44 亿元，保障城乡困难群众 6 万余人，城乡低保人均月补差水平分别为 329 元和 152 元。（二）医疗救助。对特困供养人员、城乡低保对象以及其他困难人员进一步降低救助门槛，提高救助比例和救助限额，对特重大疾病进行重点救助，全年发放各类医疗救助资金 3000 余万元。（三）五保供养。市乡两级投入资金 3370 万元，新建和扩建葛家、大围山、沿溪、高坪、七宝山、永和等 6 所乡镇敬老院，增加床位 640 余个，供养对象生活居住环境得到有效改善。集中供养和分散供养年标准分别为 7200 元、3120 元。（四）防灾救灾。及时应对 2015 年以来的 4 次较大暴雨等自然灾害，帮助 78 户因灾全倒房户恢复重建，发放住房补助资金 98.2 万元。开展防灾减灾示范社区创建活动，群众减灾抗灾能力得到加强。（五）临时救助。进一步完善临时应急救助机制，加大救助力度，创新实施以春节走访慰问和特困对象重点救助为主要内容的暖心工程，全市走访慰问和重点救助困难户 2.7 万余户，发放救助金 1460 万元。积极开展助学、助医、助困等各类慈善救助活动，发放善款 1739 万元，缓解困难家庭基本生活问题，发挥社会救助保基本、兜底线、促公平的作用。

社会福利、老龄 （一）孤儿福利。对全市 114 名散居和集中养育孤儿每人每月分别发放 710 元和 1400 元的孤儿生活费，确保孤儿健康成长。（二）老年人福利服务。继续实施高龄老人生活补贴制度，全年对全市 80 周岁以上的贫困老人和 90 周岁以上的所有老人发放生活补贴 520 万元。对 1423 名失能、半失能的五保户和失能的低保户，发放 100 元 / 月的基本养老服务补贴，基本养老服务补贴率 78%。加强养老福利机构建设，引导、扶持社会力量参与养老事业，探索居家养老服务新模式，开展 104 个农村幸福院的建设，建成淮川街道日间照料中心 1 个、省级城乡养老服务示范点 6 个，全年累计增加床位 1376 张。以庆祝第 27 个湖南省老年节为契机，开展第六届十大孝星评选和第二届敬老文明号评选，举办老年人广场舞大赛等丰富多彩的老年人活动，进一步强化社会尊老敬老意识，激发社会参与敬老助老活动的热情。（三）残疾人福利。会同相关部门对全市 28 家社会福利企业进行年检，督促全市福利企业抓好安全生产，并对安排的 600 余名残疾职工各项工资福利和社会保险均按照国家相关政策落实到位，维护残疾职工的合法权益。（四）福利资金募集。拓宽福彩销售市场，新建市经开区中福在线销售大厅，全年实现福彩销量 1.7 亿元，为发展福利事业提供有力的资金支撑。

基层社会管理 对基层组织现有工作任务进行全面梳理，依法厘清基层自治组织的工作职责，制定村（社区）目录清单，进一步减轻基层负担。按照全面建成小康社会的要求，进一步完善以村（居）务公开、村规民约、自治章程为重点的各项民主管理制度，确保城乡居民依法自治的各项考核指标达标。指导城市社区全面推进网格化管理，推动社区管理和服务项目化、专业化、标准化、信息化。农村社区在着力抓好巩固提质的基础上，选择8个示范点和19个试点社区进行布点建设，通过重点培植，充分发挥典型引路、示范带动作用。创新社会组织管理。对公益慈善类、行业协会商会类、科技类、城乡社区服务类社会组织，实行直接登记。优化行政审批程序，缩减行政审批时限，做到“一次性告知、一窗口受理、一站式办结”，全年新成立登记社会组织135个。基层社会自治和自我服务功能不断增强。

专项社会事务　(一)婚姻、收养登记。全年办理婚姻登记12610对，收养登记90起。开展婚姻登记优质服务活动，于7月起实行婚姻登记全免费。(二)开展区划调整。根据市委、市政府决策部署，按照整体合并、向心合并和优势互补的原则，对市内部分乡镇区划进行调整改革，乡镇数从33个调整为28个，并实现快速平稳过渡。同时有序推进全市地名普查工作。(三)流浪人员救助。实施流动救助、劝导救助和主动救助，救助2095人次。组织开展“传递温暖，关爱救助”为主题的宣传月活动，基本实现城区街面无流浪乞讨未成年人的目标。(四)殡葬改革。召开全市殡改工作大会，通过加大宣传力度，从严整治城区殡葬搭棚治丧行为，开展墓葬管理和整治，推进农村公益性墓地建设，全面落实殡葬惠民政策，全市火化率稳步上升，殡葬秩序不断规范，群众基本殡葬需求得到有效满足。全年火化遗体5835具，建设农村公益性墓地8处。

优抚安置　(一)双拥活动。结合元旦、春节、“八一”、国庆等节日，运用多种形式，开展“双带双促”和各类双拥活动，走访优抚对象15552人，发放各类慰问物款计145.2万元。全面推行重点优抚对象医疗救助“一站式”保障工作，为2130余名困难优抚对象解决临时救助120余万元。在纪念抗战胜利70周年期间，为浏阳籍的50名抗战老兵发放慰问金25万元。(二)抚恤补助足额发放。严格按照政策规定发放重点优抚对象定期定量补助、医疗补助和义务兵家庭优待金，全年发放各类优抚补助经费7200余万元。全面落实军休干部两个待遇。(三)退伍安置。对接收的退役士兵均采取自主择业、安排工作等方式妥善进行安置。加大退伍军人技能培训力度，加强与用人单位的沟通衔接，推荐和输送军地两用人才就业创业100余人。(四)烈士陵园。积极协调相关部门，解决道吾山风景区购票参观和烈士陵园免费入园的矛盾，进一步方便干部群众参与瞻仰活动，充分发挥爱国主义教育基地作用。市烈士陵园被列为省级烈士纪念设施保护单位。

(李　伟　陈　科)

【浏阳乡镇区划调整改革】　9月22日全省召开乡镇区划调整改革工作动员会后，浏阳市就乡镇调整工作方案广泛征求意见，通过网络、微信、公众号等新媒体平台发布消息，引导民众积极建言献策，按照省委、省政府和长沙市委、市政府的统一安排部署，按照整体合并、向心合并和优势互补的原则，迅速启动乡镇区划调整改革工作，太平桥与集里街道合并，溪江乡与关口街道合并；大瑶是国家级扩权试点镇，杨花乡与之合并是“向心”之作；七宝山乡与永和镇都是矿区，但七宝山地广人稀，永和则正好相反，合在一起正好优势互补。全市乡镇总数由33个调整为28个，11月24日，浏阳出台《乡镇区划调整后续工作服务清单》，公开承诺对被撤并乡镇“三增三不减”，公开服务机构只增加不减少、政务服务站点只增加不减少、建设发展投入只增加不减少。12月3日，在原杨花乡、七宝山乡、三口镇、溪江乡、太平桥镇政府驻地挂牌成立五个便民服务中心，新设立乡镇的领导班子也全部调整到位。镇区划调整的改革任务全面完成。浏阳的先进经验被湖南日报、湖南卫视和长沙晚报等多家媒体宣传报道，并被评为全省乡镇区划调整改革工作先进单位。

(李　伟　陈　科)

【浏阳市烈士陵园被列入湖南省和长沙市重点烈士纪念设施保护单位】　浏阳市烈士陵园2011年8月启动建设，选址在省级风景名胜区道吾山。2014年8月投入使用，陵园规划建设用地78821.66平方米，总建筑面积5837平方米，景观面积40000平方米，建筑密度4.61%，容积率0.07，绿地率86.5%。主要包括烈士墓、浏阳革命历史纪念馆、烈士纪念碑、烈士英名墙、入口广场、纪念广场、祭拜广场、花海梯田、配套管理用房等，总投资1亿元。全园规划布局以主轴为界分为两大片区：游园区与墓园区。两区位于山体两面之间通过纪念馆相对隔离，游园区为主要人流活动场地，体现开放、休闲的氛围；墓园区相对隐蔽，适合少量游客及烈士家属祭拜。同时墓园与游园之间通过环形布置的纪念馆及浮雕墙加以隔离，保证各区的相对独立性。纪念馆采用覆土建筑，绿色植物为覆盖屋面，使其很好地融入自然美景。烈士墓分六个历史时期布置，墓碑形式简约生态，可融入整个山体植被当中。陵园在总体布局上通过建筑物与山水的有机整合，形成丰富的空间层次，烘托出革命先烈为民族解放，创建民主和谐社会的崇高理想和广大人民群众对先烈的缅怀、敬仰的氛围。该园2015年1月被列为湖南省和长沙市的重点烈士纪念设施保护单位。

(李　伟　陈　科)

人力资源和社会保障

浏阳市人力资源和社会保障局

党委书记、局长　缪传良
副书记、副局长
　李建辉 (2015.08免)
　周雪峰 (2015.12任)
副局长　李发镭 (2015.08免)
　苏高潮　陈伟林　钟　伟
纪委书记　吴志长
工伤保险中心主任
　谢雪菲(女)
养老保险中心主任　周逢成
人力资源服务中心主任
　袁远航
失业保险中心主任　周水波
医疗保险中心主任
　冷长征 (女)

【概况】　浏阳市人力资源和社会保

障局下设14个职能科室，5个副科级二级机构，在职在编干部职工152人。2015年，增加城镇就业16382人，失业人员实现再就业3642人，就业困难对象再就业1396人，增加农村劳动力转移就业17700人，城镇登记失业率控制在2.8%，培训各类人员8930人，发放小额担保贷款1205万元。五项社会保险累计实现基金收入26亿元；支付各类待遇18亿元。社会保险基金按时足额发放率（支付率）、社会化发放率、退休人员社会管理率均为100%。

就业再就业　促进就业工程，保持全市就业局势稳定。一是落实促进就业的各项政策。新开发公益性岗位290个，为大学生提供见习岗位800个，举办职业技能培训、创业培训和企业职工提升培训8930人。二是抓公共就业服务。在湖南省14个市州的主流媒体同步刊登“湖湘宝地.美丽浏阳——诚邀您来浏阳工作”的邀请函及各类大型企业招聘信息，在湖南卫视、湖南经视台等主流媒体集中报道浏阳各类企业的招用工情况，发放企业宣传资料5万多份。开展“就业援助月活动”“春风行动”“大中专毕业生专场招聘”等一系列专项活动。全年累计举办定期招聘48场，各种大型专场招聘会15场，为各类企业招聘劳动者4.2万人。三是全力做好重点企业人力资源招募工作。人力资源和社会保障局将蓝思科技等劳动密集型企业人力资源招募工作作为服务企业发展的重要抓手，加强跨区域劳务合作，组织缺工企业到湘西龙山、花垣和衡阳常宁举办招聘会；组织重点企业赴鄂赣边20个县市开展劳务协作交流活动。四是深入实施职业技能培训计划。加强定点培训基地建设，采取岗前培训、引导式培训、定单式培训等多种培训方式，推动职业技能培训与市场就业对接，提高劳动者的职业技能水平，全年组织各类职业技能培训8930人。五是创业富民工作职能移交人力资源和社会保障局。建立智慧浏阳河文化创意孵化基地、湘赣边红色革命老区返乡农民工创业等9个创业基地，筹划启动浏阳市创业大厦建设工作，建立120多位创业服务专家库，开展创业大赛和创业典型推介活动。浏阳市增加创业主体11001户，带动城乡就业人数30060人，扶持大学生创业445人。

人才人事　突出人才优先理念，全市人才规模和人才质量稳中有升。一是大力引进人才。实施“5358”人才引进工程，引进市直单位紧缺型人才115人，医卫工作人员105人，教师246人，选调和录用公务员89人，人才队伍状况得到明显改善。二是加强专业技术人才队伍建设。30个乡镇（街道）180个事业单位进行岗位设置，成立市中小学教师系列中级职称评审委员会，86名教师获中级职称，评审636名初级专业技术人员任职资格，向省市申报中高级职称评审604人，组织开展烟花爆竹专业中级职称特殊评审，62人获工艺美术师任职资格。三是全面提升人才素质。举办机关事业单位公职人员公需科目培（补）训班53期，培训专业技术人员、公务员、新进人员5841人。四是规范公职人员队伍建设。启动职务与职级并行制度改革。下发《关于填报清理机关事业单位编外合同制人员整改情况的通知》，规范编外合同制人员管理。组织58批9064人次4类公务员培训，初任培训率100%；完成4名军转安置任务，安抚企业军转干部情绪，维护稳定。

社会保障　创新社会保险工作，加快覆盖城乡社会保障体系的建设步伐，各项社保待遇全部实现按时足额发放。一是基金征缴进一步强化。通过政策宣传、监察执法、部门联动催缴等措施，促进社保基金征缴。五项社会保险累计实现基金收入26亿元，其中，征缴收入17亿元，五大保险新增参保5.2万人次。二是保障水平进一步提高。完成企业退休职工基本养老金平均增长11%的调待工作，落实城乡居民与企业职工养老保险关系转续衔接，城乡居民养老保险基础养老金提高至130元/月，为独生子女奖励对象、乡村教师、乡村医生提供额外代发服务；启动灵活就业人员参加医保，提高大病救助起付线，延长特殊门诊期限，提高城镇职工医疗保险部分项目标准，调整城镇职工医疗保险、生育保险药品目录；将建筑项目工伤保险费率从3‰下降为1.35‰，将装饰企业工伤保障费率从2%下降为1%；失业金待遇从1000元/月提高到1063元/月。三是基金稽核监管进一步完善。严格执行“一事两岗两审”、收支两条线管理等基金财务制度，抓实督查稽核，保证社保基金平稳运行、安全完整。探索“规范化建网、多元化控网、信息化保网”的“三化”式社保基金监管安全网。每季度例行检查，查处24件骗保、套保、漏保等案件，涉及社保基金27万元；网络预警并纠正5000余起重复参保、不符合政策享受等现象。

劳动维权　积极维权，注重调解，化解各类社会矛盾，和谐劳动关系建设取得新突破。顺应劳动关系新常态，探索解决办法，加大执法力度，缓和社会关系，为经济建设保驾护航。一是探索“六联”执法模式。与公安、建设等8个部门联合，利用“媒体联播、部门联动、步骤联贯、内容联项、整改联力、监控联防”的“六联”执法模式，进行10次专项监察执法，处理13起群体性拖欠工资事件，日常巡视检查单位105个，办理100个项目农民工保障金手续。2015年劳动监察处理投诉1241起，追回拖欠工资约7371万元，法定期限内结案率100%。二是化解“四多”维权矛盾。劳动维权呈现“四多”特点，即拖欠事件增多，群体讨薪增多，过激手段增多，投诉频率增多。受理各类劳动人事争议案件878件，比上年度增长84.5%，结案410件。组织乡镇（街道）调解员业务专题培训，枨冲镇成立长沙市首个乡镇级劳动人事争议调解中心。市人大主任会议专题听取全市劳动纠纷调解仲裁情况汇报。三是构建“3456”信访机制。实行领导公开接访制度，按照“1-4-18”结构模式，形成“3456”信访机制。接到领导批示件25件，省长、市长信箱51份，“12345”热线工单85份，“12333”热线2399个，收到来信43件，接待群众来访876人次，办结率

100%。其中，12345市民热线回访满意率100%，12345市民热线和群众信访工作前三季度均为浏阳市一类单位，有效化解社会矛盾。

内务管理　设立专职行政监督领导机构，加强行政管理；明确政务服务中心人社局分中心管理成员，轮流值班巡查。梳理、清理办事流程，完善单位印章管理制度，聘请6名政风行风监督员，对分中心组织明查暗访，践行“一线工作法”，创新开展群工站工作。搬迁办公楼，做好房间导向牌、办事流程栏、人员去向栏和工作职责牌；设立咨询引导台，收集群众对窗口业务办理满意度；设立“五险合一”征缴中心；向经开区下放劳动监察保障权限，方便园区劳资纠纷调解，将就业失业登记证办理与失业金领取签到下放到经开区人社中心窗口办理，并为企业及参保个人代办基金收据领取、生育登记、医保报销等社保业务；“一卡通”发放区分类别全覆盖，采取集中送卡、定点领卡和上门服务等方式，将发放现场搬到广东佛山等外地。

党群建设　换届选举局机关党支部，将原先支部分设成两个支部。邀请浏阳市委常委、常务副市长张作林到人力资源和社会保障局上《三严三实》专题教育》讲座；局领导为全体干部职工讲党课，解读《2015政府工作报告》；组织机关全体党员前往胡耀邦故居参观学习；组织乡镇（街道）人社专干培训，在经开区组织养老保险缴费费率过渡试点等4场培训。扎实创建服务型党组织，抓好“五好基层党组织”建设，切实落实管党责任制和机关党员百分制考核管理。落实党风廉政建设责任制，推动党风廉政建设与部门业务工作互融互动，协调并进。　（龚加强）

【浏阳市人力资源和社会保障局办公地点搬迁】　浏阳市人力资源和社会保障局于2014年7月启动办公地点搬迁工作，办公地点由原来的浏阳市金沙北路449号整体搬迁至浏阳市行政中心附一栋，2015年2月完成整体搬迁。搬迁后实现人力资源和社会保障局整体办公，改变浏阳市人社局机关形象，方便办事群众。　（龚加强）

【启动浏阳市社会保障卡发放工作】　社会保障卡是由人社部统一规划，面向社会公众发行的市民卡，也是我国第一张印有国徽的银行卡，具有电子凭证、信息记录、自动查询、就医结算、缴费和待遇领取、金融支付等六大基本功能。发行社会保障卡，是创新人力资源和社会保障管理服务模式和金融服务模式的重要举措，有利于人民群众方便快捷地享受社会保障待遇和金融服务，有利于促进信息消费，实现信息惠民。尤其是扩展到“一卡通“后，将同时具备人社、金融、民政、卫生、公积金等众多应用功能，使老百姓更加方便快捷享受各项公共服务，将进一步完善政府公共服务模式，提高公共资源使用效率，降低社会运行成本。2015年9月8日，浏阳社会保障“一卡通”在浏阳市大瑶镇南山村首发。灵活采取“集中送卡、定点领卡和上门服务”方式，为外出务工人员服务，将发放现场搬到广东佛山等外地，推行“千里爱心送卡”贴心服务深受百姓点赞。　（龚加强）

老龄工作

浏阳市老龄工作委员会

顾　问　曹立军　张绍春
主　任　余勋伟
副主任　熊清溪　邓阳锋
　　　　李爱民

【概况】　2015年，浏阳市围绕“五个老有”（老有所养、老有所依、老有所学、老有所为、老有所乐）的目标，落实全国、省、市老龄工作文件和会议精神，配合党委政府的中心工作，完成各项工作任务，进一步推动老龄事业健康、快速、持续发展。

整体部署安排全市老龄工作　4月29日，召开全市老龄工作会议，总结2014年工作安排部署2015年老龄工作，表彰奖励19个老龄工作先进单位、80个老龄工作先进个人。

落实各项惠老优待政策　1.根据浏阳市人民政府办公室《浏政办函〔2015〕9号》文件精神，启动基本养老服务补贴工作。对全市65周岁以上失能半失能“五保”老人和失能低保老人实施每人每月100元的基本养老服务补贴，全年下拨资金170万元，享受补贴1680余人（含集中供养280余人），覆盖率78%。2.继续推进老年人意外伤害保险工作，2015年全市缴纳保费149万余元（含政府出资37.54万元）。申请理赔人数211人，理赔金额48.6万余元，赔付率约为32.6%。3.高龄老人生活津贴发放严格实行动态化管理，按月多方比对信息（计生部门人口死亡信息、人社局养老保险人口异动信息、民政局社会事务科城乡死亡火化信息、以及乡镇民政办申报的人口异动信息），及时掌握和变更发放对象异动情况，做到不漏发、不多发、不滥发。4.一年两次为3800余人次离任村干部发放生活补贴共计365多万元；任村主职10年以上离任村干部的补贴标准每人每月提标15元。5.对年内满100周岁的老人进行调查建立档案，并对百岁老人进行全面核查，向30余人次百岁老人登门祝寿、上户悼念。配合长沙市慈善办发放“新奥燃气”百岁老人慰问金12.3万元。对每位百岁老人进行年终春节走访慰问。6.为年满65周岁老年人办理老年人优待证9000余本。

养老服务推进老龄事业全面发展　1.继续开展城乡养老服务示范点创建活动。建立省、市城乡养老服务示范点信息库，创建6个省级城乡养老服务示范点，5个长沙市级示范点，3个浏阳市级示范点。2.推进农村居家养老服务工作，2015年经长沙市民政局、长沙市老年协会确定新增30个村为农村居家养老服务试点村，有55个村被确定为农村居家养老服务试点村。3.加强基层老年协会建设。市内32个乡镇街道，401个村（社区）均建立老年协会，结合实际情况创新开展工作。主导居家养老服务工作，建立志愿服务制度，建立低龄老年人互帮队，志愿者上门为高龄、失能、空巢老人提供生活帮助和照料；参与农村幸福院建设，打造老年活动场所；参与社会综合治理，推进和谐社会建设。

组织敬老主题活动 1.开展第六届十大孝星评选表彰活动，通过基层推荐、调查考察、公开评选等环节，评选出胡蓉（龙伏镇柘庄村）、陈铁军（柏加镇柏铃社区）、罗忠南（小河乡金沙村）、廖能明（集里街道神仙坳社区）、李菊梅（达浒镇丰田村）、王凤生（龙伏镇柘庄村）、吴火亮（淳口镇狮岩村）、李先能（金刚镇星星村）、熊花照（北盛镇乌龙社区）、贝远根（溪江乡政府）等10人为浏阳市第六届十大孝星，由市老龄委予以表彰奖励。同时在报纸、电台及其他媒体上进行宣传推介。2.开展第二届敬老文明号命名表彰活动，通过基层推荐、调查考察、公开评选等环节，胡耀邦同志故居管理处、北盛镇中心卫生院、金刚镇卫生院、沙市镇卫生院、淮川街道城西社区、关口街道长兴社区善爱港社会服务中心、湖南比一比贸易有限责任公司车站购物中心、湖南浏阳农村商业银行股份有限公司城关分理处、浏阳市兴乐种植科技开发有限公司、浏阳市幻影力发型屋等10家单位被授予敬老文明号称号。3.精心组织庆祝老年节和敬老月系列活动。市里组织老年节庆祝大会，表彰第六届十大孝星和第二届敬老文明号的获奖单位和个人；组织开展门球赛、广场舞大赛、趣味游艺、文艺汇演等活动；各乡镇（街道）及各村（社区）也开展文艺汇演、组织老年人运动会、举办千叟宴、老年人座谈会、慰问困难老人等形式多样的活动，共同营造“尊老、敬老、爱老、助老”的良好社会风尚。（黎 敏）

居民生活

国家统计局浏阳调查队

队 长 熊明威

【乡镇居民收入和支出现状】 2015年，国家统计局浏阳调查队对本市10个乡（镇）12个村（社区）的118户居民的抽样调查显示：城乡居民人均可支配收入30877元，增长8.5%，其中城镇居民人均可支配收入36631元，增长8.3%，农村居民人均可支配收入25191元，增长8.6%。城乡居民人均消费支出18759元，增长8.8%，其中城镇居民人均生活消费支出22411元，增长8.7%，农村居民人均生活消费支出15150元，增长8.9%。可支配收入和消费支出增长平稳，消费支出的增速保持与可支配收入同步，消费支出的增速也给经济增长提供足够的动力，给“十三五”的开局提供信心。

收入分析 城镇居民收入构成分析。2015年，城镇居民人均可支配收入36631元，其中工资性收入为19604元、经营性净收入为9015元、财产净收入为5110元、转移净收入为2902元，在可支配收入中占比分别为：53.5%、24.6%、13.9%和7.9%，城镇居民工资性收入依然占据可支配收入的主要位置。对比上年度收入结构，工资性收入、经营性净收入、财产净收入和转移净收入分别增长5.7%、21.8%、-4.7%和16%，可以看出财产净收入一项减少，而且减少的幅度很少，总体增长明显，特别是经营性净收入增长最大，增速超过20%，充分展示浏阳市经济发展的强大潜在推动力。农村居民收入构成分析。农村居民人均可支配收入25191元，其中工资性收入为10413元、经营性净收入为11509元、财产净收入为327元、转移净收入为2942元，在农村居民可支配收入中占比分别为：41.3%、45.7%、1.3%和11.7%。对比上年度收入结构，工资性收入、经营性净收入、财产净收入和转移净收入分别增长16.6%、12.3%、-32.6%和-16.4%。虽然总体呈现两增两减，但由于实现增长的两个收入在可支配收入里占比87%，所以收入增长明显。可以看到在农村居民收入构成中工资性收入和经营性收入占最大的比重，占比都在40%以上，尤其是农民居民的工资性收入增长特别明显，金额及占比都快赶上经营性净收入，突出反映浏阳市工业化与城镇化进程加快和县域经济发展提速，特别是“一线三城”战略加码，让更多的浏阳农村居民实现在家门口打工的梦想，明显体现在农村居民工资性收入，其占比和增长率分别达到41.3%和16.6%，可以预见的是，农民劳动及生活方式将更为明显的改变，更多的农民出门不再是“下地”而是“上班”，这种“新常态”的加剧，必将加快土地流转市场的发展和成熟。

支出分析 城镇居民人均生活消费支出为22411元，农村居民人均生活消费支出为15150元，分别占各自可支配收入的61.2%和60.1%，2014年占比为61.0%和60.0%，2013年占比为56.7%和53.6%，可以看到城镇和农村居民支出占收入的比例相差越来越不明显，城镇和农村的增长分别为8.7%和8.9%，农民居民的生活消费的增加速度略大于城镇居民，反映出农村居民的消费市场需求更为旺盛。城镇居民人均食品消费支出为5010元，农村居民人均食品消费支出为3729元，分别占消费支出的22.4%和24.6%，增长略为降低分别为-0.8%为-6.6%。可以看到农村居民在食品烟酒消费占比略高于城镇居民，但很接近。城镇居民人均衣着消费支出为1513元，农村居民人均衣着消费支出为965元，分别增长为-0.8%和8.5%，可以看到农村居民人均衣着消费增长的势头更为旺盛，市场需求更大。另一方面分析从占消费支出来看，2015年城镇居民和农村居民人均衣着消费支出分别占消费支出6.8%和6.4%，2014年分别占消费支出7.4%和6.4%，可以看出衣着消费支出占比正在持续追平。城镇居民人均居住消费支出为4269元，农村居民人均居住消费支出为3119元，分别占消费支出的19%和20.6%。对比2014年占消费支出的21.6%和23.4%，和2013年占消费增长的11.1%和27.1%，可以看到城镇居民和农村居民在居住消费方面的支出占比的差额从2013年的6%，和2014年的1.8%，降到2015年的1.6%，正在趋同之中。同时，城镇居民人均居住消费和农村居民人均居住消费支出分别下降4.3%和4.2%，集中体现2015年房产市场的低迷。城镇居民人均生活用品及服务消费支出为1093元，农村居民人均生活用品及服务消费支出为949元，2014年分别为1134元和877元，增长分别为-3.6%和8.2%，可以明显看到城镇居民和农村居民在生活用品及服务消费支出方面越来越接近。分别占消费支出的4.9%和6.3%，相差不大。城镇居民人均交通通信支出为5185元，农村居民人均交通通信支出为2688元，分别增长39.8%和89.9%，相较于2014年9.4%和7.4%的增长速度，可以感受2015年惊人的增长速度。其中交通这一块支出增长速度起到绝对支撑作用，2015年城镇居民人均交通支出为4142元，农村居民人均交通支出为2175元，增速分别为40.9%和133.9%，尤为显著的就是农村居民在交通方面的消费诉求，也集中反映居民对美好生活品质的追求。有理由相信随着交通工具的革命，广大的农村也会越来越成为追求品质生活的更为理想居所。城镇居民人均文教娱乐消费支出为3884元，农村居民人均文教娱乐消费支出为2194元，分别占消费支出的17.3%和14.5%，分别增长19.7%和10.3%。反映浏阳市居民对文教娱乐消费需求的强烈。城镇居民人均医疗保健支出为1011元，农村居民人均医疗保健支出为1020元，分别占消费支出的4.5%和6.7%。可以看出农村居民在医疗保健支出这一块稍稍超过城镇居民，体现在消费占比上可能更为明显，可以看到作为收入的弱势方的农村居民在医疗消费支出的压力更大。城镇居民人均其他用品及服务支出为446元，农村居民人均其他用品及服务支出为485元，占消费支出的2.0%和3.2%，分别下降39.9%和2.9%。因为其他用品和服务在总消费中占比不高，金额也不大，但总体下降的幅度还是比较大的，达到24.9%。（张雪君）

奇闻逸事

【浏阳一家六代同堂 上演102岁“最萌年龄差”】 2016年，1月12日，阴天，荷花街道西环村，湿滑的田间小路上，郑连清老人家（又名郑连英）戴着帽子、拄着拐杖去隔壁家串门。老人虽然刚过完103岁生日，但身体安康、腿脚利索，每日走走上家屋看看下家屋，是她的必修课。

出生于1912年的郑连清已经走过百年岁月，老人六代同堂，子孙绕膝，最小子孙刚满一周岁，一老一小上演“最萌年龄差”。

老人谈起过往忆苦思甜

记者到达西环村黄家组老人家中时，郑娭娭正从外面回来。

“哎呀！你们是来看我的啊？”见家中来了客人，郑娭娭特别开心，连忙拉来凳子，打开炉火，喊记者坐，还喊着大儿子倒茶。家中孙媳妇说，老人家最喜欢热闹，最喜欢和人聊天呢。

果然，一打开话匣子，郑娭娭就聊起来了。她出生在民国初年，老家在永和。那时候日子苦，女人要缠小脚，“脚小得要在升筒（量米的竹筒）里打转身，造孽呀！”郑娭娭没有缠小脚，因为家中苦，她必须像男子一样干活挣钱，纺纱织布、栽菜砍柴，白天忙完活，晚上桐油灯下还要纳鞋、做衣，干活到深夜。

记忆里最痛苦的还是日本兵进村的时候，这点不仅郑娭娭，连老人儿子黄昌友都有印象。黄昌友说，那时母亲刚生完弟弟，只听得村民们大喊日本鬼子来了！一家人只得拖家带口躲进柴山，整整躲了两个月，吃住都在山里。

郑娭娭叹了口气，好在历史已经翻过这一页，她说“相比之下，如今的日子真的享太平呀！”

家中一老一小相差102岁

老人房中，墙壁上挂着一幅全家福，老人家坐在最中央，笑得开心。据悉这幅“全家福”还只出动了家族人三分之一，粗略算起来，老人名下有一百多名后代，有意思的是，她和名下最小子孙年纪相差102岁，上演“最萌年龄差”。

郑连清老人育有四子两女，除了大女儿已经过世其余都健在，子女们也都离她不远，最远也不过三里路左右，想念孩子时，老人还会走路去看看他们呢。郑连清的玄孙黄长根说，如今西环村整个“黄家组”几乎都是老人的子孙，住了11家60多人，老人最大的儿子黄昌友今年已经87岁，老人名下最小的子孙才一岁，按辈分算起来，应该是老人的“玄曾外孙”。

别看老人家名下子孙这么多，连外人都算不清辈分，郑娭娭却非常清楚，指着“全家福”中的人给老人看，她立刻就能说出这是哪家的，不仅讲得出名字，还记得他们的年龄。

“说真的，我都没有老母亲记性好呢！”黄昌友笑着说，他故意“为难”老人，问“您老还记得黄昌生多大了不？”黄昌生是老人的小儿子，郑娭娭立刻就说：“么伢崽啊？他有64岁了吧。”

玄孙黄长根笑着说，从50岁以后，郑连清就去子女家轮吃，有时候子女都不太记得轮到谁家了，但老人家记得清清楚楚，从不会混淆。

老寿星身体健康长寿有秘诀

走过百年岁月，历经时代沧桑，郑连清老人却反而越活越年轻。她喜欢串门，喜欢聊天，喜欢热闹，外面小路上一个喇叭喊卖水果，她也会好奇去瞅瞅，要是听说哪里有酒席吃，她就会四处打听谁家会开车去，还会提醒说：“记得载我一起去呀！”这么一个“老宝贝”，成为家中最受宠的一员。

黄昌友说，老母亲每天除了散步、串门，还会做家务，根本闲不住。他种植了两亩菜地，屋后还有枇杷、梨子等各种果树，忙不赢时都是老母亲在帮忙。“以前她还会陪我去菜市场，如今不准她去了，她就会在家帮我松土、择菜，平常卖菜，都是她帮着我一把把捆好，精精致致的呢。”

记者忍不住问老人家，身体这么好，有没有长寿秘诀呀？

郑娭娭非常幽默，说：“我没什么长寿秘诀呀，孩子们吃什么我吃什么，唯一比他们多吃了点亏，多吃了点累呢！”

黄长根说，老人以前吃过泥巴，吃过树皮，吃过草根，相对如今的好生活，她更珍惜，从没有烦恼，整天都是乐呵呵的，这就是她长寿的秘诀吧。

相关链接

浏阳最年长老人108岁

郑姥姥百岁老人排行13

昨日，记者从市民政局老龄委处了解到，截至2015年11月底，浏阳百岁老人共67名，城区占其中12个名额，最年长老人108岁为高坪镇李光复老人，荷花郑姥姥目前排行浏阳市长寿老人第13名。

“政府对百岁老人的关扶力度非常大，且每年都在递增。”老龄委工作人员表示，每年年底，部门代表都会去看望百岁老人，除了送去慰问金，还会更多了解老人的生活情况，关心关爱他们。今年的表格已经罗列出来，一共67名百岁老人，届时还会再核实一遍，避免遗漏。除了每年春节的慰问，百岁老人享受着每个月300元的长寿保健费，还有长沙新奥燃气公司联合长沙慈善会，对百岁老人送去温暖，在世百岁老人每年上半年和下半年各能领取1000元。如果老人生病了，只要符合医保报销政策的，费用可全部报销。

今年（2016年）对百岁老人还有一个最大关扶政策，老人满百岁寿辰时，部门会送去2000元的慰问金。据悉这项政策从2016年1月开始执行，2015年都只有800元呢！“相信有了政府的关爱、社会的关爱，再加上子女的孝顺，老人们会有更美好的晚年生活，越来越长寿！”工作人员表示。

（《浏阳日报》记者 张玲 社会万象红网[微博]张玲 2016-01-13）

大瑶镇李畋广场（航拍图片）

街道·镇·乡

淮川街道

工委书记　李　翔
工委副书记
　　刘　刚（2015.04 任）
　　殷志民（2015.04 免）
　　邵新文（2015.12 任）
　　屈传义（2015.09 免）
　　张艳平（女，2015.12 任）
　　周长林（2015.06 免）
　　段　娅（女，挂职）
纪工委书记
　　陈满红（2015.12 任）
　　刘　朗（2015.12 免）
工委委员
　　唐青山（2015.12 任）
　　陈满红（2015.12 任）
　　胡燕群（女，兼）
　　邵新文（2015.12 免）
　　刘　朗（2015.12 免）
人大工委主任
　　邵新文（2015.12 任）
　　屈传义（2015.09 免）
人大工委副主任
　　周健芝（女）
办事处主任
　　刘　刚（2015.04 任）
　　殷志民（2015.04 免）
办事处副主任
　　唐青山（2015.12 任）
　　周水波　余忠国
　　刘红彬（2015.12 免）
政协联络处主任
　　张艳平（女，2015.12 任）
　　周长林（2015.06 免）

【概况】 2015 年，街道辖区总面积 12.3 平方公里，下辖联城、北正、西正、朝阳、北园、城西、新北、城东 8 个社区居民委员会。户籍人口 59464 人，出生 630 人，出生人口性别比 102.6，死亡人口 445 人。街道所属中学 1 所、小学 4 所、幼儿园 1 所。全年实现财政税收 3.736 亿元，同比增长 7.9%；社会消费品零售总额 61.9 亿元，同比增长 12.3%；招商引资到位资金 2.54 亿元。获评 2014 年度“长沙市经济社会发展综合实力十强乡镇街道”。

项目建设　开展“进项目、下小区，全面践行一线工作法”活动，黄泥湾一期、教师进修学校片区项目实现征拆清零，西正路片区改造、邮电路片区改造进入拆迁收尾阶段。启动西湖山路、翠园路项目建设。完成柑子园、浏阳河市场两个居民小区旧房改造。完成神通巷停车场建设，增加停车位 300 余个。完成济川河翠园路至鹿园路段两岸改造和淮川河截污干管工程建设。

城市管理　投入近 260 万元用于城市基础设施建设和环境整治。完成 54 个老旧小区、19 条背街小巷、6 个街心花园的提质改造。打造水务局宿舍、医药设备厂两个“绿色小区”和西湖山综合示范小区。重拳整治市容市貌，拆除违章建筑 1.2 万平方米。承接圭斋路、解放路、翠园路、北通、城东五个农贸市场的管理和服务，实现天马大桥夜宵摊点的规范化管理。开展“门前三包”评比考核活动，培育梅花小区“门前三包”自治示范街、黄泥湾小区开放式物业服务、西湖山片区综合示范小区、姚家冲城中村改造示范点等环境整治经验模式，街道连续两年被评为“浏阳市环境整治示范单位”，新北社区成功创建“长沙市城市管理示范社区”。

民生保障　完善养老服务体系，投入 50 余万元提质改造老年公寓、建成街道老年人日间照料中心，引入社会力量建成 3 家社区居家养老服务站。推进社保征缴扩面，城乡居民医疗保险参保人数 24419 人，全年兑付医疗补助 270 万元，发放基本养老金 170 余万元。建立社会救助“一门受理，协同办理”机制，落实各类社会救助 1300 万元。严格低保规范化动态管理，全年取消低保 102 户、减标 69 户。加强残疾人综合服务，创建浏阳市首家残疾人家长学校。深入推进殡葬改革，责令关停氮肥厂、麻衣庙、化工厂宿舍、电信局宿舍 4 个非法治丧点。完成失业人员再就业 1568 人，增加城镇就业人员 2579 人。

社会治理　综治民调取得长沙市第 2 名、浏阳市第 1 名的成绩，获“长沙市综治工作红旗单位”和“浏阳市综治工作先进单位”。坚持以群众工作为统揽，调处矛盾纠纷 148 起，稳妥处理沙市建工集团破产等不稳定问题 10 起。依法办理信访案 68 件，其中化解信访积案 2 起。开展麻将馆整治行动，取缔临街麻将馆 376 家，备案 207 家，探索麻将馆治理先进经验，并在湖南省长沙市推介。实施千人红袖章工程，强化街面治安防控，严厉打击各类违法犯罪，突出开展“黄赌毒”专项整治行动，全年刑事发案率同比下降38.1%。开展安全检查40余次，农产品检测3300个样本，全年未发生一起安全生产责任事故。在册刑释解教人员113人，社区矫正对象35名。

科教文卫 新建机关幼儿园北川里分园，改扩建浏阳河中学、嗣同路小学、人民路小学、黄泥湾小学、浏阳河小学教学场地。严抓教学质量，学生获国家级奖项45人次、省级奖项64人次。提升卫生计生服务水平，落实长效避孕节育措施257例，免费孕前优生健康检查306.5对，出生缺陷干预29对。稳步推进流动人口公共服务均等化，符合政策生育率90.29%，获“长沙市计生工作优秀乡镇（街道）”。征收社会抚养费118.4万元。推进文明创建，城西社区获“全国综合减灾示范社区”，联城社区获“全国和谐社区建设示范社区”，朝阳社区获“全国科普示范社区”，新北社区城乡少年手拉手服务项目列为湖南省雷锋号志愿者工作站资助公益项目。

队伍建设 为方便群众办事，淮川街道及各社区自6月份起，推行帮（代）办服务，在街道和社区设立帮（代）办服务窗口，接收残疾人、优抚人员、低保人员和招商引资项目、重点建设项目、重点企业提出的行政审批服务事项的帮（代）办申请，由社区代办员、街道代办员免费全程帮（代）办，真正实现“一站式接待”“一条龙服务”，全年为辖区特殊群体提供帮（代）办服务585起。适应从严治党新要求，把好党员入口关，全年发展党员10人，接收预备党员转正审批16人，撤销沙市建工集团党支部和有机化工公司党支部。严格落实党风廉政建设“两个责任”，全年开展作风督查24次，印发督查通报8期。严肃执纪问责，给予9名党员干部党纪政纪处分。开展社区党风廉政建设专项巡察，督促整改问题56个。坚持德才兼备的用人导向，调入4名公务员、招聘10名社区服务中心工作人员，提拔7名青年中层干部，焕发队伍活力。实施青年干部素质提升工程，开设社区“半月课堂”。

（刘延喜）

【麻将馆专项整治】 5月4日，淮川街道开始重拳整治临街麻将馆，出台《棋牌娱乐场所管理暂行规定实施细则》，通过45天的连续灌输式宣传和一个月递进式、人性化的集中整治，376家临街麻将馆全部关停。细化麻将馆开设的地段、面积、消防等硬性要求，签订治安责任状，特别要求四邻和小区三分之二以上小区业主签字同意，方可备案开设，依规备案登记麻将馆207家。同时，司法所及时妥善地协调处理好麻将馆转向经营、提前退租等遗留问题和矛盾纠纷，未引发一起信访案件，淮川街道经验被湖南经视、湖南都市、长沙晚报、浏阳日报等多家媒体宣传推介。

（刘延喜）

【城西社区获评“全国综合减灾示范社区”】 在国家减灾委员会、民政部关于公布2015年“全国综合减灾示范社区”名单的通知中，城西社区通过验收，获“全国综合减灾示范社区”荣誉称号。近年来，城西社区针对老城区人口增长较快、基础设施落后导致应对灾害压力增大的问题，围绕防灾减灾示范社区创建目标，就“平台如何建、灾害如何防、灾情如何救”积极探索，吃透上情、借鉴外情、掌握内情，“三情”结合找路径，夯实基础、巩固防线、主动应对“三措”并举建机制，群众意识增强，隐患预防有力，灾害应对有效，确保人民群众生命财产安全，构建起和谐、平安、幸福新社区。

（刘延喜）

【联城社区获评“全国和谐示范社区”】 2015年，联城社区获评“全国和谐社区建设示范社区”。联城社区以完善基础设施、健全管理体制、拓展服务功能、打造特色品牌为重点，抓基础规范和内涵提升。一是阵地标准化，新建公共服务中心、计生服务室、人民调解室、雷锋超市、图书阅览室、档案室、绿色网吧、健身房、远教站、市民学校、大小型会议室等，社区服务有载体、活动有阵地。成功提质改造济川河两岸，打造出一条绘制“文明礼仪”等内容的文化墙、文化栏杆，与绿化景观带相映成趣的集休闲、健身、文化、教育等于一体的人文景观绿化带。二是管理精细化，社区率先在全省试点探索“推进社区网格化管理，实行社区服务联络员制度”管理服务模式，社区均衡划分为15个网格，聘请社区服务联络员，包干负责辖区内居住人员的居住动态等社会事务信息和管理服务。社区服务联络员每天走访网格居民，把居民基本情况记录备案上报社区，共同协商解决居民反映的热点、难点问题。夯实基层工作基础，畅通民意诉求渠道，提升应急处置能力，推动社区居民自治。三是社区服务体系化，社区公共服务中心积极推行22项社区居民事务代办项目，定人定责定期全权代办。形成党员服务、医疗保健、文化教育、环境维护、便民服务、治安防范和社会保障七大服务体系。以党建联席分会为平台，首创并不断深化以“党建联抓创先进、服务联手创温馨、事业联做创和谐、活动联办创文明、治安联防创平安”为内容的社区党建“五联创”活动，形成社区党建与单位党建的“共驻共建、资源共享、优势互补”的社区党建新格局。四是党员服务品牌化，社区党员服务中心通过整合社区单位和党员的资源，把需求和服务有机结合起来，建立党员同心志愿服务驿站，畅通党员联系群众的渠道，搭建党员服务群众的平台。围绕社区阶段性工作，开展“阵地式服务”“主题式服务”“菜单式服务”“组团式服务”“结亲式服务”等大量“适销对路”的服务，在连续11年“重阳千叟宴”及环境整治、无偿献血、政策宣讲、治安巡防、扶贫助困、文明城市创建等多个领域都有党员同心志愿者的活动身影，帮助解决一大批实事、难事，逐步形成“有困难找志愿者，有时间做志愿者”的局面。

（刘延喜）

【朝阳社区获“全国科普示范社区”称号】 在9月19日举行的湖南省“全国科普日主题活动”开幕式上，朝阳社区被授予“全国科普示范社区”称号。朝阳社区成为浏阳市唯一一家湖南省科普示范社区和全国

天马大桥夜宵摊点　（图片来源：淮川街道）

科普示范社区。自2013年以来，朝阳社区利用社区资源，不断加大科普工作力度，结合辖区实际和居民需求，参照全国科普示范社区的标准，突出重点、加大投入，先后高标准建设科普图书室、科普学校、青少年科普活动室、绿色网吧、心理咨询室等科普阵地。通过与职能部门的共建共享，社区成功打造科普宣传教育“五个一工程“：即科普之街、科普文化广场、网上科普教育、科普宣传短信平台、科普服务站。近三年来，社区共举办科技活动周、科普活动日、科普摄影展、科普夏令营、科普大篷车进校园等大型科普宣传活动20余次，广泛普及居民群众科学文化知识。

（刘延喜）

集里街道

工委书记　黄　刚
工委副书记　汤建军（2015.08免）
　王　海（2015.12任）
　陈松权　高让波　周奇志
　王　璐（女，2015.06免）
纪工委书记
　高让波（2015.12免）
　吴维全（2015.12任）
工委委员
　张人和（女，2015.08免）
　罗亚平（2015.12任）
　邓　勍（女，2015.09任）
　吴维全（2015.12任）
　刘翔宇（2015.12任）
人大工委主任　陈松权
副主任
　谭执中（2015.09免）
　李文英（2015.12任）
办事处主任
　汤建军（2015.08免）
　王　海（2015.12任）
副主任
　李福成（2015.08免）
　罗亚平（2015.12任）
　邓　勍（女，2015.12任）
　刘翔宇（2015.12任）
　刘　鹏（2015.08任）
　杨沅光
　戴学文（2015.12任）
　朱海峰（2015.12任）
政协联络处主任　高让波

【概况】2015年12月，原集里街道与原太平桥镇合并组建新的集里街道。新集里街道辖7个社区、11个行政村，374个居（村）民小组，人口55813人。2015年出生人口556人，死亡人口312人，人口出生率10.01‰，自然增长率2‰。辖区行政区域总面积153.8平方公里。全年完成财政总收入5.19亿元，其中地方收入3.29亿元，规模工业总产值70亿元，固定资产投资23.6亿元，其中工业投资15.5亿元，社会消费品零售总额67.79亿元，招商引资到位资金5.89亿元。2015年度获市“六个走在前列”绩效考核一等奖、获城市经济类一等单位、党管武装优秀单位、党风廉政建设优秀单位、党建工作优秀单位、社会治安综合治理工作优秀单位、统战工作优秀单位、城乡统筹环境同治优秀单位、重点项目建设工作优秀单位、工业经济工作优秀单位、财政工作优秀单位、人口和计划生育工作优秀单位、招商引资工作优秀单位，全省标准化乡镇财政所创建工作先进单位。

项目建设　强化项目建设领导联点制、工作进度日报制、全年建设投资15.5亿元。征地89.67公顷，签订拆迁协议383户，青苗设施补偿587户，项目征拆“清零”10个。花炮大道、西北环线如期竣工通车，亚太仓储项目和银河烟花仓储基地建设全面完成，农村安全饮水项目建成启用，道吾山路、集里路工程进展顺利，创意·君悦城、利通·太悦城招商形势喜人，城市综合体项目计划5年内在白沙路至花炮大道、石霜路至禧和路区域约1.5平方公里区域，建设20层以上高楼82座，可新增人口5万人以上，新增税收5亿元以上。

经济发展　推进现代农业模式，发展规模经营，新增农民专业合作社4家，土地流转面积77公顷。注重办点示范，巩固发展水果、花卉等农产品基地107公顷，初步打造出浏跃小水果产业带，沿河花卉、蔬菜、油菜产业带和太平桥山枣冲油菜、油茶产业带。巩固发展农产品基地107公顷，浏跃小水果产业带、沿河蔬菜产业带和山枣冲油茶产业带初具规模。普及先进农技，加大农村水利建设资金投入，冬修水利工作排名全市第一。汽车、电商、金融、保险、通讯等行业的迅猛发展为街道城市综合体项目群的打造奠定坚实基础。

环境整治　以新环保法实施为契机，举办首届环保文化节。强化执法，关停企业2家。生猪养殖污染治理取得明显成效。全力推进环境整治市场化保洁机制，打造6个幸福屋场，20个绿色庭院，绿化美化面积5.6万平方米，道吾村和长青村为垃圾分类处理示范村。规范门店经营秩序，推进“门前三包”落实。投入500余万元完成原太平桥集镇提质改造，六大市场经营秩序明显好转，拆除私搭乱建500余处5.7万平方米，被评为“长沙市拆违控违优秀街道”。

综治维稳　落实“一岗双责、党政同责”安全生产责任制，强力推进“打非治违”，强力执行《新安法》，全面落实安全新规。落实企业安全主体责任，推行行业自律，广泛开展“三讲”评比。建立违章职工“黑名单”，开展专项执法1000余次，排查整改安全隐患1400余处。扩大安全监控平台覆盖面，推进花炮企业标准化厂房改造，35家涉爆企业顺利换证。提升安全防范意识，分工种组织应急救援演练。强化综合监管，各领域实现全年安全生产零事故目标。森林防火监管到位，全年未发生森林火灾。加大社会治安宣传力度，开展综治述职进社区、进小区等专题活动。做好养生养老园、长浏高速、鼎丰家居建材城等项目的维稳工作。加强重点人员稳控，帮教安置刑释人员144人、社区矫正39人。加大矛盾纠纷调处力度，走访1万余人次，排查化解矛盾纠纷334起，强化重点排查，实施24小时错时巡防，加大对违法犯罪的防范和打击力度，确保社会大局稳定，综治民调排名前列。

社会保障　发放社会保障卡2.8万余张。征缴各类社会保险1400余万元，发放城乡基本养老保险金558万余元，报销城乡居民医疗费用1800余万元，评议认定低保户1494户3178人，发放低保金880余万元，走访慰问困难户400余户，发放优抚、慰问、救助资金260余万元，危房改造24户。发放残疾人补助8万余元。

科教文卫　申报专利101件，授权92件。培育科普示范基地4个，科技致富带头人4人，培育科技示范户20户，科普带头人4人，申报并且获批创新型单位2家，专利工作试点（示范）单位1家。浓厚文明创建氛围，不断加大外宣力度，在各级新闻媒体刊发正面报道120余篇，街道微信公众号发布工作动态100多期。浏阳豆豉成功申报为非物质文化遗产。夯实计生服务基层基础，提升服务水平，打造“阳光计生”，落实长效措施337例，征收社会抚养费92万余元，完成孕前优生检测367对。优化利益导向机制，严格落实奖扶政策，发放独生子女、放弃再生育、农村奖扶、特别奖扶等各项扶助资金总计49.37万元。

党政建设　深化“1551”党建工程（要求每名党员联系服务网格内的10户群众，每年参加5次以上志愿服务活动，给予每个党员500元公益经费支配权为民办事，至少为群众办成1件实事。），设置网格党小组将党建工作落实到“神经末梢”，“微心愿”认领让党建工作开展到群众身边，2015年单独或合并申请公益项目60多个，实现群众“微心愿”640多个。“1551”工程在全市基层党建创新案例评选汇报展示会上获一等奖。进一步推进干部网格化管理，组建“导师团”，对青年干部进行结对帮扶和专业培养。打破年龄、资历限制，开展机关干部竞争上岗，为青年干部提供施展才华的平台。开展“集里精神”大讨论，牢固树立抢先争优、街荣我荣意识。（谭彦颐）

【财政总收入突破5亿元】 2015年，面对全国经济下行的宏观环境和高基数背景下高速增长难的现实，我们稳一产、优二产、强三产，谋划储备后备税源项目，培育新的税收增长点，通过加大农村水利基础设施建设力度，夯实农业发展基础；通过发展农村专业合作社、建立蔬菜、水果基地等发展规模经营，确保农业生产稳中有进；明确招商引资重点，深化两型工业支撑作用，逐步淘汰落后产能，优化工业产业结构；充分发挥区位、交通优势，吸引大润发等百货、金融、保险行业落户，强化商贸、物流在经济结构中的比重；依托道吾山等风景名胜区，布局休闲旅游产业。2015年财政总收入5.19亿元，其中地方收入3.29亿元，总量领跑全市乡镇（街道）。（谭彦颐）

【太平桥镇和集里街道成建制合并】 2015年12月，根据《浏阳市人民政府关于调整部分乡镇行政区划的通知》（浏政发〔2015〕14号）文件精神，决定将太平桥镇和集里街道成建制合并设立新的集里街道，办事处驻浏阳市金沙北路448号（原集里街道办事处驻地）。调整后集里街道辖宏源、唐家园、星镇、合盛、东沙、太和、道吾、杉松、八仙、长青、平水11个建制村，太平桥、锦美、禧和、龚家桥、集里桥、神仙坳、百宜7个社区，共374个居（村）民小组，55813人，总面积153.8平方千米。

（谭彦颐）

【集里桥社区获评为全国社区侨务工作示范单位】 集里桥社区关心爱护生活在社区内的归侨侨眷和海外侨胞，积极为归侨侨眷提供宣传教育、维护权益、救助帮困等服务，开设文体表演、座谈联谊平台，自创“一网三联五融入”工作法，得到上级领导和侨界人士的高度好评。依托“侨友之家”，举办“侨法政策直通车”、“侨界活动嘉年华”、“侨务知识共普及”“侨界人士中秋联谊会”等6次联谊活动，吸引70余名侨胞侨眷参与。通过“对侨工作互助站”等平台，依托“侨务工作互助服务站”，在每月群众工作日、志愿服务日、组织生活日、侨眷联络日上门走访慰问卧病归侨侨眷，协同有关部门为归侨解决20余件民生问题，先后为侨眷甘礼庆、华侨宋米慧、港属高传富等解决房屋征拆、土地补偿、生活生产方面的问题。社区侨界人士也积极联系社区、回报社会。侨界人士先后为社区贫寒学子、贫困家庭等捐资捐物达35万余元，春节期间走访慰问20余户困难户。侨资企业华盛集团捐资2万余元用于社区低保户危房改建工程。2016年1月12日，经过省、国外侨办审核，社区被批准为“全国侨务工作示范社区”。（谭彦颐）

【集里街道爱心驿站搭建志愿服务新平台】 集里街道“爱心驿站”成立于2015年6月，是集“献爱心”与“做公益”于一体的新型民生改善模式。涵盖送餐服务、物质援助、水电维修、医疗就诊、心理咨询、

9月25日，西北环线通车　　(图片来源：集里街道)

道吾山天湖全景　　(图片来源：集里街道)

教育培训、法律咨询、纠纷调解、学生托管等服务内容；并坚持为贫困人员提供免费用餐服务，大力倡导人人“受益”、人人“施惠”理念；举办“暑日送凉爽、真情暖人心”“‘粽’情驿站，爱满浏阳”、“中秋月饼拍卖”“爱心助学”等主题活动，“中秋月饼拍卖”筹得善款11.7万余元。　　(谭彦颐)

荷花街道

工委书记
　　吴世平（2015.12免）
　　朱姿丰（2015.12任）
工委副书记
　　熊湘东（2015.04免）
　　殷志民（2015.04任）
　　钟楚武
　　李道兴（2015.12免）
　　尹桂云（2015.12任）
　　饶　岚（女）
纪工委书记
　　唐青山（2015.12免）
　　饶　岚（女,2015.12任）
工委委员
　　唐青山（2015.12免）
　　朱志龙（2015.08免）
　　李盘思
人大工委主任
　　李道兴（2015.12免）
　　钟楚武（2015.12任）
人大工委副主任　寻婷（女）
办事处主任
　　熊湘东（2015.04免）
　　殷志民（2015.04任）
办事处副主任
　　邓　勍(女,2015.04免)
　　李盘思　陈志刚
政协联络处主任
　　钟楚武(2015.12免)
　　尹桂云(2015.12任)

【概况】 2015年，荷花街道辖10个行政村，3个社区，376个村（居）民小组，总面积146.8平方公里，全年完成财政收入2.465亿元，全年实现工业总产值51.68亿元，同比增长22.61%；规模工业总产值40.65亿元，同比增长20.07%。增加规模企业2家，创建“两化融合”（信息化和工业化）企业5家，获得专利38件。实现“十二五”财政收入翻番的目标，浏阳河六桥、荷文公路顺利通车。

党建工作　切实践行一线工作法，全面推行网格化管理，镇、村干部进组入户开展“综治夜谈听民情，平安创建促和谐”化纠纷、解疑难，进一步融洽干群关系。利用“书记上党课”“青年干部读书示范岗”等平台培养干部，开展干部竞争上岗和双向选择，8名表现突出的青年干部被提拔为中层干部，面向全省公开选调3名公务员。6月29日，街道组织庆祝中国共产党成立94周年暨“七一”表彰会。10月14日上午，浏阳市人民政府副市长戴武明带领联点帮扶单位——市安监局、市住建局负责人一行到樟槽村开展“一进二访”活动，走访贫困户51户，有针对地指导脱贫扶贫工作。以作风转变为保障，抓实“两个责任”，加强干部队伍作风建设。规范公务接待、机关管理、财经纪律和领导干部从政行为，严格效能监督，全年发布《荷花督查》20期，查处干部违纪违规6次19人，办理党员干部案件8起，肃正干部队伍风气。

工业　成功整合企业11家，增加规模企业2家，创建“两化融合”企业5家，获得专利38件。全年为企业对上对外协调80余次，解决疑难纠纷42起。推进科技创新，做强工业品牌，积极研发新产品，获得专利38件。全年实现工业总产值51.68亿元，同比增长22.61%；规模以上工业总产值40.65亿元，同比增长20.07%。长沙超越完成地块选址、规划等前期工作，落户项目广华塑料五金、华佑、新华印刷厂、金坤电瓶车、衡大饲料等投产达效。

农业　发展油茶、油菜、蔬菜等特色农业，种植双季稻142公顷、单季稻1330公顷、蔬菜900公顷、油菜933.33公顷，增加种粮大户9户，形成浏河村无公害蔬菜示范片、荷文公路千亩油菜观光示范带、106国道三千亩绿肥示范带和杨家弄、西环千亩果蔬示范农场，打造近城“休闲+采摘”一村一品特色农业格局。整修大山塘4座、山塘17口、河坝5座，硬化渠道30余公里，完成105km田间小沟渠清淤，恢复荷文公路水损工程，修建河坝4座，增加涵管75米，恢复沟渠1500多米，全年硬化村级道路20余公里，农村基础设施日臻完善。

商贸　随着各项知名餐饮、娱

乐休闲、文化创意品牌的不断入驻，唐家洲片区形成以特色餐饮为主，融休闲文化、茶文化、酒文化、花炮文化于一体的环天马路美食商圈。30家近城农家乐汇集，打造集休闲、观光、旅游、度假、拓展体验于一体的西环现代农业观光旅游带。

项目建设 2015年，签约引进浏阳市康颐生态养老院、长沙超越服务有限公司、佳佳乐超市等项目7家，协议引进资金1.67亿元，其中开工项目4个。累计完成省外境内资金53585万元，占目标任务26200万元的140.89%，较2014年同比增长19.08%，完成引进浏阳市外境内资金形成固定资产投资56258万元，为目标任务34000万元的160.45%，较2014年同比增长21.64%，其中工业固定投资9588万元，占固定资产投资的比例为17.04%。5月9日，街道政务大厅改造启动，12月3日，通过长沙市政务服务中心政务服务中心标准化建设验收。

综合治理 全年排查非法生产重点场（住）所2万多处，查获成品、原材料及印刷包装盒3.29万件，行政拘留38人，刑事拘留6人，1月22日，机关干部下村开展打击非法生产活动，街道打非办将没收的“霹雳星”等拖至金滩燃放场销毁。非法生产清剿行动取得明显成效。开展群防群治，狠抓校园周边环境治理及校车、麻将馆、出租屋、超限超载整治管理，严格落实重点对象“五包一”责任，有效稳控涉军等特殊群体，做好“930”公祭日、第十二届国际花炮文化节、纪念耀邦同志诞辰百周年等特护期维稳工作，着力化解一批陈年积案，社会大局保持稳定。

环境整治 启动三年造绿大行动，投入资金800万元，栽植树木5.8万多株，铺设草皮1万多平方米，种植花草1.5万平方米，打造长浏高速南出口匝道绿化景观带和长浏高速绿色通道，造林66.67公顷，建设防火隔离带10公里，建成1个绿色村庄、2个绿色屋场，12个整洁屋场和4个垃圾分类示范村，通过浏阳市级验收；杨家弄南流桥“幸福屋场”创建工作在有序进行。荷文公路沿线拆违拆旧92处1.24万平方米，地面改造239户，高标准打造中心、田家、庙湾3个幸福屋场，获“最美乡村公路”美誉。5月4日，街道团工委组织5•4环保骑行活动，街道党员、团员志愿者沿西环线、东环线宣传绿色环保。加大市容管理执法力度，全年拆违拆旧5.38万平方米。深入“两型”示范创建，处理环境投诉151起，关停企业16家，立案查处8家。深入养殖治污，拆除栏栅1.2万平方米，关停2.44万平方米，浏阳河沿线1.5公里禁养区养殖户全线退出，环境面貌有效改观。

11月23日，荷文公路正式建成 （图片来源：荷花街道）

12月31日，浏阳河六桥建成通车 （图片来源：荷花街道）

计生文卫 开展“5•29”计划生育知识抢答赛、“幸福家庭公益”大讲坛、“7•11”关注人口，舞动健康人口杯广场舞比赛等宣传活动，倡导文明生育新风。创新流动人口管理机制，流动人口协同治理经验在长沙地区进行典型推介。2015年度出生人口566人，计生率85.2%，征收社会抚养费76万元。在市机关运动会上，荷花队获2015年浏阳市第十届机关运动会男子篮球赛冠军。12月31日，机关工会组织机关干部职工在机关后院篮球场举行机关趣味运动会，增强干部体质。

社会保障 不断完善社会救助体系，推进社保扩面，养老、医保、工伤保险征缴工作排名全市前列，优待抚恤、低保五保、扶残助残、医疗救助、救灾救济、殡葬改革、创业富民等工作稳步推进。全年实现城乡低保1355户2708人，发放低保金715万余元，精准扶贫258户850人，荷花园社区、南市社区被评为“长沙市充分就业社区”。发放社保“一卡通”2万余张，发放率87%，居全市前列。加大教育投入力度，改善办学条件，荷花中学2号宿舍全面竣工，罗直小学整体重建交付使用，人民路第二小学综合楼建设主体工程完成。九年级毕业会考和七、八年级会考在全市均获得一等奖，中考七科全A学生达50人，创历史新高。健全市、乡、村三级卫生防治网络体系，公共卫生均等化服务进一步加强，无偿献血和老年人健康体检均超额完成任务。深入推进雨露计划、安居工程，实施危房改造30户、背街小巷改造7000平方米，完成万户农民进城镇2205人，群众居住条件得到有效改善。完成浏阳市下达的献血工作任务。

文化宣传　圆满完成市委宣传部要求的党报党刊任务，利用宣传舆论阵地服务街道中心工作，组织“跨越发展”主题宣传，加大新闻报送力度，积极组织系列外宣活动，塑造荷花形象，扩大对外影响。全年在电台、报刊发表各类正面报道40条(篇)，其中《浏阳日报》21篇、《湖南日报》3篇、《长沙晚报》4条(篇)。（廖　胜）

【流动图书馆】浏阳市荷花街道杨家弄村邹建国。2002年通过自费购买书籍，在家办起图书室。2008年，申请成为全国第一批农家书屋。为让更多的人能过享受读书的乐趣，浓厚读书的氛围，特意购买一辆三轮车载着自己的图书在浏阳各乡镇搞起流动图书室的服务，号召大家一起看书。截至2015年年底，邹建国的流动书屋拥有300多平方米的空间，1万多册图书，近30种报刊，实行电子化管理，2014年被评为长沙市示范农家书屋。（廖　胜）

关口街道

工委书记
姜林峰（2015.09免）
朱永建（2015.12任）
工委副书记
朱永建（2015.12免）
邓　翔（2015.09免）
何昌全（2015.12任）
刘佳富
潘擎炬（2015.09免）
张贤贵（2015.12任）
纪工委书记
鲁正平（2015.12免）
向前进（2015.12任）
工委委员　鲁正平
李秀英（女）
朱　敏（2015.12任）
向前进（2015.12任）
人大工委主任
邓　翔（2015.09免）
何昌全（2015.12任）
人大工委副主任
罗马英(女,2015.09免)
肖桂炎（2015.12任）
办事处主任
朱永建（2015.12免）
办事处副主任
鲁正平（2015.12任）
李秀英(女,2015.12任)
朱　敏（2015.12任）
向前进（2015.12免）
王红兵
陈学远（2015.12任）
吉红霞(女,2015.12任)
李升稳
凌　旺（2015.12任）
政协联络处主任　刘佳富

【概况】2015年11月24日，溪江乡与关口街道成建制合并，成立新的关口街道。关口街道辖13个行政村，3个社区，342个村（居）民小组，总面积161.8平方千米，总人口5.04万人。全年完成财政税收23138万元，同比增长12%，其中地方一般预算收入完成11672万元，同比增长22%；完成工业总产值78亿元，增长4%，实现工业增加值19.8亿元。其中规模工业总产值完成52元亿，同比增长8.3%；固定资产投资26.1亿元，同比增长20%；招商引资到位资金5.63亿元，同比增长5%。提质转型传统产业，完成所有涉爆企业生产工房提质改造；精心培育主导产业，辖区烟花、现代物流、医疗机械、包装印刷、酿酒、木材制造等产业竞相发展；大力开展科技创新，创建“两化融合”企业10家，街道获评“长沙市2015年度创新型单位”。

项目建设　重点项目迅速推进。奥园项目4个月全面完成征拆，创造浏阳征拆新速度，该项目总占地面积超6万平方米，总建筑面积约20万平米，将带动长兴湖片区开发的引擎，撬动浏阳新城8公里的经济商圈。银湖熊猫烟花大厦进展顺利，项目占地7374平方米，总建筑面积3.62万平方米，采用独特的建筑风格，是浏阳花炮文化创意中心和国际烟花贸易展示中心，将成为浏阳面向世界的城市名片新形象。银天东湖广场总占地面积10.53公顷，建筑面积46万平方米，总投资16.5亿元，建成后将成为浏阳高端城市综合体。长兴湖滨水园林景观工程西岸景观投资近3000万元，完成锦绣广场、风情乐律广场、碧波港湾、游船码头、给排水及公厕等配套工程建设、人行游道铺装等工作，正完善绿化移栽、电瓶车游道铺设。百宜粮库9月份全部移交使用，永通汽车贸易服务中心部分投入使用，三联物流园完成征拆前期摸底调查。民生项目，坚持拆迁与安置同步、安民与建设同步，长兴拆迁安置区一期二标两栋高层于10月9日顺利封顶，多层楼房主体工程即将完工。长兴湖小学项目完成征地5.48公顷，总投资预计6458万元，届时可接纳约2200名适龄儿童入学，城区入学难的问题将得到进一步缓解。基础设施日趋完善。西北环线、博德路相继通车，关口至杨潭县域公路提质改造完成，浏阳河六桥一期工程完成桥梁主体施工，主线于12月底竣工通车，蒙华铁路连云山隧道启动建设。

农业生产　全年实现农林经济总收入29.33亿元，加大粮食生产扶持力度，水稻种植面积1875.64公顷，总产16099吨；推广新型农用机械，办理农机购置补贴142户，争取配套补贴12.24万元；多措并举发展特色农业，形成炭棚蔬菜、升平硒米、金桥鱼苗、新湖红枣、长溪桔柚等品牌；以水佳农庄、兰园等为试点发展生态休闲农业，多渠道促进农民增收致富。推进自来水入溪、升平、杨溪湖三大农村安全饮水工程，旨在解决近2万人口的饮水问题。完成珠江村、新湖村、杨溪湖村等村道修缮，极大改善村民出行条件。全面启动农田水利畅通工程，完成389公里河道、沟渠清淤疏浚工作，全力落实“村村通”

工程，硬化村级道路6公里，修建桥梁1座。珠江村、仙源村、炭棚村、长溪村、金口村、升平村、杨溪湖村7个村申报湖南省农村幸福院建设项目，街道13个行政村全部建立农村幸福院。

社会管理 努力完善村（社区）阵地建设，占佳社区公共服务中心建设完成招商，关口街道便民服务中心、金口村公共服务中心相继投入使用。占佳社区“暮色金辉”老年基金发展壮大，至2015年底共有基金62.8万元。长兴社区“善爱港”被评为浏阳市首批党员干部示范培训实践基地。持续开展“全民绿化三年行动”，推进城乡统筹环境同治，集中治理浏东公路沿线长坪毛坪集镇、溪江集镇、农副产品大市场，在集镇增加停车位215个，添置不锈钢垃圾箱70个。加强生态环境保护，执行最严《环保法》，严抓生猪养殖污染治理。以幸福屋场为载体，强化乡风文明建设，打造南溪、同桥、塘基3个幸福屋场，以及白泥、中伏、沈龙等整洁屋场14个。探索城市管理长效机制，认真落实“门前三包”（即临路（街）所有的单位、门店、住户担负起市容环境责任三包。）、“庭院三包”（即乡村农户负责市容环境责任三包。）责任制，加强主要路段、重点区域、重要场所市容市貌整治，多管齐下做好“五小门店”治理。深入开展治超工作，杜绝超限超载行为。继续推行“1431”工作法（即整合一支由“城建、国土、规划、城管”综合执法力量，组建“信息员、巡逻防控、综合执法、思想稳控”四支队伍，解决“违法建筑怎么查、怎么拆、违建人员怎么稳”三个问题，开展拆违控违、以拆促迁、长、毛坪违建专项处置等一系列行动。），全年拆违181处计53340平方米，控违81处9852.6平方米。“1431”工作法在全市拆违调度会议工作中作为典型推介。

平安建设 健全“党政同责、一岗双责、齐抓共管”的安全生产责任体系，加强危险物品、交通、消防、校车、食品、建筑、危贸运输等安全管理及专项整治，全年无重大安全事故发生。开展打击“黄赌毒”专项行动、麻将馆专项整治、综治大走访、平安大创建等活动，全年排查、调处各类矛盾纠纷235起，调解成功率100%。做好重大节假日期间的维稳及群众工作，妥善解决信访案件53起。街道综治民调工作取得浏阳排名第5、长沙九区县乡镇街道排名第10的好成绩。

社会保障 全年核准发放“一卡通”2.69万张，发放低保、优抚、医保等各类补助2836余万元，完成危房改造58户，为20户残疾人家庭配送辅助器具60余件。城乡居民医疗保险基金完成征缴任务97.15%，城乡居民养老保险基金完成征缴任务95.75%；获人社局目标考核获优秀等级。

文教卫生 以文明城市创建为抓手，完善绿色网吧、农家书屋等文化基础设施建设。开展志愿服务活动，培育“睿智骄阳”、“善爱港”等志愿服务品牌。每月编印《今日关口》彩报，定期推送《今日关口》微信，加大宣传推介。实施“教育跃进三年行动计划”，完成西山小学选址、长兴湖小学征拆工作，按城市小学办学标准恢复金龙教学点。推进计划生育工作，抓基层组网建设，加大计生政策及优生科普知识宣传。全年办理生育证604本，落实长效措施338例，国家免费孕前优生健康检查371对。

干部队伍建设 强化干部队伍建设。全面践行“一线工作法”，在项目征拆、环境整治、综治信访等工作中，大胆使用青年干部，通过季度工作讲评、流动红旗评选等方式，最大限度调动干部职工积极性，提质增速行政效能。坚持举办机关干部能力素质提升班，通过举办信息写作培训、“最美职工”、“最美青年”、“最美家庭”表彰和“身边的典型”事迹报告会等活动，努力提升干部队伍素质。以乡镇区划调整改革为契机，深入开展“走访群众听民声，深入基层解难题”等主题活动，进一步了解社情民意，凝聚发展智慧，开展精准扶贫，形成干事创业的强大合力。（左　佳）

【溪江乡和关口街道成建制合并】 11月24日，原溪江乡和原关口街道成建制合并为新的关口街道，驻地设道吾路188号（原关口街道办事处），区域面积161.8平方公里，下辖原关口长兴、占佳、水佳三个社区，金口、金桥、杨溪湖、升平4个行政村，以及原溪江乡炭棚、新湖、仙源、金龙、福田、浆田、长溪、珠江等9个行政村。区划调整后，新关口集合大浏高速、蒙华铁路、西北环线等大交通网络布局。（左　佳）

【溪江农村饮水安全工程关口段管线通水】 11月22日，溪江农村饮水安全工程关口段主干管线铺设基本结束，并且试通水成功。2015年上半年，市政府召开原溪江乡和关口街道部分片区农村饮水安全工程建设工作调度会，同意将城区自来水管道延伸至原溪江乡的方案。计划从浏阳市第三自来水厂取水，从关口街道李畋路关口中学处沿浏东公路铺设内径60厘米主输管8.16公里至溪江乡卫生院。其中关口段管网长5.06公里，溪江段长3.1公里。（左　佳）

【长兴湖小学选址长兴社区】 经过实地调研与多方单位商讨，长兴湖小学选址于长兴社区博德路、清风路、予倩路之间正式确定，这标志着关口街道教育三年跃进行动又迈出一步。关口街道长兴湖小学建设项目是浏阳市城区教育发展三年规划重点项目之一，控规面积约3.93公顷，设48个班额。4月14日，长沙市副市长、浏阳市委书记曹立军率市委办、政府办、教育局、财政局、发改局、住建局、工务局、水利建设投资公司、关口街道等单位主要负责人，对长兴湖小学重点项目选址进行现场察看。长兴湖小学项目对城市东进、教育区域调整及缓解城区孩子就学难的问题有着重要的现实意义。（左　佳）

【县道018关口街道－高坪镇公路路面改造工程竣工通车】 10月14日，县道018关口街道－高坪镇公路路面改造工程竣工通车。县道018高坪镇－关口街道公路路面改造工程是2015年省为民办实事项目项目，项目全长1.881千米，路基宽6米，改造内容包括K0+000-K0+300原路面利用段路改造，对于破损的水泥混凝土面板进行换板处理，新建K0+300至终点路面，挖除旧水泥混凝土路面，全线采用沥青混凝土路面，总投资500万元。（左　佳）

古　港　镇

党委书记　刘守德
党委副书记　廖尚福
张晔（2015.11免）
黄　森　陈桂伍
冯旻（2015.06免）
尹灿文
纪委书记　刘作昌
党委委员　周雯生
吴细寒（女，2015.11免）
刘作昌
陈爱民（女）
涂传秀（女）
人大主席　黄　森
人大副主席　李　胜
镇　长　廖尚福
副镇长　周雯生
陈爱民（女）
涂传秀（女）
徐伟星　曹湘黔　刘雨成
政协联络处主任　陈桂伍

【概况】　2015年11月，三口镇和古港镇合并为古港镇，辖区总面积210平方公里，下辖桃园、古港、古城、郭家亭4个居委会，华湘、东盈、鹤源、白路、金园、花城、梅田湖、范市、高联、仙洲、新园、沔江、燕塘、港星、中坪、宝盖寺16个行政村，570个村（居）民小组，人口6.5万人。耕地面积3773.33公顷，主要是水田和旱土，山林总面积2万公顷，林业用地面积1.27万公顷，森林覆盖率63.2%。截至年底，全镇全年新出生人口862人，死亡455人，人口出生率为13.2‰，自然增长率为6.2‰。全年完成财税总收入8518.45万，完成比例102.32%，其中上划收入完成5806万元，地方收入完成2592.52万元，完成比例102.91%。全年完成工业总产值68.6亿元，其中规模工业总产值58.8亿元；农民人均纯收入19200元，增长9.8%。

农业生产　2015年，种植水稻2867公顷（其中双季稻600公顷），油菜2100公顷，粮食、油料获得双丰收；种植蔬菜1140公顷，花卉苗木400公顷，药材、葡萄等66.67公顷；发展优质烤烟300公顷，送售48.9万公斤，亩产值4000元，居东区第一。饲养生猪93114头，年末存栏46381头；家禽年饲养量156170万羽；养蜂2600群，产蜜1.1万公斤。仙洲村无公害蔬菜主销长株潭，并拓展到江西南昌等地，产值1500万元；邹家湾合作社与“湘朵”蔬菜超市建立合作配送关系，并建立电商平台，实现网上直销；农产品加工企业除德胜斋茴饼外，家常蔬菜种植合作社年产值逾3000万元，肉制品加工基地年产值6000万元以上。

工业经济　全年完成固定投资19.78亿元，完成技改投资13.84亿元，新增五祥木业、湘友肉制品厂两家规模企业，成功申报新彩虹、龙塑管业、和信花炮3家“两化融合企业”，创建东盛烟花、湘友肉制品厂、金盆引线公司3家数字化企业，完成长沙市级技术创新项目立项数1个。新彩虹、吉腾、东盛等花炮企业成功转型升级，完成扩改；调处企业矛盾纠纷110余次，帮助16家企业申报小额贷款贴息60余万元。引进招商项目11个，其中新建项目6个，续建项目5个，全年到位资金2.28亿元，引进的五祥木业、三众木业均建成达产，御尚煌、国程两家农产品加工企业和帅的管业基本建成，机械设备正在调试中，续建项目龙塑管业二期正式投产。6月6日，举行“实现振兴跨越、建设强盛古港”招商成果发布会，会上，古港镇政府与古港派出所搬迁新建项目、农村商业银行古港支行新建项目、求知南路开发建设项目负责人正式签约，浏阳恒盛房产开发有限责任公司与狮山建材城、福满楼酒家、君逸龙腾酒店等9家客商代表成功签约。

第三产业　梅田湖美丽乡村凭借春赏油菜花、夏观彩色田、秋看稻草人等旅游品牌，全年接待游客超15万人次，为周边村民及商贸、餐饮行业带来可观的经济收入；皇龙峡生态旅游区、千年古刹宝盖禅寺等旅游景点游玩观光人数再创新高。水果基地与观光旅游相结合，沔江葡萄基地与天成旅游公司合作，实行游客进园水果采摘与漂流相结合；凯丰葡萄基地新开发10多个品种，基地基础设施进一步完善；富根葡萄基地引进的红心火龙果销售火爆，实现中端产品向高端产品的发展。全镇从事商贸活动的商家5400余家，经营类型涉及大型超市、品牌服饰、饮食酒楼、摩托汽车等，全年社会消费品零售总额2.92亿元，增加万事鑫电器有限公司限上商贸企业1家。

基础设施建设　完成古港新城一期4公顷土地招拍挂手续，办理第一批90户土地的国有土地使用权证。2014年11月启动的1000公顷国土整理和烟田整理项目于2015年7月全面完工，并通过上级验收。完成求知北路、金汇西路油砂路面改造和1000米下水管道铺设，启动求知南路征地拆迁；投入800余万元完成金汇步行街改造、主干道桐坑北路砂改油，对梅田路、地税第二分局门前道路进行改造和沥青路面铺设，对绿园水渠进行维修；投资逾1000万元，完成三口集镇提质改造。投资240万元对连心大道大修改造，项目于2016年1月6日完工。完成X109古港段4.2公里道路大修项目，硬化村组道路25.6公里；实施路损修缮和危桥改建工程，老铁路段燕窝桥、毛家塅危桥拆除重建工程成功验收，对全镇主要道路（特别是校车线路）进行安保设施提质和改造。全面实施农田水利畅通工程，完成一个断面以上沟渠27.6公里，灌溉干渠18.8公里，机埠4处，河坝8座，骨干山塘4口等，梅田河流域清洁治理工程完成60%工程量；完成993.33公顷国土整理、基本烟田整理和路水烟基工程，覆盖7个村，惠及2万余村民；高质量完成螺丝冲、甘冲水库除险加固工程和沔江河三河交界处河道治理工程。依法开展拆违控违工作，全年拆除违章建筑、破旧建筑1.89万平方米。

环境整治　开展特色示范幸福屋场的创建与提质工作，梅田湖村松山屋场作为全省农村精神文明建设工作交流会观摩地，获得省委常委、省委宣传部部长、省文明委副主任张文雄等一行的赞赏，白鹭村大湾同心屋场纳入全市重点项目观摩之列，受到各级领导一致好评；新创建古港社区桥头屋场、花城村马新屋场等12个整洁屋场。继续实施“庭院三包”责任制和垃圾分类工程，定期开展集中保洁行动并对环卫设施予以更新和完善，创建梅田湖、宝盖寺、华湘3个“垃圾分类示范村”；开展“灭鼠行动”，发放鼠药600多斤，完成改水改厕任务100座；加大畜禽污染治理力度，全年综合治理养殖户112户，建沼气池46个，穗港养殖厂建设大型沼气池2个，可同时供气150户。打造浏东公路精品路线，栽种银杏树250株、红叶石楠1000余株，铺设草皮1800平方米，建设花池90余个；开展集镇专项整治行动，对道路两厢、在建工程和开发区乱象进行清理，重点整治店外经营、杂物乱堆、车辆违规停放等，集中整治152户，集镇秩序转好。

公共服务　推进学校标准化建设，完成三口中心幼儿园和三口中学教师公租房建设工程；加强敬老院、卫生院及村级卫生室建设管理，严格落实养保、医保各项政策，全年医保参保人数55572人，参保率96.25%，报销新农合医疗费用2099万元；养保参保人数25992人，参保金额275万元，参保率94%。完善农家书屋和居民健身广场配套设施，组织开展广场舞、中国象棋、唱红歌等喜闻乐见的文化活动，丰富群众生活。全面提升政务服务效能，全年累计办理各类业务9688件，办结率88%。

民生保障　开展“暖心工程”活动，组织干部职工、驻镇单位和企业走访慰问困难群众1050户，发放慰问资金72.6万元、棉被100床，临时救助96人，救助金额3.85万元；全年发放五保金、低保金计482万余元，156人次得到大病救助，救助资金22.8万元。开展“一日工资助残”“慈善天天一元捐”等活动，发放康复器材36件，介绍残疾人就业42人次，组织残疾人免费体检和康复训练；全年资助学生77人，发放助学金22.5万元，捐献爱心书包62个。全面完成81户危房改造工程，解决部分低保户、贫困残疾人、重点优抚对象住房困难问题。

社会管理　全年落实长效节育措施405例，发放“单独两孩”政策、优生优育等各类宣传资料8000余份，计生合格率达标，增加奖励扶助对象35人。全年排查和调处各类矛盾纠纷206起，消除不稳定因素24起，未发生“民转刑”案件；开展“综治大宣传”“综治述职”“综治大走访”“矛盾纠纷大排调”等活动，走村入户发放宣传资料，签订拒绝“黄、赌、毒”承诺书、“平安家庭”、“平安企业”创建承诺书。严厉打击“黄、赌、毒”等违法犯罪活动，全年开展6次禁赌、禁毒、扫黄专项行动，收缴麻将机12台，弹子机、拍鱼机14台；加强各村（社区）巡防力量，组织专人对辖区进行巡查，重点整治校园、市场、宾馆、庙宇、超市和企业周边环境，严格校车管理，下达校车整改通知书6份，严防超载、超限行驶，确保学生安全。

安全生产　严格落实“党政同责、一岗双责”，领导干部定期下企业进行安全检查，全年排查各类安全隐患2018处，下达各类执法文书790份，责令限期整改422处，立案查处6厂次，组织企业开展安全“巡回大讲堂”，全年实现“零事故、零伤亡”；开展消防安全、燃气安全、食品安全、农机安全等专项检查，严防各类事故发生。

党建　严格落实党建工作目标管理责任制和“一岗双责”工作机制，层层签订目标责任书，逐级分解落实党建工作任务，把党建工作和关系群众切身利益的重大事项紧密结合，如古港新城建设、梅田湖村旅游打造等，推动各项工作稳步有序开展。加强基层党小组建设，营造创先争优的浓厚氛围，对全镇89个党小组阵地进行全面完善，将党小组服务竞赛活动与党政服务、党员教育等相结合，组织和引导党员积极参与社会管理，提升基层党员素质和工作能力，培育和挖掘更多先进典型。原三口镇获得湖南省党员教育学用工作优秀组织奖，燕塘村毛连党小组成功申报为浏阳市党员干部示范培训实践基地，迎接长沙市其他县市区及兄弟乡镇的观摩学习。严格发展党员程序，保证发展党员质量，新培养入党积极分子52名，接收预备党员35名，审批38名党员转正。完善非公和社会组织建设，向已建立党组织的非公企业派驻党建指导员，指导其开展党组织活动并完善相关资料、台账。落实党风廉政建设责任制，细化党委主体责任和纪委监督责任，确保责任对等、履责到位。成立党风廉政建设督察组，通过实地查看、走访群众、受理诉求等方式，重点检查各级党政“一把手”落实党风廉政建设责任制、勤政廉政、整治“四风”等方面的情况。年内立案查处14起涉案14人，其中，开除公职1人，开除党籍1人，严重警告6人，党内警告4人，给予政纪处分2人。　（曾秀文）

【古港镇和三口镇合并为新古港镇】 2015年11月10日上午，浏阳市召开乡镇区划调整改革工作部署会，当天下午古港镇和三口镇分别组织召开乡镇代表座谈会，传达省市县乡镇区划调整改革工作动员会议精神，听取代表对合并乡镇的意见和建议，形成一致决议。当天晚上，召开镇人大主席团会议和党政联席会议，商讨乡镇合并事宜并形成一致决议。11月11日上午，由联村领导带领工作人员奔赴各村（社区），召开村（居）民代表会，听取村民代表意见并形成一致决议。至11日中午12点，完成合并乡镇相关法定程序，并将资料整理齐全、报送到市民政局。合并后新成立的古港镇辖区总面积210平方公里，总人口约6.5万人，下辖4个社区、16个行政村，镇政府驻地设原古港镇政府驻地。　（曾秀文）

【全国主要农作物生产全程机械化技术培训班暨全省油菜生产机械化

观摩活动在古港举行】 5月15日，全国主要农作物生产全程机械化技术培训班暨全省油菜生产机械化现场观摩活动在古港镇梅田湖村举行。活动现场，各种最新的油菜生产机械演示油菜生产的耕整地、播种、收获、烘干、秸秆处理五大机械化环节，26.67公顷连片油菜在短时间内就割倒送入机器，油菜籽脱粒分离、秸秆粉碎还田，赢得现场观众和与会人员的阵阵喝彩。农业部农机化司副巡视员孔亮，湖南省农业委员会党组成员、省农机局局长王罗方，浏阳市委副书记吴震等领导参加当天现场演示会。

（曾秀文）

古港梅田湖彩色稻田——福娃　　（图片来源：古港镇）

【三口集镇提质改造完成】 三口镇集镇提质改造工程于2014年11月启动，2015年9月底全面完成，总投资1000多万元。主要建设内容有：亮化工程，龙塑管业至集镇路段全长2.7公里采用35w-45wLED光源安装路灯136盏；管网改造，新建雨污管道1.3公里，铺设自来水管道1.3公里，改杆整合同绥路广电、电信、移动、联通通信线路；道路拓宽提质，对同绥路和子键路共2.6公里路面拓宽和白改黑提质；文化提质工程，建成全国首个农村社区青少年梦想广场，并设立三口镇人口文化广场和计生文化长廊；广告招牌改造，对集镇同绥路、子键路及金世纪广场所有商户广告招牌统一改造，共280户570进门店；集镇提质改造工程实现三口集镇沥青混凝土道路全程覆盖，提升城镇品质，有效改善居民出行环境，赋予三口集镇浓厚的文化氛围，为三口经济增添新活力。（曾秀文）

【三口大道X119大修改造、官古线X109大修改造竣工】 官古线X109（K4+200-K8+400）连通三口、沿溪、农业园，在修建大浏高速和S309（新浏东公路）及S309提质改造时经大、中型载重车碾压数月，致使路面受损严重，多处塌陷坑洼。应广大村民要求，三口镇投资597万元，实施X109县道（老浏东公路三口段）大修项目，道路全长4.2公里，路面宽6米，技术等级4级，建设内容包括沥青混凝土路面以及其他构造物工程等。大修改造工程于2015年2月全面竣工。2015年11月，古港镇启动三口大道X119（K0+000～K3+286段）路面大修工程，总投资292万元，道路全长3.286公里，路面宽8米，技术等级为3级，基层为现有路面及部分换板，采用沥青混凝土路面，工程于2015年12月31日全面竣工。该两条道路的修建有效解决沿线数千村民出行不便问题，也利于未来产业布局和发展。（曾秀文）

【松山屋场纳入全省农村精神文明建设工作经验会观摩点】 自创建“湖南省美丽乡村建设示范村”以来，古港镇梅田湖村以建设松山文化屋场为抓手，健全屋场公共文化服务设施，着力提升生活环境和村民素质，进一步发展乡村文化旅游事业。在建设过程中支村两委充分挖掘松山屋场内的环境资源、田园景观、地域文化和人文传统，将社会主义核心价值观具体化，建成浏阳市“美丽乡村·幸福屋场”新样本。2015年11月27日在浏阳召开的省农村精神文明建设工作经验交流会，将古港镇梅田湖村松山屋场作为农村精神文明建设观摩点，省委常委、省委宣传部部长、省文明委副主任张文雄以及省直部门、全省各地州市的80余名与会代表走进屋场，参观稻草艺术展、文化走廊、周氏家训墙、咕咕家农家乐以及文化活动中心等。张文雄一行对古港镇美丽乡村建设取得的成绩表示赞赏，参加观摩活动的市领导有市委书记曹立军、市长余勋伟、市委副书记吴震、宣传部部长刘旭等。（曾秀文）

【古港稻田艺术和稻草艺术吸引众多游客】 2015年春季，古港镇梅田湖村农民在艺术家的指导下，利用黑色、黄色、绿色等不同颜色水稻品种，种出“吉祥中国娃”图案和“浏阳古港欢迎您”七个大字，艺术图案面积3.2公顷。图案壮观宏伟，视觉冲击力强，成为古港镇梅田湖村松山屋场继千亩油菜花后又一靓丽景观。该巨作吸引新华网、腾讯网、新浪网、搜狐网等国内二十多家知名媒体争相报道，长沙晚报进行专题报道，“福娃”还一度登上腾讯新闻手机客户端湖南版块的头条。进入秋季，当地农民将“福娃”收割后的秸秆和部分老旧秸秆制作系列稻草艺术品，包括威风凛凛的关公、高大慈祥的老寿星、张牙舞爪的神龙、可爱俏皮的樱桃小丸子、神态各异的八仙、超凡脱俗的仙鹤、造型逼真的大水牛……在严厉的秸秆“禁烧令”下，令人头疼的秸秆摇身变为人人称赞的艺术品，这种“变废为宝”的方式，既环保又有创意。梅田湖村推出的稻田艺术和稻草人，加上春季千亩油菜花吸引超过15万人次的游客，同时给周边农户、村民带来的可观的经济收入。（曾秀文）

高　坪　镇

党委书记　黄　根
党委副书记、镇长　宋　孟
党委副书记、人大主席
　　李学荣（2015.09 辞职）
党委副书记、政协联络处主任
　　贝　倩（女）
党委委员、副镇长
　　何继春（2015.07 调离）
党委委员、副镇长　雷建军
党委委员、纪委书记
　　胡秋平(女)
副镇长　贺升朝（2015.03 调离）
副镇长　杨访问（2015.12 调入）
副镇长　陈招兴
人大副主席　巫文根

【概况】　高坪镇辖 11 个行政村、1 个社区，土地总面积 256.8 平方公里，其中耕地面积 2649.67 公顷，林地 19762.15 公顷，总人口3.8 万。2015 年，全镇出生 452 人，死亡 262 人，符合政策出生率82.08%，自然增长率 5‰。实现工业总产值 25.1 亿元，其中完成规模工业总产值 23.7 亿元；引进到位资金2000 万元，实现全社会固定资产投资 5.1 亿；实现财政税收 4351 万元。

农业生产　遏制耕地抛荒，发展早稻种植，杨潭北神冲早稻连片种植示范点 1 个。促进现代农业发展，支持船仓生态烟叶基地、三文鱼养殖基地、高坪蔬菜基地、向阳藠头基地等特色农产品生产基地建设。全力推进冬种冬修，疏浚沟渠 137 公里，修复河坝 5 座、山塘 26 口、机埠 3 座；集中资金重点解决马鞍井冲、石湾鸦雀塘、南枫麦塘冲等 3 座骨干大山塘的维修计划。年内与“惠农网”“农人公社”深度合作，推进农村电子商务。全镇有 40 余家合作社与惠农网签订购销合同，12 月份首家“农人公社”合作户正式开业。开展环境整治和屋场建设，创建 1 个幸福屋场、2 个垃圾分类回收示范村、7 个整洁屋场。

项目建设　整合 8 家矿山企业为南方、新松两大矿区。山水世界综合旅游度假区建设项目完成一期建设，累计投资 5000 万元。投入 500 余万元完成浏阳河第一湾、第二湾基础设施建设，完善南车湾景区观景休闲广场、停车坪、文化墙、公共卫生间等基础设施，为后期进一步改善景区内硬件条件奠定基础。投入 270 余万元完成涧山大桥拆除重建工程，10 月竣工通车。完成集镇提质改造，完成街道路面沥青摊铺、管网清理预埋、人行道绿化等工程。推进敬老院公租房项目，新建、改建住房 80 套，实现 12 月入住。自来水厂累计完成投资 880 万元，完成管道延伸、设备安装；6 个单村供水项目全部完成，保障地方群众的饮水安全；投入 250 余万元完成小溪河河道治理项目，廉租房装修全部完成并开始入住。

生态旅游　投入资金 300 余万元完善毛家湾、南车湾两处旅游基础设施；推进南车湾乡村旅游与农村采摘农业相结合，打造生态农业基地，鼓励村民实施菜地认种、电子订购蔬菜的经营模式，实现乡村旅游与电子商务、现代农业的有机结合。南车湾景区 3A 创建、福溪景区申报“十三五”旅游基础设施建设专项规划储备项目有序推进。杨潭至向阳联村道路顺利拉通并拓宽，福溪河沿线风光带成功对接长沙市浏阳河旅游文化产业带，全镇乡村生态旅游来势良好。

环境整治　继续做好“双结对、创文明”工作。2015 年，结对单位为村出资出物折合资金 30 多万元，用于村级文化活动、公益事业和扶贫帮困等。根据市城乡环境整治行动的统一部署，由整洁办牵头，先后 10 次组织国土、环保、路政、公安等职能部门对 10 多处违法建筑进行拆除，发放集镇铺面整改通知书 50 多份，督促业主在规定期限内自行整改。投资 300 多万元，对高坪集镇进行绿化、油砂路面铺设等提质改造。

社会保障　推进社会保障，2015 年全镇养老保险收款 180 万元，收缴率 97.2%，发放养老金 977 万元；城乡合作医疗收款 410 万元，收缴率 96.7%，发放医疗报销 224 万元；全年发放低保金 360 余万元，发放其他救助资金 60 余万元。推进危房改造等民生工程，投入资金 93 万元，完成农村无房户、危房改造 46 户。投入 260 万元完成 40 套中学教师周转房建设。发放计生扶助奖金 37.3 万元。精心组织实施精准扶贫各项工作，帮助贫困人群学技能、找工作、脱离贫困。加大对教育、医疗的资金和政策倾斜力度，对因学致贫、因病致贫、因病返贫人群采取救助、减负、增收的措施，帮助贫困人群建立信心，积极自救，确保 2017 年实现省定贫困村“摘帽”和建档立卡贫困户“清零”。

幸福屋场　组织专业人员在 6 月 8 日至 12 日、7 月 6 日至 10 日开展为期 10 天的免费创业富民培训，开设项目运作、创业风险、创业项目、优惠政策、融资贷款、法律常识、电工技能及实操等课程，引导鼓励学员将所学知识运用到实际当中。高坪有农业合作社（农场）120 余家，其中年内增加农业合作社（农场）36 家，另外增加其他企业 13 家，个体工商户 77 家。以“幸福屋场”建设和重阳节活动为载体，扎实推进“孝文化”主题活动深入开展，挖掘身边的好人好事，弘扬社会正气。孝老爱亲模范贝昌庆入选 9 月、11 月、12 月“中国好人榜”。开展“文明家庭”星级评创活动。开展“孝文化•道德讲堂”建设。

统治维稳　开展“打击非法生产储存运输烟花爆竹”、“九打九治”等专项行动，实现全年各特护期“零上访”，年度综治民调排名浏阳第三，长沙地区第七。

党政建设　抓好党委理论中心组学习活动。全年组织集中学习 12 次，参与人数 2000 多人次。结合强村论坛，组织镇全体班子人员和各村（社区）党组织书记外出参观学习、集中座谈。开展“青年干部素质大提升”计划。机关 35 周岁以下青年开展读书学习活动，通过“日日学、月月写、季季讲”的形式，邀请党校老师进行“中国梦”专题宣讲。培养干部敢担当、能干事、甘奉献的精神，实施“领头羊”工程，对实绩突出、群众认可的干部予以重用。党务、政务、财务公开，主动接受群众监督。继续坚持作风督查，坚持开展季度讲评、奖惩兑现制度。开展形式多样的服务群众活动。推动党小组竞赛，投入20万元开展为民服务“微实事”活动。成立党建微信平台，适时宣传全镇党建动态。加强非公经济党组织、流动党员管理，提升基层党组织和党员的归属感。人民代表大会、政治协商委员会选举工作，支持人大、政协履职履责，发挥工会、共青团、妇联等群团组织的桥梁纽带作用，不断提升对广大群众的动员力和号召力。 （徐其文）

【获评“长沙市小城镇建设管理先进单位”】 2015年，高坪镇加大小城镇建设力度，着力开发高坪集镇和石湾集镇，争取上级资金，投入500多万元，建设高坪自来水厂；投入100多万元，对集镇路面进行改造；安装太阳能路灯，改建农贸市场，新建东一路等，集镇面积不断扩大，居住人口不断增加。全年投入资金180余万元用于环境卫生整治，新建石湾村大型焚烧炉一座，全镇新建、新增小型焚烧炉及垃圾桶共500余个；先后创建“涧水之家”、“冯家湾屋场”、“桃花屋场”、“杨林屋场”等四个示范屋场，其中“南车湾幸福屋场”获得浏阳市十佳美丽屋场称号。2015年高坪镇将小城镇建设与美丽乡镇建设、乡村环境卫生整治活动、矿区地质塌陷危房户及库区移民户异地集中安置有机结合，扎实工作，取得较好成效。获评“长沙市小城镇建设管理先进单位” （徐其文）

【获湖南省首个“生态长寿镇”和“百岁健康镇”荣誉称号】 高坪人民得益于优越的自然条件，吃着自家种的菜、喝着山间流的泉、呼吸着清新自然的空气，日出而作、日落而息，一代一代地在这片美丽的土地上耕耘收获，不断延续和充实着纯正自然的农耕文化，这历史悠久、底蕴深厚的文化，让一位位长寿老人悄然出现，镇内90岁以上的老人有95位，百岁老人有5位，大大超过全国、全省的平均水平，是浏阳市百岁老人最多的乡镇。2015年3月13日，“长寿之乡•养生福地——首届浏阳河乡村休闲养生文化节”在高坪镇举行。此次活动由湖南省老年保健协会、长沙市老年保健协会主办，浏阳市高坪镇人民政府承办。活动以“养心、养德、养身”为主题，旨在弘扬中华养生文化，展示长寿之乡建设丰硕成果，利用油菜花盛开的美好时节、浏阳河的美誉、农家乐的原生态、浏阳湖的优质水源，展示高坪良好的生态环境和独特的养生资源。

（徐其文）

【打造乡村休闲旅游示范景点——浏阳河湿地公园南车湾景区】 南车湾位于高坪镇小溪河中游沿甸村南山港组，面积约1.8平方公里，有农户32户，108人，耕地7.5公顷，被誉为“浏阳河第二湾”。2015年3月，高坪镇组织南车湾村民依托自然祥和的田园风光，建成镇内示范屋场——南车湾屋场。镇村两级通力协作，采取村民自行进行庭院建设，镇政府对公共区域进行绿化、硬化、亮化的模式对南车湾进行开发和打造，谢娘娘庙重新仿古装修，河岸中洲无蚊岛整体美化，修建凉亭、游道、观光台，完善停车场、休闲广场等公共基础设施，半年时间整个南车湾面貌焕然一新！

（徐其文）

沿　溪　镇

党委书记
　郭　驰（2015.09任党委书记）
　汤相福（2015.09调任市科技局局长）
副书记　曾宪文　杨　辉
纪委书记　张宜发
党委委员　张宜发
　厉　涛（2015.04任）
人大主席　曾宪文
人大副主席
　汤瑞林（2015.03免）
镇　长　郭　驰
副镇长　厉　涛（2015.04任）
　潘剑波　罗　平　欧玉成
政协联络处主任　杨　辉

【概况】 2015年，沿溪镇辖5个行政村，3个社区，183个村（居）民小组，8594户，32004人。其中出生429人，死亡255人，人口出生率13.4‰。总面积123平方公里，其中耕地1301公顷，山林8849公顷。全年完成财政总收入6158万元，其中地方一般预算收入1806万元，财政总收入名列东区前茅。

干部队伍建设 开展“六个走在前列大竞赛”活动，实行月考核、季点评、年总结的工作方式，树立赏罚分明、有为有位的用人导向。开展以“比孝道，看家风；比诚信，看品行；比友善，看和谐；比学习，看文明；比守礼，看秩序；比创业，看奉献”为主的“六比六看大竞赛”活动，对8个村居的45位典型模范人物通过固定展板、微信平台等进行宣传推介。培养村后备干部25名，开展双述双评活动，打造讲政治、守规矩、重团结、比奉献的村（居）班子。发展新党员11名，按期转正14名。严格执行作风建设有关规定，组织督查34次，发督查通报22起，问责干部27人次，打造一支过硬的干部队伍。全面落实中央、省、市作风建设有关规定，加强村级“三资”监管，规范“四议两公开”、村务公开、党务公开和财务管理制度。全年查处党员干部违纪违法案件4起，及时约谈5名出现一般性、苗头性、倾向性问题的干部。加强对《市长信箱》、《民声通道》、“12345”政务服务热线等投诉平台的反馈，接待来信来访103件，批办处理46件，树立高效廉洁的政府形象。

农业 完善农业基础，完成山塘清淤15处，除险加固骨干大山塘1处，修复小型河坝4处，更新改造机埠1处，疏浚渠道92公里。坚持对37.33公顷山林实施封山育林，完成植树造林20万株，荒山造林33.33公顷。发展现代农业，调整产业结构，围绕沙龙万亩蔬菜基地，实现规模经营。抓好万亩优质稻基地建设，增加种粮大户4户，发展早稻种植100公顷，推广水稻全程机械化栽培333.33公顷。全镇冬种面积1620公顷，覆盖率90%以上，油菜冬种面积933.33公顷，绿肥200公顷、蔬菜400余公顷，其他作物86.67公顷。培植壮大无公害蔬菜、小水果、花木等特色农业产业基地，重点扶持友华、燕翔等一批绿色养殖、绿色蔬果基地建设。强化“三农”服务,组织农村实用技术培训11次，举办技能培训班5期，全镇农民合作社96家，实行分类评级，促进其健康发展。及时补贴农机购置46台，申请补助资金82万余元，完成80余辆农机车年审工作，确保农机器械生产安全。加强农产品质量安全检查，扎实抓好防汛、防火、防疫等工作，实现全年无大灾，确保农业可持续发展。

工业 完成工业总产值79.7亿元，同比增长14.6%；规模企业总产值完成52.6亿元，同比增长13.5%，被评为浏阳市工业经济先进单位。龙头企业优势明显，东信、和顺等在产值、销售、税收等方面都名列花炮行业一、二名。完成浏阳市外到位资金2.1亿元，完成长沙市外境内固定投资1.72亿元。推进两型社会建设，沙龙村成功创建湖南省两型示范建设基地、大光社区成功创建长沙市两型示范社区、建设社区成功创建浏阳市两型示范社区。

中心镇建设 坚持按照城市总体规划建设中心镇，对沿溪镇总体规划和滨河新城控制性详细规划进行修编，进一步优化镇村空间结构和产业布局。全年铺排各类项目37个，实际完成投入7.73亿元，涉及基础设施、产业发展、公共事业、商贸旅游等领域，项目开工率100%，城乡一体化建设被评为长沙市一类乡镇、城乡统筹融合发展先进单位，中心镇建设继续保持先进。完成集镇东远路、东信大道、安置小区污水管网改造3.2公里，污水处理厂稳定运行。改造太阳能路灯500余盏，设立环保公厕、投放环保垃圾桶等。完成集镇绿化1.2万平方米、补植树木800余株。进一步发展城市内部、城际交通网络，完成联佳南路、景观大道建设，拉通沿溪大道150米断头路。

环境整治 坚持建设与管理并重，按照“定点划线、有序停车，洒水降尘、实时清洗，及时清扫、有效保洁，规范门店、店内经营”的管理模式，实行一店一牌，拆除不符合规范的招牌85块，清除太阳伞水泥墩260个；在各街道增加停车位492个，自行车、摩托车停放点26个，制作车辆停放提示牌46块，创建长沙市集镇管理示范镇，提升城市品位。持续深入开展城乡统筹环境同治，推行居民自治公约，实行门前“三包”制度，礼花村被评为“绿色村庄”，成功创建老街、联兴两个“绿色屋场”，城乡环境同治被评为长沙市优胜乡镇。

安全生产 强化教育培训,组织安全巡回大讲堂31堂次，参培员工3000余人次；组织特种工持证培训3期，培训员工310余人次；组织特种工再教育培训5期，培训员工560余人次；组织安全厂长、安全员业务培训1期，培训管理人员60余人次。保持花炮企业“打非治违”高压态势，全年安监部门到企业检查786家次，发现并督促整改安全隐患1126处，立案查处企业5家次。组织为期一年的“九打九治”打非治违行动；先后开展防静电设施检测、工贸行业涉粉尘防爆企业安全大检查、有限空间作业企业安全大检查、三个百日攻坚等行动，保持安全生产良好态势，迎接省长杜家毫等各级领导安全督查4次，均获好评，11月份通过长沙市标准化安监站创建验收；被评为浏阳市安全生产先进单位。

治安状况 加大对危爆、校车、消防、食品、建筑、道路超限超载安全检查力度，加强校园及周边社会治安治理，开展校车整治和督查工作18次，查处违法违规校车5起，整改安全隐患8处。突出严防与严打、治理与服务、专业队伍与群防群治相结合。始终保持对“两抢一盗”、“黄赌毒”、黑恶势力、非法传销、制假贩假等违法犯罪的高压态势，组织开展打击传销、打击制假贩假等专项行动，有力震慑犯罪分子的嚣张气焰。全年破获刑事案件20起，逮捕直诉20人，行政拘留74人，追回网上逃犯1人，其中破获侵财案件11起，打掉侵财犯罪团伙2个。对全镇123家棋牌娱乐室进行专项整治，召开2次棋牌娱乐室负责人会议，签订责任书，关闭麻将馆43家，镇域大局和谐稳定。

群众工作 健全信访维稳机制，确保全国、省市两会、“五四”、“八一”“国庆”“9•3”“9•30”等重要节点的社会大局稳定。发挥群众工作站优势，调动村（居）委会积极性，调处矛盾纠纷342起，涉及金额640万元，挽回经济损失170万元，确保社会大局和谐稳定。

科技教育文化 推进科技创新，重视新产品、新技术的推广应用，全年完成36项科技专利申报任务，占全年任务的300%。精心打造沙龙蔬果公园、沿溪中学青少年宫精神文明精品线路，在2015年全省农村精神文明现场观摩会上受好评。发挥文学艺术界联合会等群团组织作用，完善镇文化站建设，接待各类人员3000余次，成功创建湖南省文化惠民服务基地。完成沿溪中学、梓山学校教师公租房建设52套，继续推进沿溪中学与师大附中结对帮扶工作，进一步提高教学质量。加强中学青少年宫文化建设，沿溪中学入选首批全国校园足球特色学校。

医疗计生 提高公共医疗服务水平,加强重大疾病防控体系建设，大力实施免费健康服务，对五保老人实行住院费全免、医疗费减半政策。投入1200万元启动卫生院整体搬迁项目，推进村级标准卫生室建设，公共卫生服务体系逐步完善。农村合作医疗补偿2822人次，发放补助资金220万元，组织全镇儿童接种疫苗、老年人免费体检6000多人次。强化食品安全执法力度，未发生重大疫病传播和食品安全事故。开展计划生育优质服务，推行计划生育家庭奖励扶助制度、单独二孩政策。全年落实综合节育措施265例，办理各类生育证明654本，发放各类计划生育奖励资金28万元。建立微信平台加大计生政策宣传指导，不断提高流动人口计划生育管理和服务水平，创建长沙市流动人口优质服务培植单位。

社会保障 完成烈士陵园、敬老院、公共租赁房等一批民生项目建设，启动光辉桥、东冲桥、沔江桥改造工程。加强全镇15个文物点的巡查和守护工作。全面落实惠民政策，全年有序推进医疗、养老、工伤等保险扩面工作。发放城乡居民养老保险补助632万元，完成社保一卡通发放工作。开展优抚走访慰问活动，发放救济资金35万元，改造农村危房24户，组织助学金9.5万元，救助大学新生29名。

（肖永荣　邱蓓）

【打造省文化惠民服务基地】 为丰富人民群众的文化生活，沿溪镇文联于2014年成立，下辖的4个分会，即楹联协会、书法协会、音乐舞蹈协会、摄影协会，加入会员200多人。镇政府投入200多万元建成综合文化站，各种文体设备成为开展群众文化活动的有效载体，被评为湖南省文化惠民服务基地。镇文联带领全镇广大文艺工作者坚持“两为”方向，贯彻“双百”方针，贴近实际、贴近生活、贴近群众，开展各种形式的文化惠民活动：春节期间举办万户春联送万家活动，全年举办各种培训十余次，参加培训的人民群众1000多人次，向中楹会、北京华夏诗联书画院推荐会员10多名，会员向国家级刊物、省级刊物、市内刊物投稿并获奖，沿溪镇文联也被湖南省文学艺术界联合会评为全省文联系统先进单位。

（肖永荣　邱蓓）

【沿溪镇举办清明公祭活动】 沿溪镇有大光洞99人烈士墓，仁和洞88人烈士墓。总投资200多万元的沿溪烈士陵园于2015年元月份正式竣工，陵园中安葬着沿溪镇的262名烈士遗骸，这些烈士大多牺牲于抗日战争中。为隆重纪念革命烈士，传承优良革命传统，4月3日，沿溪举行清明节公祭大典活动，当地200多名党政机关干部、学生、村（居）工作人员及烈士家属在新建的烈士陵园前，通过敬献花圈、鞠躬默哀表达对先烈们的缅怀和敬仰之情。（肖永荣　邱蓓）

【成功创建长沙市城市管理示范镇】 2015年，沿溪镇城市管理工作通过采取强管理、破瓶颈等措施，城市环境面貌在综合整治中得到持续改善，成功创建长沙市城市管理示范镇。4月份以来，沿溪镇党委政府领导镇城管执法中队，开展创建“长沙市集镇管理示范镇”工作。通过出动宣传车、发放公开信等方式提升群众爱卫护卫意识。严格按照“定点划线、有序停车，洒水降尘、实时清洗，及时清扫、有效保洁，规范门店、店内经营”的管理模式，加强集镇清扫，清理街道，背街小巷的杂草、杂物、建筑装修垃圾180余车，清除牛皮癣、横幅3000余条。在各街道划停车位380个，单车、摩托车停放点26个，制作指示牌46块，规范停车秩序。实行一店一牌，对破损和不符合规范的85块招牌全面拆除，并清除太阳伞水泥底座260个。投入1800万元对联佳路、景观大道进行提质改造，投入220万元对集镇路灯进行改造，铺设污水管网400米，绿化1200平方米，更换人行道彩砖2600平方米，下水道井盖16个，市政设施也进一步完善。（肖永荣　邱蓓）

【宅基地改革释放农村创富活力】 结合建设美丽沿溪，推进农村宅基地改革，进一步盘活农村土地资源，激发生产活力。沿溪沙龙村作为农村土地制度改革试点，一直以基层居民点为纽带，以农民自愿为原则，引导农民向中心居民点集中，打造出有利生产、方便生活的农村居民集中点规划样板小区——蝴蝶小区。明确建设用地区内土地主要用于村庄小区建设，鼓励村民建设优先利用现有建设用地、闲置地和废弃地，家庭土地使用必须符合小区建设规划，农用地在批准改变用途前，应当按原有用途使用，严禁荒芜。经过数年的规划建设、园林美化、道路修建，有效地解决村民建房资金难、搬迁难、用地难的问题，截止2015年底，有81栋别墅林立，土地节约率96.72%，入住86户413人。成功把蝴蝶小区建设成环境美丽、乡风文明的和谐小区，把沙龙村建设成集观光、休闲、生态于一体的美丽乡村。8月21日，湖南省委副书记孙金龙、副省长戴道晋率省市县三级相关领导一行30余人前往观摩，肯定沿溪宅基地改革成效，带动全镇进一步深化农村土地承包经营权确权登记颁证、农村“三权”抵押贷款和农村宅基地制度等改革，促进农村土地资源加快转化为流动的发展要素，全面释放广大农村的创富活力。（肖永荣　邱蓓）

【花炮安全生产管理模式获省市肯定】 2015年，沿溪镇推进花炮精品园平台建设，以确保产业安全为重点，推动花炮产业健康发展。坚定不移地提高花炮生产规模化水平、机械化水平。通过推动规模化，进一步培优培强、淘汰散小乱差企业；通过推动机械化，不断创新研发，提高花炮生产自动化、远程控制水平，提升安全生产系数，提高市场竞争力，东信、和顺等在产值、销售、税收等方面都名列花炮行业一、二名，实现全镇花炮产业逆市增长。9月1日，省委副书记、省长杜家毫一行到浏阳检查安全生产工作，视察沿溪镇颐和隆烟花集团和顺一厂，对颐和隆的安全发展理念高度赞赏，对沿溪镇花炮安全生产工作给予充分肯定。（肖永荣　邱蓓）

【全省农村精神文明建设现场会观摩沙龙村】 11月27日，湖南省委常委、省委宣传部部长张文雄视察浏阳农村精神文明建设成果，前往沿溪镇沙龙村蝴蝶小区和多功能服务中心观摩点进行视察。历经15年的建设发展，蝴蝶小区先后投入近千万元完善各项基础设施，道路全面硬化、油化，并设立48盏太阳能灯，实现全小区亮化，绿化面积60%。新建面积3800余平方米的农民运动场所和休闲广场，健身设施一应俱全。加强居民精神文明建设，设立“文明办酒三字经”等以“和”为主题的文化宣传栏，展现沙龙村邻里和气、家庭和睦、人心和善等一派和谐的景象，反映沙龙村综合整治、产业发展、文化建设、乡风文明等建设成果。多次被市、镇各级评为美丽屋场、绿色小区、幸福屋场，成为新农村新家园的小康样板。为丰富农村文化生活，投入680多万元建立多功能服务中心，中心由文化礼堂、村史发展展示馆、多功能室、果蔬淘宝网络销售中心构成。文化礼堂能够容纳1000多人同时与会。新农村建设展示馆分为党建起家，产业兴家，环境美家、文化乐家和幸福万家五个部分，通过丰富的图片展示和生动的文字介绍，回顾总结沙龙村的新农村建设发展历程。二楼多功能中心涵盖科普教育室、电子阅览室、农家书屋等10余间多功能室，极大的丰富农村生活，提升农民文化内涵。

（肖永荣　邱　蓓）

官　渡　镇

党委书记
　　朱姿丰（2015.12免）
　　李　锋（2015.12任）
党委副书记　张伯锋　夏代旭
纪委书记　章学良
党委委员　宋　洁　苏杨辉
　　周英娥（女，2015.08免）
人大主席　夏代旭
人大副主席
　　李晓龙（4月份提名副镇长）
镇　　长　张伯锋
副 镇 长　宋　洁　苏杨辉
　　　　　彭　靖　李晓龙
政协联络处主任　章学良

【概况】 2015年，官渡镇总面积102平方公里，辖4个行政村，3个居委会，327个村（居）民小组，47个村级小区，8583户，3.2万人，耕地1840公顷，其中水田1750公顷，旱土89公顷。全年完成财政总收入6120万元，其中地方收入完成1629万元，同比增长12%；规模工业实现总产值22.3亿元，同比增长16%。

农业　坚持科技兴农富农，农业产业全面提升。举办种养技术服务、烟叶生产等培训32场，培训2600多人次；举办专家基地行活动，科普成效明显。发展烤烟213.33公顷，收购烟叶39万公斤；发展粮食生产大户种植早稻53.33公斤，种植油菜880公顷，遏制耕地抛荒；新增长沙市3A级专业合作社2个，2A级专业合作社3个，其中吉梦等3家家庭农场获评省级示范。全面落实强农惠农政策，2015年发放农资综合补贴647万元。新农村建设，以“共建官渡新八景”为目标，本着尊重既有村庄格局、节约建设成本的原则，坚持以整治绿化为主，突出乡村绿化美、道路通、水系畅、环境好等特点，重点改善村庄人居环境和生产条件，保护和体现农村历史文化以及乡村风貌特色，同时融入文化元素，精心打造好每一个项目。竹联村“中州风月”、观音塘村“观音客寨”、新安社区“古城新韵”等景点打造有序推进，使乡村特色得到充分彰显。

工业　制造工业转型升级。湖南佳海电梯设备制造有限公司正式投产；湘冠胶粘科技有限公司完成厂房建设和设备安装；新引进的卓远动力配件设备制造有限公司完成征地拆迁；市级工业集中区成功获批，官渡迈开推进新型工业化的坚实步伐。传统产业提质增效。以颐和隆、官渡烟花集团、银都烟花等为代表的规模花炮企业进行产业技术难题攻关，成功研发多种安全机械，积极探索品牌营销新渠道，花炮产业稳步发展。

项目建设　围绕产业升级改革，抓好企业对接项目，产业项目梯度不断推进，2015年官渡镇落实重点项目16个，总投资5.2亿元。按照“项目化、时间表、责任人”要求，建立重点项目推进机制，目前重点项目均完成年度投资计划。颐和隆烟花集团仓储基地建设项目投入使用；完成古镇、古街风貌规划和核心区修建性详规编制，湘东鑫郡一期房产项目成功封顶，官渡大桥完成70%的工程量建设。仅用半天的时间完成蒙华铁路征地工作，再次刷新“官渡速度”。桂园休闲农庄获得国家“五星级”农庄荣誉称号，居陵农场完成基本建设，官渡乡村旅游成功入选浏阳市十大休闲农业精品线路。

新型城镇化建设　加快镇区道路改造，启动官渡大桥、官渡大道二期等工程建设，完成河西老城区6.2万平方米主干道沥青路面改造；加快集镇生态环卫设施建设，生活污水处理厂运行正常；实施老城区弱电线路入地改造工程；启动新老城区亮化绿化改造工程，安装太阳能路灯1200盏，增加绿化面积5万平方米。保障性安居工程建设顺利推进。32户危房改造、360户棚户区改造等项目竣工，官渡中学、兵和小学、田郊小学公租房建设项目2016年可全面投入使用。农村基础设施建设不断完善。总投入近3200万元的农业综合开发、烟区土地整理、土地治理、小农水等项目进展顺利，投资近600万元的安全饮水扩网工程项目全面完成，投资1.1亿元的金鸡水库扩建项目成功获批。

旅游服务　加大宣传力度，积极推介官渡嘣螺、官渡新八景等特色亮点，通过“赏古镇美景、品嘣螺美食、享清吧美韵”，成功助力湖湘百公里毅行品牌活动，不断提升古镇的知名度和美誉度。坚持因地制宜、错位发展，将古镇等景观资源与农业发展紧密结合，促进古镇旅游与现代农业互动发展。重点支持桂园国际、南边生态农场、居陵农场、智联农业、浙绿生态农场等一批乡村旅游景点开发建设，促进观光旅游与生态农业并举发展，促进特色产业与农民增收同步发展。官渡镇初步形成特色果蔬采摘区、农耕文化体验园、农产品深加工园、古镇观光景区等为主的休闲观光产业，并成功入选浏阳市十大休闲农业精品线路，成为大围山旅游圈的前沿客厅。

社会保障　全镇8个村（社区）严格执行低保户民主评议制度，让全镇508户1289位真正困难的群众得到国家低保、“五保”政策补贴；继续完善敬老院基础设施，集中供养95位五保老人。完成贫困对象建档立卡，扎实推进精准扶贫工作。全年为129位患者申请大病救助金15.6万元，发放各类临时救助7.2万元。积极推行新型农村合作医疗和养老保险制度，全镇参合率、参保率达98.5%、90%，均排名全市前列。

科教卫生　积极开展科技、文化、卫生“三下乡”活动，配合上级主管部门开展打击非法行医、食品安全专项整治行动，净化医疗市场和药品、食品市场。人口和计生工作走上规范化管理轨道，为221对育龄群众提供免费优生检测服务，全镇人口出生政策符合率84.47%。童馨幼儿园投入使用，促进学前教育的均衡发展。四中校门改造工程顺利竣工，有效解决上、下学拥堵问题。官渡工会联合会成功获评“全国模范职工之家”称号。

综治维稳　围绕“保增长、保民生、保稳定”的要求，维护社会安全稳定。全面落实安全生产“一岗双责”，深入开展安全生产大检查和“九打九治”工作，加大校园周边环境整治力度，加强校车管理和治超工作，全镇安全形势持续稳定好转。深入开展倾听群众诉求活动，及时化解各种矛盾纠纷，2015年共接待群众诉求241件310余人次，受理各类纠纷256件，调解成功253件，调解成功率99%，各种矛盾纠纷得到及时化解。

群众工作　结合“平安进基层，综治大走访”“三联三访”活动和群众工作，组织党员干部深入基层全覆盖走访，帮助村（居）解决道路、水利、春耕、烤烟等难题173起，走访慰问、帮扶困难群众847户，帮助群众办实事、争项目123起。开通微信服务平台，第一时间向社会公众以图文形式推送镇党委、政府的工作动态和党政信息，提供政策咨询，为群众提供更多、更便捷的服务。　（叶　巧）

【创建两型城镇】　积极开展城乡环境整治和拆违控违行动，在“拆、清、建、管”四个方面下工夫，共拆除违法建筑54宗10718平方米；关停拆除35户6450平方米养殖设施；全面加强集镇规范管理，进一步提升集镇品味，提高集镇承载能力，为全省农村精神文明建设经验交流工作会议、全市第三季度环境整治和集镇规范化管理工作点评会提供两个现场观摩点。2015年度官渡镇被评为长沙市城乡统筹环境同治工作“十佳”乡镇，南岳社区被评为“十佳”社区。统计站成功创建为长沙市乡镇一类统计站；财政所荣获省2015年度标准化财政所创建工作先进单位。成功助力湖湘百公里毅行品牌活动，极大地提升官渡的影响力和美誉度，官渡受到更高层面、更大范围的关注，极大地增强全镇人民的荣誉感和自豪感。

（叶　巧）

永　和　镇

党委书记　孔祥全
党委副书记　刘　宽　祝易滔
纪委书记　毛雄伟
党委委员　刘家文　吴芝超　毛雄伟　陈啸林　杨　斌　沈水艳（女）
人大主席　刘家文
人大副主席　黎　浩
镇　长　刘　宽
副镇长　吴芝超　陈啸林　杨　斌　刘　友　王文斌　喻　鍠　张　凡　王文斌
政协联络处主任　吴芝超

【概况】　2015年12月，原七宝山乡与原永和镇合并，成立新永和镇。永和镇距城区32公里，总面积234.5平方公里，其中耕地面积1666.67公顷，森林面积近2万公顷。辖14个村，1个社区，286个村（居）民小组，总人口39142人，其中农业人口30531人，非农业人口8611人，旱土141.73公顷。全年出生452人，死亡361人，人口出生率为13.6‰，自然增长率为4.88‰。

工业经济　原永和镇实行领导联系服务企业、干部联厂月巡查制度，从复工走访、矛盾排查到银企对接，促进企业正常运转，镇域经济平稳增长，实现工业总产值253857万元，实现工业固定资产投资53740万元，规模工业总产值120066万元。原七宝山乡继续推行领导干部联系企业制度，全年调处工农矛盾50起，协助企业办证2起，完成财政税收3478.99万元，实现工业总产值231963万元，实现工业固定资产投资46535万元，规模工业总产值79852万元，招商引资到位资金2580万元，圆满完成各项指标任务。2015年，新永和镇实现工业总产值45430万元，实现工业固定资产投资100275万元，规模工业总产值199918万元，完成财政税收6543.54万元。

农业生产　加大特色农产品种植力度和农田环境治理酸性土壤改良力度，做好红桎木、有机菜、小水果等特色农产品培育，引入铁皮石斛、奶羊等特色农畜产品，新发展疏菜基地4个共计40余公顷，新增杂交水稻制种试点基地3个共计73.33公顷，发展双季稻种植大户3户，增加基地13.34公顷，基本完成本年度任务数。发展黑山羊养殖户34户计2200余头，发展鸡鸭养殖大户7户计8000余只，发展养蜂户30户计2000余箱，继续加大种植结构调整力度，种植高粱、玉米共计20余公顷。

基础建设　加大集镇提质改造建设力度。围绕“发挥菊花石原产地品牌优势，打造对接大围山生态旅游示范区的精品旅游名镇”的目标，完善菊香小镇已建项目基础设施，完成水泵房和护坡建设，推进集镇亮化工程，新联村、石佳村安装路灯240余盏。投入20万元解决5个组饮水安全问题，永和集镇供排水项目顺利通过评审，完成七宝山地区自来水厂整顿，确保居民喝上干净放心的自来水；交通实行以奖代补政策，孚田、永宝等4个村实现通达到组，新联、金盆等村级主干道全面硬化，形成“高密度、广覆盖”的镇域交通网络；金盆村童子港大桥建成通行。投入150万元用于绿化和整治，创建金盆村“新安屋场”等3个幸福屋场。永宝新村部投入使用，村级活动场所更加规范。续建300米“菊香小镇”沿河风光带，增加2家菊花石精品门店，“菊香小镇”被评为长沙市创业示范街镇。冬修水利项目完成田间沟渠疏浚、清淤429.2公里，骨干大山塘除险加固等33处。完成湘江流域废渣环境综合治理项目。拆违拆旧16975平方米。

环境整治　原七宝山乡完成迹地更新、荒山荒地造林33.33公顷，集镇绿化600米，道路绿化12公里，水边绿化3300米，房前屋后绿化652户，创建绿色庭院20户，绿色屋场4个，绿色村庄2个，建立义务植树基地13.33公顷，蒋埠江村成功创建湖南省绿色村庄。新建“幸福屋场”7处，共计创建“幸福屋场”11处。继续抓好环境整治工作。2015年度原七宝山乡环境整治工作在浏阳市季度检查评比中排名前列，上半年获评长沙市"优胜乡镇"荣誉称号，被列入长沙市环境整治卫生十佳乡镇候选行列。永和镇投入30余万元对4个焚烧炉进行维修，更换垃圾收集桶300多个，创建浏阳市整洁屋场10个，垃圾分类示范村4个，省级绿色村庄1个，有效改善人居环境。

综治维稳　扎实推进"打非治违"集中行动，组织行动14次，排查安全隐患249处，现场整改208处，限期整改41处。原七宝山乡集中开展辑枪治爆专项行动，"黄赌毒"专项整治行动，"六大活动提民调"主题活动，确保全乡社会和谐稳定，上半年综治民调排名全市前列，在2015年长沙市社会治安综合治理民意调查中进入前十。开展乡村法治化治理专题活动。以"万人学法工程"为载体深入开展法治宣传教育，提高群众法治素养。坚持领导信访接待制度，畅通信访渠道，引导群众依法诉求。原永和镇积极开展平安村（社区）、平安家庭创建，"六大活动提民调""乡村法治化治理"等活动；实行村级五协联动，成立维稳应急分队，狠抓巡防工作，社会治安日趋稳定。永和卫生院建成污水处理系统。澄潭小学、永和中学教学环境大幅改善。工矿矛盾、地质灾害矛盾得以积极稳妥处置，社会大局和谐稳定。

社会保障　完成居民医疗保险95.95%，养老保险93.67%。完成462户、1427人的精准扶贫建档工作中的"四个一批"扶持工作。认真落实好民政救济、城乡居民养老保险、医疗保险、优抚、残联、慈善等各项惠民政策，全年共计发放低保金、社会救助、慈善助学等668.6万元。

干部队伍建设　认真落实党管责任，开展书记联点指导；完成永和磷肥厂党委移交永和镇党委工作；积极参加全市党建竞赛活动，原七宝山党建创新案例获评全市一等奖，孚田村、宝山村第四党小组获评浏阳市党员干部实践教育基地，孚田村被评为长沙市农村社区建设示范村。原永和镇机关老干支部被评为长沙市"五好"离退休干部党支部示范点。加强作风建设力度，全力查摆问题，积极进行整改落实；严格落实干部考勤管理制度，认真开展干部季度考核，全年共督查87次、发布督查通报18次。（钟子阳）

【园永公路通车】　总投资9800万元的园永公路，抽调近20名干部征地15.67公顷，拆除房屋23栋（间），该道路起于永和镇，止于两型产业园互通口，全长7.611公里，于2014年6月开工建设，现工程主体及配套设施基本完工。园永公路的通车有效提升永和区位优势，促进永和镇旅游开发建设，打通永和、沿溪、农业园等乡镇与外界联通的重要通道，永和将跨入"五分钟迈上高速，1小时对接长沙"的新高速时代。（钟子阳）

【成功举办第二届菊花石文化节】11月4日晚"菊石花开"第二届中国•浏阳（永和）菊花石文化节暨欢乐浏阳河广场文艺晚会活动在浏河广场举行。2015年是戴清升先生菊花石作品在巴拿马万国博览会获金奖的第100周年，选材永和镇的菊花石雕壁画《万佛朝宗》也在当晚开幕式现场举办申报上海基尼斯纪录专场发布会。本次晚会有永和镇人民政府组办，主要包括文艺汇演、菊花石展览和基尼斯记录认证。晚会现场在展出的近100件菊花石精品中评出6件金奖作品并颁奖，菊花石精品在浏河广场展出三天。市委常委、宣传部部长刘旭、市领导刘仙娥、邓雪琴、邓阳锋等出席当晚活动。（钟子阳）

【成功举办庆祝建党94周年浏河晚会七宝山专场】　6月30日晚，七宝山乡在浏阳河广场组织举办《秀美宝地，幸福家园》专场文艺晚会。晚会以舞蹈《盛世花开》拉开序幕，音画诗《秀美宝地幸福家园》展示七宝山的独特魅力，歌伴舞《唱支山歌给党听》唱出老百姓对党的感恩之心。整场晚会由舞蹈、音乐小品、表演唱、歌伴舞等组成，内容精彩纷呈，赢得台下观众阵阵掌声，为广大市民奉献上一道丰富多彩的精神文化大餐。（钟子阳）

【七宝山乡与永和镇合并】　2015年12月3日，原七宝山乡和原永和镇合并为新永和镇。合并后，辖区总面积234.5平方公里，总人口约4万，辖11个村（社区），包括铁山村、井泉村、狮子山村、七宝山村（蒋埠江村和宝山村合并）、升平村、增加台村、永福村（新联村和孚田村合并）、菊香社区（菊溪社区和永宝村合并）、佳成村、石佳村和金盆村，合并村设立临时工作委员会，镇政府驻地设原永和镇政府驻地。

（钟子阳）

达浒镇

党委书记　周树成（2015.09免）
　　　　　周逢明（2015.09任）
党委副书记　汪万江
纪委书记　吴劲文
党委委员　张　巍　吴劲文
人大主席　何启成
人大副主席　胡　滨
镇　长　汪万江
副镇长　张巍　易亮　江新
政协联络处主任
　　金　涛（2015.04任）

【概况】　2015年，达浒镇辖8个村，2个居委会，299个村民小组，7614户，27227人，总面积202平方公里，耕地面积2026公顷，山林面积18666公顷。全年出生411人，死亡人口208人，人口出生率84.5%，人口自然增长率4.94‰。完成财政总收入2604万元，其中地方收入977万元。

工业　完成工业总产值31.13亿元，规模工业总产值14.82亿元，固定资产投资7亿元，招商引资到位资金4500万元。象形精品烟花出口制造有限公司、世纪红烟花制造销售有限公司、景盛烟花制造销售有限公司等规模企业做大做强，产效明显。

农业　耕地抛荒治理成效显著，生态种养殖业规模不断拓展，发展农业专业合作社125个，在农业项目中的主体地位日益显现。投资2700

万元的农业综合开发项目全部通过验收。投资980余万元的农村饮水安全项目完成一期工程，铺设管网23公里，接入住户600余户。

旅游　全面融入大围山国家级生态旅游示范区建设，成功创建象形3A级景区，完善景区停车场和厕所等服务配套项目，成功承办美丽浏阳“春•赏花季”活动启动仪式暨达浒象形油菜花节，全年接待游客8万余人次，实现旅游收入800余万元。

基础建设　投资600余万元的书香大桥建设全面结束，完成沥青砼路面硬化和两厢绿化。完成象形呼田桥、金石心田桥、长益石湾桥建设，硬化村组道路8公里。完成金象公路3.1公里硬化，拉通象形、金坑旅游环线。

环境整治　投资50万元完成集镇农贸市场改造项目，市场环境和公共设施得到全面改善。投资70万元对集镇停车泊位、交通标识标牌等道路设施进行完善，对破损人行道路面进行维修。浏东公路、集镇街道绿化带完成提质改造，补种绿化树木5600株。村级主干道栽植各种绿化树2万余株，浏东公路、象形风景区沿线创建绿色庭院263个。深入推进环境整治工作，书香白屋、高桥冲积极参与幸福屋场建设，金坑成功创建垃圾分类示范村，金石新大、麻洲大路、丰田老沈家、椒花土地庵、达兴上（下）街、石源和兴等7个屋场被评为整洁屋场，达浒镇被评为浏阳市环境卫生“十佳乡镇”。

安全生产　企业全面落实安全生产主体责任，安监站全年开展日常检查350家次，责令改正、限期改正违法行为560余起，责令局部停产企业3家次，立案查处2家次。成立以林业站和连云山林场职工为队员的达浒镇森林消防快速反应队伍，配备各种消防工具，保障防火安全。

综治工作　加大综治宣传，开展平安创建工作，组织10个村（社区）召开综治述职会议。成功举办大型禁毒文艺汇演宣传活动。接待受理信访案件32起，调解矛盾纠纷189起，预防民转刑案件3起，成功处置突发性事件3起。加强对社区矫正对象等特殊人群的管控，严厉打击各种违法犯罪活动，定期开展校园周边环境治理。

党建群众工作　投资18万元完成政府标准化政务服务中心建设，健全规章制度，完善服务功能。启动党建提升“233”工程（即打造服务群众两个平台：一是打造党员服务网格管理平台；二是打造干部服务发展平台。强化党员管理三项举措：一是强化流动党员规范管理；二是强化党员管理和考评；三是强化党员作风建设。开展党小组服务群众三大主题竞赛：一是服务项目建设大竞赛；二是服务生态治理大竞赛；三是服务民风转化大竞赛）。扎实推进该镇党建管理水平提升，全面落实基层服务型党组织建设任务，构建组织服务党员、党员服务群众、党建服务大局的工作格局。完成麻洲示范社区和金坑社区建设试点任务，完成石源、金坑、椒花、麻洲、长益社区平台建设和象形、长益、丰田、椒花幸福院建设，完善村级服务功能，打通服务群众最后一公里。

宣传工作　完成“春•赏花季”象形油菜花节宣传，湖南公共频道《一个地方》主题宣传，《多彩浏水•美丽浏阳》《美丽山水•活力东区》等主题宣传工作，组织制作《我在达浒等你》形象宣传片。9月3日成功举办“纪念抗日战争暨世界反法西斯胜利70周年达浒专场文艺晚会”。依托“美丽达浒”微信平台，及时对外宣传推介工作动态。共对外宣传报道25次，其中《湖南日报》2次，《长沙晚报》3次，《浏阳日报》20次。

社会保障　落实各项社会保障政策，健全社会救助制度。落实低保对象599户1083人，全年办理大病救助69人。报销合作医疗费用889万元，6775人次。集中为16265人现场办理社保“一卡通”。为38家企业1300人办理工伤保险参保和异动，收缴保费132万元。按要求完成43户农村危房改造。敬老院全面提质，成功创建长沙市示范性敬老院。投资980余万元的农村饮水安全项目完成一期工程，实现既定通水目标（集镇通水）。

教育卫生　丰田小学项目、书江完小教师公租房项目建成竣工。投资1000万元的卫生院整体搬迁项目完成主体建设，正在进行全面装修。落实计生工作“村为主”，加强基层基础工作管理和考核。开展代办生育证、免费接送服务对象以及婚、孕、产、节育保健跟踪服务，办理生育证433本，落实长效节育措施166例，完成孕前优生检测180.5对（占市下达任务110%）。

（郑　磊）

【完成标准化政务服务中心建设】10月份完成达浒镇标准化政务中心建设，共计投资18万元，建筑面积110平方米，设有党政服务、民政服务、计生服务、农水服务、企业服务、城建服务等窗口，为群众和企业提供公开透明、方便快捷、优质高效的政务服务。（郑　磊）

【达浒镇卫生院整体搬迁项目完成主体建设】达浒镇卫生院整体搬迁项目正式启动。投资1096万元完成卫生院综合服务楼以及一栋公共租赁房的建设，其中综合服务楼总面积2996.6平方米，含门诊、住院部、基本公共卫生办公区、手术室、会议室、行政办公室等；公共租赁房总面积1349平方米。卫生院整体搬迁项目的建成改善该镇人民的医疗卫生环境。（郑　磊）

大围山镇

党委书记　熊湘东（2015.04任）
　　　　　杨　钢（2015.04免）
副书记　卢焕新　廖春华（女）
纪委书记　杨传凤
党委委员　陈洪斌　杨传凤
人大主席　廖春华（女）
镇　长　卢焕新
副镇长　陈洪斌　罗　伟
　　卢　义　朱礼锋（2015.08任）
人大副主席　宋新丰

【概况】2015年，大围山镇辖15个行政村、2个居委会，362个村（居）民小组，8556户，27455人，其中农业25102人、非农业2353

人，出生人口297人，死亡人口204人，人口出生率10.8‰，人口自然增长率3.4‰。总面积410平方公里，耕地面积2223.07公顷，其中水田面积1423.07公顷，旱土面积800公顷，林地面积35460公顷，山林覆盖率82.79%。完成财政总收入1088万元，增长7%，其中地方公共财政收入491万元，增长-1%。

党政建设 组织干部队伍学习和培训，坚持“一季一主题”学习的青年读书班。完善考核评价和绩效考核体系，提升干部队伍干事创业的工作活力，增强干部的大局意识，提高工作的主动性、积极性和时效性，在“六个走在前列”大竞赛中创先争优。关心扶助困难党员，增强基层党员对组织的归属感和党组织的凝聚力。坚持从严治党，切实开展党员和干部作风建设整治活动，严肃查处党员干部违纪案件5件。充分发挥党代表作用，提高党员整体素质，增强党员在群众中的影响力和号召力。严格执行中央“八项规定”和省、市相关作风建设要求，营造干部清正、政府清廉、政治清明的良好氛围。

农业生产 全镇水果种植面积1666.67公顷。大围山万亩生态精品水果园升级为湖南省现代农业特色产业园省级示范园。加强中塅、中岳、三元桥等基地建设，公路沿线精品水果示范带初具雏形。举办六届水果旅游节。强化水果品牌管理与维护，开展专项打假行动。支持现代农业生产经营主体，流转村民土地23.33公顷，发展壮大优质水稻、生态烤烟、高山蔬菜、牛羊养殖等产业。

工业经济 增加养蜂专业合作社5家和注册商标2个。白沙山泉豆制品厂成功申报包装专利12个。乡下人豆腐制品有限公司完成技术改造，湘食神食品有限公司正在进行高标准厂房建设。

旅游产业 围绕“旅游新方向·中国大围山”战略目标，着力打造“春赏花、夏避暑、秋登高、冬滑雪”四季生态旅游品牌，举办杜鹃花节和大围山水果节等节会活动，2015年旅游人数突破70万人次，实现收入2600万元。

文化发展 楚东村被国家四部委公布为第二批中国传统保护村落，是长沙地区唯一一个获评村。成功举办“古镇客家情•围山水果香”第五届水果旅游节开幕式暨“欢乐浏阳河”广场文艺晚会。邀请专家学者，聚集本土文化人士，对大围山客家文化、红色文化、古建筑文化、书院文化、宗教文化、宗祠文化、地名文化、知青文化等进行深入系统地挖掘整理，编辑《品鉴大围山》（暂定名）一书，预计2016年正式定稿出版。展示大围山秀美风光的专题画册《醉美大围山》正在编辑。推进镇村文化活动场所建设，着力打造群众文化活动的主阵地，重点在楚东、东兴、白沙打造文化示范点，现均建成并开放使用。

项目建设 投入2500万元，完成东白公路和锦绶堂旅游公路提质改造；投入300万元，拆除重建都佳路东升桥；投入200万元修建黄金潭大桥；投入1600万元，硬化长鳌江一界岭等6条农村公路，里程18公里；投入800万元，完成锦绶堂旅游公路拓宽改造；投入450万元修建都佳西路，路面工程完成，正在进行附属工程建设；投入200万元修建青兰桥，正在紧张施工。

综治维稳 扎实推进“平安大围”创建，抓好社会治安、矛盾调解、信访办理等工作，成功化解余勋伟市长亲自包案的罗珍信访积案。加大安全生产监管力度，落实安全生产“党政同责、一岗双责”和领导干部带队检查安全生产工作制度，开展生产安全检查163次，全年无安全生产事故发生。加强社会管理，做实做细群众工作，推进“一推行四公开”工作，建立干群交流机制，努力构建和谐幸福家园，全年综治民调排名靠前。改造农村危房189户，建筑面积4278平方米。

社会保障 增加参保人员182人，征缴金额7.02万元，续保10848人，征缴金额128万元，完成率99%，居全市第三。开展城乡低保动态管理，有576户1154人享受国家低保政策，发放农村低保金近193万元，城市低保金近26万元。走访慰问特困户、残疾人及优抚对象925户，解决特困临时救助106人次，发放救助金额4.93万元。大病医疗救助78人次，发放大病医疗救助金43297元。开展慈善助学89人次，发放助学金14.6万元。巩固计划生育成果，2015年计划生育率为89.89%，征收社会抚养费43.1万元。殡改火化完成104例，完成率100%，发放殡改补助113950元，完成社会保障各项任务。

精准扶贫 全镇精准识别建档立卡贫困户586户，贫困人口1469人；根据扶贫贫困户的特点浏河源、同幸、永幸三个省对贫困村都开展“一进二访”、结对联系等工作，制订三年帮扶规划。

集镇建设 坚持“按景区打造、按园区运营、按城区管理”的总要求，推进集镇交通秩序、经营秩序、镇容镇貌整治，成功创建长沙市集镇管理示范镇。投入环境整治资金200多万元，建都佳垃圾处理场，创建白沙荷坪等一批幸福屋场和整洁屋场，环境整治工作进入全市前列。开展造林绿化、河道整治、护渔行动，改善浏阳河源头生态环境。集中力量开展10余次“打非治违”专项整治行动。拆除违法建筑6660平方米，违规广告招牌100多块，有效提升旅游区形象。扎实推进“平安大围”创建，抓好社会治安、矛盾调解、信访办理等工作。加大安全生产监管力度，落实安全生产“党政同责、一岗双责”和领导干部带队检查安全生产工作制度，开展生产安全检查163次，全年无安全生产事故发生。加强社会管理，做实做细群众工作，推进“一推行四公开”工作，建立干群交流机制，努力构建和谐幸福家园，全年综治民调排名靠前。改造农村危房189户。

（陈礼浩）

【大围山镇入选为全国特色景观旅游名镇】 大围山镇自然山水和历史文化资源相当丰富，具有发展旅游产业得天独厚的优势。集镇所在地东门更是一个拥有800多年悠久历史的古镇，客家风情、人文古迹及革命遗址等历史文化底蕴深厚。一是山水独特物产丰富。大围山镇既是举世闻名的浏阳河的发源地，又是国家4A级景区——大围山森林公园所在地，拥有丰富的生态资源。镇区内溪流、瀑布众多，森林茂密，地肥水美，气候宜人，夏无酷暑，空气清新，素有天然“氧吧”之称。独特的小气候和丰富的山地资源，孕育出高山小水果、蜂蜜、竹笋、豆腐等纯天然、纯绿色的特色物产，自然形成“春赏花、夏避暑、秋采果、冬踏雪”的生态旅游格局。二是客家文化深厚浓郁。明、清时代，大量的广东客家籍人迁入境内，带来独特的客家文化，其中客家山歌最负盛名。歌词涉及的内容有生产、劳动、爱情、自由、和平、社会、经济等各个方面。现搜集整理的山歌有近千首，是一笔珍贵的无形文化遗产。三是革命遗址星罗棋布。大围山镇是红色革命根据地，曾是中国革命风云际会的地区。有著名的上坪会议旧址，毛泽东在此作出放弃攻打长沙、会师文家市的英明决定，初步奠定“农村包围城市”的思想路线；有省苏维埃政府驻地锦绶堂，彭德怀等领导多次来此组织领导和指挥革命斗争，红军标语、财政收支账目均尚保存于墙壁上；有中共湘鄂赣三省第一次党员代表大会旧址楚东山大屋，会上成立湘鄂赣省委会；有共青团湘鄂赣特区第一次代表大会旧址枫树大屋，会上成立团省委；有为纪念牺牲在这片红色热土上的大批革命先烈而建立的纪念碑。四是人文古迹荟萃云集。创建于光绪24年的围山书院由谭嗣同的老师、维新派名儒涂启先捐建，是浏阳8所古书院中唯一幸存而又原貌基本完好的一所古书院；镇内保存较多且完好的是锦绶堂、楚东山屋、18家各姓祠堂等清代民俗建筑群，均为青砖黑瓦木质祠宇式结构，其中，锦绶堂建于光绪23年（1897年），外建围墙，内建雕梁画栋两层楼房百余间、天井19个，均绘有各种精美图案及名人诗赋，被列为国际级文物保护单位，为长沙地区规模最大的清代建筑群；古镇现仍保留有独特的临河建筑吊脚楼，有古香古色的麻石街、牌坊、跳石桥。于2015年入选全国特色景观旅游名镇，住房和城乡建设部、国家旅游局下发的《关于公布第三批全国特色景观旅游名镇名村示范名单的通知》（建村〔2015〕106号）。

（陈礼浩）

【大围山镇获长沙市集镇管理示范镇】 为切实加强大围山镇集镇管理，推进特色城镇建设和旅游产业发展，创建宜居、宜业、宜游的高品位特色镇，大围山镇积极完善集镇配套设施、健全管理制度、狠抓常态化管理，坚持“按景区打造、按园区运营、按城区管理”的要求，投入环境整治资金200多万元，建都佳垃圾处理场，创建白沙荷坪等一批幸福屋场和整洁屋场，环境整治工作进入全市前列。开展造林绿化、河道整治、护渔行动，改善浏阳河源头生态环境。集中力量开展10余次“打非治违”专项整治行动。拆除违法建筑6660平方米，违规广告招牌100多块。年底荣获长沙市集镇管理示范镇称号。

（陈礼浩）

白沙幸福屋场　　（图片来源：大围山镇党政办）

张　坊　镇

党委书记　陈傲冰
党委副书记　罗金卫
　江敦明（2015.03免）
　周秀星
纪委书记　黎　志
党委委员
　厉　涛（2015.04免）
人大主席
　江敦明（2015.03免）
人大副主席　黄英正
镇　长　罗金卫
副镇长
　厉　涛（2015.04免）
　胡海英（女）　毛先知
　何俊雄　黄腾（2015.07任）
政协联络处主任　周秀星

【概况】 张坊镇辖8个行政村、2个社区，116个村（居）民小组，9696户，32001人。行政区域面积319.7平方公里，耕地面积1973.5公顷，山林面积2.67万公顷。全年实现工业总产值7.2亿元，固定资产投资5亿元，完成财政总收入1040万元，人均可支配收入9715元。

农业　全年实现农作物播种总面积3800公顷，增加小水果种植面积67公顷，集优质稻、小水果、油菜、蔬菜、烤烟于一体的现代农业产业格局基本形成。继续实施“农田水利畅通工程三年行动”，完成山塘清淤15口，维修河坝21座，疏浚渠道200余公里，石湾水库除险加固工程全面完成。开展“一进二访”和“一对一帮扶”活动，建档立卡贫困户669户、2113人，富溪、陈桥、田溪列为省级扶贫村。精准扶贫工作深入开展，代表浏阳接受省扶贫办检查，考核排名长沙市第一。重点招商项目红杉国际新栽水果26.67公顷，生态路网基本畅通。推动绿色创建，创建绿色村庄1个、绿色屋场3个、绿色庭院20个。引导和扶持蟹形、田园、聚贤、龙泉、板溪、青青世界等一批休闲农庄、家庭农场做大做强。

旅游　启动湖洋梯田、西溪磐石大峡谷景区开发建设，继续推广和扶持板溪湖综合景区和黄石洞景区，开展油纸伞、造纸等传统手工艺的申请长沙市非物质文化遗产的前期准备工作，助力传统工艺传承发展，承办长沙市第七届浏阳河漂流节，乡村休闲旅游人气不断聚集。

项目建设　全年硬化村级公路25.9公里，基本实现水泥道路“组组通”；投资160万元完成上洪大桥、下竹山大桥改造和道路桥梁安保工程。蒙华铁路张坊段有26.5公里，将在张坊设客运站，预计2019年建成，8月10日，蒙华铁路张坊境内32.2公里挖沟放样任务完成，截至年底，完成红线内房屋、土地的调查和测量工作，正式开始蒙华铁路张坊境内全线26.5公里的征拆工作。集镇安全饮水工程建成供水；投资400万元提质改造集镇街道和农贸市场，铺设油砂路面1.5万平方米，改造人行道3000平方米，安装节能景观路灯216盏，安装花箱栽种鲜花，完成管线入地工程；对集镇滨河风光带进行规划设计并即将启动建设。

综治维稳　坚持政法综治工作月例会制度和综治工作村（社区）述职活动，发动社会力量参与村、组巡防，构建大综治格局；积极调处矛盾纠纷80余起；开展“六大活动提民调、百日攻坚保平安”活动、“安全生产月”“九打九治”打非治违及各类专项整治行动；加强校园周边环境综合整治，强化校园卫生食品和校车安全监管；查处各类超限超载车辆160余台次，全年无一例安全责任事故发生。全年接待群众来访200余人次，处理群众信访案件46件，满意率达98%以上。

环境整治　7月底启动集镇环境综合整治行动，投资100余万元对建设路和白果路铺设油砂路面，铺设路面1.5万平方米，购置洒水车一台，在知青桥头设立城管执勤亭，在集镇四条主干道两侧的人行道安装170多个木质花箱栽种鲜花。提质改造农贸市场、互通口至集镇道路，铺设人行道彩砖2900平方米，更换安装节能路灯200余盏，实施管网入地工程，集镇面貌焕然一新。全面推进垃圾分类处理模式，进一步健全环境卫生整治长效机制；开展张小公路、高速公路互通及进集镇公路沿线两厢环境整治和幸福屋场建设；加强水源保护，推进畜禽污染治理。

社会保障　全年发放各类救助资金400余万元，城乡居民基本养老保险参保率98.5%，医疗保险参保率85.8%，城乡医保补偿金额1100万余元，殡葬改革扎实有序推进，双拥优抚工作水平不断提高，重点优抚对象合法权益全面落实，社会保障一卡通发放到位。投资200余万元完善养老中心附属工程及安全设施，成功创建长沙市示范敬老院；落实计生长效措施，坚持教育优先发展战略，投入300余万元改善办学条件，促进教育均衡发展，小溪和富溪高标准创省合格简易小学。进一步优化乡村公共卫生服务体系。开展生育关怀行动，计划生育工作有序推进，政策符合率为89.13%。

队伍建设　全面推进政务、村务公开，建立健全各项工作管理制度，坚持周工作点评，对干部实行目标管理考核，严格奖惩兑现。推行“一线工作法”，继续推进和落实网格化工作模式，推动工作重心下移。开展“驻所跟班、警民互动”活动，受到市级政法委推荐。投资60万元建成政务服务中心投入运营。开展“镇村同心、村组协力”主题活动，进一步激活人气，凝聚人心，营造干事创业求发展的浓厚氛围。（陈　庚）

【李白烈士故居获评“国家安全教育基地”和“湖南省爱国主义教育基地”】　李白烈士故居位于张坊镇白石村，2010年建成，占地面积2000平方米，其中建筑面积约800平方米，属县级文物保护单位，11月5日，国家安全部和湖南省委宣传部在张坊镇白石村板溪组李白烈士故居举行“全国国家安全教育基地”和“湖南省爱国主义教育基地”揭牌活动。国家安全部、湖南省委宣传部、国防科学技术大学等领导，浏阳市委书记曹立军、李白烈士的亲属李以及全国国家安全系统的团委书记、张坊镇当地群众共300余人参加仪式。（陈　庚）

【长沙市第七届浏阳河漂流节在张坊黄石洞景区举行】　7月7日，由张坊镇承办的长沙市第七届浏阳河漂流节开幕式暨美丽浏阳“夏·清凉季”启动仪式在张坊镇黄石洞生态漂流景区盛大开启。长沙市旅游局局长孙卫东、浏阳市人民政府副市长莫小佳等领导出席开幕式，湘赣边、长株潭地区相关旅游部门负责人，部分新闻媒体、漂流公司、旅行社代表及群众4000余人共襄盛会。（陈　庚）

【浏阳市油纸伞工艺展示中心建成开放】　8月20日，张坊镇建成浏阳首个以油纸伞工艺为主题的展示中心并正式向外开放，游客可以近距离感受浏阳油纸伞的独特魅力。展示中心分为制作工艺、手工艺精品、文化蕴意3个展厅，收集近300件珍贵的油纸伞、油纸伞制作工具和手工艺精品。该镇将以油纸伞传统工艺展示为契机，挖掘和发扬传承传统工艺，丰富张坊旅游产品，提高旅游知名度。（陈　庚）

【张坊镇水果种植技术协会正式成立】　9月16日，张坊镇召开全镇小水果种植户会议，成立水果种植技术协会。协会发展52个会员、基地20个，水果种植大户80户，种植有黄桃、翠冠梨、圆黄梨、黄金梨、晚秋黄梨，夏黑葡萄、麒麟西瓜、软枣猕猴桃、红柚、金橘、板栗、奈李、石榴、红梨、冬枣、桑葚等品种，面积过万亩。该镇以发展生态旅游产业为契机，成立水果种植协会，合理科学做专做大做强水果产业，推广种植高山特色水果，获得较好的经济效益和社会效益，呈现出良好的经济态势。（陈　庚）

【张坊镇举办庆祝建国66周年暨首届客家文化艺术节】 10月1日，张坊镇举办庆祝国庆66周年暨首届客家文化艺术节。艺术节包括广场舞比赛、客家才艺表演和农民运动会三个内容，运动会包括拔河、运圆木接力、提水保苗、齐步奔小康、喜运丰收粮、掰手腕、三分投篮等7个比赛项目。10个村（社区）、市直驻镇单位以及镇机关共12支代表队、600多名运动员参赛，3000多名群众到场观看。活动极大地调动群众参与的积极性，体现浓厚客家风情。 （陈 庚）

小 河 乡

党委书记
周逢明（2015.08免）
古长根（2015.08任）
副书记 古长根 宋国辉
党委委员 陈 经 易争光
黄光耀（2015.10免）
王文斌
人大主席 宋国辉
政协联络处主任 宋国辉
乡 长 古长根
副乡长 陈 经 易争光
刘 波
人大副主席 钟诗勇

【概况】 2015年，小河乡辖1个社区，6个行政村，总人口1.5万人，乡境内有初级中学1所，小学4所，1个教学点，乡域面积110平方公里，属长沙株树桥水库引用水源核心保护区。全年实现地区生产总值13.2亿元，同比增长12.5%；完成工业总产值9.6亿元，增长13.1%；完成工业固定资产投资2300万元，增长12.7%；实现招商引资1100万元，增长10%；完成财税总收入1359万元，同比增长12.5%，其中地方收入428万元，同比增长20.3%。各项经济指标均实现稳中有进、科学增长。2015年，获湖南省标准化财政所创建工作先进单位、浏阳市城乡统筹环境同治工作优秀单位等荣誉称号。

农业 2015年，小河乡坚持走特色农业发展之路，做好优质稻、烤烟、油菜，蔬菜和小水果等农作物发展，水稻面积1300公顷，其中优质稻集中连片基地613公顷，冬种油菜333公顷，蔬菜种植面积333公顷。烤烟提质增效明显，收购均价29.51/公斤，较上年度提高12%。坚持市场导向，壮大龙头企业，扶持“小河大米”等加工企业开展订单农业，产值500万元。深入打造黑兔、黑山羊、黑旱鸭“三黑”特色产业品牌。发挥合作社以点带面效应，新增合作社2家、家庭农场5家。加大农业科技教育培训力度，组织培训9期，参与800余人次，全年申请技术专利3项，推广、引进新技术3项。

工业 协助3家花炮企业做好换证工作，小河烟花新增加药物线一条、A级仓库一栋，茂旺烟花新产品“红灯笼”获银奖，乡内烟花生产整体发展态势向好。促进小水电、竹木加工等行业提质提量，投入150万元华盛电站实现增容改造，引导竹木加工企业进行技术革新，进一步扩大市场占有率。在宏观经济偏紧的形势下，小河乡重点加强税收征管与部门协调调度，成立财税领导小组，每个乡镇领导具体联系到每一家企业，全程跟踪服务重点企业、重点项目，要求工作按进度完成，税收实现均衡入库。6月17日，小河乡实现财政总收入642万元，同比增长4.6%，占全年任务的52.6%。

旅游 积极对接“一园四镇”，立足乡村休闲农业旅游特色，完成旅游发展编制概念性规划和区域发展详规编制，并通过终期评审；完善旅游硬件设施建设，建一座美丽幸福屋场，立一座进乡门楼，铺一条沿河景观步道；研究制定乡村旅游精品路线图，启动罗汉松公园游览道路硬化项目，规划鳄鱼嘴湾观景平台建设；利用“今日小河”微信平台，引爆潭湾向日葵花节，十天接待游客2万余人次。

基础建设 投入200余万元完成凰岗、高峰、合石、罗汉松公园等7.8公里的村级道路硬化，基本实现村组道路硬化全覆盖。加大公路管护力度，投入10余万元在中小学校及幼儿园周边安装减速带50米，增加公路临水、临崖路段安装防护栏300米，急转弯反光镜、提示牌16块。保障交通安全，严厉打击超载超限，开展专项整治行动6次，查处超载车辆32台。加大农田水利建设投入，疏浚沟渠124公里，山塘清淤17处，维修河坝10座，机埠改造3处。营造良好施工环境，小溪河河道治理项目作为典型参与7月份全市重点项目观摩。镇村建设全面提质。致力建设美丽乡村，打造秀美边陲小镇，投入100余万元对清溪集镇进行提质改造，完成集镇花园建设、人行道改造、整体绿化、垃圾桶更换、户外广告拆除等项目，对车辆秩序、沿街篱墙等进行专项整治，组织集中拆违治违行动，依法依规拆除违章建筑计3325平方米，集镇管理实现上档提质。精心美化一条路，对张小公路道路沿线进行全线绿化、美化、亮化，修建路边花园1座，为“对接园区，发展旅游”奠定坚实基础。

环境整治 将环境整治与旅游发展、美丽乡村、文明创建相结合，充实乡村两级保洁队伍，完善互评互查制度，扩大宣传发动范围，全年打造整洁屋场9座，潭湾美丽乡村1处，二、三季度环境整治连续全市排名第四，并接受全市环境整治观摩。绿化工作，全年植树4.4万株，绿化道路沿线和集镇两边计8.6公里，完成幼林杉木抚育20公顷，楠竹低改166.67公顷，生态林杉木抚育20公顷，创建绿色庭院20户，潭湾村被评为市绿色村庄。加强林业管护，落实主体责任，全年查处涉林案件18起。加大水源污染的控制力度，重点推进改水改厕，完善生活污水无害化处理，引进生态环保技术，农业面污染源得到有效控制。

文教卫生 文明创建，以淳风美德润育秀美小河，推介先进典型，金沙村罗忠南被评为市“十大孝星”。将客家传统道德与核心价值观融会贯通，绘制500余平方米的文化墙，举办送廉政春联、与孤寡老人团圆过年、文明办酒签字等活动。弘扬文明新风，健全公共文化服务体系，实施文化惠民工程，有线电视、“村村响”广播系统实现广覆盖无盲村。浓厚山乡文化氛围，新建机关篮球场、工会活动室，成功举办金沙村庆七一“季季乐”文艺会演、农民运动会等大型文体活动，丰富群众文化生活。组建机关篮球队、农民广场舞队等，在市级比赛中获得荣誉。强化内外宣传，以正确意识形态引导人民群众，在各类媒体发稿40余篇。推进教育强乡，完成新河完小学生食堂、21套教师周转房、潭湾公办幼儿园建设，启动金沙小学恢复重建，投入10余万元改善小河中学操场以及体育设施，浓厚尊师重教氛围，对10名优秀教师进行表彰奖励。规范校车运行，严格治理校园周边环境。牵手广播电视台、民政局等单位，举办“六一”文艺会演，“爱的背包”等爱心助学活动。加强乡、村两级医疗队伍建设，提高医疗服务水平，积极推动医院结对帮扶，卫生院大楼改造完毕，山区医疗服务水平得到提升。加强村级阵地建设，投入90万元完善田心社区村部大楼建设，为民办事更加便捷。

社会保障　做实民政救济工作，困难群众基本生活得到保障，全年发放农村低保、大病救助、抚恤救助、医疗补偿等各类资金273万元，织密困难救助帮扶网络。全面完成“两险”收缴，农村合作医疗参合率、城乡居民养老保险参保率分别为98%、90.2%。聚力精准扶贫，做好扶贫建档立卡工作，全年帮扶42户脱贫。促进民生保障项目实施，完成危房改造69户，补助资金139万元。加强敬老院管理，提升服务水平。推进殡葬改革，切实治理“三乱”工作。推行“阳光计生”，强化优质服务，全年出生人口257人，符合政策生育率为84%，落实长效节育措施104例，征收社会抚养费43.3万元。

社会管理　深入推进和谐小河建设。落实领导公开接访制度，认真开展群众工作，全年公开接访27人次，事务代办195起，无一例进京赴省非访。重视安全生产，落实班子成员下厂检查制度，实现生产事故“零发生”的目标。深入平安小河建设，扎实开展“麻将馆治理”、校车安全、校园周边环境、食品安全和消防工作等专项行动，在全市率先成立乡镇半专业应急救援队伍，实行巡防队、抢险队、扑火队“三队合一”。狠抓社会治安防控体系建设，建立健全边界联防、一线调处制度，全年度调处矛盾纠纷130余例，挽回经济损失80余万元。扎实开展打非治违、安全生产月等活动，加强花炮、建筑、消防、食品等重点领域安全监管，注重产品质量安全和农产品安全检测，全年进行专项检查20余次，排查隐患80余处，有效保障群众生产生活环境。深入推进法制小河建设。村级管理更加民主，村务公开更加规范。（李紫艳）

【潭湾向日葵花节引爆短期旅游市场】　小河潭湾村向日葵花节在全市短期旅游市场大放异彩。2015年9月初，小河乡潭湾村2.53公顷向日葵花田成为许多市民朋友短期自驾游目的地，花海“吸粉无数”，9月2日至11日十天接待游客2万余人次，成为全市短期旅游市场中杀出的一批黑马，极大刺激小河乡村旅游经济发展。9月2日，小河乡利用政务微信“今日小河”推出小长假赏花专题，当日阅读量5000余人次，引起市民广泛关注，不仅有效提升旅游经济，同时有效提升乡内“鳄鱼嘴湾”“罗汉松树王”等景点的知名度，扩大小河乡旅游影响力。（李紫艳）

澄潭江镇

党委书记
　涂业清（2015.03免）
　陈训武（2015.03任）
党委副书记
　陈　建（2015.04免）
　冯　旻（2015.06任）
　刘双辉
纪委书记　王新兰(女)
党委委员　王新兰(女)
　刘劲松（2015.12免）
　张贤前
人大主席　陈　建（2015.05免）
　冯　旻（2015.06任）
副主席　杨传柳
镇　长　陈　静（女）
副镇长　刘劲松（2015.12免）
　张贤前　何春启　汪　东
　伍昶林（2015.09提名）
政协联络处主任　刘双辉

【概况】　2015年，澄潭江镇辖12个村，2个社区，396个村（居）民小组，17768户，总人口67418人，总面积157.83平方公里，耕地面积1486.67公顷，其中水田1273.53公顷，旱土213.14公顷，山林1.19万公顷。完成财政总收入9344万元，其中地方一般预算收入2629.8万元。工业经济实现生产总值72亿元，其中规模工业总产值46.5亿元。实现社会固定资产投资17.6亿元，社会消费品零售总额1.8亿元，招商引资到位资金8800万元，城乡居民人均可支配收入18890元。2015年10月13日，在中央文明办举办的第五届全国道德模范座谈会上，澄潭江吾田村“向日葵女孩”何平荣获第五届全国道德模范提名奖。9月9日，在湖南省庆祝第31个教师节座谈会上，澄潭江镇碧溪村教师缪昌联被评为“湖南最可爱的乡村教师”。10月16日，在长沙全国道德模范时代楷模先进事迹报告会上，澄潭江荆坪村罗木香获第三届长沙市道德模范，碧溪村教师缪昌联获第三届道德模范提名奖。

农业　新注册成立专业农业合作社11家、农业农林开发公司7家、家庭农场3家；遏制耕地抛荒，全年粮油种植面积1806.67公顷；投入资金600多万元，完成2座小Ⅱ型水库除险加固、田间小沟渠疏浚830公里、大沟渠疏浚92公里，被评为长沙市“农田水利建设先进单位”；全年造林6.67公顷、迹地还林33.33公顷，发放免费苗木24万株，实现全民参与、全面绿化的目标。

工业　全年新增规模企业1家，完成两化融合企业建设5家，市级以上创新项目立项企业1家；依法关停退出6家煤炭企业，克服经济下行压力，推动浏阳市澄潭江煤矿有限公司与浏阳市菲达宏宇热能水务有限公司战略合作，实现资源互补、强强联手、抱团发展；和深圳奥鹏环保公司达成意向协议，由该公司投资10亿元分三期在澄潭江镇荆坪村建设环保项目。

项目建设 规划“4321”项目：铺排大圣、洲田、桥头、小源四所学校改扩建项目，进一步推动教育事业发展；启动大车湾桥、上码桥、山下二桥建设，有效破解南川河两岸交通瓶颈；推进荷文公路、大文公路“两路”建设，构建起南北两翼双向拉动的交通体系；完成集镇提质改造项目，该项目在下半年全市重点项目观摩和全市“两会”项目观摩中“三受检阅”。

环境整治 完成拆违拆旧260栋、1.9万平方米，对荷文公路和大文公路集镇段沿线的1000多栋房屋进行立面改造；启动荷文公路“如画长廊”建设，沿线打造出荷塘湾、沿河湾等5个屋场，创建大源、荆坪2个“美丽村庄”，精巧设计文化墙和“十二生肖”稻草人，为打造“湖南最美乡村公路”添色润味；投入3500万元，对1.6公里集镇主街两厢房屋、道路、杆线、给排水等进行综合提质改造。

安全生产 严格落实“党政同责，一岗双责”要求，突出花炮、煤炭行业安全监管，全年打非立案查处136起，企业立案16家，刑拘5人，治安拘留31人，有效防范各类安全事故的发生；开创治超限载工作新局面，治超工作在2015年全市考核排名中位列乡镇第一。

综治维稳 强化网格化管理制度，开展综治大走访和棋牌娱乐场所专项整治行动，构建镇村两级治安巡防体系，依法取缔麻将馆36家，收缴麻将机93台，举行集中销毁麻将机行动2次，严厉打击藏匿于麻将馆等娱乐场所中的涉赌违法犯罪活动；全年破获刑事案件80起，逮捕起诉49人，查处行政案件197起，行政拘留182人，确保社会大局和谐稳定，被评为长沙市“社会管理综合治理先进单位”。

文教医卫 全力争取薄弱学校的改扩建项目，完成大圣学校、洲田学校2.6公顷的征地拆迁工作，全力支持澄潭江镇卫生院公租房建设，投入40万元在集镇社区建成全民健身中心，进一步提升教育、医疗、文化等公共服务均等化程度。稳步实施“全面二孩政策”，被评为2015年浏阳市人口和计划生育工作良好单位。

社会保障 强化各类保险征缴扩面，新农保征缴率居全市第一，提前半年全面完成任务，并被评为长沙市城乡居民养老保险经办服务示范乡镇和长沙市人社工作平台建设和服务先进单位。开展扶残助残工作，获长沙市残疾人工作“明星乡镇”。全面落实各项惠民政策，安置国矿廉租房入住人员198户，实施危房改造61户，全年脱贫317户832人。

党政建设 推出“大爱澄潭—党员先锋行”活动，由村级给予每个党员1000元活动经费，党员利用活动经费引领和发动群众参与环境卫生整治、促进民风淳化、发展集体经济。制定《澄潭江镇工作作风和工作绩效考核方案》，考核对象上至党政班子成员下至村干部，考核内容涵盖作风建设、本职工作和中心工作，考核结果与镇村干部的待遇、评价、使用挂钩，将镇党委政府中心工作、村级工作与镇村干部个人紧紧地捆绑在一起。加强党风廉政建设，立案查处违纪违法党员9人，处理违反各类规定人员69人次。 （何胜前）

【举办第五届“大爱澄潭—我身边的好人”颁奖典礼】 8月12日，澄潭江镇党委、政府在南川河畔举行第五届“大爱澄潭—我身边的好人”颁奖典礼，向现场观众展示致富回报社会的渠城村企业家刘颖、热爱基层的虎形村村委委员张淑华、热心公益的槐树社区村民曾守忠、关爱学生的澄潭江中学教师李煌成、乐于奉献的集镇社区居民陶维金、孝老爱亲的洲田村村民邹齐平、爱岗敬业的澄潭江镇政府工作人员张民安7位“好人”的先进事迹，并进行颁奖。颁奖典礼上，在“大爱澄潭”精神感召下，广大企业家及现场观众纷纷上台表态，踊跃捐资支持山下二桥建设，合计捐资130万元，将颁奖典礼推向高潮。鲁建文、胡金文等市领导出席活动现场。自2011年开始，澄潭江镇党委、政府连续举办五届“大爱澄潭——我身边的好人”评选活动，表彰对象从党员延伸到普通群众，逐渐渗透到社会各行各业，如爱生如子的人民教师、爱岗敬业的煤矿工人、孝老爱亲的好儿媳、服务群众的基层干部、见义勇为的普通群众、热心公益的企业老板等等，共表彰先进个人32人，先进集体1个。涌现出以何平、张文香、欧阳崇辉、陶长彪、罗木香、缪昌联等为代表的中央、省、市级先进典型人物。通过举办此项活动，向善乐捐的“大爱”之风在澄潭江镇形成浓厚的氛围，企业家们不比财富比奉献，踊跃参与扶贫帮困、捐资助学、学校建设等社会公益事业，据不完全统计，五年来广大企业家们在各项社会公益慈善事业上的捐资2000万元。从党委、政府引导“大爱澄潭”，到企业自发参与，到干群自觉行动，“大爱澄潭”精神成为澄潭江镇践行社会主义核心价值观的纽带。

（何胜前）

【澄潭江中学成功创建省级文明卫生单位】 近年来，澄潭江镇累计投入资金近1000万元，强力推进“城乡统筹，环境同治”工作。澄潭江中学以精细管理为理念，按照“每日两清扫、每周一评比、每月一汇总”的模式强力推进保洁工作；创新工作方式方法，将垃圾分类及卫生健康知识与教学育人相结合；结合世界或国家有关卫生健康的节日，开展“学生家长手拉手，共建美丽澄潭”等多种形式的活动，深入提高学生、老师、家长的知晓率与参与率。在澄潭江镇政府和澄潭江中学的共同努力下，9月24日澄潭江中学顺利通过长沙市、浏阳市两级检查组验收，成功创建省级文明卫生单位。 （何胜前）

中和镇

党委书记　谢　波
党委副书记　唐万明　刘宗斌
　　张新飞
纪委书记　汤凯希
党委委员　汤凯希　暨朝佐
人大主席　刘宗斌
人大副主席　唐建华
镇　　长　唐万明
副镇长　暨朝佐　宋超超
　　刘艳林
政协联络处主任　张新飞

【概况】 2015年，中和镇辖7个行政村，2个居委会，180个村（居）民小组，共6944户，24162人，全年出生413人，死亡251人，人口出生率17.1‰，人口自然增长率6.7‰。总面积152.55平方公里，耕地面积1350公顷，其中水田825公顷、旱地525公顷，山林面积15436公顷。全年完成地区生产总值19.25亿元，完成财政税收3000万元。实现固定资产投资5亿元，消赤减债130万元。农民人均纯收入19045元。11月20日，中和镇、苍坊社区代表应邀到北京人民大会堂参加纪念胡耀邦同志诞辰100周年座谈会。11月23日，中和镇、苍坊社区代表应邀到浏阳参加湖南省纪念胡耀邦同志诞辰100周年座谈会。

旅游　2015年是中和发展史上项目最多、投入最大、任务最重的一年，荷文公路锦绣走廊、西入口广场、摇钱湾商贸区等10大项目建成，总投入近3亿元。投资3000万元建设集镇提质改造一期工程，打造古香古色的客家小镇。铺排“百工坊、百和廊、百景展、百联汇”等文化提升“八百工程”，建成集镇入口景观墙、滨河区百景展等文化景点，进一步提升集镇文化品位，充实客家小镇的旅游内涵。完成荷文公路中和段11公里“锦绣走廊”建设。以“一路花香、一镇风情、一方净土、一脸春风”为特色，接待观摩队伍80多批次游客。

工业　推进花炮产业“四化两型”建设，引导8家企业进行两化融合（机械化和信息化融合）、兼并重组和转型升级，拆除废旧工房20余处，引进机械化生产设备28台，完成规模企业总产值8.15亿元，同比增长14.9%；工业投资2300万元，同比增长16.6%；实现招商引资到位资金7450万元，其中工业招商到位资金2450万元，同比增长19.8%。

农业　种植水稻734.08公顷，油菜200公顷，粮食总作物面积881.33公顷，垦复耕地20余公顷，遏制耕地抛荒；增加观光农庄1家，农业合作社4家，推进土地流转213.33公顷，拓展农业发展新途径；完成楠竹低改20公顷、森林抚育试点66.67公顷，荒山造林124公顷，新造油茶6.67公顷，油茶抚育100公顷，并实行全镇封山育林，确保林业可持续发展。发展休闲农业，荷花博览园签订种植协议。鼓励发展规模农业，增加种粮大户3户，成立中和镇首家规模农机合作社，购置农机机械共计100余万元。探索电子商务农业，签约农人公社，采取“一村一店”的运营模式，以双向销售促进农产品推向城市。

项目建设　成功创建省新型城镇化试点镇、省两型示范镇。完成荷文公路两厢复绿、摇钱湾商贸区、耀邦故居西入口、客家小镇提质改造等项目建设。9个村村村有项目，处处有变化，长安、苍坊、丁字桥、小江、山枣潭从屋场建设入手，推进美丽乡村建设和民风淳化；雅山社区新建小学，中和村对学校进行提质改造，江河、清江实施道路硬化工程，以群众最关心的民生实事为抓手，形成浓厚的“抓项目、促发展”氛围。

综治维稳　加大安全生产检查和整治力度，通过湖南省安全生产示范乡镇初检，成功创建长沙市标准化安监站。严抓森林防火，确保全年零火灾火警发生。履行株树桥水库水源保护职责，积极创建食品安全示范乡镇，确保饮用水、食品和农产品安全。保持打击犯罪高压态势，联合市刑侦大队破获重大摩托车盗窃案，追缴车辆52台，刑拘8人，综治民调排名上半年长沙乡镇第一、全年第三。

公共服务　坚持推进“为民服务直通车”行动，扎扎实实为人民群众办事。投资700万元的饮水工程实现正常供水，解决4000余人的安全饮用水问题；耗资800万元修建雅山完全小学，2016年秋季将投入使用；35千伏高压变电站项目进入正式申报和建设程序。小江村、丁字桥村分别获评长沙市环境卫生优胜村、卫生村；长寿屋场、燕子屋场、黄布园屋场、胜利屋场、三家屋场被评为浏阳市幸福屋场或整洁屋场。

队伍建设　提拔新任中层干部5名，招考公务员3名，引进专业人才4名，培养村级后备干部15名，队伍活力日益彰显。

文明创建　组织第二届“星耀中和”评选，启动精神文明进屋场活动，助推美丽屋场向幸福屋场的升级。3月19日，湖南省文化厅志愿服务总队首支务工文化分队落户中和镇，开展基层公益文化活动，打造外来务工文化品牌“湖南省农民工春晚”，满足广大务工群众日益增长的精神文化需求。2月13日，苍坊集镇居民自发组织举办千人团圆宴，共庆客家风情小镇竣工落成。镇党委、政府邀请市书法协会成员为中和人民免费书写春联，给集镇居民送上新春祝福。7月9日，群众自发组建的“绿燕子”环保志愿者协会在小江村成立。（陈玮东）

【湖南省新型城镇化试点落户中和镇】 2015年，9月6日“湖南省新型城镇化试点镇”落户中和镇。中和镇按照“一年打基础，两年聚人气，三年见成效”的总体思路，铺排一系列项目，带动全镇发展。在荷文公路上建设“锦绣走廊”，吸引众多游客前来观光旅游。稳步推进客家小镇提质改造，将集镇打造成一座独具魅力的客家风情小镇，为承接故居游客搭建平台。8月启动摇钱湾安置区项目，作为集住宿、旅游、商贸为一体的新型城镇化小区，是耀邦故里景区的重要配套设施。12月22日，迎接浏阳市2015下半年重点项目（企业）观摩。市委书记曹立军一行300余人，到中

荷文公路上的“锦绣走廊” （图片来源：中和镇）

和镇观摩“锦绣长廊”、客家风情小镇及摇钱湾安置区，对中和的项目建设工作表示肯定。11月27日，中和镇组织镇村干部、驻镇单位负责人、全体人大代表、党小组长、企业代表等150余人开展“中和镇2015年新型城镇化项目观摩”活动，进一步动员全镇兴起抓项目建设、促中和发展的新高潮。

（陈玮东）

文家市镇

党委书记　卢　铠
副书记　谭应启
　魏湘江　张志诚（2015.09免）
纪委书记
　胡　南（女，2015.04免）
　汪建国（2015.04任）
党委委员　胡南（女）
　汪建国
人大主席　魏湘江
人大副主席
　袁思来（2015.04免）
镇　长　谭应启
副镇长
　胡　南（女，2015.04任）
　汪建国（2015.04免）
　汤　卓　彭　伟
　袁思来（2015.04任）
政协联络处主任
　张志诚（2015.09免）

【概况】 2015年，文家市镇辖11个行政村，1个社区，103个村（居）民小组，56628人，出生人口1174人，人口增长率9.78‰。总面积148平方公里，耕地面积1793.8公顷，其中水田1428.8公顷、旱土365公顷。全年完成规模工业总产值37.9亿元，实现财政收入13779万元，农民人均所得14723元。连续两年获评长沙市文明村镇，连续三年获评浏阳市优秀领导班子，连续四年获评浏阳市绩效考核先进单位。

经济　推进结构调整，强工业、兴农业、活商贸，实现经济质量和效益同步提升，总量和速度稳步增长。花炮燃放场投入使用，推动花炮产业整合提质，兼并重组小微企业8家，增加规模以上企业4家，扶持海龙烟花、丰林花炮等一批优质企业，海龙烟花三年内缴税增长2倍，成功跻身税收千万级企业。全年完成规模企业总产值37.9亿元，增长16%。产生税收过千万元企业3家，8家纳税大户企业获得浏阳市级表彰。投入300万元改造朝阳水库、横冲水库，建设永丰渡槽，山塘清淤16口、干渠疏浚53公里、田间渠道修整459公里。实施千亩农田综合整治，打造永丰毛栗林、无花果基地，发展种粮大户14户，农民人均纯收入11180元。借助耀邦诞辰100周年契机，红色旅游迅速发展，纪念馆年接待量120万人次。“牛马会”成为湘赣边影响力最大的边贸盛会，总成交额超过5000万元。“红色边城”全年招商引资项目3个，完成招商任务9880万元。

项目创新、工业发展　“镇馆融合”机制，总投入资金2400万元，加快推进秋收起义纪念园项目，完成拆迁46户，陈列馆主体工程完工，占地1.33公顷的会师广场完成土地平整。全力推动区域合作升级，促成浏阳、醴陵、万载、上栗四大花炮主产区政府部门和行业协会在文家市镇召开联席会议，合力构建花炮产业“黄金区域”；搭建秋收起义“一线九馆”产业发展联盟，签订文化产业发展战略同盟协议，开启湘赣边红色文化产业发展的新航程。进一步激活企业创新，黑火药协会推进“五统一”（统一管理、统一生产、统一原材料供应、统一销售产品和统一财务核算）；精工花炮机械厂申请专利6项；苍柏出口厂申请专利3项，产量提高2.5倍；方兴出口花炮厂投入1000多万元，建全机械化生产线，投产后增加产值4000多万元。工业化与信息化“两化融合”不断加深，增加数字企业5家。

城镇扩容提质　全年铺排重点项目24个，全镇综合提质改造，集镇面积拓展0.8平方公里。荷文公路、军旗大桥、文家市大桥相继建成通车，大文公路、文苍公路完成提质改造，构建起“对内大循环、对外大开放”的交通格局。完成集镇人行道提质改造、向阳路—文中路—人民路立面改造等集镇综合改造3万平方米。学府路两厢房屋开工率95%，建设面积3万平方米。完成旅游新城内部道路2500平方米、人行道1000平方米硬化，排水管铺设800米，进一步完善基础配套，提升承载能力。

最美集镇建设　重拳出击拆违控违，开展拆违专项行动3次，查处违法建筑50多户，拆违面积13000多平方米。投资500万元完成集镇3.5万伏高压线迁移。向阳广场设置首个红绿灯，文中路实行全线禁停，创业路停车实现定点划线、有序停放。荷文公路沿线立面改造119户1.2万平方米，建设“军民鱼水情”小公园、800米绿化带、邱桥美丽片区等一批景观亮点，打造成最美乡村公路；进镇口军旗魂标识雕塑、集镇口假山展示最美乡镇入口的美丽画卷；创业大道、向阳路、人民路景观建设扮靓城镇夜景，集镇成为最美会客厅。推进幸福屋场建设，创建市级“幸福屋场”1个、“美丽片区”1个、“垃圾分类示范村”1个、“整洁屋场”7个。

民生保障　全年发放低保323.6万元、大病救助22.05万元、助学金19万元，发放“一卡通”2.3万张。完成农村危房重点援建6户、一般援建25户，建住房面积3000余平方米，解决120名困难群众住房问题。推进精准扶贫，开展8次集中走访，慰问困难群众173户。继续完善里仁学校教学配套设施，推进农村学校教学楼扩（改）建工程，完成文市中学、岩前中学、里仁小学、五神小学、大坪小学、成功小学等学校的教师周转房建设或教学楼改造。全面完成文化站建设。申报劳动力转移培训工作，为2家企业申报大众创业专项资金，帮助一家企业申报长沙市级非物质文化遗产。扼制耕地抛荒，调动农民生产积极性，稳定粮食播种面积1400公顷，冬种油菜面积1000公顷。妥善安排二孩政策落地工作，引导群众合理生育，防止出生人口出现大幅波动，全年完成征收社会抚养费362.81万元，开展4次打非治违专项行动，责令整改企业300家次，立案查处23家，全年无较大安全事故，纳入省安全生产示范乡镇预评估行列。着力构建治安防控体系，创建平安村1个、平安屋场12个、平安家庭309户。矛盾纠纷调解率95%，无“民转刑”案件发生。（刘辉明）

【“幸福屋场”创建】　以“幸福屋场”建设为载体，积极创建两型社会，努力建设湘赣边界商贸中心，致力打造全国历史文化名镇。文家市是历史古镇，红色文化意义深远，宗祠文化特色显著，风水文化、客家文化、武术文化也有深远的历史和影响，形成独具特色的屋场文化。2000年，在全国首创“屋场自治”模式，推动基层群众自治，规范约束村民行为，减少犯罪行为的发生。2009年创建的10个示范屋场全年未发生一起刑事案件。实现“屋场自治”管理模式的“二次创新”，着力建设环境优美、内涵深厚、品质突出的“幸福屋场”，推动文明幸福落到基层实处，民生民风得到改善。在屋场建设中，始终坚持文明与幸福同步推进、同步提升。一是加强群众情感认同，如红旗屋场提炼“杨家八训”，制作成木质祖训牌发放每家每户，以祖规家训形成情感纽带，为“幸福屋场”的创建提供群众基础；二是彰显时代特色，开展“雷锋服务日”、“小手牵大手”等活动，使社会主义核心价值观融入到创建活动中。推进城乡环境综合治理，改善乡村面貌，逐步实现乡村绿化、美化、净化、亮化，实现“建设红边城，染绿湘赣边”的环境整治目标。开展各类文化活动，丰富广大群众文化生活。挖掘整理“家训”“族规”等文化精髓，倡导杨氏宗祠的“孝道文化”、蔺氏宗祠“和谐文化”等，将祠堂变成移风易俗、增长知识、树立新风的新学堂。每个参与创建的屋场安排一个镇级部门对口指导，一名镇干部和一名村干部直接联系，调动所在村民小组和党小组全力支持，逐步形成“统一指挥、整体联动、多级协作、镇村互动”的工作格局。建立财政逐年递增的经费投入机制，每年由镇财政安排不低于50万元用于“幸福屋场”创建活动；结合新农村建设，整合部分支农扶农资金项目，集中用于屋场重要设施建设和修路改水改厕等民生事项。鼓励和引导社会资金的参与，发动屋场区域内企业和公益人士的捐资助建，实现多赢局面。（刘辉明）

【万人植树公益活动】　3月12日，文家市镇举行“种植梦想•身体‘栗’行”大型植树公益活动。上午10点，活动启动仪式在里仁小学拉开序幕。全体镇村干部、党代表、人大代表、政协委员、企业代表以及相关市直单位、社会团体、青少年学生500余人参加。1917年，毛泽东到文家市镇铁炉冲种下两棵板栗树，至今依然枝繁叶茂。这次植树公益活动选用的树苗，就是用这两棵板栗树通过人工嫁接培育而成的“毛栗树”，既有高效的生态绿化价值，又有深远的历史文化底蕴，成活后三年即可挂果，为当地百姓带来可观的经济收入。该活动连续开展5天，吸引一万余人参加，完成造林面积33.33公顷。后期以单位挂牌“种—养—收”一条链的形式进行养护，确保树木健康成长，让秋收革命精神，得到永恒传递。（刘辉明）

【拆违工作】　10月21日，为推进荷文公路文市段、集镇向阳路等项目建设，文家市镇联合国土所、派出所、供电所等部门，开展集中拆违拆旧行动。工作开展过程中始终坚持“自拆带动一批，助拆促进一批，强拆打击一批”的工作思路，多次组织镇村干部挨家挨户上门做好违建户的思想工作。由于前期政策宣讲到位，多数群众对拆违工作都配合，实现“和谐拆违”。荷文公路是浏阳至文家市的红色旅游干线通道，集镇向阳路提质改造工程作为推动全镇红色文化旅游产业的契机，对完善基础设施，提升城镇品质，改善群众居住条件和生活质量有重要作用。违章建筑的拆除减少给道路交通带来的安全隐患，也美化镇容镇貌。此次集中拆违拆旧专项行动为全面打好拆违控违攻坚战、实现“零违建”目标奠定基础，在群众中形成规范建房、合理建房的舆论合力。一是创新工作机制，加强与相关执法部门的工作联动，通力合作，密切配合，增强工作合力，在积极宣传动员群众、化解拆违实际矛盾中体现出整体的战斗力，不断提高拆违工作的有序进度和推进力度。二是拆违工作组制定详尽可行的拆违方案，根据分工任务，进行全方位细化研究，找出难点和关键所在，寻找突破口，集中力量，乘势出击，有计划、有步骤的推进，真正做到手中有任务，心中有办法，完成有时间。三是通过思想教育，劝导和督促违章建设当事人自行整改和拆除，镇政府组建专门队伍进行思想劝导工作并填写好不少于4次思想劝解工作记录表，国土所、城建所等单

完成立面改造后的街道新貌　　(图片来源:文家市镇)

12月22日，浏阳市200多名全体观摩团成员检阅文家市秋收起义陈列馆改扩建及会师广场建设项目　　(图片来源：文家市镇)

位负责相关的政策解释工作。四是加强节假日巡查，在十一长假和中秋节庆期间，拆违组全体工作人员一直坚守在工作岗位，实行轮流值班，加强巡查督促，不让中间出现违建空隙。　　(刘辉明)

大　瑶　镇

党委书记　李爱民
副书记　刘国泰（2015.12任）
　　黄　武（2015.12任）
　　任飞跃（2015.12任）
　　雷　健（2015.12任）
　　周雪峰（2015.12免）
　　邱小和(女,2015.08免)
　　刘家汉（2015.08免）
　　戴圣伟（2015.12免）
党委委员　肖长春
　　施祖平（2015.12任）
　　林健美（2015.12任）
　　杨启露（2015.12任）
　　刘　鹏（2015.11免）
　　胡征晃（2015.11免）
纪委书记
　　肖长春（2015.12免）
　　杨启露（2015.12任）
人大主席
　　邱小和(女,2015.08免)
　　黄　武（2015.12任）
副主席
　　杨启露（2015.11免）
　　陈和龙（2015.12任）
镇　长　周雪峰（2015.12免）
　　刘国泰（2015.12任）
副镇长　施祖平（2015.12任）
　　林健美（女，2015.12任）
　　赵舟飞
　　钟圣家（2015.12任）
　　陈慧娜（女，2015.12任）
　　刘正德（2015.12任）
　　胡征晃（2015.08免）
　　陈湘林（2015.08免）
　　易志坚（2015.03免）
政协联络处主任
　　刘家汉（2015.08免）
　　任飞跃（2015.12任）
浏阳市花炮材料制造产业基地管委会主任　刘鹏（2015.12免）
　　肖长春（2015.12任）
浏阳市花炮材料制造产业基地管委会副主任　杨　志
　　刘华杰（2015.12任）
　　陈慧娜（女，2015.12免）

【概况】 2015年，12月2日原大瑶镇和原杨花乡整体合并组建新大瑶镇。现大瑶镇，辖15个行政村和4个社区居委会，390个村（居）民小区，25209户，94223人，其中农业户21034户，农业人口84943人。总面积151.35平方公里，其中耕地面积2692公顷，山林12453公顷。全年实现粮食总产量16908吨，完成农业总产值4.16亿元，乡镇企业总产值105.02亿元，其中规模工业总产值61.72亿元。固定资产投资44亿元，社会消费品零售总额21.85亿元。财政收入22791万元，比上年增长6.7%，其中上划收入9852万元，地方收入12939万元。国税10405万元，地税12386万元。

农业　发展种粮大户，落实水稻种植面积1234.67公顷，亩产656公斤。兴修水利，投资1290万元，改造小型水库3座，整修山塘41口，修建河坝14处，疏浚沟渠143千米。探索农业特色化发展，增加农民专业合作社等农业公司23家。

工业　花炮产业集聚集约，大力实施“四化两型”（专业化、机械化、信息化、集约化，安全型和环保型），深入开展烟花爆竹传统产业调研，成立大瑶产业发展联合会，引导企业向烟花爆竹生产、烟花爆竹经营、原辅材料经营、包装印刷、造纸、机械6个集团集聚集中，组团发展。巩固园区环保整改成果，启动省级工业集中区申报工作，天和纸业新三板即将上市。园区全年用气量42万吨、用水280万立方米、污水处理360万吨（生活污水120万吨）、产纸40万吨，完成税收3000万元，同比增长150%。

第三产业　举办第四届房•车展，三天销售汽车192台，售房（门面）183宗，成交8560万元，参展人次超5万。举办首届李畋文化商贸节、湘赣边商贸会等节会活动，人流、物流、资金流广泛汇集。

城镇建设　招商引进资金，完成长沙市境外固定资产投资15.33亿元，引进浏阳市境外资金9.8亿元，在谈招商项目3个，在建招商项目7个，签约项目5个，协议引资12.28亿元。开展政策性融资，成功申报“全国建制镇示范试点”，争取资金4500万元。拉开城市骨架，全年投入11.92亿元，铺排重点项目20个。投资1.8亿元建成全省首条高标准环线，投资2600万元提质改造大文公路（大瑶段），城区规模扩容至12平方公里。万家乐商城、阳光至尊、金富豪庭等12家城市综合体项目开发房产60余万平方米，销售率70%。改造老城，开通全省首个乡镇农村公交系统，设立大瑶集镇、大瑶至原杨花、大瑶至金刚、大瑶至澄潭江、上升至东风界等5条线路、35个站亭；9月18日，浏阳市15路公交车延伸至大瑶枫林村路口站，大瑶境内设万家坳、枫林路口（终点）两个站；大瑶燃气站完成城区内外管道建设，交通、教育、文化、卫生等公共服务基础设施不断完善。旧城老街改造加快，瑶正街棚户区改造工程完成房屋立面改造249户，拆除广告招牌260余户，拆除违章建筑47户。

环境与生态　实行最精细、最严格城市管理，整治沿线废品回收站8处，修广告招牌108米，开展广场整治62次，市容市貌大为改观拆除落地广告和不规范招牌142块，整治店外经营195处。精心打造南山新东、迎新桑园等5个美丽屋场，黄岗冲村通过省级卫生村验收，南山村通过美丽乡村和垃圾分类减量示范村验收，大山村成功创建绿色村庄。建设“美丽乡村、美好家园”，入选湖南省首批“美丽乡镇”，获评长沙市2013-2015年度整洁行动优秀乡镇。加强土地执法动态巡查，强势开展拆违控违百日攻坚大行动，全年开展各类执法行动189次，拆除违章建筑47栋（处），拆除违章建筑面积15670平方米。

社会保障　牢固民生至上理念，落实惠民惠农政策，发放救助救灾资金579万元，惠及群众6986人次。建立劳动监察机构，调处劳务纠纷32起，采集建档劳动力资源信息2160名。征缴各类社会保险1787万元，募捐慈善基金42万元，资助特困大学生32人，发放助残器具20套。

医疗卫生　成立南区妇产中心，完成南阳村和汇丰社区卫生室改造，农村医疗条件不断完善。打造“阳光计生”，强化优质服务，落实长效节育措施766例，征收社会抚养费246.55万元，完成孕前优生检测424例，举办“5•29”大型文艺汇演暨单独两孩政策宣传活动，开创人口和计生工作新局面。

综治维稳　保持高压态势，加强社会治安防控管理，全年排查调处矛盾纠纷236起，代办事务424件，综治工作获评浏阳市示范单位、长沙市红旗单位。强化安全监管，铁腕推进“打非治违”，开展隐患“清零”专项行动，检查企业2000余厂次，排除隐患2700余处，立案查处企业33家，整改到位率100%。严厉打击非法行为，查处非法生产68例、非法储存22例、非法运输58例，捣毁非法生产窝点28处，移交公安机关68人，实现安全生产“零事故”，成功创建长沙市安全生产示范乡镇。严抓食品安全监管，全年未发生食品安全事故，获评长沙市食品安全示范乡镇创建先进单位。

教育文化　弘扬敬老爱老，推进农村“幸福院”建设，开展老年人义诊、重阳节等主题活动20余次，群众幸福指数直线上升。创建教育强镇，投入251万元完成5所完全小学的提质改造，投入2500万元的李畋学校投入使用，在校学生900余人，有效缓解集镇上学压力。2月17日，长沙市文广新局到大瑶镇上升村，专题探访和挖掘源远流长在民间的武术文化和青面狮戏。充分肯定青面狮戏这一非遗文化的内涵与魅力，并支持上升村的青面狮戏申报长沙市级非物质文化遗产项目。

党群工作　坚持“党建摆在前”统领观，组织村（社区）书记年初公开承诺、年终“双述双评”，签订党建目标责任书，强化村级党组织书记的管党责任，确保党建工作常抓常紧。坚持“党建不差钱”投入观，保障村级运转经费360多万元，大瑶片123个小区党支部和杨花片46党小组全部完成“六有”阵地建设。6个小区党支部被评为市水利冬修优秀党小组，3个小区党支部被评为市第一批党员干部示范培训实践基地。选优配强村组书记，选树优秀村支书3名，严重警告村支书1名，停职审查村支书1名。加强党员百分制考核，表彰优秀党员79名、先进基层党组织16个，处分违纪党员10名。把好党员“入口关”，发展预备党员29名，培养入党积极分子51名。扎实推行“一线工作法”，举办“践行‘两性一心’、争当发展先锋”先进典型推选活动，在“大瑶心声”微信号上刊发“先进由你评”专题5期。严抓工作纪律，全年督查暗访50次，镇督查室下发《大瑶督查》31期，查处问题25起，处理干部32人次，不断转变干部作风。（陈怀奇）

【全国建制镇示范试点落户大瑶】2014年7月底，国家发改委、财政部、国土部、住建部等11个部委联合下发国家新型城镇化综合试点通知，试点对象将重点放在镇改市工作，通知要求每个省（区、市）选择不同层面的非县级政府所在地重点镇进行试点，数量控制在4个以内，按照国家最新的镇改市要求，一是镇区人口必须达到10万人（中、西部地区会相应放低标准），二是该建制镇既不是县级以上政府所在地镇，也不能是已被纳入城市规划区范围的镇（城市郊区镇也排除在外，镇区至少远离城市建成区

10公里以上距离)。湖南省综改办组织符合条件的大瑶镇积极申报，通过多次开展实地调研和座谈会，并聘请专家进行指导，大瑶镇政府终于完成全国建制镇示范试点的申报工作，其试点方案以总分第一名的成绩通过省级专家评审团的评审。大瑶镇成为长沙地区唯一的试点单位。此次作为湖南省首批建制镇示范试点，主要是实施“强镇扩权”行政管理体制改革示范试点、农村宅基地改革与农房抵押融资示范试点、湘赣边区域开放合作示范试点和“镇村环卫一体化”管护机制及PPP模式示范试点(即Public—Private—Partnership的字母缩写，通常译为“公共私营合作制”，是指政府与私人组织之间，为了合作建设城市基础设施项目)等四个领域的试点项目。次试点是综改办农村综合改革单个项目试点资金数额最大的试点项目，每年1500万元，原则上试点三年，即涉及试点资金4500万元，第一批资金1500万元到位。 (陈怀奇)

【大瑶镇行使96项县级权限】 8月初，浏阳市明确将25个市直部门负责的64项行政许可和管理服务事项、10个市直部门32项行政执法事项下放到大瑶镇实施，并通过直接放权、委托放权、授权派驻机构、服务前移4种方式进行下放。所有直接下放、委托下放给大瑶镇的行政审批和公共服务事项，全部进入大瑶镇政务服务中心，实行“一站式服务”。土地交易审批、房屋登记发证等一些原本要到浏阳市区办理的行政管理服务事项，都可以在大瑶镇政务服务中心办理。 (陈怀奇)

【大瑶成为全省第一个建有环线的乡镇】 大瑶西环线于11月18日正式通车，标志着大瑶成为全省第一个建有环线的乡镇。西环线道路工程是浏阳市重点建设项目，为大瑶镇区南北向城市主干道，北起大瑶镇迎宾大道，南至天和社区106国道，全长约4100米，总投资1.8亿元，设计路幅宽30米，其中车行道23米(双向六车道)，两侧人行道宽3.5米。西环线的建成，将进一步扩展大瑶镇区交通骨架网络，成为串联城市南北的经济走廊，大瑶城区规模由原老城6.8平方公里扩容至12平方公里。

(陈怀奇)

【强盛龙狮艺术团的《烟花龙舞》获国家山花奖】 12月2日，第十二届中国民间文艺山花奖颁奖活动在浙江海宁举办，民间艺术表演奖、民间工艺美术作品奖、民俗影像作品奖、民间文学作品奖、民间文艺学术著作奖等五大类共计64个奖项一一揭晓，大瑶镇强盛龙狮艺术团《烟花龙舞》获得中国民间文艺最高奖——山花奖。这是该团几年来在香港等地数次获国际大奖后又一次获得国家大奖。自1999年以来，中国民间文艺山花奖评选每两年举办一次，是中国文联和中国民协联合主办的国家级文艺大奖，是综合性的全国性民间文艺的最高奖项。此次强盛龙狮艺术团是浏阳市获得的第一个国家级文艺大奖，也是本届山花奖湖南省唯一的获奖作品。 (陈怀奇)

金 刚 镇

党委书记 雷 义
党委副书记 鲁常战
李峥嵘(女) 刘守成
纪委书记 罗 武
党委委员 张昆池 罗 武
陈美江(2015.03任)
人大主席 李峥嵘
人大副主席
张辉署(2015.08免)
镇 长 鲁常战
副 镇 长 张昆池 陈美江
陈子谦
张辉署(2015.08任)
政协联络处主任 刘守成

【概况】 2015年，金刚镇辖7个行政村、3个社区，376个村(居)民小组，63395人，其中出生108人，死亡359人，人口自然增长率11.4‰。辖区总面积79.88平方公里，其中耕地面积1428公顷，山林面积4146公顷，年降水量1750毫米。全年实现工农业生产总值67.4亿元，增长2.4%，其中工业总产值65亿元，农业总产值2.4亿元；全年固定资产投入8亿元；完成财税收入6004万元，增长2.9%，其中地方一般预算收入1497万元，增长4.2%；工业招商引资到位资金1.5亿元。获评“浏阳市安全生产工作优秀单位”、“湖南省禁毒工作先进集体”。环境卫生整洁行动获“长沙市优秀乡镇”称号。

队伍建设 严抓基层党建工作，着力强化支部书记是基层党建第一责任人的职责，深入开展“一进二访”、“结对共建”党建主题活动和“大走访、大宣教、大提升”活动；坚持六项重点工作季度考核讲评制度，排名末位的支部书记上台作表态性发言，助推工作再上台阶；创新基层党员管理教育方式，突出抓好党员教育、党员管理、党员活动，构建基层党员教育管理“三三体系”(即：党员教育“三种平台”、党员管理“三项制度”、党员活动“三个工程”)，并得到长沙市委组织部的宣传推介。《三位一体非公党建服务体系》获2015年度浏阳市基层党建优秀创新案例，党委书记雷义获评浏阳市“践行一线工作法，争当发展先锋”先进个人。全面落实中央“八项规定”和党风廉政建设主题责任与监督责任，推进机关财务、采购和后勤管理制度改革；严肃纪律要求，实行机关考勤、督查日常化；通过播放廉政教育片、微信发布廉政教育信息、短信平台发送廉政警句等方式，时刻保持对干部作风的警醒；查处党员干部违规违纪行为，全年立案14起，处理违纪党员14人，其中开除党籍8人，留党查看1人，警告处分5人。金市社区第一党小组获评“浏阳市党员教育培训示范基地”。

农业 增加8户种粮大户，粮食生产稳中有升，实现耕地流转千余亩，耕地抛荒面积较往年减少90%以上，成立农民专业种养合作社9家，家庭农场2家，养殖场3家，推广农业机械52台(套)，彩色稻、无公害西瓜、生态农庄、药材基地、水果基地等一批特色农业项目建设进展顺利；开展水利畅通工程，维修机埠6处、修建水坝7座、疏浚渠圳97公里。

工业　成功举办首届萍浏醴企业文化节，协调长沙银行整体授信企业家俱乐部1亿元信用贷款；2月份，中洲烟花与华泽集团达成合作协议，华泽集团向中洲公司注资1.5亿元。组织企业家进行观摩学习活动，全面提升企业家管理理念、危机意识和创新观念，创建2家安全生产标准化二级企业，23家企业投入1.5亿元完成厂房技术升级改造、安装智能视频监控系统，中洲烟花自行研发的组合烟花自动化生产线投入使用；烟花爆竹企业在外设立12家专业销售公司，实现产、供、销一体化；浏阳花炮连锁开启电商经营模式，继续走在市场营销最前沿；开展企业帮扶活动，为10多家企业搭建“整合生产资源、实现合作共赢”平台，组建宝鼎烟花集团公司；全年创省级名牌2个，申请专利14个。

环境整治　进一步强化城乡统筹环境同治工作措施，全面推广垃圾分类减量模式，开展环境同治“大走访、大宣教、大提升”活动，优化环境卫生投入考核机制，全镇建设整洁屋场10个、幸福屋场和美丽村庄各1个，建设绿色屋场3个、绿色庭院20个，完成旅游环线绿化提质工程和金市社区何家大屋升级改造；联合南区交警中队，规范道路交通执法，严格集镇车辆和摊贩管理；环保工作稳步推进，及时解决群众投诉20多起，规范皮鞋企业边角废料收集处理，取缔塑料制品厂、制胶厂等非法生产点4家，治理生猪养殖场12家，取缔生猪养殖点2处。获“长沙市两型建设示范镇”、环境卫生整洁行动“长沙市优秀乡镇”称号，成功创建“湖南省卫生镇”，全镇10个村（社区）均通过“长沙市生态村”检查验收。

项目建设　全年安排镇级基础设施、社会民生和产业发展项目20个，村级项目26个，累计完成投资约1.1亿元，高标准完成丹桂青山危桥和行路危桥改造；完成政务服务中心标准化建设和水管站能力建设并投入使用；新建石霜寺万佛塔；完成金石公路和李畋村级公路大修工程，建好全长7公里的示范路；查处违法用地26宗，解决历史遗留问题174宗，拆除违章建筑1.36万平方米，启动金湾农贸市场征拆工作。

安全生产　严格落实安全生产“党政同责、一岗双责”制度，开展“安全生产隐患专项整治年”和“安全巡回大讲堂”活动，组织鞭炮烟花企业开展隐患排查专项培训，逐步规范企业安全行为，消除安全隐患，镇安监站成功创建“长沙市标准化示范单位”；始终保持打非治违高压态势，建立非法生产短信警示教育平台，实时通报打击处理情况，严格落实镇村干部工作职责，严查严处非法生产行为，累计刑拘5人(次)，行政拘留58人(次)，捣毁生产工具106件，没收成品、半成品1085件，获评“浏阳市安全生产工作优秀单位”。

综治维稳　6月30日，启动“法治文化进屋场，崇德尚法树新风”活动。活动通过普法宣传和文艺表演形式进屋场、进村庄，唱响平安金刚--综治之歌和禁赌禁毒快板歌，全面推进全镇法治建设和文明创建，全年化解各类大小矛盾415起，整治麻将馆97家，打击处理212人，治安拘留134人，逮捕直诉44人，全镇刑事发案率大大下降，社会大局更加稳定，获评“湖南省禁毒工作先进集体”。“1·28”金店抢劫案中见义勇为的普通群众被浏阳市人民政府评为“见义勇为”先进集体，事迹被中央电视台《法治在线》和湖南卫视《平民英雄》栏目报道(20150323期 金刚小镇金刚多)。

社会保障和救助　全年征收企业养老保险基金220万元、工伤保险基金510万元、农村养老保险金279万元，发放农村养老保险金1147万元、报销医疗费用553.7万元、大病救助58.7万元。发放城乡低保金514万元、慈善助学金17万元，帮助24户居民解决住房难问题；启动金刚敬老院征地拆迁工作；深入开展群众工作，走访3804户群众，解决238问题，帮扶279万资金，切实维护大局稳定，获评浏阳市2015年度“群众工作先进单位”；星星村群工站获评浏阳市2015年度“先进村（社区）群工站”；雷义、李峥嵘、曹湘填获群众工作“先进个人”。

教育医卫　举办教育捐资大会，接受社会各界捐资约1175万元。四所学校62套教师周转房建设有序推进，启动金刚中心完全小学征地拆迁工作，投入40余万元建好校安工程，确保校车行驶安全。开展人口和计划生育集中服务活动，如优生检测、奖励扶助等工作，连续10年突破“两非”典型案件。

文化建设　12月30日，金刚镇文学艺术界联合会正式成立，张辉署任主席，下设金刚镇诗词楹联协会、金刚镇音乐舞蹈戏曲协会、金刚镇书法绘画协会、金刚镇拳击协会，共有会员160余名。8月4日，在金刚镇举行“幸福屋场我的家”文化进屋场活动启动仪式，浏阳市文化艺术团的表演带给群众一顿文化大餐。11月26日，在何家屋场举办“浏阳市全民终身学习活动周启动式”。镇政府联合陈玉兰基金会开展“敬老爱亲”模范评选表彰活动，10月12日评选出李先能等模范24位，让敬老爱亲的传统美德薪火相传，发扬光大，促进家庭社会和谐。广泛开展“五个寻找·五个弘扬”主题活动（寻找最美家庭、最美党员、最美教师、最美企业和最美宗祠，弘扬最美家风家训、最美党的作风、最美师德师风、最美企业文化和最美宗祠文化）共评选出胡金凡等“最美教师”10人，陈家卫等“最美家庭”10户，黄怀林等“最美党员”10人，湖南明义烟花集团有限公司等“最美企业”10家，山虎村杨氏宗祠等“最美宗祠”5家，通过开展本次活动，全面推进金刚镇精神文明建设。　（黄　再）

【首届萍浏醴企业文化节】1月23日至24日，首届萍浏醴企业文化节在金刚镇举办。活动设产品包装设计征集、安全知识抢答赛、开幕式暨“迎新春”文艺汇演、烟花爆竹新机械展览会、书法摄影作品展暨送春联活动、“智慧湘赣边，对话萍浏醴”烟花产业文化化发展论坛和银企对接洽谈会七大部分，有来自金刚、江西上栗、醴陵南桥、富里等乡镇的100余家企业参加，中南大学欧阳友权教授主讲《烟花产业文化化的新路径》，长沙银行整体授信金刚镇企业家俱乐部信用贷款1亿元。（黄　再）

【桃树湾获评“湖南省最美古村镇和省传统古村落”】 12月22日，历时5个月的桃树湾“美丽乡村”项目建设顺利完成，并接受浏阳市重点项目现场观摩。项目建设含清江桥梁改造、停车场建设、房屋立面改造、河道治理、沿河风光带建设、墨福广场建设、游步道建设、沥青路面改造、桃林栽植、古民居修缮维护、屋场亮化等工程，共计投入资金1100万元。该项目依托桃树湾清代古民居，以善文化为核心打造出生态和美、人文和谐、民风和善的幸福家园，建成集古典民居与现代园林相得益彰、人文与自然交相辉映的美丽村庄。获评“湖南省最美古村镇和省传统古村落”。（黄　再）

【石霜寺旅游班线开通】 2015年2月10日，浏阳至石霜寺旅游班线正式开通，全程线路总长约80千米，投入运营班车数量2台。途径路线及著名景点：浏阳－大瑶－金刚－石霜村（石霜寺）－南岳村（南岳行宫）－丹桂村（桃树湾清代民居）－金刚政府－大瑶－浏阳。旅游班线的开通为沿线村民和外来游客出行提供极大便利；将沿线旅游景点串珠成链，有利于推动金刚镇乡村旅游产业和地方经济快速发展，特别是对偏远山村－南岳村、省级贫困村－石霜村的脱贫起到积极推动作用。（黄　再）

【成功创建“湖南省卫生镇”】 2015年，金刚镇通过加强组织领导，营造浓厚氛围，广泛动员全社会的力量，全面开展卫生城镇村创建、环境整治、城乡除“四害”防传染病、农村卫生厕所改造和健康教育等为主要内容的湖南省卫生镇创建工作，同时，通过健全组织机构，完善基础设施，抓好日常管理，突出工作重点，加大防治力度，健全长效机制等举措，不断增强群众的文明卫生意识和健康意识，努力改善生存环境，开启城乡爱国卫生同步协调发展的新局面，城乡环境面貌焕然一新，人民群众的环境卫生意识明显提高，获评“长沙市环境卫生整洁行动优秀乡镇”称号，并成功创建“湖南省卫生镇”。（黄　再）

【金刚镇获评湖南省禁毒工作先进集体】 2015年，金刚镇开展治毒专项行动，全力打造“无毒乡镇”，通过加强组织领导，打造素质过硬禁毒队伍，创新方式方法开展宣传教育，以人为本加强管控，始终保持严打高压态势等措施，不断挤压毒品违法犯罪空间，净化社会生活环境，有效推进全镇禁毒工作全面开展，形成全镇上下防毒、拒毒和打击涉毒行为的大好格局，全年强制戒毒34人，获“湖南省禁毒工作先进集体”称号。（黄　再）

“敬老爱亲”模范评选表彰大会现场　（图片来源：金刚镇）

葛　家　乡

党委书记　罗拥军
党委副书记　于焕民　刘良平
纪委书记　刘良平
党委委员　柳建成　罗　严
人大主席　于焕民
人大副主席　吉　钟
乡　　长　吕立生
副 乡 长　柳建成　罗　严
　孔伟兴　余耀东　曾祥浩
政协联络处主任　刘良平

【概况】 2015年，葛家乡辖8个行政村，44个村民小组，2852户20937人，出生292人，死亡157人，人口出生率为14.125‰，自然增长率为6.109‰；总面积107.26平方公里，其中耕地面积1094.53公顷；年平均降水量2100毫米，全年降水量主要集中在3月上旬至7月下旬，占全年降水量的70%，秋冬两季降水量较少。全年完成工业总产值23.7亿元，农业总产值9.1亿元，完成财税总收入2580万元。葛家乡在浏阳市2015年度“六个走在前列”大竞赛活动中，获农业优先类乡镇（街道）一等奖，获乡镇（街道）纪检监察、党政服务、财政、安全生产绩效考核专项工作优秀单位共4个奖项。

农业　全年继续稳步培育粮食、生猪、蔬菜等传统产业，积极扩大蝴蝶兰、玫瑰、百合、竹稻、石斛等特色农业的种植规模；发展早稻种植面积31.13公顷，发展8个大户，冬种油菜1040公顷，培育农民专业合作社20家，覆盖农户300余户，农业产业化经营初具规模；扎

教育捐资大会上捐资 100 万元以上“重教功臣”合影
(图片来源:金刚镇)

桃树湾“美丽村庄” (图片来源:金刚镇)

实抓好防汛、防火、防疫等工作，全年未发生一起险情。

工业 在全乡花炮行业推行“资源整合、科技创新、品牌营销”三大工程，创建浏阳市科技示范点 1 个，申请科技专利 12 项；加大企业服务力度，有效化解厂队纠纷、民工讨薪纠纷 2 起，维护农民合法权益，稳固企业发展环境，确保全年无阻工、罢工等情况发生；精准招商工作扎实推进，成功盘活闲置资产 1 处，引进社会资本、环保产业入驻，有效带动地方经济发展。

基础设施 2015 年，葛家坚持项目攻坚。2 月，自来水厂竣工，解决居民的用水难题；7 月，群众文化广场建成并投入使用；10 月，集镇老街全面铺设雨水管道，实现雨污分流；11 月，府前大道各项工作基本完成；12 月，敬老院、农产品交易中心主体工程建设全面完成，中心幼儿园手续办理工作基本完成，卫生院整体搬迁项目完成选址、规划设计等工作。农业基础设施也得到持续完善。洋泗源水库除险保安工作全面完成并通过验收，新源、大源、西宏、玉潭四个村的单村饮水工程全面完工并通水，解决 4600 余名村民的饮水安全问题；水利冬修工作，山塘清淤 17 口，冬修河坝 4 处，沟渠疏浚 20.4 公里，田间渠道清淤 74 公里；马家湾村重金属污染治理全面完成；新建、乌石龙村级公路亮化 10 余公里，农村公路提质改造。

环境整治 养殖治污工作，综合治理规模养殖户 650 户，清拆关停猪舍 19870 平方米，综合治理猪舍 17830 平方米，清淤整堤马家河河道 10 余公里；控违拆违攻坚落地，拆除违章建筑 18 处，共 4758 平方米，组织开展多批次多时间的检查执法，辖区内超限超载现象得到有效防控；屋场创建再掀高潮，高标准建成金塘村祠堂屋场，西宏村江背、和平屋场，乌石龙村和平屋场，马家湾村泉塘屋场，玉潭村樟树屋场，新建村马田屋场等整洁屋场 7 个，大源村响堂湾屋场等幸福屋场 1 个。

安全生产 坚持安全生产红线不放松，严格落实企业主体责任和监管主体责任。召开企业安全讲堂 34 期，举办花炮特种人员培训 10 期，领导带队检查 24 次，整改隐患 250 余处，全年无安全生产责任事故发生，成为浏阳首家“湖南省安全生产示范乡镇”。

治安状况 组织开展“黄赌毒”、“地下六合彩”等专项整治行动，清查、关闭麻将馆多处；有效调解村民矛盾纠纷，创新部门联动机制，确保境内矛盾纠纷排查化解、维稳信息等第一时间全面掌控，全年接待法律咨询 40 人次，重点调解处理一批企业与村民的厂队纠纷。推进法治葛家建设，发放法制宣传资料 2.7 万余份，举办宣传栏 18 期，出动宣传车 18 天次，举办法制学习班 6 期。

群众工作 全年严格落实“四级联动、网格化管理”群众工作要求，扎实开展干部群众工作日下村入户工作，全年网格干部走访农户在 3 次以上。开展“百名干部结对帮扶联百户”活动，领导干部带头联系困难户 2 户，普通干部联系困难户 1 户，开展结对帮扶。落实“一线工作法”，联村干部利用夜间深入村组，工作在一线开展，矛盾在一线解决，问题在一线化解；严控“四费”支出，全年财经管理规范到位。

民生民利 贯彻落实精准扶贫工作要求，2015 年，通过市、乡两级的努力，为贫困户建档立卡，出台精准扶贫工作方案，稳步推进各项工作；启动棚户区改造工作，完成农村危房改造 30 户，有效保障农村低收入群体的住房需求；组织完成社保一卡通的发放工作。

科教文化卫生 坚持科技惠农，邀请专业技术人员到葛家乡开展花炮、油茶、油菜人员培训多期，抽调执法人员开展消防检查、食品安全、校车安全等工作督查；成功举办欢乐浏阳河葛家专场文艺晚会、“七一”文艺会演、重阳节庆祝活动等文体活动；乡卫生院改造升级，整体搬迁计划完成选址、规划等工作，医疗服务水平进一步提高。坚持计划生育村民自治，落实长效节育措施，严格计生执法，创新推行计划生育网格化管理机制，全年计生率稳定在 92.07%，征收社会抚养费 28 万元，长效措施落实率 97%，透环孕检率 90%以上，流动人口管理到位率 100%。

旅游业 2015 年，葛家以宋任穷故居为中心，开展“乌石龙－集镇－新源村－金塘村－大源村”精品红色旅游路线规划建设工作。完成龙潭渡口改造，“最美九道湾”龙潭湾以崭新面貌吸引游人观赏；修缮维护宋任穷故居，完成故居门锁更换、照明亮化、墙面净化、周边环境美化等工作；协调推进大源村白烟片生态旅游开发项目进度；蝴蝶兰、玫瑰园、百合园等种植基地规模均有扩大。

干部队伍建设　以青干班为平台，组织开展理论宣讲、视频学习、机关运动会、干部读书会等文体活动，提升干部的理论素养与眼界思维；组织开展水利冬修、环境卫生等中心工作竞赛活动，有效激发党小组的积极性。制定出台干部日常考勤、值班住乡、财经管理等规章制度，干部上下班、办事、办会、接待、公务出行等都规范到位；严格绩效考评，依据干部绩效考核管理制度，每个季度对干部进行计分评比，严格奖惩兑现；坚持周例会、月考核、季点评、年兑现，严格各项工作落实；严格督查网格干部下村走访入户工作，及时督查回访“百名干部联百户”结对清单落实情况；积极争取资金，妥善解决差额补贴干部职工的养老、医疗保险，自收自支站办的福利待遇、村干部养老保险缴费等实际问题，切实改善干部职工待遇。　(戴巧玲)

枨冲镇

党委书记　陈国强
党委副书记　刘正再　凌珉生　唐润东
纪委书记　唐润东
党委委员　龙　游　潘定一　刘十全(女,2015.04免)
人大主席　凌珉生
人大副主席　宁志强
镇　长　刘正再
副镇长　龙　游　刘十全(女,2015.04免)　吴高峰　周建国　吴小丰(2015.04任)
政协联络处主任　唐润东

【概况】　枨冲镇辖9个行政村，2个社区，487个村（居）民小组，总人口4.3万人，2015年出生646人，死亡414人，人口出生率15‰。区域面积198平方公里，其中林地面积12600公顷，耕地面积2309公顷，其中水田1960公顷，旱土349公顷。全年实现地区生产总值75亿元，完成财政总收入7521万元，其中地方一般预算收入2354万元，消赤减债300万元，人均可支配收入16100元。率先在长沙成立镇级劳动人事争议调解中心；成功创建长沙市基层示范文化站；获评“最具网络人气浏阳河小镇”，3个村（社区）获评全市文化工作先进单位。镇政府设有（含内设机构）12个站办所，分别是党政综合办、农业发展办（烤烟办）、社会事务办、社会综合治理办、财政所、计划生育服务所、经济发展办、农业综合服务站、规划建设环保站、林业管理服务站、安全生产监督管理站、公共服务中心，在编人员116人。

农业　加大投入完善水利设施，除险加固水库4座，完成22口山塘清淤，建设单村饮水安全工程6个。农田水利三年行动和农田水利畅通工程考核获评全市二等奖。农业生产稳步发展，实现农业总产值5亿元，遏制耕地抛荒，实现粮食播种面积1746.67公顷，冬种油菜533.33公顷，发展烤烟132.67公顷，新造油茶林33.33公顷，培育油茶高产示范基地2个。加强地质灾害防治，扎实抓好防汛、防火、防疫和抗旱等工作。

工业　引进凯泰金属制品厂招商项目1个，增加规模企业1家。积极应对安全环保和政策调整双重压力，鼓励企业优化重组，促进传统企业转型升级，走以新型工业化、新型城镇化、农业现代化、信息化为基本途径，建成资源节约型、环境友好型社会的“四化两型”道路。大力推行个性化、私人定制的企业帮扶制度服务。全镇13家黑火药生产企业重新整合组建，宏达、久丰等多家企业进行优化整合。大力推进企业生产线升级换代，机械化改造，花炮企业机械化改造覆盖率72%，鞭炮企业机械化改造覆盖率100%。

第三产业　大力发展生态农庄、果园采摘基地、花木观赏园等第三产业，利用近郊区位优势，积极开发生态旅游业。积极开展幸福屋场建设，市文明办对张家湾屋场、谭家湾屋场重点推介。在长沙晚报发起的投票中，获评“最美浏河乡镇”。

项目建设　完成枨冲大桥、峡山口桥加固维修工程。完成枨冲—青草集镇道路和X007道路提质改造工程，硬化村级公路22公里；枨冲自来水厂建成，供水范围涵盖枨冲镇、葛家乡8个村（社区），4所学校21家企业，惠及3万余人。增加枨冲中学、牙际山完全小学公租房39套。综合文化站提质改造完工，成功创建长沙市基层示范文化站；总投资2000万元全面提质改造枨冲集镇，对房屋立面、人行道路、绿化亮化、线路管网等进行全面改造，大大改变集镇面貌，提升集镇品质，树立集镇形象。

安全生产　落实严查严管、严处严罚，实现安全生产零事故、零伤亡“双零”目标。建立健全安全监管网络和安全责任体系，推行安全生产“黑名单”制度，重拳出击安全生产违法行为。

综治维稳　围绕创建“平安枨冲”主线，开展综合治理工作。创新社会管理，开展“千人调解促和谐、万人巡防保平安”和“联防联动、和谐村组”创建活动，开展校园周边环境、校车安全、麻将馆整治专项行动，全年无涉校安全事故发生，报案率和刑事案件率分别下降28.2%和46.7%，综治民调满意率较上年度有较大幅度提升。率先在长沙成立镇级劳动人事争议调解中心，调处各类矛盾纠纷104件，受案率100%，调解成功率98%。实现到长沙市赴省进京“零非访”目标。社会民风更加淳化，社会大局和谐稳定。

环境治理　坚持规范管理和堵疏结合，加大治超治限力度，严厉打击非法营运行为，规范道路运输秩序。坚持环境友好型、资源节约型两型引领，实施城乡统筹环境同治，严格落实包卫生、包绿化、包秩序“三包”责任制，大力支持美丽屋场建设。全年新建整洁屋场11个，幸福屋场1个，垃圾分类示范村1个。投入300余万元增加太阳能路灯300盏，拆除改造旧屋45处。严格国土管理，强力推进拆违控违，完成拆违面积7480平方米。开展

“三年造绿大行动”，种植苗木2万株，进一步优化人居环境。

精神文化　推进村级文化广场建设，建成农家书屋11个，修建镇村休闲健身广场7处，3个村居获评全市文化工作先进单位。建立以镇文化综合服务站为中心，农家书屋、流动图书馆和村级文艺演出队为辅助的“1+3”农村文化服务体系。承办浏阳市第二届皮影戏大赛，获得社会广泛关注，湖南卫视对此项活动进行专项报道。

公共服务　加大教育、文化、卫生等公共事业的财政投入，教育质量稳步提升，中小学教学质量排名全市一类。建立健全社会救助体系，严格低保五保评审，加大城乡低保、大病救助等弱势群体帮扶，危房改造29户。完善枨冲敬老院管理和扩容，加大养老和医疗保险征缴力度，分别完成比例96%和97%。全年符合计划生育率86.3%，落实长效节育措施212例，切实搞好计生优质服务。顺利完成社保“一卡通”发放任务。

党建创新　加强制度建设，以制度来管理，以绩效定奖惩。深入实施组织覆盖、素质提升、党建创新、强基固本基层党建“四大工程”，开展枨冲需要什么，我们缺少什么，自己能做什么？“三个什么”大讨论等党建主题活动，进一步凝聚共识，激发活力。推行“四级联动、网格管理”的模式（镇、村、组、户四级），干部联组、党员联户，将服务工作延伸到区域管理的最末端。深化“百组联百企、共建促发展”活动，积极发挥党小组在服务民生、服务发展方面的促进作用，被评为全市党建创新案例。加强外宣工作，全年省市多家媒体到枨冲采访报道。团结带领党外代表人士、非公经济组织主动作为，服务经济发展大局。规范管理民间信仰活动场所，进一步发挥统一战线促发展、促联合、促稳定作用。加强党管武装，工青妇、老干、五协等工作都圆满完成任务，并获得上级好评。

干部作风　继续建立学习型机关长效机制，完善中青年干部学习制度，组织开展务实清廉为主题的群众路线教育活动，突出解决实际问题，提高做好群众工作的能力。切实加强党风廉政建设，筑牢拒腐防变的思想道德防线，认真落实中央和省市关于加强干部管理的相关规定；坚持精细化考核，提升工作执行能力，打造行为规范、运转协调、公正透明、廉洁高效的政府形象。坚持践行一线工作法，让情况在一线了解、措施在一线落实、问题在一线解决，形成“真干、苦干、实干、能干”的工作氛围。自觉接受镇人大监督，认真听取社会各界和人民群众的意见、建议，努力把人民群众的利益维护好、实现好、发展好。（黄锦周）

【庆“七一”表彰大会】　7月1日，枨冲镇举行庆祝中国共产党成立94周年大会。各党总支部、党小组和互助共建优秀企业等党员代表等419人穿着印有党徽的统一服装，组成13个方阵，10位党政领导都统一着装，整齐佩戴党徽参加会议。6个先进党（总）支部、11个优秀党小组、10名优秀党务工作者、11名优秀党小组长、11家互助共建优秀企业和80名优秀共产党员获得荣誉表彰。枨冲镇“百组联百企”的工作经验被湖南日报采访报道。（黄锦周）

【枨冲镇劳动人事争议调解中心挂牌成立】　2015年8月，枨冲镇劳动人事争议调解中心挂牌成立，劳资双方发生劳动争议，在乡镇一级的劳动保障服务站就能进行调解，在全省范围内，浏阳率先实现这一目标。自劳动人事争议调解中心成立以来，成功调处各类劳动人事争议纠纷88起，调解成功率达97%。（黄锦周）

【获评浏阳河“最美乡镇”称号】　2015年，在《长沙晚报》发起的浏阳河“最美乡镇”的网络评选中，枨冲镇网络人气第一名的成绩获评浏阳河“最美乡镇”称号。省市多家媒体、摄影爱好者，先后对千年古镇枨冲的老街、曲尺湾、三元宫庙会进行宣传推介。（黄锦周）

镇　头　镇

党委书记　孙　谦
党委副书记　潘擎炬　刘　宽　杨　旭
纪委书记　罗红艳（女）
党委委员　罗红艳（女）　罗　柱　熊　辉
人大主席　刘　宽
人大副主席　袁海军
镇　长　潘擎炬
副镇长　罗　柱　熊　辉　周　悦　蔡伟来
政协联络处主任　杨　旭

【概况】　2015年，镇头镇辖11个行政村，2个社区，476个村（居）民小组，14434户57361人，其中出生746人，死亡472人，人口出生率12.97‰。行政区域总面积158平方公里，耕地面积3208公顷，其中水田3100公顷，山林面积9066公顷。全镇属变质岩丘陵亚区，为亚热带季风气候，沿浏阳河两岸地势较平坦，年降水量1400毫米，有利于双季水稻和各类喜温作物生长。全年完成农村经济总收入69.8亿元，工业总产值56亿元，农业总产值9.7亿元，第三产业总产值4.1亿元；完成财政税收3100万元；招商引资市外到位资金4.2亿余元；畜牧水产业总产值2.75亿元，农民人均可支配收入17987元。

农业　完成田间沟渠疏浚213千米，水利冬修获“浏阳市一类乡镇”、“长沙市先进乡镇”称号。在江东、北星、柏树等村进行水稻生产全程机械化示范，组织10万余元购置育秧大棚10个，自动插种流水线一套，投入600万元的粮食产能工程项目进入扫尾阶段。冬种油菜稳定保持在全市一类乡镇。油茶采摘秩序良好，绿化工作全面完成，迹地造林73公顷；耕地抛荒和季节性抛荒通过浏阳市、长沙市两级政府验收。发展农业大户、专业合作社，打造农业品牌，金健茶油获中国中部农博会金奖，油茶文化博览园建设投资2亿元。开展农业科普宣传与培训，发放资料1万余份，119人参加农民实用人才技能培训。

工业　机械制造基地签约项目27个，在谈项目6个，引进湖南绿之盟装饰材料有限公司、浏阳市陶吕科技有限责任公司、湖南雅恒腾飞轻钢房屋有限公司等13家企业，其中投资5000万元及以上的有4家，出让国有工业用地60余公顷，实现招商引资4.2亿元。长沙城通塑业有限公司、湖南金拇指环保设备有限公司、湖南世容纸塑包装有限公司等7家企业开工建设。园区食品基地小飞燕食品有限公司、唯湘食品有限公司等企业不断壮大；金叶烟花、良智烟花等花炮企业年销售4000万元以上，全镇花炮企业实现效益、安全双丰收。

服务业　拓宽产业发展思路，挖掘乡村旅游资源，打造由跃龙互通口、金牌车田屋场、浏阳河风光带（镇头段）、百步滩、万亩油茶林、章甫爱国主义教育基地、钟佛寺宗教文化旅游综合区为一体的乡村游精品线路。

城镇建设　总投资200余万元的跃龙互通口形象牌7月开工建设。浏阳河风光带一期、柏树小学、中心医院公共医疗服务大楼、浏阳农商行镇头支行完成建设，投入使用。镇头大桥完成2500万元的项目投资；南横线启动前期准备工作，协调省交通运输厅将连接线纳入“十三五”国省干线公路建设规划。投资1000万元完成西满街棚户区改造、跃龙集镇提质改造及互通口绿化广场建设；全面完成集镇主要街道和S211镇区路段亮化工程，总投入200余万元。建西满储备库投入使用，原粮站片区全面完成征拆工作，土地摘牌。滨河路片区开发项目完成滨河路道路、管网、绿化建设。中天国际商贸城位于镇中心区，总建筑面积11万立方米，动工建设。北星示范街开发完成土地征收和苗木移栽工作。加强规划建设及国土资源管理，及时制止违法建设行为及相应纠纷数十起，拆除违法建筑1.15万平方米。

环境整治　环保园区主干道（香樟大道）、次干道（丹桂路、合欢路）完成建设；园区电力、雨污管道建设、护坡挡土墙工程、安置区建设等配套设施基本完成。日处理0.5万吨的污水处理厂动工建设。新奥天然气入园工程完成设计。抓好域内禽畜污染治理及企业环保治理。加强集镇网格化管理，规范逢五集市，实行人行道禁停。推进示范点建设，定期开展检查评比，及时督查整改，第一、三季度在浏阳市环境卫生督查中位列第一，年终获评“浏阳市城乡统筹环境同治工作优秀单位”“长沙市城乡环境卫生整治行动优胜乡镇”“长沙市卫生镇”称号，连山村入选长沙市卫生村，金牌村获“美丽乡村”称号，甘棠、连山等5个村（社区）成功创建垃圾分类示范村，跃龙铁山屋场、金田岭上屋场等8个屋场通过市整洁办验收，金牌车田屋场获市“文明屋场”称号。2月1日，镇头镇正式启动“建设乡村都市，打造全国重镇”主题活动暨浏阳河生态建设开发项目，通过浏阳河综合治理、沿岸风光带二期建设及滨河新街建设，着力完善区域基础设施，促进农业产业全面升级，生态环境全面改善。

综治维稳　成立专业的治安巡防队伍和民兵应急分队，开展“扫黄治赌治毒”专项整治行动、“红袖章”治安巡防及“百日攻坚保平安”“消防安全检查”等主题活动，在先后50余次的清查行动中，取缔麻将馆31家，收缴麻将100余副，销毁麻将桌58台，切实解决麻将馆扰民、涉赌等突出治安问题。承办全省铁路护路宣传教育月活动启动仪式，被评为“长沙市高铁护路示范单位”。全年受理各类纠纷280件，调解成功率90%，社会大局和谐稳定。

安全生产　开展安全生产巡回大讲堂及业务知识培训23场次，全年累计为企业免费培训员工1300余人次，发放宣传资料8000份。各类专项执法整治行动贯穿全年，开展“九打九治、打非治违、五级五覆盖、重点突围、百日攻坚”等6项专项执法整治行动，执法检查117家次，下达执法文书371份，停产整顿企业11家次，约谈企业5家，立案查处企业2家。

人口与计划生育　及时解读与宣传现行政策，坚持依法行政，符合政策生育率90.6%；落实计划生育奖励和优惠政策，发放奖金210万元；计生协会和村民自治作用发挥好，南门村申报为长沙市村民自治模范单位；优化计生服务，年度免费优生检测340例，超额完成任务，获长沙、浏阳优质服务模范单位。

社会保障　实现社会保障全面覆盖，发放社保卡31517张；办理合作医疗7628人次，报销金额697万元。发放低保金624万元，发放大病救助金额33万元，发放残疾人补助42余万元，发放大学生贫困救助14万元。为400多位老人免费代办老年优先证，敬老院获批湖南省三星级敬老院。在原有贫困户识别的基础上，对贫困户再核查识别，确定贫困户710户，计1796人，清除不符合国家贫困标准的443人，完善贫困户台账、档案等相关资料，根据实际情况把贫困户分为“四个一批”，定三年脱贫发展规划。

科教文卫　加大教育扶持力度，云波、西满两校投资100余万元兴建幼儿园，镇头中学投资400余万元完善教学场所，在市科技节上获三等奖。公共文化基础设施进一步完善，“农家书屋”广泛建立，“连山讲堂”每月准时开课，2015年浏阳市三人制西赛区篮球赛、敬老院文艺汇演及节假日庆祝活动等均开展有序。加强镇内食品安全管理，每月组织工商、质监、卫生进行联合检查，关停企业一家，收缴不合格黄豆2.5吨，过期肉类1.2吨，保障群众食品安全。

群众工作　以群众工作站为载体，打通为群众服务的“最后一公里”。为村民搭建代理服务“新平台”，完成“向群众承诺、为群众办事”的事务代办1000余项；继续开展“百日大走访”活动，完善民情民意收集反馈工作制度，解决实际问题180余件，结对帮扶困难户及专业户200余户。　（刘　琼）

镇头镇集镇　　（图片来源：镇头镇）

普　迹　镇

党委书记　李恒海
党委副书记
　江涵（女，2015.09 免）
　黄杰伟（2015.09 任）
　黄正根（2015.04 免）
　卢长发
纪委书记　蔡　华（女）
党委委员
　蔡　华（女）　陈崎辉
人大主席
　黄正根（2015.04 免）
人大副主席　黄　珣
镇　长　江　涵（女）
副镇长
　陈崎辉　李云峰　晏　武
政协联络处主任　卢长发

【概况】 2015 年，普迹镇辖9 个行政村，3 个社区居委会，232 个村民小组，12665 户 4.2 万人，总面积 178.6 平方公里，其中耕地面积 2800 公顷，山林面积 1.27 万公顷。全年完成国内生产总值 28.5 亿元，增长 12%；财税收入完成 1727 万元，增长 1.8%，其中地方收入 661 万元，增长 1.6%；社会消费品零售总额 8900 万元，增长 6%；固定资产投资 4.27 亿元，增长 8%；招商引资到位资金 9200 万元，圆满完成全年各项经济指标。

农业　农作物播种总面积 6400 公顷，其中早稻种植 733.33 公顷，中稻种植 873.33 公顷，晚稻种植 1413.33 公顷，蔬菜种植 1733 公顷，烤烟种植 102.87 公顷，油菜种植 900 公顷，其他经济作物种植 626.67 公顷，全镇耕地复种指数在 2.0 以上。无公害蔬菜生产基地认证面积 252 公顷，无公害蔬菜产品认证 24 个。注册“夹洲岛”商标，新期绿联合社和绿洲种植合作社各建成 33.33 公顷标准化蔬菜基地一个，蔬菜生产总面积 2133.33 公顷，大棚设施栽培 200 公顷，初步形成菜苔、辣椒、毛豆、茄子、秋豆角、白黄瓜六个具有地方特色的优势产品。中国电子商务湖南（普迹）生态农产品交易中心项目动工建设。家禽饲养量 160 万羽，出笼 110 万羽；生猪饲养量 15.7 万头，出栏 15 万头；黑山羊饲养量 1.6 万只。全镇无一例动物重大疫病发生，免疫率、耳标佩带率、免疫卡发放率 100%。打捞病死动物 1800 余头，在花子坳、普花两处建造集中的公共无害化处理窖三个，号召 25 户养殖户自建无害化处理窖，全部验收并投入使用。办理非法贩运病死动物案件 4 起，乱丢乱弃动物案件 5 起，抓获违法人员 2 名，刑拘 1 人。

工业　全镇完成规模工业总产值 12.55 亿元，主要企业生产经营情况良好。珊瑚硝酸钾厂与蓝思科技集团合作生产高纯度硝酸钾的项目已洽谈协商。16 家鞭炮企业全部改成机械装药，引进全自动扦引机，鞭炮烟花行业机械化生产程度得到有效提高。高产品技术含量，增加产品的附加值。新增龙洲、金园、金发、辉达等企业加装红炮生产线，改变原来产品比较单一的状况，提高企业的经济效益以及市场竞争力。

项目建设　签订夹洲岛旅游度假综合开发项目战略合作框架协议，将以两岸为依托打造旅游度假休闲片区。组织“多彩普迹•山水名镇”招商恳谈会、西区最美声音歌唱比赛、“醉美夹洲岛、旅游新普迹”摄影比赛、情定夹洲岛皮划艇比赛、“乡村故事”花鼓戏巡演等大型宣传推介活动，提升夹洲岛和普迹的知名度、美誉度，吸纳浏阳河•普迹新城基础建设项目、西区蔬菜交易中心项目、浏阳河•普迹影城项目成功签约，资金 1.88 亿元，到位资金 9200 万元。浏阳河•普迹新城项目两期投资 1.2 亿元，新街、新府地块基础设施建设即将完成。夹洲岛正式纳入长沙市浏阳河旅游开发整体规划及先期开发计划，列入浏阳市“十三五”规划。获评 2015 年度浏阳市招商引资先进单位和小城镇建设先进单位。

基础配套　投入 5000 万元完成新城镇开发区街道硬化，油砂路建设 2.6 公里，挖填土方 21 万立方米，平整土地 1.4 万平方米。新府地块完成绿化、亮化和弱电入地工程，新街地块完成 3.5×3.2 米盖板涵 720 米的建设。普迹镇农贸市场项目于 2015 年 10 月开工建设，预计 2016 年 1 月份竣工。卫生院搬迁项目完成招投标和报建手续。投资 200 万元铺建排水管网 4.024 公里，重新铺排规划新府路两侧下水道及排水设施。完成新府社区中市组砂改油提质改造工程。启动浏醴高速公路普迹互通周边景观绿化工程。完成团结村 166.67 公顷农田整理项目和投资 800 万元的水价综合改革项目，硬化支渠 15 公里，疏浚清淤 1300 公里、山塘扩容增蓄 30 口，机埠更新改造 4 座，完成小二型水库除险加固 6 座、益元冲渡槽重建。万亩蔬菜基地基本建成，千亩精品蔬菜基地大棚建设完成。

环境整治　维护浏阳河普迹段及相关支流水域环境，确保所有河道及水渠达到“水面无漂浮物、河中无障碍、河岸无垃圾”的整治标准。引导农户联合承包水葫芦清理工程，投资16万元建造1只水葫芦打捞船，定期进行流域全域打捞。免费发放治理药物。推进病死动物无害化处理，对镇域范围内丢弃的病死动物进行打捞，共计打捞病死动物3800余头，处理乱丢乱弃事件147起。强化河流沿线排污企业监管，完善企业和居民生活污水处理设施，杜绝污水直排或不达标排放。获得双洲村“湖南省卫生村”，书院村“浏阳市垃圾分类示范村”，大鸡头村“绿色村庄”，双洲河家湾“浏阳市十佳示范屋场”等荣誉称号，金江黎家、新府青山等9个整洁屋场和团结马家等2个绿色屋场全部通过验收。加强集镇管理，重新划定停车位，规范道路停车秩序；推行道路清扫保洁市场化运作，确保清扫及时，长效保洁；对渣土车、大货车进行定期检查，确保道路清洁；开展店外经营治理集中整治行动，清理取缔违章占道经营摊点近42家；对新府路、普镇路两厢的大型广告、门店招牌、落地灯箱、商业横幅等各种形式的户外广告牌匾进行专项整治，拆除广告牌17块。

综治维稳　继续严打、严治、严防、严控，创新方法，强力打击违法犯罪活动和邪教活动，刑事立案59起，查处29起。落实“一推行四公开”群众工作，推进干部联小区网格化管理和“四员合一”矛盾调处模式，全年实现零进京赴省到长去浏非访、集访，获评2015年度浏阳市综治维稳工作模范单位。

计生服务　全年新生婴儿495人，分别为一孩238人；二孩248人，多孩9人，其中计外62人，符合政策生育率为87.47%。期内征收社会抚养费696572元。注重宣传发动，从镇动员到村（社区）动员环环相扣，网络建设到位，强化镇村干部的责任目标。加大培训的力度。长效节育措施落实到位604例。注重计划生育利益导向，享受计划生育奖励扶助765人，特扶2人，新增放弃再生育夫妇22对，城市低保2人，获得上级各项奖扶资金835480元。被评为浏阳市计生工作先进单位。

社会事务　做好大病救助、两保收缴、医保报销等工作，扩大社会保障体系覆盖面，城乡居民基本养老保险参保率91%，城乡居民医疗保险参保率95%。发放第一批社会保障卡25706张，发放率80%。关心弱势群体，全年筹措58万余元走访慰问困难党员、离退休村干部、三无人员和优抚对象900户。镇敬老院供养老人78人，通过长沙市示范性敬老院初检。做好精准扶贫和“一进二访”工作，对贫困对象进行对口帮扶，落实危房改造76户，拨付资金128.25万元。

队伍建设　灵活干部选任机制，发挥中层干部竞争上岗和干部双向选择的激励作用。开展机关干部职工思想教育和业务交流活动12次，组织青年干部读书班学习28次。推行“一线工作法”，督促干部深入一线解决问题和推进工作。推进政务、村务公开，获评2015年度浏阳市考核工作先进单位。开展干部竞争上岗、“廉勤十星”双评双比和青年干部培训等，增强干部竞争意识、廉洁意识和学教能力。开展党组织书记双述双评、谈心谈话、书记讲党课等，提升党组织带头人履职能力。严格把握党员出入关，发展党员20人，对6名违纪党员立案查处。设立党代表关怀帮扶公益金，探索党委成员联系党代表、党代表联系党员和微公益撬动大实事的有效途径，得到上级的充分肯定。

（李　璜）

【普迹镇城镇综合体建设】　浏阳河•普迹新城是普迹的城镇综合体建设项目，也是长沙市重点项目之一，总投资5亿元，占地面积13.33公顷，分新街、新府地块，由香港世纪鑫源集团公司承建。项目的建成后将提高集镇的承载功能，改善1.2万多居民的生活和商业环境。河家湾屋场由当地居民采取“自愿集资、自行设计、自主建设、自我管理”的“四自”方针建设。他们自拆杂屋、退出牲猪养殖、无偿提供活动场地、实行垃圾分类减量处理、集思广益，共同设计规划，将这个传统村落建成景色美、设施齐、文化深、管理优的幸福屋场。7月29日，普迹镇迎接浏阳市2015年上半年重点项目（企业）观摩活动。浏阳市市委书记曹立军，市委副书记、市长余勋伟率领全市相关党政领导干部到普迹，对浏阳河•普迹新城建设现场和河家湾幸福屋场两个项目进行观摩。（李　璜）

官　桥　镇

党委书记　刘法裕
党委副书记　江洪兵
　李爱萍（女）
　李　双（女）
纪委书记　刘　科
党委委员　左兴逊　刘　科
人大主席　李爱萍（女）
人大副主席　凌　欣
镇　长　江洪兵
副镇长　左兴逊　吴光伟
　赵旭林
政协联络处主任　李　双（女）

【概况】　2015年，官桥镇辖9个行政村，1个社区居委会，68个村（居）民小组，7569户，28368人。行政辖区面积89.7平方公里。耕地面积1872公顷，其中水田1618公顷，旱土254公顷。全年完成财政总收入1270万元。实现工业总产值8.9亿元，规模以上工业产值8亿元，累计完成固定资产投资6.03亿元。官桥镇被评为浏阳市2015年度农业农村工作优秀单位、城乡统筹环境同治工作优秀单位、公务员考核工作优秀单位。

农业　水稻种植面积800公顷，油菜种植面积553.67公顷，创建德慎、一江、九龙66.67公顷，冬种油菜示范片，粮食亩产量、种粮大户数量与规模均在全市排名前列。全年种植烤烟75.67公顷，完成烟叶税收92.3万元，烤烟生产被评为全市先进单位。推进农村惠民工程，发放农业补贴类资金322.38万元，修建沼气池50个，完成54家农业合作社分类管理。发放10万余株树苗，推进集镇社区、八角亭村10公顷荒山造林。启动3座水库除险加固工程，完成山塘清淤、沟渠衬砌、水渠疏通等为重点的农田水利建设，清淤修缮计49处，畅通田间渠道110公里，切实保障农田正常排灌水，全面提升农业抗旱防涝能力及生态循环效益

工业 通过对接周边县市外迁企业，组织特色招商会，成功引进8个项目，其中石材加工项目5个，毛巾厂1个，门窗类企业2个，招商引资到位资金8510万元。支持万美烟花、锦绣河山、腾龙烟花等企业进行技术改造升级；努力促成鑫利粉末与中南大学达成合作协议，推进清洁低碳技术研发运用；继续协助湘宏饲料与湖南农业大学开展技术交流，提高企业研发创新能力；支持庆泰烟花集团忆江南有限公司优化提质，经济效益不断提高，企业员工接近400人。新区建设引导企业落户投产。帮助企业与融资中心对接，解决企业资金运转困难。

项目建设 全年投入资金500多万元，实现集镇裕昆路、金鑫路、府前路的路面提质改造和设施升级，完成官桥环线保华段路面硬化建设项目、新元段路基拓宽改造项目。硬化村组道路18.6公里。新区第一期土地扩征、土方工程、线路改造完工，五家入园企业的手续完成预审上报，新区厂房正在动工建设。苏故门业基地完成用地手续报批，一江门业制造加工基地立项、国土、电网等手续正在办理。官桥中学、官桥小学生活服务大楼完成招投标，官桥小学教学楼完成征地工作。卫生院整体搬迁项目列入省2016年为民办实事工程，启动征地等前期准备工作。中心幼儿园扩建项目竣工。集镇下水道管网完成规划。

社会保障 通过实施宣传引导、说服劝导、违规查处等措施，推进殡葬改革。建立老年人日间照料中心，全面改善孤寡老人生活环境。新型农村养老保险和新型农村合作医疗覆盖面不断扩大，参保率分别为90%、98.8%。进一步健全低保民主评议制度，发放最低生活保障金156.4万元。改善弱势群体住房条件，实现危房户改造39户。计划生育工作常抓不懈，符合计划生育率93%，优生检测、长效措施落实到位，计生工作形成长效机制。

科教文卫 提升教育质量，官桥中学教学质量获市综合评价一等奖，升学比例远高于全市平均水平。完成中心幼儿园综合楼和部分小学操场建设。加强对全镇中小学校园及周边环境整治，每月开展校车安全隐患排查。不断完善公共卫生服务工作，完成3个村级卫生室的规范化建设。加强新闻报导、舆情引导，有20余篇稿件被湖南日报、浏阳日报等媒体采用。强化民间庙宇管理，规范宗教行为，引导钟馗庙等宗教庙宇发挥公益作用，弘扬社会正能量。

环境整治 优化集镇居民生活环境，安装风光路灯、规范停车位、实现道路两旁绿化、美化；拆除集镇违规建筑、不合规招牌，规范门店经营；制定详细的环境卫生到户规章，确保集镇卫生整洁。推进垃圾分类试点，集镇社区垃圾分类示范点通过上级验收。加强生猪养殖污染治理，完成浏阳河流域500米内20多户养猪户的关停和8户500米以外养猪户的治理工作。打造九龙村何家幸福屋场，创建16个整洁屋场均验收达标，其中5个屋场被评为市级优秀整洁屋场。人居环境显著改善。

综治维稳 依法有序推进拆违控违，全年拆除违法建筑面积8000余平方米。多次开展治超专项整治，有效维护道路交通安全。与株洲、醴陵等毗邻的乡镇通力合作，有效管控边境治安。深化矛盾纠纷排查调处，实现特护期进京赴省“零上访”目标。安全生产形势平稳良好，全年实现“零事故、零伤亡”。多次开展食品安全整治行动，关停黑作坊1处，查获三无产品、过期食品30余起。每月检测食用农产品400多个样品，官桥镇被评为“浏阳市食品安全先进单位”。

党政建设 全面实施“党小组建设精品化”工程，构建“组织+技术+服务”的基层党建新模式。组织全镇11名党组织书记就履行党建责任开展集中述职评议。严格执行党员百分制分类考核，落实党员发展规章制度，全年发展党员18名，转正党员15名，评选优秀党员83名，处置不合格党员5名。实施“一周一总结、一月一督查、一季一排名”的党建工作立体考核模式，通过组织开展书记讲党课、广场文艺晚会、“丰收”杯全民运动会、千名党员重温入党誓词、韶山革命宗旨主题教育、“微党课”竞赛等活动融合党建工作与党员群众的实际需求。不断强化基层纪检工作，全力配合市纪委做好对新元村的党风廉政建设专项巡查工作。加强对镇村财务和重点工程的监督管理，建立镇村干部个人作风建设档案，将干部作风建设纳入绩效考核和评优评先。严格遵守“八个禁止”，大幅缩减四项费用。启动“百千万”群众大走访主题活动，解决落实涉

官桥镇何家幸福屋场　　(图片来源：官桥镇)

欢乐浏阳河官桥专场文艺晚会　　（图片来源：官桥镇）

及民生民利、作风建设等方面的建议诉求1798条，进一步改善党风政风。7月23日，省政府党组成员、省长助理袁建尧到浏阳市官桥镇调研政务服务工作。肯定镇村组代办业务是一项真正为人民服务的举措，希望广泛推广。从4月14日起，官桥镇开展“百千万”群众大走访活动，44名网格干部走访镇域范围内全部农户7034户（其中458户常年不在家）。搜集问题2000余个，当场为群众解决问题971个，收集上交给各相关站办解决1000余个，在走访过程中，配发《官桥镇便民服务手册》、《民意调查问卷表》、《创建和谐官桥承诺书》等，提升政府公信力和构建起与广大人民群众的“连心桥”。　（伍　洋）

【启动文化惠民活动】　为促进干群和谐，丰富镇域文化生活，提高广大农民群众生活质量，官桥镇于2015年3月启动文化惠民活动。该活动以完善文化传播平台、打造文化精品项目、引导全民参与健身为支撑，共建精神文明丰富、优秀文化传承、正能量传播的魅力新农村。全年共建成各具特色的文化广场16处，其中以九龙村何家片一江组的何家幸福屋场为典型，该屋场成为集休闲古亭、艺术桥廊、文化广场、农家书屋、运动球场等于一体的综合性农民文化公园，各具魅力的文化广场将自然生态和人文景观相互融合，让传统文化和现代文明交相辉映，成为农村居民共同的精神家园。而深度挖掘传统文化，展现官桥魅力的“欢乐浏阳河”官桥专场文艺晚会，则是以干群共同创作、合力编排的《涧江赋》、《官桥是个好地方》等文化精品项目赢得观众大声喝彩，更是奏响了官桥干群同心，协力建设“魅力官桥生态新镇”的时代华章。前后历时一个多月的全民运动比赛，成为落实全民健身计划，共享文化体育发展成果又一重大文化活动，此次“丰收”杯全民运动会，有11支代表队参赛，多支群众文艺小分队参与，赛前各组人员积极筹备、认真训练，赛场激烈角逐，在4×50米挑重接力比赛，男子篮球、拔河、3000米长跑等项目中不断创造佳绩，文艺小分队则用形式多样的文艺节目为整个赛事加油助威。全民运动会成为干群同心，文明共建的助推剂。　（伍　洋）

首届“丰收”杯全民运动会　　（图片来源：官桥镇）

柏　加　镇

党委书记　　詹萍萍（女）
党委副书记　唐文华
　　　　　　何志刚　张　震
纪委书记　潘盛开
党委委员　潘盛开　王柏林
人大主席　何志刚
人大副主席　徐红星
镇　　长　唐文华
副 镇 长　王柏林　李　原
　　张　征　胡录明（提名）
政协联络处主任　张　震

【概况】　柏加镇位于浏阳市最西端，地处长沙、株洲、浏阳三地交界处，总面积87.5平方公里，下辖4个行政村1个社区居委会，188个村民小组，总人口2.6万人。2015年，完成财税总收入1700万元，完成固定资产投资6500万元，实现花木年销售收入近20亿元，居民本地存款余额10亿元，农民人均可支配收入2.48万元，同比增长14%，高于全省平均水平，继续稳居全市前列。

农业　产业升级不断提速，引导成立湖南省苗木产业协会，帮助全镇苗农在原税率基础上减负30%。支持本地村民筹资1亿元成立湖南柏加花卉苗木大市场股份有限公司，完成土地流转21.07公顷，4月，启动柏加花卉苗木交易中心一期项目建设。引进专业公司，合作开发建设“湖南柏加购苗网”电子商务平台，以“互联网+”模式助推产业发展。完善基础设施建设，全年硬化道路21.5公里，更换2条渡船，进行集镇入口改造、行道树补植、市政设施建设、广告牌拆除等，集镇面貌焕然一新。投入245万元完成农村安全饮水工程改造，争资250万元完成仙人造灌区除险加固，投入30余万元进行“6•20”暴雨灾害水损修复。

项目建设 长沙银行柏加支行开业，云淮高压专线主体施工完成，3.5万伏变电站立项，集镇新街项目征地及青苗补偿进入扫尾阶段，签订敬老院征地协议，规划设计方案通过评审，首批21套教师公租房主体建设完工，沪昆高铁沿线水利、道路临时用地等项目遗留问题基本解决。

计划生育 全年计生率88.01%，征收社会抚养费11.45万元，成功创建“湖南省计划生育依法行政示范单位”。

环境整治 引进一级资质清洁公司，采用先进设备进行日常保洁和垃圾清运。组织开展环境集中整治行动3次、交叉检查10次，发放宣传资料7000余份。严格城管执法，规范流动经营234起，有序组织店面营销86次，规范广告招牌设置476处，拆违拆旧11600平方米，开展治超行动10余次。

综治维稳 以“九打九治”为主线，开展各项安全检查15次，发现并整改安全隐患182处。受理纠纷342件，成功调解330件，法院立案6起。公安部门接处警515起，立刑事案件93起、治安案件67起。深入开展扫黄打非、麻将馆整治等专项行动，“春雷”行动成绩在全市同类派出所中名列第一。天网工程完成实地勘测选点并启动安装。实现全年无食品安全问题、无农机安全责任事故、无重大森林火灾的目标。

社会保障 落实城乡低保440户730人，累计发放补助150余万元。企业养老保险和工伤保险分别完成102%和101%，城乡居民养老保险和医疗保险分别完成96.5%和95.15%，发放养老金650余万元，报销医药费350余万元。发放社保卡13808张，发卡率78.25%。统计耕地地力保护补贴数据，各项惠农资金全部发放到位。改建农村危房13户，核定发放水库移民资金528人31.68万元。清理建档立卡“四类人员”116户392人，有效脱贫234人。开展“6•20”特大暴雨期间、春节、“六一节”、“八一节”、重阳节等走访慰问活动20余次，发放资金物资30余万元，受益群众3200余人。

党政建设 构建网格化党建责任体系，继续推行“支部建在产业链上”党建创新模式，指导湖南省苗木产业协会筹建党组织，指导花木合作联社非公支部开展公益活动。进一步规范标准化政务服务中心和便民服务窗口管理，37个党小组均配齐活动阵地和基本设施，村级集体资产收益230余万元，柏铃社区获评“长沙市文明社区”、“长沙市党员干部示范培训实践基地”。在党团队员中开展“党员争先锋，共建新柏加”“小手拉大手，共建新柏加”主题活动，共同参与环境整治、综治维稳、项目建设等中心工作。规范党员发展和党内生活，发展党员9名，转正14名，民主评议党员900余名，评选优秀党员72名、优秀党小组长10名。组织镇村党员专题学习党纪条规，开展廉政警示教育集中学习，全面提升党员干部拒腐防变意识。推行干部网格化管理，领导联村，干部包片，实现工作到点、责任到人、考核到位。开展“访民情、保稳定、促发展”大走访活动，干部在一线转作风、解民忧、提能力、树形象，赢得群众广泛好评。严格执行作风建设规定，坚持“一周三查”制度，全年开展专项督查75次，通报、约谈、组织处理13人，强化净化序化干部作风。严肃党员教育管理，立案查处违纪党员3人，发现并限期整改1起国家工作人员违规经商办企业、领导干部违规插手工程行为。及时处理答复信访件7起。创建手机信息服务平台和“生态柏加”微信公众号，在全市乡镇信息报送工作中排名第二。

教育医药卫生 首批21套教师公租房主体建设完工；开展“城乡手拉手”校园经典读书会、青年文化活动阵地、长沙市小杜鹃艺术团送艺术进校园等活动，推动村级青少年综合服务平台建设。柏加卫生院投入15万元添置中医康复设备，免费体检儿童2005人、老年人2131人，全镇居民健康档案覆盖率95%。

（何湘为　沈赛群）

【花木产业进一步转型升级】 2015年9月30日，湖南省苗木产业协会在长沙成立。协会在柏加镇党委、政府的指导下，由柏加镇产业办牵头，联合湖南汇智园林景观建设有限公司等20余家省内知名园林企业和种植大户发起成立，旨在对全省苗木产业进行规范指导，形成合力，抱团取暖，打造苗木湘军。200余家企业或种植大户加入协会，覆盖全省14个市州。大会通过无记名投票选举产生协会理事会等相关机构成员，其中汇智园林董事长赵汉先当选协会会长，杨胜伟、陈刚当选执行副会长，黄海旭任秘书长。省人大常委会原副主任蔡力峰等领导出席会议并讲话，省政府副秘书长曹英华宣读戴道晋副省长贺信。2015年11月2日，湖南省委常委、长沙市委书记易炼红一行调研柏加镇花木产业。易炼红书记一行参观汇智园林精品苗木基地、在建的花木交易大市场，并在湖南省苗木产业协会驻地——柏加镇柏铃社区村部召开调研会。通过调研，易炼红强调：花木产业完全符合中央绿色化、两型化发展要求，是绿色产业、两型产业、富民产业、景观产业，虽暂时遭遇寒冬，但发展前景可观，要对未来充满信心；花木企业要充分利用“政府采购中本土企业优先考虑”这一政策，瞄准百亿产业目标，奋发作为，不负“中国花木之乡”的盛名；省苗木产业协会要充分发挥作用，实现整个产业的联手发展、抱团奋进，撑起湖南花木产

9月30日，湖南省苗木产业协会成立　　（图片来源：柏加镇党政办）

业的一片天空。（何湘为　沈赛群）

【中国社会福利基金会九九基金启动仪式】 2015年10月18日，由中国社会福利基金会、省文明办、共青团长沙市委指导，中国社会福利基金会九九基金主办，共青团浏阳市委、中共柏加镇委员会、柏加镇人民政府、中共仙湖村党总支部、仙湖村老年协会、萌习团承办的中国社会福利基金会九九基金启动仪式暨仙湖村老年协会成立十周年庆典活动在柏加镇仙湖村举行，共青团长沙市委副书记赵雪峰、柏加镇镇长唐文华、中国社会福利基金会副理事长肖隆君、九九基金执行主任方华立等有关领导参加活动。此次启动的老人九九幸福村爱心公益项目计划，致力于为农村老人提供贴心全面的文化、学习、娱乐、体育、养生、体检及农资与生活物资资助等综合服务，并以公益的形式帮助老人，倡导孝敬老人、关爱老人，提高老年人的生命与健康质量。

（何湘为　沈赛群）

【首届浏阳河保护与发展研讨会】 3月21日，首届浏阳河保护与发展研讨会在浏阳河畔的花木之乡——浏阳柏加举行。此次研讨会由长沙晚报报业集团与世界自然基金会(WWF)主办，主题为“保护长沙母亲河·建设美丽浏阳河”。长沙市委常委、宣传部长张湘涛在研讨会上致辞，长沙晚报报业集团党委书记、社长龙钢跃作《浏阳河保护与发展的媒体社会责任》的主题发言，浏阳市委副书记、市长余勋伟就浏阳市近年来在浏阳河的保护和发展情况作介绍。在为期两天的研讨会和浏阳河溯源考察活动中，来自世界自然基金会、中科院、清华大学以及省内的专家学者，省市有关部门、九区县相关负责人，以及国内外的志愿者300余人就浏阳河的地质地貌、浏阳河水源地保护与生态旅游战略等话题进行深入探讨。会议还发布《浏阳河保护倡议书》。

（何湘为　沈赛群）

【第四届“花卉杯”湖南省象棋邀请赛】 8月11日，由浏阳市总工会、浏阳市象棋协会举办，柏加镇人民政府承办的浏阳市第四届“花卉杯”湖南省象棋邀请赛在柏加镇柏铃社区举行。本次象棋邀请赛比赛时间为3天，全省13个地州市代表队100余名象棋爱好者参加，郴州代表队获得团体冠军，郴州代表队谢业枧获得个人冠军及10000元奖金。“花卉杯”象棋邀请赛成功举办4届，随着赛事规模从浏阳的本土赛事上升为全省范围内的象棋赛事，邀请赛影响力逐渐扩大，“花卉杯”象棋邀请赛这一由三位花农龚建伟、龚立军、张松奇创办的品牌成为棋手心中的品牌。（何湘为　沈赛群）

洞　阳　镇

党委书记　唐建国
党委副书记
　傅庭信（2015.04任）
　张　虎　　刘　恋（女）
　陈鹏飞（2015.04免）
　曾　壤（挂职）
纪委书记　谭景祥
党委委员　邵　劲　谭景祥
人大主席　张　虎
政协联络处主任　刘恋（女）
镇长　傅庭信（2015.04任）
　陈鹏飞（2015.04免）
副镇长　胡耀和
　戴凤仙（女）　黄珍敏
副镇长（挂职）　李娇健
人大副主席　曹　广

【概况】 洞阳镇辖5个村，6个社区，271个村（居）民小组，户籍人口4.2万人，流动人口5万余人。总面积105平方公里，耕地面积1527.8公顷，其中水田1480.8公顷，旱土47公顷，山林6271公顷。2015年完成财政总收入4136万元，同比增长33.12%，地方收入1982万元，同比增长45.84%；完成工业总产值35.09亿元，农业总产值4.37亿元，农民人均可支配收入2.65万元。

党政建设　以党建领航，加强领导班子、基层党组织和党员干部队伍建设，坚持党政班子联席周例会制度，完善领导干部学习机制。加强镇村干部队伍建设，开展“书记上党课”、党员冬春训、远程教育、“学习阳光行”活动，干部综合素质和服务基层的能力不断提高。推行干部绩效考核管理，激发干部干事创业的积极性和主动性。严格落实办公用房规定和公车改革制度，实行办公用品集中采购制度，“三公”经费明显下降。镇纪委建立日常督查机制，推进干部作风转变，强化案件查处力度，严肃责任追究，全年党纪立案16件，政纪立案4件，给予开除党籍处分11人，发布作风建设通报7期，依纪依规对3个站所、15名违规人员实行通报批评。积极应对网络舆情，通过政务网、12345市民服务热线、网络论坛等渠道，听取群众诉求，接受群众监督。运用“大美洞阳”官方微信公众号，全年发布信息153条，探索网络问政新模式。实行开门办公、领导公开接访、首问责任制等制度，推进政务公开。开展党小组建设“642”工程，通过建阵地、每月开会、办“微实事”、评比表彰，使党员明显感觉“心中有家、脑中有责、手中有事、脸上有光”，全镇57个党小组组织活动近400场次，镇财政累计投入30余万元，党员自愿捐资近10万元，义务投劳2000余人次，办理“微实事”57件，解决群众身边的生产生活困难56个，其中有为五保户解决危房问题1.5万元新建的三居室，有为保障群众出行安全耗资8000元安装的石桥护栏，有耗资2万元为安装20余盏路灯等。

农业 2015年完成农业总产值4.37亿元，发展优质水稻1467公顷、油菜1133公顷、烤烟93.6公顷，造林20公顷。烤烟收购21万公斤，收购资金607万元。基本形成优质稻、油菜、烤烟、蔬菜、药材五大产业体系，投入30万元用于促进油菜生产机械化，投入冬修水利资金340万元，扎实开展防汛、防火、防疫、抗旱等工作，全年未发生农业灾害。

工业 2015年完成工业总产值35.09亿元，同比增长6%，其中规模工业总产值6.5亿元，同比增长18%，完成工业固定资产投资10.2亿元。电子信息、生物制药、保健食品三大产业持续壮大，花炮、塑料、建材等传统产业平稳增长。招商引资到位资金8000万元，增加规模商贸企业1个。指导、扶持企业开发研制新产品，申请国家专利54个。

集镇改造 完成柳冲路、府前路提质改造，硬化村级主干道19公里，建公共自行车租赁点4个，公交站点2个，城乡交通路网不断升级。全年投入城建基础配套设施3000余万元，用于隐真大桥、生态停车场、洞阳收费站互通口等民生改造项目。开展城镇管理集中整治行动，清理违章占道经营摊点，取缔南阳小区马路市场，规范门店经营，加强夜市疏导和管理。强力整治渣土运输，推进治超限载，确保道路安全畅通。加强街道立面改造，统一柳冲路、府前路户外广告装饰，打造品质商业示范街。

安全生产 组织校车交通安全等整治行动，完成农产品安全监测1.1万批次，完善食品企业电子台账，加强食品安全监管。开展“打非治违”行动，加强安全生产教育培训和安全生产督查，实现安全生产零责任事故。加强森林防火队伍建设，组织森林火灾扑救应急演练5次，提高森林防火能力。

治安状况 推行网格化管理，组建11支义务巡防队，配备9台治安巡防车辆和100余名义务巡防队员，加强网格治安巡逻，及时化解社会矛盾。完成“天网工程”，在全镇安装摄像头77个，设监控点55个。开展治安整治专项行动，发案率同比下降28.3%，破案率同比上升15.4%。完善棋牌娱乐场所的常态管理机制，组织规范麻将馆专项整治行动，关停65家违规麻将馆。在长沙市综治民调中，洞阳镇2015年跃居第46名。

群众工作 完善信息员网络，健全矛盾纠纷排查制度，调处纠纷230起。健全领导干部公开接访制度，党政领导接待群众132次，公开接访205批次727人次，走访群众4578户，化解矛盾94件，办“实事”121件。

社会保障 2015年发放各项补贴资金1040.52万元，其中低保救助资金253.93万元，计划生育补贴42.28万元，其他补贴744.31万元。低保、五保、烈军属抚恤、优抚金兑现率100%。完成养老基金征缴165万元，参保率90%以上；完成城乡居民医疗保险收缴428.9万元，参保率99%；发放基本养老金936万元，新农合补助7805人次，累计1461.1万元，特殊门诊重病补助4482例，累计103.9万元，发放“一卡通”2.4万张。开展精准扶贫，帮助51户贫困户182位贫困人口脱贫。

文教体育 建立村级和小区文体活动中心8个，举办“大美洞阳•逐梦2016”文艺会演，组织参与广场舞比赛、篮球赛、演讲赛等活动，丰富群众文体生活。发挥微信自媒体、网络论坛、公益活动、村级广播等宣传作用，联合湖南文化志愿者金阳新区支队、公益救援队经开区中队等公益组织传播社会正能量，引导广大群众积极践行社会主义核心价值观，如“大美洞阳”与老协组织爱心公益募捐活动，为重病群众王海兰募捐善款4万余元。

人口与计划生育 理顺园镇流动人口管理体制，建立园镇流动人口管理联席会议制度，依托幸福泉社区的网格化管理模式，配备13名组级指导员和15名网格员，在企业和小区建立计生联络员制度，流动人口计生工作稳步推进，管理和服务流动人口5万余人，成功承办长沙市流动人口计划生育重点协同治理现场会，流动人口管理经验在长沙市推广。 （唐潺潺）

【万亩油菜示范乡镇】 洞阳重点打造油菜种植的“三线三点”，建设高产油菜和景观休闲农业示范带，成为万亩油菜示范乡镇。“三线”即长浏高速、319国道、洞阳河两线，“三点”即西园社区、洞阳社区、砰山村，集中连片示范面积353.33公顷。洞阳镇出台免耕浅耕直播开沟、施用底肥补助政策，组织水稻半喂入收割机、油菜耕田开沟浅耕机100余台，积极推进油菜播种任务。投入财政资金30万元用于支持油菜生产机械化。通过科学规划，宣传发动，增加投入，强化措施，推广油菜免耕浅耕直播技术达到100%，全程机械化水平达到98%，免耕浅耕直播、开沟覆土、施足基肥、保湿齐苗、化学除草等技术措施落实率达到100%，确保油菜种植进度和质量。春季推广机械化采收作业93.33公顷，精心组织发展46.67公顷冬种油菜，在全市率先完成播种任务。组织开展油菜种植技术试点试验，与湖南省农科院、湖南农业大学合作在观前村建立24公顷的品种对比试验基地和新品种研发繁育基地。10月14日，湖南省油菜生产机械化现场推进会在洞阳镇举行，油菜生产经验在全省推广。 （唐潺潺）

【园镇融合发展】 洞阳镇围绕“对接园区发展，加快融城步伐”的战略目标，依托三条高速交会、319国道和在建的金阳大道穿境而过的交通区位条件，加速东融浏阳城区，西融长沙，以双向开放融城步伐，加速洞阳新型城镇化进程。为众多项目做好征拆服务，促进项目建设，推动园镇融合，是洞阳镇工作的重中之重。洞阳镇继续实施“项目攻坚年”战略，坚持“抓项目就是促发展、抓项目就是保稳定、抓项目就是保民生、抓项目就是转作风”的工作理念，积极破解项目征拆难题，全力推进项目建设。2015年洞阳镇铺排项目50个，完成征地210.4公顷，拆迁房屋230户(栋)，实现金阳大道二期、蓝思科技总部、欧智通电子一期、洞天一品大酒店、中水回用、兆峰电子、博益鑫成、元子高科等23个重点项目征拆清零，完成柳冲路、府前路、生态停车场等一系列民生改造工程。其中金阳大道一期用45天完成征地48.8公顷，二期用3天完成征地40公顷，创造项目攻坚的“金阳速度”，多次接受长沙市、浏阳市重点项目观摩。 (唐潺潺)

【洞阳镇流动人口计划生育工作】 洞阳镇户籍人口4.2万人，流动人口5万余人，园镇流动人口呈现数量从无到有，规模由小变大的趋势。洞阳镇积极与浏阳经开区协调，建立园镇流动人口管理联席会议制度，形成洞阳镇政府主管、浏阳经开区协管的管理机制，明确洞阳镇政府、经开区社会发展局、幸福泉社区和企业的工作职责；配备13名组级指导员和15名网格员，建立计生联络员制度，进行网格化管理。加强与大型企业协调，与企业签订目标管理责任书，实行计生工作人员联企驻企制度，其中5000人以下的企业配备计生专干1名，5000以上的企业配备计生专干4名，500人以上的企业成立32个计划生育领导小组（计生协会）。完善计生信息网络，在车间、班组配备兼职计生信息员，每周更新人口流动情况，实现流动人口的动态管理。完善部门协查制度和信息通报制度，公安部门实行暂住人口婚育证明协查制，城管部门定期协助计生办和社区到街道、小区、建筑工地清查流动人口，卫生院建立出生人口和计划生育技术服务通报制。洞阳镇流动人口计划生育工作坚持管理与服务并举的原则，实行镇、村（社区）、组（小区）三级目标管理机制，与年终绩效考核挂钩。定期召开企业座谈会，定期到企业查环孕检，免费为流动人口发放避孕药具，安装自动取套箱120个，每周发放一次计生药具，每月发放2万余套；组织开展流动人口妇科病查治和流动人口免费孕前优生检测工作，免费为流入人口办理《生育证》8本，共有40对育龄夫妻参加免费孕前优生检测。通过与孕妇谈话，调换适宜孕妇的岗位等举措，关爱孕妇；走访慰问困难流动人口，对24名有困难的流动人口上门慰问。2014年，洞阳镇人口和计划生育基层群众自治工作获省级示范称号。

(唐潺潺)

永安镇

党委书记　周耀辉
党委副书记
　李　建（2015.03任）
　陆伟光　黎正标
纪委书记　朱丽娥（女）
党委委员　龙明胜
　易志坚（2015.03任）
　朱丽娥（女）
人大主席　陆伟光
人大副主席　刘胜光
镇　长　李　建
副镇长　龙明胜　易志坚
　张开成　江　晓
政协联络处主任　黎正标

【概况】 2015年，永安镇面积112.2平方公里，辖9村4社区、328个村民小组，计18669户，户籍人口65356人。出生1085人，死亡450人，人口出生率1.7%，人口自然增长率1.0%。全年无旱涝、地质及病虫等重大自然灾害。全镇（含浏阳制造产业基地）全年完成财税收入10.1亿元，同比增长24%；实现技工贸收入305亿元，同比增长22.9%；完成工业总产值290亿元，同比增长25%；完成固定资产投资105亿元，同比增长29.5%；完成农业总产值6.5亿元，同比增长9%；农民人均收入26800元，同比增长9%。

农业生产　扎实抓双季稻高产创建，完成高产创建项目验收，办全程机械化绿色模式高产攻关示范。全年实现粮食播种面积4866.67公顷，完成冬种油菜面积1000公顷。巩固烤烟种植面积417.4公顷，收购烟叶82.77万公斤，总产值2410万元。鼓励组建新型农村合作社，培育种植大户9户。成功创建全国五星乡镇农技推广机构，有力引导农民走上规模集约、优质高效的现代农业发展道路。加大农村公路路网建设和管养力度，全年硬化村组道路21公里，安装太阳能路灯860盏。推进生态水利工程建设，投入300万元建设集镇排水圳、捞刀河沿河风光带生态河堤等集镇重点水利项目。投入小型农田水利建设资金160万元，修建标准塘8口、标准渠7.1公里，完成山塘清淤46口，完成5口5万立方米以上骨干山塘清淤维修。

工业经济　坚持项目向园区集中、产业向园区集群，推进新型工业经济转型升级。在先进装备制造、新能源汽车零部件、再制造、现代物流等领域重点发力，鼓励企业创新转型，培育拥有自主知识产权的技术密集型企业、快速裂变增长的科技型企业。大力推进招商引资，2015年引进项目45个，合同引资突破100亿元，同比增长44%。安达自动化、启泰信息、金丰林、慧奇机器人等智能制造行业落户。园镇规模企业98家，高新技术企业26家，全年实现高新技术产值106亿元，规模工业增幅、增速均位居长沙市前列。博大科技、信质电机、凯中电子等企业进入博世集团的全球采购，天为机械成功走出国门。宇环数控、佳能泵业、五新重工、龙光电子、华恒机器人、鹏翔星通等一批创新型企业创造骄人业绩。

第三产业　吸引集镇、园区及周边区域购买力，重点发展快速消费、优质地产、现代家居等行业。2015年全镇社会零售额完成4.5亿元，同比增长12.5%；服务业完成2.3亿元，同比增长15.5%。园镇共建的中南地区最大的家具研发、生产、展览、销售集散地浏阳国际家具城一期于元旦正式营业，首日营业额突破3000万元，10万平方米的家具市场出租率100%。以博大中央广场、华润新都汇、滨海新干线为代表的园镇地产发展稳健。滨海新干线引进超五星级国际品牌酒店温德姆华美达广场。博大中央广场成功签约洲际品牌酒店。华润新都汇娱乐示范区正式开放，二期项目华天大酒店开工建设，商业配套进一步完善，产城融合加快推进。

城镇建设 继续坚持园镇一体、规划同图，配合、参与金阳新区统筹规划，完善园镇基础设施建设布局设计，优化以产兴城、以城带产的发展格局。按城市次干道标准，投入近2000万元对长浏高速永安互通口进行全面提质改造，修建长972米的府前路；完成沿河路一期建设，推进市场路征拆和建设工作，启动总投入1.2亿元对接金阳大道的新河南路建设，园镇交通路网不断升级。以就近安置、高标优质为原则，建成占地2万多平方米的文昌安置小区。完成全长2.2公里的捞刀河风光带一期工程，推进捞刀河广场后续建设。完成日供水5万吨的永安联合水厂供水项目主体工程建设。建成2.8千米的建新河污水管网，加快建设总投入5000万元的万福农贸市场，城镇承载能力不断提高。永安镇新型城镇化和小城市建设工作得到各级领导好评，多次迎接调研。2015年3月31日，长沙市委副书记、市长胡衡华来永安调研新型城镇化工作，实地察看捞刀河沿河风光带项目建设情况和捞刀河休闲广场，并开展调研座谈。2015年11月5日，长沙市委常委、副市长张迎春携长沙市发改委等多个市直单位的代表到永安镇，围绕小城市建设和城乡一体化主题开展现场调研工作，明确建设目标，提供发展支持。

社会综治 深化平安永安建设，创建永新社区等4个平安建设示范点。加强综治法制宣传力度，印发各类资料1万多份。全面开展打击“黄赌毒”、地下六合彩、非法传销等专项整治行动，处理8个赌博窝点。重点做好特护期维稳工作，排查不稳定因素131起；妥善处理华野事件等“两案”的涉案群众稳控问题。全年镇、村调解矛盾纠纷452起，预防群体性事件15起。加大安全生产监督力度，对108家生产经营单位进行执法检查，排查各类安全隐患420余处，全年无重大安全生产事故发生。

城市管理 按照“定点划线、有序停车，及时清扫、有效保洁，洒水降尘、适时清洗，规范门店、店内经营”要求，实行精细化、网格化城市管理，多次开展集镇环境、交通、经营秩序专项整治。规范店外经营1000多处，取缔马路摊点20余处，拆除违规广告招牌200余块。完善道路停车位、限速禁停等标志标线，开展交通专项整治行动，确保集镇停车规范有序。推进拆违控违，查处违法违章建筑并责令停工82起，发出限期拆除通知书31份，组织开展大型专项强制拆违行动17次，全年拆违拆旧2.6万余平方米。

环境整治 重点加大对集镇秩序整治与农贸市场管理，对集镇、乡村主干道、精品路线中乱扔、乱倒、乱贴、乱停等不良行为进行全面治理，加强对环卫公司的考核督查，确保日常保洁实效。加大力度推进农村环境综合治理，各村（社区）进一步调优配强保洁员队伍，完善垃圾中转站点和垃圾池的建设。投入资金20万元，添置200多个塑料垃圾桶和40多个不锈钢垃圾箱。开展企业环保问题大清查，加强日常监察，做好畜禽污染治理，洁净农村生态环境。落实长沙市、浏阳市三年造绿大行动的要求，完成“三边四旁”植树13.33公顷，荒山荒地造林30公顷，全年植树23万余株，创建绿色集镇。幸福屋场连点成片。以典型示范带动，连点成片推进“整洁屋场”、“美丽村庄”、“幸福屋场”建设，创建坪头华山屋场为代表的1个“美丽村庄”、5个“幸福屋场”、10个整洁屋场、1个示范小区。坪头村被列为2015年省委、省政府为民办实事新农村建设示范点，被评为2015年度“湖南省美丽乡村建设示范村”，正在申报农业部重点推介的“中国100个最美村庄”。3月，成功组织开展以“文明乡镇、魅力永安”为主题的媒体集中宣传采访报道活动，迎接新华网、《湖南日报》《长沙晚报》、湖南卫视、湖南经视等各级电视报纸媒体到永安实地采访，获得各家媒体报道20余次。

人口计生 紧扣服务群众宗旨，做好人口和计生工作。超额完成市单项考核指标，全年落实长效措施756例；完成孕前优检364对，同期超额完成24对；征收社会抚养费131万元。2015年度符合政策生育率89.79%，计生工作连续11年获得“长沙市模范单位”荣誉称号。

社会保障 做好社保基金征缴工作，全年累计征缴社保基金3509万元（其中企业五险2545万元，医疗保险685万元，养老保险279万元），居全市乡镇第一。完成社会保险一卡通信息核对，发放第一批社保卡3.82万张。转移农村劳动力1680人次，失业率控制在2.8%以内。全年走访困难群众620户，发放慰问及救助资金52.67万元。开展殡葬改革和墓葬整治活动，印发宣传资料1.8万份。

科教文卫 不断提升基层教育水平，加快永安新中学项目建设，预计2016年9月份可投入使用；推进永安小学改建工程，改善教学环境；投入1600万元的菲索国际幼稚园建成投入使用，面积6000余平方米，可容纳600余名学生。提高敬老院硬件条件和管理水平，提供优质养老服务。永安医院积极开展创建“满意乡镇卫生院”活动，医疗服务水平不断提高。建设园镇公共自行车系统，投放500辆免费公共自行车，倡导绿色出行。

党建队伍建设 党建工作。制定党建工作年计划、月计划，明确班子成员、各支部党组织书记相关管党责任，年内组织召开党建工作专题会议12次。组织各支部书记学习中央、省、市关于基层党建的精神意图，注重提升支部建设情况在单位年度考核分数占比。由镇党委书记牵头，深入基层党组织开展相关调研，在进村组、进企业、进一线中找难点、找问题、找短板。坚持逢会必讲纪律、定期检查作风，要求班子成员与线上干部每天见面、每周开会、每月总结来促廉洁、促实干，形成抓作风建设的常态长效机制。以领导约谈、自我批评等形式，抓早抓小责任担当弱化、“庸懒散”等倾向性、苗头性问题，打造具有敏锐性、主动性、责任心的干部队伍。队伍建设。引进优秀青年人才，充实队伍力量。2015年通过统考、遴选等形式招入干部6人。将村级组织运转经费严格落实到位，引导发展集体经济。全镇13个村（社区）远教站点、图书室、活动室等配置齐全。整顿软弱涣散党组织，有效解决个别党支部“班子离心”问题。指导各村（社区）定期开展党员教育培训、严格落实“三会一课”“四议两公开”“双述双评”等制度。把好入党关口，坚持择优考察，2015年培训入党积极分子65名，新发展党员23名，转正32名。构建“5+X”党员志愿服务模式，推进服务型党组织建设。以无职党员为主力军组织成立“党员五彩志愿队”，收集群众的X条需求，充分发挥党员的先锋模范作用，开展“寻找代理家长、关爱留守儿童”等志愿活动80余次，在爱心服务、环境保护、就业帮扶、维稳调解等领域起到积极作用。编辑印发《永安先锋》一书，讲好8名老党员服务社会大众的动人故事、感人情怀，使亲民利民成为党员干部的价值认可、共同追求。（易　茜）

【获评“第四届全国文明村镇”】全面推进全国文明乡镇创建工作，开展“幸福屋场”、“道德讲堂”、“文明办酒”、“我们的节日”等系列活动，于2015年2月成功获得第四届“全国文明村镇”荣誉称号。广泛开展群众性文明创建活动。进一步打造更多的文明村、社区和文明单位。2015申报浏阳市文明村1个，完成2个长沙市文明单位资格复审工作。成功申报督正村、西湖潭村2个长沙市文明村，浏阳市文明村创建率70%。宣扬社会主义核心价值。充分运用文化墙、宣传海报以及公共微信消息等多种形式，大力开展社会主义核心价值观和“中国梦”宣传教育。举办主题为《知我永安、爱我永安、兴我永安——纪念抗战胜利70周年，共铭历史，放飞梦想》的大型图文展览。连点成片打造幸福屋场。以“明确主体、科学规划、示范引领、成片推进”为工作思路，将建设工作和环境整治、基础配套相、产业发展、平安创建、文化提升相结合，全面推进幸福屋场建设，打造农村精神文明建设新阵地。全镇有20个幸福屋场、整洁屋场，打造坪头村华山屋场等示范点。芦塘村湾里幸福屋场作为浏阳幸福屋场标杆，在2015年2月1日的《光明日报》头版头条报道。不断筑牢完善文化阵地。修建老年门球场3个，全民健身场所7个、文化广场5个，13个村（社区）建有文化活动室，全镇7个村（社区）实现农家书屋、文体活动室全覆盖。丰富地方群众文化活动。结合春节、中秋节、重阳节等传统节日，由村组为主体举办节日晚会，表演本土文化节目。2015年策划组织庆“七一”文艺会演活动。12月30日，由中共浏阳市委宣传部、浏阳市文明办、浏阳广播电视台联合主办的大型互动电视栏目《屋场里的幸福》文艺汇演活动在湾里屋场进行。（易　茜）

【永安农技站被认定为“全国首批五星乡镇农技推广机构”】8月12日，全国农技中心下发《关于认定首批全国五星乡镇农技推广机构（种植业）的通知》（农技科[2015]52号）文件，永安镇农技站被认定为“全国首批五星乡镇农技推广机构”。永安镇农技站设有咨询服务大厅、办公室、检验检测室、培训室、新产品展示室等，办公、培训、检验检测仪器设备等配套齐全。农技站立足新农村建设，广泛宣传农业实用技术、推广优良品种，全面广泛地为农民提供农业技术服务。每年组织各类技术培训40余场2000多人次，编发农技简报15期以上2万余份，发放《湖南农业》杂志6000余册，通过“12316”“12396”服务平台、服务电话、电子显示屏每年发送农业技术指导短息2000余条，接待农民咨询600余次以上，做到来访必应，及时上户指导服务，大大提高科技的普及率和入户率。2011-2013年永安镇被列入农业部整建制双季稻高产创建示范乡镇，2014年列为湖南省双季水稻全程机械化增产模式攻关重点示范点，受到各级领导与专家的一致好评。永安发挥全国五星级农技服务站的服务平台作用，加快推进大田作物生产全程机械化，积极发展农机合作社、农业合作社等，重视引导农业大户发展。（易　茜）

北　盛　镇

党委书记　李　斌（2015.08任）
党委副书记　刘林志（2015.04任）
　　罗建云　吴　兵
纪委书记　吴　兵
党委委员　李道江　周森林
　　邹江莲（2015.04任）
人大主席　罗建云
人大副主席　苏跃龙（2015.08免）
镇　　长　刘林志（2015.04任）
副镇长　李道江　周森林
　　暨皓明（女）　彭继有
政协联络处主任　吴　兵

【概况】北盛镇辖15个村（社区），5.8万人，镇域面积77.9平方公里，耕地面积3193.33公顷。北盛镇距浏阳城区28公里，距长沙城区38公里，地处省会半小时经济消费圈内，地理位置优越。319国道、永社公路、开元路、浏醴高速呈“井”字形贯穿全镇，交通十分便利，是国家级浏阳经济技术开发区的重要组成部分、长株潭城市群重点开发区域以及金阳新区副中心城市。2015年，出生人口912人，死亡人口448人，人口出生率15.6‰，人口自然增长率7.9‰。2015年，实现地区生产总值48亿元，增长9%；固定资产投资16.2亿元，增长8%；财政收入2819万元，增长12.76%。经济发展呈现出蓬勃向上、逆势而上的良好势头。

工业　全年全镇实现工业总产值25.6亿元，同比增长10.12%。完成规模工业总产值11.5亿元，同比增长9.83%。增加佰年晚缘床垫厂、将帅烟花制造燃放有限公司规模企业2家。

农业 工厂切实做好烤烟面积发动、备耕生产、育苗移栽，坚持质量兴烟，抓实大田管理和烟叶烘烤，全镇收购烟叶91.14万公斤，实现每斤14.58元的历史最好均价。遏制耕地抛荒，全镇早稻种植面积1133.33公顷。农业机械化再创示范，成功举办长株潭石灰撒施机械田间作业现场会，得到省市领导和19个县市区与会同行好评，推行飞机施药和水稻播种演示，获全省平安农机示范乡镇。稳定粮食生产，调整产业结构，发展油菜1200公顷，种植蔬菜、西瓜、草莓和葡萄等经济作物近400公顷。继续推进农田水利畅通工程，投入各类资金4150万元、投入劳动工日54万个，完成山塘扩容55处、标准渠建设16公里，修建机埠1处，疏浚沟渠61.3公里、田间渠道876公里，进行良陂坝除险加固1处、骨干大山塘除险加固4处。启动乌龙社区土地整理项目，捞刀河治理工程通过省级验收。推进亚洲湖、边洲美丽乡村建设，申报整洁屋场13个、幸福屋场2个。

项目建设 捞刀河景观大桥建成通车；健安大道征地清零；健康大道基本完成土地征收和施工招标；全长3500米的北园污水管道完成铺设；长郡中学建成并顺利实现秋季开学；尔康制药总部办公大楼建成使用并启动淀粉胶囊二期建设；占地8公顷的百沃丰药业完成土地平整；投资2.5亿元的爱康管业建成投产；豫园生物开建二期；利美医院建成开业；储能6000万公斤的中烟仓储基地完成建设。投入5000万元高标准完成北盛大道建设，实现两厢高品位绿化、亮化。产陂路、兴盛南路完成建设。北盛安置区一期即将封顶，嘉盛商业广场一期2万平方米商住楼交付使用，金盛星城、沙江河商贸城、华盛佳苑启动建设。投资1500万元完成车站路全面提质改造，打造浏阳乡镇首条百米国学文化长廊。投资200余万元完成府前路、新民西路提质、农贸市场改造，高标准进行绿化、亮化、美化，老城品位不断提升。征拆任务超额完成。始终将征地拆迁作为产业融园的第一要素，建立“日碰头、周调度、月考核”工作机制，党政一把手亲自挂帅，任务分解到组、责任落实到人，倒排时间计划，集中精力攻坚。全年实现百沃丰、豫园生物等7个项目征拆清零，为经开区征地76.67公斤，拆房69户，分别完成目标任务的115%和138%，有效保障重点项目用地，加速园区产业发展。

社会管理 投入260万元，对集镇环卫实行市场化运作，整治户外广告和牛皮癣1000余处，规范划定机动车及非机动车停放530处，设置交通指示牌200余块。通过最严执法、最严处罚、最精细管理，实现集镇面貌大改观。强力实施拆违控违行动，全年拆违拆旧14525平方米，占目标任务的107%，进一步改善城镇面貌，提升城市品味。计划生育工作，落实长效节育措施511例，征收社会抚养费158万元，发放计生奖扶资金38万元，计划生育率86.07%，保持人口低生育水平，全省计生基层基础调研会择址燕舞洲，北盛计生协会获长沙市计生协会模范单位，计生经验在全省推广。开通“新北盛”微信公众平台，创办《新北盛》报纸，受到北盛干群和在外人士普遍关注。深入开展“平安北盛”创建活动，保持对“黄赌毒”和盗窃等违法犯罪的高压态势，全年破获各类刑事案件68起，查处治安案件178起，排查矛盾纠纷243起，遏制越级非访实现社会大局安全稳定。

社会事业 创新低保年审“阳光行动”，公开透明评定低保户559户；全年发放低保金258万元、优抚金270万元、五保金112万元、大病救助资金23万元、救济慰问资金54万元；医保报销金额664万元。收缴养老保险255万元、医疗保险630万元。发放社保“一卡通”3.2万张，首创全省“一卡通”佛山异地发放。成功举办“欢乐浏阳河”庆国庆北盛专场文艺晚会。开展“最美家庭”评选活动，相继被中国文明网、湖南都市频道、浏阳电视台等媒体报道。打造北盛“微爱心”品牌，为乌龙尿毒症患者组织生姜义卖筹集善款10多万元，发起“微爱心，让北盛贫困户温暖过冬”活动，筹集爱心基金48万多元，为1000多户贫困户送去温暖。

作风建设 健全财经制度。制定出台《北盛镇2015年度财政和机关财务管理制度》、《北盛镇合同审批流程制度》、《北盛镇村级财务审核审批报销操作规程》。完善工作机制。建立领导班子带头打卡、值班领导带队督查和接访机制，对机关上班和村级值班进行督查，全年发布督查通报14起，督查重点工作10次。加大执纪力度。查处违纪党员11人，纪检信访案件办结率和及时率均为100%。践行“一线工作法”，干部深入项目一线、深入村组农户的作风更加务实。（刘 鹏）

【北盛镇车站路建成通车】 北盛镇车站路于2015年11月底正式通车。该路全长1.15公里，总投资1500万元，车站路旧貌换新颜后，极大地缓解镇内交通拥堵问题，方便村民出行，带动当地就业，加快招商引资步伐。（刘 鹏）

【北盛镇举行“生姜义卖”活动为尿毒症患者献爱心】 11月29日，在北盛镇党委政府的组织下，湖南经视的策划支持下，北盛镇乌龙社区为尿毒症患者任光同志举行一场“生姜义卖”的爱心活动。两百多位爱心人士到现场献爱心，售出生姜500多斤，募集到善款7.8万余元。此次义卖活动的成功举办，意在倡导“人心和善、家庭和睦、邻里和气、社会和谐”的新风尚，营造“一方有难、八方支援”的互帮互助好氛围。（刘 鹏）

【社保“一卡通”异地发放】 11月21日，北盛镇政府和长沙银行在广东省佛山市禅城区张槎街道古灶村村部，进行社保“一卡通”送卡活动，468位在粤创业务工者拿到“一卡通”。“爱心送卡、异地办理”，此举在湖南是首创。通过异地集中办卡，有效解决外出务工者办卡难的问题，为外出务工者提供方便，让在粤创业务工者感受家乡温暖。

北盛大道二期项目　　(图片来源:北盛镇党政办)

【北盛建成乡镇首条国学文化长廊】 车站路是北盛融城的主干道之一。2015 年，该道路的提质改造被北盛镇列为集镇提质的重点工程，在做好功能提升的同时，高标准提升沿路绿化、美化、亮化和文化。“国学文化长廊”依托车站路六中段沿路围墙而建，长约百米。从《道德经》、《孔子》、《孟子》到《少年中国说》等名著，当代社会主义核心价值观都可以从这里找到注释。百米国学文化长廊的建成丰富广大群众的精神文化生活，成为北盛人民的精神家园。　　(刘　鹏)

沙　市　镇

党委书记　余慧佳（2015.09 免）
　　　　　李渔海（2014.09 任）
党委副书记
　　李渔海（2015.09 免）
　　寻梓辉　陈洁璐（女）
　　汤美珍（女，2015.07 免）
　　赵　炜（2015.08 任）
纪委书记　　杨　茂
党委委员　　苏小麟　杨　茂
人大主席　　寻梓辉
人大副主席　易先超
镇　长　李渔海（2015.12 免）
　　　　熊宜武（2015.12 任）
副镇长　苏小麟
　　　　吕立生（2015.08 免）
瞿朝阳　李洪湖（2015.09 免）
政协联络处主任
　　汤美珍（女，2015.07 免）
　　赵　炜（2015.08 任）

【概况】 沙市镇位于浏阳市西北部，镇域面积 209.7 平方公里，辖 4 个社区、15 个村，人口 6.8 万人，是“全国油茶生产示范基地”“湖南省现代烟草示范区”“长沙市文明乡镇”。2015 年实现工农业总产值 49 亿元，完成财政总收入 3650 万元，其中地方一般预算收入 2370 万元。

工业　进一步完善家具产业园电力、排水、电讯等基础设施，为园区发展奠定坚实基础。沙市首家港资企业立康制衣搬迁入园投产，金源食品主体竣工。以家具制造、食品加工、服装服饰为主导产业的特色园区进一步发展壮大，园区年产值 10 亿元，创税收近 2000 万元，成为全镇主要经济增长点。加强企业服务，不断优化经济发展环境，协助立康、金源、冠湘等企业完成相关手续办理，积极处理园区一期企业在消防等方面存在的遗留问题。进一步落实领导联系、定期调度机制，及时解决国泰、金利、喜洋红等企业周边矛盾，促成企业良性健康发展。主动协助企业完善基础设施，规范管理，鼓励企业上规模、拓市场，不断壮大产业实力。盼盼、冠湘、高鹏、顺捷、贵太太等品牌在全国影响力不断增强，贵太太成功在新三板挂牌上市。

农业　进一步完善烟区设施，开展专业服务，优化烟叶结构，不断提高生产效率和烟叶质量。全年种植烤烟 866.67 公顷，送售烟叶 145 万公斤，再次获浏阳市烤烟生产工作一等奖。金沙烟农合作社被评为全国烟草系统行业示范社。依法依规开展土地流转，遏制耕地抛荒，做精做强优质稻、油菜、蔬菜、油茶等四个特色农业基地，全年完成粮食生产面积 5266.67 公斤，冬种油菜 933.33 公顷。坚持科技兴农，成功申报科技创新项目 4 个，获得专利 13 项，科技工作获评浏阳市先进。进一步加强农村公路建设和养护，硬化农村道路 26 公里。继续抓好农田水利建设，清淤硬化山塘 44 口，清淤疏浚渠道 30 千米，除险加固骨干山塘 13 口，完成黄花、大源、桃花等 5 处安全饮水工程。做好火烧迹地、荒山荒地造林，免费发放苗木 14 万株。动物防疫检疫和农机推广和畜禽养殖污染治理等工作有序推进。

城镇建设　投入 8000 多万元启动沙赤大道建设，完成路基土方工程。投入近 2000 万元，高标准完成互通口连接线、书院路和沙秀路集镇段提质改造工程，继续完善集镇排水、电力等配套设施，出口道路由原 2 车道拓宽为 6 车道。加大集镇规划执法力度，严查违建行为，完成拆违控违面积 12870 平方米。强化建管职责，规范城镇管理，对集镇进行绿化、亮化和美化，城镇品位不断提升。加快商贸发展，宏伊商务综合区一期主体竣工，沙市首家商业房地产成功开盘。园镇融合发展加快，商贸、服务、流通等第三产业发展充满新的活力。

旅游服务　加强赤马湖环境保护力度，景区管理更加规范，瑞翔滑雪、卡丁车、水上运动、拓展等项目不断提质，旅游产业发展对地方经济拉动作用不断增强，赤马湖休闲旅游景区成功创建国家 AAA 级景区。乡村旅游开发加快，投资 800 万元启动大源峡生态谷项目，一期建成营业，并成功承办长沙市突发重大疫情应急演练活动。东门村“农耕文化走廊”启动建设。

民生保障 继续抓好环境同治工作，完善环卫设施。推进美丽屋场建设，白水村红星屋场等6个屋场被评为浏阳市十佳整洁屋场，黄花村被评为长沙市环境卫生优胜村。进一步规范镇村财务管理，加强村务财务公开督查，沙市财政所被评为全国财政系统先进集体。抓好抓实计划生育工作，开展下乡送技术、送服务活动，计生服务水平不断提升，再次获评长沙市模范单位。加大教育、卫生投入力度，秀山中学塑胶运动场、东塘小学教师公租房、卫生院公租房建成投入使用，启动沙市小学教学楼建设。秀山中学获浏阳市教学质量评价一等奖，赤马中学获评浏阳市师德师风示范学校。进一步加强社会保障工作，发放社保卡3.2万张，收缴城乡养保资金326.8万元，发放养老金1720万元、城乡医疗补助2277万元、低保金630万元，完成危房改造65户。做好精准扶贫工作，走访贫困户712户2100人。沙市敬老院成功创建湖南省三星级示范敬老院，沙市镇人力资源和社会保障服务中心被评为长沙市优秀劳动保障服务站。全面落实群众工作要求，抓好综治维稳工作，调处各类矛盾纠纷297起，及时处理信访案件43件。抓实安全生产，加强对高危行业安全监管，定期开展安全检查。强化治安巡防，依法严厉打击各类违法犯罪，社会大局保持和谐稳定。

党政建设 坚持民主集中制和周工作例会制，重大事项集体研究决定。加强村、社区班子建设，黄花村通过“三步走”战略成功转型，其基层党建经验在全市推介。整顿软弱涣散支部，莲塘、荷芳村班子执行力和战斗力明显增强。举办机关干部学习班和村干部培训班，镇村干部工作能力和素质不断提升。加强党员教育培训，推行党员百分制考核，严把党员入口关，发展党员36名，培训入党积极分子48人，查处违纪党员9名。东门村被确定为长沙市党员干部示范培训实践基地。开展“党员献爱心”活动，对困难党员进行慰问和帮扶，全年慰问资金10多万元。加强党风廉政建设，严格执行“八项规定”“三个一律”等有关规定，开展站办所作风建设流动红旗月评比活动，营造勤政、廉政的工作氛围。

【黄花村实现成功转型】 黄花村坚持以基层党建为抓手，以完善基础设施为切入点，以改善民生和促进村民增收致富为目标，各项事业稳步发展。解决历史遗留问题，完善村级基层设施，充实村级财力，带领村民致富。通过一年多的时间，村容村貌得到大幅度改变，村民凝聚力向心力不断加强，实现软弱涣散党组织的成功转型。10月份，浏阳市通过自下而上、上下结合的方式，层层把关、反复酝酿，推选出30位践行“一线工作法”、争当发展先锋的先进典型代表，沙市镇黄花村党支部书记李杏义获评选进。 (熊理格)

【贵太太成功挂市新三板】 湖南贵太太茶油科技股份有限公司成立于2008年9月，注册资本7000万元，是一家集茶油科研、开发、种植、加工和销售于一体的国家林业重点龙头企业和省级农业产业化龙头企业。公司下设六家全资子公司，主导产品为“贵太太”纯茶油及茶籽调和油，2015年实现销售额37879万元，净利润7978万元，总资产45105万元。公司获得中国驰名商标、全国油茶籽油加工十强企业、全国放心粮油示范加工企业、中国林业产业联合会副会长单位、湖南省高新技术企业、湖南油茶行业领军企业和湖南省林业产业龙头企业等荣誉。2015年公司在新三板成功挂牌（股转代码834352），成为中国茶油上市第一股。 (熊理格)

【沙市财政所获全国财政系统先进集体】 12月28日，人力资源社会保障部、财政部决定授予浏阳市沙市镇财政所等74个单位“全国财政系统先进集体”荣誉称号。沙市镇财政所现有干部职工6人，近年来，该所始终坚持立足本职、强化管理、提升服务创先进的理念，团结拼搏，锐意进取，扎实推进各项工作。连续7年获浏阳市先进财政所称号，2010年度获全省家电汽摩下乡工作先进财政所称号，2010年度被评为长沙市农村集体财务管理规范化单位，2012年度获省标准化财政所称号，2013年-2016年被定为全省资金监管直接联系点。2014年省市县各级拨入涉农资金达12607.71万元，全所上下克服山区道路崎岖偏远，深入各村（社区）了解考察项目建设，及时阻止专款挪用情况；为规范资金使用，加强监管，该所创新“一个建立、两个沟通、四个把关”的工作模式，在村级财务管理中更是坚持“一消两督三定”的要求，不断加强村级财务管理，提高资金使用效率；为提高业务能力，该所主动邀请专家学者来讲授《会计法》《预算法》《会计准则》《乡镇财政管理条例》，并组织干部参加省、市财政部门组织的培训；繁忙的本职工作之外，积极参与联村工作，定期进行环境卫生大检查、走访慰问等工作，全所成员一起下村，同进共退，团结协作。2015年被评为全国财政系统先进集体。 (熊理格)

【赤马湖休闲旅游景区成功创建国家AAA级景区】 近年来，沙市镇不断加强赤马湖环境保护力度，景区管理更加规范，对水上运动、登山、拓展、休闲等项目进行整合，全面改造提质水上运动项目，完善配套设施，改善旅游环境，完成瑞翔二期项目建设。拓展等项目不断提质，旅游产业发展对地方经济拉动作用不断增强，2015年3月赤马湖休闲旅游景区成功创建国家AAA级景区。 (熊理格)

【金沙合作社获评全国示范社】 沙市是全省烤烟种植面积最大的乡镇，是浏阳市委市政府重点建设的现代烟草农业示范区，全镇共有17个村、869户烟农常年种植烤烟800多公顷，烤烟成为沙市农民增收致富的一个农业支柱产业。金沙合作社走在体制创新的前沿，追求烟草产业更新的成就。于2013年向省级和国家申报创建烟农行业全国示范社。近两年来在规范依法运行，推行民主决策，严守财务制度，推行社会审计，强化专业化服务，拓展综合功能等做全新的探索和实践，获得新的突破，取得新的成绩。2013年至2014年连续两年接受国家烟草局和省级烟草局的跟踪调查和监督，2015年正式通过国家局验收，成为烟草行业示范合作社。（熊理格）

淳口镇

党委书记 胡汉堂
党委副书记 马超容（女） 黄才胜 张高峰
纪委书记 张 健
党委委员 罗昌华 张 健 付 湘
人大主席 黄才胜
人大副主席 卢义兵
镇 长 马超容（女）
副镇长 罗昌华 付 湘 王 广（女） 陈 奇
政协联络处主任 张高峰

【概况】 淳口镇位于浏北中部，东依连云山余脉，南邻蕉溪、北盛，西与沙市接壤，北与龙伏相连，辖12个村，3个社区，254个村（居）民小组，19459户67596人。总面积233.46平方公里，森林覆盖率64.2%，境内有马尾皂水库、南康水库两座中型水库，水资源丰富。境内山区、丘陵地带交错，色彩绚丽的高山丛林和青蓝紫黛的谷地田园交辉相映。2015年，完成财政总收入3062万元，其中地方公共财政预算收入1714万元；农民人均可支配收入15600元，增长13.2%。完成社会固定资产投资7.8亿元；实现工业总产值20亿元；实现招商引资到位资金8000万元，同比增长14%。在全市年度考核中被评为“绩效考核红旗单位”。

农业 烤烟、油茶、茶叶、油菜、优质稻、中药材六大万亩特色农业产业不断巩固壮大。鸭头茶叶、鹤源油茶、高田烤烟、西湖金银花、向坪木瓜、永乐西瓜、黄荆坪超级稻、城花黄金梨、杨柳中药材成为淳口镇农林产业特色品牌。谢家、同辉、农大等村完成万亩土地整理；银峰、淳峰改良茶园21.33公顷，同辉、鸭头提质改造果园74.67公顷，鹤源、鸭头、杨柳、羊古滩等村完成360公顷高产油茶抚育。城花、佳源、湘纯等油茶示范基地多次迎接省市参观学习。全镇种植烤烟480公顷，收购烟叶95.71万公斤，实现产值3082万元，收购均价名列全市第一，金卫烟农合作社获评湖南省示范合作社。全面实施3年造绿大行动，炉烟、黄荆坪、枫林等村完成93.33公顷荒山造林。获评湖南省两型农林产业发展强镇。加强水利建设，维修小平塘、大山塘49口、水渠56公里、机埠河埠12处。精心打造羊古滩、鹤源社区小农水重点镇示范片。山田村、鸭头村投入近300万开展河道清淤、疏浚、衬砌，对两岸河堤逐步推进绿化亮化美化。

工业 2015年，花盛、杨柳、兴旺为代表的新型烟花企业大力实施转型升级和技术革新；戴氏、腾飞、闩山木业为代表的木制品加工企业继续发展壮大；金福来、贤味炒米、湘宇食品为代表的食品加工企业规范化生产，产量销售实现双增长；羽田童装为代表的服饰生产企业实现进一步发展。鸿鑫乐器、湘隆木业、俊阁楼梯、永旺扶手、美松家居、康鑫中药材、鑫昌鑫门业等8家企业选址新建。项目包装推介成效突出，实现招商引资到位资金9000万元。

第三产业 鹤源、楼古、山田、农大四个集市商贸流通日益活跃，华盛山庄创建省五星级农家乐，高田钢架管租赁协会综合大楼主体建成，网点遍布全国大中城市。充分挖掘生态山水资源，与远大住工、途家网签订原乡休闲旅游项目开发协议，向坪筹建香谷花海基地，开发现代农业休闲观光旅游。

项目建设 蒙华铁路淳口段征用土地23.33公顷、拆迁房屋18栋，如期完成各项任务。集镇投入1000万元实施提质改造，农贸市场完成扩改。辖区内106国道、淳乌路、淳沙路全线亮化、绿化，投入100多万元安装道路安全防护设施。新建西坡桥、福界桥、高田南桥。投入1500万元完成马尾灌区节水配套改造、扩网工程和电站增效扩容，新建六叠泉第三水厂，南康水库主水网改造完成。谢家、炉烟分散式安全饮水工程解决散居群众饮水难题。大力推进散居山民幸福迁居工程，河底、香谷两个集中安置点投入使用，解决近百名群众居住难题。

集镇提质改造 投入1000万资金对集镇进行全面提质改造。新建一个标准化农贸市场；对下水管道进行改造、对老化线路进行维护检修；对106国道集镇段铺设油砂，划定标准线和停车位。获评长沙市小城镇建设优秀单位。2015年8月，淳口镇启动集镇综合整治专项行动，部署百名机关干部联百铺行动，引导商户保护环境卫生、文明合法经营、有序停车，集镇管理秩序得到提升。

环境整治 加强集镇管理，强力推进拆违控违，整顿店外经营，获评长沙市小城镇建设优秀单位。推进“城乡统筹、环境同治”，全市二季度环境整治工作现场点评会在淳口镇召开。推行垃圾分类减量，美丽村庄、幸福屋场建设遍地开花，打造洞庭山枣坡、鸭头鹤源花园、高田金盆、炉烟冲头、同辉坳上、南冲龙园等幸福屋场，高田村获长沙市十佳村和绿色村庄，狮岩村获省级两型示范村庄和长沙市优胜村，楼古中学获评长沙市两型示范单位。全面实施3年造绿大行动，完成93.33公顷荒山造林。

社会保障 投入215.5万元完成危房改造71户，修缮加固50户，获评长沙市危改工作一等单位。全年发放优抚、高龄、残疾等救助资金308万元，低保、“五保”、特困户生活补贴498万元。医疗参保5.93万人，参合率94%，全年报销医保资金2131万元。收缴城乡养老保险310万元，参保缴费率为93%，工伤保险83.6万元，发放城乡居民养老保险金1750万，办理社保卡4.5万张。发放大中型水库扶持资金近百万元。举办职业技能、实用技术培训47期培训5000多人。大力推进殡葬改革，扩建鸭头公墓山、新建悼念堂。百福敬老院全面修缮，孤寡老人生活条件优化。扎实推进精准扶贫工作，为贫困群众建档立卡。

综治维稳 深入开展平安创建，

19个村（社区）细分为155个网格，实施“10+1”人民调解员制度，开展综治述职和“零案村”竞赛活动，215起矛盾纠纷化解在村（社区）一级。金源村、农大社区成功申报浏阳市平安社区（村）。深入开展“禁毒、治赌、扫黄”专项行动，创新推出法治建设系统工程，热情开展法律咨询。严格落实安全生产“党政同责、一岗双责”，开展“打非治违、九打九治、百日攻坚”行动，查处4个非法生产点，查处安全隐患150多处。认真践行一线工作法，深入开展“结对认亲、排忧解难”群众工作和“党政领导轮流接访、百名干部走访万名群众”活动，慰问困难群众385户，解决问题701件次，化解矛盾纠纷60余起。高田群工站创建微信公众号“高田村事”。高田村被省民政厅评为“湖南省社会工作服务示范社区（村）”。

科教文卫　积极开展科技创新科普宣传，发明专利19件，淳峰茶业有限公司黑茶渥堆关键技术评为长沙市技术创新项目。银峰茶叶、佳源油茶、狮岩村科普屋场被长沙市评为科普示范基地。镇卫生院及各村（社区）卫生室规范实施国家基本药物制度，山田卫生院开展提质改造。4月，淳口镇微信公众号“淳味淳口”正式开通运行，淳口宣传片摄制推广。4月30日，在浏阳河广场举办“在希望的田野上”文艺晚会。全镇医疗基础设施和救治水平均大幅提升。投入600万元建设楼古中学学生公寓，全面推进基础教育课程改革，教学水平和教育设施不断优化。投入20万元修建狮岩村全民健身中心。年内出生1028人，计生率87%。全面推进计划生育优质服务和村民自治，继续推进孕前优生检查，奖扶政策落实到位，获长沙市计划生育先进单位，山田村获省计划生育村民自治模范村。（王芳艳）

【杨柳家风家教扬美名】　杨柳村“一家五博士、一村200多二本以上本科生”的先进事迹和好学上进、清廉互助、孝老爱亲的村风民风广为人知，吸引长沙市高新区、望城区、浏阳市许多兄弟单位去参观学习，获得浏阳市妇联、长沙市妇联、省民政厅等多家上级单位和领导的点赞和肯定，省民政厅“湖湘好家风”对杨柳村的家风家教进行专题拍摄。开展书香之村建设，2015年4月23日，全市“悦读尚学·书香浏阳”活动启动仪式在杨柳村举办。（王芳艳）

蕉溪乡

党委书记　曾云峰
党委副书记
　李运胜（2015.03免）
　江敦明（2015.03任）
　林继平（2015.03免）
　黄正根（2015.03任）
　谭日红
纪委书记
　陈满红（2015.12免）
党委委员
　刘林峰　张世敦
　陈满红（2015.12免）
人大主席
　林继平（2015.04免）
　黄正根（2015.04任）
人大副主席　徐江洪
乡　长
　李运胜（2015.06免）
　江敦明（2015.06任）
副乡长
　唐新华（女，2015.10免）
　李彩凤（女，2015.12任）
　肖孟良
政协联络处主任　谭日红

【概况】　2015年，蕉溪乡辖6个村，105个村民小组，8138户，29825人。辖区总面积86.7平方公里，耕地面积809.47公顷，其中水田744.4公顷，旱土65.07公顷，山林5950.07公顷。年内出生412人，死亡302人，符合政策出生率86%，自然增长率3.72‰。完成经济总收入40.02亿元，同比增长16%；完成财政税收1415.38万元，同比增长4.5%；完成社会固定资产投资7.09亿元；实现社会消费品零售总额6086万元；居民人均可支配收入16119元，同比增长12%。

党政建设　5月28日，蕉溪乡召开第十三届人民代表大会第五次会议，大会通过林继平辞去乡人大主席职务和李运胜辞去乡长职务的请求，补选黄正根为乡人大主席、江敦明当选为乡长。6月初以来，践行“一线工作法”，制定《蕉溪乡干部职工网格工作考核办法》，实行干部联系网格和结对帮扶制度，全乡分成65个网格，网格干部深入村组、企业，帮助解决发展中的困难和问题。制定《蕉溪乡村级工作考核点评方案》，采取月小结、季点评、年考核的方式，设立村级工作绩效考核奖，乡财政划拨专项资金12万元考核奖励村级工作。制定干部作风建设“十二分”制管理办法，实行干部岗位责任制并严肃追责。狠抓作风建设，通过开展“倡树风向标，传递正能量”活动，选学“五好家庭”“五好干部”“五好党员”等优秀典型，凝心聚力正党风，走村入户转作风，提升素质淳民风，不断增强环境软实力。

农业　全乡农村经济总收入41.74亿元，同比增长16%。烤烟收购均价每公斤7.51元。稳定粮食生产，调整产业结构，种植蔬菜、小水果、油菜等经济作物在万亩以上。继续推进农田水利畅通工程，加大水利冬修力度，修建河坝11座，完成清淤扩容加固山塘28口，疏浚灌排渠道10多公里，田间渠道30余公里，机埠改造6处。

工业　完成工业总产值21.67亿元，同比增长14%，其中规模工业总产值10.02亿元；工业增加值2.12亿元，同比增长18%。开展创业富民工作，扶助创业项目2个。全年申请外观设计专利产品7起，企业引进新机械新技术4项。鸿啟堂木业有限公司建成投产，并稳步有序扩产扩建。

旅游　做好山水文章，努力将蕉溪生态资源优势转变为经济发展优势。引进上云溪沐心栖谷文化旅游项目、鸿啟堂木业有限公司。其中上云溪沐心栖谷文化旅游项目将打造集旅游、娱乐、度假、休闲等业态于一体的高品质度假区启动建设。

项目建设　启动梁高公路建设，

推进包括金阳大道二期建设、集镇提质改造、教育设施改善、万丰湖水库安保工程、危桥改造、安全饮水工程、封山育林等实事。从6月份起，蕉溪乡对集镇进行提质改造，清理集镇外墙、路灯、杂草等，提质改造路面、下水道。推进高升集镇规划控制区内土地征收工作，稳步做好高升集镇开发，完成集镇第一街、第二街、七字街三条道路破损路面的换板，并对1.7万余平方米的路面铺设油砂，设立标准道路标线和停车标线，完善下水道雨污分离建设，常丰集镇完成集中整治，开展车位划线、户外经营管理等工作，统一安装规划性指示牌，集镇门店规范化整治，农村商业银行用地手续办理接近尾声。提质改造大浏高速蕉溪互通口。全力遏制违法违章建筑势头，完成拆违拆旧7143平方米。全乡村级主干道硬化率100%，基本实现水泥路通组到户。

环境整治　高度重视环境整治工作，全力推进养殖污染治理工作，完善环境同治长效工作机制。全面推行乡村干部分片包户网格化管理、奖罚挂钩的长效管理办法，指导和督促村民落实“庭院三包”和网格月度考核评比，群众参与意识进一步提高。打造整洁屋场6个，建成幸福屋场1个。乡村环境明显改善，环境卫生长沙市普检成绩优异。

安全生产　建立安全生产长效机制，搭建大安全工作机制。投入40多万元，新建和完善全乡校车安保工程。严格落实“三同时”审批制度，强化企业日常监管，确保区域环境安全。全面落实“一岗双责”，落实企业主体责任，积极防控事故。全年无生产经营安全事故，通过安全生产省示范乡镇复查评审。

综治维稳　蕉溪乡围绕“保稳定、创平安、促和谐”的工作目标，着力开展社会治安大整治、矛盾纠纷大排调、党员干部大走访、综治工作大宣传、队伍作风大转变、平安蕉溪大创建六大活动。4月23日利用村村通广播和分片座谈方式，全镇通报各村政法综治工作开展情况。印制治超宣传单、标语和公开信，在全乡的公路沿线及各企业张贴标语与宣传单，向货车司机、企业老板发放《致全市从事道路货运机车驾驶人的公开信》，召开源头企业负责人会议，宣传、讲解治超政策和安全运输。12月15日，针对窑前采石场超载现象严重的问题，联合安监站对该场采取停产整顿措施。11月20日，对辖区内学校、卫生院、敬老院、超市、网吧、制鞋厂等重点单位和人口密集场所进行消防安全检查，共检查单位9家，发现3处消防隐患，并提出整改措施和整改期限。8月18—19日，组织进行安全生产大检查，检查25家单位，排查隐患46处，下达整改指令14份。通过安全生产大检查，确保各部门、各生产经营企事业单位安全生产责任落实到人，确保各项防范措施落实到人，确保不发生安全生产事故。6月5日，深入全乡中小学、幼儿园、各教学点及校园周边进行安全隐患排查整治，此次检查学校4所、公共食堂4处、门店13家，排查出安全隐患20余条，检查小组当场下达《限期整改通知书》，现场没收三无“五毛”类麻辣食品以及过期食品等200余千克，并约谈相关责任人要求其限期整改，检查小组后期将对整改情况进行验收。此次整治，进一步净化学校及周边区域治安环境，增强学校师生及周边地区人民群众的安全感。排查和调处各类矛盾纠纷130起，成功调处128起，化解重大矛盾纠纷5起。群防群治不断深入，“红袖章”和村级义务巡防队全面覆盖。多次组织开展集镇、村麻将馆、棋牌室整治工作，取缔麻将馆89家。加大吸毒贩毒、聚众赌博、地下六合彩、偷盗等犯罪现象打击力度，查处打击各类违法犯罪人员142人，治安拘留82人。加强对社区矫正对象等特殊人群的管控，全乡12名社区矫正对象、46名刑满释放人员均监管到位，无脱管漏管、重新犯罪现象。全年举办青少年法制讲座4场，有效遏制青少年违法犯罪的发生。

社会保障　全面做好城乡居民养老保险和医疗保险收缴工作，全年收缴养老保险134.4万元、医疗保险300.2万元。完成社保卡“一卡通”第一批1.9万张发放任务。开展“万名五保户大走访”工作，全年发放低保金283万元、优抚金78万元、五保金68万元、大病救助资金8.6万元。6月15日，乡卫生院13位医生护士对敬老院老人进行慰问和免费诊疗，志愿者们用敬老实际行动倡树道德风向标。

宣传教育文化　加强内外宣传，开通“梦里水乡•醉美蕉溪”公众微信平台，搭建手机短信平台，定期向全乡5000余户群众宣传政策法规和工作动态。创办每季一期的《蕉溪宣传》。全面完成党报党刊发行。科普教育不断深入，全年农科教中心完成乡农民实用技术培训2620人、发放各类资料1万多份、乡农民技能培训198人，新型职业农民80人，现代农业领军人才20人。全乡招收回乡农民工140多人。组建农业科技服务队伍，与农技站共同举办并发放病虫情报12期。中小学校教学水平不断提升，蕉溪中学中考成绩喜人，超出市局分配指标线14人。组织开展弟子规进校园推进传统美德教育，大课间活动小学、中学均获市一等奖。艺术节、科技节团队均获市二等奖。村级新建文化广场5处。完成蕉溪乡地名普查目录。开展寻找“最美家庭”、留守儿童家长专场招聘会、儿童书法大赛、春蕾助学、“平安家庭”创建等活动。

医疗体育卫生　乡村医疗水平不断提高，蕉溪乡卫生院放射科添加500毫安X射线机一台和进口计算机X线摄影系统一套（简称CR），全面完成X光机换代升级改造。组织65岁以上的老年人免费进行健康体检，适龄儿童基础免疫接种率100%。蕉溪卫生院获浏阳市红旗单位称号、长沙市群众满意乡镇卫生院。开展计生文化进屋场、“7•11”世界人口日宣传等活动，落实长效措施265例。免费服务生殖健康，超额完成优检任务。落实计生奖扶工作，发放手术并发症对象利益导向资金3.25万元。征收社会抚养费30.32万元。提出“健全组织、落实经费、加大宣传、强化服务”工作思路，不断推进计划生育村民自治。为已婚育龄妇女开展妇科病普查普治服务，共5600余人次参检；完成

蕉溪上云溪风景区　　(图片来源：蕉溪乡)

优检任务197对；定期组织育龄群众到市计划生育技术服务站做好出生缺陷干预相关检查，尽量减少缺陷儿童出生，提高出生人口质量，年内出生214人，符合政策生育率为86%。

科普服务　开展科技活动周的系列活动，5月10日，11名科普志愿者利用集镇赶集的机会，开展送科技下乡科普志愿服务活动，帮助农民掌握农业生产、生活知识和学习科学养殖、种植技术，养成良好的科学生活习惯。科技、科普、科协办发放《农业科技进村入户种植业篇》1000本、《养殖业篇》500本；《农村实用技术》800本；《星火科技12396长沙科技助农直通车》系列等书籍200套；《安全知识读本》2000本、《农户600问》及《农户1200问》200本、《食用菌栽培实用技术》200本、《新种油茶改良技术》等农业科技图书8种2500册，发放《吃鸡蛋七禁忌》《清晨第一杯水应该怎么喝才健康》等科普资料6种3000多份。现场开展科普知识有奖答题活动，300多名群众抢答50道科普知识试题，内容包含农业科学生产知识、农村政策法规、农产品质量安全、日常生活知识、食品安全常识、知识产权的宣传等科普知识。　(罗　露)

万丰湖风景区　　(图片来源:蕉溪乡)

【启动梁高公路建设】　为解决村民出行难题，蕉溪乡向上级争取将梁高公路建设纳入省级干线公路项目建设，6月，全长4公里的梁高公路启动建设，并得到沿线居民的支持。梁高公路将与永社公路、开元大道、G106、G319形成围绕工业园区的区域环线，带动工业园区经济辐射至蕉溪，并有效缓解国道319蕉溪岭隧道、国道106蕉溪岭盘山公路的交通压力。梁高公路建设被作为蕉溪乡本年度最重要的民生工程。　(罗　露)

【侦破家禽系列盗窃案】　2014年9月份以来，包括蕉溪在内的北区多个乡镇陆续发生土鸡盗窃案，老百姓反映强烈，案件引起公安机关高度重视，2014年12月，市公安局指派刑侦大队和蕉溪派出所成立专案组，负责侦破系列土鸡盗窃案。2015年1月21日清晨6时，将犯罪嫌疑人抓获。收缴销赃所得8万多元。4月17日，蕉溪乡派出所在常丰村文化广场召开退赃大会，参加此次退赃大会的群众有来自长沙县城金井镇、白沙镇、福临镇，北区的北盛、永安、淳口、蕉溪等500多人。缴获8万多元退还给受害户，最大程度减少受害群众的财产损失。大会的开展集中展示公安机关打击刑事犯罪专项行动的重大成果，充分体现党委、政府保障蕉溪大局稳定，社会长治久安的决心。

(罗　露)

龙　伏　镇

党委书记
　杨　钢（2015.04任）
　张春明（2015.04免）
党委副书记　黄　朴　陈　庆　肖生祝
纪委书记　邹甘林（女）
党委委员　邹甘林（女）　徐伟才　寻瑾瑜
人大主席　陈　庆
人大副主席　高积义
镇　长　黄　朴
副镇长　徐伟才　寻瑾瑜　陈雄伟

寻　平（女，2015.07免）

政协联络处主任　肖生祝

【概况】 2015年，龙伏镇镇域面积117.40平方公里，其中耕地面积3374.20公顷，水田面积2864.07公顷，山林地面积6697公顷，辖10个行政村，2个社区，328个村（居）民小组，13477户，总人口46646人。2015年度，龙伏镇出生784人，死亡347人，人口出生率16‰，自然增长率为7‰。全年实现工业总产值12.6亿元，同比（下同）增长26%；农业总产值5.5亿元，增长22.2%；完成财政总收入1284万元，增长9.1%，其中地方公共财政收入855万元，增长7.6%，超额完成市政府下达的财税目标任务；农民人均可支配收入15872元，增加3274元。

农业　优化农业产业结构，坚守耕地零抛荒底线，播种优质早晚稻3000公顷，玉米500公顷，蔬菜及其它作物180公顷；优化烤烟生产布局，种植烤烟290公顷，送售烟叶56.5万公斤；推进机械化耕作，创建机插秧示范片3个；继续实施“一村一品”工程，有机蔬菜、甜糯玉米等品牌知名度大幅提升。农业基础设施日臻完善。完成水库除险加固6座、大山塘维修加固10座，机埠改造3处、河坝改造7处、山塘清淤整治21口、1个断面以上渠道清淤17.6公里、田间渠道清淤50公里，完成其他水利项目30余处。加大农业服务力度，森林防火、防汛抗旱、食品安全、动物防检、养殖污染防治、惠农宣传等工作全力推进。

项目建设　2015年，龙伏镇主要铺排“四园”“三路”“两农”“一故居”等十大重点项目，推进龙伏返乡创业园、泮春烟花创新园、石柱峰花花世界大观园、焦桥湖南林业科技示范园等四大产业园区建设，启动永社公路提质改造及两厢环境整治、石柱峰旅游干线公路、蒙华铁路（龙伏段）等三条道路建设，打造现代农业综合水利建设、万亩高标准农田改造等两大农业基础设施建设项目，修缮焦达峰故居并推进周边美丽屋场建设。

工业集中区建设　完善工业集中区绿化、主干道硬化、排水排污、电力入园等基础设施，标准化厂房投入使用，工业集中区管理日趋完善。南方食品、越泰食品、佳多福食品、得旺食品等7家入驻企业陆续建成投产，其中欧湘渔具年产值千万元，园区发展来势喜人。深化“两帮两促”活动，实施党政领导联企制度，辖区内企业快速发展，名府楼梯参加2015年度中国楼梯十大品牌评选。主动联系、承接龙伏在外成功人士返乡创业，千山药机和华冠烟花的“全智能、全自动化组合烟花生产线项目”签约落地，蓝翔驾校等十余家企业正在对接洽商。

集镇建设　根据“一城两翼”的格局规划，不断加大集镇建设力度，着力提升集镇品味。一方面大力整顿镇容镇貌。开展集镇整治集中行动6次，对集镇内的占道经营、店外经营、违规堆放货物等现象进行清理。成立城管综合执法大队，配齐城管执法设备，整治乱倒垃圾、乱泼污水、乱摆摊担的“三乱”行为，拆除“脏乱差”的龙伏老农贸市场，集镇面貌更加整洁美观。另一方面加大集镇基础设施投入力度。投资300万元，启动3公里长污水管网的改造和建设。投入500万元建1个集镇污水处理厂。完成106国道、永社公路沿线绿化20公里、木篱笆围栏2.8千米、安装路灯1000余盏、重点打造“醉美乡村、幸福龙伏”名片3处。投入200万元用于泮春新街二期配套设施建设。2015年，龙伏镇小城镇建设综合考核进入长沙市前20名，获评长沙市小城镇建设优秀单位。

社会管理　开展打非治违、隐患清零、治理三超两改、静电危害治理等5次专项活动，不定期召开安全生产座谈会，境内企业全年无重大安全生产事故发生。开展春雷行动、夏季攻势、百日攻坚保平安等打击违法犯罪专项行动。组织司法成功调处各类纠纷214起，调解成功率99.7%，信访案件答复处理率100%。处置、防范群体性事件6起，无一例民转刑案件发生，无重大刑事案件发生，无媒体舆情负面影响事件发生。办结上级转办的突出信访案件，得到上级肯定。下半年综治民调长沙排名前进62名，浏阳排名前进10名。

社会保障　规范农村低保工作，落实低保对象577户、“五保”对象202户，开展五保户大走访活动，实现动态管理下的“应保尽保”。加大扶贫救助力度，开展“暖心工程”走访慰问活动，走访597户，发放慰问金44.51万元。落实安居工程，发放安居工程款116万元，改造农村危房41户。有序推进医疗、养老保险扩面工作，企业养老保险基金征缴完成率125%，工伤保险参保完成率198%，完成养保征缴近200万元，完成医保征缴512万元，推进“一卡通”的信息采集及发放工作，发放“一卡通”2.2万张。

公共服务　积极申报农村饮水安全工程项目，解决泮春社区、泮春中学居民的饮水安全问题。全面推进泮春中学综合楼、食堂、教师周转房建设等项目，完成达峰小学、石柱峰小学等一批小学的基础设施建设项目，龙伏新卫生院投入使用。新敬老院建成并投入使用，教育教学、医疗卫生、养老敬老环境得到进一步改善。推进精准扶贫工作，黄桥村、石柱峰村相继被列入长沙市和浏阳市的“一进二访”精准扶贫村。成功举办庆“七一”文艺会演、浏阳河广场文艺晚会等大型文化活动，获得各方面的一致好评；开展“最美家庭”评选、“重阳节”敬老等一系列淳化民风的活动，涌现2名市“十大孝星”，1名“最美少年”。

干部队伍建设　实行竞争上岗、完善考核制度，激发干部队伍活力。组织镇村干部到淳口镇、古港镇、望城区东城镇等地学习考察，拓宽镇村干部的思路。开展争先创优比学赶超活动，全年有11名干部获评市优秀。践行“一线工作法”，加强党的思想、组织、作风、反腐倡廉和制度建设，全面启动“1456”党员服务、群众民心大走访等主题活动，建一个服务站，形成一个全覆盖的党员服务网络。以干部联系网

10月8日，龙伏新敬老院投入使用　　(图片来源：龙伏镇)

格、党员联系群众的服务网络为基础，以党支部为中心，以党小组为支点，在各村（居）设立“党员服务站”。开展民意调查、传播文明新风、宣传政策法规、调解矛盾纠纷、建设美丽家园。　(李嘉敏)

【龙伏镇新敬老院投入使用】 2015年10月8日，位于达峰村力山组的新敬老院投入使用。20余位五保老人迁进新家。新敬老院占地面积1.15公顷，建筑面积3200余平方米，设计床位150张。室内配备全新的床铺、衣柜和椅子等生活用品，每个房间均有独立的卫生间及阳台，各种生活设施齐全，既能满足全镇五保老人的入住需求，也可以提供社会养老服务。新敬老院的建成促进龙伏镇养老事业的发展。

(李嘉敏)

【全智能全自动化组合烟花生产基地调研推进会在龙伏镇召开】 “全智能、全自动化组合烟花生产基地”项目是由湖南千山制药机械股份有限公司和浏阳市花冠花炮集团有限公司合作投资兴建的一个全智能、全自动化组合烟花生产线项目。项目预计总投资8000万元，前期已投入5800万元，占地面积200余公顷，其中90%在龙伏镇境内、10%在社港镇境内，涉及16个居民组。该项目是龙伏镇引进的一个规模较大的项目，被国家安全生产监督管理总局评为“机械化换人、机器人作业、自动化减人”全国示范性企业项目。2015年12月23日下午，省安监局副局长李大剑一行踏看项目建设现场并召开现场办公会。李大剑表示，这个项目从技术上来讲极具跨越性、从投资层面来讲具有创新性、从市场层面来讲深具巅覆性，其实施意义重大，省安监局将全力支持。同时也指出，项目建设任务艰巨，必须切实加强组织领导，形成强大合力，他要求浏阳针对该项目成立市级工作协调班子，确保该项目顺利推进。长沙市安监局副局长李志兵、浏阳市委副书记、市长余勋伟，浏阳市委常委、副市长吴敏及市安监局、花炮局、国土局、林业局、危爆大队等部门领导参加调研。

(李嘉敏)

社　港　镇

党委书记　汤建军
党委副书记　寻子俊（2015.12免）
　　杨品正（2015.12任）
　　张海丰　周熊晏
党委委员　梁　民　何招兵
　　唐世标
纪委书记　梁　民
人大主席　张海丰
人大副主席　钟立敏
镇　长　寻子俊（2015.12免）
　　杨品正（2015.12任）
副镇长　何招兵　邱凯章
　　姜雨薇（女）
政协联络处主任　周熊晏

【概况】 2015年，社港镇总面积171平方公里，辖16个村（社区），总人口4.7万人，财政收入实现多年高增长后仍然保持稳健发展，全年完成财政收入2583万元，地方公共财政预算收入1754万元；实现工农业总产值13.4亿元；招商引资到

11月13日，“欢乐浏阳河－龙伏专场文艺晚会”在浏阳河广场举行

(图片来源：龙伏镇党政办)

位资金9500万元。

产业经济　“四型产业”持续壮大。资源型经济稳步推进，协调矿地矛盾，优化企业周边环境，做实水环境治理，鑫磊矿业实现全面开采。富税型经济持续升级，鞭炮烟花12家，其中2家出口企业，完成产能升级、厂区改造。富民型经济发展良好，全年种烟233.33公顷，收购烟叶42.44万公斤，产值1225万元，现代烟草种植作为农业支柱产业地位得到巩固。品牌型经济方兴未艾，投资近亿元的骨伤科大楼5月27日正式投入使用，医院全年门诊20万余人次，业务收入突破2亿元；大周洛景区资源整合取得实效，石牛寨成功开门迎客，申报丹霞生态村省级项目；好莱斯四星级酒店实现对外营业。

项目建设　突出“项目攻坚年”主题，科学铺排项目，实行领导责任制，集中精力抓实项目建设。社大公路是社港历史上本级政府投入的最大的基础设施建设工程，于2014年9月正式动工建设，实现一、二、三标段建成通车；协调做好蒙华铁路线路优化及在社港建站选址等工作，完成全线勘界工作，征地拆迁工作推进顺利；在确保安全和环保的前提下，鑫磊铜矿实现全面开采；周洛景区成功获评长沙最美乡村，申报国家AAA级景区，石牛寨等景区接待游客实现大幅增加，进一步树立“生态周洛，养生福地”的品牌形象；社港中学生活服务大楼竣工和教学楼维修，双狮坪中学学生宿舍新建和教师周转房投入使用，周洛学校成功搬迁，双狮坪中学、丹霞小学塑胶跑道建成使用，晨光完小厕所、清江完小校门建设等工程项目建成。

环境整治　一是全面开展城乡环卫整治。通过加强集镇监管力度与村级卫生管理考核力度，构建集镇公司化、村级专业化的保洁长效机制，探索试行保洁收费制度。二是做好林业环境整治。围绕生态保护的战略目标，狠抓森林防火工作，严厉打击生态破坏行为，有效保护生态林与自然景区风光，为建设美丽社港奠定基础。三是建设乡村美丽屋场。大力推进净化、绿化、美化工程，着力建设绿色村庄、“五好屋场”，以此辐射带动全镇的“美丽乡村”建设。淮洲王思屋场、浏北九合屋场、石牛林家屋场成为新亮点。高标准打造浏北出市通道，精心做好道路两厢绿化、亮化和美化工作，使社港形象全面提升。

计生服务　将服务触角延伸到组，社港计划生育在转轨期仍然稳定低生育水平，继续保持全市计生模范，其先进经验和做法得到省卫计委的高度肯定，“夜话计生”在湖南日报全面推介。

社会保障　做实民政救济工作，全镇享受农村低保558户，1378人，全年发放农村低保金374万余元，发放城镇低保金39万余元。大病救助12万余元，慈善助学55人，资助金额18.3万元。养老保险收缴完成224万元，医疗保险筹资482万元。2015年医保报销428.4万元，发放养老金1226.6万元。大力推进殡葬改革，切实治理“三乱”工作。加大扶贫帮困力度，通过开展暖心工程等活动，对弱势群体进行慰问帮扶。提升医疗服务，实现市中医院和社港卫生院的合作，让群众享受“乡镇的收费标准、市级的医疗服务”，全年未发生重大传染病和公共卫生事件。

综治维稳　开展“大宣传、大走访、大防控、大整治”活动。编写《大美社港 活力边城》“知我社港、爱我社港”全民读本。进屋场与群众零距离交流，引导群众支持配合项目建设，使社港民风逐步得到淳化。镇财政投入40万元增加50个高清摄像头，实现对集镇及各村重点路段、各出镇交界路口实时监控。定期和不定期开展校车、校园周边环境、麻将馆、小旅馆、娱乐场所等各项专项整治。通过不断努力，黄赌毒、盗窃现象等均得到有效遏制，实现社会大局稳定。坚持行政一把手负总责，分管领导直接负责的原则，落实领导安全生产“一岗双责”，建立党政领导、镇干部、村干部、安监员四级联厂责任制，强化安全隐患排查整改，安全生产秩序持续好转。

集镇建设　实现社港集镇由马路集镇向网状集镇转变。深入细化新港片区建设方案，加强对工程的监督管理，依法依规尽快完成项目征地扫尾工作，尽快启动项目建设。开展集镇提质改造工程，以永社公路提质改造为契机，对老集镇下水管道、管网、人行道等设施进行全面完善，启动沿线房屋立面改造，高标准实施集镇净化、美化、绿化工程，提升社港窗口形象。

集镇管理　坚持“城管为民、城管从严”的理念，按照“定点划线、有序停车，及时清扫、有效保洁，洒水降尘、适时清洗，规范门店、店内经营”的要求，深入推进更高水准的集镇综合管理。规范广告牌和车辆停放，治理违法建筑、无序设摊等乱象。大力开展环境卫生整治，加大环卫设施投入,采取市场化运营模式，实现集镇长治久洁。全力规划村民建房，从严控制违法建设。加强宣传，广泛动员群众参与、体验、支持集镇管理，增强居民的认同感和主人翁意识，不断提升集镇居民文明素养水平。

新型农业　一是发展休闲农业，建设现代农业示范区。以农业生产规模化、标准化、生态化为发展方向，建设果园农庄，打造3家至5家农业专业化合作社，采用公司+农户的模式，大力开展农超对接、农餐对接，发展生产生活性服务业，满足群众消费需要，活跃商贸流通。二是巩固提升种植业。重点抓好烤烟高产创建，力争稳步提高种烟效益。同时鼓励农户大胆闯市场，开展无公害蔬菜、中药材、小水果等的种植，拓宽农民增收渠道。三是发展特色养殖业。扶持养猪、养牛、养羊等专业大户，合理利用山塘水库，鼓励农户承包养鱼增收，支持发展特色养殖。鼓励开发精品观光点和“农家乐”等休闲旅游产品，做好项目的策划包装，加大宣传营销力度，不断增强休闲旅游的吸引力，打造社港特色农业品牌，推进农业标准化、品牌化建设，激发农业经济发展活力。四是完善农业基础。要整合新增粮食产能项目、国土整理项目和水利建设项目，进一步完善农业基础设施，确保农业增效，农民增收。

休闲旅游　全面提升好莱斯酒

店服务水平，按四星级酒店标准培训员工、加强日常经营管理。加大周洛景区、周洛漂流、龙潭景区、丹霞湖和石牛寨景区等旅游资源和项目的整合力度，鼓励支持周洛大峡谷、周洛漂流和石牛寨的整体营销和票务捆绑，避免恶性竞争，实现良性互动；精心包装项目，推动旅游项目二次招商，实施休闲旅游工程，启动浏（阳）平（江）边旅游合作机制，以社港为中心，以岳汝高速、社大公路、G106、S321等道路为纽带，通过加强与周边龙伏、安定、福寿等地旅游资源的整合和联动力度，构建浏平边大旅游圈，将社港旅游提升到更高的发展座标参与竞争，全面提升社港旅游的品质和竞争力。

教育 启动社港完全小学48套教师公租房建设，切实改善教师住宿条件；启动淮洲小学整体搬迁建设；鼓励和支持学校提升“课堂改革”实效，加强师资队伍建设，提升教学质量；切实加大对临聘教师群体的关注关爱力度，让其安心扎根社港教书育人；进一步做大教育基金规模，帮助更多的贫困学生接受更好的教育。 （张 唯）

2016年1月20日，社港镇社大路（S319）完成提质改造 （图片来源：社港镇）

人　　物

（排名不分先后）

新任市级领导

吴　敏

吴敏，男，汉族，湖南省宁乡县人，1979年9月出生，2000年6月加入中国共产党，2000年6月参加工作，湖南省委党校行政管理专业毕业，研究生学历。现任中共浏阳市委常委、副市长。

1997年9月至2000年6月，邵阳师专中文教育专业学习，大专毕业。

1998年1月至2001年6月 湖南省高等教育自学考试委员会汉语言文学专业学习，自考本科毕业。

2005年9月至2008年6月湖南省委党校行政管理专业学习，研究生毕业。

2000年8月至2001年2月宁乡县贺石桥中学任教。

2001年3月至2003年7月宁乡县城西中学任教。

2003年8月至2004年4月宁乡县玉潭镇党委委员。

2004年5月至2006年11月宁乡县政府常务会议秘书。

2006年12月至2007年9月宁乡县大屯营乡党委副书记、乡长。

2007年10月至2009年3月宁乡县沩山乡党委书记。

2009年3月至2011年6月宁乡县玉潭镇党委副书记、镇长。

2011年6月至2015年5月长沙市芙蓉区委常委、区委办主任。

2015年5月至今中共浏阳市委常委、副市长，负责工业经济、花炮产业、环保、安全生产监督、应急管理、花炮测试、检验检疫、质量技术监督、电力、矿山资源、企业改制、邮政、电信、移动、联通工作。联系省、长沙市驻浏阳企业工作。

伍继延

伍继延，男，汉族，1970年11月出生，湖南省韶山市人，大学文化程度。上校军衔。1987年11月入伍，1990年2月加入中国共产党。

1987年11月至1990年8月入伍，汽车第46团任战士。

1990年9月至1992年7月汽车管理学院学习。

1992年7月至1994年3月42集团军124师370团汽车连排长。

1994年3月至2000年10月后勤第19分部助理员。

2000年10月至2001年10月广州军区联勤部军船审验站副营职助理员。

2001年10月至2004年12月广州军区联勤部军车监理所车船审验站副营职助理员。

2004年12月至2007年4月，广州军区联勤部军车监理检测站正营职助理员。

2007年4月至2007年6月，广州军区联勤部军事交通运输部第二运输处正营职助理员。

2007年6月至2010年6月，广州军区联勤部军事交通运输部第二运输处副团职助理员。

2010年6月至2011年3月，广州军区联勤部军事交通运输处第二运输处任正团职助理员。

2011年3月至2012年3月，代理42集团军防空旅副旅长。

2012年4月，至今任浏阳市人民武装部部长。

2015年7月，至今任中共浏阳市委常委、人民武装部部长。

沈学军

沈学军，男，汉族，湖南省长沙市望城区人，1970年2月出生，中共党员，1990年7月参加工作，大学学历。历任长沙市公安局七科民警，长沙市公安局西区分局办公室办事员、行政科科员，长沙市公安局治安支队治安科科员、副科级侦察员、行动大队副队长、侦察大队大队长。

2004年12月起任长沙市公安局芙蓉分局党委委员、副局长。

2009年8月起任长沙市公安局芙蓉分局政委。

2015年11月起任浏阳市人民政府党组成员、副市长，市公安局党委书记、局长，市委政法委副书记（兼），负责公安、司法、消防工作，协助负责信访工作，联系法院、检察院、国家安全工作。

两院院士

何继善

何继善，男，中国工程院首批院士，著名地球物理学家、教育家、工程管理学家。美国著名的地球物理学家弗兰克·莫里森说，在地球物理学界，既懂方法原理，又懂研制仪器的，世界上只有两个人，何继善是其中一个。

1934年，何继善出生在湖南浏阳普迹。1950年，何继善在长沙云麓中学上学，因家庭生活拮据而被迫中途辍学。两年后，他到湘东钨矿从事矿砂检验工作。1956年，在中国"向科学技术进军"的号召鼓舞下，何继善考入长春地质学院物探系金属物理勘探专业。一个偶然的机会，何继善了解到苏联有一种"二次谐波磁力仪"，凭着零星的资料，他试着做了一个，居然取得成功。《二次谐波磁力仪的原理和研制》成为他的毕业论文。正是凭着这种对创新的敏感和执着，才有后来蜚声中外的双频激电法、伪随机电磁法和广域电磁法。"双频激电法"，简单来说，就是将两种频率的电流同时输入地下，同时测量两种频率的电流形成的电位、振幅等。这样，不同矿产与岩石就可以鉴别出来。1960年，何继善大学毕业，被分配到中南矿冶学院（现中南大学）地质系任教。在一次赴贵州矿产资源调查中，地质队的一台"电子自动补偿仪"出现故障，当时谁也不敢修，何继善冒着风险用一个万用表、一把螺丝刀居然把仪器给修好！从此，何继善开始接触、操作仪器，并对仪器进行改进，把"双频激电"的理念加进去。为此后在找矿、找油、找水中累计创造经济效益千亿元的"双频激电法"，完成第一次野外实战演练。一年之后，他又赴云南个旧找矿。那里的山很陡，云南冶金局在此探矿，正苦于无法解决地形因素对地电场分布的影响。此前，发端于苏联的一种叫做"坐标网转换法"的地形改正方法正在推广。但用这种方法，常常改正比不改更差。何继善敏锐地洞察到这个问题，提出"点源电场地形改正方法"，取得突出效果，很快找到锡矿。1978年，何继善的"电阻率法消除异常干扰研究"获得全国科学大会奖、"直流电法推断解释若干问题研究"获原冶金部科技成果奖。

1981年，何继善加入中国共产党，至1991年，先后由助教到讲师、副教授、教授，再到系实验室主任、电法教研室主任、系副主任、系主任。此后，他先后研发出"晶体管自动补偿仪""交流电阻率仪""高精度电提取仪""双频道数字激电仪""大功率伪随机广域电磁仪"等一系列具有国际先进水平和自主知识产权的地电场观测仪器和装备。国家地勘部门采用何继善创立的"双频激电法"，在甘肃找到金矿，在河北找到银矿，在新疆发现铅锌矿，还有胶东的金矿、安徽的铜矿、湖南的有色金属……，找到的金属矿产资源潜在经济价值2000多亿元。运用"双频激电仪"寻找地下水，成功率也在95%以上。

1986年3月在美国亚利桑纳大学，刚晋升为教授的何继善携"双频激电法"在国际上首次亮相，引起世界地球物理界的轰动。美国应用地球物理学家霍曼教授评价道："双频激电理论和实践，是近年来应用地球物理学界的一件大事。"被称为"变频法之父"的世界著名地球物理学家维特教授感叹："中国在这方面已超过了我们"。

1991年，何继善走上领导岗位，担任中南工业大学副校长、校长。

1994年，何继善当选中国工程院首批院士。

1996年，何继善任湖南省科学技术协会主席。此后，他致力于把研制的一系列高水平的科研成果转化为生产力。

1997年，由何继善指导的科研组和湖南省湘西金矿合作，开展"湘西金矿深边部地质地球物理探矿研究"，成功探明矿区深部金矿可供开采34年、锑矿可开采43年、钨矿也可开采20年以上，极大地缓解该矿山的资源危机。次年，他和几位院士发起成立在湘院士联谊会，为湖南经济发展出谋划策。

1998年年底，何继善和助手们，携带自己设计的"CT"地质仪器，远赴阿拉伯联合酋长国，用20多天时间，在该国指定的总统、总理和爱茵市市长的农庄等四个地方很快打出4口涌出清泉的上好水井，每口井昼夜出水量达20万吨以上。在阿联酋引起轰动，并得到该国总统高度重视。

同年，身在巴西学术访问的何继善，在电视上看到国内洪水肆虐，心痛不已。

1999年年初，何继善根据电流场和水流场的相似性，创立高分辨率检测堤坝管涌渗漏入水口的"流场法"，并研制出世界上第一台能探测堤坝渗漏及管涌的仪器，该项目被教育部科学技术委员会评为该年度中国高校十大科技进展成果项目之一。此后，这套仪器在全国准确测定上百处江堤管涌和20多个水库大坝渗漏点。2008年汶川地震之后，利用这种仪器，成功探测四川德阳市的继光水库等3座高危险情水库9个渗漏进水口，为大坝除险发挥重要作用。"堤坝管涌渗漏检测仪"2005年被国家发改委列为重点产业化支持项目，装备中国主要省份的水利技术单位和防汛管理部门，为病险水库隐患探测和汛期堤坝查险提供关键技术支撑和科学抢险决策依据。

2002年12月，何继善基金会成立。基金会的基金主要用于支持和奖励在教学、科研和高新技术开发等工作中做出贡献的教师、学生和员工；资助有益于国家建设的科研项目及社会公益活动。每年有20

名同学获得该项奖学金3000元现金奖励。此外，何继善还捐出1万元设立“双频激电”奖学金，用于激励学生为繁荣和发展地质科学作贡献。

2006年6月，在中国科学院第十三次院士大会和中国工程院第八次院士大会上，何继善当选中国工程院能源与矿业工程部主任，并获得第六届“光华工程科技奖”。

从2011年起，何继善开始构思“绿色能源在湖南的开发和利用”，为开发新能源奔走疾呼。2012—2013年，何继善率研究团队用广域电磁法对湖南丰富的页岩气资源进行探测，对洞庭湖盆地生物气进行采样化验，提出“气化湖南”战略思路，赢得“湖南页岩气之父”的称号。

（资料来源：中国经济网—《经济日报》2015年6月8日）

先进人物

刘学文

刘学文，男，浏阳市柏加镇人，1964年出生。1985年参加高考，以10分之差落榜，回乡务农，先后拖过板车、砌过红砖、做过木工。后来进入柏加建筑公司这家当时的柏加乡乡办企业做泥水匠。刘学文爱学习、爱钻研是同事眼中的“工作狂”，不久，便成为当地最优秀的“泥水匠”，被公司送往湘潭建筑学校深造，系统学习制图、设计、力学和施工组织。毕业后，回到公司从事技术工作。同时，刘学文还自费参加函授学习，并取得本科文凭，获得国家注册一级建造师，土建、绿化高级工程师资格，至此，刘学文从一个在工棚里摸爬滚打的泥水匠，成长为一名知识型、技术型的人才，成为当今柏建公司这家年产值14亿元的一级民营建筑园林企业的总工程师。刘学文先后主持修建长沙湘江风光带杜甫江阁、张家界武陵源门楼、凤凰里耶仿古街、上海三一科技园景观绿化等大型项目工程。在外施工的同时不忘把当时当地的先进建筑施工技术如水泥管桩、干粉砂浆、混凝土搅拌带回浏阳，推进浏阳建筑施工技术和质量提高。刘学文依托家乡的花木资源优势，运用公司加农户加外拓市场的经营模式，成功创建一个1000亩的花木精品基地，吸纳200余户农民从事精品花木种植；主持培训农民工15批800余人次，培养6名农民工成为项目经理。刘学文关心公益事业，为各项公益事业捐款总计300多万元。刘学文先后获得过全国优秀农民工、优秀项目经理等荣誉。2015年4月28日上午，在人民大会堂举行的全国劳模表彰大会上，刘学文被中共中央、国务院授予“全国劳动模范”称号。（资料来源：红网2015-04-28）

钟　海

钟海，浏阳市达浒镇人，男，汉族，中共党员，1984年10月出生，研究生学历。2007年毕业于湖南科技大学，2008年成为一名大学生村干部，2011年考入市林业局工作，2014年派驻到大围山镇永幸村担任党支部第一书记，现任古港资源林政管理站站长。2010年获“浏阳市优秀大学生村官”称号，2014—2015年连续两年获得浏阳市人民政府的嘉奖，2015年获得　“全国奋斗在林改一线的十佳大学生村官”荣誉称号。

2008年6月，钟海被选派到浏阳市达浒镇椒花村担任村主任助理，负责村上2533公顷林地的集体林权制度改革等林业工作。他先后调处山林纠纷51起，解决历史遗留问题32个，为全村11个村民小组546户村民都换发林权证书1246本。山林定权后，钟海积极思考深化林改工作，想方设法搞活林农的资产，鼓励林农开展林地流转，组织成立联营林场，实现荒山造林42.67公顷、低产林改造173.3公顷、新造油茶林41.3公顷。2014年5月，钟海被浏阳市委组织部选派到大围山镇永幸村担任党支部第一书记。他维护林区秩序的稳定，调处群众山林权属纠纷12起，处理突发上访案件1起。为释放发展活力、转变林业经济发展方向、减少林木砍伐、留住宝贵的森林资源，他召集村民发展森林景观旅游和林下种养业。截至2015年年底，该村建立农民林业专业合作社12家，涉及村民246户，1000余人。其中有125户村民加入林下养羊、养蜂合作组织，养殖湘东黑山羊420只，预计年底出栏260只，除去成本工资将为村民增收20余万元。依托大围山国家森林公园的区位优势，以境内“大围山峡谷漂流”等优秀旅游项目为带动，大力发展森林景观旅游，让游客能够“下水漂流，上山采果，农家就餐”。2015年夏季漂流人数2万余人，增加收入200余万元。带动周边餐饮和购物，村民新开农家乐4家、餐馆12家、购物点13处，一个夏季漂流时节就为村民增收近100万元，完成永幸村5公里林区道路的硬化。钟海带领永幸村在保护林木的前提下，充分挖掘森林资源开发价值，结合实际，大力发展林下经济，做大做强森林旅游景点开发，引导养殖大户带头组建林下经济种养合作社，探索一条生态发展模式之路，带领村民迅速脱贫致富。　　　　(陈礼浩)

抗战老兵

朱洪斌

朱洪斌，男，1921年2月15日出生，1939年2月，考入中央陆军军官学校第十八期特科，编入独立12大队3区队。1941年10月毕

业，因学业突出，留校当助教2年。1943年10月，在军政部学兵总队重炮二团任少尉排长。秋末，随部队由云南昆明起飞抵达印度汀江，后前往蓝姆伽接受训练。一个月后部队改编为中国驻印军独立步兵第一团，在美国战术学校印度分校第三十期参加丛林战培训，毕业后在加尔各答配属美军5332旅，跟随部队沿中印公路一路作战到滇西缅北。进入缅甸后，列入美军5307旅。1944年5月17日部队攻占密支那西机场。1944年7月，中美联军发起向密支那日军总进攻，在盟军强大空军摧毁敌前沿阵地支持下，急速攻入市区，向日军展开逐巷逐户的争夺战。1944年10月奉命增援八莫。1945年1月，经过这两次战役后，日军节节败退，八莫会战结束。1945年8月15日，朱洪斌所在部队在南坎追击日寇的路上，获悉日本宣布无条件投降。1958年9月至1968年9月朱洪斌被划为右派进行劳动改造。1968年9月至1996年回家务农。1978年平反。1996年至今随侄儿养老，终生未婚。

2015年9月3日，受中央军委、国家民政部邀请，朱洪斌作为国民党抗战老兵代表参加“中国人民抗日战争暨世界反法西斯战争胜利70周年”大阅兵活动。湖南共12位国民党抗战老兵代表受邀本次阅兵，朱老是长沙地区唯一代表。

逝世人物

徐悲鸿夫人 廖静文

廖静文，女，社港镇双江村人，1923年4月出生。父亲是一省办企业高级职员，廖静文共有兄弟姐妹7人，她是4个女儿中最小的。1935年，廖静文在长沙市市立十一小学毕业考入长沙私立周南女中，这年北京爆发“一二•九”抗日爱国运动，廖静文参加由中共党员赵君实、刘乐扬、梁宜苏组织的长沙进步师生声援北平学生示威游行，并加入女校地下党组织的读书会。1939年日军战机开始轰炸长沙，周南女中迁往新化县兰田镇，廖静文在此完成中学学业后，前往桂林准备报考广西大学。恰逢时任中国美术学院院长、中央大学艺术系教授徐悲鸿在桂林招收图书管理员，廖静文以第一名的成绩获得录取。1943年，廖静文考取由南京迁往成都华西坝的金陵女子文理学院化学系，徐悲鸿在成都举办画展，画展结束后廖静文辍学跟徐悲鸿回到重庆。1946年1月，廖静文与徐悲鸿结婚，婚后生育一子一女。1946年8月31日，徐悲鸿受命出任国立北平艺术专科学校校长，廖静文随徐悲鸿到北平。1951年徐悲鸿到山东临沂水利建设工地体验生活，回北京后突发脑溢血，造成半身瘫痪一年多，廖静文一直陪伴护理。1953年9月病情好转的徐悲鸿出席第二次全国文艺工作者代表大会再次突发脑溢血，经抢救无效，于9月26日去世。徐悲鸿去世后，廖静文完成三件事：一是将徐悲鸿1200多幅遗作和他收藏的唐、宋、元、明、清和近代著名书画珍品1000多件以及1万多件图书、图片资料交给国家，亲手将家中钥匙交给时任文化部部长沈雁冰，请他派人接收。二是将徐悲鸿北京一套故居献给国家建立“徐悲鸿纪念馆”，得到毛泽东亲自批准。廖静文直接参加选址、设计，至1982年徐悲鸿纪念馆在北京新街口北大街53号竣工落成。三是搜集徐悲鸿生平业绩，撰写《徐悲鸿一生》一书，全书25.8万字，由中国青年出版社于1982年出版发行。廖静文关心家乡建设，多次回浏阳探望走访。1992年，廖静文回到社港镇为浏阳市第八中学题名并赠送对联题词：“书中乾坤大，华里天地宽。”激励着后辈奋发学习，立志改变家乡，为国家建设做出贡献。

廖静文是第七届全国政协委员、第八届全国政协常委，曾任徐悲鸿纪念馆馆长、徐悲鸿画院名誉院长、中国书画家联谊会主席、北京荣宝画院名誉院长、上海海事大学徐悲鸿艺术学院名誉院长。

2015年6月16日晚，廖静文在北京的家中逝世，享年92岁。

《浏阳河》曲作者 唐璧光

唐璧光，男，湖南省东安县人，1920年农历正月出生。其祖父是一位音乐造诣颇深的秀才。受其影响，唐璧光从小就喜爱民间音乐和民间艺术，且喜唱祁剧和京剧。1944年10月的一天，唐璧光的父亲要他外出躲避日本鬼子，几个月后回家，他父亲被日本人杀死，他家的房子被日本人烧了。为实现打日本、报父仇的愿望，1945年5月，唐璧光在武冈参加国民党的“忠义救国军”，并被任为联络参谋，到8月日本鬼子投降，唐璧光在国民党的“忠义救国军”前后总共3个月时间。1947年，唐璧光考入湖南音乐专科学校，学习音乐理论和作曲。1949年8月初，长沙和平解放。当时，在湖南音乐专科学校学习音乐理论和作曲专业的唐璧光提前一年毕业，被分配到长沙市工人文工团担任编导。是年冬，全国土地改革运动即将开始，为配合刚刚解放的湖南形势，长沙市工人文工团排演根据赵树理同名小说改编的花鼓戏《田寡妇看瓜》，唐璧光担任执行导演和作曲。唐璧光对《田寡妇看瓜》一剧特别是“送瓜调”这段唱词的音乐创作和设计进行精心构思。1950年，该剧参加长沙市庆祝新中国第一个元旦首演，获得好评。1950年9月，为宣传农民积极交粮爱国，庆祝湖南土地改革胜利完成，湖南省湘江文工团18岁的编剧徐叔华创作歌舞剧《双送粮》。《双送粮》第三段有这样一节唱词：“浏阳河，弯过了几道弯，几十里水路到湘江？江边有个什么县，出了个什么人世界把名扬……”原唱腔套用的是“小放牛”的曲调。1951年，该剧被选送进京演出。剧组在武汉集中

排练。在审看节目时，中南局文化部门的领导和有关专家认为，这一段的曲调总感觉有些缺陷，因为它与该剧的音乐风格不一致，且无湖南地方特色，希望换个湖南民歌风味的。有关人员就想到《田寡妇看瓜》中“送瓜调”的曲子，建议是不是可以移植过来。经领队和音乐指挥同意并提议《双送粮》第三段的这一节唱词的曲谱，用《田寡妇看瓜》“送瓜调”的曲子替换。由于二者唱词都是歌颂毛主席的，词意相近，情调相同，进行移植后，竟水乳交融，相得益彰。同年，《双送粮》在北京汇报演出获奖，并灌制唱片。1952年《双送粮》剧本由湖南人民出版社出版发行，在所印曲谱中以“第三曲”为标名。由于《双送粮》的第三曲歌词朴素亲切，曲调优美动听，有些人认为它就是一首独立的完整的歌曲。后来，一些剧团就将《双送粮》中的“第三曲”选出来，作为一个单独的演唱节目进行演出，将歌名称之为《浏阳河》，并逐渐被传唱开来。《双送粮》的词，《田寡妇看瓜》中“送瓜调”的曲，就“组装”成《浏阳河》。1957年，唐璧光被划成“右派”。1958年3月，因参加过3个月国民党的“忠义救国军”，他被判刑7年。1964年3月，唐璧光刑满释放被安置在洞庭湖一个农场就业。1970年，唐璧光被清理回原籍东安县。1979年，唐璧光被平反昭雪。他先后任零陵县（现零陵区）花鼓戏剧团编导、县文化馆音乐专干。并先后当选为原永州市（县级）政协第二、三届副主席。是中国音乐家协会会员，湖南省戏剧家协会荣誉理事，被省政府聘任为省文史研究馆馆员。

从《浏阳河》诞生，到唱遍全国，这期间唐璧光被监禁改造，当时考虑到政治影响，有关部门在出版发行歌曲集选编《浏阳河》时，或者在演唱这首歌曲时，都将曲作者的名字标注为“湖南民歌”。1994年，国家版权局举办的纪念著作权法实施3周年的文艺晚会上，演唱《浏阳河》，并在节目单上署名：徐叔华词，唐璧光曲。

1990年，唐璧光离休。这年他70岁。

2015年7月24日凌晨1时11分，唐璧光在湖南省永州市中心医院逝世，享年96岁。（资料来源：红网湖南频道2015-07-25）

烟花爆竹专家

赵家玉

赵家玉，男，1975年毕业于北京理工大学火工与烟火技术专业，并留校任教。先后任北京理工大学教授，国家安全生产专家，国家烟花爆竹标准化委员会委员、核心专家成员，国家安全生产标准化委员会委员，国家烟花爆竹经营专家。赵家玉曾获两项省、部级科技进步二等奖、两项三等奖。二十余项科技研究成果被列为科技成果重点推广。撰写三十余篇科技论文先后在国际、国内刊物上发表。获四项发明专利。主讲《烟火学原理》《烟火测试技术》《烟火技术与安全》《燃烧学》等课程。编著《烟火效应测试技术》《烟火技术与安全》等教材。主持审定十项烟花爆竹国家标准。多次参加重大烟花爆竹事故调查和分析。为国家起草“十一五”烟花爆竹科技（包括安全）发展规划等。

1984年，赵家玉开始研究烟花爆竹等民用焰火。并于当年参加庆祝中华人民共和国成立35周年焰火燃放研究与设计。2006年12月，受北京奥运会开、闭幕式焰火创意导演蔡国强邀请，赵家玉参加焰火设计，担任北京奥运会、残奥会开、闭幕式焰火团队专家组组长、焰火关键技术研究项目负责人、主火炬点火系统研究与设计者。

浏阳是北京奥运、国庆60周年、世博会、南京青奥会、APEC等庆典活动的焰火燃放承办单位。浏阳“东信烟花”“熊猫烟花”等企业在赵家玉指导下先后研发与生产出奥运会开幕式焰火上的“大脚印”、五色交叉五环、“2008”“笑脸”以及长达3公里的“瀑布焰火”等特效文字、图案，新中国成立60周年庆典上的“和平鸽”，利用微烟发射药和无硫开爆药等创新型烟火药，替代传统的发射药，研发出的2014年APEC开幕式的欢迎焰火等。2012年年底，花炮行业因雾霾而备受争议，作为烟花爆竹主产地的浏阳如何消除人们对烟花爆竹的疑虑？在诸多公众场合，赵家玉以理论和实际，力证雾霾与烟花燃放无必然关系，为花炮行业代言。

2015年3月31日9时，赵家玉突发心脏病在北京逝世。享年66岁。

（资料来源：《北京晚报》2015年4月16日第7版、《浏阳日报》2015年3月23日第4版）

（唐继武整理）

文件选登

中共浏阳市委
浏阳市人民政府
关于印发《浏阳市人民政府职能转变和机构改革方案的实施意见》的通知

浏发〔2015〕6号

各乡镇党委、街道工委，各乡镇人民政府、街道办事处，市直各单位：

现将《浏阳市人民政府职能转变和机构改革方案的实施意见》印发给你们，请认真组织实施。

中共浏阳市委
浏阳市人民政府
2015年8月31日

浏阳市人民政府职能转变和机构改革方案的实施意见

根据《中共中央国务院关于地方政府职能转变和机构改革的意见》(中发〔2013〕9号)、《中共湖南省委湖南省人民政府关于市县政府职能转变和机构改革的意见》(湘发〔2014〕14号)和《中共长沙市委办公厅长沙市人民政府办公厅关于印发〈浏阳市人民政府职能转变和机构改革方案〉的通知》(长办〔2015〕20号)精神，结合我市实际，提出以下实施意见。

一、指导思想和基本原则

(一) 指导思想

高举中国特色社会主义伟大旗帜，以邓小平理论、“三个代表”重要思想、科学发展观为指导，贯彻落实党的十八大和十八届二中、三中、四中全会精神，适应社会主义市场经济发展需要，围绕全面深化改革和建立中国特色社会主义行政体制目标，与国务院、省政府、长沙市政府职能转变和机构改革相衔接，从我市实际出发，以职能转变为核心，大力简政放权，优化机构设置，理顺职责关系，严控人员编制，努力建设人民满意的法治政府和服务型政府。

(二) 基本原则

1. 切实转变政府职能。按照全面深化改革的要求和精简、统一、效能的原则，积极推进政府转变职能，深化行政审批制度改革，减少行政审批事项，理顺职责关系，突出政府履职重点，更加注重公共服务。

2. 因地制宜推进改革。在搞好上下衔接对应的同时，积极探索符合我市特点的改革路子，紧密结合全面深化改革和事业单位分类改革，探索创新，加大机构和职责整合力度，因地制宜、统筹协调推进政府机构改革。

3. 依法依规加强管理。按照行政体制改革的总体要求，依法依规解决机构设置不规范、行政职能体外循环、权责不一致和政企、政事、政资不分等现实问题和历史遗留问题，实现机构编制管理科学化、规范化、法制化。

4. 积极稳妥有序实施。正确处理改革、发展、稳定的关系，客观分析和把握改革力度与各方面可承受程度，寻求改革的最大公约数。坚持统筹规划与分步推进相结合，着重解决当前突出问题，条件成熟的事项积极推进，尚未具备条件的逐步研究解决。

5. 严格控制机构编制。坚持机构限额和编制总额不突破。建立健全机构编制管理与财政预算管理、组织人事管理的协调配合机制。通过创新管理，严控总量，盘活存量，优化结构，实现机构编制增减平衡，提高机构编制资源效用。

二、加快政府职能转变

把政府职能转变放在更加突出的位置，处理好政府与市场、政府与社会、政府层级间的关系，把该放的权力放开放到位，把该管的事情管住管好，强化对行政权力的制约监督，推动政府职能向创造良好发展环境、提供优质公共服务、维护社会公平正义转变，进一步激发市场和社会的创造活力，切实提高政府管理科学化水平。

(一) 推进简政放权，激发市场、社会和基层活力

1. 最大限度精简行政审批事项。把深化行政审批制度改革作为职能转变的重要抓手和突破口，最大限度精简行政审批事项。做好上级政府下放行政审批事项的承接工作，转给市场和社会的，任何部门不得截留或变相审批。明确由市本级审批的事项要接好管好，有必要由上级政府进一步取消和下放的，由政府汇总上报并提出调整建议。

进一步清理现有投资审批、生产经营活动审批、资质资格许可和认定、评比达标表彰、考核评估、年检年审等事项。全面清理不符合法律法规、利用“红头文件”设定的非行政许可审批项目。除依照《行政许可法》要求具备特殊信誉、条件或技能的职业行业外，其他资质资格许可一律取消。除法律、行政法规或市政府有明确规定的外，政府部门或政府部门委托专业机构对企业、社会组织发展情况的评比达标、检查评估活动一律取消，依附于政府机关的各类评估咨询等机构一律脱钩。

2. 加强对行政审批事项的管理。贯彻执行《浏阳市行政审批事项目录管理暂行办法》，结合我市实际，对已公布的行政审批事项目录实行动态管理，没有纳入目录的一律不得实施，每年根据调整变动情况予以更新。今年要清理并取消非行政许可审批事项，确需保留的要通过法定程序调整为行政许可或其他职权事项。推行政府权力清单、责任清单制度，推进行政审批标准化，实行重大项目审批代理制和并联审批制，对保留的行政审批事项，要优化审批流程，推行“阳光”审批。最大限度减少预审和前置审批环节，创新审批方式，明确办理时限，公开办理流程，接受社会监督。今后，一般不再新设行政审批事项，确需设立的，必须严格遵守《行政许可法》的规定，加强论证和审查，严格审批程序，防止行政审批事项边减边增、明减暗增。

3. 进一步加强和规范财税管理。建立透明预算制度，进一步推进预算信息公开工作。完善政府预算体系，将政府收支全部纳入预算管理。完善财政预算和国库管理等相关支出管理，强化预算约束，严格预算执行，预算一经审定，原则上不得调整和追加；健全预算管理、绩效管理及绩效评价结果应用机制。严格执行“收支两条线”，对非税收入项目尤其是涉企收费事项进行清理、规范、公示，实行目录管理。

4. 推进商事登记制度改革。放宽登记和审批条件，降低市场准入门槛，将注册资本实缴登记制改为认缴登记制，由“先证后照”改为“先照后证”。加强和改进政府部门服务，厘清部门审批监管职责，提升整体监管效能，建立高效有序的市场监管体系。全面推行注册资本登记制度改革，继续完善和实施商事登记改革试点。

5. 加快培育发展社会组织。重点培育、优先发展行业协会商会类、科技类、公益慈善类、城乡社区服务类社会组织，民政部门依法加强登记审查和监督管理。指导社会组织完善治理结构，强化行业自律，规范行业管理，充分发挥其提供服务、反映诉求、规范行为的作用。2017 年基本形成布局合理、结构优化、功能完善、运行有序的社会组织体系。

(二) 改革政府管理，强化事中事后监管

1. 改善和加强宏观管理及市场监管。各部门要转变管理理念，改进工作方式，加强事中事后监管，有效履行职责，避免管理缺位，防止“一放就乱”。政府着重加强公共服务、社会管理、市场监管、环境保护等方面的职责。加大对市场主体和市场行为的监管力度，着力规范市场秩序。市场监管原则上实行属地管理，执法重心逐步下移，建立权责统一、权威高效的行政执法体制。

2. 改善和加强基本公共服务保障。改进和创新公共服务提供方式，鼓励和公平对待社会力量提供医疗卫生、教育、文化、群众健身、社区服务等公共服务。积极稳妥地推进政府向社会购买服务工作，凡属事务性管理服务，原则上都要引入竞争机制，通过合同、委托等方式向社会购买。建立健全政府购买服务的标准、招投标和监督评估等制度，在与民生密切相关的领域先行试点并稳步推进。

(三) 加强依法行政，规范行政权力运行

1. 加快法治政府建设。全面落实《法治湖南建设纲要》，加快推进依法治市建设。完善依法行政各项制度，推进政府事权规范化、法律化，坚持用制度管权管事管人，提高政府公信力和执行力。

2. 加大政务公开力度。严格执行政府信息公开条例，推进决策公开、执行公开、管理公开、服务公开、结果公开，主动接受群众监督，逐步实现政务公开规范化、标准化、法制化。

3. 完善决策监督制度。认真落实《湖南省行政程序规定》，完善科学民主依法决策机制，建立行政机关内部重大决策合法性审查机制，对涉及经济社会发展全局的重大决策和涉及公众切身利益的重大事项，将公众参与、专家论证、风险评估、合法性审查和集体讨论确立为法定程序，并建立决策评估和纠错制度。建立健全各项监督制度，拓宽群众监督渠道，将权力置于人民群众的监督之下。强化督导督查，完善行政问责制度，改进和规范绩效管理，建立重大决策终身责任追究制度和责任倒查机制，严格责任追究，突出责任落实，做到有令必行、有禁必止。

三、深化政府机构改革

按照精简、统一、效能的原则和稳步推进大部门制改革的要求，结合我市实际，规范机构设置，加大机构和职责整合力度，理顺职责关系，加快形成精干高效的政府组织体系。

(一) 合理设置政府工作机构

1. 市政府工作部门

① 保留市人民政府办公室，挂市人民政府法制办公室牌子。

② 保留市发展和改革局，挂市物价局牌子。将市人口和计划生育局研究拟定人口发展战略、规划及人口政策的职责划入市发展和改革局。

③ 市工业和信息化局更名为市经济和信息化局。

④ 保留市教育局。

⑤ 保留市科学技术局，挂市知识产权局牌子。

⑥ 保留市住房和城乡建设局。将市气象局防震减灾职能划入市住房和城乡建设局。将市城乡规划局的行政职能、市住房保障局的行政职能适时划入市住房和城乡建设局。

⑦ 保留市公安局。

⑧ 保留市民政局。

⑨ 保留市司法局。

⑽ 保留市财政局。市金融工作办公室调整为市政府管理的正科级事业单位。

⑾ 保留市人力资源和社会保障局。

⑿ 保留市国土资源局。将房屋登记、农村土地承包经营权登记（予以五年过渡期）、林权登记、水域滩涂养殖权登记职责划入市国土资源局。

⒀ 保留市交通运输局。将市公路管理局的行政职能、市交通运输管理所的行政职能适时划入市交通运输局。保留市公路管理局、市交通运输管理所。

⒁ 保留市水务局。

⒂ 重新组建市农业局。将市委农村工作部（市政府农村工作办公室）的职能、市农业局的职能整合，重新组建市农业局，为市政府工作部门，挂市委农村工作办公室牌子。将市畜牧兽医水产局的行政职能适时划入市农业局。不再保留市委农村工作部（市政府农村工作办公室）、原市农业局。原市委农村工作部（市政府农村工作办公室）所属的事业单位调整为市农业局所属。

⒃ 保留市林业局。

⒄ 保留市文化体育广播电视局，挂市新闻出版局牌子。

⒅ 组建市卫生和计划生育局。将市卫生局除餐饮服务许可和餐饮业、食堂等消费环节食品安全监管、全市爱国卫生工作、乡村环境卫生整治以外的职能以及市人口和计划生育局计划生育管理和服务的职责整合，组建市卫生和计划生育局，为市政府工作部门。不再保留市卫生局、市人口和计划生育局。原市卫生局、市人口和计划生育局所属的事业单位调整为市卫生和计划生育局所属。将市妇幼保健院的妇幼保健职能、市计划生育技术服务站的职能整合，组建市妇幼保健计划生育服务中心，为市卫生和计划生育局所属的事业单位。

⒆ 保留市审计局。

⒇ 保留市城市管理和行政执法局。将原市卫生局全市爱国卫生工作职责、乡村环境卫生整治职责划入市城市管理和行政执法局。市爱国卫生运动委员会办公室由原市卫生局管理调整为市城市管理和行政执法局管理。市爱国卫生运动委员会办公室挂市城乡环境整治办公室牌子。

(21) 保留市环境保护局。

(22) 保留市统计局。

(23) 保留市安全生产监督管理局。将原市工业和信息化局煤炭生产安全监管职责划入市安全生产监督管理局。

(24) 组建市市场和质量监督管理局。将市食品药品监督管理局（市食品安全管理办公室）的职能、市商务局酒类流通食品安全监管等行政职能、原市卫生局餐饮服务许可和餐饮业、食堂等消费环节食品安全监管的职责、市工商行政管理局的职能、市质量技术监督局的职能整合，组建市市场和质量监督管理局，为市政府工作部门，挂市食品药品监督管理局、市食品安全委员会办公室牌子。不再保留原市食品药品监督管理局（市食品安全管理办公室）和市工商行政管理局、市质量技术监督局。原市食品药品监督管理局（市食品安全管理办公室）、市工商行政管理局、市质量技术监督局所属机构调整为市市场和质量监督管理局所属。

(25) 保留市监察局，挂市预防腐败局牌子。与中共浏阳市纪律检查委员会机关合署办公。

(26) 市人民防空办公室由市政府办公室所属事业单位调整为市政府工作部门。

市监察局列入市政府工作部门序列，不计入市政府机构个数。市人民防空办公室既是市国防动员委员会的常设办事机构，也是市政府人民防空工作主管部门，列入市政府工作部门序列，不计入市政府机构个数。

2. 市政府派出机构

浏阳经济技术开发区管理委员会（正县级）。

3. 市政府直属事业单位

① 组建市商务合作局。将市商务局技术性、服务性职能与市招商合作局职能整合，组建市商务合作局，挂市投资促进事务局牌子，为市政府直属事业单位，保留正科级。不再保留市商务局、市招商合作局。原市商务局、市招商合作局所属的事业单位调整为市商务合作

局所属。

⑵ 保留市城乡规划局。

⑶ 保留市粮食局。

⑷ 保留市旅游局。

⑸ 保留市畜牧兽医水产局。原市商务局牲畜屠宰监管职责由市政府委托市畜牧兽医水产局承担。

⑹ 保留市住房保障局。

⑺ 保留市政务服务中心。

⑻ 保留市供销合作总社。

⑼ 保留市工务局。

⑽ 保留市鞭炮烟花管理局。

⑾ 市招标投标监督管理办公室调整为市政府直属事业单位。

（二）统筹推进相关改革

1．推进事业单位分类改革

政府机构改革要与事业单位分类改革相协调，对承担行政职能的事业单位，逐步将其行政职能划归相关行政机构或转为行政机构，具体做法：按照“分门别类、区别对待，先进笼子、下步明确，成熟一个、处理一个，平稳过渡、逐步规范”的思路，适时进行调整规范。

2．规范机构设置

政府不再设置部门管理机构，政府工作部门内设机构要综合设置。政府工作部门的机构规格为正科级。全面清理规范限额外自定行政机构，从严规范和管理合署办公机构、政府派出机构、开发区（含各类经济功能园区）管理机构、挂牌机构、议事协调机构和临时机构。不得超限额自定行政机构，挂牌机构不得设为实体机构，议事协调机构不单设办事机构，具体工作由相关职能部门承担。不再新设立承担行政职能的事业单位。部门所属事业单位机构规格一般应低于主管部门的机构规格。

3．理顺职责关系

按照同一件事情由一个部门负责的原则，最大限度解决部门职责交叉和分散问题，建立健全部门间的协调配合磋商机制。整合业务相同或相近的检验、检测和认证机构，推进具备条件的检验、检测和认证机构的整合。

理顺公共资源交易管理体制。进一步改革完善公共资源管理体制和运行机制，将分散的各类公共资源交易逐步纳入公共资源交易平台。

推进行政执法体制改革。有机整合同一部门、同一领域内的执法机构和队伍，减少执法队伍种类，积极推进综合执法，有条件的领域可以推进跨部门综合执法。

四、严格控制机构编制

按照财政供养人员只减不增的要求，严格控制机构编制，创新机构编制管理，严肃机构编制纪律，切实解决机构庞杂、人员臃肿、人浮于事等现象，确保机构编制得到有效控制。

（一）严控机构编制总量

涉及改革的部门和单位人员编制调整，必须在编制总量内进行，确保改革后不突破核定的各级行政编制总额和各类专项编制员额。事业编制总额以2012年底统计数为基数，由市政府负责总量控制，制定并落实控编减编工作方案。严禁新设承担行政职能的事业单位和从事生产经营活动的事业单位，严禁将行政职能转由事业单位承担，做到参照公务员管理事业单位、经费自理事业单位、职能萎缩事业单位的机构编制和机关后勤服务事业编制只减不增。严格控制经费自理事业编制转为财政补助事业编制。严格落实人员编制与经费预算联合管控办法，在2012年底财政供养人员总量内，以编制数为依据核定经费，原则上不再考虑增人因素。采取有效措施清理编外人员，妥善处理编外用人问题。

（二）创新机构编制管理

按照严控总量、盘活存量、优化结构、增减平衡的要求，坚持“要增编、必清理、先减法、后加法”的原则，对职能未做大的调整、工作任务没有大幅度增加、内部还有空编、没有提出编制使用情况评估意见和内部挖潜具体措施的部门，机构编制部门不受理和研究其增编事项；对职责相近、设置重复分散、规模过小的事业单位，予以撤并整合；对职能减少、工作任务不饱和的单位，相应划转、核减、收回人员编制。加强事关中心工作、全局工作和重大民生保障方面的人员力量。进一步完善机构编制和组织、财政、人力资源和社会保障等部门协调配合机制，全面推行和不断完善机构编制实名制。加大政府购买服务力度，对可由市场提供、社会承担的公共服务，逐步通过政府购买服务或由政府设立公益岗位的方式完成。

（三）严肃机构编制纪律

任何组织、单位和个人都必须严格遵守机构编制各项法律法规和政策。继续深入开展干部人事和机构编制领域突出问题专项治理工作。严禁行政编制和事业编制混用。不得以会议、文件、领导讲话、项目经费和评比达标等形式干预机构编制事项。要将机构编制政策规定执行情况纳入党委和政府督查工作范围，纳入审计、绩效评估和领导班子及成员考核内容，健全机构编制监督检查协调机制，加大对机构编制违纪违法行为的查处力度，对相关责任人员，按照有关党纪政纪规定严肃处理，维护机构编制管理的严肃性和权威性。

五、关于机构改革中几个具体问题的意见

（一）部门职责、内设机构、人员编制和领导职数的确定

1．部门职责的确定。部门职责是其履行工作职能的主要依据，要依法依规予以确定：一是凡与国务院和省、长沙市政府对应设置的部门，其主要职责原则上大体对应；二是国务院和省、长沙市政府无对应部门的，以部门原“三定”规定主要职责为基础；三是部门职责调整，应以现行法律、法规和上级有关文件和规定为依据，上级临时交办的事项、阶段性任务不列入部门的主要职责。

2．内设机构的核定。内设科室名称应体现承担的主要职责，政府工作部门内设机构一般称科、室。涉及职责调整的部门，其内设机构要根据职责调整变化情况和自身履职要求进行调整优化；合并新组建的部门，内

设机构要整合和精简。内设机构人员编制数一般不少于3名，业务科（室）应占内设机构总数的60%以上。

3. 人员编制的核定。按照严格控制机构编制总量的原则，职能整合、职能削弱的，相应核减编制，所腾出的编制主要用于新增职责的单位以及新列入市政府机构序列的单位。编制核定的原则：一是合并新组建的部门，行政编制总量精简20%；二是涉及职责调整变化的部门，其人员编制核定按照“人随事走”的原则办理；三是所属事业单位行政职能回归机关的，适当增加行政编制，每个部门最多不超过2名。按照上级此次机构改革的要求：本轮政府职能转变和机构改革涉改单位重新核编后，实有人员超编的，除国家政策性安置外，超编单位原则上“只出不进”，逐步消化到核定的编制以内。

4. 领导职数的核定。严格按中央有关规定和《中共湖南省委办公厅湖南省人民政府办公厅关于〈湖南省党政群机关领导职数设置管理规定〉的通知》（湘办发〔2012〕23号）和长沙市批复要求核定领导职数，严格按规定职数配备领导干部，不再实行“低职高配”，原超职数配备的逐步消化。

（二）机关党组织及工青妇等群团组织办事机构、离退休工作机构、纪检监察机构，按有关规定和章程设置。

六、认真抓好组织实施

政府职能转变和机构改革在市委、市政府的统一领导下，由市机构编制委员会负责组织实施，编委办具体负责职能转变和机构改革的日常工作，有关部门须密切配合。政府机构改革工作于2015年底前完成，职能转变工作在3到5年内按照中央和省、长沙市部署要求完成。

（一）加强组织领导

涉及职能转变和机构改革部门的“一把手”要负总责，成立精干高效的工作班子，负责本部门职能转变和机构改革的具体工作。调整设立的单位，在新机构正式组建之前，原有机构及其工作人员要继续履行职能职责，积极做好衔接工作，防止工作出现脱钩断档现象。涉及职能、机构、人员编制和财产等划转的单位，要做好交接工作，处理好遗留问题。要加强思想政治工作，正确处理改革、发展、稳定的关系，确保思想不散、工作不断、秩序不乱。

（二）抓好方案实施

按照政府职能转变具体实施方案，明确职能转变的目标要求、主要任务和工作重点，研究制定3到5年内职能转变总体安排和工作步骤，确保职能转变工作规范有序、及时到位。对体制调整及职能整合等，要有细化方案和严密程序，明确任务分工和时间节点。根据职能转变要求，按程序抓紧清理和修订政府规章。要做好调整变动部门的“三定”工作，进一步理顺职责关系，明确和强化责任，完善内部机构设置，规范领导职数配备。

（三）严肃改革纪律

各部门要严格执行改革纪律和机构编制管理有关规定，严禁突击提拔干部、突击进人，严防国有资产流失，对违纪违法的，一经发现，坚决查处。各部门要密切配合，积极履行职责，确保顺利完成改革任务。组织部门负责领导干部配备调整和相关部门党组织设置工作；机构编制部门负责政府职能转变和机构改革的日常工作；人力资源和社会保障部门负责划转人员调配相关工作；财政、审计部门负责对执行财经纪律的监督检查；纪检监察部门对机构改革工作实行全程监督检查，对改革中出现的违规违纪行为要及时查处。政府职能转变和机构改革任务完成情况列入绩效考核和领导班子及成员考核内容，市委、市政府适时派出督查组，对各部门转变职能、简政放权情况进行督促检查，对各部门“三定”规定实施情况进行检查和评估，确保各项改革措施落到实处、取得实效。

中共浏阳市委办公室
2015年8月31日

中共浏阳市委
浏阳市人民政府
关于浏阳市人民政府机构设置的通知

浏发〔2015〕7号

各乡镇党委、街道工委，各乡镇人民政府、街道办事处，市直各单位：

《浏阳市人民政府职能转变和机构改革方案》已经长沙市委、市政府批准，现将改革后的浏阳市人民政府工作机构设置情况通知如下：

一、市政府工作部门（24个）

浏阳市人民政府办公室（挂浏阳市人民政府法制办公室牌子）

浏阳市发展和改革局（挂浏阳市物价局牌子）

浏阳市经济和信息化局

浏阳市教育局

浏阳市科学技术局（挂浏阳市知识产权局牌子）

浏阳市住房和城乡建设局

浏阳市公安局

浏阳市监察局（挂浏阳市预防腐败局牌子）

浏阳市民政局

浏阳市司法局

浏阳市财政局

浏阳市人力资源和社会保障局

浏阳市国土资源局

浏阳市交通运输局

浏阳市水务局

浏阳市农业局（挂中共浏阳市委农村工作办公室牌子）

浏阳市林业局

浏阳市文化体育广播电视局（挂浏阳市新闻出版局牌子）

浏阳市卫生和计划生育局

浏阳市审计局

浏阳市城市管理和行政执法局

浏阳市环境保护局

浏阳市统计局

浏阳市安全生产监督管理局

浏阳市市场和质量监督管理局（挂浏阳市食品药品监督管理局、浏阳市食品安全委员会办公室牌子）

浏阳市人民防空办公室

浏阳市监察局与中共浏阳市纪律检查委员会机关合署办公，列入市政府工作部门序列，不计入市政府机构个数。浏阳市人民防空办公室既是市国防动员委员会的常设办事机构，也是市政府人民防空工作主管部门，列入市政府工作部门序列，不计入市政府机构个数。

二、市政府派出机构（1个）

浏阳经济技术开发区管理委员会（正县级）

三、市政府直属事业单位（11个）

浏阳市商务合作局（挂浏阳市投资促进事务局牌子）

浏阳市城乡规划局

浏阳市粮食局

浏阳市旅游局

浏阳市畜牧兽医水产局

浏阳市住房保障局

浏阳市政务服务中心

浏阳市供销合作总社

浏阳市工务局

浏阳市鞭炮烟花管理局

浏阳市招标投标监督管理办公室

中共浏阳市委

浏阳市人民政府

2015年8月31日

LYDR—2015—00001

浏阳市人民政府
关于加快现代农庄发展的意见

浏政发〔2015〕3号

各乡、镇人民政府，街道办事处，市直有关单位：

为加快培育新型农业主体，推动我市休闲农业转型升级，促进城乡统筹发展，增强农业农村发展活力，提升宜居浏阳城市品牌，根据《湖南省人民政府办公厅关于加快休闲农业发展的意见》（湘政办发〔2012〕109号）、《长沙市人民政府关于加快现代农庄发展的意见》（长政发〔2014〕32号）等相关文件精神，现就加快我市现代农庄发展提出如下意见。

一、指导思想

以党的十八大和十八届三中全会精神为指导，按照“一个农庄就是一个产业园、生态园、文化园和农业公园”的发展定位，重点支持产业突出、特色鲜明、环境优美、管理规范、示范带动性强的现代农庄，不断提升休闲农业发展水平，促进我市现代农业升级发展。

二、基本原则

（一）政府引导，市场运作。在制约行业发展的土地、税收、道路、用水等方面统筹安排，在政策扶持、公共设施、资金投入、规范管理、宣传推广等方面加大支持和引导力度。鼓励工商企业、农民专业合作组织、农业产业化龙头企业、农户和个人等在符合规划的前提下投资现代农庄建设。

（二）因地制宜，两型发展。充分考虑区位交通、自然生态、民俗文化条件以及投入能力、市场容量和环境承载因素，突出资源节约与环境友好“两型”结合，着力推进农业产业化经营，打造特色休闲农业产品，完善产业功能，促进现代农庄和农村三产业协调发展。

（三）创新方式，协调推进。坚持规范有序，统筹城乡发展，合理进行产业布局。完善扶持政策，拓展产业链条，增强幅射带动能力。加强行业管理，创新发展方式，完善服务体系，优化发展环境，保障现代农庄建设有序、协调推进。

三、目标任务

从2014年起，逐年培育一批以农业产业、民俗文化、红色和生态旅游等为主题的现代农庄；到2020年，全市现代农庄带动农民从业10万人以上，固定资产投入年均增长30%以上，年接待游客400万人次以上，经营收入达到20亿元，辐射带动农业产业面积20万亩。

四、工作重点

（一）突出规划指导

把现代农庄建设作为新农村建设的一项重要工作，纳入新农村建设范畴，做好统一规划，协调发展。按照“因地制宜、合理布局、突出特色、和谐发展”的要求，编制我市现代农庄发展规划。

（二）推进项目建设

从2014年起，每年安排6－10个现代农庄项目，重点培育和支持一批经营主体和优势项目，提升现代农庄建设与发展水平。市农业部门要认真做好项目推选工作，把产业基础好、发展潜力大、带动能力强的农庄列入培育发展计划。把思想理念新、开拓精神足、运作能力强、投资实力大、农业热情高的投资者作为项目推选的重要条件。加强项目建设管理，加大帮扶力度，促进项目建设。

（三）狠抓招商引资

鼓励本土企业和民间资本转型投资休闲农业和现代农庄建设，同时，制订招商引资优惠政策，积极组织对外招商，吸引资本来我市投资休闲农业和现代农庄，拉动休闲农业和现代农庄发展，促进全市经济腾飞。

（四）创建示范品牌

支持“全国休闲农业与乡村旅游示范点”和国家级、省级星级休闲农庄建设，在全市培育创建全国休闲农业与乡村旅游示范点和国家级五星农庄5个，省级五星、四星、三星休闲农庄10个、15个、20个；建设1个省级示范农庄（休闲农业特色产业园）、10个长沙市示范农庄、50个标准农庄。

（五）推动改革创新

清除思想观念障碍，突破瓶颈制约，以办工业和旅游业的理念、手段和方法，坚持市场化运作，创新发展模式，加大推进力度，调动一切积极因素，优化发展环境，增强现代农庄发展动力。积极探索农村土地承包经营权流转机制，推进农村土地所有权、承包权、经营权改革，着力解决现代农庄稳定发展和必要的建设用地问题，激发现代农庄的发展活力。

五、主要措施

（一）加强组织领导

由主管农业副市长牵头，市政府办、发改、财政、国土、交通、农办、水务、农业、林业、畜牧、旅游、规划、电力、税务等部门参与，各有关部门通力协作，共同推进现代农庄发展。市农业局牵头组织项目申报、审核、建设指导和验收评审。要建立长效机制，定期召开联席会议，沟通情况，研究解决现代农庄发展中的问题。各级各部门要认真履职，密切配合，切实按照各自的职能分工，建立“绿色通道”，认真落实各项优惠扶持政策。

（二）加大扶持力度

1．专项政策扶持

从2015年起，市财政将现代农庄发展资金列入财政预算，每年安排200万元专项发展资金。现代农庄项目分示范农庄和标准农庄两类，在规定建设期限内完成建设内容，经验收评审达标，每年择优支持示范农庄项目1—2个，每个补助50万元；支持标准农庄项目5—8个，每个补助10万元。获得全国休闲农业和乡村旅游农业示范点的农庄，每个补助20万元；获得国家级五星、省级五星、省级四星、省级三星的休闲农庄，每个分别补助20万元、10万元、5万元、3万元；获得中国驰名商标和地理标志的，依据《关于鼓励和支持民营经济发展的若干意见》（浏政发〔2013〕17号）有关规定给予奖励。参加中国（湖南）中南农业博览会和中国（武汉）农业博览会的农庄，每个补助5000元；参加全国性其它农业博览会的农庄，每个补助2000元。

2．产业及配套项目扶持政策。列入市级现代农庄建设项目的，在符合政策和立项条件的情况下，由市直部门依法给予重点支持。

① 水稻产业：种植双季稻的，新建育秧连栋大棚每座补助4万元，钢质单体大棚每个补助2000元，行距25厘米高速插秧机每台补贴1—2万元；购进国家补贴目录的农业机械，按农机购置补贴政策补贴；集中种植水稻500亩、购置农业机械100万元以上且在耕、种、播、收、植保、烘干六个环节全部实行机械化作业的每户补助15万元。

② 蔬菜产业：新建标准钢架大棚，面积200平方米以上，每个补助2000元；新建双层大棚试验区，550平方米以上，跨度10米，每个补助8000元；新建智能化连栋大棚，面积2000平方米，每平方米补助45元。

③ 经济作物类产业：集中连片种植高效特色经济作物，达到一类示范基地标准，通过验收后，水果每亩补助200元，茶叶或中药材每亩补助100元。

④ 畜禽养殖和水产类产业：畜禽养殖在《“十二五”规划》中的“适养区”内，年出栏生猪500头以上、符合动物防疫条件、养殖档案健全、投入品使用规范、实施标准化改造或扩建的生猪养殖场（户），经验收合格优先给予扶持，一次性每场（户）补助5万元，原已享受标准化项目补贴项目的不重复享受；年出栏湘东黑山羊200只以上、符合动物防疫条件、养殖档案健全、投入品使用规范、栏舍标准的，优先给予湘东黑山羊地方品种保护和产业发展扶持，一次性每户补助3万元，原已享受黑山羊项目补贴的不重复享受；从事其它畜禽养殖的市级现代农庄，优先纳入国家政策扶持范围；符合水域滩涂养殖证办理条件的，优先审批核发《水域滩涂养殖使用证》。

⑤ 林业产业：对新创建省级或省级以上休闲农业示范点、五星级农庄予以林下经济项目专项支持。

⑥ 水利设施建设：对山塘清淤扩容（容积在500立方米以上，10万立方米以内），新建或更新改造小型灌溉泵站（总装机小于1000千瓦），沟渠疏浚（以小流域或小灌区为片区进行申报，沟渠断面不小于1平方米），小型河坝维修加固（坝长3—20米），水稻、蔬菜、茶叶、水果基地及水产养殖等现代农业项目水利设施配套改造（面积在500亩以上），项目符合县级农田水利建设规划，相对连片，具有一定规划的，经验收合格后，申报长沙市按以下标准进行补助：山坪塘清淤扩容项目按正常蓄水水面面积每亩补助800元；新建或更新改造小型灌溉泵站项目每千瓦补助2000元；沟渠疏浚项目每公里补助2万元；小型河坝维修加固项目按维修加固所需砼量每立方米补助160元；现代农业项目水利设施配套改造(不另按单项工程补助)：水稻每亩补助400元、水产养殖每亩补助400元、蔬菜每亩补助600元、喷滴灌等高效节水工程每亩补助800元。在长沙市补助的基础上，浏阳本级财政给予适当补助。

⑦ 园区道路建设：现代农庄园区内主干道纳入公路统筹，新建或提质改造（水泥道路改沥青路）主干道，符合农庄建设总体规划，按照长沙市乡村公路标准建设，由市交通运输局统一向长沙市交通运输局申报立项，按基本建设程序实施，经市、县验收合格后，在长沙市核定补助的基础上，每公里配套补助4万元。

⑧ 沼气开发：发展“猪—沼—稻（果、茶、菜、鱼）”等生态农业模式，实现资源利用，种养平衡，生态高效。根据生产规模，优先安排大中型沼气综合利用工程、养殖小区及联户沼气工程、沼气利用综合服务建设等中央、省市生态能源建设项目。

⑨ 农业综合开发：国家级、省级五星休闲农庄，享受农业产业化龙头企业待遇，符合条件的，优先推荐申报上级农业综合开发项目。

3．用地保障支持

现代农庄的建设用地控制在用地总量的3%以内，按农村集体建设用地办理审批手续；列入重点项目建设计划的，按重点建设用地优先予以立项申报，优先安排城乡用地增减指标；对于符合条件的集体建设用地项目，优先办理土地流转手续；对经过批准建设的附着于土地之上，用于生产、经营以及必要的生活设施和建筑依法办理有关权证。

4．税费优惠支持

当年固定资产投资总额在2000万元以上的项目，经评估核实后，免收本级行政事业性收费、服务性收费和各类基金；年上缴税收首次突破200万元、500万元、1000万元、2000万元的，根据其年实际上缴税额，按照本市有关税收贡献奖励办法给予奖励。

5．项目优先支持

列入示范农庄和标准农庄项目建设的休闲农庄，优先推荐申报国家、省、长沙市相关扶持项目，优先推荐申报国家级休闲农业示范点、省特色产业示范园、长沙市示范农庄和标准农庄等项目，优先推荐申报国家级、省级星级农庄。

6. 信贷融资支持

农业银行、农村商业银行和其他商业银行等金融机构要研发适应于现代农庄发展的配套信贷产品，充分利用产业链贷款、应收帐款质押贷款、经营权质押贷款、农户联保贷款、农户小额贷款、农村个人生产经营贷款、农房抵押贷款等新型贷款形式满足现代农庄信贷资金需求。

㈢ 完善服务体系

1. 加大宣传力度。各相关部门要重视现代农庄的宣传推介工作，搞好现代农庄的策划、包装，支持现代农庄创新营销方式，广泛利用互联网、报刊、电视、广播等多种媒体和大型会展，有计划、有重点地进行宣传推介。要结合乡村旅游，科学规划现代农庄精品旅游线路，完善主干道标识、标牌系统，加快现代农庄的品牌化发展。

2. 优化发展环境。各级各部门应着眼于农业第二市场的培育，不断优化现代农庄发展环境，严禁对现代农庄“乱收费，乱摊派，乱罚款，乱检查”。相关部门执法人员进行检查，要依法依规，亮证执法。

3. 加强管理保障。市农业部门要加强行业指导，规范服务行为，履行管理职责。要充分发挥休闲农业协会桥梁纽带作用，提高社会参与水平。严格实施国家级、省级星级农庄评定标准，组织开展星级农庄初评。制定项目申报、管理、考核办法，实施跟踪管理、绩效评估。建立退出机制，对产业发展不好，经营管理不善，效益低下，特别是发生安全责任问题的，依法实行停业整改，取消各类扶持补助，取消项目评定资格，同时，建议上级取消示范农庄、星级农庄资格。

五、附则

本意见自印发之日起实施。

浏阳市人民政府
2015 年 1 月 28 日

LYDR—2015—00003

浏阳市人民政府
关于印发《浏阳市旅游宣传促销奖励办法》的
通　　知

浏政发〔2015〕5 号

各乡、镇人民政府，街道办事处，市直相关单位：

现将《浏阳市旅游宣传促销奖励办法》印发给你们，请认真遵照执行。

浏阳市人民政府
2015 年 2 月 4 日

浏阳市旅游宣传促销奖励办法

第一条　为进一步做活旅游市场，调动旅行社开展地接业务的积极性，促进我市旅游市场快速发展，依据《国务院关于促进旅游业改革发展的若干意见》、《中共湖南省委湖南省人民政府关于加快发展旅游产业的决定》、《中共长沙市委长沙市人民政府关于加快现代旅游业发展建设旅游强市的决定》，结合我市实际，特制定本办法。

第二条　奖励对象：宣传推介浏阳旅游、组织招徕市外游客的地接旅行社、星级旅游饭店和旅游主管部门指定的接待场所；湘赣边区域的所有旅游企业均适用于本办法。

第三条　受奖励对象须符合下列条件：

（一）在工商行政管理部门登记注册，依法纳税，规范经营，并具备有关年检手续；

（二）自觉遵守国家法律、法规，本年度未受到行业主管部门的行政处罚；

（三）年度内未发生重大安全责任事故和重大旅游质量责任投诉；

（四）申请奖励的资料必须真实可靠。

第四条　对旅行社组织游客入浏旅游进行奖励，设立旅游人数奖，按下列标准执行且不重复计算：

（一）对于组织来浏一日游并有1个以上收费景区的门票消费，全年接待游客人数3000人次以上（含3000人次）的，奖励3000元；全年接待游客人数5000人次以上（含5000人次）的，奖励1万元；全年接待游客人数1万人次以上（含1万人次）的，奖励3万元；学生减半计算。

（二）对于组织来浏过夜游并有2个以上（含2个）收费景区的门票消费且在市旅游主管部门授牌或推荐的旅游消费场所进行了餐饮和住宿消费，全年接待游客人数2000人次以上（含2000人次）的，奖励3000元；全年接待游客人数3000人次以上（含3000人次）的，奖励1万元；全年接待游客人数5000人次以上（含5000千人次）的，奖励3万元；全年接待游客人数1万人次以上（含1万人次）的，奖励8万元；学生减半计算。

（三）对于组织境外旅游团队来浏旅游，并符合上述第（二）款“过夜游”条件的，全年接待游客人数300人次以上（含300人次）的，奖励3000元；每增加1人按20元／人给予奖励。

第五条　对旅游大团、旅游自驾车队、红色旅游及会议会展进行奖励，设立旅游专项奖：

（一）旅游大团奖：从市外一次性招徕、组织游客来浏旅游，游览1个以上有价门票景区（点）的，每趟人数在500人以上（含500人）的，一次性奖励承办旅行社3000元；每趟人数在1000人以上（含1000人）的，一次性奖励承办旅行社8000元；每趟人数在1500人以上（含1500人）的，一次性奖励承办旅行社1.2万元。

旅游自驾车队奖：从市外组织自驾车队来浏旅游，自驾车在30辆以上（含30辆），游客人数在100人以上（含100人），游览2个以上景区（点）且住宿1晚以上的，奖励承办单位3000元。属旅行社组织的，同一旅行社组织符合奖励条件的多趟自驾游车队来浏旅游，从第二趟起每一趟另行奖励1000元。

（三）红色旅游专线奖：对组织来浏旅游并游览1个以上（含1个）红色旅游景区（点）的，全年组织人数在3000人次以上的（含3000人次）的奖励3000元；全年组织人数在5000人次以上的（含5000人次）的奖励5000元；全年组织人数在10000人次以上的（含10000人次）的奖励1万元。

（四）会议会展奖：引进市外会议、展览和节庆活动，市外参会参展人数在100人以上（含100人），在浏游览1个以上（含1个）有价门票景区（点）且住宿1晚以上（含1晚）且市各级财政不承担任何会议费用并在景区（点）购票的，按20元／人的标准给予奖励。会议会展奖励不与旅游大团、自驾车队、红色旅游专线重复计算。

第六条　旅游专项奖不与旅游人数奖重复计算。

第七条　对旅游宣传和促销活动进行奖励，设立旅游市场开发奖：

（一）旅游促销活动奖：旅行社在市外自行组织浏阳旅游宣传促销活动，单次活动成本费用在2万元以上（含2万元）的，提前7个工作日向市旅游局申报并备案，经核实后报市领导批准后，给予该旅行社所承担经费10%的奖励。

（二）旅游宣传补贴奖：旅行社自行组织或委托市内外、境外旅行批发商和代理商推广我市旅游产品，投入资金在市外发布旅游目的地形象广告和旅游产品广告，宣传广告费用在3万元以上（含3万元）的，提前7个工作日向市旅游局申报并备案，经市财政局和旅游局核实，报市领导批准后，给予该旅行社广告费10%的奖励；媒体宣传报道（文字宣传1000字以上、视频宣传30秒以上的）按照县级、市级、省级、国家级标准分别给予宣传单位或个人400元、600元、1000元、2000元的奖励。

第八条　申请奖励，应当遵循下列程序：

（一）各旅行社需在每月8日前向市财政局和旅游局提交上月“浏阳市旅游地接奖励资金申报表”（见附件）、“浏阳市旅游地接团队月报表”，本办法规定必须提供的其它资料分别于每年的2、4、6、8、10、12月的8日前提交，对申报资料不完整的不予补报，逾期不报或申报不完整的一并视为自动放弃当月奖励。

（二）根据财政结账时间要求，年度奖励时间为1月至当年12月，次年1月进行申报，2月完成审核，兑现奖励。

（三）旅行社组织的旅游大团、旅游自驾车队、红色旅游专线、会议会展等活动，在团队抵达浏阳前三天，必须将详细的接待计划以书面形式上报市旅游局审核备案，无登记备案者不予奖励。

第九条　申请奖励，应当提供下列申报材料：

（一）湖南省旅行社导游委派及行程安排单（即电子行程单，需加盖申报单位公章，并由所到消费单位对游客实际人数签章认可）、确认件、行程结算单、消费单位的门票或发票、游客意见表、导游带团小结等。

（二）旅游团队入住浏阳市旅游星级饭店的住宿费发票和游览景区（点）门票发票的复印件（加盖申报单位公章）。

（三）组团社与铁路部门或自驾车队签订的专列或自驾游协议（含列车车次号或车辆台数、时间、双方单位名称等）。

（四）会议会展组委会的会议通知或邀请函等相关会议资料和参会参展人员名单（含姓名、单位、职位、联系电话或身份证号码）等资料。

第十条　在旅游单位如实申报奖励资料的基础上，由市财政局、市旅游局对申报奖励资料进行严格规范的审核，汇总讨论审定后，通过浏阳旅游局网站（http://www.lytravel.net/）进行公示。

第十一条　旅游产业发展奖励资金在旅游专项－旅游产业发展扶持资金中核拨。

第十二条　本办法核算年度为每年1月1日至12月31日。

第十三条　本办法自印发之日起实施。原《浏阳市旅游产业发展奖励办法》（浏政发〔2009〕8号）同时废止。

附件：浏阳市旅游地接奖励资金申报表

附件

浏阳市旅游地接奖励资金申报表

填报时间：　　年　月　日

申报单位（盖章）			
申报奖励类别（在对应框内划“√”）	□旅游人数奖	其中： □国内旅游奖	□入境旅游奖
	□旅游大团奖	□旅游自驾车队奖	□红色旅游专线奖
	□会议会展奖	□旅游促销活动奖	□旅游宣传补贴奖
符合奖励人数（人）		奖金（元）	
市旅游局审核意见	（盖章） 年　月　日		
市财政局审核意见	（盖章） 年　月　日		

注：每张表仅限一类别的奖励资金申报，多个类别的奖励资金的申报需按类分别填报

申报联系人：

联系电话：

LYDR—2015—00004

浏阳市人民政府
关于加强市域高速公路、国省干线公路两厢及重要河流两岸建设管理的通知

浏政发〔2015〕6号

各乡、镇人民政府，街道办事处，市直各单位：

为进一步加强我市高速公路、国省干线公路两厢及重要河流两岸的建设管理，合理使用建设用地，树立良好的城乡形象，根据《中华人民共和国土地管理法》、《中华人民共和国城乡规划法》、《中华人民共和国公路法》、《中华人民共和国水法》、《中华人民共和国广告法》、《中华人民共和国森林法》、《湖南省实施〈中华人民共和国土地管理法〉办法》、《湖南省实施〈中华人民共和国城乡规划法〉办法》等法律、法规规定，经研究，现就有关事项通知如下：

一、建设管理范围

市域高速公路指长浏、大浏、浏醴、沪昆高速公路及其互通连接线；市域国省干线公路指国道319、106浏阳段，省道309、310、103、211浏阳段、西北环线、金阳大道、永盛大道（开元大道）、永龙公路、南横线、北横线、浏中文公路等；重要河流指浏阳河、捞刀河及南川河浏阳段。

（一）禁止建设区：指城乡规划区外从公路用地（国、省道公路水沟外2米；县乡公路水沟外1米的范围内为公路用地）和重要河流两岸用地（行洪断面）外边缘起向外的距离，其标准为：国道不少于20米；省道不少于15米；高速公路用地（含匝道）不少于30米；西北环线、金阳大道、南横线、北横线、高速公路连接线不少于20米；永盛大道（开元大道）、永龙公路及浏中文公路不少于15米；浏阳河、捞刀河及南川河浏阳段不少于50米。

（二）控制建设区：高速公路、国省干线公路两厢及重要河流两岸500米范围内、禁止建设区外的用地。

（三）高速公路、国省干线公路及重要河流途经或流经城镇、村庄等城乡规划区的区段，按城乡规划相关要求控制。

二、建设管理要求

（四）任何单位和个人不得在禁止建设区内批准建设各类建筑物及设施。

（五）控制建设区内的建设须符合土地利用总体规划和城乡规划，各级人民政府应将控制建设区纳入城乡规划区范围，根据发展需要及时制定和完善相关城乡规划，科学合理布置居民点，编制控制建设区内居民点修建性详细规划，积极引导村民到居民点集中居住。控制建设区未纳入城乡规划区范围的，原则上应停止该区域内工程项目的审批和建设，但确需在该区域内利用集体土地建房的，按下列要求严格控制：

1. 严格执行一户一宅规定

一户只能拥有一处宅基地，村民原宅基改建或异地新建住宅后，旧宅必须拆除。

2. 严格审查村民建房条件

控制建设区内村民建房必须符合土地利用总体规划，选址原则上不得跨村（社区）、跨组，不得影响城乡重大基础设施及近期建设规划的实施。村民建房资格条件和用地规模由市国土部门审查确定，特别要严格审查迁入户及分户的村民建房资格条件，杜绝村民采用欺骗手段取得建房资格。

3. 严格控制村民建房规模

控制建设区内村民建房，建设规模以每户4人（含4人以下）为基准户，每基准户建筑占地面积不得超过120m²；超过4人的住户，建筑占地占用耕地面积不得超过130平方米，建筑占地占用其他地类情形由国土部门依法予以确定。已制定居民点修建性详细规划的，按规划办理村民住宅建设手续；未制定居民点修建性详细规划的，村民住宅建设一般不得超过两层。

（六）控制建设区内的各项建设须采取“设施先行，统一管理”的建设方式，避免零星建设。编制控制建设区内的城乡规划应坚持单边组团布局、科学合理组织交通、确保建设景观的原则。

（七）未依法办理项目审批手续，不得擅自在控制建设区内进行建设。确需在未纳入城乡规划的控制建设区内选址建设重大项目的，应由有关单位牵头，经国土、规划、林业、交通、公路或水务等部门联合审查后，按程序报市人民政府审批。

（八）控制建设区内经批准的在建建筑，按本通知要求完善相关审批内容，加强项目建设监管，确保项目建设品位。

(九) 乡镇人民政府、街道办事处应会同规划部门指导、组织控制建设区内的村民选用《村民住宅标准图集》中的图样建房。

(十) 交通、公路部门会同相关部门负责规范高速公路连接线及国省干线公路增设平面交叉道口的行政许可。

(十一) 在城市规划建设用地范围内设置户外广告的，由规划、公路、交通、城管、工商等部门依据户外广告规划依法审批。

(十二) 严格保护控制建设区内的自然生态，未经许可，任何单位和个人不得挖山取土、采伐、采挖林木，破坏自然山体。经有关部门批准改变地形地貌的，应及时进行绿化美化，确保人工建设与自然环境有机协调。

(十三) 水务部门负责组织编制我市重要河流流域保护规划，严格保护沿河生态环境。未经水务等部门批准，不得在重要河流河道内建设水上码头、水上娱乐等设施，不得随意挖沙毁坏河床、河堤。

三、建设管理责任

(十四) 各乡镇人民政府、街道办事处为建设管理范围的责任主体，应严格按照“属地原则”，结合城乡环境整治，把高速公路、国省干线公路及重要河流沿岸建设管理作为一项重要工作来抓，加大对辖区内规划建设管理范围的巡查力度，会同执法主体及时制止、查处违法建设。

(十五) 在高速公路及其互通连接线、国省干线公路两厢禁建区内进行建设的，由管辖区域责任主体会同相关执法主体依法查处。

(十六) 未经批准，在控制建设区范围内擅自修建各类违法建筑的，城市规划建设用地范围内的由城管部门、规划部门依法查处，建制镇、村庄集镇规划区内的由属地政府依法查处；不在城市规划建设用地范围内的由国土部门牵头依法查处。

(十七) 对建设管理范围内已建成的违法建筑，由管辖区域责任主体会同相关执法主体依法予以查处。

(十八) 水务部门按照职责要求，加强对重要河道、重点河段及其两岸的巡查，负责查处河道内影响行洪安全的违法建筑。

(十九) 在建设管理范围内随意挖山动土、破坏景观的，由国土、林业等部门牵头依法查处；未经审批、擅自设置户外广告的，由相关职能部门依法查处。

(二十) 建设管理范围内的建设管理工作纳入市政府对各责任主体的年度绩效考核范围，按照“谁审批谁负责”的原则，各有关单位要严格把关，履行职责，对工作不力，失职失察的，将依法依规追究相关责任人员的责任；对玩忽职守或滥用职权、徇私舞弊的，将依法依纪严肃处理。

(二十一) 今后所有市域新建交通干线按上述同等道路等级相应控制标准执行，不再另行文明确。

(二十二) 本通知自印发之日起开始实施，原印发的《浏阳市人民政府关于加强市域高速公路、国省干线公路两厢及重要河流两岸建设管理的通知》(浏政发〔2014〕2号) 同时废止。

浏阳市人民政府
2015年3月2日

LYDR—2015—00005

浏阳市人民政府
关于印发《浏阳市政府信息公开实施办法》的
通　　知

浏政发〔2015〕7号

各乡、镇人民政府，街道办事处，市直各单位：

现将《浏阳市人民政府政府信息公开实施办法》印发给你们，请认真贯彻执行。

浏阳市人民政府
2015年3月27日

浏阳市政府信息公开实施办法

第一章 总则

第一条 根据《中华人民共和国政府信息公开条例》(以下简称《条例》)、《湖南省实施〈中华人民共和国政府信息公开条例〉办法》(湖南省人民政府令第245号)和《长沙市人民政府关于印发〈长沙市政府信息公开实施办法〉的通知》(长政发〔2014〕9号),结合我市实际,制定本办法。

第二条 本办法所称政府信息,是指本级政府及所属各部门(单位)、乡镇人民政府、街道办事处在履行职责过程中制作或者获取的,以一定形式记录和保存的信息。

第三条 政府信息公开包括政府信息主动公开和依申请公开,政府信息公开应当及时和准确。

第四条 本办法适用于本级人民政府及各部门(单位)、乡镇人民政府、街道办事处。

实行垂直领导的部门(单位)应在上级主管部门(单位)的领导和市政府统一指导、协调下开展政府信息公开工作。

实行双重领导的部门(单位)应在市政府的领导下开展政府信息公开工作,并接受上级主管部门的指导。

第五条 市政府履行政府信息公开职责的工作机构负责推进、指导、协调、监督全市政府信息公开工作。

部门(单位)政府信息公开工作实行"行政一把手负总责、分管领导直接抓、职能科室具体办"的工作机制。

部门(单位)应当指定机构为本部门(单位)政府信息公开工作机构,负责本部门(单位)政府信息公开日常工作。

第六条 部门(单位)应当建立健全政府信息公开保密审查制度,明确审查程序和责任,在制作或者保存政府信息时,依照法律、法规和国家其他有关规定对拟公开的政府信息进行保密审查,依法确定该信息是否公开和公开的类别。

第七条 政府信息公开不得危及国家安全、公共安全、经济安全和社会稳定,应当遵循以下原则:

(一)"以公开为原则,以不公开为例外"的原则。

(二)"谁制作、谁公开"、"谁保存、谁公开"的原则。

(三)"公正、公平、便民"的原则。

(四)"一事一申请"的原则。

第八条 发现虚假信息或者不完整信息时,各部门(单位)应当在职责范围内通过政府信息主动公开渠道,及时发布完整和准确的政府信息予以澄清。

第二章 主动公开

第九条 政府信息主动公开按照编制(更新)—制作(保存)—审查(审批)—发布—报送的程序进行。

第十条 部门(单位)应当建立健全政府信息公开工作制度,编制、公布、更新本部门(单位)政府信息公开指南和政府信息公开目录。

第十一条 政府信息公开指南应当包括以下内容:

(一)本部门(单位)政府信息公开工作机构的名称、办公地址、工作时间、联系电话、传真号码和电子邮箱;

(二)本部门(单位)政府信息的分类和编排体系;

(三)本部门(单位)主动公开政府信息的类别和发布渠道;

(四)本部门(单位)政府信息依申请公开的受理机构、处理程序、答复流程及处理时限;

(五)本部门(单位)政府信息公开收费的种类、标准和减免规定;

(六)本部门(单位)认为需要纳入单位政府信息公开指南的其他内容。

第十二条 政府信息公开目录应当包括以下内容:

(一)本部门(单位)政府信息的索引;

(二)本部门(单位)政府信息的名称;

(三)本部门(单位)政府信息的生成日期;

(四)本部门(单位)政府信息的责任部门。

第十三条 符合下列基本要求之一的政府信息都应当主动公开:

(一)涉及公民、法人或者其他组织切身利益的;

(二)需要社会公众广泛知晓或者参与的;

(三)反映政府、部门(单位)机构设置、职能、办事程序等情况的;

(四)其他依照法律、法规和国家有关规定应当主动公开的。

第十四条 政府信息主动公开应当重点公开以下内容:

(一)行政法规、规章和规范性文件;

(二)国民经济和社会发展规划、专项规划、区域规划及相关政策;

(三)国民经济和社会发展统计信息;

(四)财政预算、决算报告;

(五)行政事业性收费项目的名称、依据、标准;

(六)政府集中采购项目的目录、标准及实施情况;

(七)行政许可的事项、依据、条件、数量、程序、期限及申请行政许可需提交的全部材料目录及办理情况;

(八)重大建设项目的批准和实施情况;

(九)扶贫、教育、医疗、社会保障、促进就业等方面的政策、措施及其实施情况;

(十)突发公共事件的应急预案、预警信息及应对情况;

(十一)环境保护、公共卫生、安全生产、食品安全、产品质量的监督检查情况;

(十二)城乡建设和管理的重大事项;

(十三)社会公益事业建设情况;

(十四)征收或者征用土地、房屋拆迁及其补偿、补助费用的发放、使用情况;

(十五)抢险救灾、优抚、救济、社会捐助等款物的管理使用和分配情况;

(十六)涉及第三方合法权益,但不公开可能对公共利益造成重大影响的政府信息；

(十七) 国务院、省政府年度公开重点领域政府信息。

第十五条　政府信息主动公开及维护更新工作由制作、代为制作政府信息的部门（单位）负责。由多个部门（单位）共同制作或代为制作的政府信息，由牵头部门（单位）负责。

代为制作的政府信息，是指由部门（单位）制作或者部门（单位）共同制作、以市人民政府名义或者市人民政府办公室名义发布、保存的政府信息。

因机构调整不再保留的部门（单位）政府信息公开工作，由继续履行其职能的部门（单位）负责。

第十六条　政府信息公开前应进行保密审查，保密审查实行部门（单位）负责制。对本部门（单位）不能确定是否可以公开的，报市保密局确定。市保密局应当在收到申请后 10 个工作日内给予答复。

政府信息制作、代为制作和组织起草的部门（单位）是本部门（单位）制作、代为制作、组织起草的政府信息保密审查及申请确定的责任人。

第十七条　政府信息公开前，依照法律、行政法规和国家有关规定或者根据实际情况需要审批才能公开的信息，部门（单位）应当按照规定权限和程序履行审批手续，未经批准不得公开。

第十八条　部门（单位）拟公开的政府信息涉及其他部门（单位）的，公开前应当与有关部门（单位）进行沟通、确认，未经沟通、确认，不能公开。

沟通、确认不能达成一致意见的，由拟公开该政府信息的部门（单位）报请市政府政府信息公开工作主管部门协调解决。

第十九条　政府信息主动公开应当通过政府网站、新闻发布会以及报刊、广播、电视等便于公众知晓的方式进行，也可以通过设置部门（单位）信息公开查阅室、资料索取点、信息公告栏和电子屏幕等场所、设施进行。

第二十条　政府及部门（单位）在法定权限内制定的规范性文件、重大行政决策结果和其他应当主动公开的重要信息，必须在政府门户网站公开；其他应当主动公开的重点政府信息也必须在政府门户网站和部门（单位）网站公开。

政府网站和部门（单位）网站都要开设政府信息公开专栏，并建立和畅通链接，完善网上查询功能，提供信息检索、下载打印等服务。

第二十一条　主动公开的政府信息应当在其形成、变更或者保存之日起 10 个工作日内予以公开。因特殊情况在 10 个工作日内不能公开的，最迟不得超过 20 个工作日公开。法律、法规对政府信息公开的期限另有规定的，从其规定。

第二十二条　政府拟定的重大行政决策方案草案应当通过政府门户网站等载体公开征求公众意见。

部门（单位）作出重大行政决策和涉及公共利益的重大行政执法前，应当通过听证会、座谈会等方式公开有关信息。

第二十三条　各部门（单位）应当根据《条例》及本办法的规定，结合各自实际，细化本部门（单位）主动公开的政府信息公开目录和内容。

第二十四条　政府信息公开不得公开下列信息：

(一) 涉及国家秘密的；

(二) 涉及商业秘密的；

(三) 涉及个人隐私的；

(四) 日常工作中制作或者获取的内部管理信息以及处于讨论、研究或者审查中的过程信息；

(五) 法律、法规和规章以及市政府规定的不予公开的信息。

其中第（二）项、第（三）项所列的政府信息，经权利人同意公开的，可以予以公开。

第二十五条　对于确定不予公开的政府信息，部门（单位）应当对不予公开的事实理由、法律依据等进行登记，以便于监督检查。

第二十六条　市政府在市档案局、市图书馆、市政务服务中心设立政府信息查阅场所，各部门（单位）要及时向上述市政府公共信息查阅场所提供已主动公开的政府信息。提供已主动公开的政府信息无法律法规特别规定的应当在该政府信息对外公开后两个月内完成，提供时，应当提供纸质文本 3 份及电子文本。

第二十七条　已经移交市档案局及档案工作机构、市图书馆的政府信息公开，依照有关档案管理的法律、法规和国家规定执行。

第三章　依申请公开

第二十八条　政府信息依申请公开工作按照申请—受理—审查—处理—答复的程序进行。

第二十九条　政府信息依申请公开实行受理首问负责制。对公民、法人或其他社会组织获取政府信息的申请，首位接待或受理的部门（单位）及工作人员，承担对政府信息公开申请受理、告知、解释工作。不属于本部门（单位）职责范围内的政府信息公开申请，应当履行告知义务。

第三十条　公民、法人或者其他组织申请获取政府信息，应当填写政府信息公开申请表、以书面形式（包括数据电文形式）提出；采取书面形式确实有困难的，申请人可以提出口头申请，由受理该申请的部门（单位）代为填写政府信息公开申请表。填写完的政府信息公开申请表应由申请人本人签名确认。对受理的政府信息公开申请，部门（单位）应当登记。

申请需要出示有效证件的信息时，申请人应当出示有效身份证件或者证明文件。

第三十一条　政府信息公开申请应当包括下列内容：

(一) 申请人的姓名或者名称、联系方式；

(二) 申请公开的政府信息内容描述；

(三) 申请公开的政府信息的形式要求。

第三十二条　政府信息公开申请也可以通过信函、电报、互联网等形式提出，申请时应当提交政府信息公开申请格式文本（包括纸质文本或电子文本），并应当包括前款规定应当包括的内容。

对于通过信函、电报等形式提出的政府信息公开申请，受理时间以部门（单位）收到信函、电报形式申请表的时间为准；通过互联网形式提交政府信息公开申请，受理时间以申请人提交的电子文本申请表进入受理部门（单位）电子邮箱的时间为准。各部门（单位）要及时查阅电子邮箱和签收信函、电报并即时予以登记。

通过信函、电报、互联网等形式申请政府信息公开，不能确认申请人真实身份时，对于需要查验本人身份证件或有效证件的申请，在办理前，受理部门（单位）应当要求申请人证明自己身份的真实性，申请人不能证明自己身份的真实性时，受理部门不予提供其申请公开的政府信息。

第三十三条　对于已经受理的政府信息公开申请，要进行认真细致地审查，对不符合要求的申请应当要求申请人加以完善、重新提交申请。

（一）不能有效确定申请人申请公开的政府信息与申请人生产、生活或者科研等特殊需要相关联时，应当要求申请人提供进一步证明材料；

（二）申请人申请公开的政府信息与申请人自身生产、生活、科研等特殊需要无关时，可告知申请人不予提供；

（三）申请人申请公开的政府信息超出自身生产、生活、科研等特殊需要时，可告知申请人进行更改；

（四）申请人申请公开的政府信息分属多个部门（单位）制作或保存时，可要求申请人按照“一事一申请”原则对申请方式加以调整；

（五）申请人申请公开的政府信息拆分过细时，可以要求申请人对所提申请作适当归并处理；

（六）申请人申请公开的政府信息内容不明确的，应当告知申请人作出更改、补充；

（七）申请人提供的申请材料不符合要求，应当告知申请人补正。

对由于以上原因需重新提交申请的，受理时间以重新收到申请之日算起；申请人不予重新提交申请的，视为申请人撤回申请。

第三十四条　对于已经审查通过的政府信息申请，应做好以下办理工作：

（一）对含有不应当公开内容的政府信息进行区分处理；

（二）对公开后可能损害第三方合法权益的政府信息，书面征求第三方意见；

（三）收集、准备拟提供的政府信息资料；

（四）拟写政府信息公开申请正式答复书面复函；

（五）按规定程序呈报审批。

第三十五条　对政府信息公开申请答复要依法有据、严谨规范、慎重稳妥。

（一）属于公开范围的，应当告知申请人获取该政府信息的方式和途径；

（二）属于不予公开范围的，应当告知申请人并说明理由；

（三）不属于本部门（单位）职责范围的，应当告知申请人，对于能够确定该政府信息职责单位的，还应告知申请人该部门（单位）的名称、联系方式；

（四）申请的政府信息不存在的，应当告知申请人；

（五）申请公开的政府信息含有不应当公开的内容，但是能够作区分处理的，应当提供可以公开的政府信息，对不予公开的部分，应当说明理由；

（六）同一申请人向同一部门（单位）就同一政府信息反复提出公开申请，可以不重复答复；

（七）申请的政府信息需要部门（单位）汇总、加工或重新制作的（做区分处理的除外），应当告知申请人不予提供；

（八）在规定的最后时限答复时，不能提供申请人要求的具体内容的，要确定并告诉申请人提供的期限。

答复一般应当按照申请人要求的形式予以提供，无法按照申请人要求的形式予以提供的，可以通过安排申请人查阅相关资料、提供复制件或其他适当形式提供；申请人对答复形式没有明确要求的，原则上以书面的方式答复申请人。

第三十六条　受理政府信息公开申请时，能够当场答复的，应当当场予以答复；不能当场答复的，应当自收到申请之日起15个工作日内予以答复；需要延长答复期限的，应当经部门政府信息公开工作主管负责人同意，并告之申请人，延长答复的期限最长不得超过15个工作日。

申请公开的政府信息涉及第三方权益的，征求第三方意见所需时间不计算在《条例》规定的工作日内；因更改、补充等原因重新提交申请的，以重新提交受理之日起计算答复时限。

对因申请人本人原因导致答复不能送达本人的，要做好登记工作，以便于监督检查。

第三十七条　当事人向市政府申请获取政府信息，如果该信息主要由政府部门具体制作或保存，由市政府信息公开主管部门或工作机构批转政府部门答复。

第三十八条　申请人有证据证明部门（单位）向其提供的与自身相关的政府信息记录不准确的，有权要求部门（单位）予以更正；该部门（单位）无权更正的，应当转送有权更正的部门（单位）处理，并告知申请人。对申请人的更改申请，一般应当场处理；当场不能处理的，处理时间最多不能超过10个工作日。

第三十九条　任何部门（单位）不得通过其他组织、个人以有偿方式提供政府信息。

第四章　社会评议

第四十条　政府信息公开工作社会评议每年开展一次。市直各部门（单位）在一届政府任期内原则上要接受一次社会评议。社会评议结果应向社会公布。

第四十一条　政府信息公开工作社会评议可以采取开门评议的方式进行，也可以采取考核评议和书面述职的方式进行。

第四十二条　政府信息公开工作社会评议实施时，应邀请党代表、人大代表、政协委员、新闻媒体、政府信息公开工作者、社会监督员和群众代表参加。市政府信息公开工作主管部门要建立健全政府信息公开工作社会评议工作者库，逐步实现政府信息公开社会评议工作规范化、专业化，确保政府信息公开工作社会评议公开、公正、透明、专业、准确。

第四十三条　政府信息公开工作社会评议的内容主

要为市政府明确的绩效考核重点内容。

第四十四条　政府信息公开工作社会评议采取单位调研、听取汇报、问卷调查、网上评议、会议座谈、大会测评等方式进行，评议结果分为满意、基本满意、不满意三个等次。

第四十五条　政府信息公开社会评议工作由市政府主持，市政府履行政府信息公开职责的工作机构负责组织实施。市政府履行政府信息公开职责的工作机构每年年初要根据有序安排的原则提出年度政府信息公开工作社会评议对象建议名单并制定年度社会评议工作实施方案，报市政府批准后实施。

第五章　工作考核

第四十六条　政府信息公开工作考核纳入对市直各部门（单位）和乡镇人民政府、街道办事处的绩效考核体系，按考核内容设置考核指标，明确考核标准，给予适当的考核权重。

第四十七条　政府信息公开工作考核指标设置实行定性与定量相结合，考核以量化、年度的方式进行。

第四十八条　政府信息公开工作考核主要考核组织机构、工作制度、公开载体建设，政府信息主动公开及时、完整、准确、全面，政府信息依申请公开受理、办理、答复及工作态度，举报、投诉、行政复议和行政诉讼的处理和应对，政府信息公开指南、政府信息公开目录编制以及政府信息工作年度报告的编制及发布等五个方面内容。

第四十九条　长沙市政府对浏阳市政府的绩效考核结果，直接对接到浏阳市政府对市直各部门（单位）、乡镇人民政府、街道办事处的绩效考核结果中。

第六章　责任追究

第五十条　市直部门（单位）和双重管理部门（单位）政府信息公开工作的责任追究由市监察局负责，垂直管理部门（单位）政府信息公开工作的责任追究由上一级主管部门（单位）负责。

第五十一条　政府信息公开工作责任追究坚持实事求是、有错必纠、惩处与教育相结合、追究责任与改进工作相结合的原则。

第五十二条　对下列情形进行责任追究：

(一) 不依法履行政府信息公开义务的；

(二) 不及时更新公开的政府信息内容、政府信息公开指南和政府信息公开目录的；

(三) 违反规定收取费用的；

(四) 通过其他组织、个人以有偿服务方式提供信息的；

(五) 公开不应当公开的政府信息的；

(六) 在信息公开工作中隐瞒或者捏造事实的；

(七) 违反有关法律法规和本办法规定的其他行为。

上述行为侵害当事人合法权益，造成损失的，应当依法承担民事责任；构成犯罪的，依法追究刑事责任。

第五十三条　政府信息公开工作责任追究按照长沙市《关于对领导干部和机关工作人员“有错无为”、“不在状态”实施问责的暂行办法》进行，具体办法由市监察局另行制定。

第五十四条　公民、法人或者其他组织认为部门（单位）不依法履行政府信息公开义务，可以向上一级主管部门（单位）、市监察局或者市政府履行政府信息公开职责的工作机构举报，收到举报的部门（单位）应当在20个工作日内调查处理并书面答复举报人。对处理结果不满意的，举报人可以向上一级监察机关或者政府信息公开工作主管部门举报。

第五十五条　公民、法人或者其他组织认为部门（单位）在政府信息公开工作中的具体行政行为侵犯其合法权益的，可以依法申请行政复议或者提起行政诉讼。

第七章　监督保障

第五十六条　市政府履行政府信息公开职责的工作机构和市监察局应当对各部门（单位）政府信息公开工作实施情况进行监督检查。检查的形式包括定期检查、不定期检查、抽查等形式。

第五十七条　市政府及部门（单位）应当在每年3月31日前主动向社会公布政府或本部门（单位）上一年度的政府信息公开年度工作报告。政府信息公开年度工作报告应当包括下列内容：

(一) 主动公开政府信息的情况；

(二) 依申请公开政府信息的情况和不予公开政府信息的情况；

(三) 政府信息公开的收费及减免情况；

(四) 因政府信息公开申请行政复议、提起行政诉讼的情况；

(五) 政府信息公开工作存在的主要问题及改进情况；

(六) 其他需要报告的情况。

乡镇人民政府、街道办事处、市直部门（单位）的政府信息公开工作年度报告，应当于每年3月10日前报市政府履行政府信息公开职责的工作机构备案。

第五十八条　市政府及部门（单位）应当为政府信息公开工作提供经费保障，确保该项工作顺利开展。

第五十九条　对遇到情况复杂或者可能危及国家安全、公共安全、经济安全和社会稳定的政府信息公开申请，受理部门应当加强相关部门间的协调会商，依据有关法律、法规，对申请是否有效、信息是否应该公开、公开后可能带来的影响等进行综合分析，研究提出处理意见。

协调会商可以由受理申请的部门（单位）自行邀请相关部门（单位）进行，也可以由受理申请的部门（单位）提出申请，由市政府履行政府信息公开职责的工作机构组织相关部门（单位）进行。

第八章　附则

第六十条　教育、医疗卫生、计划生育、供水、供电、供气、环保、公共交通等与人民群众利益密切相关的公共企事业单位在提供社会服务过程中制作、获取信息的公开，参照本办法执行。各部门（单位）要结合实际制定实施细则，各主管部门（单位）要给予指导。

第六十一条　本办法自印发之日起施行。

浏阳市人民政府办公室

2015年3月27日

LYDR—2015—00006

浏阳市人民政府关于印发《浏阳市被征地农民纳入社会保障范围实施办法》的通知

浏政发〔2015〕9号

各乡、镇人民政府，街道办事处，市直各单位：

现将《浏阳市被征地农民纳入社会保障范围的实施办法》印发给你们，请认真遵照执行。

浏阳市人民政府

2015年5月13日

浏阳市被征地农民纳入社会保范围实施办法

为推进被征地农民社会保障工作规范化、制度化建设，确保被征地农民社会保障工作健康持续发展，根据《长沙市征地补偿安置条例》、《长沙市征地补偿实施办法》（长沙市人民政府令第103号）、《长沙市人民政府关于印发〈长沙市被征地农民就业培训和社会保障办法〉的通知》（长政发〔2014〕48号）和《浏阳市人民政府关于印发〈浏阳市征地补偿安置实施办法〉的通知》（浏政发〔2014〕8号）等有关规定，制定本办法。

一、纳入范围

征收淮川、集里、荷花、关口街道办事处城市规划区内的规划建设用地范围，经开区、制造产业基地规划区范围内农村集体所有土地，采取货币安置的被征地农民纳入享受社会保障待遇范围。

二、执行时间

本办法从《长沙市人民政府关于印发〈长沙市被征地农民就业培训和社会保障办法〉的通知》（长政发〔2014〕48号）的实施时间（2015年1月1日）起施行，此前已发布征地补偿安置方案实施公告并腾地或拆除房屋的，按原有关规定办理。

三、纳入条件

（一）纳入社保对象必须为被征地的农村集体经济组织成员。

（二）纳入社保对象必须享受了农村集体经济组织的基本权利，履行了对集体经济组织的基本义务（即历年来参与了集体经济组织田土山水分配、参与了村组集体组织土地收益分配，且参与了本次村组集体组织土地收益分配等）。

四、操作原则

（一）按征地面积比例核定人数原则。

（二）符合社保条件的拆迁户优先纳入原则。

（三）原已留地安置人员不纳入原则。

（四）征收土地公告发布之后迁入人员不纳入原则。

（五）社会保障不重复享受（个人账户可以合并）原则。原已参加城镇职工基本养老保险并达到退休年龄享受城镇职工养老金的被征地农民，不再参加养老保险，由市征拆办核定名单后，按相关规定办理。

五、申报、审查程序

（一）名单初定。农村集体经济组织或者村（居）民委员会应当自征收土地公告发布之日起30日内召开村民会议或村民代表会议，确定转为城镇居民的参保对象，并将参保对象名单、享受社保待遇情况、村组集体经济组织征地补偿费用分配方案、参加就业培训摸底情况等事项在村（社区）、组公示10日后报属地乡镇（街道）。

（二）乡镇（街道）、村（社区）初审。由乡镇（街道）、村（社区）将村民小组确定的参保对象名单及相关资料初步审查后，填写《浏阳市被征地农民参加社会保障花名册》报市征拆办。

（三）市级复审。由市征拆办牵头，组织公安、人社、国土、法制、乡镇（街道）、项目实施单位等相关单位成立联合审查小组，采取不定期会议的形式对参保对象名单进行审查核定。

（四）审定报批。通过复审公示后，乡镇（街道）

再将核定的参保对象名单在村（社区）、组公示10日，无异议后由市征拆办将《浏阳市被征地农民参加社会保障花名册》报市人民政府批准。

（五）转户参保。名单核准后，农村集体经济组织或村（居）民委员会按规定的时点到公安、人社部门统一办理转户和社会保障参保登记手续。公安部门应当在受理之日起60日内办理完毕。

（六）待遇发放时间。符合条件且需拆除房屋的，在集体经济组织腾地且本身房屋拆除验收合格后的下一月享受被征地农民社会保障待遇；符合条件但无需拆除房屋的，在集体经济组织腾地后的下一月起享受被征地农民社会保障待遇；同一项目且同一集体经济组织如有跨年度腾地或者拆除房屋，按最初缴费基数不变，但待遇仍从集体经济组织腾地或者房屋拆除验收合格后的下一月起享受。

六、其他规定

（一）核定纳入社会保障的被征地农民必须到公安部门办理转户、领取存折、完善各项参保手续，才能享受社会保障待遇。

（二）项目实施单位审查不严造成误纳入被征地农民社会保障的，经市征拆办核定后，由项目实施单位负责调查取证和资金追缴，追缴不到位的由项目实施单位承担。

（三）纳入对象应提供真实资料，不得弄虚作假。凡弄虚作假的，将依法核减公示中不当的社保待遇，依法追缴其非法所得，情节严重的取消其享受社保待遇，并依法追究其法律责任。

浏阳市人民政府办公室

2015年5月13日

LYDR—2015—00010

浏阳市人民政府
关于推进政府购买服务的实施意见

浏政发〔2015〕11号

各乡、镇人民政府，街道办事处，市直各单位：

为全面推进服务型政府建设，进一步转变政府职能，改进服务质量，提高财政资金使用效益，根据《中华人民共和国政府采购法》、《国务院办公厅关于政府向社会力量购买服务的指导意见》（国办发〔2013〕96号）、《财政部关于推进和完善服务项目政府采购有关问题的通知》（财库〔2014〕37号）、《财政部民政部工商总局关于印发〈政府购买服务管理办法（暂行）〉的通知》（财综〔2014〕96号）、《湖南省人民政府关于推进政府购买服务工作的实施意见》（湘政发〔2014〕20号）、《长沙市人民政府关于印发〈政府购买公共服务暂行办法〉的通知》（长政发〔2014〕45号）等文件精神，结合我市实际，现就推进政府购买服务工作提出如下意见。

一、总体要求

以进一步推进政府职能转变和深化公共财政体制改革为目标，围绕政府职能转变，加强和创新社会管理，坚持“以人为本、服务为先、社会协同、广泛参与”的原则，建立健全政府购买服务机制，逐步实现部分公共性、公益性、社会性的服务事项由“政府直接提供、直接管理”向“政府购买服务并加强监督管理”转变，鼓励社会力量提供多样化、多层次、多渠道的服务，全面提升政府服务水平，最大限度满足公众需求，增强社会幸福感。

二、基本原则

（一）政府主导，社会参与。按照事权与支出责任相统一的原则，在准确把握公众需求的基础上，研究制定政府购买服务项目指导性目录，有效引导并培育社会力量参与服务供给，加强对政府购买服务工作的组织领导、政策支持、财政投入和监督管理。

（二）规范有序，稳步推进。结合我市政府职能转变，事业单位分类、财政支出管理和服务市场化等系列改革，从优化工作流程、控制成本费用、改善服务质量、提高人员素质、满足服务需求等方面严格规范操作，积极稳妥推进政府购买服务工作。

（三）以事定费，政社分开。坚持费随事走，正确处理政府和社会力量之间的关系，大力推动政府职能转变和政社分开，实现政府由“养人”向“办事”转变，凡是适宜由社会力量提供的服务，政府原则上不再直接举办，不再就此设立机构、配备人员，或者增加人员编制，切实推动“花钱办事”替代“花钱养人”。

（四）公开透明，竞争择优。加强政府购买服务制度建设，将政府购买服务纳入政府采购范围。坚持公开、公平、公正的原则，及时向社会公开购买服务的项目内容、承接主体条件、绩效评价标准等信息，确保社会力量公平参与竞争，充分发挥市场机制作用，以竞争方式为主选择承接政府购买服务的社会力量，实现“多中选好、好中选优”。

（五）权责明确，统筹兼顾。合理界定政府购买服务的内容和要求，明确服务购买方、承接方和受益方在购买、提供和享受服务过程中的权利和责任。正确处理当前与长远、全局和局部的关系，正确对待利益格局调整，全面推动公办事业单位与主管部门理顺关系和去行政化。坚持与政府职能转变、事业单位分类改革相互兼顾，建立全市统筹、逐步实施、部门配合、积极履责的工作机制，确保政府购买服务工作有序进行。

（六）强化监督，注重绩效。建立公共服务绩效评价体系，加强日常监督考核，及时向社会公开服务内容、执行标准、考评办法、服务效果等。强化政府购买服务的过程控制，逐步建立包括公共服务对象代表在内的多方参与政府购买服务监管和绩效评价的长效机制。

三、主要内容

（一）购买主体

政府购买服务的主体是全市各级行政机关和参照公务员法管理、具有行政管理职能的事业单位。纳入行政编制管理且经费由财政负担的群团组织，也可根据实际需要，通过购买服务方式提供服务。

（二）承接主体

1．承接政府购买服务的主体包括依法在民政部门登记成立或经国务院批准免予登记的社会组织，以及依法在工商行政管理部门登记注册的企业或在其他行业主管部门登记成立的机构等社会力量，具备《中华人民共和国政府采购法》第二十二条规定的条件。

2．承担有服务职能的公益性事业单位在符合前述条件、不新增财政供养人员编制的情况下可以成为承接主体，并与具备条件的社会力量公开、平等参与竞争。

3．各部门要进一步健全社会组织管理体制，拓宽社会组织发展空间，提升社会组织服务管理能力，规范社会组织监管，使社会组织成为服务的重要承接主体，对获得3A以上评估等级的社会组织，可以优先获得政府购买服务资格。

（三）购买范围

政府购买服务的范围为适合采取市场化方式提供、社会力量能够承担的服务，主要包括使用财政性资金并由购买主体负责组织实施的具有公益性和公共性的社会服务与管理事项，以及购买主体自行履行职责所需要的服务事项。对应当由政府职能部门直接提供、不适合社会力量承担的服务，以及不属于政府职责范围的服务项目，政府不得向社会力量购买。购买项目基本分类为：

第一类：保障政府部门自身正常运转需要向社会购买的服务，包括会议培训、公车租赁、物业管理、软件开发、系统维护等事项。

第二类：政府部门为履行宏观调控、市场监督等职能需要向社会购买的服务，如科研、行业规划与咨询、社会调查、社会审计与资产评估、检验检疫检测、法律服务、课题研究、发展规划、会展服务、监督、评估、绩效评价、技术业务培训、工程相关服务等辅助性和技术性事务。

第三类：为增加国民福利、受益对象特定，政府向社会公众提供的公共服务，如公共教育、医疗卫生、公共文化、公共体育、社市事务、养老助残、社会救助、法律援助、城市维护服务、公共交通服务等事项。

（四）购买方式

1．购买主体应根据购买内容的市场发育程度、服务供给特点等因素，按照方式灵活、程序简便、竞争有序、结果评价的原则，通过政府采购程序（以公开招标为主要方式），确定服务承接主体，并纳入政府购买服务的范围管理。

2．对全市适用范围广、采购频繁的服务项目（如第二类项目），由行业主管部门牵头，公开招标建立全市统一的定点单位中介机构库，购买主体在购买服务时原则上在定点库内择优选择。

3．对特殊购买服务项目，经市政府批准后，也可以根据具体的政府购买服务项目实施需求，采用委托、承包等方式选择承接主体。

（五）购买程序

政府购买服务，应按照政府采购的有关法律法规和操作规程，充分依托政府采购相关工作机制运行。各部门要按照公开、公平、公正、竞争的原则，不断健全政府购买服务机制，逐步建立起涵盖包括确定购买项目、制定购买计划、组织实施采购、项目合同管理、服务履约验收、项目绩效评价的规范化流程。

1．制定指导性目录。市机构编制部门、财政部门会同有关部门根据我市经济发展水平、政府转变职能要求、部门职能职责、社会需求、财力水平等因素，制定第一批政府购买服务项目指导性目录，后续的指导性目录将根据部门的需求和改革发展的要求补充完善。

2．确定购买项目。购买主体根据政府购买服务项目指导性目录，结合部门职责和经费预算安排情况，提出年度政府购买服务项目需求，并按规定程序申报财政预算资金，纳入部门财政预算，政府购买服务所需资金原则上在原有财政预算中统筹安排，禁止单位将本应由自身承担的职责，转嫁给社会力量承担；同时避免将不属于政府职责范围的服务大包大揽，增加财政支出压力；新增重大购买公共服务项目，需报市人民政府批准后实施。

3．制定购买计划。购买主体根据本部门（本单位）当年批复的部门预算，编制购买服务项目实施计划，细化项目资金安排，明确购买服务项目基本情况、购买需求、购买方式和购买期限等内容，提出绩效目标、量化考核标准，报财政部门批准后实施。

4．组织实施采购。购买主体根据购买服务项目实施计划适时开展采购活动，按照政府采购的相关要求在政府采购信息化管理平台申报采购计划，并按《中华人民共和国政府采购法》规定的相关程序和购买方式组织实施采购，确定购买服务承接主体。

5. 项目合同管理。确定服务承接主体后，购买主体要按照合同管理的要求，与承接主体签订购买服务合同，明确购买服务的范围、内容、数量、质量要求，以及服务期限、绩效目标、考核标准、资金支付方式、权利义务和违约责任等内容，并报政府采购监管部门备案。服务承接方要严格按照合同约定提供各项服务，保证服务数量和质量，严禁转包行为。

6. 服务履约验收。购买主体要对承接主体提供的服务实行全过程跟踪监管，依据合同约定条款对服务机构提供的服务成果进行检查验收，验收过程应邀请服务对象或社会公众共同参与，有特殊需求的可请专业机构进行验收，并建立应急工作机制，应对服务过程中的特殊情况。对承接主体履行服务过程和服务成果检查验收中存在的问题，要及时向行政主管部门和政府采购监管部门报告。

7. 项目绩效评价。建立健全由购买主体、服务对象及第三方组成的综合性评审机制，对购买服务数量、质量和资金使用效益等进行绩效考评。评价结果向社会公布，并作为以后年度编制政府购买服务预算和选择政府购买服务承接主体的重要参考依据。

(六) 部门职责分工

相关行政职能部门是政府购买服务工作的主体，承担具体实施和管理工作。购买主体要按照相关程序和规定，在认真进行市场调查、科学确定并细化服务需求的基础上组织实施采购，对服务合同要严格审核把关，自觉组织履约验收和开展绩效评价，不得逃脱、规避主体责任。

财政部门负责牵头建立政府购买服务制度，会同相关职能部门拟定并发布全市政府购买服务指导性目录，审核政府购买服务项目并将所需经费纳入预算统筹安排，及时拨付购买服务所需资金，研究制定购买服务的操作规程、招标文书范本，确定具体采购方式，每年对各单位购买服务若干项目进行评估并适时引入第三方监督评估机制，监督、指导购买主体依法开展购买服务工作。

机构编制部门根据各部门职能职责，参与拟订全市政府购买服务项目指导性目录、政府转移职能项目目录和禁止性政府职能转移事项，明确各部门购买服务项目。负责牵头加快推进事业单位分类改革，推进有条件的事业单位转为企业或社会组织，研究制定政府购买服务、严格控制机构和编制增长、严格控制行政事业单位供养人员规模的政策措施。

发改部门负责将政府购买服务列入国民经济和社会发展中长期和年度计划，会同工信、科技、商务、国资等部门研究制定我市支持企业参与政府购买服务、推进中小企业发展的服务体系建设的政策措施。

民政、工商等部门负责制定支持和培育社会组织、企业和机构等社会力量发展的政策措施，开展社会组织评估，编制社会组织目录，明确具备资质条件承接政府转移职能和购买服务的社会组织。

政府法制部门负责政府购买服务合同的审查和备案管理。

审计部门负责对政府购买服务项目进行审计监督。

监察机关依法对相关行政职能部门及公职人员(或任命的其他人员)在政府购买服务中的工作情况进行监督检查。

(七) 组织保障

1. 加强组织领导。市政府统筹负责全市政府购买服务工作；各职能部门要组织力量，协同配合，制定完善政府购买服务的政策、措施、评价和监督机制，积极稳妥推进全市政府购买服务工作；各部门单位要把政府购买服务工作列入重要议事日程，立足工作需要，制定本部门购买服务实施计划，组织实施购买服务工作。

2. 健全工作机制。政府购买服务，要按照政府主导、部门负责、社会参与、共同监督的要求，确保工作规范有序开展。建立“政府领导，财政牵头，机构编制、民政、工商和行业主管部门协同，职能部门履职，监督部门保障”的工作机制，拟定购买服务目录，确定购买服务计划，组织社会力量积极参与承接、指导监督购买服务工作。相关职能部门要加强协调沟通，各负其责、齐抓共管。

3. 严格监督管理。财政、监察、审计部门应加强对政府购买服务的监督，严禁层层转包、豪华购买、暗箱操作等违法违规行为，确保政府购买服务资金规范管理和使用。民政、工商部门和行业主管部门等应建立相应的信用记录和应用制度，不断健全守信激励、失信惩戒和退出机制。购买主体应健全内部监督管理制度，按照规定公开购买服务相关信息，自觉接受社会监督，严格遵守相关财政财务管理规定，不得截留、挪用和滞留资金。承接主体应当健全财务报告制度，并由具有合法资质的会计师事务所对财务报告进行审计，接受有关部门的监督。各职能部门要按照职责分工，加强对政府购买服务工作的组织指导、沟通协同、监督管理。市政府每年定期组织对购买公共服务实施情况进行讲评，邀请受益对象代表参加，确保购买过程和结果公开透明，取得为民、服务、清廉的效果。

4. 做好宣传引导。各部门要广泛宣传政府购买服务工作的意义，做好政策解读，加强舆论引导，主动回应群众关切，充分调动社会参与的积极性。同时要按照规定主动做好政府购买服务的有关政策和实施过程的信息公开，接受社会监督。

四、本意见自印发之日起实施。

附件：浏阳市政府购买服务项目指导性目录(第一批)

浏阳市人民政府

2015年7月15日

附件

浏阳市政府购买服务项目指导性目录

（第一批）

<table>
<tr><th colspan="2">类别</th><th>序号</th><th>项目</th><th>项目内容</th><th>实施主体</th><th>备注</th></tr>
<tr><td rowspan="10">社会事业</td><td rowspan="3">公共卫生</td><td>1</td><td>基本公共卫生服务</td><td>购买社会力量为城乡居民免费提供的 11 项基本公共卫生服务</td><td rowspan="3">卫生部门</td><td rowspan="3">服务单位为基层医疗卫生机构</td></tr>
<tr><td>2</td><td>健康教育与健康促进</td><td>购买社会力量提供的健康主题宣传服务</td></tr>
<tr><td>3</td><td>艾滋病防治</td><td>购买社会力量提供的高危人群宣教及行为干预服务</td></tr>
<tr><td rowspan="3">公共教育</td><td>4</td><td>民办学前教育发展九年义务教育</td><td>购买社会力量提供的的非公办普惠性学前教育和非公办义务教育等基本公共教育服务</td><td rowspan="3">教育部门</td><td></td></tr>
<tr><td>5</td><td>教育信息化建设</td><td>购买社会力量提供的教育信息资源和平台公共教育服务</td><td></td></tr>
<tr><td>6</td><td>教育后勤服务</td><td>购买社会力量提供的学校后勤社会化保障服务</td><td></td></tr>
<tr><td rowspan="4">文化体育</td><td>7</td><td>群众体育</td><td>购买社会力量提供的的全民健身、群众体育赛事活动组织与实施、公共体育基础设施的管理与维护服务、群众性体育队伍建设</td><td rowspan="4">文体广电部门</td><td></td></tr>
<tr><td>8</td><td>其他全民健身公共服务</td><td>购买社会力量提供的全民健身服务、信息查询、技术指导及培训服务</td><td></td></tr>
<tr><td>9</td><td>公共文化服务建设</td><td>购买社会力量提供的公共文化设施管理等服务</td><td></td></tr>
<tr><td>10</td><td>群众文化建设</td><td>购买社会力量提供的民办文化项目、社会化活动文艺节目和文化惠民活动等服务</td><td></td></tr>
<tr><td rowspan="6">社会服务</td><td rowspan="5">社会福利</td><td>11</td><td>社区健康养老服务</td><td>购买社会力量为社区老年人提供日常护理、慢性病管理、康复、健康教育和咨询、中医保健等服务，开展上门巡诊等健康延伸服务</td><td>卫生部门</td><td></td></tr>
<tr><td>12</td><td>社会保障－军培</td><td>购买社会力量提供的对退役 1 年内的退役士兵进行职业技能培训和就业指导等服务</td><td>民政部门</td><td></td></tr>
<tr><td>13</td><td>社会保障－残疾人服务</td><td>购买社会力量为残疾人提供的康复、托养、职业技能培训、职业能力评估等服务</td><td>残联</td><td></td></tr>
<tr><td>14</td><td>社会养老服务</td><td>购买社会力量为社会老年人提供的日常护理服务</td><td>民政部门</td><td></td></tr>
<tr><td>15</td><td>基本殡葬服务，精神病人救助服务</td><td>购买社会力量对城乡居民丧葬提供遗体运输和火化服务以及对社会精神病人提供药物救助服务</td><td>民政部门</td><td></td></tr>
<tr><td>社会事务</td><td>16</td><td>社会调查，社会组织培育、评估</td><td>购买社会力量提供的社会调查、信息采集以及对社会组织进行培育、孵化和等级评估等服务</td><td>统计、民政部门</td><td></td></tr>
</table>

续表

类别		序号	项目	项目内容	实施主体	备注
综合	职业介绍及就业培训	17	职业培训	购买社会力量提供的的城镇登记失业人员、农村转移就业劳动力、毕业年度内未就业的高校毕业生、城乡未继续升学的应届初、高中毕业生就业技能和创业培训及其他特种行业技能培训服务	人社部门	
综合	职业介绍及就业培训	18	社会工作职业培训	购买社会力量对社会工作从业人员提供资格认定考前培训服务	民政部门	
综合	职业介绍及就业培训	19	职业介绍	购买社会力量提供的对登记失业人员进行职业介绍服务	人社部门	
综合	法律	20	法律服务	购买社会力量提供的人民调解、法律援助、社市矫正、安置帮教、司法鉴定、法律顾问等服务	法制、司法等部门	
综合	城市维护管理	21	道路保洁、绿化、市政道路维护	购买社会力量提供的的城市主干道清洗保洁服务、绿化、维护服务	市政园林、城管部门	
综合	城市维护管理	22	交通设施维护清洗	购买社会力量提供的道路交通护栏、交通信号设施及标识标牌维护清洗、道路交通标线施工等服务	交警、市政园林部门	
综合	城市维护管理	23	信息采集、数字平台操作服务	购买社会力量提供的城市管理绩效考核评价“信息采集”、数字平台操作	城管、市政园林、水务、住建部门	
综合	城市维护管理	24	城市亮化	购买社会力量提供的城市楼宇亮化维护服务	城管、市政园林、水务、住建部门	
综合	城市维护管理	25	公共园林绿化、保洁	购买社会力量提供的公园绿化、设施维护、保洁服务	城管、市政园林、水务、住建部门	
综合	城市维护管理	26	水域保洁	购买社会力量提供的全市重点水域保洁服务	城管、市政园林、水务、住建部门	
综合	城市维护管理	27	废弃物处理	购买社会力量提供的餐厨垃圾收运等服务	环卫部门	
综合	城市维护管理	28	桥梁隧道维护	购买社会力量提供的桥梁隧道维护保养、保洁、及亮化服务	公路、市政园林部门	
综合	城市维护管理	29	城市排水及污水处理	购买社会力量提供的城市污水处理运行维护、城市泵站捞渣及废弃物外运，部分泵站运行值班，部分排水设备设施维修保养，污水主干管、压力管的维修保养以及主干管、泵站蓄水池以及城区排水设施巡查维护、维修等淤泥清运等服务	水务部门	
综合	企业培训及公共服务	30	企业专业培训	购买社会力量提供的中小微企业专业培训	工信、科技部门	
综合	企业培训及公共服务	31	服务产品	购买社会力量提供的中小微企业智力咨询、现场诊断、综合评价、专家评审、企业管理升级、协同创新、上市对标、创业同行、转型升级大讲堂等服务	工信、科技部门	

续表

类别		序号	项目	项目内容	实施主体	备注
综合	其他公共服务	32	公共物业管理	购买社会力量提供的物业管理、安全保卫、卫生保洁等服务	相关部门	
		33	信息化设备维护	购买社会力量提供的信息化设备设施维护（信息化建设及管理、信息化设备维护）及软件升级改造等服务		
		34	公共安全检测服务	购买社会力量提供的食品、药品、环境、动物防疫等检测服务		
		35	其他服务	购买社会力量提供的广告、宣传、会展、行业培训、策划等服务		
		36	专业设备维护	购买社会力量提供的消防、监控、中央空调、电梯、锅炉等设备设施的维护保养等服务		
	经济服务	37	造价咨询服务	购买社会力量提供的工程造价咨询、竣工财务决算、招标上限值核准、项目现场跟踪审计、工程结算审计初审、指标测算估算、初步设计概算等服务	审计、财政、住建、发改等部门	
		38	设计、勘测、监理、检测服务	购买社会力量提供的工程设计、勘测、监理、检测、应急施工监测监控、房屋安全鉴定及专家咨询服务、服务履约验收等服务	住建、水务等部门	
		39	会计、审计、评估、咨询、鉴定等服务	购买社会力量提供的工程设计、审计、评估、资产处置、拍卖、技术支持、专业咨询、专业鉴定等服务	财政、审计等部门	
		40	产权及土地交易服务	购买社会力量提供的各类产权及土地交易服务	财政、国土等部门	
		41	规划咨询服务	购买社会力量提供的规划设计及咨询服务	规划、发改等部门	
		42	可研咨询、评估咨询服务	购买社会力量提供的可研咨询和评估咨询等服务	发改等部门	
		43	房产和土地测绘、评估及数字地理信息服务	购买社会力量提供的土地及建筑物测量、测绘、评估及数字地理信息、山洪地质灾害和气象预警、卫星图片等服务	规划、国土、住房保障、住建、水务等部门	
	科研服务	44	技术服务	购买社会力量提供的课题研究、政策（立法）调研、技术咨询、评估论证、信用评价、标准制定等服务	相关部门	
	环保服务	45	畜禽养殖污染防治、生态红线划分	购买社会力量对禁养区、饮用水水源保护区、环境敏感区等畜禽养殖区域养殖废弃物的处置；饮用水水源保护区规划、饮用水水源保护区划分；全市生态保护规划、畜禽养殖五年规划；生态红线划分；畜禽养殖适养区、限养区、禁养区划分；流域治理规划、流域治理项目可行性分析报告；污染土壤治理等服务	环保部门	

浏阳市人民政府
关于关闭浏阳市澄潭江镇山下吴家冲煤矿等6家煤矿的决定

浏政发〔2015〕12号

各产煤乡、镇人民政府，市直有关单位：

为贯彻落实《国务院办公厅关于进一步加强煤矿安全生产工作的意见》（国办发〔2013〕99号）、《湖南省落后小煤矿关闭退出工作领导小组办公室关于印发〈湖南省落后小煤矿关闭退出工作总体方案〉的通知》（湘煤关退办〔2014〕1号）精神，加快推进我市落后小煤矿关闭退出工作，经煤矿企业申请，现决定关闭浏阳市澄潭江镇山下吴家冲煤矿、浏阳市澄潭江镇槐树煤矿、浏阳市澄潭江镇漆树坡煤矿、浏阳市炭板冲煤矿、浏阳市山下九龙煤矿、浏阳市澄潭江镇陶家煤矿等6家澄潭江镇境内年产能6万吨煤矿。

一、自本决定下发之日起，予以关闭的煤矿应立即停止所有生产和建设活动，撤出井下作业人员，签订《煤矿关闭协议书》。

二、煤矿所在地乡镇人民政府要于2015年10月底前封闭矿井井筒，平整井口场地，妥善遣散从业人员。市经信、国土、市场和质量监督等部门要按程序依法吊销煤矿企业的各类证照。市公安部门要依法停止供应并处理库存火工产品。市供电部门要依法停止供电并拆除专用供电线路和设施。各相关部门要与煤矿所在地乡镇密切配合，确保关闭工作如期完成。

三、煤矿所在地乡镇人民政府要加强对关闭矿井的监督检查，落实"一对一"的监管措施，确保关闭后的矿井不出现任何与煤矿生产有关的活动。

四、对关矿期间不服从安全监管、擅自组织生产的煤矿，取消其各类奖补资金，并依法追究相关单位和责任人责任。

浏阳市人民政府
2015年9月23日

LYDR—2015—00011

浏阳市人民政府
关于印发《浏阳市征收集体土地货币安置区保障性房源分配和指标回购暂行办法》的通知

浏政发〔2015〕13号

各乡、镇人民政府，街道办事处，市直各单位：

现将《浏阳市征收集体土地货币安置区保障性房源分配和指标回购暂行办法》印发给你们，请认真遵照执行。

浏阳市人民政府
2015年11月23日

浏阳市征收集体土地货币安置区保障性房源分配和指标回购暂行办法

为进一步完善我市货币安置区被征地农户安置体系，维护被征地农户的合法权益，保障征地拆迁安置工作的顺利进行，根据《长沙市征地补偿安置条例》、《长沙市征地补偿实施办法》（长沙市人民政府令第103号）、《浏阳市人民政府关于印发〈浏阳市征地补偿安置实施办法〉的通知》（浏政发〔2014〕8号）等法规和文件的规定，结合我市实际，制定本办法。

一、我市淮川、集里、荷花、关口街道城市规划区（以下简称城区）规划建设用地范围及经开区、制造产业基地、工业新城规划区（以下简称园区）范围内符合保障性房源安置的被征地农户，适用于本办法。

二、本办法所称保障性房源指标是指我市货币安置区范围内，符合保障性房源安置的被征地农户按征地政策享有的人均60平方米保障性房源指标。保障性房源指标回购是指符合保障性房源安置的被征地农户（以户为单位），自愿放弃购买保障性房源，选择由项目平台公司（经开区、制造产业基地、工业新城、城建集团、水建投等单位）通过补偿方式回购其购买指标的办法。

三、享有保障性房源购买指标的被征地农户，以户为单位，可以选择购买保障性房源，或选择由项目平台公司对保障性房源购买指标进行回购。

四、市国土局、征拆办负责全市征地拆迁保障性房源安置方案及指标回购工作的监督、指导、协调。

项目平台公司负责保障性房源选址定点、户型选择、意见征集、资金筹措和建设工作，负责对符合保障性房源购买条件人员的确认和回购资金的发放等工作。

乡镇（街道）负责协助做好符合保障性房源购买条件人员和指标回购人员名单的确认、资料审查等工作，并配合做好保障性房源选址定点、户型选择、意见征集和选房等工作。

市住房保障局负责与有关房地产开发企业自愿签订《购房优惠协议》并及时进行房源信息公示。

五、保障性房源的户型设计

（一）多层户型

1. 设计采用综合用房和住房相结合的模式，房屋一般为6层，按一、二层综合用房各60m²/套，住房120m²/套，或一层综合用房60m²/套，住房120m²/套、60m²/套设计。

2. 在综合用房面积不变的基础上，住房面积及房屋总层数可根据实际情况作相应调整。

（二）高层户型

1. 设计采用商住分离的模式，商业用房为框架一至三层或者四层，四层以上（含四层）或者五层以上（含五层）为住宅用房。

2. 户型设置按照一梯3户，设计户型面积约为60m²至128m²多种户型。

（三）保障性房源设计建设方案应当征求被征地集体经济组织和村民的意见，并采纳大多数安置户的合理意见，结合规划要求，科学合理地进行优化设计。

六、保障性房源的购买面积

（一）多层户型

1. 根据政策被征地农户按人均60m²指标购买保障性房源。

2. 保障性房源指标总面积未达到360m²的被征地农户可以申请购买指标外面积，但总面积不能超过360m²，其中住房面积不能超过240m²，综合用房面积不能超过120m²。超指标部分面积按指标外价格购买。

3. 6个人口以上家庭，保障性房源购买指标总面积大于360m²，多余指标面积达到套内标准的可以按指标内价格购买住房。多余指标面积达不到住房套内面积标准的，可申请购买指标外面积增购一套最小面积住房。多余指标面积不得增购综合用房面积。

4. 每户采取综合用房一、二层＋住宅四、五层和综合用房一、二层＋住宅三、六层分配，或每户采取综合用房一层＋住宅二、四、六层和综合用房一层＋住宅三、五、六层分配，分配到户后，户主在自愿的情况下可自行调整（购房面积超过360m²的安置户，超出面积根据实际情况在同一保障房小区内安排购买住房）。

（二）高层户型

1. 根据政策被征地农户按人均60m²指标购买保障性房源。

2. 60m²面积按3∶7的商住比例划分，即42m²住房和18m²商业用房指标。

3. 商住综合方式中的商业用房，二层至三层的商业面积按人均18m²核算到户（每层9m²）或者二层至四层的商业面积按人均18m²核算到户（每层6m²），住房按人均42m²核算到户，一层按人均约6m²作为物业用房无偿核算给该楼栋选择高层房源安置模式的住户共同使用。

4. 住房面积达不到保障住房最小户型面积的可以补足面积申购一套小户型住房。

七、保障性房源购买价格

（一）城区规划建设用地范围，采取多层保障性房源安置的，指标内购买平均价格为858元/m²，指标外购买平均价格为1798元/m²；采取高层保障性房源安置的，指标内购买平均价格为1200元/m²，指标外购买平均价格为2498元/m²。

（二）园区规划区范围内，原则上采取多层保障性房源安置，指标内购买平均价格为828元/m²，指标外购买平均价格为1598元/m²。

八、保障性房源申购和指标回购程序

（一）自愿申请。征地补偿安置实施公告发布之日起15日内，应以户为单位明确该户选择购买保障性房源还是选择保障性房源指标回购，根据选择方式分别填写《浏阳市被征地农户保障性房源申购表》或《浏阳市保障性房源指标回购申请表》。

（二）人员核准。项目平台公司和所在乡镇（街道）负责对申请购买保障性房源和指标回购人员进行审核，并在申请表上签署意见盖章，完善相关资料报市征拆办备案。

（三）人员公示。市征拆办负责将保障性房源申购和指标回购人员名单在征地范围内的村组进行公示，经公示无异议后，分别向申请保障性房源购房户发放《保障性房源购买凭证》和申请保障性房源指标回购户发放《保障性房源指标回购凭证》。

（四）手续办理

申请保障性房源购房户凭《保障性房源购买凭证》至项目平台公司、所在乡镇（街道）办理选房手续，签订购房合同。

申请保障性房源指标回购户在房屋拆除倒地后，凭《保障性房源指标回购凭证》、《房屋拆迁协议》、倒房验收证明，到项目平台公司办理指标回购相关手续。

九、保障性房源指标回购办法

（一）保障性房源指标回购采取以户为单位，按享有保障性房源购买指标的人口数进行回购，具体回购标准为：城区建设用地范围实行货币安置的被征地农户按20.8万元/人标准予以回购。园区范围内实行货币安置的被征地农户按15.8万元/人标准予以回购。

（二）保障性房源指标回购后，不再享受《浏阳市人民政府关于印发〈浏阳市征地补偿安置实施办法〉的通知》（浏政发〔2014〕8号）规定的3.2万元/人购房补助费。

（三）为确保被征地农户有房可居，引导被征地农户按需购置住房，保障性房源指标回购方式按照支付现金和发放购房券相结合的办法进行。具体按以下规定执行：

1. 发放比例。保障性房源指标回购按照支付现金和发放购房券金额原则上各占50%的比例进行发放，被征地农户可根据需要提高购房券金额发放比例。购房券限持券本户家庭成员使用，不得进行交易、转让、抵押。

2. 优惠政策

① 被征地农户每户持购房券购买2套以内（含2套）普通商品住房的（单套面积在144㎡以内，含二手房），可享受商品住房缴纳的契税由项目平台公司全额补贴政策。

② 在本市行政区划范围内，被征地农户在购买商品住房时，可在已与市住房保障局签订了《购房优惠协议》的房地产开发企业处享受协议明确的购房优惠。

3. 兑付方式

① 被征地农户持购房券购买商品住房的，由房地产开发企业凭购房券、已备案的《商品房买卖合同》等资料，直接与项目平台公司进行结算。持购房券购房时，购房券金额应全额抵作购房款。

② 被征地农户领取购房券后，已有合法住房无需再行购买商品住房，且人平居住面积达到30㎡以上的，凭《房屋所有权证》、《房屋所有权证》登记的房屋所有权人与被征地农户关系证明、身份证和户口簿等相关资料，到项目平台公司签订已有合法住房承诺书后，可以即时办理购房券兑付现金手续。

③ 购买本行政区域内二手住房可使用购房券，可凭交易合同、交易双方身份证、购房券、过户后的房产证、房屋转移信息登记表（需加盖登记部门印章）复印件等资料，到项目平台公司办理购房券兑付现金手续。

4. 有效期限。购房券有效期为1年，被征地农户领取购房券满1年仍未购买商品住房的，应到项目平台公司办理购房券延期手续，最长可延期1年。延期后仍未购买商品住房的，可办理购房券现金兑付手续。购房券金额不计利息。

5. 过渡期限。自愿选择保障性房源指标回购的，根据相关文件规定只给予一次性24个月的过渡补助费，不支付超期过渡费。

（四）由各项目平台公司负责购房券的管理工作，并制订相应的实施细则，报市国土局、征拆办备案。

十、2008年10月7日以来，已经实行保障性房源分房安置和已经领取了购房补助费的被征地农户仍按原安置模式执行；未实行保障性房源分房安置的被征地农户可以申请购买保障性房源或保障性房源指标回购。

十一、项目平台公司、所在乡镇（街道）和有关市直部门应认真按照本办法的规定组织实施，并严格做好保障性房源分房安置名单和保障性房源指标回购名单的审核工作，凡违反本办法规定，玩忽职守、滥用职权、徇私舞弊的，将依法追究相关责任人员责任。

十二、本办法实施前已发布征地补偿安置方案实施公告的项目，在2016年1月31日前签订了货币安置区房屋拆迁协议，且符合保障性房源购买条件的被征地农户，其保障性房源购买价格可仍按原规定执行。

十三、本办法自印发之日起实施。

浏阳市人民政府办公室
2015年11月23日印发

浏阳市人民政府
关于调整部分乡镇行政区划的通知

浏政发〔2015〕14号

各乡、镇人民政府，街道办事处，市直各单位：

根据《长沙市人民政府关于调整浏阳市部分乡镇行政区划的通知》（长政函〔2015〕158号）精神，决定对我市部分乡镇进行行政区划调整，现将有关事项通知如下：

一、将杨花乡和大瑶镇成建制合并设立新的大瑶镇；将七宝山乡和永和镇成建制合并设立新的永和镇；将三口镇和古港镇成建制合并设立新的古港镇；将溪江乡和关口街道成建制合并设立新的关口街道；将太平桥镇和集里街道成建制合并设立新的集里街道。

行政区划调整后，大瑶镇辖老柱、黄岗冲、观阁、大山、山斗、端里、迎新、华园、杨花、南山、枫林、强盛、上升、南阳、李畋15个建制村，南川、崇文、汇丰、天和4个社区，总面积149.3平方千米，总人口9.13万人，镇人民政府驻大瑶镇百姓广场（原大瑶镇人民政府驻地）。

永和镇辖井泉、铁山、宝山、狮子山、荷塘、升平、增加台、蒋埠江、新联、孚田、佳成、金盆、石佳、永宝14个建制村，菊溪社区，总面积234.5平方千米，总人口4万人，镇人民政府驻沿宝路（原永和镇人民政府驻地）。

古港镇辖金园、鹤源、花城、白路、华湘、东盈、范市、梅田湖、燕塘、仙洲、高联、港星、沔江、新园、中坪、宝盖寺16个建制村，桃园、古港、古城、郭家亭4个社区，总面积210平方千米，总人口62747人，镇人民政府驻古港镇桐坑北路175号（原古港镇人民政府驻地）。

关口街道辖金龙、福田、浆田、长溪、珠江、炭棚、溪江、仙源、新湖、升平、金桥、金口、杨溪湖13个建制村，长兴、水佳、占佳3个社区，总面积161.8平方千米，总人口5.04万人，办事处驻浏阳市道吾东路1号（原关口街道办事处驻地）。

集里街道辖宏源、唐家园、星镇、合盛、东沙、太和、道吾、杉松、八仙、长青、平水11个建制村，太平桥、锦美、禧和、龚家桥、集里桥、神仙坳、百宜7个社区，总面积153.8平方千米，总人口5.73万人，办事处驻浏阳市金沙北路448号（原集里街道办事处驻地）。

二、本轮乡镇行政区划调整后，我市辖小河、蕉溪、葛家3个乡，古港、高坪、沿溪、官渡、永和、达浒、大围山、张坊、澄潭江、中和、文家市、大瑶、金刚、枨冲、镇头、普迹、官桥、柏加、洞阳、永安、北盛、沙市、淳口、龙伏、社港25个镇，淮川、集里、荷花、关口4个街道，总面积5007平方千米，总人口145万人。

浏阳市人民政府
2015年11月24日

浏阳市人民政府
关于调整市本级非行政许可审批事项的通知

浏政函〔2015〕149号

各乡、镇人民政府，街道办事处，市直各单位：

为深化行政审批制度改革，进一步转变政府职能，优化发展环境，根据《国务院关于清理国务院部门非行政许可审批事项的通知》(国发〔2014〕16号)精神，按照省、市统一部署，市人民政府对市本级非行政许可审批事项进行了全面清理和审查，决定取消2项，2项整合调整为行政许可，7项调整为行政备案，4项调整为行政确认，18项调整为其他行政职权(具体见附件)。

各相关单位要根据本文件意见，于6月30日前及时做好本部门职权事项的调整工作。今后全市不再保留“非行政许可审批”类别，任何部门不得以任何形式再行设置非行政许可审批事项。

附件：浏阳市本级非行政许可审批事项调整表

浏阳市人民政府

2015年6月30日

附件

浏阳市本级非行政许可审批事项调整表

序号	单位	职权名称	子项	行政相对人	设定依据	调整结果
1	安监局	生产、储存危险化学品建设项目试生产(使用)方案备案	无	生产、储存危险化学品建设项目试生产(使用)企业	《危险化学品建设项目安全监督管理办法》第二十五条	调整为行政备案
2	安监局	危险化学品重大危险源备案	无	属于危险化学品重大危险源企业的单位法人	《中华人民共和国安全生产法》第三十七条、《危险化学品重大危险源监督管理暂行规定》	调整为行政备案
3	发改局	固定资产投资项目节能评估和审查	无	法人	1.《中华人民共和国节约能源法》第十五条；2.《固定资产投资项目节能评估和审查暂行办法》(国家发改委令2010年第6号)	调整为其他行政职权，名称修改为固定资产投资项目节能评估报告书审查

续表

序号	单位	职 权 名 称	子项	行政相对人	设定依据	调整结果
4	发改局	价格和收费审批	无	自然人、法人或其他组织	1.《中华人民共和国价格法》;2.《湖南省定价目录》;3.《湖南省行政事业性收费管理条例》;4.《湖南省服务价格管理条例》;5.《湖南省物价局关于委托市(州)、县(市)价格主管部门制定价格有关问题的通知》(湘价综〔2012〕122 号)6.《湖南省农村集中供水价格管理办法(试行)》;7.《湖南省民用液化石油气零售价格管理办法》;8.《湖南省道路旅客运输价格管理办法》;9.《城市出租汽车管理办法》 备注:将原单独设置的城市自来水供水价格、农村安全饮水价格审定、民用瓶装液化气价格审定和出租车运价、农村客运票价、公交票价等项目与其他同类项目并入价格和收费审批中,具体项目内容详见市发改局有关工作手册	调整为其他行政职权，名称修改为价格和收费核定，并将目前正在实施的“中小学伙食费审批”和“短期培训班收费审批”一并整合
5	公安局	户口登记	无	公民	1.《中华人民共和国户口登记条例》；2.《湖南省常住户口登记管理规定》	调整为行政确认，名称修改为户口登记管理(内容包括:立户、分户、上户、销户、迁移、变更、更正、补登、恢复等)
6	国土局	用地预审（圈内统征用地预审权、圈外单独选址的县级立项项目）	无	建设项目业主、申请用地单位业主	长办发〔2014〕4 号文件下放，扩大部分权限	调整为其他行政职权
7	交通运输局	县到乡镇公路建设项目及大桥、隧道工程项目设计审批	无	建设单位	1.《建设工程质量管理条例》第十一条；2.《建设工程勘察设计管理条例》第三十三条；3.《长沙市交通运输局关于贯彻实行〈长沙市人民政府关于公布市本级取消、调整、保留非许可行政审批项目的决定〉的通知》（长交基建〔2013〕54 号)	调整为其他行政职权
8	林业局	集体经济组织经营的森林资源流转审批（300-500 公顷）	无	集体经济组织	《湖南省森林资源流转办法》第十八条	调整为其他行政职权，权限修改为 500 公顷以下

续表

序号	单位	职 权 名 称	子项	行政相对人	设定依据	调整结果
9	民宗局	县域内大型宗教活动审批	无	法人	《湖南省宗教事务条例》第二十七条、第三十二条	调整为行政备案，名称修改为县域内大型宗教活动备案
10	民宗局	宗教团体成立、变更、注销审批	无	宗教团体	《宗教事务条例》第六条；《湖南省宗教事务条例》、《社会团体登记管理条例》	调整为其他行政职权
11	人社局	基本医疗保险定点医疗机构资格审查	无	愿意承担城镇职工基本医疗保险定点医疗服务的医疗机构	1.《国务院关于建立城镇职工基本医疗保险制度的决定》(国发〔1998〕44号)；2.《国务院办公厅关于保留部分非行政许可审批项目的通知》(国办发〔2004〕62号)	取消
12	人社局	工资集体协商协议审查	无	单位	《工资集体协商试行办法》(劳动和社会保障部令第9号)	调整为其他行政职权
13	水务局	堤垸内高地、间堤、大堤拆除或填堵审查(跨区域的涉水项目除外)	无	确需填堵南川河、浏阳河、捞刀河浏阳范围堤垸内的高地、间堤、防洪大堤的公民、法人或者其他组织	《中华人民共和国防洪法》第三十四条第三款	整合调整到“河道管理范围内建设项目审批”行政许可项目中，
14	水务局	防洪大堤开口批准（除湘江干流及其一级支流外)	无	法人或其他组织	1.《中华人民共和国水法》第四十二条；2.《湖南省洞庭湖区水利管理条例》第二十二条；3.《浏阳河管理条例》	调整为行政许可，将项目名称更名为"河道和堤防管理范围内建设项目审批"，设置3个子项：1.河道管理范围建设项目审批；2.大堤或主要间堤上开口审批；3.堤垸内高地、间堤、大堤拆除或填堵审查（跨区域的涉水项目除外)

续表

序号	单位	职权名称	子项	行政相对人	设定依据	调整结果
15	卫生局	放射诊疗许可（一级医院、社区卫生服务机构、乡镇卫生院、诊所和门诊部放射诊疗许可证核发和放射工作人员证核发）	《放射诊疗许可证》核发	医疗卫生单位	《放射诊疗管理规定》第十四、十五条	调整为其他行政职权
			《放射工作人员证》发放	医疗卫生单位从事放射工作人员	《放射工作人员职业健康管理办法》第六条	
16	规划局	项目修建性详细规划审批	需要建设单位编制修建性详细规划的审查	建设单位或个人	《中华人民共和国城乡规划法》第四十条	调整为其他行政职权，名称修改为项目修建性详细规划审查
			修建性详细规划、建设工程规划设计方案总平面图修改审查		《中华人民共和国城乡规划法》第五十条	
17	规划局	地块规划条件审批	以出让方式提供国有土地使用权的地块规划条件核发	建设单位或个人	《中华人民共和国城乡规划法》第三十八条	调整为其他行政职权，名称修改为地块规划条件审查
			地块规划条件修改审查		《中华人民共和国城乡规划法》第四十三条	
18	计生局	合法妊娠施行中期以上非医学需要的终止妊娠审批	无	合法妊娠14周以上因离婚、丧偶要求终止妊娠的育龄妇女	《湖南省禁止非医学需要鉴定胎儿性别和选择性别终止妊娠规定》（湖南省人民政府令第194号）第十一条、第十二条	调整为其他行政职权
19	商务局	申报直销的企业服务网点方案审查认可	无	申报直销企业	《直销行业服务网点设立管理办法》（商务部令2006年第20号）	调整为其他行政职权，名称修改为申报直销的企业服务网点方案审查
20	司法局	基层法律服务所设立、变更、注销核准登记	无	基层法律工作者	《基层法律服务所管理办法》（司法部令第59号）第六条	调整为其他的行政职权

续表

序号	单位	职权名称	子项	行政相对人	设定依据	调整结果
21	文体广电局	临时占用公共体育设施审批	无	法人或公民	1.《中华人民共和国体育法》；2.《公共文化体育设施条例》（国务院令第382号）	取消
22	国税局	对办理税务登记（注销、外出经营报验）的核准	无	纳税人	《中华人民共和国税收征收管理法》第十六条	调整为行政备案
23	国税局	对增值税一般纳税人资格认定的审批	无	纳税人	《国务院办公厅关于保留部分非行政许可审批项目的通知》（国办发〔2004〕62号）第一百二十七项	调整为行政确认
24	国税局	未按期申报抵扣增值税扣税凭证申请继续抵扣的审批	无	纳税人	《国家税务总局关于未按期申报抵扣增值税扣税凭证有关问题的公告》（国家税务总局公告2011年第78号）第一条	调整为其他行政职权
25	国税局	促进残疾人就业企业增值税退税审批	无	纳税人	《国务院办公厅关于保留部分非行政许可审批项目的通知》（国办发〔2004〕62号）第一百三十九项	调整为其他行政职权
26	国税局	对办理税务登记（注销、外出经营报验）的核准	无	纳税人	《中华人民共和国税收征收管理法》第十六条、第二十一条	调整为行政备案
27	国税局	偏远地区简并征期认定	无	纳税人	1.《中华人民共和国税收征收管理法实施细则》（国务院令第628号）第三十六条；2.《个体工商户税收定期定额征收管理办法》（国家税务总局令第16号）第十六条	调整为行政确认

续表

序号	单位	职权名称	子项	行政相对人	设定依据	调整结果
28	地税局	享受税收优惠政策的审批	10万元以内（含）城镇土地使用税困难减免审批	纳税人	1.《湖南省城镇土地使用税实施办法》（湖南省人民政府令第217号）第九条；2.《湖南省地方税务局关于财产行为税减免若干问题的公告》（2015年第2号）第一条	调整为其他行政职权
			10万元以内（含）房产税困难减免审批	纳税人	1.《湖南省房产税施行细则》（湘政发〔2003〕14号）第六条；2.《湖南省地方税务局关于财产行为税减免若干问题的公告》（2015年第2号）第一条	
			10万元以内（含）资源税的困难及灾情减免审批	纳税人	1.《中华人民共和国资源税暂行条例》第七条；2.《湖南省地方税务局关于财产行为税减免若干问题的公告》（2015年第2号）第一条	
			安置转业干部就业营业税减免审批	纳税人	《关于自主择业军队转业有关税收政策问题的通知》（财税〔2003〕26号）	
			安置随军家属营业税减免审批	纳税人	《财政部国家税务总局关于随军家属就业有关税收政策的通知》（财税〔2000〕84号）	
			安置残疾人的单位营业税减免审批	纳税人	《财政部国家税务总局关于促进残疾人就业税收优惠政策的通知》（财税〔2007〕92号）	
			中小企业信用担保营业税减免审批	纳税人	《工业和信息化部 国家税务总局关于公布中小企业信用担保机构免征营业税和取消免税资格名单的通知》（工信部联企业〔2014〕20号）	
			公共交通车船的车船税减免审批	纳税人	1.《湖南省车船税实施办法》第五条；2.《全国税收征管规范（1.0版）》；3.《长沙市地方税务局360办税服务模式－办税服务业务操作规程（2015版）》	
29	质监局	组织机构代码登记	无	法人或其他社会组织	《湖南省组织机构代码管理办法》（湖南省人民政府令第156号）	调整为其他行政职权
30	公积金中心	住房公积金缴存、转移、提取、贷款审批	无	法人、公民	1.《住房公积金管理条例》（国务院令第350号）第十三条、第十四条、第十五条、第二十五条、第二十六条；2.《长沙市住房公积金管理条例》	调整为其他行政职权

续表

序号	单位	职权名称	子项	行政相对人	设定依据	调整结果
31	工商局	有限责任公司股权出质登记	无	有限责任公司	1.《中华人民共和国物权法》第二百二十三条第四项、第二百二十六条第一款；2.《工商行政管理机关股权出质登记办法》（国家工商总局令第32号）第三条	调整为行政确认
32	工商局	拍卖活动备案	无	拍卖企业	《拍卖监督管理暂行办法》（国家工商总局令第101号）第五条	调整为行政备案
33	工商局	企业登记相关事项备案登记	无	企业法人	1.《中华人民共和国企业法人登记管理条例》（国务院令第1号）第十一条；2.《中华人民共和国公司登记管理条例》（国务院令第648号）第三十六条、第三十七条、第四十七条第四款；3.《个人独资企业登记管理办法》（国家工商总局令第94号）第二十七条；4.《合伙企业登记管理办法》（国务院令第497号）第二十一条；5.《农民专业合作社登记管理条例》（国务院令第498号）第二十二条第一款、第二十三条	调整为行政备案

榜上有名

获国家（部委）奖励（命名）单位名表（2015 年）

获奖（被命名）单位	获奖（命名）名称	授奖（命名）单位
浏阳市	全国十佳生态文明城市	新华社半月谈杂志社 中国名牌杂志社 中国国情调查研究中心
浏阳市	中国生态魅力市	中国市场调查研究中心 中国城市经济专家委员会 中国城乡发展基金会
浏阳市	第四届全国文明城市提名奖	中央精神文明建设指导委员会办公室
浏阳市	2016-2020 年度全国科普示范县（市）	中国科学技术协会
浏阳市	全国休闲农业与乡村旅游示范县	农业部　国家旅游局
浏阳经开区	国家新型工业化产业示范基地（电子信息）	工业和信息化部
浏阳市市志档案局	全国档案系统先进集体	人力资源社会保障部 国家档案局
浏阳市科学技术学会	2015 年全国科普日优秀组织单位	中国科学技术协会
浏阳市公安局拘留所	2014 年度全国一级拘留所	公安部
浏阳市公安局禁毒大队	2010—2014 年全国禁毒工作先进集体	国家禁毒委员会
浏阳市看守所	2014 年度全国一级看守所	公安部
浏阳市森林公安局张坊派出所	国家一级公安派出所	公安部
浏阳市文化市场综合执法局	2014 年度全国“扫黄打非”先进集体	全国“扫黄打非”工作小组办公室
浏阳市“扫黄打非”领导小组　办公室	第六届“全国服务农民、服务基层文化建设”先进集体	中宣部、文化部、国家新闻出版广电总局
浏阳市工商联	2015 年度“创新中国”工商联工作特别奖	中华工商时报社
浏阳市财政局	2015 年度部办会计报刊宣传发行工作先进单位	财政部《中国财政》杂志社
浏阳市财政局	2015 年度基层财政部门会计报刊宣传发行先进单位	财政部中国财经报社
浏阳市安全生产监督管理局	安全生产新闻宣传工作先进单位	中国安全生产报社
浏阳广播电视台	第三届市县电视台推优活动全国二十强电视台	中国电视艺术家协会
浏阳广播电视台	电视专题类一等奖（《千年古县——浏阳》栏目）	中国电视艺术家协会
浏阳市疾控中心	全国脑血管病流行病学专项调查工作先进集体	中国疾控中心慢病中心 全国脑血管病防治研究办公室
浏阳市中医医院	三等甲级中医医院（2015.11-2019.10）	国家中医药管理局
浏阳市妇幼保健院	PAC 优质服务医院	中华全国妇女联合会 中国妇女发展基金会
浏阳市妇幼保健院	妇幼保健学科体系建设示范单位	中国妇幼保健协会

续表

获奖（被命名）单位	获奖（命名）名称	授奖（命名）单位
浏阳大围山国家森林公园	全国旅游价格信得过景区	国家旅游局
浏阳胡耀邦故里旅游区	全国旅游价格信得过景区	国家旅游局
胡耀邦故居和陈列馆	全国爱国主义教育示范基地	中共中央宣传部办公厅
大围山镇	第三批全国特色景观旅游名镇	住房和城乡建设部 国家旅游局
浏阳市达浒镇象形村	中国乡村旅游模范村	国家旅游局
浏阳市永安镇	第四届全国文明村镇	中央精神文明建设指导委员会
永安镇农业技术推广服务站	全国首批五星乡镇农技推广机构	全国农技中心
沙市镇财政所	全国财政系统先进集体	人力资源社会保障部、财政部
李白烈士故居	全国国家安全教育基地	国家安全部
浏阳市总工会	全国最有影响力工会新媒体（“浏阳工会”公众微信号）全国十佳典型人物宣传工会新媒体（“浏阳工会”公众微信号）	中华全国总工会
官渡镇工会联合会	全国模范职工之家	中华全国总工会
浏阳市烟草专卖局工会委员会	全国模范职工之家	中华全国总工会
浏阳市地方税务局第五征收 分局工会小组	全国模范职工小家	中华全国总工会
浏阳市国家税务局镇头分局 工会小组	全国模范职工小家	中华全国总工会
长沙住房公积金管理中心 浏阳市管理部工会小组	全国模范职工小家	中华全国总工会
国网浏阳供电公司变电运维班 工会小组	全国模范职工小家	中华全国总工会
国网浏阳供电公司	国家电网公司文明单位、“三集五大”建设先进集体全	国家电网公司
浏阳市烟草专卖局（分公司）	国烟草行业第二十六届优秀QC小组成果发布会一等奖	中国烟草总公司
官渡烟草站	烟草行业烟叶工作站标兵单位（2012-2014年度）	中国烟草总公司
淮川街道城西社区	全国综合减灾示范社区	国家减灾委员会 民政部
淮川街道联城社区	全国和谐社区建设示范社区	民政部
淮川街道朝阳社区	全国科普示范社区	中国科学技术协会、财政部
浏阳新文学校	全国校园足球特色学校	教育部
浏阳河中学	全国校园足球特色学校	教育部
沿溪中学	全国校园足球特色学校	教育部
古港完全小学	全国校园足球特色学校	教育部
东信烟花集团有限公司	“机械化换人、自动化减人”试点示范企业	国家安监总局
浏阳市华冠出口花炮有限公司	“机械化换人、自动化减人”试点示范企业	国家安监总局
长沙普济生物科技有限公司	最具投资潜力女性创业之星企业（小型企业组）	中华全国妇女联合会
湖南浏阳河饲料有限公司	中国驰名商标（“浏阳河”注册商标）	国家工商行政管理总局
浏阳大围山国家森林公园	国家登山健身步道示范工程（大围山国家级登山健身步道一期工程）	国家体育总局

续表

获奖（被命名）单位	获奖（命名）名称	授奖（命名）单位
湖南贵太太茶油科技有限公司	中国驰名商标（“贵太太”商标）	国家工商行政管理总局
浏阳市强盛龙狮艺术团	第十二届民间文艺山花奖•民间艺术表演奖（作品《烟花龙舞》）	中国文学艺术界联合会 中国民间文艺家协会
浏阳市	2015年度中国节庆产业金手指奖”——十大节庆奖(TOP10)、十佳创新节庆(TOP10)(第十二届中国(浏阳)国际花炮文化节)	中国节庆产业年会组委会
浏阳市福悦农庄	2015年中国乡村旅游金牌农家乐	国家旅游局
浏阳大围之珠休闲农庄	2015年中国乡村旅游金牌农家乐	国家旅游局
浏阳市天子湾温泉度假村	2015年中国乡村旅游金牌农家乐	国家旅游局
浏阳市兰园生态农庄	2015年中国乡村旅游金牌农家乐	国家旅游局
浏阳市桂园国际度假村	2015年中国乡村旅游金牌农家乐	国家旅游局
浏阳日报社发行投递公司	2014年度全国报纸自办发行先进集体	全国报纸自办发行协会
浏阳日报社	第五届中国互联网品牌大奖(全国地方网站最具影响力品牌奖•浏阳网)	全国网联
浏阳市银杏养老院　银杏康复医院	全国长期照护“公益先行者”	中华慈善总会
浏阳市住房保障局	2015年白蚁防治先进单位	中国物业管理协会白蚁防治专业委员会

获国家（部委）奖励（命名）个人名表（2015年）

所在单位	获奖人	获奖名称	授奖单位
柏加建筑有限公司	刘学文	全国劳动模范	中共中央　、国务院
浏阳市大围山镇永幸村	钟　海	全国奋斗在林改一线的十佳大学生村官	国家林业局、中组部
浏阳市总工会	李建军	全国优秀工会工作者	中华全国总工会
浏阳市总工会	李建军	全国春运“情满旅途”活动先进个人	交通运输部、公安部国家安全生产监督管理总局　中华全国总工会、共青团中央
浏阳市人民医院	邱喜鸣	全国优秀工会工作者	中华全国总工会
浏阳市骨伤科医院	江　林	全国职工职业道德建设先进个人	中华全国总工会、中宣部、　中央文明办、工业和信息产业部商务部、国资委
长沙普济生物科技有限公司	李今微	第二届发现身边的“女性创业之星”	中华全国妇女联合会
浏阳市兴乐种植科技开发有限公司	周慈英	第二届发现身边的“女性创业之星”	中华全国妇女联合会

续表

所在单位	获奖人	获奖名称	授奖单位
浏阳市广播电视台	何　平	第五届全国道德模范提名奖	中央精神文明建设指导委员会办公室
浏阳市人民法院	戴智明 李明耀	“生态环境法治保障”主题征文活动三等奖	环境保护部 中国法学会
浏阳市人民法院	刘　菁	第十届“中国法学家论坛征文”活动三等奖	中国法学会
浏阳市人民法院	刘　菁	第十届中国法学青年“完善中国特色社会主义法治实施体系”主题征文活动优秀奖	中国法学会
浏阳市中和镇长安村长寿片朱家组	朱良成	“雷锋家乡学雷锋”志愿服务先进典型（最美志愿者）	湖南省精神文明建设指导委员会　湖南省志愿服务工作委员会
浏阳市沿溪镇大光社区	罗　辉	全国优秀敬老志愿者	中国老龄事业发展基金会
浏阳市银杏康复中心银杏养老院	杨　玲	全国优秀敬老志愿者	中国老龄事业发展基金会
浏阳市大围山镇东门完全小学	李远护	2015“中国生命关怀协会全国百优志愿者”	中国生命关怀协会

获省（厅局）奖励（命名）单位名表（2015年）

获奖(被命名)单位	获奖（命名）名称	授奖（命名）单位
浏阳市	湖南省安全生产先进县（市）	湖南省人民政府
浏阳市	2015年度湖南省烟叶工作优秀单位	湖南省人民政府
浏阳市	2014年度湖南省全面小康推进工作十快进县	湖南省全面小康办、湖南省统计局
浏阳市	省级出口烟花爆竹质量安全示范区	湖南省检验检疫局
浏阳市	湖南省综治工作先进县市区	中共湖南省委办公厅　湖南省人民政府办公厅
浏阳市	湖南省教育强市	湖南省教育督导委员会

续表

获奖(被命名)单位	获奖（命名）名称	授奖（命名）单位
浏阳市	全省 2014 年度社会主义新农村建设先进县（市区）	中共湖南省委农村工作领导小组
浏阳市	2014 年度财政社会保障工作综合考核省直管县市先进单位（一等奖）	湖南省财政厅
浏阳市	2015 年度全省乡村财政财务县级精细化管理工作先进单位	湖南省财政厅
浏阳经开区	生物医药特色产业园 电子信息特色产业园	湖南省人民政府
浏阳市永安镇农业技术推广服务站	2014 年“湖南省五星级服务乡镇农技站”	湖南省农业委员会
浏阳市淮川街道新北社区	湖南省 2015 年文明社区 （小区）	湖南省文明办
浏阳市淮川街道朝阳社区	全省科普示范社区	湖南省科协
浏阳市集里街道财政所	2015 年度标准化财政所	湖南省财政厅
浏阳市集里街道集里桥社区	2015 年度全省和谐社区建设示范社区	湖南省民政厅
浏阳市官渡镇财政所	2015 年度标准化财政所	湖南省财政厅
浏阳市大瑶镇	湖南省美丽乡镇 （第一批）	湖南省推进新型城镇化工作领导　小组办公室
浏阳市葛家乡	湖南省安全生产示范乡镇	湖南省人民政府
浏阳市七宝山乡人民政府	2014 年度湖南省计划生育依法行政示范单位	湖南省卫生计生委法制处
浏阳市柏加镇人民政府	2015 年度湖南省计划生育依法行政示范单位	湖南省卫生计生委法制处
浏阳市金刚镇	湖南省卫生镇 （2016-2018）	湖南省爱国卫生运动委员会
浏阳市金刚镇	全省禁毒工作先进集体	湖南省禁毒委员会
浏阳市金刚镇桃树湾	湖南最美古村镇	湖南省民间文艺家协会 湖南省工艺美术协会
浏阳市普迹镇双洲村	湖南省卫生村	湖南省卫生和计划生育委员会

续表

获奖(被命名)单位	获奖（命名）名称	授奖（命名）单位
浏阳市小河乡财政所	2015 年度标准化财政所	湖南省财政厅
浏阳市古港镇梅田湖村	湖南省美丽乡村建设示范村	中共湖南省委农村工作领导小组
浏阳市龙伏镇石江村	第一批省级“同心乡村”	湖南省统战部长会议
浏阳市国土资源局	2013-2015 年全省依法办事示范窗口单位	湖南省委法治湖南建设领导小组
浏阳市国土资源局	2015 年度县市区级国土资源信息化建设先进单位	湖南省国土资源厅
浏阳市市志档案局	2015 年度全省档案宣传工作先进集体	湖南省档案局
浏阳市财政局	2014 年度全省财政监督检查工作先进单位（第二等次）	湖南省财政厅
浏阳市财政局	2014 年度市县财政部门预算绩效管理优秀单位	湖南省财政厅
浏阳市财政局	2014 年度市县财政总决算工作先进单位	湖南省财政厅
浏阳市财政局	湖南省财政厅外经系统“主动作为年”活动先进单位	湖南省财政厅
浏阳广播电视台	2015 年度优秀通联集体	湖南广播电视台
浏阳市水务局	2015 年度“芙蓉杯”水利建设考核先进单位	湖南省水利厅
浏阳市科协	中国流动科技馆湖南巡展先进站点单位	湖南省科协
浏阳市国家税务局	湖南省国税系统“法治税务示范基地”	湖南省国家税务局
浏阳市地方税务局	2014 届湖南省文明单位	湖南省精神文明建设指导委员会
浏阳市烟草专卖局（分公司）	2014 届湖南省文明单位	湖南省精神文明建设指导委员会
浏阳市烟草专卖局（分公司）	湖南省烟草商业系统 2014 年度对标课题（项目《降低烟叶收购单担费用》）/QC 小组活动成果一等奖	中国烟草总公司湖南省公司
中国工商银行浏阳支行	“金融先进单位”“经营进步奖”	中国工商银行湖南省分行营业部

续表

获奖(被命名)单位	获奖（命名）名称	授奖（命名）单位
浏阳市农业局	2015年度湖南省超级杂交稻“种三产四”丰产工程　先进示范基地	国家杂交水稻工程技术研究中心 湖南杂交水稻研究中心
浏阳市农业局	2015年度全省农村土地承包经营权确权登记颁证　工作先进单位	湖南省农村土地承包经营权确权登记颁证工作联席会议办公室
浏阳市农村土地仲裁委员会	2015年度全省农村土地承包仲裁工作先进单位	湖南省农村土地承包经营权确权登记颁证工作联席会议办公室
浏阳市移民开发管理局	2015年度全省移民信访维稳工作先进单位	湖南省水库移民开发管理局
浏阳市水文局	2015 届湖南省水文系统文明单位	中共湖南省水文水资源勘测局党组 湖南省水文水资源勘测局
浏阳市森林公安局刑侦大队	集体三等功	湖南省森林公安局
浏阳市司法局	集体三等功	湖南省司法厅
浏阳市疾控中心	全省首批县级甲等疾控机构等级达标建设单位	湖南省卫计委
浏阳市国税局	全省国税系统“十佳最有特色纪检日活动”（“转风换位”活动）	湖南省国家税务局
浏阳市武警中队	基层建设标兵中队 、集体三等功	湖南省武警总队
李白烈士故居	湖南省爱国主义教育基地	中共湖南省委宣传部
浏阳一中	湖南省2014年度省级学校餐饮服务食品安全示范食堂	湖南省食品药品监督管理局 湖南省教育厅
浏阳一中	2015年省示范性高中网络督导评估优秀学校	湖南省教育厅
湖南美可达生物资源有限公司	2014年度湖南省科技进步奖一等奖（国家二类新兽药博落回提取物与博落回散创制及应用项目）	湖南省科技厅
湘北威尔曼制药股份有限公司	2014年度湖南省科技进步二等奖	湖南省科技厅
永清环保股份有限公司	2014年度湖南省科技进步二等奖	湖南省科技厅
湖南九典制药有限公司	2014年度湖南省科技进步奖三等奖（手性抗过敏新药盐酸左西替利嗪及胶囊产业化项目）	湖南省科技厅
浏阳市新文学校	湖南省骨干民办普通中小学校	湖南省教育厅

续表

获奖(被命名)单位	获奖（命名）名称	授奖（命名）单位
浏阳市新文学校	湖南省中小学教师培训基地学校	湖南省教育厅
浏阳市龙伏镇龙伏初级中学	2015 年度“湖南省安全文明校园”	中共湖南省委教育工作委员会
浏阳市文学艺术界联合会	2015 年度全省文联系统先进单位	湖南省文学艺术界联合会
浏阳市沿溪镇文化服务中心	第 4 批湖南省文艺惠民服务基地	湖南省文学艺术界联合会
浏阳日报社	湖南自媒体微信十强（微浏阳）	腾讯•大湘网
浏阳一中	中华灯谜文化进校园教学示范校	湖南省灯谜学术委员会
湖南省新华书店有限责任公司浏阳市分公司	省公司“优秀门店”	湖南省新华书店有限责任公司

获省（厅局）奖励（命名）个人名表（2015 年）

所在单位	获奖人	获奖名称	授奖单位
浏阳市三力实业有限公司	陈平轩	湖南省劳动模范	中共湖南省委、湖南省人民政府
蓝思科技股份有限公司浏阳园区生产 7 厂	欧海石	湖南省劳动模范	中共湖南省委、湖南省人民政府
湖南五福堂生物科技公司浏阳市淳口镇狮岩村	吴远图	湖南省劳动模范	中共湖南省委、湖南省人民政府
浏阳市强盛龙狮功夫团	彭　勇	湖南省劳动模范	中共湖南省委、湖南省人民政府
浏阳市武警中队	谢洪亮	个人二等功	湖南省武警总队
浏阳市武警中队	代文启	个人三等功	湖南省武警总队
浏阳市地方税务局	肖立祥	全省地税系统金税三期工程推广上线先进工作者	湖南省地方税务局
浏阳市地方税务局	蒋肖丹	全省地税系统一调两转征文二等奖	湖南省地方税务局

续表

所在单位	获奖人	获奖名称	授奖单位
浏阳市农业局	张　懿	2015 年度全省农村土地承包仲裁工作先进个人	湖南省农村土地承包经营权确权登记颁证工作联席会议办公室
浏阳市农业局	李誌诚	湖南省见义勇为先进个人	湖南省人民政府
浏阳市农业广播电视学校	赵永红	全省农民教育培训工作和职业技能鉴定工作先进个人	湖南省农业广播电视学校 湖南省农民科技教育培训中心
浏阳市农业广播电视学校	梁　露	全省农广校系统信息宣传工作先进个人	湖南省农业广播电视学校 湖南省农民科技教育培训中心
浏阳市荷花中学	汪花菊	湖南省第九批特级教师	湖南省教育厅
浏阳市沙市完小	罗利平	湖南省第九批特级教师	湖南省教育厅
浏阳一中	袁章军	湖南省第九批特级教师	湖南省教育厅
浏阳一中	李辉明	湖南省第九批特级教师	湖南省教育厅
浏阳一中	熊　珊	湖南省首届中学思想品德（政治）微课竞赛一等奖	湖南省教育科学研究院基础教育研究所
浏阳一中	熊　珊	湖南省 2015 年度中学思想政治（品德）优质录像课评选一等奖	湖南省教育科学研究院
浏阳市永安镇督正村	张孝昭家庭	2015 年度湖南省“最美家庭”	湖南省妇女联合会
湖南省新华书店有限责任公司浏阳市分公司	罗　斌	湖南省出版投资控股集团 2015 年度先进个人	湖南省出版投资控股集团
湖南省新华书店有限责任公司　浏阳市分公司	袁　泉	金牌店长	湖南省新华书店有限责任公司
浏阳市澄潭江镇龙家小学	缪昌联	湖南最可爱的乡村教师	湖南省教育基金会
浏阳市高坪镇人民政府	徐其文	2015 年湖南省“欢乐潇湘”群众美术书法摄影活动决赛“一等奖”（书法作品《毛泽东词《忆秦娥·娄山关》》）	中共湖南省委宣传部、湖南省文化厅、湖南省文学艺术界联合会
浏阳市人民法院	刘　菁	“青年与改革同行”征文比赛一等奖	湖南省高级人民法院
胡耀邦同志故居管理处	陈晴柔	2015 年全国“红色旅游故事会”湖南省选拔赛二等奖	湖南省旅游局
胡耀邦同志故居管理处	刘　露	2016 年全国“红色旅游故事会”湖南省选拔赛优胜奖	湖南省旅游局
浏阳市集里街道	廖能明	2015 年湖南省十大孝行人物	湖南省文明办

附　　录

浏阳市考核工作委员会
关于二〇一五年机关事业单位工作人员
年度考核结果的通报

浏考发〔2016〕1号

各乡、镇人民政府，街道办事处，市直各单位：

我市2015年机关事业单位工作人员年度考核工作已全面结束。经各单位考核划等、市考核工作委员会审定，现将考核结果通报如下：

一、优秀人员（共3862人）

（一）乡镇、街道工作人员（共587人）

淮川街道： 周水波　周健芝　张茂林　万品新　李晓玲　陶雪梅　屈传义　刘婷远　罗稻菽　肖　斌　钟旭娥　张安信　刘　恋　廖　琦　刘　川　陶贤江　罗　姣　刘珊珊　涂立群　杨　纯　邱利红

集里街道： 黄　刚　高让波　罗亚平　刘　鹏　胡　军　陈建荣　彭新辉　刘程佼　龙立夫　钟　慧　黎　武　陈　翔　左高峰　钟宏亮　孔　江　刘　和　吴定辉　易　剑　张端春　刘　娟　王　芬　刘　勇　郭海斌　周　娟　胡　亿　熊小玲　肖志丹　彭贤伟　林亮亮　潘永清　张小虎　彭建成

荷花街道： 朱姿丰　饶　岚　马　静　谌　荣　郑曼翠　刘　斌　宋志高　陈　香　曹　勇　唐　检　姚启荣　李永海　刘　辉　汤国平　陈亿佳　罗　立　张文胜　廖　胜　尹湘林　杨培清　肖　满　戴燕平

关口街道： 刘佳富　张贤贵　李升稳　刘家智　罗　聪　肖运生　李志宏　廖伟明　吴宪法　颜伏兵　曾　臻　周学农　李耀强　李　玲　邓　翔　罗马英　何梓成　高旭文　陈湘建　陈世友　钟艳波　邢建波　王　罗　叶伟文　唐孝明　胡　乐　罗　建　彭　向　罗成钢　曾凡春　柳继萍　邹新华

古港镇： 刘守德　尹灿文　周雯生　杨　林　石　丹　张宋姣　卢贻文　范　燕　杨培建　张小宏　罗　翼　刘　彩　周康宏　张兆荣　李　湘　郑振华　姜　娜　肖志强　林志宏　胡河清　李雪华　熊　辉　陈志勇　李鹏飞　卢雪梅　胡成建　曾秀文　孔　军　刘从辉　仇　君

高坪镇： 雷建军　胡明辉　林小平　张常文　何　滔　王振伟　许高峰　刘　刚　鲁　拓　詹继强　李　成　喻贤亮　陈济明　曾志敏

沿溪镇： 罗　平　张少卿　李　颖　李荣辉　任　伟　陈　玲　胡学富　李　路　欧阳山　张祖忠　龚穗滨　王云富　雷　伟　徐松德　肖永荣　祝建平

官渡镇： 李　锋　苏杨辉　黎　浩　张祖生　钟　敏　戴明河　左灵芝　鲁建宏　谢　坚　钟志明　黄　文　卢华玉　叶　巧　杨　祎　陈世江

永和镇： 刘　友　祝易滔　陈友锋　谢炳南　汤继辉　肖镇辉　胡　新　何　宏

魏兆义　胡文杰　陈力健　姚　勇
陈继军　古　旭　钟定兵　廖　文
李　新　彭传初　焦　健　罗　稳
潘方方　杨　斌　焦　锋　万　晓
刘　成

达浒镇：周逢明　何启成　肖　胡　苏长松
杨建军　肖　洒　彭　波　陈友林
黄　聃　卢清清　胡显义　王　球
李　帅

大围山镇：熊湘东　卢　义　廖上高　钟楚文
周建华　黄细端　黄星祥　李紫晗
陈　鑫　熊德文　李从根　周　波
卢　爱　李　海

张坊镇：陈傲冰　罗金卫　毛先知　周继光
万　翔　梁　政　陈　娟　李恒春
周亚婷　张　果　谢宝良　彭　浩
罗友根　柳彦博　易新明　罗志亮
杨程鹏

小河乡：宋国辉　陈明宇　李太明　刘辉伟
邹　智　陈永鹏　李友根　林水清
杜国贵

澄潭江镇：陈训武　张贤前　李飞玲　张金玲
李沛英　欧阳高峰　何胜前　周英运
杨　婷　张江林　陈家发　王立志
卜　敏　周孟德　熊世洪　张　胜
陶长富　陈麓峰　伍庆许

中和镇：谢　波　唐万明　暨朝佐　张自成
邓　谋　陈　涛　钟立柱　王有能
唐蔚庭　张　鼎　孙根林　杨　敏
蔺学成

文家市镇：卢　铓　袁思来　周洪文　甘家淼
胡文博　陈向军　何　强　汤德刚
张永成　罗锋雷　颜　鹏　戴少胜
王　博　曾艳玲　胡伦宏　黄求源
李　军　潘　双

大瑶镇：刘国泰　黄　武　杨启露　杨　志
危建红　陈茶英　唐小波　陈红娥
张隆楚　周　曦　张龙阶　陈新勇
陈招科　刘志英　陈新如　钟　美
陈　星　孔爱国　左春林　黄松林
许　红　张　彬　张桂花　廖振华
卢新明　杨亭达　陶继如　黄明铥
肖　剑　邱新河　张开林　李永强
孔志强　谭应财　黎天才　李彦青
徐　融　刘宗淼

金刚镇：雷　义　鲁常战　罗　武　邓　辉
李升招　周正阳　柳培哲　熊鹏洲
邓卫杰　汤　磊　邱　煌　何焱庭
陈庆华　陈　刚　周意平　唐振华
黄　雷　黎善宏

葛家乡：罗拥军　余耀东　吉　钟　唐文亮
张勇军　高成志　张　洁　周清萍
郑庆云　戴巧玲　任　敏　宋　首
蔺　建

枨冲镇：陈国强　潘定一　张方成　潘　勇
胡文兵　廖利辉　李　艳　唐文玲
蒋璐瑶　高海秋　古善良　李　波
唐　伟　汪海涛　娄利容　易炳文
陈志刚

镇头镇：刘　宽　周　悦　法玉宽　胡学文
胡小慧　冯　署　李喜军　张　坤
陈宝良　冯洲兰　刘　琼　邓　浩
张　晓　陈　立　朱开田　寻　舟
李　蓓　周峰源　唐长富　李　果

普迹镇：蔡　华　李云峰　付红英　宋　挥
李　茱　李申亮　高　优　寻汉民
喻娅晖　尹杰武　王　峰　郭立师
万　珏　鄢佳辉　刘萌春

官桥镇：李　双　刘　科　邓　磊　潘海林
潘亮辉　周佰炼　饶弟明　刘建雄
刘　琼　刘书平　张　勇

柏加镇：何志刚　王柏林　熊红梅　王焕新
童　鹏　江　雀　李家霆　王　意
龚紫昌　李华良

洞阳镇：唐建国　傅庭信　刘　恋　胡耀和
罗淑连　许剑标　周秋良　吴中杰
谢祥华　欧建光　余　刚　周星辉
周诗圣　胡际兰　苏启元　徐　赫
杨　艳　杨　宏　赵　舒

永安镇：李　建　朱丽娥　周飞江　陈　琳
易　玲　龙　强　胡德明　易　茜
邓启长　李　军　寻德才　陈　沈
董　峰　凌向荣　孔　丰　曹　勇
暨诚姿　柳永波　张　勇　潘　芳
李　红　胡　磊　刘铁军

北盛镇：李　斌　吴　兵　寻　勇　李辉煌
张美田　谭艳芳　张　芝　周岳峰
张金辉　周安兴　邵力文　田红旗
孙庭生　刘桂华　刘　豪　罗新梅
李艳辉

沙市镇：熊宜武　寻梓辉　金传芳　许祖望
袁建英　朱纯清　戴建辉　朱学忠
欧阳光辉　黄　珠　邓序良　喻科武
易海平　李锟鹏　何阿力　汪良秋
王承诚

淳口镇：胡汉堂　黄才胜　付　湘　张友根
欧阳意　周　金　易细江　王芳艳
张　轲　沈村义　罗永旺　吉智取
李坤民　罗世湘　周长征　厉平波
罗英武　刘　景　刘　志

蕉溪乡：谭日红　赖院发　刘　滔　高　团
罗　敢　张素勤　王成超　鲁双利
于志刚　罗玉红　戴玲艳

龙伏镇：徐伟才　寻满园　阎福海　石　盼

潘志雄　彭　礼　刘　永　寻玲萍
张长发　喻斌辉　刘志刚　陈刚强
鲁海峰　李仲磊

社港镇：汤建军　邱凯章　寻想萍　陈自清
王飞跃　寻　强　周继湘　汤　洋
罗湘波　张　敏　袁　伟　陈先礼
林昌玉　刘建军　徐辉阁

（二）市直单位工作人员（共3253人）

纪委（监察局）：戴伟平　潘礼寿　徐昭明
刘定良　王　亮　王　君　周红科

经开区：彭卫新　王大辉　邱义成　林大军
姜　琳　张　辽　焦林友　张春果
易备战　黄厚德　朱　毅

市委办：张之俭　杨新跃　陈治国　罗钦伟
张　葵　寻在珍　陈　辉　谢伟明

人大机关：唐林军　邓立波　邓　君　屈向华
罗晓晖　江秀富

政府办：韩　昶　黎　靖　李中秋　周建国
朱　蕾　朱石良　梁志明　张江武
黄　镇　潘　定　张颂华　左志伟
谭清红　卓　勇　苏　婵　吴光荣
周　全　陈　艳　胡登京　李　灿
张　强　赖　鹏　徐宵兰

政协机关：李贤美　王　持　陈武明　李永伯

组织部：肖赛男　张安文　陈　珍　王艳玲
杨　海　何　勇

宣传部：潘　立　李　林　陈　英　苏阳灿

政法委：高志仕　陈向前　周　达　江志勇
喻　鍠

统战部：赖才腾　吴娟娟　张义根　陈世荣

编委办：于逸平　何长发　邱林峰　刘康文

老干局：胡国平　陈双球　李　明

信访局：焦清平　王　钧　康兆祯　张　镝
毛科宇　彭玉玲

防范和处理邪教问题办公室：彭世明　陈昌波

党　校：张　清　唐新辉　周　波　邓慧晓

档案局：李兆佳　黄　英　唐继武　汤裕新

报　社：刘家川　贝红英　李　芝　李　芳
罗旭阳　林川波

广播电视台：王桃文　郑　霞　付　苹　谢　锋
邝　丽　何　娟　刘丽娜　汤利华
贺双江　何　飙　李鸿林　胡伯延
余　智　厉江波　王　文　晏　鹏
张水志　黎　明　周　峰　郭剑波
何继主　李智勇　丁来峰　何国辉
邹建伟　陈安桂　陈炎飞　唐石磊
冯　伟　张顶木　邱正春　杨立勇
聂祖茂　何形学　吉　妥　田保享
魏　国　曾　峰　李艳娟　王中梁
徐　静　陈江东　邱峥嵘　钟修江
彭晨光　朱晓先

法　院：周　超　杨　舟　左　凯　陈钟婧
何志远　李爱莲　黄　波　李曼婷
苏逢连　罗尹曈　吴银辉　廖志坚
张　磊　陈海燕　王　伟　刘施汝
魏晓玲　刘安民　刘敢德　郭应湘
余园静　蔡腾飞

检察院：杨志雄　邹红英　黄　悦　喻堪豪
李　游　廖　红　詹法富　宣泽宏
罗春阳　陈龙才　寻护生　黄求蛟
陆美珍　郭晓蔚　罗　炼　胡海军

发改局：王坤球　游湘江　黄　琦　李　澳
黎训魁　夏新泉　吴强松　李官求
黄雅玲　徐艳艳　陈　宏　付晨辉
王美英

经信局：邓科建　张佳根　胡建国　周志刚
左红平　刘晓玲

教育局：汤显华　潘　明　罗世良　寻鹏飞
黄玉峰　陈中西　刘继荣　钟定海
李　凡　谭应湘　苏文革　姜　兵
李国庆　陈巧红　李雄声　杨述玖
鄢平建　张文义　肖　力　王梅荣
郝贻奇　罗曝忱　屈求知　熊文娟
李洪福　徐晨辉　李克助　林志刚
缪贤根　罗渐长　石自行　周上统
周晓波　张小宝　赖　毓　罗传良
徐朝晖　王中民　何申如　娄建国
苏启平　满　杰　梁技昌　汪宏祥
叶宗林　肖　敏　王国平　苏飞跃
黎谟海　卢红志　罗菊平　张德喜
魏红霞　熊振宇　龙剑春　周正强
胡云保　潘　文　唐　宋　赖英瑜
娄迪清　宁剑发　赵世福　谢建业
熊建成　寻伯仲　瞿谢根　唐全友
肖义明　刘后才　何绍益　周　晓
李启胜　余汝腾　何宗武　唐景亮
张昌炽　李寿成　罗建平　章朝晖
张　涛　贺　雄　李腾方　杨端夫
寻景辉　罗　谦　田英勇　鲁国荣
戴热忱　蔺传次　赵世强　冯玉荣
周寒珍　刘定初　刘九成　刘连瑞
余　娟　彭晓珍　胡　辉　江资健
王　玲　娄桂英　赖章武　罗　斌
姜霞珍　黎　湘　易杨志　袁清萍
张明清　林雪冰　罗　阳　朱清平
潘高扬　罗移丰　邹亿舟　陈　蓉
陈巧俐　李丽珍　周建飞　尹水军
刘　军　郭　剑　刘剑波　谭应良
寻耀邦　陈　涛　张丽华　胡　俊
刘　迎　胡朝阳　郑　毅　晏柏宽
戴果丰　何　群　何灵芝　黄淑良
黄行武　匡沙沙　兰奇思　蓝嗣哲
刘宗亮　龙佐文　鲁教长　莫海英

彭长根 彭洋明 秦 芳 谭信发
夏剑红 寻细艳 寻孝芬 阳前国
曾德贵 张贤明 陈菊珍 聂 畅
彭卫平 苏耀斌 王 虎 王运珍
张志明 张祖明 周红文 周英武
李盛华 冯 玲 冯细平 吉映雪
蒋 炜 刘朝柏 罗传科 彭丽平
彭望朗 袁 忠 钟灵芝 钟阳莲
喻斌斌 陈俭平 高伟红 孔 丹
黎 莉 李藏渐 李友桂 章永顺
陈小平 邱秀珍 卢 荻 徐 健
周平波 汤柳青 钟 芳 黄志辉
邱学莲 李华珍 鲁建平 卢冬香
李承香 张欢平 刘 崛 任 拥
袁礼文 李红修 陈碧贞 邓 嘉
胡艳君 张晓文 曾 燕 彭武爱
周敬春 胡冬华 杨小红 刘剑英
熊霞初 匡 霞 吴向阳 卢正湘
叶水平 郑 波 王 芹 石 鑫
傅广学 张爱民 王素珍 黄群英
刘擒龙 张 娜 宋荣辉 张艳全
罗苏河 蒋白露 罗 平 周建辉
肖 谦 欧阳宽 刘圣桃 潘日明
陈 喆 周清柳 詹蒲林 李 力
周世鹏 汪 炬 李剖华 丁 林
戴辉玲 朱红赞 徐耀辉 朱伯俊
罗洪湖 蒋跃明 李秋英 李 剑
邓 莎 唐新辉 辜咏岳 邱向军
邓 鹏 易武葵 汪良元 徐积芳
陈宏亮 罗熹亮 黎 强 李芳芳
周 莉 张梅花 张小莉 唐召平
黄应龙 黄升龙 徐声亮 易守开
吴素贞 刘 亮 刘建平 周华珍
汪光俊 邹 佳 刘赛阳 卢 珊
张贤阴 何 思 张映辉 刘晚兴
文小华 肖 牡 李 琼 阳 婷
张景新 于为民 邱先奉 周 雯
邓吕兵 雷 春 陶芬兰 郭 珍
彭本斗 桑云惠 朱凌云 沈江南
高光飞 罗富春 何艳花 张伟松
罗 耀 唐佑红 饶文奇 王丽芳
谭爱发 陈 萍 李 骎 杨汉维
邓纯珏 罗贫乐 刘辉明 黎日光
孔 伟 张 斌 罗政球 周兆贵
唐见明 甘建红 张 璇 苏雪珍
李 鑫 张民利 罗 艳 陶庆秋
寻娟娟 黎琼霞 欧阳利中 肖应江
谭轶汉 吉仕龙 樊丽华 武 艺
郭习礼 文 卫 邓彰煌 郑春霞
李 军 罗 珍 黄 程 吴少淮
吴金华 佘水平 张双勤 李小春
李文娟 左庆珍 李 艳 曾桂林
何 荣 周松树 彭灿军 童艳芳
易志刚 张 智 李艳兰 张 敏
熊 焱 李 宇 张喜连 陈 静
柳孟兰 杨培燕 张新辉 易友爱
张明干 张娟华 刘艳清 蒋阳春
张 磊 陈彩莲 黄楚宏 戴术军
林红艳 许志豪 陈翠萍 吉桃江
易 静 杨沅秀 沈小艳 陈忠泉
罗磊琳 罗卓钦 田姣龙 汤 晓
周香菊 李贤飚 刘 波 胡双辉
陈 姣 邵文彬 陈 格 张杏桃
阳艳辉 蔡立许 焦细林 张佩荣
蔡莎莎 肖阳敏 李 婷 张华兰
李 伟 贺慧玲 赵 兰 朱晓锋
刘慧妍 袁平玉 寻红果 言杏芝
陈国平 谭应全 邓奇志 武美华
刘 丹 朱素平 易艳文 钱永红
蒋计谋 黄德辉 杨 玲 周绍凤
黎巧红 罗奇艳 李春华 谭飞跃
张彩荣 蔡春强 赵倩岚 钟丽平
王丽珍 陈春生 田 芳 于 杰
唐 娟 张冀湘 陶能猛 邓伟林
刘彦辉 熊 英 杨春兰 陈芬芬
晏玉华 刘学军 张国梅 万跃华
周安明 袁海燕 谭雪梅 胡秋连
彭万初 黎 平 谢云洁 周 微
林晓杰 杨 容 刘满英 李永红
何明霞 张在明 暨红远 崔霞峰
张继霞 汤达如 何利辉 张孟其
邝 超 彭新民 易 强 张瑞平
杨小雄 朱月华 肖 娟 寻 倩
付细霞 陈太平 刘辉强 林丹利
黄利姣 刘兰香 周淑媛 刘红晖
周艳华 许力群 何 红 刘 宇
黄河清 曹 静 欧阳琼 李 婷
何伟珍 彭常毅 陈 楠 寻 晖
龙 梅 谭常俐 吴春玲 邓荣超
喻薇蓉 夏 群 刘 苏 吴华连
刘 畅 袁 柳 林根淮 罗绍怀
闻继根 邹惠明 张 宇 黄 旻
袁江铃 邓秋雯 姜 娥 高红霞
郑 毅 朱丹丹 唐爱民 龚 成
罗运菊 周晓君 刘 佳 施代新
汪花菊 刘祥佳 袁 琳 张 娟
宋运红 卢竹玲 熊玉明 于佩双
陈文秀 黎 利 蒋继成 曾小花
黄爱平 陈联武 曾文贵 赖文艳
冷雄姿 李红艳 罗英姿 杨 旭
于杨萍 邹 萍 谢光友 皮汝良
付群英 黎明艳 龙夕烟 屈向泾
史玉蓉 唐素梅 田静芳 王 晖
张彩霞 周 伟 王友如 王辉凯

陈　虹　余发兰　丁观平　赵陆军
刘　瑶　张益明　张　洁　李　波
张小萍　陶　利　曾伏莲　黄光顺
陈意平　张　英　李圣光　王晓冰
周春艳　陈利华　戴春香　熊再平
廖上斌　王深根　周　科　邓阳京
阳赛群　胡芳霞　李成钢　邓育红
刘建林　彭　优　邱　芬　罗晓晖
汤雪辉　王菊香　戴柏林　毛述忠
周雪莲　罗　敏　胡　珂　吴小燕
雷　丽　贝雪华　周宏霞　邓映湘
陈芳超　赵伟平　罗定广　甘顺连
张红丽　刘申贵　胡呈伟　罗荣斌
周逢珊　罗美霞　徐　凌　饶作平
卢　银　魏裕鸣　何　娟　胡里湘
龚　媛　陈　红　刘小伟　周开明
陈　辉　李先辉　邱志谋　赵彩平
赖雪梅　缪　英　贝先凰　刘玉兰
黄招兰　聂中丽　章瑞红　史利秀
黄　丽　汤　丽　张佳佳　蒲　慧
李慕蓉　胡　婷　瞿素芬　张　培
张坤继　彭满英　王伟兰　伍建桃
王　芳　唐　珊　童龙凰　刘湘红
聂荣荣　黄　坚　杨　武　周英文
周才胜　林小玲　郑仲文　熊　伟
李青红　李运珍　万建红　邓服群
唐　艳　马英春　郑先伟　张小妮
李志军　梁春平　杨　虹　张开梅
周艳红　汤　嫘　刘小妮　邱　亮
黄爱惜　肖怀佳　林金成　陈春晖
李耀长　王　琼　文治平　肖远琴
杨小妹　张美勤　梁小英　廖智辉
罗尊清　沈相金　谭小枚　万妙莎
张晓玲　黄道成　李阳春　刘　霞
王辉庆　蔺治国　刘伟连　邓卫平
王艳平　张欢欢　巫新媛　彭　炼
高　华　黄桂华　戴绪发　朱荣国
刘善兴　王云贵　王秋菊　卢秋珍
肖艳红　罗遵理　李小梅　冯细英
杨绍连　陈先如　李秋玲　吴光武
杨　玲　钟显武　徐满香　王忠明
杨　丽　周年华　谢海平　万　清
罗雅琳　卢月明　彭望娟　高蒲根
孔元芬　周令满　徐海平　李和英
钟英辉　陈望春　黄文贞　刘映辉
陈　鑫　孔凌芳　李华丽　陈燕清
梁秋红　汤远继　汤光锡　黄　芳
谭菊荣　谭代平　李小芳　汤光荣
徐保华　汤　乐　陈小年　程　湘
卢　林　黄庆新　江芙蓉　张德帆
张祖观　谢海英　李海平　王小润
张志武　张雅娴　胡　丽　吴玉兰

陈建平　邹翠兰　唐静芳　李端兰
刘文明　王红兵　曾艳霞　陈　菊
杨华清　潘多姿　张　聪　邱俊龙
谢　莉　钟善芬　柳高英　廖　朵
李玉平　刘丽红　涂静茹　黄长春
涂绪依　李远护　刘梅丛　杨赋生
吴丰年　曾德来　林海军　李　维
陈思林　卜茂安　谭尽辉　卜继丛
卜芳艳　李　巧　陈球华　丁武峰
黄红荣　江卫东　李　姣　李宗国
梁常启　刘卫红　聂正南　彭玉凤
汤伟君　田翠英　谢光明　谢忠梅
寻　云　杨　芳　张　聪　张发兰
张绍明　周　初　汤隆秀　刘卫民
刘雨林　张　建　刘彦媛　孙付平
苏　红　黄　蓉　王　梅　刘兰芳
张惠平　陈　滔　苏亚利　刘志钢
刘光明　吴小艳　骆　彪　黄振海
姚　亮　刘良桂　黄友文　刘　明
詹荔芝　李晓蓉　陈志强　裴　蓉
黎丽娟　贺　军　王哲义　李仕化
邱松长　刘宜麟　张完华　刘志宏
徐志成　黄隆金　张善山　兰奇夫
彭永富　唐水利　李白兰　陶姮芝
林冬丽　陶凯敏　汤文胜　张宜江
宋文峰　谢贤德　张运年　陈唯唯
廖　婷　苏牡庄　刘燕平　刘　恋
王　巍　陶渠成　谭淑华　刘　恋
胡耀平　陶贤初　张建成　寻雪峰
张红元　陶洪山　陶　晖　陶仕琪
刘小华　欧阳叶　郑岳平　徐杏林
李　波　林　慧　缪昌联　陶　欢
朱立娟　张丹全　贺晓珍　向俊芳
黄中心　曾海霞　李爱明　张　斌
易海英　刘贤超　刘良平　蔡碧霞
李霞琼　徐　玲　周　丽　夏洪玲
张雀成　黎　睿　李性蒲　刘庆秋
汤　路　黄　彩　孙　晖　李　广
陈　纯　张　都　胡红梅　徐梦姣
焦　琼　高　敏　陈　洁　陈仕敏
丁优玲　何　涛　胡煌英　黄　会
黄启发　刘华香　欧阳露　宋　静
吴孟然　吴文明　肖友锋　杨　芳
余水根　张小娇　陶孟庄　陈湘其
刘景雄　黄新华　陈聪俐　刘景初
王　颖　高振范　王华兰　罗　利
刘燕辉　张勇刚　刘珊玲　唐翠环
胡建成　周　颖　谢志丹　刘　耀
刘青梅　黎纶清　孙长根　罗利兴
罗　辉　张志红　杨　敏　张　星
何志娟　黄爱民　蔺松宜　万杏林
张运明　易良芳　张　晴　刘美姣

刘乔木　何小艳　陈秀荣　黄　媛
胡　亮　吴东建　彭武林　尤宪成
汤相伟　谢　伟　刘海红　赖银辉
廖桃珍　陈三喜　邱玉玲　周　婵
邓　维　熊　柳　马智慧　谭王恋
汪　亚　谢晶晶　吴兴玲　刘　娟
余汝彪　杨书忠　陈青松　吴小玲
杨　丽　赖小珍　邓　晶　张开早
张冬连　叶小兰　曾亚芬　胡厚新
沈春红　黎书根　谢雪飞　肖松梅
谭　欣　易飞雪　罗牡芳　黄艳辉
熊　艳　刘艳琳　刘　勉　张　述
李　勇　章玉生　刘利彬　林密兰
傅　灿　陶辉良　李　利　刘　娜
陈招民　舒　静　宋　凡　虞泽娟
彭纯芳　黎　莉　熊凤鸣　邓　玮
熊水连　黄　娟　何海容　周曙平
张春连　沈　艳　李望云　李　杉
吴义文　柳　婷　魏　娜　张良初
陈　莉　江　澜　李　曼　黎　明
黄　蓉　刘　杰　胡艾连　李　安
胡　晓　谭艳伟　李丽平　周玉玲
钟启文　曾祥林　陈　姣　贝双成
刘湘辉　黄鹏飞　高　伟　温招明
鲁　晓　潘向阳　周新安　黄常青
陈享华　张雨休　杨迎波　张慕林
周满林　何建香　付红湘　陈　晓
江　娟　沈鸽群　邹建刚　陈再珍
袁向阳　刘乐平　易　鹏　张　罗
黄　强　王双跃　娄玉萍　黄　娟
付飞虹　丁伟明　许建新　尹许清
邱志宏　付国平　潘正宽　黄春霞
潘配清　李　杰　潘向阳　江　纳
刘俊山　陈新年　陈跃建　付向前
黄　伟　李春英　李艳湘　刘群晖
王翠华　王松柏　王一凤　易继英
张水桃　罗名学　唐　存　陈高明
严聪明　陈林术　陈咏仙　黄　烯
唐喜峰　熊智滨　张检院　赵　娜
周英姿　黄　芹　刘一波　阳　赞
熊宇平　张小兰　刘迎春　陈金菊
刘　钢　施文秀　刘略奇　罗彬斌
陈　媚　张湘江　冯　卫　朱江红
刘湘林　赵　鸿　陈咏兰　邱飞玲
陈　卓　赵智鹰　李志平　郭　琦
万艳萍　熊　铮　方　姝　黄　娟
梁江华　黄　荣　刘利群　李学辉
罗中平　邓海波　焦揽月　屈　艳
伍中华　伍盛雪　鲁邱云　刘　俊
邓　超　于浩江　胡　晓　李　艳
屈姣媛　柳　威　刘迎春　苏启明
罗美姿　罗武辉　陈　莎　文建萍

汤信专　杨　波　栗小雪　刘红辉
彭国连　郑霞珍　张　芳　潘晓平
龙四学　邵国奎　杨梦蕾　柳映辉
邓青姿　郭　铸　罗　婷　熊素英
周小辉　陈　平　罗细康　丁爱芳
董妹玲　罗江红　邵卫平　沈会艳
苏　剑　周碧荣　周惠芝　周水英
朱朝艳　彭志平　田大赛　肖　恒
谢湘平　任环球　肖友华　张　妍
何丽娟　鲁　革　于　会　胡　细
汪翠竹　于　萍　周　会　李　鸯
潘　舒　赵新喜　周英(大)　肖伟秋
易峥嵘　鲁海艳　张蓉平　郭运强
朱奇英　罗霞生　陈双娟　孙伟湘
陈利珍　张壮志　宋英姿　汤春雨
高会平　谭海英　赵秋玲　唐卫平
王美仁　邵　静　张玉祥　罗长贵
张海燕　周春香　肖　亮　陈金明
罗美秀　周　松　龚　丽　肖葵花
叶　杰　李　多　鲁益平　罗　艳
周新华　伍红波　罗小冬　罗　凌
沈鹄玲　刘金凤　罗雄辉　彭　波
刘　艳　邹　娟　肖　星　阳承利
苏　秒　罗　玲　钟巧文　董　亮
厉　锦　肖　敏　彭昌科　田　莉
厉素芳　柳水文　李林芝　刘利芝
吴　萍　聂娜香　鄢平艳　任　强
胡志勇　谭日丽　周建辉　肖　钊
张晚良　李梦玲　代　红　暨国平
邓慧颖　许　清　向　南　王大平
朱强国　邓阳会　朱光明　屈红艳
付海燕　朱长庚　朱文华　肖　沙
彭祖耀　宋　斌　沈坚贞　吴　江
吴欢玲　吉　兆　罗素青　朱志强
陈玉喜　张玲英　杨卫平　张　彪
张杜鹃　张招军　杨　敏　邓素贤
朱　晖　李冬平　陈德操　汪志华
喻名中　聂　巧　李义辉　刘湘红
许发荣　许秀兰　汪建社　彭守政
龙胜红　李杰志　凌益宝　罗　杰
李瓜英　陈招辉　罗利平　张芒辉
刘小阳　张新台　张永跃　李　战
陈志强　张希辉　鄢碧静　龙又红
陈建强　周　霄　陈昌跃　梁　飞
张伟秀　罗永进　黄中文　黄卫武
屈红专　道雪蓉　文　婷　周如春
王　前　卜继红　罗平香　童孟仪
寻武姿　李丽华　刘　勇　刘飞周
黄林旭　柳细玉　沈平易　沈绍庄
徐晓辉　李映辉　游伟中　徐莒艳
周欢荣　吴小林　寻年姿　罗湘源
沈海波　徐　斌　周朴江　罗　娟

李争光 周湘慧 潘敬明 寻裕兴
寻望霞 徐红红 黄　政 尹根深
寻　莉 徐夕映 朱　旭 周取善
首健平 徐益源 喻兰青 陈果平
首桔平 钟素芹 辜腊花 寻　仲
汤志荣 寻梦雄 王金良 徐发挥
戴友好 唐满怀 黄红亮 黄喜悦
林　丽 易　霞 周润松 邱　丽
廖丰庚 刘文章 李程雁 余彩红
科技局：黎　云 周卫清 龙雅丽 孙梦依
住建局：张益平 黎　毅 陈治国 谢　娟
赵有根 唐　勇 郝鹏飞 鲁　嵘
张　毅 陈昌根 杨汉湘 刘红燕
巫明霞 周乃贤 唐文波 欧阳亮
李青青 杨芙蓉 黎浩波 王华彬
黎升斌 郑席武 李文英 伍　璨
罗　璋 汪菊林 王志明 周　密
张国昌 张新宇 吕红波 李　青
袁理亮 张　超 邹计武 王宇和
徐继来 胡　浪 李家庆
公安局：李汉能 谭建辉 雷　觉 朱际丙
潘三伟 唐莉莎 吴水乔 喻育才
杨松杰 彭建清 蒋　骞 聂红专
贺金凯 罗昌武 李志军 胡治国
罗　军 李学斌 何　荣 周　旺
潘储粮 钟英旺 鲁彦谦 吴昊峰
袁泽宇 彭扩军 陈沧海 谢秋生
陶贤全 罗　红 陈甲富 彭治国
李申超 李建国 陈　辉 袁　峰
易　韬 胡波涌 寻杞林 罗铁军
廖　杰 沈　亮 余政友 曾勤英
钟晓玮 刘正宇 唐　海 刘　强
胡伟杰 罗　喆 李一兵 易　勇
袁雁军 杨　涛 李智勇 蔡潇逸
胡艾明 黄　滔 朱庆超 赖小虎
李　伟 雷金福 唐承法 张明臬
任　彬 秦　艺 潘红武 彭功品
陆光枚 李英俊 陈优良 何霞平
周行伟 彭国平 胡　鸿 唐　雷
张　煜 刘江文 易　芳 曾祥建
熊　军 蒋　智 刘志勇 吴　骏
陈　亮 叶　榜 秦　杰 卜学峰
曹开江 黄　兴 陈　桢 肖永贵
刘跃林 刘　攀 邓　帅 黄　冕
张志洲 陈帅帅 李　旦 邱劲松
黄武林 曹　聪 颜书毅 张德富
朱腾跃 周凌云 王　洁 曾海华
陈旭辉 杨　思 李兴佳 汤晓登
邓年波 任尚锋 刘海波 周文新
祖　蔚 陈　安 张姿娟
民政局：姜林峰 陈　平 刘迪清 俞荣梅
彭显利 张龙进 李　伟 刘　晓
蔡　威 陈　科 龚志坚 左实践
肖　峰 刘忠平 袁　强
司法局：邱先棠 徐　玲 肖友清 杨　青
胡　强 吴华升 赖圣生 罗喜平
陶山麓 朱淑婷 曾　智 蔺代海
彭伟义 罗传美 吴宪明 刘红色
财政局：陈　清 彭金龙 黄　艳 周　鹏
邹　敏 刘华东 刘敏芝 雷　晓
罗　伟 周思放 王安仁 黄红英
刘光辉 黎　俭 柳立民 刘　东
吴晓聪 周天如 王　莹 邵　诚
刘晓芳 陶慧平 刘颂柏 邓　茜
苏高博 朱　贝 罗红梅 张惠明
汤隆发 王友文 邱　琳 张志凌
陈　楠
人社局：缪传良 陈伟林 周水波 潘赛一
刘良佳 潘义雄 黎步青 潘景询
高为民 高　志 官国旗 付文闯
罗招生 寻湘湘 杨　毅 刘　平
周朝辉 朱　敏 袁彬彬 凌洁茹
罗冬明 李小灯 杨　晋 李立斌
黄丽萍 吴治国 黄震威 刘　智
国土局：沈四平 高文杰 黄　珍 何峰安
黄海军 邱　扬 吴晓阳 寻果林
曹普辉 蒋洪辉 李　刚 林　航
邵长征 张　苏 彭　涛 何光俊
何　伟 邓春雷 张润阳 吴志耘
刘　琳 罗淑琴 唐招伟 于木林
李盛亮 陈孟东 任承果 李东炯
陈松桂 雷　利 刘　念 王庆乐
刘品军 刘芳仁 陈　皓 王学文
余海波 张劲源 何　彬 文友章
肖京成 许　斌 邹先锋 刘思瑶
交通运输局：李声义 胡　浩 汤　波 黄　峻
刘　锋 陈晓平 张　忠 陈道龙
朱建优 汪春雷 黄尚贤 何邦润
连　鹏 戴　亮 罗　文 张　林
袁巧玲 黎　晓 彭功质 王爱国
胡文勇 李先富 陈　斌 张风平
周英伟 曾伏文 王松柏 刘文涛
邓灿辉 舒　畅 贝承启 谭继业
陶　武 汪　浩 古　斌 余　敏
何建光 卜小峰 彭洁林 金传方
水务局：邓　华 邱自强 毛定其 邓秋华
刘高兴 陈道江 黄先智 柳　锋
彭　辉 汤异峰 张明赞 邹　旭
程　敏 刘新成 张才连 陈孝帆
吕金武 沈阿丽 陈晓贤 石文彬
刘春晖 张　旭 周红江 李　叶
饶世全 刘　全 邹志勇 吴彦明
彭燎原 王建春 唐　义 罗　威
赵飞跃 邓　彬 邹先跃 周逢春

陈利明　周艳华　刘良伟　陈雪连
汤锦平　李伟英　梁春舒　欧远群
于国强　杨开阳　谭　伟　谢名奇
晏厚成　卢方觉　胡红兴　罗翠娥
钟振华　周曼雪　黄章生　刘　莹
邓　燕　周小虎　金跃进　刘继承
邓淑芳　张　文　王娟平　易伟霞
徐　治　聂辉莉　余新宏　沈利民
朱鹏意　邓彰敏　张美珍　李建平
李建国　张秀平　黄永兴　胡家旺
熊小林　莫年珍　黄兰珍　张　柳
杨小汉　朱鹏辉　寻鹏程　周觉来
徐小春　林金艳　刘贤才　龙姣英
邓军武　刘宗继　周　勇　易修文
肖永林　沙　璞

农 业 局：黄永忠　王　建　瞿桂平　张朔义
周军徐　陈宇新　陶　艳　施学义
宋才章　李庆鸿　柳辉林　陶维红
陈应坤　李祖林　喻仲生　王学明
黄汉军　吴小年　童金花　刘红梅
张韶华　刘　春　刘博文　冯春水
张　剑　熊金生　罗志勇　彭淑媛
郑　平　王　娟　胡正祥　吉甫成
周书信　张　磊　李祖琼　余　力
袁　齐　袁治国　高飞进　袁光甫
钟　弦　罗永志　张　懿　张　凡
李应忠

林 业 局：唐天真　易颂来　罗闺秀　周学义
高瞻远　赵光枚　罗安利　胡柏松
廖朝阳　寻标兵　张慧中　刘弘波
徐　敏　喻　焰　潘　磊　张文辉
柏承权　杨　锋　方世屏　周　萍
王　毓　张龙羲　张　鹏　赵文斌
吴　迎　袁晓阳　吴建文　刘　冬
刘忠辉　郭明春　李继承　罗干兵
汤福明　袁　平　鲁　平　徐建伟
薛　飞　王利伟　唐建忠　吴香文
王汉明　戴静兰　徐谷文　孙　坤
戴良选　孙　戈　周书昌　上官喜
李光强　廖　红　罗兴云　龙冬辉
孙　良　苏自兴　张运腾　刘俊杰
黎继军　谢　敏　陈　华　陈虚慎
吴群山　石海云　魏科峰　朱启明
陈昌怀　徐家望　陈文兴　谭　军

文体广电局：余　激　邓　芳　刘建国　罗高吾
陈　宇　欧阳严　奚　杰　苏浩然
刘慧萍　何　良　张建忠　邱　强
熊才维　徐可卫　曾阳根　黄纲强
王晓梅　张雪章　王娜娜　谭晓琴
高　瞻　刘　炜　梁　丽　万霞先
任伶俐　晏意成　唐江华　王柳根
孙立军　鲁子龙

卫 计 局：何梅林　张　勇　周　平　许　欣
龙湘泉　李岳华　朱昌盛　甘享明
郑海洋　王　成　寻继平　刘文君
朱志刚　谭　锋　张会芝　许　勇
刘慧芳　谢晓棠　陈卫东　李　宇
王科明　王忠清　徐钦仁　唐　瑛
陈月莲　李静波　梁　鹏　邹智勇
汤　伟　肖继青　周进喜　李耀林
邓　伟　卜　平　刘　军　刘　甦
李勇燕　周年芝　汤晓青　陈小玲
蒋树龙　朱兴盛　谭文新　易　刚
胡德才　邓红军　罗　艳　施海斌
黄海东　罗江平　江　涛　李江林
卢要文　唐素芳　李　强　胡志强
郑建渠　唐建湘　李　强　刘家武
宋海平　蒋章荣　陈建伟　雷　义
孔　琴　张小明　文天平　熊　曦
寻威悉　陶素云　黄启明　戴仲乾
朱建恒　贾维芳　唐小玲　肖　波
刘道龙　杨藕罗　王玉圆　章红玲
胡自梅　谷晓慧　廖　科　唐耀庭
李　彬　陈煌军　黄　莉　张志国
陈细萍　彭敦莽　易　征　罗　曦
温晒英　廖贵华　万艳辉　邵静波
邱剑辉　陈志芳　肖怀忠　易婷婷
熊　静　黎海波　李　红　卢显冬
张　刚　李　清　何　卿　刘玉芝
邱梦玲　李瑞红　李群梅　李为先
陈向锋　罗九芳　邓海婧　王辉亚
梁智勇　刘　峰　皮智勇　寻纠纠
张　桢　戴　敏　王泠洋　叶　平
罗志红　赵　军　陈翠华　徐　磊
刘应龙　刘国敏　李凤平　邓玲玲
刘　亮　李亚娜　任　宁　熊　满
胡　伟　罗　佩　邓　娟　喻丽莉
冷　晶　王英华　何　昕　谌承志
刘佳秀　张美莹　刘红浪　陈　双
陶庆林　张银初　周红芳　李红求
钟英才　沈　波　邹习珍　王　利
杨传光　李　强　钟运湘　彭完英
李华艳　王立东　陈学忠　刘　丽
黎汝芳　马　骅　朱金武　黄　玲
田保悦　陈小利　罗　超　罗　妮
张　闽　聂　佳　寻东来　谢一农
陈四清　熊　慧　陶　鹏　刘志舜
宋远超　吴善武　邱　展　李　丹
朱　颜　王　栋　熊　艳　李玘凡
李小鸣　李凡金　李俊鹏　张红玉
黄　敏　陈长保　娄振华　苏建斌
周月红　周明亮　扶桂升　王　亮
黄仲玉　邹先智　李志英　周燕飞
宣望东　张　群　杨　娥　罗凌云

周晓芬 罗海兰 李 娜 周海平
周玲芝 罗庆华 郭 弘 鲁彩虹
许 莹 黎 亮 黄小英 汤剑仁
章 林 陈 程 陈瓜珍 陈江平
陈丽娜 陈隆桂 陈 敏 陈 平
陈婷婷 付 金 高 珊 高艳丽
何清锋 何 芝 黄 细 焦守岗
孔华珍 李发富 李 敏 李 璐
李思恩 梁新初 廖尚上 林水平
蔺剑文 刘碧玉 刘超文 刘哪芝
刘 松 刘西裕 刘艳华 龙传滔
罗 敏 欧阳建军 彭春晴 彭艺
邱叔玲 邱宇玲 屈美伦 盛阳辉
石 华 宋 霞 苏 姣 谭 文
唐伟玲 王谷生 王 丽 吴善芝
向洪武 肖 湘 谢金兰 熊 波
熊学琴 徐 柯 徐 伟 徐伟江
许 杰 杨红(医) 易伟 曾 鹏
张宏波 张佳敏 张 莉 张 伟
张志高 赵兰田 赵小年 赵艳红
钟国英 钟 欣 周 娅 邹 祯
周书进 罗再林 刘瑞珍 陈瑞文
易勤珍 邹喜梅 胡雪飞 潘 芳
熊 婴 陈 平 陈艳清 寻锦荣
孙 伟 吴芝芬 刘湘平 张小红
邵细琴 胡 琼 谢 露 李 岑
聂 素 李菊香 周英泰 汤 勤
卜 英 李松林 寻细村 罗新春
罗 淼 吴德文 张 晓 孙 华
熊 瑾 刘中燕 聂三河 陈艳华
何丽珍 李斗辉 陈静辉 周雅丽
罗建坤 刘运真 熊晓彬 李 艳
陈 娟 谢 伟 何 娟 朱琼娟
袁新平 李纪缘 徐彪炳 唐晓红
李朝发 汪爱花 暨 培 张中意
徐悦好 袁 军 涂 华 陶功林
林 雪 喻 琼 周正武 寻坤沅
周比舞 周齐静 蒋建辉 张炬财
黎意丰 刘度量 喻凤江 陈 柳
王顺志 李雪媛 张友芝 曾玲玲
罗杰敏 张 敏 王 芳 李怀风
陈家兴 陈小坤 陈艳林 贝玉章
陈建煌 陈本阳 卜桂文 万传意
罗南芬 王曙明 王晓丰 李海龙
赵双喜 黎文斌 叶 利 邓嫣红
吴 新 罗 渊 吴 萍 胡向阳
隋 华 曾美华 田雨辉 邱 斌
张 微 黎晓利 汤达华 黄意华
邵 恩 冯 丽 江慧平 李淑英
张孟兰 毛玲湘 何继岳 刘世枚
李友玲 黄辉平 邹丽明 周 虹
罗成钢 潘红红 肖建平 曹觉芹
高 云 于志刚 孔贤明 黄爱明
陈 瑶 曾玉球 周志平 马 丽
周 辉 李国强 汤惜勤 毛双鹏
卢志刚 钟高明 张 瑛 喻俊飞
林会兰 卜波兰 印泽海 吴 丹
肖怀艳 袁 勇 杨佳丽 李 淑
陈博浪 张 元 周海鹏 周海岸
朱平江 王 波 章荣球 罗 敏
张 莉 罗小如 夏安平 傅共和
潘 彬 邹 平 赵海平 彭新德
朱雪梅 许 辉 王 强 刘招光
杨辉林 李 智 孙金剑 瞿 亮
肖恩梅 吴 杰 张 唯 张秀英
黄 丽 刘方荣 肖 飞 黄 晓
刘华平 李绍英 黄力强 谭小燕
秦健康 郭晓明 宾春艳 付 亮
刘姣娜 杨仕民 邱正苗 陶红雨
彭江兵 曾利君 熊灿霞 黎先勇
李 军 龙玉冬 张 强 胡建红
赖志恒 周小艳 余峥嵘 黄长福
周红芳 李腾飞 胡彩霞 黄纪稳
徐丽芳 兰汝平 陈峰峰 肖伟成
郭冬贵 周翠南 汤国文 黄科平
黄 华 张隆开 马 君 晏资林
邱明亮 周 荣 黄 红 杨 超
杨玉华 金红玉 宋海霞 袁 腊
何娇凤 刘桂梅 陈昌发 崔梅花
黎凤凰 彭小利 胡 伟 吴秋兰
施异成 周 舟 肖成元 刘春花
潘艺利 宋 伟 张 星 张利群
郑淑清 罗 婵 陈 杰 胡江兰
周丹好 王阳玉 肖 兰 陈劲松
刘 杰 李亚玲 陶 柳 黄梅芳
喻 溪 喻 浪 周石坚 刘倩新
邓福明 唐武珍 王持勇 尹怀洲
屈长林 屈文辉 屈兵彬 张 超
戴 群 蒋 伟

审计局： 杨 旭 王利民 张明务 徐作鹏
袁 晓 李先智 李瑶瑶

城管局： 唐洪胜 唐朝晖 张 丹 喻晏平
李益民 张雁飞 魏 群 刘世如
张海波 文武滨 张 雷 吴 号
周 杰 董爱众 周方根 刘敏中
陈黎明 颜道春 邵 锋 李仕久
黎 骏 易武桥 陈 科 张 骥
郑新辉 何桂湘 陈立新 熊善湘
徐 伟 袁佳成 张宏辉 唐韵霞
周 智 谢利平 宣向阳 钟志伟
张端鹤 陶瑚琏 何宗勇 罗 江
钟书仁 陈建新 张树仁 刘良国
陈光辉 潘斌辉 彭宏亮 陈 强
高 路 谭龙秋

环 保 局：易华堂　陈　铁　彭建梅　袁　炜　孙　力　张　敏　何光义　马晓辉　宋永宏　张宏桥　潘　攀

统 计 局：周森源　黎　义　夏广奎　李凤珍　陈　卫

安 监 局：屈湘水　蔺传球　曾　伟　凌　卫　唐志纲　陈隆海　彭　玲　胡　义

市场和质量监督局：孙玉樟　张良发　王足明　余湘怀　张存根　张华英　刘绚彩　戴勇波　孙建新　唐　悦　何　滨　陈　蔚　周　明　卢学良　汪建军　沈广仁　黄　冰　刘守响　罗红梅　罗荣富　李　楸　陈湘莲　王永坚　刘　武　蒋安平　喻江辉　唐征辉　寻辉阳　郭　奇　聂晓勇　李　武　易　勇　李厚坤　陈延集　宁茂钦　刘中付　刘　日　李　鑫　高逢清　龙飞翊　皮晓斌　肖美艳　张卫红　赵　华　王　强

人 防 办：汤　永

商务合作局：刘　平　罗淼池　周正伟　陈明俊　陈常伟　彭优玲　邹　佳　余　烈　黎　涛　董劲松　谭　菁　王　杰　梁乐平

规 划 局：屈文毅　张雄雷　张　玮　李劲如　李文道　游　平　胡　亮　黎懋铭　邱志斌　沈　江　张玉刚　刘　强　贝亮湖　胡义芳　陈　武

粮 食 局：周艳青　赖　和　周　艳　张麟翔　杜建平

旅 游 局：刘　纯　邓剑锋

畜 牧 局：余慧佳　黄志广　周小平　唐文党　刘双林　皮俊荣　唐　炳　张子易　杨召华　李维平　肖　锋　杨程东　吴宗耀　王承义　陈　莎　赵　芃　刘宗凡　刘　浩　张　卫　王汉华　汤向前　何丙寅　马小青　彭世雄　肖文广　曾南平　张冬初　刘宜标　潘友权　陈雪亮　聂厚福　陈海宴　伍国强　黎特成　孔华生　吴　永　焦　颖　黄　鑫　何善彪　张　莉　付少坤　赵　晓　王大力

住房保障局：陈　旭　陈　炳　陈夕霞　陈泽军　付　勇　何　辉　吉世奇　江才建　李安民　李海峰　李露明　李友义　李振波　刘　丰　龙海辉　罗　辉　罗　明　聂竞屹　聂　球　邱　普　邱正方　邵　波　史永平　王大伟　王义成　肖凤嬉　严　敏　颜　玲　颜晓广　袁继军　张建如　张金亮　周　亮　周　琼　朱　国　朱乐平　邹　丽

政务中心：黎　安　吴素华　赵　静　易修义　黎　烨　刘　涛　任　玲　朱丽梅　甘艳玲　曾玉龙　罗　勇　周小明　唐建成　邱志强　林娟娟　杨　辉　袁平俊　张　勇　刘小红　沈　婷

供 销 社：张　平　罗章生　吴升亮　周静忠

工 务 局：刘美成　陈　锋　姜丹青　谢向辉　吴晚强

花 炮 局：李定平　肖　宏　张　莹　黄将佑　蔡建红

招投标办：邓尧林　黄　永　罗梦婕

总 工 会：罗孝松　陈纯清　蒋旭明　李刚成

团 市 委：罗　莎

妇　　联：龙花明　熊志山

残　　联：周卫东　兰词贵

工 商 联：黄　萍　喻　勇

科　　协：魏远德　盛佩璋

制造产业基地：赵志武　蒯正红　吴　震　沈满红　陈飞荣

大围山森林公园：张新平　彭书恒　童　洪　何小平　朱际操　汤新厚　张松武　徐治如　沈少武　王　红　谭建仁　彭　建

两型产业园：曾凡波　戴明志　徐　武　周佳驹

文化产业园：高　志　李劲松

株树桥水库管理局：李幸平　张　宇　唐　敏　肖庆元　林宝艳　刘　勇　唐　沙　胡显孝　聂中堂　赵　峰　王远根　周新华　罗素萍　李　卫　孙　波　刘　洪　涂联三　喻明革　王焱明　彭显彪　鲁庆格　谢伍垣　周旺松　张　珏　曾　文　欧长兰　陈庭波　宋征宇　鲁志坚　柳　斌　邱伟成　陈　怡　陈玉丽　卢厚建　宋文广　曾梓英　欧小明　周红河　苏北海　陈静芳　张剑红　张江波　卢开礼　文　燕　甘茂良

森林公安局：李志勇　沈华裕　娄照犁　杨　耀　罗系统　邓　君　张劲锋　陈先政　周诗运　秦志勇　陈景武　周学会

移 民 局：熊善良　甘新辉

烤 烟 办：罗　旭　易理新　施立新

机关事务局：张春明　唐显望　穆梦盈　朱　辉

公 路 局：陈建政　黎初文　罗学慧　李昌国　周宇锋　李和平　张会连　邱群英　张健康　陆瑞平　邓剑波　张　桃　陈阳春　冷　敏　戴　驰　梁　旭　石松年　厉庆祝　刘　超　梁秋芬　吴光高　喻宏辉　张新林　汤　标　邱小林　卓　武　吴集平　刘　辉　刘伯根　邓国强　陈　谷　胡茂松　罗永康　孙立新　何腾方

宋　丽　张加桂　兰建成　冯海斌
胡长明　李　杰　邱　晖　尹海雄

金融办：李　峰　张　青
耀邦故居管理处：陈文金　黄银凤　苏　娟
秋收起义纪念馆：曾艳敏　张成根　彭洪波　肖吉贤
基础设施投资中心：瞿　伟　张冬生　彭东升　钟长亭　李佑平　周　勤　胡志文　张佐伟　宋　辉　张飞跃　宋　明
自来水公司：周树成　魏超元　邹　科　罗　平　肖　愫　周　超　陈　刚　万朝辉　周扬会　刘建平　施建枝　陶贤渭　廖小红　李　翔　吕　晓　刘武中　朱桂林　彭学军　朱鸿伟　万明新　何　珂　罗海艳　周　亮　罗　浩　朱红艳　万　珂　李　旭　谭希富　朱建伟　陈　峰
工业园投资管理中心：傅　浩　浣凤姣
水利建设投资管理中心：王　武
人武部民兵训练基地：张运柏

（三）参加市委、市政府中心工作10个月以上工作人员（共22人）

城乡统筹环境同治：冯早成　王承水　鲁忠良　李　勤　肖许兵　李仕知　汤　昱
建设扶贫：胡　珊　钟　海　李　环　余　力　周　静　付　安　陈天广　廖友文　李文道　汤异峰　武卫平　曾凡俊　于伟娟　张祖建
复退办：胡范舟

二、基本称职（基本合格）人员（共30人）

集里街道：周文韬　李明波
关口街道：陶嫦娥
永和镇：李　巍　李　威
文家市镇：吴定强
北盛镇：张　逵　田定初
政法委：李　国
广播电视台：张　立
教育局：胡志东　寻孝祥　夏显忠
住建局：彭佳武　邓　柠
公安局：李凡奇　刘　沛
国土局：欧亿文　袁　辉
农业局：陈　俊　李先付
林业局：陶维明
卫计局：李先义　张伟平　宋玉江
两型产业园：胡　燕
公路局：杨道平　李顺航
自来水公司：甘　晓　李　燕

三、不称职（不合格）人员（共65人）

淮川街道：朱文辉
集里街道：章　皓
古港镇：张树雄　张　洪　甘永龙
官渡镇：戴　刚　张紫龙　苏　威
大围山镇：李国成
张坊镇：廖焱根
中和镇：陶　磊
枨冲镇：欧阳坤
洞阳镇：曾祥才
沙市镇：邱　征　陶诗盛
淳口镇：高　波
政府办：陈　斌
广播电视台：郭振宇
教育局：熊柱石　吴体强　何维平　贝承柯　周　勇　喻建平　胡　苏　刘光明　李建宇　曾德清　王邦辉
公安局：肖明甫
司法局：侯秋后
交通运输局：徐治华　刘向荣　唐　雄
水务局：徐朝辉　李　翻　冯　亮　林凌云　唐雪峰　王　玮　张运球
农业局：李志敏
林业局：罗正树　柳　春　陈章礼
卫计局：刘　红　彭露芳　张兆祥　黄　琳　赵文涛
城管局：杨　辉（男）
市场和质量监督管理局：杨　凤
城乡规划局：钟　敏
畜牧局：余跃辉
住房保障局：丁　明
株树桥水库管理局：游　武　张家榕　李　红
公路局：李发成　蒋　迪　傅　强　彭少辉　谭　催
秋收起义纪念馆：孙　建
自来水公司：邹康卫

四、不定等次人员（共13人）

淮川街道：周长林　郑　强
高坪镇：李创奇
澄潭江镇：曾垂金
普迹镇：卢雪峰
教育局：胡新谷
人社局：张　希
交通运输局：王爱民　蒋　庆
水务局：徐尔会
安监局：李　琴　朱金东
畜牧局：凌　骐

五、拟辞退（解聘）人员（共3人）

交通运输局：徐治华　刘向荣　唐　雄

六、补划2014年考核等次（共2人）

澄潭江镇：肖永国（不合格）
水务局：徐尔会（不合格）

浏阳市考核工作委员会
2016年3月14日

2015年全国省市及长沙区、县（市）主要经济指标（一）

	地区生产总值（亿元）		第一产业增加值（亿元）		第二产业增加值（亿元）		工业增加值（亿元）	规模以上工业增加值（亿元）		第三产业增加值（亿元）		固定资产投资（亿元）	
	绝对额	增长速度（%）	绝对额	增长速度（%）	绝对额	增长速度（%）	增长速度（%）	绝对额	增长速度（%）	绝对额	增长速度（%）	绝对额	增长速度（%）
全　国	676708	6.9	60863	3.9	274278	6	5.9	—	6.1	341567	8.3	551590.04	10
湖南省	29047.21	8.6	3331.60	3.6	12955.40	7.4	7.5	—	7.8	12760.20	11.2	25954.30	18.2
长沙市	8510.13	9.9	341.78	3.6	4478.20	8.8	8.8	3228.21	9.2	3690.15	12.1	6363.28	17.1
芙蓉区	1033.25	10.0	0.22	-46.6	159.47	6.6	6.1	99.0	6.6	873.56	10.8	436.12	23.8
天心区	700.76	10.5	2.52	-29.3	238.91	6.8	6.1	120.0	6.2	459.32	13.2	527.80	17.8
岳麓区	818.74	9.7	19.05	-5.0	413.25	7.5	6.2	286.7	6.0	386.43	13.5	753.76	24.1
开福区	722.00	12.0	2.77	-11.7	129.86	7.0	6.6	45.7	6.4	589.37	13.7	670.27	17.4
雨花区	1593.37	9.6	7.22	-16.9	956.62	7.3	6.6	847.0	6.7	629.53	13.4	624.33	17.8
望城区	520.42	12.0	39.40	5.9	375.92	12.4	12.8	254.6	14.5	105.10	12.6	681.04	17.2
长沙县	1168.34	9.0	67.47	5.4	821.63	8.4	7.9	503.8	8.0	279.24	12.0	770.37	18.6
浏阳市	1112.76	12.2	93.40	5.5	781.58	12.6	13.2	580.9	15.0	237.78	12.8	859.01	18.4
宁乡县	1002.17	12.1	109.72	4.9	675.55	12.7	13.4	490.5	15.0	216.90	13.0	842.09	18.4

2015年全国省市及长沙区、县（市）主要经济指标（二）

	一般公共预算收入(亿元)		地方一般公共预算收入(亿元)		社会消费品零售总额(亿元)		外商直接投资实际到位资金(亿美元)	实际到位省外境内资金(亿元)	城镇居民人均可支配收入（元）		农村居民人均可支配收入（元）	
	绝对额	增长速度(%)	绝对额	增长速度(%)	绝对额	增长速度(%)			绝对额	增长速度(%)	绝对额	增长速度(%)
全 国	152217	8.4	82983	9.4	300930.8	10.7	—	—	31195	8.2	11422	8.9
湖南省	4008.10	10.2	2513.10	11.1	12023.97	12.1	115.64	3791.94	28838	8.5	10993	9.3
长沙市	1113.48	11	718.95	13.6	3690.59	12.1	44.06	684.28	39961	8.5	23601	8.6
芙蓉区	101.97	10.1	39.96	3.1	712.58	10.3	6.02	87.08	42697	9.0	—	—
天心区	102.10	10.8	40.14	18.0	449.79	11.3	6.24	87.55	43105	8.3	—	—
岳麓区	69.57	12.5	30.58	8.6	274.43	11.3	6.68	89.22	42301	9.1	—	—
开福区	120.13	12.5	50.71	11.0	659.99	12.6	5.96	84.98	42205	9.0	—	—
雨花区	129.72	9.3	61.13	16.1	640.76	7.9	5.96	90.63	42905	8.4	—	—
望城区	63.92	13.5	40.15	13.3	100.21	21.2	2.26	56.91	37088	8.5	25623	8.4
长沙县	138.30	11.0	76.09	2.7	373.67	16.5	6.07	64.95	36642	9.3	25207	8.4
浏阳市	85.95	13.2	49.85	16.6	242.73	15.9	2.13	58.57	36631	8.3	25191	8.6
宁乡县	60.16	8.0	40.74	15.4	236.45	16.2	2.75	64.40	33929	9.0	21469	8.9

2015 年浏阳市乡镇、街道、园区主要指标

乡镇、街道名　　称	辖区面积(平方公里)	户籍年末总户数(户)	户籍年末总人口(人)	一般公共预算收入(万元)	地方一般公共预算收入(万元)	固定资产投资额(万元)	规模工业总产值(万元)	社会消费品零售总额(万元)
经开区	32	—	—	250596	93120	1630905	8456528	172062
制造基地(永安镇)	112.1	19050	66723	63815	40953	1218954	2910885	52142
两型产业园	2.4	—	—	11800	9862	323776	464163	2103
淮川街道	6.3	22813	59516	37365	24967	160001	3841	659670
集里街道	153.8	18511	58435	51950	33473	294750	715982	692913
荷花街道	134.0	13746	47368	24648	14042	200988	401231	152971
关口街道	161.8	13451	51345	23138	11672	267986	737042	69494
古港镇	207.3	17457	63311	8518	2596	205145	620412	31489
高坪镇	257.4	10410	38799	4352	1452	55050	240173	4873
沿溪镇	119.6	8687	32292	6158	1806	235690	597711	18068
官渡镇	106.3	8696	31250	6117	1665	126293	223168	25097
永和镇	234.5	13104	39404	6544	2589	144260	191489	21321
达浒镇	185.6	7624	27377	2604	977	70060	148232	7997
大围山镇	401.7	8819	27513	1095	497	104282	45571	13031
张坊镇	319.3	9695	32028	1120	576	50034	19458	7109
小河乡	111.8	4698	15609	1359	428	32670	30525	651
澄潭江镇	158.8	17340	65849	9343	2631	163200	494891	17773
中和镇	151.8	6363	24073	3088	899	32610	93761	9755
文家市镇	155.9	13902	54731	13791	3054	91101	378898	21540
大瑶镇	149.3	25171	92570	22791	12939	462597	617248	237639
金刚镇	79.8	15457	63381	6004	1496	81280	264924	16776
葛家乡	106.8	5858	20937	2577	781	83015	181571	2251
枨冲镇	186.3	12383	45163	7521	2354	110182	511738	18250
镇头镇	158.8	16990	57793	3102	1315	532140	206172	23378
普迹镇	176.5	12569	42185	1727	661	40853	125516	9511
官桥镇	87.9	7778	26654	1303	551	60334	80959	6468
柏加镇	50.3	7327	24255	1702	1186	45140	—	8934
洞阳镇	80.5	12025	41542	4136	1983	165564	66340	44435
北盛镇	73.4	16631	59524	2861	1807	162382	112208	21481
沙市镇	209.7	19707	68419	3663	2382	194600	316450	15901
淳口镇	233.5	19452	67638	3111	1714	73345	115631	16700
蕉溪乡	87.4	8167	29275	1415	691	65400	100224	6086
龙伏镇	132.0	13537	46995	1284	855	155413	126315	6720
社港镇	174.7	13745	47150	2583	1754	70200	154148	12672

2015年浏阳市主要经济指标

指 标 名 称	计量单位	2015年
▲地区生产总值	亿元	1112.8
地区生产总值增长速度	%	12.2
一产业增加值	亿元	93.4
一产业增加值增长速度	%	5.5
二产业增加值	亿元	781.6
二产业增加值增长速度	%	12.6
工业增加值	亿元	713.7
工业增加值增长速度	%	13.2
三产业增加值	亿元	237.8
三产业增加值增长速度	%	12.8
人均地区生产总值	元	85432
三次产业比重		
一产业	%	8.4
二产业	%	70.2
三产业	%	21.4
▲财政总收入	亿元	111.9
财政总收入增长速度	%	10.9
地方一般公共预算收入	亿元	49.9
地方一般公共预算收入增长速度	%	16.6
上划收入	亿元	36.1
土地出让金	亿元	26
一般公共预算收入	亿元	85.9
一般公共预算收入增长速度	%	13.2
财政总支出	亿元	84.8
▲金融机构存款余额	亿元	527.2
城乡居民储蓄余额	亿元	328.5
金融机构贷款余额	亿元	429.3
▲固定资产投资	亿元	859
工业投资	亿元	536.9
基础建设投资	亿元	155.3
房地产投资	亿元	31.8
商品房销售面积	万平方米	102.6

续表

指 标 名 称	计量单位	2015 年
▲工业总产值	亿元	2366.6
规模工业户数	家	829
规模工业产值	亿元	1975.3
规模工业增加值	亿元	580.9
规模工业增加值增长速度	%	15
全部高新技术产品增加值	亿元	287.85
▲社会消费品零售总额	亿元	242.7
社会消费品零售总额增长速度	%	15.9
▲自营进出口总额	亿美元	11.74
自营出口额	亿美元	8.7
▲实际利用外资	亿美元	2.13
实际引进内资	亿元	58.57
▲旅游收入	亿元	146.17
接待旅游者人次	万人次	1433.07
▲农林牧渔业总产值	亿元	144.6
农林牧渔业总产值增长速度	%	5.6
耕地面积	千公顷	77.7
粮食总产量	万吨	57.29
出栏生猪	万头	193.11
▲城镇居民人均可支配收入	元	36631
农村居民人均可支配收入	元	25191
▲全社会运输周转量	亿吨公里	25.66
货物运输量	万吨	3684.7
货物周转量	亿吨公里	23.2
旅客运输量	万人	4731.8
旅客周转量	亿人公里	24.6
▲邮电业务总量	亿元	9.8

浏阳市全面建成小康社会考评实现程度

指标名称	单位	目标值(2020年)	权重	2015年	
				数值	实现程度
一、经济发展	-	-	45		80.4
1.人均地区生产总值(按2010年不变价)	元	≥110000	5	80831	73.5
2.人均财政总收入	元	≥12000	7	6598	55.0
3.税收占财政总收入的比重	%	≥85	7	79.9	94.0
4.结构指数	%	100	12		93.6
二、三产业增加值占GDP比重	%	≥96		91.6	95.4
高新技术产业增加值占GDP比重	%	≥30		25.9	86.2
文化产业增加值占GDP比重	%	≥8		18.8	100.0
5.城镇化率	%	≥65	4	58.2	89.5
6.园区规模工业增加值占规模工业增加值比重	%	≥90	5	56.3	62.5
7.金融机构各项贷款增长率	%	≥100	5	82.9	82.9
规模以上企业农产品加工产值与农业产值比	%		0	191	0
二、人民生活	-	-	19		89.2
8.居民收入水平	元		7		84.4
城镇居民人均可支配收入	元	≥50000		36631	73.3
农村居民人均可支配收入	元	≥25000		25191	100.0
9.人均住房使用面积	平方米	≥32	2	58.6	100.0
10.人均储蓄存款	元	≥32000	3	24966	78.0
11.居民文教娱乐服务消费支出占消费总支出比重	%	≥18	3	16.2	89.9
12.农村居民安全饮水比率	%	100	2	100.0	100.0
13.行政村客运班线通达率	%	≥98	2	100.0	100.0
三、社会发展	-	-	15		96.8
14.社会保障发展水平	%		4		100.0
基本医疗保险覆盖率	%	≥90		98.4	100.0
基本养老服务补贴覆盖率	%	≥50		78.0	100.0
15.教育发展水平	%		4		87.9
高中阶段毛入学率	%	≥95		91.6	96.4
平均受教育年限	年	≥11.5		9.1	79.4
16.医疗卫生水平	%		4		100.0
每千人拥有床位数	张	≥4		5.6	100.0
5岁以下儿童死亡率	‰	≤12		5.5	100.0
17.人均拥有公共文化体育设施面积	平方米	≥3	3	4.4	100.0
四、民主法治	-	-	9		88.1
18.城乡居民依法自治	%		2		100.0
城镇居委会依法自治达标率	%	≥90		100.0	100.0
农村村委会依法自治达标率	%	≥90		100.0	100.0

续表

指　标　名　称	单位	目标值（2020年）	权重	2015年	
				数值	实现程度
19.社会安全指数	%	100	7	84.7	84.7
刑事犯罪率				13.113	38.6
交通事故死亡率				0.2764	100.0
火灾事故死亡率				0.0077	100.0
亿元GDP生产安全事故死亡率				0.0081	100.0
群体性食品安全事故年报告发生数				1.0000	100.0
五、生态文明	-	-	12		100.0
20.单位GDP能耗	吨标煤/万元	≤0.62	3	0.439	100.0
21.环境质量指数	%		7		100.0
城镇污水处理率	%	≥75		83.3	100.0
空气质量达标率	%	≥95		97.3	100.0
地表水质达标率	%	100		100.0	100.0
22.绿化水平	%		2		100.0
森林资源蓄积量增长率	%	≥3		4.1	100.0
城镇建成区绿化覆盖率	%	≥26		33.4	100.0
全面建成小康社会总实现程度	-	-	100		87.6

图书在版编目（CIP）数据

浏阳年鉴. 2016/ 浏阳市市志档案局编. -- 北京：方志出版社， 2016.12

ISBN 978-7-5144-2237-5

Ⅰ. ①浏… Ⅱ. ①浏… Ⅲ. ①浏阳市－2016－年鉴 Ⅳ. ①Z526.43

中国版本图书馆CIP数据核字（2016）第302307号

浏阳年鉴（2016）

编　　者：浏阳市市志档案局

责任编辑：齐　笑

出 版 人：冀祥德

出 版 者：方志出版社

地址 北京市朝阳区潘家园东里9号（国家方志馆4层）

邮编 100021

网址 http://www.fzph.0rg

发　　行：方志出版社发行中心

电话（010）67110500

经　　销：各地新华书店

印　　刷：长沙市精美彩色印刷有限公司

开　　本：889×1194　1/16

印　　张：31

字　　数：1159千字

版　　次：2016年12月第1版　2016年12月第1次印刷

印　　数：0001~1000册

ISBN 978-7-5144-2237-5　**定价**：268.00元